Steireif, Rieker, Bückle

Handbuch Online-Shop

Strategien, Erfolgsrezepte, Lösungen

Liebe Leserin, lieber Leser,

haben Sie zu diesem Buch gegriffen, weil Sie einen eigenen Online-Shop einrichten oder einen bereits bestehenden optimieren möchten? Dann ist Ihnen der erste Schritt zum erfolgreichen E-Commerce bereits geglückt. Dieses Handbuch wird Sie in jeder Situation – von der ersten Planung, der Wahl der richtigen Software bis zum Launch Ihres Shops – begleiten und eine enorme Hilfe sein. Falls Sie Sie sich bereits für ein Shopsystem entschieden haben, können Sie mit diesem Buch Ihren Shop optimieren. Das erfahrene Autorenteam zeigt Ihnen unzählige Erfolgsrezepte, hilfreiche Tipps und Tricks und gibt wertvolles Praxiswissen direkt an Sie weiter. Sie merken schon jetzt, dass Sie das Buch so schnell nicht mehr aus den Händen legen werden.

Ihr Einstieg in den E-Commerce muss gut geplant sein. Mit diesem Buch erfahren Sie, wie Sie eine Markt- und Konkurrenzanalyse erstellen, mit welchen Kosten Sie rechnen müssen und was Sie in den Bereichen Usability und Design beachten müssen. Sie werden schnell feststellen, dass Sie viele Entscheidungen treffen müssen: Welcher Versanddienstleister und welche Zahlungsmethode ist für Sie und Ihre Kunden am besten geeignet? Lohnt sich Affiliate- und E-Mail-Marketing? Wie erscheinen Ihre Produkte in den wichtigsten Preissuchmaschinen? Was müssen Sie beim Suchmaschinenmarketing und bei der Conversion-Optimierung berücksichtigen? Diese Liste an Fragen lässt sich noch problemlos erweitern, aber seien Sie beruhigt, Sie finden in diesem Buch die für Sie richtigen Antworten.

Um die Qualität unserer Bücher zu gewährleisten, stellen wir stets hohe Ansprüche an Autoren und Lektorat. Falls Sie dennoch Anmerkungen und Vorschläge zu diesem Buch formulieren möchten, so freue ich mich über Ihre Rückmeldung.

Und nun wünsche ich Ihnen viel Erfolg mit Ihrem Online-Shop!

Ihr Stephan Mattescheck
Lektorat Rheinwerk Computing

stephan.mattescheck@rheinwerk-verlag.de
www.rheinwerk-verlag.de
Rheinwerk Verlag · Rheinwerkallee 4 · 53227 Bonn

Auf einen Blick

1   Bevor Sie starten – analysieren und vorbereiten 27

2   Welcher Shop ist der richtige? Technische Lösungen
    und Möglichkeiten 75

3   Kunden zum Kaufen animieren – Produkte und Warengruppen 123

4   Mit Usability, Design und Sicherheit zu hohen Conversion-Rates ... 165

5   Schnelle Lieferung, schneller Erfolg! 247

6   Die richtigen Zahlungsmethoden für Ihre Kunden 273

7   Der Online-Shop als Bestandteil Ihres Unternehmens –
    Integration in Ihre IT-Landschaft 317

8   Online-Marketing – Kunden gewinnen, Umsätze steigern 335

9   Suchmaschinenmarketing – so wird Ihr Shop gefunden 375

10 Multi-Channel als Erfolgsmotor im E-Commerce 423

11 Der Kompass im E-Commerce –
    Conversion-Messung und -Optimierung 435

12 Wie können Sie mit sozialen Netzwerken Aufmerksamkeit
    und Umsatz steigern? 479

13 Chancen und Risiken im Mobile Commerce 519

14 Internationalisierung – neue Märkte erschließen und im
    Ausland verkaufen 541

15 Online-Recht – rechtlich auf der sicheren Seite 571

16 Was Sie über Buchhaltung wissen sollten 639

17 Tipps und Tricks für Ihren Erfolg 665

Wir hoffen, dass Sie Freude an diesem Buch haben und sich Ihre Erwartungen erfüllen. Bitte teilen Sie uns doch Ihre Meinung mit. Eine E-Mail mit Ihrem Lob oder Tadel senden Sie direkt an den Lektor des Buches: *stephan.mattescheck@rheinwerk-verlag.de*. Im Falle einer Reklamation steht Ihnen gerne unser Leserservice zur Verfügung: *service@rheinwerk-verlag.de*. Informationen über Rezensions- und Schulungsexemplare erhalten Sie von: *britta.behrens@rheinwerk-verlag.de*.

Informationen zum Verlag und weitere Kontaktmöglichkeiten finden Sie auf unserer Verlagswebsite *www.rheinwerk-verlag.de*. Dort können Sie sich auch umfassend und aus erster Hand über unser aktuelles Verlagsprogramm informieren und alle unsere Bücher versandkostenfrei bestellen.

An diesem Buch haben viele mitgewirkt, insbesondere:

Lektorat Stephan Mattescheck, Erik Lipperts
Fachgutachten Bernhard Ertler, Janina Skibba
Korrektorat Annette Lennartz
Herstellung Denis Schaal
Typografie und Layout Vera Brauner
Einbandgestaltung Nils Schlösser
Coverfotos 123rf_22677495 – Existenzgründung Konzept © venimo,
123rf_23081052 – Internet-Shopping-Symbole © venimo,
123rf_25996710 – Vektor-Business-Konzepte © venimo,
123rf_25996727 – Handy mit Shop-Symbol © venimo
Satz SatzPro, Krefeld
Druck und Bindung C.H. Beck, Nördlingen

Dieses Buch wurde gesetzt aus der TheAntiquaB (9,35/13,25 pt) in FrameMaker. Gedruckt wurde es auf chlorfrei gebleichtem Offsetpapier (90 g/m²).

Bibliografische Information der Deutschen Nationalbibliothek
Die Deutsche Nationalbibliothek verzeichnet diese Publikation in der Deutschen Nationalbibliografie; detaillierte bibliografische Daten sind im Internet über *http://dnb.d-nb.de* abrufbar.

ISBN 978-3-8362-2910-4
© Rheinwerk Verlag GmbH, Bonn 2015
1. Auflage, 2015

Inhalt

Geleitwort 21

Vorwort 23

1   Bevor Sie starten – analysieren und vorbereiten   27

1.1   Bevor Sie mit dem Lesen dieses Buches starten 28

1.1.1   An wen richtet sich dieses Buch? 28

1.1.2   Wie arbeiten Sie am besten mit diesem Buch? 29

1.1.3   Was dieses Buch nicht leistet 29

1.2   Ist Ihr Unternehmen bereit für den Online-Handel? 29

1.2.1   Akzeptanz für das Thema E-Commerce 30

1.2.2   Kunden und potenzielle Kunden 31

1.2.3   Lieferanten bzw. Hersteller 32

1.2.4   Manpower 33

1.2.5   Investitionsbereitschaft 33

1.2.6   Eignen sich Ihre Produkte für den Online-Handel? 34

1.2.7   Sonstiges 39

1.3   Der Start in den Online-Handel 39

1.3.1   Vom stationären Handel ins Internet 40

1.3.2   Analyse von Herausforderungen 43

1.3.3   Vorteile identifizieren und entwickeln 48

1.3.4   Mögliche Werbe- und Vermarktungskanäle 50

1.3.5   Eigener Online-Shop oder Marktplätze? 50

1.3.6   Planen Sie lieber etwas länger und dafür genauer 52

1.4   Mit welchen Kosten und Zeitinvestitionen müssen Sie rechnen? 53

1.4.1   Entwicklung der E-Commerce-Strategie 53

1.4.2   Designentwicklung 54

1.4.3   Technische Realisierung 54

1.4.4   Inhaltserstellung 54

1.4.5   Ausarbeitung und Durchführung der Werbemaßnahmen 55

1.4.6   Schulung der Mitarbeiter 55

1.4.7   Testphase und Going-live 55

1.5   Projekte mit einer Agentur oder inhouse durchführen 57

1.5.1   Vor- und Nachteile einer Inhouse-Entwicklung gegenüber einer

Zusammenarbeit mit Agenturen 57

	1.5.2	Welche Informationen müssen im Vorfeld erarbeitet werden?	58
	1.5.3	Ihre Rolle innerhalb eines E-Commerce-Projekts	60
	1.5.4	Projektmanagement und Qualitätssicherung	61
1.6	**Erstellung eines Lastenhefts**		**62**
	1.6.1	Realisierungszeitraum (Start und Ende)	62
	1.6.2	Projektbudget	63
	1.6.3	Wird ein neuer Online-Shop entwickelt oder ein bestehender Shop abgelöst?	63
	1.6.4	Welche Sprachen werden benötigt, und in welchen Ländern sind Sie aktiv?	63
	1.6.5	Währungen und Preisbildungen	63
	1.6.6	Multi-Store-Funktionalität	64
	1.6.7	Präferierte Software	64
	1.6.8	Schulungen	64
	1.6.9	Möchten Sie das Shop-Backend selbst pflegen?	65
	1.6.10	Gütesiegel und Zertifizierungen	65
	1.6.11	Gewünschte Endgeräte	68
	1.6.12	Branche und Produkte	68
	1.6.13	Geschäftsmodell	69
	1.6.14	B2B oder B2C	69
	1.6.15	Konkurrenten	69
	1.6.16	Screendesign des Online-Shops	69
	1.6.17	Kundenspezifische Anforderungen	70
	1.6.18	PDFs und E-Mails	70
	1.6.19	Navigationskonzept	70
	1.6.20	Funktionsumfang und Anforderungen	71
	1.6.21	Anbindung an externe Systeme	71
	1.6.22	Bezahl- und Versandmöglichkeiten	72
	1.6.23	Inhalte und deren Verwaltung	72
	1.6.24	Hosting	72
	1.6.25	Marketing (SEO)	72
	1.6.26	Sonstiges	73
1.7	**Checkliste: Wo stehen Sie aktuell?**		**73**
1.8	**Fazit**		**74**

2 Welcher Shop ist der richtige? Technische Lösungen und Möglichkeiten 75

2.1	**Überblick über die aktuellen E-Commerce-Lösungen**	76
	2.1.1 Shop-Lösungen	77
	2.1.2 Software-as-a-Service-Lösungen	79
	2.1.3 Marktplatz-Lösungen	80
	2.1.4 Fazit	81
2.2	**Den Online-Shop kaufen oder mieten?**	81
	2.2.1 Vor- und Nachteile von Shop-Lösungen	81
	2.2.2 Vor- und Nachteile von SaaS-Lösungen	83
	2.2.3 Zusammenfassung	84
2.3	**E-Commerce-Lösungen im Überblick**	84
	2.3.1 Shopify	85
	2.3.2 ePages	87
	2.3.3 Jimdo	89
	2.3.4 Amazon	91
	2.3.5 Rakuten	93
	2.3.6 plentymarkets	95
	2.3.7 eBay	96
	2.3.8 Magento	98
	2.3.9 Shopware	101
	2.3.10 OXID	103
	2.3.11 xt:Commerce	105
	2.3.12 PrestaShop	107
	2.3.13 hybris	109
	2.3.14 Demandware	111
	2.3.15 Intershop	113
	2.3.16 IBM WebSphere Commerce	115
	2.3.17 Fazit	116
2.4	**Leitfaden für die Auswahl einer E-Commerce-Lösung**	117
	2.4.1 Einführungsphase	117
	2.4.2 Anforderungsanalysephase	119
	2.4.3 Auswahlphase	122
2.5	**Fazit**	122

3 Kunden zum Kaufen animieren – Produkte und Warengruppen 123

3.1 Aufbau der Kategorienstruktur 123

3.2 Produktinformationen 131

3.3 Wie werden Produkttexte richtig geschrieben? 133

3.3.1 Kommunizieren Sie Produktvorteile,
und verlieren Sie sich nicht in Prosa 134

3.3.2 Achten Sie auf die Textlänge, und bleiben Sie kompakt 135

3.3.3 Schreiben Sie verständlich und präzise 136

3.3.4 Werden Sie selbst kreativ, und übernehmen Sie nicht nur
Herstellertexte 136

3.3.5 Verwenden Sie magische Worte 137

3.3.6 Schaffen Sie Vertrauen, und erzeugen Sie Sicherheit 137

3.3.7 Achten Sie auf Aktualität 137

3.4 Produkttexte in Bezug auf Google 138

3.4.1 Erstellen Sie einzigartige Texte 139

3.4.2 Achten Sie auf das Format und die Struktur 139

3.4.3 Denken Sie an Keywords, Keywords, Keywords und Keywords ... 140

3.5 Textbroker als Content-Lieferanten 141

3.5.1 content.de 142

3.5.2 textbroker.de 148

3.6 Mehrsprachige Texte 151

3.7 Produktbilder 152

3.7.1 Produktbilder vom Hersteller 153

3.7.2 Produktbilder von einer Agentur/einem Fotografen
erstellen lassen 153

3.7.3 Produktbilder selbst machen 154

3.8 Produktkonfiguratoren 155

3.9 Preisbildung 156

3.10 Qualität statt Quantität 161

3.11 Ein Beispiel aus der Praxis 161

3.12 Fazit 164

4 Mit Usability, Design und Sicherheit zu hohen Conversion-Rates 165

4.1	Was sind eigentlich Usability, User-Experience bzw. Design?	166
4.2	Die Arbeit mit einem gekauften Theme/Template	167
4.2.1	Auswahl eines geeigneten Templates	167
4.2.2	Installation des Themes	168
4.2.3	Individualisierung	169
4.2.4	Vor- und Nachteile auf einen Blick	169
4.3	Ein Design von Grund auf selbst entwickeln	171
4.3.1	Gute Planung ist alles	171
4.3.2	Wichtige Ansichten in einem Online-Shop	174
4.3.3	Das Zusammenspiel mit einer Grafikagentur/einem Grafiker	185
4.3.4	Technische Umsetzung des Entwurfs	185
4.4	Usability-Faktoren, die Sie beachten müssen	186
4.4.1	Technische Fehler	187
4.4.2	Ladezeiten	189
4.4.3	Buttons und Links kenntlich machen	192
4.4.4	Suchfunktion	194
4.4.5	Gastbestellungen und Benutzerkonten	197
4.4.6	Hintergrundinformationen zum Online-Shop-Betreiber	197
4.4.7	Produktinformationen	198
4.4.8	Layout und Raster	199
4.4.9	Farben und Schriftgrößen	201
4.4.10	Formulare	201
4.4.11	Mobile Endgeräte	203
4.4.12	Barrierefreiheit	203
4.4.13	Bezahlvorgang	204
4.5	Der Faktor Vertrauen	208
4.5.1	Zalando	209
4.5.2	Weltbild	226
4.5.3	Cyberport	236
4.6	Fazit	245

5 Schnelle Lieferung, schneller Erfolg! 247

5.1	Flexibilität und Schnelligkeit sind Schlüsselfaktoren	247
5.2	Einordnung des Versands im Bestellbearbeitungsprozess	250
5.3	Auswahl des Versanddienstleisters	250
5.3.1	Haben Sie viele unterschiedliche Produkte?	251
5.3.2	In welche Länder versenden Sie Ihre Artikel?	252
5.3.3	Welche Rolle spielt die Geschwindigkeit?	254
5.3.4	Benötigen Ihre Artikel einen speziellen Schutz?	254
5.3.5	Wünschen Ihre Kunden die Lieferung an eine Packstation?	256
5.3.6	Wie kommt das Paket zum Versanddienstleister?	257
5.3.7	Was passiert bei Transportschäden?	257
5.3.8	Ist ein Tracking möglich?	259
5.3.9	Zustellversuche	259
5.3.10	Integration in Ihre E-Commerce-Lösung	260
5.3.11	Kundenservice	260
5.4	Berechnung der Versandkosten	261
5.5	Eigenes Lager oder Dropshipping?	265
5.6	Fulfillment am Beispiel von Amazon	266
5.7	Retourenmanagement	268
5.7.1	Es kommt auf die Produkte an!	269
5.7.2	Je mehr Sie informieren, desto geringer die Retourenquote	270
5.7.3	Gefahrenpotenzial Kauf auf Rechnung	270
5.7.4	Kundenfeedback hilft bei der Entscheidungsfindung	271
5.7.5	Setzen Sie auf Kundenfeedback	271
5.8	Fazit	271

6 Die richtigen Zahlungsmethoden für Ihre Kunden 273

6.1	Zahlungsarten und Provider im Überblick	273
6.1.1	Vorkasse	274
6.1.2	Rechnung	277
6.1.3	Lastschrift	280
6.1.4	Kreditkarte	284
6.1.5	PayPal	287
6.1.6	Sofortüberweisung	291
6.1.7	Giropay	293

6.1.8 Postpay 294

6.1.9 Amazon Payments 297

6.1.10 Billsafe 298

6.1.11 Billpay 299

6.1.12 Klarna 301

6.1.13 Barzahlen 304

6.1.14 mpass 305

6.2 Payment-Provider oder selbst abwickeln? 306

6.2.1 Rechnungskauf ohne Payment-Provider 307

6.2.2 Rechnungskauf mit Payment-Provider 308

6.3 Risikomanagement 308

6.3.1 Absicherung über Payment-Provider 308

6.3.2 Risikominimierung mit »Hausmitteln« 309

6.3.3 Bonitätsprüfung 310

6.4 Die passende Zahlungsart für Ihre Kunden finden 313

6.5 Zahlungsarten in den Online-Shop integrieren 314

6.6 Fazit 315

7 Der Online-Shop als Bestandteil Ihres Unternehmens – Integration in Ihre IT-Landschaft 317

7.1 Integration des Online-Shops in die bestehende IT-Infrastruktur 317

7.1.1 Integrationsformen 318

7.1.2 Integration und Standardisierung 322

7.1.3 Integration und Abhängigkeit 323

7.1.4 Zusammenfassung 323

7.2 Externe Software auswählen, integrieren und nutzen 324

7.2.1 ERP: Preise, Produktdaten, Warengruppen und Verkäufe 324

7.2.2 PIM: Produkte zentral verwalten 325

7.2.3 CRM: Kundenbindung schaffen und optimieren 326

7.2.4 E-Mail: Newsletter und E-Mails extern versenden 327

7.2.5 Weitere Lösungen 329

7.2.6 Zusammenfassung 332

7.3 Fazit 333

8 Online-Marketing – Kunden gewinnen, Umsätze steigern 335

8.1	Warum Online-Werbung?	335
8.2	Abrechnungsmethoden und Kostenkalkulationen	336
8.3	Affiliate-Marketing	338
8.3.1	Auswahl eines Affiliate-Netzwerkes	341
8.3.2	Kampagnen in einem Affiliate-Netzwerk anlegen	343
8.4	Display Ads und Targeting	345
8.4.1	Bannerformate	346
8.4.2	Bannergestaltung	348
8.4.3	Targeting	349
8.5	Preissuchmaschinen	352
8.5.1	Anmeldung und technische Realisierung	355
8.6	E-Mail-Marketing	356
8.6.1	Der E-Mail-Verteiler	356
8.6.2	Newsletter-Inhalt	358
8.7	Erarbeitung einer optimalen Online-Marketing-Strategie	365
8.8	Shop-basiertes Marketing	367
8.8.1	Interne Banner	367
8.8.2	Automatische Produktvorschläge – Recommendations	368
8.8.3	Interne Suche	370
8.9	Fazit	373

9 Suchmaschinenmarketing – so wird Ihr Shop gefunden 375

9.1	Suchmaschinenoptimierung (SEO)	376
9.2	Wie findet Google?	378
9.3	On-Page-Optimierung	379
9.3.1	Metainformationen	380
9.3.2	Keyword-Recherche	382
9.3.3	Relevanter Inhalt	385
9.3.4	ALT-Attribute bei Bildern	387

9.3.5   Duplicate Content 387

9.3.6   Seitenperformance 388

9.4   Off-Page-Optimierung 389

9.4.1   PageRank 390

9.4.2   Externe Linktexte 390

9.4.3   Backlinks 390

9.4.4   SEO-Analyse-Tools 393

9.4.5   Google Webmaster-Tools 394

9.4.6   SEO – Inhouse oder mit einer Agentur? 399

9.5   Anzeigen auf Suchmaschinen (SEA) 400

9.5.1   Wie funktionieren AdWords? 401

9.5.2   Google-AdWords-Konto einrichten 402

9.5.3   Aufbau und Struktur des AdWords-Kontos 403

9.5.4   Kampagnen 404

9.5.5   Anzeige- und Ziel-URL 408

9.5.6   Dynamische Keywords 409

9.5.7   Keyword-Auswahl 412

9.6   Google Displaynetzwerk 415

9.6.1   Targeting im Displaynetzwerk 417

9.7   Kosten für AdWords 420

9.7.1   Klickrate – wie ist das Verhältnis von Anzeigen zu Klicks? 420

9.7.2   Relevanz der Anzeige 420

9.7.3   Relevanz der Zielseite 420

9.7.4   Gesamtperformance des AdWords-Kontos 421

9.7.5   Ermittlung des Anzeigenrangs 421

9.8   Fazit 422

10   Multi-Channel als Erfolgsmotor im E-Commerce   423

10.1   Marktplätze im Porträt 425

10.1.1   Amazon 425

10.1.2   eBay 428

10.1.3   Rakuten 431

10.1.4   Yatego 432

10.1.5   Allyouneed.com 432

10.1.6   Hitmeister 432

10.2   Fazit 433

11   Der Kompass im E-Commerce – Conversion-Messung und -Optimierung

11 **Der Kompass im E-Commerce – Conversion-Messung und -Optimierung** 435

11.1   Warum müssen Daten erfasst und ausgewertet werden? 435

11.2   Ermittlung von Leistungskennzahlen und wichtigen Erfolgsfaktoren 438
11.2.1   Systematische Analyse und Optimierung 440

11.3   Marketingkampagnen und Customer Journey 445
11.3.1   Interne Kampagnen 448

11.4   Welche Webanalyse-Lösung ist die richtige für Ihren Shop? 450
11.4.1   Google Analytics 452
11.4.2   econda Shop Monitor 454
11.4.3   Piwik 455

11.5   Rechtliche Aspekte der Webanalyse 458

11.6   Weitere Tools zur Optimierung 460
11.6.1   Maus-Tracking 460
11.6.2   Overlay Maps 465
11.6.3   Usability-Labor mit Eye-Tracking 469
11.6.4   Kundenfeedback 470
11.6.5   A/B-Tests 474

11.7   Fazit 477

12 **Wie können Sie mit sozialen Netzwerken Aufmerksamkeit und Umsatz steigern?** 479

12.1   Soziale Netzwerke und deren Funktionsweise 479
12.1.1   Bedeutung von sozialen Netzen für den E-Commerce 481
12.1.2   Die richtige Social-Media-Strategie 483
12.1.3   Schritt 1: Ziele definieren 484
12.1.4   Schritt 2: Zielgruppe definieren 490
12.1.5   Schritt 3: Analyse der Zielgruppe 490
12.1.6   Schritt 4: Abgleich mit Ihren Unternehmenszielen 490
12.1.7   Schritt 5: Planung und Start 491

12.2   Social Media Monitoring 491
12.2.1   Was können Sie durch Social Media Monitorring erreichen? 492
12.2.2   Wichtige Werkzeuge für das Social Media Monitoring 493
12.2.3   Key Performance Indicators (KPI) 495

12.3   **Einzelne Portale im Überblick** 496

     12.3.1   Twitter 496

     12.3.2   Facebook 503

     12.3.3   Bezahlte Werbung bei Facebook (Facebook for Business) 509

12.4   **Weitere soziale Netzwerke im Überblick** 513

     12.4.1   Google+ 513

     12.4.2   XING und LinkedIn 513

     12.4.3   Pinterest und Instagram 514

12.5   **Eigenes Blog** 514

12.6   **Social-Media-Plug-ins** 515

12.7   **Fazit** 517

13   Chancen und Risiken im Mobile Commerce   519

13.1   **Unterschiede zwischen E-Commerce und M-Commerce** 521

13.2   **Chancen, Risiken und Nutzen für Shop-Betreiber** 524

13.3   **Technische Hürden und Anforderungen** 526

     13.3.1   Responsive Design 526

     13.3.2   Mobiler Online-Shop 529

     13.3.3   Web-Apps und native Apps 530

     13.3.4   Anbieter mobiler Shops 532

     13.3.5   Was ist die beste Lösung im Mobile Commerce? 538

     13.3.6   SEO für Ihren mobilen Shop 539

13.4   **Fazit** 540

14   Internationalisierung – neue Märkte erschließen und im Ausland verkaufen   541

14.1   **So ermitteln Sie die Erfolgsaussichten im Vorfeld** 542

     14.1.1   Prüfen Sie, aus welchen Ländern Ihre Besucher stammen 542

     14.1.2   Finden Sie heraus, ob Sie bereits internationale Kunden bedienen ... 548

     14.1.3   Ermitteln Sie die Nachfrage Ihrer Produkte und Dienstleistungen 549

     14.1.4   Wie stark ist die Konkurrenz? 551

     14.1.5   Ist der Zielmarkt groß genug? 552

     14.1.6   Weitere Möglichkeiten 552

14.2   Der europäische Markt im Quick-Check 552

14.3   Erforderliche Anpassungen in Ihrem Online-Shop 555

14.3.1   Sprechen Sie die Sprache Ihrer Kunden 555

14.3.2   Preis- und Gewichtsangaben 557

14.3.3   Produktinformationen- und Sortiment 558

14.3.4   Design und Usability 559

14.3.5   Mobile Commerce 559

14.3.6   Versandmethoden und -kosten 560

14.3.7   Zahlungsanbieter und Varianten 561

14.3.8   Sonstiges 563

14.4   Internationales Marketing 563

14.5   Rechtliche Aspekte 564

14.6   Schritt für Schritt zum internationalen Online-Shop
am Beispiel der Schweiz 564

14.6.1   Eigenes Lager oder Versand aus Deutschland? 565

14.6.2   Das müssen Sie beim Zoll beachten 566

14.6.3   Rücksendungen und Reklamationen 567

14.6.4   Rechnungserstellung 568

14.6.5   Anforderungen an Ihren Online-Shop 568

14.6.6   Erfolgreich in die Schweiz verkaufen 570

14.7   Fazit 570

15   Online-Recht – rechtlich auf der sicheren Seite 571

15.1   Unternehmer und Verbraucher 572

15.1.1   Wer ist Unternehmer? 573

15.1.2   Wer ist Verbraucher? 573

15.2   Versand ins Ausland 574

15.2.1   Aktive Ausrichtung des Shops 574

15.2.2   Anwendbares Recht 575

15.2.3   Gerichtsstand 576

15.3   Informationspflichten 576

15.3.1   Wesentliche Merkmale der Ware 579

15.3.2   Häufige Fehler bei der Produktbeschreibung 581

15.3.3   Preisangaben 581

15.3.4   Hinweis auf Umsatzsteuer und Versandkosten 582

15.3.5   Häufige Fehler bei Preisangaben 583

15.3.6 Lieferbeschränkungen 583

15.3.7 Angabe eines Liefertermins 583

15.3.8 Häufige Fehler bei der Lieferinformation und der Verfügbarkeit 584

15.3.9 Zahlungsbedingungen 585

15.3.10 Zeitpunkt und Form der Informationen 586

15.3.11 Checkliste für Ihr Warenangebot 587

15.4 Das Widerrufsrecht 587

15.4.1 Zeitpunkt der Belehrung 588

15.4.2 Die Widerrufsfrist 589

15.4.3 Die Muster-Widerrufsbelehrung 589

15.4.4 Angepasste Widerrufsbelehrung für Warenlieferungen 593

15.4.5 Angepasste Widerrufsbelehrung für Dienstleistungen 594

15.4.6 Muster-Widerrufsformular und Online-Widerruf 595

15.4.7 Ausnahmen vom Widerrufsrecht 597

15.4.8 Erlöschen bei Dienstleistungen 599

15.4.9 Erlöschen bei digitalen Inhalten 600

15.4.10 Wertersatz 600

15.4.11 Wertersatz bei Waren 601

15.4.12 Wertersatz bei Dienstleistungen 601

15.4.13 Wertersatz bei digitalen Inhalten 602

15.4.14 Rückabwicklung nach dem Widerruf 602

15.4.15 Hin- und Rücksendekosten 603

15.4.16 Häufige Fehler beim Widerrufsrecht 604

15.4.17 Checkliste für das Widerrufsrecht 605

15.5 Pflichten im elektronischen Geschäftsverkehr 605

15.5.1 Korrekturmöglichkeiten 606

15.5.2 Spezielle Informationspflichten im elektronischen
Geschäftsverkehr 606

15.5.3 Button-Lösung 610

15.5.4 Checkliste für Ihre Bestellseite 611

15.5.5 Bestätigungs-E-Mail 612

15.5.6 Nach Vertragsschluss 612

15.6 Impressum richtig erstellen 614

15.6.1 Inhalt 615

15.6.2 Impressum Einzelunternehmen (Gewerbetreibender) 616

15.6.3 Impressum eingetragener Kaufmann 616

15.6.4 Impressum GbR 617

15.6.5 Impressum GmbH 617

15.6.6 Impressum Unternehmergesellschaft 618

15.6.7	Häufige Fehler bei der Anbieterkennzeichnung	618
15.6.8	Checkliste für Ihr Impressum	618

15.7 AGB richtig erstellen 619

15.7.1	Häufige Fehler bei den AGB	620
15.7.2	Checkliste für Ihre AGB	621

15.8 Datenschutz 622

15.8.1	Grundsätze des Datenschutzes	622
15.8.2	Eröffnung eines Kundenkontos	625
15.8.3	E-Mail-Werbung	625
15.8.4	Verwendung von Cookies	628
15.8.5	Datenschutzerklärung richtig erstellen	628
15.8.6	Häufige Fehler im Bereich Datenschutz	632
15.8.7	Checkliste für Ihre Datenschutzerklärung	632

15.9 Rechtliche Hürden und Risiken 633

15.9.1	Was ist eine Abmahnung?	634
15.9.2	Wer darf abmahnen?	635
15.9.3	Kosten der Abmahnung	635
15.9.4	Unberechtigte Abmahnungen	635
15.9.5	Wie soll ich reagieren?	636
15.9.6	Checkliste, damit Sie das Risiko von Rechtsverstößen minimieren	636

15.10 Die Trusted-Shops-Checkliste 637

16 Was Sie über Buchhaltung wissen sollten

639

16.1 Buchhaltung für Online-Shops 639

16.1.1	Einführung in die Buchhaltung	640
16.1.2	Anforderungen an die (digitale) Rechnung	644
16.1.3	Geplatzte Lastschriften & Co. – so gehen Sie damit um	647

16.2 Optimale Vorbereitung für Steuerberater und Finanzamt 650

16.2.1	Zusammenarbeit mit dem Steuerberater und DATEV	650
16.2.2	Alternative SaaS-Lösungen zu DATEV	652

16.3 Den wirtschaftlichen Erfolg im Blick 657

16.3.1	Controlling-Reports	658
16.3.2	Key Performance Indicators für den E-Commerce	659
16.3.3	Betriebswirtschaftliche Auswertungen	661
16.3.4	Zusammenfassung	664

16.4 Fazit 664

17 Tipps und Tricks für Ihren Erfolg 665

17.1 Aller Anfang ist schwer – so starten Sie richtig 665

17.2 Häufige Fehler, die Sie nicht machen sollten 669

17.2.1 Rechtliche Angaben unvollständig oder fehlerhaft 669

17.2.2 Falsche Angaben zur Lieferzeit 670

17.2.3 Fehler bei Preisangaben und Versandkosten 670

17.2.4 Newsletter ohne vorheriges Einverständnis versenden 670

17.2.5 Fremde Produktfotos ohne Einverständnis verwenden 671

17.2.6 Schlechte Produktbilder 671

17.2.7 Fehlende Produktinformationen 672

17.2.8 Unauffindbare Kontaktdaten 672

17.2.9 Keine Gastbestellungen 673

17.2.10 Erfinden Sie das Rad nicht neu 673

17.2.11 Fehlender USP 673

17.3 8 Punkte, die über Ihren Erfolg entscheiden 673

17.3.1 Website-Gestaltung 675

17.3.2 Benutzerfreundlichkeit (Usability) 676

17.3.3 Das Sortiment 676

17.3.4 Preis-Leistungs-Verhältnis 677

17.3.5 Service 677

17.3.6 Bezahlung 678

17.3.7 Versand und Lieferung 678

17.3.8 Kundenbindung 678

17.4 Statt eines Fazits – Plädoyer für den Online-Handel 679

Index 681

Geleitwort

Online-Shops versetzen Unternehmen in Goldgräberstimmung. Viele haben einen, noch mehr planen einen, und kaum jemand liebäugelt nicht mit dem Traum vom schnell verdienten Geld. Betrachtet man die kontinuierlich steigenden Umsätze im Online-Handel, ist dies nicht verwunderlich: Allein 2014 wurden in Deutschland im B2C-Bereich über 39 Milliarden Euro erwirtschaftet, für 2015 prognostiziert der deutsche Handelsverband ein neuerliches Umsatzwachstum von über 11 %.

Dabei vergessen sowohl Neueinsteiger als auch alte Hasen nur allzu gerne, dass Erfolgsstorys wie die von Zalando, Zappos oder Amazon keine Zufallsprodukte sind, sondern sorgfältig geplant werden und anschließend einen Prozess jahrelanger Optimierung und kontinuierlicher Verbesserung durchlaufen. Schließlich steigen Zugriffszahlen nicht durch Zauberhand, Besucher werden nicht automatisch zu Kunden und zufriedene Kunden nicht immer zu Stammkunden. Auch die für den Erfolg so wichtigen ersten Plätze im Google-Ranking sind meistens schon besetzt.

In der Praxis scheitern E-Commerce-Projekte häufig, bevor sich der erste Besucher in den Shop verirrt. Wenn das Konzept zu kurz greift oder schlichtweg nicht existiert, die Logistik nicht funktioniert oder der Markt falsch eingeschätzt wird, können auch das schönste Design und die beste Software das Projekt nicht mehr retten. Ein vermeintlich schneller und günstiger Weg kann sich später als Sackgasse erweisen, ebenso kann eine zu groß dimensionierte Lösung zur Kostenfalle mutieren.

Wer ein Einfamilienhaus baut, setzt sich mit vielen Fragen auseinander: Soll es ein Massiv- oder Fertighaus werden? Wo wird es errichtet, und wie soll es aussehen? Welches Budget steht zur Verfügung? Genau wie der Bau eines Hauses durchläuft auch ein E-Commerce-Projekt mehrere Phasen. Wer in jeder dieser Phasen sauber und strukturiert arbeitet, wird am Ende des Tages ein perfektes Ergebnis erhalten und im Budget bleiben.

Egal, ob Sie ein neues E-Commerce-Projekt planen oder bereits einen erfolgreichen Online-Shop betreiben, das vorliegende Handbuch vermittelt wertvolles Praxiswissen und begleitet Sie von der Konzeption bis zum Launch Ihres Shops und darüber hinaus. Die Autoren helfen dabei, häufige Fehler zu vermeiden, und warten mit zahlreichen Praxistipps auf. Sie stellen Lösungen für kleine und große Budgets vor und begleiten Sie mit umfangreichem Know-how in jeder Phase Ihres Projekts.

Als Internetagentur legen wir dieses Buch jedem ans Herz, der ein Online-Business betreibt oder dort Fuß fassen möchte. Denn wie beim Bau eines Hauses ist es auch im E-Commerce besser, bereits im Vorfeld zu wissen, was einen erwartet.

Bernhard Ertler & Janina Skibba
sternpunkt.internetideen

Vorwort

Wir sind uns sicher: E-Commerce wird den Handel revolutionieren! Beschäftigen Sie sich daher noch heute mit diesem spannenden Thema, damit Sie mit Ihrem Unternehmen auch noch morgen erfolgreich am Markt agieren können!

Sicherlich handelt es sich beim Thema E-Commerce weder um ein hippes Buzzword noch um einen modischen Trend. Dennoch müssen Sie sich mit diesem Thema lieber heute als morgen auseinandersetzen. Auch wenn es E-Commerce, sprich den Handel von Waren und Dienstleistungen über das Internet, schon seit Längerem gibt, ist das Thema für Unternehmen heute aktueller denn je.

Denn mittlerweile befinden wir uns in der Phase der Professionalisierung. Konnte man vor einigen Jahren noch mit geringen Budgets, technisch einfachen Lösungen und einem geringen Marketingbudget äußerst erfolgreich sein, ist dies heute nicht mehr möglich. Immer mehr Unternehmen interessieren sich für den elektronischen Handel, große »Player« überziehen mit riesigen Budgets und einem enormen Knowhow unzählige Branchen, und jeden Tag wird eine andere Nische von einem aufstrebenden Unternehmen besetzt. Die Luft wird dünner, die Konkurrenz nimmt zu, und erfolgreich im E-Commerce aktiv zu sein, wird immer schwieriger.

Exakt aus diesem Grund haben wir uns dazu entschlossen, dieses Buch zu schreiben und Ihnen damit ein umfassendes Handbuch zu bieten, das alle relevanten Teile des E-Commerce abbildet. Unser Ziel besteht darin, Ihnen als »Neuling« einen Überblick über die wichtigsten Themen zu verschaffen, aber auch zugleich den alten Hasen ein Nachschlagewerk mit Details, Insiderwissen und Best Practices zur Verfügung zu stellen. Bei der Entwicklung dieses Buches war uns vor allem der Überblick über die verschiedenen Themen wichtig. Denn es gibt unzählige Online-Marketing-Bücher, genau so wie es Bücher zu diversen Shop-Systemen wie Magento oder Oxid gibt. Erfolgreich werden Sie aber nur, wenn Sie alle relevanten Themen kombinieren und einen umfassenden Überblick haben. Welche Anforderungen muss denn eine Online-Shop-Lösung erfüllen, damit Sie später professionelles SEO betreiben können? Was zeichnet einen guten Produktkatalog aus, und welche Rolle spielt die bestehende IT-Infrastruktur? Auf alle diese und noch eine Vielzahl weiterer Fragen möchten wir Ihnen innerhalb dieses Buches Antworten liefern.

Aus diesem Grund beginnen wir zuallererst mit der Konzeption des Online-Shops. Finden Sie heraus, innerhalb welcher Branchen E-Commerce sinnvoll ist und was Sie bei der Planung des Online-Shops beachten müssen. Denn eine gute Planung ist, wie Sie vielleicht wissen, die halbe Miete. Steht das Konzept, widmen wir uns dem Thema Online-Shop-Lösungen. Letztendlich gibt es eine Vielzahl an Lösungen, und es geht darum, dass Sie in der Lage sind, die für Sie »beste« Software zu identifizieren. Haben Sie sich für eine Software entschieden, machen wir uns im nächsten Schritt an den Produktkatalog und geben nützliche Tipps für den Aufbau von Warengruppen und Ihr Produktsortiment. Hier geht es speziell auch darum, wie Sie Ihre Produkte am »besten« präsentieren können. Schlussendlich zählen die Auswahl der Produkte, die Preisgestaltung und insgesamt die »Verpackung« Ihres Angebots. Ist die Basis erst einmal geschaffen, möchten wir Ihnen einen Einblick in die Gestaltung und das Thema Usability ermöglichen. Innerhalb dieses Kapitels beleuchten wir erfolgreiche Online-Shops und zeigen Ihnen auf, warum genau diese Shops denn so erfolgreich sind und welche Möglichkeiten Sie haben, gewisse Realisierungsansätze zu adaptieren, damit Sie von diesem Erfolg ebenso profitieren können.

Nachdem Sie sich durch diese Kapitel gearbeitet haben, steht die Basis für eine erfolgreiche E-Commerce-Aktivität. Als Nächstes zeigen wir Ihnen, welche Kriterien Sie bei der Auswahl von Zahlungs- und Versanddienstleistern beachten müssen und wie Sie Ihren Online-Shop in die bestehende IT-Infrastruktur integrieren können. Damit Sie in Ihrem Online-Shop genügend Besucher erzielen, behandeln wir im darauffolgenden Kapitel das Thema Online-Marketing. Erfahren Sie, welche Möglichkeiten Sie im E-Commerce haben, um zu werben, und worin die Tücken und der Nutzen der verschiedensten Marketingkanäle liegen. Wir möchten Ihnen unbedingt vermitteln, wie Sie nach dem erfolgreichen Aufbau Ihres Shops so viel Traffic erzeugen, dass Sie den gewünschten Absatz erzielen. Damit Sie anfallende Probleme rechtzeitig identifizieren können – und glauben Sie uns, im E-Commerce werden Sie täglich mit Problemen zu kämpfen haben –, gehen wir auf das Thema Controlling und Erfolgsmessung ein. Nach diesem Kapitel werden Sie wissen, welche Softwarelösungen für das Thema E-Commerce-Controlling existieren und wie Sie diese gezielt einsetzen können, um den Erfolg Ihres Online-Shops nachhaltig zu steigern. Zu guter Letzt gehen wir im Detail auf weiterführende Themen wie Mobile Commerce und Internationalisierung ein sowie auf verschiedenste Best-Practice-Ansätze, die wir in den letzten Jahren bei unserer Arbeit im E-Commerce gewonnen haben.

Wie Sie sehen, ist unser Buch mit den wichtigsten E-Commerce-Themen gespickt, die wir nicht nur oberflächlich anreißen, sondern im Detail behandeln. Wenn Sie das Buch von Anfang bis Ende durchlesen, werden Sie einen roten Faden erkennen. Natürlich können Sie, wenn Sie sich thematisch in einem Themengebiet sehr gut auskennen, einzelne Kapitel auch überspringen. Sie müssen das Buch nicht von vorn bis hinten lesen, sondern können sich für die Kapitel entscheiden, die Sie besonders interessieren. Hier möchten wir Ihnen als Leser die größtmögliche Flexibilität und Freiheit bieten.

Wir Autoren wünschen Ihnen nun viel Spaß beim Lesen und viel Erfolg beim Aufbau oder der Optimierung Ihres Online-Shops. Nutzen Sie die Chancen und Möglichkeiten, die Ihnen der E-Commerce bietet. Denn für Sie als Unternehmer oder E-Commerce-Verantwortlicher sind diese fast grenzenlos.

Happy E-Commerce!

Danksagung

Alexander Steireif

Die Arbeit an einem Buch, speziell wenn man bei null beginnt, erfordert eine Unmenge an Zeit und Konzentration. Aus diesem Grund möchte ich mich an dieser Stelle in erster Linie bei meiner Freundin Martina bedanken, die an einigen Wochenenden und Abenden unter der Woche auf mich verzichten musste. Aber nicht nur den Verzicht auf die gemeinsame Zeit rechne ich ihr hoch an, sondern auch die Ruhe und das Verständnis in den stressigen Phasen, in denen ich das eine oder andere Mal meine »künstlerische Laune« herausgelassen habe. Vielen Dank!

Rouven Alexander Rieker

Ich bedanke mich an dieser Stelle bei meiner Familie und meinen Freunden, die mir gerade in stressigen Zeiten des Schreibens den Rücken freigehalten haben, mich auf die unterschiedlichsten Arten unterstützt und motiviert haben und mir den chronischen Zeitmangel nicht krumm genommen haben. Vielen Dank für alles!

Markus Bückle

Ich möchte allen danken, die mich direkt oder indirekt bei der Arbeit an diesem Buch unterstützt haben. Besonders bei meiner Verlobten für ihr Verständnis und die Geduld, die sie während der ganzen Zeit aufgebracht hat.

Das Autorenteam

Zusammen bedanken wir uns bei dem Team des Rheinwerk Verlags, insbesondere bei Stephan Mattescheck und Erik Lipperts, und unseren Fachgutachtern für die hervorragende Zusammenarbeit sowie Unterstützung und konstruktive Kritik während der Schreibphase und das Erledigen der gesamten Tätigkeiten »im Hintergrund«. Ohne sie wäre das Buch nicht zu dem geworden, was es heute ist. Vielen lieben Dank!

Kapitel 1
Bevor Sie starten – analysieren und vorbereiten

Immer mehr Unternehmen setzen auf das Thema E-Commerce, um Neukunden zu gewinnen, Umsätze zu steigern und sich für die Kundenbedürfnisse des 21. Jahrhunderts fit zu machen. Bei einem Online-Shop handelt es sich aber nicht nur um ein Stück Software, sondern um ein komplexes Projekt, das nicht unterschätzt werden darf.

Herzlichen Glückwunsch! Mit dem Kauf dieses Buches haben Sie die Entscheidung getroffen, im E-Commerce aktiv zu werden bzw. Ihr Engagement im digitalen Handel zu vertiefen. Auch wenn der elektronische Handel in Deutschland schon seit Jahren auf dem Vormarsch ist, die ersten Online-Shops gingen Anfang 2001/2002 an den Start, herrscht aktuell weiterhin eine Goldgräberstimmung. Immer mehr Branchen entdecken die Vorteile des elektronischen Handels, seien es Prozesskostenoptimierungen, Steigerung der Umsätze und der Gewinne, Optimierung durchschnittlicher Bestellwerte oder auch einfach nur die Chance, den eigenen Kunden einen weiteren und flexibleren Absatzkanal zu bieten.

Der E-Commerce bietet tatsächlich eine Vielzahl an Vorteilen und vor allem Chancen, sowohl für Unternehmen wie auch für die Kunden. Aber der E-Commerce birgt ebenfalls Herausforderungen und Hürden. Auch wenn die Goldgräberstimmung noch anhält, denken Sie einfach an die Lebensmittelunternehmen, die sich bislang im elektronischen Handel komplett zurückgehalten haben und nun immer mehr Interesse an dem digitalen Absatzkanal finden – die Hürden für Unternehmen, die nun im E-Commerce aktiv werden, werden konstant höher. Konnte man vor Jahren noch mit überschaubaren Investitionen, zum Teil rudimentären Marketingkonzepten und einfachen Produktideen stolze Umsätze und Erfolge erzielen, so ist der Markt heute wesentlich professioneller. Die Professionalität spiegelt sich aber nicht nur in der technischen Realisierung wider. Heutzutage ist es mehr denn je notwendig, ein passendes Konzept zu haben, die Marketingkanäle gut zu kennen, Produkte perfekt zu positionieren, eine solide technische Lösung zu betreiben, rechtliche Aspekte zu kennen und, vereinfach gesagt, sich mit allen Bereichen des E-Commerce zu beschäftigen. Die »Rosinenpickerei« der vergangenen Jahre, in denen sich Unternehmen nur auf gute Preise oder eine gute Vermarktung konzertiert haben, führt heute nicht mehr zum Erfolg. Erfolg im E-Commerce – und das ist auch Ihr Ziel, sonst hätten Sie dieses Buch nicht gekauft – entsteht ausschließlich durch eine ganzheitliche Betrachtung. Und genau diese ganzheitliche Betrachtung ist auch der Anspruch der folgenden Kapitel. Wir möchten mit Ihnen gemeinsam das Thema E-Commerce umfassend beleuchten, Ihnen Themen und Bereiche näherbringen, mit denen Sie sich zwangsläufig beschäftigen müssen, und gemeinsam mit Ihnen die Komplexität aus dem digitalen Handeln nehmen. Denn auch wenn die Hürden und Anforderungen hoch sind, bietet der E-Commerce so viele Chancen und Möglichkeiten für Sie und Ihr Unternehmen, Erfolge zu erzielen, dass Sie an dieser Stelle nur zwei Dinge benötigen: Neugierde und Mut. Wenn Sie diese beiden Eigenschaften vorweisen, dann können Sie genau wie die Glückssucher im Wilden Westen die Goldgräberstimmung nutzen, Ihre Schaufel nehmen und nach Ihrem Glück und Erfolg suchen.

1.1   Bevor Sie mit dem Lesen dieses Buches starten

Bevor wir mit der Planung und Konzeption Ihres Online-Shops starten und damit in die Thematik einsteigen, möchten wir Ihnen an dieser Stelle noch ein paar Hinweise geben, wie Sie am besten mit diesem Buch arbeiten können und vor allem an wen wir uns mit dieser Lektüre wenden.

1.1.1   An wen richtet sich dieses Buch?

Das Buch ist geschrieben worden für Unternehmen, für Projektmanager, Enthusiasten und alle Personen, die im E-Commerce involviert sind und aktuell die Realisierung eines Online-Shops planen. Dabei spielt es primär keine Rolle, ob Sie Zalando vom Thron stoßen wollen oder einfach nur mit einem kleinen Online-Shop beginnen möchten, denn die Anforderungen sind im Grunde genommen sehr ähnlich.

Das Buch soll Ihnen als Leser vor allem dabei helfen, das Thema E-Commerce viel genauer einzuschätzen, und Ihnen die Augen öffnen, was denn bei der Realisierung eines E-Commerce-Projekts und dem Betrieb eines Online-Shops alles bedacht und erledigt werden muss. Denn gerade aufgrund unseres Agenturalltags sehen wir, dass Unternehmen dieses Thema viel zu oft auf die leichte Schulter nehmen, »mal kurz« einen Online-Shop installieren und nach ein paar Wochen die Segel streichen, weil die Erfolge ausgeblieben sind. Unser Ziel ist es daher, Ihnen dabei zu helfen, die oftmals vorhandene rosarote E-Commerce-Brille abzunehmen, ohne dabei pessimistisch zu sein. Für den Erfolg ist aber eine Eigenschaft ganz wichtig, und zwar ein Thema bzw. ein Projekt realistisch einzuschätzen und einzuordnen – und genau das möchten wir leisten.

1.1.2 Wie arbeiten Sie am besten mit diesem Buch?

Wir haben bei der Entwicklung dieses Buches die Kapitel so entwickelt, dass Sie sie auch einzeln lesen können. Wir verfolgen zwar einen roten Faden vom ersten bis zum letzten Kapitel, doch wenn Sie der Meinung sind, sich in einem Thema, das wir in einem Kapitel behandeln, bereits perfekt auszukennen, dann können Sie das Kapitel natürlich überspringen. Sofern Sie das Buch von Anfang bis Ende lesen – was wir Ihnen übrigens empfehlen, denn vielleicht ist ja doch noch der eine oder andere Tipp für Sie verborgen, selbst wenn Sie sich in einem bestimmten Thema schon gut auskennen –, dann werden Sie erkennen, dass wir bei der Planung und Realisierung des Online-Shops chronologisch vorgehen. Das heißt, wir beschreiben den kompletten Entwicklungsprozess, beginnen dabei bei der Konzeption, wechseln zur Auswahl der geeigneten Software, dem Aufbau des Produktsortiments, besprechen das Marketing und schließlich die Optimierung. Das sind letztendlich alle Phasen, die Sie bei der Realisierung eines E-Commerce-Projekts berücksichtigen und beachten müssen. Sofern sinnvoll, bieten wir Ihnen innerhalb eines Kapitels an geeigneten Stellen Querverweise zu anderen Kapiteln. Wichtige Informationen werden übrigens in Form von Info-Kästen besonders hervorgehoben.

1.1.3 Was dieses Buch nicht leistet

Auch wenn wir versuchen, so praxisnah und mit so vielen Beispielen wie möglich zu arbeiten, so ist eines klar: Jedes Unternehmen ist anders, jedes Produkt muss anders aufgebaut und verkauft werden, auch die Vermarktung hängt ganz speziell von der anvisierten Zielgruppe und noch vielen weiteren Faktoren ab. Dementsprechend werden wir innerhalb dieses Buches keine generellen Rezepte präsentieren können, die immer funktionieren. Viel mehr erklären wir Vorgehensweisen, Muster und Möglichkeiten, und Sie müssen entscheiden, ob es für Sie und Ihr Unternehmen ein gangbarer Weg ist. Denn letztendlich ist der E-Commerce so wahnsinnig komplex, dass es keine allgemeingültigen Lösungen gibt.

1.2 Ist Ihr Unternehmen bereit für den Online-Handel?

Eine zentrale Frage, die Sie sich zuallererst stellen müssen, lautet: Ist mein Unternehmen bereit für den Online-Handel? Diese Frage klingt banal, und Sie werden sie sicherlich spontan mit Ja beantworten, denn ansonsten hätten Sie dieses Buch nicht gekauft. Aber es handelt sich hierbei um eine Frage, die Sie in Ruhe beleuchten müssen. Denn E-Commerce ist mehr als das reine Installieren einer Online-Shop-Software. E-Commerce bedeutet, dass Sie in Ihrem Unternehmen und Ihrer Organisation einen weiteren Vertriebskanal etablieren und diesen auch leben. Das betrifft schlussendlich auch die Preis- und Kundenpolitik, interne Prozesse und hat Einfluss auf das Unternehmensimage.

Um diese zentrale Frage zu beantworten, möchten wir in diesem Kapitel vor allem bei den Grundsätzen anfangen und gemeinsam mit Ihnen herausfinden, wo Sie mit Ihrem Unternehmen stehen, was Sie an Vorarbeit leisten müssen und wie Sie im E-Commerce starten können.

1.2.1   Akzeptanz für das Thema E-Commerce

Mit der Akzeptanz steht oder fällt der Erfolg eines jeden E-Commerce-Projekts! Wenn Sie gerade selbst ein Unternehmen gegründet haben bzw. eine »One-Man-Show« sind, haben Sie glücklicherweise mit diesem Problem nicht zu kämpfen. Sind Sie hingegen E-Commerce-Verantwortlicher in einem Unternehmen, ist es wichtig, im ersten Schritt die Akzeptanz in Ihrer Organisation für Ihr E-Commerce-Engagement zu erfragen. Oftmals, speziell wenn Sie einen neuen Online-Shop einführen und bislang noch kein Engagement im E-Commerce betrieben wurde, stoßen Sie als E-Commerce-Verantwortlicher anfangs auf Ablehnung. Diese Ablehnung kann die verschiedensten Gründe haben und auch aus den verschiedensten Abteilungen kommen. Die Ängste, die dahinterstehen, sind häufig unbegründet, und daher können Sie an dieser Stelle ansetzen und das Unternehmen für das Thema E-Commerce sensibilisieren.

Doch mit welchen Ablehnungshaltungen können Sie in der Praxis konfrontiert werden? Speziell der Vertrieb ist oftmals ein sehr großes Problem, da er im Online-Shop immer einen günstigeren Ersatz seiner eigenen Person(en) vermutet. Denn was möchten Sie mit Ihrem Online-Shop erreichen? Klar, Produkte verkaufen. Und was macht Ihr Vertrieb den gesamten Tag? Eben, Produkte verkaufen! Also ist es doch nur menschlich und naheliegend, dass Ihre Mitarbeiter im Vertrieb befürchten, durch eine »günstigere« Lösung ersetzt zu werden, die nicht jeden Monat einen Gehaltsscheck benötigt. Das wird zwar meist nicht angesprochen, erklärt aber die oftmals ablehnende Haltung der Vertriebsmitarbeiter gegenüber dem Online-Shop oder allgemein gegenüber dem Engagement im E-Commerce. Sie werden dann mit Argumenten konfrontiert wie: »Die Kunden möchten eine persönliche Beratung«, oder »Unsere Kunden werden den Online-Shop nicht verstehen, sie möchten weiterhin per Fax oder E-Mail bestellen.«

Doch ist das wirklich so? Lassen Sie Ihren Kunden die Wahl, wie Sie bestellen möchten, und setzen Sie sich mit Ihrem Vertrieb auseinander. <u>Argumentieren Sie, dass ein Online-Shop ein zusätzlicher Vertriebskanal ist, der als Ergänzung, nicht als Ersatz dient.</u> Denn Mitarbeiter dafür zu bezahlen, Daten in Masken einzugeben, ist in der heutigen Zeit ein Luxus, den sich kein Unternehmen mehr leisten kann. Und genau diese Tätigkeit nimmt Ihnen Ihr Online-Shop ab. Dieser ermöglicht die selbstständige Eingabe von Produkten und Zahlungsinformationen, wodurch Ihre Kunden vollkommen problemlos und selbstständig einkaufen können. Für diese Tätigkeit benötigen Sie keine Vertriebsmitarbeiter, aber sehr wohl, um dafür zu sorgen, dass neue Unternehmen oder Privatpersonen Kunden von Ihnen werden. Stichwort CRM (Customer Relationship-Management): Kundenbeziehungen müssen gepflegt und ausgebaut werden, Neukunden müssen akquiriert werden. Das ist die Aufgabe Ihres Vertriebs, und wenn Sie dies entsprechend kommunizieren, wird auch die Akzeptanz für den Online-Shop steigen, und Sie haben einen Bereich weniger, der Ihnen in die Parade fahren kann.

Neben dem Vertrieb, der bei einem E-Commerce-Projekt das größte Gefahrenpotenzial darstellt, haben Sie aber auch weitere Abteilungen in Ihrer Organisation, die Sie mit ins Boot holen müssen. Die Werbung hat oftmals Angst, dass das Image »beschädigt« oder falsch transportiert werden könnte, und die Geschäftsführung sieht oftmals einfach nur die Kosten und nicht den Nutzen eines Online-Shops. Auch hier gilt es im ersten Schritt, die entsprechenden Ängste zu sammeln und für das Thema E-Commerce zu werben. Denn auch ein Online-Shop kann das Image Ihres Unternehmens verbessern, nämlich wenn Kunden plötzlich rund um die Uhr einkaufen und sich über Ihre Produkte informieren können. Und ein Online-Shop verursacht zwar Kosten, spielt aber auch wieder Gewinne ein. Wenn die Planung im Vorfeld stimmt, ist die Argumentation bei der Geschäftsführung ebenso kein Problem.

Bevor Sie daher mit der Planung Ihrer E-Commerce-Strategie starten, schauen Sie, inwiefern mögliches Störpotenzial bei Ihnen im Unternehmen vorhanden ist, und setzen Sie sich mit den entsprechenden Personen zusammen. Arbeiten Sie gemeinsam an der E-Commerce-Strategie für Ihr Unternehmen. Wenn Sie sich dagegen selbst zu einer One-Man-Show zählen, haben Sie zumindest in diesem Punkt ein Problem weniger, denn wenn Sie selbst vom E-Commerce nicht überzeugt wären, würden Sie sicherlich dieses Buch nicht gekauft haben!

1.2.2   Kunden und potenzielle Kunden

Der schönste Online-Shop mit der besten Marketingstrategie und einer perfekten Usability nützt Ihnen nichts, wenn Ihre (Bestands)Kunden den Online-Shop ablehnen und keinen Nutzen darin erkennen. Genau aus diesem Grund müssen Sie sich im Vorfeld, bevor Sie mit der Planung und Realisierung Ihres Online-Shops starten, Ihre Kunden etwas genauer ansehen. Wie hoch ist das durchschnittliche Alter Ihrer Kunden, sind sie tendenziell internetaffin, oder verzichten Ihre Kunden eher auf die Arbeit mit Computern oder Smartphones? Sind Ihre Kunden überhaupt tagsüber in einem Büro oder den gesamten Tag unterwegs? Gerade dieser Punkt hat schon einen großen Einfluss auf den Online-Shop. So gibt es Berufsgruppen, die tagsüber auf einer Baustelle unterwegs sind. Bestellungen wären daher nur morgens oder am späten Abend möglich. Sie müssen sich also ein umfassendes Bild machen, ob ein Online-Shop Ihren Kunden wirklich einen Mehrwert bietet, denn wenn Ihre Kunden keinen Mehrwert in einem Online-Shop sehen, werden sie diesen nicht akzeptieren.

Wie können Sie nun am einfachsten herausfinden, ob sich ein Online-Shop bei Ihren Kunden lohnen würde? Vor allem Bestellungen per Fax, E-Mail oder Telefon sind ein Indiz dafür, dass Sie auch einen Online-Shop etablieren können. Wenn Sie daher ausschließen können, dass Ihre Kunden Ihre Verkäufer persönlich sehen müssen, wie es beispielsweise in einem Ladengeschäft der Fall ist, so werden Sie Ihre Kunden weg vom Telefon, dem Fax und der E-Mail hin zu einem Online-Shop lotsen können. Denn ein Telefonat kostet Zeit, viel Zeit und geht nur zu Uhrzeiten, an denen Ihre Hotline besetzt ist. Ein Fax ist mit Aufwand verbunden, genau wie eine E-Mail. Hier würde ein Online-Shop den Aufwand reduzieren, und die Minimierung von Aufwand wird von Kunden stets positiv wahrgenommen. Zusätzlich empfiehlt es sich, bei einer Hand voll guter Kunden im Vorfeld anzufragen, wie sie dem Thema E-Commerce gegenüberstehen, was ihnen bei einem Online-Shop wichtig ist und auf was Sie achten sollten.

1.2.3 Lieferanten bzw. Hersteller

Die Lieferanten bzw. Hersteller sind ein oftmals unterschätztes Rädchen im Getriebe des E-Commerce. Denn sind wir einmal ehrlich, ohne Lieferanten können Sie keinen Online-Shop betreiben, außer Sie sind ihr eigener Hersteller, was aber oftmals nicht der Fall ist. Bevor Sie den Schritt in den E-Commerce wagen, sprechen Sie Ihre Lieferanten auf Ihr Vorhaben an. Denn es gibt Branchen, da wird das Engagement im E-Commerce gar nicht einmal so gerne gesehen. Lieferanten argumentieren oftmals mit dem Preisverfall oder der »Beschädigung« des Images. Insgeheim geht es aber eher darum, dass viele Lieferanten auch direkt an Endkunden verkaufen und Ihnen kein Stück vom Kuchen abgeben möchten. Aber selbst wenn Lieferanten keine Probleme mit einem Online-Shop haben, müssen Sie im Vorfeld gewisse Rahmenbedingungen klären. In der Sportartikelbranche beispielsweise gibt es nämlich UVPs, die Sie unter keinen Umständen unterbieten dürfen, auch wenn das aufgrund der Margen möglich wäre. Die Konsequenz, wenn Sie dies dennoch tun: Sie werden einfach nicht mehr beliefert. Schwierig wird es immer dann, wenn Sie beispielsweise eine Tiefpreisstrategie planen, um im E-Commerce Fuß zu fassen und Neukunden zu gewinnen, dies aber aufgrund von Limitierungen der Verkaufspreise gar nicht möglich ist. Denn dann löst sich Ihr Konzept binnen Minuten in Luft auf, und Sie brauchen einen Plan B.

> **Förderung der E-Commerce-Aktivität durch Lieferanten**
>
> Vielen Shop-Betreibern ist es nicht bewusst, aber es gibt Lieferanten bzw. Hersteller, die sich an den E-Commerce-Aktivitäten Ihrer Kunden finanziell beteiligen oder auch Materialen wie Bilder und Texte zur Verfügung stellen. Schon allein aus diesem Grund sollten Sie sich mit Ihren wichtigsten Lieferanten und Herstellern hinsichtlich Ihrer E-Commerce-Aktivitäten unterhalten, da eine Unterstützung immer im Rahmen des Möglichen liegt.

Schaffen Sie daher vor der Planung Ihrer E-Commerce-Strategie Fakten, und stecken Sie gemeinsam mit Ihren Lieferanten bzw. Herstellern die Rahmenbedingungen ab.

1.2.4   Manpower

Die Entwicklung und Betreuung eines Online-Shops erfordert volles Engagement, denn die Zeiten, in denen Sie »mal so nebenbei« einen erfolgreichen Online-Shop aufbauen konnten, sind vorbei. Der Betrieb eines Online-Shops ist ein Full-Time-Job. Umso erstaunlicher ist die Vorgehensweise vieler Unternehmen, die irgendeinen armen Mitarbeiter aus der IT- oder Marketingabteilung für den Online-Shop abstellen. Diese Person darf dann zusätzlich zum eigentlichen Tagesgeschäft unregelmäßig nach dem Online-Shop schauen und die Punkte abarbeiten, die gerade anfallen. Das ist, deutlich gesprochen, ein No-Go, denn wenn Sie seriös und erfolgreich im E-Commerce Fuß fassen möchten, dann muss sich eine Person zu 100 % um den Online-Shop kümmern. Denn Produktpflege, Bestellabwicklung, Marketing und strategische Weiterentwicklung betreibt man nicht nebenbei, dafür sind diese Aufgaben viel zu wichtig!

1.2.5   Investitionsbereitschaft

Wie Sie später in diesem Kapitel lesen können, kostet ein Online-Shop Geld. Denn alles, was Geld erzeugt, benötigt zuallererst Geld. Zumindest ist uns kein Geschäftsmodell bekannt, bei dem Sie ohne Investitionen in Form von Zeit und Geld am Ende des Tages Gewinne erwirtschaften, von denen Ihr Unternehmen leben kann. Interessanterweise ist jedoch gerade bei Unternehmen im E-Commerce das Verständnis hierfür nicht vorhanden, gibt es doch kostenlose Online-Shop-Software, erfolgt die Vermarktung doch kostenlos über organische Google-Rankings, und die Mitarbeiter können sich ja zusätzlich um den Online-Shop kümmern. Alles in allem kann man, so die Überlegung mancher Unternehmen, mit so gut wie keinen Investitionen einen Online-Shop aufbauen. Stopp! Wenn in Ihrem Unternehmen eine solche Einstellung vorherrscht, müssen Sie direkt an diesem Punkt ansetzen und von Anfang an definieren, ob Investitionsmöglichkeiten vorhanden sind oder nicht.

Wenn Sie Ihr eigener Chef sind und einen Online-Shop planen, dann gilt dies im Übrigen auch für Sie. Auch wenn es hart klingen mag, aber Erfolge im Online-Shop erfordern Investitionen. Wenn Sie daher von Ihrem Online-Shop leben möchten, und diese Absicht unterstellen wir Ihnen, dann werden Sie gewisse Investitionssummen benötigen. Auch wenn es ehrenhaft ist, anfangs viel selbst machen zu wollen, Sie werden an einigen Stellen Profis brauchen, und Profis kosten nun einmal Geld. Oder arbeiten Sie gerne für »einen Appel und ein Ei«?

Leider ist es aufgrund des immer komplexeren Marktumfeldes und der immer größeren Erwartungshaltung Ihrer Kunden nicht mehr wie früher möglich, mit vermeintlich einfachen Lösungen gute Umsätze zu erzielen, dieser Zug ist leider abgefahren. Daher raten wir den Unternehmen, die bei uns anfragen und bei denen ein gewisser Budgetkonflikt besteht, schon im Vorfeld vor der Realisierung eines E-Commerce-Projekts ab, denn Sie tun sich damit keinen Gefallen, wenn am Ende des Projekts die erhofften Bestellungen und Kunden ausbleiben.

1.2.6   Eignen sich Ihre Produkte für den Online-Handel?

Was sind eigentliche »gute« Produkte für den elektronischen Handel, und welche Produkte lassen sich gar nicht verkaufen? Einfache Antwort: Sie können alle Produkte online verkaufen. Die Befürchtung, dass gewisse Artikel online nicht verkauft werden können, dass es »perfekte« Produkte für den E-Commerce gibt, ist unbegründet. Denken Sie doch einmal nach, welche Unternehmen erfolgreich im E-Commerce agieren und Ihnen auch geläufig sind.

Amazon

Klar, der Branchenprimus. Sobald Sie im E-Commerce aktiv werden, stolpern Sie früher oder später über Amazon. Denn Amazon ist ein enorm faszinierendes Unternehmen. Vom einfachen Buchversandhandel bis hin zum Cloud-Anbieter hat Amazon in den letzten Jahren ein enormes Wachstum vollzogen. Und welche Produkte vertreibt Amazon heutzutage? Vom Buch über die DVD bis hin zu Elektronikartikeln, Süßigkeiten und Toilettenpapier – auf Amazon finden Sie fast alles!

Das sehen Sie auch in Abbildung 1.1 beim Aufruf der Startseite von Amazon. Neben Kompressoren, die mir empfohlen werden, sind auf derselben Seite DVDs, Bücher und Tablets abgebildet.

Das Faszinierende an Amazon ist dabei die Tatsache, dass sehr viele Artikel auch erfolgreich verkauft werden. Selbst der Verkauf digitaler Inhalte läuft an, und das ist auch schon eine wichtige Erkenntnis. Sie können all die Produkte vertreiben, bei denen eine gewisse Nachfrage besteht. Die Voraussetzung ist also schlicht die Nachfrage und weniger die Beschaffenheit und Eigenschaft eines Artikels. Wenn Sie jedoch merken, dass nach Ihren Artikeln keine große Nachfrage besteht, wird es schwierig. Denn nur wenige Unternehmen haben die Möglichkeit, selbst für die Nachfrage zu sorgen und sie zu generieren.

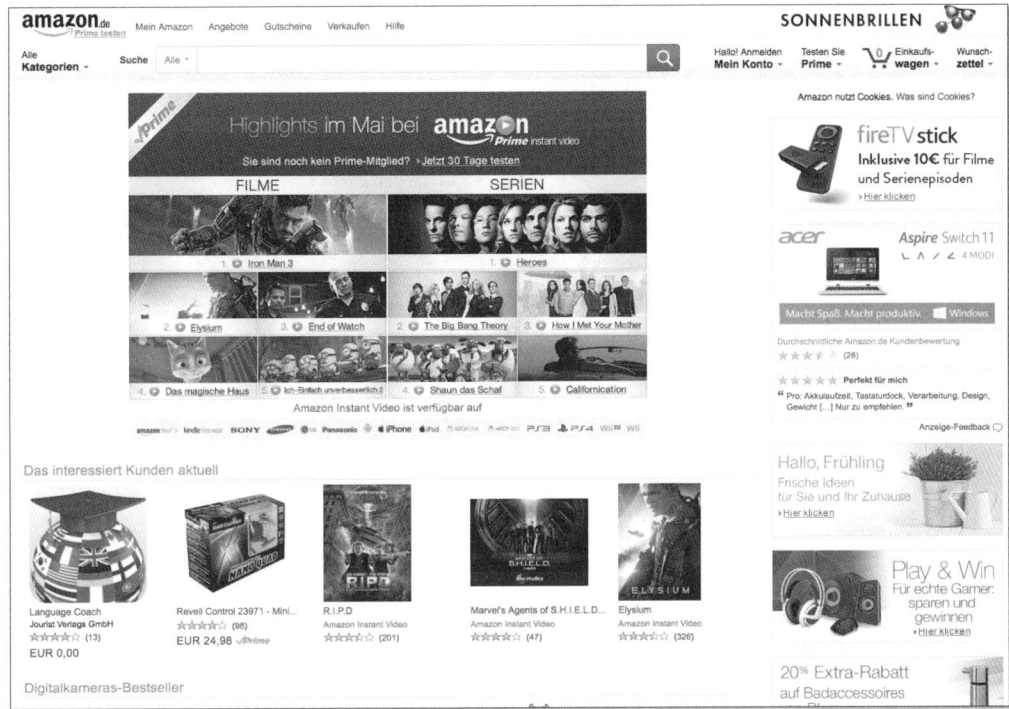

Abbildung 1.1 Amazon ist zweifelsohne der Branchenprimus.

Otto

Sicherlich kennen Sie noch die dicken Otto-Kataloge, die regelmäßig an gefühlt alle Haushalte in Deutschland versendet wurden. Diese Zeit ist so gut wie vorüber, denn Otto macht über den eigenen Shop sagenhafte Umsätze und verkauft sein komplettes Produktsortiment. Wie Sie in Abbildung 1.2 sehen können, haben Sie sogar die Möglichkeit, Waschmaschinen online zu bestellen.

Es findet daher keine Differenzierung gegenüber dem Katalogverkauf statt. Alles, was im Otto-Katalog verkauft und gekauft wurde, lässt sich 1:1 auch auf den Online-Shop übertragen und dort kaufen, unabhängig vom Gewicht, der Größe oder dem Preis des Artikels.

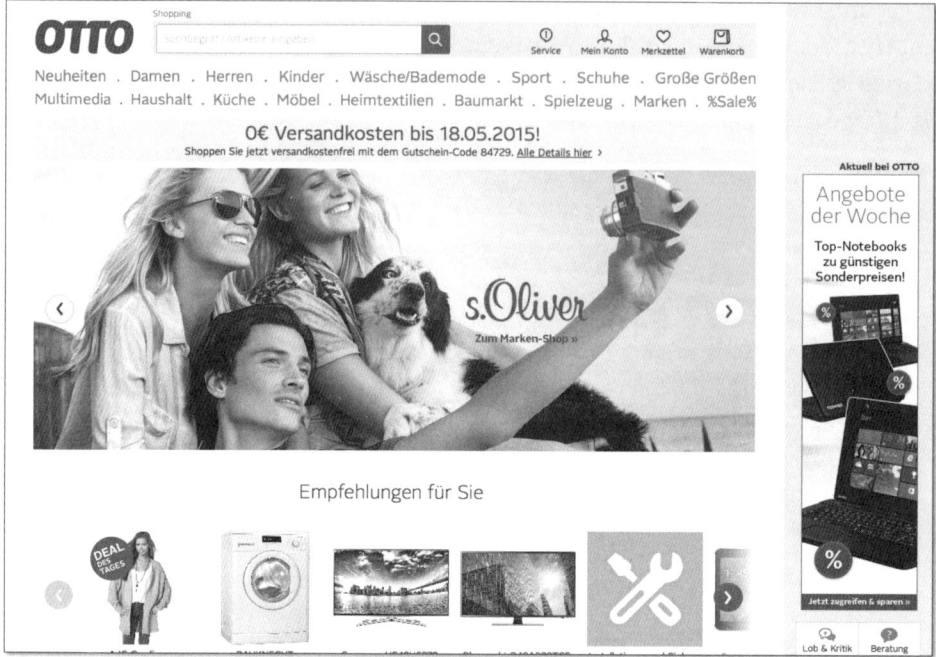

Abbildung 1.2 Otto verkauft online sein gesamtes Produktsortiment, das aus den Katalogen bekannt ist.

MEVACO GmbH

Haben Sie schon einmal online ein Lochblech konfiguriert und anschließend bestellt? Nein? Das wird Ihnen beispielsweise von dem Unternehmen MEVACO ermöglicht. Speziell MEVACO ist ein hervorragendes Beispiel dafür, dass Sie grundsätzlich alle Produkte online verkaufen können, wenn Sie es denn richtig angehen. Denn auch wenn früher die Lochbleche, Streckmetalle und Wellengitter nur telefonisch verkauft wurden, so spricht doch absolut gar nichts dagegen, diese Artikel online zu vertreiben.

Auch bei solch exotischen Artikeln müssen Sie sich von dem Gedanken lösen, das Produkt sei zu »komplex« oder »schwierig« und könne online gar nicht in der notwendigen Form abgebildet werden. Wie Sie in Abbildung 1.3 sehen können, schaffen Sie dies, so im Fall von MEVACO, mit einem sehr reduzierten und einfachen Online-Shop. Stellen Sie sich daher nicht die Frage, *ob* Sie einen Artikel online verkaufen können, sondern *wie*!

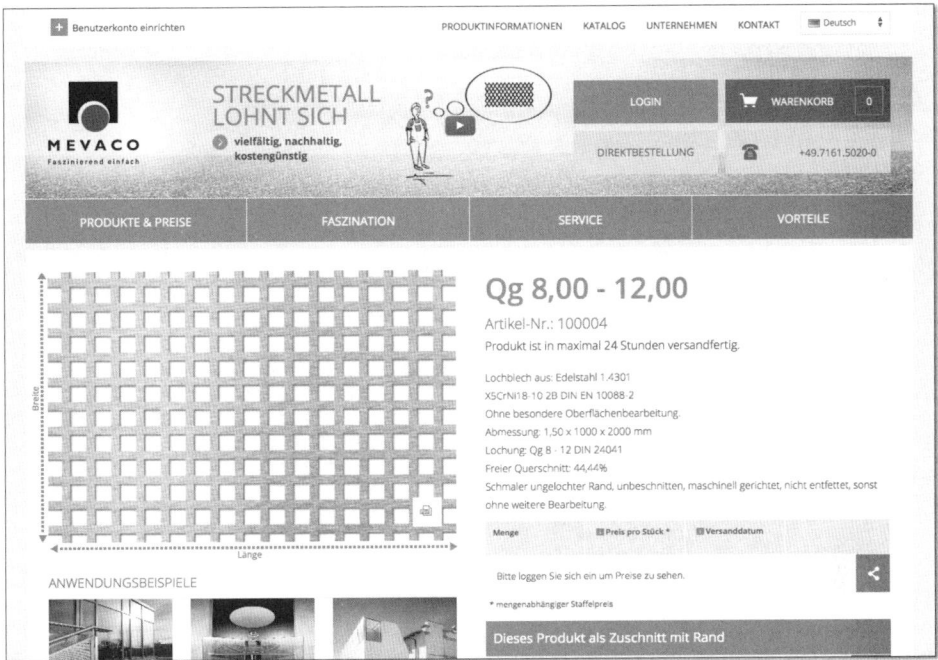

Abbildung 1.3 Bei MEVACO können Sie Ihre Produkte einfach und schnell konfigurieren und direkt online bestellen.

Zalando

Zalando ist der ideale Beweis, dass Modeprodukte online verkauft werden können. Gab es am Anfang noch Zweifler, die meinten, T-Shirts und Hosen müssten anprobiert werden, wurden sie eines Besseren belehrt. Es ist daher mit einer gut durchdachten und realisierten E-Commerce-Lösung auch gar nicht wichtig, ob ein Produkt anprobiert oder angefasst werden muss, wie Sie auch später im Buch noch lesen werden. Das ist unserer Meinung nach einfach ein Irrglaube.

mymuesli

E-Commerce macht im Übrigen auch nicht vor verderblichen Artikeln halt, wie Sie in Abbildung 1.4 sehen können. Speziell der Handel mit Lebensmitteln gewinnt in letzter Zeit immer mehr an Fahrt. Ein gutes, da erfolgreiches Beispiel hierfür ist mymuesli.de, ein Online-Shop, in dem Sie sich Ihr Müsli selbst zusammenmischen und anschließend nach Hause liefern lassen können. Das ist so einfach und intuitiv, dass auch »gelegentliche E-Commerce-Nutzer« damit problemlos klarkommen.

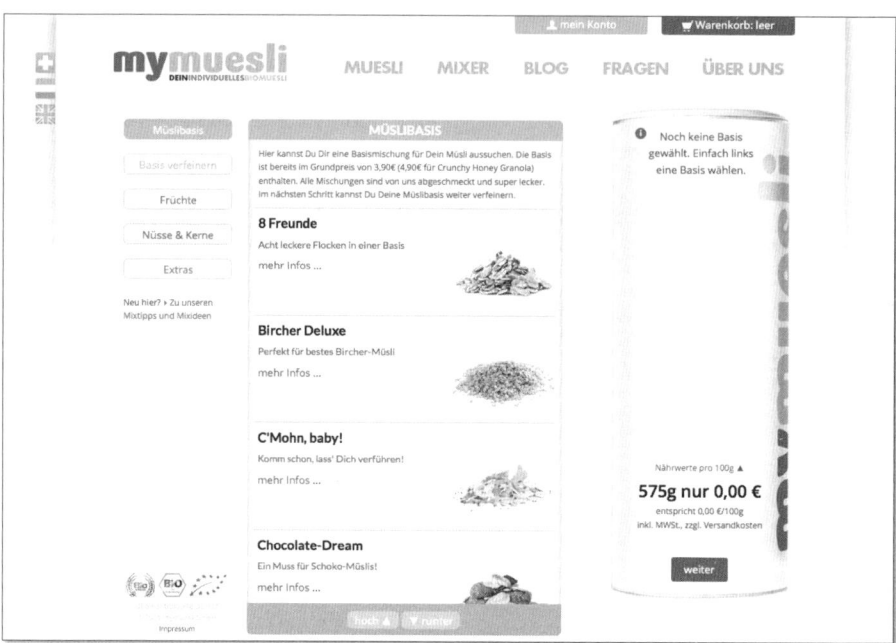

Abbildung 1.4 Konfigurieren Sie Ihr Müsli selbst auf »www.mymuesli.de«.

Aber mymuesli ist nicht ausschließlich ein Beispiel für den erfolgreichen Vertrieb von Lebensmitteln. Wenn Sie sich die Preise der Müslimischungen ansehen, werden Sie anfangs staunen. Denn diese sind im Vergleich zum Müsli im Supermarkt sehr hoch. Aber auch das hat keinen negativen Einfluss auf den Erfolg, denn der Nutzen wird entsprechend kommuniziert – ein Paradebeispiel dafür, dass ein Online-Shop nicht ausschließlich mit Dumpingpreisen weit unter denen im stationären Handel bestehen kann.

Was möchten wir Ihnen nun eigentlich mit den oben aufgeführten Beispielen sagen? Sie sollen zwei Fakten verdeutlichen: <u>Zuallererst können Sie alles online verkaufen, und damit meinen wir wirklich alles. Es gibt nicht den »perfekten« E-Commerce-Artikel, genauso wenig wie es das »ungeeignetste« Produkt gibt. Lassen Sie sich daher anfangs nicht von irgendwelchen »Profis« einreden, man könne Ihre Artikel online überhaupt nicht vertreiben.</u> Zweitens sollen Ihnen die genannten Beispiele vor Augen führen, dass jedes Produkt, jede Branche und jede Zielgruppe Vor- und Nachteile hat. Darauf muss man sich einstellen, denn wie bei den Artikeln gibt es auch hier nicht die »perfekte« Zielgruppe oder »ideale« Branche. Jede Branche kann sich online durchsetzen, und Sie können jede Zielgruppe online ansprechen. Je nachdem, für welche Zielgruppe oder Branche Sie sich entscheiden, haben Sie aber sehr wohl unterschiedliche Herausforderungen zu bewältigen. In der Modebranche gibt es beispielsweise hohe Margen, was ja erst einmal sehr positiv ist. Dafür haben Sie aber auch höhere Retourenquoten als beispielsweise in der Lebensmittelbranche. Wenn

Sie Produkte mit niedrigen Margen haben, müssen Sie hingegen viele Produkte verkaufen und Ihren Gewinn über die Masse erzielen, bei Luxusprodukten reicht ein geringeres Bestellvolumen, dafür haben Sie aber auch einen höheren Wareneinsatz. Wie Sie es auch drehen, Vor- und Nachteile sind immer vorhanden.

Das Wissen um die Vor- und Nachteile der Produkte ist also entscheidend für den Erfolg im E-Commerce. Wie Sie die Vor- und Nachteile analysieren und was das für Sie bedeutet, schauen wir uns in Abschnitt 1.3, »Der Start in den Online-Handel«, genauer an.

1.2.7 Sonstiges

Unternehmen tun sich unserer Meinung nach schwer, und daraus können Sie auch ableiten, ob Sie bereit für den Online-Handel sind. Wenn der Online-Shop ausschließlich als »Nice-to-have«-Feature angesehen wird und der Fokus nicht auf dem Online-Shop liegt, werden Sie früher oder später in eine Art Teufelskreis kommen. Denn in dem Fall gibt es oftmals starke Limitierungen beim Budget und der Manpower, dann werden Sie womöglich keine nennenswerten Erfolge erzielen können. Und wenn Ihnen die Erfolge fehlen, werden Sie es umgekehrt schwer haben, Budgeterhöhungen durchzusetzen. Dementsprechend ist es von Anfang an notwendig, mit Vollgas im E-Commerce einzusteigen und eine umfangreiche und umfassende E-Commerce-Lösung zu entwickeln. Hierfür ist jedoch die Rückendeckung des Unternehmens und wie erwähnt ein gewisses Kapital nötig. Wenn Sie beides haben, sind Sie bereit für den Online-Handel, falls nicht, müssen Sie an diesen Punkten ansetzen, bevor Sie weitere Schritte angehen.

> **Investitionsbereitschaft und Akzeptanz**
>
> Essenziell für die erfolgreiche Ausarbeitung und Realisierung einer E-Commerce-Strategie sind unserer Meinung nach die Akzeptanz des Projekts im Unternehmen und eine vorhandene Investitionsbereitschaft. Wenn Abteilungen Ihren Online-Shop boykottieren und nicht genügend finanzielle Mittel zur Verfügung stehen, wird Ihr Online-Shop nie aus dem »Mittelmaß« heraustreten, und Sie werden keine namhaften Erfolge vorweisen können.

1.3 Der Start in den Online-Handel

Wenn Sie nun bereit sind, in den Online-Handel zu starten und Ihren eigenen Online-Shop aufzubauen, müssen Sie im Vorfeld unterschiedlichste Dinge beachten. Da wir in unserem täglichen Agenturalltag viele neue E-Commerce-Projekte betreuen, erleben wir, dass oftmals dieselben Fehler gemacht werden, die Sie letztendlich Zeit,

ren und Geld kosten. Genau diese Fehler gilt es aber zu vermeiden, weswegen wir
n auf den folgenden Seiten sowohl Denkanstöße wie auch Tipps und Vorgehensweisen an die Hand geben möchten, damit Ihr Start in den E-Commerce von Erfolg
gekrönt sein wird.

1.3.1 Vom stationären Handel ins Internet

Ein Online-Shop ist ein exzellenter zusätzlicher Vertriebskanal, was mittlerweile
immer mehr Unternehmen anerkennen, weswegen sie sich weg vom klassischen sta-
tionären Handel hin zum Online-Handel bewegen. Möglicherweise vertreiben Sie
Ihre Produkte momentan telefonisch, über Außendienstmitarbeiter oder über einen
Katalog, aber auch hierbei ergeben sich neue und spannende Möglichkeiten, wenn
Sie einen Online-Shop als zusätzlichen Vertriebskanal integrieren.

Stellen Sie sich von Anfang an die Frage, welche Rolle der Online-Shop in Ihrer Ver-
triebsstrategie einnimmt. Denn je nachdem, welche Entscheidung Sie hier treffen,
ergeben sich für den Online-Shop ganz unterschiedliche technische, wirtschaftliche
und auch werbliche Anforderungen. Sie müssen daher im ersten Schritt die zentrale
Frage beantworten, warum Sie einen Online-Shop aufbauen und etablieren möchten.
Mögliche Gründe hierfür können unter anderem sein:

- ▶ Prozesskostenreduzierung oder -optimierung
- ▶ Erschließung neuer Kundengruppen
- ▶ Imagegewinn
- ▶ alternative Bestellmöglichkeit
- ▶ Vertriebstool

Prozesskostenreduzierung oder -optimierung

Die Prozesskostenreduzierung oder Prozesskostenoptimierung ist interessanterweise der unserer Meinung nach am meisten unterschätzte Grund, den Start in den
Online-Handel zu wagen. Aktuell dürften Sie in Ihrem Unternehmen (zu) hohe Prozesskosten für Bestellungen haben. Das ist oftmals der Fall, wenn Sie Bestellungen
ausschließlich telefonisch oder per Fax akzeptieren. Bei einer telefonischen Bestellhotline benötigen Sie mindestens einen Mitarbeiter, in der Praxis weitaus mehr,
denn Ihre Kunden können schließlich parallel anrufen, und ein Besetztzeichen
macht immer einen schlechten Eindruck. Die telefonische Erreichbarkeit ist außerdem durch Ihre Bürozeiten eingeschränkt, es sei denn, Sie haben eine 24-Stunden-
Hotline, was wiederum zusätzliches Geld kostet, da diese schließlich besetzt sein
muss. Telefonische Bestellannahme ist daher teuer, denn Sie benötigen Mitarbeiter,
die letztendlich nichts anderes tun, als Bestellungen entgegenzunehmen und mit
Ihren Kunden zu telefonieren. Alternativ empfangen Sie gegebenenfalls Bestellun-

gen per Fax. Aber auch das erzeugt unnötige Kosten, denn wenn das Fax bei Ihnen ankommt, muss es weiterverarbeitet werden. Auch das erzeugt eigentlich unnötige Kosten, denn Sie bezahlen einen oder mehrere Mitarbeiter dafür, Faxe zu lesen und Daten zu übertragen. Je nachdem, wie groß Ihr Unternehmen ist und wie komplex die Prozesse sind, können die oben genannten Beispiele auch ausufern, beispielsweise wenn die Faxe erst weitergeleitet werden müssen oder aufgrund des Anrufvolumens ein Empfang dazwischengeschaltet werden muss.

Ein Online-Shop kann Ihnen in solchen Situationen dabei helfen, Prozesskosten zu senken, indem Sie, böse gesagt, die oben beschriebene Arbeit Ihre Kunden machen lassen. Denn wenn Ihr Kunde ein Fax schreibt und es Ihnen zusendet, kann dieser Kunde alternativ die Bestellung auch direkt im Online-Shop aufgeben. Sie haben in diesem Fall gar keine Arbeit mehr, denn die Bestellung fließt vom Online-Shop direkt in Ihre nachgelagerten Systeme. Das Gleiche gilt für eine telefonische Bestellhotline. Anstatt Ihre Kunden bei Ihnen anrufen zu lassen und dadurch an Ihre Bürozeiten zu binden, können diese die Bestellung direkt im Online-Shop aufgeben, und das zu jeder Tageszeit, an der sie bestellen möchten! Für Sie als Unternehmen bedeutet dies eine bessere Verteilung der vorhandenen Ressourcen. Denn aufgrund der durch den Online-Shop gewonnenen Prozessoptimierung können Sie diese Mitarbeiter an anderen Stellen einsetzen oder müssen sie erst gar nicht beschäftigen. Sie sehen also, ein Online-Shop erzeugt nicht nur Kosten, sondern kann diese auch durch Automatisierung im Bestellablauf senken.

Erschließung neuer Kundengruppen

Ein Online-Shop kann Ihnen zudem auch dabei helfen, neue Kundengruppen zu erschließen. Speziell wenn Sie bislang auf einen klassischen Vertrieb setzen, bei dem beispielsweise ein Vertreter zu den Kunden nach Hause kommt, ist ein Online-Shop ein perfektes Mittel, um diejenigen Kunden zu erreichen, die nicht in Ihrer Kundendatenbank stehen, von Werbesendungen nicht erreicht werden oder einfach »allergisch« auf diese Art des Vertriebs reagieren. Ein Online-Shop ist daher ein weiteres Mittel, um bestimmte Kundengruppen anzusprechen, die sich gegebenenfalls auch rein online bewegen und die Sie dadurch mit Ihren altbewährten Marketingkanälen gar nicht erst erreichen. Sie können dies unter anderem ganz einfach überprüfen, indem Sie einmal die monatlichen Suchanfragen nach den für Ihr Unternehmen bzw. Ihre Produkte relevanten Keywords prüfen und sehen, wie viele Personen sich für die von Ihnen vertriebenen Produkte oder Dienstleistungen interessieren. Die Recherche der Suchanfragen können Sie ganz einfach mit dem Keyword-Planer von Google durchführen. Wie das im Detail funktioniert, erfahren Sie in Abschnitt 14.1.3, »Ermitteln Sie die Nachfrage Ihrer Produkte und Dienstleistungen«. Wenn diese Zahl enorm hoch ist, wissen Sie, wie viele potenzielle Kunden Sie durch einen Online-Shop erreichen könnten, wenn Sie denn einen hätten. Nutzen Sie daher einen

Online-Shop, um die Kunden anzusprechen und abzuholen, die Sie bislang nicht erreicht haben.

Imagegewinn

Auch wenn dies zugegebenermaßen ein relativ schwacher Grund ist, so können Sie doch zugunsten eines Imagegewinns einen Online-Shop realisieren. In der heutigen Zeit ist das Image eines Unternehmens gefühlt wichtiger als seine Produkte oder Dienstleistungen, und so kann es vorkommen, dass man einfach modern wirken muss, und diese »Message« transportieren Sie mit einem Online-Shop. Denn es sagt Ihren Kunden: »Wir gehen mit der Zeit.« Meistens ist jedoch der Erfolg eines Online-Shops, der aufgrund des Images aufgebaut wird, fraglich. Denn ist der Shop erst einmal online, wird er oft nicht weiter gepflegt, und es wird nicht in Optimierungen und Verbesserungen investiert. Es wurde eine tolle Fassade gebaut, die in ein paar Jahren veraltet ist, in der Zwischenzeit aber für den angeführten Imagegewinn sorgt.

Alternative Bestellmöglichkeit

Jeder Ihrer Kunden tickt anders und hat andere Vorlieben. Gegebenenfalls möchten Sie in Ihrem Unternehmen die Bestellung per Telefon oder Fax auch gar nicht abschaffen, denn ein Großteil Ihrer Kunden wünscht diese Möglichkeiten einfach. Dennoch gibt es immer einige Kunden, die sich einen Online-Shop wünschen, um in Ruhe und unabhängig von Uhrzeit oder Wochentag einkaufen zu können. Daher können Sie Ihren Online-Shop auch als alternative Bestellmöglichkeit konzipieren und zusätzlich zu Ihren weiteren Bestellmöglichkeiten anbieten. Der Online-Shop wäre dann letztendlich eine von vielen Optionen, die von Ihren Kunden genutzt oder eben nicht genutzt werden kann.

Alternative als Anfang der Prozesskostenoptimierung

Wenn Unternehmen einen Online-Shop als alternative Bestellmöglichkeit anbieten, führt dies schnell in Richtung Prozesskostenoptimierung. Denn das Unternehmen erkennt letztendlich die Vorteile für sich, aber auch für die Kunden. Der nächste Schritt besteht anschließend immer darin, durch günstigere Preise, ein größeres Sortiment oder eine schnellere Lieferung die Kunden von den restlichen Bestellmöglichkeiten auf den Online-Shop zu lenken.

Vertriebstool

Und zu guter Letzt kann Ihr Online-Shop auch als Vertriebstool fungieren. Dieser Punkt wird ebenso wie die Prozesskostenoptimierung in der Regel unterschätzt. Wenn Sie direkt an der Haustür Ihren potenziellen Kunden Ihre Produkte und Dienstleistungen verkaufen oder persönliche Gespräche bei Einkäufern in den Unternehmen haben, können Sie beispielsweise durch einen auf Tablets optimierten

Online-Shop Ihren Kunden die Produkte oder Dienstleistungen direkt zeigen. Sie haben damit einen »Produktkatalog« immer und an jedem Ort bei sich, der auch Videos, PDFs und weitere Medien integrieren kann. Stellen Sie sich hierbei auch wieder die Kostenvorteile vor, wenn Sie plötzlich keinen Katalog mehr drucken bzw. Ihre Vertreter mit Infomaterial ausstatten müssen.

Erstens ist ein Online-Shop im Vergleich zum gedruckten Papier immer aktuell, und Änderungen können kurzfristig durchgeführt werden. Zweitens ist der Online-Shop wesentlich interaktiver, zum Beispiel können auch Videos gezeigt werden. Durch den fehlenden Druck von Katalogen und Broschüren sparen Sie darüber hinaus Druckkosten und leisten zusätzlich einen Dienst für die Umwelt, denn überlegen Sie mal, wie viele Tonnen Papier von Katalogen und Broschüren jährlich – oft ungelesen – in die Mülltonne wandern. Sie haben letztendlich unbegrenzte Möglichkeiten, auf Basis des Online-Shops ein grandioses Vertriebstool zu erstellen, das über Produktkonfiguratoren, umfangreiches Bild- und Videomaterial und eine konstante Aktualität verfügt!

Für welchen Grund Sie sich auch entscheiden – eventuell haben Sie ja auch ganz andere Gründe für die Realisierung eines Online-Shops –, seien Sie sich vor der Realisierung im Klaren darüber, weshalb Sie einen Online-Shop benötigen und diesen betreiben möchten. Denn wenn Sie etwa nur aus Imagegründen einen Online-Shop entwickeln, dann können Ihnen Automatismen, Schnittstellen und technische Spielereien egal sein. Wenn Sie den Shop als Vertriebstool einsetzen möchten, dann muss dieser weitaus mehr leisten als ein »normaler« Online-Shop, denn immerhin wird Ihr gesamter Vertrieb mit dem Tool arbeiten. Sie sehen also, je nach Zielsetzung muss Ihr Online-Shop unterschiedliche Anforderungen erfüllen. Und genau aus diesem Grund ist es wichtig, direkt von Anfang an die Ziele zu definieren und klarzumachen, was der Online-Shop letztendlich leisten muss.

1.3.2   Analyse von Herausforderungen

Gute Planung im Vorfeld ist mit Abstand das Wichtigste, das Sie in einem E-Commerce-Projekt tun können. Wichtig ist es, im Vorfeld die Herausforderungen, Chancen und den Nutzen zu analysieren und zu bewerten. Denn zum jetzigen Zeitpunkt wissen Sie lediglich, dass Sie einen Online-Shop betreiben wollen. Gehen wir einmal davon aus, Sie beabsichtigen, Ihren Online-Shop als zusätzlichen Vertriebskanal zu platzieren, um neue Kunden zu gewinnen. In diesem Fall sind die Bestandskunden erst einmal nebensächlich, diese können und sollen zwar ebenfalls über den neuen Online-Shop einkaufen, aber Ihnen geht es primär um die Gewinnung von Neukunden. Dadurch hat der Online-Shop exakt dieselben Voraussetzungen wie bei einem Unternehmen, das erst vor der Gründung steht und noch über keinen Kundenstamm verfügt.

Konkurrenten identifizieren

Im ersten Schritt ist ein Blick auf die Konkurrenz und das Marktumfeld unerlässlich. Am einfachsten geht das, wenn Sie mit Hilfe von Google prüfen, wie viele Marktbegleiter aktiv sind. Gehen wir davon aus, Sie möchten Bürobedarf wie Aktenordner, Drucker, Kugelschreiber, Briefumschläge etc. verkaufen. Dann müssen Sie zuallererst den Oberbegriff Ihrer Produkte definieren, in diesem Fall Bürobedarf oder Bürozubehör. Innerhalb dieses Oberbegriffs sind nun relevante Produkte essenziell, beispielsweise Aktenordner oder ganz konkret Leitz-Aktenordner. Wenn Sie eine grobe Idee haben – Sie machen sich am besten eine Liste –, schauen Sie im ersten Schritt bei Google nach diesen Begriffen, und Sie werden sofort sehen, mit was für einer Konkurrenz Sie es zu tun haben. Werfen Sie hierfür einen Blick auf Abbildung 1.5. Sie sehen dort eine Suchanfrage nach Bürobedarf sowie die ausgelieferten Ergebnisse. Betrachten Sie zuallererst die Anzahl der Ergebnisse, denn diese verraten Ihnen, wie viele Ergebnisse Google grundsätzlich zu diesem Thema findet. Sind es sehr viele, wie im Fall von Bürobedarf knapp 10 Millionen, dann haben Sie es mit einer großen Konkurrenz tu tun. Die große Anzahl an Ergebnissen ist aber per se nicht schlecht, denn aktuell wissen Sie noch gar nicht, ob es sich ausschließlich um Online-Shops handelt oder gegebenenfalls um Informationsseiten.

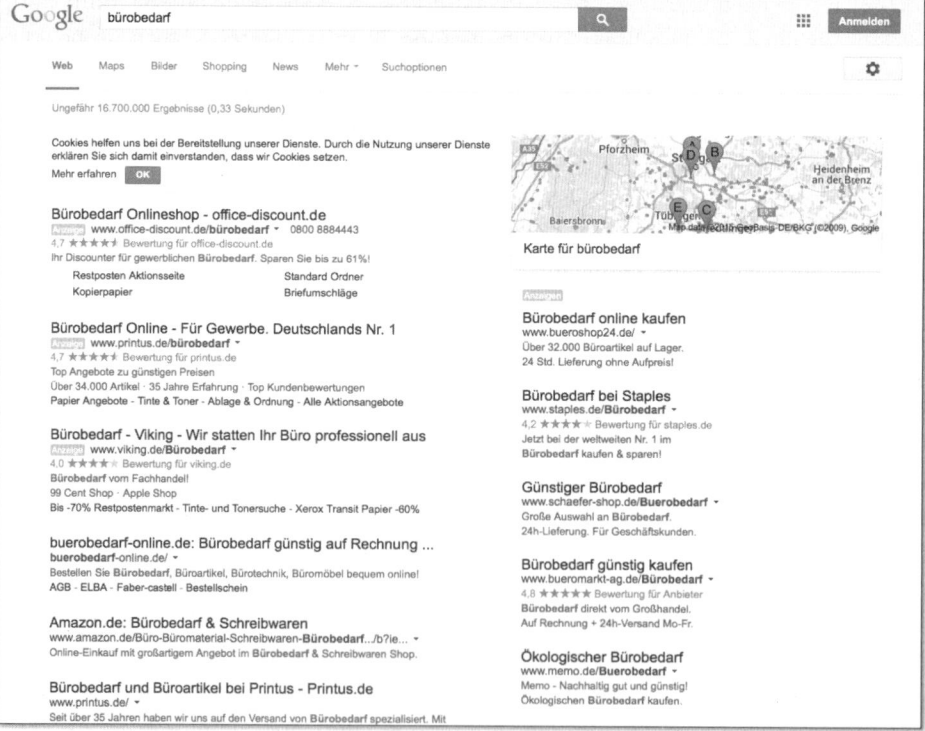

Abbildung 1.5 Mit Google finden Sie innerhalb von Sekunden die relevantesten Marktbegleiter.

Denn eventuell sind die meisten Ergebnisse ja Testberichte, Blogbeiträge oder sonstige Informationsquellen. Schauen Sie sich anschließend die bezahlten Anzeigen im oberen sowie im rechten Bereich der Suchergebnisseite an. Hier werden Sie in der Regel Online-Shops bzw. Unternehmen finden, die ihre Produkte und Leistungen vertreiben möchten, denn für die Bereitstellung von Informationen schalten die wenigsten Unternehmen AdWords-Anzeigen. Im organischen Bereich auf der Suchergebnisseite, also den »klassischen« Suchergebnissen, finden Sie darüber hinaus weitere potenzielle Marktbegleiter und Konkurrenten. Basierend auf unserem Beispiel mit dem Bürobedarf würde eine erste Liste mit potenziellen Konkurrenten wie folgt aussehen:[1]

- Viking
- Otto Office
- Office Discount
- Printus
- Amazon
- Büroplus
- etc.

Sie sehen daher auf den ersten Blick, mit welchen Unternehmen bzw. Shops Sie es zu tun haben werden. Das »Erforschen« der Konkurrenten hört aber an diesem Punkt nicht auf. Sie müssen nun mit weiteren Begriffen Ihre Liste an Konkurrenten vervollständigen, um ein möglichst umfassendes Bild zu erhalten. Wenn Sie mit den Oberbegriffen durch sind, müssen Sie im nächsten Schritt direkt nach den Produkten googeln, in unserem Fall zum Beispiel nach »Aktenordner«. Nachdem Sie bei Google diese Suchanfrage abgeschickt haben, erhalten Sie neue Ergebnisseiten, bei denen sich aber gewisse Online-Shops im Vergleich zur vorher ausgeführten Suchanfrage wiederholen dürften. So sind beim Keyword »Aktenordner« beispielsweise wieder Amazon, Office Discount und Büroplus vertreten. Je mehr Suchanfragen Sie im Folgenden absenden, desto konkreter wird Ihre Liste mit potenziellen Konkurrenten, die es im Folgenden zu analysieren gilt.

Das Beispiel mit dem Bürobedarf war nun bewusst aufgrund der Einfachheit gewählt. Was aber, wenn Sie komplexe Produkte verkaufen und gar nicht wissen, wie Ihre Kunden nach diesen Begriffen suchen? Das ist übrigens einer der häufigsten Fehler im E-Commerce: Shop-Betreiber wissen nicht, wonach Ihre Kunden im Internet suchen, und als Folge wird auf die falschen Begriffe hin optimiert, sie haben also keine Möglichkeit, ihre Kunden abzuholen. Google kann Ihnen diesbezüglich mit Google AdWords ein wenig auf die Sprünge helfen.

---

1 Verstehen Sie die abgebildete Liste ausschließlich als Auszug, gerade im Bereich des Bürobedarfs gibt es voraussichtlich Hunderte Konkurrenten.

Ein kurzer Abstecher in Richtung Online-Marketing

Wir müssen an dieser Stelle etwas vorgreifen und schon im Detail auf die Keyword-Recherche und -Analyse eingehen. Weitere Informationen und eine noch detailliertere Erklärung erhalten Sie in Kapitel 8, »Online-Marketing – Kunden gewinnen, Umsätze steigern«.

Alles, was Sie hierfür benötigen, ist ein Google-Account, mit dem Sie anschließend auf die Google-Dienste wie Analytics oder AdWords zugreifen können. Sollten Sie noch nicht über einen Google-Account verfügen, empfiehlt es sich, diesen nun direkt anzulegen. Denn Sie werden in diesem Buch früher oder später einen Google-Dienst nutzen müssen, und somit ist die Registrierung bei Google nur eine Frage der Zeit.

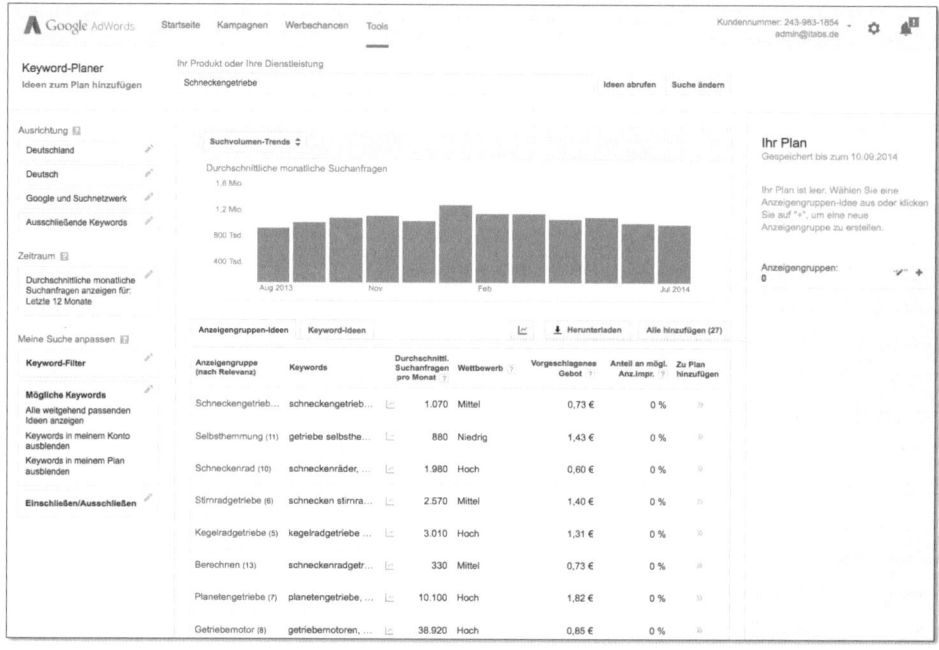

Abbildung 1.6 Mit dem Keyword-Planer die richtigen Suchphrasen finden

Rufen Sie die AdWords-Startseite unter *http://google.de/adwords/* auf, und melden Sie sich anschließend bei Google AdWords an. Klicken Sie im oberen Bereich der Seite auf TOOLS • KEYWORD-PLANER. Beim Keyword-Planer handelt es sich um ein kleines, aber feines Tool, das Ihnen zum einen Ideen für Keywords liefert, Ihnen zusätzlich aber auch das Suchvolumen anzeigen kann – eine ideale Hilfe, wenn Sie unsicher sind, nach welchen Keywords Ihre Kunden suchen und vor allem welche Keywords tatsächlich eine Rolle spielen. Gehen wir in diesem Fall davon aus, dass Sie Schneckengetriebe verkaufen möchten. Sie sind sich unsicher, ob Ihre Kunden tatsächlich nach diesem Keyword suchen oder einen äquivalenten Begriff verwenden. Sie geben daher beim KEYWORD-PLANER IN Google AdWords »Schneckengetriebe« ein und klicken auf ABSENDEN. Anschließend erhalten Sie eine Darstellung, ähnlich der in Abbildung 1.6.

Basierend auf den Ergebnissen sehen Sie nun, dass nach Stirnradgetriebe, Kegelradgetriebe und Schneckenrad wesentlich häufiger gesucht wird. Google zeigt Ihnen ähnliche und verwandte Begriffe, und Sie haben eine weitere Idee davon, welche Begriffe für Ihren Online-Shop relevant sein können. Mit Hilfe dieser Begriffe können Sie nun weiter nach Konkurrenten suchen.

Konkurrenten analysieren

Nachdem Sie eine Liste mit potenziellen Konkurrenten aufgestellt haben, gilt es, diese zu analysieren. Bleiben wir beim Beispiel mit dem Bürobedarf. Auf der von mir aufgestellten Liste befindet sich beispielsweise das Unternehmen Viking. Damit Sie für sich entscheiden können, ob Viking tatsächlich zu den Konkurrenten zählt oder wohlmöglich eine komplett andere Zielgruppe anspricht, schauen Sie sich diesen Online-Shop nun im Detail an. Prüfen Sie im Folgenden die Online-Shops der Konkurrenten und in diesem Beispiel Viking auf folgende Kriterien hin:

▶ Zielgruppe

▶ Produktsortiment

▶ Preispolitik

▶ Marktmacht und Präsenz

Spricht der Online-Shop denn überhaupt Ihre favorisierte Zielgruppe an? Ein klassisches Beispiel hierfür ist die Trennung zwischen B2C und B2B, das heißt nach Privatkunden und Geschäftskunden. Wenn Sie mit Ihrem Online-Shop für Bürobedarf ausschließlich Privatkunden ansprechen, dann tut Ihnen der B2B-Online-Shop des Konkurrenten nicht weh, denn es gibt eine klare Trennung nach Zielgruppen. Eine Trennung der Zielgruppen muss aber nicht ausschließlich unter dem B2B-/B2C-Aspekt erfolgen. Gegebenenfalls möchten Ihre Konkurrenten nur Produkte in großen Stückzahlen verkaufen, Sie hingegen präferieren den Verkauf in kleinen Stückzahlen. Grenzen Sie daher die anvisierten Zielgruppen ab, und schauen Sie, welcher Online-Shop welche Zielgruppe anspricht und mit welchem Unternehmen Sie Überschneidungen haben, denn das ist letztendlich Ihre Konkurrenz. Eine Abgrenzung kann ebenso über das Produktsortiment erfolgen. Es ist nicht unüblich, dass sich Online-Shops auf bestimmte Produkte bzw. Produkttypen konzentrieren. Sie kennen das beispielsweise von Elektronik-Online-Shops her, die gegebenenfalls Computer und Tablets verkaufen, aber dafür keine Waschmaschinen oder Geschirrspüler. Prüfen Sie daher das Produktsortiment Ihrer potenziellen Konkurrenten, und schauen Sie, welcher Online-Shop welche Produkttypen forciert und wo es gegebenenfalls mit Ihrem Online-Shop zu Überschneidungen kommt. Die Abgrenzung über die Preispolitik spielt ein wenig in das Produktsortiment hinein. Denn auch wenn Sie Aktenordner verkaufen, können Sie sich von Ihren potenziellen Konkurrenten abgrenzen, indem Sie eine Premium- oder Low-Budget-Marke verkaufen. So können Sie sich gezielt aufgrund des Produktsortiments von Ihren Konkurrenten unterscheiden. Wenn der Markt mit Premiumartikeln gesättigt ist, wäre also eine Empfehlung, Produkte zu vertreiben, die günstiger bzw. im Niedrigpreissektor angesiedelt sind. Speziell in der Produktpolitik wird oftmals von vielen Shop-Betreibern der größte Fehler begangen. Denn nicht selten wird versucht, exakt die gleichen Artikel von demselben Hersteller wie die alteingesessenen Konkurrenten zu demselben bzw. einem teureren Preis zu verkaufen. Das kann auf Dauer nicht funktionieren, da Sie Ihren Kunden hiermit keinen Vorteil bieten. Grenzen Sie sich daher, falls möglich, speziell im Bereich des Produktsortiments ab.

Ob Sie sich mit einem Konkurrenten direkt anlegen oder nicht, sollten Sie unter anderem von der Marktmacht und Präsenz abhängig machen. Nehmen wir als Beispiel hierfür einmal Amazon und Zalando. Wenn Sie betrachten, wie stark Amazon in den Medien, bei Google AdWords und einer Vielzahl von Portalen vertreten ist, ist ein direkter Wettbewerb mit Amazon schwierig. Das Gleiche gilt für Zalando, die mit TV-Werbung sowie Werbung auf Google & Co. so gut wie überall präsent sind. Wenn Sie nun den Plan haben, exakt dieselben Schuhe und Modeartikel wie Zalando zum selben Preis verkaufen zu wollen, dann wird das aller Voraussicht nach nicht erfolgreich für Sie ausgehen.

Machen Sie sich im ersten Schritt mit Ihrem Marktumfeld vertraut. Erforschen und analysieren Sie Ihre Konkurrenten, und führen Sie eine Liste mit allen potenziellen Marktbegleitern. Wenn Sie diese Liste beisammen haben, schauen Sie sich sukzessive die Online-Shops Ihrer Marktbegleiter an, und bewerten Sie deren Preis-, Produkt- und Kundenpolitik.

1.3.3   Vorteile identifizieren und entwickeln

Wie bereits erwähnt, macht es keinen Sinn, sich mit großen Unternehmen wie Zalando oder Amazon anzulegen, indem Sie exakt dieselben Artikel zu einem ähnlichen oder teureren Preis verkaufen. Das größte Problem im E-Commerce besteht heute darin, dass alle Branchen so gut wie besetzt sind. Wenn Sie daher nicht gerade mit einer enormen finanziellen Summe versuchen, eine gesamte Branche auf den Kopf zu stellen, werden Sie es ohne Kreativität schwer haben, etwas vom Kuchen abzubekommen. Sie schaffen dies nur, wenn Sie Ihren Kunden Vorteile gegenüber einer Bestellung bei den großen Shops bieten. Daher spielt die Ausarbeitung der *Unique Selling Points (USPs)* in der Konzeptphase eines Online-Shops eine enorm wichtige Rolle. Denn diese USPs müssen in Ihrem Online-Shop permanent kommuniziert werde. Leider gibt es in der Praxis genügend Beispiele, in denen Online-Shop-Betreiber eben keine Vorteile, keinen Nutzen aufzuweisen haben, und das sind erfahrungsgemäß diejenigen Online-Shops, die im »Mittelmaß« vor sich hin dümpeln. Wie können Sie Vorteile identifizieren? Gerade gegenüber den großen Marktbegleitern können Sie sich gegebenenfalls wie folgt absetzen:

- Produktsortiment
- Know-how
- persönliches Engagement
- Vor-Ort-Service
- exklusive Lieferanten oder Produkte
- etc.

Wenn Sie mit Ihrem Bürobedarf mit Unternehmen wie Otto Office oder Viking konkurrieren möchten, dann können Sie eine Abgrenzung über das Produktsortiment eventuell nicht schaffen. Denn sowohl Viking als auch Otto Office verfügen über eine sehr breite Produktpalette. Gegebenenfalls können Sie sich aber auf bestimmte Bürozubehörprodukte spezialisieren und damit durch Ihr Know-how überzeugen. Eine Strategie wäre daher etwa, ausschließlich Hygieneartikel fürs Büro zu vertreiben, angefangen beim Desinfektionsspray bis hin zum Display-Reiniger, Toilettenpapier und allen notwendigen Produkten für den Putzdienstleister. Da Hygieneartikel regelmäßig benötigt werden, können Sie Ihren Kunden darüber hinaus ein praktisches Abo wie eine wöchentliche Hygienebox anbieten, und schon haben Sie eine starke Differenzierung zu Otto Office oder Viking. Denn Sie vertreiben keinen Bürobedarf, Sie sind der Spezialist für Hygieneartikel im Bürobereich, und Ihr Ziel ist die Sauberkeit in den Unternehmen. Wenn Ihre Branche daher mit sehr vielen großen Playern besetzt ist, müssen Sie zwangsläufig eine Nische belegen. Eine Nische macht immer dann Sinn, wenn sie groß genug und nicht durch Konkurrenten besetzt ist. Denn wenn schon einige Unternehmen die Idee mit der Spezialisierung auf Hygieneartikel haben, macht ein weiterer Shop keinen Sinn. Es ist kein Problem, einen Kuchen in mehrere Stücke aufzuteilen. Aber wenn Sie ein Stück nochmals in Teilstücke zerlegen und dann die Krümel aufteilen, wird niemand satt.

Die Flucht in eine Nische

Wenn zu viele große Konkurrenten im Markt aktiv sind, bleibt oftmals nur die Flucht in die Nische. Schauen Sie aber immer, ob die Nische groß genug ist, um wirtschaftlich erfolgreich sein können, und noch nicht von anderen Unternehmen besetzt wurde. Auch hier können Ihnen Google und der Google Keyword-Planer nützliche Tipps und Informationen bereitstellen.

Neben der Flucht in eine Nische ist die Verschmelzung von Offline- und Online ein weiterer Vorteil, den große Online-Shops nicht leisten können. Gerade wenn Sie Elektronikartikel verkaufen, ist es ein ausgezeichneter Service, wenn Ihre Kunden zuerst in ein Ladengeschäft kommen können, um sich die Artikel anzusehen, oder nach einem Kauf im Online-Shop einen lokalen Ansprechpartner haben. Wenn Sie also über ein stationäres Ladengeschäft verfügen, kommunizieren Sie das ebenfalls in Ihrem Online-Shop. Denn auch hiermit können Sie sich von Ihren Konkurrenten absetzen. Oftmals reicht ein sympathisches und ehrliches Auftreten gegenüber Kunden, um diese für sich zu gewinnen. Denn große Online-Shops wie Amazon und Zalando haben einen Nachteil: Sie sind anonym, und vielen Menschen ist ein persönlicher Bezug zu den Personen »hinter« dem Online-Shop wichtig. Nutzen Sie dies, und versuchen Sie gegenüber Ihren Konkurrenten mit einer emotionalen Bindung zu Ihren Kunden zu überzeugen.

1.3.4 Mögliche Werbe- und Vermarktungskanäle

Machen Sie sich direkt zu Beginn Ihres E-Commerce-Projekts Gedanken darüber, wie Sie Ihren Online-Shop später bewerben möchten bzw. bewerben können. Denn je nachdem, für welche Marketingkanäle Sie sich entscheiden, entstehen weitere technische Anforderungen an Ihr E-Commerce-System. Wenn Sie so herausfinden, dass Google AdWords zu teuer ist und es nur die Möglichkeit gibt, über eine ausgeklügelte Multi-Channel-Strategie Kunden zu gewinnen, müssen Sie Ihre Online-Shop-Software auch unter dem Gesichtspunkt der Anbindung an eBay und Amazon aussuchen. Wenn Sie hingegen nur durch *SEO (Search Engine Optimization)*, sprich die Optimierung der organischen Suchergebnisse, erfolgreich sein können, benötigen Sie einen eigenen Online-Shop und können mit einem reinen eBay-Shop nicht erfolgreich agieren. Die Vermarktung wird gerade am Anfang gerne unterschätzt, es reicht ja schließlich, sich Gedanken zu machen wenn der Online-Shop bereits fertig ist. Aber genau das Gegenteil ist der Fall. Machen Sie sich, *bevor* Sie den Online-Shop entwickeln, Gedanken darüber, wie Sie genügend Besucher anziehen und in Kunden konvertieren können. Aufgrund der Komplexität des Themas finden Sie ein eigenes Kapitel zum Thema: In Kapitel 8, »Online-Marketing – Kunden gewinnen, Umsätze steigern«, erfahren Sie alle relevanten Informationen, wie Sie Ihren Online-Shop bewerben können und auf was dabei zu achten ist. Planen Sie also direkt am Anfang, wie Sie die kritische Masse an Besuchern generieren möchten und welche Auswirkungen die gewählten Marketingkanäle auf Ihren Online-Shop haben.

1.3.5 Eigener Online-Shop oder Marktplätze?

Auch diese Frage hat eine gewisse Berechtigung. Benötigen Sie für den Anfang überhaupt einen eigenen Online-Shop, oder reicht es Ihnen, auf Amazon und eBay die ersten Erfahrungen zu sammeln? Wenn Sie im E-Commerce starten möchten, gibt es zwei Wege, wobei Sie sich für einen der beiden entscheiden müssen.

Beim ersten Weg bauen Sie einen eigenen Online-Shop auf. Das heißt, unter einer eigenen Domain wie *www.meinshop.de* errichten Sie nach Ihren Vorstellungen einen Online-Shop, den Sie optisch und von der Funktionsweise her komplett Ihren Vorstellungen und Wünschen anpassen können. Diesen Online-Shop müssen Sie aber zuallererst entwickeln lassen. Was das im Detail bedeutet, sehen Sie am Ende dieses Kapitels, denn dort spielen wir die Planung eines solchen Online-Shops durch. Bei einem eigenen Online-Shop haben Sie die größte Freiheit, denn Sie sind Ihr eigener Herr, und es gibt keine Vorgaben, an die Sie sich halten müssen.

Der zweite Weg bedeutet die Nutzung eines bestehenden Marktplatzes wie eBay oder Amazon. Der Vorteil besteht in der bereits vorhandenen Technik und den vorhandenen Benutzern. Sie müssen keinen eigenen Online-Shop konzipieren und entwickeln. Technik spielt für Sie absolut keine Rolle, und Sie können sich von Anfang an auf Ihre Produkte konzentrieren.

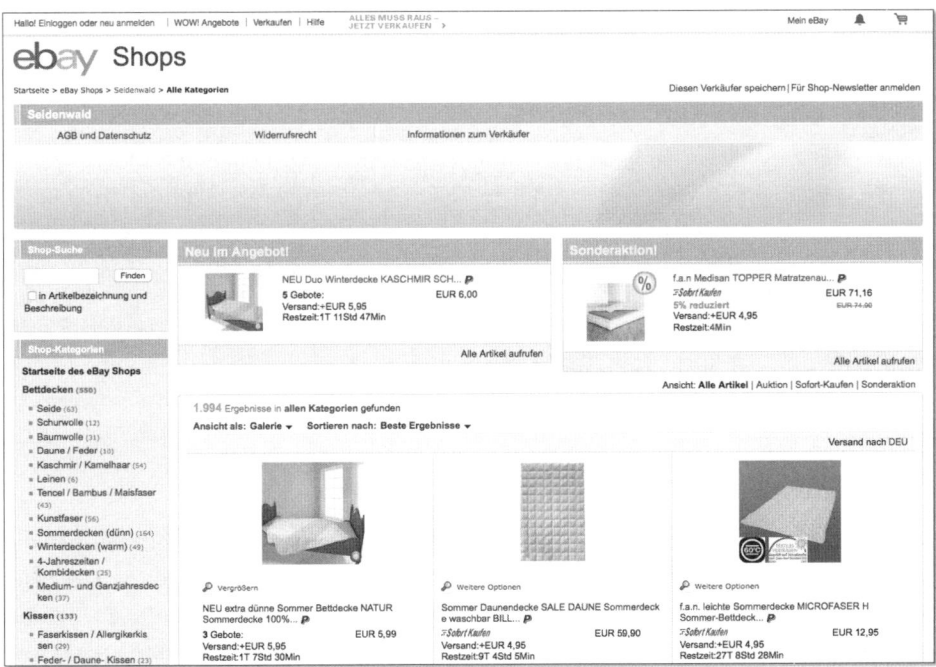

Abbildung 1.7 eBay-Shop der Seidenwald AG

Sie sehen einen beispielhaften eBay-Shop in Abbildung 1.7. Natürlich haben Sie beschränkte Möglichkeiten, die Optik anzupassen, alles in allem sind Sie jedoch im eBay-System »gefangen« und müssen sich an die gegebenen Rahmenbedingungen halten. Die technischen Limitierungen sind sicherlich ein Nachteil, auf der anderen Seite sind Sie im Handumdrehen auf einem Marktplatz vertreten, der tagtäglich sehr stark frequentiert ist. Hier geht es wirklich ausschließlich um die Produkte und die Preise, gutes oder schlechtes Marketing spielt eine geringere Rolle. Aber auch die Vergleichbarkeit ist sehr hoch, denn andere Händler verkaufen hier womöglich exakt dieselben Produkte wie Sie. Zusätzlich verdient eBay an jedem Verkauf Ihrer Produkte, was Transaktionskosten und geringere Gewinnmargen bedeutet.

Was ist nun besser, ein eigener Online-Shop oder die Nutzung von Marktplätzen? Diese Frage ist pauschal gar nicht einfach zu beantworten. Amazon oder eBay sind hervorragende Möglichkeiten, um die grundsätzliche Akzeptanz von Artikeln zu testen, sprich, ob es im Internet eine Nachfrage gibt und für welche Preise bestimmte Artikel verkauft werden können etc. Als »Testballon« lohnen sich Marktplätze daher auf jeden Fall, da Sie eben keinen technischen Overhead haben und Produkte direkt einstellen und verkaufen können. Wissen Sie jedoch, dass sich gewisse Artikel erfolgreich verkaufen lassen, macht der Verkauf über einen eigenen Online-Shop immer mehr Sinn. Denn wenn Sie wie bei Amazon 10–15 % Transaktionskosten haben, bleibt oftmals vom Gewinn einer Bestellung nicht mehr viel übrig. Dementsprechend ist der Verkauf über einen eigenen Online-Shop, auch wenn die Entwicklung gewisse Kosten verursacht, immer die wirtschaftlich »bessere« Alternative.

Eigener Online-Shop vs. Marktplätze

In Kapitel 2, »Welcher Shop ist der richtige? Technische Lösungen und Möglichkeiten«, werden Ihnen verschiedene Online-Shop-Softwares vorgestellt, und anschließend können Sie sich auch ein Bild davon machen, mit welchen Aufwänden Sie bei der Realisierung rechnen müssen. Wenn Sie dabei merken, dass der Aufwand und die Investitionen einfach zu hoch sind, empfiehlt es sich, erst einmal mit einem Amazon- oder eBay-Shop zu starten. Denn hier haben Sie keine hohen Investitionskosten und können direkt mit der Generierung von Umsätzen loslegen.

1.3.6 Planen Sie lieber etwas länger und dafür genauer

Bevor Sie mit der Planung und Konzeption Ihres Online-Shops beginnen, ist die Arbeit im Vorfeld die mit Abstand wichtigste. Wie Sie auf den vorherigen Seiten gesehen haben, müssen Sie zuallererst Ihre Hausaufgaben machen, da ansonsten womöglich die falsche Zielsetzung gewählt wird, die falschen Produkte angeboten werden und die USPs nicht klar ausgearbeitet sind. Ob Sie Ihre Hausaufgaben gemacht haben, können Sie letztendlich herausfinden, indem Sie folgende Frage beantworten: *Welchen Mehrwert bietet mein Online-Shop meinen Kunden gegenüber den Online-Shops meiner Konkurrenten?* Wenn Sie hierauf wie aus der Pistole geschossen eine kurze und knappe Erklärung in ein bis zwei Sätzen liefern können, steht dem Start in den Online-Handel nichts mehr im Wege.

1.4   Mit welchen Kosten und Zeitinvestitionen müssen Sie rechnen?

Sie werden sicherlich zustimmen, dass ein Online-Shop Geld kostet. Diese Aussage ist aber leider, entgegen der weitverbreiteten Meinung in Unternehmen, falsch. Ein Online-Shop kostet kein Geld, vielmehr erfordert ein Online-Shop Investitionen. Dieser kleine, aber feine Unterschied ist keine sprachliche Spitzfindigkeit, denn Kosten und Investitionen sind keine Synonyme. Aufgrund unserer Erfahrung in E-Commerce-Projekten lässt sich aber behaupten, dass die Differenzierung zwischen Kosten und Investitionen einen mentalen Faktor benennt, der einen erfolgreichen von einem erfolglosen Online-Shop-Betreiber unterscheidet. Denn wenn Sie das Empfinden haben, dass Sie kein Geld ausgeben, sondern Geld investieren, werden Sie im E-Commerce die Entscheidungen treffen, die Ihnen letztendlich Umsatzsteigerungen und Erfolge bescheren. Wenn Sie hingegen bei jedem Feature oder jeder Werbekampagne denken: »Jetzt möchte die Agentur schon wieder Geld, die Kosten in diesem Monat explodieren«, dann müssen Sie Ihre innere Einstellung nochmals überdenken. Ja, ein Online-Shop erfordert Investitionen, aber – und das ist der springende Punkt – am Ende muss dabei immer mehr herauskommen als Sie reingesteckt haben. Bei Kosten ist das hingegen anders. Kosten fallen an und werden beglichen. Punkt. Investitionen hingegen werden getätigt und liefern ein Ergebnis.

Leider wird in der heutigen Zeit der Aufwand, der für die Realisierung eines E-Commerce-Projekts notwendig ist, gerne unterschätzt. Da viele E-Commerce-Lösungen »einfach« installiert werden können, wird dies gerne einem kompletten E-Commerce-Projekt gleichgesetzt. Denn man »installiert« ja nur eine Online-Shop-Software und pflegt Produkte ein, und schon kann es losgehen. Weit gefehlt, innerhalb eines E-Commerce-Projekts müssen die verschiedensten Tätigkeiten und Jobs durchgeführt werden. Damit Sie ein besseres Gespür dafür bekommen, was tatsächlich nötig ist, werden wir Ihnen an dieser Stelle eine exemplarische Auflistung der Tätigkeiten an die Hand geben.

1.4.1   Entwicklung der E-Commerce-Strategie

Sie können nicht einfach mit einem Online-Shop starten, sondern müssen zuallererst eine Strategie entwickeln. Welche Produkte möchten Sie vertreiben, wie setzen Sie sich von Ihren Konkurrenten ab, wie soll der Online-Shop beworben werden? Das sind nur wenige Fragen, die Sie sich innerhalb der Strategieentwicklung stellen müssen. Auf den vorherigen Seiten haben Sie einen Einblick bekommen und wissen nun, welcher Aufwand allein für die Markt- und Mitbewerberanalyse betrieben werden muss, damit Sie mit einem möglichst guten Konzept starten können.

Ausarbeitung der Anforderungen und Projektplanung

Sobald Sie die Anforderungen Ihres Online-Shops kennen, kann mit der eigentlichen Planung begonnen werden. Denn zu diesem Zeitpunkt haben Sie ausschließlich nichttechnische Anforderungen wie »Mein Online-Shop benötigt eine Anbindung an eBay«. Diese Anforderungen müssen nun konkretisiert werden, das heißt, es muss geklärt werden, wie diese Anbindung stattfindet. Oder wenn Sie beispielsweise einen Produktkonfigurator benötigen, wird innerhalb dieser Phase genau definiert, wie dieser zu funktionieren hat. Letztendlich benötigen Sie eine Art Pflichtenheft, das alle Anforderungen auflistet und, wenn möglich, schon einen groben Plan skizziert, wie diese gelöst werden sollen.

1.4.2   Designentwicklung

Da Ihr Online-Shop natürlich auch optisch etwas hermachen muss, wird vor der technischen Realisierung zuerst ein Design entwickelt. Dieser Prozess findet immer in Absprache mit dem Kunden, der Technik und der Grafik statt. Als fertiges Ergebnis benötigen Sie von allen relevanten Ansichten Grafikdateien, die der Technik als Vorlage dienen. Denn nur wenn Sie eine 100%ige Vorgabe der jeweiligen Ansicht haben, kann diese Ansicht auch in Form eines Templates für Ihren Online-Shop umgesetzt werden.

1.4.3   Technische Realisierung

Sofern alle technischen Anforderungen spezifiziert sind und das Design vorliegt, kann mit der technischen Realisierung des Online-Shops begonnen werden. Innerhalb dieser Phase geht es um die »Programmierung«, das heißt, nicht vorhandene Funktionen werden entwickelt, das Design wird umgesetzt, und alle Anforderungen werden realisiert. In diese Phase fällt auch die Anbindung des Shops an externe Systeme, zum Beispiel an einen Payment-Provider und einen Logistik-Dienstleister. Erfahrungsgemäß handelt es sich bei der technischen Realisierung um einen sehr agilen Projektabschnitt. Es ist utopisch, im Vorfeld alle Anforderungen bis ins kleinste Detail planen zu können. Daher ergeben sich vor allem in dieser Phase oftmals sehr viele Änderungen und Anpassungen. Es liegt an Ihnen, diesen einen Riegel vorzuschieben, denn wenn Sie in dieser Phase zu viel Zeit verschenken und sich »verkünsteln«, hat dies den meisten Einfluss auf den Zeitplan.

1.4.4   Inhaltserstellung

Ein Online-Shop benötigt Inhalte, viele Inhalte. Dieser Punkt wird immer unterschätzt. Tun Sie sich daher den Gefallen, und unterschätzen Sie diesen Punkt bei Ihrem Projekt nicht. Für jede Ansicht Ihres Online-Shops, sei es die Startseite, das

Impressum oder der Teil »Über uns«, werden Inhalte in Form von Texten und Bildern benötigt. Aber auch die Produktdaten sind Inhalte, die bereitgestellt werden müssen. Es handelt sich bei der Inhaltserstellung um eine Aufgabe, die zeitgleich zur technischen Realisierung erfolgen muss, da hier weitaus mehr Aufwand nötig ist, als man denkt. Neben einer Vielzahl an Seiten Text, die Sie erstellen müssen, benötigen Sie ebenso gute Fotos und abschließend eine Prüfung aller Inhalte. Das kostet eine Menge an Zeit, und gerade die fehlenden Inhalte verzögern oftmals die Fertigstellung eines Projekts.

1.4.5   Ausarbeitung und Durchführung der Werbemaßnahmen

Basierend auf Ihrem E-Commerce-Konzept müssen Werbemaßnahmen geplant und durchgeführt werden. Dazu zählen die Entwicklung und Umsetzung von AdWords-Kampagnen, die Suchmaschinenoptimierung, die Entwicklung von Landingpages und die Anbindung von Preissuchmaschinen und Marktplätzen. Unterschätzen Sie auch diesen Punkt nicht, denn gute Werbemaßnahmen erfordern Zeit und Kreativität. Beginnen Sie daher schon frühestmöglich mit der Planung und Umsetzung, so dass Sie beim Going-live des Online-Shops nur noch den Hebel umlegen müssen.

1.4.6   Schulung der Mitarbeiter

Letztendlich haben Sie die Wahl, ob Sie Ihre Mitarbeiter gemäß dem Learning-by-Doing-Prinzip durch den Online-Shop irren oder sie schulen lassen. Fakt ist: Vor dem Going-live müssen sich Ihre Mitarbeiter gut mit dem Online-Shop auskennen, so dass Bestellungen problemlos bearbeitet und Artikel effizient eingepflegt werden können. Binden Sie Ihre Mitarbeiter daher so früh wie möglich in den Realisierungsprozess mit ein, und stellen Sie in unregelmäßigen Abständen eine Testversion für Ihre Mitarbeiter bereit. Denn wenn Sie relevante Funktionsweisen und Abläufe erst nach dem Going-live klären, ist das oftmals zu spät.

1.4.7   Testphase und Going-live

Die Werbekampagnen stehen, Ihre Mitarbeiter kennen sich mit dem Online-Shop aus, und die technische Realisierung ist abgeschlossen. Alle Inhalte sind eingepflegt, und es kann mit dem Verkaufen losgehen. Genau an diesem Punkt müssen Sie eine Testphase integrieren, in der wirklich alle Funktionen auf Herz und Nieren geprüft werden. In einer Testphase, das war in der Geschichte von E-Commerce-Projekten noch nie anders, werden auch immer Punkte ans Licht kommen, die man bisher nicht bedacht oder nicht richtig durchdacht hatte. Deswegen ist es essenziell, nach einer Testphase ebenso eine Korrekturphase einzuplanen, in der die größten Hindernisse aus dem Weg geräumt werden. Erst wenn dies geschehen ist, können Sie guten Gewissens mit Ihrem Online-Shop live gehen.

Grob zusammengefasst, sind das die wichtigsten Phasen und Schritte, die jeder Online-Shop-Betreiber bei der Realisierung durchlaufen muss. Wohlgemerkt haben wir uns bei der Auflistung am unteren Rahmen des Möglichen orientiert, sprich, es handelt sich um die Minimalanforderungen. Wenn Sie einmal betrachten, welche Phasen es gibt, und sich Gedanken zur jeweiligen Zeitspanne machen, die für ihre Realisierung angesetzt werden muss, werden Sie selbst sehen, dass ein Online-Shop nicht »mal kurz« oder innerhalb 1 Woche realisiert werden kann. Interessanterweise ist dies aber die Anspruchshaltung der meisten Anfragenden bzw. Unternehmen, die im Online-Shop aktiv werden möchten. Es ist, wie Sie sehen, also nicht mit der bloßen Installation einer Software getan.

Sie werden sich vermutlich fragen, was dies nun in Euro ausgedrückt für Sie bedeutet und welche Investitionen mindestens getätigt werden müssen, um die »Minimalanforderungen« zu erfüllen. Eine pauschale Aussage ist schwierig, denn viele Faktoren bestimmen letztendlich den Aufwand. Welche Software nutzen Sie, welchen Stundensatz hat der Dienstleister, wie groß ist der Umfang des Projekts, welche Tätigkeiten übernehmen Sie selbst, und welche Tätigkeiten lassen Sie von Ihrem Dienstleister erledigen? Beginnen wir mit den Stundensätzen. Je nach Region und Größe des Dienstleisters liegen diese im Schnitt bei 75 bis 140 €. Es hängt ein wenig davon ab, auf welche E-Commerce-Lösung Sie setzen, denn diese beeinflusst maßgeblich den Stundensatz der Agentur, aber rechnen Sie einmal grob mit der genannten Preisspanne. Was die Dauer angeht, hängt wiederum vieles von der Online-Shop-Software ab, die Sie einsetzen, jedoch ist eine Projektlaufzeit von unter 4–6 Wochen utopisch. Wenn Sie einen kleinen Online-Shop planen und den Schritt in den E-Commerce wagen möchten, müssen Sie mit den genannte 4–6 Wochen rechnen. Nach oben gibt es keine Grenzen, auch Projektlaufzeiten mit 6–8 Monaten können sich schnell ergeben, je nachdem, wie groß und umfangreich die Anforderungen sind und welche E-Commerce-Lösung Sie einsetzen. Das bedeutet für Sie, dass es so gut wie unmöglich ist, ohne ein fünfstelliges Budget einen vernünftigen Online-Shop zu realisieren!

Günstige Dienstleister mit geringen Budgets

Es wird immer Dienstleister geben, die mit günstigen Preisen oder Mietmodellen für ein paar Euro im Monat argumentieren. Stellen Sie sich hierbei einfach die Frage, wie es klappen soll, bei geringen Investitionen richtig gute Umsätze und Geld zu verdienen. Sie müssen erst einmal eine gewisse Summe Geld in die Hand nehmen, damit Profis gemeinsam mit Ihnen ein E-Commerce-Projekt konzipieren und realisieren können, und das erfordert nun einmal eine gewisse Zeit. Wenn Sie die Zeit streichen und begrenzen, haben Sie gegebenenfalls einen funktionierenden Online-Shop, der aber ohne Konzept, Strategie und Einfallsreichtum nicht überzeugen kann.

1.5   Projekte mit einer Agentur oder inhouse durchführen

Die Pläne sind fertig, die Strategie ist ausgearbeitet, und nun geht es an die Realisierung. Sie stehen nun vor der vermeintlich schwierigen Frage, ob Sie das Projekt intern oder extern realisieren lassen. Beide Wege habe Vor-, aber auch Nachteile, sind aber gangbare Wege. Für welchen Weg Sie sich entscheiden, hängt letztendlich von unterschiedlichen Faktoren ab, die wir uns im Folgenden etwas genauer ansehen.

1.5.1   Vor- und Nachteile einer Inhouse-Entwicklung gegenüber einer Zusammenarbeit mit Agenturen

Für die Inhouse-Entwicklung müssen Sie als Voraussetzung die notwendigen Kapazitäten und das notwendige Know-how vorweisen. Die Kapazitäten sind oftmals gar nicht so das Problem, das Know-how dagegen schon. Denn im Gegensatz zur eigenen Werbe- oder IT-Abteilung beschäftigen sich E-Commerce-Agenturen tagtäglich mit einem oder zwei E-Commerce-Systemen und sind Profis. Gerade im Magento-Umfeld ist es beispielsweise nicht ungewöhnlich, wenn die E-Commerce-Agentur ausschließlich mit Magento arbeitet. Denn das notwendige Know-how, das man für die Realisierung eines Projekts benötigt, ist speziell bei diesem System enorm, und deswegen ist der Fokus auf ein oder zwei Systeme notwendig. Intern kann man dieses Know-how jedoch nur schwer aufbauen. Einzige Möglichkeit ist das Finden von Entwicklern, die sich speziell mit der selbst präferierten E-Commerce-Lösung auseinandersetzen. Doch wer sich etwas mit dem Arbeitsmarkt im Bereich der Softwareentwicklung beschäftigt, weiß, dass es wahrlich einfachere Aufgaben gibt. Für die Inhouse-Entwicklung benötigen Sie darüber hinaus vom Projektstart bis zum Ende weitaus mehr Ressourcen als bei der nachträglichen Weiterentwicklung und Optimierung, auch das müssen Sie bei dieser Rechnung bedenken. Positiv ist die Unabhängigkeit von einem oder mehreren Dienstleitern, denn bei der Inhouse-Entwicklung bündeln Sie das Wissen direkt in Ihrem Unternehmen.

Der Vorteil bei der Realisierung durch einen Dienstleister liegt speziell in dessen Know-how. Ihr Dienstleister agiert immer mit dem Blick über dem Tellerrand und kann Erkenntnisse und Einflüsse aus anderen Branchen und von anderen Kunden einfließen lassen. Darüber hinaus ist ein Dienstleister immer ein Profi: Sowohl was die Projektplanung, die Kommunikation und als auch die Realisierung angeht, hat ein Dienstleister immer den Vorteil, Tag für Tag nichts anderes zu tun, als E-Commerce-Projekte zu realisieren. Und genau von dieser Erfahrung müssen Sie speziell am Anfang profitieren. Denn das Wissen im E-Commerce lässt sich nicht mit ein paar Büchern und nach der Trial-and-Error-Methode aufbauen.

Oft wird bei der Wahl zwischen einer internen und externen Entwicklung mit den Kosten argumentiert. Dies ist jedoch meist eine Milchmädchenrechnung. Viele

Unternehmen haben bei der Erfassung der tatsächlichen Kosten eine etwas »verzerrte« Sicht. Das liegt vermutlich daran, dass Sie von Ihrem Dienstleister klare Angebote und auch eine eindeutige Rechnung bekommen. Wenn Sie ein Angebot anfragen, werden Sie ein Angebot mit einer Endsumme x erhalten. Das sind die Kosten für das Feature oder das Projekt, und die stehen erst einmal im Raum. Der geleistete Arbeitsaufwand einer Inhouse-Entwicklung wird hingegen oftmals gar nicht richtig erfasst. Würde man die geleisteten Zeiten aller Beteiligten exakt einrechnen und Mitarbeitern nicht in Form von Überstunden projektspezifische Aufgaben aufbürden, käme am Ende des Tages die Inhouse-Entwicklung nicht wesentlich günstiger, nicht zuletzt da für gewisse Tätigkeiten aufgrund mangelnder Erfahrung wesentlich mehr Zeit benötigt wird.

Die One-Man-Show-Projektrechnung

Gerade Startups oder Unternehmen, die aus einer Person bestehen, argumentieren oftmals mit zu hohen Projektkosten. Wenn Sie für ein gesamtes E-Commerce-Projekt beispielsweise 10.000 € veranschlagen, sind das im Schnitt maximal 12–15 Arbeitstage. Wenn Sie selbst einen Online-Shop realisieren, müssen Sie Ihre Arbeitszeit, die Sie für den Shop verwenden und eigentlich für andere Tätigkeiten verwenden müssten, natürlich gegenrechnen, und da liegen Sie oftmals weit über den 12–15 Arbeitstagen.

Verzichten Sie daher bei der Entscheidung, ob Sie das E-Commerce-Projekt intern oder extern entwickeln lassen, auf eine Argumentation über die Kosten, denn diese basiert oftmals auf einer verzerrten Datenbasis.

Idealerweise finden Sie eine Hybrid-Lösung, bei der Sie einen Dienstleister finden, der federführend das E-Commerce-Projekt realisiert, parallel aber Ihre Mitarbeiter und gegebenenfalls Entwickler schult, so dass Sie das Projekt nach der Realisierung selbstständig weiterentwickeln können. Dadurch können Sie in Ihrem Unternehmen das notwendige Know-how ansammeln, haben auf der anderen Seite aber auch einen effizienten und professionellen Projektverlauf. Diese Hilfe zur Selbsthilfe ist unserer Meinung nach die idealste Form der Zusammenarbeit zwischen Kunde und Dienstleister.

1.5.2   Welche Informationen müssen im Vorfeld erarbeitet werden?

Wenn Sie einen externen Dienstleister mit der Realisierung Ihres E-Commerce-Projekts beauftragen möchten, müssen Sie im Vorfeld über die notwendigen Informationen verfügen, damit ein Angebot überhaupt abgegeben werden kann. In der

Praxis ist das nämlich bei angehenden Projekten das größte Problem. Dienstleister erhalten meist ein paar Stichworte und sollen laut Kunde ein umfassendes Angebot abgeben, was jedoch absolut nicht möglich ist. Als Kunde fragen Sie selbstverständlich verschiedene Dienstleister an, da Sie die verschiedenen Angebote vergleichen und auf deren Basis eine Entscheidung treffen möchten. Die Intention, die Sie dabei verfolgen, ist absolut nachvollziehbar, denn wer möchte schon die Katze im Sack kaufen. Wenn Sie aber mit einem unvollständigen Briefing an Agenturen herantreten, werden Sie den Effekt haben, nicht vergleichbare Angebote zu erhalten. Denn jede Agentur reagiert auf solche Anfragen unterschiedlich, wobei die Reaktionen in zwei Lager aufgeteilt werden können: Es gibt Agenturen, die daraufhin zu wenige Funktionen und Leistungen anbieten, um einen möglichst geringen Preis zu erzielen. Auf der anderen Seite gibt Agenturen, die Ihnen zu viele Funktionen und Leistungen anbieten, weil sie der Meinung sind, dass diese benötigt werden. Als Resultat haben Sie anschließend eine hohe Projektsumme. Als Kunde müssen Sie nun eine Entscheidung zwischen Angeboten treffen, bei denen die Kosten um ein paar hundert Prozent variieren. Es ist in der Praxis nicht unüblich, Angebote zwischen 5.000 und 75.000 € zu erhalten, basierend auf denselben (unvollständigen) Informationen eines Kunden.

Was ist die Konsequenz? Als Kunde sind Sie natürlich verunsichert und nehmen weder den teuersten noch den günstigsten Anbieter. Die Angebote werden Sie inhaltlich ebenso wenig vergleichen können, also gehen Sie zu dem Anbieter, bei dem Sie das beste »Bauchgefühl« haben und der bei den Kosten im unteren Drittel liegt. Damit fahren Sie vermutlich am Anfang ganz gut, aber im Projektverlauf werden Sie früher oder später auf Anforderungen stoßen, die gar nicht berücksichtigt wurden und nachkalkuliert werden müssen. Infolgedessen steigen die Projektkosten, eine Verdopplung der Kosten ist keine Seltenheit. Damit sind weder Sie als Kunde glücklich noch Ihr Dienstleister, der ein schlechtes Gefühl haben wird, denn diese Entwicklung wirkt sich früher oder später auf das Klima der Zusammenarbeit aus. Doch wie können Sie diesen Verlauf umgehen? Auch wenn Sie als Kunde es nicht gerne hören, aber die Probleme resultieren letztendlich aus dem Verhalten der Kunden, also Ihrem Verhalten. Sie haben zwei Möglichkeiten, wie Sie im Vorfeld ein sauberes und genaues Angebot erhalten können: Entweder Sie erstellen ein umfangreiches und detailliertes Projektbriefing, was einen gewissen Aufwand für Sie bedeutet, denn innerhalb von ein paar Stunden ist das nicht geschrieben. Alternativ hierzu müssen Sie bei einem Dienstleister, auf den Sie sich im Vorfeld festlegen, einen Workshop buchen, woraufhin der Dienstleister für Sie letztendlich das Briefing und die Anforderungen erstellt. Beide Varianten kosten Geld, bei Variante 1 in Form Ihrer Arbeitszeit und bei Variante 2 aufgrund der Beauftragung eines Dienstleisters.

Die Anzahl der Artikel hat keinen Einfluss auf den Aufwand

An dieser Stelle möchten wir Ihnen die Illusion rauben, die Anzahl der zu verkaufenden Artikel hätte einen Einfluss auf den Aufwand und somit die Kosten des Projekts. Es spielt keine Rolle, ob Sie drei Produkte oder 3.000 verkaufen. Der Aufwand für die Konzeption und Realisierung ist immer der gleiche. Dennoch wird dieses Argument bei der Diskussion von Angeboten und Aufwänden interessanterweise oft vorgebracht. Sie können uns aber glauben: Die Anzahl der Artikel spielt absolut keine Rolle!

Wenn Sie im ersten Schritt keinen Workshop beauftragen, aber dennoch ein gut strukturiertes und umfangreiches Briefing erstellen möchten, was auf jeden Fall zu empfehlen ist, werfen Sie bitte einen Blick auf Abschnitt 1.6, »Erstellung eines Lastenhefts«, der sich mit der Entwicklung eines Briefings beschäftigt.

1.5.3   Ihre Rolle innerhalb eines E-Commerce-Projekts

Egal, ob Sie Ihr E-Commerce-Projekt intern oder extern realisieren. Das Projekt wird nicht von selbst laufen, und Ihre Rolle als »E-Commerce-Verantwortlicher« ist von enormer Wichtigkeit. In der Praxis erleben wir oft die Anspruchshaltung, man müsse ja selbst in einem Projekt nichts tun, wo doch die Agentur der Profi ist. Natürlich sind die Agentur, die Sie beauftragen, oder die eigene Entwicklungsabteilung in der Lage, ein Projekt zu realisieren, dennoch sind letztendlich Sie der »Kopf« des Online-Shops, und Sie müssen Feedback, Informationen und Wissen bereitstellen. Denn ein E-Commerce-Projekt ist nicht ausschließlich ein technisches Projekt. Wissen über Produkte, die Zielgruppe und die Branche sind von enormer Wichtigkeit. Das merken Sie speziell, wenn es um komplexe Anforderungen wie Konfiguratoren geht. Natürlich kann ein Dienstleister Ihnen ein Formular entwickeln, bei dem Sie Zahlen eingeben und auf einen Knopf drücken können, um als Ergebnis eine Zahl oder ein Produkt zu erhalten. Dennoch haben Agenturen gerade am Anfang des Projekts wenig Informationen darüber, wie Ihre Zielgruppe »tickt«, wie diese vorgeht oder auch welche Informationen bei Produkten und deren Konfiguration notwendig sind. Gerade das Wissen über die Produkte und die Branche müssen Sie daher an Ihre Dienstleister oder auch an Ihre Inhouse-Entwickler weitergeben, denn sonst erhalten Sie gegebenenfalls eine Lösung, die zwar rein technisch betrachtet funktioniert, aber an den Anforderungen der eigenen Kunden vorbeigeht.

Darüber hinaus können Sie sich aufgrund der Erfahrung in Ihrem Unternehmen und der Branche besonders gut in die eigenen Kunden hineindenken, und genau das ist auch Ihre Aufgabe. Letztendlich müssen Sie den Online-Shop prüfen, indem Sie sich in Ihre Kunden hineinversetzen und genauso agieren, wie diese es tun.

1.5.4   Projektmanagement und Qualitätssicherung

Egal, ob Sie die Entwicklung Ihres Shops inhouse durchführen oder einen externen Dienstleister beauftragen, das Projektmanagement und die Qualitätssicherung sind zwei wichtige Bestandteile, die sich direkt auf den Erfolg oder Misserfolg Ihres Projekts auswirken. Dementsprechend müssen Sie als Projektverantwortlicher selbst einen Blick auf diese beiden Projektbestandteile haben.

Die Methode beim Projektmanagement wird in der Regel von Ihrem externen Dienstleister vorgegeben. Dementsprechend haben Sie hierbei sowieso keinen allzu großen Einfluss. Letztendlich ist es auch gar nicht so wichtig, ob agile Projektplanung nach Scrum verfolgt oder klassisch mit dem Wasserfallmodell entwickelt wird. Wichtig, und das ist unser Tipp an dieser Stelle, ist die saubere Definition aller Aufgaben im Vorfeld. Diese Aufgaben müssen anschließend in Meilensteine zerlegt und priorisiert werden. Die Meilensteine haben wiederum feste Daten, an denen Sie sofort sehen können, wo Sie aktuell mit Ihrem Projekt stehen. Es ist darüber hinaus ratsam, die Aufgaben so zu planen, dass Sie spätestens alle 2 Wochen eine Testversion haben, die Ihnen das Testen des gesamten Systems erlaubt. Denn so können Sie bei Fehlentwicklungen möglichst früh eingreifen und gegensteuern. Es gibt immer noch Agenturen, die wochenlang vor sich hin entwickeln, bevor sie schließlich das Ergebnis präsentieren. Anschließend ist der Kunde verärgert, denn er hat sich etwas gänzlich anderes vorgestellt. Um diese Situation zu vermeiden, fordern Sie regelmäßige Testversionen, um Features direkt testen und abnehmen zu können.

Bei der Qualitätssicherung macht es darüber hinaus Sinn, Funktionslisten beispielsweise in Excel zu definieren. Hier können Sie bei den verschiedenen Funktionen das gewünschte Verhalten definieren. Tritt das Verhalten ein, ist der Test bestanden, und Sie wissen, dass die Komponente funktionstüchtig ist. Ein Beispiel hierfür könnte sei:

- ▶ **Komponente**
  Benutzerregistrierung

- ▶ **Ablauf**
  Kunde klickt auf der Startseite auf den Link REGISTRIERUNG und gibt einen Namen und eine E-Mail-Adresse ein. Anschließend erfolgt ein Klick auf den Button REGISTRIERUNG.

- ▶ **Gewünschtes Verhalten**
  Der Kunde bekommt eine Bestätigungsmeldung angezeigt und erhält eine E-Mail mit seinem Benutzernamen und weiterführenden Informationen zum Online-Shop.

Wenn Sie eine Liste in diesem Muster aufstellen, können Sie die Funktionen und gewünschten Funktionsweisen immer relativ schnell überprüfen und kontrollieren lassen. Denn es ist genau definiert, was bei welcher Aktion passieren soll.

1.6   Erstellung eines Lastenhefts

Können Sie sich vorstellen, was eines der größten Probleme in der Agenturbranche ist? Es sind nicht die komplexen Projekte, an denen man monatelang arbeitet, es ist auch nicht der zeitliche Druck, schnell am Markt zu sein. Es ist vielmehr die fehlende Spezifikation der Kunden. Sie können es ruhig glauben, die meisten Anfragen bei Agenturen lauten: »Ich möchte XYZ online verkaufen, machen Sie mir ein Angebot.« In diesem Fall ist es zumindest schon einmal super, dass ein Unternehmen den Schritt in den E-Commerce wagt. Wie aber bereits erwähnt, unterschätzen viele Unternehmen schlicht die Komplexität eines E-Commerce-Projekts. Der Preis ist wichtig, genau wie der Endtermin. Was der Shop aber schlussendlich können soll und wie das Konzept aussieht, interessiert den Kunden im ersten Schritt gar nicht. Genau das ist der springende Punkt bzw. der große Fehler.

Damit Ihnen das nicht passiert, haben wir an dieser Stelle einen eigenen Abschnitt vorgesehen, in dem es um die Erstellung eines Projektbriefings geht – sozusagen als Hilfestellung, damit Sie selbst in der Lage sind, alle notwendigen Informationen im ersten Schritt zusammenzutragen und zu wissen, was Sie eigentlich möchten und benötigen. Dieses Briefing können Sie getrost als Grundlage für Anfragen bei Agenturen bzw. Dienstleistern verwenden, es hilft Ihnen, schon einmal einen groben Überblick über die zu erstellenden Leistungen zu gewinnen. Sie können dabei das Briefing selbstverständlich beliebig erweitern und um eigene Informationen ergänzen. Wir diskutieren letztendlich an dieser Stelle die Basis, die alle relevanten Informationen und Fakten enthält, jedoch beliebig erweitert werden kann.

1.6.1   Realisierungszeitraum (Start und Ende)

Definieren Sie zuallererst, in welchem Zeitraum Sie das Projekt umsetzen möchten, denn der Going-live-Termin hängt oftmals von Messen, Unternehmensjubiläen oder ähnlichen Faktoren ab. Dementsprechend müssen Sie sich so früh wie möglich darüber klar werden, wann Sie mit einem Projekt starten möchten, welchen Realisierungszeitraum Sie anstreben und wann der Online-Shop anschließend live gehen soll. Rechnen Sie dabei großzügig mit Puffern, und lassen Sie gerade beim Projektende etwas Luft nach hinten. Wenn Sie ein wichtiges Firmenjubiläum am 21.10.2015 haben, dann sollte das Projektende am 15.9.2015 liegen, so dass Sie bei Problemen notfalls noch etwas Luft haben. Beim Projektbeginn sollten Sie beachten, dass Agenturen nicht selten einen Vorlauf von mehreren Wochen haben. Bis es also zur Realisierung kommt, können 1–2 Monate vergehen. Fragen Sie daher frühestmöglich Agenturen an, oder setzen Sie den Projektbeginn entsprechend nach hinten.

1.6.2   Projektbudget

Das Projektbudget richtet sich nie nach dem Angebot, sondern muss vor den Angeboten der Dienstleister feststehen. In der Praxis kommunizieren Kunden anfangs nie Budgets, da sie Angst haben, Agenturen könnten das Angebot entsprechend auf das Budget ausrichten. Das ist aber genau die falsche Vorgehensweise, denn wenn Sie von Anfang an ganz klar ein Budget kommunizieren, können Dienstleister sofort abschätzen, was innerhalb des Projekts möglich ist oder nicht. Fehlt die Angabe hinsichtlich des Budgets, laufen Sie nur Gefahr, unpassende Angebote zu erhalten, die entweder weit über Ihrem Budget liegen oder nicht alle Leistungen enthalten, die Sie benötigen. Von daher gilt: Spielen Sie mit offenen Karten, denn das hilft Ihnen und Ihrem Dienstleister.

1.6.3   Wird ein neuer Online-Shop entwickelt oder ein bestehender Shop abgelöst?

Sollten Sie bereits einen Online-Shop haben, ist das in gewisser Hinsicht ein Pluspunkt, denn Sie können ganz klar Probleme und Schwächen kommunizieren, und der Dienstleist kann sich die bisherige Umsetzung anschauen und auf dieser Basis weitere Informationen sammeln. Wenn Sie daher bereits über einen Online-Shop verfügen, ist es sinnvoll, einen Zugang bereitzustellen und mit Ihrem Dienstleister offen über die Probleme und Schwächen der aktuellen Lösung zu diskutieren.

1.6.4   Welche Sprachen werden benötigt, und in welchen Ländern sind Sie aktiv?

Planen Sie eine Mehrsprachigkeit Ihres Online-Shops bzw. lokalisierte Varianten Ihres Online-Shops? Sollte dies der Fall sein, sollten Sie dies eingangs direkt erwähnen und gegebenenfalls schon über rechtliche Besonderheiten in den jeweiligen Ländern aufklären. Auch muss die Frage geklärt werden, ob Sie die Übersetzungen bereitstellen und selbst integrieren oder ob Sie Ihren Dienstleister damit beauftragen möchten.

1.6.5   Währungen und Preisbildungen

Speziell wenn Sie im Ausland verkaufen möchten, müssen Sie in Ihrem Online-Shop unterschiedliche Währungen implementieren. Das ist ein grundlegendes Feature vieler Online-Shop-Lösungen. Dennoch muss geklärt werden, in welchen Abständen die Währungskurse aktualisiert werden und ob dies automatisch oder manuell geschehen soll. Auch ist es relevant zu erfahren, ob Preise einfach »umgerechnet« werden oder ob es in den jeweiligen Währungen eigenständige Preisbildungen gibt.

Idealerweise erstellen Sie eine Liste mit den gewünschten Währungen und definieren, wie sich die Preise in jeder Währung ergeben.

1.6.6   Multi-Store-Funktionalität

Ein Feature, das besonders von der E-Commerce-Lösung Magento gefeiert wird, ist die Multi-Store-Funktionalität. Darunter sind mehrere Online-Shops zu verstehen, die unterschiedliche Domains und eigene Designs haben können, aber auf Basis einer Instanz betrieben werden, beispielsweise wenn Sie Schuhe verkaufen, aber einen eigenen Shop für Nike-Produkte erstellen möchten. Technisch gesehen ist das in der Regel kein Problem, Sie müssen aber definieren, inwiefern sich die verschiedenen Stores unterscheiden, ob die Produkte unterschiedliche Preise haben und wie genau die Trennung zwischen den jeweiligen Stores gedacht ist.

1.6.7   Präferierte Software

Die Software ist letztendlich nur ein Mittel zum Zweck, und Ihr Dienstleister wird Ihnen sagen können, ob die Nutzung der gewünschten Software in Ihrem Fall sinnvoll ist oder nicht. Nichtsdestotrotz müssen Sie sich im Vorfeld selbst informieren und speziell die Bedienung und Usability der verschiedenen E-Commerce-Lösungen testen. Denn es bringt nichts, sich eine E-Commerce-Software vorschlagen zu lassen, mit der Sie nicht zu rechtkommen. Schauen Sie sich daher die Administrationsbereiche der verschiedenen Lösungen an, die für Sie infrage kommen, und testen Sie diese. Legen Sie Artikel an, bearbeiten Sie Bestellungen, und verwalten Sie Kunden. Wenn Sie anschließend mit der Software zufrieden sind, kann diese in Ihre engere Wahl einfließen.

1.6.8   Schulungen

Haben Sie bereits Erfahrung im Umgang mit der gewünschten Online-Shop-Lösung? Falls ja, kommunizieren Sie dies direkt am Anfang, dann werden Ihnen unnötige Informationen im Vorfeld erspart, und Sie können gemeinsam mit Ihrem Dienstleister gleich zur Sache kommen. Falls nicht, ist es ebenso wichtig, dies zu kommunizieren. Denn Schulungen machen im Vorfeld, das heißt vor Projektbeginn, mehr Sinn als danach, denn wenn Sie sich sehr gut in den Prozessen und Möglichkeiten der E-Commerce-Lösung auskennen, werden Sie schon bei der Definition der Anforderungen direkt sehen, welche Anforderungen sinnvoll sind, einfach umgesetzt werden können und an welchen Stellen man idealerweise nicht eingreift.

1.6.9   Möchten Sie das Shop-Backend selbst pflegen?

Wenn Sie grundsätzlich alle Einstellungen und Inhalte selbst pflegen möchten, müssen Sie dies speziell definieren. Denn das ist keine Selbstverständlichkeit. Oftmals sind technisch gewisse Werte wie E-Mail-Adressen in Formularen oder Inhalte bei der Entwicklung von Modulen und Erweiterungen direkt zu hinterlegen. Denn für alle Werte, die Sie selbst ändern möchten, müssen Eingabemasken entwickelt werden, was wiederum Aufwand erzeugt. Wenn Sie dies jedoch wünschen, müssen Sie das direkt mit Ihrem Dienstleister besprechen, so dass er dies bei der Entwicklung des Angebots berücksichtigen kann.

1.6.10   Gütesiegel und Zertifizierungen

Sollten Sie von Anfang an bestimmte Zertifizierungen wie die von Trusted Shops oder TÜV Süd anstreben, hat dies einen Einfluss auf die Entwicklung bestimmter Features, Inhalte und Prozesse. Es ist daher ratsam, sich über diesen Punkt von Anfang an Gedanken zu machen und sich für eine oder mehrere Zertifizierungen zu entscheiden. Denn so können die Anforderungen der Zertifizierungen bei der Realisierung berücksichtigt werden, und Sie ersparen sich zusätzlichen Entwicklungsaufwand durch nachträgliche Korrekturen. Doch welche Gütesiegel und Zertifizierungen gibt es? Nachfolgend erhalten Sie einen Überblick über die wichtigsten und anerkanntesten.

> **Gütesiegel und Zertifizierungen schaffen Vertrauen**
>
> Wie Sie im Verlauf des Buches noch erfahren werden, spielt das Vertrauen Ihrer potenziellen Kunden eine enorm wichtige Rolle für den Erfolg Ihres Online-Shops. Gütesiegel und Zertifizierungen helfen Ihnen dabei, Vertrauen, Sicherheit und Seriosität zu schaffen. Aus diesem Grund ist es empfehlenswert, mindestens eines der nachfolgenden Siegel bzw. Zertifizierungen zu integrieren.

Trusted Shops

Trusted Shops zählt sicherlich zu den Vorreitern und Marktführern im Bereich der Gütesiegel. Große Online-Shops wie Zalando verwenden das Gütesiegel und werben auch offensiv in TV-Spots mit Trusted Shops. Infolgedessen kennt ein Großteil der Bevölkerung das Trusted-Shops-Logo und assoziiert damit positive Eigenschaften.

Sollten Sie sich für Trusted Shops entscheiden, wird Ihr Online-Shop, nach eigenen Aussagen, auf über 100 Kriterien geprüft. Das fängt bei der Darstellung und Platzierung bestimmter Elemente an, zum Beispiel der Link zum Impressum. Trusted Shops prüft aber auch Ihren kompletten Check-out-Prozess, die AGB und das Widerrufsrecht. Basierend darauf erhalten Sie einen Änderungskatalog. Sollten Sie alle Trusted-

Shops-Anforderungen erfüllen, dürfen Sie das Trusted-Shops-Logo in Ihre Seite integrieren. Mittlerweile bietet Trusted Shops aber weitaus mehr als nur ein Gütesiegel. Ihre Besucher können ebenso auf einen Käuferschutz zurückgreifen, der ihnen im Streitfall den Bestellwert erstattet, der bis zu mehreren tausend Euro betragen darf. Das wirkt ebenfalls vertrauensfördernd, denn hier klinkt sich eine »unabhängige Institution« ein und ergreift Partei für Ihre Kunden. Zusätzlich können Sie den Trusted-Shops-Bewertungsservice nutzen. Hierbei können Ihre Kunden nach erfolgter Bestellung Ihren Online-Shop bewerten, Sie können diese Meinungen wiederum als verkaufsförderndes Element integrieren. Letztendlich handelt es sich bei Trusted Shops um das »rundeste« Paket, denn neben dem Gütesiegel, dem Käuferschutz, den Bewertungen kann bei Bedarf auf die Hilfe von Juristen zurückgegriffen werden.

▶ *http://www.trustedshops.de*

EHI

Wenn Sie Ihren Shop rechtlich prüfen lassen möchten und ein populäres Gütesiegel benötigen, dann ist EHI eine gute Anlaufstelle für Sie. Denn nach der Beantragung wird Ihr Online-Shop komplett geprüft, und das aus Sicht Ihrer Kunden! Ebenso erhalten Sie Zugriff auf Rechtstexte und werden dadurch vor Abmahnungen geschützt. Nach der bestandenen Prüfung haben Sie das Recht, das EHI-Gütesiegel in Ihren Online-Shop zu integrieren, welches sich positiv auf Ihre Conversion-Rate auswirken wird. Mittlerweile gibt es auch eine Kooperation zwischen EHI und eKomi, wodurch Sie ein ähnliches Paket wie bei Trusted Shops schnüren können, bestehend aus einer Shop-Prüfung mit Gütesiegel sowie Bewertungen.

▶ *http://www.shopinfo.net*

eKomi

Feedback ist wichtig, denn positives Feedback Ihrer Kunden fördert für Besucher den Einkauf in Ihrem Online-Shop. Ohne jetzt mit schwindeligen Fallstudien zu argumentieren, die immer an der einen oder anderen Stelle angreifbar sind: Positives Kundenfeedback steigert immer Ihre Conversion-Rate. Ob es aber am Ende des Tages 5 % sind oder gar 15 % oder aufwärts, das hängt auch immer von Ihrer Zielgruppe, den Produkten und der Branche ab.

Trusted Shops sorgt zusätzlich für Rechtssicherheit

Ein weiterer großer Vorteil der Trusted-Shops-Zertifizierung besteht in der rechtlichen Prüfung Ihres Online-Shops. So kaufen Sie sich nicht nur ein Gütesiegel, sondern gleichzeitig auch die Gewissheit, nicht gegen geltendes Recht zu verstoßen. Bedenkt man die Kosten für einen Anwalt, so relativiert sich doch die monatliche Gebühr nochmals. Trusted Shops bietet Ihnen als Shop-Betreiber daher viele interessante Möglichkeiten.

Das Unternehmen eKomi hat sich komplett auf das »Feedback« konzentriert und bietet einen Service, durch den Ihre Kunden nach dem Einkauf zum Bewerten des Einkaufs aufgefordert werden. Dieses Feedback wird wiederum übersichtlich in Ihrem Online-Shop dargestellt. Dabei kann auf ein allgemeines Bewertungs-Widget zurückgegriffen werden, aber auch produktspezifische Bewertungen stellen kein Problem dar. Sie werden sich aber nun genau die Frage stellen, die sich jeder Shop-Betreiber stellt: Warum sollte man für einen Bewertungsdienst monatlich Geld investieren? Online-Shops haben doch selbst Bewertungssysteme. Letztendlich gibt es gute Gründe, auf eKomi zu setzen. Bewertungen werden auch durch eKomi geprüft und geblockt bzw. zugelassen. Die Übertragung zu Google und die damit verbundene Darstellung in den Suchergebnissen bzw. AdWords-Anzeigen ist durch eKomi gar kein Problem, denn diese haben eine Schnittstelle zu Google. Auch sorgt ein unabhängiges »Siegel« bzw. Bewertungs-Widget für einen gewissen Wiedererkennungswert, denn eKomi ist Bestandteil vieler großer Online-Shops. Probieren geht über Studieren, speziell im E-Commerce. Testen Sie es doch einfach einmal.

▶ *http://www.ekomi.de*

Händlerbund

Der Händlerbund schlägt einen ähnlichen, wenn nicht gleichen Weg wie Trusted Shops ein. Ein großer Vorteil liegt speziell in den Rechtstexten, die Sie über den Händlerbund beziehen können. Als Shop-Betreiber werden Sie daher vor allem bei den AGB, dem Datenschutz und der Widerrufsbelehrung rechtlich unterstützt. Sollten Sie abgemahnt werden, haben Sie beim Händlerbund einen Ansprechpartner, und auch hier werden Sie unterstützt. Daneben können Sie ein Gütesiegel integrieren, das sich speziell auf die rechtliche Prüfung Ihres Shops bezieht.

▶ *http://www.haendlerbund.de*

TÜV Süd

Die Zertifizierung durch TÜV Süd ist für Sie als Online-Shop-Betreiber eine interessante Sache, denn wenn Sie einmal überlegen, wo Ihnen im Alltag überall das TÜV-Logo begegnet, dann werden Sie einige Gelegenheiten finden. Ich fahre beispielsweise jeden Morgen in unserem Büro mit dem Aufzug in die entsprechende Etage und sehe jeden Morgen das TÜV-Gütesiegel bzw. die Prüfung. Das zeigt mir als Verbraucher doch ganz klar, dass hier alles in Ordnung und geprüft ist. Und da gerade im Alltag das TÜV-Logo an so vielen Stellen vorkommt, ist auch der Wiedererkennungswert bei einem Online-Shop gigantisch. Denn der TÜV hat einfach eine gewisse »Stellung«, und man vertraut ihm, so auch im E-Commerce. Letztendlich wird Ihr Shop komplett »auseinandergenommen«, Prozesse werden durchgespielt und analysiert und Sicherheitschecks durchgeführt. Kommt es einmal zum Streitfall zwischen einem Kunden und Ihnen, schaltet sich der TÜV Süd auch als Vermittler ein. Wie bei den Mitbewerbern erhalten Sie nach bestandener Prüfung auch hier ein entsprechendes Gütesiegel, das Sie in Ihren Online-Shop integrieren können.

▶ *https://www.safer-shopping.de*

Google Trusted Stores

Der Suchmaschinenbranchenprimus Google bietet mittlerweile ebenfalls eine Zertifizierung für Online-Shops an, auch wenn sich diese in Deutschland noch nicht allzu großer Beliebtheit erfreut. Wenn Sie sich erfolgreich bei Google zertifizieren lassen, können Sie ein entsprechendes Badge in Ihren Shop integrieren und steigern damit, so zumindest die Aussage von Google, die Conversion-Rate und durchschnittliche Bestellmenge. Zusätzlich fließen die Verkäuferbewertungen in Google AdWords ein, wodurch bei Werbekampagnen zusätzlich die Bewertungen in Form von Sternchen ausgelesen werden.

Interessanterweise ist das Händlerprogramm momentan kostenlos verfügbar, das heißt, es fallen für Sie als Shop-Betreiber keinerlei Kosten an.

▶ *https://www.google.de/zertifiziertehaendler/for-businesses/*

1.6.11   Gewünschte Endgeräte

Desktop, Smartphone oder Tablet? Für welche Endgeräte Sie sich auch entscheiden, die Entscheidung muss von Anfang an feststehen. Eine mobile Version ist nachträglich nur mit einem erhöhten Aufwand zu implementieren, von einer nachträglichen Entwicklung eines Responsive Designs ist grundsätzlich abzuraten. Dementsprechend ist die Entscheidung, für welche Endgeräte Ihr Online-Shop optimiert sein soll, elementar und hat ebenso einen sehr großen Effekt auf die Projektkosten.

1.6.12   Branche und Produkte

Für die Einschätzung der notwendigen Features und des Projektvolumens spielen die Branche und die Produkte eine wichtige Rolle. Wenn Sie bei einer Agentur anfragen, sollten Sie kurz umreißen, was Sie verkaufen, wie Ihre Kunden aussehen und in welcher Branche Sie aktiv sind. Denn dies hilft, die technischen Anforderungen und nichtfunktionalen Anforderungen besser in ein Gesamtbild einzuordnen.

Den Aufbau Ihrer Produkte sollten Sie idealerweise bis ins kleinste Detail beschreiben. Können Ihre Produkte konfiguriert werden? Handelt es sich um digitale Artikel, sprich Downloads? Ist es eventuell möglich, die Artikel zu individualisieren? Idealerweise senden Sie in Form einer Excel-Liste einen beispielhaften Aufbau Ihrer Artikel mit allen relevanten Produkteigenschaften, so dass sich Ihr Dienstleister ein Bild vom Aufbau der Produkte machen kann.

1.6.13   Geschäftsmodell

Fassen Sie in ein paar kurzen Worten bzw. Sätzen Ihr Geschäftsmodell zusammen bzw. Ihren Plan, wie Sie mit Ihrem Online-Shop erfolgreich agieren möchten. Basierend auf diesen Informationen kann Ihr Dienstleister Ihnen gleich ein Feedback geben, ob sich Ihre Planung realistisch anhört oder ob man gegebenenfalls an Ihrem Geschäftsmodell nochmals etwas feilen muss. Bedenken Sie immer, dass E-Commerce-Agenturen tagtäglich in verschiedenen Branchen aktiv sind und somit einen ganz guten Überblick haben, welches Geschäftsmodell funktionieren kann und welches nicht. Wenn Sie mit der falschen Idee einen funktionierenden Online-Shop umsetzen, haben Sie am Ende des Tages nichts gewonnen! Eine gute E-Commerce-Agentur agiert immer ein Stück weit wie ein Unternehmensberater, der ganz offen und ehrlich mit Ihnen diskutiert, ob das Projekt in der gewünschten Form erfolgreich sein kann oder ob die Chancen eher schlecht stehen.

1.6.14   B2B oder B2C

Möchten Sie Endkunden ansprechen oder ausschließlich Unternehmen beliefern? Je nachdem, für welche Zielgruppe Sie sich entscheiden, existieren unterschiedliche rechtliche Anforderungen, aber auch die technischen Anforderungen variieren. Dementsprechend ist eine Eingrenzung der Zielgruppe für eine gründliche Projektplanung essenziell.

1.6.15   Konkurrenten

Basierend auf einer Liste der größten Konkurrenten ermöglichen Sie Ihrem Dienstleister einen Einblick in die Branche und die Chance, die »Professionalität« zu bewerten. Denn es geht letztendlich immer darum, »besser« als Ihre Mitbewerber zu werden. Die Analyse der Mitbewerber ist letztendlich die Basis für die Entwicklung der Strategie und der technischen Anforderungen.

1.6.16   Screendesign des Online-Shops

Haben Sie eventuell bereits ein Screendesign Ihres Online-Shops, oder möchten Sie dieses von Ihrem Dienstleister erstellen lassen? Falls Sie die Entwicklung eines Designs wünschen, schreiben Sie ein kleines »Briefing«, was Ihnen beim Design wichtig ist, welche Shops Sie schön bzw. ansprechend finden und wie Sie sich das Design vorstellen. Denn speziell bei der Optik entstehen oft Missverständnisse, und als Kunde muss man zuallererst mit der Agentur über die eigenen Vorstellungen sprechen.

Das Design ist eine der komplexesten Aufgaben im Projekt

Werfen Sie unbedingt einen Blick in Kapitel 4, »Mit Usability, Design und Sicherheit zu hohen Conversion-Rates«, da wir in diesem Kapitel den gesamten Designentwicklungs- und Realisierungsprozess im Detail beleuchten. Ein großes »Gefahrenpotenzial« besteht bei E-Commerce-Projekten immer innerhalb dieser Phase, da hier die Kommunikation besonders knifflig und das Potenzial für Missverständnisse sehr hoch ist.

1.6.17 Kundenspezifische Anforderungen

Möchten Sie mit unterschiedlichen Kundengruppen arbeiten? Falls ja, wie unterscheiden sich diese Kundengruppen voneinander, das heißt, existieren unterschiedliche Preise, oder gibt es Anpassungen beim Produktsortiment? Welche Möglichkeiten wünschen Ihre Kunden in Ihrem Online-Shop? Definieren Sie zum einen die funktionalen Anforderungen wie die Möglichkeit, Bestellungen und Rechnungen einzusehen, grenzen Sie aber gegebenenfalls vorhandene Unterscheidungen zwischen den Benutzer- und Kundengruppen ab. Ein kleiner Tipp: Erfahrungsgemäß erfordern kundenspezifische Preise immer weitreichende Anpassungen. Speziell solche Details sollten Sie von Anfang an klar kommunizieren. Auch die Frage, ob Gäste bei Ihnen einkaufen dürfen oder ein Benutzerkonto zwingend notwendig ist, sollten Sie beantworten.

1.6.18 PDFs und E-Mails

Gibt es für PDFs und E-Mails, beispielsweise die Rechnung oder den Lieferschein, bestimmte Vorgaben wie eine Corporate Identity? Wenn ja, wie sehen diese Vorgaben aus? Idealerweise übermitteln Sie ein Dummy-PDF sowie eine Dummy-E-Mail, falls es hierfür Richtlinien gibt.

1.6.19 Navigationskonzept

Verfügen Sie bereits über ein Navigationskonzept? Falls nein, senden Sie am besten mögliche Navigationspunkte oder Warengruppen an Ihren Dienstleister. Dies hilft speziell bei der Entwicklung des Designs, denn wenn Sie nicht wissen, welche Navigationselemente abgebildet werden müssen, ist es nur begrenzt möglich, ein Navigationskonzept zu entwickeln.

1.6.20 Funktionsumfang und Anforderungen

Das ist mit Abstand der umfangreichste und komplexeste Punkt. Für die Kalkulation der Aufwände und die Auswahl der »besten« E-Commerce-Lösung müssen im Vorfeld alle funktionalen Anforderungen definiert werden. Hierzu zählen beispielsweise:

- Merkliste
- Wunschzettel
- Produktvergleich
- Cross-Selling, Up-Selling, Zubehör
- Rabatte und Gutscheine
- Produktbewertungen und Umfragen
- Druckfunktion
- Bonitätsprüfungen
- Einkauflimits
- Vorbestellmöglichkeit
- Produktkonfiguratoren
- Produktsuche und Filterung
- etc.

Basierend auf dem E-Commerce-Konzept wissen Sie, welche Anforderungen Ihr Online-Shop erfüllen muss, damit Sie sich gegen Ihre Konkurrenten durchsetzen können. Zusätzlich gibt es gegebenenfalls Wünsche Ihrer Kunden bzw. Ihres Unternehmens, die berücksichtigt werden müssen. Fassen Sie diese funktionalen Anforderungen zusammen, so dass Ihr Dienstleister sofort erkennen kann, welche Funktionen Bestandteil der Software sind und welche Funktionen entwickelt werden müssen.

1.6.21 Anbindung an externe Systeme

Soll der Online-Shop ein Bestandteil Ihrer IT-Infrastruktur werden? Wenn Sie eine Anbindung an Ihre Warenwirtschaft oder Ihr CRM-System wünschen, sollte dies auch von Anfang an geplant und bedacht werden, da dies oftmals den Aufbau der Produkte im Shop beeinflusst. Dienstleister müssen zum einen wissen, welche Software Sie an Ihren Online-Shop anbinden möchten. Darüber hinaus ist es relevant, welche Daten Sie in welchem Format mit welchem Aufbau austauschen möchten.

1.6.22 Bezahl- und Versandmöglichkeiten

Auch wenn es auf den Projektumfang und somit die Kosten keinen allzu großen Einfluss hat, ist es ratsam, sich von Anfang an Gedanken über gewünschte Zahlungs- und Versandmethoden zu machen. Denn die Integration ist, abhängig von der gewünschten Online-Shop-Software, mal besser, mal schlechter. Neben dem Versanddienstleister spielen hingegen die Versandkosten eine größere Rolle, denn hierbei gibt es unendlich viele Möglichkeiten für die Berechnung. Definieren Sie daher die Versandkostenberechnung, so dass diese auf Machbarkeit hin geprüft werden kann.

1.6.23 Inhalte und deren Verwaltung

Wie viele statische Inhalte werden Sie verwalten? Gibt es ein Blog oder einen FAQ-Bereich? Je nachdem, wie wichtig das Thema Content für Sie in Ihrem Projekt ist, empfiehlt sich die Implementierung eines zusätzlichen Content-Management-Systems. Da dies Kosten verursacht, muss im Vorfeld die Relevanz dieses Themas diskutiert werden. Definieren Sie daher, wie viele Inhaltsseiten Sie voraussichtlich verwalten werden und ob dynamische Inhalte wie Blog- oder News-Beiträge eine Rolle spielen.

1.6.24 Hosting

Auch die Anforderungen an das Thema Hosting sollten relativ schnell bedacht werden. Wichtig ist hierbei Ihre Kalkulation, mit wie vielen Usern Sie pro Tag rechnen, wie viele Bestellungen voraussichtlich durchgeführt werden und wie viele Marketingaktionen Sie regelmäßig planen. Basierend auf diesen Werten, auch wenn es sich im Vorfeld natürlich nur um grobe Kalkulationen handelt, kann Ihnen Ihr Dienstleister ein Angebot hinsichtlich eines Hosting-Setups zukommen lassen.

1.6.25 Marketing (SEO)

Welche Rolle spielt die organische Suchmaschinenoptimierung (SEO), und welche Anforderungen ergeben sich hieraus für Ihren Online-Shop? Je nachdem, auf welche Marketingkanäle Sie setzen, unterscheiden sich die Anforderungen. Sind Marktplätze und Preissuchmaschinen wichtig, müssen Exporte entwickelt werden. Ist SEO ein heißes Thema für Sie, muss der Quellcode entsprechend aufbereitet und optimiert werden. Geben Sie Ihrem Dienstleister daher einen Ausblick auf Ihre Vermarktungs- und Werbestrategie.

1.6.26   Sonstiges

Gibt es sonst noch Details, die für die Kalkulation des Aufwands notwendig sind? Falls ja, lassen Sie diese auf jeden Fall einfließen.

Wie Sie anhand der aufgeführten Punkte sehen können, ist für die Entwicklung eines Angebots sehr viel Input von Ihnen als Kunde nötig. Basierend auf Aussagen wie »Ich möchte Schuhe verkaufen, unterbreiten Sie mir bitte ein Angebot« kann kein Dienstleister der Welt ein seriöses Angebot entwickeln. Wenn Sie hingegen die aufgeführten Fragen beantworten und Ihrem Dienstleister entsprechend bereitstellen, ist zumindest eine Eingrenzung des Aufwands möglich. So haben Sie eine erste Hausnummer und merken gleich, mit welchen Aufwänden Sie rechnen müssen!

1.7   Checkliste: Wo stehen Sie aktuell?

Auf den vorherigen Seiten haben Sie einiges gelernt, welche Vorarbeit Sie leisten müssen und was im Rahmen eines E-Commerce-Projekts auf Sie zukommen wird. Bevor Sie im nächsten Kapitel mit der Auswahl einer geeigneten Online-Shop-Lösung starten und anschließend Ihr Produktsortiment aufbauen und sich Gedanken um die Vermarktung machen, erhalten Sie im Folgenden eine Checkliste mit zwölf wichtigen Fragen (siehe Tabelle 1.1), die Sie größtenteils mit Ja beantworten sollten, bevor Sie weiterlesen. Denn es handelt sich hierbei um die »Basics«, die Sie erfüllen müssen, bevor die weiteren Arbeiten an Ihrem Online-Shop Sinn machen.

Frage	Ja/Nein
Möchten Sie einen Online-Shop wirklich für die Erfolgssteigerung nutzen (oder »rennen« Sie einfach Mitbewerbern hinterher)?	
Wissen Sie genau, was der Online-Shop leisten soll (Umsatzsteigerung, Kundenakquise, Prozesskostenoptimierung)?	
Können Sie die Zielgruppe bzw. die potenziellen Kunden definieren, die Sie ansprechen möchten?	
Wissen Sie, welche Produkte Sie verkaufen und welche Sie gegebenenfalls nicht verkaufen möchten?	
Verfügen Sie über genügend Manpower für die Realisierung und den Betrieb eines Online-Shops?	
Verfügen Sie über die notwendige Investitionsbereitschaft bzw. das notwendige Budget?	

Tabelle 1.1 Checkliste: Sind Sie bereit für den E-Commerce?

Frage	Ja/Nein
Kennen Sie Ihre Mitbewerber, und wissen Sie, wie diese im E-Commerce agieren?	
Haben Sie eine konkrete Vorstellung davon, was Ihr Online-Shop leisten muss, um erfolgreich zu sein?	
Haben Sie einen Business-Plan, und wissen Sie, wie viel der Online-Shop kosten darf und wie viel Umsatz er generieren muss?	
Planen Sie für die ersten Erfolge mit Monaten und Jahren und nicht mit Wochen?	
Verfügen Sie bereits über ein Pflichtenheft bzw. eine Spezifikation?	
Sind Sie von dem Thema E-Commerce so überzeugt, dass Sie es als Chance und nicht als Gefahr wahrnehmen?	

Tabelle 1.1 Checkliste: Sind Sie bereit für den E-Commerce? (Forts.)

Gratulation, wenn Sie die Fragen mit Ja beantworten können, erfüllen Sie alle Voraussetzungen, um im E-Commerce durchzustarten! In den nächsten Kapiteln gehen wir nun Schritt für Schritt den Ablauf eines E-Commerce-Projekts durch und beginnen mit der Auswahl einer geeigneten Online-Shop-Software. Diese dient später als Unterbau, und gerade deswegen handelt es sich um eine der wichtigsten Entscheidungen, die Sie am Anfang eines E-Commerce-Projekts treffen müssen.

1.8   Fazit

Gute Vorbereitung und Planung ist alles! Nehmen Sie sich am Anfang lieber etwas mehr Zeit, und investieren Sie in eine fundierte Markt- und Wettbewerberanalyse. Denn die Zeit, die Sie am Anfang in das Konzept und die Anforderungen investieren, zahlt sich spätestens im Projektverlauf mehrfach wieder aus. Wichtig ist beim Start in den Online-Handel vor allem das wirtschaftliche Konzept. Überlegen Sie gut, welche Vorteile bzw. welchen Nutzen Sie Ihren Kunden bieten können, so dass diese bei Ihnen und nicht bei Ihrer Konkurrenz einkaufen. Wenn Sie die USPs erst einmal ausgearbeitet haben, geht es um die Definition der Funktionen und das Werbekonzept. Sobald Sie hier den »Durchblick« haben, können Sie Dienstleister anfragen und Angebote einholen und somit den Grundstein für Ihr Projekt legen.

Kapitel 2

Welcher Shop ist der richtige? Technische Lösungen und Möglichkeiten

Online-Shop-Software gibt es wie Sand am Meer; aber aufgepasst: Je nach Lösung haben Sie mit unterschiedlichen Vor- und Nachteilen zu kämpfen. Die Wahl der Software muss gut überlegt sein, schließlich entscheiden Sie sich für ein Fundament, auf dem in den nächsten Jahren Ihr komplettes Unternehmen aufgebaut ist.

Was beim stationären Handel am Anfang die Auswahl des idealen Standortes ist, ist im Bereich E-Commerce die Auswahl der richtigen E-Commerce-Software. Eine solche Software dient idealerweise als Ausgangsbasis für alle E-Commerce-Aktivitäten eines Online-Handel-Unternehmens und soll einen Shop-Betreiber über Jahre hinweg verlässlich begleiten. Die E-Commerce-Lösung soll dabei einerseits die aktuellen Anforderungen und Prozesse des Shop-Betreibers abbilden können, andererseits aber auch die nötige Flexibilität für die zukünftige Entwicklung bieten, ohne dass bereits nach 1 Jahr die ausgewählte Lösung durch eine neue Lösung ersetzt werden muss.

Mit dem stetigen Anstieg des E-Commerce-Anteils im Handel in den letzten Jahren ist zugleich auch das Angebot der am Markt verfügbaren E-Commerce-Lösungen gewachsen, welche dabei immer mehr Aspekte und Anforderungen aller Branchen und Märkte abdecken. Dies macht jedoch die Auswahl zusehends unübersichtlicher und schwieriger. Die einen E-Commerce-Systeme sind dabei auf bestimmte Märkte, Branchen und technische Rahmenbedingungen festgelegt, während andere Systeme mehr Flexibilität und Individualisierung ermöglichen. Auch unterscheiden sich E-Commerce-Systeme in Bezug auf die Zielgruppe. So gibt es E-Commerce-Systeme, die direkt auf die Bedürfnisse eines B2C- oder B2B-Umfeldes oder sogar beider Bereiche zugeschnitten sind.

Abgrenzung B2B/B2C

Unter B2C (*Business-to-Consumer*) versteht man den Handel eines Unternehmens mit Endverbrauchern, während man unter B2B (*Business-to-Business*) den Handel eines Unternehmens mit anderen Unternehmen versteht.

> Es gibt dabei auch noch viele weitere Handelsbeziehungen, wie zum Beispiel C2C (*Consumer-to-Consumer*), also der Handel zwischen Endverbrauchern, oder A2C bzw. A2B (*Administration-to-Consumer/Business*), also der Handel zwischen Regierungsorganisationen und Endverbrauchern bzw. Unternehmen.

Gab es früher ausschließlich Anbieter von kommerziellen E-Commerce-Systemen (sogenannte *Closed-Source-Systeme*), wird diese Trennung immer mehr aufgehoben. Die Vielzahl der verwendeten E-Commerce-Systeme ist heutzutage quelloffen (sogenannte *Open-Source-Systeme*). Dabei verändern sich auch die Geschäftsmodelle vieler Anbieter: Anbieter, die früher ausschließlich kommerzielle Systeme vertrieben haben, öffnen ihre Systeme und ergänzen ihr Produktportfolio um quelloffene Software, während andere Anbieter oftmals eine kommerzielle Version ihrer Software mit erweitertem Funktionsumfang oder weiteren Leistungen anbieten.

Open-Source-Software

Unter *Open-Source-Software* versteht man Software, deren Quelltext nicht verschlüsselt vorliegt und gemäß den Lizenzen, denen diese unterliegt, auf unterschiedliche Art und Weise verwertet, vervielfältigt und bearbeitet werden kann. Oftmals räumen die Lizenzen von Open-Source-Software lediglich das Nutzungsrecht ein.

In diesem Kapitel möchten wir Ihnen einen Überblick über die aktuellen E-Commerce-Lösungen geben, Ihnen die Vorteile zwischen Kauf- und Mietshops aufzeigen, einige Anbieter von E-Commerce-Systemen vorstellen und Ihnen auch einen Leitfaden für die Auswahl der richtigen E-Commerce-Lösung an die Hand geben.

2.1   Überblick über die aktuellen E-Commerce-Lösungen

Der elektronische Handel besteht heutzutage nicht mehr nur aus dem Verkauf von Produkten über das Internet. Es geht vielmehr um die Bereitstellung eines intelligenteren, überzeugenden und ansprechenden Kauferlebnisses für den Kunden, das er nicht nur online, sondern über alle Vertriebskanäle hinweg erfahren soll.

Gerade größere Unternehmen mit beispielsweise vielen Niederlassungen, stationären Geschäften, Callcentern etc. benötigen eher eine größere E-Commerce-Lösung, um die E-Commerce-Prozesse in der bestehenden IT-Infrastruktur abbilden zu können. Kleinere Unternehmen, in denen der Online-Shop oft das einzige Standbein ist, werden eher zu einer kleineren Lösung tendieren. Auch dort findet man jedoch unterschiedliche Interaktionspunkte mit dem Kunden – die Kunden heutzutage sind viel vernetzter und flexibler als noch vor ein paar Jahren. Gerade die steigende Mobilität durch mobile Endgeräte zwingt ein E-Commerce-Unternehmen immer mehr dazu, nicht nur eine ansprechende Desktop-Seite zu besitzen, sondern auch eine mobile Seite oder sogar eine App, über die die Kunden ihr persönliches Einkaufserlebnis auch in der Bahn, am Flughafen oder an anderen Orten erleben können. Auch die Verbreitung von sozialen Netzwerken hat in den letzten Jahren immer weiter zugenommen – es wäre für ein Unternehmen fatal, wenn es solche Kanäle nicht auch mit nutzen würde, um Kunden auch auf diesen Wegen zu begegnen.

Des Weiteren ist es für Unternehmen mit stationären Ladengeschäften oder einem eigenen Kundenservice bzw. Callcenter wichtig, dass man jederzeit die gesamte *Customer Journey* des Kunden – also alle Interaktionspunkte, die ein Kunde mit einem Unternehmen hatte, zum Beispiel Bestellungen, Rücksendungen, Fragen etc. – einsehen kann und ihm so jederzeit eine optimale Auskunft und Beratung garantieren kann. Diese Anstrengungen können helfen, den Umsatz, die Kundenzufriedenheit und Kundenbindung zu steigern. Da die Kunden heutzutage durch die immer größer werdenden Informationsquellen im Internet besser informiert und sachkundiger werden, ist es auch zugleich immer schwieriger, einen Kunden an sich zu binden bzw. überhaupt auf seine Artikel aufmerksam zu machen. Konkurrenzprodukte, die beispielsweise billiger, einfacher zu finden oder einfacher zu kaufen sind, sind oft nur einen Mausklick entfernt.

All diese Herausforderungen des E-Commerce im 21. Jahrhundert müssen – je nach Branche und Geschäftsmodell des Unternehmens mal mehr, mal weniger intensiv – auch in den verschiedenen E-Commerce-Lösungen implementiert sein bzw. angeboten werden können. Es gibt dabei E-Commerce-Lösungen, die Lösungen für alle möglichen Kanäle anbieten, aber auch E-Commerce-Lösungen, die sich nur auf einen Kanal (zum Beispiel Online-Shop) fokussieren.

Hierbei haben sich in den letzten Jahren hauptsächlich drei wesentliche Kategorien für die E-Commerce-Lösungen herausgebildet: *Shop-Lösungen*, *Software-as-a-Service-Lösungen* und *Marktplatz-Lösungen*, die in den folgenden Abschnitten genauer vorgestellt werden.

2.1.1   Shop-Lösungen

Unter Shop-Lösungen versteht man klassische Online-Shop-Software, die ein Händler oder Hersteller kauft oder kostenlos herunterlädt, um damit seine Waren und/oder Dienstleistungen zum Verkauf oder zur Miete anzubieten. Der Shop-Betreiber hat hier die Möglichkeit, über alle Bereiche seines E-Commerce-Geschäfts individuell zu entscheiden, die Software auch noch individueller an seine Bedürfnisse anpassen zu lassen und ist somit grundsätzlich viel flexibler als mit anderen Lösungen.

Bei Shop-Lösungen unterscheidet man grundsätzlich zwischen *Open-Source-Software*, *kostenfreier Software* oder *proprietärer Software*. Bei einer Open-Source-Software ist der Programmcode quelloffen, liegt also nicht verschlüsselt vor. Kostenfreie

Software kann beispielsweise einen verschlüsselten Programmcode enthalten, wird jedoch kostenfrei vertrieben. Bei proprietärer Software erwirbt ein Shop-Betreiber eine Lizenz – gerade bei größeren E-Commerce-Lösungen oftmals auch verknüpft mit Wartungsgebühren – für eine E-Commerce-Lösung, deren Programcode verschlüsselt oder nicht verschlüsselt ist und die er je nach Lizenz unbegrenzt oder nur für eine bestimmte Zeit einsetzen kann. Ein Shop-Betreiber muss sich also entscheiden, mit welchem Nutzungsmodell er seinen Online-Shop betreiben möchte.

Ein weiterer Punkt nach der Auswahl der Shop-Lösung ist das Hosting, also die Art und Weise, wo die Software installiert wird und wie sie im Internet erreichbar ist. Auf der einen Seite kann man sich als Shop-Betreiber für sein Unternehmen eigene Serverhardware anschaffen und diese dann in einem eigenen Rechenzentrum oder in selbst verwalteten Servern bei einem Rechenzentrum seiner Wahl betreiben lassen. Dies wird vermutlich aber nur für große Unternehmen mit eigenen Rechenzentren oder einer eigenen Abteilung für die Serveradministration infrage kommen. Da für das Hosting und Managing der Server einige Ressourcen benötigt werden, ist die überwiegende Mehrheit an Shop-Betreibern besser beraten, die benötigte Serverhardware bei einem professionellen Hosting-Unternehmen anzumieten, das bereits entsprechende Lösungen für Ausfallsicherheit, Skalierbarkeit, Anbindung an das Internet anbietet und zugleich auch die Wartung der Serverhardware und -software übernimmt.

Ist die Software installiert, muss man sich an die Einrichtung und Konfiguration des Systems machen. Dies kann – je nach Komplexität des verwendeten Systems – von sehr einfach und unkompliziert bis hin zu sehr komplex und kompliziert sein. Oftmals wird von den E-Commerce-Lösungsanbietern eine Standardkonfiguration bereitgestellt, welche jedoch erfahrungsgemäß nie auf einen Kunden zu 100 % passt. So müssen oftmals die Steuer-, Zahlungs- und Versandeinstellungen pro Shop individuell eingestellt werden. Dies kann einige Zeit und einigen Aufwand in Anspruch nehmen.

Nach der Einrichtung und Konfiguration muss man auch noch die Kategorien und Produkte einpflegen – denn ohne Produkte im Shop können die Kunden auch nichts kaufen. Je nach Anzahl und Komplexität der Produkte kann das auch einige Zeit dauern. Es ist hier vor allem darauf zu achten, dass die Produkte gut beschrieben und ansprechend dargestellt werden. Bei Unternehmen mit einer Anbindung an ERP- oder PIM-Systeme werden die Produkte und Kategorien oftmals im externen System gepflegt und dann mit dem Online-Shop-System synchronisiert. Dies hat den Vorteil, dass die Produktdaten nur an einer Stelle gepflegt werden müssen und so die zeitaufwendige Befüllung reduziert werden kann und auch Fehler schneller korrigiert werden können.

Die wenigsten Shop-Lösungen sind nun an dieser Stelle »fertig«. So kommt es regelmäßig vor, dass die bestehenden Funktionen des Online-Shops nicht ausreichen,

2

sondern angepasst oder auch mit neuen Funktionen erweitert werden müssen. Auch das Layout des Shops wird sehr häufig noch angepasst, um das eigene Corporate Design zu implementieren oder sich von den Shops der Wettbewerber abzuheben. Je nach Komplexität des verwendeten Shop-Systems sind hier mehr oder weniger intensive Programmierkenntnisse notwendig.

Nach der Installation, Einrichtung, Konfiguration und Anpassung des Online-Shops kann der eigene Online-Shop nun live gehen. Hierbei ist der Shop-Betreiber dann selbst für das Marketing und das Bewerben der eigenen Lösung verantwortlich. Dies kann sich dabei je nach Branche als mehr oder weniger kompliziert herausstellen: In einer viel beworbenen Branche, wie beispielsweise der Schuhmode, ist das deutlich schwieriger, als wenn man beispielsweise in einer Nische tätig ist, wo es tendenziell weniger Wettbewerber gibt. In vielen Fällen kann es deshalb ratsam sein, sich professionelle Unterstützung für diesen Bereich in Form zum Beispiel einer Marketing- oder SEO/SEA-Agentur zu suchen und sie in den Prozess mit einzubinden.

Nicht zu unterschätzen sind bei einer Shop-Lösung auch der Wartungs- und Update-aufwand. Eine Software kann durchaus einmal Fehler enthalten, oder es werden die rechtlichen Rahmenbedingungen geändert, was Anpassungen erfordert. Auch wird die E-Commerce-Software in der Regel vom Anbieter kontinuierlich weiterentwickelt, so dass regelmäßig Updates und Patches (Behebung eines Fehlers) veröffentlicht werden, die ebenso angewendet werden sollten.

Ein wichtiger Punkt für eine Shop-Lösung ist die Möglichkeit der Anbindung an Drittsysteme (zum Beispiel ERP, Warenwirtschaft, PIM etc.). Einige Shop-Hersteller bieten hierfür auch schon fertige Module für gängige Drittsysteme an, was die Pflege der Kategorie- und Produktdaten sowie die Abwicklung der Bestellungen enorm erleichtern kann. Darüber hinaus hat man als Shop-Betreiber – gegebenenfalls mit Unterstützung eines Partners – auch die Möglichkeit, eigene Schnittstellen zu programmieren und so das Shop-System optimal in die eigene IT-Infrastruktur einzubinden.

Wie Sie sehen können, gibt es bei dem Aufbau einer eigenen Shop-Lösung sehr viel zu beachten. Sollte man kein eigenes Know-how im Unternehmen haben, das einen beim Aufbau einer eigenen Shop-Lösung unterstützen kann, gibt es für viele Shop-Lösungen Dienstleister, die Ihnen hierbei unter die Arme greifen können.

2.1.2 Software-as-a-Service-Lösungen

Eine Software-as-a-Service-Lösung (*SaaS*) geht in eine ähnliche Richtung wie eine Shop-Lösung, hat jedoch einige entscheidende Unterschiede. SaaS ist ein Teilbereich des Cloud Computings und basiert auf dem Grundsatz, dass die Software bei einem externen IT-Dienstleister betrieben wird und vom Shop-Betreiber als Service genutzt werden kann. Für diesen Service wird oftmals eine monatliche und/oder transaktionsabhängige Gebühr erhoben, die der Shop-Betreiber an den IT-Dienstleister zu entrichten hat.

Der Shop-Betreiber muss sich hierbei nicht für eine Shop-Software oder eine bestimmte Technologie entscheiden und diese anschließend selbst installieren und konfigurieren, sondern kann sich einen SaaS-Anbieter auswählen, der sich um die Programmierung, Weiterentwicklung, den Betrieb und die Aktualisierung der Software kümmert.

Sobald man bei einem SaaS-Anbieter ein Konto angelegt hat oder einen separaten Vertrag eingegangen ist, werden einem – oftmals noch sofort oder am gleichen Tag – entsprechende Zugangsdaten zugesendet und die Software freigeschaltet. Ein Shop-Betreiber kann nun direkt loslegen, indem er die notwendigen (aber oft nur wenigen) Konfigurationseinstellungen vornimmt. Anschließend kann er direkt mit dem Einpflegen der Kategorien und Produkte beginnen. Viele SaaS-Anbieter haben verschiedene Shop-Layouts im Angebot, aus denen der Shop-Betreiber sein Shop-Layout auswählen und – oft in einem begrenzten Rahmen – anpassen kann.

Je nach Anbieter der SaaS-Lösung sind hier auch noch weitere Anpassungen in größerem Maße möglich, sie können aber auch sehr restriktiv sein und sich auf ein notwendiges Minimum beschränken. Auch die Integration des Online-Shops in andere IT-Systeme eines Unternehmens ist häufig nicht möglich oder zumindest deutlich schwieriger als beispielsweise bei einer Shop-Lösung.

2.1.3   Marktplatz-Lösungen

Die dritte Variante sind sogenannte Marktplatz-Lösungen, auf denen ein Händler nicht direkt einen eigenen Shop betreibt, sondern auf denen viele Händler und viele Kunden aktiv sind. Der Marktplatzbetreiber tritt hierbei als Vermittler zwischen den Händlern und den Kunden auf und stellt von der Hardware über die Software bis hin zur Konfiguration alles bereit.

Bei den Marktplatz-Lösungen gibt es oftmals vordefinierte Kategorien, in welchen ein Händler seine Artikel anbieten kann. Dies hat den Vorteil, dass ein Kunde nicht lange nach den Produkten über die Suchmaschinen suchen muss, um auf den eigenen Shop zu kommen, sondern die Artikel werden direkt dargestellt und können von dort gekauft werden.

Ein Shop-Betreiber muss sich also nur ein Konto bei einem Marktplatz erstellen und kann mit dem Einpflegen der Artikel und dem anschließenden Verkauf beginnen.

Je nach gewähltem Marktplatz-Anbieter ist es zusätzlich auch noch möglich, einen eigenen »Shop« innerhalb des Marktplatzes zu betreiben, wo ausschließlich die eigenen Artikel eingestellt werden. Hier kann dann auch innerhalb eines gewissen Rahmens das Layout entsprechend den eigenen Vorstellungen angepasst werden.

Weitere Informationen zu diesem Thema finden Sie in Kapitel 10, »Multi-Channel als Erfolgsmotor im E-Commerce«.

2.1.4   Fazit

Jede der genannten Lösungen hat ihre Existenzberechtigung; sie unterscheiden sich oftmals nur beim Aufwand, den Sie für die Einrichtung, Anpassung und Wartung des Systems aufbringen müssen, bzw. bei der Flexibilität, die Sie bei der Anpassung und Erweiterung der Lösung besitzen. Auch kann mit einfachen Lösungen die *Time-to-Market*, also die Zeit bis zum Start am Markt, reduziert werden und so schneller verkauft werden, als mit den komplexen Lösungen, bei denen oftmals noch sehr viel Zeit in die Anpassung und Erweiterung der Softwarelösung bzw. die Integration dieser in die bestehende IT-Landschaft gesteckt wird.

2.2   Den Online-Shop kaufen oder mieten?

Herzlichen Glückwunsch – Sie haben sich entschieden, einen eigenen Online-Shop zu eröffnen. Doch nun stellt sich die Frage: Sollen Sie Ihre E-Commerce-Lösung als SaaS-Lösung mieten, oder verwenden/lizenzieren Sie eine Shop-Lösung, oder starten Sie zunächst einmal damit, dass Sie ein paar Artikel über verschiedene Marktplätze verkaufen? Die Entscheidung ist nicht einfach, da jede Lösung ihre Vor- und Nachteile hat. In diesem Abschnitt stellen wir diese einander gegenüber und bewerten sie, so dass Sie am Ende sicherer entscheiden können, welche Richtung für Sie die beste ist.

2.2.1   Vor- und Nachteile von Shop-Lösungen

Die Implementierung einer Shop-Lösung für das eigene E-Commerce-Geschäft kann viele Vor- und Nachteile haben. Die wichtigsten Kriterien sehen Sie in Tabelle 2.1 einmal im kurzen Überblick.

Vorteile	Nachteile
hohe Flexibilität	höhere Kosten und höheres Risiko
größere Unabhängigkeit	langsame Implementierung
bessere Integrationsmöglichkeiten	höhere Komplexität
höhere Daten- und Transaktionssicherheit	schlechtere Fokussierung auf das Kerngeschäft

Tabelle 2.1 Die Vor- und Nachteile der Shop-Lösung im Überblick

Der große Vorteil einer Shop-Lösung liegt in der hohen Flexibilität, die solch ein System bietet. Sie sind als Shop-Betreiber nicht zwingend an den Funktionsumfang bzw. den Hersteller gebunden, sondern können im Zweifelsfall den Funktionsumfang selbst erweitern oder Ihre spezifischen Anpassungen selbst implementieren. Dadurch haben Sie eine deutlich größere Unabhängigkeit von dem Anbieter der E-Commerce-Lösung. Sie müssen also nicht wegen jeder kleineren Anpassung beim Hersteller nachfragen, ob die Änderung programmierbar ist, und darauf hoffen, dass er es auch wirklich implementiert. In Zeiten der NSA-Affäre und diverser Hacker-Angriffe hat eine Shop-Lösung auch den Vorteil, dass Sie selbst die Hoheit über Ihre Daten behalten und so besser sicherstellen können, dass Ihre Daten und Transaktionen hohen Sicherheitsstandards genügen. Insbesondere bei größeren Unternehmen mit vielen Kundendaten und Transaktionen oder Unternehmen, die in einem Markt tätig sind, in dem sensible Daten erhoben werden, ist das ein gewichtiges Argument. Ein weiterer großer Vorteil von Shop-Lösungen ist, dass hier meist eine deutlich bessere Integration in die bestehende IT- und Prozesslandschaft möglich ist. So wird sichergestellt, dass der Online-Shop nicht nur als autarkes System betrieben, sondern direkt mit allen anderen Systemen verknüpft wird. Dies kann – je nach Integration – auch deutlich den Automatisierungsgrad erhöhen und damit die Prozesskosten senken.

Der große Nachteil von Shop-Lösungen ist, dass sie – je nach verwendeter Lösung und der Anzahl an zusätzlichen kundenspezifischen Anforderungen – deutlich *höhere Kosten* für die Bereitstellung erzeugen. Dies stellt für ein Unternehmen jeder Größe oftmals ein nicht unerhebliches Investitionsrisiko dar, das zunächst einmal die Liquidität senkt und sich selbstverständlich über die Laufzeit des Systems hinweg auch amortisieren muss. Die große Flexibilität, die man mit einer Shop-Lösung gewinnt, bringt zugleich eine deutlich höhere Komplexität mit sich, insbesondere was die Installation, Einrichtung und Konfiguration betrifft. Es ist nicht so, dass man einfach ein System installiert und fertig ist, sondern man muss häufig noch viel Zeit für die Einrichtung und Konfiguration aufwenden. Dies führt mitunter zu einer schlechten Fokussierung auf die Kernkompetenzen des Shop-Betreibers, so dass unter Umständen andere wichtige Bereiche während des Aufbaus des E-Commerce-Unternehmens vernachlässigt werden. Während in größeren Firmen gegebenenfalls ein/e Mitarbeiter/in abgestellt oder eine eigene E-Commerce-Abteilung gegründet werden kann, sind hierfür bei kleineren Unternehmen oft nicht die notwendigen Ressourcen vorhanden. Der Shop-Betreiber muss sich neben seinen Kernkompetenzen – dem Verkauf von Produkten und der Beratung von Kunden – nun auch noch um das System, die Konfiguration, Wartung und Weiterentwicklung kümmern. Auch das Thema *Skalierbarkeit*, also die Steigerung der Leistung durch das Hinzufügen von Ressourcen (zum Beispiel Serverhardware), ist bei Shop-Lösungen immer ein Thema. Diese werden oft auf virtuellen oder dedizierten Servern gehostet und haben eine bestimmte Grundausstattung, die man nicht oder nur bedingt erweitern kann. Das erwartete Besucheraufkommen muss deshalb gut geplant werden und die Hardware so dimensioniert sein, dass diese auch gegebenenfalls auftretende Lastspitzen bewältigen kann.

2.2.2   Vor- und Nachteile von SaaS-Lösungen

Auch die Verwendung von Software-as-a-Service-Lösungen hat einige Vor- und Nachteile, die in Tabelle 2.2 als kurze Übersicht zusammengestellt sind.

Vorteile	Nachteile
transparente Kosten und geringes Investitionsrisiko	Datenschutz und Compliance Issues
schnelle Implementierung	hohe Abhängigkeit
geringere Komplexität und höhere Mobilität	geringere Integrationsmöglichkeiten
Konzentration auf das Kerngeschäft	höhere Inflexibilität

Tabelle 2.2 Die Vor- und Nachteile der SaaS-Lösung im Überblick

Der große Vorteil von SaaS-Lösungen liegt in den transparenten Kosten, da die SaaS-Anbieter klare Pakete und Regelungen haben, wie viel die Bereitstellung des Service monatlich kostet bzw. wie hoch die Gebühr für die Transaktionen ist. Dies führt zu einem deutlich geringeren Investitionsrisiko, da die Kosten überschaubar und auch planbar sind. Sollte sich eine Investition nicht rentieren, kann man – selbstverständlich je nachdem, wie viel Aufwand man initial investiert hat – den Anbieter auch wechseln. Ein weiterer Vorteil ist, dass ein SaaS-Projekt oftmals einen deutlich schnelleren Markteintritt durch kürzere Implementationszeiten ermöglicht. Dies kommt mitunter dadurch zustande, dass sich ein Shop-Betreiber wesentlich besser auf seine Kernkompetenzen konzentrieren kann und sich nicht um das System, die Bereitstellung etc. kümmern muss. Auch muss man sich in der Regel nicht über das Thema *Skalierbarkeit* Gedanken machen, da die Anbieter von SaaS-Lösungen hier bereits entsprechende Lösungen bereitstellen bzw. oftmals auch auf Cloud-Service-Anbieter zurückgreifen.

Ein großer Nachteil von SaaS-Lösungen ist die hohe Abhängigkeit von einem Anbieter – man legt sprichwörtlich sein gesamtes Geschäft in die Hände eines Anbieters und muss darauf vertrauen, dass dieser seine Leistungen vertragsgemäß erbringt und auch noch die nächsten 2, 5 oder 10 Jahre am Markt aktiv sein wird und die Dienstleistung nicht eingestellt oder das Unternehmen geschlossen wird. Ein weiterer Nachteil ist, dass eine SaaS-Lösung *Datenschutzprobleme* und *Compliance-Probleme* nach sich ziehen kann. Schließlich werden die kompletten Daten eines Unternehmens – oftmals auch sensible wie Kundendaten und Passwörter – in die Hände eines anderen Unternehmens gelegt. Auch besteht immer das Risiko, dass der Anbieter eventuell eine Sicherheitslücke übersieht und deshalb potenzielle Einfallstore für Hacker offen stehen. SaaS-Lösungen lassen sich oftmals auch deutlich schlechter in bestehende IT- und Prozesslandschaften integrieren, da man keinen oder nur einen sehr restriktiven Zugriff auf die SaaS-Anwendung bekommt. Gerade bei größeren Unternehmen kann eine schlechte Integration zu deutlich höheren Prozesskosten führen, wenn keine individuellen Anpassungen und Integrationen vorgenommen werden können. Dies führt schlussendlich zu einer deutlich höheren Inflexibilität, da viele kundenspezifische Anpassungen nicht vorgenommen werden können oder so hohe Kosten verursachen, dass man auch eine Shop-Lösung in Betracht ziehen könnte.

Eine Marktplatz-Lösung zählt auch als SaaS-Lösung, da sie ebenfalls gemietet oder kostenlos angelegt werden kann. Die Nachteile in Bezug auf die Inflexibilität verstärken sich hier nur noch mehr, da man an die meist sehr restriktiven Vorgaben und Funktionen gebunden ist.

2.2.3 Zusammenfassung

Wie Sie sehen konnten, hat jede Lösung wie eine Medaille immer zwei Seiten. Wählt man eine Shop-Lösung, hat man die größere Flexibilität und kann besser eigene Wünsche und Vorstellungen abbilden, während bei einer SaaS-Lösung die planbaren und transparenten Kosten und der schnellere Markteintritt im Vorteil sind.

Die Entscheidung, in welche Richtung man sein E-Commerce-Unternehmen entwickelt, hängt von den gewünschten Funktionen und den damit verbundenen notwendigen Anpassungen und letztendlich auch dem Budget ab. Größere Unternehmen tendieren wahrscheinlich eher zu einer Shop-Lösung, da die kundenspezifischen Anpassungen abgebildet werden können und ein hoher Integrationsgrad in die bestehende IT- und Prozesslandschaft gewünscht wird. Kleinere Unternehmen oder Startups, welche keine großen Anpassungen benötigen oder kein ausreichendes Budget haben und sich primär auf das Verkaufen ihrer Produkte konzentrieren möchten, tendieren wahrscheinlich eher zu einer SaaS-Lösung.

2.3 E-Commerce-Lösungen im Überblick

Nachdem Sie nun in den letzten Abschnitten einen groben Überblick über die verschiedenen E-Commerce-Lösungen bekommen haben und die Vor- und Nachteile von Kauf- und Mietlösungen gegenübergestellt wurden, stellen wir Ihnen nun verschiedene E-Commerce-Lösungen vor, die Sie bei der Realisierung Ihres E-Commerce-Projekts in Betracht ziehen können.

Am Ende jeder vorgestellten E-Commerce-Lösung finden Sie jeweils in einer Übersicht die wichtigsten Fakten zu der Software zusammengestellt. Diese umfassen folgende Punkte:

▶ Informationen zum Anbieter der Lösung

▶ Informationen zur Technologie (PHP, Java, ...) und dem Technologieansatz (gehostet, SaaS)

▶ Informationen zum Lizenzmodell und den zu erwarteten Lizenzkosten

▶ Informationen zum benötigten Projektbudget

Einige der vorgestellten Lösungen sind sogenannte SaaS-Lösungen, die standardmäßig schon ausreichend Funktionalität für einen definierten Projektumfang mitbringen. Die Informationen zum Projektbudget sind deshalb als Empfehlung und als unterstes Level zu verstehen, welches man für die Einrichtung und Individualisierung einer solchen Lösung einplanen sollte. Die Projektkosten können dabei je nach Anforderung auch stark nach oben variieren.

2.3.1   Shopify

Shopify ist ein relativ junges kanadisches Unternehmen, das 2004 gegründet wurde, seit 2006 mit einer eigenen E-Commerce-Lösung am Markt aktiv ist und sich zum Ziel gesetzt hat, die Eintrittsbarrieren in den E-Commerce-Markt signifikant zu reduzieren und so einfach wie möglich zu gestalten. Ein Kunde soll durch die Shopify-Lösung nicht mehr mehrere Monate darauf warten, bis er seinen Online-Shop eröffnen kann, sondern soll bereits nach 15–20 Minuten einen fertig eingerichteten Shop besitzen, mit welchem er Produkte verkaufen kann. Da die Gründer von Shopify auf der Suche nach einem Online-Shop-System für ihre Produkte und ihre Anforderungen keine solch einfache Lösung gefunden haben, haben Sie anschließend ein eigenes System auf die Beine gestellt und dieses sukzessive mit anderen Personen geteilt und so ihr System immer weiter verbreitet – aktuell nach eigenen Angaben mit über 100.000 Shops.

Shopify bietet Ihnen hierbei sehr viele Möglichkeiten und Funktionen an:

▶ Es bietet über 100 Designvorlagen zum Auswählen.

▶ Nicht nur Desktop-Geräte, sondern auch mobile Endgeräte werden von Haus aus unterstützt.

▶ Über zehn verschiedene Zahlungsarten sind in Deutschland wählbar.

▶ Keine Sorgen um die korrekten Steuern: Shopify übernimmt die korrekte Steuerberechnung.

- ▶ Von Haus aus ist Shopify (und alle seine anhängenden Shops) mehrsprachig per Mausklick.

- ▶ Keine Sorgen um das Hosting: Shopify gewährleistet eine 24/7-Erreichbarkeit

  Es bestehen umfangreiche Möglichkeiten, um Produkte (auch in Varianten) zu pflegen.

Diese Liste stellt nur einen kleinen Auszug der vielfältigen Möglichkeiten dar, die Shopify seinen Kunden anbietet. Die gesamte Feature-Liste können Sie unter *www.shopify.com/online/ecommerce-solutions* einsehen.

Abbildung 2.1 Grovemade setzt auf Shopify als Basis.

Die Zielgruppe von Shopify sind sowohl Privatpersonen, die in den E-Commerce-Bereich einsteigen möchten, als auch Unternehmen, die mit einem standardisierten System arbeiten können und keine direkte Anbindung an die eigene IT-Landschaft benötigen. Ein Beispiel sehen Sie in Abbildung 2.1.

Aus Entwicklersicht bietet Shopify jedoch auch eine sehr umfangreiche API (Schnittstelle) an, mit der man seine eigenen Applikationen andocken kann und so den limitierten Funktionsumfang von Shopify über externe Systeme erweitern oder Schnittstellen zu anderen Systemen schaffen kann. Das Shopify-System selbst lässt sich jedoch nicht erweitern. Die Fakten zu Shopify lesen Sie zusammengefasst in Tabelle 2.3.

Anbieter	Shopify Inc.
Gehört zu	–
Am Markt seit	2004
Zielgruppe	kleine Unternehmen
E-Commerce-Erfahrung beim Kunden	Einsteiger
Time-to-Market	kurz
Technologieansatz	SaaS
Technologie	Ruby on Rails
Datenbank	–
Lizenzmodell	Abonnement
Lizenzkosten	Monatliche Kosten beginnen bei ca. 14 US$ bis ca. 179 US$ neben transaktionsabhängigen Gebühren.
Projektkosten	ab ca. 250 €

Tabelle 2.3 Shopify – die Fakten

2.3.2   ePages

ePages ist ein deutsches Software- und Dienstleistungsunternehmen, das nach Unternehmensangaben derzeit über 80.000 Online-Händler mit ihrer Software bei der täglichen Arbeit unterstützt. ePages basiert wie andere Anbieter von E-Commerce-Lösungen auf einem SaaS-Ansatz, sprich: Der Kunde muss sich um keinerlei technische Details kümmern und keine Programmierkenntnisse besitzen, sondern kann sich voll und ganz auf das Verkaufen von Produkten und Dienstleistungen über das Internet konzentrieren.

Die Produkte werden von ePages nicht direkt dem Endanwender – also dem letztendlichen Shop-Betreiber – angeboten, sondern werden hauptsächlich über zwei große Kanäle vertrieben: Einerseits gibt es das Vertriebsmodell über große Hosting-Provider wie 1&1, Strato, T-Online oder Host Europe. Diese Vertriebspartner bieten ihren Kunden standardisierte Online-Shops an und kümmern sich dabei auch gleich um das Hosting der E-Commerce-Lösung. Als zweiten großen Vertriebskanal gibt es über 100 Agenturen, die ebenfalls ePages als Produkt vertreiben, hier jedoch die Möglichkeit haben, den Shop nach Kundenwünschen zu individualisieren und zu erweitern.

Ein Shop-Betreiber selbst hat nicht die Möglichkeit, den Kern des Systems zu erweitern. Das Beispiel eines Shops sehen Sie in Abbildung 2.2.

Abbildung 2.2 Der Feuerwehrstore nutzt ePages für das Online-Geschäft.

ePages unterteilt die Produkte in mehrere unterschiedliche Pakete, welche sich vom Funktionsumfang, von der Anzahl der Artikel und von der Flexibilität bei der Anpassung her unterscheiden. Im kleinsten Paket sind beispielsweise die Anzahl der Artikel, Sprachen und Auswahl an Zahlungsarten stark limitiert und eher für kleinere Shops geeignet. Bei größeren Paketen sind hier mehr Artikel und mehr Module und Funktionen möglich, was wiederum für erfahrene Anwender geeignet ist. Die Fakten zu ePages listet Tabelle 2.4 auf.

Anbieter	ePages GmbH
Gehört zu	United Internet ist ein Investor.
Am Markt seit	1987
Zielgruppe	Privatpersonen, kleine und mittelständische Unternehmen

Tabelle 2.4 ePages – die Fakten

E-Commerce-Erfahrung beim Kunden	Einsteiger
Time-to-Market	kurz
Technologieansatz	SaaS
Technologie	–
Datenbank	–
Lizenzmodell	Abonnement
Lizenzkosten	Vertrieb erfolgt über Vertriebspartner wie 1&1, Strato, Host Europe etc. und beginnt bei 9,99 €/Monat – je nach gewähltem Paket und Modulen auch mehr.
Projektkosten	ab ca. 500 €

Tabelle 2.4 ePages – die Fakten (Forts.)

2.3.3   Jimdo

Eine eigene Website zu programmieren, ist nicht einfach. Das Team von *Jimdo* hat deshalb ein Baukasten-System entwickelt, mit welchem man anfangs ausschließlich reine Webseiten erstellen konnte. Über die Jahre am Markt hat sich die Anwendung stetig weiterentwickelt und wurde um eine Shop-Komponente erweitert. Jimdo-Kunden haben nun die Möglichkeit, ohne Vorkenntnisse und ohne Programmiererfahrung in relativ wenigen Schritten einen eigenen Shop auf ihrer Website einzubinden, und rechtssicher Produkte zu verkaufen.

Jimdo bietet derzeit drei verschiedene Pakete an, die sich nach der Anzahl der möglichen Artikel, der verfügbaren Zahlungsarten und der zur Auswahl stehenden Designs unterscheiden. Das Hosting wird beim Buchen eines Pakets ebenfalls komplett von Jimdo übernommen. Je nach Paket kann auch eine eigene Domain mit eigenen E-Mail-Adressen mit gewählt werden, so dass Sie nach außen einen professionellen Eindruck machen.

Grundsätzlich ist die Anzahl der Funktionen sehr umfangreich, wenn auch teilweise erst ab höheren Versionen verfügbar. Für einen professionellen Auftritt lohnt sich aber ausschließlich ein höheres, kostenpflichtiges Paket, da ausschließlich hier ein werbefreier und auf die eigene Corporate Identity anpassbarer Shop möglich ist.

Die Zielgruppe von Jimdo sind Privatpersonen oder kleine Unternehmen, die schnell und einfach einen eigenen Online-Shop eröffnen möchten und neben einem individuellen Design keine großen technischen Anforderungen besitzen. Diese wären aufgrund der Geschlossenheit des Systems nicht realisierbar. Ein entsprechendes Shop-Beispiel sehen Sie in Abbildung 2.3.

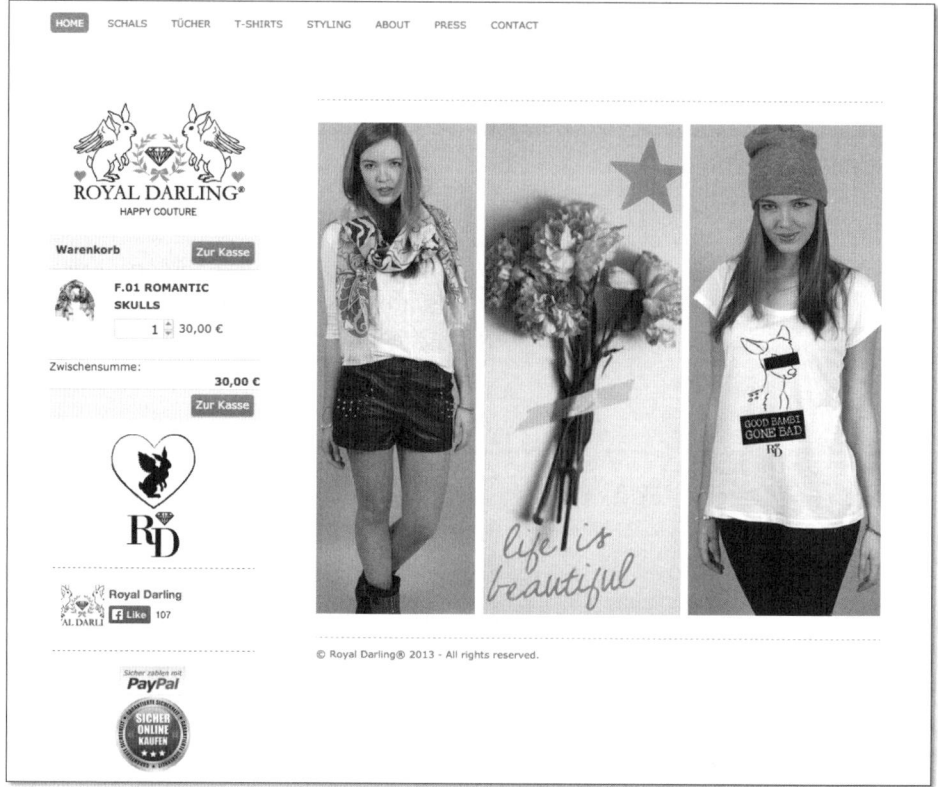

Abbildung 2.3 Royal Darling nutzt die Jimdo-Lösung für das E-Commerce-Geschäft.

Die Fakten zu Jimdo bietet Tabelle 2.5 im Überblick.

Anbieter	Jimdo GmbH
Gehört zu	–
Am Markt seit	2004
Zielgruppe	Privatpersonen, kleine Unternehmen
E-Commerce-Erfahrung beim Kunden	Einsteiger
Time-to-Market	kurz
Technologieansatz	SaaS

Tabelle 2.5 Jimdo – die Fakten

Technologie	–
Datenbank	–
Lizenzmodell	Abonnement
Lizenzkosten	kostenlose Variante mit bis zu fünf Artikeln, kommerzielle Variante ab 60 € bis 180 €, abhängig von Artikelanzahl und Funktionen
Projektkosten	ab ca. 250 €

Tabelle 2.5 Jimdo – die Fakten (Forts.)

2.3.4   Amazon

Amazon ist inzwischen ein globaler E-Commerce-Player, der über viele Länder und Kontinente hinweg bekannt ist – sehr viele Menschen haben schon einmal bei Amazon eingekauft bzw. werden auch in Zukunft bei Amazon einkaufen. Während Amazon zu Beginn ausschließlich selbst Artikel verkauft hat, wandelte sich das Unternehmen über die Jahre hinweg zu einem großen Marktplatz, auf dem auch andere Händler ihre Waren anbieten können. Amazon unterstützt Sie dabei aber nicht nur beim Verkaufen von Artikeln, sondern bietet auch weitere Lösungen, wie zum Beispiel Einlagerung und Versand der Artikel aus Amazon-Logistikzentren oder auch die Möglichkeit, über Amazon zu bezahlen.

Aufgrund der enormen Popularität von Amazon und der vielen Besucher auf der Seite bietet sich hier für ein Unternehmen eine gute Möglichkeit, schnell einen weiteren Vertriebskanal zu erschließen, da die Artikel schneller gefunden und gekauft werden können, ohne dass Sie einen Kunden erst auf Ihre eigene Seite leiten müssen. Ein weiterer Vorteil ist auch, dass der Bezahlvorgang von Amazon bereits von vielen Kunden genutzt und so optimiert wurde, dass die Bestellabbrüche reduziert werden.

Das Verkaufen über Amazon funktioniert dabei über folgende Schritte:

1. Sie stellen Ihre Produkte bei Amazon ein.
2. Kunden sehen Angebote beim Surfen auf der Amazon-Seite.
3. Kunden kaufen Ihre Produkte bei Amazon über den gewohnten Bezahlvorgang.
4. Sie bearbeiten die Bestellung und versenden die gekauften Produkte an die Kunden.
5. Amazon schreibt Ihnen den zustehenden Betrag gut.

Die Zielgruppe von Amazon sind auf der einen Seite Händler, die keinen eigenen Online-Shop eröffnen möchten, sondern lediglich ihre Artikel über eine bekannte Plattform absetzen möchten. Auf der anderen Seite stehen Händler, die Amazon als zusätzlichen Vertriebskanal für ihre Produkte nutzen und so gegebenenfalls auch die Bekanntheit des eigenen Unternehmens erhöhen möchten. Abbildung 2.4 zeigt einen Beispiel-Store bei Amazon.

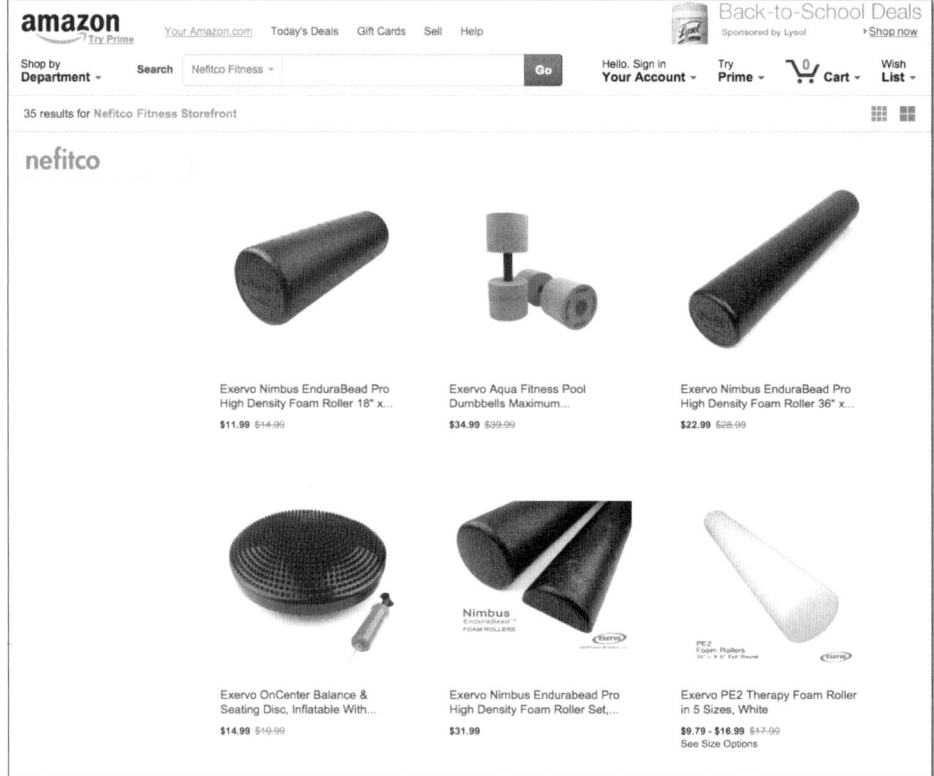

Abbildung 2.4 Amazon-Storefront von »nefitco«

Tabelle 2.6 zeigt die Fakten rund um Amazon noch einmal kurz und knackig auf.

Anbieter	Amazon Inc.
Gehört zu	–
Am Markt seit	1994
Zielgruppe	kleine und mittelständische Unternehmen
E-Commerce-Erfahrung beim Kunden	Einsteiger
Time-to-Market	kurz

Tabelle 2.6 Amazon – die Fakten

Technologieansatz	–
Technologie	–
Datenbank	–
Lizenzmodell	Abonnement
Lizenzkosten	Monatliche Kosten beginnen bei ca. 39 €, daneben fallen transaktionsabhängige Gebühren an.
Projektkosten	ab ca. 150 €

Tabelle 2.6 Amazon – die Fakten (Forts.)

2.3.5   Rakuten

Rakuten ist im deutschsprachigen Markt noch relativ unbekannt, da es hier erst seit 2011 mitmischt. Global gesehen ist das aus Japan stammende Unternehmen Rakuten jedoch eines der zehn größten Internetunternehmen mit mehr als 10.000 Angestellten. Die E-Commerce-Plattform Rakuten ist als Marktplatz mit angeschlossenen Shop-Systemen zu betrachten, auf welcher Händler die Möglichkeit haben, sowohl einerseits ihre Artikel in einem eigenen Shop anzubieten, gleichzeitig aber auch über den Marktplatz einem breiten Spektrum anzubieten und so den Shop bzw. die Artikel bekannt zu machen. Schauen Sie sich das Beispiel eines Shops bei Rakuten in Abbildung 2.5 an.

Sie können mit Rakuten einen individuellen Shop in einem eigenen Design gestalten, viele Zahlungsarten anbieten, die direkt über Rakuten abgewickelt werden, und genießen geprüfte und zertifiziert rechtssichere Rahmenbedingungen. Darüber hinaus werden auch umfangreiche Schnittstellen angeboten, womit ein Rakuten-Shop auch optimal in die bestehende IT-Infrastruktur, zum Beispiel durch eine Anbindung an ein Warenwirtschaftssystem, integriert werden kann.

Die Zielgruppe von Rakuten sind – ähnlich wie bei Amazon – Online-Händler, die entweder keinen eigenen Online-Shop eröffnen oder einen zusätzlichen Vertriebskanal erschließen möchten. Tabelle 2.7 fasst die Fakten noch einmal zusammen.

Anbieter	Rakuten Deutschland GmbH
Gehört zu	–
Am Markt seit	1997

Tabelle 2.7 Rakuten – die Fakten

Zielgruppe	kleine Unternehmen
E-Commerce-Erfahrung beim Kunden	Einsteiger
Time-to-Market	kurz
Technologieansatz	–
Technologie	–
Datenbank	–
Lizenzmodell	Abonnement
Lizenzkosten	Monatlichen Kosten beginnen bei ca. 39 €, daneben fallen transaktionsabhängige Gebühren an.
Projektkosten	ab ca. 250 €

Tabelle 2.7 Rakuten – die Fakten (Forts.)

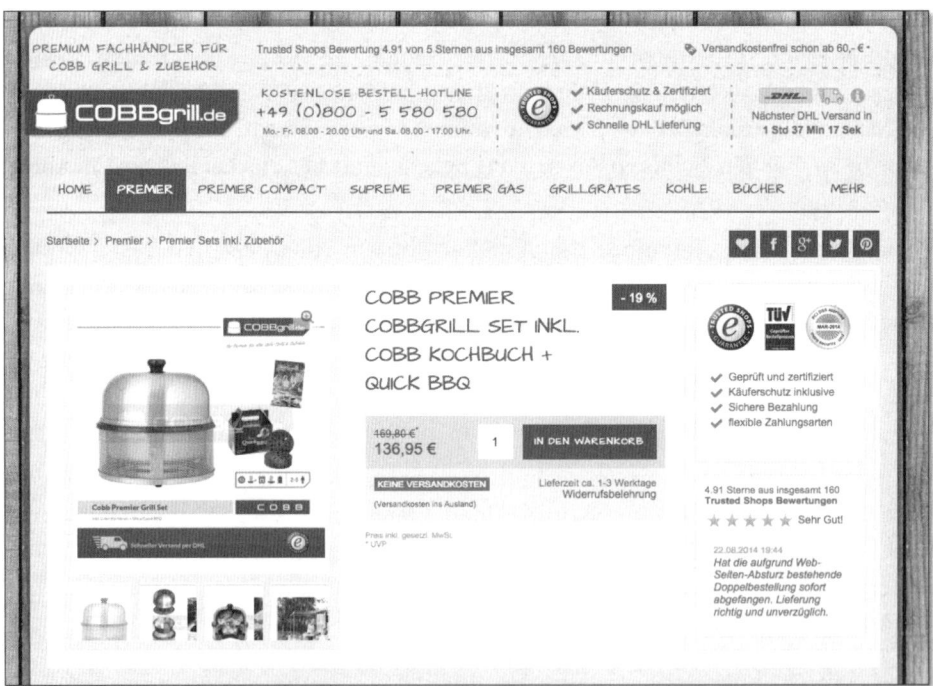

Abbildung 2.5 COBBgrill nutzt die E-Commerce-Plattform von Rakuten.

2.3.6   plentymarkets

plentymarkets versteht sich als E-Commerce-Komplettlösung, in welcher ein Online-Händler alle Prozesse des E-Commerce abbilden kann, ohne eine weitere Software-lösung zu benötigen. Die Bausteine von plentymarkets sind:

- ▶ Online-Shop
- ▶ Multi-Channel
- ▶ Warenwirtschaft/Statistik
- ▶ Auftragsabwicklung
- ▶ Prozesse
- ▶ CRM
- ▶ Hosting

Ein paar dieser Bausteine können jedoch auch durch andere Softwarelösungen er-setzt werden. So hat plentymarkets zusammen mit Shopware eine strategische Allianz geschlossen und einen entsprechenden Shopware Connector veröffentlicht, mit dem man einen Shopware-Shop betreiben kann und die Aufträge in das plenty-markets-System importieren und von dort weiterverarbeiten kann. Mehr zu Shop-ware erfahren Sie in Abschnitt 2.3.9. Klebefieber nutzt ein plentymarkets-System (siehe Abbildung 2.6).

Abbildung 2.6 Bei Klebefieber kommt plentymarkets zum Einsatz.

Die Zielgruppe sind hauptsächlich Händler, die eine Komplettlösung suchen, in der sowohl ein Online-Shop als auch zugleich ein Warenwirtschaftssystem ohne großen Integrationsaufwand angebunden werden kann. Kurz und bündig finden Sie die Fakten zu plentymarkets in Tabelle 2.8.

Anbieter	plentymarkets GmbH
Gehört zu	–
Am Markt seit	2001
Zielgruppe	kleine und mittelständische Unternehmen
E-Commerce-Erfahrung beim Kunden	Einsteiger
Time-to-Market	kurz bis mittel
Technologieansatz	SaaS
Technologie	PHP, Java
Datenbank	MySQL
Lizenzmodell	Abonnement, kommerziell
Lizenzkosten	Monatliche Kosten für die Cloud-Version beginnen bei ca. 99 € und sind unter anderem an die eingehenden Aufträge und Funktionen gekoppelt. Die Preise für die Kaufversion sind auf Anfrage erhältlich.
Projektkosten	ab ca. 5.000 €

Tabelle 2.8 plentymarkets – die Fakten

2.3.7 eBay

eBay betreibt das größte und vermutlich auch bekannteste Auktionshaus der Welt mit über 250 Millionen Mitgliedern, die über eBay Waren kaufen oder verkaufen. Darüber hinaus werden auf eBay über 500.000 sogenannte »eBay Shops« betrieben, auf welchen Händler in einem eigenen Bereich die Artikel Ihres Unternehmens betreiben können.

Für viele Händler kann es Sinn machen, ihre Waren zusätzlich auf eBay anzubieten, da sehr viele Menschen die Seite täglich besuchen und so die Artikel ihrer Wahl schnell finden können. eBay tritt hierbei als Vermittler eines Kaufvertrags zwischen Verkäufer und Kunde auf und stellt alle notwendigen Dienstleistungen bereit, damit ein Kauf reibungslos abgeschlossen und abgewickelt werden kann. Hierfür stehen drei mögliche Verkaufskonzepte zur Auswahl:

▶ **Verkauf gegen Höchstgebot**

Es ist das Verkaufskonzept, mit dem eBay bekannt und erfolgreich wurde. Hierbei wird ein Produkt mit einem Startpreis und einer Laufzeit eingestellt, auf welches die Interessenten dann mit einem Betrag bieten können. Der Interessent mit dem höchsten Gebot erhält letztendlich den Zuschlag.

▶ **Verkauf zum Festpreis**

Bei diesem Verkaufskonzept wird das Produkt mit einer festen Laufzeit und einem festen Preis eingestellt. Der Interessent, der als Erster bereit ist, den aufgerufenen Preis zu bezahlen, erhält den Zuschlag.

▶ **Permanentes Angebot**

Beim dritten Verkaufskonzept kann ein Händler seine Produkte permanent auf eBay in einem eigenen eBay Shop anbieten. Die Produkte müssen hierbei nicht mit einem Verfallstermin eingestellt werden.

Beispiel für ein solches permanentes Angebot ist der eBay Shop des Saturn Shop München, der in Abbildung 2.7 zu sehen ist.

Abbildung 2.7 eBay Shop des Saturn Stores München

Der Shop hat hierbei ein individuelles Design, das sich am Corporate Design des Unternehmens orientiert, dabei jedoch in einen Rahmen von eBay eingefasst ist, so dass ein Kunde auch gleich weiß, wo er sich befindet.

Ob der Marktplatz von eBay zu Ihnen passt, sehen Sie gebündelt in Tabelle 2.9.

Anbieter	eBay Inc.
Gehört zu	–
Am Markt seit	1995
Zielgruppe	Endverbraucher, Unternehmen jeglicher Größe
E-Commerce-Erfahrung beim Kunden	Einsteiger
Time-to-Market	kurz
Technologieansatz	–
Technologie	–
Datenbank	–
Lizenzmodell	Marktplatz, Auktion
Lizenzkosten	keine, dafür transaktionsabhängige Gebühren
Projektkosten	–

Tabelle 2.9 eBay – die Fakten

2.3.8   Magento

Kein Shop-System wurde in den letzten Jahren so gehypt und hat so ein großes Wachstum erfahren wie *Magento*. Mit Stand Juli 2014 ist die am meisten verwendete reine Online-Shop-Software[1].

Hinter Magento steckt die Firma Magento Inc. (vormals Varien), die mit den damals bestehenden E-Commerce-Lösungen unzufrieden war und 2007 mit der Konzeption und Entwicklung eines neuen Online-Shop-Systems begonnen hat. Magento hat dieses System als Open-Source-Version mit einem beträchtlichen Funktionsumfang auf den Markt gebracht, so dass jeder mit dem System arbeiten konnte, ohne etwas dafür bezahlen zu müssen. Dies war – insbesondere aufgrund der vielen Funktionen, wofür

---

1 Auswertung über die benutzten Systeme von Websites:
   http://w3techs.com/technologies/overview/content_management/all

andere Hersteller viel Geld verlangen – eine Revolution zu diesem Zeitpunkt. Andere Hersteller haben über die Jahre nachgezogen und ebenfalls Open-Source-Versionen (meist mit abgespeckter Funktionalität) auf den Markt gebracht. Die Umsetzung eines Online-Shops mit Magento sehen Sie in Abbildung 2.8.

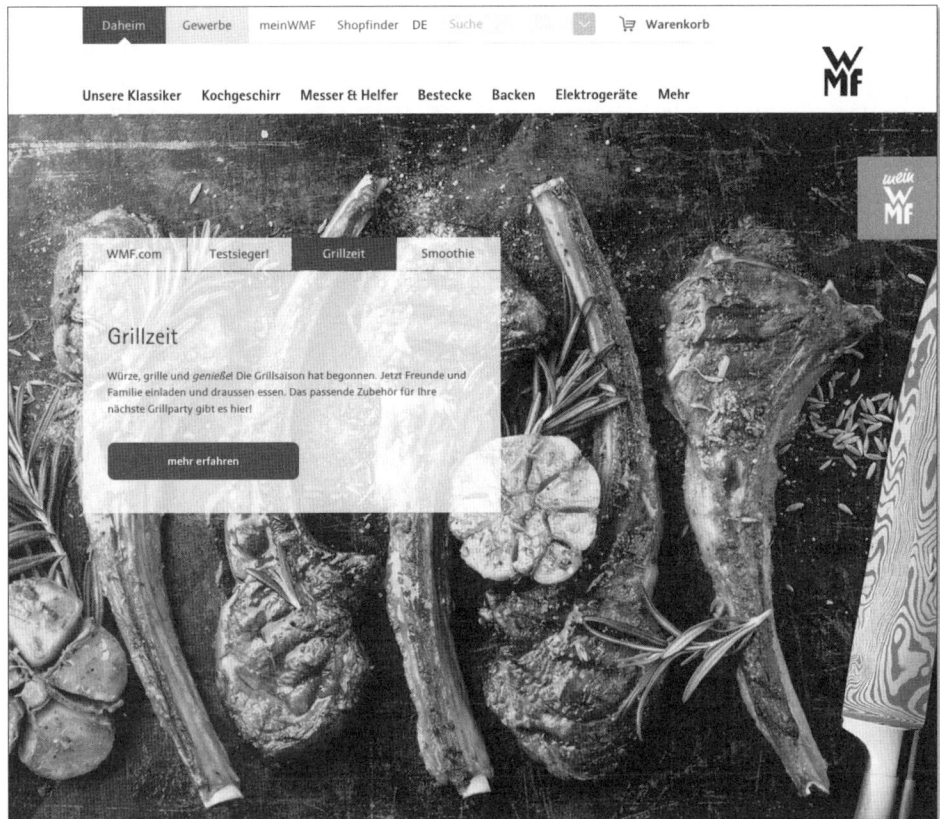

Abbildung 2.8 Die schwäbische Traditionsfirma WMF setzt auf Magento.

Besondere Funktionen von Magento sind:

▶ **Multi-Site-Funktionalität**

Magento bietet die Möglichkeit, viele verschiedene Shops auf *einer* Instanz zu betreiben und zu verwalten, sie jedoch für den Kunden nach außen hin getrennt erscheinen zu lassen. So können Sie in einem Shop Elektronikartikel anbieten, während Sie in einem anderen Shop Fahrräder und in einem dritten Shop Pflanzen und Saatgut verkaufen.

▶ **Internationaler Handel**

Mehrere Länder, mehrere Sprachen, mehrere Währungen? Kein Problem! Magento bietet Ihnen die Option, unterschiedliche Steuersätze und Währungen für verschiedene Länder zu definieren. Ebenso ist es möglich, die Zahlungsarten und die Versandoptionen je nach Land individuell zu aktivieren.

▶ **Flexibilität**
Magento besitzt eine sehr flexible Softwarearchitektur, die es Ihnen ermöglicht, das System beliebig zu erweitern und Ihre eigenen Funktionen zu integrieren. Zudem verfügt Magento über einen Marktplatz für Erweiterungen, genannt *Magento Connect*, in dem Sie eine Vielzahl von möglichen weiteren Funktionen finden. Nachteil ist, dass die Erweiterungen nicht direkt auf der Magento-Site erworben werden können, sondern man immer auf den Shop des Modul-Entwicklers weitergeleitet wird.

▶ **Produktkatalog**
Magento unterstützt von Haus aus viele verschiedene Produkttypen und kann so viele Artikeltypen abbilden, was andere Systeme so nicht erlauben.

▶ **Bezahlvorgang**
Die Kunden müssen mit Magento nicht mehr durch einen mehrstufigen Bezahlvorgang auf vielen verschiedenen Seiten, sondern können dank moderner Technologien alles über einen Bezahlvorgang auf einer Seite abwickeln, was die Kaufabbruchrate deutlich reduziert.

Magento hat neben der Community Edition, welche als Open Source veröffentlich ist, inzwischen auch eine kostenpflichtige Enterprise Edition im Angebot, die auf der Community Edition basiert, jedoch viel mehr Funktionen und unter anderem auch Gewährleistung und Support von Seiten beinhaltet. Tabelle 2.10 listet die Fakten zu Magento noch einmal im Einzelnen auf.

Anbieter	Magento Inc.
Gehört zu	eBay
Am Markt seit	2007
Zielgruppe	kleine und mittelständische Unternehmen
E-Commerce-Erfahrung beim Kunden	Einsteiger und erfahrene Anwender
Time-to-Market	kurz bis lang
Technologieansatz	gehostet
Technologie	PHP
Datenbank	MySQL
Lizenzmodell	Open Source/kommerziell

Tabelle 2.10 Magento – die Fakten

Lizenzkosten	keine Kosten für die Open-Source-Version, jährliche Lizenzkosten für die Enterprise Edition ab ca. 15.000 US$, abhängig von der Anzahl der Server
Projektkosten	ab ca. 15.000 €

Tabelle 2.10 Magento – die Fakten (Forts.)

2.3.9   Shopware

Shopware ist ein in Deutschland entwickeltes modulares Shop-System, das in den letzten Jahren ebenfalls einen rasanten Anstieg der Nutzerzahlen erfahren hat. Dies liegt besonders daran, dass das Unternehmen sehr innovativ im Vergleich zu anderen Herstellern ist und das Produkt stetig weiterentwickelt.

Während Shopware früher ausschließlich kostenpflichtig lizenziert werden konnte, wurde Ende 2010 eine kostenfreie Community Edition veröffentlicht, die seit 2012 auch unter einer Open-Source-Lizenz steht.

Das Shopware-System kann wie andere Systeme, etwa Magento, auch über verschiedenste Plug-ins erweitert werden, die über einen Community Store bezogen werden können. Diese Plug-ins können hierbei kostenfrei oder aber auch kommerziell sein. Daneben können auch Plug-ins aus der höchsten kommerziellen Version erworben und als sogenannte Premium-Plug-ins in die Open-Source-Version integriert werden. Der Erwerb der Plug-ins erfolgt direkt über den Shopware Store, und man wird nicht zu der Shop-Seite des Plug-in-Entwicklers weitergeleitet.

Die besonderen Features von Shopware sind folgende:

▶ **Ansprechendes Basisdesign**
Das standardmäßig mitgelieferte Basisdesign von Shopware ist sehr ansprechend und setzt Maßstäbe in Sachen Usability und Attraktivität. Das Design lässt sich dabei auch relativ einfach anpassen.

▶ **Flexibilität/Erweiterbarkeit**
Durch die besondere Softwarearchitektur von Shopware lässt sich das System sehr schnell mit weiteren Plug-ins und Funktionen erweitern und stellt viele Möglichkeiten für Entwickler zur Verfügung, ihre eigenen Funktionen zu integrieren.

▶ **Umfangreiches Reporting**
Das Reporting von Shopware ist sehr umfangreich, viele Statistiken können eingesehen werden. Hervorzuheben sind auch Analysen/Reports, wie zum Beispiel eine Auswertung über die abgebrochenen Warenkörbe mit der Möglichkeit, einen Kunden via Gutschein doch noch zum Kauf zu bewegen.

▶ **Einkaufswelten/Landingpages**
Ein großer Vorteil von Shopware ist auch die Möglichkeit, sogenannte Einkaufs-
welten bzw. Landingpages im Backend durch »Zusammenklicken« erstellen zu
können, ohne hierfür Programmierkenntnisse besitzen zu müssen. Dies ist bei
anderen Systemen nicht so einfach und flexibel möglich.

Ein Beispiel für einen Shopware-Shop zeigt Abbildung 2.9.

Abbildung 2.9 Arktis ist ein bekannter Shopware-Online-Shop.

Tabelle 2.11 fasst die Fakten zu Shopware noch einmal übersichtlich zusammen.

Anbieter	shopware AG
Gehört zu	–
Am Markt seit	2000
Zielgruppe	kleine und mittelständische Unternehmen
E-Commerce-Erfahrung beim Kunden	Einsteiger und erfahrene Anwender
Time-to-Market	kurz bis mittel

Tabelle 2.11 Shopware – die Fakten

Technologieansatz	gehostet
Technologie	PHP
Datenbank	MySQL
Lizenzmodell	Open Source/kommerziell
Lizenzkosten	Für die Open-Source-Version fallen keine Kosten an, einmalige Lizenzkosten dagegen für die Professional Edition ab ca. 1.295 € und Enterprise Basic ab ca. 12.995 € – je nach gewählten Modulen auch mehr. Die Kosten für die Enteprise Premium Edition sind auf Anfrage erhältlich.
Projektkosten	ab ca. 5.000 €

Tabelle 2.11 Shopware – die Fakten (Forts.)

2.3.10   OXID

OXID eShop ist eine Online-Shop-Software aus Deutschland, die sich vor allem auf dem Heimatmarkt Deutschland immer größerer Beliebtheit erfreut. Hierbei spielen zwei Faktoren eine besondere Rolle: Zum einen ist der Shop auf den deutschen Markt und seine rechtlichen Rahmenbedingungen schon optimal vorbereitet und ermöglicht es einem Händler so, relativ einfach zu starten. Zum anderen gibt es eine kleine, internationale Community, die sich sehr rege und aktiv an der Weiterentwicklung und Erweiterung des Systems beteiligt. Dies ist möglich, da der Shop-Anbieter seine Strategie etwas geändert hat und nicht mehr nur kommerzielle Lizenzen verkauft, sondern im Jahr 2008 auch eine Community Edition unter einer Open-Source-Lizenz veröffentlicht hat. Abbildung 2.10 zeigt, was mit OXID möglich ist.

Die Shop-Software von OXID verfügt über diverse Funktionen, die ein Online-Shop sowohl für eine nationale als auch eine internationale Ausrichtung benötigt – die Internationalisierung soll mit OXID nicht abschrecken. Des Weiteren liefert OXID schon von Haus aus verschiedene Lösungen für ein B2C- und ein B2B-Umfeld mit – Bereiche, die sich in vielen Punkten grundsätzlich unterscheiden.

Durch die Community Edition hat man bei OXID die Möglichkeit, den Funktionsumfang des Systems durch Weiterentwicklungen und Erweiterungen für spezielle Anforderungen und Geschäftsprozesse des eigenen Unternehmens beliebig zu erweitern.

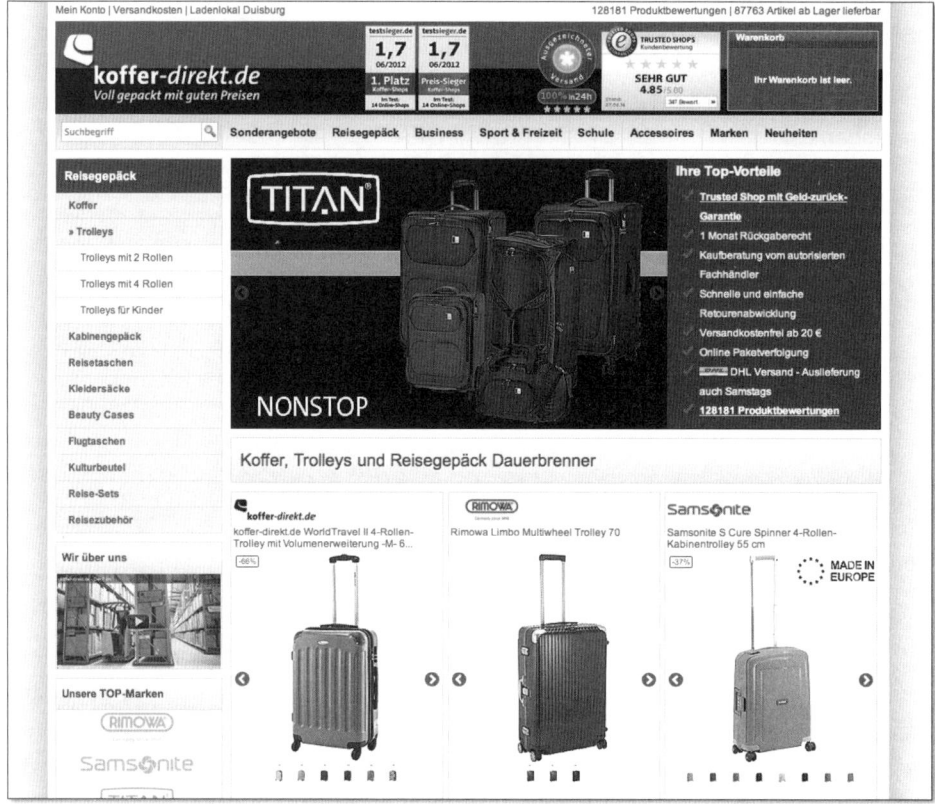

Abbildung 2.10 koffer-direkt.de setzt auf OXID.

Ähnlich wie Shopware und Magento hat OXID ebenfalls einen eigenen Marktplatz für Erweiterungen – genannt eXchange –, über den verschiedenste Module für diverse Anwendungsfälle, wie zum Beispiel Zahlungsmethoden, Versandmethoden, Bonitätsprüfungsdienstleistungen, Schnittstellen etc., bezogen und in das eigene System integriert werden können. Wie immer fasst eine Tabelle alle Fakten noch einmal zusammen (siehe Tabelle 2.12).

Anbieter	OXID eSales AG
Gehört zu	KfW, LBBW Venture und MBG sind Investoren.
Am Markt seit	2003
Zielgruppe	kleine und mittelständische Unternehmen
E-Commerce-Erfahrung beim Kunden	Einsteiger und erfahrene Anwender

Tabelle 2.12 OXID – die Fakten

Time-to-Market	kurz bis mittel
Technologieansatz	gehostet
Technologie	PHP
Datenbank	MySQL
Lizenzmodell	Open Source/kommerziell
Lizenzkosten	keine Kosten für die Open-Source-Version, einmalige Lizenzkosten für die Professional Edition ab ca. 3.000 € und die Enterprise Edition ab ca. 15.000 € – je nach gewählten Modulen auch mehr
Projektkosten	ab ca. 7.500 €

Tabelle 2.12 OXID – die Fakten (Forts.)

2.3.11 xt:Commerce

xt:Commerce ist der Klassiker unter den E-Commerce-Lösungen und erfreut sich schon seit vielen Jahren großer Beliebtheit. Während die Version xt:Commerce 3 noch Open Source war, hat die Firma hinter xt:Commerce 2008 die Strategie gewechselt und sich mit xt:Commerce VEYTON 4.0 von der Quelloffenheit verabschiedet und einen kommerziellen Nachfolger veröffentlicht. Dieses Geschäftsmodell wurde 2011 wieder verändert, indem eine kostenfreie Community Edition veröffentlicht wurde. Diese steht jedoch nicht unter einer Open-Source-Lizenz, sondern wird durch das Programm ioncube verschlüsselt, was es wiederum etwas schwieriger macht, Anpassungen vorzunehmen, da man den genauen Quellcode weder sehen noch nachvollziehen kann und da andererseits auch mehr Ansprüche an das Serverhosting gestellt werden. Das Beispiel eines Online-Shops auf Basis von xt:Commerce sehen Sie in Abbildung 2.11.

Die integrierten Funktionen in xt:Commerce VEYTON sind nicht zu unterschätzen und teilweise sogar mächtiger, als es noch die Open-Source-Variante war:

▶ Mehrsprachigkeit

▶ Mandantenfähigkeit/Multi-Shop-Funktionalität

▶ flexibles Plug-in-System und viele Erweiterungen

▶ umfangreiche Möglichkeiten, den Produktkatalog zu verwalten

▶ und vieles mehr

Abbildung 2.11 Radeberger nutzt xt:Commerce als E-Commerce-Lösung.

Wie viele andere Shop-Systeme besitzt auch xt:Commerce einen eigenen Marktplatz für Plug-ins und Templates, die darüber bezogen und im eigenen Shop installiert werden können. Besonderheit ist hier, dass die Erweiterungen direkt über den Store gekauft werden können und man nicht auf den Shop des Plug-in-Entwicklers weitergeleitet wird. Die Fakten zu xt:Commerce finden Sie in Tabelle 2.13.

Anbieter	xt:Commerce GmbH
Gehört zu	–
Am Markt seit	2003
Zielgruppe	kleine Unternehmen
E-Commerce-Erfahrung beim Kunden	Einsteiger

Tabelle 2.13 xt:Commerce – die Fakten

Time-to-Market	kurz
Technologieansatz	gehostet
Technologie	PHP
Datenbank	MySQL, Oracle
Lizenzmodell	kostenfreie Version/kommerziell
Lizenzkosten	einmalige Lizenzkosten ab ca. 399 € für die kommerzielle Version
Projektkosten	ab ca. 4.000 €

Tabelle 2.13 xt:Commerce – die Fakten (Forts.)

2.3.12   PrestaShop

PrestaShop wurde ursprünglich als Studienprojekt an der französischen Universität Epitech begonnen und anschließend weiterentwickelt und als Open-Source-Projekt veröffentlicht. Dabei wurde der Praxisbezug besonders berücksichtigt: Mehrere kleine Händler waren aktiv an der Entwicklung mit ihrem Wissen und ihren Bedürfnissen beteiligt. 2007 wurde dann eine eigene Firma gegründet, die sich mit der Weiterentwicklung des Systems beschäftigt.

Das System ist sehr stark modular aufgebaut, so dass Funktionen und Erweiterungen relativ einfach hinzugefügt bzw. entfernt werden können. Hierzu steht wie bei anderen Online-Shop-Systemen ebenfalls ein eigener Marktplatz für Module und Designs zur Verfügung, über den die verschiedenen Zahlungsmodule, Funktionen etc. bezogen werden können.

Doch auch ohne Erweiterungen ist das PrestaShop-System schon von Haus aus sehr mächtig. Ein paar besondere Funktionen, die PrestaShop etwas von anderen Open-Source-Systemen abheben, sind beispielsweise:

▶ fortschrittliche Lagerverwaltung inklusive Unterstützung von unterschiedlichen Lagern

▶ moderne Produktpräsentation mit Schnellansichtsfunktion eines Artikels

▶ flexible Administrationsoberfläche, die sich an das verwendete Endgerät optimal anpasst

▶ länderspezifische Adressformate, so dass ein Kunde in jedem Land das Adressformat aus seinem Land sieht

▶ umfangreiches und anpassbares Reporting mit intelligenten *KPIs (Key Performance Indicators)* und einer Berechnung der Nettogewinnmarge in Echtzeit

Die Umsetzung eines Online-Shops mit PrestaShop zeigt Abbildung 2.12.

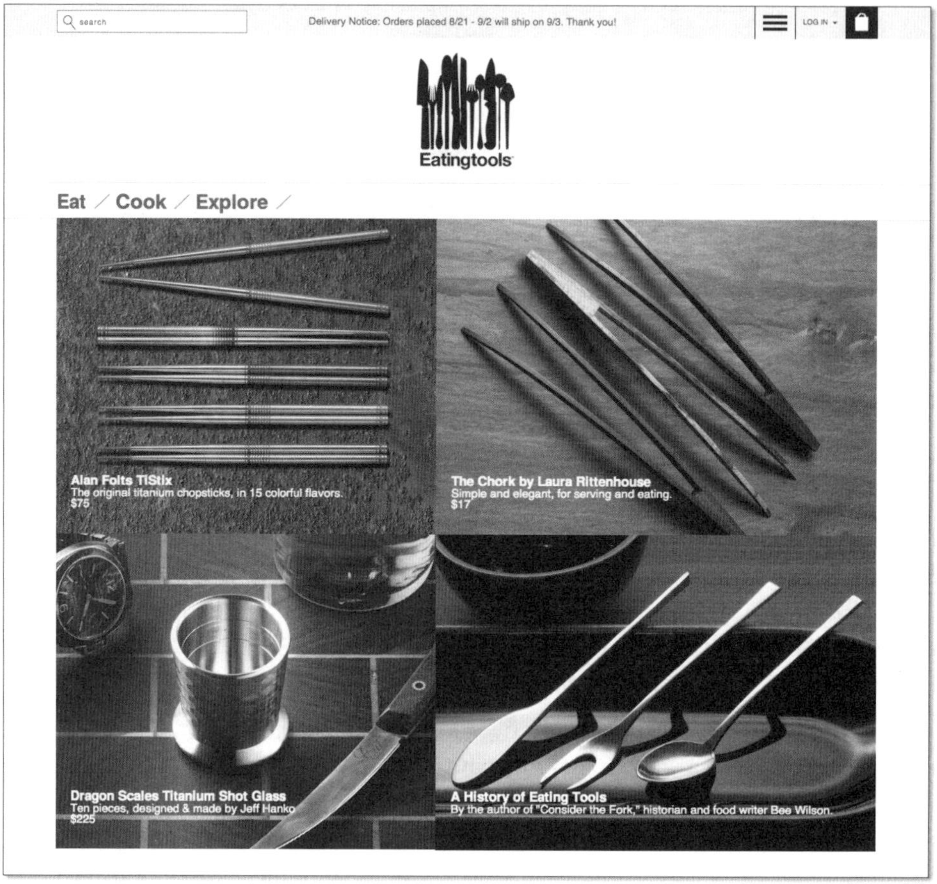

Abbildung 2.12 Eatingtools basiert auf PrestaShop.

Gab es anfangs noch das Problem, dass PrestaShop am deutschen Markt nicht rechtssicher eingesetzt werden konnte, gibt es inzwischen ein eigenes Modul EU Legal[2], mit
dem man ein PrestaShop-System fit für den deutschen Markt bekommt. Alle Fakten
zu PrestaShop bietet Tabelle 2.14 im Überblick.

Anbieter	PrestaShop SAS
Gehört zu	–
Am Markt seit	2008

Tabelle 2.14 PrestaShop – die Fakten

---

2 EU-Legal-Modul: *http://www.onlineshop-module.de/eu-legal-ps16.html*

Zielgruppe	kleine Unternehmen
E-Commerce-Erfahrung beim Kunden	Einsteiger
Time-to-Market	kurz
Technologieansatz	gehostet
Technologie	PHP
Datenbank	MySQL
Lizenzmodell	Open Source
Lizenzkosten	–
Projektkosten	ab ca. 2.500 €

Tabelle 2.14 PrestaShop – die Fakten (Forts.)

2.3.13   hybris

hybris ist ein Anbieter von Standardsoftware für Multi-Channel Commerce und Communication, der 1997 gegründet und 2013 vollständig von SAP übernommen wurde. Die Strategie von hybris basiert auf der langjährigen Erfahrung, dass Unternehmen über sämtliche Vertriebskanäle mit Kunden und Partnern stets konsistent, aktuell und relevant kommunizieren müssen.

Es wurde deshalb eine integrierte Lösung entwickelt, mit der sich alle relevanten Kommunikations-, Vertriebs- und Kundenserviceprozesse über alle Kanäle hinweg optimal steuern lassen. hybris deckt dabei nicht nur die BC2-Geschäftsmodelle ab, sondern hat auch entsprechende Lösungen speziell für den B2B-Bereich im Angebot. Ein Beispiel für einen Online-Shop auf Basis von hybris sehen Sie in Abbildung 2.13.

Das hybris-System ist hierbei sehr flexibel gehalten und modular aufgebaut. So gibt es aktuell folgende Module, welche für jede Installation individuell lizenziert werden können:

► B2C Commerce – für den Verkauf an Endkunden über alle Interaktionspunkte mit den Kunden

► B2B Commerce – Lösung für den Verkauf an B2B-Kunden

► Master Data Management – zentrale und effiziente Stammdatenverwaltung von Kunden und Produkten

► Order Management – optimierte Bestellprozesse durch zentrales Bestellmanagement

- ▶ Mobile Commerce – Kunden mobil ansprechen
- ▶ In Store – Online-Einkaufserlebnis auch im Ladengeschäft verfügbar machen

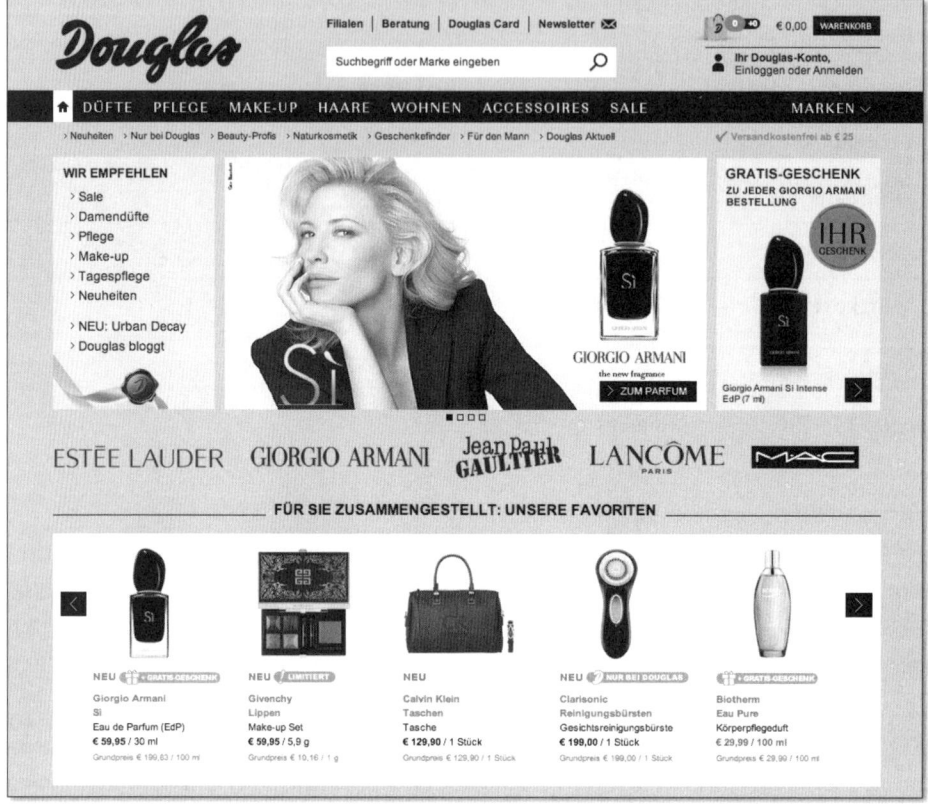

Abbildung 2.13 Douglas ist ein bekannter Online-Shop auf Basis von hybris.

Aktuell beschränkt sich hybris hauptsächlich auf den europäischen Markt, investiert jedoch – nicht zuletzt seit der Übernahme durch SAP – massiv in das globale Wachstum. Ob hybris Ihren Erwartungen entspricht, können Sie mit Tabelle 2.15 herausfinden.

Anbieter	hybris AG
Gehört zu	SAP
Am Markt seit	1997
Zielgruppe	mittelständische und große Unternehmen
E-Commerce-Erfahrung beim Kunden	erfahrene Anwender

Tabelle 2.15 hybris – die Fakten

Time-to-Market	kurz bis lang
Technologieansatz	gehostet, SaaS
Technologie	Java
Datenbank	Oracle, SAP HANA, MSSQL, MySQL
Lizenzmodell	kommerziell
Lizenzkosten	Einmalige Lizenzkosten starten bei ca. 80.000 € und sind abhängig von den gewählten Modulen und der Anzahl an CPUs.
Projektkosten	ab ca. 150.000 €

Tabelle 2.15 hybris – die Fakten (Forts.)

2.3.14   Demandware

Demandware ist ein US-amerikanischer Softwareanbieter, der 2004 gegründet wurde und eine reine SaaS-Lösung für seine Kunden anbietet. Der Anbieter stellt hierbei einerseits die komplette technologische Infrastruktur des Shops bereit, andererseits kümmert er sich auch um das Hosting der E-Commerce-Lösung. Diese cloudbasierte Lösung führt regelmäßig Updates durch und übernimmt dabei auch die Migration auf die nächsthöhere Version.

Oberstes Ziel bzw. gelebte Philosophie von Demandware ist es, Ihnen als Shop-Betreiber zu helfen, dass Sie sich primär auf Ihre Kernkompetenzen im E-Commerce konzentrieren können – Produkte verkaufen und Kunden beraten. Demandware bietet deshalb seine Software ausschließlich als Software-as-a-Service-Lösung an und reduziert so die Komplexität im IT-Bereich eines Unternehmens, da keine IT-Infrastruktur extra für das E-Commerce-Geschäft angeschafft bzw. lizenziert werden muss. Der s.Oliver-Online-Shop ist ein Beispiel für eine Demandware-Umsetzung (siehe Abbildung 2.14).

Die Zielgruppe von Demandware sind dabei überwiegend mittelständische und große Unternehmen, oftmals aus dem Fashion-Bereich.

Besondere Features von Demandware sind:

▶ umfangreiche Kundensegmentierung

▶ dynamische Werbeaktionen

▶ Bestandsüberwachung in Echtzeit über mehrere Niederlassungen hinweg

▶ tagesgenaues, detailliertes Reporting über alle wichtigen Kennzahlen über mehrere Niederlassungen hinweg

▶ verbesserte Zusammenarbeit der Teammitglieder über alle Niederlassungen hinweg durch eigene Arbeitsbereiche und Aufgabenmanagement

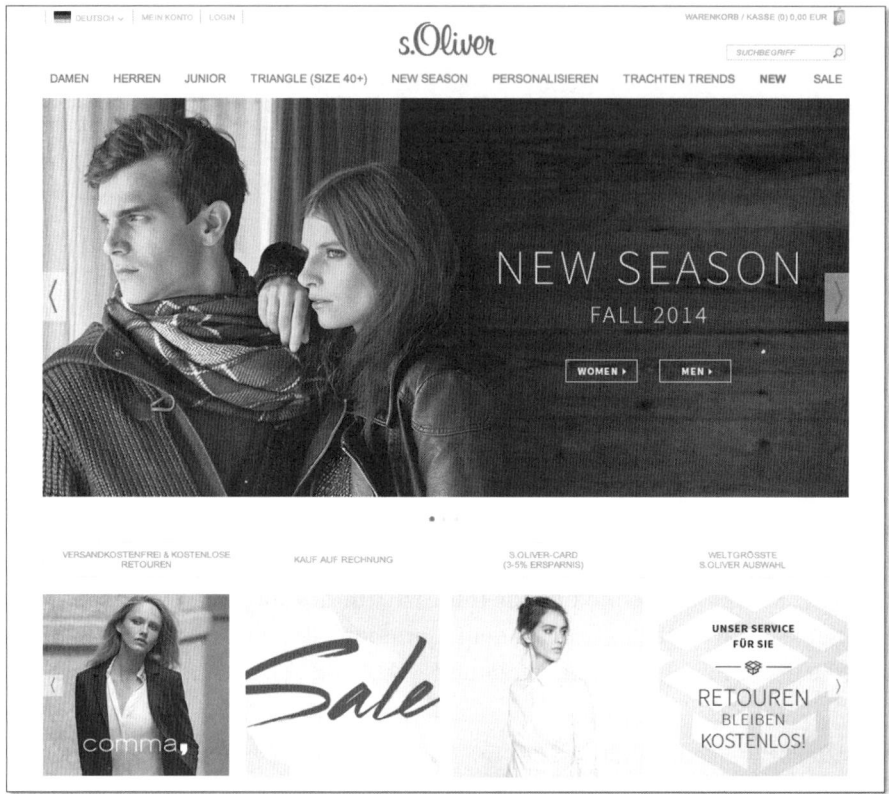

Abbildung 2.14 s.Oliver ist ein bekannter Demandware-Kunde.

Einen Überblick über die Fakten zu Demandware finden Sie in Tabelle 2.16.

Anbieter	Demandware Inc.
Gehört zu	–
Am Markt seit	2004
Zielgruppe	mittelständische und große Unternehmen
E-Commerce-Erfahrung beim Kunden	Einsteiger und erfahrene Anwender
Time-to-Market	kurz
Technologieansatz	SaaS

Tabelle 2.16 Demandware – die Fakten

Technologie	Java
Datenbank	–
Lizenzmodell	kommerziell
Lizenzkosten	einstelliger Prozentsatz des Shop-Umsatzes
Projektkosten	ab ca. 125.000 €

Tabelle 2.16 Demandware – die Fakten (Forts.)

2.3.15   Intershop

Intershop wurde 1992 in Jena gegründet und ist damit eine der am längsten am deutschen Markt verfügbaren E-Commerce-Lösungen. Es richtet sich primär an große Unternehmen, die oftmals jährlich mehr als 100 Millionen US$ Umsatz erwirtschaften. Intershop verfolgt wie die anderen Hersteller in diesem Umfeld einen Multi-Channel-Ansatz und möchte einen Kunden in allen relevanten Prozessen des E-Commerce unterstützen. Wie das aussehen kann, zeigt der Würth-Shop in Abbildung 2.15.

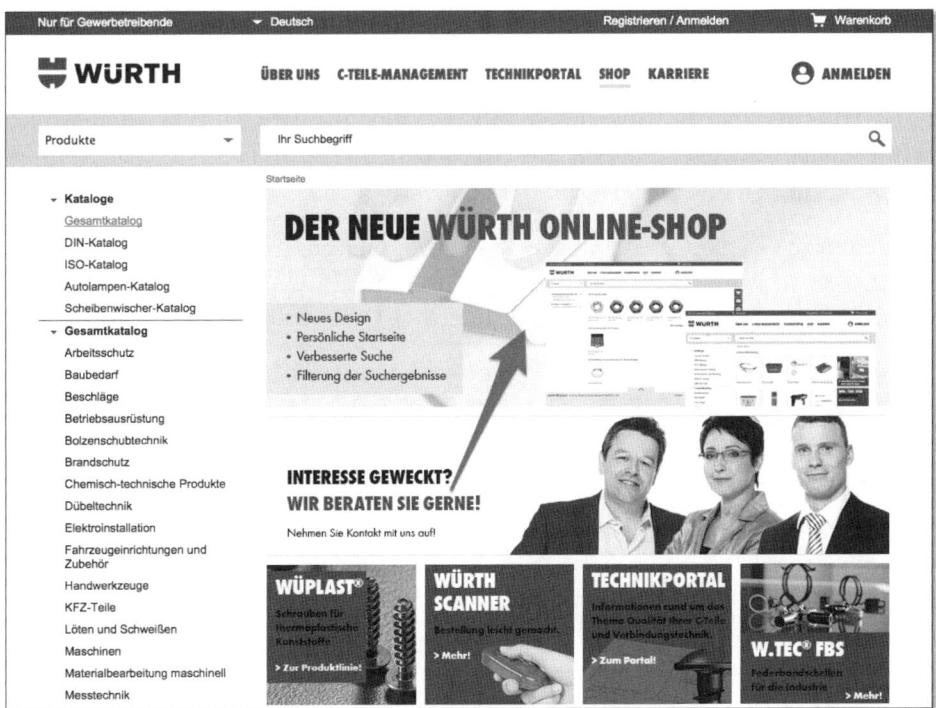

Abbildung 2.15 Würth setzt auf eine Lösung von Intershop.

Intershop unterstützt viele verschiedene Geschäftsmodelle, Vertriebswege und Interaktionspunkte mit den Kunden, was sich in umfangreichen Features äußert:

▶ **Web Store**

In dieser Komponente werden alle wichtigen Prozesse des E-Commerce-Geschäfts abgebildet. Darunter befinden sich beispielsweise eine komplexe Stammdatenverwaltung für Produkte, Bestellverwaltung und umfangreiche Marketingfunktionen.

▶ **Mobile Commerce**

Produkte und Dienstleistungen werden heutzutage nicht mehr nur über Desktop-Rechner verkauft, sondern auch oftmals über mobile Endgeräte. Intershop bietet hier eine entsprechende Möglichkeit an, die sich nahtlos in die Applikation und in die Prozesse integriert.

▶ **Call Center**

Gerade größere Unternehmen betreiben oftmals ein eigenes Callcenter, um den Kundenservice abzubilden. Intershop bietet hier eine personalisierte Serviceumgebung an, in welcher Kunden schnell und effizient beraten und geholfen werden kann.

▶ **In-Store**

Viele Konsumenten fordern längst ein kanalübergreifendes Einkaufserlebnis vom Smartphone bis zum Ladengeschäft. Doch fällt es vielen Unternehmen schwer, dieses abzubilden. Intershop unterstützt Händler in diesen Bereichen, indem entsprechende Lösungen bereitgestellt werden, die auch im Ladengeschäft genutzt werden können und alle relevanten Daten vernetzen.

Alle Fakten zu Intershop fasst Tabelle 2.17 noch einmal zusammen.

Anbieter	Intershop Communications AG
Gehört zu	eBay ist größter Einzelaktionär.
Am Markt seit	1992
Zielgruppe	mittelständische und große Unternehmen
E-Commerce-Erfahrung beim Kunden	erfahrene Anwender
Time-to-Market	mittel bis lang
Technologieansatz	gehostet
Technologie	Java
Datenbank	Oracle

Tabelle 2.17 Intershop – die Fakten

Lizenzmodell	kommerziell
Lizenzkosten	Es gibt verschiedene Lizenzmodelle (inklusive Abonnement). Einmalige Lizenzkosten starten bei ca. 75.000 € und sind abhängig von der Anzahl der CPUs.
Projektkosten	ab ca. 150.000 €

Tabelle 2.17 Intershop – die Fakten

2.3.16   IBM WebSphere Commerce

Das 1911 gegründete Unternehmen *IBM* (International Business Machines) zählt mit zu den bekanntesten IT-Unternehmen weltweit und war mit federführend bei der technologischen Entwicklung im 20. Jahrhundert. Seit 1996 bietet IBM unter der Software IBM WebSphere Commerce eine kanalübergreifende E-Commerce-Plattform für verschiedene Geschäftsmodelle im B2C- und B2B-Umfeld an, mit der alle Prozesse des E-Commerce abgebildet werden können. Ein Beispiel eines mit WebSphere Commerce umgesetzten Shops sehen Sie in Abbildung 2.16.

Abbildung 2.16 Der Online-Shop von C&A basiert auf einer IBM-WebSphere-Commerce-Lösung.

Die WebSphere-Commerce-Lösung umfasst folgende Features:

▶ Verschiedene Geschäftsmodelle können auf einer Plattform betrieben werden.

▶ Verschiedene Vertriebskanäle und Interaktionspunkte werden unterstützt, so dass ein Kunde an jeder möglichen Stelle »abgeholt« und bedient werden kann.

▶ Umfangreiche Marketing- und Merchandising-Tools können dem kanalübergreifenden Online-Verhalten des Kunden entsprechend gesteuert werden.

▶ Der integrierte IBM-Middleware-Backbone ermöglicht eine höchste Verfügbarkeit gerade auch für Online-Shops, die sehr viel Traffic erzeugen.

▶ Eine nahtlose Integration in Produkte anderer IBM-Produktfamilien ermöglicht eine Vernetzung und optimale Bearbeitung aller relevanten Geschäftsprozesse.

Eine tabellarische Übersicht der Fakten zu IBM WebSphere Commerce finden Sie in Tabelle 2.18.

Anbieter	IBM Corp.
Gehört zu	
Am Markt seit	1911/mit WebSphere Commerce seit 1996
Zielgruppe	mittelständische und große Unternehmen
E-Commerce-Erfahrung beim Kunden	erfahrene Anwender
Time-to-Market	kurz bis lang
Technologieansatz	gehostet
Technologie	Java
Datenbank	Oracle, DB2, Apache Derby
Lizenzmodell	kommerziell
Lizenzkosten	Einmalige Lizenzkosten starten bei ca. 50.000 € und sind abhängig von den gewählten Modulen und der Prozessorleistung.
Projektkosten	ab ca. 100.000 €

Tabelle 2.18 IBM WebSphere Commerce – die Fakten

2.3.17 Fazit

Die Auswahl der richtigen E-Commerce-Lösung ist nicht einfach. Wie Sie gesehen haben, gibt es die unterschiedlichsten Systeme: kleine Systeme für kleine Shops und kleine Budgets, große Systeme für große Shops und größere Budgets. Auch technologisch unterscheiden sich die Systeme deutlich voneinander, was wiederum unterschiedliche Anforderungen an das Know-how der IT-Abteilung bzw. des Integrationspartners, aber auch an die benötigte IT-Infrastruktur stellt.

Wir möchten Ihnen deshalb im nachfolgenden Abschnitt etwas unter die Arme greifen und Ihnen helfen, die richtige Lösung auszuwählen.

2.4   Leitfaden für die Auswahl einer E-Commerce-Lösung

Wie Sie in Abschnitt 2.3 gesehen haben, gibt es sehr viele Anbieter mit den unterschiedlichsten Lösungen am Markt, so dass man nun etwas unschlüssig vor der Frage steht, welche Lösung man denn nun tatsächlich verwenden soll. In diesem Abschnitt werden Sie einen Leitfaden zu der Auswahl der richtigen E-Commerce-Lösung kennenlernen. Dieser Leitfaden ist dabei lediglich nur ein Weg von vielen und unterteilt sich in die in Abbildung 2.17 gezeigten Schritte.

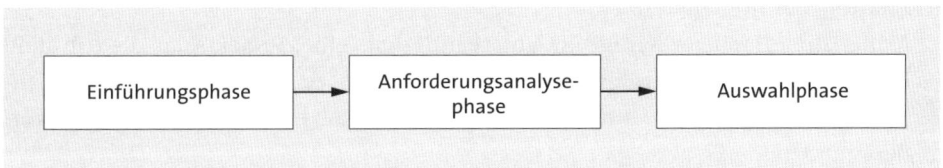

Abbildung 2.17 Wichtige Schritte zur Entscheidungsfindung

Diese Phasen bezeichnen hierbei die sogenannten Makrophasen, welche anschließend in verschiedene Mikrophasen untergliedert werden, um die einzelnen Schritte darin besser darstellen zu können.

Jede Auswahl einer neuen E-Commerce-Lösung sollte mit einer *Einführungsphase* beginnen, in der die genaue Planung durchgeführt wird und in der auch das Projekt abgegrenzt und Ziele definiert werden. Bei der *Anforderungsanalysephase* beschäftigt man sich detaillierter mit den Anforderungen an die neue E-Commerce-Lösung und legt sich auch schon strategisch auf eine Richtung, zum Beispiel eine technische Plattform, fest. In der anschließenden *Auswahlphase* gelangt man zu dem Kern des ganzen Leitfadens – der Auswahl der Lösung. Hierbei wird der Markt gesichtet und werden die verfügbaren Lösungen evaluiert und bewertet. Am Ende kann dann eine Entscheidung für ein System getroffen werden.

2.4.1   Einführungsphase

Zu Beginn einer jeden Auswahl einer E-Commerce-Lösung steht die Einführungsphase. Je nach Größe des Unternehmens bzw. Anzahl der Projektteilnehmer ist diese

Phase aufwendiger oder weniger aufwendig zu gestalten. Gerade wenn in einem Unternehmen viele Abteilungen und Personen beteiligt sind, ist es wichtig, schon frühzeitig alle Beteiligten zu informieren und auch um Unterstützung für das Projekt innerhalb einer Organisation zu werben.

In der Einführungsphase beginnt die detaillierte Projektplanung für die einzuführende E-Commerce-Lösung, deren Ergebnis am Ende ein Projektplan ist, auf den sich alle Projektbeteiligten verpflichten können. Einen Projektplan bezeichnet man auch als »Gesamtheit aller im Projekt vorhandenen Pläne«.

In dem Projektplan sind idealerweise folgende Punkte berücksichtigt:

▶ **Planung der Projektstruktur**
Das Projekt wird hierbei in plan- und kontrollierbare Elemente untergliedert und in Teilaufgaben und Arbeitspakete unterteilt. Die Planung ist die zentralste Planung, da sie als Ausgangsbasis für alle weiteren Pläne dient und zugleich auch wichtige Erkenntnisse für das Risikomanagement und das Controlling des Projekts liefert.

▶ **Planung der Meilensteine**
Meilensteine stellen wichtige Ereignisse innerhalb eines Projekts dar, die von allen Projektbeteiligten kontrolliert werden können müssen. Sie bezeichnen dabei Zeitpunkte, bis zu denen bestimmte Aufgaben innerhalb eines Projekts erledigt werden müssen.

▶ **Terminplanung**
Basierend auf den Teilaufgaben und Arbeitspaketen und der Zuweisung zu den entsprechenden Meilensteinen lässt sich dann eine genaue Terminplanung für das Projekt aufstellen.

▶ **Planung der Verantwortlichkeiten**
Schon zu Beginn von komplexen Projekten mit vielen Beteiligten sollten die Verantwortlichen bzw. Rollen definiert und mit geeigneten Personen besetzt werden. Dies sollte jedoch nur auf einer Meta-Ebene geschehen, sprich, noch nicht für die konkreten Aufgaben selbst. Es sollte beispielsweise eine Person für die Schnittstellen verantwortlich sein, eine Person für die Artikelstammdaten, eine Person für das Marketing etc. Es ist für alle Projektbeteiligten einfacher, wenn man weiß, mit wem man im Zweifelsfall sprechen muss.

Neben dem Aufstellen des Projektplans darf man die strategische Planung des E-Commerce-Projekts nicht vergessen: Definieren Sie schon zu Beginn, wie Sie sich strategisch mit dem Online-Shop (weiter)entwickeln möchten, welche Ziele Sie mit Ihrem Online-Shop erreichen möchten, welche Märkte und Zielgruppen Sie erschließen möchten etc.

Sollten Sie schon bereits eine IT-Infrastruktur besitzen, wäre in diesem Schritt auch schon abzuklären, inwieweit die E-Commerce-Lösung in die bestehende Landschaft integriert werden soll bzw. ob dadurch wesentliche Auswirkungen auf die Interoperabilität, also das möglichst nahtlose Zusammenspiel von anderen internen und externen Systemen, entstehen.

Definieren Sie auch schon den Budgetrahmen für Ihr E-Commerce-Projekt. Seien Sie dabei jedoch realistisch, und prüfen Sie genau, wie viel Sie in Ihr Projekt investieren können, und richten Sie hiernach auch Ihre Bedürfnisse aus – man kann nicht erwarten, dass man einen Porsche 911 zum Preis eines Fiat 500 bekommt.

Bedenken Sie dabei nicht nur die initialen Projektkosten für die Auswahl der richtigen E-Commerce-Lösung und auch nicht nur die Kosten für die Implementierung der Anwendung, sondern noch weitere projektbegleitende bzw. fortlaufende Kosten, wie zum Beispiel IT-Infrastruktur, Marketing und Werbung, Produktmanagement. Es empfiehlt sich zudem immer, einen finanziellen Puffer mit einzukalkulieren, da erfahrungsgemäß bei der späteren Anforderungsdefinition immer wieder Punkte vergessen werden.

2.4.2   Anforderungsanalysephase

Nach der Einführungsphase des E-Commerce-Projekts erfolgt anschließend die Anforderungsanalysephase, in der alle Anforderungen an das neue System strukturiert ermittelt und auch (falls bereits ein System existiert) der aktuelle Stand betrachtet und Optimierungspotenzial herausgearbeitet wird. Je nach Größe des E-Commerce-Projekts bietet es sich auch an, ein eigenes Projektbüro einzurichten und geeignete Personen aus den beteiligten Fachabteilungen für die Anforderungsanalyse zu bestimmen. Diese Phase ist dabei in mehrere unterschiedliche Punkte unterteilt.

Ist-Analyse vorbereiten

Der Beginn einer jeden guten Analyse ist die Planung. Als erster Schritt ist deshalb die genaue Planung und Vorbereitung der Analyse notwendig. Es sind dabei die Prüflisten, Fragebögen etc. für die Ist-Analyse zu erstellen, mit denen der aktuelle Stand aufgenommen und die Bedürfnisse für das neue Projekt ermittelt werden können. Des Weiteren sind innerhalb der betroffenen Anwender (idealerweise aus jeder Fachabteilung bzw. niederlassungsübergreifend) die richtigen Interviewpartner auszuwählen.

Ist-Analyse durchführen

Nach der Vorbereitung erfolgt die Durchführung der Ist-Analyse. Hierzu werden die zuvor erstellten Fragebögen an die Interviewpartner ausgegeben bzw. darüber hinaus der aktuelle Stand des Systems aufgenommen.

Es folgen wichtige Fragen, die bei der Analyse des Ist-Standes zu beachten sind:

► Welche Systeme sind schon im Unternehmen vorhanden und inwieweit müssen sie mit dem neuen E-Commerce-System interagieren?

► Gibt es spezielle Prozesse im Unternehmen, die ebenfalls in der E-Commerce-Lösung implementiert werden müssen?

► Welche rechtlichen Rahmenbedingungen gilt es in der neuen E-Commerce-Lösung zu berücksichtigen?

► Gibt es wirtschaftliche Rahmenbedingungen, wie zum Beispiel ein bewilligtes Budget, das bei der Analyse bzw. Konzeption mit berücksichtigt werden muss?

Wichtige Fragen bei der Analyse des Ist-Standes eines bestehenden Systems im E-Commerce-Bereich sind die folgenden:

► Welche E-Commerce-Lösung wird derzeit in welcher Version und mit welchen Komponenten eingesetzt?

► Welche Funktionen in der Lösung werden aktuell genutzt? Wo gibt es Probleme? Welche Funktionen fehlen bzw. haben Lücken und sollten optimiert werden?

► Welche kundenspezifischen Anpassungen wurden am aktuellen System vorgenommen?

► Welche (internen und externen) Schnittstellen gibt es zu der aktuellen E-Commerce-Lösung? Welche der Schnittstellen müssen darüber hinaus noch mit unterstützt werden, da sie nicht mehr aktualisiert wurden?

► Haben sich seit der letzten Version rechtliche Rahmenbedingungen geändert und müssen noch mit umgesetzt werden?

► Gibt es wirtschaftliche Rahmenbedingungen, zum Beispiel ein bewilligtes Budget, das bei der Analyse bzw. Konzeption mit berücksichtigt werden muss?

Als Ergebnis der Analyse haben Sie nun viele verschiedene Eindrücke von allen möglichen Interviewpartnern, ohne dass diese genau geprüft und gegebenenfalls bereinigt wurden. Dies erfolgt nun im nächsten Schritt.

Ist-Analyse auswerten

Nach der durchgeführten Analyse hat man – ähnlich wie nach einem Brainstorming – viele verschiedene, chaotisch strukturierte und oftmals nicht geprüfte oder bereinigte Ergebnisse.

Diese Ergebnisse müssen nun konsolidiert und in eine leichter auswertbare Struktur gebracht werden. Oftmals haben viele Projektteilnehmer die gleichen oder ähnlichen Wünsche, so dass es sich hier lohnt, diese Punkte entsprechend um Duplikate zu bereinigen oder auf einen gemeinsamen Nenner zu reduzieren.

Nach diesem Schritt sollte man eine Liste mit den Mindestanforderungen an die Basisfunktionalität des neuen Systems erstellen. Oftmals gibt es bei dieser Analyse und Strukturierung aber auch viele Zusatzanforderungen, die man nicht direkt als Basisfunktionalität bezeichnen würde. Diese Punkte sollten deshalb in einer weiteren, separaten Liste geführt werden.

Soll-Konzeption durchführen

Die aus der Ist-Analyse gewonnenen Anforderungen müssen nun geprüft und gegebenenfalls um noch fehlende Aspekte und Anforderungen ergänzt werden. Idealerweise werden die Anforderungen dann schon in die umzusetzenden Teilsysteme gruppiert und gemäß ihrer Wichtigkeit priorisiert. Bitte spezifizieren Sie die Anforderungen an diesem Punkt schon so detailliert wie möglich.

In diesem Schritt können Sie auch schon definieren, ob offene Standards bzw. Open-Source-Systeme beim Projekt zum Einsatz kommen sollen oder ob man sich auf eine proprietäre Lösung bzw. eine SaaS-Lösung fokussiert.

Auch können in diesem Schritt schon die qualitativen Anforderungen, wie zum Beispiel Einhaltung von gewissen Qualitätssicherungsstandards, und Anforderungen an den Systembetrieb, wie zum Beispiel die zu erwartenden Besucher auf der Seite und die daraus resultierenden Anforderungen an das Hosting, definiert werden und als sogenannte nichtfunktionale Anforderungen in die Liste der Anforderungen aufgenommen werden.

Ergebnis der Analysephase

Das Ergebnis der Analysephase ist die Beschreibung aller funktionalen und nichtfunktionalen Anforderungen für das neue System. Diese Einteilung bzw. das Ergebnis findet man oft auch in einem sogenannten Lastenheft wieder.

Funktionale und nichtfunktionale Anforderungen

Eine Anforderung ist die Beschreibung einer zu erfüllenden Eigenschaft oder zu erbringenden Funktion eines Produkts, eines Systems oder eines Prozesses. Dabei unterscheidet man funktionale und nichtfunktionale Anforderungen.

Unter einer funktionalen Anforderung versteht man, was eine Funktion genau tun soll. Dies sind z. B. Felder, die bei der Kundenregistrierung ausgefüllt oder Zahlungsarten, die implementiert werden müssen. Mit nichtfunktionalen Anforderung beschreibt man die genauen Eigenschaften einer Funktion, also wie gut ein System etwas leisten soll. Kriterien sind hier u. a. die Performance, Usability, Sicherheit.

2.4.3   Auswahlphase

Anhand der in der Auswahlphase erstellten und priorisierten Anforderungen und strategischen Entscheidungen über die zu verwendende Plattform müssen nun die grundsätzlich infrage kommenden E-Commerce-Lösungen vorausgewählt werden. Es sollten hierbei nur die Systeme berücksichtigt werden, die man anhand der Funktionen auch gut vergleichen kann und die möglichst viele der gewünschten Anforderungen abdecken.

Bei der Auswahl der E-Commerce-Lösung sind zudem auch die wirtschaftlichen und rechtlichen Aspekte zu betrachten. Bei den wirtschaftlichen Aspekten ist einerseits zu prüfen, wie hoch die Lizenzkosten ausfallen, und andererseits, wie viel Geld gegebenenfalls für den Wartungsvertrag anfällt. Des Weiteren ist zu prüfen, bis zu welchem Grad die gewünschten Anforderungen in einem System bereits abgebildet sind und wie viel Aufwand für die Anpassung des Systems notwendig ist. Bei der Prüfung der rechtlichen Aspekte ist zu berücksichtigen, ob das ausgewählte System alle rechtlichen Anforderungen an den jeweiligen Markt, an dem man aktiv werden möchte, unterstützt oder ob sich ein System relativ einfach dahingehend anpassen lässt.

Auch die Risikoanalyse darf in diesem Schritt nicht fehlen. Es ist zu ermitteln, mit welchen Risiken das Unternehmen konfrontiert wird und welche während des E-Commerce-Projekts auftreten können. Für diese Risiken muss anschließend bewertet werden, mit welcher Wahrscheinlichkeit sie eintreten können.

Nachdem der Markt gesichtet, die wirtschaftlichen und rechtlichen Aspekte von allen infrage kommenden E-Commerce-Lösungen betrachtet wurden und die Risikoanalyse durchgeführt wurde, gelangt man schließlich zur Entscheidung. Die Projektteilnehmer treffen nun gemeinsam eine Entscheidung für eine E-Commerce-Lösung oder erarbeiten einen entsprechenden Vorschlag für den Entscheidungsträger des Projekts im Unternehmen.

2.5   Fazit

Wie Sie in diesem Kapitel gelernt haben, gibt es sehr viele Anbieter von E-Commerce-Lösungen am Markt, und die Auswahl der richtigen Lösung für Ihr Online-Business ist nicht leicht. Entscheiden Sie sich hier nicht vorschnell für ein vermeintlich gutes oder gehyptes E-Commerce-System, sondern arbeiten Sie nach einem strukturieren Plan und finden Sie die Lösung, die optimal auf Sie und Ihre Bedürfnisse zugeschnitten ist.

Kapitel 3

Kunden zum Kaufen animieren – Produkte und Warengruppen

Die Präsentation Ihres Produktsortiments beeinflusst nicht nur den Erfolg Ihres Online-Shops hinsichtlich des Umsatzes. Schlechte Bilder, unvollständige Texte und mangelnde Informationen fördern zusätzlich die Retourenquote und belasten Sie mit unnötigen Kosten.

Wann macht die Arbeit im E-Commerce am meisten Spaß? Wenn Sie erfolgreich sind! Auch wenn Sie bislang gelernt haben, dass sich der Erfolg im E-Commerce aus ganz vielen unterschiedlichen Bestandteilen zusammensetzt, so gibt es doch ein ganz zentrales Erfolgselement – den Produktkatalog.

Das beste Marketing und die beste Technik nützen Ihnen nichts, wenn es für Ihre Produkte keine Kunden gibt oder Sie viele potenzielle Kunden in Ihrem Shop haben, die aber Ihre Produkte uninteressant finden und diese nicht kaufen. Aber wann finden Kunden Produkte eigentlich spannend bzw. interessant, und was muss man beim Aufbau des Produktkatalogs, speziell im E-Commerce, beachten? Dieser zentralen Frage gehen wir in diesem Kapitel nach und liefern Ihnen praxisnahe Tipps, was Sie beim Aufbau Ihres Produktkatalogs beachten müssen.

3.1 Aufbau der Kategorienstruktur

Das Herzstück Ihres Online-Shops ist die Navigation und damit in der Regel die Struktur Ihrer Produktkategorien bzw. Warengruppen.

Aber Vorsicht: Die Navigation in heutigen Online-Shops muss nicht mehr zwangsläufig über die klassische Warengruppenstruktur erfolgen. Die E-Commerce-Lösung Magento hat beispielsweise die *Filternavigation* salonfähig gemacht. Hierbei liegen alle bzw. eine große Anzahl der verfügbaren Produkte in einer Kategorie, und Sie können auf dieser Basis filtern. Wie eine solche Filternavigation aussehen könnte, sehen Sie in Abbildung 3.1. Der große Vorteil liegt darin, dass Sie als Besucher verschiedenste Produktmerkmale eingeben können und direkt das »passende« Ergebnis geliefert bekommen, beispielsweise wenn Sie ein Hemd von Hugo Boss in der Größe 38, Slim-Fit und ausschließlich einen reduzierten Artikel suchen. In einer klassischen

Warengruppenstruktur können Sie diesen Artikel hingegen nicht so leicht finden, denn Sie müssten sich am Anfang für eine Kategorie entscheiden, »reduziert« oder »Hugo Boss«.

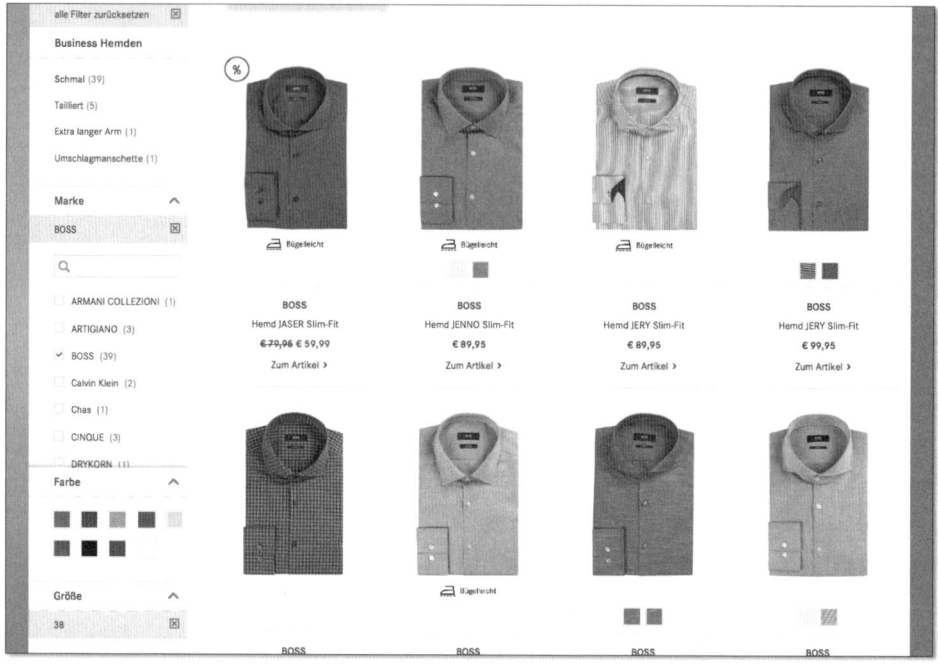

Abbildung 3.1 Im Modebereich ein Must-Have – die Filternavigation

Im krassen Gegensatz zur Filternavigation steht die Navigation über Kategorien bzw. Warengruppen. Diese müssen Sie sich wie einen Baum vorstellen, bei dem Sie von oben nach unten immer eine Abzweigung nehmen. So können Sie, bleiben wir doch bei dem Beispiel der Hemden, zwar in die Kategorie »Hugo Boss« gehen, finden hier aber keine speziellen Unterkategorien wie Größe 38 mit der weiteren Unterkategorie »reduziert« vor. In diesem Fall würde es viel mehr eine Hauptkategorie »Reduzierte Artikel« geben, in der aber natürlich auch Produkte von anderen Herstellern zu finden sind. Ein Beispiel für die Umsetzung einer solchen Navigation finden Sie in Abbildung 3.2.

Ob Sie beide Navigationsvarianten in Kombination verwenden oder sich für eine der beiden Navigationsvarianten entscheiden, wird von unterschiedlichen Faktoren abhängen. Zum einen muss die Software, technisch betrachtet, diese Art der Navigation unterstützen. Magento leistet dies beispielsweise in der kostenfreie Community Edition ebenso wie Shopware. Andere E-Commerce-Lösungen sind hingegen gar nicht in der Lage, eine Filternavigation darzustellen. Aber Sie müssen sich auch die inhaltliche Frage stellen, ob eine Filternavigation bei Ihren Produkten überhaupt sinnvoll ist. Denn ein Filter ist nur dann relevant und nützlich, wenn Sie Ihren Besuchern die Eingrenzung auf Basis von Produkteigenschaften ermöglichen möchten. Es gibt aber sicherlich auch Artikel, bei denen das nicht die idealste Möglichkeit ist. Oder entscheiden Sie beim Kauf eines Buches auf Basis der Seitenanzahl oder der Art des Einbandes?

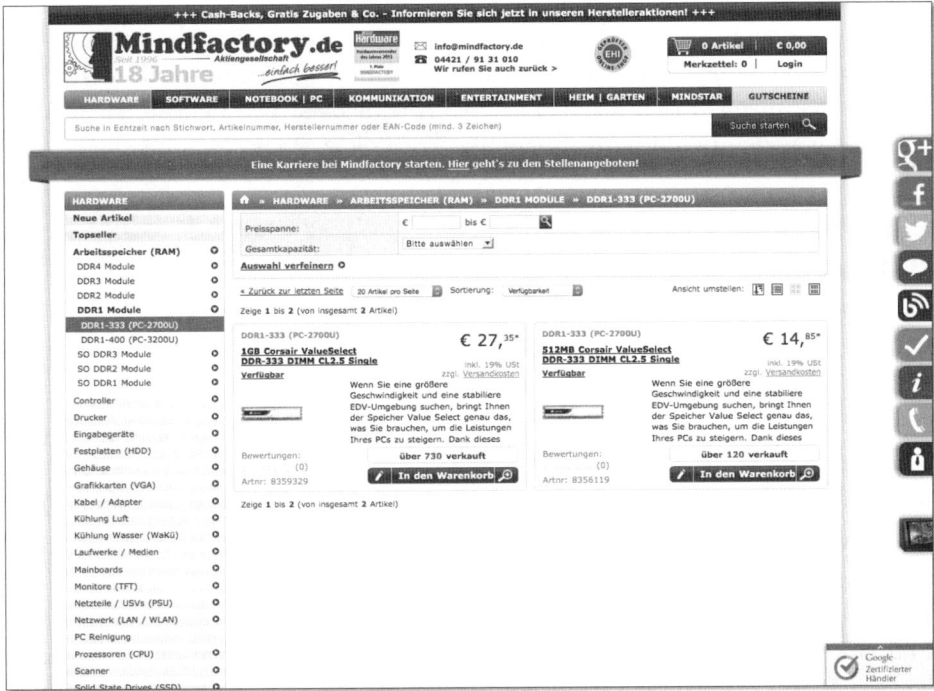

Abbildung 3.2 Mindfactory bietet eine klassische Navigation über Warengruppen.

In der Praxis setzt man auf Hybrid-Lösungen

Viele Online-Shops verwenden eine Kombination aus Kategorie- und Filternavigation. Anhand von Kategorien wird eine grobe Eingrenzung der Produkte getätigt und anschließend die Auswahl mit Hilfe von Filtern gezielt eingeschränkt.

Wie Sie sich auch entscheiden, es ist in jedem Fall sinnvoll, die Kategorisierung optimal aufzubauen, weswegen wir uns in diesem Abschnitt mit der Gliederung und Darstellung dieser im Detail beschäftigen.

Stellen Sie sich zuerst die Frage, wieso man in einem Online-Shop überhaupt Kategorien benötigt. Was wäre die Konsequenz, wenn Sie in einem Online-Shop nur eine Kategorie hätten und dieser alle Produkte zuwiesen? Richtig, sobald Sie mehr als 20 oder 30 Produkte im Sortiment haben, ist die Unübersichtlichkeit kaum zu übertreffen, sofern sich alle Produkte in dieser einen Kategorie befinden. Auch – und das wird oftmals unterschätzt – zeigen Kategorien Ihren Kunden direkt auf der Startseite an, was Sie verkaufen. Viele der Besucher werden Ihren Online-Shop zum allerersten Mal aufrufen, das heißt, es handelt sich um klassische Neukunden. Der Neukunde kennt Sie in der Regel nicht, findet Ihren Shop über beispielsweise eine AdWords-Anzeige oder einen Affiliate-Link und öffnet Ihren Online-Shop zum ersten Mal. In diesem Moment ist dem Neukunden Ihr Produktkatalog oft noch gar nicht bekannt, er entscheidet sich aber in dem Bruchteil einer Sekunde, ob er weiter in Ihrem Online-Shop stöbert oder die Seite wieder verlässt.[1] Daraus resultiert eine weitere Anforderung an Ihre Warengruppenstruktur: Neben der Übersichtlichkeit beim Einkaufen spiegelt die Struktur auch Ihr Produktsortiment und Know-how wider.

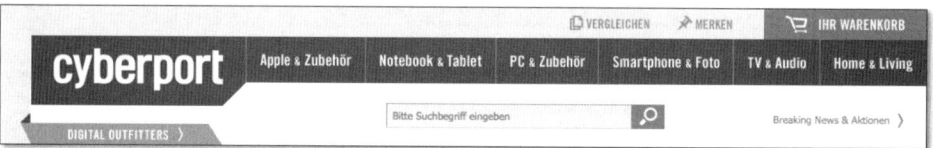

Abbildung 3.3 Bei Cyberport erkennen Sie sofort, welche Produkte vertrieben werden.

Nehmen wir als Beispiel hierzu den Elektronik- und Life-Style-Online-Shop Cyberport.de. Die Kategorienstruktur von Cyberport.de können Sie Abbildung 3.3 entnehmen. Wenn Sie Cyberport.de nicht kennen und das erste Mal auf dem Online-Shop unterwegs sind, werden Sie sofort feststellen, welche Produkte Sie dort erwerben können. Die Warengruppenstruktur auf der obersten Ebene besteht aus folgenden Kategorien: APPLE & ZUBEHÖR, NOTEBOOK & TABLET, PC & ZUBEHÖR, SMARTPHONE & FOTO, TV & AUDIO sowie HOME & LIVING. Ob Sie nun einen Fernseher oder einen iPod benötigen, die Hauptkategorisierung zeigt Ihnen deutlich, dass Sie in diesem Online-Shop beide Produkte kaufen können.

Inhaltlich betrachtet haben Sie beim Aufbau der Kategorienstruktur mehrere Möglichkeiten, die sich speziell an der Möbelbranche gut erklären lassen. Möchten Sie Ihren Kunden die Lösung für ein Problem präsentieren oder nur den Weg dorthin aufzeigen? Moment mal, welches Problem eigentlich? Im Grunde ist Ihr Online-Shop nur ein »Problemlöser«, denn Kunden kaufen in der Regel Produkte und Dienstleistungen, weil sie es müssen, weil ein Problem existiert und dieses gelöst werden muss. Denken Sie doch einmal daran, was Sie benötigen, wenn Sie in eine neue Wohnung ziehen und noch keine Möbel besitzen oder die alten Möbel nicht umziehen möchten. Dann haben Sie viele unterschiedliche Probleme: Sie können nirgends essen, weil Sie nicht sitzen können, Sie können nicht kochen, weil Sie keine Küche haben, Sie können nicht fernsehen, weil Ihnen der Fernseher fehlt etc. Das gilt übrigens auch

---

1   Wenn ein Kunde Ihren Online-Shop aufruft und direkt wieder verlässt, handelt es sich bei der Erfassung um die sogenannte *Bounce-Quote*. Die Bounce-Quote ist der prozentuale Anteil der Besucher, die nach dem Aufruf Ihrer Seite nicht weiterklicken und Ihren Online-Shop direkt wieder verlassen.

für den Jogger, der während seines Trainings Musik hören möchte, aber das Problem des fehlenden MP3-Players hat, oder für den Geschäftsmann, der unterwegs E-Mails abrufen möchte und hierfür eine Lösung benötigt. Kurz gesagt, Ihr Online-Shop ist ein Problemlöser für Ihre Kunden, und Sie müssen sich dessen bewusst werden. Und hier stellt sich die Frage, wie Sie die Probleme der Kunden lösen können. Hierzu zwei Beispiele von Kategorienstrukturen:

- Esszimmer, Schlafzimmer, Büro
- Schreibtische, Esstische, Kleiderschränke

In beiden Shops werden Sie dieselben Produkte vorfinden, wie Sie aber zu den Produkten kommen, ist in beiden Fällen komplett unterschiedlich. Im ersten Beispiel haben Sie einen eher abstrakten Weg. Hier beschreiben Sie einen allgemeinen Zweck, alle Produkte rund um das Esszimmer. Bei Cyberport.de gibt es eine ähnlich abstrakte Beschreibung bei einigen Kategorien, zum Beispiel HOME & LIVING. Basierend auf diesen Beschreibungen können Sie noch nicht genau identifizieren, welche Produkte Sie in diesen Kategorien finden, sondern Sie bieten dem Kunden eine Lösung für das Problem mit seinem Esszimmer an. Ob er einen Esstisch oder Essstühle benötigt, ist in diesem Moment noch nicht klar. Die zweite Navigationsstruktur verweist direkt auf die Lösung des Problems, zum Beispiel auf die Kategorie Schreibtische. In der Kategorie Schreibtische werden Sie auch nur Schreibtische finden, keine Schreibtischstühle oder Schreibtischlampen.

In welchen Fällen macht nun die abstrakte und in welchen die eindeutige Variante Sinn? Das hängt ganz besonders von Ihren Produkten und Kunden ab. Wenn Sie Kunden mit Problemen haben, deren Lösung Sie noch nicht exakt kennen, macht die etwas weiter gefasste Navigationsart durchaus Sinn.

Stellen Sie sich einfach vor, dass Sie gerade dabei sind, Ihr Wohnzimmer neu einzurichten. Klar, Sie wissen, dass Sie eine Couch und eventuell einen schicken Ohrensessel benötigen. Aber wissen Sie auch, welche Dekoartikel gut zu Ihrer Einrichtung passen? Wenn Sie, pauschal und überspitzt ausgedrückt, keine Frau sind, dann eher nicht. Daher lassen Sie sich einfach von den Artikeln im Bereich Wohnzimmer inspirieren und kaufen eventuell auch Dinge, an die Sie zuerst nicht gedacht haben.

Im Gegensatz hierzu steht die erste Navigationsvariante. Denken Sie doch einmal an Ihren Computer, bei dem die Festplatte kaputt gegangen ist. Sie wissen also, dass Sie eine neue Festplatte benötigen. Wenn Sie nun in einen Online-Shop gehen, brauchen Sie die Kategorie Computer und die Unterkategorie Festplatten. Sie wissen ganz genau, was Sie benötigen, und möchten möglichst schnell, das heißt mit möglichst wenigen Klicks, ans Ziel. Sie möchten nicht erst den Umweg über Elektronikartikel gehen, hier dann einen Computer heraussuchen und sich inspirieren lassen, welche Bestandteile Ihr Computer sonst noch benötigen könnte. Nein, Sie möchten eine übersichtliche Auflistung der Festplatten und innerhalb der Auflistung schnell und unkompliziert die passende Festplatte finden.

Und das ist aus unserer Sicht auch die Faustregel, die wir Ihnen an dieser Stelle mit auf den Weg geben möchten: Wenn Sie davon überzeugt sind, dass Ihre Kunden wissen, was Sie bei Ihnen kaufen möchten, nehmen Sie die klare und einfache Struktur. Das ist oftmals bei Werkzeugen, Zubehörartikeln und Elektronik der Fall. Wenn Ihre Kunden hingegen nur ein Problem haben und die Lösung hierfür gar nicht kennen, setzen Sie auf die etwas weiter gefasste Kategorisierungsvariante. Denn so muss sich der Besucher in Ihrem Online-Shop nicht sofort festlegen und kann stöbern und sich inspirieren lassen.

Wenn Sie sich anschließend für eine grobe inhaltliche Gliederung entschieden haben, gibt es weitere Punkte, die Sie bei der Kategorisierung beachten müssen, unabhängig davon, für welche Variante der Navigation Sie sich entscheiden. Wichtig sind nämlich vor allem die Anzahl der Kategorien sowie deren Tiefe.

Haben Sie sich einmal erfolgreiche Online-Shops genauer angesehen, beispielsweise Cyberport.de oder Zalando? Sie werden feststellen, dass pro Kategorie-Ebene maximal sieben bis acht Einträge angezeigt werden. Es gibt natürlich auch Shops, die sich nicht an diese »geheime« Regel halten, meistens sind das aber populärere Shops, deren Navigation bereits bekannt ist. Man hat herausgefunden, dass sich ein Mensch im Schnitt sieben +/– zwei Punkte bzw. Listeneinträge gut merken kann. Sind es mehr Einträge, wird es schwierig bzw. kompliziert.[2] Wenn Sie daher viele Kategorien auf einer Ebene vorweisen, ist das zwar technisch kein Problem und Ihre Kunden werden auch in Ihrem Shop umherklicken, aber die ersten Einträge werden nicht im Gedächtnis behalten. Speziell wenn Sie viel mit Neukunden zu tun haben, möchten Sie natürlich, dass Ihre Kunden sich möglichst alle Informationen merken können, ansonsten entsteht beim Kunden das Gefühl, dass er sich in Ihrem Shop nicht zurechtfindet.

Die 7–2-Regel bzw. die 7–2–2-Regel

Es ist nachgewiesen, dass sich Menschen sieben (+/– zwei) Navigationspunkte, Elemente, Aufzählungen merken können. Alles darüber hinaus wird vergessen bzw. nicht richtig wahrgenommen. Aus diesem Grund sollte Ihre Hauptnavigation aus sieben +/– zwei Einträgen bestehen. Aufgrund der Übersichtlichkeit empfiehlt sich darüber hinaus eine maximale Tiefe von zwei weiteren Unterebenen. Damit lautet die Merkregel 7–2–2 ÷ 7 +/– 2 Kategorien auf einer Ebene mit jeweils 2 Unterebenen.

Sofern Sie in der ersten Kategorie-Ebene mit sieben Einträgen auskommen, haben Sie schon einmal einen großen Fortschritt erreicht. Was Sie nun auf jeden Fall beach-

---

2 Hierbei spricht man auch von der millerschen Zahl: *http://de.wikipedia.org/wiki/Millersche_Zahl*

ten müssen, ist die Anzahl der Unterkategorien. Theoretisch können Sie beliebig viele Unterkategorien anlegen, die wiederum beliebig viele Unterkategorien haben. Je nach Darstellung in Ihrem Shop kann dies aber schnell zu Verwirrung führen. Sofern anwendbar, können Sie sich unsere 7–2–2-Regel merken[3] (siehe Kasten) und bei zwei Unterkategorien bleiben.

Abgesehen von Ihren potenziellen Kunden und Webshop-Nutzern gibt es übrigens noch jemanden, der Ihre Shop-Kategorien nutzt, und zwar den Google-Bot bzw. allgemein Suchmaschinen-Robots. Google ist in der Lage, die Kategorisierung innerhalb Ihres Online-Shops auszuwerten und bei Suchergebnissen entsprechend darzustellen. Wie das bei Google anschließend aussieht, sehen Sie in Abbildung 3.4.

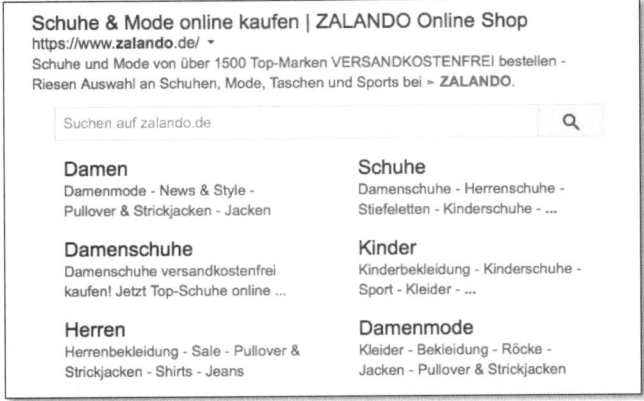

Abbildung 3.4 Google erkennt automatisch die Kategorie Damen.

Sie werden sich nun vielleicht fragen, ob denn die Darstellung bei Google selbst eine so große Rolle spielt. Hierzu sei an dieser Stelle gesagt, dass natürlich die reine Darstellung auf der Suchergebnisseite bei Google nicht entscheidend ist, Google sehr wohl aber auch eine saubere und durchdachte Kategorisierung in Bezug auf die organische Suchmaschinenoptimierung honoriert. Weitere Informationen hierzu finden Sie in Kapitel 8, »Online-Marketing – Kunden gewinnen, Umsätze steigern«, wenn wir speziell die Themen SEO und Marketing behandeln.

Was bedeutet dies nun ganz konkret für Sie als Shop-Betreiber, und wie lautet die ideale Vorgehensweise bei der Entwicklung einer Kategorienstruktur für Ihren Online-Shop? Die wichtigste Vorgabe, an die Sie sich halten müssen, sind die Anzahl der Hauptkategorien sowie die Anzahl der Unterebenen. Wenn Sie also vor Ihrem Produktsortiment sitzen, überlegen Sie sich im ersten Schritt, in welche sieben +/– zwei logischen Überpunkte Sie Ihr Sortiment untergliedern können. Gehen wir ein-

---

3 Die 7–2–2-Regel ist eine persönliche Empfehlung. Bei manchen Branchen bzw. Produkten ist der Einsatz aber weniger sinnvoll, sehen Sie diese Regel daher als Empfehlung an und nicht als strikte Vorgabe.

mal davon aus, Sie verkaufen Möbel. Dann wäre eine Möglichkeit, dass Sie sich Räume überlegen, die als Oberpunkte fungieren, also Wohnzimmer, Esszimmer, Schlafzimmer. Hier müssen Sie sich nur auf sieben +/– zwei festlegen, dann haben Sie schon gewonnen. Alternativ hierzu können Sie versuchen, die Möbelstücke zu untergliedern, also in Stühle, Tische, Lampen. Wenn Sie die Produktgruppen auf sieben +/– zwei reduzieren können, dann ist diese Strukturierung ebenso vollkommen in Ordnung!

Wenn Sie über die Hauptkategorien verfügen, »weisen« Sie gedanklich den sieben +/– zwei Hauptkategorien Produkte zu. Wenn Sie merken, dass Sie pro Kategorie weit mehr als 100 Artikel haben, müssen gegebenenfalls Unterkategorien eingefügt werden. Angenommen, Sie haben 500 Esstische, dann wissen Sie, dass eine Kategorie mit 500 Artikeln einfach zu unübersichtlich ist, zu aufgebläht. Dementsprechend benötigen Sie eine Untergliederung, beispielsweise durch die Beschaffenheit, das Material oder die Zielgruppe. Ob Sie die Untergliederung anhand von Filtern oder weiteren Unterkategorien vornehmen, bleibt Ihnen überlassen. Es kommt hier auch meist auf den konkreten Fall an und ist unter anderem eine Frage des Designs. Bei Esstischen, bleiben wir bei diesem Beispiel, können Sie eine weitere Ebene einfügen und hierfür das Material nehmen. Daraus ergeben sich Unterkategorien wie Kiefer, Buche, Eiche, Nussbaum. Weisen Sie nun gedanklich diesen Kategorien wieder Ihre Produkte zu. Jetzt haben Sie pro Kategorie schon wesentlich weniger Artikel. Wenn Sie merken, dass Sie bei einer Unterkategorie immer noch weit mehr als 100 Artikel haben, müssen Sie sich erneut Gedanken machen, ob sich eine weitere Untergliederung anbietet. Danach ist aber Schluss! Wenn Sie nämlich vier bis fünf Unterkategorien erstellen, wird der ganze Shop aus Sicht der Navigation zu unübersichtlich. Abhilfe können dann zwar wiederum Filter schaffen, jedoch müssen Sie gerade in der letzten Ebene die Anzahl der Produkte in einem vernünftigen Rahmen halten. Andernfalls lautet die Konsequenz, dass Sie die Haupt- und maximal zwei Unterkategorien unklug gewählt haben und anschließend vor einem Chaos an Produkten und Kategorien stehen.

Je nachdem, welche Artikel Sie verkaufen, ist die Eingrenzung mal einfacher oder auch schwieriger. Die grundsätzliche Vorgehensweise ist aber immer dieselbe, unabhängig davon, ob Sie Elektronikzubehör verkaufen oder Sanitärzubehör.

Behalten Sie bitte bei der Entwicklung der Kategorisierung immer im Hinterkopf, dass diese maßgeblich zur Übersichtlichkeit und Usability in Ihrem Online-Shop beiträgt. Dementsprechend sollten Sie hierbei keine Schnellschüsse machen, sondern sich genau überlegen, wie Sie Ihre Kunden am schnellsten und bequemsten zum Ziel lotsen können und dabei die allgemeine Übersichtlichkeit in Ihrem Shop wahren.

3.2   Produktinformationen

Handelt es sich bei den Kategorien um die Struktur Ihres Online-Shops, so sind die Produkte sicherlich der Inhalt, und auf den kommt es primär an. Denn die beste Strukturierung hilft Ihnen nichts, wenn Sie innerhalb der Produktbeschreibungen und Informationen die Nutzer nicht überzeugen können. Und genau darum geht es im E-Commerce. Sie müssen Ihre Kunden überzeugen und sie dabei im positiven Sinne unterstützen, eine Kaufentscheidung zu treffen.

Denken Sie doch einmal daran, wie der klassische Verkauf funktioniert. Sie betreten ein Geschäft, aber natürlich nur die Sorte von Geschäft, die Sie bereits kennen und in der Sie positive Erfahrungen gemacht haben, oder ein Geschäft, das von außen einen guten Eindruck macht und einladend wirkt. Wenn Sie im Geschäft sind, haben Sie vermutlich eine grobe Idee davon, was Sie kaufen möchten bzw. für was Sie sich interessieren. Sie schauen sich ein wenig um, und früher oder später wird ein Verkäufer auf Sie zukommen und Sie bei Fragen beraten sowie als »Kaufunterstützung« fungieren. Je nachdem wie gut sich der Verkäufer verhält, steigert er durch sein Tun Ihre Kaufbereitschaft. Speziell wenn Ihnen ein charmanter und sympathischer Verkäufer gegenübertritt, der sein Handwerk versteht, wird die Wahrscheinlichkeit eines Einkaufs stark steigen.

Das Problem im E-Commerce ist nun, dass Sie keine kompetente Verkäuferin oder charmanten Verkäufer haben, die bzw. der Sie überzeugt. Sie haben ausschließlich einen Online-Shop, der aber genau dasselbe wie die Verkäuferin/der Verkäufer leisten muss: ein gutes Gefühl erzeugen, Unsicherheit reduzieren und zum Kauf animieren. Um genau diesen Effekt zu erzielen, müssen Sie sich im E-Commerce mit vielen Themen befassen. Hier gibt es leider nicht nur ein einziges Rädchen, an dem Sie drehen müssen, um den Effekt zu erzielen. Zumindest eine große Zacke im besagten Rädchen sind aber die Produkte samt Fotos, Texten und Informationen. Denn wenn sich ein potenzieller Kunde schon einmal bis zu einem Produkt vorgeklickt hat, ist ein gewisses Kaufinteresse bereits vorhanden. Doch was muss man beim Aufbau und der Verwaltung des Produktkatalogs beachten?

Schauen Sie sich im ersten Schritt einmal an, wie eine gute Produktdarstellung aussehen könnte. Als Inspiration hierfür können Sie Abbildung 3.5 betrachten, ein Beispiel aus dem Online-Shop Zalando.

Wenn Sie Produkte anlegen und verwalten, müssen Sie immer im Hinterkopf behalten, dass Sie in erster Linie Ihren Kunden eine übersichtliche und vor allem vollständige Produktpräsentation ermöglichen möchten. Übersichtlich bedeutet in diesem Kontext, dass Beschreibungen, Titel etc. eine angemessene Länge haben. Vollständig heißt nichts anderes, als dass Sie alle Informationen zur Verfügung stellen müssen, die bei Ihren Kunden für eine Kaufentscheidung relevant sind. So wenige Informationen wie möglich, so viele wie nötig. Denn beachten Sie auch, dass Internetnutzer grundsätzlich Texte und Informationen nur überfliegen, komprimierte Informationen haben möchten und auch stärker auf Bilder als auf Beschreibungen reagieren.

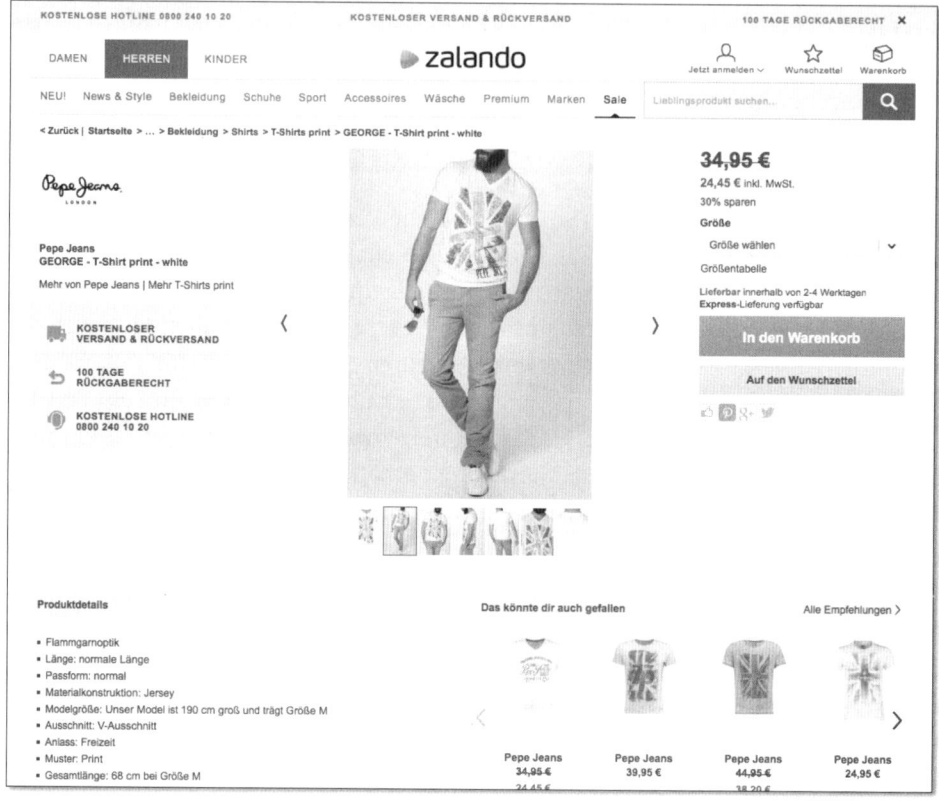

Abbildung 3.5 Produktdetailseite von Zalando

Bei Zalando stehen bei einem Artikel beispielsweise immer folgende Informationen:

▶ Produktname

▶ Hersteller/Marke

▶ Produktdetails/Produktbeschreibung

▶ Individualisierungsmöglichkeiten, zum Beispiel Farbe oder Größe

▶ Lieferzeit

▶ Preis

▶ Sonderpreis, sofern vorhanden

▶ verwandte Produkte (»das könnte Ihnen auch gefallen«) sowie »dazu passt«

Es kommt natürlich sehr stark darauf an, was für Produkte Sie vertreiben und in welcher Branche Sie vertreten sind; stellen Sie sich einfach die Frage, welche Informationen Sie benötigen, um eine Kaufentscheidung treffen zu können. Wenn Sie beispielsweise T-Shirts verkaufen, dann müssen Sie Informationen zur Farbe, Größe und Beschaffenheit zwingend angeben. Wenn Sie Smartphones verkaufen, dann müssen Sie technische Details preisgeben, denn diese sind ein Kriterium für einen Kauf.

Neben den harten Fakten müssen Sie darüber hinaus weitere Informationen bei Ihren Produkten speichern. Hierzu zählen beispielsweise Cross-Selling-Informationen, also welche Artikel werden zusätzlich gekauft, oder auch Zubehörartikel, Produktserien, schlichtweg verwandte Artikel. Auch werden Sie für Besucher nicht sichtbare Informationen hinterlegen müssen, beispielsweise den Lagerbestand, Einkaufspreis etc.

Aus diesem Grund müssen Sie sich primär zwei Fragen stellen: Welche Informationen muss ich einem Artikel zuordnen, die intern relevant sind, und welche Informationen müssen abgebildet werden, damit ein Kunde eine Kaufentscheidung treffen kann?

Kaufentscheidungsrelevante Artikelinformationen

Um eine Kaufentscheidung treffen zu können, benötigen Besucher möglichst umfangreiche Informationen. Wichtig sind speziell Daten, die Sicherheit vermitteln und Vertrauen schaffen. Deswegen sollten Sie immer Informationen zum Hersteller und der Qualität des Produkts bereitstellen. Bei Variantenartikeln sind außerdem Ausprägungsinformationen wie Farbe, Größe, Länge, Breite etc. zwingend notwendig.

3.3 Wie werden Produkttexte richtig geschrieben?

Wie eine ideale Struktur Ihrer Kategorien aussehen sollte und welche Produktinformationen dargestellt werden sollten, haben Sie auf den vorherigen Seiten gesehen. Aber dennoch gibt es eine weitere große Schwierigkeit, die Sie in Ihrem Online-Shop meistern müssen. Hierbei geht es um die inhaltliche Beschreibung Ihrer Produkte und Dienstleistungen. Denn wenn Sie Besucher haben, die ein Produkt betrachten, muss es Ihre Aufgabe als Shop-Betreiber sein, diesen Besucher in einen Kunden zu konvertieren. Und für die Kaufentscheidung ist der Produkttext ein wichtiges Kriterium. Je besser Ihre Produktbeschreibungen sind, desto höher ist die Wahrscheinlichkeit, dass Sie den Artikel auch tatsächlich verkaufen. Doch worin liegen hier genau die Schwierigkeiten, und weshalb tun sich so viele Shop-Betreiber mit dem Thema Produkttexte schwer?

Beginnen wir zuerst einmal bei Ihren Besuchern bzw. potenziellen Kunden. Besucher lassen sich in zwei Gruppen aufteilen: Es gibt zum einen Besucher, die ganz genau wissen, was sie möchten, und nur noch nach dem passenden Online-Shop suchen. Das ist beispielsweise dann der Fall, wenn Sie mit einer genauen Vorstellung, welches Smartphone Sie kaufen möchten, Online-Shops besuchen. Informationen darüber, welches Smartphone Sie kaufen möchten, haben Sie bereits auf anderen Seiten in Erfahrung gebracht, beispielsweise auf Technikportalen wie Chip Online oder Connect. Kurz gesagt: Sie wissen, was Sie wollen, Sie müssen sich nur noch Gedanken darüber machen, wo Sie Ihren Artikel bestellen. In diesem Fall sind für Sie also die Lieferzeit, der Preis und die Seriosität des Online-Shops relevant, nicht aber primär die Produktbeschreibung. Im Gegensatz zu diesen Kunden haben Sie aber auch Besucher, die ein Problem haben und die passende Lösung suchen. Diese Besucher haben beispielsweise das Problem, dass sie ein neues Smartphone benötigen. Welches Smartphone sie aber tatsächlich kaufen möchten, entscheiden sie aufgrund der Informationen, des Preises und der Empfehlungen, die sie auf einem Online-Shop vorfinden. Und genau diese Besucher können Sie mit gut geschriebenen Produkttexten überzeugen, denn hier ist im Vorfeld noch gar keine Kaufentscheidung getroffen worden, Sie als Shop-Betreiber haben wie der Verkäufer in einem Ladengeschäft die Möglichkeit, den Besucher vom Produkt und dem Einkauf zu überzeugen.

Und genau das ist das Ziel guter Produkttexte, Sie müssen Besucher überzeugen und Kaufanreize setzen! Um diesem Ziel ein Stück näher zu kommen, sollten Sie die folgenden sieben Punkte beachten.

3.3.1   Kommunizieren Sie Produktvorteile, und verlieren Sie sich nicht in Prosa

Ein Besucher kauft immer dann Produkte bei Ihnen, wenn er sich dadurch einen Vorteil verspricht. Er gibt Ihnen Geld, damit Sie ihm helfen, ein Problem zu lösen. Das klingt zwar banal, aber genau das ist der Grund, warum Menschen Dinge kaufen und Unternehmen diese verkaufen. Das gilt sowohl für die Frau, die aufgrund des Kaufs eines Kleides schöner aussehen möchte, wie für den Manager, der ein neues Notebook benötigt, um schneller und effizienter arbeiten zu können. Beiden Personen müssen Sie mit Ihren Texten genau diesen Vorteil kommunizieren. Es geht also nicht darum, dass Sie Ihren Kunden beschreiben, aus welchem Material das Kleid ist und wie es gebügelt werden muss, es geht viel mehr darum, dass Sie mit Hilfe Ihrer Texte das Gefühl erzeugen, dass man in dem Kleid eine tolle Ausstrahlung hat und gut aussieht. Genauso ist es für den Manager irrelevant, ob ein Intel i5- oder i7-Prozessor verbaut ist. Dem Manager müssen Sie überzeugend vermitteln, dass er mit dem Notebook einen zuverlässigen Wegbegleiter erwirbt, der auch in den nächsten 3–4 Jahren alle Office-Anwendungen problemlos ausführen kann, dass der Hersteller bei Problemfällen schnell ein Ersatzgerät bereitstellt etc.

Sie denken nun vermutlich: Das klingt doch banal! Ja, das tut es auch. Viele Online-Shop-Betreiber neigen bei Produkttexten zum reinen Feature-Battle und versuchen in Form von wunderschönen Tabellendarstellungen, einen Artikel zu verkaufen, aber darum geht es nicht. Auch wenn technische Daten natürlich abgebildet werden müssen, bei den Produkttexten geht es immer und ausschließlich um den Vorteil des Produkts. Wie Sie es nicht machen sollten, beweist der Online-Shop magura-shop.de mit dem Artikel MAGURA Merino Trikot (siehe Abbildung 3.6). Als Produktbeschreibung gibt es insgesamt zwei Sätze ohne tatsächliche Nutzenkommunikation sowie eine Größenübersicht. Hinzu kommen fehlende Produkteigenschaften. Würden Sie in einem solchen Fall knapp 70 € für einen Pullover ausgeben?

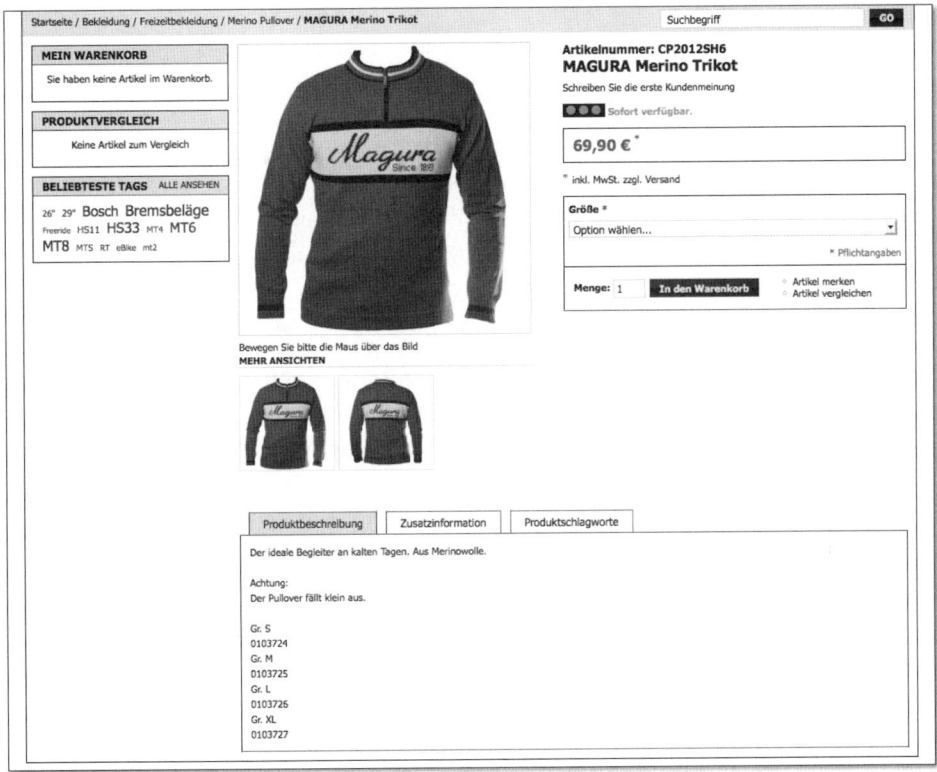

Abbildung 3.6 Produkttexte müssen immer Vorteile kommunizieren.

3.3.2 Achten Sie auf die Textlänge, und bleiben Sie kompakt

Neben dem schlechten Inhalt zeigt uns die Produktbeschreibung in Abbildung 3.6 ein weiteres Problem auf: die Länge. Aber merken Sie sich auch, lange Texte sind nicht per se besser als kurze Texte. Allzu oft neigen Shop-Betreiber dazu, möglichst viel über das Produkt zu schreiben. Der Ansatz ist zwar verständlich, aber in der Regel beruht die große Textlänge auf der mangelnden Fähigkeit, kurze und prägnante Texte zu entwerfen. Denn Sie müssen mit Ihren Texten den Kundennutzen in wenigen Sekunden kommunizieren können. Im E-Commerce möchten Kunden nicht allzu lange Texte lesen und sich mit diesen beschäftigen müssen. Vielmehr wollen sie sofort nach dem Aufruf einer Produktdetailseite entscheiden, ob sie den Text überhaupt lesen und wie viel Zeit sie sich dafür nehmen. Auch »scannen« Besucher im ersten Schritt die Texte nach Keywords. Das können Sie wiederum anhand von Schlüsselwörtern beeinflussen, die Sie gegebenenfalls fett formatieren. Nutzen Sie auch die Möglichkeit von Bullet-Point-Listen. Diese eignen sich hervorragend, um Key-USPs schnell herauszuarbeiten und darzustellen. Für Sie als Shop-Betreiber bedeutet das: Halten Sie Texte immer so kurz wie möglich und so lange wie nötig.

3.3.3   Schreiben Sie verständlich und präzise

Ob ein Kunde Ihre Texte versteht oder nicht, hängt vom Inhalt und der Satzstruktur ab. Achten Sie daher darauf, keine allzu verschachtelten Sätze zu bauen. Ansonsten besteht die Möglichkeit, dass sich die Kunden in Ihren Texten verlieren, Sinnzusammenhänge nicht richtig zuordnen können. Wenn der Kundennutzen nicht kommuniziert werden kann, sind die Vorteile nicht mehr begreiflich. Eine Kaufentscheidung kann nicht getroffen werden, wodurch Sie keine Umsätze generieren.

Anhand des letzten Satzes sehen Sie, wie abschreckend zu lange und zu komplizierte Texte auf Besucher wirken. Denken Sie also daran, Sätze kurz und prägnant zu formulieren. Ebenso müssen Sie darauf achten, eine einfache und angenehme Sprache zu verwenden. Damit ist natürlich nicht gemeint, dass Sie in »Kindersprache« formulieren sollen, aber im Gegensatz zum Irrglauben vieler Shop-Betreiber besuchen keine »Fachidioten« Ihren Online-Shop. Vielmehr sind das ganz normale Kunden, denen die einen oder anderen branchenspezifischen Ausdrücke gar nicht geläufig sind, bei deren Verwendung Sie mehr Fragezeichen hinterlassen als vor Betrachten des Produkts. Ein einfacher, aber sehr wirksamer Test besteht darin, Ihrem Partner oder einem Bekannten, der am besten keinerlei Ahnung von Ihren Produkten und Ihrer Branche hat, die Produkttexte zu zeigen. Wenn anschließend keine Fragen auftauchen, sind Sie Ihrem Ziel schon ein gutes Stückchen näher gekommen.

3.3.4   Werden Sie selbst kreativ, und übernehmen Sie nicht nur Herstellertexte

Es kommt ein wenig auf die Branche und die Unternehmen an, mit denen Sie arbeiten, aber viele Webshops verwenden für Produktbeschreibungen ausschließlich die Texte, die Ihr Hersteller zur Verfügung stellt. Auch gibt es Online-Shops, die gar nicht über das Know-how und die Zeit verfügen, selbst Texte zu schreiben. Getreu dem Motto »Besser irgendein Text als gar kein Text« werden anschließend die vorgefertigten Texte des Herstellers übernommen. Hierdurch entstehen aber einige Probleme, beispielsweise in Bezug auf die Suchmaschinenoptimierung mit Google, wie Sie in Abschnitt 3.4, »Produkttexte in Bezug auf Google«, näher betrachten können. Auch werden Sie Probleme dadurch haben, dass Sie sich aufgrund des Textes gar nicht mehr von Ihren Mitbewerbern absetzen können. Eventuell passen die Texte, die Sie geliefert bekommen, auch gar nicht auf Ihre Zielgruppe. Und zu guter Letzt: Nur weil Ihnen ein Hersteller Produkttexte zukommen lässt, müssen diese nicht zwangsläufig gut sein. Denn auch Hersteller sind in der Lage, schlechte Produkttexte zu schreiben. Wenn Sie daher die erforderlichen Kapazitäten haben und darüber hinaus das Know-how: Schreiben Sie Ihre Texte selbst! Denn hier können Sie mit Ihrer Expertise und Ihrem Charme glänzen und Ihre Kunden davon überzeugen, bei Ihnen und nicht bei der Konkurrenz einzukaufen.

3.3.5   Verwenden Sie magische Worte

Bei den magischen Worten handelt es sich um ein sprachliches Mittel, das gerne von Apple verwendet wird. Einen kurzen Beitrag hierzu gibt es auf dem Blog von konversionkraft.de[4], die diesen sogenannten Endowment-Effekt beschreiben. Kurz gesagt: Sobald Sie Wörter wie »mein«, »dein«, »unser« etc. verwenden, wirkt sich das positiv auf die Stimmung des Kunden aus. Denn wenn man sich den Besitz einer Sache vorstellen kann, und Sie implizieren mit diesen Worten den Besitz, ist die Sache für einen Menschen wertvoller. Sobald Sie es dann geschafft haben, dass Ihr Besucher Ihr Produkt »wertvoll« findet, haben Sie einen weiteren Schritt zum erfolgreichen Verkauf unternommen.

3.3.6   Schaffen Sie Vertrauen, und erzeugen Sie Sicherheit

Ein wichtiges Kriterium für den Verkauf von Produkten ist die schon mehrmals erwähnte Sicherheit bzw. das Vertrauen, das die Besucher Ihnen gegenüber aufbauen müssen, um den Abschluss zu machen. Aus diesem Grund sollten Sie Ihre Produkttexte auch dahingehend entwickeln, dieses Vertrauen bei Ihren Kunden zu wecken. Als Besucher muss man das Gefühl haben, mit dem Kauf das »Richtige« zu tun, und dieses Gefühl, das kennen Sie sicherlich aus eigener Erfahrung, haben Sie vor allem dann, wenn Sie wissen, dass das Produkt langlebig ist, gute Bewertungen in der Fachpresse hat etc.

3.3.7   Achten Sie auf Aktualität

Produkttexte sollten nie in Stein gemeißelt sein, speziell wenn Sie Trendprodukte verkaufen. Denken Sie daran, auch innerhalb der Texte auf aktuelle Trends einzuge-

---

4 Den ausführlichen Blogbeitrag finden Sie unter: *www.konversionskraft.de/tipps/ 5-regeln-fur-gute-produkttexte.html.*

hen und diese entsprechend zu erwähnen. Wenn Sie beispielsweise grüne Pullover verkaufen und genau wissen, dass im kommenden Sommer die neue Trendfarbe Grün ist, dann arbeiten Sie doch diese Information auch in Ihre Produkttexte ein. Das bedeutet für Sie natürlich einen noch höheren Aufwand, denn Sie überarbeiten bzw. ergänzen ja bereits entwickelte Texte. Auf der anderen Seite werden es Ihnen Ihre Kunden danken, nämlich in Form von höheren Umsätzen. Bleiben Sie daher in Ihrer Branche und bei Ihren Produkten stets auf dem Laufenden, nutzen Sie neue Trends ebenfalls für Ihre Texte, und lassen Sie Ihre Produkte davon profitieren.

Wenn Sie diese sieben Empfehlungen zukünftig beim Texten Ihrer Produktbeschreibungen beachten, werden Sie recht schnell ein Gefühl dafür bekommen, wie Sie gute Produkttexte schreiben können. Sie können und sollten sich natürlich auch immer ein wenig von Ihren Marktbegleitern inspirieren lassen und sich gerade an sehr erfolgreichen Online-Shops orientieren: Welche Informationen und vor allem in welcher Form werden sie dort dargestellt? Alles im allem sind es wirklich nur simple Dinge, die Sie beachten müssen. Wichtig ist vor allem das Bewusstsein hierfür und dass Sie sich immer wieder die Frage stellen, was Ihr Kunde wissen muss, um eine Kaufentscheidung treffen zu können.

3.4   Produkttexte in Bezug auf Google

Wie Sie gesehen haben, sind Produkttexte dafür verantwortlich, ob ein potenzieller Kunde bei Ihnen ein Produkt kauft oder nicht. Der Produkttext ist also einer von vielen Faktoren für den Erfolg Ihres Online-Shops. Das ist zwar alles richtig, aber nur die halbe Wahrheit. Denn Ihre Produkttexte sind unter anderem auch für die Position, sprich das Ranking, innerhalb von Google verantwortlich. Und die Position in den Suchergebnissen bei Google ist – spielt denn die organische Positionierung im Rahmen Ihrer Marketingstrategie eine wichtige Rolle – wiederum ein Erfolgsfaktor. Denn mit Hilfe von guten Rankings erhalten Sie viel Traffic, bei schlechten Rankings dementsprechend wenig Traffic. Und die Königsdisziplin besteht nun darin, es sowohl den potenziellen Kunden wie auch Google recht zu machen, denn so wie potenzielle Kunden eher wenig Text und viele Bilder bevorzugen, liebt Google gute und lange Inhalte und honoriert die Mühe, die Sie sich bei der Erstellung gemacht haben. Da Google ganz andere Anforderungen an Texte stellt als Ihre »normalen« Kunden, möchten wir an dieser Stelle besonders auf die Produkttexte für Suchmaschinen eingehen.

Bei den sieben Regeln für eine gute Produktbeschreibung ging es primär um den Kundennutzen, um Aufbau und Satzstruktur und verkaufsfördernde Formulierungen. Google interessiert sich für diese Informationen und Ansätze hingegen nicht, da Google gar nicht in der Lage ist, diese Informationen korrekt auszuwerten. Für

Google spielen die Formulierung und die Verwendung bestimmter Keywords eine wesentlich wichtigere Rolle als Verkaufsschlager-Phrasen. Wenn Sie daher unter Berücksichtigung von Suchmaschinen Texte schreiben, sollten Sie speziell auf die folgenden Dinge achten.

3.4.1   Erstellen Sie einzigartige Texte

Dieses Problem entsteht vor allem dann, wenn Sie auf die von Herstellern gelieferten Texte setzen. Denn Google straft Seiten ab, die Inhalte kopieren. Sprich, es darf keine Seiten bzw. Online-Shops geben, die über dieselben Inhalte verfügen. Dies ist nun aber leider bei Herstellertexten oftmals gar nicht vermeidbar, denn genau wie Sie wird sicherlich auch Ihre Konkurrenz den einen oder anderen Text von Ihrem Hersteller übernehmen. Dadurch haben Sie dann aber schlicht das Problem, dass Google oftmals gar nicht richtig zuordnen kann, wer eigentlich der Autor ist und wer die Texte kopiert hat. Im besten Fall bringt dann ein solcher Text keine Verbesserung für das Ranking Ihres Online-Shops in den Suchmaschinen, im schlechtesten Fall werden Sie abgestraft und verlieren kostbare Plätze. Das gilt natürlich auch dann, wenn Sie von einem Konkurrenten Texte übernehmen. Das ist zwar technisch kein Problem, Sie werden aber wieder das Problem mit dem Duplicated Content[5] haben. Das bedeutet für Sie: Schreiben Sie Ihre Texte immer selbst, und sorgen Sie dafür, dass in Ihrem Online-Shop möglichst viele individuelle und selbst erstellte Texte vorhanden sind.

3.4.2   Achten Sie auf das Format und die Struktur

Auch wenn es oftmals an der inhaltlichen Auswertung etwas hapert, Google kann sehr wohl erkennen, ob die Formatierung von Texten gut oder schlecht ist. Google bevorzugt in den Suchergebnissen immer die Seiten, die dem Besucher das »beste« Erlebnis bieten, das heißt diejenigen, die einfach strukturiert sind, schnelle Ladezeiten haben und die »passenden« Inhalte liefern. Dementsprechend müssen Sie bei Ihren Texten sehr auf die Strukturierung achten. Sie können natürlich 20 Sätze, die Ihren Artikel beschreiben, ohne Punkt und Komma hintereinander schreiben und darstellen, aber das erschwert letztendlich Ihren Kunden nur das Lesen und die Verarbeitung der Informationen. Nutzen Sie daher Absätze, unterstreichen Sie relevante Wörter, oder formatieren Sie diese fett, und setzen Sie auf Listen. Gerade wenn Sie eine Aufzählung von Produktvorteilen oder Dingen machen möchten, die beachtet werden müssen, eignen sich Listen hervorragend, um möglichst übersichtlich Informationen bereitzustellen. Überlegen Sie sich einfach, wie Sie Ihren Besuchern die

---

5 Zum Thema Duplicated Content können Sie auch folgenden ergänzenden Artikel lesen:
   www.site-check.cc/themen/duplicate-content.html

Informationen möglichst einfach und übersichtlich präsentieren können, in der Regel ist das auch genau das, was Google von Ihnen sehen möchte.

3.4.3   Denken Sie an Keywords, Keywords, Keywords und Keywords

Keywords sind zugegebenermaßen eine knifflige und heikle Sache. Gemeint sind dabei Wörter bzw. Sätze, nach denen gezielt in Google gesucht wird und mit deren Hilfe Sie mit Ihrem Online-Shop möglichst weit oben erscheinen möchten. Knifflig sind Keywords aus dem Grund, da Sie zuerst wissen müssen, nach was überhaupt gesucht wird. Wenn Sie wissen, nach welchen Begriffen Ihre potenziellen Kunden suchen, können Sie diese Keywords anschließend in Ihre Produktbeschreibungstexte einarbeiten. Doch die Frage »Wie wird gesucht?« ist oft gar nicht so einfach zu beantworten, da in vielen Branchen bzw. bei vielen Produkten Synonyme zum Einsatz kommen, das heißt, Ihre potenziellen Kunden suchen ganz anders oder zum Teil nach »falschen« Begriffen.

Um die Problematik zu verdeutlichen, ist das Notebook-/Laptop-Beispiel ideal. Wenn Sie in Ihrem Online-Shop Notebooks verkaufen und in den Produktbeschreibungen von den Notebooks schwärmen, die Akkulaufzeiten und das Display hervorheben, dann bringt Ihnen das alles nichts, wenn die Leute nach Laptops suchen. Denn wenn in Ihrem Produkttext nicht einmal das Wort Laptop vorkommt, dann werden Sie in Google unter diesem Begriff auch nicht gefunden. Noch kniffliger wird es, wenn Sie zwar an das Synonym denken, aber die Leute gar nicht nach Notebook oder Laptop suchen, sondern direkt die Bezeichnung »Macbook Pro« eingeben.

Und genau aus diesen Gründen müssen Sie sich Gedanken darüber machen, nach welchen Begriffen Ihre potenziellen Kunden suchen und bei welchen Suchbegriffen eine Optimierung aufgrund der Konkurrenz überhaupt möglich ist. Denn wenn Sie in Ihrem Online-Shop Apple-Produkte verkaufen, wird es voraussichtlich schwierig sein, aufgrund von gezielten Optimierungen besser gefunden zu werden als Apple selbst.

Keyword-Recherche

Google AdWords eignet sich hervorragend für die Keyword-Recherche. Selbst wenn Sie keine AdWords-Anzeigen schalten, kann Ihnen Google AdWords bei der Identifizierung von wichtigen und relevanten Keywords helfen. Das Tool ist dabei vollkommen kostenlos – eine echte Empfehlung!

Für die Evaluierung von geeigneten Suchbegriffen unterstützt Sie übrigens Google AdWords mit dem Keyword-Planer. Der Keyword-Planer, den Sie in Abbildung 3.7 sehen, kann Ihnen die geschätzten Suchanfragen sowie alternative Suchanfragen anzeigen. Auf Basis der Anzahl der Suchanfragen können Sie wiederum entscheiden, welche Keywords für Sie sinnvoll sind und welche dieser Keywords innerhalb Ihrer Produkttexte verarbeitet werden müssen. Beachten Sie dabei, das ist aber nur eine grobe persönliche Vorgabe von uns, dass Sie sich speziell Keywords mit mehr als 2.000 monatlichen Suchanfragen heraussuchen sollten.

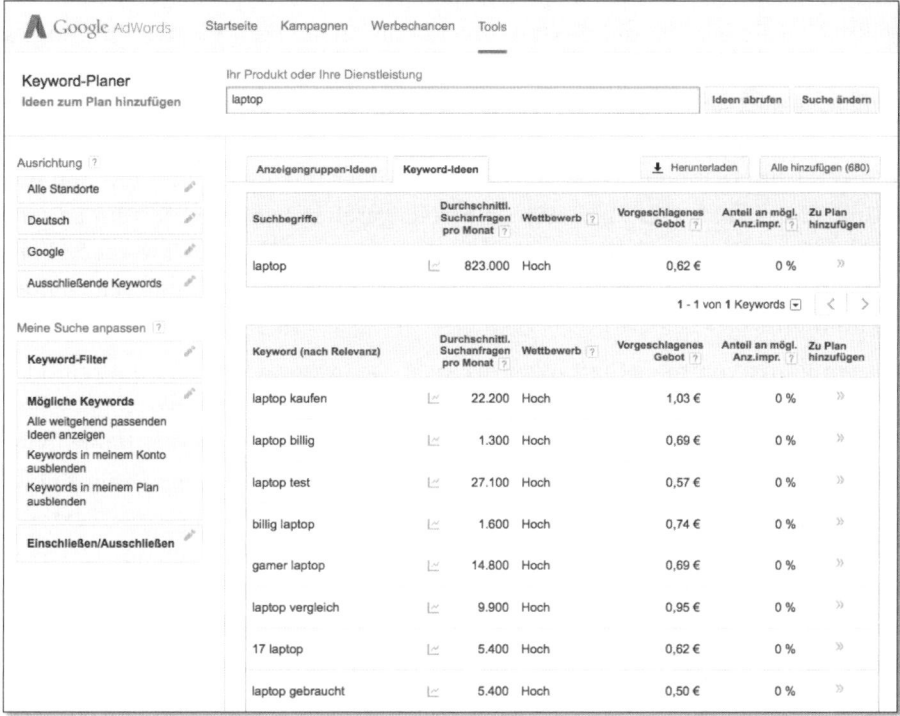

Abbildung 3.7 Der Google Keyword-Planer zeigt die Anzahl der Suchanfragen und schlägt alternative Suchbegriffe vor (Ausschnitt).

Auch wenn Google bzw. Suchmaschinen generell für das Marketing eine immer größere Rolle spielen: Am Ende kaufen Menschen Ihre Produkte. Es ist daher zwar schon wichtig, gewisse Spielregeln von Google zu beachten, um besser gefunden zu werden, dennoch arbeiten Sie für menschliche Kunden, die zum Teil etwas andere Bedürfnisse haben. Wenn der Spagat nicht gelingt, sollten Sie sich immer für die bessere Lösung für Ihre Kunden entscheiden und gegebenenfalls Einbußen bei den organischen Rankings in Kauf nehmen.

3.5   Textbroker als Content-Lieferanten

Das Produzieren von guten Inhalten, seien es Produktbeschreibungen, Kategorietexte oder im Allgemeinen Texte für Ihre Website, kostet viel Zeit, nämlich so viel Zeit, dass dieser Punkt in 80 % aller E-Commerce-Projekte komplett unterschätzt wird. In der Praxis ist es nicht unüblich und kommt auch in unserem Agenturalltag sehr oft vor, dass der Online-Shop »schlüsselfertig« übergeben werden kann, die technische Basis zu 100 % steht, Marketingkampagnen vorbereitet sind, jedoch richtig gute Inhalte für den Online-Shop fehlen. Das resultiert nicht etwa daraus, dass sich der Kunde »weigert« die entsprechenden Texte zu liefern, aber erst wenn Sie sich einmal an ein paar Produkttexten versucht haben, merken Sie, wie schwierig es ist, hochwertige Texte zu produzieren. Denn wie Sie auf den vorherigen Seiten gelesen haben, geht es schlussendlich nicht nur darum, Kunden zum Kauf zu animieren. Sie müssen bei Ihren Produkttexten auch Google berücksichtigen und optimierten Inhalt für Suchmaschinen erstellen, der sich darüber hinaus für Ihre Kunden gut liest. Und all das kostet Zeit, und wie Sie bereits gesehen haben, ist Zeit im E-Commerce kostbar und muss von Ihnen als Shop-Betreiber perfekt genutzt werden. Denn Sie müssen sich schließlich noch um viele weitere Aufgaben rund um Ihren Online-Shop kümmern!

An diesem Punkt kommen Textbroker ins Spiel. Denn wenn Sie nicht die Zeit oder womöglich auch nicht das Know-how haben, perfekte Inhalte für Ihren Online-Shop zu produzieren, können Sie diese Aufgabe natürlich auch delegieren, intern oder extern. Wenn Sie in Ihrem Unternehmen über keine Kapazitäten bzw. kein Know-how verfügen, ist eine einfache und effiziente Variante die Nutzung eines Textbrokers. Ein Textbroker ist dabei ein Portal, das Aufträge zwischen Kunden und Lieferanten vermittelt. Sprich, auf diesen Portalen tummelt sich eine Vielzahl an Autoren, die nur darauf wartet, Inhalte zu produzieren, und an Kunden, die Inhalte benötigen. Der Textbroker spielt nun den Vermittler, indem er Ihnen als Kunden ein Portal zur Verfügung stellt, auf dem Sie sagen können, was Sie möchten, und dann den Kontakt zu den Autoren herstellt, welche die Inhalte liefern. Der ganz große Vorteil an diesem System ist der, dass Sie aus einem riesigen Pool an Autoren auswählen können und das Preisniveau sehr gering ist.[6] Textbroker sind daher speziell für kleine Online-Shops eine interessante Lösung, da man kosteneffizient Aufgaben auslagern kann und die Ergebnisse durchaus in Ordnung sind. Um Ihnen an dieser Stelle ein besseres Gefühl zu geben, wie Textbroker in der Praxis funktionieren und was es zu beachten gibt, erklären wir Ihnen an zwei Beispielportalen den entsprechenden Workflow.

3.5.1 content.de

Geworben wird auf *content.de* speziell mit dem Versprechen, Unique Content zu produzieren. Da die Suchmaschinen eine immer größere Rolle spielen und gute Rankings primär aufgrund von guten Texten erzielt werden können, ist das für Sie als

---

6 Teilweise sind die Preise so günstig, dass man sich fragen muss, ob ein Autor hier überhaupt noch Geld verdienen kann.

Shop-Betreiber ein sehr wichtiger Faktor. Die Projekte lassen sich mit wenigen Mausklicks anlegen, und als Zielgruppe werden vor allem Webseiten, Blogs und Communitys angesprochen. Die Preisbildung wird durch mehrere Faktoren bestimmt. Auf content.de wird im ersten Schritt nach verschiedenen Qualitätslevln unterschieden. Dabei sind 2 Sterne das »schlechteste« Level, 5 Sterne das beste. Darüber hinaus können Sie Aufträge allen Autoren, bestimmten Gruppen oder auch direkt einem bestimmten Autor anbieten. Auch dies hat Einfluss auf den Preis, den Sie letztendlich bezahlen müssen. Die Preise im Allgemeinen starten dabei bei 1,2 Cent pro Wort und können sich bis zu 6 Cent pro Wort erhöhen. Gehen wir einmal von Produkttexten mit ca. 100 Wörtern aus und einem durchschnittlichen Preis von 4 Cent, wären das 4 € pro Produkttext. Wenn Sie das mit Ihrer Arbeitszeit gegenrechnen und davon ausgehen, dass Sie pro Text 30 Minuten benötigen, sehen Sie dass ein Textbroker eigentlich eine günstige Lösung ist. Dank eines Angebotsrechners, den Sie in Abbildung 3.8 finden, behalten Sie grundsätzlich den Überblick über die Kosten.

Beachten Sie auch, dass ein hohes Qualitätslevel nicht zwangsläufig einen besseren Text erzeugt. Sie finden auf der Website von content.de unter *www.content.de/preise* eine detaillierte Auflistung, welches Qualitätslevel für welchen Fall herangezogen werden kann. In den höheren Leveln ist oftmals einfach ein größerer Rechercheaufwand beinhaltet, was speziell für schwierige Texte sinnvoll ist. Oftmals fahren Sie aber auch mit einem mittleren Qualitätslevel gut, gerade wenn es um Themen geht, die kein detailliertes Fachwissen erfordern. Denken Sie dabei beispielsweise an einen Beschreibungstext für die Kategorie zum Thema Laufschuhe. Hier werden Sie als Autor sicherlich weniger Rechercheaufwand benötigen, als bei einem Kategorie-Beschreibungstext für Schneckengetriebe.

Abbildung 3.8 Ein Angebotsrechner sorgt für Transparenz.

Als Kunde können Sie sich im ersten Schritt innerhalb von 1–2 Minuten vollkommen kostenlos registrieren. Anschließend haben Sie innerhalb Ihres Benutzerkontos die Möglichkeit, einen neuen Auftrag zu platzieren. Zuallererst müssen Sie dabei festlegen, welchem Publikum Sie diesen Auftrag zur Verfügung stellen:

- Open Order
- Group Order
- Direct Order

Die Open Ordner eignet sich dabei speziell am Anfang, um neue Autoren zu finden, denn wenn Sie bislang noch keine Aufträge auf content.de vergeben haben, können Sie eine personelle Eingrenzung in der Regel noch nicht vornehmen. Im Rahmen der Group Order können Sie eine Gruppe von Autoren definieren, denen Sie den Auftrag anbieten möchten, bei der Direct Order können Sie hingegen speziell einen Autor aussuchen. Der Vorteil liegt hierbei natürlich in einer gewissen Konstanz in Ihren Texten, was die Sprache und Struktur angeht, wenn Sie alle Aufträge an denselben Autor abgeben.

Da Sie aber Ihren ersten Auftrag bei content.de platzieren, wählen Sie im ersten Schritt die Open Order aus, um möglichst viele potenzielle Autoren anzusprechen. Über das Auftragsformular haben Sie nun die Möglichkeit, einen Auftrag anzulegen. Beachten Sie hierfür Abbildung 3.9, die Ihnen ein klassisches Auftragsformular darstellt.

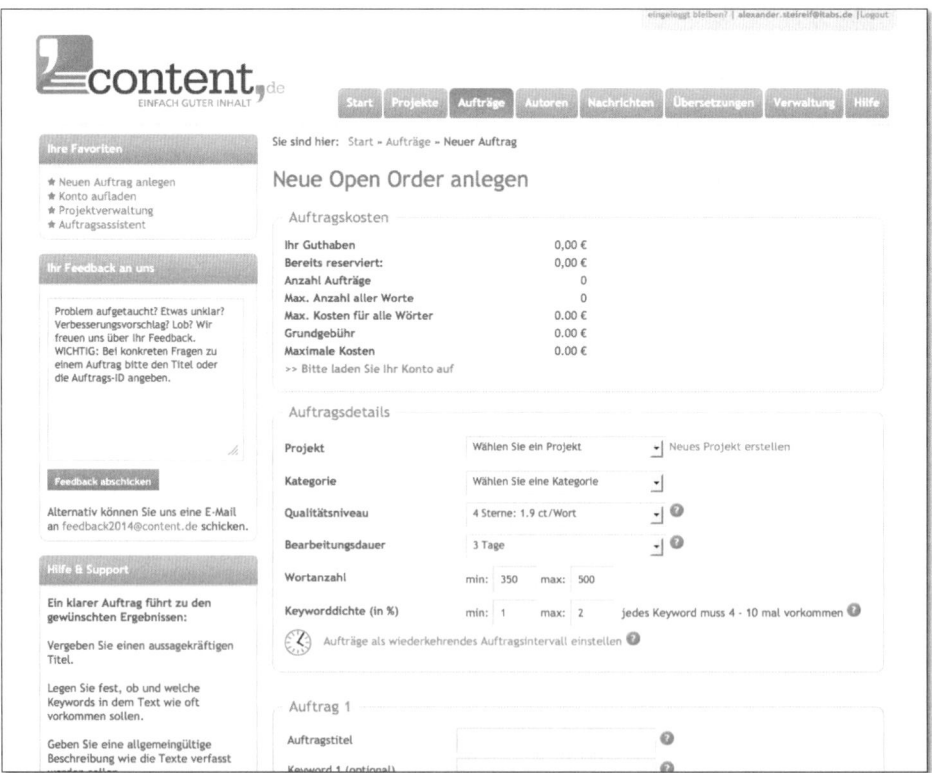

Abbildung 3.9 Anlage eines Auftrags auf content.de

Für eine bessere Übersicht und Struktur können Sie innerhalb der AUFTRAGSDETAILS ein PROJEKT auswählen. Beispielsweise können Sie ein Projekt namens »Produkttexte Kategorie Laufschuhe« und ein weiteres Projekt namens »Kategorietexte Sport« anlegen. Dadurch lassen sich Aufträge besser gruppieren, und Sie behalten die Übersicht. Im nächsten Dropdown-Menü wählen Sie eine Kategorie aus, die den gewünschten Text eingrenzt und dem Autor verdeutlicht, um was es sich in dem Text handelt und für welche Kategorie ein Text geschrieben werden soll. Neben Dienstleistungsbeschreibungen, Pressetexten etc. stehen auch Produktbeschreibungen sowie Kategorietexte in der Hauptkategorie SHOPPING zur Verfügung.

Das QUALITÄTSNIVEAU, welches Sie im nächsten Schritt auswählen müssen, bestimmt nun maßgeblich, wie »gut und teuer« der zu erstellende Text sein soll.

PrePaid – zuerst müssen Sie Ihr Konto aufladen

Bevor Sie einen Auftrag platzieren können, müssen Sie Ihr Konto aufladen. content.de setzt dabei auf ein PrePaid-System, bei dem Sie per Sofortüberweisung, PayPal oder Rechnung Ihr Konto aufladen können. Beachten Sie dabei, dass die minimale Anzahlung 25 € beträgt. Um das Konto aufzuladen, klicken Sie in Ihrem Benutzerkonto im linken Bildschirmbereich unter IHRE FAVORITEN auf KONTO AUFLADEN, oder rufen Sie direkt die URL *www.content.de/client/deposit* auf.

Wie eingangs schon erwähnt, bedeutet ein niedriges Qualitätsniveau nicht zwangsläufig einen schlechten Text. Vielmehr wird, je komplexer der zu erstellende Text sein muss, das Qualitätsniveau höher sein. Denn für komplexe Produkte mit komplexen Beschreibungen benötigen Sie einen höheren Rechercheaufwand. Hier gilt aber, dass Sie die verschiedenen Niveaus einmal austesten müssen und erst nach ein paar Testläufen wirklich sicher sagen können, welches für Sie am meisten Sinn ergibt. Initial ist ein gesundes Mittelmaß immer eine gute Vorgehensweise, weswegen wir Ihnen die 4 Sterne empfehlen. Neben der gewünschten Qualität können Sie ebenso noch eine BEARBEITUNGSDAUER festlegen.

Interessant sind im nächsten Schritt die Anzahl der Wörter, wobei Sie hier eine Spanne vorgeben müssen, sowie die Keyword-Dichte. Bei der Anzahl der Wörter kommt es nun speziell auf Ihre Branche und Produkte an. Ein Pullover wird beispielsweise kürzer beschrieben als ein Apple iPhone. Hier sollten Sie am besten einen Blick auf die Mitbewerber haben, um grob einzugrenzen, wie kurz oder lang Ihre Texte sein sollten. Die KEYWORDDICHTE hingegen ist speziell für Google relevant, denn Ihr Text sollte für die organische Suchmaschinenoptimierung relevante Keywords enthalten und auch in einer gewissen Dichte verwendet werden. Hierzu gibt es kein Patentrezept, da Google selbst nicht kommuniziert, welche Keyword-Dichte gut oder schlecht ist. Als Faustregel kann eine Dichte von 4–6 % sinnvoll sein, das heißt, bei einem Text mit 100 Wörtern sollte das Keyword vier- bis sechsmal vorkommen.

Damit sind für die Autoren die groben Rahmenbedingungen klar. Darüber hinaus sollten Sie noch ein Briefing erstellen, damit Sie die bereits angegebenen Informationen etwas verfeinern. Für Produkttexte liefert *content.de* bereits einen Vordruck, den Sie nur ausfüllen und, sofern sinnvoll, ergänzen müssen:

Aufgabe:
Ein Online-Shop für (SHOPGEGENSTAND) benötigt eine Produktbeschreibung für das Produkt [TITLE] unter Berücksichtigung der vorgegebenen Keywords: [KEYWORDS].

Inhalt und Aufbau:
genauere Informationen zu dem Produkt finden Sie unter: (HERSTELLERLINK)

Stellen Sie die wichtigsten Aspekte und Eigenschaften des Produktes dar.

Verzichten Sie aber auf eine Aneinanderreihung technischer Daten, die gesondert im Shop dargestellt werden.

Bedenken Sie, dass noch andere Produkte in dem Shop angeboten werden.

Formulieren Sie daher nicht zu allgemein, sondern fokussieren Sie auf das geforderte Produkt. Erwähnen Sie bitte kein optionales Zubehör, da der Shop ggf. nicht alle Produkte des Herstellers im Angebot hat.

Tonalität:
Der Text sollte sachlich sein und das Kaufinteresse wecken.

Sprechen Sie den Käufer nicht direkt an.

Sie sind aber nicht an die starre Vorlage gehalten, diese dient Ihnen ausschließlich als Vorgabe, was Sie im Idealfall in dem Briefing erwähnen müssen. Denken Sie bitte daran, den Text, den Sie möchten, so gut wie möglich zu beschreiben und den Autoren so viele Informationen wie möglich zu übermitteln. Denn je präziser Sie beschreiben, was Sie möchten, desto größer ist die Wahrscheinlichkeit, dass Sie mit dem gelieferten Text sehr zufrieden sind.

Wenn Sie das Briefing abgeschlossen haben, können Sie den Auftrag anlegen, und anschließend wird dieser im System bereitgestellt.

Auftragsassistent

Sollten Sie bei dieser Art der Auftragserstellung noch unsicher sein, können Sie alternativ auch den Auftragsassistenten nutzen. Dieser führt Sie Schritt für Schritt durch die Auftragserstellung und liefert noch detailliertere Informationen zu den jeweiligen Abfragen. Sie finden den Auftragsassistenten unter AUFTRÄGE • AUFTRAGSASSISTENT.

Wie lange Sie anschließend auf den Text warten müssen, hängt von vielen verschiedenen Faktoren ab. Komplexe Texte dauern in der Regel etwas länger als »einfache« Produktbeschreibungen. Grundsätzlich hängt die Bearbeitungsdauer auch von der aktuellen Nachfrage an Texten und dem Angebot ab, immerhin muss sich bei der offenen Anfrage ein Autor speziell Ihren Text aussuchen. Positiv ist ebenfalls die Tatsache, dass Sie auch am Wochenende Feedback erhalten, sprich die Autoren arbeiten größtenteils auch an einem Samstag und Sonntag. Hat sich ein Autor Ihres Textes angenommen, erhalten Sie anschließend per E-Mail ein Feedback und können den produzierten Text prüfen.

Wenn Sie den gelieferten Text geprüft haben, können Sie diesen annehmen, verbessern lassen oder auch selbst editieren. Verbesserungswünsche können dabei die Rechtschreibung, inhaltliche Fehler, unpassender Stil etc. sein. Sie haben daher die Möglichkeit, sofern Ihnen der gewünschte Text nicht zu 100 % gefällt, dem Autor ein entsprechendes Feedback zukommen zu lassen und eine Überarbeitung anzufordern. Ebenso können Sie den Text selbst editieren und auf Wunsch dem Autor als weitere Form des Feedbacks Ihre überarbeitete Version zukommen lassen. In Abbildung 3.10 sehen Sie dabei exemplarisch, wie der Feedback-Prozess auf content.de gestaltet ist. Sind Sie hingegen mit dem Text komplett einverstanden, können Sie diesen annehmen und bewerten.

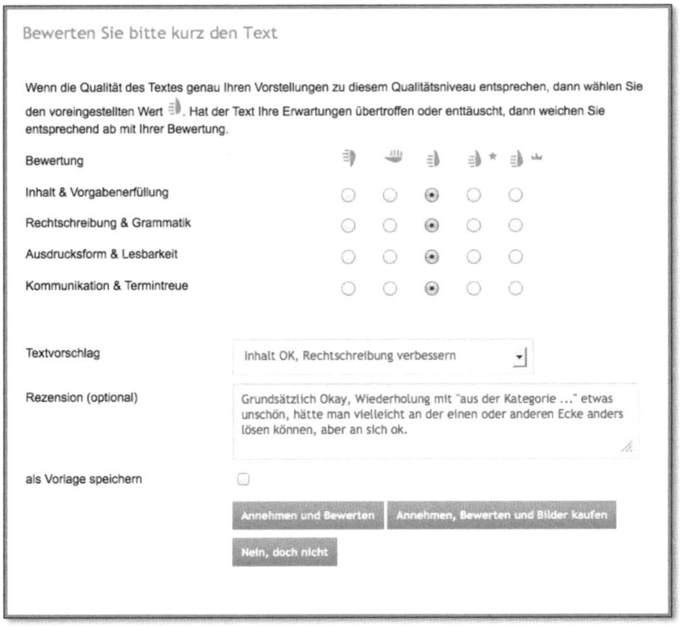

Abbildung 3.10 Feedback-Maske, nachdem Sie den Text erhalten haben

Anschließend ist die Transaktion beendet, Sie haben Ihren Text erhalten, und dem Autor steht die entsprechende Vergütung zur Verfügung.

3.5.2 textbroker.de

Neben content.de existieren noch weitere Textbroker. Damit Sie an dieser Stelle eine Alternative zu content.de kennenlernen, veranschaulichen wir Ihnen die Beauftragung von Texten bei der Plattform *textbroker.de* und ihre Besonderheiten. Das Ergebnis wird dabei aber natürlich letztendlich das gleiche sein wie bei content.de: Sie vergeben den aufwendigen Texterstellungsprozess an externe Autoren und erhalten in relativ kurzer Zeit Texte für Ihre Produkte.

Wie content.de hängen die Kosten für die Texte unter anderem von einem Qualitätslevel ab. Dieses wird bei textbroker.de in vier Gruppen aufgeteilt, angefangen bei 2 bis schlussendlich 5 Sterne. Im geringsten Qualitätslevel werden 1,3 Cent netto pro Wort fällig, im höchsten Qualitätslevel 6,5 Cent netto pro Wort. Die Texte können dabei auch wieder ausgewählten Autoren oder dem gesamten Autorenpool zur Verfügung gestellt werden.

Nachdem Sie sich erfolgreich und kostenfrei registriert haben, können Sie mit der Beauftragung von Texten starten. Zuallererst ist es aber erforderlich, dass Sie Ihr Gutenhabenkonto aufladen. Auch hier gibt es einen Mindesteinzahlungsbetrag wie bei content.de, der 25 € beträgt. Die Einzahlung kann bequem per PayPal oder Überweisung erfolgen.

Um einen Auftrag zu erstellen, klicken Sie bitte auf AUFTRÄGE und anschließend auf NEUER AUFTRAG. Innerhalb der darauffolgenden Eingabemaske werden Sie nun gefragt, welchen Autoren Sie den Auftrag zur Auswahl stellen möchten. Das System ist hierbei, wie eingangs kurz erwähnt, ähnlich wie auf content.de.

Bei der OpenOrder kann sich jeder Autor innerhalb des Netzwerkes den Auftrag schnappen und diesen erledigen. Bei der DirectOrder hingegen können Sie direkt einen bestimmten Autor auswählen und ihm den Auftrag übergeben. Wählen Sie die TeamOrder, wird der Auftrag, wie der Name schon impliziert, einem Team zur Auswahl bereitgestellt. Das Autorenteam können Sie dabei individuell zusammenstellen, sofern Sie Aufträge bereits platziert haben und dadurch auch eine entsprechende Liste an Autoren besitzen. Da Sie neu auf der Plattform sind, wählen Sie die OpenOrder und klicken auf AUFTRAG STARTEN. Das System von textbroker.de lädt nun eine Eingabemaske, die Sie in Abbildung 3.11 sehen. Beginnen Sie mit den allgemeinen Auftragsdaten. Hier können Sie zur besseren Übersicht und Untergliederung ein PROJEKT erstellen. Die Untergliederung bleibt dabei Ihnen überlassen, sinnvoll ist sicherlich ein Projekt für Kategorie- bzw. Produkttexte, aber Sie können auch eine strengere inhaltliche Untergliederung erstellen, beispielsweise Texte für bestimmte Hersteller oder gewisse Produktgruppen.

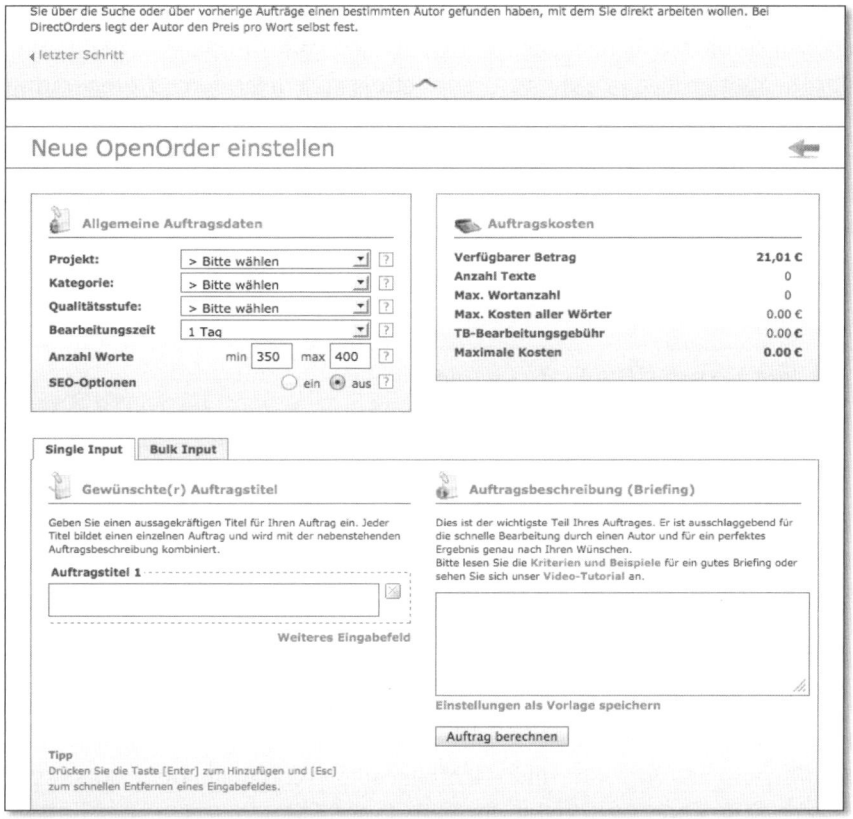

Sie über die Suche oder über vorherige Aufträge einen bestimmten Autor gefunden haben, mit dem Sie direkt arbeiten wollen. Bei DirectOrders legt der Autor den Preis pro Wort selbst fest.

Abbildung 3.11 Auswahl der Eingabemasken

Neben dem Projekt müssen Sie ebenfalls eine KATEGORIE auswählen, einfach damit die Autoren eine erste Eingrenzung sehen. Die QUALITÄTSSTUFE, die Sie als Nächstes definieren, ist wohl die wichtigste Auswahl, die Sie treffen müssen. Denn zum einen wird durch die Qualitätsstufe der Preis, aber schlussendlich auch die Qualität Ihres Textes bestimmt. Auch hier gilt wieder, dass eine niedrige Qualitätsstufe nicht zwangsläufig schlecht sein muss. Gerade für »Mainstream«-Produkte, bei denen keine große Produktrecherche notwendig ist, können Sie mit einer niedrigen Qualitätsstufe und damit verbunden auch niedrigen Kosten solide Ergebnisse erzielen. Ist Ihr Produkt und damit auch der Text komplexer, empfiehlt sich ein höheres Qualitätslevel. Durch die Anzahl der Wörter können Sie nun noch die Länge des Textes eingrenzen. Bedenken Sie hier, dass Qualität oftmals vor Quantität kommt. Ihre Kunden wünschen schnelle und präzise Informationen, dafür eignen sich in der Regel kürzere, dafür aber gute Produkttexte.

Im Gegensatz zu content.de ist bei textbroker.de die Suchmaschinenoptimierung optional buchbar. Standardmäßig sind die SEO-OPTIONEN deaktiviert, weswegen bei dem Text nun kein bestimmtes Augenmerk auf die Suchmaschinenoptimierung gelegt werden würde. Sie können diese Optionen aber selbstverständlich aktivieren. Dadurch haben Sie die Möglichkeit, beispielsweise die Keyword-Dichte zu definieren. Zum Schluss benötigen Sie noch ein Autorenbriefing, in dem Sie den Autoren mitteilen, was Sie genau möchten, für wen der Text bestimmt sein soll etc. Bitte denken Sie auch hierbei daran, dass die Wahrscheinlichkeit, dass Sie den Text genau so erhalten, wie Sie ihn sich vorstellen, umso größer ist, je präziser das Briefing ist. Investieren Sie daher Zeit in ein möglichst umfassendes Briefing, damit die Autoren eine »Anleitung« erhalten und wissen, was Sie sich vorstellen. Haben Sie das Briefing erstellt, können Sie den Auftrag platzieren.

Prüfen Sie Ihre Texte auf Duplicate Content!

Denken Sie bitte immer daran, gelieferte Texte unter dem Aspekt des Duplicate Content zu prüfen. Denn wenn ein Autor ganze Textpassagen von bereits existierenden Inhalten übernimmt, wirkt sich das negativ auf Ihr Google-Ranking aus. Die einfachste Variante, die Texte zu prüfen, ist eine Google-Suche, indem Sie beispielsweise den gesamten Text bzw. Sätze oder Absätze in die Google-Suche einfügen und schauen, ob hierfür Ergebnisse vorliegen. Sollte dies der Fall sein, halten Sie mit dem jeweiligen Autor Rücksprache, und lassen Sie die Texte erneut umschreiben.

Die Reaktionszeit hängt nun auch wieder von einigen Faktoren ab, beispielsweise der Komplexität des Textes, aber auch der allgemeinen Auslastung der Plattform, und das Verhältnis zwischen Angebot und Nachfrage spielt eine Rolle. Mit etwas Glück haben Sie aber binnen weniger Tage Ihren Text, können diesen gegebenenfalls kontrollieren lassen oder direkt akzeptieren.

Wie Sie sehen, ist die Vorgehensweise bei beiden Plattformen sehr ähnlich, selbst die Kosten für die Texte befinden sich in einem ähnlichen Preisbereich. Für welche Plattformen Sie sich letztendlich entscheiden, ist Geschmacksache. Ein Urteil über die Qualität lässt sich pauschal schlecht treffen. Denn manchmal erwischen Sie einen guten Autor, manchmal einen etwas weniger guten. Das Phänomen haben Sie auf beiden Plattformen. Grundsätzlich ist aber die Möglichkeit, Produkt- und Kategorietexte, wenn auch nur teilweise, an Dritte zu vergeben, eine praktische Lösung, da Sie als Shop-Betreiber Zeit sparen, die Sie gerade am Anfang an wichtigeren Ecken investieren können.

Der Vollständigkeit halber sei an dieser Stelle auch noch die Alternative zu Textbrokern erwähnt. Neben diesen Plattformen, auf denen es zugegebenermaßen auch um den Preis geht, können Sie bei Text- oder auch SEO-Agenturen hochwertige Inhalte in Auftrag geben und erhalten – es kommt natürlich immer auf die Agentur bzw. den Dienstleister an – ein sehr gutes Ergebnis. In einem solchen Szenario müssen Sie aber mit weitaus höheren Kosten rechnen, die speziell in der Anfangsphase von Shop-Betreibern oft gar nicht gestemmt werden können.

3.6   Mehrsprachige Texte

Zugegebenermaßen betrifft eine Internationalisierungsstrategie nicht nur die Texte in Ihrem Online-Shop, sondern das gesamte System. Dennoch gibt es speziell bei Ihren Texten gewisse Dinge zu beachten, wenn Sie planen, in ausländischen Märkten aktiv zu werden.

Andere Länder, andere Sitten. Wenn Sie in anderen Ländern aktiv werden möchten, müssen Sie zuallererst ein Verständnis für die jeweilige Kultur entwickeln. Das spielt selbst in Europa eine Rolle, obwohl es doch eigentlich gar nicht so viele Unterschiede zwischen Deutschland und beispielsweise Italien gibt, oder? Weit gefehlt. Denn jedes Land bzw. ihre jeweiligen Bewohner »ticken« alle ein wenig anders. Wenn Sie nun mit Ihrem Online-Shop aus Deutschland heraus beispielsweise die Schweiz beliefern möchten, müssen Sie sich zuerst die Frage stellen, wie denn die Schweizer Online-Shop-User denken. Wie schon erwähnt, das ist primär keine Anforderung an die Texte, sondern an den kompletten Online-Shop und Themen wie Payment oder Versand, aber am Beispiel der Schweiz können wir einmal betrachten, welche Anforderungen direkt an die Texte gestellt werden.

Der Schweizer Markt ist nämlich primär dadurch gekennzeichnet, dass Sie gleich drei Sprachen anbieten müssen: Deutsch bzw. Schweizerdeutsch, Italienisch und Französisch. Planen Sie daher die Eröffnung eines Shops in der Schweiz, sollten Sie dies auf jeden Fall im Hinterkopf behalten. Sie denken nun vermutlich, dass anschließend nur der Aufwand in Form der Übersetzungen entsteht. Wenn Sie jedoch erfolgreich am Markt agieren möchten, geht es nicht nur um reine 1:1-Übersetzungen. Sie müssen vielmehr herausfinden, welche Begriffe in den jeweiligen Ländern verwendet werden. Das ist eine Sache, die gerade den Personen schwerfällt, die eine Sprache erlernt haben, die nicht ihre Muttersprache ist. Denn in der Praxis werden oftmals Wortverkürzungen bzw. Synonyme verwendet, die Sie gar nicht im Lehrbuch finden. Aus diesem Grund empfehlen wir, Übersetzungen immer von einem Übersetzer durchführen zu lassen, der die jeweilige Sprache als Muttersprache erlernt hat.

Abgesehen davon müssen Sie sich auch wieder dem Thema der Suchmaschinenoptimierung stellen. Nur weil in Deutschland nach Notebook gesucht wird, bedeutet das nicht zwangsläufig, dass Sie in der Schweiz auch auf Notebook optimieren müssen, obwohl es eigentlich ein Begriff ist, den auch Franzosen und Italiener verwenden. Aber in der Praxis neigen andere Ländern zu anderen Keywords. Führen Sie daher im Vorfeld die entsprechenden Analysen durch, und lösen Sie sich von der Vorstellung, eine Übersetzung wäre eine 1:1-Übernahme von Wörtern von einer Sprache in die andere. Teilweise müssen Sie strukturell, inhaltlich und begrifflich auf einer ganz anderen Ebene arbeiten.

Aufgrund der Komplexität des Themas beschäftigt sich ein separates Kapitel mit der Internationalisierung. Ausführlichere Informationen zu diesem Thema finden Sie daher in Kapitel 14, »Internationalisierung – neue Märkte erschließen und im Ausland verkaufen«.

3.7   Produktbilder

Auch wenn es sich um ein mittlerweile abgedroschenes Sprichwort handelt, eine gewisse Wahrheit steckt in der Aussage: »Ein Bild sagt mehr als tausend Worte.« Im E-Commerce ist diese Aussage pauschal etwas zu hart, denn es kommt immer auf Ihre Produkte und Branche an, welchen Stellenwert Produktbilder letztendlich haben. Stellen Sie sich einmal vor, dass Sie mit Ihrem Online-Shop Lochbleche und Streckmetalle verkaufen. Ihre Kunden werden in diesem Fall nicht auf Basis des Produktbildes eine Kaufentscheidung treffen, sondern auf Basis der »nackten« Fakten, zum Beispiel Material, Breite, Tiefe, Zuschnitt etc. Verkaufen Sie hingegen Trauringe, dann ist es zwar wichtig zu wissen, ob der Ring aus 333er Gelbgold oder 585er Weißgold besteht, aber Kunden werden die Kaufentscheidung auf Basis der Optik treffen, sprich des Produktbildes. Wenn sie der Ring optisch anspricht, schlagen sie zu, falls nicht, dann nicht.

Je nachdem, welche Produkte Sie für welche Zielgruppe verkaufen, können Produktbilder daher verkaufsentscheidend sein oder nicht. Verkaufen Sie Produkte, die nicht aufgrund der Produktbilder verkauft werden, haben Sie zumindest in diesem Punkt einen kleinen Vorteil. Denn gute Produktbilder sind selten, ihre Produktion aufwendig und teuer. Wenn Sie aber nicht über gute Produktbilder verfügen, schlägt sich das gleich auf die Conversion-Rate nieder, das heißt, Sie haben gar nicht die Wahl, Sie müssen gute Produktbilder besitzen.

> **Weshalb Produktbilder die Kaufentscheidung beeinflussen**
> Produktbilder erlauben es Ihren Besuchern, die Qualität eines Produkts einzuschätzen, und aufgrund des optischen Feedbacks wird das Bedürfnis geweckt, das Produkt besitzen zu wollen. Ebenso vermittelt ein Produktbild Sicherheit, denn Sie sehen genau, was Sie kaufen, und können sich den Einsatz besser vorstellen.

Doch wie kommen Sie an geeignete Produktbilder? Es gibt hierfür drei Möglichkeiten:

- ▶ **Variante 1:** Sie bekommen von Ihren Lieferanten oder Herstellern Produktbilder zur Verfügung gestellt.
- ▶ **Variante 2:** Sie beauftragen eine Agentur oder einen Fotografen.
- ▶ **Variante 3:** Sie machen die Produktbilder selbst.

3.7.1   Produktbilder vom Hersteller

Auch wenn es verlockend klingt, Variante 1 ist nicht immer die beste. Denn in der Praxis bekommen Sie gerade von Herstellern häufig grenzwertiges Material geliefert, bei dem die Auflösung zu schlecht ist, ein schlechtes Motiv gewählt wurde und das zum Teil gar nicht zum eigenen Konzept passt. Denn Produkte werden auf der emotionalen Schiene verkauft. Wenn Sie aber das Bild eines freigestellten Whirlpools in einer Ansicht von oben erhalten, bringt Ihnen das nichts. Denn Sie brauchen den Whirlpool eingebaut in einem Haus mit einem glücklichen Paar, das gerade ein Glas Sekt trinkt. Dementsprechend sind Bilder vom Hersteller erst einmal die günstigste, aber in der Praxis nicht die beste Variante. Bedenken Sie auch, dass Ihre Konkurrenten wahrscheinlich dasselbe Bildmaterial nutzen, wieder ein Punkt, über den Sie sich dann nicht von den Mitbewerbern absetzen können. Gegebenenfalls erhalten Sie aber Bilder im Rohformat und können diese selbst weiterbearbeiten. Prüfen Sie in jedem Fall, ob die gelieferten Bilder Ihren Anforderungen genügen. Falls nicht, sollten Sie nochmal bei Ihrem Hersteller nachhaken oder selbst Bildmaterial erzeugen.

3.7.2   Produktbilder von einer Agentur/einem Fotografen erstellen lassen

Sie können selbstverständlich auch eine Agentur mit dem Shooting beauftragen, müssen aber mit entsprechenden Kosten rechnen. Es ist zwar die schnellste und schmerzfreieste Variante, aber nicht direkt die günstigste.[7] Wichtig ist bei der Beauftragung einer Agentur bzw. eines Fotografen, dass Sie ihm genau schildern, in welchem Kontext die Bilder benötigt werden. Dabei spielt es eine Rolle, ob die Bilder später freigestellt werden sollen, um diese im Online-Shop zu integrieren, oder ob Sie gegebenenfalls das Produkt gar nicht alleine dargestellt haben möchten, sondern in Kombination mit Personen oder der Umgebung. Dementsprechend müssen Sie im ersten Schritt ein Briefing durchführen. Innerhalb des Briefings muss definiert werden, welche Produkte fotografiert werden sollen und wo diese später überall integriert werden. Bei der Integration im Online-Shop, vielleicht möchten Sie das Bildmaterial zusätzlich noch für Flyer, Borschüren etc. nutzen, ist das Format auch ein wichtiger Punkt. Wenn Sie später nur Breitbildformatbilder haben, der Shop aber auf Hochkantbilder ausgelegt ist, haben Sie ein Problem. Klären Sie also das Format im Vorfeld. Zusätzlich muss geklärt werden, ob die Bilder freigestellt werden sollen oder nicht oder ob Sie das Bildmaterial in beiden Kontexten wünschen, was wiederum die teuerste Variante ist.

Technische Produkte wie Schrauben, Werkzeug etc. werden in der Regel freigestellt und auch entsprechend fotografiert. Modeprodukte, nehmen wir als Beispiel ein

---

7   Wenn Sie selbst Bilder machen, müssten Sie natürlich die eigene Arbeitszeit entsprechend ansetzen. Berücksichtigt man das, ist die Beauftragung einer Agentur nicht zwangsläufig die teuerste Variante.

T-Shirt, werden auch freigestellt abgebildet, jedoch auch immer noch in Verbindung mit einer Person, so dass man sich den Artikel besser »vorstellen« kann.

3.7.3 Produktbilder selbst machen

Sollten Sie die Bilder selbst machen wollen, dann müssen Sie wenige, aber wichtige Punkte beachten. Im ersten Schritt müssen Sie über das richtige Equipment verfügen. Sie müssen nicht die teuerste Spiegelreflexkamera kaufen, aber es macht grundsätzlich schon einen Unterschied, ob Sie mit einer sehr günstigen Kompaktkamera oder einer »professionellen« Spiegelreflexkamera ein Bild machen. Da es sich bei der Kamera auch um eine Investition für die nächsten Jahre handelt, sollten Sie hier nicht sparen. Eine vernünftige und preiswerte Kamera bekommen Sie mit Objektiven ab 600–700 €, eine Summe, mit der Sie rechnen sollten. Da Ihnen die Kamera aber wie gesagt einige Jahre erhalten bleibt, sind die Kosten bezogen auf die Nutzung recht gering. Neben der Kamera und Ihren künstlerischen Fähigkeiten – denn es kommt nicht nur auf die Technik an, sondern auch darauf, wie Sie die Kamera einsetzen – müssen Sie für eine gute Umgebung sorgen. Keine Sorgen, es muss kein separates Fotostudio aufgebaut werden. Aber es ist sinnvoll, sich eine Ecke bzw. einen Raum zu suchen, den Sie entsprechend abdunkeln können und der somit über optimale Lichtverhältnisse verfügt. Ebenso müssen Sie dann für die richtige Ausleuchtung sorgen. Wenn Sie daher einen Raum bzw. Platz entbehren können, in dem Sie nicht immer das gesamte Equipment aufbauen müssen, sparen Sie sich langfristig eine Menge Zeit.

Sobald Sie Ihre Produkte fotografiert, also im Kasten, haben, müssen Sie auch noch Zeit für die Nachbearbeitung am Computer einrechnen. Je nachdem, wie Sie Ihre Produkte platzieren möchten, müssen Sie nun die Bilder freistellen, mit einem Hintergrund versehen, gegebenenfalls Details im Bild entfernen. Stellen Sie sich beim Shooting immer die Frage, wie Sie das Produkt richtig in Szene setzen können. Sie müssen beim Besucher die Lust am Einkaufen wecken. Zusätzlich müssen Details erkennbar sein, und der Gesamteindruck muss stimmen.

360-Grad-Produktfotos

Ein Trend, der sich noch nicht in vielen Shops durchgesetzt hat, aber oftmals für einen Aha-Effekt sorgt, sind 360-Grad-Produktbilder. Sie sind zwar in der Produktion wesentlich aufwendiger, dafür können aber Details wesentlich besser erkannt werden. Denn hier lässt sich der Artikel von jeder Seite bis ins kleinste Detail betrachten. Sollten Sie die Möglichkeit für 360-Grad-Produktfotos haben, sollten Sie diese auf jeden Fall nutzen.

Natürlich spielt bei Produktfotos auch das Talent immer eine wichtige Rolle. Auch wenn Sie sich das Handwerk aneignen können, so ist dennoch ein guter Blick für die Perspektive wichtig und wie man das Produkt in Szene setzt. Sollten Sie sich hierbei schwertun, sollten Sie das Thema Fotos besser auslagern. Denn wenn Sie als Shop-Betreiber Ihre Zeit in etwas investieren, das nur mittelmäßige oder schlechte Ergebnisse liefert, dann bringt Ihnen das nichts, und für den Erfolg Ihres Online-Shops ist eine solche Vorgehensweise ebenso schädlich.

3.8   Produktkonfiguratoren

Die Nutzung von Produktkonfiguratoren ist in vielen Fällen ein zweischneidiges Schwert. Auf der einen Seiten machen Sie Ihre Kunden aufgrund von Individualisierungsmöglichkeiten glücklich und können sich im besten Fall von Ihren Wettbewerbern absetzen. Auf der anderen Seite bedeuten Produktkonfiguratoren bei der Entwicklung und Implementierung aber auch immer hohe Aufwände. Denn es ist, rein technisch betrachtet, natürlich wesentlich einfacher, einen Standardartikel »von der Stange« zu verkaufen, als einen konfigurierbaren Artikel.

Es kommt dabei auch ganz besonders auf Ihr Geschäftsmodell an, ob ein Produktkonfigurator sinnvoll ist oder nicht. Und diese Frage müssen Sie sich initial und losgelöst von technischen Anforderungen stellen. Gerade wenn Sie in einem Markt aktiv sind, in dem es viele Konkurrenten gibt, macht ein Produktkonfigurator Sinn, um sich von der Masse absetzen zu können. Es gibt aber auch schlichtweg Artikel, die eine Konfiguration erfordern. Wenn Sie Trauringe verkaufen, dann müssen Sie Ihre Besucher danach fragen, in welcher Breite und mit welcher Höhe sie den Ring bestellen möchten. In einem solchen Fall müssen Sie also einen Konfigurator anbieten und haben gar nicht erst die Möglichkeit, zu entscheiden, auf welche Art und Weise Sie Ihre Produkte verkaufen. Auch können Sie sich in Ihrem Geschäftsmodell dazu entschließen, ausschließlich konfigurierbare Produkte zu vertreiben, womöglich Produkte, die bislang noch gar nicht online vertrieben werden konnten. Ein Beispiel hierfür sehen Sie in Abbildung 3.12 bei dem Online-Shop metallbau-onlineshop.de. Bei dem Verkauf von Zäunen und Fenstergittern müssen Sie zwingend eine Individualisierung der Produkte durch Ihre Kunden zulassen, denn es handelt sich nun mal um Artikel, die speziell für Sie hergestellt werden müssen.

Die Nutzung von Produktkonfiguratoren ist daher ein gutes Mittel, um sich von Konkurrenten abzusetzen und Ihren Besuchern ein noch besseres Einkaufserlebnis durch individualisierte Produkte zu ermöglichen.

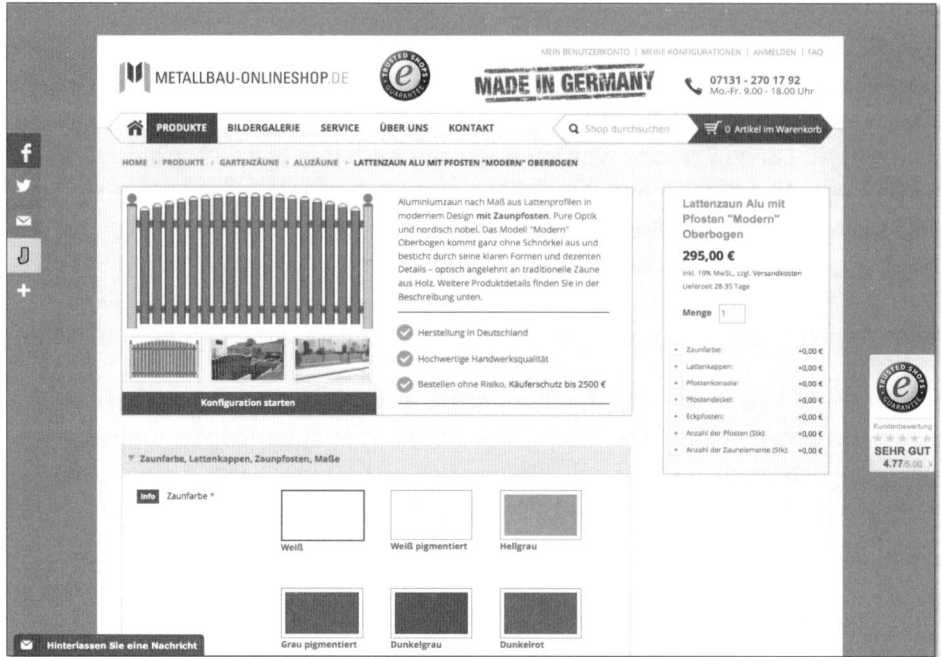

Abbildung 3.12 Ein Zaun muss konfiguriert werden, weshalb ein Konfigurator auf metallbau-onlineshop.de zwingend zum Geschäftsmodell zählt.

3.9 Preisbildung

Auch wenn wir, entgegen der weitläufigen Meinung, nicht davon überzeugt sind, dass der Preis immer das wichtigste Kriterium bei einer Kaufentscheidung ist, so spielt er sicherlich eine gewisse Rolle. Doch was ist der richtige Preis für Ihre Produkte? Die Frage klingt banal, denn wenn Sie bereits ein Geschäft betreiben, haben Sie sicherlich schon Verkaufspreise ermittelt. Letztendlich benötigt man als Grundlage ja nur den Einkaufspreis, addiert allgemeine Kosten und seine Gewinnmarge, und schon entsteht ein Verkaufspreis:

Einkaufspreis + allgemeine Kosten + Gewinn = Verkaufspreis

Im E-Commerce ist die Sache mit dem Preis nur leider nicht ganz so einfach wie im klassischen Handel. Zum einen müssen Sie Ihren Kunden, das hat rechtliche Gründe, online sofort den exakten Verkaufspreis nennen. Das ist gerade in den produzierenden Branchen relativ schwierig, denn dort ist die Preiskalkulation wahnsinnig komplex und liegt zum Teil auch im Ermessensspielraum des Verkäufers. Zum anderen sind Sie online problemlos mit anderen Mittbewerbern vergleichbar. Das ist immer dann sekundär, wenn sich Produkte nicht exakt miteinander vergleichen lassen, beispielsweise wenn Sie eine Jeans kaufen möchten, und im Online-Shop A können Sie eine Levis Jeans für 89 € kaufen und in Online-Shop B eine Lee Jeans für 110 €. Die Kaufentscheidung wird hierbei sicherlich nicht ausschließlich aufgrund des Preises erfolgen, denn Schnitt, Markenname, Status etc. sind ebenfalls Faktoren, die eine Rolle spielen, die Sie aber gar nicht miteinander vermischen können.

Wenn Sie hingegen ein iPhone 5S bestellen möchten, und es kostet in Online-Shop A 699 € und in Online-Shop B 649 €, dann wären Sie »blöd«, wenn Sie nicht das günstigere iPhone bestellen würden, handelt es sich doch um ein und dasselbe Produkt. Zugegebenermaßen sind das zwei extreme Beispiele. Unterscheidet sich das iPhone beispielsweise nur durch eine Differenz von 10 €, wird man sicherlich überlegen, ob man das Smartphone nicht in dem Online-Shop bestellt, von dem man weiß, dass es bei einer Reklamation dort keinerlei Probleme gibt. Das ist übrigens auch der große USP von Amazon. Amazon ist nie der günstigste Anbieter, auch wenn es sicherlich einmal Ausnahmen gibt. Amazon ist aber der Anbieter, mit der effizientesten Abwicklung: Sie haben den Artikel in der Regel am nächsten Tag, und das bei einem erstklassigen Reklamationsprozess, denn im Zweifelsfall erstattet Ihnen Amazon recht schmerzfrei den Kaufpreis zurück. Die Psychologie spielt also eine große Rolle, denn eine Kaufentscheidung wird unter anderem durch die Abwicklung im Schadensfall getroffen, nicht primär aufgrund des Preises.

Für die Ermittlung und Bestimmung des richtigen Preises müssen Sie zuerst einmal analysieren, welche Preise es im E-Commerce gibt. Denn es gibt nicht nur »den« Preis, sondern es gibt unterschiedlichste Preise, die es zu kalkulieren gibt. Hierzu zählen:

1. Normalpreis
2. Kundengruppenpreis
3. Staffelpreis
4. Paketpreis
5. Sonderpreis

Neben dem klassischen Verkaufspreis ist es oftmals notwendig, kundengruppenspezifische Preise, aber auch Staffelpreise, Sonderpreise und Paketpreise zu errechnen. Alle diese Preise haben dabei aber eine Gemeinsamkeit. Zieht man vom Normalpreis Ihre Gewinnmarge ab, so erhalten Sie die Preisuntergrenze. Wenn Sie unterhalb dieses Preises verkaufen, machen Sie letztendlich Verlust. Nur wie errechnen Sie diese Preisuntergrenzen? Hierfür müssen Sie folgende Kostenfaktoren mit in die Preisformel einbeziehen:

▶ Einkaufspreis bzw. Produktionskosten
▶ Kosten für den Online-Shop (einmalig)
▶ Support- und Servicekosten des Online-Shop
▶ Hosting-Kosten

- ▶ Werbekosten
- ▶ Versandkosten, falls diese nicht separat berechnet werden
- ▶ Retourenquote
- ▶ Personalkosten
- ▶ Payment-Kosten
- ▶ Gewinn

Nehmen wir nun für die Berechnung ein einfaches Beispiel. Sie möchten in Ihrem Online-Shop ein rotes T-Shirt verkaufen, wissen aber nicht, wie Sie den Verkaufspreis bestimmen müssen. Im ersten Schritt informieren Sie sich nun nach dem Einkaufspreis. Der Großhändler teilt Ihnen in diesem Fall mit, dass der Einkaufspreis 10 € beträgt.

Würden Sie nun auf die 10 € einen Gewinn addieren, hätten Sie zwar einen Verkaufspreis, dieser würde aber nicht alle entstandenen Kosten widerspiegeln. Aus diesem Grund ziehen Sie nun im nächsten Schritt die Kosten für den Online-Shop heran. Bei der Entwicklung fallen grundsätzlich immer einmalige Kosten an, gehen wir bei unserem Beispiel-Online-Shop von 20.000 € aus. Im Schnitt können Sie einen Online-Shop sicherlich 3–4 Jahre auf derselben Basis ohne Relaunch betreiben, das heißt, auf das Jahr heruntergerechnet haben Sie Kosten von 5.000 €. Wenn Sie nun wissen möchten, wie Sie die 5.000 € auf eine Bestellung umlagern, müssen Sie wissen, wie viele Artikel Sie pro Jahr verkaufen. Am Anfang haben Sie hier nur ganz grobe Werte, wenn Sie auch einen Business-Plan erstellt haben. In unserem Beispiel sagt der Business-Plan voraus, dass Sie pro Jahr 50.000 T-Shirts verkaufen, sprich ca. 137 T-Shirts pro Tag. Also müssen Sie pro T-Shirt, in diesem Fall pro Bestellung, 0,10 € für die erstmalige Entwicklung unseres Online-Shops umlegen.

Ebenso entstehen monatliche Weiterentwicklungs- und Support-Kosten in Höhe von 2.000 €, die Sie in Relation zu den 4.167 Bestellungen pro Monat setzen. Daraus folgen weitere 0,48 €, die Sie bei einer Bestellung kalkulieren müssen. Damit der Online-Shop im Netz erreichbar ist, wird eine Hosting-Infrastruktur benötigt. Bei kleineren Shops halten sich die Kosten hierfür in Grenzen, je mehr Bestellungen Sie aber verarbeiten, desto höher werden in absoluten Zahlen auch die Hosting-Kosten. Für unseren Beispiel-Online-Shop setzen Sie daher einen mittleren Wert von 250 € pro Monat an, das heißt, in Bezug auf die 4.167 Produkte entspricht das 0,06 €.

Bei der Ermittlung der Werbekosten wird es nun ziemlich knifflig, da sich diese je nach Marketingkanal unterschiedlich schwer ermitteln lassen. Setzen Sie beispielsweise auf Google AdWords, können Sie recht genau bestimmen, was Sie eine Bestellung gekostet hat. Denn wenn Ihre Anzeige 100-mal auf Google geklickt wird und Sie pro Klick 1 € bezahlen, dann haben Sie in absoluten Zahlen erst einmal Kosten von 100 €. Von diesen 100 Klicks erzielen Sie, wenn Sie gut sind, vier bis fünf Bestellungen. Das heißt, eine Bestellung hat bei Ihnen Kosten in Höhe von 20 €. Das Problem besteht nun darin, dass Sie wissen müssen, wie hoch der durchschnittliche Bestellumsatz ist, denn ein Kunde kauft nicht nur ein T-Shirt, sondern oftmals viele unterschiedliche Produkte. Dementsprechend wäre es aber unfair, wenn Sie dem T-Shirt nun alle Kosten aufhalsten. Also müssen Sie letztendlich wissen, wie hoch der durchschnittliche Bestellwert bezogen auf eine Conversion aus dem Marketingkanal ist. Gehen wir einmal davon aus, dass neben dem roten T-Shirt noch vier weitere T-Shirts bestellt werden. Teilen Sie die 20 € AdWords-Kosten auf fünf T-Shirts pro Bestellung auf, ergeben sich dadurch Werbekosten von 4 €. Rechnen Sie Versandkosten mit in den Verkaufspreis, beispielsweise wenn Sie versandkostenfrei versenden, müssen Sie diese an dieser Stelle ebenfalls berücksichtigen.

Die Versandkosten sind dabei eines der am heißesten diskutierten Themen im E-Commerce in Bezug auf die Verkaufspreisbildung. Soll man diese entsprechend ausweisen, oder bietet man einen kostenlosen Versand an und rechnet diese in den Produktpreis ein? Früher hatte man faktisch bei Preissuchmaschinen ein etwas leichteres Spiel, wenn der Produktpreis niedrig war und zusätzlich Versandkosten berechnet wurden. So wurden Ihre Produkte besser gefunden, als die Produkte der Konkurrenz, die etwas teurer waren, weil Versandkosten eingerechnet wurden.

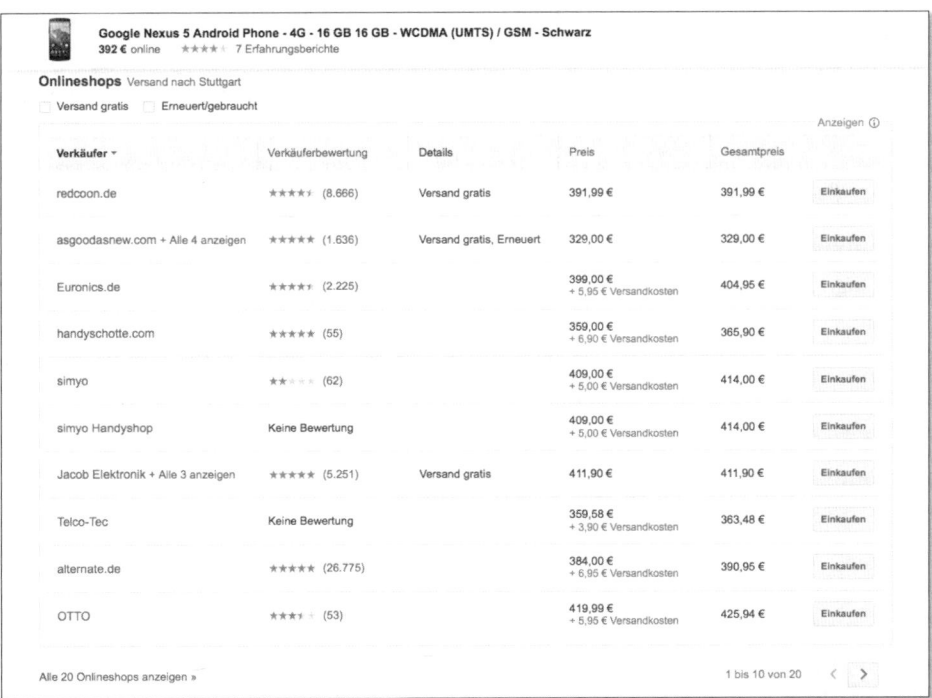

Abbildung 3.13 Google Shopping berücksichtigt in der Gesamtstumme auch die Versandkosten.

Heutzutage sind aber so gut wie alle Preissuchmaschinen so transparent, dass zusätzliche Versandkosten in den Gesamtpreis miteinbezogen werden und eigentlich nur noch der Gesamtpreis eine Rolle spielt. Im Hinblick auf Preissuchmaschinen spielt es also keine Rolle, ob Sie Versandkosten berechnen oder nicht. Das sehen Sie auch in der Auflistung von Google Shopping in Abbildung 3.13. Dem Kunden wird sehr transparent immer der Gesamtpreis einer Bestellung dargestellt, das heißt Versandkosten sowie Artikelkosten. Nichtsdestotrotz hat ein kostenloser Versand einen gewissen psychologischen Effekt, bei dem Ihre Kunden vermuten, etwas geschenkt zu bekommen. In Wirklichkeit steckt natürlich eine (Misch)Kalkulation dahinter, denn der Online-Shop-Betreiber darf bei einem Verkauf nie Verluste einfahren.

Neben den bereits aufgeführten Faktoren wirkt sich außerdem die Retourenquote ebenfalls auf den Verkaufspreis aus. Denn hier fallen Prozesskosten an, Sie müssen die Retoure ja bearbeiten. Auch kann es sein, dass gewisse Retouren nicht wiederverkauft werden können. Dadurch müssen Sie die entstandenen Kosten komplett selbst tragen. Leider lässt sich hierbei keine pauschale Aussage treffen. Je nach Branche und Produkten unterscheiden sich die Retourenquoten doch immens. Daher müssen Sie in diesem Bereich Erfahrungen sammeln und wissen nach einiger Zeit, mit welchen Retourenquoten Sie rechen müssen.

Zu guter Letzt müssen Sie ebenfalls die Personalkosten berücksichtigen. Diese können Sie ebenfalls auf ein T-Shirt umlegen. Wenn Sie am Anfang beispielsweise 5.000 € Personalkosten haben, bedeutet das einen Anteil von 1,20 € pro T-Shirt. Neben diesen Kosten folgt nun noch der Gewinn, den Sie erzielen möchten. Das hängt natürlich auch wieder von der Branche und Ihrem Marktumfeld ab, wir möchten uns aber ein Ziel von 20 % pro Produkt bzw. Bestellung setzen.

In unserem Beispiel haben Sie nun folgende Kosten: 10,00 Einkaufspreis + 0,10 Entwicklung + 0,48 Support + 0,06 Hosting + 4 Werbung + 1,20 Personal = 15,84 €. Sobald Sie Ihr T-Shirt unter diesem Preis verkaufen, machen Sie Verluste. Wenn Sie einen Gewinn von 20 % anstreben, dann müssen Sie das T-Shirt für 19,00 € vertreiben. Nicht mit eingerechnet sind hierbei Versand- und Retourenkosten.

Grundsätzlich gilt: An den Kosten selbst können Sie nicht viel machen, nur bei der Gewinnmarge sind Sie flexibel. Wenn Sie daher Staffelpreise oder eben auch Sonderpreise anbieten möchten oder gar anbieten müssen, dann ist das Ihre Stellschraube, an der Sie drehen können, nicht aber an den Kosten. Überlegen Sie daher im ersten Schritt genau, welche Kosten neben dem Einkaufspreis und den Personalkosten tatsächlich anfallen. Eventuell benötigen Sie für Ihr E-Commerce-Geschäftsmodell noch weitere Software, bei der Lizenzkosten anfallen, oder weitere Investitionen. Diese müssen Sie auf ein Produkt bzw. eine Bestellung umlegen, anschließend haben Sie einen Hinweis darauf, wie Ihr Verkaufspreis aussieht. Auch müssen Sie immer das Marktumfeld im Auge behalten. Aber auch dieses hat höchstens Einfluss auf Ihre Gewinnmarge, nicht aber auf die grundsätzliche Kostenstruktur.

3.10   Qualität statt Quantität

Masse schlägt niemals Klasse, weder bei Produktbeschreibungstexten noch bei der Anzahl der Kategorien oder weiteren Inhalten in Ihrem Online-Shop. Dieses Credo sollten Sie im Online-Handel stets befolgen. Oft ist weniger doch mehr.

Viele Online-Shop-Betreiber unterliegen dem Irrglauben, dass sie möglichst viele Produkte und Kategorien benötigen, um Kompetenz auszustrahlen. Aber in der Praxis sind definitiv nur die großen Online-Shops bzw. E-Commerce-Player überhaupt in der Lage, mit einem riesigen Produktportfolio am Markt zu agieren. Startups bzw. E-Commerce-Neulingen sei empfohlen, einen Fokus zu setzen. Das kann ein Fokus auf die Zielgruppe, aber auch auf bestimmte Produktbereiche sein. Denn wenn Sie heutzutage erfolgreich im E-Commerce agieren möchten, dann müssen Sie ein Experte für Ihr Thema sein. Wenn Sie Sportartikel verkaufen, tun Sie sich immer leichter, wenn Sie ein Experte für Wintersport oder Ballsportarten sind. Wenn Sie aber vom Golf bis hin zum Fußball alles verkaufen, dann tun Sie sich gerade in übersättigten Märkten schwer. Setzen Sie daher ganz klar einen Fokus, und versuchen Sie, sich so weit wie möglich abzugrenzen.

Dasselbe Prinzip gilt auch für die Darstellung und Platzierung Ihrer Produkte. Es ist wesentlich schwerer, kurze und einprägsame Produktbeschreibungen zu entwickeln oder statt zehn schlechten Fotos drei gute zu platzieren – aber das ist genau die Herausforderung, die Sie annehmen müssen. Starten Sie klein, und bauen Sie Ihren Online-Handel Schritt für Schritt aus, und versuchen Sie sich nicht daran, mit einem immensen Produktsortiment und semiprofessionellen Texten und Bildern zu starten. Denn wenn Sie erst einmal einen schlechten Eindruck hinterlassen haben, ist es wesentlich schwerer, diesen zu korrigieren, als es gleich von Anfang an »richtig« zu machen.

3.11   Ein Beispiel aus der Praxis

Die Theorie und Vorgehensweise, wenn es um Texte und den inhaltlichen Aufbau eines Online-Shops geht, haben Sie nun kennengelernt. Aber welche Shops setzen diese »Vorgaben« denn auch in der Praxis sehr gut um? Lassen Sie uns im Folgenden einen Blick auf einen ausgewählten Online-Shop werfen, der inhaltlich vieles richtig gemacht hat. Denn speziell im E-Commerce sollten Sie öfter einmal einen Blick auf die »Konkurrenz« werfen, diese analysieren und interessante Vorgehensweisen auf Ihren eigenen Online-Shop adaptieren.

Bezogen auf den Umsatz und die Entwicklung der letzten Jahre zählt Zalando sicherlich zu einem der erfolgreichsten Online-Shops, die es in Deutschland gibt. Da man sich immer an den besten orientieren sollte, ziehen wir daher Zalando als Beispiel für den Aufbau eines Online-Shops heran. Sie können in Abbildung 3.14 einen Blick auf den Online-Shop von Zalando werfen.

Bezogen auf die Kategorisierung werden Sie sofort die 7–2-Regel wiedererkennen. Denn Zalando verwendet insgesamt acht Kategorien in der Hauptnavigation. Innerhalb des Flyout-Menüs sind hingegen wesentlich mehr Kategorien auf einen Blick sichtbar, in der Hauptnavigation im linken Bereich von Zalando hingegen ist die Übersichtlichkeit aufgrund der klaren Darstellung der Struktur wesentlich höher. Zalando fährt in diesem Bereich also zweigleisig. Es gibt ein großes Flyout-Menü, in dem Sie alle Kategorien auswählen können, sowie eine Baumstruktur im linken Bereich der Webshops. Beachten Sie gerade bei der Kategorisierung auch die Tatsache, dass Zalando primär Kategorienamen verwendet, die Keywords in Google entsprechen. Denn in Google werden Sie auch speziell nach »Jeans« oder »Pullover« suchen.

Abbildung 3.14 Zalando zählt zu einem der erfolgreichsten deutschen Online-Shops.

Auch wenn Zalando bei der Kategorisierung und der Darstellung der Navigationswege nicht alles richtig macht, beispielsweise durch die Überfrachtung im Flyout-Menü und die doch teilweise sehr tiefe Struktur, können Sie sich zweifelsohne ein wenig an diesem Online-Shop orientieren.

Auf der Produktebene spielt Zalando gekonnt Trümpfe aus, um den Besucher zu überzeugen. Beispielsweise bei einer Jeans von Jack Jones. Hier wird nicht speziell das Produkt, sondern der Nutzen beschrieben:

> *»Anti-Fit – was könnte vielversprechender klingen? Mit der blauen Denim STAN JIM von Jack & Jones beschreiten wir neue Wege. Lässig, cool und keineswegs angepasst.«*

Wie schon auf den vorherigen Seiten erwähnt, geht es bei der Produktbeschreibung primär um die Kommunikation des Kundennutzens. Als Kunde interessieren Sie daher weniger die Pflegehinweise, Sie müssen aber das Gefühl bekommen, in der Jeans unwiderstehlich gut auszusehen. Gekoppelt wird dieses Gefühl bei Zalando an die Produktbilder, wie Sie in Abbildung 3.15 sehen.

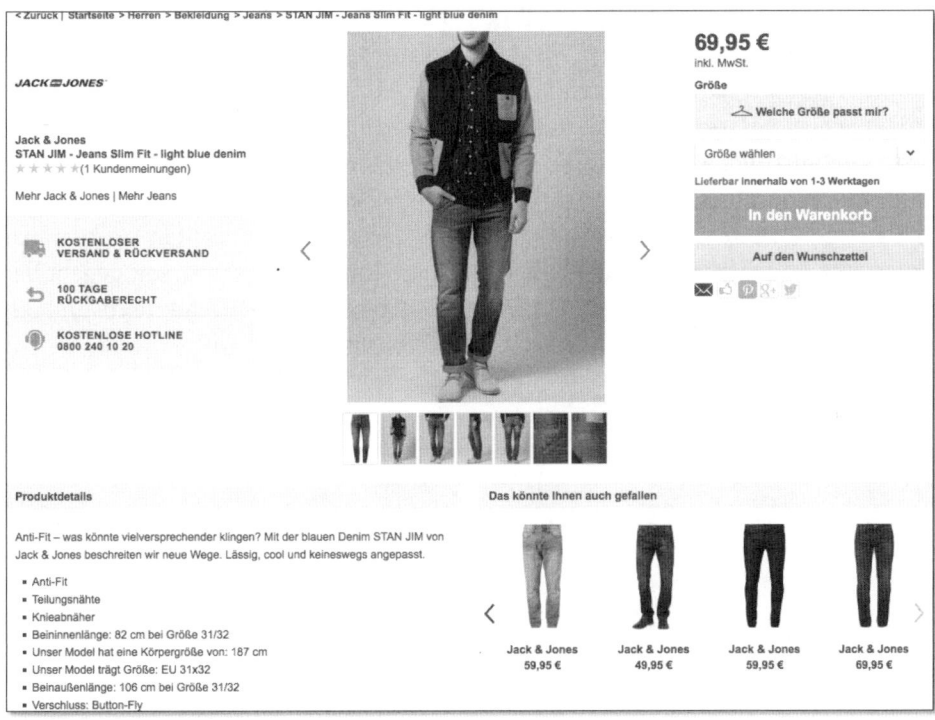

Abbildung 3.15 Zalando bietet verschiedenste Produktbilder.

Gerade bei Modeprodukten ist es wichtig, die Artikel an Menschen zu sehen, denn das stärkt die Vorstellungskraft, wie die Produkte am eigenen Körper aussehen. Ebenso sind verschiedene Blickwinkel relevant, Zalando bietet daher eine Vielzahl an Bildern pro Produkt an. Darüber hinaus werden die Produktinformationen durch harte Fakten wie Beschaffenheit, Größe etc. ergänzt. Diese sind aber in diesem Fall sekundär, wenn auch nicht zu vernachlässigen.

Bei der Preisgestaltung lässt sich keine pauschale Aussage treffen. Wenn Sie einige Artikel vergleichen werden Sie aber feststellen, dass Zalando nicht gerade zu den günstigsten Anbietern gehört, wenn auch nicht zu den teuersten. Hier kommt es wirklich speziell auf das Produkt an, welches Sie gerade vergleichen.

Was können Sie als Shop-Betreiber also von Zalando lernen? Sicherlich vieles, wenn auch viele Inspirationen gerade aus dem Bereich Design entstehen können. Inhaltlich handelt es sich aber um einen sauber strukturierten und übersichtlichen Shop, der gerade bei den Produktbeschreibungen und Bildern als Vorbild dienen kann.

3.12   Fazit

Die wohl wichtigste Aufgabe, die vor Ihnen liegt, ist es, die Rahmenbedingungen und Weichen in Ihrem Online-Shop für den Verkauf der Produkte zu stellen. Ob der potenzielle Kunde dann aber letztendlich einkauft oder Ihren Shop ohne Transaktion verlässt, hat viele Ursachen. Eine starke Beeinflussung erfolgt aber sicherlich über die Texte, die inhaltliche Struktur und die Produktbilder in Ihrem Online-Shop. Auch wenn es aufgrund des Aufwands für Shop-Betreiber ein oftmals »verhasstes« Thema ist, denn gute Texte und perfekte Produktbilder erfordern Zeit, sollten Sie dennoch ein großes Augenmerk darauf richten, was und wie Sie Ihren Kunden gegenüber kommunizieren. Nutzen Sie daher die Möglichkeiten, die gute Produkttexte und Bilder bieten, und kurbeln Sie die Verkäufe in Ihrem Online-Shop an!

Kapitel 4

Mit Usability, Design und Sicherheit zu hohen Conversion-Rates

Bei dem Erscheinungsbild Ihres Online-Shops spielen nicht nur schöne Grafiken und die richtige Farbwahl eine wichtige Rolle. Ebenso müssen die Usability, User Experience und auch die Vertrauenswürdigkeit gegeben sein. Erfahren Sie in diesem Kapitel, was Sie bei der individuellen Gestaltung Ihres Shops beachten sollten.

Als Shop-Betreiber haben Sie eine äußerst schwierige Aufgabe. Sie müssen Ihre Besucher überzeugen, bei Ihnen und nicht bei der Konkurrenz einzukaufen, ohne dass Sie persönlich mit Hilfe von Sympathie und Charme den Kunden umgarnen können. Dabei ist es wichtig, dass Ihre Kunden schnell zum Ziel kommen und sich nicht – nehmen wir die Analogie eines Kaufhauses – direkt hinter dem Eingang verlaufen. Darüber hinaus muss Ihr Online-Shop Vertrauen schaffen, denn je teurer die Produkte sind, die Sie vertreiben möchten, desto größer ist die Gefahr, dass Ihre potenziellen Kunden misstrauisch sind und im Zweifelsfall doch nicht bei Ihnen einkaufen.

Genau aus diesem Grund nehmen das Design, die Sicherheit und die Usability eine so wichtige Rolle in Ihrem Online-Shop ein. Denn das beste Produktsortiment mit den tollsten Preisen hilft Ihnen nicht weiter, wenn Ihre Besucher Ihren Online-Shop nicht verstehen und infolgedessen nicht nutzen. Als Shop-Betreiber muss es daher immer Ihr Ziel sein, einen für Ihre Zielgruppe hervorragend benutzbaren Shop zu konstruieren, der optisch zum Einkaufen einlädt, aber auch schnelle und unkomplizierte Prozesse wie den Bestellprozess ermöglicht.

Lassen Sie sich als Shop-Betreiber nicht von der Standardoptik, die jede Online-Shop-Software mitbringt, irritieren. Auch wenn jede Software über eine Startseite, eine Kategorieansicht und weitere Ansichten verfügt, so müssen diese nicht zwangsläufig das Optimum darstellen! Denn je nachdem, welche Produkte Sie verkaufen und an welche Zielgruppe Sie sich wenden, ergeben sich individuelle Anforderungen. Mit der Installation des Online-Shops ist daher das Thema Design und Usability nicht erledigt! Was Sie im Detail beachten müssen und auf was es ankommt, erfahren Sie in diesem Kapitel.

4.1   Was sind eigentlich Usability, User-Experience bzw. Design?

Bevor wir starten, müssen wir uns zuallererst klar werden, was mit dem Begriff Usability überhaupt gemeint ist. Eine unserer Meinung nach wunderschöne, denn einfach verständliche und aussagekräftige Definition dieses Begriffs lautet wie folgt:

> »Benutzerfreundlichkeit. Bei einem Website-Design bedeutet dies z. B., dass Seiten ins Netz gestellt werden, die sich schnell aufbauen, übersichtlich und einfach zu navigieren sind.«[1]

Oftmals werden das Design eines Online-Shops und die Usability gleichgesetzt. Ein Beispiel hierfür ist die Navigation, denn wenn diese hübsch und übersichtlich ist, so ist auch die Usability, sprich die Benutzerfreundlichkeit, gut. Das ist so gesehen auch nicht falsch, denn es gibt zwischen Design und der Usability sicherlich Überschneidungen. Die Usability selbst wird aber auch durch designübergreifende Faktoren bestimmt. Denn wie in der oben aufgeführten Definition gehört beispielsweise auch ein schneller Seitenaufbau zur Usability. Stellen Sie sich doch einfach einmal vor, dass Sie in einem Online-Shop unterwegs sind, den Sie perfekt verstehen. Sie wissen, wo Sie klicken müssen, Sie finden sich zurecht, und Sie kommen problemlos zu den Artikeln. Wenn Sie dabei pro Seitenaufruf 2 Minuten warten müssen, ist die Usability aber dennoch katastrophal schlecht. Oder wenn es in einem Online-Shop, auf dem Sie unterwegs sind, eine perfekt zugängliche und übersichtliche Suchfunktion gibt, die Sie auch nutzen, die Ergebnisse aber nicht zur Suchanfrage passen, haben Sie eine schlechte Usability.

Aus diesem Grund passt das Wort »Benutzerfreundlichkeit« in diesem Zusammenhang sehr gut. Denn ein Online-Shop ist benutzerfreundlich, wenn er schnell, übersichtlich, »hübsch«, einfach aufgebaut ist und dem Besucher bzw. potenziellen Kunden die Informationen liefert, die er benötigt. Alle diese Faktoren wirken sich daher auf die Usability aus.

Doch in der Praxis wird die Usability allzu gerne auf das Design reduziert, und man hört im Agenturalltag Aussagen wie: »Der Button ist nicht blau genug«, oder auch »Der Warenkorb muss von links nach rechts.« Was mit diesen Änderungen bewirkt werden soll, ist klar: Der Shop-Betreiber möchte seinen Besuchern das Einkaufen im eigenen Online-Shop erleichtern. Doch gegebenenfalls muss man in einer solchen Situation nicht den Warenkorb umplatzieren, sondern den Beschreibungstext oder die Namensgebung ändern. Und der Button hat gegebenenfalls die richtige Farbe, aber das falsche Label oder eine unleserliche Schrift. Klar ist jedenfalls, dass das Design und die Usability zwei Themen sind, die miteinander verbunden sind, wenn auch nicht ganz so stark, wie man es als Shop-Betreiber vermutet.

---

1   Quelle: *http://www.bauermedia.de/glossar.html*

Behalten Sie daher bitte für die Zukunft im Hinterkopf, dass das Design die Usability beeinflusst, aber für ein perfektes Einkaufserlebnis wesentlich mehr geboten werden muss als ausschließlich ein schönes Design!

4.2   Die Arbeit mit einem gekauften Theme/Template

Wenn Sie mit dem eigenen Online-Shop starten, dann stellen Sie sich zwangsläufig die Frage, ob Sie ein eigenes Design komplett von Grund auf erstellen sollen oder ein fertiges Design, sprich ein Template, kaufen und anpassen sollen. Da diese Fragestellung in jedem Projekt vorkommt – wir kennen es praktisch von unseren Kunden gar nicht anders –, aber insgesamt eine gewisse Brisanz beinhaltet, nehmen wir diese Thematik in diesem Kapitel auf. Denn das Design ist mehr oder weniger das Herzstück Ihres Online-Shops, Ihre Besucher kommen zuallererst mit dem Design in Berührung, und hier müssen Sie überzeugen. Doch was ist für Sie, gerade wenn Sie einen neuen Online-Shop erstellen bzw. Ihr Unternehmen gründen, die »richtige« Wahl? Lassen Sie uns zuerst mit der Vorgehensweise bei einem gekauften Template starten.

4.2.1   Auswahl eines geeigneten Templates

Es hängt ein wenig von Ihrer Online-Shop-Software ab, wenn Sie jedoch eine populäre Lösung wie Magento, OXID eSales oder Shopware einsetzen, haben Sie eine große Auswahl an fertigen Designs. Ein fertiges Design bedeutet, Sie kaufen eine Darstellung, installieren diese, und Ihr Online-Shop sieht auf einen Schlag komplett anders aus. Dadurch ist der Kauf eines Templates die mit Abstand schnellste Variante, um den eigenen Online-Shop von der »Standarddarstellung« des Herstellers zu befreien und eine halbwegs individuelle Gestaltung umzusetzen. Eine Plattform, auf der es beispielsweise für Magento sehr viele Designs gibt, ist themeforest. Auf *themeforest.net* gibt es aktuell mehr als 350 Designs, und es handelt sich schlussendlich nicht um die einzige Plattform.

Plattformen für Templates und Themes

Auf *themeforest.net* sowie *www.templatemonster.com* finden Sie eine riesige Auswahl an Kauf-Templates. Wenn Sie sich daher für den Kauf eines Designs entscheiden sollten, haben Sie gute Chancen, auf diesen beiden Plattformen ein ansprechendes und kostengünstiges Design zu finden.

Als Shop-Betreiber können Sie nun aus einem der 350 Themes wählen und diese für relativ wenig Geld kaufen, die meisten kosten zwischen 50 und 100 US$. Wenn Sie bedenken, dass eine eigene Entwicklung des Designs gut und gerne in einer einfachen Ausführung zwischen 10.000 € und 20.000 € kosten kann, ist der Preisunterschied immens.

Abbildung 4.1 Im Handumdrehen erhält Ihr Online-Shop ein Facelift.

Beachten Sie im Vorfeld auch die Lizenzbedingungen, wenn Sie sich für ein Template entscheiden. Denn oftmals dürfen Sie vorhandene Grafiken nicht abändern und müssen das Template genauso verwenden, wie Sie es gekauft haben. Hier gilt es, vor dem Kauf einen Blick auf das Template zu werfen und zu prüfen, was Sie genau beim Kauf erhalten und wie Sie mit dem gekauften Template umgehen dürfen. Ein wichtiger Punkt ist dabei auch immer das Copyright. Shop-Betreiber neigen dazu dieses gerne zu entfernen, aber je nach Lizenzbedingungen ist das gegebenenfalls gar nicht erlaubt.

4.2.2   Installation des Themes

Die Installation des Themes geht meistens innerhalb weniger Minuten, und Ihr Online-Shop erstrahlt anschließend in einer komplett neuen Darstellung, wie Sie in Abbildung 4.1 sehen können. Dabei handelt es sich übrigens aktuell um das beliebteste Magento Theme auf themeforest, das bereits mehrere tausend Male heruntergeladen wurde. Nachdem Sie das Design installiert haben, können über den Administrationsbereich weitere Anpassungen vorgenommen werden, so beispielsweise bei Magento Themes. Unabhängig von der gewählten Webshop-Software ist die Installation aber grundsätzlich in wenigen Minuten erledigt.

Achten Sie auf die individuelle Note

Erfolgreiche und hübsche Themes wie das Ultimo Theme für Magento haben gleichzeitig einen großen Nachteil. Die Verbreitung und Nutzung nimmt rapide zu. Es wirkt daher immer etwas unseriös, wenn Ihr Online-Shop fast identisch wie der eines Mitbewerbers aussieht. Beachten Sie diese Tatsache unter anderem bei der Auswahl eines geeigneten Themes für Ihren Online-Shop.

4.2.3   Individualisierung

Auch wenn Sie sich für ein fertiges Theme bzw. Design entscheiden, möchten Sie wahrscheinlich Anpassungen und Individualisierungen vornehmen. Je nach Theme geht dies einfach oder ist komplexer. Grundsätzlich sollten Sie auf die Variante »Kaufdesign und Individualisierung« nur dann zurückzugreifen, wenn das Design zu 90 % Ihren Vorstellungen entspricht. Sehen Sie das Design nicht als Basis, sondern als fertiges Produkt an, bei dem Sie anschließend noch Ihr Logo integrieren, ein paar Farben abändern, aber dann das Design unverändert belassen. Denn aufgrund der günstigen Preise wird oftmals eine mittelmäßige Qualität bei der Designentwicklung erzielt. Dadurch funktionieren die Designs für die bedachten Zwecke, sobald Sie aber umfangreiche Änderungen vornehmen möchten, machen Sie gegebenenfalls mehr kaputt, als Sie gewinnen, und dadurch nimmt die Individualisierung enorm viel Zeit in Anspruch und erzeugt horrende Kosten.

4.2.4   Vor- und Nachteile auf einen Blick

Die Auswahl an Designs ist groß, die Preise sind niedrig – was spricht eigentlich gegen die Nutzung eines Templates? Folgende Aspekte sind die unserer Meinung nach wichtigsten, die es bei der Entscheidung zu berücksichtigen gilt, ob und, wenn ja, welches Template Sie einsetzen.

So spielt die Kompatibilität eine wichtige Rolle, das heißt die Darstellung des Templates in den verschiedenen Browsern und verschiedenen Endgeräten. Oftmals unterstützen die Kauf-Templates nur bestimmte Browser und Endgeräte, wodurch Sie Besucher gezielt ausschließen bzw. diesen ein schlechtes Einkaufserlebnis ermöglichen. Aufgrund der geringen Kosten für ein Kauf-Template ist es nur logisch, dass die Entwickler das Design nicht sorgfältig und unter allen Aspekten durchtesten können. Selbst wenn die Darstellung auf den meisten Endgeräten »in Ordnung« ist, stellt sich die Qualitätsfrage. Funktioniert das Template auch tatsächlich unter allen Browsern identisch und sind alle Funktionen enthalten?

Das zweite Kriterium ist die Suchmaschinenfreundlichkeit bzw. On-Page-Optimierung. Ist der Quellcode qualitativ hochwertig entwickelt, sind HTML-Tags korrekt gesetzt, und wurde das Design nach den gängigen Google-Best-Practices entwickelt? Es nützt nichts, wenn Sie einen hübschen Online-Shop haben, der bei Google aber nicht gut platziert wird, weil die On-Page-Optimierung vernachlässigt wurde. Auch dies ist wieder ein Effekt, der vor allem unter Zeitmangel auftritt. Bedenken Sie immer, wie günstig Templates verkauft werden und welcher enorme Aufwand in der Entwicklung, bei Magento-Templates sind es einige Wochen, eigentlich entgegenstehen müsste.

Zusätzlich spielt die Usability ebenso eine gewaltige Rolle. Sind wichtige Elemente gut sichtbar, sind Mouse-over-Effekte vorhanden, und lässt sich der Shop einfach nutzen? Gerne wird die Usability vernachlässigt, es zählt einfach nur, dass das Design »hübsch« aussieht. Gutes Design und gute Usability sind aber zwei paar Schuhe und sollten bei der Designentwicklung ebenso berücksichtigt werden.

Und zu guter Letzt fehlt Ihnen in der Regel die Individualität, und zwar diejenige, die Sie rein optisch von Ihrer Konkurrenz unterscheidet. Beim Design geht es darum, dass Sie Ihrer Zielgruppe basierend auf Ihren Produkten eine angepasste Darstellung und Aufmachung bieten, damit sich Ihre Besucher in Ihrem Online-Shop wohlfühlen und zurechtfinden. Ein Design und die damit verbundene Benutzerführung müssen immer auf die Zielgruppe Ihres Online-Shops zugeschnitten sein. Das kann ein Theme nicht leisten, denn dieses wird erstellt, ohne eine bestimmte Zielgruppe im Auge zu haben. Wenn Sie sich nun erneut Abbildung 4.1 ansehen und beispielsweise an das Unternehmen Hugo Boss denken, dann sehen Sie, dass das Design des Online-Shops nie das Unternehmen Hugo Boss verkörpern würde. Denn die Marke selbst wird mit Eleganz, Luxus und einer hohen Qualität verbunden. Würden Sie dem Design in Abbildung 4.1 diese Eigenschaften zuordnen?

Ein Design muss immer auf Ihr Unternehmen zugeschnitten werden

Auch wenn Sie ein hübsches Theme finden, das Sie für ein paar Dollar erwerben können, so ist dieses in der Regel nicht auf Ihr Unternehmen, Ihre Zielgruppe und Ihre Produkte zugeschnitten. Mit einem Theme für Modeartikel können Sie nun einmal keine Ersatzteile für Waschmaschinen verkaufen. Denn hier gibt es bei der Darstellung von Informationen, der Benutzerführung etc. schlicht und einfach einen Zielkonflikt.

Die Schlussfolgerung wäre nun, ein Template zu kaufen und dieses an die eigene Corporate Identity und Zielgruppe anzupassen. Das ist zwar naheliegend, aber oftmals aufgrund der Qualität der Themes gar nicht möglich. Wenn Sie nun diese Wege und Strukturen verlassen möchten, dann ist dies immer mit einem gewissen Aufwand verbunden. Wenn Sie sich daher für ein Theme entscheiden sollten, behalten Sie dieses im Hinterkopf. Korrekturen, minimale Anpassungen und Angleichungen sind möglich, auf alles darüber hinaus sollten Sie verzichten. Ist also schon in der Basis die Usability schlecht, dann werden Sie das ohne großen Aufwand voraussichtlich nicht korrigieren können.

Der Kauf eines Templates eignet sich daher immer dann, wenn das fertige Produkt Ihren Vorstellungen entspricht und Sie sich nur noch mit kleinen Anpassungen begnügen.

4.3   Ein Design von Grund auf selbst entwickeln

Wenn es keine fertige Lösung gibt, die den eigenen Ansprüchen gerecht wird, dann muss man die Lösung selbst erschaffen. Das ist oftmals der präferierte Weg, den Kunden gehen möchten. Dabei wird aber der gesamte Entwicklungsprozess vielfach zu stark reduziert, und man hat gegebenenfalls anfangs gar nicht das Gespür, auf was man sich einlässt und was im Rahmen einer Designentwicklung überhaupt notwendig ist. Lassen Sie uns daher davon ausgehen, dass Sie für Ihren Online-Shop ein komplett individuelles Design erstellen lassen möchten.

4.3.1   Gute Planung ist alles

Im ersten Schritt ist es wichtig, sich grundlegende Gedanken über das Design zu machen. Wenn Sie bereits eine Corporate Identity haben und hierfür ein Leitfaden besteht, dann ist zumindest einmal die Basis gelegt. Denn die Grafik und Darstellung Ihres Online-Shops sollte auf jeden Fall Ihrer Corporate Identity entsprechen. Dabei muss nicht nur die Farbgebung beachtet werden, sondern auch Themen wie die Bildsprache, Schriftarten und verwendete Elemente. Wenn Sie über keinen Corporate-Identity-Leitfaden verfügen, müssen Sie an diesem Punkt starten.

Als Basis dient oftmals ein Corporate-Design-Leitfaden
Idealerweise haben Sie in Ihrem Unternehmen einen Corporate-Design-Leitfaden, an dem man sich bei der Designentwicklung orientieren kann. Dieser Leitfaden definiert in der Regel Farben, Schriftgröße und Schrifttypen sowie die Bildsprache.

Der nächste Schritt besteht nun darin, ein grobes Layout zu skizzieren. Bevor es an die Gestaltung der verschiedenen Elemente wie den Warenkorb, den Check-out-Prozess oder die Produktdetailseiten geht, müssen Sie zuerst kommunizieren, welche Elemente Sie an welcher Stelle haben möchten. Dafür ist es sinnvoll, im ersten Schritt eine Liste zu erstellen, welche Elemente es überhaupt gibt und welche benötigt werden. Selbstverständlich gibt es immer Inhaltselemente, die in jedem Shop vorhanden sind, zum Beispiel ein Warenkorb. Aber vielleicht benötigen Sie für Ihr Unternehmen und Ihren Shop ganz spezielle Inhalte, an die ein Grafiker bzw. Gestalter wohlmöglich gar nicht denkt. Machen Sie sich hierzu einfach ein paar Notizen, um einen groben Überblick zu erhalten.

Screen- und Interfacedesigner oder Grafikdesigner?

Bedenken Sie dabei bitte, dass viele Grafiker keine gelernten E-Commerce-Experten sind. Das müssen sie auch gar nicht, denn Grafiker sind Künstler, die für das »Hübsch-machen« Ihres Online-Shops verantwortlich sind. Da haben Sie dann auch schon das Problem, denn oftmals erhalten Sie von Ihrem Grafiker zu verspielte Entwürfe, die zwar hübsch sind, aber über eine schlechte Usability verfügen. Fast könnte man meinen, dass sich die Optik und die Usability oftmals ein Stück weit zu bekämpfen versuchen. Aus diesem Grund ist es wichtig, dass Sie bei der Designentwicklung mit einem Interface- bzw. Screendesigner zusammenarbeiten, der neben der Optik auch die Usability berücksichtigt.

Im nächsten Schritt ist es sinnvoll, mit der Entwicklung von Wireframes zu beginnen. Wireframes sind Skizzen bzw. Pläne, die nicht von sich aus behaupten, ein Design zu sein, sondern die Elemente abbilden und deren Positionierung vorgeben. Es handelt sich also letztendlich um eine gute und einfache Möglichkeit, Layouts zu erstellen, denn Sie als Shop-Betreiber müssen für die Nutzung kein ausgebildeter Gestalter sein und auch künstlerisch keine große Begabung haben, sollten Sie die Wireframes selbst erstellen wollen. Sie müssen aber sehr wohl wissen, welche Informationen, Elemente und Schaltflächen an welchen Stellen benötigt werden. Gerade in der Kommunikation zwischen Designer und Auftraggeber helfen Wireframes, denn hier konzentriert man sich im ersten Schritt um die Benutzerführung und verschanzt sich nicht in ein Klein-Klein mit endlosen Diskussionen über Farbtöne und Farbverläufe.

Wenn Sie erst einmal die Wireframes für die verschiedensten Ansichten erstellt haben, haben Sie und der Designer eine ideale Basis, um über das zu erstellende Design zu sprechen und initial Änderungen auf Basis der Wireframes zu diskutieren. Darüber hinaus können Sie Testpersonen oder Bekannten die Wireframes zeigen und nach einer Meinung fragen. Denn gerade was die Benutzerführung angeht, verraten Wireframes schon einiges über die Benutzerfreundlichkeit des zu entwickelnden Online-Shops. Passen Sie bei der Entwicklung jedoch auf, nicht zu frei zu arbeiten. Denn Ihre Online-Shop-Lösung gibt Ihnen auch wieder einen Weg bzw. Pfad vor, auf dem Sie wandeln sollten. Es ist zwar technisch betrachtet nie unmöglich, vom Pfad abzuweichen, aber dann werden Sie vermutlich auch mit einem höheren Aufwand konfrontiert, als wenn Sie innerhalb der Parameter bleiben würden. In Abbildung 4.2 sehen Sie exemplarisch die Darstellung einer Produktdetailseite in Form eines Wireframes.

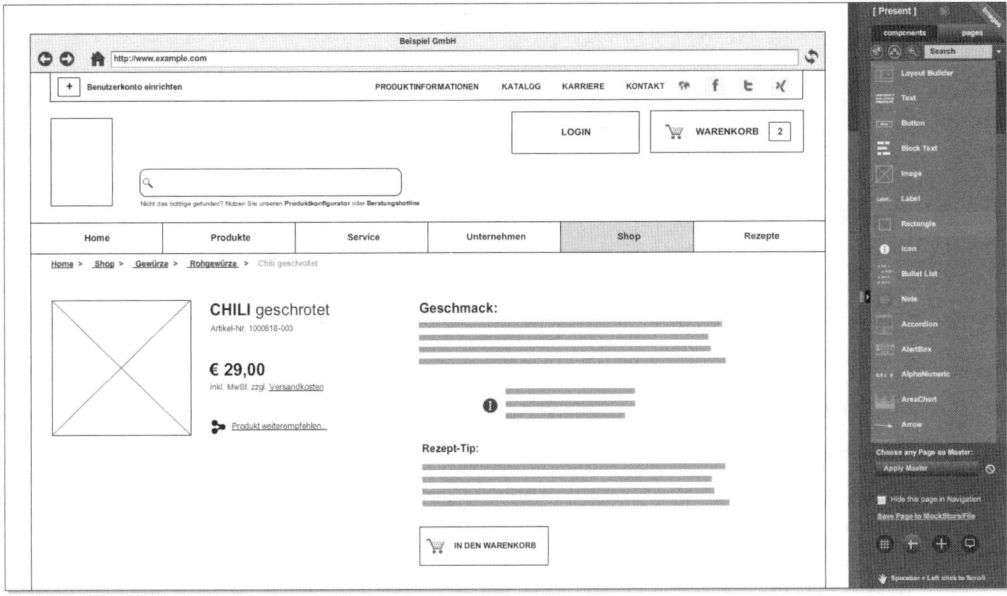

Abbildung 4.2 Die Entwicklung eines Wireframes spart letztendlich viel Zeit bei der Designentwicklung.

Sie denken nun vermutlich, dass die Darstellung etwas wild und vielleicht auch unsinnig aussieht, aber die in Abbildung 4.2 enthaltenen Informationen sind letztendlich genau die Dinge, die ein Grafiker bei seiner Arbeit wissen muss: Nämlich welche Elemente gibt es, und wo wünschen Sie sich ihre Positionierung. So sehen Sie beispielsweise eine große Leiste am oberen Rand des Online-Shops, mit einer Meta-Navigation, Verweise auf soziale Netzwerke und die Möglichkeit, ein Benutzerkonto anzulegen. Darunter finden Sie im linken Bereich ein Logo sowie eine sehr große und prominente Suchleiste. Rechts davon haben Sie den Login und Warenkorb, darunter wieder auf der gesamten Breite die Hauptnavigation, gefolgt von einer Breadcrumb-Leiste. Unterhalb des Headers sind ein großes Produktbild, die Produktinformationen sowie weitere Produkttexte und der Warenkorb-Button zu sehen. Wie Sie also in Abbildung 4.2 sehen, geht es darum, Informationen, Schaltflächen und sonstige Elemente zu positionieren und diese entsprechend für Ihren Grafiker in Form eines Plans aufzubereiten. So vermeiden Sie im Übrigen auch das Vergessen von wichtigen Elementen. Denn oftmals vergisst man eben doch noch ein wichtiges Detail und kann dies gegebenenfalls in der Designphase gar nicht mehr komplett korrigieren. Denn wenn erst einmal ein Raster und bestimmte Elemente erstellt sind, ist das nachträgliche Abändern schwierig.

Wireframes mit Mockflow

Werkzeuge für die Entwicklung von Wireframes gibt es freilich viele, unser persönlicher Favorit ist Mockflow. Denn Mockflow ist webbasierend, verfügt ergänzend jedoch auch über eine Desktop-Anwendung. Ebenso können Sie im Team gemeinsam an Entwürfen arbeiten, und die Anwendung ist mehr als selbsterklärend. Gerade für Anfänger und Einsteiger handelt es sich um eine sehr benutzerfreundliche Lösung, die darüber hinaus Ihren Geldbeutel schont. Weitere Informationen zu Mockflow finden Sie unter *http://www.mockflow.com.*

4.3.2   Wichtige Ansichten in einem Online-Shop

Wie Sie bereits auf den vorherigen Seiten gelesen haben, ist es enorm wichtig, alle relevanten Ansichten in einem Online-Shop zu bedenken, die Funktionsweise von Elementen zu beschreiben und insgesamt bei der Planung eine möglichst umfassende Dokumentation abzuliefern, so dass Ihr Grafiker bei der Realisierung eines Entwurfs alle relevanten Dinge berücksichtigt.

Dummerweise handelt es sich bei einem Online-Shop nun aber um eine äußerst komplexe Software, die über eine Vielzahl an Möglichkeiten, Funktionen und Darstellungen verfügt. Damit Sie ein möglichst präzises Gespür dafür erhalten, werden wir im Folgenden die wichtigsten Ansichten eines Online-Shops im Detail beleuchten und Ihnen wichtige Tipps für die Realisierung des Designs mit an die Hand geben. Als Basis hierfür hält exemplarisch ein nacktes Magento-System her. Denn als Shop-Betreiber werden Sie, unabhängig davon, für welche Software Sie sich entscheiden, zuerst vor einem nackten System stehen, das es anzupassen gilt. Je nach ausgewählter Online-Shop-Software gibt es hierbei natürlich Abweichungen, denn Shopware hat andere Prozesse, Ansichten und Funktionen als Magento. Der Grundgedanke und die grundsätzliche Vorgehensweise sind aber immer dieselben.

Startseite

Oftmals ist die Startseite die erste Seite im Online-Shop, mit der Ihre Besucher in Kontakt kommen. Das bedeutet, dass Sie Ihre Besucher auf dieser Seite sofort überzeugen müssen, ansonsten verlassen Ihre Besucher Ihren Shop und kommen auch so schnell nicht mehr zurück. Dementsprechend müssen Sie speziell Ihrer Startseite eine gewisse Aufmerksamkeit widmen, denn genau wie bei einem ersten Date, bei dem Sie eine Frau oder einen Mann von sich überzeugen möchten und sich fein herausputzen, müssen Sie dies auch mit Ihrem Online-Shop machen. In einer Standard-Magento-Installation sieht die Startseite aus wie in Abbildung 4.3.

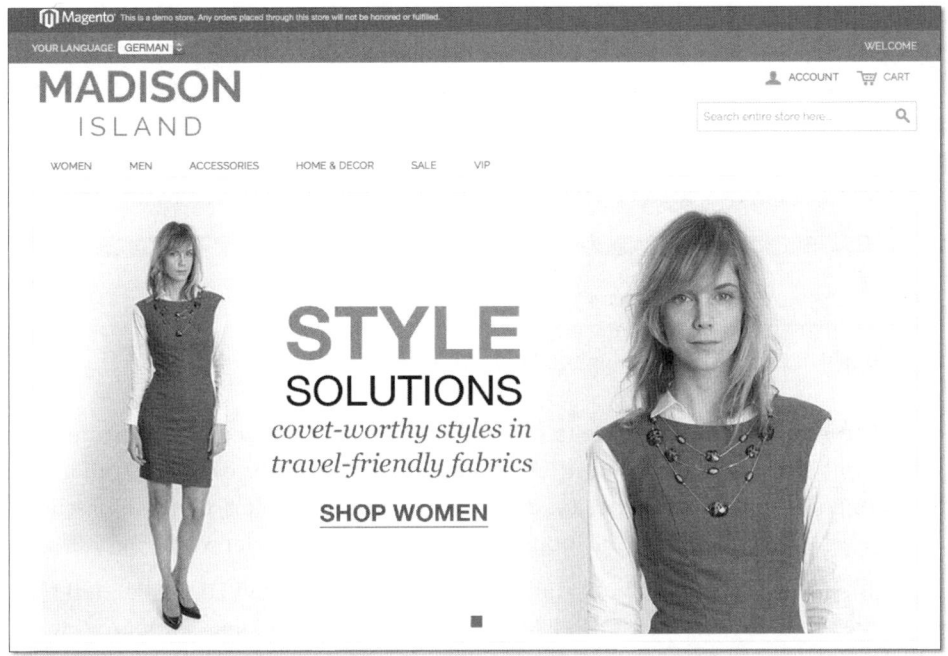

Abbildung 4.3 Die Startseite einer nackten Magento-Installation.

Hinsichtlich der Usability spielt, wie Sie gelernt haben, weniger die Farbgebung oder die Darstellung der Grafiken eine wichtige Rolle als vielmehr die optimale Aufteilung von Elementen und deren Platzierung auf der Seite. Bezogen auf die Startseite ergeben sich, wir bleiben beim Beispiel Magento, folgende wichtige Elemente, die Sie in Ihrem Online-Shop-Design platzieren müssen:

► Logo

► Navigationsleiste (primär)

► Navigationsleiste (sekundär)

► Suchleiste bzw. Verweis auf die Suchfunktion

► Warenkorb

► Produkte, die beworben werden

► Teaser-Grafiken bzw. Werbebanner

► Fußbereich mit Links

► Sprachauswahl

Das Logo dient primär als Wiedererkennungswert. Gerade wenn Sie bereits ein Unternehmen betreiben und Ihre Kunden Sie kennen, erfolgt die Identifikation in der Regel anhand des Logos. Das ist im E-Commerce nichts anderes als in Werbeanzeigen. Grundsätzlich platziert man das Logo bevorzugt immer im linken bzw. mittleren oberen Bereich und schafft um das Logo herum etwas Platz, damit dieses gut erkennbar ist und wirken kann. Sie können das gut in Abbildung 4.4 sehen. Beachten Sie auch, dass das Logo sowie das Corporate Design maßgeblich für das Farbschema Ihres Online-Shops verantwortlich sind. Wenn Sie also ein pinkfarbenes Logo haben, macht es Sinn, den Shop in ähnlichen Farben zu realisieren, zumindest in Farben, die sich nicht beißen. Das Logo vererbt so gewissermaßen die Farbe an den Online-Shop.

Abbildung 4.4 Kopfbereich des Online-Shops von H&M

Diese Farbvererbung können Sie in den meisten Shops erkennen, als konkretes Beispiel kann der Online-Shop von ARLT herhalten, den Sie unter *www.arlt.com* aufrufen können. Das Logo selbst besitzt die Farben Schwarz und Rot, dementsprechend sind die restlichen Elemente im Shop entweder schwarz, rot oder weiß.

Im Kopfbereich des Online-Shops und somit auch im Bereich des Logos platziert man gerne die sekundäre Navigationsleiste und die Suchfunktion. Die sekundäre Navigationsleiste beinhaltet keine Verlinkung auf Kategorien oder Produkte, sondern relevante Verlinkungen im Shop selbst wie beispielsweise das Benutzerkonto, die Benutzerregistrierung und den Warenkorb. In diesem Bereich wird zusätzlich noch die Suchfunktion, in der Regel in Form einer einfachen Suchleiste, integriert. Sie können diesen Aufbau in einem Beispiel aus der Praxis, nämlich *www.breuninger.com*, in Abbildung 4.5 erkennen.

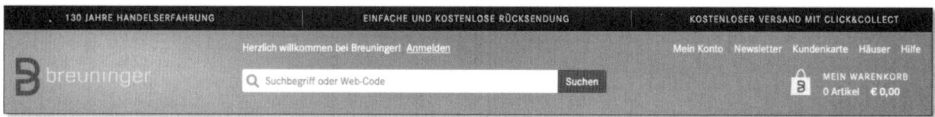

Abbildung 4.5 Klassischer Aufbau eines Kopfbereichs mit Logo, Suchleiste und sekundärer Navigation mit Warenkorb

Sie sehen also, die Kopfbereiche der Online-Shops sind alle enorm ähnlich aufgebaut, einfach weil Kunden diesen Aufbau gewohnt sind und sich dementsprechend leicht tun. Wenn nämlich die Suchleiste immer im Kopfbereich des Online-Shops platziert ist und ein neuer Besucher sich auf Ihren Online-Shop verirrt, wird er auch bei Ihnen nach der Suchleiste im Kopfbereich suchen. Wichtig ist, wie Sie anhand der Suche erkennen können, die prominente Platzierung eines solchen Schlüsselelements. Verfolgen Sie einen anderen Aufbau als andere Online-Shops, entsteht erst einmal eine gewisse Irritation, die dann gegebenenfalls zu einem Kaufabbruch führen kann.

Ebenso im Kopfbereich müssen Sie die primäre Navigationsleiste unterbringen. Diese ermöglicht Ihren Besuchern auf alle Warengruppen und somit Produkte zuzugreifen. Speziell bei diesem Navigationselement müssen Sie ein großes Augenmerk auf eine saubere und übersichtliche Struktur legen. Wie Sie in Kapitel 3, »Kunden zum Kaufen animieren – Produkte und Warengruppen«, gelernt haben, empfiehlt es sich, die 7–2-Regel einzuhalten. Sofern das bei Ihnen realisierbar ist, können Sie Ihre Navigation wie in Abbildung 4.4 umsetzen. Sollten Sie sich nicht an diese Regel halten können, müssen Sie in Richtung eines »Mega-Menüs« denken, das heißt einer Navigation, die sehr viele Elemente darstellen kann und dabei die gesamte Breite des Online-Shops nutzt. Ein Beispiel hierfür können Sie in Abbildung 4.6 erkennen.

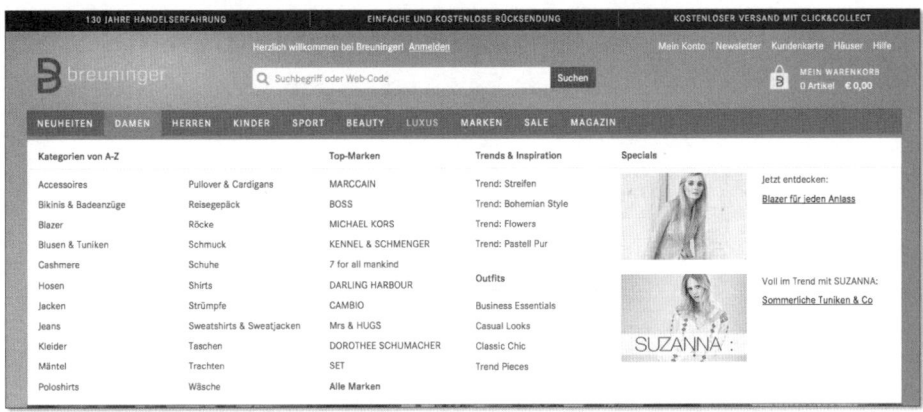

Abbildung 4.6 Mega-Menü bei breuninger

In diesem Fall sind Sie gezwungen, sofern Sie die Inhalte nicht anders strukturieren können, alle Unterpunkte in Form einer übersichtlichen Navigation anzuzeigen. Was Sie auf jeden Fall vermeiden müssen, ist die Verschachtelung in zig Ebenen und auch die Darstellung ausschließlich einer Ebene. Denn der Vorteil eines Mega-Menüs besteht darin, Ihren Besuchern auf Anhieb alle Kategorien und Warengruppen darzustellen. Man kann also direkt erkennen, welche Produkte Sie vertreiben. Durch die Unterschachtelung ist das nicht möglich – und glauben Sie uns, es gibt mittlerweile so viele Online-Shops, die wahrscheinlich auch dieselben Artikel wie Sie vertreiben, dass ein Besucher einfach zur Konkurrenz geht, wenn er auf Anhieb nicht seine gewünschten Artikel bei Ihnen findet.

Nach dem Kopfbereich folgt auf der Startseite der eigentliche Inhalt. Hierbei setzt man, das ist auch meine Empfehlung für Sie, zuerst auf eine Slideshow bzw. ein großes Titelbild und bietet direkt danach Produkte an. Die Slideshow können Sie in Abbildung 4.3 erkennen, und diese dient im ersten Schritt dazu, die Aufmerksamkeit auf diesen Bereich zu lenken. Hierfür eignen sich Emotionsbilder beispielsweise hervorragend. Denn Sie möchten bei Ihrem Besucher ja schließlich eine gute Stimmung erzeugen, auf eine einfache Art und Weise Informationen transportieren und eine Aussage treffen. Alternativ setzt man in diesem Bereich gerne auch auf Aktionsbanner bzw. Specials.

Im Anschluss ist es enorm wichtig, Produkte anzupreisen. Denn so können Sie Ihren Besuchern direkt mitteilen, was Sie genau verkaufen, Topseller bewerben, und darüber hinaus sind speziell solche Produktinformationen für Suchmaschinen und die Suchmaschinenoptimierung ein wichtiger Bestandteil.

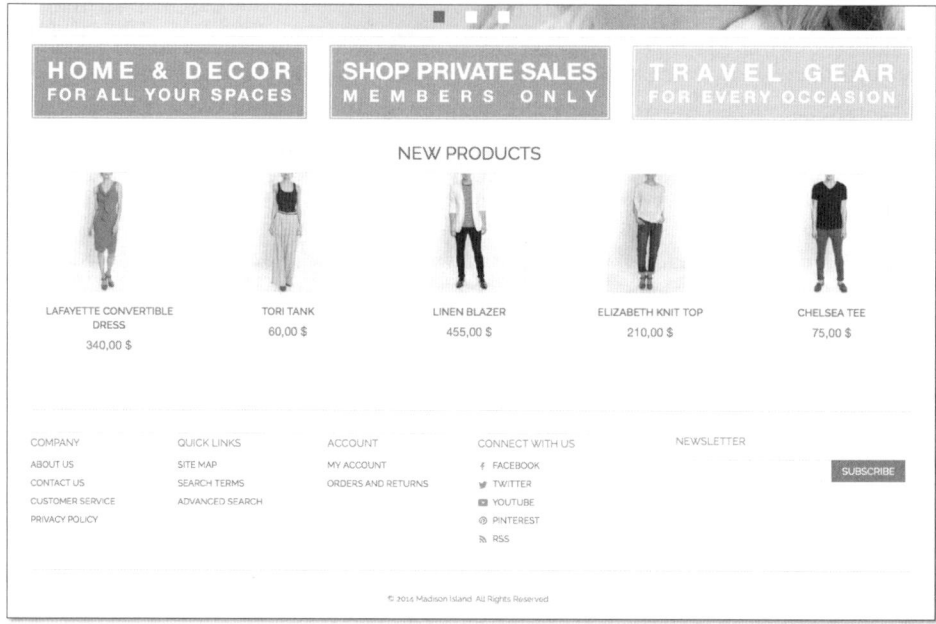

Abbildung 4.7 Der Inhalt und Fußbereich bei einer Magento-Installation

Bei der Konzeption Ihres Online-Shop-Designs müssen Sie daher auf der Startseite, wie Sie auch in Abbildung 4.7 erkennen können, einen Platz für die Darstellung der Produkte sowie einen Werbeplatz für eine Slideshow oder ein Banner bedenken. Nach dem eigentlichen Inhalt folgt eine Fußzeile, die Sie dafür nutzen können, alle wichtigen Links und Informationen nochmals zugänglich zu machen. In der Praxis werden Verlinkungen zu den AGB, zum Impressum, den Datenschutzbestimmungen, aber auch Produktkategorien gesetzt. Achten Sie speziell hierbei auf eine logische Aufteilung der Links. So können Sie den Fußbereich in vier bis fünf Blöcke bzw. Spalten unterteilen und jedem Block eine Überschrift geben, zum Beispiel Kategorien, Kundenservice, wichtige Links, soziale Netzwerke. Jedem Block weisen Sie ausschließlich die für ihn relevanten Links und Inhalte zu, wodurch Sie eine gewisse Übersichtlichkeit entwickeln und Ihre Besucher wesentlich einfacher die für sie relevanten Links finden.

Kategorieansicht

Die Kategorieansicht hat primär das Ziel, Ihren Kunden auf übersichtliche Art und Weise die vorhandenen Produkte darzustellen und diese zu präsentieren. Vergleicht man die Startseite mit einem Schaufenster, das primär das Ziel verfolgt, Kunden in das Geschäft zu locken, so ist die Kategorieansicht ein Bereich bzw. eine Abteilung in Ihrem Geschäft und muss dafür sorgen, Ihren Kunden einen Überblick über die Ware zu verschaffen. Und sind wir einmal ehrlich, es gibt doch nichts Schlimmeres als eine unübersichtliche Anordnung von Produkten und ein zusammengewürfeltes Sortiment innerhalb einer Abteilung, wodurch man schon fast dazu genötigt wird, das Geschäft zu verlassen.

Magento verfügt im Standard bereits über eine sehr aufgeräumte Form der Darstellung, die Sie in Abbildung 4.8 erkennen können. Wichtige Elemente innerhalb der Kategorieansicht sind:

- Filternavigation
- Produkte
- Sortiermöglichkeiten
- Breadcrumb-Navigation

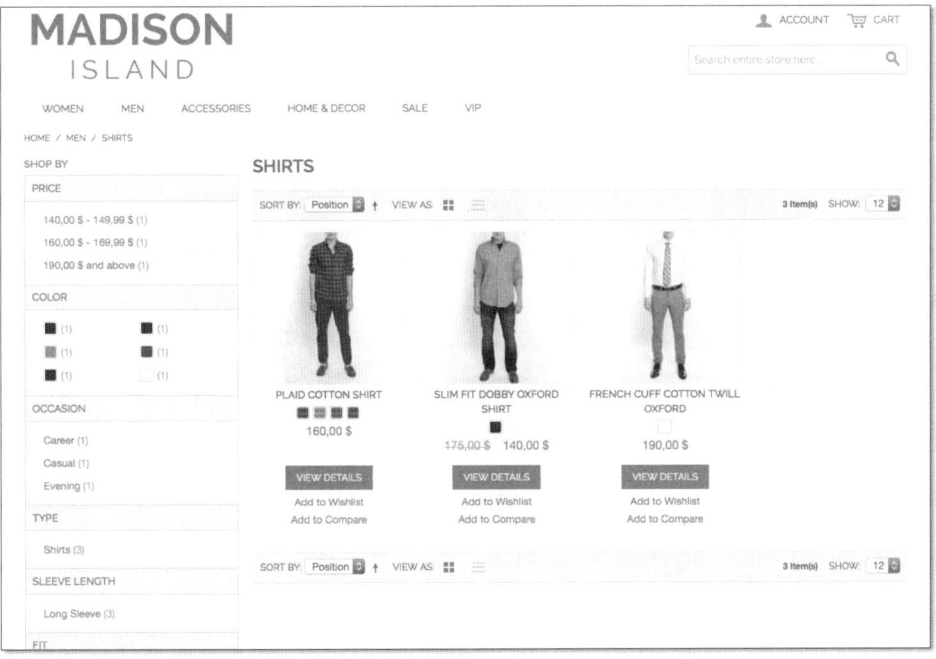

Abbildung 4.8 Kategorieansicht von Magento

Die Breadcrumb-Navigation zeigt Ihnen als Besucher sofort an, auf welcher Seite oder, wie in diesem Fall, auf welcher Kategorie Sie sich befinden. Da diese Navigation der Orientierung dient, empfiehlt es sich, diese grundsätzlich und auf allen Seiten zu integrieren. Ebenso wichtig im Bereich der Navigation ist die Filternavigation. Hierbei wird es etwas trickreich, denn die Filternavigation ist ein großes Feature von

Magento, und nicht jede Online-Shop-Software verfügt über eine solche Navigations-
möglichkeit. Bei der Filternavigation können Sie gezielt nach Produkteigenschaften
filtern. Wenn Sie also wie im Beispiel in Abbildung 4.8 in der Kategorie SHIRTS sind
und nun 200 Shirts vorfinden, werden Sie aufgrund der Vielzahl schlicht überfordert
sein. Die Filternavigation kann Ihnen dabei helfen, die Ergebnismenge einzuschränken. Man könnte beispielsweise eine oder mehrere Farben auswählen, dazu noch die
passende Größe und eine beliebige Schnittform. Daraufhin erhalten Sie nur die Artikel, die über die ausgewählten Eigenschaften verfügen. Eine wirklich praktische und
aus Usability-Sicht notwendige Form der Navigation, die aber nicht in allen Online-
Shop-Lösungen zur Verfügung steht. In der Praxis wird eine solche Form der Navigation vor allem im Modebereich gerne genutzt, da hier viele Besucher im Vorfeld nach
Größe, Farbe und Hersteller filtern und dadurch wesentlich übersichtlichere Ergebnisse erhalten. So setzt auch der Branchenprimus Zalando auf eine entsprechende
Filternavigation, die Sie in Abbildung 4.9 sehen.

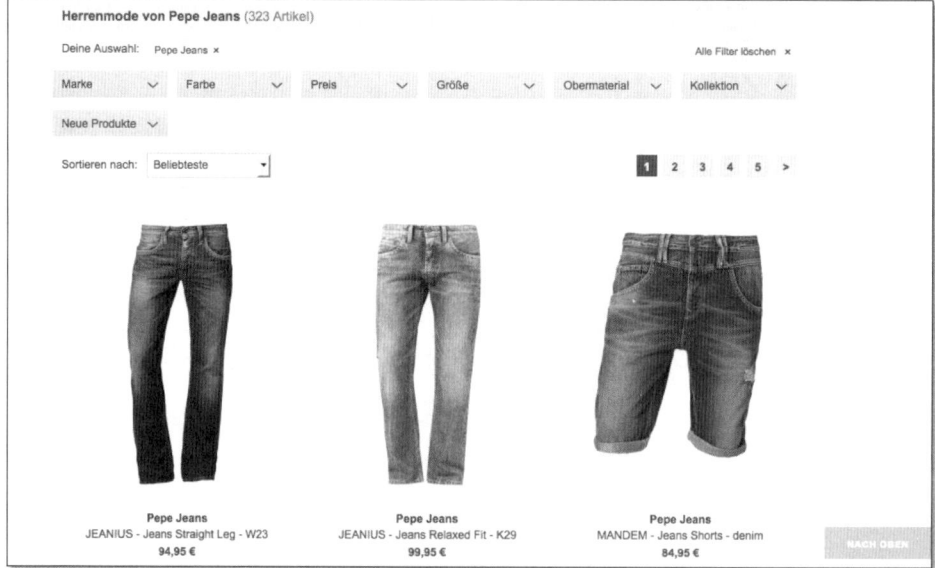

Abbildung 4.9 Filternavigation bei Zalando

Zusätzlich zur Filterung macht eine Anpassung der Sortierreihenfolge ebenso Sinn.
Denn so können Besucher nach Preis auf- oder absteigend, oder nach Herstellern sortieren. Dadurch wird zwar die Ergebnismenge nicht reduziert, aber die Besucher
erhalten für sie relevante Ergebnisse am Anfang und haben somit die interessanten
Artikel im Fokus. Zalando nutzt diese Funktion ebenso, wie Sie in Abbildung 4.9
sehen können, und setzt standardmäßig auf die Beliebtheit. Das bedeutet, dass
beliebte Artikel, also meist verkaufte, zuerst erscheinen.

4

Als Kernstück der Kategorieansicht zählt zuletzt die Produktdarstellung. Die Krux besteht darin, möglichst viele Artikel auf eine übersichtliche Art und Weise darzustellen, alle relevanten Produktinformationen abzubilden, dabei aber den Kunden nicht zu überfordern. Zu den relevanten Informationen zählen der Produktname, das Produktbild, mögliche Produktvarianten wie Größen und Farben, der Preis und gegebenenfalls vorhandene Bewertungen.

Vorsicht beim Preis, wenn Sie im Hochpreissegment unterwegs sind

Speziell bei hochpreisigen Artikeln sowie für den Fall, dass Sie wesentlich teurer sind als die Konkurrenz, sollten Sie nicht direkt auf der Kategorieansicht die Preise abbilden. Denn hier können Sie Ihre Kunden vom Kauf noch nicht überzeugen und verschrecken sie eher. Ein hoher Preis auf der Detailansicht hingegen kann immer noch argumentiert werden.

Produktdetailansicht

Nachdem sich die Besucher auf der Kategorieansicht für ein oder mehrere Artikel entschieden haben, landen sie zwangsläufig auf der Produktdetailseite, auf der Sie als Shop-Betreiber alle relevanten Informationen, die für die Kaufentscheidung notwendig sind, präsentieren müssen. Wichtige Elemente, Sie sehen diese in Abbildung 4.10, sind folgende:

- ▸ Produktname
- ▸ Lagerbestand/Verfügbarkeit
- ▸ Konfigurationsmöglichkeiten bzw. Produktvarianten
- ▸ Produktbeschreibung und technische Informationen
- ▸ Preis
- ▸ Produktbild sowie gegebenenfalls weitere Ansichten
- ▸ Warenkorbfunktionalität

Das Wichtigste zuerst: Ihr Besucher muss wissen, was er sich gerade anschaut, daher sind die Abbildung des Produktnamens und des Bildes essenziell. Auch hier gibt es im E-Commerce ein Standardraster, so dass oftmals auf der linken Seite das Produktbild folgt, rechts neben dem Bild bzw. dicht darüber der Name. So erkennt man auf den ersten Blick, was man sich gerade ansieht. Wenn der Artikel in mehreren Konfigurationsvarianten vorliegt, macht es darüber hinaus Sinn, den Produktnamen durch die Spezifikation zu ergänzen. So schaut man sich nicht einfach ein Macbook an, sondern ein Macbook Pro 13 Zoll mit 256 GB SDD Festplatte. Ansonsten kann man eventuell nicht direkt erkennen, ob es sich wirklich um die gewünschte Produktvariante handelt.

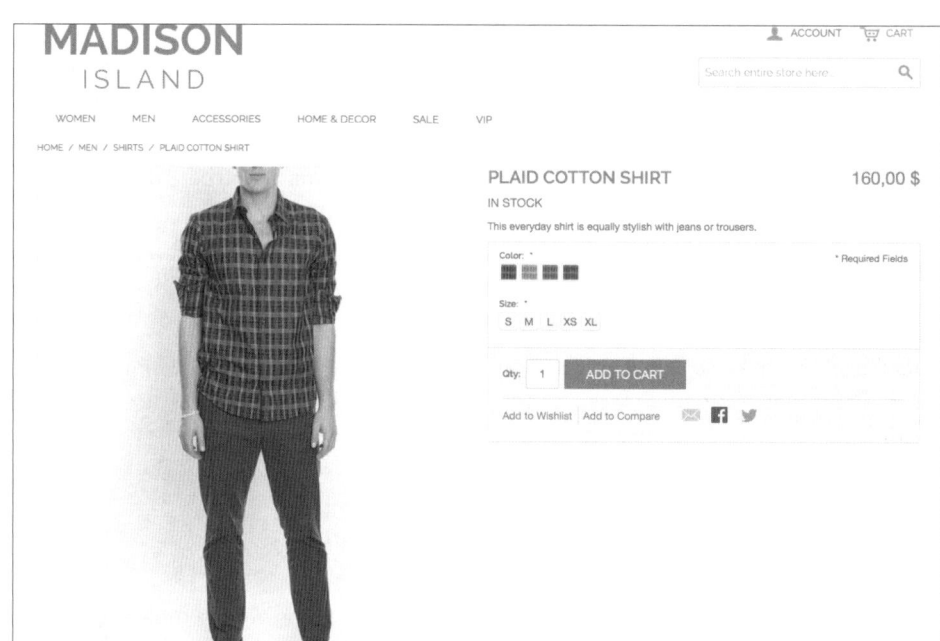

Abbildung 4.10 Produktdetailseite am Beispiel von Magento 1.9

Ebenso wichtig und auch praktischerweise im Bereich der Überschrift ist der Lagerbestand, bei dem Sie nicht die exakte Lagermenge anzeigen müssen, aber sehr wohl, ob der Artikel auf Lager ist, welche Lieferzeit der Artikel hat und gegebenenfalls bis wann Sie bestellen müssen, um den Artikel am nächsten Tag geliefert zu bekommen. Achten Sie hierbei auf eine Darstellung, die auf Farben setzt. Wenn der Artikel auf Lager ist visualisieren Sie dies in Grün, wenn der Artikel nicht verfügbar ist in Rot. Durch die farbliche Kennzeichnung machen Sie es Ihren Besuchern wesentlich einfacher zu erkennen, ob der Artikel verfügbar bzw. nicht verfügbar ist.

Ebenso wichtig ist die Darstellung von möglichen Konfigurationsoptionen, sprich die Auswahl der passenden Produktvariante. Diese sollte sich direkt in der Nähe des Preises befinden, so dass man auch die Auswirkung der Auswahl des Preises sofort erkennen kann. Wie Sie in Abbildung 4.10 sehen, ist bei Magento im Standard die Darstellung in diesem Bereich sehr kompakt. Der Preis ist gut isoliert auf der rechten Seite zu sehen, darunter folgt die Auswahl der Produktvariante, und man hat auf einen Blick direkt die Warenkorbfunktionalität, um den Artikel zu kaufen. Aus Usability-Sicht müssen genau diese Informationen ohne Notwendigkeit zum Scrollen ersichtlich sein. Sehr gut gelöst hat dies Zalando, wie Sie in Abbildung 4.11 erkennen können.

Zusätzlich zu den bereits angemerkten Informationen müssen Sie darüber hinaus noch technische Informationen, sofern vorhanden, weitere Produktbilder und auch eine Produktbeschreibung abbilden. Diese Informationen werden aber gerne unterhalb der gerade diskutierten Informationen dargestellt, da diese viel Platz benötigen. Bei den meisten Online-Shops, daher ist diese Lösung als Best Practice anzusehen, erfolgen Detailinformationen zum Artikel unterhalb des groß dargestellten Produktbildes. Denn wenn ein Besucher sich im Detail informieren möchte, kann er nach unten scrollen. Beim erstmaligen Aufruf der Produktdetailansicht sind daher keine Details relevant, hier spielt vielmehr eine große Darstellung des Produktbildes, des Namen und des Preises eine große Rolle sowie die einfache Möglichkeit, den Artikel in den Warenkorb zu legen.

Abbildung 4.11 Sehr kompakte Darstellung der Produktdetailseite

Benutzerregistrierung und Login

Neben den Seiten in Ihrem Online-Shop, auf denen es speziell um Produkte geht, gibt es weitere Ansichten, die Sie im Zuge eines Designprozesses berücksichtigen müssen. Basierend auf unseren Erfahrungen aus der Praxis können wir Ihnen aber sagen, dass hier oftmals das Design nur adaptiert, jedoch nicht komplett neu aufgebaut wird. Denn fangen wir mit der Registrierung und dem Login an, handelt es sich hierbei nicht um kriegsentscheidende Seiten. Es ist natürlich wichtig, dass diese funktional sind, aber Sie müssen bei diesen Ansichten keinen Schönheitspreis gewinnen.

In Magento müssen Sie sich beispielsweise nur um die Darstellung von ein paar wenigen Textfeldern Gedanken machen, die Sie in Abbildung 4.12 sehen können. Wenn Sie sich als Benutzer registrieren möchten, müssen Sie Ihren Vor- und Nachnamen ausfüllen sowie eine E-Mail-Adresse und ein Passwort angeben. Bei Bedarf können Sie sich noch für den Newsletter registrieren. Aus Usability-Sicht ist es hierbei wichtig, dem Besucher klar darzustellen, welche Informationen Sie benötigen, und sollte eine Validierung vorhanden sein, bei einem Fehler ganz klar zu kommunizieren, was falsch eingegeben wurde. Gerade bei den Passworteingaben erhalten Sie öfter einmal Meldungen wie »Passwort ungültig«, eben weil ein Sonderzeichen oder eine Zahl vorausgesetzt wird. Geben Sie hier Ihrem Besucher aber nicht nur die generische Meldung »Passwort fehlerhaft« zurück, sondern sagen Sie ihm, warum ein Fehler aufgetreten ist. Dies gilt übrigens für alle Eingaben in Ihrem Online-Shop. Sollte es zu einem Fehler kommen, geben Sie immer eine exakte Fehlerbeschreibung zurück.

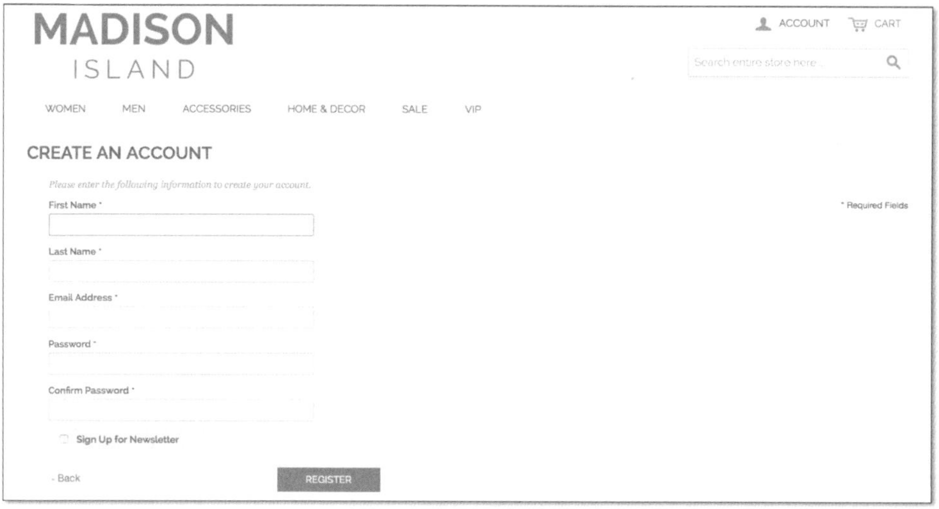

Abbildung 4.12 Für die Registrierung sind nur ein paar Informationen notwendig.

Zu guter Letzt müssen Sie sich noch an das KISS-Prinzip halten – »Keep it simple, stupid«. Fragen Sie nur die Daten ab, die Sie wirklich benötigen. Es macht keinen Sinn, zum Beispiel eine Faxnummer abzufragen, wenn Sie Ihren Kunden keine Faxe zusenden möchten. Ebenso macht die Abfrage der Firma in reinen B2C-Shops selten Sinn. Konzentrieren Sie sich daher ausschließlich auf Informationen, die Sie tatsächlich benötigen.

Gleiches gilt für das Login, wobei hier in der Regel nur relevante Daten abgefragt werden. Wichtig ist aber bei der Benutzeranmeldung ebenfalls das Fehler-Handling. Denn oftmals vergessen Benutzer schlicht ihre Login-Daten. Geben Sie daher beim Login an, ob Sie eine E-Mail-Adresse oder einen Benutzernamen benötigen. Zusätzlich müssen Sie die Passwort-vergessen-Funktionalität optisch hervorgehoben darstellen, denn wenn wirklich einmal das Passwort vergessen wurde, gibt es nichts Ärgerlicheres, als lange nach dem Passwort-Reset zu suchen.

Warenkorb und Bezahlvorgang

Beim Warenkorb und dem Bezahlvorgang kommt es vor allem darauf an, eine gewisse Sicherheit durch die optische Gestaltung zu schaffen und dem Besucher die

Angst vor dem Einkauf und dem Ungewissen zu nehmen. Speziell mit dem Thema Sicherheit befasst sich Abschnitt 4.5, »Der Faktor Vertrauen«, in dem die Darstellung des Warenkorbs und Bezahlvorgangs im Detail erklärt wird.

Sonstige Ansichten

Neben den thematisierten Ansichten gibt es natürlich viele weitere Ansichten in Ihrem Online-Shop, beispielsweise das gesamte Benutzerkonto. Die aufgeführten Ansichten sind aber mit Abstand die wichtigsten, und in der Praxis werden Sie, alleine bedingt durch das Budget, ausschließlich die relevanten Ansichten gestalten und umsetzen lassen. Für alle übrigen Ansichten reicht es in der Regel aus, das Farbschema entsprechend anzupassen und diese Ansicht an die Optik Ihres Online-Shops anzugleichen.

4.3.3   Das Zusammenspiel mit einer Grafikagentur/einem Grafiker

Wenn Sie bzw. Ihr Designer die für Ihren Online-Shop relevanten Ansichten in Form von Wireframes erstellt haben, kann die eigentliche Gestaltungsphase starten. Als Ergebnis sollten Sie von Ihrem Designer eine Photoshop- oder Fireworks-Datei erhalten. Denn diese benötigt wiederum Ihr Entwickler, der das Theme erstellt. Ihr Designer ist daher dafür zuständig Ihrem Entwickler die Entwürfe so präzise wie möglich aufzubereiten. Aus diesem Grund ist es ebenso notwendig, jede Ansicht innerhalb des Online-Shops zu gestalten, denn Ihr Entwickler kann nur das umsetzen, was er geliefert bekommt. Eine weitere wichtige Aufgabe des Designers besteht darin, Änderungen, Korrekturwünsche und Anpassungen aufzunehmen und visuell umzusetzen. Denn Abstimmungen auf Basis von Photoshop- oder Fireworks-Dateien gemeinsam mit Ihrem Grafiker sind immer effizienter, als wenn Ihr Entwickler Änderungen durchführen muss. Oftmals neigen Shop-Betreiber dazu, Grafikentwürfe schnell durchzuwinken, denn wenn erst einmal alles umgesetzt ist, hat man ein besseres Bild und kann Anpassungen auf dieser Basis vornehmen. Das ist zwar technisch betrachtet korrekt, der Aufwand ist aber sicherlich um den Faktor 3 oder 4 höher, als wenn Ihr Designer die Entwürfe anpasst und Sie diese prüfen und gegebenenfalls Änderungen veranlassen. Sorgen Sie wirklich dafür, dass Sie von Ihrem Designer vollständige Entwürfe erhalten, auf deren Basis Sie eine Entscheidung treffen können und ein Gespür für den Online-Shop erhalten. Ihr Entwickler sollte nur noch Abweichungen wie Detailkorrekturen oder grobe Fehler anpassen müssen!

4.3.4   Technische Umsetzung des Entwurfs

Hat Ihr Grafiker die Entwürfe entsprechend fertiggestellt, werden diese an Ihren Entwickler übergeben. Dieser »wandelt« die Entwürfe in PHP, HTML, CSS und JavaScript um – ganz vereinfacht gesagt. Ihr Entwickler ist dafür zuständig, dass Ihr Online-Shop exakt wie die Entwürfe aussieht. Dies ist vor allem deshalb so zeitintensiv und schwierig, da die momentan gängigen Browser unterschiedliche Darstellungen haben. Sprich, Ihr Entwickler setzt den Entwurf um und muss anschließend die Genauigkeiten in den verschiedenen Browsern prüfen und nachjustieren. Erschwert wird dies durch den M-Commerce, denn aufgrund dessen müssen die Entwürfe für unterschiedliche Endgeräte wie Smartphones und Tablets erstellt sowie geprüft werden.

Erst wenn Ihr Entwickler seine Arbeit beendet hat, können Sie die Funktionen des Shops testen, denn Designumsetzungen beeinflussen zwangsläufig die Funktionalität eines Online-Shops. Funktioniert alles problemlos, sollte Ihr Grafiker einen letzten Blick auf den Online-Shop werfen, denn ein Grafiker betrachtet gewisse Stellen mit anderen Augen als ein Entwickler. Gibt Ihr Grafiker das Go, ist das Design fertig und das Projekt »Online-Shop-Designerstellung« beendet.

Zugegeben, ist dies ein stark vereinfachter Workflow, denn über Briefings und Workshops haben wir uns in diesem exemplarisch skizzierten Szenario noch überhaupt nicht unterhalten. Sie können aber sicherlich den zeitlichen Aufwand dadurch grob einschätzen und wissen, dass Sie »mit ein paar Tagen« keinesfalls ein gut geplantes und realisiertes Design entwickeln können. Dies dauert Wochen, wenn nicht gar Monate. Und damit haben Sie auch schon den größten Unterschied zu einem Kauf-Template. Denn bis Sie ein individuelles Design realisiert haben, vergeht viel Zeit, und die Kosten eines Designs machen gut und gerne 50–60 % der gesamten Projektsumme aus.[2]

Ob Sie ein Design selbst erstellen oder auf ein fertiges Template zurückgreifen, müssen Sie von Fall zu Fall selbst entscheiden. Primär ist es eine Frage des Budgets, denn oftmals ist, vereinfacht gesagt, kein Budget für ein individuelles Design vorhanden. Auf der anderen Seite können Sie nur auf diese Art und Weise tatsächlich in die Usability eingreifen, da Sie Ihr Projekt von 0 an planen können. Greifen Sie daher, wann immer es geht, zu einem individuellen Design, und versuchen Sie nicht krampfhaft, ein fertiges Template so weit zu verbiegen, dass es Ihren Anforderungen entspricht, denn das geht in den meisten Fällen schief.

Wie Sie sich auch entscheiden, Sie möchten als Shop-Betreiber in beiden Fällen eine gute Usability. Doch was müssen Sie hierfür alles beachten?

4.4   Usability-Faktoren, die Sie beachten müssen

Auch wenn wir auf den vorherigen Seiten über das Thema Design bzw. Optik gesprochen haben und Sie nun wissen, welche Elemente umgesetzt und gestaltet werden

---

2 Speziell im Magento-Umfeld ist das kein unüblicher Wert.

müssen, so gibt es darüber hinaus Optimierungspotenziale und Usability-Aspekte, die nichts mit der eigentlichen Gestaltung des Shops zu tun haben. Leider gibt es aber kein allgemeingültiges Rezept mit drei Stellschrauben, an denen Sie drehen müssen. Viele Faktoren spielen eine wichtige Rolle, und zwar als großes Ganzes. Nur wenn Sie viele Details beachten und daran arbeiten, können Sie ein hervorragendes Endergebnis produzieren und Ihren Besuchern ein geniales Einkaufserlebnis bilden.

Und da es nicht nur ein paar wenige Stellschrauben gibt, werden wir auf den folgenden Seiten die Details besprechen, und zwar Schritt für Schritt. Denn wenn Sie genau auf diese Details achten und an Ihrem Online-Shop arbeiten, können auch Sie die Usability Ihres Online-Shops signifikant steigern. Lassen Sie uns daher direkt durchstarten!

4.4.1   Technische Fehler

Sicherlich ist es Ihnen bei der täglichen Arbeit mit Ihrem Computer auch schon einmal passiert, dass Sie schnell etwas erledigen mussten, und dann haben eines oder mehrere Ihrer Programme gestreikt. Anschließend nehmen Sie mehrere verschiedene Anläufe, um ans Ziel zu kommen, und irgendwann funktioniert es auch. Die Aufgabe haben Sie zwar erledigt, aber Sie sind auch ein Stück weit gefrustet. Das Problem im E-Commerce liegt nun darin, dass sich Ihre Besucher nicht mit Ihnen und Ihrem Online-Shop beschäftigen müssen, denn die Konkurrenz liegt in 90 % aller Fälle nur einen Klick entfernt. Ihre Besucher brauchen also gar nicht die Geduld wie am heimischen Computer aufzuwenden, sie gehen einfach zu Ihrer Konkurrenz. Daher werden im E-Commerce Fehler enorm schnell bestraft, denn Ihnen geht Umsatz und damit Gewinn verloren, und noch viel schlimmer: Sie vergraulen Ihre Besucher. Wenn diese erst einmal im Bewusstsein haben, Ihr Shop lauert voller Fehler, dann bleiben Folgebesuche in der Regel aus. Und diese Besucher zurückzugewinnen, wird äußerst schwierig.

Doch wie genau sehen die »klassischen« technischen Fehler in einem Online-Shop aus?

▶ Schaltflächen bzw. Buttons sind nicht verlinkt. Ein Klick bewirkt also nichts, und der Besucher versteht nicht warum.

▶ Schaltflächen oder Buttons sind falsch verlinkt. Man klickt beispielsweise auf den Button Zur Kasse und landet im Warenkorb.

▶ Funktionen sind grundsätzlich beeinträchtigt. Sie fordern ein Passwort an und erhalten keine E-Mail, Sie bestellen und erhalten keine Bestellbestätigung etc.

▶ Der Online-Shop zeigt unregelmäßig aufgrund von Überlastungen eine Fehlerseite an.

▶ Darstellungsfehler beeinträchtigen das Lesen und Erfassen von Informationen, beispielsweise durch optische Überschneidungen von Elementen.

▶ Oder allgemein formuliert: Das Verhalten einer Funktionsweise entspricht nicht dem, was 90 % Ihrer Besucher erwarten.

Sollten Sie nun mit der Intention starten, einen perfekten und fehlerfreien Online-Shop entwickeln zu lassen, so ist das mehr als utopisch. Denn Online-Shop-Lösungen sind komplexe Softwares, die von Haus aus nicht fehlerfrei sein können. Denn je komplexer eine Software ist, desto höher ist die Wahrscheinlichkeit, dass Fehler enthalten sind. Letztendlich sind die Entwickler dieser Lösungen auch nur Menschen und versuchen einen guten Job zu machen, ausschließen können Sie Probleme aber nie. So existierte beispielsweise in der E-Commerce-Lösung Magento jahrelang ein Rundungsfehler, der durch gewisse Konstellationen provoziert werden konnte. Der Rundungsfehler hat sich auf die Berechnung der Umsatzsteuer ausgewirkt, so weit ist das noch gar nicht so tragisch. Bei einem Einkauf via PayPal wurde aber aufgrund der falsch gemeldeten Umsatzsteuer die Bestellung als Betrugsversuch gewertet, wohlgemerkt nach dem Einkauf. Das ist zwar ein unschöner Fehler, keine Frage, aber er hält erst einmal nicht vom Einkauf ab. Den Umsatz haben Sie eingeheimst, und das muss auch Ihr primäres Ziel sein.

Damit Sie in Ihrem Online-Shop einen möglichst fehlerfreien Shopping-Prozess ermöglichen können, müssen Sie eine Sache konsequent tun: testen. Denn speziell durch die konstante Weiterentwicklung ist es in der Praxis nicht unüblich, dass sich Fehler einschleichen und mit neuen Funktionen und Updates alte Funktionen beeinträchtigt werden. Nehmen Sie sich daher wöchentlich Zeit, um Ihren Shop zu testen und die Funktionsweise zu gewährleisten. Idealerweise können Sie das Testen auch an Freunde oder Bekannte delegieren, da diese nochmals einen komplett anderen Blick auf Ihren Online-Shop haben. Damit Sie einen effizienten Testprozess haben, machen Sie sich zuallererst eine Liste mit Abläufen, die Sie testen möchten. Diese könnte wie folgt aussehen:

▶ Registrierung im Kundenkonto: Besucher klickt oben auf REGISTRIEREN, gibt seine Daten in das Formular ein und klickt auf ABSENDEN. Kommt die Opt-in-E-Mail an, und kann diese bestätigt werden?

▶ Der Besucher legt einen Artikel in den Warenkorb. Ist die korrekte Summe im Warenkorb anschließend vorhanden, ist der Artikel im Warenkorb?

▶ Der Besucher kauft die Artikel im Warenkorb ein. Er klickt auf den Button JETZT KAUFEN, füllt die nachgelagerten Formulare aus und klickt auf BESTELLEN. Stimmt die Summe, ist das Geld korrekt transferiert worden, bekommt der Besucher eine Bestellbestätigung?

▶ etc.

Konzentrieren Sie sich auf die 10 oder 15 wichtigsten Möglichkeiten in Ihrem Online-Shop, denn jede Funktionsweise können Sie sowieso nicht testen. Prüfen Sie daher, ob die Registrierung und der Login funktionieren, Produkte in den Warenkorb gelegt werden können und Einkäufe möglich sind. Wenn Sie spezielle Individualisierungen wie Produktkonfiguratoren haben, dann sollten Sie diese Funktionen ebenso in Ihre Liste mit aufnehmen. Anschließend haben Sie eine Prüfliste erstellt, die Sie Stück für Stück abarbeiten können und bei Bedarf auch an Bekannte oder Freunde verteilen können. Wenn Sie hinter jeden Punkt einen grünen Haken machen können, haben Sie zumindest einmal die Gewissheit, dass die wichtigsten Funktionen in Ihrem Online-Shop anstandslos klappen.

Automatisierte Oberflächentests mit Selenium

Bestimmte Funktionen und Abläufe wie die Registrierung, das Einkaufen etc. können Sie mittlerweile auch automatisiert testen lassen. Ein gutes Tool hierfür ist Selenium, das unter anderem auch als Browser-Extension für den Firefox verfügbar ist. Sie können mit diesem Tool eine Vorgehensweise aufzeichnen, die Sie zuvor zusammengeklickt haben, und anschließend abspulen. Wenn hierbei jeder Button geklickt, jedes Formular ausgefüllt und abgeschickt werden kann, ist der Test bestanden. Dadurch können Sie letztendlich wieder viel Zeit sparen, da Sie sich nicht persönlich durch Ihren Online-Shop klicken müssen. Sprechen Sie hierauf einmal Ihren Entwickler an, er wird Ihnen sicherlich weiterhelfen können.

▶ *http://www.seleniumhq.org*

Neben regelmäßigen Tests sollten Sie bei Aktualisierungen und Erweiterungen Ihres Online-Shops, sprich bei Deployments, ebenso ein gewisses Fingerspitzengefühl haben. Sofern Sie die Möglichkeit haben, spielen Sie die Erweiterung bzw. das Update erst auf einem Staging-System durch. Sollte dort alles geklappt haben, können Sie sich um das Live-System kümmern. Nehmen Sie die Live-Seite lieber 10 Minuten mit einer entsprechenden Meldung offline, aktualisieren Sie dann die Online-Shop-Software, testen Sie die Änderungen, und gehen Sie dann mit Ihrem Online-Shop wieder online. Denn während Deployments wird es zwangsläufig zu Fehlern kommen. Es wäre schade, wenn Sie dadurch bei Ihren Besuchern für Unmut sorgen würden. Kommunizieren Sie daher Wartungsarbeiten offen, denn hierfür werden Ihre Besucher sicherlich Verständnis haben.

4.4.2   Ladezeiten

Bleiben wir beim nächsten Punkt noch einmal bei der technischen Komponente Ihres Online-Shops. Die Ladezeiten Ihres Online-Shops wirken sich direkt auf die Conversion-Rate, aber auch auf die Usability aus. Denn wer möchte bei einem Klick schon ein paar Minuten auf eine Antwort warten? Hier gilt ähnlich wie bei Fehlern:

Die Konkurrenz ist nur einen Klickt entfernt. Wenn Ihnen das Surfen auf Cyberport zu lange dauert, dann gehen Sie eben zu Amazon oder Alternate, um die gewünschten Produkte zu bestellen. In der Regel gibt es zwischen den Besuchern und Ihnen als Online-Shop-Betreiber bzw. Ihrem Online-Shop keinerlei emotionale Bindung, Ihre Besucher wollen am Ende des Tages nur möglichst schnell an die gewünschten Artikel kommen. Schnell ist dabei das Zauberwort, denn Ihr Online-Shop muss schnell sein. Doch was ist schnell? Erfahrungsgemäß sind Ladezeiten um die 2 Sekunden okay und akzeptabel, Sie sollten aber auf jeden Fall schauen, Richtung 1-Sekunde-Marke zu kommen. Das heißt, wenn Ihr Online-Shop beim Laden ca. 1 Sekunde dauert, ist alles in Ordnung.

Fangen wir damit an, wie Sie die Ladezeit Ihres Online-Shops messen können, denn wenn Sie nicht wissen, wie schnell oder langsam Ihr Online-Shop ist, können Sie auch nicht ansetzen. Auch hierfür gibt es wieder eine Vielzahl an Werkzeugen. Ein unserer Meinung nach gutes Tool, weil es einfach zu bedienen ist und sofort Resultate liefert, ist Pingdom. Unter *http://tools.pingdom.com* können Sie einfach die zu testende URL eingeben, wobei Sie unter Settings am besten Amsterdam als Serverstandort wählen, da uns dieser geografisch am nächsten kommt. Wenn Sie eine URL definiert haben, beispielsweise die Startseite, klicken Sie auf Test Now. Sie erhalten daraufhin eine Zusammenfassung, wie viele Daten in welcher Zeit ausgeliefert wurden, sowie eine Auflistung aller Dateien, die heruntergeladen werden mussten. Schlussendlich müssen Sie eine ähnliche Darstellung wie in Abbildung 4.13 haben, die Sie im Folgenden sehen. Mein gewähltes Beispiel Zalando kommt auf eine Ladezeit von 1,57 Sekunden und eine Seitengröße von 1,6 MB bei 184 Requests.

Darüber hinaus können Sie ebenso erkennen, wie sich die 1,6 MB zusammensetzen. Werden viele Bilder geladen, werden große JavaScript-Dateien benötigt, oder ist Ihre Seite grundsätzlich inhaltlich so weit »aufgebläht«, wodurch eine große Seitengröße zustande kommt.

Pingdom hilft Ihnen im ersten Schritt für eine grobe Bestandsaufnahme, auf deren Basis Sie sagen können, Ihr Online-Shop ist langsam oder schnell. Wenn Sie nun ermitteln, dass Ihr Online-Shop langsam ist, dann kann es hierfür mehrere Gründe geben, die sukzessive geprüft werden müssen. Ist die Auslieferung der Seite langsam, oder die darauffolgende Darstellung? Ersteres Problem ist beim Server und der Software angesiedelt. Durch komplexe Datenbankabfragen kann es sein, dass Ihr Online-Shop erst einmal eine gewisse Zeit benötigt, an Daten zu kommen und diese zu verarbeiten. Wenn diese Informationen zur Verfügung stehen, werden sie an den Browser übergeben, und dieser stellt sie dar. Krankt es am ersten, müssen Sie die Online-Shop Software und das Server-Setup untersuchen lassen und gegebenenfalls mit Caches gegensteuern. Unter Caching versteht man, dass gewisse Ergebnisse oder gar ganze Seiten zwischengespeichert werden. Wenn ein Besucher Ihren Online-Shop aufruft, muss die Datenbank nicht mehr angefragt werden, die Software selbst muss keine Daten mehr verarbeiten, wodurch wesentlich weniger Last anfällt und die Geschwindigkeit steigt.

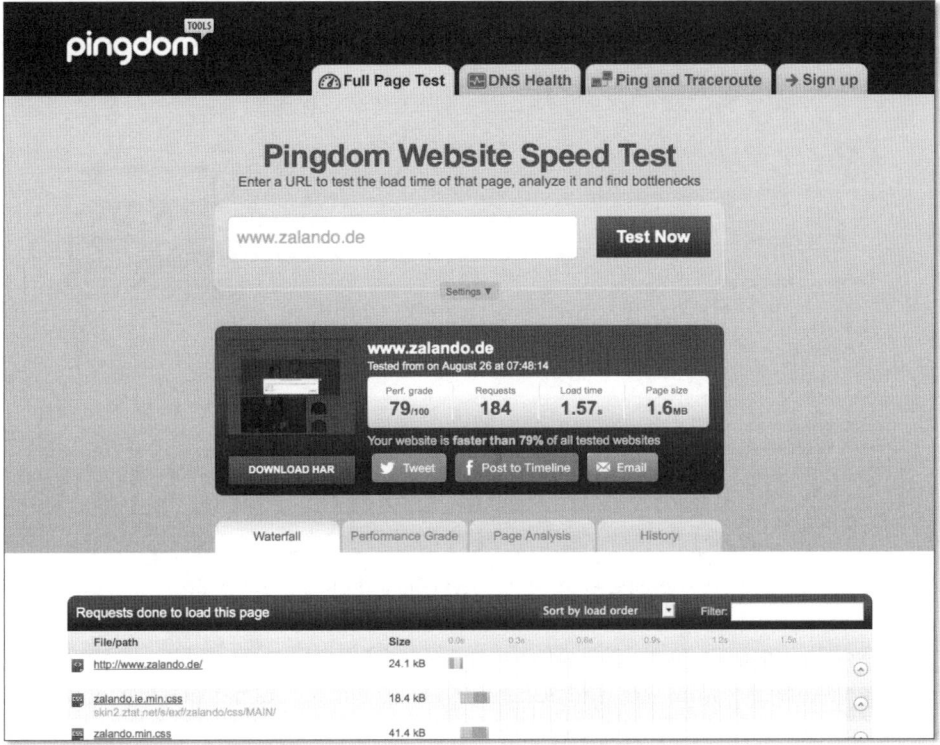

Abbildung 4.13 Auswertung der Ladezeit am Beispiel von Zalando

Es kann jedoch auch passieren, dass der Server alle Daten zügig ausliefert, die Darstellung im Browser aber sehr lange benötigt. Das ist gerade bei komplexen JavaScript-Anwendungen, vielen und großen Bildern keine Seltenheit. Hier würde ein Cache nicht viel bewirken, denn die Daten müssen so oder so im Browser dargestellt werden. In einem solchen Fall würde eine Performance-Optimierung im direkten Zusammenhang mit dem Template bzw. dem Design sinnvoll sein. Denn man müsste, läge es tatsächlich am JavaScript, diese optimieren, Bilder gegebenenfalls komprimieren, um so auch die zu herunterladende Datenmenge zu reduzieren.

Die »größten« und schlimmsten Fehler können Sie übrigens auch durch einen Google-Service ermitteln. Unter *https://developers.google.com/speed/pagespeed/insights/* können Sie Ihren Online-Shop oder Ihre Website testen lassen und erhalten anschließend von Google ein Scoring mit Optimierungsmöglichkeiten, wie Sie in Abbildung 4.14 sehen können.

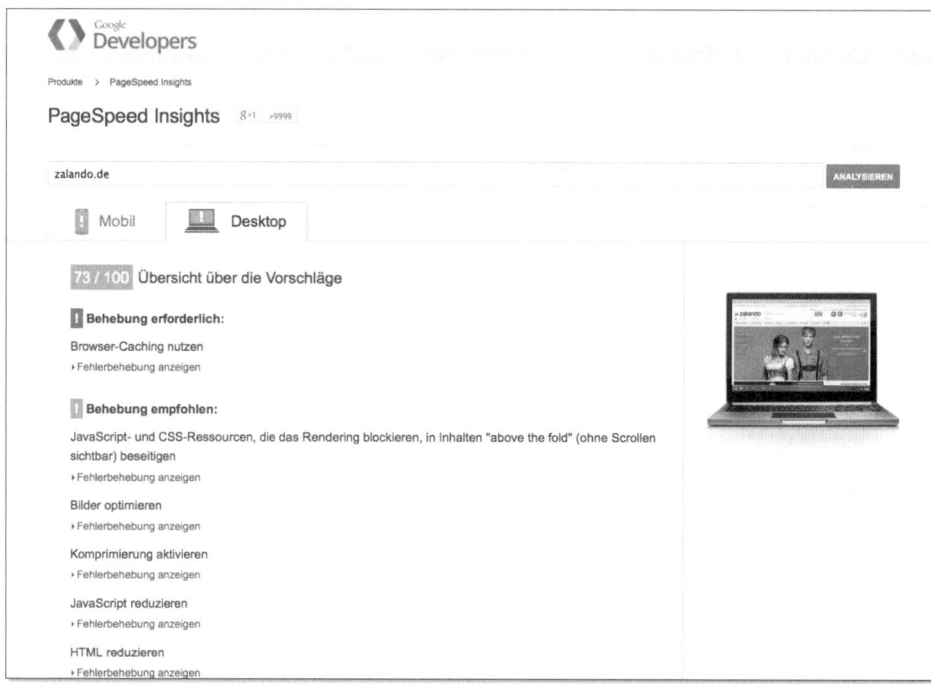

Abbildung 4.14 Google PageSpeed Insights weist Sie auf große Fehler hin.

Wenn Sie grundsätzlich aber vor einem Software- bzw. Serverproblem stehen, wird die Analyse etwas komplexer und aufwendiger. Als gutes Tool hat sich in den letzten Jahren Newrelic herauskristallisiert. Denn diese Application-Monitoring-Software zeigt Ihnen recht deutlich, welche Datenbankabfragen oder auch Softwarebestandteile eine hohe Last versuchen und viel Performance benötigen. Für die Implementierung und Auswertung müssen Sie definitiv Rücksprache mit Ihrem Entwickler halten, denn hier wird es sehr technisch.

Die Optimierung der Ladezeit ist kein Hexenwerk, es gibt verschiedene Tools, mit denen Sie zuerst die Probleme identifizieren und basierend auf der Diagnose auch lösen können. Wichtig ist nur, dass Sie als Shop-Betreiber die Performance als kritisches Thema ansehen und sich dieses Themas annehmen und konstant an der Optimierung arbeiten.

4.4.3   Buttons und Links kenntlich machen

Es ist enorm wichtig, ein optisches Feedback bei klickbaren Elementen zu geben. Das heißt, sobald ein Button, ein Link oder eine Fläche klickbar ist und man mit der Maus über diese fährt, wird ein optisches Feedback benötigt. Es spielt dabei eine nicht so wichtige Rolle, ob Sie den Link bzw. Button unterstreichen oder die Farbe ändern, Hauptsache, Ihre Besucher verstehen den Klick-Effekt. Nehmen wir hierfür als Beispiel Zalando. Wenn Sie mit der Maus über einen Navigationspunkt fahren, wird dieser automatisch in einer anderen Farbe dargestellt, wie Sie in Abbildung 4.15 sehen können.

Abbildung 4.15 Klickbare Elemente erfordern stets ein optisches Feedback.

Denn wenn etwas unterstrichen bzw. farblich hervorgehoben wird, dann klicken Ihre Besucher auch darauf oder verstehen zumindest die Interaktion. Prüfen Sie daher Ihren Online-Shop speziell unter diesem Gesichtspunkt. Alle Links und Schaltflächen müssen ein optisches Feedback bei einem Mouse-over liefern.

Es gibt neben dieser Tatsache auch noch den Fall, dass klickbare Elemente überhaupt nicht wahrgenommen werden. Das heißt, ein optisches Feedback bei einem Mouse-over hätte keinerlei Auswirkung, da der Besucher gar nicht mit seiner Maus über das Element fährt. In diesem Fall geht also der Button oder die Schaltfläche komplett unter. Um dies zu vermeiden, spricht man davon, Call-to-Action-Elemente besonders auffällig darzustellen. Als Shop-Betreiber müssen Sie nun im ersten Schritt die Call-to-Action-Elemente erst einmal definieren. Es sind Elemente, bei denen Sie eine Interaktion mit dem Besucher wünschen. Ein klassisches Beispiel ist der Button IN DEN WARENKORB. Natürlich möchten Sie, dass ein Besucher darauf klickt, denn dieser Klick verspricht Ihnen Umsatz. Jedoch kann auch eine Kontaktanfrage oder eine Katalogbestellung ein Prozess sein, in den Sie Ihre Besucher schicken möchten. Bleiben wir beim Beispiel von Zalando. Wenn Sie Abbildung 4.16 einmal ansehen, werden Sie sofort die Call-to-Action-Elemente finden.

Denn besonders auffällig sind der orangefarbene Button IN DEN WARENKORB und der Suchfeld-Button, mit dem Sie eine Suchanfrage abschicken können. Sie werden als Besucher daher ganz gezielt durch eine optische Hervorhebung auf Buttons bzw.

Schaltflächen aufmerksam gemacht. Speziell bei einer sehr schlichten Seite wie Zalando, die weiß und grau ist, sticht ein orangefarbener Button natürlich sehr ins Auge.

Abbildung 4.16 Produktdetailansicht bei Zalando

Lösen Sie sich auch von dem Gedanken der Manipulation. Oftmals wird durch die angesprochenen Usability-Änderungen die unterbewusste Manipulation der Besucher unterstellt. Sozusagen als ob man den Besucher überlisten und ihn indirekt zum Einkauf zwingen würde, da der Aufbau der Seite genau dem entspricht, damit der Besucher auch ordentlich einkauft. Aber darum geht es gar nicht. Sie möchten Ihre Besucher nicht manipulieren, sondern ihnen eine übersichtliche Seite bereitstellen, mit deren Hilfe er ohne Probleme und Hindernisse einkaufen kann. Denn als Shop-Betreiber lenken Sie den Fokus Ihrer Kunden auf die einzelnen Prozessschritte, wodurch der Einkauf schnell und effizient durchgeführt werden kann. Helfen Sie Ihren Besucher daher bei der Navigation innerhalb Ihres Online-Shops, und setzen Sie Call-to-Action-Elemente sparsam, aber zielgerichtet ein.

4.4.4   Suchfunktion

Nutzen Sie Google? Und nutzen Sie häufig Google? Gerade wir in Deutschland sind wahrhaftige Google-Fans. Sobald eine Information benötigt wird, ruft man schnell *www.google.de* auf und gibt seine Frage, entweder in einzelnen Worten oder in ganzen Sätzen, in einen Suchschlitz ein und erhält anschließend genau die Ergebnisse, die einem bei der Beantwortung der Frage weiterhelfen. Klingt ja eigentlich ganz banal, oder? Google arbeitet mittlerweile seit mehr als einem Jahrzehnt mit einer Armee an Ingenieuren und Softwareentwicklern genau an dieser vermeintlich einfachen Funktion und ist immer noch nicht am Ende angekommen. Was hat dies nun mit Ihrem Online-Shop zu tun? Ganz einfach, Ihre Besucher erwarten von Ihrer Suchfunktion genau dieselbe Funktionsweise, aber Sie haben nicht die Manpower von Google, geschweige denn die notwendigen Kapazitäten und das Know-how. Das Resultat: eine im Schnitt mittelmäßige Suchfunktion, die zwar Produkte findet, aber irgendwie sind es immer die falschen. Und das ärgert Ihre Besucher, und sie verlieren langsam die Lust am Einkaufen.

Sicherlich ist diese Aussage von mir etwas pessimistisch, denn die Suchfunktion hängt selbstverständlich von der E-Commerce-Lösung ab, ein Magento sucht nämlich nicht gleich gut oder gleich schlecht wie beispielsweise ein OXID. Aber, ohne einer E-Commerce-Lösung bzw. deren Entwickler zu nahe treten zu wollen, mehr als durchschnittliche Ergebnisse werden Sie voraussichtlich nicht erhalten.

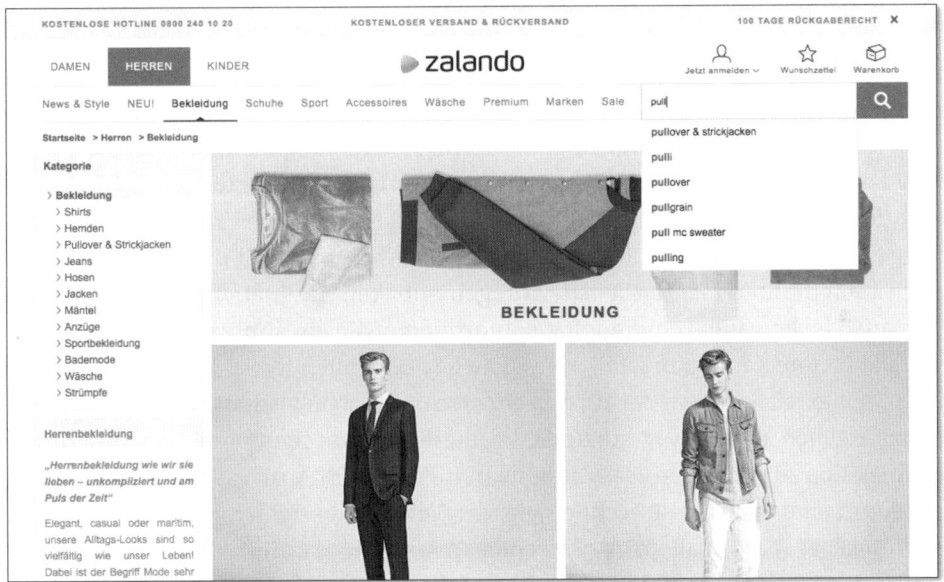

Abbildung 4.17 Auto Suggest und Filterung

Auch sind oftmals weitere Eingrenzungen der Suche, beispielsweise mit Hilfe einer Filterung, nur mit zusätzlichen Erweiterungen möglich.

Eine gelungene Suchfunktion können Sie bei Zalando testen, Sie sehen auch in Abbildung 4.17 eine entsprechende Grafik. So erhalten Sie bei der Eingabe von Buchstaben oder eines Begriffs Vorschläge, sprich Empfehlungen. Dementsprechend müssen Sie auch gar nicht genau wissen, wie ein bestimmtes Produkt heißt, die Suche vervollständigt Ihre Anfrage und liefert zusätzlich Ideen für die Suche nach anderen Artikeln. Darüber hinaus besteht nach der Suche die Möglichkeit, die Ergebnisse einzuschränken, sprich zu filtern. Wenn Sie bei Zalando nach einem Pullover suchen, erhalten Sie eine große Anzahl an Artikeln, soweit dürfte Sie das nicht verwundern. Jetzt haben Sie aber die Möglichkeit, Ihre Suchergebnisse einzuschränken, durch den Preis, die Beschaffenheit, Kategorien etc. Auch das ist eine sehr wichtige Funktion, die Sie Ihren Besuchern anbieten müssen. Denn ein Suchergebnis deckt in der Regel eine recht große Ergebnismenge ab. Ihre Besucher möchten diese jedoch eingrenzen, um sich nicht eine Vielzahl an Artikeln ansehen zu müssen, und hierfür ist eine Filterung unumgänglich.

Wie eingangs erwähnt, hängt die Suche sehr stark von der eingesetzten Shop-Software ab. Es gibt Anbieter, die Ihnen dieses Problem lösen, denn diese Unternehmen bieten eine Suchtechnologie an, bei der die Suche gar nicht mehr in Ihrem Shop durchgeführt wird, sondern direkt bei dem Anbieter. Und da sich dieser Anbieter auf das Thema »Suchen und Finden« spezialisiert hat, erhalten Sie sehr gute Ergebnisse. Technologisch ist die Anbindung relativ simpel. Letztendlich müssen Sie einen Export Ihrer Produktdaten bereitstellen. Es sind also alle Daten notwendig, die durchsucht werden sollen. Anschließend muss der Suchanbieter in Ihrem Shop integriert werden. In der Regel existieren hierfür bereits Plug-ins und Module, die im Idealfall »out of the box« funktionieren, im Worst Case als Basis für die eigene Implementierung dienen. Eines dieser Unternehmen ist Fact-Finder, das neben einer Auto-Suggest-Funktion auch die Filterung der Ergebnisse ermöglicht und darüber hinaus noch weitere interessante Dienstleistungen anbietet. Alternativ hierzu können Sie sich auch bedenkenlos bei findologic informieren, die ein ähnliches Leistungsspektrum anbieten. Kann man eine professionelle Suche auch selbst anbieten, ohne sich auf einen externen Dienstleister zu verlassen? Sie haben auch die Möglichkeit, sich einen eigenen Suchserver aufzubauen, diesen zu konfigurieren und mit Ihrem Online-Shop zu verbinden. Das Zauberwort hierfür heißt Apache Solr. Es handelt sich dabei um eine Suchserver-Technologie, die Sie selbst betreiben müssen. Der große Nachteil liegt aber vor allem im notwendigen Know-how. Denn wenn Suchdienstleister ein Plug-&-Play-Feeling vermitteln (möchten), müssen Sie bei der Apache-Solr-Lösung viel Wissen über Server, Apache Solr und PHP sowie über Ihr Webshop-System haben. Dafür haben Sie natürlich mehr Freiheiten, bezogen auf die Kosten macht aber ein Suchdienstleister in der Regel mehr Sinn.

Auch hier gilt: Für welche Lösung Sie sich letztendlich auch entscheiden, das Ergebnis muss stimmen. Immer mehr Besucher nutzen die Suche als eine Art Navigation, glänzen Sie daher mit passenden und treffenden Ergebnissen, und ermöglichen Sie Ihren Besuchern das einfache Auffinden von Informationen.

4.4.5   Gastbestellungen und Benutzerkonten

Auch wenn wir etwas später noch im Detail in den Check-out-Prozess einsteigen, so soll an dieser Stelle gesagt sein, dass Sie in Ihrem Online-Shop auf jeden Fall Bestellungen von Gästen erlauben sollten. Denn einige Online-Shops haben die Pflicht und den Zwang, nur registrierten und angemeldeten Benutzern das Bestellen zu ermöglichen. Da sich aber nicht jeder Benutzer in Ihrem Shop direkt mit allen Daten registrieren möchte, wenn er nur gerade auf der Suche nach einem Artikel ist und diesen schnellstmöglich kaufen möchte, sollten Sie es besser machen und das auch ermöglichen.

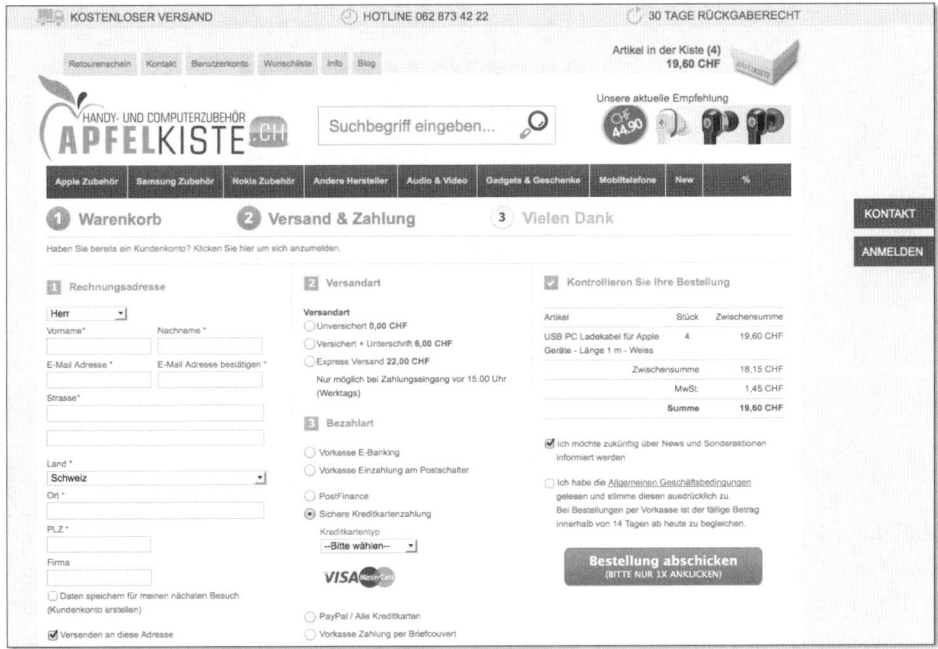

Abbildung 4.18 apfelkiste.ch verzichtet komplett auf den Benutzerkontenzwang.

Am Beispiel von *www.apfelkiste.ch* sehen Sie in Abbildung 4.18, dass dort sogar das Thema Benutzerkonto im Check-out-Prozess komplett ausgeblendet wird. Vielmehr geht man dort von dem Standpunkt aus, der Benutzer gibt nur kurz seine Daten ein und erhält dann den Artikel und erspart sich, ein Konto anzulegen, dies erst bestätigen zu müssen, ein Passwort zu setzen etc. Durch den fehlenden Benutzerkontenzwang können Sie Ihre Conversion-Rate voraussichtlich signifikant steigern.

4.4.6   Hintergrundinformationen zum Online-Shop-Betreiber

Besucher möchten sich im Vorfeld darüber informieren, wer Ihnen Produkte und Dienstleistungen verkauft und wer »hinter« dem Online-Shop steckt. Insofern ist es wichtig, sich als Unternehmen zu präsentieren. Sehen Sie daher in Ihrem Design auf jeden Fall Platz für Informationen rund um Ihr Unternehmen vor. Ob Sie diesen Bereich so prominent wie mymuesli hervorheben müssen, Sie sehen das in Abbildung 4.19, ist reine Geschmackssache. Fakt ist jedoch, dass Sie Ihren Besuchern auf jeden Fall einen Blick hinter die Kulissen ermöglichen sollten.

Abbildung 4.19 »www.mymuesli.com« bietet Informationen zu den Machern.

Weiterer Vorteil: Wenn Sie gekonnt die Geschichte hinter dem Online-Shop und den Machern in Ihren Auftritt integrieren, sorgen Sie für Sympathien und können dadurch überzeugen und sich gegebenenfalls von der Konkurrenz absetzen.

4.4.7   Produktinformationen

Hierbei handelt es sich um ein Thema, das in Abschnitt 4.5, »Der Faktor Vertrauen«, im Detail erklärt wird. Abgesehen vom Vertrauensaspekt ist es für die Usability ebenso ein K.-o.-Kriterium, wichtige Produktinformationen gut und übersichtlich auf der Produktdetailseite darzustellen. Wenn Sie dies nicht tun, laufen Sie Gefahr, dass der Besucher den Prozess, in dem er sich gerade befindet, abbricht. Würden Sie einen Artikel in den Warenkorb legen, ohne über alle relevanten Informationen zu verfügen? Prüfen Sie daher, ob Sie mindestens folgende Informationen gut und übersichtlich auf Ihrer Produktdetailseite darstellen:

- Produktname und technische Eigenschaften, soweit vorhanden
- Produktbilder, Skizzen oder Zeichnungen
- die voraussichtliche Lieferzeit
- Lagerbestand bzw. Verfügbarkeit
- vollständiger Preis sowie, falls vorhanden, Versandkosten
- Informationen zur Garantie und Gewährleistung

Es reicht aber schlussendlich nicht einfach, die notwendigen Informationen darzustellen, diese müssen auch einfach zu erfassen und übersichtlich sein.

4.4.8   Layout und Raster

Lassen Sie uns nun zum großen Thema Design kommen. Wie eingangs erwähnt, entbrennen in Projektbesprechungen häufig Diskussionen über die Button-Größe, Farben oder darüber, ob besser Tabs oder eine Akkordeon-Darstellung umgesetzt werden sollte.

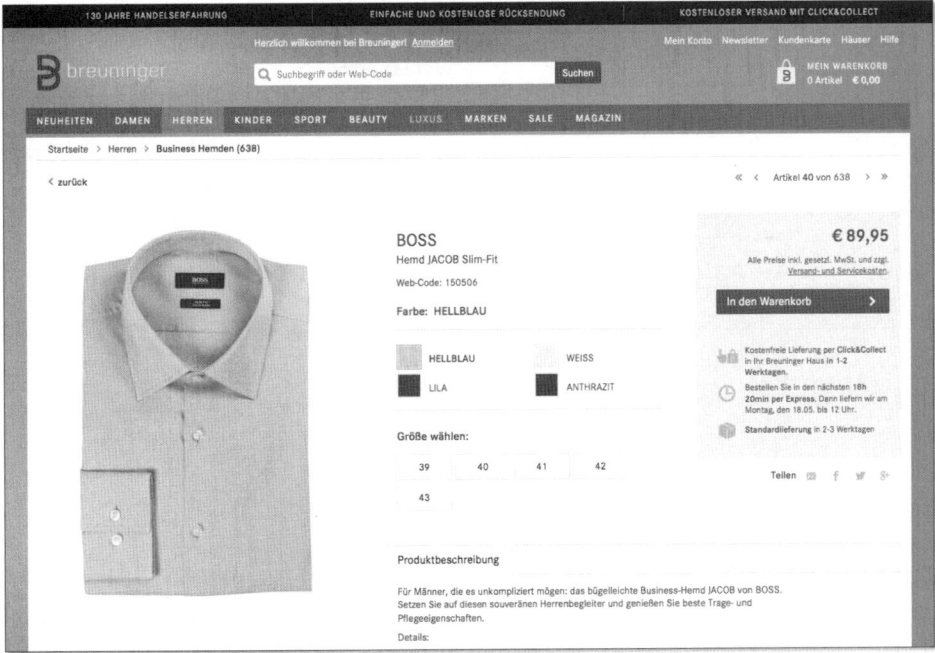

Abbildung 4.20 Produktdetailseite von »www.breuninger.com«

Aber letztendlich sind diese Punkte sekundär, entscheidend ist am Anfang das Layout, nämlich welche Elemente Sie an welcher Position platzieren und wie übersichtlich diese dargestellt sind. Nehmen wir als Beispiel die Produktdarstellung von *breuninger*, die Sie in Abbildung 4.20 sehen. Wenn Sie zum ersten Mal diesen Online-Shop aufrufen, werden Sie uns sicherlich Recht geben, wenn wir behaupten, dass dieser über eine sehr übersichtliche Darstellung verfügt. Das ist vor allem der Raumaufteilung und den Abständen geschuldet. Denn der Online-Shop wirkt nicht überfrachtet, und das bedeutet nichts anderes, als dass den Elementen dort genügend Abstand zu den anderen Elementen gegeben wird. Wenn Sie beispielsweise den Header betrachten, so besteht zwischen dem Logo und dem Suchfeld ein recht großer Abstand. Diesen Abstand gibt es wiederum zum Bereich mit dem Login und der Registrierung. Das System setzt sich auch in der eigentlichen Produktdarstellung fort, bei der alle Elemente über großzügige Abstände verfügen. Als Gegenbeispiel hierzu sehen Sie in Abbildung 4.21 einen Screenshot des Online-Shops von Pearl.

Abbildung 4.21 Viele Informationen auf wenig Raum

Ohne den Online-Shop von Pearl schlechtmachen zu wollen, sehen Sie auf den ersten Blick den großen Unterschied. Auf *www.pearl.de* gibt es eine Unmenge an Informationen, die auf kleinstem Raum untergebracht sind. Das Wort überladen ist in diesem Kontext eine Untertreibung, denn wenn Sie den Online-Shop nun selbst aufrufen und auch einmal nach unten scrollen, werden Sie feststellen, dass die Überfrachtung noch schlimmer wird. Pearl scheint sich gegen alle guten Regeln der E-Commerce-Usability zu stellen, denn es geht letztendlich nicht nur um die mangelnden Abstände, auch die Anzahl der Produkte wirkt in vielen Darstellungen einfach nur überladen.

Was bedeutet dies konkret für Ihren Online-Shop? Achten Sie bei der Umsetzung des Designs darauf, allen Elementen genügend Freiräume und Platz zu geben. Verschwenden Sie keinen Platz, denn dieser ist kostbar, aber achten Sie auf ein klares Raster, innerhalb dessen Sie sich bewegen und die Elemente positionieren. Alle Elemente sollten an einem entsprechenden Raster ausgerichtet sein und genügend Abstände zu benachbarten Elementen aufweisen. Denn wenn Sie mit zu wenig Freiraum arbeiten, kleben Elemente förmlich aufeinander, und die Differenzierung empfinden wir als schwierig. Dadurch geht Übersichtlichkeit verloren, und Ihre Besucher benötigen viel mehr »Kraft« als nötig, um Inhalte und Informationen zu erfassen.

4.4.9   Farben und Schriftgrößen

Achten Sie auf eine passende Schriftgröße und Farbe. Bei der Farbe spielt speziell der Hintergrund eine wichtige Rolle, denn dunkelgraue Schrift auf einem schwarzen Hintergrund ist genauso gut leserlich wie Neongelb auf einer weißen Hintergrundfläche. Wenn der Kontrast daher nicht hoch genug ist, nehmen wir die Schrift als schlecht leserlich wahr und müssen uns stark anstrengen, um den Inhalt zu begreifen. Oftmals erwischt man als Grafiker auch eine Schriftart, die zwar schön anzusehen ist, aber bei der Lesbarkeit nicht ganz so überzeugen kann. Entscheiden Sie sich im Zweifelsfall für die »hässlichere« Schrift, die man dafür besser lesen kann, ganz nach dem Motto: »Form follows function.«

4.4.10   Formulare

Sogenannte intelligente Formulare helfen Ihren Besuchern beim Ausfüllen von einzelnen Textfeldern oder ganzen Formularen. Das Wort »intelligent« wird immer dann verwendet, wenn das Formular Ihrem Besucher direkt einen Hinweis auf eine Falscheingabe liefert. Stellen Sie sich beispielsweise einen Bezahlvorgang vor, bei dem Sie auf einer einzigen Seite komplett alle Informationen, beginnend bei der Liefer- und Rechnungsadresse bis hin zu Versand- und Bezahloptionen etc., eingeben können. Sie geben alle Informationen ein, klicken auf ABSENDEN, und es erscheint nur die Meldung: »Das Formular kann nicht abgesendet werden, da ein Fehler enthalten ist.« Was haben Sie falsch gemacht? Ohne ein visuelles Feedback müssen Sie jede Eingabe prüfen und sich auch Gedanken darüber machen, ob die Telefonnummer eventuell mit 0049, +49 oder ganz ohne Vorwahl für Deutschland angegeben werden muss. Als Besucher können Sie das aber gar nicht wissen. Auch sind mir persönlich schon Formulare untergekommen, die keine Sonderzeichen wie ein »ß« erlaubten. Wenn Sie nun aber in der Max-Müller-Straße wohnen, können Sie das Formular nicht absenden, das System sagt Ihnen aber nicht warum. Deswegen benötigen Sie Formulare, die Ihren Besuchern direkt Feedback bei einer falschen Eingabe liefern.

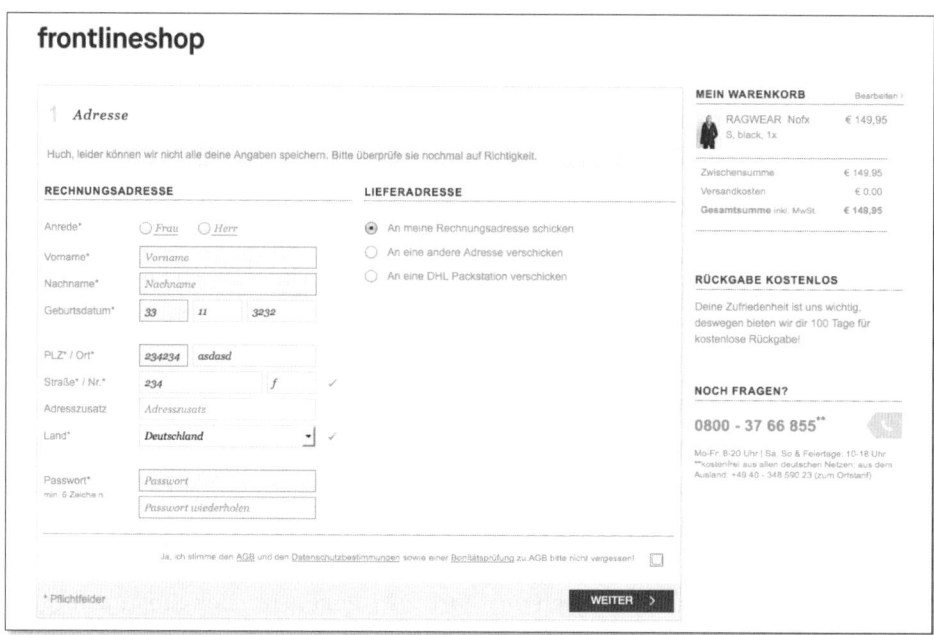

Abbildung 4.22 Validierung der Formulare auf »www.frontlineshop.com«

Ein gelungenes Beispiel für direktes Formularfeedback können Sie in Abbildung 4.22 am Beispiel von frontlineshop sehen. Wenn Sie im Check-out-Prozess beispielsweise Ihre Adresse eingeben, erhalten Sie nach der Eingabe des Formulars bzw. nach dem Absenden hinter jedem Formularfeld ein Feedback. Ist Ihre Eingabe korrekt, wird ein Haken als Symbol für eine korrekte bzw. positive Eingabe dargestellt. Haben Sie ein Feld falsch ausgefüllt, wird dieses rot umrahmt und zeitgleich erscheint am oberen Bildschirmrand eine Fehlermeldung. Wichtig ist nicht nur die Anzeige eines Fehlers. Sie müssen Ihren Besuchern vermitteln, was sie falsch gemacht haben. So gibt frontlineshop bei einer fehlerhaften Postleitzahl die Meldung aus: »Das ist keine korrekte Postleitzahl.« Einen kleinen Scherz haben sich die Entwickler bei der Validierung des Datums überlegt, denn wenn das Jahr in der Zukunft liegt, erscheint die Meldung: »Kommst du wirklich aus der Zukunft, McFly?«[3] Schließlich wird auch die Checkbox validiert, nämlich wenn die AGB nicht bestätigt wurden.

Sofern technisch möglich, sollten Sie auf jeden Fall auf intelligente Formulare setzen, denn wenn Fehler frühzeitig und klar dargestellt werden, können Sie bei Ihren Besuchern Frustration vermeiden und eine schnelle Bearbeitung der Formulare ermöglichen.

---

3 Für die Leser, die nun auf dem Schlauch stehen, empfehlen wir den Kauf der »Zurück in die Zukunft«-Trilogie.

4.4.11   Mobile Endgeräte

Der Usability-Killer schlechthin in der heutigen Zeit: Ihre Besucher greifen mit dem falschen Endgerät auf Ihren Online-Shop zu, oder anders formuliert, Ihr Online-Shop kann mit mobilen Endgeräten nicht umgehen. Immer mehr Besucher greifen mit Smartphones oder Tablets auf Online-Shops zu. Dementsprechend erhöhen sich hierbei auch die Anforderungen an die Shop-Betreiber, wie Sie in Kapitel 13, »Chancen und Risiken im Mobile Commerce«, nachlesen können. Das »Schlimmste«, was Sie als Shop-Betreiber in der heutigen Zeit machen können, ist einen Mobile-User auf eine Desktop-Seite zu schicken, die weder gut aussieht noch funktionsfähig ist. Denn damit erzeugen Sie einen sofortigen Absprung von dem Online-Shop, und dieser Besucher wird kein zweites Mal auf Ihrem Online-Shop auftauchen.

Nun ist eine auf mobile Endgeräte optimierte Seite auch immer mit Kosten verbunden, und gerade in der Anfangszeit lohnt sich vermutlich die Entwicklung einer mobilen Seite nicht, denn das Kosten-Nutzen-Verhältnis ist zu schlecht. Überlegen Sie aber dennoch, ob nicht Lösungen wie Shopgate[4] speziell in der Anfangszeit hilfreich sein können, denn mit Shopgate können Sie zumindest für den kleinen Geldbeutel eine mobile Version Ihres Online-Shops anbieten und eventuell dadurch noch an den einen oder anderen Kunden kommen. Falls Sie sich gegen eine solche Lösung entscheiden, gehen Sie zumindest offen damit um, dass Ihr Online-Shop nicht für mobile Endgeräte geeignet ist, und zeigen Sie eine entsprechende Meldung in Ihrem Online-Shop an. Gegebenenfalls überlegt sich der Besucher, ob er Ihren Shop anschließend später am Desktop-Rechner erneut aufruft.

4.4.12   Barrierefreiheit

Bei der Barrierefreiheit geht es darum, die Nutzung Ihres Online-Shops auch Menschen mit Behinderungen zu ermöglichen. Das kann von einer Sehschwäche bis zur vollkommenen Blindheit reichen. Im Rahmen der Barrierefreiheit werden beispielsweise ganz simple Dinge beachtet, wie dass Texte skaliert werden müssen. Sie sollten daher auf Grafiken verzichten, die Texte enthalten, denn hier können die Texte nicht vergrößert werden, die Texte müssen vielmehr direkt als HTML-Code ausgegeben werden. Auch muss der komplette Quellcode Ihres Online-Shops entsprechend »aufbereitet« werden, damit Screenreader damit zurechtkommen und Texte vorlesen können. Da es »Hilfsmittel« für Menschen mit Beeinträchtigungen gibt, die bei der Nutzung von Websites bzw. Online-Shops unterstützen, ist es ebenso notwendig, dass JavaScript nicht als Voraussetzung für die Nutzung der Seite benötigt wird, denn die Hilfsmittel, sprich Softwaretools, kommen speziell mit JavaScript nicht richtig klar.

---

4 Mehr hierzu unter: *www.shopgate.com/de/*

Abgesehen davon gibt es weitere Kriterien und Best Practices, die bei der Realisierung eines barrierefreien Online-Shops zum Tragen kommen. Beachten Sie jedoch auch, dass Sie in der Praxis unter wirtschaftlichen Gesichtspunkten nicht komplett alles umsetzen können, da viele Online-Shop-Lösungen wie Magento oder Shopware von Haus aus gar nicht als barrierefreie Lösungen konstruiert sind.

4.4.13   Bezahlvorgang

Das Wichtigste kommt zum Schluss, lassen Sie uns daher jetzt noch einen umfangreicheren Blick auf das Thema Bezahlvorgang werfen. Denn innerhalb des Bezahlvorgangs können Sie als Shop-Betreiber die größten Fehler machen. Innerhalb des Check-out-Prozesses müssen Sie daher einen hohen Wert auf die Usability legen, damit Ihnen die Besucher unterwegs nicht abspringen.

Beim Thema intelligente Formulare haben Sie bereits kurz den frontlineshop kennengelernt. Neben der Umsetzung von intelligenten Formularen hat dieser Shop auch in Sachen Bezahlvorgang alles richtig gemacht. Lassen Sie uns hierfür einen Blick auf Abbildung 4.23, den Warenkorb, werfen. Gerade bei einer kleinen Auflösung haben Sie hier alle wichtigen Elemente direkt im Blick. Sie sehen auch die Nutzung der Call-to-Action-Elemente. Auch wenn die Seite an sich eher in den Farben Grau und Weiß gehalten ist, sind die lachsfarbenen Buttons ZUR KASSE sehr gut zu erkennen. Wichtig ist auch die Einrahmung der Produktauflistung im Warenkorb durch diese beiden Buttons. Denn Sie können sowohl am oberen wie auch am unteren Rand in den Bezahlvorgang starten, was gerade bei vielen Artikeln im Warenkorb sinnvoll ist, da es das Zurückscrollen unnötig macht.

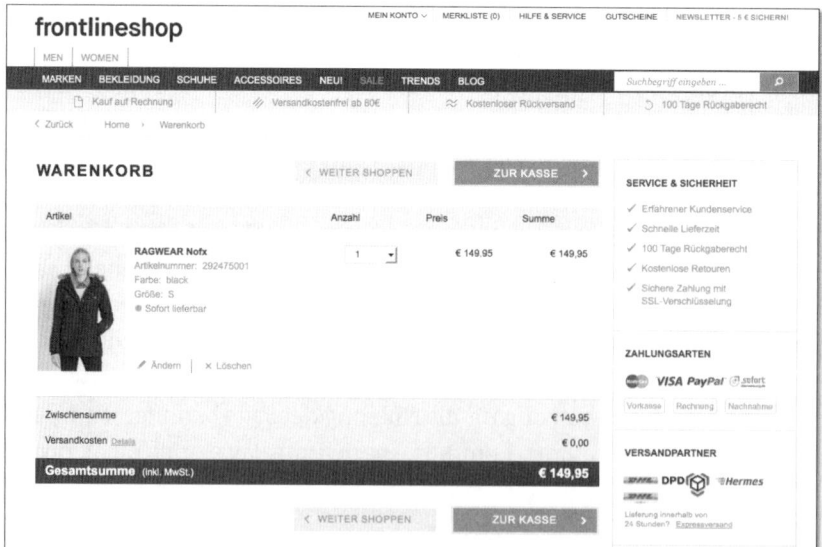

Abbildung 4.23 Der Bezahlvorgang startet im Warenkorb auf »www.frontlineshop.com«.

Neben den Artikeln, die Sie bestellen wollen, finden Sie auf der rechten Seite gut sichtbar USPs und Trust-Elemente. Als Besucher wird einem daher auch im Warenkorb nochmals die Angst genommen und ein Kaufbestätigungsgefühl durch die Darstellung der USPs erzeugt.

Für die Usability ist ebenso äußerst wichtig, alle relevanten Informationen auf einem Blick zu haben. Sie sehen daher bei den Produkten sowohl die ausgewählte Farbe, Größe und die aktuelle Lieferzeit.

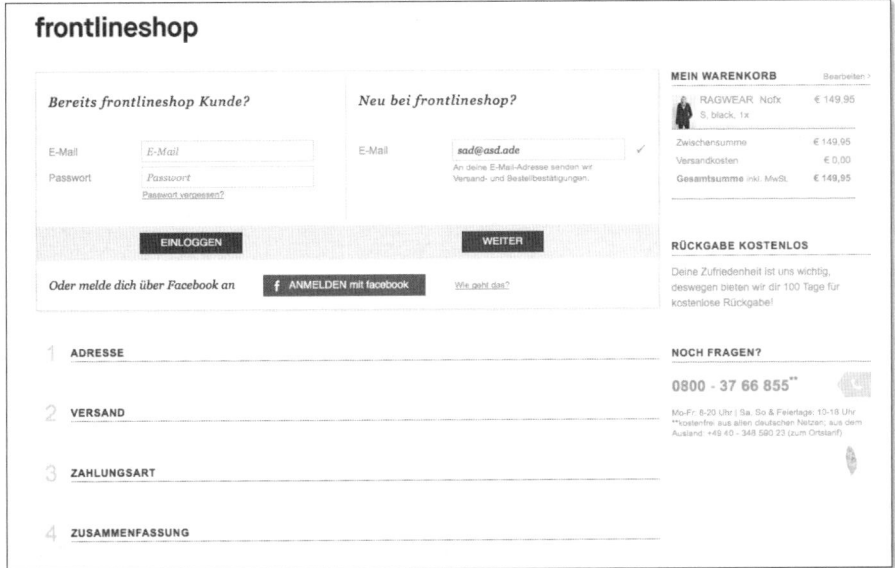

Abbildung 4.24 Im Check-out-Prozess reduziert sich das Design auf das Wesentliche.

Die Gesamtsumme samt Versandkosten wird transparent dargestellt, alle Informationen, die man als Besucher zu diesem Zeitpunkt benötigt, sind vorhanden.

Im Bezahlvorgang selbst ändert sich das Design, so wie es sein sollte, komplett. Denn alle Informationen und Menüpunkte, die nichts mit dem Bezahlvorgang zu tun haben, werden ausgeblendet, wie Sie in Abbildung 4.24 sehen können. In Bezug auf die Usability ist diese Vorgehensweise ideal, denn Sie werden als Besucher nicht von »störenden« Buttons oder Schaltflächen abgelenkt, die zu Sonderangeboten oder Rabatten führen. Das ist nämlich speziell im Check-out-Prozess ein K.-o.-Kriterium. Viele Online-Shops zeigen hier die klassische Navigation an, die auch im Online-Shop selbst auf jeder Seite vorhanden ist, und in der Regel sind dort auch Menüpunkte wie »Rabattiert« oder »Reduziert« enthalten. Was machen dann aber viele Online-Shop-Besucher während des Bestellvorgangs? Sie klicken genau auf diese Schaltflächen und verlassen damit den Bestellprozess. Sofern technisch möglich, reduzieren Sie den kompletten Bestellvorgang auf die wesentlichen Informationen, und blenden Sie alles aus, was in diesem Zuge stören könnte.

Ebenso gelungen ist die Integration von Facebook, denn Besucher hassen es, Formulare auszufüllen. Durch den Login auf Facebook können schon einmal die wichtigsten Informationen übertragen werden, der Besucher spart sich Zeit, und der Bezahlvorgang kann wesentlich schneller abgeschlossen werden. Zwecks Transparenz wird im rechten Bereich der aktuelle Warenkorb dargestellt, man sieht also in jedem Schritt, um welche Produkte und um welche Summe es sich handelt. Informationen zum Rückgaberecht und eine Service-Hotline nehmen die letzten Unsicherheiten. Bei der Gestaltung der Formulare, das sehen Sie im nächsten Schritt des Bestellprozesses, wurde eine weitere simple Weisheit beachtet: »Keep it simple.« Fragen Sie nur die Informationen ab, die Sie auch tatsächlich benötigen. Uns ist es schon untergekommen, dass Informationen wie eine Fax-Nummer oder das Bundesland abgefragt wurden. Wieso? Denn das sind Informationen, die Sie eigentlich gar nicht benötigen. »Nerven« Sie daher Ihre Besucher nicht mit der Frage nach Daten, die gar nicht relevant sind. frontlineshop konzentriert sich bei der Abfrage ausschließlich auf die wesentlichen Daten.

Bei der Auswahl der Versandmethoden, die Sie in Abbildung 4.25 sehen können, ist es im weiteren Schritt relevant, Unterschiede darzustellen. Wenn es einen Expressversand gibt, wie viel kostet dieser, und was bringt er dem Kunden an Vorteilen? Wenn es unterschiedliche Versanddienstleister gibt, sollten diese entsprechend übersichtlich aufgelistet werden. Das Gleiche gilt für die Zahlungsmethoden. Hier macht es zusätzlich Sinn, die Vor- und Nachteile der verschiedenen Methoden klar darzustellen. frontlineshop liefert relativ umfangreiche Erklärungen zu den verschiedenen Zahlungsmethoden und bietet, das ist ebenso ein sehr wichtiger Punkt, eine Vielzahl an unterschiedlichen Methoden, wodurch der Kunde die für ihn »beste« Zahlungsmethode wählen kann.

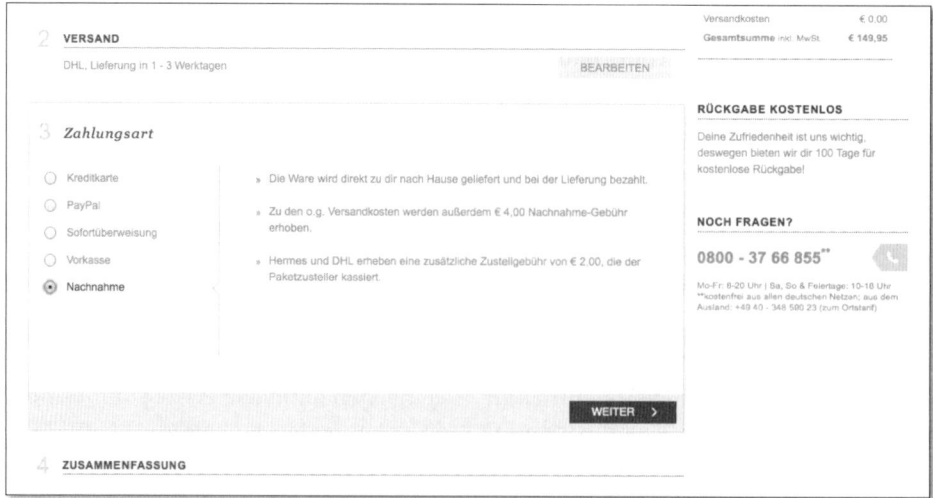

Abbildung 4.25 Die verschiedenen Zahlungsmethoden werden im Detail erklärt.

Durch die Erklärungen wird die nötige Transparenz geschaffen, denn Sie sehen direkt, wie viel eine Bezahlung per Nachnahme zusätzlich kostet und dass sich bei einer Bezahlung per Vorkasse der Liefertermin verschieben kann, da die Banküberweisung einfach eine gewisse Zeit benötigt. Hat Ihr Besucher alle Daten hinterlegt und sich für eine Zahlungs- und Liefermethode entschieden, folgt im letzten Schritt die Zusammenfassung. Hier müssen Sie alle relevanten Informationen nochmals auf einen Blick darstellen, das heißt, welche Artikel werden gekauft, wie sind die Eigenschaften der jeweiligen Artikel, und wie viel Geld kostet mich die Bestellung? Der KAUFEN-Button sollte anschließend farblich abgesetzt werden, ganz im Rahmen des Call-to-Action-Konzepts, wie Sie in Abbildung 4.26 sehen können.

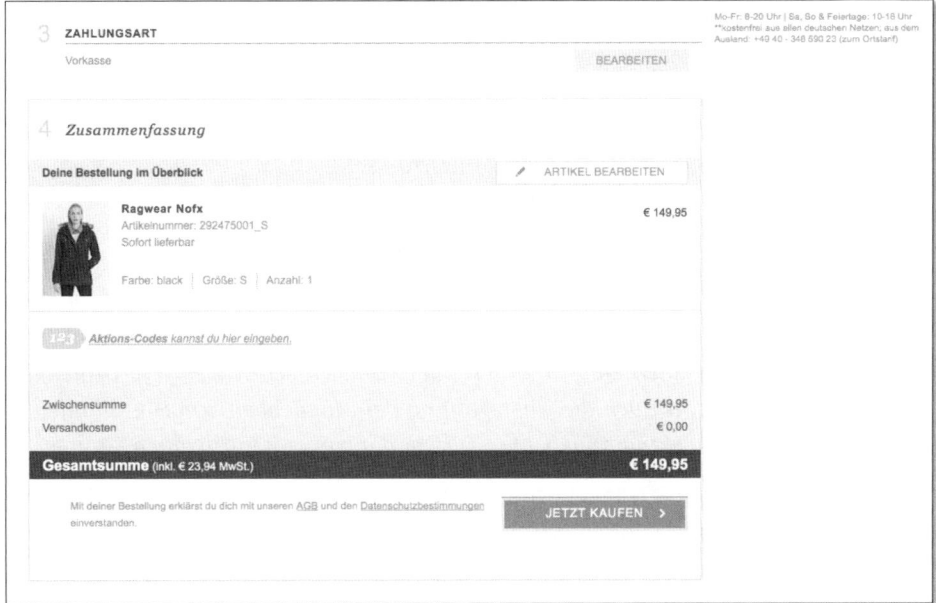

Abbildung 4.26 Übersichtliche Darstellung des Einkaufs

Auf was müssen Sie, zusammengefasst, bei der Realisierung Ihres Bezahlvorgangs achten, damit die Usability möglichst hoch ist? Es gibt fünf wichtige Punkte. Wenn Sie diese befolgen, haben Sie schon einmal eine Menge gewonnen.

1. Reduzieren Sie Ihre Optik komplett, und konzentrieren Sie sich nur auf das Wesentliche. Der Kunde darf im Bestellprozess nicht abgelenkt werden.

2. Stellen Sie die Produktinformationen immer vollständig dar, das heißt Lieferzeit, Eigenschaften der Artikel etc.

3. Sorgen Sie für Transparenz bei den Preisen, und erklären Sie Ihrem Kunden, wie sich die Bestellsumme zusammensetzt.

4. Sorgen Sie für Auswahl bei den Versand- und Bezahlmethoden. Denn dann kann Ihr Kunde den für sich besten Lieferanten und die für sich beste Zahlungsart selbst heraussuchen.

5. Weniger ist mehr: Fragen Sie nur Informationen ab, die Sie tatsächlich benötigen, und stellen Sie nur Informationen dar, die tatsächlich relevant sind.

Wenn Sie diese Ratschläge befolgen, erhöhen Sie definitiv die »Benutzbarkeit« Ihres Bezahlvorgangs und können damit verbunden sicherlich auch die Conversion-Rate steigern!

4.5   Der Faktor Vertrauen

Gleich zu Beginn dieses Abschnitts starten wir mit einer provokanten These, zu der wir aufgrund unserer Erfahrungen im E-Commerce gekommen sind:

Die meisten Online-Shop Besucher sind misstrauisch!

Was ist eigentlich Vertrauen? Wikipedia definiert Vertrauen wie folgt:

»Vertrauen ist in psychologisch-persönlichkeitstheoretischer Perspektive defi-niert als subjektive Überzeugung von der (oder auch als Gefühl für oder Glaube an die) Richtigkeit, Wahrheit bzw. Redlichkeit von Personen, von Handlungen, Einsichten und Aussagen eines anderen oder von sich selbst (Selbstvertrauen). Zum Vertrauen gehört auch die Überzeugung der Möglichkeit von Handlungen und der Fähigkeit zu Handlungen. Man spricht dann eher von Zutrauen.«[5]

Auf den E-Commerce übertragen, bedeutet dies nichts anderes, als dass ein Großteil der Besucher Ihres Online-Shops Zweifel hat, das »Richtige« zu tun, da Sie Ihren Kunden persönlich nicht bekannt sind, daher eine persönliche Einschätzung hinsichtlich der Vertrauenswürdigkeit nicht möglich ist und deshalb dem Kunden die Überzeugung und das Bewusstsein fehlen, mit einem Kauf in Ihrem Online-Shop das Richtige zu tun. Sie müssen daher Ihre Online-Shop-Besucher überzeugen. Dabei reicht es nicht, sie von Ihren Produkten zu überzeugen, Sie müssen Ihre Besucher vollständig überzeugen, von Ihren Produkten, von Ihrem Online-Shop, von Ihrem Service und auch von Ihnen als Person! Und genau hierin liegt die Schwierigkeit, denn da die Kunden Ihnen persönlich nicht gegenüberstehen und nur auf technologische Art und Weise mit Ihrem Online-Shop interagieren, wird die Vertrauensbildung erschwert. Sollten Sie es nicht schaffen, das Vertrauen Ihrer Besucher zu wecken, werden Sie dies relativ schnell anhand der Daten nachvollziehen können, die Sie aus der Webanalyse gewinnen.

---

5 Den kompletten Wikipedia Artikel finden Sie unter *http://de.wikipedia.org/wiki/Vertrauen*. Eine sehr gute Ergänzung finden Sie unter: *http://de.wikipedia.org/wiki/Vertrauen_(Wirtschaft)*.

Besonders eine hohe Zahl an stehen gelassenen Warenkörben, hohe Bounce-Raten auf Start-, Kategorie- und Produktseiten und niedrige durchschnittliche Warenkorbwerte können ein Zeichen für mangelndes Vertrauen sein.

Für Sie als Shop-Betreiber gibt es einen Blumenstrauß an Möglichkeiten, um Vertrauen zu wecken und die Seriosität Ihres Online-Shops zu untermauern. Lassen Sie uns, bevor wir im Folgenden auf die Möglichkeiten und Umsetzungshinweise eingehen, drei Online-Shop beispielhaft hinsichtlich der verwendeten vertrauensbildenden Maßnahmen analysieren.

4.5.1   Zalando

Sollten Sie nicht direkt bei diesem Abschnitt mit dem Lesen unseres Buches anfangen, dann ist Ihnen *Zalando* als Beispiel für einen gelungenen Online-Shop bereits an der einen oder anderen Stelle begegnet. Auch beim Thema Vertrauensbildung macht Zalando einiges richtig, vorwiegend diejenigen Dinge, die Sie als Shop-Betreiber ebenfalls beachten können. Denn Vertrauensbildung ist in erster Linie keine kostspielige Investition, sondern eine Frage der richtigen Umsetzung.

Kopfbereich und grundsätzliches Erscheinungsbild

Starten wir mit der Analyse von Zalando, einem der erfolgreichsten Online-Shops für Mode in Deutschland. Gehen wir davon aus, dass wir Zalando nicht kennen und dadurch keinerlei Vorkenntnisse hinsichtlich Größe und Seriosität haben. Wenn Sie beim ersten Besuch Zalando aufrufen, werden Sie dieselbe Ansicht wie in Abbildung 4.27 sehen. Der Screenshot ist bewusst in der Höhe reduziert, denn Sie dürfen beim Aufruf der Startseite nicht immer davon ausgehen, Ihre Besucher würden die gesamte Seite sehen. Das hängt stark von der Bildschirmauflösung ab, und im Zweifelsfall gehen Sie bitte von einer zu kleinen Bildschirmauflösung aus. Welche Bildschirmauflösung Ihre Besucher vorwiegend nutzen, können Sie übrigens in Kapitel 11, »Der Kompass im E-Commerce – Conversion-Messung und -Optimierung«, über die Webanalyse nachlesen. Wenn Sie Abbildung 4.27 genauer betrachten, werden Sie verschiedene Kennzeichnungen in Form von Zahlen erkennen. Diese sind natürlich nicht Bestandteil des Zalando-Designs, sondern von uns für eine einfachere Erklärung der jeweiligen vertrauensbildenden Maßnahmen integriert worden.

Im oberen Blickfeld werden Sie bei Zalando sofort Aussagen und auch Symbole erkennen, die bei Ihnen unbewusst direkt Vertrauen wecken sollen. Schauen Sie sich einmal die Nummern ❶ bis ❸ auf Abbildung 4.27 an. Am obersten Bildschirmrand finden Sie bei Zalando, optisch abgesetzt, eine Leiste, die drei USPs kommuniziert. Es handelt sich dabei aber nicht um USPs wie »wir haben die günstigsten Preise«, denn günstige Preise würden kein Vertrauen schaffen. Sie finden hingegen eine kostenlose Hotline, kostenlosen Versand und Rücksendung sowie 100 Tage Rückgaberecht. Wenn Sie sich einmal Gedanken über diese drei Aussagen machen, werden Sie verstehen, worauf Zalando damit abzielen möchte.

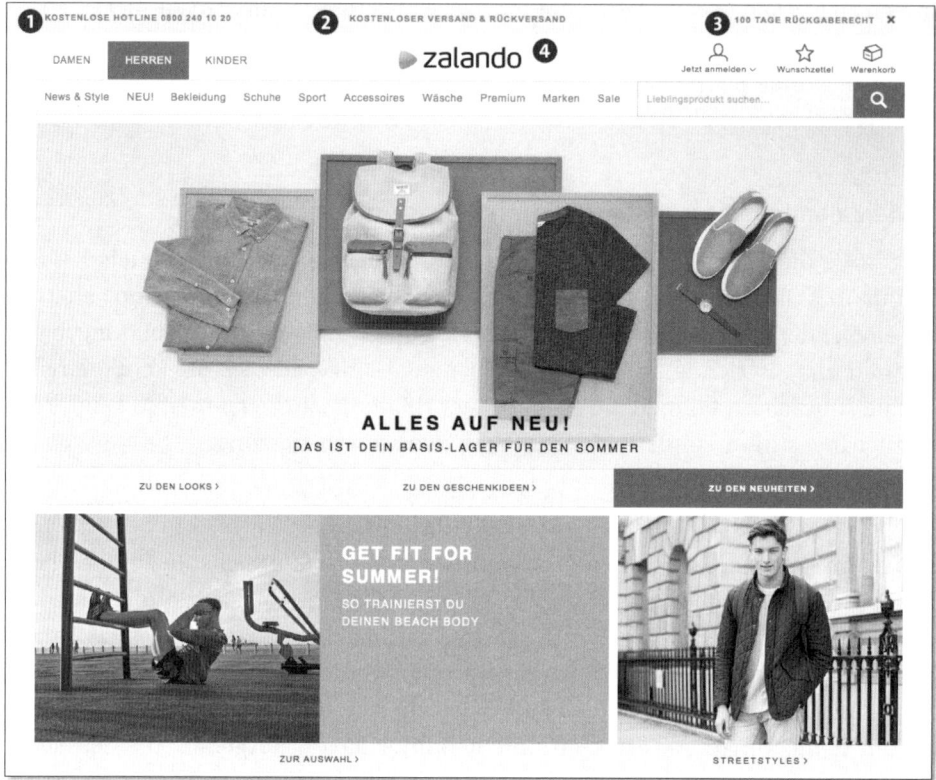

Abbildung 4.27 Vertrauensbildende Maßnahme im Header bei Zalando

Hotline, Support und Kontaktmöglichkeiten

Fangen wir bei der ❶ Hotline an. Eine Hotline sorgt immer für Vertrauen, speziell wenn die Telefonnummer entsprechend prominent dargestellt wird. Denn eine Hotline bedeutet immer, dass auf der »anderen Seite« jemand sitzt, den man anrufen und bei Fragen und Problemen ansprechen kann. Die deutsche 0800er-Nummer steht darüber hinaus für ein deutschsprachiges Unternehmen, oder um es salopp zu formulieren, es handelt sich nicht um einen unseriösen Online-Shop aus dem Ausland. Als Besucher müssen Sie sich daher nicht mehr die Frage stellen, ob Sie bei einem Problem jemanden erreichen, sondern ob Sie nun telefonisch oder per E-Mail Kontakt aufnehmen würden. Es gibt aber Hilfekanäle, die genutzt werden können. Untermalt wird die Hotline noch durch den Zusatz kostenlos. Keine teure »Abzocke«, keine 0900er-Nummer, bei der Sie pro Minute ein paar Euro bezahlen müssen, nein, Zalando bietet eine kostenfreie Hotline und impliziert dadurch, dass Ihnen bei Problemen direkt weitergeholfen werden kann. Eigentlich perfekt, die einzige Variante, die Sie gegebenenfalls für Ihren Shop noch implementieren könnten, ist die kostenlose Experten-Hotline. Zugegebenermaßen ist dies bei Zalando nicht notwendig, denn für den Verkauf von T-Shirts oder Jeans müssen Sie kein Experte sein, wenn auch etwas von Mode verstehen. Eine Experten-Hotline ist speziell bei elektronischen Artikeln interessant, denn hier werden vor dem Kauf in der Regel technische Spezifikationen abgefragt und diskutiert, und hierfür benötigen Sie auf jeden Fall einen Experten auf der anderen Seite der Telefonleitung.

Versandkosten

Die Hotline sorgt im ersten Schritt für Vertrauen, erweitert wird dies durch den kostenlosen Versand und die kostenlose Rücksendung ❷. Denn was könnte die große Sorge der Zalando-Besucher vor dem Kauf sein? Gerade in der Modebranche werden Sie, das ist sicherlich aus der eigenen Erfahrung bekannt, immer eine gewisse Unsicherheit hinsichtlich der Größe haben. Wenn Sie Produkte von einem neuen Modelabel kaufen, können die Jeans oder T-Shirts unterschiedlich ausfallen, Sie wissen gegebenenfalls nicht, was Ihre richtige Größe ist. Und wenn Sie unsicher sind, bestellen Sie im Zweifelsfall lieber nicht, denn sonst zahlen Sie im schlimmsten Fall Versand- und Rücksendekosten und können die bestellte Ware nicht behalten, da Sie Ihnen schlicht und einfach nicht passt. Auf diese ärgerliche Situation haben Ihre Online-Shop-Besucher keine Lust! Verschärft wird dies übrigens durch die europaweiten Änderungen des Widerrufrechts, die am 13.6.2014 in Kraft getreten sind. Seit diesem Zeitpunkt können Sie als Online-Shop-Betreiber die Kosten für die Rücksendung Ihren Kunden in Rechnung stellen, bislang wurden die Rücksendekosten bei Bestellungen von einem Wert von bis zu 40 € vom Shop-Betreiber getragen. Als Online-Shop-Besucher können Sie ab sofort also in zwei Fettnäpfchen treten: die falschen Produkte bestellen und auf den Versandkosten sitzen bleiben und zusätzlich noch die Rücksendekosten tragen. Wenn dann bei einem T-Shirt für 20 €, überspitzt formuliert, 10 € für einen Fehlkauf möglich sind, werden Sie es sich im Zweifelsfall gut überlegen und aller Voraussicht nach das Risiko scheuen und nicht im Online-Shop bestellen. Zalando versucht nun, genau diese beiden Problemfälle aufzugreifen und eine kundenfreundliche Lösung zu liefern. Das geschieht, indem Zalando keine Versandkosten berechnet und auch keine Rücksendekosten in Rechnung stellt. Was bedeutet das für Sie als Online-Shop-Besucher? Sie können völlig sorgen- und risikofrei Artikel bestellen. Wenn sie Ihnen passen, behalten Sie sie, wenn nicht, senden Sie sie kostenfrei zurück. Ein super Service von Zalando, der bei den Besuchern Vertrauen und Sicherheit schafft.

Es gibt keinen kostenlosen Versand im E-Commerce

Wie schon in Abschnitt 3.9, »Preisbildung«, erwähnt, gibt es de facto keinen kosten-losen Versand. Online-Shops, die mit kostenlosen Versandkosten werben, rechnen die Kosten entsprechend in die Produktpreise ein und verwenden hierfür in der Regel eine Mischkalkulation. Die Außenwirkung eines kostenlosen Versands ist enorm, auch wenn der Kunde indirekt für den Versand bezahlt.

Rückgaberecht

Zu guter Letzt wirbt Zalando mit einem 100-tägigen Rückgaberecht ❸. Auch dies erzeugt beim Besucher Vertrauen und vor allem Sicherheit, denn er steht nicht unter Druck, die Ware direkt nach dem Erhalt zu prüfen und innerhalb von 14 Tagen zurückzusenden. Vielmehr ist das Werben mit einer so langen Rückgabefrist auch ein Zeichen dafür, dass der Online-Shop-Betreiber womöglich gar nicht mit Retouren rechnet, da seine Produkte entsprechend gut sind, und falls doch, einen so exzellen-ten Kundendienst bietet und die Frist für Rücksendungen entsprechend hoch ansetzt. Auf der anderen Seite muss man sich auch die berechtigte Frage stellen, wer die bestellten Produkte tatsächlich bis zu 100 Tage zu Hause aufbewahrt und diese erst kurz vor Ablauf der Frist zurücksendet. Natürlich ist es ein klasse Service von Zalando, der sich positiv auf die Außenwirkung auswirkt, auf der anderen Seite wird mit etwas geworben, das wohl die wenigsten in Anspruch nehmen. Diese Tricks müs-sen Sie als Shop-Betreiber erkennen und für sich nutzen. Denn sicherlich können auch Sie in Ihrer Branche und mit Ihren Produkte so werben, dass Sie eine hervor-ragende Außenwirkung erzeugen, Kunden den Service aber gar nicht in Anspruch nehmen. Stellen Sie sich doch einmal vor, Sie würden Küchenelektronikprodukte verkaufen und in Ihrem Shop mit einem kostenlosen Installationsgespräch winken. Sie wissen, dass 99 % der Besucher in der Lage sind, einen Toaster selbst ohne Pro-bleme anzuschließen, aber auf Ihre Besucher wirkt es erst einmal äußerst positiv, wenn ein solcher Service kostenfrei angeboten und beworben wird. Und so verhält es sich auch mit den Rückgabefristen. Sofern möglich, setzen Sie diese auch etwas höher als vorgeschrieben an, denn so können Sie sich von Ihrer Konkurrenz abset-zen, und wenn Ihr Kunde etwas retournieren möchte, spielt es eigentlich keine Rolle, ob er dies innerhalb von 14 oder 30 Tagen tut.

Unternehmenslogo

Bezogen auf die Bekanntheit Ihres Unternehmens stellt das Logo als solches, wie Sie an Nummer ❹ in Abbildung 4.27 sehen können, auch eine vertrauensbildende Maß-nahme dar. Dies funktioniert aber nur dann, wenn Ihr Unternehmen eine gewisse Popularität und Bekanntheit vorweisen kann. Wenn Sie beispielsweise an WMF den-ken, dann wird die Integration des WMF-Logos automatisch mit den geläufigen

»Eigenschaften« von WMF assoziiert, das heißt qualitativ hochwertige und lang-lebige Produkte zu einem hohen Preisniveau. Sofern Sie daher die Möglichkeit haben, das Logo als vertrauensbildende Maßnahme zu nutzen, dann profitieren Sie auch von diesem positiven Effekt. Das funktioniert übrigens immer auch dann, wenn Sie als Unternehmen einen Shop »absplitten« und dann ein Logo in Form von »audible.com – an amazon company« nutzen können, nur um Ihnen hierfür ein Beispiel aus der Praxis zu liefern.

Abschließend schafft Zalando mit den Navigationspunkten darüber hinaus das soge-nannte »gute Gefühl« beim Online-Shop-Besucher. Denn ein Hilfebereich signali-siert Sicherheit, so blöd es auch klingen mag, die Stellenanzeigen und Informationen zu Jobs auch. Denn wer einstellt ist erfolgreich, und wer erfolgreich ist, der bietet dem Kunden auch eine Sicherheit. Sie können also allein durch die Navigationspunkte ein gutes Gefühl beim Kunden erzeugen. Auch wenn dies nur das Tüpfelchen auf dem »i« darstellt und natürlich als reine Maßnahme zu wenig ist.

Offensive Darstellung von Marken

Betrachtet man den Inhalt der Startseite von Zalando, Sie sehen diesen ausschnitts-weise in Abbildung 4.28, gibt es einen weiteren Trick, um Sicherheit beim Benutzer zu schaffen.

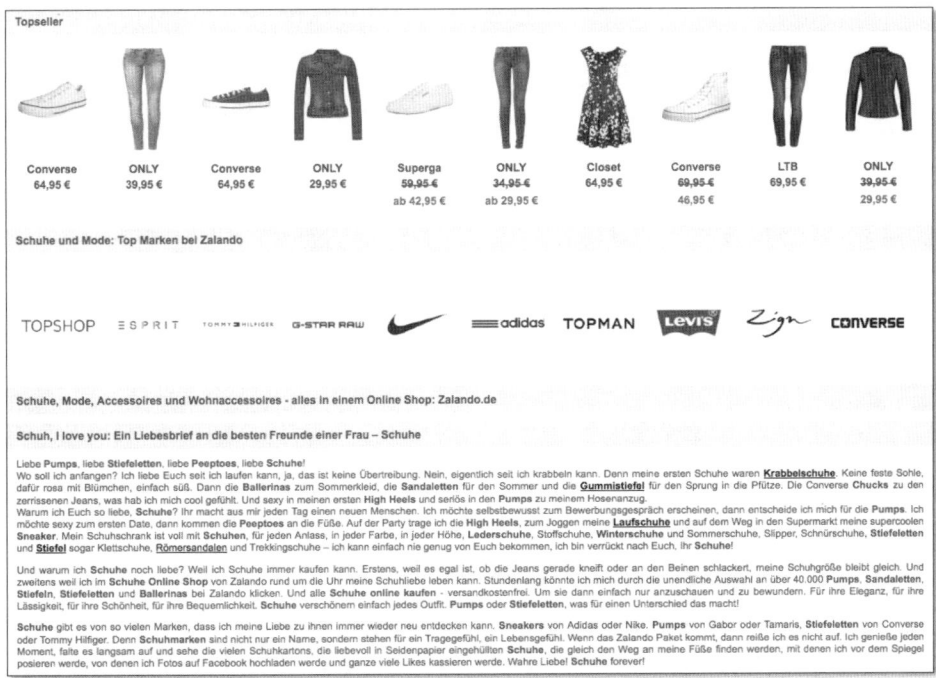

Abbildung 4.28 Das Vertrauen in die verkauften Marken lässt sich transportieren.

Denn wenn Sie bekannte Marken vertreiben, geht auch ein Teil der mit der Marke verbundenen Sicherheit und des Vertrauens auf Sie als Online-Shop-Betreiber über. Denn es stellt sich nicht die Frage nach der Qualität oder nach gegebenenfalls auftretenden Problemen mit dem Produkt als solchem. Wenn Zalando daher Produkte von Nike verkauft und Sie Artikel von diesem Sportausrüster besitzen und damit zufrieden sind, werden Sie auch beim Kauf der Produkte auf Zalando nicht zweifeln. Als Shop-Betreiber müssen Sie daher nur für das Vertrauen in den Shop, aber nicht für das Vertrauen in die Produkte sorgen.

Hier kommt es daher speziell auf die Branche und Ihre Produkte an. Wenn Sie selbst produzieren, müssen Sie immer im Hinterkopf behalten, dass Sie auch die »Angst« und die Zweifel im Bezug auf Ihre Produkte nehmen müssen. Wenn Sie hingegen Markenartikel vertreiben, dann strahlt die Marke als solche schon ein gewisses Vertrauen aus oder ist gegebenenfalls negativ belastet.

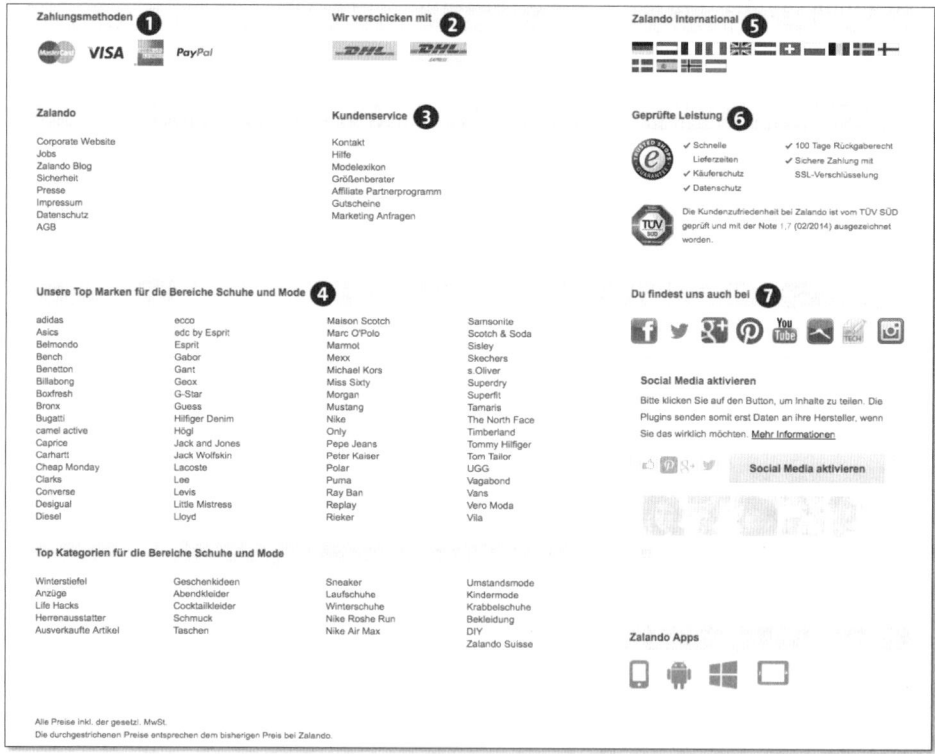

Abbildung 4.29 Der Footer von Zalando wirkt überladen, die Elemente haben aber allesamt eine Daseinsberechtigung.

Als Shop-Betreiber selbst können Sie aber an der beim Kunden vorhandenen Meinung nichts ändern, denn so wie WMF für Qualität steht, gibt es auch Marken, die für weniger gute Qualität, dafür aber gegebenenfalls für einen guten Preis stehen.

Fußzeile

Betrachten wir im nächsten Schritt den Footer, den Sie in Abbildung 4.29 sehen. Der Footer, das heißt die Fußzeile, wird von Shop-Betreibern gerne vernachlässigt, aber auch das Ende eines Online-Shops wird betrachtet. Denn wenn Sie beispielsweise auf einer Kategorieseite Produkte betrachten, scrollen Sie in der Regel auch bis zum Ende der Seite. Leider hält sich hierbei der Mythos, dass es beim Überzeugen der Besucher nur auf den Header ankommt, denn dieser fällt beim Aufrufen der Seite sofort ins Blickfeld. Das ist sicherlich richtig, aber wenn Sie mit dem Header initial überzeugen, so können Sie mit dem Footer abschließend überzeugen. Umso wichtiger ist es, diesen Platz perfekt auszunutzen und Vertrauen, Sicherheit und auch einen gewissen Überblick zu schaffen. Zalando beginnt, Sie sehen das in Abbildung 4.29, zuallererst mit den Zahlungsarten ❶. Denn beim Thema Geld besteht oftmals eine gewisse Unsicherheit. Ihre Kunden, speziell die Erstbesteller, fragen sich natürlich, ob ein Einkauf sicher ist. Werden meine Zahlungsinformationen geschützt, was passiert, wenn man bezahlt hat, aber keine Ware geliefert wird? Kann man ausschließlich mit einer Kreditkarte bezahlen, wobei man diese Daten nicht preisgeben möchte? Ihre Besucher stellen sich eine Menge Fragen, umso notwendiger ist daher die Aufklärung. Zalando platziert hierfür bekannte Markenlogos, beispielsweise von PayPal oder Visa. Diese suggerieren Sicherheit, denn Visa kennt man, und man kann auch darauf vertrauen, dass mit den eigenen Daten sicher verfahren wird. Auch PayPal ist mittlerweile ein Synonym für sicheres Bezahlen.

Neben dem reinen Sicherheitsaspekt werden Zahlungsinformationen auch dahingehend genutzt, die Conversion-Rate zu steigern. Wenn Sie beispielsweise nur die Zahlung per Vorkasse anbieten, wird dies bei vielen potenziellen Kunden auf Ablehnung stoßen, denn die Vorkasse ist ein Synonym für langsame Lieferungen und einen komplizierten Prozess. Als Kunde müssen Sie erst eine Überweisung durchführen, im Zeitalter des Online-Bankings kann das schnell gehen, aber unterstellen Sie nicht allen Besuchern, dass diese Online-Banking nutzen. Ist die Überweisung getätigt, wird das Geld voraussichtlich erst 2–3 Tage später auf dem Konto des Empfängers landen, dann wird der Versand der Ware gegebenenfalls nochmals 1–2 Werktage in Anspruch nehmen, und schon wartet man auf eine Bestellung knapp eine Woche. Zalando bewirbt an dieser Stelle bewusst diejenigen Zahlungsarten, die sicher und schnell sind, genau die Anspruchshaltung, die ein potenzieller Kunde hat.

Das unserer Meinung nach zweiwichtigste Thema neben den Zahlungsweisen ist der Versand ❷, denn auch hier kann, wie Sie in Kapitel 5, »Schnelle Lieferung, schneller Erfolg!«, über das Thema Versand lesen werden, einiges schiefgehen. Umso wichtiger ist die Kommunikation Ihren Kunden gegenüber mit welchem Lieferdienst Sie kooperieren.

Spätestens wenn etwas mit Ihrer Bestellung nicht stimmt, ist eine schnelle und unkomplizierte Kontaktaufnahme essenziell. Zeigen Sie Ihren Besuchern daher schon vor dem Kauf, wie einfach bei Problemen oder auch Rückfragen weitergeholfen wird ❸. Denn nichts ist ärgerlicher als bei einem Problem lange nach dem richtigen Ansprechpartner, der richtigen Telefonnummer bzw. E-Mail-Adresse oder Information suchen zu müssen. Zum Kundenservice gehört aber auch die Aufklärung vor dem Kauf, speziell in der Modebranche zählen dazu Informationen wie Größentabellen, Informationen zu Materialen etc. Da diese Links und Informationen besonders wichtig sind, platziert Zalando diese ebenfalls prominent in der Fußzeile. Im Bereich darunter, Sie können das in Abbildung 4.29 in dem mit Nummer ❹ gekennzeichneten Bereich sehen, erfolgen weitere Auflistungen von Marken. Mit Hilfe dieser Auflistung können Sie eine gewisse Kompetenz ausstrahlen, immerhin vertreiben Sie ausschließlich bekannte und angesehene Marken. Mit einer Vielzahl möchte Zalando auch im Bereich der internationalen Niederlassungen ❺ Vertrauen schaffen. Hier wird schlussendlich die Präsenz in den unterschiedlichsten Ländern dargestellt, ein Symbol für Größe und Erfolg.

Aufgeführt werden wichtige Gütesiegel, nämlich Trusted Shops und TÜV Süd ❻. Speziell die Trusted-Shops-Zertifizierung ist mittlerweile sehr angesehen und auch bei »normalen« Besuchern aufgrund der Präsenz auf einer Vielzahl von Online-Shops, aber auch in TV-Spots bekannt. Jeder Shop, der Trusted-Shops-zertifiziert ist, ist erst einmal seriös und bietet den Besuchern auch Vorteile wie einen Käuferschutz. Das Gleiche gilt für die TÜV-Süd-Zertifizierung (mehr zu den Siegeln erfahren Sie in Abschnitt 1.6.10, »Gütesiegel und Zertifizierungen«).

Zu guter Letzt erfolgt eine Integration der verschiedenen Social-Media-Kanäle ❼. Auch diese können bei der Vertrauensbildung behilflich sein. Nehmen wir einmal das Beispiel Facebook. Wenn Sie einen Online-Shop nicht kennen und auch hinsichtlich der Seriosität nicht überzeugt sind, hilft oftmals ein Blick auf die Facebook-Präsenz, sofern vorhanden. Denn wenn die Seite über einige tausend Likes verfügt und auch die Kommentare durchweg positiv sind, strahlt dies ein gewisses Vertrauen aus. Auch das Gegenteil könnte der Fall sein: In den Kommentaren hagelt es Beschwerden zu Lieferzeiten, der Qualität der Ware oder allgemein zur Abwicklung.

Sie sehen also, dass Vertrauen mit Hilfe der unterschiedlichsten Mittel erzeugt werden kann, angefangen bei den Marken bzw. Produkten, die Sie führen, über die vorhandenen Kontaktmöglichkeiten bis hin zur Integration von Gütesiegel bzw. Shop-Zertifizierungen. Und kein anderer Teil eines Online-Shops als der Footer ermöglicht eine bessere und übersichtlichere Darstellungsmöglichkeit. Nutzen Sie daher bewusst den »Schluss« Ihres Online-Shops, um bei Ihren Besuchern im Hinblick auf Vertrauen und Seriosität zu punkten.

Kategorieansicht

Vertrauensbildende Maßnahmen hören aber nicht bei der Startseite auf, weswegen es wichtig ist, einen »roten Faden« des Vertrauens durch den kompletten Online-

Shop zu ziehen. Wenn der Einstieg gelungen ist, sprich die Bounce-Quoten auf der Startseite gering sind, ist die nächste Ansicht die Produktdetailansicht, auf der Sie Vertrauen und Sicherheit erzeugen müssen. Sie werden sich nun vermutlich fragen, warum Vertrauen auf der Kategorieansicht nicht notwendig ist bzw. wir diese an dieser Stelle übersprungen haben. Durch die positive Wirkung auf der Startseite haben wir erst einmal ein grundsätzliches Vertrauen geschaffen, klickt der Besucher nun von der Startseite die verschiedenen Kategorien an müssen wir uns an dieser Stelle darauf konzentrieren dem Kunden möglichst übersichtlich die Produktauswahl darzustellen. Hier müssen wir aber nicht speziell auf vertrauensbildende Maßnahmen eingehen.

Kundenbewertungen auf der Kategorieseite

Der einzige Nachteil der Zalando-Kategorieansicht besteht darin, dass Kundenbewertungen in Form von Sternen bzw. Symbolen auf der Kategorieseite komplett ignoriert werden. Denn hier können Sie Ihren Besuchern ein direktes Feedback geben, welche Produkte als »sehr gut« bzw. »gut« angesehen werden.

Produktdetailseite

Relevant wird dies erst wieder auf der Produktdetailansicht. Denn hier hat sich Ihr Besucher ein bestimmtes Produkt herausgesucht, spielt mit dem Gedanken, dieses zu kaufen und genau an diesem Punkt müssen Sie Ihrem Kunden die letzten Zweifel nehmen.

Auch hier gibt es wieder eine Art »Baukasten« an Möglichkeiten, wie Sie Ihrem potenziellen Kunden Vertrauen suggerieren können. Lassen Sie uns das am konkreten Beispiel von Zalando im Detail anschauen (siehe Abbildung 4.30). Wie in Abschnitt 4.3, »Ein Design von Grund auf selbst entwickeln«, und Abschnitt 4.4, »Usability-Faktoren, die Sie beachten müssen«, bereits erwähnt, gehen wir davon aus, dass der Blick links oben startet, das heißt, in der linken oberen Ecke die Aufmerksamkeit beim Aufruf der Seite gebündelt wird. Zalando positioniert daher gut sichtbar genau in diesem besagten Bereich das Logo des Herstellers (❶ in Abbildung 4.30). Ein Logo strahlt an sich immer eine gewisse Seriosität aus, außerdem hilft es dem Kunden bei der Orientierung. In diesem Fall bekommt der Besucher also direkt angezeigt, dass es sich um das Strellson-Produkt handelt, das er aufgerufen hat.

Es mag auch ein wenig abgedroschen klingen, aber speziell in anderen Produktbereichen und Branchen stellt sich auch immer die Frage nach der Echtheit der Ware. Durch die Integration des Herstellerlogos erzeugen Sie Vertrauen, indem Sie Ihren Besuchern ganz klar mitteilen, dass es sich um ein Markenprodukt handelt. Je stärker die Marke des aufgerufenen Artikels, desto stärker können Sie die Unsicherheiten senken. Denn wenn Sie beispielsweise bei einem WMF-Artikel einen guten Preis halten können, dann überlegt sich Ihr Kunde nicht mehr, ob der Artikel wirklich in Ordnung und gut verarbeitet ist, es stellt sich nur noch die Frage, ob er dieses Produkt jetzt direkt benötigt oder auch nicht.

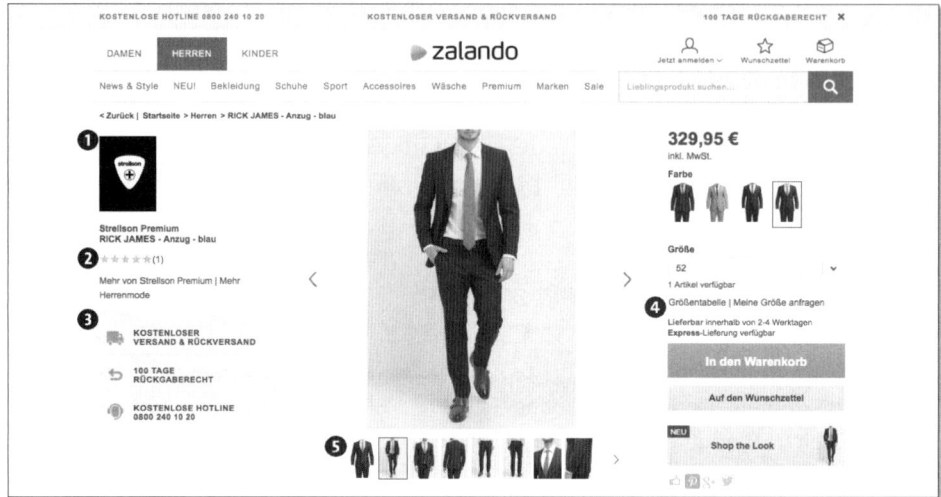

Abbildung 4.30 Produktdetailansicht bei Zalando

Da das Logo und speziell die Position des Logos die erste Aufmerksamkeit der Besucher auf sich zieht, ergänzt Zalando direkt im Anschluss, Sie sehen das in Abbildung 4.30 mit ❷ gekennzeichnet, die Produktbewertungen in Form eines Sterne-Rankings. Als Besucher sehen Sie also direkt, wie gut oder wie schlecht andere Kunden diesen Artikel bewertet haben. Auch dies sorgt wieder für Vertrauen und reduziert die Unsicherheit, denn wenn das direkte Feedback anderer Kunden durchweg positiv ist, haben Sie logischerweise auch ein wesentlich besseres Gefühl beim Einkauf. Denn bei Kundenbewertungen erzählt nicht der Shop-Betreiber etwas über den Artikel, was Sie gegebenenfalls nicht verifizieren können. Vielmehr erhalten Sie ein ehrliches Feedback anderer Kunden, die ihre ehrliche Meinung über das Produkt äußern.

Fehlende Produktbewertungen wirken nicht gut

Erfahrungsgemäß haben speziell kleinere Shop-Betreiber oftmals Probleme, an Produktbewertungen zu kommen, denn welcher Kunde macht sich aus freien Stücken daran, einen Kommentar zu schreiben, denn dies kostet Zeit. Und oftmals erhalten Sie vorwiegend negative Bewertungen, denn wenn alles in Ordnung ist, werden sich nur wenige bei Ihnen bedanken, wenn aber etwas schiefgelaufen ist oder die Verarbeitung des Produkts schlecht ist, erhalten Sie umgehend Feedback. Überlegen Sie sich daher ein System, wie Sie Kunden für Bewertungen belohnen können. Seien Sie hierbei kreativ, es muss nicht immer ein 5 €-Gutschein sein, eventuell haben Sie für bewertende Kunden ein Goodie oder einen Gratisartikel, den Sie als Belohnung verteilen können.

Shop-Betreiber neigen oftmals dazu, Bewertungen zu verstecken, häufig mit der Begründung, Produktbeschreibungen etc. seien wichtiger. Zuerst geht es darum, bei Ihren Besuchern ein gutes Gefühl zu erzeugen, das schaffen Sie über Bilder, Ratings und Markenlogos. Beschreibungstexte können Sie immer noch auf der Seite darstellen, gegebenenfalls etwas weniger prominent.

Direkt unter den Kundenbewertungen präsentiert Zalando nochmals die eigenen USPs ❸: kostenloser Versand und Rücksendung, 100 Tage Rückgaberecht sowie eine kostenlose Hotline. Dem Besucher werden direkt die Gründe angezeigt, warum er bei Zalando und nicht in einem anderen Online-Shop einkaufen sollte. Denn wer bietet schon 100 Tage Rückgaberecht? Da es Zalando ganz speziell um das »gute Gefühl« des Kunden geht, ist die Verwendung des ersten Drittels der Produktdetailansicht ausschließlich den vertrauensbildenden Maßnahmen vorbehalten. Erst jetzt, Sie sehen das unter Nummer ❺ in Abbildung 4.30, wird das eigentliche Produkt präsentiert. Wie eingangs schon erwähnt, kommt es bei der Produktdarstellung ganz speziell auf die Branche und die Produkte an, die Sie vertreiben. Denn Modeprodukte müssen Sie nicht großartig erklären, hier sind vielmehr klare und gut ersichtliche Bilder notwendig. Aus diesem Grund hebt dies Zalando im mittleren Drittel der Produktdetailansicht ganz besonders hervor. So haben Sie bei den meisten Artikeln die Möglichkeit, sich den Artikel aus verschiedenen Perspektiven und in Nahaufnahme anzusehen. Der Besucher soll sich also ein möglichst präzises Bild machen können und genau sehen, was er denn letztendlich kauft.

Gute Produktbilder schaffen Sicherheit

Als Shop-Betreiber hat man oftmals das Problem, gute Produktbilder aufzutreiben, speziell wenn Sie diese nicht vom Hersteller erhalten. Selbst Bilder zu erstellen ist auf der anderen Seite mit gewissen Kosten verbunden, und aus diesem Grund haben viele Online-Shops in der Praxis katastrophale Produktbilder und vor allem zu wenig Bilder pro Artikel. Bedenken Sie aber immer: Gute Bilder schaffen Vertrauen sowie Sicherheit und reduzieren auch die Retourenquote. Denn wenn Ihre Besucher im Vorfeld exakt die Beschaffenheit und Eigenheit des Produkts sehen können, wird die eine oder andere Retoure nicht bei Ihnen aufschlagen, und das spart Geld. Mehr hierzu erfahren Sie in Abschnitt 3.7, »Produktbilder«.

Zalando geht im Übrigen, wie Sie noch sehen werden, bei der Produktdarstellung einen etwas anderen Weg als andere Online-Shops. Denn klassischerweise befindet sich die Darstellung des Produktbildes links und nicht mittig.

Im rechten und somit äußersten Drittel unterstreicht Zalando speziell die Lieferzeit (❹ in Abbildung 4.30), die direkt neben dem Warenkorb-Button platziert ist. Auch dies sorgt für Sicherheit, denn Sie können sich exakt darauf einstellen, wann Ihnen die Artikel geliefert werden und wie lange Sie auf einen Artikel warten müssen. Das klingt auch wieder banal, aber stellen Sie sich einmal vor, Sie benötigten einen neuen Anzug für eine Veranstaltung, die Sie besuchen möchten. Würden Sie in einem Online-Shop einkaufen, der auf die Angabe der Lieferzeit verzichtet, was übrigens rechtlich auch gar nicht zulässig ist? Sie wüssten gar nicht, ob Sie die Lieferung noch rechtzeitig erhalten würden, und genau aus diesem Grund würden Sie auch nicht in diesem Online-Shop einkaufen. Nutzen Sie doch die Lieferzeit, was auch bei kleineren Online-Shop-Betreibern möglich ist, als USP. Sie können schnell liefern und die Produkte schnell zu Ihrem Kunden bringen.

Wie wir bereits gesehen haben, verfügt Zalando über eine zusammenfassende Anzeige der Produktbewertungen. Im ersten Schritt ist es positiv und auch notwendig, den Besuchern auf einer Skala von zum Beispiel 1 bis 5 die Meinung der Kunden darzustellen. Jedoch ist es ebenso wichtig, das detaillierte Feedback der Kunden bereitzustellen. Denn Ihre Besucher möchten wissen, was gut oder eben schlecht an dem jeweiligen Artikel ist. Diese Informationen können Sie getrost etwas abgesetzt im unteren Bereich des Shops darstellen, wie dies Zalando auch tut (siehe Abbildung 4.31). Auch wenn ein Produkt grundsätzlich positive Bewertungen aufweist, so gibt es sicherlich auch ein paar wenige negative. Stellen Sie Ihren Besuchern daher übersichtlich das Kundenfeedback dar. Zalando gibt beispielsweise Informationen über die Anzahl der Kundenbewertungen, die daraus resultierende Gesamtnote und schlüsselt anschließend die jeweiligen Kundenbewertungen nochmals speziell auf. Bitte nutzen Sie immer die Möglichkeit einer aggregierten Wertung. Ansonsten können Ihre Besucher, sollten viele Bewertungen vorliegen, gar keine Schlüsse daraus ziehen, wie gut oder schlecht die Endnote ist. Neben der Anzahl der Bewertungen, Sie sehen das unter Nummer ❶ in Abbildung 4.31, folgt daher direkt die Gesamtbewertung (❷). Je mehr Bewertungen abgegeben wurden, desto aussagekräftiger ist natürlich die Gesamtnote, schauen Sie daher, immer möglichst viele Kundenbewertungen zu generieren. Im Abschluss sehen Sie unter Nummer ❸ noch beispielhaft eine Kundenbewertung. Diese besteht aus einem Rating und einem Kommentar. Bei dem Rating empfiehlt sich der Hang zur Einfachheit: Sie kennen sicherlich von anderen Shops die Möglichkeit, gezielt bestimmte Kriterien zu bewerten, Material, Lieferzeit, Kundenfreundlichkeit beim Support usw. An dieser Stelle soll es uns aber rein um das Produkt geben, die grundsätzliche Bewertung des Online-Shops kann über andere Kanäle erfolgen.

Bieten Sie Ihren Kunden daher an dieser Stelle ausschließlich die Bewertung des Produkts an.

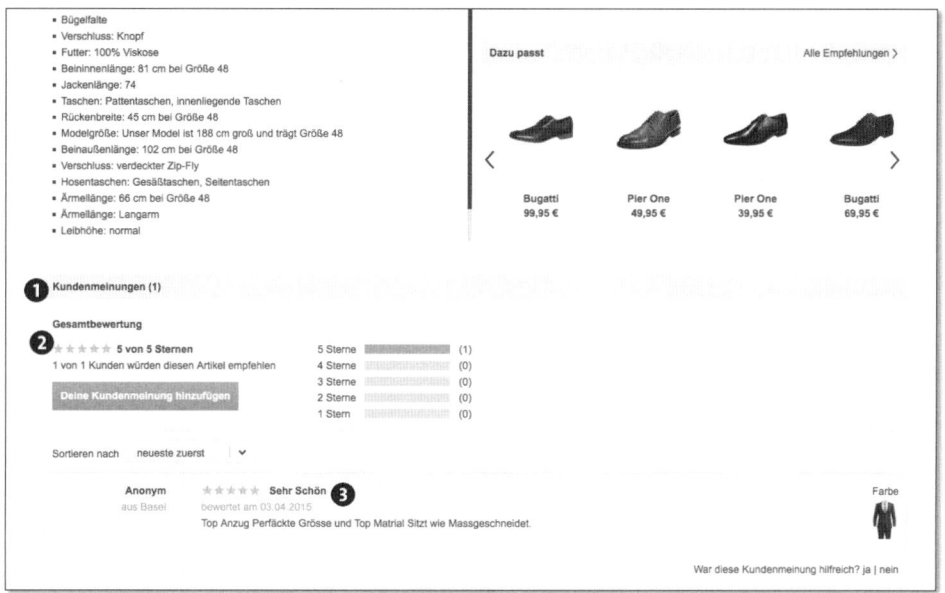

Abbildung 4.31 Darstellung der Bewertungen bei Zalando

Die Produktseite muss Ihre Besucher überzeugen, sowohl vom Produkt selbst wie auch von Ihrem Online-Shop. Haben Sie erst einmal diese Hürde geschafft, ist Ihnen der Umsatz zu 50 % sicher. Die 50 % sind nicht nur ein Floskel, sondern branchen- und produktübergreifende Durchschnittswerte ungeachtet der Shop-Größe hinsichtlich der Kaufquote im Warenkorb. Sie haben richtig gelesen, 50 % oder teilweise noch mehr Umsatz gehen Ihnen tagtäglich verloren, obwohl ein Besucher mit Kaufabsicht Artikel bereits in den Warenkorb gelegt hat. Der Warenkorb ist daher eine enorm wichtige und oft scheußlich vernachlässigte Seite innerhalb des kompletten Einkaufprozesses. Denn wenn Sie hier den Sprung in den Check-out-Prozess schaffen, dann machen Sie in der Regel auch den Umsatz. Wenn Sie dies nicht schaffen, haben Sie Geld investiert, um einen Besucher in den Online-Shop zu bekommen, und machen doch kein Geschäft. Sie zahlen also letztendlich drauf und machen einen Verlust. Aber genau dies möchten wir verhindern!

Warenkorb

Gehen Sie einmal von sich persönlich aus. Sie sind in einem tollen Online-Shop unterwegs, haben ein Produkt gefunden, das Ihnen gefällt und das auch preislich in Ordnung ist. Sie möchten den Artikel kaufen und legen ihn in den Warenkorb. Welche Gründe könnte es geben, die Sie daran hindern, die Bestellung tatsächlich durchzuführen? Zweifel kommen in der Regel dann auf, wenn Sie dem potenziellen Kunden im Vorfeld nicht alle notwendigen Informationen bereitstellen und ihn nicht zum Kauf animieren. Daher muss das Ziel eines guten Warenkorbs eine übersichtliche Darstellung, vollständige Informationen und das Vorhandensein eines gewissen Kaufanreizes sein. Lassen Sie uns daher die Umsetzung von Zalando einmal näher beleuchten (siehe Abbildung 4.32).

Abbildung 4.32 Warenkorb bei Zalando

Um Unsicherheit zu reduzieren, ist es essenziell, dem Besucher alle relevanten Artikelinformationen zur Bestätigung darzustellen. Sie können dies unter Nummer ❶ sehen. Gerade bei Produkten, die konfiguriert werden können, das heißt, die sich beispielsweise durch Farbe und Größe unterscheiden, ist es wichtig, dem Besucher seine ausgewählte Variante darzustellen. Auch dies ist mittlerweile rechtlich notwendig, denn als Shop-Betreiber müssen Sie im Warenkorb alle relevanten Artikelinformationen abbilden. Der positive Nebeneffekt ist auf jeden Fall die geringere Absprungquote, denn im Zweifelsfall muss der Besucher nicht nochmals auf die Produktdetailansicht zurückkehren, um sich über die genauen Produkteigenschaften zu informieren. Informationen schaffen also Sicherheit, stellen Sie Ihren Besuchern daher alle relevanten Informationen dar, so wie dies auch Zalando erledigt.

Halten Sie Ihre Besucher im Warenkorb

Das Ziel eines guten Warenkorbs muss immer darin bestehen, den Besucher auf dieser Seite zu halten und ihn an die Kasse zu schicken. Absprünge zum Beispiel auf Kategorie- oder Produktdetailseiten sollten in der Regel vermieden werden. Denn dies würde einen Rückschritt bedeuten. Als Shop-Betreiber muss es Ihr persönliches Ziel sein, den Kunden zum Ende zu schicken, sprich zum Einkauf.

Die Lieferzeit-Thematik haben wir bereits bezüglich der Produktdetailseite diskutiert, im Warenkorb findet diese bei Zalando ebenso Eingang wie Sie unter Nummer ❷ in Abbildung 4.32 sehen können. Denn gerade wenn mehrere Artikel im Warenkorb vorhanden sind, möchte Ihr Besucher ganz genau wissen, wann die Sendung bei ihm eintrifft. Auch hier möchten Sie vermeiden, dass der Besucher nochmals alle Detailansichten aufruft und sich über die Lieferzeit informiert, das würde den Kaufprozess unterbrechen. Dementsprechend zeigt Zalando an einer recht prominenten Stelle das voraussichtliche Lieferdatum an. Beachten Sie hierbei auch, dass es sich um das Lieferdatum handelt, nicht wann die Ware versendet wird. Dem Besucher wird daher ganz klar angezeigt, wenn nun bestellt wird ist die Ware voraussichtlich am nächsten Tag da. Unterbewusst wirkt sich das auf viele Besucher wie ein positiver Kaufimpuls aus, da man hier schon darüber nachdenkt, wann die Ware eintrifft. Sofern es Ihnen daher möglich ist, ein Lieferdatum zu kalkulieren, stellen Sie es Ihren Besuchern prominent dar, und nutzen Sie auch Formulierungen wie: »Bestellen Sie in den nächsten 2 Stunden, und erhalten Sie morgen die Ware.« Denn speziell solche Formulierungen wirken sich definitiv positiv auf Ihre Conversion-Rate aus.

Gefolgt von den Versandinformationen sehen Sie unter den Nummern ❸ und ❹ in Abbildung 4.32 USPs sowie Gütesiegel. Auch im Check-out gilt es, nochmals die Gründe zu unterstreichen, weshalb der Besucher bei Ihnen einkaufen sollte. Diese Gründe können Sie Ihren Besuchern eigentlich gar nicht oft genug nennen. Und sind wir mal ehrlich, das ist auch genau die Art und Weise, wie es ein Verkäufer machen würde. Denn dieser würde auch nicht nur einmal am Rande erwähnen, warum sein Unternehmen und seine Produkte gekauft werden sollten. Da unser Online-Shop im Prinzip nichts anderes als ein Verkäufer ist, müssen wir daher auch die USPs hervorheben, selbstverständlich an sinnvollen Positionen. Neben den USPs integriert Zalando darüber hinaus noch Gütesiegel. Auch diese helfen beim Einkauf, da dadurch Sicherheit geschaffen wird. Denn wenn Sie ein Trusted-Shops- oder TÜV-Gütesiegel sehen, haben Sie automatisch Vertrauen zum Unternehmen und vermuten auch keine Probleme bei der Bezahlung oder Datensicherheit. Nutzen Sie diese, speziell wenn Sie in Branchen unterwegs sind, die eigene Gütesiegel haben, und platzieren Sie sie prominent im Warenkorb. Durch die dadurch erzeugte Sicherheit werden Sie definitiv Kaufabbrüche vermeiden können und damit ohne Erhöhung Ihres Marketingbudgets automatisch mehr Umsatz und Gewinn machen.

Bestellprozess

Gütesiegel und die damit verbundene Sicherheit sind auch im darauffolgenden Prozessschritt wichtig. Sie sehen diesen in Abbildung 4.33.

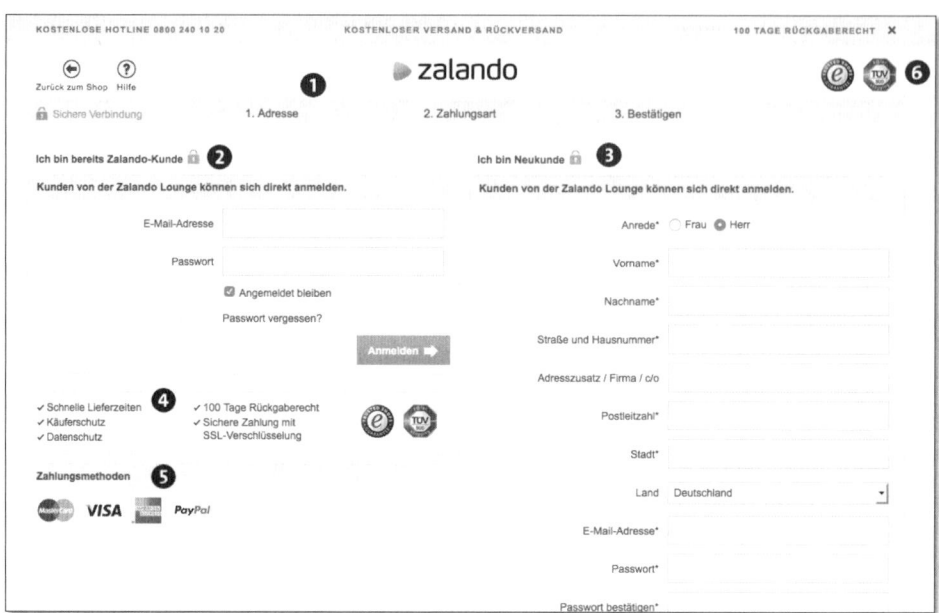

Abbildung 4.33 Erster Schritt im Bestellprozess bei Zalando

Hier tauchen Sie bei Zalando zum ersten Mal direkt in den Check-out-Prozess ein. Was bei der Gestaltung und dem Layout gleich auffällt: Als Kunde befinden Sie sich in einem Trust-Sandwich, das auch bei kleinen Auflösungen problemlos zu erkennen ist! Beginnen wir hier aber auch wieder Schritt für Schritt: Orientierung schafft Sicherheit, dementsprechend ist es nur logisch, wenn Sie Ihren Besuchern die aktuelle »Position« und den noch zurückzulegenden Weg darstellen (unter Nummer ❶ in Abbildung 4.33). Zalando nutzt hierfür eine Art Prozessgrafik, die dem Besucher gleich darstellt, wo er sich befindet und wie viele Schritte noch auf ihn warten. Der Besucher bekommt ein direktes Feedback, was es noch zu tun gibt, und kann unter anderem dadurch auch die Dauer bis zum Einkauf einschätzen. Nettes Gimmick, Sie sehen das unter den Nummern ❷ und ❸: Die Bildsprache suggeriert mit Schlössern Sicherheit. Wohlgemerkt ist das nur das Tüpfelchen auf dem »i«, aber als Online-Shop-Betreiber müssen Sie auch gewissermaßen detailverliebt vorgehen. Die Nummern ❹, ❺ und ❻ bilden das eingangs von mir erwähnte Trust-Sandwich. Denn sowohl am oberen Rand der Seite wie auch nach der Eingabe der persönlichen Daten werden Sie von Zalando wieder mit den Gütesiegeln und USPs konfrontiert. In der oberen rechten Ecke sehen Sie Trusted Shops und TÜV Süd. Da Sie als Besucher auf jeden Fall auf die Schrittfolge in Punkt 1 achten, werden Ihnen diese Gütesiegel sicher auffallen, Sicherheit wird erzeugt. Unter Nummer ❹ sehen Sie nochmals die USPs und Ihnen wird als Besucher auch auf dieser Seite nochmals erklärt, weshalb Sie in diesem Shop einkaufen sollten. Gemeinsam mit Nummer ❺ werden wiederum Trust-Symbole dargestellt. Denn neben Trusted Shops und TÜV Süd erzeugen auch seriöse Payment-Logos wie Visa, MasterCard, American Express eine gewisse Sicherheit. Denn hatten Sie schon einmal unberechtigte Abbuchungen, wenn Sie mit diesen Kreditkarten eingekauft haben? Seriöser und sicherer geht es kaum, und genau deswegen bildet dieses Trust-Standwich eine gelungene Umsetzung, die dem Besucher die letzten Zweifel im Check-out-Prozess nimmt.

Wenn Sie als Besucher nun durch die nächsten Schritte springen und Ihre Zahlungs- und Versandinformationen auswählen, gelangen Sie zur letzten, wirklich wichtigen Seite, die zu Ihrem Umsatz führt: der Bestellübersicht. In Abbildung 4.34 sehen Sie den letzten Schritt im Zalando Check-out-Prozess.

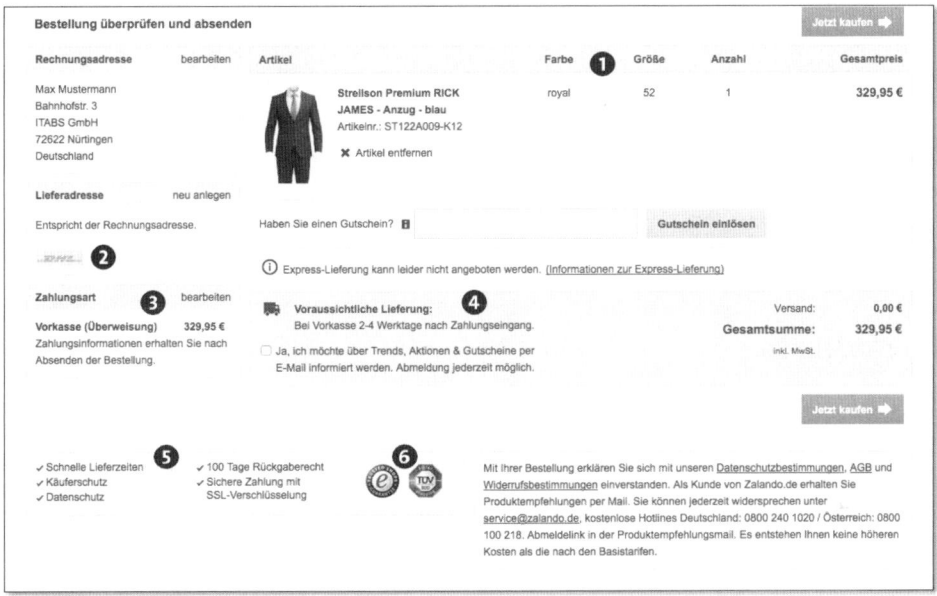

Abbildung 4.34 Der letzte Schritt bei Zalando

Unter Nummer ❶ sehen Sie erneut relevante Produktinformationen. Welcher Artikel wurde in welcher Konfiguration in den Warenkorb gelegt? Speziell in diesem Schritt sind alle relevanten Produktinformationen notwendig, denn im letzten Bestellschritt müssen Sie als Shop-Betreiber jeden Abbruch vermeiden. Der Besucher darf gar nicht die Möglichkeit haben, erneut zur Produktansicht zu springen oder gar etwas anderes zu unternehmen, als den Kauf abzuschließen. Vermeiden Sie daher den Wunsch, diesen Schritt zu verlassen, indem Sie unter anderem alle relevanten Informationen darstellen. Dies betrifft nicht ausschließlich Produkte, sondern auch die gewünschte Zahlungs- und Liefermethode. Diese können Sie unter den Nummern ❷ und ❸ erkennen. Auf der finalen Seite vor dem Kaufabschluss müssen Sie Ihrem Besucher alle Informationen, auch die der vorherigen Check-out-Schritte, nochmals übersichtlich darstellen, denn auch dies sorgt für Sicherheit, nämlich nichts falsch ausgewählt bzw. eingestellt zu haben. Lassen Sie diese Informationen auch übersichtlich darstellen, es nützt nichts, solch wichtige Details zu verstecken. Wie Sie am Beispiel von Zalando sehen können, folgen diese Informationen im linken Bereich der Seite, sind damit also zum Teil fast prominenter als die Produkte dargestellt. Im Weiteren folgen erneut Angaben zur Lieferzeit bzw. das Lieferdatum, Sie sehen dies unter Nummer ❹, sowie die bekannten Trust-Symbole und USPs unter ❺ und ❻. Auch diese werden wieder konsequent dargestellt, um spätestens hier die letzten Zweifel zu beseitigen.

Zalando schafft es konsequent auf allen Seiten, Kunden zu überzeugen und Vertrauen zu schaffen, und setzt hierbei auf ganz simple Mittel: Zum einen werden Trust-Symbole perfekt platziert auf allen Seiten dargestellt, zum anderen werden ebenso die USPs, also die Gründe, warum man bei Zalando einkaufen sollte, ebenso auf allen Seiten gebetsmühlenartig wiederholt und dargestellt. Auch wenn Zalando vieles richtig macht, so gibt es sicherlich die einen oder anderen Punkte, die man gegebenenfalls auch unter Berücksichtigung einer bestimmten Branche oder Zielgruppe anders lösen sollte. Die Basis und Grundgedanken sind aber richtig umgesetzt und sicher können Sie sich als Shop-Betreiber die einen oder anderen Umsetzungen abschauen.

4.5.2   Weltbild

Auch wenn Zalando speziell durch die Medien große Bekanntheit erlangt hat, gibt es weitere sehr große und erfolgreiche Online-Shops, von denen man als Shop-Betreiber in Bezug auf die Umsetzung einiges lernen kann. Ein weiterer, sehr interessanter Online-Shop ist *Weltbild.de*. Mit knapp 400 Millionen Euro Umsatz im Jahr 2012 muss bei der Umsetzung des Online-Shops sicherlich einiges richtig gelaufen sein, lassen Sie uns in der folgenden Analyse wieder speziell die Punkte Sicherheit, Vertrauen und Kaufmotivation analysieren.

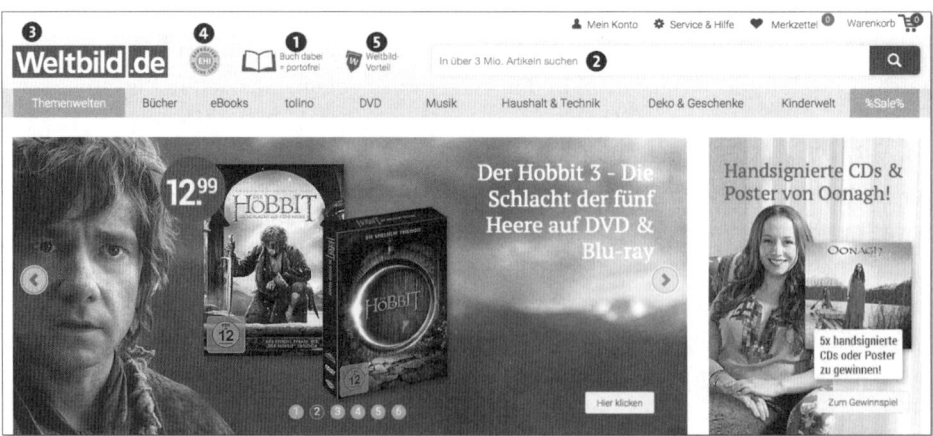

Abbildung 4.35 Der Kopfbereich des Online-Shops von Weltbild.de

Kopfbereich und grundsätzliches Erscheinungsbild

Starten wir mit der Startseite von *www.weltbild.de* und konzentrieren uns hierbei speziell auf den Header, also den Kopf der Website. Vergleichen Sie diesen mit Zalando, werden Sie sicherlich ähnliche Merkmale wiederfinden. Direkt im Blickfeld, wenn Sie die Seite aufrufen, entdecken Sie Nummer ❶ auf Abbildung 4.35. Hier geht es primär darum, einen gewissen Kaufanreiz zu schaffen, darüber hinaus werden Versandkosten kommuniziert. Diese entfallen nämlich, wenn Sie ein Buch kaufen bzw. wenn die Bestellung ein Buch enthält. Auf derselben Höhe, aber etwas weiter rechts daneben, werden durch die große Auswahl an Artikeln auch ein gewisses Know-how und eine Unternehmensgröße kommuniziert. Diese Informationen werden in der Suchleiste ❷ platziert, was eine enorm platzsparende Variante darstellt. Wenn der Online-Shop über 3 Millionen Artikel im Sortiment hat, dann kann es ja gar nicht die One-Man-Show um die Ecke sein, sondern eine gewisse Größe wird hinter dem Online-Shop stehen.

Das Weltbild.de-Logo, Sie sehen das unter Nummer ❸, sorgt wiederum für Vertrauen und schafft Sicherheit. Das funktioniert aber natürlich nur, wenn Ihr Logo bzw. Ihre Marke auch über das Internet hinaus bei Ihren Kunden bekannt ist und mit der Marke gewisse Aussagen verknüpft werden können

Das Logo sorgt für einen Wiedererkennungswert

Abgesehen von Sicherheit und Vertrauen schafft ein Logo auch einen Wiedererkennungswert. Da dies für Sie als Shop-Betreiber notwendig und wichtig ist, ist ein Logo immer auffällig und gut sichtbar platziert. Man kann getrost behaupten, dass in 99 % aller Online-Shops das Logo in oder oberen linken Ecke angesiedelt ist.

Ein weiteres Muster, das Sie bereits bei Zalando kennengelernt haben, ist die Integration von Trust-Symbolen. Wie der Name impliziert, gibt es bestimmte Gütesiegel bzw. Grafiken, die ohne weiteren Text und ohne weitere Erklärungen für Vertrauen sorgen. Wenn ein Besucher eine solche Grafik sieht, weiß er, dass auf dieser Seite alles in Ordnung ist und es sich um einen seriösen Online-Shop handelt. Weltbild.de setzt, ganz im Gegensatz zu Zalando, hierbei nicht auf Trusted Shops, sondern auf EHI ❹. Die Intention und die Auswirkung gleicht der von Trusted Shops, wenn Sie sich aber für die Unterschiede der einzelnen Gütesiegel interessieren, müssen wir Sie an dieser Stelle vertrösten, in Abschnitt 1.6.1, »Realisierungszeitraum (Start und Ende)«, erfahren Sie aber weiterführende Informationen zu den verschiedenen Gütesiegeln. Die Platzierung des EHI-Gütesiegels erfolgt direkt neben dem Logo. Etwas weiter rechts, Sie sehen das unter Nummer ❺, findet eine Vorteilskommunikation in Form des Weltbild-Vorteils statt.[6] Dem Besucher wird auf dem Online-Shop, so zumindest die

---

6 Letztendlich handelt es sich bei dem Vorteil um einen günstigeren Preis. Wenn Sie Ihren Kunden jedoch einen Vorteil bieten, klingt das auf den ersten Blick besser, als wenn Sie einfach nur Produkte billig verkaufen.

Aussage, die Sie beim Überfliegen der Seite sofort erfassen, ein Vorteil versprochen. Betrachten Sie nun parallel den Kopfbereich von Zalando bzw. Weltbild, so werden Sie, speziell was Trust-Symbole und Aussagen betrifft, einige Übereinstimmungen finden, und genau diese Übereinstimmungen können und sollten Sie auch in Ihren Online-Shop einfließen lassen.

Bleibt, bezogen auf die Startseite, noch der Footer, also der untere Rand Ihres Bildschirms. Beachten Sie hierfür Abbildung 4.36.

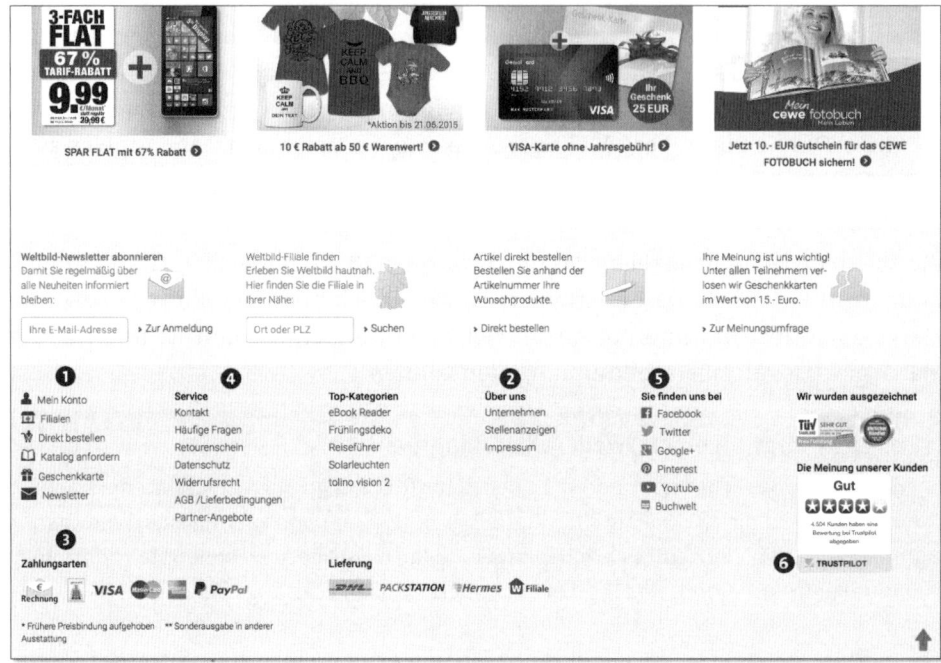

Abbildung 4.36 Der Fußbereich von Weltbild.de gestaltet sich übersichtlich und leicht verständlich.

Weltbild.de erzeugt im ersten Schritt durch eine aufgeräumte und nicht überfrachtete Gestaltung eine gewisse Übersichtlichkeit. Das Ziel liegt in dieser Form des Footers vor allem darin, wichtige und relevante Informationen auf einen Blick verfügbar zu machen. Denn es gibt nichts Schlimmeres für einen Online-Shop-Besucher, als wenn er sich beispielsweise über die Versandkosten und Zahlungsmethoden informieren möchte, die entsprechende Informationsseite aber nicht findet. Denn schwer zugängliche oder gar nicht vorhandene Informationen sorgen letztendlich immer für Misstrauen. Fehlende Transparenz sollten Sie sich als Online-Shop-Betreiber sicherlich nie ankreiden lassen. Umgehen bzw. lösen können Sie das Problem mit einer Darstellung, wie beispielsweise Weltbild.de sie nutzt. Wenn Sie Nummer ❶ in Abbildung 4.36 betrachten, sehen Sie die wichtigsten Shop-Links. Mit Hilfe dieser

Schnellnavigation können Sie auf relevante Informationen innerhalb des Online-Shops direkt zugreifen. Ebenso wichtig, dies sehen Sie unter Nummer ❷, sind direkte Links zu wichtigen Unternehmensseiten. Wie Sie wissen, sorgen Informationen über das Unternehmen bzw. die Menschen »hinter dem Online-Shop« für Sympathie und Vertrauen, denn es ist wichtig, den Online-Shop mit einem Gesicht zu identifizieren. Auch ist der Verweis auf Partner, Stellenanzeigen und weiterführende Informationen an dieser Stelle genau richtig platziert, denn wenn Sie mit starken Partnern zusammenarbeiten, »erben« Sie auch immer ein Stück weit deren Reputation.

Starke Partner sind gerade für Neulinge wichtig

Wenn Sie bzw. Ihr Online-Shop anfangs nicht bekannt ist, dann helfen vor allem starke Partner oder auch Lieferanten bei der Vertrauensbildung, denn das Vertrauen in diese Unternehmen geht auch ein Stück weit auf Sie über. Wenn Sie beispielsweise DHL als Partner haben, machen sich Ihre Besucher schon keine Sorgen, dass das Paket oder die Lieferung nicht ankommt, denn bei DHL klappt doch immer alles problemlos. Bei Ihnen daher auch.

Gefolgt von den wichtigsten Links, wird im Weiteren mit den Logos von Zahlungsarten bzw. Zahlungsdienstleistern geworben (❸), ähnlich wie bei Zalando – mittlerweile gehört es bei Online-Shops zum guten Ton, im Footer nochmals alle Zahlungsmethoden aufzulisten. Nummer ❹ in Abbildung 4.36, die Servicelinks, sind letztendlich eine Erweiterung von Nummer ❶, wobei hier speziell die Seiten genannt werden, die Ihnen den Kontakt mit Weltbild.de ermöglichen oder Ihnen Service-Informationen liefern.

Spannend wiederum ist die Auflistung der sozialen Netzwerke, die Sie unter Nummer ❺ erkennen können. Denn auch hier gilt es wieder, Reputation und Vertrauen zu übertragen. Speziell wenn Sie auf Facebook sehr viele Fans oder Likes haben, positive Meinungen und Postings verbreitet werden, kann sich das wiederum positiv auf Ihren Online-Shop auswirken. Denn es wird auf den sozialen Netzwerken letztendlich nichts anderes gemacht, als eine Empfehlung bzw. eine Bewertung auszusprechen. Durch die Integration dieser sozialen Netzwerke können Sie Ihre Besucher gezielt auf diese lenken, und die Meinungsbildung beginnt. Abgerundet wird der Footer durch ein weiteres Gütesiegel, nämlich Trustpilot (❻). Es handelt sich dabei nicht direkt um ein Gütesiegel, vielmehr um eine Bewertungsplattform, auf der Meinungen über den Online-Shop veröffentlicht werden können. Wenn Sie wie Weltbild.de eine sehr hohe Anzahl an Bewertungen, verbunden mit einer guten durchschnittlichen Note haben, wirkt sich das auf das Sicherheitsempfinden Ihrer Besucher natürlich sehr positiv aus. Denn Sie bieten mit dieser Form der Transparenz Ihren Besuchern die Möglichkeit, unabhängige Meinungen über Sie einzusehen, und wenn diese positiv sind, ist auch eine vermeintliche Unsicherheit schnell verflogen.

Kategorieansicht

Verlassen wir nun gemeinsam die Startseite von Weltbild.de und gehen, exakt wie deren Besucher, einen Schritt weiter. Da die Startseite bislang einen sehr guten und vertrauenswürdigen Eindruck gemacht hat, wird der Online-Shop-Besucher nun in eine Kategorie eintauchen und sich dem Produktsortiment widmen, denn dieser Online-Shop ist als seriös im Hinterkopf abgespeichert. Den einzigen größeren Faux-pas von Zalando hat Weltbild.de nicht begangen, wie Sie in Abbildung 4.37 unter Nummer ❶ sehen können.

Denn Weltbild.de stellt Produktbewertungen direkt in der Kategorieansicht übersichtlich und aufgeräumt in Form eines Sterne-Ratings dar. Dadurch können Ihre Besucher sofort erkennen, welche Artikel positiv oder auch gar nicht bewertet wurden. Darüber hinaus wird, das sehen Sie unter Nummer ❷, der bei gewissen Produkten vorhandene Weltbild.de-Vorteil kommuniziert. Wenn Sie Ihre Besucher bei bestimmten Artikeln »belohnen«, sollten Sie das auch direkt in der Kategorieansicht darstellen. Ansonsten forcieren Sie ausschließlich das mehrmalige Hin- und Herspringen zwischen verschiedenen Artikeln, was bei Ihren Besuchern Frust erzeugt. Denn je mehr unnütze Klicks nötig sind, desto stärker sind auch Ärger oder ein daraus resultierendes Desinteresse.

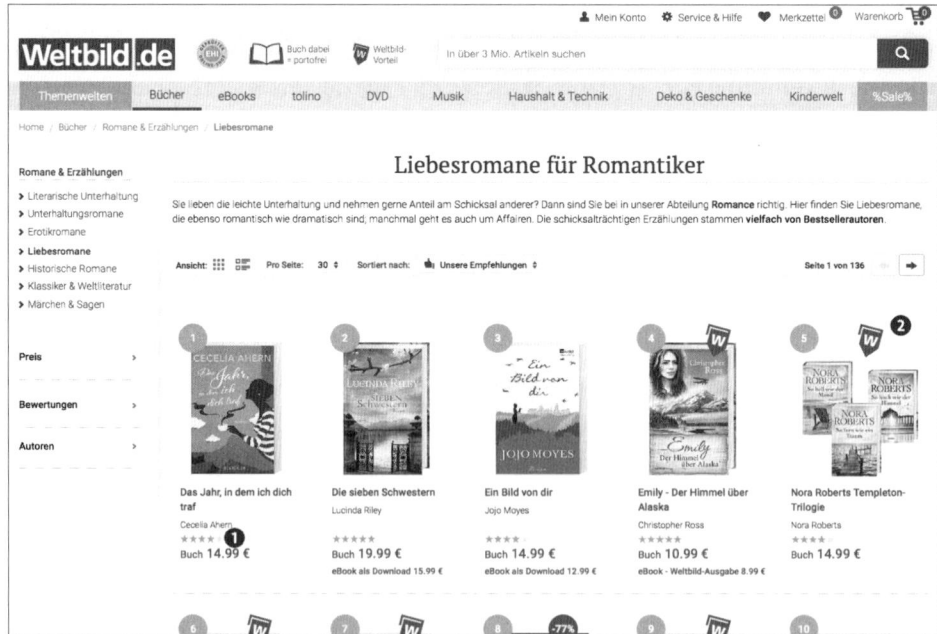

Abbildung 4.37 Produktbewertungen werden bei Weltbild.de direkt in der Kategorieansicht dargestellt.

Produktdetailansicht

Hat Ihr Besucher ein interessantes Produkt auf der Kategorieseite entdeckt, wird er sich im nächsten Schritt die Produktdetailseite ansehen, und das ist speziell die Seite, auf der Sie Vertrauen und Sicherheit in Bezug auf den Artikel schaffen und, kurz gesagt, verkaufen müssen.

Unter Nummer ❶ in Abbildung 4.38 sehen Sie, dass in diesem Beispiel mit der portofreien Lieferung geworben wird, was auf der Produktdetailseite äußerst wichtig ist. Versandkostenfreie Lieferungen wirken grundsätzlich verkaufsfördernd. Sie haben aber auch einen weiteren Effekt. Ist sich ein Besucher nicht genau sicher, ob er ein bestimmtes Produkt wirklich möchte, ob es die richtige Größe, Farbe oder Konfiguration ist, werden hohe Versandkosten eher verkaufsmindernd wirken. Man bekommt zwar den Preis für das Produkt erstattet, nicht aber die Versandkosten. Eine versandkostenfreie Lieferung lädt daher gerade dazu ein, bei einer gewissen Unsicherheit den Artikel dennoch zu bestellen.

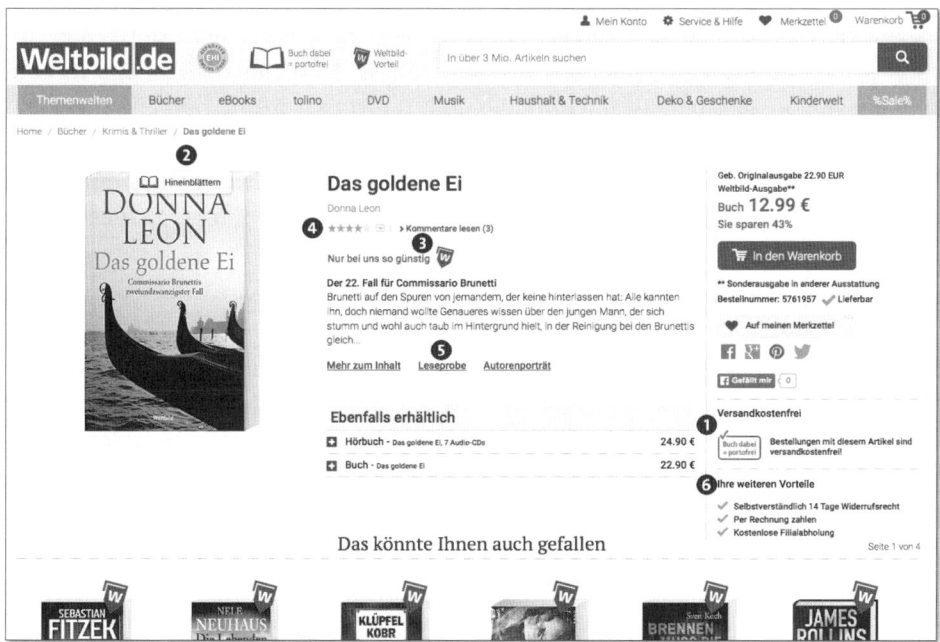

Abbildung 4.38 Vorteilskommunikation und Sicherheit sorgen für Verkaufserlöse.

Nummer ❷, das Hineinblättern, wird Ihnen auch nur bei Büchern eine wirkliche Hilfe sein. Aber darum geht es letztendlich auch gar nicht. Es geht vielmehr um die Möglichkeit, Ihrem Besucher einen Einblick in das Produkt zu gewähren, weitere Informationen bereitzustellen, mit deren Hilfe eine Kaufentscheidung getroffen werden kann. Denn wenn Sie ein Produkt nicht anfassen, richten oder testen können, dann ist eine Kaufentscheidung schwierig. Einkaufen werden Sie nur, wenn es ein rein technisches Produkt ist und Sie gewisse Kennzahlen haben und wissen, wie diese sein müssen, oder wenn das Produkt durch Dritte ein positives Feedback erhalten hat. Ansonsten ist aber eine seriöse Kaufentscheidung schwierig. Bei Büchern haben Sie aber die Möglichkeit, durch eine Leseprobe (❺) Vertrauen und Sicherheit zu schaffen. Die Frage, die Sie sich daher stellen müssen, lautet: Wie können Sie Ihrem Besucher eine Kostprobe Ihres Produkts über das Internet servieren?

Gefolgt hiervon sehen Sie unter Nummer ❸ in Abbildung 4.38 den bereits erwähnten Weltbild.de-Vorteil sowie eine Zusammenfassung der Kundenbewertungen unter Nummer ❹. Die Darstellung ähnelt der von Zalando, Sie können die Darstellung der Kundenmeinung in dieser Form aber gerne als geläufiges Muster ansehen und dies entsprechend auch für Ihren Online-Shop adaptieren. Direkt unter dem Button IN DEN WARENKORB findet die nächste Vorteilskommunikation statt, wie schon unter Nummer ❶: der kostenlose Versand. Grundsätzlich ist die Darstellung von vertrauensbildenden Maßnahmen in der Nähe des Call-to-Action-Buttons IN DEN WARENKORB wie ein Ritt auf der Rasierklinge. Denn auf der einen Seite ist in diesem Bereich die Aufmerksamkeit des Kunden gebündelt, das erfolgt schon alleine durch die Nutzung von Call-to-Action-Elementen. Auf der anderen Seite möchten Sie Ihren Besucher genau von diesen Call-to-Action-Elementen nicht ablenken. Dementsprechend müssen Sie wichtige Informationen prominent darstellen, aber nicht so prominent, dass Ihre Besucher bei diesen hängen bleiben. Bei Weltbild.de ist diese Lösung, die Sie unter der Nummer ❻ sehen, gut. Grüne Check-Haken zeigen mir als Besucher ganz klar an, was meine persönlichen Vorteile sind.

Kundenfeedback und Bewertungen

Auch wenn an dieser Stelle aufgrund der starken Ähnlichkeit zu Zalando nicht speziell auf die Kundenbewertungen auf der Produktdetailseite eingegangen wird, sind diese vorhanden. Der Aufbau ähnelt im Prinzip dem von Zalando, ein weiteres Muster, das Sie sich also für Ihren eigenen Shop »abschauen« können.

Warenkorb

Wenn es Ihr Besucher erst einmal geschafft hat, den richtigen Artikel in den Warenkorb zu legen, haben Sie als Shop-Betreiber sozusagen die 50:50-Chance, dass ein Verkauf folgt. Wie Sie aber auch schon bei dem Beispiel von Zalando gesehen haben, ist das weniger ein Glücksspiel als vielmehr eine Frage, wie optimiert Ihr Warenkorb ist. Denn der Warenkorb ist ein Bindeglied und ein Zwischenschritt zwischen Produktauswahl und Einkaufsprozess. Als Shop-Betreiber muss es Ihnen gelingen, den Shop-Besucher vom Warenkorb in den Check-out-Prozess zu lotsen. Die Macher von Weltbild.de haben sich hierfür ein paar interessante Ansätze ausgedacht, die wir uns nun im Folgenden etwas genauer ansehen.

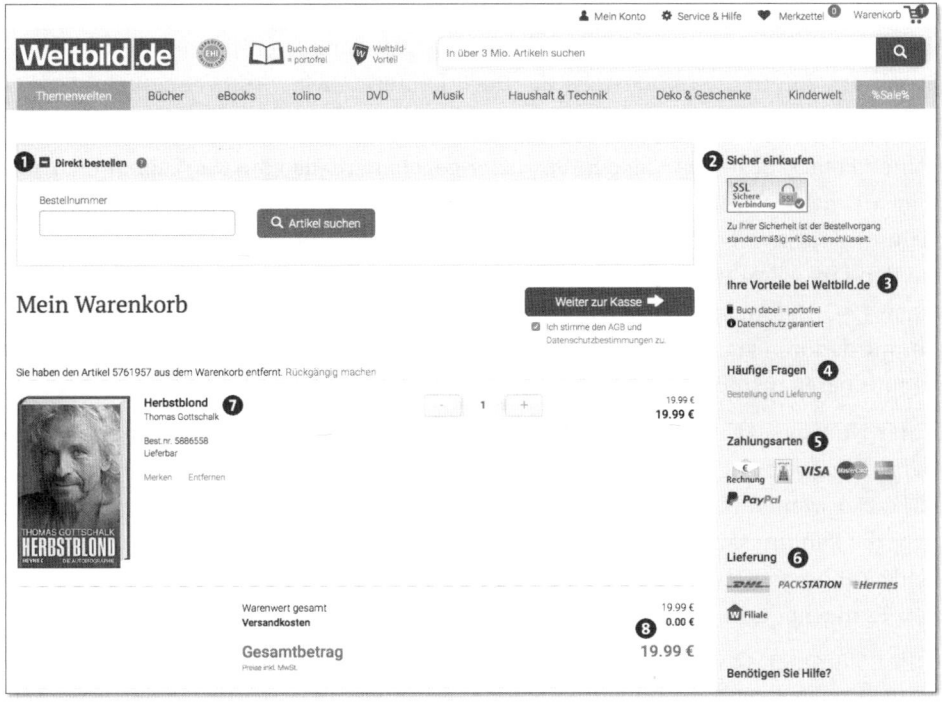

Abbildung 4.39 Der Warenkorb von Weltbild.de berücksichtigt sehr viele Kleinigkeiten und erzeugt in Summe ein gutes Gefühl beim Verbraucher.

Die Anzahl der Optimierungen ist groß, und hier ergeben wirklich kleine Puzzleteile in Summe ein stimmiges Bild. Starten wir mit Nummer ❶ in Abbildung 4.39: Weltbild.de ermöglicht Ihnen als Besucher die direkte Suche nach Artikeln und das Hinzufügen im Warenkorb (DIREKT BESTELLEN). Das ist äußerst praktisch, wenn Ihnen im Warenkorb einfällt, dass noch ein Artikel fehlt bzw. Sie einen weiteren Artikel kaufen möchten. Denn so müssen Sie nicht den Warenkorb verlassen (Vorsicht: Kaufabbruchmöglichkeit), sondern bleiben in diesem geschlossenen Prozess. Einziges Manko besteht in der Tatsache, dass Sie die Artikelnummer kennen müssen. Sprich, Sie haben keine Freitextsuche und können nicht nach einem bestimmten Titel suchen, sondern müssen gezielt die Artikelnummer eingeben. Dennoch ist die Möglichkeit ein interessanter Ansatz, die Besucher innerhalb des Warenkorbs zu halten.

Auf derselben Höhe wie die Direktbestellung sticht das SSL-Logo SICHER EINKAUFEN ins Auge (❷). Dadurch wird Vertrauen geschaffen und dem Besucher ein sicherer Einkaufsprozess suggeriert. Dabei gehört SSL zum Standard und ist eigentlich nichts Besonderes. Sie schreiben ja auch nicht, »Ihre Daten werden nicht weiterverkauft«, da man von dieser Tatsache ausgeht. Durch das relativ prominente Trust-Siegel, welches sich am oberen Ende der Seite unter Nummer ❷ befindet, schwindet im ersten Moment die Aufmerksamkeit auf diesen Bereich. Weltbild.de nutzt dieses Aufmerk-

233

samkeitsfenster und stellt unter Nummer ❸ weitere verkaufsfördernde Elemente dar. So wird unter anderem nochmals der USP mit der kostenfreien Lieferung kommuniziert, sofern Sie mindestens ein Buch kaufen. Auch wird, wenn auch in einer sehr kleinen Schriftgröße, auf den garantierten Datenschutz verwiesen.

Sollten Fragen bestehen, die den Besucher gegebenenfalls vom Kauf abhalten, kann man aus dem Warenkorb direkt auf HÄUFIGE FRAGEN zum Thema Bestellung und Lieferung springen (❹). Die Idee ist gut, die Umsetzung jedoch nicht. Denn wenn Sie auf den Link klicken, fliegen Sie zwangsläufig aus dem Bestellprozess und landen in einer FAQ-Datenbank. Die Wahrscheinlichkeit, den Einkauf nicht fortzusetzen, nimmt dadurch zu. Besser wäre es, die Informationen in Form eines Overlays oder Popups bereitzustellen, den Kunden jedoch im Warenkorb zu lassen.

Unter Nummer ❺ und ❻ folgen weitere vertrauensbildende Maßnahmen wie die Darstellung von Logos der Lieferanten und Zahlungsarten. Sie sehen somit auf einen Blick, mit wem versendet wird und wie bezahlt werden kann. Gerade der Überblick über die Zahlungsarten ist ein wichtiger und relevanter Punkt, da falsche bzw. fehlende Zahlungsmethoden letztendlich zu Abbrüchen im Kaufvorgang führen können. Es macht daher Sinn, im Vorfeld die möglichen Zahlungsvarianten darzustellen.

Unter Nummer ❼ werden gut sichtbar Produktinformationen dargestellt. Hierbei handelt es sich schlussendlich vor allem um die rechtlich notwendigen Daten, das heißt, Sie müssen diese Informationen in Ihrem Online-Shop darstellen. Eine Zusammenfassung der Kosten erfolgt ebenso transparent unter Nummer ❽. Es ist äußerst wichtig, da dies die »Angst« vor Betrug nimmt, wenn Sie die Endsumme und die jeweiligen Kostenblöcke möglichst übersichtlich und vor allem verständlich abbilden. Das gilt vor allem auch für Zusatzkosten oder zusätzliche Möglichkeiten. In unserem Beispiel können Sie diese nämlich sehr transparent und einfach verständlich hinzubuchen bzw. auch wieder entfernen, wie Sie unter Nummer ❾ (siehe Abbildung 4.40) sehen können. Umschlossen wird die Auflistung der Produkte und Kosten durch das Call-to-Action-Element WEITER ZUR KASSE, das sich am oberen Rand, aber auch am unteren Rand der Seite befindet. In der Nähe des unteren Bestell-Buttons finden Sie zusätzlich auf der rechten Seite nochmals eine Kontaktmöglichkeit, nämlich die Support-Hotline (❿). Sollten also zu diesem Zeitpunkt, kurz vor dem Gang zur Kasse, noch Fragen offen sein, können Sie diese telefonisch klären.

Unter dem Call-to-Action-Element WEITER ZUR KASSE finden Sie Empfehlungen (⓫), das heißt Produkte, die Ihnen auch gefallen können. Gut umgesetzt ist die Möglichkeit, Produkte direkt in den Warenkorb einzufügen, ohne den Warenkorb zu verlassen. Die Möglichkeit wird mit Hilfe eines Overlays realisiert. Zugegebenermaßen muss man sich die Frage stellen, ob ein Buch gekauft wird, ohne im Vorfeld das Inhaltsverzeichnis bzw. die Kundenbewertungen gelesen zu haben. Wenn Sie hingegen Elektronikartikel vertreiben und an dieser Stelle passendes Zubehör darstellen würden, wäre die Kaufwahrscheinlichkeit wesentlich höher.

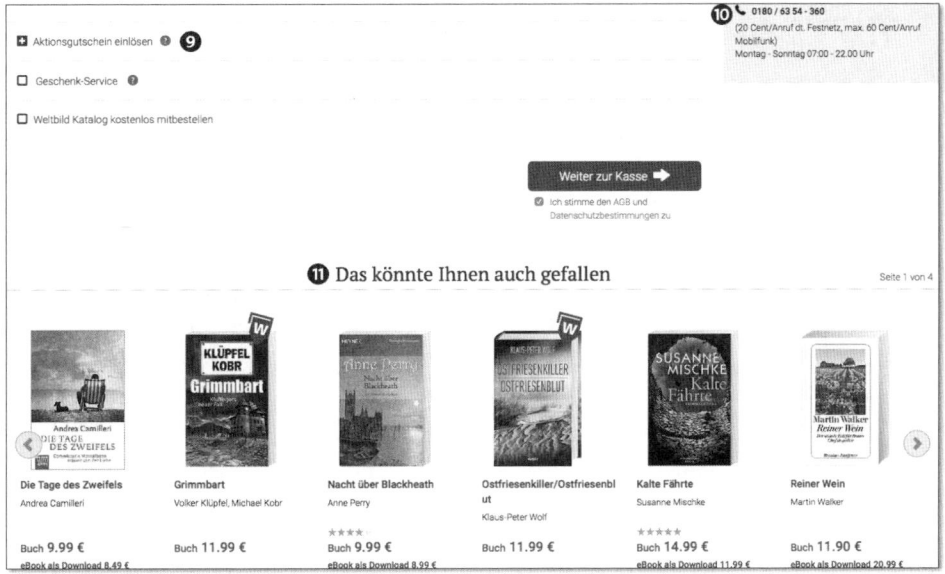

Abbildung 4.40 Die untere Hälfte des Warenkorbs zeigt Empfehlungen und den »Zur Kasse« Button

Bezahlvorgang

Wenn Sie sich im Warenkorb für den Kauf der Artikel entschieden haben und zur Kasse gehen, werden Sie eine vollkommen veränderte Darstellung wahrnehmen. So ist der eigentliche Check-out-Prozess von Weltbild.de sehr klar und strukturiert gestaltet. Überflüssige Elemente, die vom Einkauf ablenken, beispielsweise die Hauptnavigation, wurden komplett entfernt. Innerhalb des eigentlichen Check-out-Prozesses erhalten Sie auf der linken Bildschirmseite eine Übersicht darüber, an welcher Stelle im Kaufvorgang Sie sich aktuell befinden. Die erledigten Schritte sind entsprechend abgehakt, wie beispielsweise der Warenkorb. Neben der Prozessanzeige sehen Sie gut und klar dargestellte Eingabefelder. Auf der rechten Bildschirmseite sehen Sie den Inhalt Ihres Warenkorbs, Sie wissen also zu jedem Zeitpunkt, was Sie gerade einkaufen. Das sorgt für Transparenz und ein gutes Gefühl.

Wer sagt eigentlich, dass der Bestellvorgang nicht anders aussehen darf?

Viele Shop-Betreiber trauen sich an das Thema Check-out-Prozess nicht so recht heran. Denn Fakt ist: Dieser Prozess muss nicht genau wie Ihr Online-Shop aussehen. Amazon.de reduziert beispielsweise den Check-out so weit, dass Sie nur noch einkaufen können. Aber auch inhaltliche Anpassungen wie auf Weltbild.de machen durchaus Sinn, denn im Check-out-Prozess benötigt ein Online-Shop-Besucher ganz andere Informationen als im Produktkatalog oder auf der Startseite.

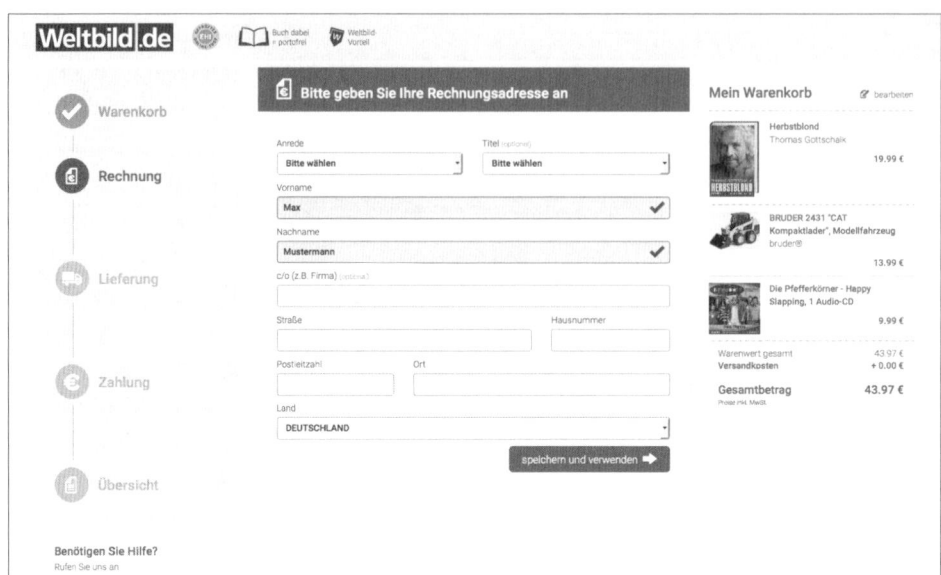

Abbildung 4.41 Der reduzierte Check-out-Prozess von Weltbild.de

Im Gegensatz zur Hauptnavigation hat sich Weltbild.de bei der Fußzeile dazu entschlossen, diese identisch zu den anderen Seiten zu belassen. Hier gibt es speziell keine Veränderungen, wenn auch der Check-out insgesamt wesentlich aufgeräumter und übersichtlicher als andere Seiten wirkt.

Wie Sie am Beispiel von Weltbild.de sehen können, ist es wichtig, durch transparente und klar dargestellte Informationen Vertrauen zu schaffen. Unterstützt wird das vor allem durch eine reduzierte Darstellung der Seite innerhalb des Check-out-Prozesses.

4.5.3   Cyberport

Lassen Sie uns abschließend mit Hilfe eines dritten Beispiels das Thema »Sicherheit schaffen und Kunden überzeugen« abrunden. *Cyberport* erzielte im Jahr 2013 einen Umsatz von mehr als 500 Millionen € und gehört damit zweifelsohne zu den umsatzstärksten Online-Shops in Deutschland. Verkauft werden elektronische Produkte, angefangen bei der Spülmaschine bis hin zu Computern, Fernsehgeräten und Tablets. Da sich, denken Sie nur an einen großen Fernseher oder guten Kühlschrank, die Produkte tendenziell in einem höheren Preissegment befinden als beispielsweise bei Weltbild.de, sind das Gefühl von Sicherheit und das Vertrauen der Kunden maßgeblich für den Erfolg des Online-Shops verantwortlich. Denn Sie bezahlen nicht »mal so eben« ein paar tausend Euro, wenn Sie nicht von den Produkten und dem Online-Shop überzeugt sind. Lassen Sie uns daher im Detail anschauen, wie Cyberport für ein sicheres und vor allem vertrauensvolles Umfeld sorgt.

Kopfbereich & grundsätzliches Erscheinungsbild

In Abbildung 4.42 können Sie bereits ohne große Studie erkennen, dass sich der Aufbau von Cyberport grundsätzlich von den bereits behandelten Beispielen unterscheidet. Die USP- und Trust-Symbole waren in den beiden vorherigen Beispielen immer gut sichtbar im Kopfbereich integriert, Cyberport verzichtet auf dieses Muster und integriert diese Symbole im linken Bereich der Seite. Dadurch ist die Darstellung des Kopfbereichs wesentlich kompakter, da weniger Informationen auf dem begrenzten Raum dargestellt werden müssen. Auf der anderen Seite werden aber speziell auf den Unterseiten die Trust- und USP-Symbole nicht ganz so prominent dargestellt.

Je bekannter der Shop, desto unwichtiger sind Trust-Symbole

Es gibt einen direkten Zusammenhang zwischen der Popularität und Bekanntheit eines Online-Shops und der Notwendigkeit und dem Nutzen von Trust-Symbolen. So benötigt Amazon beispielsweise weder eine TÜV-Süd-Zertifizierung noch den Trusted-Shops-Käuferschutz. Amazon macht seit Jahrzehnten einen guten Job, und das wissen Kunden sowie potenzielle Neukunden. Unbekannte Online-Shops hingegen profitieren sehr stark von vertrauensbildenden Maßnahmen wie Gütesiegeln.

Die Vorteilskommunikation, die sich am oberen Rand der Seite befindet, sehen Sie in Abbildung 4.42 unter Nummer ❶. Mit dem Slogan DIGITAL OUTFITTERS wird zum einen Aufmerksamkeit erzeugt, zum anderen informiert die hinter diesem Link verborgene Seite über die Vorteile und den Nutzen von Cyberport, und letztendlich finden hier auch die vertrauensbildenden Maßnahmen statt. Denn auf dieser Folgeseite wird unter anderem erklärt, dass Cyberport schon seit mehr als 15 Jahren im E-Commerce aktiv ist, 40.000 Markenartikel führt und über verschiedenste Zertifizierungen verfügt. Es wird letztendlich eine Geschichte erzählt, wodurch der Besucher Vertrauen fasst und auch den Shop als seriös wahrnimmt. Wenn Sie als Unternehmen eine langjährige Geschichte haben, beispielsweise als Familienunternehmen schon seit 100 Jahre aktiv sind, dann erzählen Sie Ihren Besuchern diese Geschichte. Denn wenn Sie in Ihrem Unternehmen schon eine so gewaltige Zeit in einer Branche aktiv sind, sorgt dies für Vertrauen und Sicherheit.

Unter Nummer ❷ erfolgt ein Verweis auf einen starken Partner, denn Cyberport ist ein Partner von CHIP Online. Falls Sie CHIP Online nun nicht kennen sollten, es handelt sich um ein äußerst populäres Print-Magazin bzw. Online-Portal für Technikbegeisterte. Neben Neuigkeiten aus der IT-Branche werden Hardwarekomponenten, Notebook, Tablets sowie Smartphones getestet und bewertet. Für einen Online-Shop mit dem Augenmerk auf Elektronikprodukten ist dies natürlich ein geniales Zusammenspiel. Das Online-Portal kann bei Testberichten auf eine Einkaufsmöglichkeit verweisen, Cyberport selbst kann bei seinen Produkten die Testberichte von CHIP Online integrieren und wiederum auf diese verweisen. Darüber hinaus sorgt diese

Verbindung aber auch für ein gewisses seriöses Erscheinungsbild, denn sowohl CHIP Online wie auch Cyberport sind seit Jahrzehnten in der Szene aktiv, bekannt und etabliert.

Abbildung 4.42 Die Startseite von »www.cyberport.de« verfügt über eine Vielzahl von vertrauensbildenden Maßnahmen.

Ebenso im linken Bereich der Seite und unter der Integration des CHIP-Online-Logos befindet sich eine Kontaktbox, die Sie unter Nummer ❸ erkennen können. Durch die übersichtliche Darstellung der verschiedenen Kontaktmöglichkeiten erleichtern Sie Ihren Besuchern die unkomplizierte Kontaktaufnahme bei Problemen. Ebenso signalisieren Sie eine gewisse Support-Bereitschaft, denn es ist keine 0900er-Nummer, die auf irgendeiner Unterseite versteckt ist, vielmehr wird mit einer Beratungs-, Bestell-, Support- und Kundenservice-Hotline prominent geworben. Wie auch bei Zalando erwähnt, wirkt eine Hotline speziell vor dem Kauf beruhigend.

Verschmelzung von Online und Offline

E-Commerce-Unternehmen, die zusätzlich über Ladengeschäfte verfügen, haben den großen Vorteil, direkt innerhalb des Online-Shops auch auf diese verweisen zu können. Dies wirkt ebenso vertrauensbildend, da Sie bei Problemen direkt in einer Filiale vorbeischauen können, idealerweise direkt in Ihrer Stadt. Cyberport hat diesen Vorteil und kommuniziert die entsprechenden Filialen offensiv, ein Vorteil, den gegebenenfalls auch Sie ausspielen können.

Ein wiederkehrendes Element, welches wir bereits bei den vorherigen Online-Shops gesehen haben ist die Integration der Trust-Symbole, die auch bei Cyberport nicht fehlen, wenn diese auch an einer anderen Stelle platziert sind. Sie finden sie in Abbildung 4.42 unter Nummer ❹. Durch die Überschrift ZERTIFIZIERTER ONLINESHOP wird impliziert, dass der Online-Shop gewisse Kriterien erfüllten muss, um die entsprechenden Gütesiegel zu erhalten. Im Gegensatz hierzu stehen die darunter aufgeführten Awards (❺), denn diese implizieren, dass der Online-Shop mehr getan hat, als eigentlich nötig gewesen wäre. Denn eine Auszeichnung erhalten Sie in der Regel für eine besonders gute Leistung oder gar für ein innovatives Konzept. Dementsprechend versucht Cyberport die vorhandene Unsicherheit auf zwei verschiedene Weisen zu eliminieren. Zum einen durch Zertifizierungen, das heißt durch das Bestehen von Prüfungen und Kriterien von externen Unternehmen, und zum anderen durch die Darstellung und Hervorhebung der sehr guten Leistung des Shops. Dadurch übertrumpft der Online-Shop indirekt die Konkurrenz, denn diese haben weniger oder gar keine Auszeichnungen.

Gefolgt von den Auszeichnungen und Gütesiegeln werden abschließend Logos von Zahlungsmethoden bzw. Payment-Providern integriert (❻). In diesem konkreten Beispiel wird durch die Fülle an Zahlungsmöglichkeiten auf der einen Seite verkaufsfördernd positiv Einfluss auf den Besucher genommen, andererseits wird ebenso auf starke und kompetente Partner verwiesen, mit denen man zusammenarbeitet. Sollten Sie gute Kontakte zu einer Bank bzw. eine entsprechende Partnerschaft haben, können Sie diese ebenfalls hervorgehoben darstellen, denn Banken arbeiten sicherlich nicht mit jedem »x-beliebigen Online-Shop« zusammen, sondern mit ausgewählten Partnern. Bei Cyberport handelt es sich um die Targo-Bank, und man hat doch als Kunde sicherlich gleich ein besseres Gefühl, wenn eine solche Kooperation existiert. Ansonsten werden speziell auf der Startseite im linken Bereich des Bildschirms keine weiteren vertrauensbildenden Maßnahmen integriert.

Interessanterweise gibt es nun aber in der mittleren bzw. rechten Bildschirmhälfte noch zwei Punkte, die wir uns im Detail ansehen sollten. Unter Nummer ❼ sehen Sie eine Integration von Marken- bzw. Herstellerlogos. Diese sorgt, wie Sie auch im Beispiel von Zalando gesehen haben, für Vertrauen und wirkt positiv auf Ihre Besucher, schließlich wird Markenware von Topherstellern verkauft. Neben dieser Tatsache ist der Link zu JOBS & KARRIERE unter Nummer ❽ recht positiv integriert. Bedenkt man, dass ein Job sicherlich nur für einen Bruchteil der Besucher relevant sein dürfte, kann man die prominente Darstellung definitiv hinterfragen. Wie wir aber bereits schon behandelt haben, ist der Bereich mit offenen Stellen in der Regel ein Mittel zum Zweck, was die positive Unternehmensdarstellung betrifft. Denn hier können Sie noch einmal ganz legitim darüber philosophieren warum gerade Ihr Unternehmen bzw. Online-Shop so »genial« ist und weshalb Sie sich von Ihrer Konkurrenz, zumindest Ihrer Meinung nach, absetzen. Lesen Ihre Besucher diese Informationen, wirkt sich das wiederum positiv auf Sie auf. Daher mein Tipp: Auch wenn Sie nur mittel- bis langfristig nach Verstärkung suchen, integrieren Sie einen Job-Bereich in Ihren Online-Shop, und präsentieren Sie Ihr Unternehmen und Ihren Online-Shop von der besten Seite.

Fußzeile

Widmen wir uns im Folgenden dem Fußbereich, sprich dem Footer. Sie können diesen in Abbildung 4.43 erkennen. Ähnlich wie bei den anderen beiden Beispielen befindet sich im Footer ein Informationsblock, der die wichtigsten Links zum Thema Kundenservice und Support beinhaltet (❶). Sollten vor dem Kauf Fragen auftreten, kann der Besucher direkt eine entsprechende Seite, also das Ziel, finden. Neben der Hilfestellung integriert Cyberport unter Nummer ❷ weiterführende Informationen zum Unternehmen, den Standorten und fragt direkt nach Feedback. Besonders interessant ist auf Cyberport jedoch Nummer ❸, denn es handelt sich dabei um die Integration eines Social Plug-ins von Facebook, das Likes anzeigt. Mittlerweile konnten über 120.000 Likes durch Cyberport generiert werden – eine beachtliche Anzahl. Selbst wenn Sie den Online-Shop zuvor noch nie gesehen haben, müssen Sie spätestens nach dieser Erkenntnis anerkennen und verstehen, dass es sich um »etwas Größeres« handelt. Es muss daher ein erfolgreicher Online-Shop sein, dem enorm viele Kunden ihr Vertrauen geschenkt haben und schenken.

Wenn Sie sich anschließend über externe Meinungen informieren möchten, können Sie, das ist unter Nummer ❹ zu erkennen, direkt zu den jeweiligen sozialen Netzwerken wie Facebook oder Twitter springen. Nummer ❺ unterstreicht erneut die Kompetenz des Unternehmens, Nummer ❻ informiert über Aktionen und gibt verschiedenste Arten von Informationen wieder. Auch Cyberport befolgt bei der Umsetzung des Footers daher die klassischen Vorgaben, sowohl Informationen bereitzustellen als auch Vertrauen durch Gütesiegel, soziale Netzwerke etc. zu generieren.

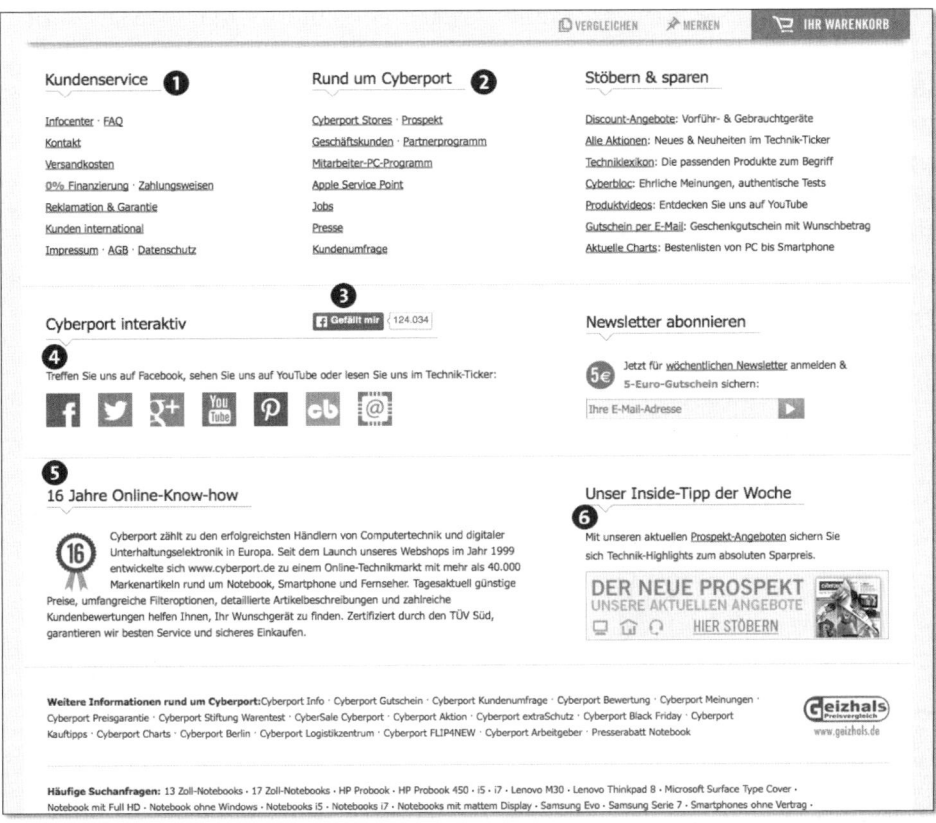

Abbildung 4.43 Informieren und überzeugen ist die Hauptaufgabe eines guten Footers, wie hier bei Cyberport.

Haben Sie erst einmal den Einstieg geschafft, wissen Sie sicherlich, welche Seite die Besucher voraussichtlich als Nächstes ansteuern. Richtig, die Kategorieseite! Und diese müssen wir in diesem speziellen Beispiel interessanterweise gar nicht näher betrachten, denn Cyberport verzichtet auf dieser komplett auf vertrauensbildende Maßnahmen, mit Ausnahme der linken Seitenleiste, die Sie auf der Startseite bereits kennengelernt haben. Ansonsten werden, ähnlich wie auch bei Zalando, keine besonderen Anstrengungen unternommen, um Unsicherheiten bei den Besuchern zu reduzieren bzw. zu eliminieren. Einzig die Darstellung der Kunden-Ratings in Form von Sternen unterscheidet die Kategorieseite, bezogen auf den Aufbau, von Zalando. Springen wir daher direkt zur Produktseite, sprich der Detailansicht eines Artikels.

Produktdetailseite

Auf der Produktdetailansicht, Sie sehen diese in Abbildung 4.44, wird im Gegensatz zur gerade erwähnten Kategorieansicht vertrauensfördernd auf den Besucher eingewirkt. Sie sehen dies beispielhaft an Nummer ❶, bei der Integration des Apple-Händlerlogos. Sollten Sie für bestimmte Artikel ein autorisierter, geprüfter oder bevorzugter Händler sein, so müssen Sie dies auf jeden Fall innerhalb Ihres Online-Shops erwähnen. Denn Händler, die direkt vom Produzenten ausgewählt oder gar ausgezeichnet wurden, genießen einen guten Ruf, was sich wiederum positiv auf das Einkaufsverhalten in Ihrem Online-Shop auswirkt. So wissen Sie, bleiben wir beim Beispiel mit dem Apple iPhone, dass Sie sich bei Problemen mit dem Artikel auch direkt an den Online-Shop wenden können, dieser Ihr Produkt sogar selbst reparieren kann und gar nicht erst beim Produzenten anfragen muss. Das erspart Ihnen als Kunde Mühe und sorgt im Zweifelsfall für einen schnellen Prozess.

Abbildung 4.44 Die Produktdetailansicht erzeugt Vertrauen und schafft Sicherheit

Auf der gegenüberliegenden Seite, an Ihrem linken Bildschirmrand, finden Sie die Zusammenfassung der Kundenbewertungen (❷) und im mittleren Bereich der Seite, Sie sehen dies unter den Nummern ❸ und ❹, Informationen zu den Versandkosten und der Lieferzeit. Cyberport setzt des Weiteren auch auf der Produktdetailseite auf die Integration von sozialen Netzwerken (❺). Bislang befinden wir uns aber am unteren Rand, was vertrauensbildende Maßnahmen angeht.

Innovativ wird es wie Sie in Abbildung 4.45 sehen, erst unter den Nummern ❻ bzw. ❼. Denn neben reinen Kundenbewertungen integriert Cyberport ebenfalls Fragen & Antworten.

Als Besucher haben Sie so die Möglichkeit, vor dem Kauf Fragen zu stellen, und bekommen vom Cyberport-Team eine entsprechende Antwort. Da dies alles vollkommen transparent und öffentlich abläuft, können Sie sich als potenzieller Kunde im Vorfeld sehr gut informieren. Denn oftmals wurden die eigenen Fragen schon von anderen Besuchern gestellt, und da die Antworten ebenso öffentlich sind, können Sie diese einsehen. Es werden also gezielt im Vorfeld Zweifel und Ängste aus dem

Weg geschafft. Gerade im Elektronikbereich ist dies genial, denn letztendlich gibt es dort Fragen wie: »Funktioniert dieser Artikel auch im Zusammenspiel mit Artikel XYZ?«, »Hat dieser Artikel folgende Anschlüsse?«, oder »Gibt es regelmäßige Updates für das Produkt ABC?« Transparenz sorgt für Vertrauen, und wenn im Vorfeld möglichst viele Fragen beantwortet werden und eingesehen werden können, ist das enorm positiv. Ebenso positiv wirken sich, natürlich nur wenn das Produkt gut abschneidet, die ebenfalls integrierten Testberichte aus. Denn diese sorgen ebenfalls dafür, Zweifel und Ungereimtheiten aus dem Weg zu schaffen.

Abbildung 4.45 Kundenmeinungen helfen potenziellen Kunden bei der Kaufentscheidung.

Fragen und Antworten sind nicht immer sinnvoll

Die Integration eines Fragen-Antwort-Systems hängt maßgeblich von Ihren Produkten, der Branche und Ihrer Zielgruppe ab. Im B2B werden Sie zu spezielle Fragen und zu wenig Traffic haben. Bei Modeprodukten gibt es erfahrungsgemäß recht wenig Fragen, denn über das Material und die Beschaffenheit wird in der Regel in der Produktbeschreibung informiert. Bei technischen Artikeln kann aber ein Fragen-Antwort-System durchaus erfolgversprechend sein.

Warenkorb

Springen wir von der Produktdetailseite in den Warenkorb, werden Sie wiederum eine gewisse Veränderung sehen. Denn ähnlich wie bei Weltbild.de nutzt auch Cyberport ein angepasstes Design. Der Kopfbereich ist vollständig überarbeitet und lässt keinen Sprung in andere Kategorien zu, insgesamt wurden all diejenigen Elemente, die für Ablenkung sorgen können, ausgeblendet. Interessant ist speziell der Footer, den Sie in Abbildung 4.46 sehen. Denn hier wurden nochmals gesondert Auszeichnungen und Gütesiegel integriert und nicht relevante Informationen, bezogen auf den Bezahlvorgang, ausgeblendet.

Dieses System findet sich auch in den nachgelagerten Schritten wieder. Hier wurde ebenso auf die Darstellung von nicht relevanten Informationen verzichtet und eine sehr kompakte und übersichtliche Darstellung gewählt.

Abbildung 4.46 Cyberport hat im Check-out-Prozess einen angepassten Footer.

Abschließend werden Sie sicherlich einige Unterschiede von Cyberport im Vergleich mit den zuerst angesehenen Shops feststellen. Denn Cyberport »wirft« nicht wild mit Trust- und Gütesiegeln um sich. Trusted Shops wurde beispielsweise überhaupt nicht integriert, auch externe Bewertungssysteme wie Trustpilot oder eKomi sind nicht vorhanden. Doch was ist daraus zu schließen, denn immerhin zählt Cyberport zu den erfolgreichsten Online-Shops in Deutschland? Bei Cyberport ist es ähnlich wie bei Amazon: Wenn Sie sich erst einmal eine gewisse Reputation aufgebaut haben, dann sind Gütesiegel sicherlich nicht mehr der wichtigste Faktor in Ihrem Online-Shop. Denn Ihre Besucher wissen aufgrund von Erfahrungswerten, dass Sie seriös und zuverlässig sind. Und genau an einem solchen Punkt steht auch Cyberport. Da der Online-Shop seit mehr als 16 Jahren aktiv ist, wurde mittlerweile eine gewisse Reputation aufgebaut, und die Seriosität wird gar nicht mehr so stark hinterfragt. Dementsprechend sind Gütesiegel auch nicht mehr das Wichtigste. Cyberport setzt daher stärker auf Auszeichnungen und beispielsweise das Apple-Händlerlogo.

4.6   Fazit

Mit dem Design und der Usability steht oder fällt Ihr Online-Shop. Natürlich gibt es viele Faktoren für den Erfolg. Aber ein super Produktsortiment mit einem genialen Preis-Leistungs-Verhältnis und einer Unmenge an Besuchern bringt Ihnen nichts, wenn die Besucher Ihren Online-Shop nicht verstehen und abspringen. Denn dann haben Sie teuer bezahlten Traffic und doch keine Umsätze! Ebenso haben Sie ein Problem, wenn Ihre Besucher verunsichert und gegebenenfalls misstrauisch sind. Daher ist es so wichtig, Vertrauen zu schaffen und Ihre Besucher von sich und Ihren Produkten zu überzeugen. Denn die Unsicherheit ist ein großer Faktor, warum eine Bestellung nicht durchgeführt oder erst gar nicht begonnen wird.

Wenn Sie aber strukturiert an die Sache gehen und auch die Vorgehensweise, die Möglichkeiten und Ideen, die Sie in diesem Kapitel gerade bei anderen Online-Shops gesehen haben, adaptieren, können auch Sie in Ihrem Online-Shop ganz bewusst für Ihre Kunden Vertrauen und Sicherheit schaffen und darüber hinaus eine gute Usability und Optik entwickeln. Und das ist das Wichtigste, das Sie speziell am Anfang unternehmen müssen und das Ihnen langfristig dabei hilft, die Conversion-Rate und auch Ihre Umsätze zu steigern.

Kapitel 5
Schnelle Lieferung, schneller Erfolg!

Heute bestellt, morgen zugestellt. Amazon hängt beim Thema Versand die Latte für Sie als Shop-Betreiber hoch. Der Versand ist die Achillesferse jedes Online-Shops, denn ob Kunden schnell und vor allem die gewünschten Produkte erhalten, ist mittlerweile ein erfolgskritischer Faktor im E-Commerce.

Die Geschwindigkeit spielt im E-Commerce eine sehr wichtige Rolle. Ginge es nach dem Willen der Kunden, müsste die morgens bestellte Ware im Idealfall am selben Abend noch den Empfänger erreichen – eine Erwartungshaltung die vielen Online-Shop-Betreibern zeigt, wo zukünftig die Reise hingeht. Denn sogenannte Same-Day-Delivery-Angebote werden auch in Deutschland, zumindest in begrenztem Rahmen, bereits getestet bzw. angeboten. Aber auch wenn die Ware nicht am selben Tag ausgeliefert werden muss, ist das Thema Versand komplexer und wichtiger, als man zuallererst vermutet, denn Ihre Kunden werden von Ihnen eine zügige, fehlerfreie und problemlose Lieferung sowie Retoure erwarten. Was Sie als Shop-Betreiber leisten müssen, um diesen Erwartungen gerecht zu werden, lesen Sie in diesem Kapitel im Detail.

5.1 Flexibilität und Schnelligkeit sind Schlüsselfaktoren

Als Shop-Betreiber müssen Sie sich die zentrale Frage nach dem Bestellprozess stellen, das heißt, wie die bestellten Artikel zu Ihren Kunden kommen. Wenn Sie erst einmal einen Verkauf in Ihrem Online-Shop generiert haben, müssen Sie liefern, und das möglichst schnell und fehlerfrei. Geschwindigkeit spielt im E-Commerce, wie bereits eingangs erwähnt, eine enorm wichtige Rolle. Zahlungstransaktionen sollten, dies hängt ebenfalls mit dem Versandprozess zusammen, im Idealfall sofort bearbeitet werden, wodurch der Shop-Betreiber direkt bei der Bestellung erkennt, ob ihm das Geld gutgeschrieben wurde oder nicht. Der nachgelagerte Bestellbearbeitungsprozess muss möglichst schnell durchlaufen werden, denn natürlich wünschen sich Ihre Kunden eine möglichst schnelle Auslieferung der bestellten Artikel.

Diese Anspruchshaltung hat sich in den letzten Jahren geändert – für Online-Shop-Betreiber zum Schlechteren. Bedanken können Sie sich hierfür unter anderem bei

Online-Shops wie Amazon, denn diese haben einen derart optimierten Versandprozess, dass die Kunden die Ware im Regelfall direkt am nächsten Tag erhalten. Wenn Sie auf Amazon ein Produkt betrachten, Sie sehen das exemplarisch in Abbildung 5.1, können Sie sogar erkennen, bis wann Sie einen Artikel bestellen müssen, damit Sie diesen noch am nächsten Tag erhalten. Wenn Sie als Besucher den abgebildeten Artikel innerhalb der nächsten 2:47 Stunden erwerben, haben Sie ihn schon am nächsten Werktag. Solch ein Feature ist für Sie als Shop-Betreiber äußerst interessant und lukrativ. Mit einer solchen Aussage können Sie gezielt die Conversion-Rate beeinflussen. Denken Sie dabei immer daran, dass Ihre Kunden ungeduldig sind und nicht warten können oder möchten!

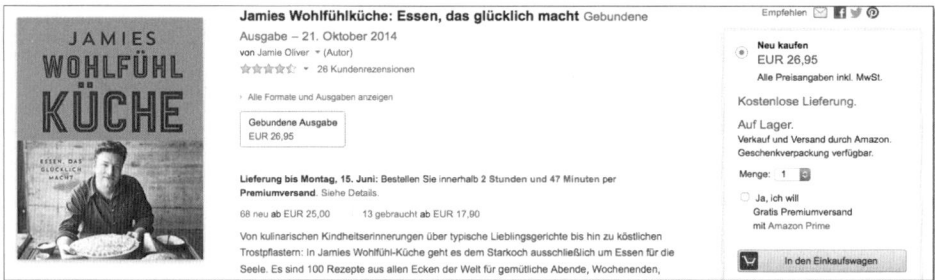

Abbildung 5.1 Amazon gibt schon beim Produkt die voraussichtliche Lieferzeit an.

Aber nicht nur Amazon setzt im Thema Versand bzw. Versandbearbeitung ganz neue Maßstäbe. Der Elektronikversandhändler Cyberport bietet gar einen Lieferservice an, der Bestellungen innerhalb von 3 Stunden ausliefert. In diesem Fall sind wir dann schon beim Same-Day-Delivery-Service angekommen, der aktuell vor allem in den USA etabliert wird.

Sie können den Service von Cyberport in Abbildung 5.2 sehen. Nachdem Sie einen Artikel ausgewählt und zusätzlich die Ihnen geografisch nächstgelegene Filiale markiert haben, zeigt Ihnen der Online-Shop die Möglichkeit der Lieferung in 3 Stunden an. Eine Lieferung in einer solch kurzen Zeit erzeugt hohe Anforderungen an die Logistik. Cyberport kann dies unter anderem nur aufgrund der stationären Filialen anbieten, die in einigen deutschen Ständen vorhanden sind. Die kurze Lieferzeit lässt sich also damit erklären, dass die Bestellungen nicht aus einem Zentrallager, sondern von der örtlichen Filiale ausgeliefert werden. Darum ist der Lieferservice auch nicht deutschlandweit verfügbar, sondern unterliegt einer geografischen Einschränkung.

Parallel zu diesen Möglichkeiten gibt es eine weitere Vorgehensweise beim Versand von Artikeln. Denn wenn Sie die Bestellung nicht zum Kunden bringen, dann müssen Sie den Kunden zur Bestellung bringen. Klingt komisch, funktioniert aber auch. Ein Beispiel hierfür liefert Media Markt (siehe Abbildung 5.3). Denn neben der klassischen Lieferung der Online-Shop-Bestellung können Sie diese auch direkt in der nächsten Filiale abholen. Sie fragen sich nun vielleicht, worin dann der Vorteil des

Online-Shops besteht. Zum einen können Sie online ungestört das gesamte Sortiment betrachten, Produkte vergleichen und parallel im Internet Kundenmeinungen, Bilder und Videos zu interessanten Produkten zur Kaufentscheidungsfindung heranziehen. Zum anderen können Sie darüber hinaus online die Zahlung vornehmen und müssen in der Media-Markt-Filiale nur noch den gekauften Artikel abholen. Lange Wartezeiten an der Kasse entfallen. Auch sind die Preise online in der Regel etwas günstiger als direkt in der Filiale, wobei die Filiale auf Nachfrage oft den Preis aus dem Online-Shop ebenfalls akzeptiert.

Abbildung 5.2 Sie benötigen eine Lieferung am selben Tag?
Auf »www.cyberport.de« ist das möglich.

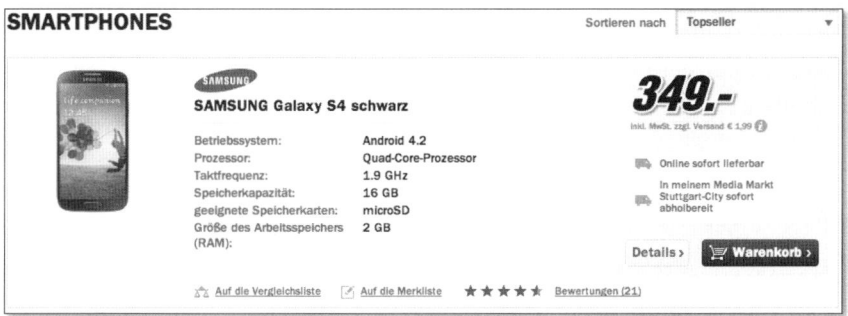

Abbildung 5.3 Media Markt bietet die Abohlung direkt in der Filiale als Versandmethode an.

Beim Thema Versand geht es, vereinfacht gesagt, darum, wie Sie am einfachsten und kundenfreundlichsten die Bestellung zum Kunden bringen oder in manchen Fällen eben auch den Kunden zur Bestellung. Hierfür gibt es mehrere Vorgehensweisen und Möglichkeiten, die wir uns nun im Detail ansehen. Wichtig für Sie als Shop-Betreiber ist dabei das Verständnis, dass es sich beim Versand um eine zeitkritische Komponente handelt, weshalb eine gewisse Flexibilität enorm wichtig ist. Sie sehen das bei den großen Online-Shops wie Cyberport, Amazon oder eben Media Markt, die es versuchen und auch schaffen, Bestellung und Kunde möglichst unkompliziert und schnell zueinander zubringen.

5.2 Einordnung des Versands im Bestellbearbeitungsprozess

Betrachtet man den gesamten Bestellbearbeitungsprozess, zählt der Versand zu den finalen Tätigkeiten, die Sie als Shop-Betreiber abwickeln müssen (siehe Abbildung 5.4).

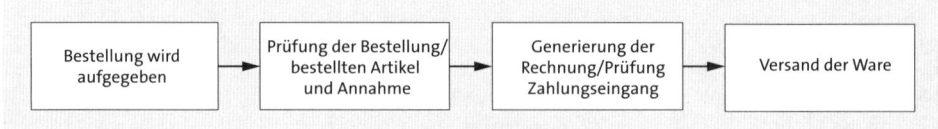

Abbildung 5.4 Beispielhafter Bestellbearbeitungsprozess

Sie haben die Ware zwar schon verkauft und Umsatz gemacht, dennoch kann auch in diesem letzten Schritt noch einiges schiefgehen. Denn durch das zweiwöchige Widerrufsrecht kann ein Kunde, wenn ihm der tatsächliche Versand zu lange dauert oder die Ware gar nicht auf Lager ist, schnell bei der Konkurrenz kaufen und Ihre Lieferung direkt widerrufen oder nach Erhalt zurücksenden. Sie als Shop-Betreiber tragen so gesehen immer ein gewisses Risiko. Denn mit dem Verkauf der Ware schreiben Sie zwar unmittelbar Umsatz, dieser ist aber nicht sicher und kann Ihnen innerhalb der ersten zwei Wochen aus Kundensicht ganz problemlos wieder genommen werden. Umso bitterer ist diese Tatsache, da Ihnen Prozesskosten für die Bearbeitung der Bestellung entstehen und Rückläufe oftmals gar nicht mehr verkauft werden können, wie Sie im Verlauf des Kapitels noch sehen werden. Wie schaffen Sie es also, dass der Kunde auch in diesem letzten Schritt nicht verärgert wird und der Prozess problemlos durchlaufen werden kann?

5.3 Auswahl des Versanddienstleisters

Als Shop-Betreiber müssen Sie sich auf einen oder mehrere Versanddienstleister festlegen. Doch der Markt ist groß: Neben DHL, UPS oder Hermes gibt es auch eine Vielzahl von kleineren Versanddienstleistern oder Speditionen, die die Bestellungen aus Ihrem Online-Shop zu Ihren Kunden bringen. Bei der Auswahl des »richtigen« Versanddienstleisters spielen viele Punkte eine wichtige Rolle, weswegen Ihre Wahl bedacht ausfallen sollte. Denn am Ende des Tages ist nicht nur der Preis ausschlaggebend. Werben Sie mit dem »falschen« Versanddienstleister in Ihrem Online-Shop, kann sich dies schon negativ auf die Conversion-Rate auswirken oder eben beim Erhalt der Ware für Unmut sorgen.

Der Branchenprimus Amazon hat in Deutschland von Beginn an Pakete immer mit DHL versendet. Im Jahr 2009 wurde zusätzlich zu DHL Hermes ins Programm genommen, vermutlich aus Kostengründen. Denn es ist kein Geheimnis, dass DHL nicht der billigste aller Versanddienstleister am Markt ist. Ein vermeintlicher Sieg für Amazon, denn Kosten wurden reduziert, und es geht doch nur um den Transport einer Bestellung von A nach B. Weit gefehlt! Sie können ja einmal in einer ruhigen Minute mit Hilfe von Google nach Amazon und Hermes suchen und werden sicherlich verwundert feststellen, wie viele Diskussionen, meist negativer Art, es diesbezüglich in den Amazon-Foren gibt. Hier äußern sich Kunden, die sich über verspätete Lieferungen beschweren, deren Pakete beschädigt ankamen oder einfach in den Garten des Nachbarn gestellt wurden. Fehler können natürlich immer passieren, auch bei anderen Versanddienstleistern. Diese Fehler führen zu Frustration bei Kunden, auch wenn Sie als Amazon-Kunde bei einer Beschwerde sehr häufig mit einem kleinen Gutschein besänftigt werden. Hat daher unter dem Strich die Reduzierung der Versandkosten durch die Wahl eines günstigeren Anbieters wirklich so viel mehr gebracht, wenn negative Presse und Gutscheinaktionen die Konsequenz sind?

Bevor Sie also bei verschiedensten Versanddienstleistern Angebote einholen, sollten Sie sich im Vorfeld Gedanken zu den folgenden Punkten machen und basierend auf diesen Erkenntnissen eine Auswahl treffen. Denn der Preis allein ist nicht alles!

5.3.1   Haben Sie viele unterschiedliche Produkte?

Es klingt banal, aber überlegen Sie zuallererst, welche Produkte Sie über Ihren Online-Shop vertreiben möchten und wie diese aufgebaut sind. Verkaufen Sie größtenteils ähnliche Artikel, bezogen auf Gewicht und Größe, oder haben Sie beispielsweise von der Batterie bis zum Notebook unterschiedlichste Artikel im Sortiment? Wenn Ihre Artikel alle eine ähnliche Größe sowie ein ähnliches Gewicht haben, müssen Sie im Folgenden auch nur einen Versanddienstleister ermitteln, der Ihnen genau diese Produktkategorie möglichst gut befördert. Sind Ihre Artikel recht unterschiedlich, kann es notwendig sein, unterschiedliche Versanddienstleister mit ins Boot zu holen. Kleinteile versenden Sie dann per Post oder als DHL-Päckchen. Die großen Artikel müssen Sie gegebenenfalls per Spedition versenden. Machen Sie sich daher eine Liste mit allen Artikeln, die Sie haben, und charakterisieren Sie diese. Eine Liste könnte dabei Tabelle 5.1 aussehen.

	< 100 g	bis 500 g	ab 1 kg	1–2 kg	> 2 kg
10 × 10 cm	10	24	0	0	0
25 × 25 cm	300	8	1	2	0
50 × 50 cm	1	25	1	3	0
100 × 100 cm	0	10	12	11	2

Tabelle 5.1 Charakterisierung der Online-Shop-Artikel – Eingrenzung der Artikel auf Basis von Größe und Gewicht

In der Tabelle sind exemplarisch das Gewicht und die Größe als Bezugspunkte gewählt. Das liegt vor allem an der Kostenberechnung der Versanddienstleister. Wenn Sie, das kennen Sie sicherlich aus dem privaten Bereich, bei der Post ein Paket versenden, wird der Preis durch das Gewicht und die Größe bestimmt. Das gilt im Prinzip auch im E-Commerce für einen Großteil der Online-Shop-Betreiber.

Aber Vorsicht, es hängt von Ihren Produkten ab! Wenn Sie empfindliche Artikel versenden, zum Beispiel Wein, dann müssen Sie dies in Ihrer Matrix berücksichtigen. Das gilt auch, wenn Sie zeitkritische Artikel wie Ersatzteile versenden. Wenn es bei Ihnen Artikel gibt, die schlicht und einfach am nächsten Tag bei Ihren Kunden ankommen müssen, dann müssen Sie diese Expresszustellung auch bei der Wahl des Versanddienstleisters berücksichtigen. Bezogen auf Tabelle 5.1 würden Sie als Shop-Betreiber einen Versanddienstleister wählen, der vor allem kleine und leichte Produkte schnell versenden kann. 10 × 10 cm unter 100 g können Sie in einem Luftpolsterumschlag versenden, als möglicher Versender wäre also die Post eine Option. Wenn es sich hierbei aber um einen leicht zerstörbaren Artikel handelt, ist eine gewisse Polsterung notwendig. Das Paket wird also größer und schwerer, und somit ist ein Versand per Luftpolsterumschlag eventuell gar nicht mehr möglich. Analysieren Sie daher zuerst Ihre Artikel und charakterisieren Sie diese anschließend.

5.3.2   In welche Länder versenden Sie Ihre Artikel?

Deutschland, Österreich und die Schweiz? Europa oder doch gleich die ganze Welt? Machen Sie sich auf jeden Fall Gedanken darüber, in welche Länder Sie versenden möchten, denn dies hat einen erheblichen Einfluss auf Ihren Versanddienstleister. Erfahrungsgemäß neigen viele Online-Shop-Betreiber in diesem Punkt zum »Größenwahn« und möchten im ersten Schritt alle Länder, die es gibt, beliefern. Denn wenn man das nicht tut, geht einem ja Umsatz verloren. Spinnen wir den Gedanken einmal weiter und gehen davon aus, Sie möchten einen Versand nach ganz Europa ermöglichen. Sie wählen einen Dienstleister, der nicht nur in Deutschland schnelle Lieferzeiten garantiert, und haben dadurch eventuell pro Paket etwas höhere Kosten als bei der Konkurrenz, aber dafür können Sie den Versand in ganz Europa abdecken. Ihr Online-Shop geht live, und Sie erhalten in den ersten Monaten keine einzige Bestellung mit Lieferanschriften außerhalb von Europa.

Für welche Versandländer Sie sich entscheiden, hat absolut nichts mit der Wahl des Versanddienstleisters zu tun! Die Strategie bestimmt die Länder und nicht die Möglichkeiten des Versanddienstleisters. In welche Länder Sie liefern, ist ausschließlich eine strategische Entscheidung, wie Sie in den anderen Kapiteln sehen werden. Denn es bringt Ihnen nichts, den Versand nach Frankreich zu ermöglichen, wenn Ihr Online-Shop gar nicht in einer französischen Variante vorliegt. Und den Versand nach Russland müssen Sie auch nicht ermöglichen, wenn Ihre Artikel, aus welchen Gründen auch immer, in Russland überhaupt nicht nachgefragt werden. Das reine Können ist nämlich in erster Linie vollkommen unwichtig. Wählen Sie lieber einen guten Anbieter, der das deutsche Gebiet beherrscht, als einen Allrounder, der Ihre Pakete sowieso nie über die Grenze befördert, da keine entsprechenden Aufträge vorliegen.

Die Wahl der erlaubten Versandländer sollten Sie daher primär davon abhängig machen, ob Sie in diesen Ländern mit einer lokalisierten Version Ihres Online-Shops vertreten sind oder ob es in diesen Ländern genügend deutschsprachige Personen gibt, die Ihre Artikel nachfragen.

Der Sonderfall mit der Schweiz

Shop-Betreiber in Deutschland neigen gerne dazu, Österreich und die Schweiz aufgrund der fehlenden Sprachbarriere als Versandoptionen anzubieten. Österreich ist dabei in der Regel kein Problem, die Schweiz dagegen schon. Beachten Sie, dass Sie sich beim Versand in die Schweiz auch um Themen wie Verzollung, Zollgebühren und die Rückabwicklung bei der Nutzung des Widerrufsrechts kümmern müssen. In der Praxis ist es nicht selten so, dass ein Rückläufer aus der Schweiz gleich den Gewinn mehrerer Sendungen auffrisst. Daher müssen Sie dieses Szenario von Anfang an gut durchrechnen. Werfen Sie für weiterführende Informationen einen Blick in Kapitel 14, »Internationalisierung – neue Märkte erschließen und im Ausland verkaufen«.

Ein kleiner Tipp bei der Bestimmung der Versandoptionen: Schauen Sie einfach regelmäßig mit einem Webanalysetool die aktuellen Zahlen Ihres Online-Shops im Hinblick auf Zugriffsländer an. Wenn Sie feststellen, dass sehr viele Zugriffe aus der Schweiz, Frankreich und Italien erfolgen, können Sie diese Länder immer noch zu den Versandoptionen hinzufügen. Aber starten Sie im ersten Schritt klein, und kümmern Sie sich zunächst um den reibungslosen Versand in Deutschland.

5.3.3   Welche Rolle spielt die Geschwindigkeit?

Je nach Zielgruppe und Branche spielt die Geschwindigkeit eine große oder sehr große Rolle. Grundsätzlich erwarten Kunden im Regelfall einen Versand innerhalb von maximal 24 Stunden. Im besten Fall bestellt man daher an einem Montagnachmittag und bekommt an einem Dienstagmorgen das Paket. Dieser Erwartungshaltung bezieht sich aber primär auf die klassischen Konsumgüter wie Bücher, DVDs oder Elektronikartikel. Heutzutage wird aber wesentlich mehr online verkauft, zum Teil hochkomplexe Artikel. Ein Kunde von uns verkauft zum Beispiel individuell konfigurierbare Zäune aus Aluminium. Wenn Sie in diesem Online-Shop Ihren persönlichen Zaun konfigurieren und bestellen, wird dieser für Sie produziert, das heißt, der Artikel kann gar nicht auf Lager liegen. Hierbei ergeben sich gewisse Versandzeiten schon aufgrund der Fertigungsdauer. Sie können als Online-Shop-Betreiber den Artikel gar nicht am nächsten Tag zustellen. Wenn Sie daher einen Artikel verkaufen, bei dem die Fertigung gegebenenfalls 3–4 Wochen benötigt, spielt ein nachgelagerter Expressversand oder eine grundsätzlich sehr schnelle Zustellung keine große Rolle. Natürlich ist es für Ihre Kunden schön, Artikel so schnell wie möglich zu erhalten, aber ob Sie 4 Wochen oder einen Tag länger warten, erzürnt die wenigsten Kunden. Die Lieferzeit muss daher immer im Kontext der Produkte und der Zielgruppe gesehen werden, auch wenn pauschal gilt: je schneller, desto besser.

5.3.4   Benötigen Ihre Artikel einen speziellen Schutz?

Als bekennender E-Commerce-Fan bestelle ich so gut wie alle Artikel online. Dabei mache ich auch vor alltäglichen Bedarfsgütern wie Deo, Duschgel oder Shampoo keinen Halt. Gerade die klassische Drogerie wie DM oder Rossmann führt meiner Meinung nach hervorragende Produkte für den Vertrieb im Internet. Die Retourenquote dürfte relativ gering sein, denn wer schickt schon ein Shampoo für 2 € wieder zurück und macht sich die gesamte Mühe der Rückabwicklung? Auch sind die Artikel relativ klein und handlich, zudem bestellen die Kunden im Gegensatz zur Modebranche nicht möglichst viel in unterschiedlichen Größen, um es erst einmal zu testen. Ebenso dürfte sich das Einkaufsverhalten der Kunden nicht stark ändern; wer einmal das Shampoo einer bestimmten Firma gekauft hat und zufrieden war, wird dieses wieder kaufen. Eigentlich die perfekte Branche mit den perfekten Produkten für den E-Commerce, wäre da nicht das Thema Verpackung. Denn wenn Sie als Online-Shop-Betreiber bei der Verpackung schludern, wird Ihnen genau das passieren, was mir vor einiger Zeit passiert ist und was Sie in Abbildung 5.5 sehen können.

In meinem konkreten Fall hat der Online-Shop für relativ wenige Artikel eine recht große Verpackung gewählt und diese nicht mit Polstermaterial wie Zeitungen oder Luftpolsterfolie aufgefüllt. Es entstand also ein relativ großer Leerraum innerhalb der Verpackung, der wohl dazu geführt hat, dass ein Produkt, nämlich das Duschgel, aus welchen Gründen auch immer ausgelaufen ist. Dies hat dann die halbe Verpackung zerstört und natürlich die restlichen Artikel des Pakets ruiniert. Als Kunde ahnen Sie das Desaster schon, noch bevor Sie den Karton aufmachen.

Abbildung 5.5 Nach dem Einkauf ist vor dem Einkauf – verärgern Sie Ihre Kunden nicht mit einer solchen Lieferung.

Was soll Ihnen diese Geschichte sagen? Natürlich kann es immer einmal vorkommen, dass ein Paket bzw. ein Produkt beschädigt ankommt, aber als Shop-Betreiber haben Sie die Pflicht, alles dafür zu tun, dass die Wahrscheinlichkeit möglichst gering ist. Und das fängt bei der Wahl der Versandverpackung, der Verpackungsart samt Polsterung und der Wahl des Versanddienstleisters an. Denn auch hier gibt es gravierende Unterschiede, oder warum denken Sie, dass der eine Dienstleister wesentlich günstiger ist als der andere? Machen Sie sich also Gedanken, ob und, falls ja, welche Artikel bei Ihnen einen besonderen Schutz benötigen und wie Sie dies beim Versand berücksichtigen können. Wenn Sie beispielsweise Wein oder Spirituosen versenden, benötigen Sie hierfür spezielle Kartons, die ein Inlay haben, das sich um die Positionierung Stabilität der Flaschen kümmert. Wenn Sie Gemälde verschicken, müssen Sie bedenken, diese mehrmals mit Luftpolsterfolie zu umwickeln und kratz- und stoßsicher zu verpacken. Verkaufen Sie Elektronikartikel wie LCD-Displays oder Fernsehgeräte, müssen Sie diese auch speziell schützen.

Übrigens, der Versandschaden ist mir schon vor Jahren passiert, seit diesem Zeitpunkt habe ich vor allem aufgrund der Reaktion des Kundenservice so gut wie nichts mehr bei diesem Online-Shop bestellt. Auch Ihr Online-Shop lebt von Bestandskunden, vergraulen Sie sie nicht, indem Sie an den falschen Stellen sparen.

5.3.5   Wünschen Ihre Kunden die Lieferung an eine Packstation?

Wenn Sie oft online bestellen, so gut wie nie zu Hause sind und aus irgendwelchen Gründen eine Anlieferung der Pakete im Büro nicht gestattet ist, haben Sie ein Problem: Die Lieferungen können Ihnen nicht zugestellt werden. Dieses Problem hat DHL vor etwas mehr als einem Jahrzehnt entdeckt und daraufhin Packstationen eingeführt.

Packstationen sind dabei nichts anderes als Stationen, an die DHL Pakete anliefert oder von dort auch wieder einsammelt. Mit Stand 2012 gab es in Deutschland knapp 2.500 solcher Packstationen, gerade in größeren Städten sollten Sie relativ wahrscheinlich auf eine Packstation zugreifen können. Der Vorteil der Packstation besteht darin, dass zu jeder Uhrzeit Pakete angeliefert und auch wieder abgeholt werden können. Wenn Sie als Privatkunde daher einfach das Problem haben, nicht da zu sein, wenn die Post bzw. der Versanddienstleister kommt, dann ist die Packstation eine hervorragende Alternative. Das erzeugt aber wiederum bei Ihnen als Online-Shop-Betreiber eine Anforderung, denn die Lieferung an Packstationen ist nur über DHL bzw. die Deutsche Post möglich. Die Packstation selbst kann Pakete, Päckchen, Großbriefe, Maxibriefe, Bücher- und Warensendungen entgegennehmen. Wenn Sie daher nicht gerade Artikel versenden, die eine enorme Größe haben, sollte die Packstation kein Problem darstellen.

Für den Kunden, oder auch Sie, ändert sich bei der Anlieferung an eine Packstation recht wenig. Das Wichtigste ist, dass Ihr Kunde diese entsprechend bei der Anschrift vermerkt, die beispielsweise wie folgt aussieht:

Hans Mustermann
12345678
Packstation 123
12345 Musterstadt

Ihr Kunde muss dabei neben seinem Namen auch die Postnummer eingeben, die ihm zugeteilt wurde. Für den Kunden ist die Nutzung einer Packstation daher eine praktische Möglichkeit, die aber nur von diesem einen Versanddienstleister angeboten wird. Auch das kann also Ihre Wahl beeinflussen. Machen Sie sich daher schlau, welche Zielgruppen speziell auf Packstationen setzen, und prüfen Sie, ob diese mit der von Ihnen anvisierten Zielgruppe eine Schnittmenge bildet. Eventuell sprechen Sie ja exakt die Kunden an, die positiv auf Packstationen reagieren. Sollte das der Fall sein, müssen Sie sich überlegen, ob Sie DHL zumindest als Alternative unter Ihren Versanddienstleistern mit aufnehmen.

5.3.6   Wie kommt das Paket zum Versanddienstleister?

Eine interessante Frage für Sie als Shop-Betreiber: Wie kommen Ihre Pakete eigentlich zum Versanddienstleister? Das ist speziell, wenn Sie bei Ihren Artikeln auf eine Spedition setzen müssen, eine berechtigte Frage, denn nicht alle Versanddienstleister holen die Ware direkt bei Ihnen ab, sondern erwarten selbst eine Anlieferung. Wenn Sie sich verschiedene Versanddienstleister anschauen, sollten Sie daher auf jeden Fall prüfen, wie die Warenanlieferung erfolgt. Hier spielt auch die Taktung eine Rolle, das heißt, bis zu welcher Uhrzeit können Pakete angeliefert werden, wie oft pro Woche ist eine Anlieferung möglich und sonstige Gegebenheiten, die Sie auf jeden Fall berücksichtigten sollten. Fragen Sie daher bei den Versanddienstleistern nach, wie dieser Prozess gelöst wird.

5.3.7   Was passiert bei Transportschäden?

In der Praxis kommt es häufiger vor, als man denkt, dass eine Lieferung Mängel aufweist oder gar komplett beschädigt beim Kunden ankommt. Erinnern Sie sich an das Beispiel einer Sendung mit ausgelaufenem Duschgel aus Abschnitt 5.3.4, »Benötigen Ihre Artikel einen speziellen Schutz?«. Aber wer haftet letztendlich bei einem Transportschaden und muss nachbessern?

Sobald der Verkäufer die Ware an den Transportdienstleister übergeben hat, trägt normalerweise der Kunde das Risiko des Verlusts bzw. der Beschädigung. Dies ist in § 447 des BGB geregelt. Eine Ausnahme wird jedoch bei beweglichen Sachen gemacht. Hier gilt § 447 BGB nicht, sondern der Online-Shop-Betreiber ist für das Transportrisiko verantwortlich. Heißt im Klartext: Sobald Sie in Ihrem Online-Shop bewegliche Sachen verkaufen was in 99 % der Fälle zutrifft, tragen Sie als Online-Shop-Betreiber das Transportrisiko. Kommt eine Ware daher beschädigt oder gar nicht an, kann bzw. muss sich Ihr Kunde im ersten Schritt direkt an Sie wenden.

> **Ausschluss des Transportrisikos über AGB unwirksam**
>
> Gemäß § 307 Abs. 1 BGB sind in den AGB jene Bestimmungen unwirksam, die den Vertragspartner unangemessen benachteiligen. Das bedeutet: Sie können das Transportrisiko nicht auf den Kunden abwälzen. Sie dürfen daher in Ihre AGB keine Klauseln integrieren, wie beispielsweise: »Das Transportrisiko trägt der Käufer.« Diese sind schlicht unwirksam.

Sie werden sich vermutlich fragen, warum Sie als Online-Shop-Betreiber dafür verantwortlich sind, wenn Ihr Transportdienstleister Mist baut und die Ware beim Kunden beschädigt anliefert. Wäre es da nicht naheliegend, nicht dem Kunden das Transportrisiko zu übertragen, sondern dem Transportdienstleister? Dies ist jedoch rechtlich nicht möglich. Laut § 309 Ziff. 7 b) BGB können Sie die Haftung für Schäden oder Verzögerungen nicht auf das Transportunternehmen übertragen. Dieses wird als »Erfüllungsgehilfe« des Händlers angesehen, das heißt, »verbockt« Ihr Transportdienstleister etwas, haftet der Händler, also Sie.

Wenn Ihr Kunde bei einer Anlieferung einen Transportschaden entdeckt, hat er mehrere Möglichkeiten, mit dieser Situation umzugehen. Entweder macht Ihr Kunde von seinem Widerrufsrecht Gebrauch, dann kann er die Ware zurücksenden, und Sie müssen ihm den Kaufpreis erstatten. Alternativ kann er sich auf seine Gewährleistungsrechte berufen, was für Sie eine erneute Lieferung bedeutet. Für Sie als Online-Shop-Betreiber bedeuten beide Varianten im ersten Moment einen Verlust, da die eigentliche Lieferung auf Ihre Kappe geht und Sie dem Kunden die Artikel erneut zusenden müssen. Gerade bei sehr geringen Margen und niedrigen Bestellwerten können Ihnen schon bei der zweiten Lieferung die Versandkosten den Gewinn kaputt machen, die eigentlichen Artikel noch gar nicht eingerechnet. Deswegen ist es für Sie als Online-Shop-Betreiber umso wichtiger, sich gegen Transportschäden bzw. Mängel abzusichern.

Vorsicht im B2B-Geschäft

Die oben aufgeführten Regelungen beziehen sich rein auf das Geschäft mit Privatkunden. Wenn Sie Geschäftskunden beliefern, trägt tatsächlich wie in § 447 BGB geregelt der Käufer das Transportrisiko. Erhält in diesem Fall Ihr Kunde eine kaputte Sendung, so ist das im ersten Schritt das Problem des Käufers.

Bei dem Versanddienstleister DHL werden beispielsweise Pakete von Haus aus gegen Verlust oder Beschädigung bis 500 € versichert. Wenn Sie Warensendungen mit höheren Werten versenden, können Sie die Sendung bis zu 25.000 € zusätzlich absichern lassen. Aber auch hierbei ist Vorsicht geboten. Werfen Sie einmal einen Blick in das »Kleingedruckte« von DHL.[1] Hierin ist definiert, was versichert ist und welche Schäden beispielsweise ausgeschlossen werden. Hier lässt speziell ein Absatz aufhorchen: »Schäden, die durch fehlende oder mangelnde Verpackung oder Vorbereitung der Sendung ihrerseits entstanden sind«, werden nicht übernommen. Denn wenn es hart auf hart kommt und beispielsweise ein Fernseher einen Transportschaden erleidet, muss erst einmal darüber diskutiert werden, ob denn die Verpackung auch in

---

1 Die Informationen zur Transportversicherung finden Sie unter: *www.dhl.de/content/dam/ dhlde/downloads/paket/agb-2013/dhl_transportversicherung.pdf.*

Ordnung war. Und in der Regel gibt es hierbei kein richtig oder falsch, und man ist auf die Kulanz des Transportdienstleisters angewiesen.

In der Praxis kommt es daher nicht selten vor, dass Sie als Shop-Betreiber auf den Kosten eines Transportschadens sitzen bleiben, da der Kunde immer aus dem Schneider ist und Sie sich mit Ihrem Versanddienstleister darüber streiten dürfen, wann, wo und wie der Schaden entstanden ist und ob Sie alles unternommen haben, die Sendung auch möglichst sicher zu verpacken.

5.3.8 Ist ein Tracking möglich?

Die Nachverfolgung von Paketen ist heutzutage ein gewünschtes Feature, denn dadurch können Ihre Kunden sehen, wo das Paket aktuell ist und ob es beispielsweise eventuell schon bei einem Nachbarn abgegeben wurde. Achten Sie daher bei der Wahl Ihres Versanddienstleisters darauf, ob ein Tracking angeboten wird. Auch müssen Sie in Erfahrung bringen, wie die sogenannten Trackingcodes abgefragt werden können, so dass Sie diese wiederum in Ihrem Online-Shop integrieren können. Aktuell bieten alle großen Versanddienstleister wie DHL, UPS, Hermes & Co. eine Trackingfunktionalität an, erfahrungsgemäß müssen Sie aber speziell bei Speditionen detailliert nachfragen, welche Trackingmöglichkeiten bestehen und genutzt werden können. Interessant ist vor allem die Integration des Trackings in den eigenen Online-Shop, daher spielen Schnittstellen und Webservices eine wichtige Rolle. Erörtern Sie, inwiefern Sie die Daten von dem Versanddienstleister abfragen und in den eigenen Shop integrieren können.

5.3.9 Zustellversuche

Die Frage nach den Zustellversuchen ist primär eine Frage des Kundenservice. Angenommen, ein Paket kann Ihrem Kunden nicht zugestellt werden, was soll als Nächstes passieren? Idealerweise wird das Paket am nächsten Tag erneut zugestellt, in der Hoffnung, dass der Kunde dies nun entgegennehmen kann. Dieser Ablauf ist für den Kunden vorteilhaft, da bequem. Er muss nichts Weiteres tun, als einen weiteren Tag abzuwarten. Doch ob ein zweiter Zustellversuch erfolgt, hängt vom Dienstleister ab. Denn es ist auch nicht unüblich, dass das Paket beispielsweise in einem Paket-Shop oder bei der Post abgegeben wird und der Kunde dies selbst abholen muss. Wenn hierfür keine große Strecke zurückgelegt werden muss, ist das noch verkraftbar, aber es gibt auch Fälle, in denen die Bestellung in einem mehrere Kilometer entfernen Paketshop abgeben wird und der Kunde erst einmal dort hinfahren muss. Guter Service sieht anders aus! Daher müssen Sie entscheiden, wie wichtig Ihnen auch beim Thema Versand der Kundenservice ist.

Versandsoftware

Wohlgemerkt ist das kein allzu wichtiger Punkt, aber Sie müssen sich dennoch Gedanken darüber machen. Wenn Sie am Tag mehrere Pakete versenden, können Sie natürlich nicht so wie im privaten Rahmen brav Paketscheine ausfüllen und auf das Paket kleben. Hierfür bieten letztendlich alle großen Versanddienstleister Software an, die Ihnen die Arbeit abnimmt und gleich die passenden Paketscheine ausdruckt sowie eine Trackingnummer abfragt. Erörtern Sie im Vorfeld, welche Software ausgeliefert wird und ob Sie diese auch problemlos betreiben können. Selbstverständlich ist das nicht immer. Mac-Nutzer bekommen beispielsweise bei DHL mit der Software EasyLog Probleme, denn eine Version für Mac OS existiert schlicht und einfach nicht. Die DHL-Alternative Intraship beispielsweise ist dagegen über das Web administrierbar, wäre also kein Problem.

5.3.10   Integration in Ihre E-Commerce-Lösung

Sie werden einen Versanddienstleister, klammern wir kleine Speditionen aus, immer auf irgendeine Art mit Ihrem Webshop verbinden können. Dies ist auch notwendig, oder möchten Sie jeden Tag zig Tracking-Codes von Hand aus der Software des Versanddienstleisters in Ihre Online-Shop-Software eintragen? Die Frage ist nur, wie einfach Sie den Versanddienstleister mit Ihrem Online-Shop verbinden können. Fragen Sie daher im Vorfeld, ob bereits fertige Lösungen existieren und genutzt werden können. DHL ist beispielsweise in Verbindung mit Magento relativ stark aufgestellt. Wenn Sie DHL Intraship nutzen, haben Sie eine fast nahtlose Integration in Ihren Online-Shop, können direkt Versanddokumente drucken sowie die jeweiligen Tracking-Codes abfragen und übernehmen. Das erspart Ihnen im Tagesgeschäft wiederum viel Arbeit. Das sollte für Sie zwar kein K.-o.-Kriterium sein, aber sicherlich berücksichtigt werden.

5.3.11   Kundenservice

Jeder Versanddienstleister ist unterschiedlich »kundenfreundlich«, und zwar zum einen zu Ihnen als Online-Shop-Betreiber wie auch zum anderen zu Ihren Kunden. Wenn es beispielsweise um einen Transportschaden geht, haben einige Anbieter schon vorgefertigte PDF-Dokumente, weshalb sich der Reklamationsprozess relativ schnell durchlaufen lässt:

► DHL/Deutsche Post
  https://www.dhl.de/de/paket/hilfe-kundenservice/ich-moechte-ein-feedback-geben/inhalt-fehlt/paket-paeckchen/schadensanzeige.html

► TNT
  http://www.tnt.de/__C1257442002D0760.nsf/html/support_transportschaden.html

▶ **UPS**

http://forwarding.ups-scs.com/documentcenter/cargoClaimForms/
UPSSCS%20Customercargoclaim_GERMANY_GERMAN_Aprill_2009.pdf

Bei anderen Versanddienstleistern müssen Sie hingegen einen Schaden mündlich beim Zustellfahrer melden. Das geht zwar auch, ist aber umständlich.

Wie Sie sehen, gibt es viele Faktoren, die bei der Auswahl des Versanddienstleisters eine Rolle spielen. Sie können aber, das zeigt die Praxis, nicht alle Faktoren beachten und vor allem keinen Anbieter finden, der in allen Bereichen eine Topleistung erbringt. Das ist utopisch und einfach nicht möglich. Daher müssen Sie für sich herausfinden, welche Faktoren ganz speziell für Ihren Online-Shop relevant sind.

Das bereits erwähnte Beispiel des Verkäufers individueller Zäune aus Aluminium bräuchte in erster Linie keinen extrem schnellen Transportdienstleister, wohingegen die Abwicklung im Schadensfall sehr wohl wichtig ist, da eine Lieferung gut und gerne mehrere tausend Euro kostet. Ein anderer Händler, der Handyhüllen und Handyersatzteile vertreibt, muss sich hingegen über Transportschäden bei Produktwerten im einstelligen Eurobereich keine Gedanken machen, seine Kunden wünschen aber eine Zustellung am nächsten Werktag.

Es kommt daher einfach darauf an, was für Sie wichtig ist. Wenn Sie Ihre Faktoren gefunden haben, können Sie gezielt bei verschiedenen Versanddienstleistern anfragen und versuchen, die jeweiligen Stärken einzuordnen und auf dieser Basis eine Entscheidung zu treffen.

5.4 Berechnung der Versandkosten

Gewöhnen Sie sich bei der Berechnung der Versandkosten schon einmal an die berühmt-berüchtigte Mischkalkulation, denn die genauen Versandkosten werden Sie aus unterschiedlichsten Gründen in einem Online-Shop gar nicht berechnen können.

Für die Berechnung der Versandkosten gibt es verschiedene Ansätze:

▶ Fixpreis für die Sendung

▶ Fixpreis pro Artikel

▶ preisabhängig

▶ gewichtabhängig

▶ Zuschläge aufgrund von bestimmten Faktoren

Bei dem Fixpreis pro Sendung unterstellen Sie, dass, egal was der Kunde in Ihrem Online-Shop bestellt, für Sie als Shop-Betreiber die Versandkosten immer gleich hoch sind. Das können Sie beispielsweise immer dann machen, wenn Sie der Meinung sind, in Ihrem Online-Shop wird immer nur ein Artikel bestellt. Denken Sie dabei beispielsweise an einen Online-Shop, der Badewannen oder Duschen verkauft. Wie realistisch ist es, dass ein Besucher gleich zwei Badewannen bestellt? In einem solchen Shop könnten Sie daher schon damit werben, dass bei jeder Bestellung x € Versandkosten fällig werden. Welche Badewanne gekauft wird und ob eventuell noch ein bis zwei Zubehörteile in das Paket gelegt werden, ist für Sie als Shop-Betreiber, was die Versandkosten betrifft, eigentlich egal. Das ist natürlich auch eine Art der Mischkalkulation, die nicht immer aufgehen muss, die aber in 90 % der Fälle sicherlich gut greift.

Eine abgeschwächte Art hiervon wäre eine Kalkulation mit einem Fixpreis pro Artikel. Sie unterstellen im Prinzip, dass Sie für jeden Artikel ein Paket benötigen, ein Paket kostet Sie x €, also sind die Versandkosten x € multipliziert mit der Anzahl der Artikel, die gekauft werden. Mit dieser Kalkulationsvariante müssen Sie aber vorsichtig sein, denn Sie bestrafen damit die Leute, die möglichst viel bestellen möchten. Das ist grenzwertig, aber manchmal notwendig.

Wenn Sie mit Fixpreisen arbeiten, werden Sie feststellen, dass eine gewisse Flexibilität fehlt. Wie Sie beim zweiten Beispiel sehen, bestrafen Sie ja gerade die Kunden, die viel Geld bei Ihnen ausgeben möchten und viele Artikel bestellen. Daher macht es Sinn, die Versandkosten zu staffeln und an eine Bedingung zu knüpfen. Eine Bedingung ist der Bestellwert. Sie kennen das sicherlich von dem einen oder anderen Online-Shop, beispielsweise wenn mit Slogans geworben wird à la: »Ab 100 € Bestellwert entfallen die Versandkosten.« Wenn Sie die Versandkosten von der Bestellsumme abhängig machen, können Sie ab gewissen Grenzen versandkostenfrei liefern oder die Versandkosten eben schrittweise reduzieren. Dieser Mechanismus erlaubt es Ihnen, und dieser Punkt ist nicht zu vernachlässigen, den durchschnittlichen Warenkorbwert Ihrer Kunden zu beeinflussen und zu steigern. Wenn Sie nämlich wissen, dass Ihre Kunden im Schnitt für beispielsweise 37,80 € bei Ihnen einkaufen, können Sie eine kostenfreie Lieferung ab 40 € anbieten. Wenn Sie diese entsprechend promoten, wird sich der durchschnittliche Warenkorbwert schnell erhöhen, da für Ihre Kunden somit die Versandkosten entfallen. Sie belohnen also diejenigen Kunden, die möglichst viel bei Ihnen bestellen.

Verkaufen Sie schwere Produkte, haben Sie das Risiko, dass die Versandkosten »durch die Decke gehen«, je mehr bei Ihnen bestellt wird. In der Praxis gibt es in Online-Shops den Fall, dass der Versand eines Artikels beispielsweise über UPS gar kein Problem ist, werden aber zwei bis drei Artikel bestellt, benötigt man schon eine Spedition. Nun unterscheiden sich die Kosten zwischen Spedition und »klassischen« Transportdienstleistern enorm. Daher haben Sie auch die Möglichkeit, bei der Versandkostenstaffelung das Gewicht als Faktor miteinfließen zu lassen. Das heißt, je schwerer die Bestellung wird, desto teurer wird sie auch. Dies kommt der tatsächlichen Berechnung der Versandkosten bei Ihrem Versanddienstleister auch am nächsten, in der Regel zahlen Sie hier nach Gewicht.

Individuelle Zuschläge sind das letzte Mittel, um bei bestimmten Bestellungen als Online-Shop-Betreiber nicht in die Verlustzone zu rutschen. Wenn Sie Elektronikartikel verkaufen, können Sie normalerweise mit fixen Versandkosten arbeiten, zum Beispiel 5 € pro Sendung. Wenn bei Ihnen jemand eine externe Festplatte bestellt oder einen Kopfhörer, ist in der Regel alles in Ordnung. Wenn nun aber jemand einen Fernseher bestellt, haben Sie ein Problem, denn diesen müssen Sie per Spedition anliefern lassen. Das kostet mehr als 5 €, und wer die Margen im Elektroniksegment kennt, weiß, dass dies auch nicht einfach in den Produktpreis eingerechnet werden kann. Der Nachteil an diesen Ausnahmen ist die daraus resultierende mangelnde Transparenz. Wenn plötzlich jeder Artikel bei Ihnen unterschiedliche Versandkosten aufweist, verwirren Sie den Besucher enorm. Eine möglichst transparente Darstellung wie in Abbildung 5.6 ist also Pflicht. Daher sollte der Zuschlag wirklich nur die Ausnahme und nicht die Regel darstellen!

Abbildung 5.6 Auf »www.cyberport.de« werden die Versandkostenzuschläge für bestimmte Produkte direkt unter dem Verkaufspreis ausgewiesen.

Basierend auf den Artikeln, die Sie verkaufen, und den Angeboten, die Sie von den verschiedenen Versanddienstleistern erhalten haben, können Sie sich im nächsten Schritt überlegen, welche Versandkostenberechnung in der Regel den für Sie tatsächlich anfallenden Versandkosten am ehesten entspricht. Überlegen Sie sich dabei einfach, wie der durchschnittliche Warenkorb bei Ihnen aussieht. Wie viele Artikel kaufen Ihre Kunden im Schnitt, wie »teuer« ist im Schnitt der Warenkorbwert? Anschließend überlegen Sie sich, da Sie dann wissen, wie schwer und groß das Paket ist, ob Sie diese Kosten entweder fix oder basierend auf Bestellsumme oder Gewicht berechnen können. Denn es geht hierbei nur darum, möglichst nah an die Ihnen in Rechnung gestellten Versandkosten zu kommen, exakt in jedem Fall werden Sie diese nicht berechnen können.

Leichter wird es in der Regel mit dem Expressaufschlag, denn dies ist ein Fixpreis, den Sie auch so weitergeben können. Sendungen ins Ausland müssen Sie entsprechend kalkulieren, wenn Sie jedoch erst einmal eine allgemeingültige Versandkostenberechnungsformel gefunden haben, müssen Sie hierbei nur die Preise anpassen, aber nicht die Formel als solche.

Widmen wir uns zum Schluss noch der Frage, ob Sie die Versandkosten überhaupt separat ausweisen oder ob Sie grundsätzlich eine versandkostenfreie Lieferung anbieten sollten. Nun, die versandkostenfreie Lieferung ist ja schlussendlich nichts anderes, als die Erhöhung der Produktpreise um die Versandkosten, denn im Online-Handel müssen Sie ja nichts verschenken. Die Frage ist also, was Sie Ihren Kunden lieber anbieten möchten:

▶ Produkt A für 100 € zzgl. 5 € Versandkosten
▶ Produkt B für 105 € zzgl. 0 € Versandkosten

Optisch macht letztere Variante meist einen besseren Eindruck, denn Sie können in Ihrem Shop mit einer versandkostenfreien Lieferung werben. Wenn Ihre Konkurrenz dies nicht tut, dann kann das für Sie als Shop-Betreiber einen USP darstellen, denn Sie versenden versandkostenfrei und die Konkurrenz nicht. Da es sich hierbei aber um einen Fixpreis handelt, den Sie in Ihre Produkte einkalkulieren, bestrafen Sie wieder diejenigen, die viel bei Ihnen einkaufen. Denn wenn ein Kunde fünfmal Produkt A kauft, zahlt er bei der ersten Variante 505 € und bei der zweiten 525 €. Besteht Ihr Warenkorb im Schnitt nur aus einem Artikel, erinnern Sie sich an das Beispiel mit den Badewannen und Duschen, und sind Ihre Kunden nicht ganz so preissensibel, dass egal ist, ob die Wanne nun 958 oder 965 € kostet, dann hat die zweite Variante einen leichten Vorteil, da Sie eben werbewirksam die Botschaft nutzen können: »Bei uns zahlen Sie als Kunde keine Versandkosten.« Haben Sie gemischte Warenkörbe mit mehreren Artikeln, sollten Sie von Variante zwei absehen und eher ab einem bestimmten Bestellwert den Versand kostenfrei anbieten, nämlich dann, wenn der Gewinn der jeweiligen Produkte Ihre Versandkosten übertrifft. Aber Vorsicht, auch das ist eine Mischkalkulation, was bedeutet, dass Sie bei manchen Bestellungen gut verdienen und bei manchen Bestellungen draufzahlen. Es ist also entscheidend, aus Erfahrungswerten Schlüsse zu ziehen und gegebenenfalls gegenzusteuern.

Übrigens, früher hatte man noch einen Vorteil, wenn man die Versandkosten separat ausgewiesen hat, da die Preissuchmaschinen wie Google Shopping immer die Artikel mit dem günstigsten Produktpreis zuerst angezeigt hat. Wenn Sie also Produkt A für 80 € mit 25 € Versandkosten verkauft haben, hatten Sie einen Vorteil gegenüber dem Händler, bei dem es Produkt A für 105 € versandkostenfrei gab. Dieses Problem ist aber mittlerweile gelöst, und Preissuchmaschinen berücksichtigen ausschließlich die Gesamtkosten, wie Sie in Abbildung 5.7 anhand von Google Shopping sehen können.

Onlineshops Versand nach Deutschland

☐ Versand gratis ☐ Erneuert/gebraucht

Anzeigen ⓘ

Verkäufer ▾	Verkäuferbewertung	Details	Preis	Gesamtpreis	
e-maxx-ffm	3 Bewertungen	Versand gratis	346,36 €	346,36 €	Einkaufen
Reeltronic.de	10 Bewertungen	Versand gratis	352,99 €	352,99 €	Einkaufen
webgoods + Alle 4 anzeigen	★★★★★ (65)	Versand gratis	370,00 €	370,00 €	Einkaufen
Pixmania.de	★★★★ (69)		369,00 € + 4,99 € Versandkosten	373,99 €	Einkaufen
Rakuten.de - webgoods + Alle 4 anzeigen	1 Bewertung		370,00 € + 35,00 € Versandkosten	405,00 €	Einkaufen
Monimega Shop	16 Bewertungen		397,15 € + 6,09 € Versandkosten	403,24 €	Einkaufen

Abbildung 5.7 Bei Preissuchmaschinen zählen nur noch die Gesamtkosten, das heißt Produktpreis zzgl. Versandkosten.

Ein Tipp zum Schluss: Achten Sie darauf, was Ihre Konkurrenz macht. Oftmals müssen Sie dem Druck, der hier vorgegeben wird, einfach nachgeben. Selbst wenn Sie sehr fair kalkulierte Versandkosten ausweisen, kann es dennoch sein, dass Sie diese senken müssen, um einfach mit den Wettbewerbern vergleichbar zu bleiben.

5.5 Eigenes Lager oder Dropshipping?

Ein eigenes Lager kostet Geld, bezogen auf den Unterhalt, und es sollte im Idealfall mit Waren gefüllt sein – Waren, die eventuell gar nicht alle verkauft werden und auf denen Sie als Online-Shop-Betreiber womöglich sitzen bleiben.

Als Lösung für diese Probleme gibt es das sogenannte *Dropshipping*. Beim Dropshipping bieten Sie wie gewohnt Artikel in Ihrem Online-Shop an, die Auslieferung übernehmen aber nicht Sie, sondern ein Großhändler oder in seltenen Fällen auch direkt der Hersteller. Sie müssen sich daher nur darauf konzentrieren die Bestellungen entgegenzunehmen und entsprechend an den Großhändler weiterzuleiten. Der Großhändler wiederum versendet dann in Ihrem Namen die Ware, wodurch der Kunde von dem Mittelsmann gar nichts mitbekommt. Für Ihren Kunden ist es, als ob die Ware direkt von Ihnen versendet werden würde. Daraus resultieren wiederum Anforderungen an den Großhändler, der Ihre Ware verpackt, versendet und einen Lieferschein beilegt: Dieser muss Ihrer Corporate Identity entsprechen, und wenn Sie speziell gelabelte Versandverpackungen wünschen, muss dies auch berücksichtigt werden.

Die Vorteile des Dropshippings liegen vor allem darin, dass Sie keine große Kapitalbindung haben. Zum einen müssen Sie nicht eine Vielzahl von Artikeln auf Lager nehmen. Auf der anderen Seite benötigen Sie auch keine große Lagerhalle oder Fläche. Das senkt Ihre monatlichen Fixkosten, und Sie können das Budget an anderen Ecken gegebenenfalls sinnvoller verwenden, beispielsweise für die Werbung. Auch können Sie zeitnah ein großes Produktsortiment aufbauen, da Sie ja die Artikel direkt bei einem Großhändler beziehen können. Nach außen bieten Sie damit auch wesentlich mehr Artikel in Ihrem Online-Shop an, da Sie diese eben nicht selbst auf Lager halten müssen.

Natürlich gibt es auch Nachteile. Immer wenn Sie ein Unternehmen für eine Dienstleistung, welcher Art auch immer, beauftragen, kostet das Geld. Das Dropshipping bedeutet die Reduzierung der Marge Ihrer Artikel. Das kann bei sensiblen Artikeln problematisch sein, daher müssen Sie dies auf jeden Fall kalkulieren. Wenn Sie beim Dropshipping mehrere Großhändler anbinden, ist der Versand oftmals etwas komplizierter. Wenn ein Kunde fünf Artikel bestellt, die von drei Großhändlern ausgeliefert werden, entstehen dadurch auch drei Sendungen, das heißt hohe Versandkosten. Hätten Sie diese Artikel selbst auf Lager, könnten Sie die Produkte eventuell in einer Sendung abarbeiten. Dieser Effekt wirkt sich wiederum auf die Kalkulation Ihrer Versandkosten aus. Denn ein Online-Shop weiß in der Regel bei der Bestellung noch gar nicht, welcher Artikel von welchem Händler ausgeliefert werden muss oder wie viele Pakete schlussendlich versendet werden müssen. Auch können Sie selbst Versandzeiten nicht beeinflussen: Sie sind darauf angewiesen, dass Ihre Großhändler funktionieren und Bestellungen zeitnah bearbeiten.

Alternative zum Dropshipping

Die Alternative zum klassischen Dropshipping ist das Mieten einer abgegrenzten und separaten Lagerfläche direkt bei Ihrem Großhändler. Einige Unternehmen bieten dies mittlerweile an. Der Vorteil liegt darin, dass Sie eine Fläche innerhalb des Lagers mieten und hier auch die für Sie relevanten Artikel eingelagert werden. Dadurch erfolgt eine gewisse Abgrenzung, denn Sie haben ja ein eigenes Lager mit eigenen Artikeln. Eine gemeinsame Nutzung der eigentlichen Lagerverwaltung des Großhändlers erfolgt nicht, was wiederum etwas mehr Flexibilität bietet.

5.6   Fulfillment am Beispiel von Amazon

Eine weitere interessante Möglichkeit bieten Fulfillment-Dienstleister. Diese kümmern sich um die Lagerung, Kommissionierung, den Transport sowie die Auslieferung von Artikeln bzw. Bestellungen. Das heißt, Sie als Shop-Betreiber haben mit dem gesamten Lager- und Versandprozess nichts mehr zu tun. Amazon ist in diesem Bereich als Dienstleister mit dem Service »Versand durch Amazon« vertreten.

Amazon bietet Ihnen als Shop-Betreiber die Möglichkeit, Artikel direkt bei Amazon einzulagern. Das heißt, Sie verpacken Ihre Artikel und senden diese an Amazon. Dort werden Ihre Artikel ausgepackt und ins Lager geräumt, das heißt, direkt bei Amazon eingelagert. Der große Vorteil besteht vor allem in der Skalierung. Wenn Sie selbst ein Lager betreiben, werden Sie eventuell einmal an den Punkt kommen, an dem Sie schlicht und einfach keinen Platz mehr haben. Das passiert bei Amazon nicht. Ihr Lager kann daher mit dem Erfolg Ihres Online-Shops mitwachsen.

Die Einlagerung bei Amazon hat darüber hinaus einen netten Nebeneffekt. Gehen wir einmal davon aus, dass Sie eine Multi-Channel-Strategie fahren, das heißt, Ihre Produkte auch noch auf anderen Plattformen wie Amazon vertreiben. Sie haben auf Amazon eine höhere Sichtbarkeit und sind somit wettbewerbsfähiger, wenn Sie die auf Amazon eingestellten Artikel auch direkt von Amazon versenden lassen. Das ist so gesehen logisch, denn wenn Amazon selbst den Versand Ihrer Artikel übernimmt, dann wird den Kunden gegenüber eine gewisse Qualität gewährleistet.

Zum eigentlichen Versand bietet Amazon darüber hinaus weitere Dienstleistungen an. Dazu zählt die Annahme von Rücksendungen, aber auch die Entsorgung von Lagerbeständen, die Verpackung und Etikettierung. Wenn Sie möchten, können Sie also alles, was mit dem Versand und der Einlagerung zu tun hat, auslagern und zahlen pro Bestellung bzw. Tätigkeit eine Gebühr.

Funktioniert das nur bei Bestellungen, die über Amazon aufgegeben werden? Nein, Amazon wickelt auch die Bestellungen ab, die über andere Kanäle erzeugt wurden. Auch Bestellungen, die in Ihrem Online-Shop aufgegeben wurden, können theoretisch aus dem Amazon Warenlager versendet werden. Hierfür existieren Schnittstellen, ein automatischer Prozess kann daher implementiert werden.

Ob sich das Amazon Konzept für Sie lohnt oder auch nicht, müssen Sie speziell aufgrund des Preises kalkulieren. Die Vorteile liegen vor allem in den guten Logistikzentren und der optimierten Versandabwicklung sowie den zusätzlichen Dienstleistungen wie Service und Retoure. Auf der anderen Seite lässt sich Amazon diesen Service etwas kosten: Kalkulieren Sie daher im Vorfeld alle anfallenden Kosten, bezogen auf durchschnittliche Warenkorbwerte und Retouren, und prüfen Sie, ob sich die Lösung für Sie lohnt oder ob Sie doch lieber auf ein eigenes Lager setzen.[2]

Selbstverständlich gibt es neben Amazon noch weitere Anbieter, die Fulfillment-Dienstleistungen im Programm haben. Wenn Ihnen der Service von Amazon aufgrund der Möglichkeiten bzw. Kosten nicht zusagen sollte, können Sie sich beispiels-

---

2 Weiterführende Informationen sowie konkrete Preise zum Thema Versand durch Amazon finden Sie unter: *http://services.amazon.de/programme/versand-durch-amazon/merkmale-und-vorteile.html* bzw. unter *http://services.amazon.de/programme/versand-durch-amazon/multichannel-versand.html*.

weise auch den Service von DHL[3] anschauen. Fulfillment-Dienstleister gibt es mittlerweile einige, welcher der richtige für Sie ist, lässt sich leider nicht pauschal beantworten. Speziell Amazon macht jedoch einen sehr guten Job und ist auf jeden Fall eine nähere Prüfung wert.

5.7 Retourenmanagement

Retouren bedrohen den Erfolg Ihres Online-Shops! Durch das Widerrufsrecht haben Verbraucher innerhalb von 14 Tagen die Möglichkeit, ohne Angabe besonderer Gründe die bestellte Ware zurückzusenden. Das ist aus Sicht des Verbrauchers, der mit dieser Regelung besonders geschützt wird, ein großer Vorteil und hat sicherlich auch zum Erfolg des E-Commerce in Deutschland beigetragen. Für Sie als Online-Shop-Betreiber ist das aber eine schlechte Situation, denn wenn Kunden bestellte Artikel zurücksenden, entstehen Ihnen Kosten.

Kostenlose Rücksendungen sind weiterhin vorhanden

Auch wenn Sie rein rechtlich nicht mehr dazu verpflichtet sind, die Rücksendekosten zu tragen, so übernehmen viele Online-Shop-Betreiber aus Kulanz die Rücksendekosten. Der kostenlose Rückversand ist bei vielen Shops daher mittlerweile ein USP, das heißt Alleinstellungsmerkmal. Außerdem fördern kostenlose Rücksendungen die Conversion-Rate, denn wenn Sie sich unsicher beim Kauf eines Produkts sind, aber wissen, Sie können es kostenlos zurücksenden, werden Sie es tendenziell eher bestellen und vielleicht doch behalten!

Glücklicherweise müssen Sie nicht mehr wie früher die Kosten für die Rücksendung tragen, denn diese können Sie nun Ihren Kunden in Rechnung stellen, jedoch entstehen Ihnen Prozesskosten. Denn Sie müssen die Rücksendung entgegennehmen, die Artikel prüfen, gegebenenfalls an Ihren Lieferanten zurücksenden und dem Kunden die Rücksendung bestätigen. Dadurch verbringen Sie in der Bearbeitung der Rücksendung eine gewisse Zeit, die Sie als Kostenfaktor berücksichtigen müssen. Dann, das hängt vom Artikel ab, kann es sein, dass Sie das Produkt gar nicht mehr erneut verkaufen können. Es findet also eine direkte Wertminderung statt. Wenn der Kunde nämlich die Originalverpackung beim Auspacken beschädigt, gegebenenfalls Schutzfolien, denken Sie hierbei an elektronische Geräte, abnimmt und Ihnen dann die Artikel zurücksendet, müssen Sie diese annehmen, aber Sie können diese nicht als komplett neu verkaufen. Auch hier entstehen wieder Kosten. Wenn Sie daher zu viele Retouren haben, kann das gehörig Ihren Gewinn mindern oder dazu führen, dass Sie einfach nicht rentabel arbeiten.

---

3 *www.dhl.de/fulfillment*

Abverkauf von Rücksendungen

Viele Online-Shops neigen dazu, spezielle Sales-Events zu veranstalten, an denen nicht original verpackte Artikel oder Artikel mit minimalen Gebrauchsspuren verkauft werden. So können Sie gegebenenfalls Ihre Rücksendungen loswerden und zumindest den entstandenen Schaden durch die Rücksendung mindern.

Machen wir einmal einen kleinen Exkurs in die Modebranche. Hier sind Retourenquoten von 40 % keine Seltenheit. Fast die Hälfte der bestellten Artikel wird wieder zurückgesendet. Ganz hart hat es unter anderem Zalando getroffen mit einer Retourenquote von zum Teil 60–70 %. Für Zalando ist genau diese Retourenquote der Renditekiller schlechthin. Amazon hat mit ähnlichen Problemen zu kämpfen gehabt und rigoros die Accounts von Kunden gesperrt und gelöscht, die durch extrem hohe Rücksendungen aufgefallen sind. Rein rechtlich gesehen ist das eine Art Graubereich, weil man sich nicht sicher ist, ob man auf diese Art und Weise vorgehen darf, aber die Online-Shops versuchen sich zu wehren.

Als Online-Shop-Betreiber müssen Sie sich daher ganz bewusst mit dem Thema Rücksendungen beschäftigen und das Problem idealerweise an der Wurzel anpacken. Denn das, was Amazon tut, ist nicht, das Problem zu lösen, sondern an der Spitze des Eisbergs ein wenig zu kratzen, in der Hoffnung, dass es etwas hilft.

5.7.1   Es kommt auf die Produkte an!

In gewissen Branchen werden Sie immer hohe Retourenquoten haben. Hier können Sie am Grundproblem nichts ändern, Sie müssen das einfach in die Preisbildung der Artikel einfließen lassen. In der Modebranche ist dies beispielsweise unausweichlich. Das ist auch eigentlich recht logisch, wenn Sie eine Jeans von einem neuen oder unbekannten Hersteller kaufen, dann können Sie nicht wissen, ob Ihnen diese passt. Was machen Sie also? Zwei oder drei Größen bestellen und die Jeans, die nicht passt, zurücksenden. Auf der anderen Seite gibt es Branchen, denken Sie an die Lebensmittelindustrie, da machen Rücksendungen wenig Sinn. Wenn Sie sich eine Packung Nudeln bestellen, warum sollten Sie diese zurücksenden, außer wenn die Lieferung beschädigt ist? Sie müssen daher differenzieren und ganz am Anfang herausfinden, ob Ihre Artikel zur Rücksendung einladen oder nicht. Falls dies der Fall sein sollte, müssen Sie die Rücksendungen einkalkulieren, denn ablehnen dürfen Sie diese nicht. Sammeln Sie Erfahrungswerte, und schauen Sie doch einfach einmal, wie viele von 100 Bestellungen zurückkommen, ob Sie die Artikel problemlos weiterverkaufen können, wie hoch Ihre internen Prozesskosten sind, und versuchen Sie einfach, einen gewissen Aufschlag auf Ihre Produkte zu kalkulieren. Denn eines ist sicher: Wenn Sie bei den Rücksendungen einen guten Prozess haben und es Ihren Kunden einfach machen, dann bestellen diese gerne in Ihrem Shop. Unterstellen Sie nicht allen Kunden »boshafte« Rücksendungen, wie dies Amazon tut.

5.7.2   Je mehr Sie informieren, desto geringer die Retourenquote

Sie als Shop-Betreiber haben die Pflicht, Ihren Kunden im Vorfeld möglichst viele und präzise Informationen zu den angebotenen Artikeln zur Verfügung zu stellen. Das macht Aufwand und kostet Geld, Sie wissen eventuell, was gute Produktfotos kosten, aber Ihre Kunden können auf dieser Basis viel besser einschätzen, ob der angesehene Artikel für sie passt oder nicht. Das heißt, je besser die Informationen im Vorfeld, desto geringer die Retourenquote. Wenn Sie elektronische Artikel verkaufen und sich ein Kunde beispielsweise für ein Notebook entschieden hat, dann wird er dies voraussichtlich nur dann zurücksenden, wenn plötzlich Gegebenheiten auftauchen, von denen er im Vorfeld nichts wusste. Eventuell fehlt ein wichtiger Anschluss, vielleicht sah die Farbe auf den Bildern ganz anders aus, oder das Gerät ist schwerer, als angegeben. Wenn jedoch alle relevanten Informationen bekannt sind, kann der Kunde schon im Vorfeld für sich entscheiden, ob das ausgewählte Produkt das richtige ist oder nicht.

5.7.3   Gefahrenpotenzial Kauf auf Rechnung

Was denken Sie, warum die Retourenquote bei Zalando unter anderem so hoch ist? Unserer Meinung nach hängt das maßgeblich an zwei von Zalando stark beworbenen Shop-Eigenschaften. Zum einen können Sie Artikel bis zu 100 Tage behalten, bevor Sie diese zurücksenden müssen. Zum anderen können die Kunden bequem per Rechnung einkaufen. Denken Sie gerade einmal in der Modebranche über diese Konstellation nach. Wenn ein Kunde nun ein T-Shirt sucht, kann er bei Zalando problemlos zig T-Shirts in den unterschiedlichsten Größen bestellen und sich später einfach eines heraussuchen und die restlichen zurücksenden. Wenn man auf Rechnung einkauft, kostet das ja auch zuerst absolut kein Geld. Wenn Ihre Kunden hingegen das Geld erst einmal vorstrecken müssen, zum Beispiel per Lastschrift, Vorkasse oder Kreditkarte, überlegen sie es sich sicherlich zweimal, ob sie für mehrere hundert Euro Ware bestellen, im Vorfeld zahlen und eigentlich nur auf der Suche nach einem einzigen T-Shirt sind. Wie in Kapitel 6, »Die richtigen Zahlungsmethoden für Ihre Kunden«, beschrieben, ist der Kauf auf Rechnung also Fluch und Segen zugleich. Für Ihre Kunden ist er praktisch, sicher und auch einfach. Für Sie als Shop-Betreiber ist er teuer und birgt unter anderem das Problem mit den Retouren. Dementsprechend macht es speziell unter dem Aspekt der Retourenquote Sinn, wenn Sie den Kauf auf Rechnung anbieten, aber gleichzeitig die Bestellsumme deckeln, wodurch dann eben nur Bestellungen bis x € per Rechnung bezahlt werden können und weitere Bestellungen bei offenen Rechnungen nicht möglich sind.

5.7.4   Kundenfeedback hilft bei der Entscheidungsfindung

Neben den reinen Produktinformationen sind darüber hinaus Kundenmeinungen sehr wichtig. Wenn Ihr Kunde beispielsweise auf ein Notebook stößt und es von den technischen Daten seinen Vorstellungen entspricht, dann kann es ja dennoch sein, dass der Kunde diesen Artikel nach dem Erhalt zurücksendet. Vielleicht ist der Lüfter zu laut oder das Notebook wird zu heiß. Solche Informationen finden Sie nie in den Produktbeschreibungen, aber sehr wohl in den Kundenmeinungen. Daher können auch diese die Retourenquote verringern, weil andere Kunden gezielt über Produkteigenschaften sprechen und man sich im Vorfeld ein besseres Bild machen kann. Im Elektronikbereich können Sie auch Testberichte verlinken oder integrieren, denn hier wird in der Regel auf solche produktspezifischen Eigenschaften eingegangen.

5.7.5   Setzen Sie auf Kundenfeedback

Auch wenn Sie Rücksendungen erhalten, nutzen Sie einfach die Möglichkeit herauszufinden, weshalb Kunden Ihnen die Produkte zurücksenden. Anschließend müssen Sie versuchen, genau an diesen Punkten anzusetzen, sei es an der Produktbeschreibung, der Beratung im Vorfeld oder der Qualität der Ware.

Als Shop-Betreiber können Sie im Vorfeld an einigen Stellschrauben drehen, um die Retourenquote zu reduzieren, Sie müssen sich aber natürlich mit der Situation abfinden, dass Kunden Ihnen Artikel zurücksenden. Denken Sie hier daran, dass nach dem Kauf vor dem nächsten Kauf ist. Ermöglichen Sie Ihren Kunden eine einfache und unkomplizierte Rücksendung, und glänzen Sie mit Service. So können Sie den Kunden mit der Rücksendung gegebenenfalls zu einer erneuten Bestellung animieren!

Was machen Sie mit den retournierten Artikeln?

Sofern Sie viele Rückläufer haben, die Sie so direkt nicht mehr als Neuware verkaufen können, haben Sie dennoch Möglichkeiten, die Kosten zumindest zu reduzieren. Vertreiben Sie diese Artikel am besten über eBay, oder bieten Sie in Ihrem Online-Shop einen Deal- bzw. Angebotsbereich, in dem Sie gezielt diese Artikel, sicherlich mit einem gewissen Rabatt, verkaufen. Mit etwas Glück kommen Sie dann trotz Rücksendung bei +/− 0 heraus.

5.8   Fazit

Das Thema Versand spielt für Sie als Shop-Betreiber eine große Rolle. Denn zum einen ist von den Versandarten und Versandkosten der eigentliche Einkauf abhängig. Aber auch nach dem Kauf spielen Versandgeschwindigkeit und Retourenmanagement eine entscheidende Rolle. Denn nach dem Kauf ist vor dem nächsten Kauf.

Hierbei kann in der Praxis viel falsch gemacht werden, wodurch Sie Kunden verärgern und dadurch potenzielle Folgeeinkäufe verhindern. Nehmen Sie sich daher im Vorfeld genügend Zeit, den richtigen Versanddienstleister zu finden, Versandkosten möglichst transparent, genau und niedrig zu kalkulieren, und spielen Sie testweise ein paar Mal den Retourenprozess durch. Wenn Sie hier gute Arbeit leisten, werden es Ihnen Ihre Kunden danken und zum Erfolg Ihres Online-Shops beitragen.

Kapitel 6
Die richtigen Zahlungsmethoden für Ihre Kunden

Befindet sich Ihr Kunde erst einmal im Bezahlvorgang, ist der Einkauf schon so gut wie abgeschlossen. Aber Vorsicht: Speziell beim Thema Zahlungsarten machen viele Shop-Betreiber elementare Fehler, die letztendlich zu Kaufabbrüchen führen.

Zahlungsarten sind ein elementares Thema in einem Online-Shop. Bieten Sie Ihren Kunden die falschen Zahlungsmethoden an, kaufen diese nicht ein, und Sie haben hohe Abbrüche im Check-out-Prozess und daraus resultierend eine schlechte Conversion-Rate. Hören Sie aber ausschließlich auf die Wünsche Ihrer Kunden, haben Sie womöglich Zahlungsarten, bei denen Sie als Shop-Betreiber hohe Transaktionsgebühren bezahlen, bei denen die Marge an Ihren Produkten dahinschmilzt und die Ihren Gewinn schmälern. Die Balance zwischen populären Zahlungsarten und geringen Transaktionskosten zu finden ist schwierig, aber nicht unmöglich. Wichtig ist vor allem, dass Sie sich als Shop-Betreiber mit dem Thema beschäftigen, die richtige Balance finden und damit sowohl Ihre Kunden wie auch sich selbst glücklich stimmen. Auf was Sie achten müssen, welche Zahlungsarten es überhaupt gibt und ob Sie einen Payment-Provider nutzen sollten, erfahren Sie in diesem Kapitel.

6.1 Zahlungsarten und Provider im Überblick

Wenn es um das Thema Zahlungsarten im E-Commerce geht, stehen Sie als Shop-Betreiber vor der Qual der Wahl. Denn es gibt im Internet wesentlich mehr Möglichkeiten, Waren und Dienstleistungen zu bezahlen, als Ihnen vermutlich bewusst ist. Denken Sie doch an Ihr Einkaufs- und Bezahlverhalten im stationären Handel: Wenn Sie in einem Geschäft an der Kasse stehen, haben Sie in der Regel die Wahl zwischen Barzahlung und der Bezahlung per EC- oder Kreditkarte. Eventuell bietet das eine oder andere Geschäft noch die Bezahlung per Rechnung an, dies ist aber in der heutigen Zeit eher die Ausnahme. Wir kennen daher von unserem Offline-Einkaufsverhalten zwei bis drei Bezahlmethoden, die uns geläufig sind, aber nicht mehr. Im E-Commerce haben Sie als Besucher und als Online-Shop-Betreiber viel mehr Möglichkeiten. Denn neben der Frage, wie Sie bezahlen möchten, stellt sich im E-Commerce auch die Frage, über welche Plattform Sie bezahlen möchten. Denn im E-Commerce gibt es neben der eigentlichen Zahlungsmethode noch unterschiedliche Plattformen, wie zum Beispiel Amazon Payments. Wenn Ihre Kunden einen Amazon-Account haben, können Sie als Shop-Betreiber einfach Amazon Payments integrieren, und die Shop-Besucher können Ihre Zahlung dann direkt und automatisch über ihren Amazon-Account abwickeln. In solchen Fällen ist Ihren Kunden die eigentliche Zahlungsart egal, denn Amazon als Zahlungsvariante nimmt sozusagen den Rang einer Zahlungsmethode ein, auch wenn sie nach genauerer Definition keine ist. Ihr Kunde muss so nicht bei einem weiteren Händler seine Zahlungsdaten hinterlegen, und Sie sparen sich den Abwicklungsprozess. Abgesehen davon ist im E-Commerce die Auswahl an Zahlungsmethoden sehr groß. Denn auch hier wird berücksichtigt, dass Besucher je nach Herkunftsland andere Vorlieben haben und es mittlerweile einfach viele technische Lösungsansätze beim Bezahlen gibt, um den Shop-Besuchern ein möglichst gutes und einfaches Einkaufserlebnis zu bieten.

Bevor Sie sich die Frage stellen, welche Zahlungsmethoden für Sie tatsächlich in Frage kommen, erhalten Sie im ersten Schritt einen Überblick über die Funktionsweise sowie die Vor- und Nachteile der momentan gängigsten Zahlungsmethoden.

6.1.1 Vorkasse

Die Zahlung per Vorkasse ist, rein technisch betrachtet, die simpelste Möglichkeit, die Ihnen als Shop-Betreiber zur Verfügung steht, um Zahlungen entgegenzunehmen. Denn für eine Zahlung benötigt der Kunde im Online-Shop ausschließlich Ihre Kontoverbindung, die er beispielsweise, wie in Abbildung 6.1 zu sehen ist, direkt im Bezahlvorgang, spätestens aber in der Bestellbestätigungs-E-Mail erhält. Hat der Kunde diese, kann er anschließend per Online-Banking oder Überweisungsschein die Zahlung anweisen. Nach einer üblichen Bearbeitungszeit von zwei bis drei Werktagen können Sie anschließend den Zahlungseingang verbuchen, die Transaktion ist somit abgeschlossen. Es gibt so gesehen keinen Automatismus im Hintergrund, der sich um die Verarbeitung der Zahlung kümmern muss. Aufgrund des einfachen technischen Verfahrens kennen Sie die Zahlung per Vorkasse sicherlich noch aus der Zeit des klassischen Katalogversands oder wenn Sie Bestellungen per Fax oder telefonisch aufgegeben haben.

Doch wie stehen Online-Shop-Betreiber und vor allem Online-Shop-Besucher der Zahlung per Vorkasse gegenüber? Als Shop-Betreiber müssen Sie diese Zahlungsart eigentlich lieben. Im Gegensatz zu anderen Zahlungsarten fallen für Sie keine Transaktionskosten an, da das Geschäft sozusagen direkt über die Bank abgewickelt wird. Sprich, es braucht kein Unternehmen »dazwischen«, das sich um die Verarbeitung der Zahlung kümmern muss. Dadurch sparen Sie als Shop-Betreiber eine Menge Geld, denn Transaktionskosten von 2–4 % sind keine Seltenheit. Auch haben Sie nicht das Problem, dass Zahlungen nachträglich platzen können, wenn die Ware bereits ausgeliefert ist. Bei der Zahlung per Vorkasse verlässt die Ware Ihr Lager erst dann, wenn ein Zahlungseingang verbucht werden konnte. Der Kunde hat nachträglich auch keine einfache Möglichkeit, das bereits überwiesene Geld zurückzuholen, was beispielsweise bei der Bezahlung per Kreditkarte oder Lastschrift wesentlich einfacher ist.

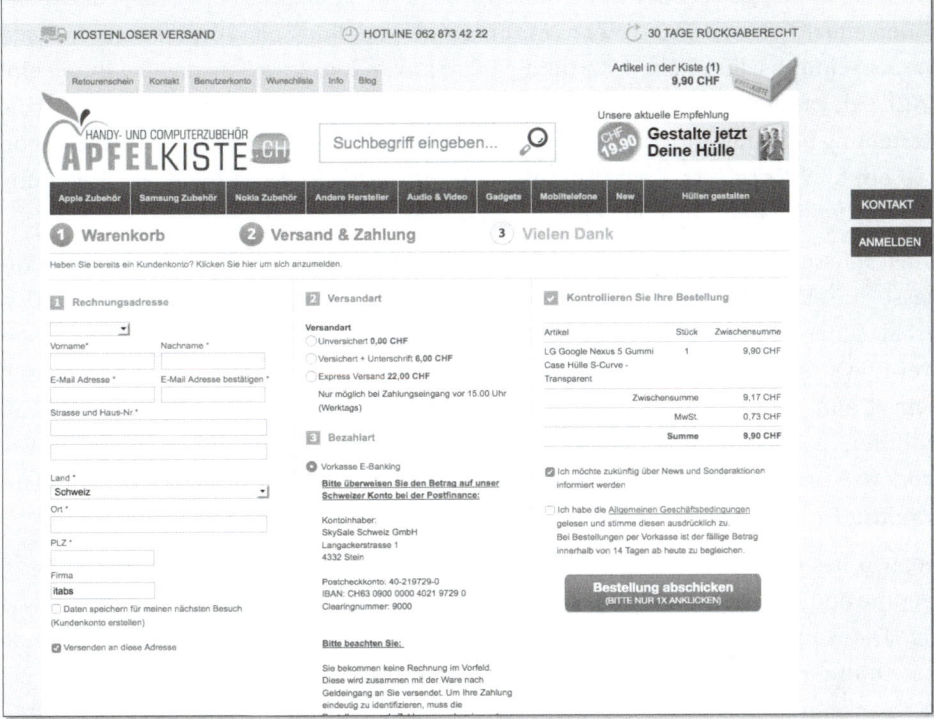

Abbildung 6.1 Die Zahlungsdaten werden im Online-Shop von »www.apfelkiste.ch« schon im Vorfeld kommuniziert

Auch können Sie sicher sein, dass Ihr Kunde über das für den Einkauf benötigte Geld verfügt, da er direkt in Vorleistung bei Ihnen geht. Für Sie als Shop-Betreiber ist diese Zahlungsart bist jetzt daher sehr interessant und eigentlich ideal. Leider beinhaltet die Vorkasse viele negative Aspekte für den Kunden, weswegen die Popularität dieser Zahlungsmethode kontinuierlich abnimmt.

Vorkasse – das sollten Sie wissen

Auch wenn praktisch jeder mit einem Bankkonto diese Zahlungsmethode nutzen kann, so ist vor allem die Bearbeitungsdauer, bis Sie als Shop-Betreiber das Geld haben, sehr lange, wodurch die Ware erst spät versendet werden kann. Haben Sie aber erst einmal den Zahlungseingang, so ist das Geld bei Ihnen sicher, und die Zahlung kann nicht mehr platzen.

Aus Sicht des Kunden hat die Vorkasse einen gewaltigen Nachteil: Die Bearbeitungs-dauer ist im Vergleich zu anderen Zahlungsmethoden mit Abstand die längste. Denn wenn Sie einen Einkauf per Vorkasse tätigen, müssen Sie, vorausgesetzt Sie verwen-den Online-Banking, mindestens zwei bis drei Tage warten, bis der Shop-Betreiber eine Zahlungseingang verbuchen kann. Das heißt, erst nach zwei bis drei Tagen kann die Ware das Lager verlassen und benötigt sicherlich nochmals zwei Tage, bis sie bei Ihnen eintrifft. Lösen Sie an einem Montag eine Bestellung per Vorkasse aus, müssen Sie also einiges Glück haben, damit die Ware am Freitag bzw. Samstag bei Ihnen ein-trifft. Oder anders formuliert: Sie müssen teilweise eine ganze Woche warten, bis die Bestellung bei Ihnen eintrifft. In Zeiten ungeduldiger Kunden ist das sicherlich schon fast ein K.-o.-Kriterium, denn Amazon zeigt uns, dass die Ware nach der Bestellung schon am nächsten Tag angeliefert werden kann.

Auch müssen Ihre Online-Shop-Besucher großes Vertrauen haben, um auf die Vor-kasse zu setzen. Der Besucher ist derjenige, der in Vorleistung geht und ohne den Erhalt einer Ware den kompletten Rechnungsbetrag auf ein fremdes Konto über-weist. Je nachdem, wie seriös Ihr Online-Shop wirkt, kann das schon problematisch sein. Denn gerade neue Online-Shops, die sich noch keine Reputation aufbauen konnten, haben im ersten Schritt mit einem Vertrauensproblem zu kämpfen. Die Vorkasse setzt daher Vertrauen voraus, je nach Online-Shop, Branche und Kunden-struktur kann dies aber gar nicht erfüllt werden.

Ebenso besteht bei Zahlungen per Vorkasse immer die Gefahr des Kaufabbruchs. Denn wenn der Bezahlvorgang durchlaufen wurde, ist die Zahlung noch nicht getä-tigt. Dies kann theoretisch erst Tage später passieren, nämlich dann, wenn der Kunde per Online-Banking die Überweisung vornimmt oder den Überweisungsschein bei der Bank einwirft. Und so ist es nicht selten, dass eine Zahlung und damit die Bestel-lung vergessen wird oder die Bequemlichkeit siegt und der Kunde es sich Tage später doch noch anders überlegt und die Zahlung nicht durchführt. Denn im Gegensatz zu anderen Zahlungsarten, bei denen im Bezahlvorgang direkt eine Zahlung ausgelöst wird, stellt die Vorkasse keine wirkliche Verbindlichkeit her.

Was bedeutet dies nun zusammengefasst für Sie als Shop-Betreiber? Eigentlich ist die Vorkasse bei Kunden unbeliebt, für Shop-Betreiber aber eine ideale Zahlungsme-thode. Wenn Sie daher auf diese Zahlungsmethode setzen möchten, müssen Sie diese für Ihre Kunden interessant gestalten und einen Vorteil anbieten, der die besagten Nachteile ausgleicht. Eine Möglichkeit besteht darin, bei der Nutzung von Vorkasse einen Rabatt von beispielsweise 3 % einzuräumen. Dadurch hat Ihr Kunde einen Vorteil, der Einkauf wird günstiger, und Sie haben den Vorteil der Vorkasse, nämlich fehlende Transaktionskosten und keine Gefahr, dass eine Zahlung rückabge-wickelt wird.

Steigern Sie die Attraktivität einer Zahlungsart durch einen Rabatt

Diese Vorgehensweise können Sie selbstverständlich nicht nur bei der Zahlung per Vorkasse anwenden: Wenn Sie als Shop-Betreiber möchten, dass Ihre Kunden eine bestimmte Zahlungsmethode verwenden, gegebenenfalls weil Sie bei dieser Zahlungsmethode die besten Konditionen haben, können Sie sie meist durch einen Rabatt lenken. »Schenken« Sie Ihren Kunden bei der Nutzung der von Ihnen präferierten Zahlungsmethode einfach ein paar Euro bzw. einen prozentualen Anteil des Warenkorbwertes, und schon werden Ihre Kunden verstärkt diese Zahlungsart bei den Einkäufen verwenden.

Basierend auf einer Studie von ibi research[1] wurde übrigens herausgefunden, dass Online-Shops, die nur die Vorkasse anbieten, auf Umsatzsteigerungen von über 750 % verzichten. Das liegt zum einen an der langen Bearbeitungszeit, die Vorkasse weist jedoch auch hohe Abbruchquoten auf. Für Sie als Shop-Betreiber kann daher die Zahlung per Vorkasse als ergänzende Zahlungsmethode interessant sein, Sie sollten sie aber auf keinen Fall als ausschließliche bzw. präferierte Zahlungsmethode ansehen. Denn hierzu gibt es mittlerweile einfach effizientere und unkompliziertere Alternativen, und das ist genau der Anspruch, den Ihre Online-Shop-Besucher haben: schnell, einfach und sicher zu bezahlen.

6.1.2   Rechnung

Ebenso wie die Vorkasse ist auch die Rechnung keine Erfindung des E-Commerce, sondern eine etablierte Zahlungsmethode, die wir auch schon von früher kennen. Dabei ist die Rechnung vor allem im B2B-Umfeld etabliert, im klassischen Privatkundengeschäft hängt es ganz stark von den Produkten, der Branche und der Zielgruppe ab, ob die Rechnung als Zahlungsverfahren angeboten wird.

Basierend auf der technischen Umsetzung gleicht die Zahlungsart Rechnung der Vorkasse doch sehr. Im Prinzip muss bei beiden Methoden Geld per Online-Banking bzw. über den Überweisungsschein auf das Konto des Online-Shop-Betreibers überwiesen werden. Einzig der Zeitpunkt der Überweisung unterscheidet beide Zahlungsarten. Gehen Online-Shop-Besucher bei der Vorkasse in Vorleistung, das heißt, erhalten die Ware erst nach erfolgreichem Zahlungseingang, erhalten sie bei der Zahlung per Rechnung zuerst die Ware und können anschließend bezahlen. Je nach Online-Shop haben sie dabei teilweise 30 Tage Zeit, um die Rechnung zu begleichen, und können zwischenzeitlich uneingeschränkt das bestellte Produkt nutzen. Da die Kunden die Ware erst nach Erhalt bezahlen müssen, sind im Bezahlvorgang Informationen zur Zahlung selbst nicht notwendig.

---

1 Detaillierte Ergebnisse der Studie sowie Informationen darüber, wie die Daten erfasst wurden, finden Sie unter: *www.ecommerce-leitfaden.de/erfolgsfaktor-payment-2013.html*.

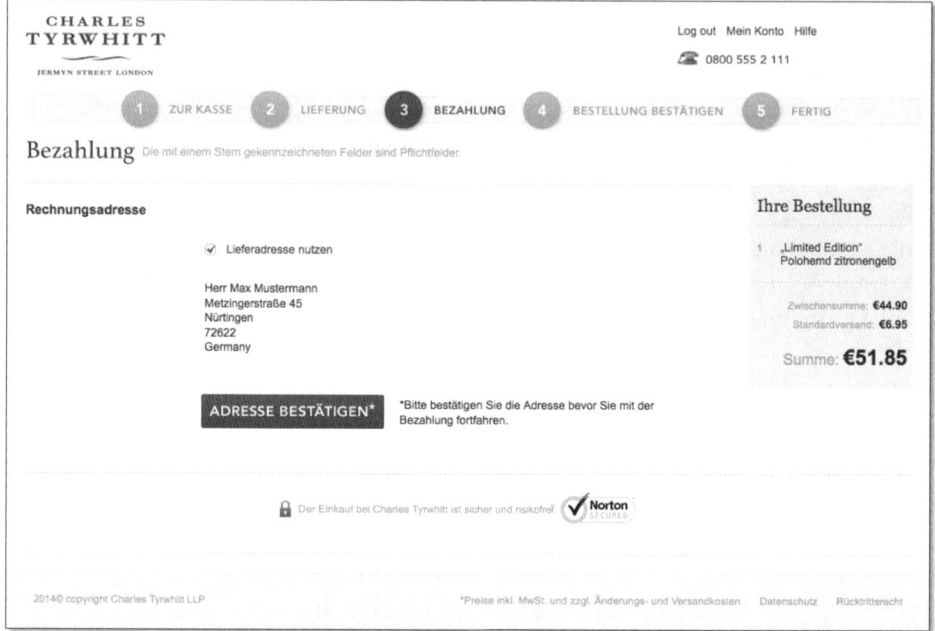

Abbildung 6.2 Bei der Zahlung per Rechnung müssen Sie keinerlei Zahlungsinformationen hinterlegen.

In der Regel wählen Sie im Bezahlvorgang einfach die Zahlungsmethode Rechnung sowie gegebenenfalls eine abweichende Rechnungsadresse aus, wie Sie in Abbildung 6.2 sehen. Wohin Sie das Geld überweisen müssen, bekommen Sie beim Erhalt der Ware auf der Rechnung mitgeteilt.

Als Online-Shop-Betreiber ist für Sie die Zahlungsart Rechnung mit einem gewissen Risiko verbunden. Nach Eingang der Bestellungen versenden Sie die Ware, haben aber keine Garantie, ob diese tatsächlich bezahlt werden kann. Im schlimmsten Fall bleiben Sie daher auf den Kosten zu 100 % sitzen und können recht wenig dagegen machen, wenn Ihr Kunde das Geld tatsächlich nicht hat und sich nicht nur weigert, die Ware zu bezahlen. Um dieses Problem ein wenig zu umgehen, können bzw. sollten Sie, bevor Sie Ihren Besuchern diese Zahlungsmethode anbieten, eine Bonitätsprüfung durchführen. Basierend auf der Bonitätsprüfung erhalten Sie vereinfacht gesagt die Wahrscheinlichkeit eines Zahlungsausfalls in Form eines Scoring-Wertes und können entscheiden, bis zur welcher Schwelle Sie den Versand per Rechnung erlauben möchten. Auch das ist leider keine exakte Wissenschaft, sondern hilft Ihnen nur dabei, das Risiko zu minimieren. Eine Bonitätsprüfung ist dabei mit laufenden Kosten verbunden, das heißt, die Zahlung per Rechnung erzeugt bei Ihnen als Shop-Betreiber Transaktionskosten, die Sie beispielweise bei der Vorkasse nicht haben. Alternativ hierzu können Sie die Zahlung über einen Payment-Provider wie PAYONE abwickeln. Dieser kümmert sich dann um das Risikomanagement und Inkasso, wofür aber wiederum Gebühren fällig werden. Wie hoch dabei für Sie die Transaktionskosten werden, lässt sich pauschal schwer beantworten. Denn diese hängen vom gewählten Payment-Provider, der Branche, den Produkten und Ihrer Zielgruppe ab. Idealerweise belaufen sich die Transaktionskosten im niedrigen bis mittleren einstelligen Prozentbereich, im Worst Case im hohen einstelligen Prozentbereich.

Für Online-Shop-Kunden hingegen ist die Rechnung das ideale Zahlungsmittel. Da sie zuerst die Ware erhalten und erst im Anschluss bezahlen müssen, stellt sich die Frage nach der Seriosität des Anbieters nicht, denn im schlimmsten Fall bekommen sie keine Ware geliefert, sind aber selbst nicht in Vorleistung gegangen. Ebenso ist die Rechnung immer mit einem Zahlungsziel von 7 bis 30 Tagen verbunden. Die Kunden können sich daher mit dem Bezahlen etwas Zeit lassen und haben nicht direkt einen Liquiditätsabfluss. Auch können sie mehr Produkte bestellen, als sie kurzfristig bezahlen können. Das bedeutet ganz konkret: Wenn Kunden in einem Online-Shop für Mode einkaufen, können sie problemlos T-Shirts, Jeans und Pullover in den unterschiedlichsten Größen bestellen und anprobieren, ohne dass sie gleich Tausende Euro vorstrecken müssen. Für einen Online-Shop-Besucher ist diese Zahlungsmethode also sehr bequem, noch dazu, da auch im Bezahlvorgang selbst keine Daten hinterlegt werden müssen.

> **Rechnung – das sollten Sie wissen**
>
> Es handelt sich aus Kundensicht um die angenehmste Zahlungsart, für Sie als Shop-Betreiber birgt sie aber ein großes Risiko. Denn Sie müssen erst einmal die Ware versenden und erhalten Tage später das Geld. Nutzen Sie bei dem Verkauf auf Rechnung immer ein Bonitäts-Scoring, um sich vor Zahlungsausfällen zu schützen.

Dementsprechend ist es auch wenig verwunderlich, dass viele Online-Shop-Besucher, wenn sie die Qual der Wahl haben, in der Regel auf die Rechnung als Zahlungsmethode setzen. Laut Studie des eCommerce-Leitfadens von ibi research ist die Rechnung mit 43 % die sympathischste Zahlungsmethode und zählt auch zu den am meisten genutzten und sichersten Zahlungsmethoden. Als Shop-Betreiber selbst haben Sie vor allem den Vorteil, dass die Abbruchquote bei der Rechnung sehr gering ist, aber auch den Nachteil, dass das Zahlungsausfallrisiko erhöht ist. Dementsprechend müssen Sie den Kauf per Rechnung absichern, entweder über eine simple Bonitätsprüfung oder einen Payment-Provider. Wenn Ihnen dabei die Transaktionskosten keinen Strich durch die Rechnung machen und Ihren Gewinn gefährlich schmälern, sollten Sie die Rechnung auf jeden Fall mit ins Portfolio aufnehmen.

Eine gute Alternative zur »klassischen« Rechnung stellen übrigens die Unternehmen Billsafe, Billpay und Klarna dar. Wie diese Zahlungsmethoden im Detail funktionieren, erfahren Sie in Abschnitt 6.1.10 bis Abschnitt 6.1.12.

6.1.3 Lastschrift

Die Zahlung per Lastschrift gehört zu den bekanntesten und beliebtesten Zahlungs-methoden im E-Commerce. So ist es nicht verwunderlich, dass im Rahmen der Pay-ment-Studie des eCommerce-Leitfadens diese Zahlungsmethode sowohl in Bezug auf Sympathie, Bekanntheit und Nutzung stets in der Top 5 vertreten ist.

Die technische Prozedur bei einer Zahlung per Lastschrift ist recht simpel. Innerhalb des Bezahlvorgangs muss der potenzielle Kunde seine Kontodaten hinterlegen, wie Sie in Abbildung 6.3 sehen.

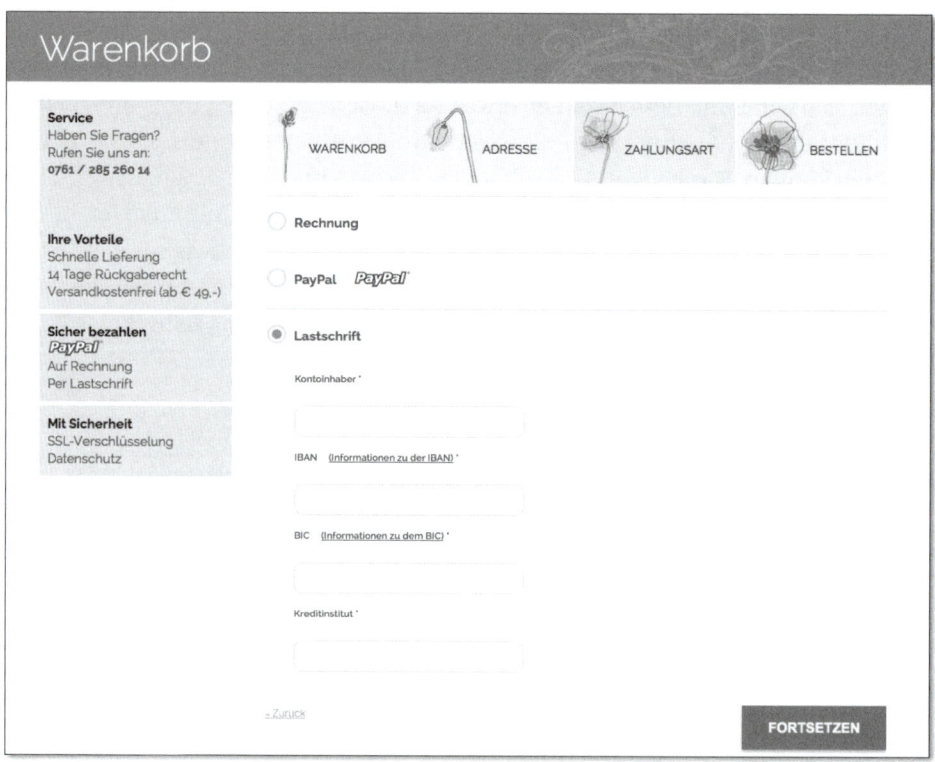

Abbildung 6.3 Für eine Bezahlung per Lastschrift sind nur ein paar wenige Informationen notwendig.

Durch die Eingabe der Kontodaten ermächtigt der Kunde nun den Online-Shop-Betreiber, das Geld bei seiner Bank einzuziehen. Dieser Schritt erfolgt dabei in der Regel aber nicht direkt im Bezahlvorgang, sondern erst nachgelagert, wenn die Bestellung aufgegeben wurde. Innerhalb des Bezahlvorgangs hat der potenzielle Kunde mit der Eingabe der Kontodaten alle relevanten Informationen mitgeteilt und kann anschließend die Bestellung abschließen. Der nun nachfolgende Prozess unter-scheidet sich, je nachdem, ob Sie einen Payment-Provider für die Abwicklung von Lastschriftzahlungen nutzen oder ob Sie dies selbst übernehmen. Vorausgesetzt, Sie nutzen einen Payment-Provider, müssen Sie als Shop-Betreiber nun in der Regel nichts mehr unternehmen. Das Geld wird dem Kunden automatisch von seinem Konto abgebucht und Ihnen gutgeschrieben. Nutzen Sie hingegen keinen Payment-Provider, müssen Sie sich selbst um den Einzug des offenen Betrags kümmern. Im einfachsten Fall können Sie dies direkt über das Webinterface Ihrer Bank erledigen. Abhängig von der Anzahl der Bestellungen ist dies jedoch ein sehr zeitintensiver Job, der darüber hinaus auch fehleranfällig ist. Denn ein Zahlendreher in einer Abbuchung schleicht sich schneller ein, als Sie denken, und wirkt gegenüber Ihren Kunden stets unseriös, denn beim Geld hört die Freundschaft auf. Abbuchungsfehler werfen stets ein schlechtes Licht auf Ihren Online-Shop.

Deswegen gibt es mittlerweile bei einigen Online-Shop-Lösungen die Möglichkeit, Bestellungen im DTA- bzw. DTAUS-Format[2] zu exportieren. Die anschließend generierte Exportdatei können Sie bei Ihrer Bank, beispielsweise über das Online-Banking-Interface, importieren. Daraufhin erfolgt die Abbuchung ohne weitere Eingabe von Daten. Beachten Sie bei der Lastschrift die Einführung des SEPA-Lastschriftverfahrens. Für neue Online-Shop-Betreiber, die erst jetzt starten, dürfte das weniger ein Problem sein als für diejenigen Shop-Betreiber, die bereits das »klassische« Lastschriftverfahren angeboten haben. Mit der Einführung der SEPA-Lastschrift ändern sich ein paar Dinge, die wichtigsten im Überblick[3]:

▶ Es gelten zwei Verfahren: die SEPA-Basislastschrift und die SEPA-Firmenlastschrift.

▶ Angabe von IBAN und BIC statt Kontonummer und Bankleitzahl

▶ Exaktes Fälligkeitsdatum für die Kontobelastung im Gegensatz zur nationalen Lastschrift

▶ Erstattungsanspruch bis zu 8 Wochen ab Belastung – ohne Angabe von Gründen! Bei der SEPA-Firmen-Lastschrift entfällt dieser Erstattungsanspruch

▶ SEPA-Lastschriftmandat für den Einzug erforderlich

▶ Gläubiger-Identifikationsnummer des Einreichers und die Mandatsreferenz erhöhen die Transparenz

▶ Einreicher können Lastschrift nicht mehr direkt einziehen, sondern müssen unter Berücksichtigung einer Vorlaufzeit – abhängig vom Status des SEPA-Lastschriftmandats – eingereicht werden

▶ Verwendungszweck reduziert sich auf 140 Zeichen

Für Sie als Shop-Betreiber ist der größte Unterschied im Vergleich zur klassischen Lastschrift sicherlich das Mandat. Sie müssen Ihre Kunden initial über die Lastschrift

---

2 Weitere Informationen zum DTA- bzw. DTAUS-Format finden Sie unter: *http://de.wikipedia.org/ wiki/Datentr%C3%A4geraustauschverfahren*.

3 Quelle: *www.starmoney.de/index.php?id=sepa-lastschrift*

und eine entsprechende Mandatsnummer informieren. Der Lastschrifteinzug erfolgt anschließend mit einer Vorlaufzeit von einigen Tagen.

Als Shop-Betreiber ist für Sie die Zahlung per Lastschrift, auch wenn diese auf den ersten Blick nicht ersichtlich sind, mit Risiken verbunden. Denn durch die bloße Eingabe der Kontoverbindung kann nicht geprüft werden, ob Ihr Kunde tatsächlich das
benötigte Geld besitzt oder nicht. Sie können den Lastschriftauftrag ausführen. Sollte
die benötigte Liquidität nicht vorhanden sein, erfolgt eine Rückbelastung aber erst
Tage später. Normalerweise ist dann die Ware bereits ausgeliefert oder sogar schon
bei Ihrem Kunden. Durch die Rückbelastung entstehen Ihnen als Shop-Betreiber
darüber hinaus weitere Kosten, die Sie anschließend auf Ihren Kunden umlegen
müssen. Aus diesem Grund ist es für Sie als Shop-Betreiber auch beim Lastschriftverfahren zu empfehlen eine Plausibilitäts- bzw. Bonitätsprüfung im Vorfeld durchzuführen. Hier reicht es im ersten Schritt einfach zu prüfen, ob die im Bezahlvorgang
hinterlegte Adresse tatsächlich existiert. Diese Prüfung ist nicht ungewöhnlich, wie
Sie in Abbildung 6.4 sehen können, denn bei Sport Scheck erfolgt vor der Auswahl der
Zahlungsmethode eine entsprechende Plausibilitätsprüfung.

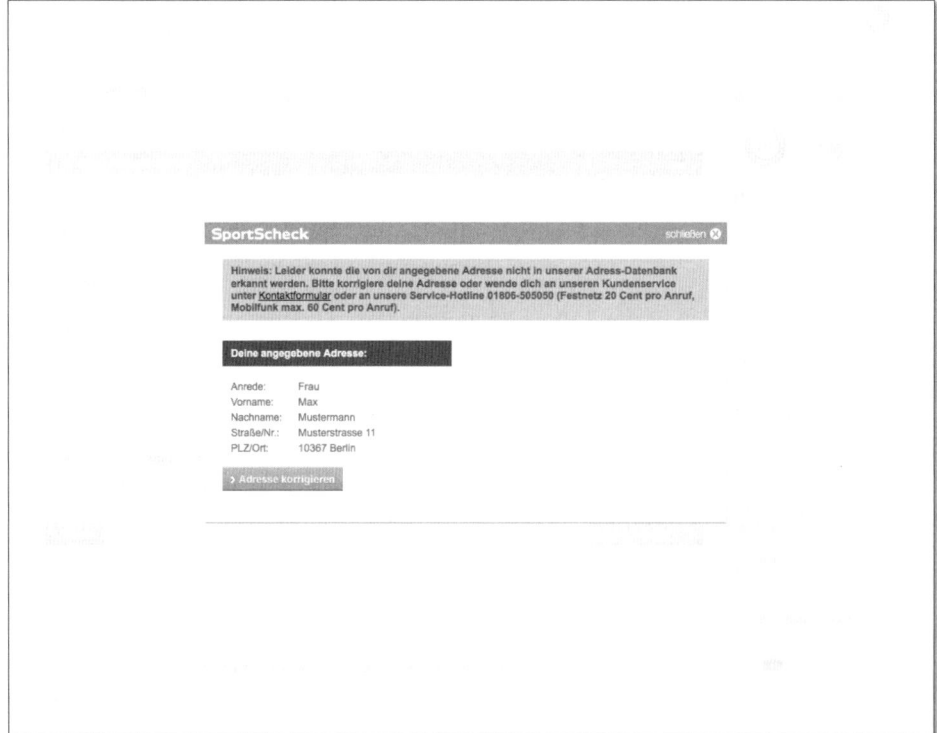

Abbildung 6.4 Ohne eine korrekte Adresse wird der Check-out-Vorgang nicht fortgesetzt.

Was in der Theorie nun so wunderbar klingt, ist jedoch in der Praxis mit Vorsicht zu genießen. Was geschieht, wenn keine Informationen über den Besucher vorliegen und ein Matching zwischen Name und Anschrift nicht möglich ist? Im Zweifelsfall würde der Besucher den Einkauf nicht durchführen können. Ein ähnliches Phänomen haben Sie bei der Wahl eines Dienstleisters mit schlechter Datenqualität. Denn wenn keine Daten vorliegen, kann letztendlich die Validierung kein positives Ergebnis liefern. Dieser Faktor muss bei der Entscheidung, ob eine Validierung integriert wird oder nicht, definitiv berücksichtigt werden. Denn es wäre ärgerlich, wenn Sie eine Menge an Kunden verlieren bzw. nicht gewinnen, nur weil Adressdaten nicht richtig geprüft werden können bzw. vorliegen.

Die Plausibilitätsprüfung schützt natürlich nicht allein vor einer geplatzten Lastschrift, reduziert aber das Risiko. Und im E-Commerce können Sie grundsätzlich nichts anderes tun, als das Zahlungsausfallrisiko zu minimieren, denn ausschließen können Sie es so gut wie nie. Nachgelagert können Sie, sofern die Adresse als korrekt validiert wurde, eine Bonitätsprüfung durchführen und erst danach eine Zahlung per Lastschrift anbieten – ein weiterer Schritt, der das Zahlungsausfallrisiko minimiert, aber nicht eliminiert.

Neben dem Zahlungsausfall aufgrund mangelnder Liquidität sind im Übrigen Lastschriftzahlungen recht schnell rückgängig zu machen. Die meisten Banken bieten im Online-Banking-Webinterface die Möglichkeit, einen Lastschrifteinzug per Knopfdruck zu widerrufen. Möchte der Kunde daher aus bestimmten Gründen wieder an sein Geld, ist dies recht einfach möglich. Wie Sie in Abbildung 6.5 sehen, ist es beispielsweise bei der comdirect Bank problemlos möglich, mit zwei bis drei Klicks einer Lastschrift zu widersprechen. Als Shop-Betreiber fallen anschließend für Sie Bearbeitungskosten an, und Sie müssen sich mit Ihrem Kunden auseinandersetzen.

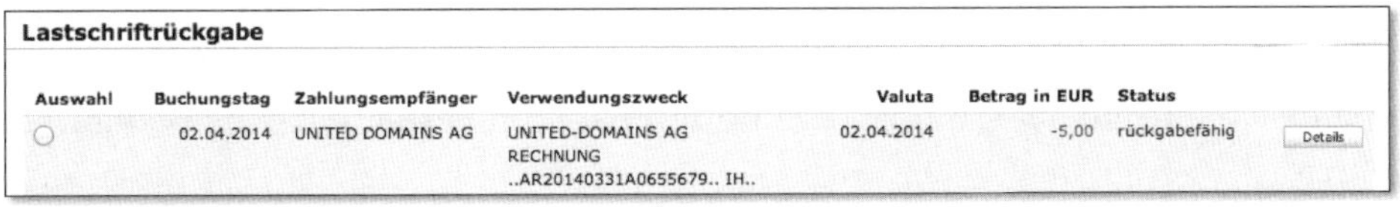

Lastschriftrückgabe							
Auswahl	Buchungstag	Zahlungsempfänger	Verwendungszweck	Valuta	Betrag in EUR	Status	
○	02.04.2014	UNITED DOMAINS AG	UNITED-DOMAINS AG RECHNUNG ..AR20140331A0655679.. IH..	02.04.2014	-5,00	rückgabefähig	Details

Abbildung 6.5 Einer Lastschrift ist in der Regel bei allen gängigen Banken mit wenigen Klicks widersprochen.

Lastschrift – das sollten Sie wissen

Diese Zahlungsart kann praktisch von jeder Person mit Bankkonto genutzt werden. Nach Eingabe der Daten können Sie als Shop-Betreiber die Ware versenden. Auch wenn eine Lastschrift platzen kann, handelt es sich um eine beliebte Zahlungsart bei Shop-Betreibern, aber auch bei Kunden. Ein großer Vorteil für Sie: keine Transaktionskosten und eine hohe Akzeptanz bei Ihren Kunden.

Vorsicht beim Ausschluss von Zahlungsmethoden aufgrund Bonität

Auch wenn Bonitätsprüfungen ihre Berechtigung haben und Kunden diesen auch zustimmen müssen, hinterlässt es immer einen faden Beigeschmack, wenn ein Kunde im Bezahlvorgang eine der beworbenen Zahlungsmethoden nicht nutzen kann, da Sie als Shop-Betreiber aufgrund der Bonität diese nicht anbieten. Denn auch eine Bonitätsabfrage muss nicht immer zu 100 % stimmen, und technische Probleme können zu einer Ablehnung führen. Manchen Kunden stößt diese Ablehnung entsprechend sauer auf, denn Sie sagen dem Kunden nichts anderes als: »Lieber Kunde, du hast leider nicht genug Geld, um bei mir einzukaufen.« Auch wenn dies inhaltlich stimmen kann, muss es immer Ihr Ziel als Shop-Betreiber sein, diese harte Botschaft möglichst charmant und höflich zu verpacken.

Aus Sicht der Online-Shop-Besucher ist die Lastschrift, wie eingangs bereits erwähnt, eine bekannte und populäre Zahlungsart, die gerne genutzt wird. Einzig beim Thema Sicherheit erhält die Lastschrift keine Spitzenposition im Kundenranking, denn objektiv betrachtet wissen Sie nicht, wie sicher die Daten im Shop gespeichert und verarbeitet werden. Dementsprechend ist es zu empfehlen, im Bezahlvorgang speziell bei der Lastschrift besonders auf das Thema Datensicherheit zu verweisen. Ansonsten ist die Lastschrift gerade deswegen so beliebt, weil sie für den Kunden die bequemste und einfachste Bezahlmethode ist, die gerade in Deutschland seit Jahrzehnten existiert und etabliert ist.

Für Sie als Shop-Betreiber ist es aufgrund der Popularität stets sinnvoll, die Zahlung per Lastschrift zu akzeptieren, auch wenn Sie sich Gedanken um die Prüfung der Bonität bzw. Plausibilität machen sollten, um das Zahlungsausfallrisiko zu minimieren. Abhängig von der Nutzung eines Payment-Providers und der Bonitätsprüfung errechnen sich schlussendlich die Transaktionskosten. Wickeln Sie die Zahlungen selbst ab, liegen diese je nach Bank und Konto im niedrigen Cent-Bereich. Nutzen Sie einen Payment-Provider, müssen Sie prozentual vom Bestellwert eine Gebühr abführen.

6.1.4   Kreditkarte

Ob American Express, Visa oder Mastercard – Kreditkarten haben in den letzten Jahren immer mehr an Bedeutung gewonnen. Die vor allem in den USA beliebten Kreditkarten gewinnen auch im deutschen Markt konstant an Bedeutung, und als Online-Shop-Betreiber müssen Sie sich die Frage stellen, ob diese Zahlungsmethode nicht auch für Ihren Online-Shop interessant ist.

Der Zahlungsprozess ist bei der Kreditkartenzahlung recht einfach gehalten. Innerhalb des Bezahlvorgangs müssen die Online-Shop-Kunden neben der Kreditkartennummer den Inhaber, das Ablaufdatum und die Prüfnummer eingeben, welche sich in der Regel auf der Rückseite der Kreditkarte befindet. Die notwendigen Eingabefelder sehen Sie in Abbildung 6.6, exemplarisch am Online-Shop von Seidenland.

Abbildung 6.6 Eine Zahlung per Kreditkarte ist schnell und einfach.

In diesem Moment findet anschließend ein direkter Datenaustausch mit dem Kreditkarteninstitut statt. Hier wird nun geprüft, ob das Ablaufdatum und die Prüfnummer korrekt sind und die Kreditkarte mit dem Rechnungsbetrag belastet werden kann. Dies ist der große Unterschied zu den bereits thematisierten Zahlungsarten Lastschrift, Vorkasse oder Rechnung. Ist der Kunde im Bezahlvorgang und hinterlegt hier seine Kreditkartendaten, werden alle relevanten Prüfungen wie Liquidität und Richtigkeit der Daten direkt durchgeführt. Handelt es sich bei der Kreditkarte um eine Visa oder MasterCard und hat der Kunde 3D Secure bei seinem Payment-Provider aktiviert, erfolgt nach der Eingabe der oben genannten Daten ein weiterer Prüfmechanismus, bei dem er ein selbst definiertes Kennwort eingeben muss. Diesen zusätzlichen Prüfmechanismus sehen Sie in Abbildung 6.7. Das Kennwort, welches nur dem Kunden bekannt sein sollte, authentifiziert ihn definitiv als Karteninhaber. Denn sollte seine Kreditkarte gestohlen werden, könnten theoretisch problemlos Zahlungen durchgeführt werden, denn alle relevanten Daten sind auf der Kreditkarte hinterlegt. Durch die 3D-Secure-Prüfung wird aber ein nur dem Kunden bekanntes Kennwort abgefragt. Aufgrund der Tatsache, dass alle für eine Kreditkartenzahlung notwendigen Informationen auf der Kreditkarte hinterlegt sind, gehen auch immer mehr Kreditkarteninstitute, wie beispielsweise American Express, dazu über, eine PIN zu vergeben, die auch bei Zahlungen im stationären Handel eingegeben werden muss.

Spätestens mit Eingabe des 3D-Secure-Codes wird der Zahlungsprozess für den Kunden abgeschlossen.

Abbildung 6.7 Wenn 3D Secure aktiviert ist, wird ein zusätzlicher Code abgefragt.

Wie bei den bisher vorgestellten Zahlungsmethoden auch gibt es für Shop-Betreiber und Shop-Kunden Vor- und Nachteile bei dieser Zahlungsart. Als Online-Shop-Betreiber sind Sie zwingend darauf angewiesen, einen Payment-Provider zu nutzen. Auch wenn es beispielsweise in Magento die Möglichkeit gibt, Kreditkartendaten im Online-Shop selbst zu speichern, ist das ein enormes Sicherheitsrisiko und erschwert Ihnen zusätzlich die Abwicklung, denn irgendwie muss das Geld von der Kreditkarte eingezogen und auf Ihr Konto transferiert werden. Um diese ganzen Probleme zu umgehen, müssen Sie daher einen Payment-Provider integrieren, der pro Transaktion ein paar Prozent verdient. Dafür kümmert er sich aber schlussendlich um die gesamte Abwicklung, und Sie haben keinen weiteren Aufwand.

Als Shop-Betreiber haben Sie den großen Vorteil, dass die Zahlungsdaten im Bezahlvorgang direkt geprüft werden und nur eingekauft werden kann, wenn die Kreditkarte tatsächlich belastet werden kann. Das heißt, es kann nur eingekauft werden, sofern beim Kunden Geld vorhanden ist.[4] Durch die 3D-Secure-Prüfung, die mittlerweile bei allen Payment-Providern und Banken aktiviert wird, wird darüber hinaus die Identität und Rechtmäßigkeit des Einkaufs sichergestellt. Denn hierfür ist der persönliche Schlüssel notwendig, den nur der Einkäufer kennt. Wie auch bei der Lastschrift kann eine Abbuchung jedoch relativ schnell rückgängig gemacht werden. Über das Webinterface der Bank bzw. des Kreditkartenanbieters ist mit wenigen Klicks ein Widerruf möglich, wodurch die Situation entstehen kann, dass die Ware ausgeliefert, aber nicht bezahlt ist.

---

4 Eine kleine Anmerkung hierzu: Auch bei der Kreditkarte gibt es keinen 100%igen Schutz vor einem Zahlungsausfall.

> **Kreditkarte – das sollten Sie wissen**
>
> Die Kreditkarte ist vor allem bei »älteren« und ausländischen Käufern ein beliebtes Zahlungsmittel. Für Sie als Shop-Betreiber fallen zwar Transaktionskosten an, dafür haben Sie das Geld im ersten Schritt sicher und können die Ware direkt nach dem Einkauf ausliefern. Es ist also gerade eine perfekte Zahlungsart, wenn Ware schnell bezahlt und versendet werden muss.

Kunden bzw. Online-Shop-Besucher stehen der Kreditkarte positiv gegenüber, denn wie der Name schon impliziert, wird ein Kredit gewährt. In der Regel wird die Kreditkarte alle 30 Tage beglichen. Solange kann man als Kunde ungestört einkaufen und muss sich um die Bezahlung der Rechnungen keine Gedanken machen. Das ist natürlich Fluch und Segen zugleich, denn da keine direkte Belastung des Girokontos erfolgt, ist es nicht unüblich, dass über Maß eingekauft wird. Als Online-Shop-Betreiber kann Ihnen diese Tatsche aber eigentlich egal sein, und Kunden sehen es als Pluspunkt an. Darüber hinaus ist die einfache und unkomplizierte Bezahlung ein Vorteil, denn der Bezahlvorgang kann schnell durchlaufen werden, die Ware wird anschließend direkt versendet, und der Online-Shop-Betreiber kommt zeitnah an den ausstehenden Geldbetrag. Aufgrund der Sicherheitsmechanismen wird die Zahlung grundsätzlich als sicher angesehen, auch wenn der Online-Shop, in dem eingekauft wird, über keine große Reputation verfügt. Die Zahlung ist also sicher, die Abbruchquoten sind gering.

Zusammengefasst bedeutet dies für Sie als Shop-Betreiber: Die Kreditkartenzahlung bietet sowohl für Händler wie auch für Kunden Vorteile, erzeugt jedoch Transaktionskosten, die bei der Preiskalkulation berücksichtigt werden müssen.

6.1.5 PayPal

Streng genommen ist *PayPal* keine Zahlungsart, sondern ein sogenannter Payment-Provider, denn PayPal selbst kümmert sich ausschließlich um die Zahlungsabwicklung und nutzt hierfür bekannte Zahlungsarten wie Lastschrift oder Kreditkarte. Dennoch wird PayPal gerne mit einer Zahlungsart assoziiert, da es eine Art Schicht zwischen dem Online-Shop und den hinterlegten Zahlungsarten bildet. PayPal ist mit seinem Service dabei äußerst populär und darf von Ihnen als Shop-Betreiber keinesfalls unterschätzt werden. Mittlerweile kommt PayPal in Deutschland auf einen Marktanteil von knapp 20 %, wobei dieser sehr stark nach Branche, Zielgruppe und Produkte variiert. Erfahrungsgemäß ist es nicht unüblich, wenn 35–50 % der Bestellungen über PayPal bezahlt werden.[5] PayPal daher als »Modeerscheinung« abzutun, die nur für junge Leute interessant ist, ist äußerst gefährlich.

---

5 Siehe hierzu: *www.internetworld.de/e-commerce/payment/rechnung-deutlich-nase-vorn-467927.html*

Lassen Sie uns nun aber zum besseren Verständnis einmal im Detail betrachten, wie PayPal funktioniert und worin genau die Vor- und Nachteile bestehen.

Auch bei PayPal bezahlen Sie per Kreditkarte, Lastschrift oder Überweisung

PayPal verwaltet letztendlich ein »eigenes« Guthaben wie auf einem Girokonto, das einbezahlt oder eingezogen werden muss. PayPal akzeptiert dabei die Einzahlung per Überweisung, oder die Abbuchung via Lastschrift oder Kreditkarte. Für die Nutzung von PayPal müssen Ihre Kunden daher über mindestens eine der aufgezählten Zahlungsarten verfügen.

PayPal Standard

Zuallererst müssen Sie wissen, dass es bei der Integration von PayPal zwei Varianten gibt. Neben *PayPal Standard* existiert PayPal Express, wobei wir uns zunächst ersterer Variante widmen. PayPal integriert sich nahtlos in den Bezahlvorgang, weswegen Sie bei der Auswahl der Zahlungsart auch PayPal auswählen können. Da PayPal bei den Zahlungsarten auftritt, liegt die Assoziation mit einer Zahlungsweise nahe. Im Bestellvorgang selbst werden keine weiteren Daten und Informationen hinsichtlich der Bezahlung abgefragt, weswegen der Zahlungsprozess mit PayPal recht schnell durchlaufen werden kann. Gibt der Kunde, sagen wir als Beispiel Sie, die Bestellung tatsächlich auf, ist der Bezahlvorgang jedoch im Vergleich zur Rechnung oder Vorkasse nicht abgeschlossen. Denn nach der Bestätigung der Bestellung im Online-Shop werden Sie zur PayPal-Website weitergeleitet. Auf dieser Seite müssen Sie sich anschließend mit Ihren PayPal-Zugangsdaten anmelden. Die Anmeldemaske sehen Sie dabei in Abbildung 6.8.

Besitzen Sie noch kein PayPal-Konto, können Sie sich alternativ auch zuerst ein Konto anlegen. Wenn Sie bereits über ein registriertes Konto verfügen, melden Sie sich im nächsten Schritt an. PayPal wird Sie anschließend unter anderem nach der Zahlungsmethoden fragen. Sie werden sich nun fragen, was es mit der Zahlungsmethode auf sich hat, denn eigentlich kaufen Sie doch gerade mit der Zahlungsmethode PayPal ein. PayPal selbst stellt nur eine Art Konto dar, auf das Sie Geld einzahlen bzw. von dem Sie es abheben können. Es ist also nichts anderes als ein »Geldverwahrungssystem«, wie beispielsweise ein Girokonto. Aber wie auch bei einem Girokonto muss zuerst Geld einbezahlt werden. Und hier liegt der große Vorteil von PayPal, denn Sie haben eine große Auswahl an Zahlungsmethoden, unter denen Sie wählen können, um Geld auf Ihr PayPal-Konto einzuzahlen – Zahlungsmethoden, die der Online-Shop, bei dem Sie gerade einkaufen, vielleicht gar nicht bietet.

Angenommen, Sie haben bei PayPal die Zahlungsmethode Lastschrift ausgewählt und bezahlen nun im Check-out-Prozess mit PayPal, passiert nichts anderes, als dass PayPal die Zahlung an den Shop-Betreiber sendet und von Ihrem Girokonto per Lastschrift abbucht. PayPal ist sozusagen der Mittelsmann, der Geld von A nach B transferiert und ein Auge darauf hat, dass hierbei nichts schiefgeht. Hat alles geklappt, werden Sie als Shop-Besucher anschließend wieder auf den Online-Shop, von dem Sie kommen, zurückgeleitet, und die Bestellung wird anschließend als erfolgreich gekennzeichnet. Der Shop-Betreiber hat nun das Geld erhalten und kann die bestellte Ware direkt in den Versand geben. Der Bezahlvorgang ist, wie Sie in diesem Beispiel gesehen haben, unkompliziert und äußerst schnell abgeschlossen.

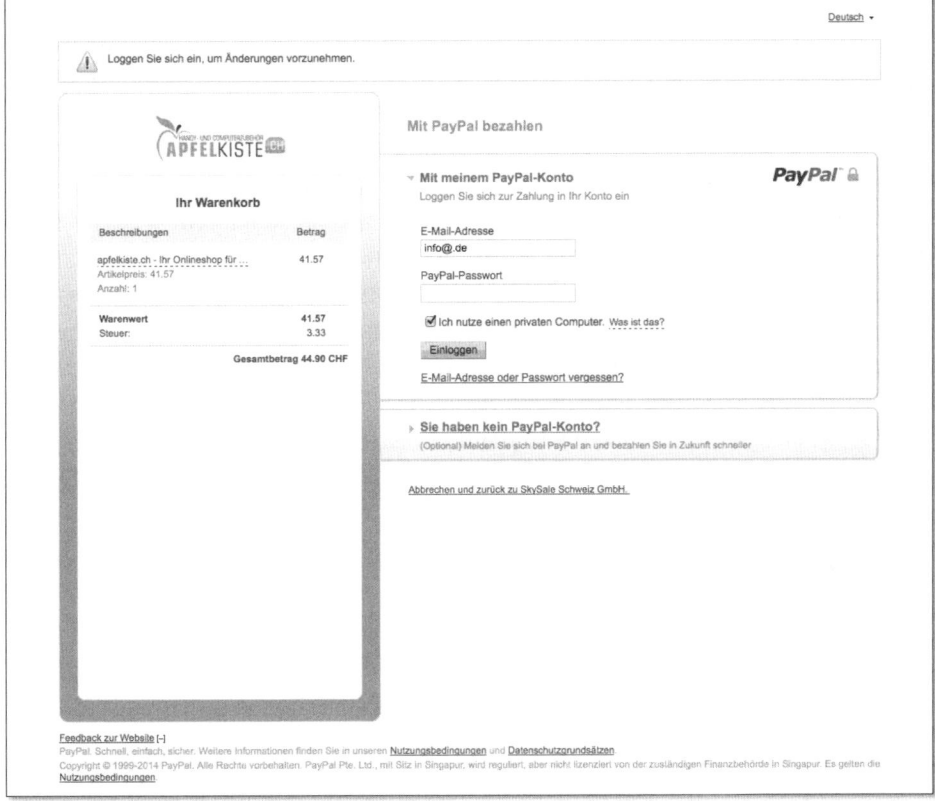

Abbildung 6.8 PayPal bietet die Möglichkeit zur Registrierung oder zum Login.

PayPal Express

Im Gegensatz zu dieser klassischen PayPal-Integration existiert darüber hinaus eine alternative Integration namens *PayPal Express*. Das Ergebnis ist bei PayPal Express schlussendlich dasselbe wie bei der klassischen PayPal-Integration. Es unterscheidet sich ausschließlich der Weg, sprich Prozess, wie die Zahlung durchgeführt wird. Lassen Sie uns daher den PayPal-Express-Prozess im Detail durchgehen.

Wie im vorherigen Beispiel befinden Sie sich in einem Online-Shop und haben Artikel im Warenkorb. Bei PayPal Express können Sie nun direkt aus dem Warenkorb, je nach Implementierung auch direkt von der Produktansicht, zu PayPal springen und müssen nicht erst durch den Check-out-Prozess im Online-Shop gehen. Das heißt, Sie sehen im Warenkorb neben der Auflistung Ihrer Artikel einen PayPal-Express-Button und können durch einen Klick auf diesen Button direkt zu PayPal. Sie verlagern also den gesamten Check-out-Prozess zu PayPal, und wählen auch dort Ihre Liefer- bzw. Rechnungsadresse und bestätigen den Einkauf. Anschließend werden Sie wieder in den Shop geleitet, in dem Sie gerade als Kunde einkaufen, bestätigen hier die AGB sowie den Einkauf.

Da es sich bei der PayPal-Express-Integration um eine API-Schnittstellenintegration handelt, können Sie als Shop-Betreiber diesen Prozess in Ihrem Online-Shop auch beliebig modifizieren, da Sie den Ort der Datenübermittlung selbst bestimmen können. Der große Unterschied zur »klassischen« PayPal-Integration liegt vor allem in der Technik begründet. Denn bei der »klassischen« PayPal-Integration wird nach dem Einkauf nichts weiter als ein unsichtbares Formular mit Bestelldaten zu PayPal übersendet. Es muss also eine Seite geben, die den Kunden zu PayPal weiterleitet, denn genau diese Seite enthält alle Bestell- und Zahlungsdaten, die an PayPal übermittelt werden müssen. Bei PayPal Express läuft die Kommunikation jedoch über eine API. Das erhöht zusätzlich die Sicherheit, bietet aber auch umfangreichere Möglichkeiten bei der Integration. Speziell aufgrund des Sicherheitsaspekts versucht PayPal momentan, die Shop-Betreiber auf die PayPal-Express-Integration zu migrieren.

Gemeinsamkeiten

Ungeachtet der Integrationsvariante müssen Sie sich als Shop-Betreiber die berechtigte Frage stellen, worin der große Vorteil von PayPal besteht. Denn schlussendlich fallen für den Geldtransfer Transaktionskosten an, und PayPal macht nichts anderes, als Geld zu vermitteln. Vorteile in der Nutzung von PayPal bestehen sowohl für Shop-Betreiber wie auch für Shop-Kunden. Als Shop-Betreiber haben Sie den großen Vorteil, dass Sie weniger Zahlungsarten direkt anbinden müssen. Denn PayPal akzeptiert sowohl Einzahlungen per Lastschrift, Überweisung wie auch Kreditkarte. Diese drei Zahlungsarten sind über PayPal abgedeckt, Sie müssten diese im Shop selbst gar nicht mehr integrieren. Das kann Ihnen gegebenenfalls Kosten sparen. Auch erfolgt der Geldtransfer umgehend, das heißt, sobald eine Zahlung per PayPal ausgelöst wird, ist diese Ihrem PayPal-Konto gutgeschrieben. Sie müssen also nicht erneut prüfen, ob die Liquidität tatsächlich vorhanden ist, PayPal übernimmt dies für Sie. Aufgrund des direkten Geldtransfers können Sie die Ware direkt versenden. Dementsprechend ist PayPal speziell beim Einkauf digitaler Inhalte beliebt, denn sobald der Zahlungsprozess abgeschlossen ist, kann die Ware direkt bezogen werden. Die Prozessdauer von Einkauf bis Auslieferung ist also sehr kurz. PayPal ist darüber hinaus äußerst bekannt, in den meisten Online-Shops ist das PayPal-Logo integriert. Dadurch wird die Zahlungsart als sicher angesehen.

PayPal – das sollten Sie wissen

Die Zahlungsmethode ist vor allem für internationale Kunden bzw. Käufe interessant, denn sie funktioniert erst einmal in jedem Land. Als Shop-Betreiber haben Sie darüber hinaus direkt das Geld sicher, können die Ware direkt versenden und haben durch die Popularität und Bekanntheit von PayPal eine Zahlungsmethode, die von vielen Kunden als sicher und vertrauenswürdig angesehen wird.

Als Online-Shop-Kunde bietet PayPal für Sie ebenfalls Vorteile. Gerade wenn Sie den Online-Shop-Betreiber nicht kennen, müssen Sie keine sensiblen Informationen wie Kreditkartendaten oder die eigene Kontoverbindung preisgeben. Sie müssen sich nicht einmal im Online-Shop selbst mit Ihrem PayPal-Konto anmelden, sondern tun dies immer direkt auf der PayPal-Seite. Ebenso haben Sie mehrere Möglichkeiten, Geld einzubezahlen, und sind dadurch flexibel.

6.1.6   Sofortüberweisung

Der Name impliziert schon den Nutzen der Zahlungsart. Im Gegensatz zur klassischen Überweisung, ist bei *Sofortüberweisung* das Geld sofort überwiesen und landet direkt beim Händler. Laut einer Umfrage im eCommerce-Leitfaden leidet diese Zahlungsmethode aber unter einer gewissen Ablehnung. Auf die Frage, was Sie als Shop-Besucher tun würden, wenn ein Händler nur die Bezahlung per Sofortüberweisung und Vorkasse anbietet, haben 67 % geantwortet, Sie würden den Shop direkt verlassen. 25 % würden per Sofortüberweisung bezahlen und 9 % per Vorkasse. Es sind also nicht die besten Voraussetzungen für diese Zahlungsmethode, lassen Sie uns diese aber im Detail ansehen, damit Sie sich selbst ein Bild machen können (siehe Abbildung 6.9).

Wenn Sie in einem Online-Shop Sofortüberweisung als Zahlungsmethode auswählen, wird in diesem Moment ein »Mittelsmann« zwischen den Online-Shop und die Bank geschaltet. Nachdem Sie den Einkauf bestätigt haben, werden Sie daher auf die Seite von Sofortüberweisung geleitet und müssen dort die Bankleitzahl eingeben und sich daraufhin mit den Zugangsdaten Ihres Online-Banking-Accounts anmelden. Ihre Bank sendet Ihnen anschließend per SMS einen TAN-Code zu bzw. fragt nach einem entsprechenden TAN-Code, den Sie bestätigen müssen. Anschließend ist die Transaktion abgeschlossen, und Sie werden wieder zu dem Online-Shop weitergeleitet, in dem Sie eine Bestellung tätigen möchten. Der Einkauf ist nun abgeschlossen.

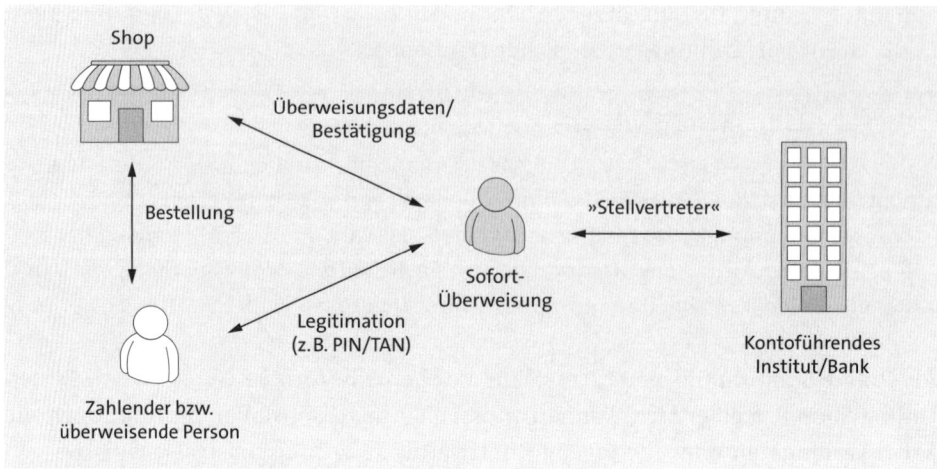

Abbildung 6.9 Funktionsprinzip von Sofortüberweisung[6]

Sofortüberweisung – das sollten Sie wissen

Die Sofortüberweisung ist eine interessante Alternative zur Vorkasse, denn die Funktionsweise gleicht einer Überweisung, jedoch erhalten Sie als Shop-Betreiber direkt einen Zahlungseingang und können die Ware umgehend versenden. Als »Weiterentwicklung« der klassischen Überweisung sollten Sie diese Zahlungsmethode einmal genauer auf Sinnhaftigkeit prüfen.

Der Vorteil für Sie als Shop-Betreiber liegt auf der Hand. Da Sie eine direkte Zahlungsbestätigung von Sofortüberweisung erhalten, können Sie beispielsweise Downloads direkt freigeben oder Bestellungen direkt versenden. Ihre Besucher haben dennoch die Möglichkeit, die Zahlung per Vorkasse, wenn auch mit einem angepassten Prozess, zu tätigen. Wenn Sie sich selbst ein Bild von dieser Zahlungsart machen möchten, können Sie unter *https://www.sofort.com/payment/payment/go/select_country* exemplarisch einen Bezahlprozess mit Sofortüberweisung durchspielen.

Übersichtliche Kostenstruktur

Sofortüberweisung gehört zu den Bezahlmethoden, die Sie aus Kostengründen problemlos einmal testen können, ohne zu viel Geld investieren zu müssen. Neben einer einmaligen Einrichtungsgebühr von 60 € fallen monatliche Kosten in Höhe von 5 € und eine Transaktionsgebühr von 25 Cent sowie 0,9 % an. Kündigen können Sie dabei monatlich.

---

6 Quelle: *//de.wikipedia.org/wiki/Sofortüberweisung#mediaviewer/Datei:Sofortüberweisung.svg*

Insgesamt handelt es sich bei der Sofortüberweisung um eine interessante und auch preislich akzeptable Zahlungsmethode, die jedoch bei der Popularität etwas den etablierten Zahlungsmethoden hinterherhinkt. Testen Sie aber idealerweise die Wirkung in Ihrem Online-Shop, um sich selbst ein Bild von dem Erfolg der Zahlungsmethode machen zu können.

6.1.7   Giropay

Die Funktionsweise von *Giropay* ähnelt jener von Sofortüberweisung in vielen Punkten. Entwickelt wurde das Bezahlverfahren von Teilen der deutschen Kreditwirtschaft, es versucht das klassische Problem der Vorkasse zu lösen. Wenn Sie nämlich in einem Online-Shop per Vorkasse bestellen, müssen Sie nach der Bestellung per Online-Banking oder klassischer Überweisung das Geld zum Shop-Betreiber »schicken«. Abgesehen davon, dass dieser Prozess mit Aufwand verbunden ist und alles, was Aufwand erzeugt, von Kunden abgelehnt wird, vergessen mehr Kunden, als Sie denken, das Ausfüllen der Überweisung, und die Bestellung verläuft ins Leere und wird irgendwann durch den Shop-Betreiber storniert. Doch was kann man dagegen tun, speziell wenn Ihre Besucher per Vorkasse also mit einer Überweisung einkaufen möchten?

Giropay knüpft genau an diesem Punkt an und ermöglicht das Durchführen von Überweisungen im Bestellprozess. Hierfür benötigt man als Kunde letztendlich nicht mehr als einen Online-Banking-Account mit dem PIN/TAN-Verfahren. Einziger Knackpunkt besteht darin, dass die Banken an Giropay teilnehmen müssen. Das heißt, nicht jede Bank wird unterstützt, und es kann durchaus vorkommen, dass Ihre Kunden beim Bezahlen mit Giropay eine entsprechende Meldung erhalten und den Einkauf nicht durchführen können – eine Tatsache, die durchaus passieren kann, denn aktuell nehmen ca. 1.500 Banken an dem Giropay Verfahren teil.[7]

Der Prozess in Ihrem Online-Shop selbst ist relativ einfach. Innerhalb des Check-out-Vorgangs wählt Ihr Besucher als Zahlungsart Giropay aus. Alle Daten wie die Rechnungs- und Lieferadresse werden dabei wie gewohnt im Online-Shop hinterlegt. Nachdem Sie die Bestellung bestätigt haben, werden Sie zu Giropay weitergeleitet und müssen dort die Informationen Ihrer Bank hinterlegen und können die Überweisung durchführen. Ist die Überweisung durchgeführt, wird dem Online-Shop-Betreiber das Geld gutgeschrieben, die Bestellung kann daher als bezahlt markiert werden.

Als Shop-Betreiber haben Sie bei dieser Zahlungsart auch wieder einen Vorteil aufgrund der Kosten. Denn Sie bezahlen nie mehr als 0,95 % Transaktionskosen, min-

---

7 Wenn Sie sich selbst ein Bild davon machen möchten, welche Bank Giropay unterstützt, können Sie unter *www.giropay.de/fuer-kaeufer/themenuebersicht-fuer-kaeufer/banken-check.html* einen Banken-Check durchführen.

destens jedoch 33 Cent pro Transaktion. Hat Ihr Kunde eine Bestellung durchgeführt, können Sie sicher sein, das Geld zu erhalten, das Zahlungsausfallrisiko ist daher gleich null. Ebenso ist die Bezahlmethode relativ simpel, denn sie stellt keine besonderen Anforderungen an Ihre Kunden. Es wird schlussendlich ein Online-Banking-Account vorausgesetzt, was man in der heutigen Zeit aber fast als Standard ansehen kann. Einziger Wermutstropfen: Es wird nicht jede Bank unterstützt, daher gibt es eventuell den einen oder anderen Kunden, der diese Zahlungsart nicht nutzen kann.

Giropay – das sollten Sie wissen

Giropay ist im Prinzip ein Konkurrenzangebot zu Sofortüberweisung, das ähnlich funktioniert, sich aber nicht so großer Beliebtheit erfreut. Dies gilt sowohl für Kunden als auch für die Banken, die nicht alle Zahlungarten unterstützen.

Das ist auch der einzige negative Aspekt aus Kundensicht. Denn nicht jeder Kunde kann zwangsläufig mit Giropay einkaufen. Unterstützt die eigene Bank das Bezahlverfahren nicht, schaut man sprichwörtlich in die Röhre. Auch müssen Sie bei einem Einkauf eine PIN bzw. TAN parat haben. Wenn Sie mobil einkaufen, kann dies zum Problem werden. Aber auch am heimischen Computer kann die Suche nach einer PIN die Lust am Einkauf verringern. Es ist daher nicht die bequemste Zahlungsart. Wenn man selbst jedoch eine »schnelle« Überweisung möchte, muss man zu Giropay oder Sofortüberweisung greifen.

6.1.8   Postpay

Auch die Deutsche Post mischt mittlerweile im Bereich der Payment-Dienstleistungen kräftig mit und bietet mit *Postpay* eine eigene Lösung. Dabei ist die Deutsche Post scheinbar sehr von sich überzeugt, wirbt sie doch mit dem Slogan: »Die Deutsche Post steht seit über 500 Jahren für Sicherheit – dies gilt umso mehr auch beim Einkaufen und Bezahlen im Internet«. Postpay ist dabei aber nicht direkt eine eigene Zahlungsart, sondern bietet vielmehr die Möglichkeit, schnell und einfach zu bezahlen. Ähnlich wie Amazon Payments, das wir uns im nächsten Abschnitt ebenfalls ansehen. Lassen Sie uns zum besseren Verständnis einen Einkaufsprozess mit Postpay durchspielen: Ihre Besucher legen Produkte in den Warenkorb und klicken anschließend auf die Warenkorbseite. Genau an diesem Punkt klinkt sich Postpay bereits ein, wie Sie in Abbildung 6.10 sehen können.

Postpay schneidet Ihnen sozusagen den Bezahlvorgang ab, denn Ihre Besucher klicken anschließend nicht auf WEITER ZUR KASSE, sondern auf den markanten Postpay-Button. Anschließend erfolgt die Weiterleitung auf die Seite von Postpay, auf der Sie sich mit Ihrem bestehenden Postpay-Login anmelden können. Alternativ hierzu können Sie sich ein komplett neues Benutzerkonto anlegen. Nachdem Sie sich auf

Postpay angemeldet haben, werden Sie nach der Bezahlmethode gefragt, denn hier werden unterschiedlichste Zahlungsmethoden gruppiert. Momentan können Sie folgende Zahlungsmethoden für Postpay-Transaktionen verwenden:

- Lastschriftverfahren
- Kreditkarte
- Bezahlung per Rechnung
- Giropay

- Vorkasse
- Sofortüberweisung
- PayPal

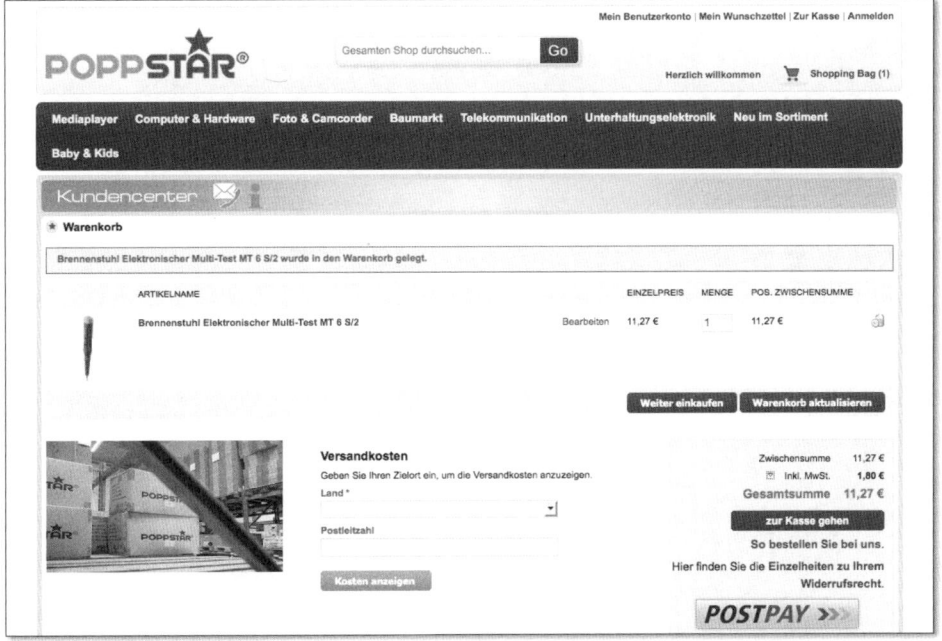

Abbildung 6.10 Mit Postpay muss man nicht durch den herkömmlichen Check-out-Prozess.

Wenn Sie sich anschließend für eine Zahlungsmethode entschieden haben, werden Sie zur Bestellprüfung weitergeleitet. Wenn Sie bereits einen Postpay-Account haben, sehen Sie hier auch direkt Ihre Liefer- und Versandadresse, wie Sie auch in Abbildung 6.11 erkennen können. Zusätzlich wird der Warenkorb erneut dargestellt, und Sie können die Bezahlung vornehmen. Anschließend werden Sie auf den Online-Shop zurückgeleitet, und die Bestellung ist abgeschlossen.

Als Shop-Betreiber haben Sie bei der Integration von Postpay verschiedene Vorteile. Zum einen wird die Deutsche Post sicherlich als seriöses Unternehmen betrachtet, denn auch oder vor allem die ältere Generation kennt das Unternehmen. Dementsprechend ist auch ein gewisses Vertrauen in das Unternehmen mit seiner Zahlungsmethode vorhanden. Außerdem gruppiert Postpay verschiedene Zahlungsarten, was Ihnen als Shop-Betreiber viel Arbeit abnimmt. Denn Sie müssen nicht zusätzlich die

Zahlungsmethode Kreditkarte oder Giropay integrieren. Das ist letztendlich derselbe Vorteil, den Sie auch bei PayPal haben. Wenn Sie Postpay integrieren, können Sie Ihren Besuchern auf einen Schlag eine Fülle an Zahlungsmethoden anbieten, und der Kunde entscheidet sich letztendlich für die seiner Meinung nach richtige Variante. Bei den Konditionen müssen Sie mit einer monatlichen Grundgebühr von 20 € sowie Transaktionskosten von 20 Cent rechnen. Postpay erhält darüber hinaus eine Provision von 2 %.

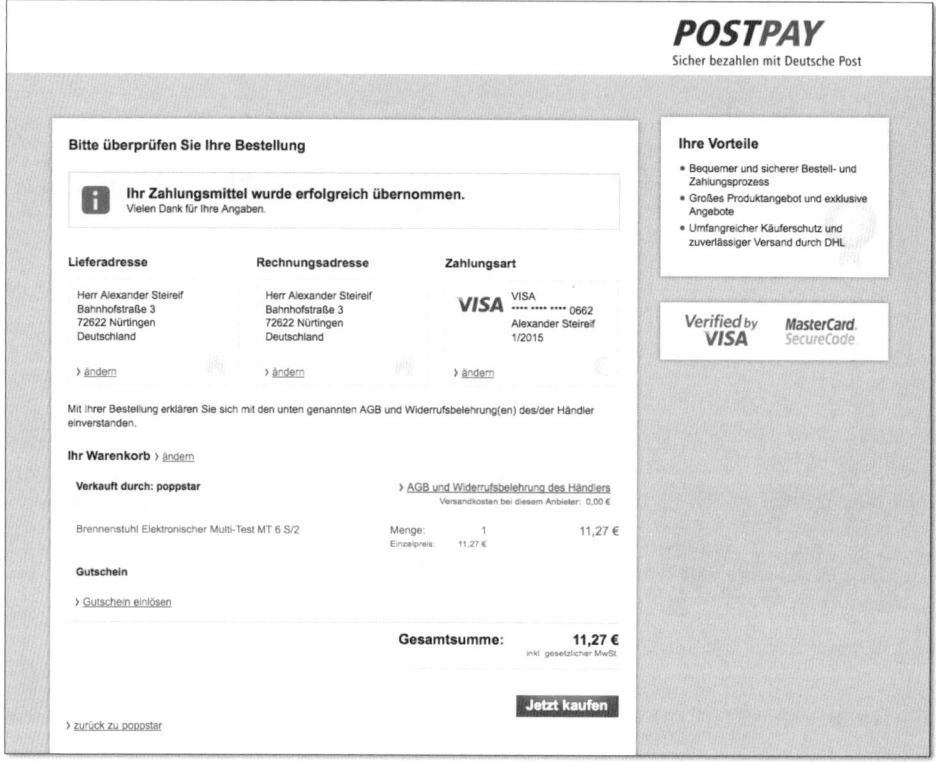

Abbildung 6.11 Postpay kennt bereits Ihre Liefer- und Rechnungsadresse.

Aus Kundensicht ist die Zahlungsmethode ebenfalls interessant. Denn ähnlich wie PayPal können Sie in Ihrem Postpay-Account Zahlungsinformationen hinterlegen und beim Einkauf auf diese zugreifen.

Es ist also nicht notwendig, sich eine Kreditkartennummer zu merken, der Postpay-Login reicht aus. Auch müssen Sie als Kunde nicht jedes Mal in einem Online-Shop Ihre Adressdaten hinterlegen, denn Postpay kennt diese. Das Umgehen des Check-out-Prozesses ist ebenso eine interessante Funktion, letztendlich können Sie als Kunde schneller und einfacher einkaufen, und alles, was Zeit spart und die Arbeit erleichtert, wird von Kunden immer gerne gesehen.

> **Postpay – das sollten Sie wissen**
>
> Aufgrund der bislang mangelhaften Verbreitung und geringen Bekanntheit ist Postpay leider kein Payment-Zugpferd für Ihren Online-Shop. Als PayPal-»Kopie« war die Post leider einen Schritt zu spät, was man an der schleppenden Nachfrage dieser Zahlungsart durch Kunden merkt.

Eine Empfehlung, was Postpay betrifft, ist schwierig. Nüchtern betrachtet, hat es für Sie als Shop-Betreiber wie auch für Ihre Kunden viele Vorteile. Denn Sie bündeln Zahlungsmethoden und bieten ein schnelles Einkaufserlebnis. Jedoch ist Postpay etwas spät auf den Payment-Zug aufgesprungen und hat auch nicht die Marktmacht wie Amazon oder PayPal. Diese beiden Unternehmen bieten nämlich letztendlich dieselbe Lösung für das gleiche Problem. PayPal ist dabei schon seit Jahren aktiv und etabliert, und Amazon kann seine Marktmacht nutzen, um Amazon Payments als Zahlungsmethode durchzusetzen. Dementsprechend muss sich erst noch zeigen, wie gut oder schlecht sich die Postpay-Akzeptanz entwickelt.

6.1.9   Amazon Payments

Wie auch PayPal oder Postpay ist *Amazon Payments* genau genommen keine Zahlungsart, sondern ein Payment-Provider. Dennoch neigt man auch bei Amazon Payments dazu, es als solche anzusehen. Die Systematik und Funktionsweise ist der von PayPal nicht unähnlich, lassen Sie uns aber bezüglich der Funktionsweise einmal einen näheren Blick auf Amazon Payments werfen.

Ihre Kunden stöbern in Ihrem Online-Shop und werfen Produkte in den Warenkorb. Wenn nun der Warenkorb aufgerufen wird, integriert sich, ähnlich wie gerade bei Postpay erwähnt, auch Amazon Payments direkt in diesen und bietet über einen Button die Möglichkeit, über Amazon zu bezahlen. Im Gegensatz zu PayPal und Postpay bleiben Ihre Kunden nun aber auf dem Online-Shop, denn es öffnet sich ein Popup-Fenster mit einer Amazon-Login-Maske. Innerhalb dieser können sich Ihre Kunden mit ihren Amazon-Benutzerdaten anmelden oder bei Bedarf auch ein neues Amazon-Konto erstellen.

Sobald sie sich angemeldet oder registriert haben, werden Ihre Kunden in den Check-out-Prozess Ihres Online-Shops geleitet, wobei diese hier direkt auf die auf *www.amazon.de* hinterlegten Adressen zugreifen können, wie Sie auch in Abbildung 6.12 sehen. Die nachgelagerten Schritte entsprechen anschließend denen in Ihrem Standardbezahlvorgang, hier nimmt Amazon keine weiteren Anpassungen vor.

Als Shop-Betreiber haben Sie bei dieser Zahlungsmöglichkeit den Vorteil, dass Sie beim Thema Zahlung auf einen seriösen und bekannten Anbieter, nämlich Amazon, setzen. Amazon genießt einen guten Ruf, wahrscheinlich haben Ihre Besucher dort bereits eingekauft. Darüber hinaus gruppiert Amazon auch wieder Zahlungsmethoden, denn auf Amazon selbst können Sie schließlich per Kreditkarte oder auch Lastschrift bezahlen.

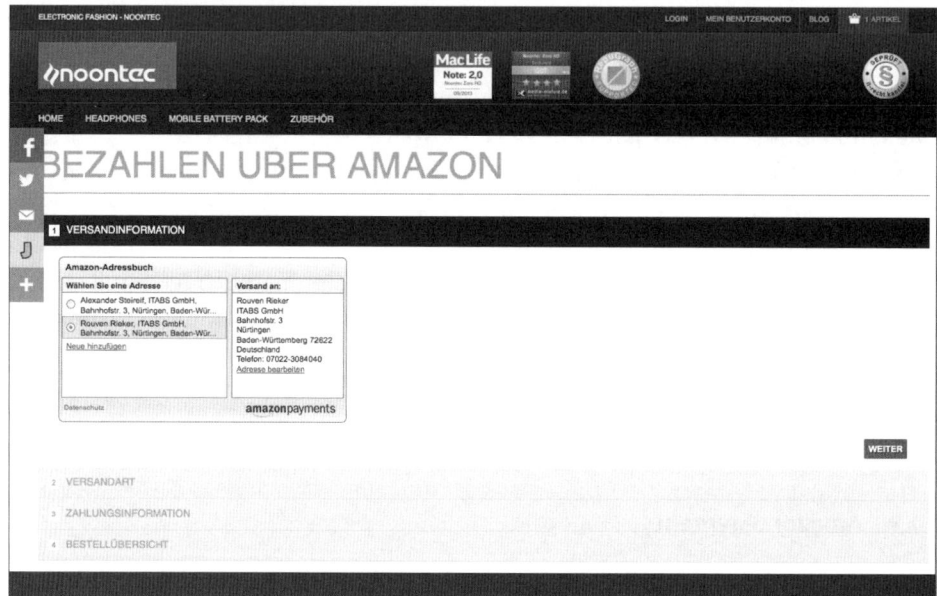

Abbildung 6.12 Durch das Zugreifen auf Amazon-Adressen wird der Einkauf stark beschleunigt.

Amazon Payments – das sollten Sie wissen

Auch wenn der Prozess PayPal Express sehr ähnelt, handelt es sich um eine äußerst interessante Zahlungsart, die immer mehr an Popularität gewinnt. Aufgrund der Seriosität der Marke Amazon und des Vertrauens von Kunden handelt es sich um eine Zahlungsmethode, die durchaus sinnvoll sein kann.

Als Kunde haben Sie den großen Vorteil, nicht extra einen Account anlegen zu müssen oder auch die Rechnungs- bzw. Lieferanschrift erneut in einem Online-Shop eingeben zu müssen. Ebenso nimmt es die Angst, dass »Schindluder« mit Ihren Zahlungsdaten getrieben wird, denn diese werden von Amazon verwahrt. Selbst wenn Ihnen ein Online-Shop etwas »merkwürdig« vorkommt, gehen Sie bei der Bezahlung auf jeden Fall auf Nummer sicher.

6.1.10 Billsafe

Billsafe ermöglicht den Kauf auf Rechnung und bietet eine spezielle Absicherung für Sie als Shop-Betreiber, beispielsweise durch eine vorgelagerte Bonitätsprüfung.

Mittlerweile gehört das Unternehmen zu PayPal, wodurch ein starker Partner im Hintergrund steht und die Entwicklung der Zahlungsart vorantreibt. Für die Integration gibt es aktuell eine Vielzahl an Modulen: Angefangen bei Plug-ins für Shop-Systeme bis hin zu Integrationen in Services wie Actindo, BüroWare oder PAYONE. Dadurch können auch Sie voraussichtlich problemlos Billsafe in Ihren Online-Shop integrieren.

Problemlos ist ebenso der Einkaufsprozess bei dieser Zahlungsart. Denn Billsafe integriert sich vollständig in den Bezahlvorgang Ihrer Online-Shop-Lösung. Das bedeutet konkret, Ihr Kunde hat Produkte im Warenkorb und geht anschließend zur Kasse. Bei der Auswahl der Zahlungsmethode kann er nun Billsafe wählen. Sofern mit dem Scoring bzw. der Bonität alles in Ordnung ist, kann der Kunde anschließend Billsafe als Zahlungsmethode wählen und den Einkauf abschließen. Nach dem Einkauf erhält Ihr Kunde automatisch von Billsafe eine Rechnung und überweist den Betrag. Damit ist der Zahlungsprozess abgeschlossen.

> **Billsafe - das sollten Sie wissen**
> Der Kauf auf Rechnung ist grundsätzlich ein interessantes Thema, sowohl für Shop-Betreiber wie auch für die Kunden die im jeweiligen Online-Shop einkaufen. Aufgrund der guten Integration ist der Kauf auf Rechnung über Billsafe sicherlich auch für Sie ein interessantes Thema.

Für Sie als Shop-Betreiber besteht der große Vorteil in der Absicherung. Denn Billsafe übernimmt für Sie die Überprüfung des Kunden und entscheidet, ob dieser überhaupt per Rechnung einkaufen darf, oder nicht. Das kann die negative Folge haben, dass manchen Kunden die Zahlungsart verweigert wird. Sie können jedoch auf Nummer sicher gehen, da Billsafe auch das Forderungsmanagement für Sie übernimmt. Als Shop-Kunde kann es Ihnen hingegen »egal« sein, ob der Rechnungskauf über Billsafe, Klarna oder direkt über den Online-Shop-Betreiber abgewickelt wird. Für Kunden bedeutet Billsafe weder einen Vorteil, noch einen Nachteil.

Sollten Sie sich für den Kauf auf Rechnung in Ihrem Online-Shop entscheiden, dann sollten Sie dies auf jeden Fall durch einen Zahlungsanbieter absichern lassen. Ob Sie sich hierbei für Billsafe entscheiden, sollten Sie von den Konditionen abhängig machen. Denn technisch schenkt sich Billsafe gegenüber seinen Mitbewerbern nichts.

6.1.11   Billpay

Billpay ist streng genommen ein Payment-Provider, da die Zahlungsmethoden Rechnungskauf, Teilzahlung und Lastschrift angeboten werden. Dennoch sei Billpay an dieser Stelle speziell aufgrund des Rechnungskaufs und der Teilzahlung erwähnt, denn diese beide Zahlungsarten erfreuen sich bei den Besuchern in Online-Shops großer Beliebtheit, und aufgrund der Popularität des Markennamens Billpay ist es eben doch nicht die »klassische« Rechnung oder der »klassische« Ratenkauf.

Die Integration in Ihren Online-Shop ist bei Billpay ebenfalls kein großes Hexenwerk, denn für alle gängigen Online-Shop-Lösungen stehen fertige Module bereit, die Sie einfach nur noch implementieren müssen. Begibt sich Ihr Kunde vom Warenkorb in den Check-out-Prozess, wird bei den Zahlungsarten Billpay genau wie andere Zahlungsarten, zum Beispiel Vorkasse, Kreditkarte etc., angeboten. Der einzige Unterschied besteht darin, dass Ihre Kunden bei Billpay zusätzlich noch das Geschlecht und das eigene Geburtsdatum angeben müssen. Die Abfrage dieser Informationen findet direkt im Bezahlvorgang statt; das ist ein großer Vorteil, denn Ihre Kunden müssen den Bezahlvorgang nicht unterbrechen, was beispielsweise bei PayPal der Fall ist und sich nicht gerade förderlich auf die Conversion-Rate auswirkt. Hat Ihr Kunde das Geschlecht und das Geburtsdatum, wie in Abbildung 6.13 zu sehen, hinterlegt, kann der Einkauf wie gewohnt in Ihrem Online-Shop abgeschlossen werden.

Abbildung 6.13 Integration von Billpay am Beispiel von »www.badfaszination.com«

Beim Ratenkauf sieht der Prozess ähnlich aus. Einziger Unterschied besteht darin, dass Ihre Kunden innerhalb des Check-out-Prozesses noch eine Laufzeit zwischen 3 und 24 Monaten auswählen müssen, damit die monatliche Rate ermittelt werden kann. Basierend auf den hinterlegten Kundendaten sowie den zu kaufenden Produkten wird anschließend in Echtzeit eine Entscheidung hinsichtlich des Ratenkaufs getroffen. Auch hierfür müssen Ihre Kunden Ihren Online-Shop nicht verlassen, der komplette Prozess findet innerhalb Ihres Online-Shops statt.

Speziell der Ratenkauf dürfte Ihnen als Shop-Betreiber gefallen, sollten Sie vor allem hochpreisige Artikel wie Unterhaltungselektronik, Möbel etc. verkaufen. Denn mit dem Ratenkauf können Sie Ihren Kunden eine Möglichkeit bieten, teure Produkte einfach und unkompliziert zu finanzieren. Das erhöht die Conversion-Rate, denn gegebenenfalls möchte der eine oder andere Kunde bei Ihnen bestellen, hat aber einfach zum jetzigen Zeitpunkt das notwendige Geld nicht verfügbar, oder möchte zum jetzigen Zeitpunkt keine große Geldsumme investieren.

Billpay – das sollten Sie wissen

Gerade die Möglichkeit des Ratenkaufs macht diese Zahlungsmethode vor allem für Shop-Betreiber interessant, die hochpreisige Artikel verkaufen. Bedenken Sie aber in jedem Fall die Transaktionskosten, und prüfen Sie, ob die Implementierung dieser Zahlungsart finanziell Sinn ergibt, ungeachtet dessen, wie stark sie von Ihren Besuchern nachgefragt wird.

Für Ihre Kunden selbst bieten sowohl der Ratenkauf wie auch der Kauf auf Rechnung keinerlei Nachteile. Der Prozess ist im Online-Shop selbst verankert und daher auch leicht zu durchlaufen. Einziger Wermutstropfen: Nicht jeder Kunde wird akzeptiert, und so kann es etwas sauer aufstoßen, wenn man eben nicht auf Rechnung oder in Raten bezahlen darf. Dafür bieten Sie Ihren Besuchern aber speziell bei hochpreisigen Artikeln die Möglichkeit des Kaufs, weswegen speziell der Ratenkauf auf jeden Fall in Betracht gezogen werden sollte.

6.1.12   Klarna

Zu den etablierten Playern in Sachen Payment im E-Commerce gehört sicherlich auch das Unternehmen *Klarna*, das seit 2005 am Markt aktiv ist. Klarna selbst bietet, wie gerade am Beispiel von Billsafe diskutiert, nicht direkt eine eigene »Zahlungsmethode«, sondern wickelt Rechnungs- und Ratenkäufe ab. Aufgrund der Bekanntheit und der Wahrnehmung in Online-Shops ist ein Kauf über Klarna aber nicht nur ein simpler Rechnungs- oder Ratenkauf. Denn in den Online-Shops wird offensiv mit dem Klarna-Logo geworben, was bei Besuchern daher eine Assoziation mit dem Unternehmen und nicht mit der Zahlungsmethode hervorruft. Bedeutet konkret: Ein Besucher hat sehr gute Erfahrungen mit dem Bezahlen via Klarna in Shop XYZ gemacht, sieht in Ihrem Online-Shop das Klarna-Logo und ist dann gegebenenfalls auch geneigt, bei Ihnen mit Klarna einzukaufen.

Über den Nutzen des Rechnungs- bzw. Ratenkaufs müssen wir an diesem Punkt sicher nicht mehr diskutieren, denn diese beiden Zahlungsmethoden bringen Ihren

Besuchern definitiv Vorteile und lösen Ihnen auf der anderen Seite Probleme speziell im Bereich des Forderungsmanagements. Klarna selbst spricht auf der eigenen Website übrigens von einer Umsatzsteigerung von knapp 25 %:

> »Die Einführung von Klarna Rechnung hat unseren Umsatz um 25 % gesteigert.« (Schuhtempel24.de)

Die Integration in den eigenen Online-Shop stellt bei Klarna kein Problem dar, denn für gängige Online-Shop-Lösungen liegen bereits fertige Plug-ins bzw. Module vor. Daher müssen Sie in Ihrem Online-Shop letztendlich nur die entsprechende Erweiterung installieren und können anschließend den Kauf per Rechnung oder Ratenkauf anbieten. Die Integration beginnt bei Klarna übrigens schon auf der Produktdetailseite, wie Sie in Abbildung 6.14 sehen können. Denn hier können Ihre Besucher direkt sehen, sofern Sie den Ratenkauf aktiviert haben, wie viel das Produkt monatlich kostet. Dabei wird der günstigste Ab-x-€-Preis an einer von Ihnen zu definierenden Stelle dargestellt. Der Effekt ist klar: Wenn Sie Ihren Besuchern schon direkt auf der Produktseite anzeigen, dass man nicht auf einen Schlag beispielsweise 700 € bezahlen muss, sondern den Artikel ab 35 € im Monat erhält, dann wirkt sich das positiv auf die Conversion-Rate aus. Denn wenn Sie den Ratenkauf erst im Warenkorb bewerben, gelangen sicherlich einige Artikel gar nicht erst dahin.

Abbildung 6.14 Gerade bei Möbeln macht die Integration des Ratenkaufs Sinn.

Neben der Produktdetailseite integrieren sich sowohl der Raten- wie auch der Rechnungskauf ebenfalls problemlos in den Bezahlvorgang Ihres Online-Shops, wie Abbildung 6.15 zeigt. Ihre Besucher müssen daher Ihren Online-Shop nicht verlassen, was wiederum ein wichtiges Kriterium bei der Auswahl einer geeigneten Zahlungsmethode ist.

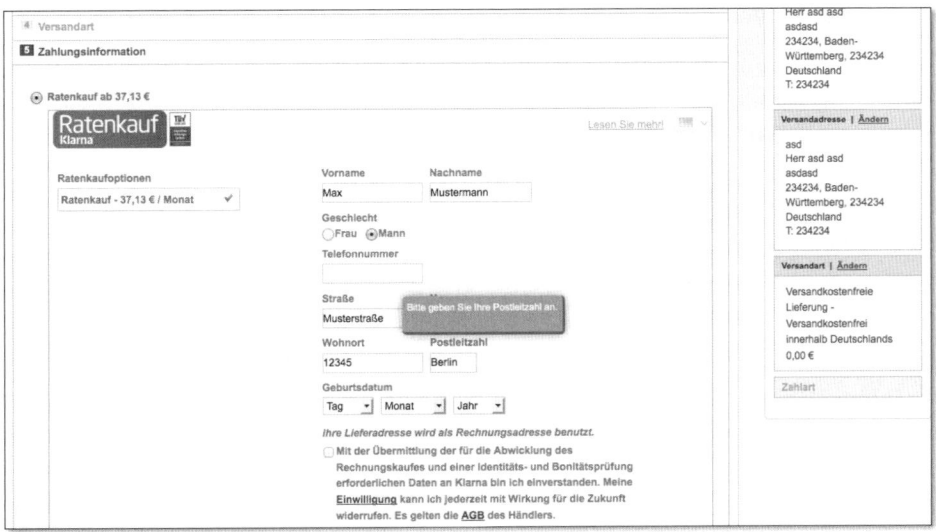

Abbildung 6.15 Integration von Klarna in den Check-out-Prozess eines Magento-Online-Shops

Unabhängig davon, ob Sie den Rechnungs- oder Ratenkauf einsetzen möchten, als Shop-Betreiber erhalten Sie nach dem Versand der Ware direkt Ihr Geld, und für Sie ist die Sache erledigt. Dadurch können Sie Ihren Besuchern eine komfortable Bezahlung oder Finanzierung anbieten, Sie sind aber dennoch vor Zahlungsausfällen geschützt. Denn sobald für Sie als Shop-Betreiber die Lieferung abgeschlossen ist, erhalten Sie von Klarna die Zahlung.

Klarna – das sollten Sie wissen

Klarna vereint Rechnungs- und Ratenkauf und bietet daher interessante Möglichkeiten für Sie als Shop-Betreiber, um die Conversion-Rate zu steigern und Kunden vom Einkauf zu überzeugen. Ähnlich wie bei Billsafe sollten Sie aber auch hier die Transaktionskosten beachten und prüfen, ob diese Zahlungsart finanziell sinnvoll ist.

Aus Sicht Ihrer Kunden existieren ebenfalls nur Vorteile. Denn speziell die Ratenzahlung sichert Liquidität, der Bezahlprozess ist simpel und einfach gehalten, und dementsprechend gibt es eigentlich keinen Grund, der aus Besuchersicht gegen Klarna spricht.

Klarna bietet seit Kurzem übrigens einen komplett eigenständigen Check-out-Prozess an, bei dem der Einkauf, das heißt die Schritte nach dem Warenkorb, direkt bei Klarna durchgeführt werden. Im Prinzip entspricht das der Vorgehensweise bei PayPal Express, die Sie in Abschnitt 6.1.5 kennengelernt haben.

6.1.13   Barzahlen

Online bar bezahlen? Ja, auch das geht mittlerweile. Sind wir doch einmal ehrlich: Gerade wenn man mit der »älteren« Generation spricht, existieren oft Vorurteile gegenüber dem E-Commerce, speziell der Bezahlung. Man möchte keine Kontodaten hinterlegen, auch Kreditkartendaten könnten unsicher verwahrt werden, und was ist, wenn man anschließend um sein Geld betrogen wird? Speziell wenn es dann in den Medien wieder einen Fall von Kreditkartendatendiebstahl gibt, fühlen sich solche Nutzer bestätigt. Aber müssen Sie als Online-Shop-Betreiber deshalb auf Umsatz verzichten? Laut *Barzahlen* (*www.barzahlen.de*) nein, denn das Unternehmen hat sich eine Lösung für die Bezahlung in Online-Shops überlegt.

Ihr Kunde fügt wie gewohnt Artikel dem Warenkorb hinzu und betritt anschließend den Bezahlvorgang. In diesem kann die Zahlungsmethode Barzahlen ausgewählt werden, und Ihr Kunde schließt nach der Auswahl dieser den Bezahlvorgang ab. Jetzt erhält Ihr Kunde einen Zahlschein, den er ausdrucken muss. Alternativ kann man sich den Zahlschein auch als SMS auf sein Handy schicken lassen. Mit dem Zahlschein bzw. der SMS kann er anschließend im stationären Handel die Bestellung, die er online durchgeführt hat, bezahlen. Das Kassensystem informiert direkt den Online-Shop-Betreiber, und die Ware kann versendet werden. Mit diesem System kann man daher online getätigte Bestellungen ganz klassisch mit seinem Einkauf, beispielsweise im Supermarkt, bezahlen und führt somit nicht direkt eine Transaktion mit dem Online-Shop-Betreiber, sondern mit dem Partner im stationären Handel durch. Bedacht sind von Barzahlen im Übrigen auch Rücksendungen. Wenn Ihr Kunde von seinem Widerrufsrecht Gebrauch machen möchte, schickt er die bestellte Ware einfach an den Online-Shop-Betreiber zurück. Der Kunde erhält wiederum einen Auszahlschein, den er bei seinem nächsten Einkauf im stationären Handel einlösen kann, wo er das Geld erhält.

Partner im stationären Handel

Mittlerweile hat sich ein beachtliches Partnernetzwerk an Akzeptanzstellen entwickelt. Momentan können Sie Ihre online getätigten Bestellungen beispielsweise bei dm, der Telekom oder bei real bezahlen. Über einen Filialfinder auf *www.barzahlen.de* können Sie darüber hinaus nach weiteren Akzeptanzstellen suchen, zu denen unter anderem auch Tankstellen und weitere Supermärkte gehören. Die Wahrscheinlichkeit, in einem Geschäft bezahlen zu können, das Sie mindestens einmal in der Woche aufsuchen, ist also gegeben.

Als Shop-Betreiber bietet Ihnen Barzahlen als innovative Zahlungsmöglichkeit die Erschließung weiterer Kundengruppen, nämlich jener, die vor allem Sicherheitsbedenken haben und daher vor einer Bezahlung per Kreditkarte oder Lastschrift absehen. Argumentiert wird dies von Barzahlen mit der Tatsache, dass 67 % der Deutschen keine Kreditkarte besitzen und 60 % keinen Online-Banking-Account haben.

Aus Kundensicht bietet Barzahlen eine Alternative, wenn man seine Zahlungsinformationen nicht preisgeben möchte. Es ist dennoch fraglich, ob die Akzeptanz der Nutzer sehr hoch ist, denn der große Vorteil im E-Commerce besteht darin, dass man tageszeitunabhängig Bestellungen durchführen kann, wozu auch die Bezahlung gehört. Bei Barzahlen müssen Sie schlussendlich immer in den stationären Handel, die Bezahlung findet gegebenenfalls erst nach einigen Tagen statt, was sich wiederum negativ auf die Lieferzeit auswirken kann. Der Vorteil des E-Commerce, eine Transaktion komplett von der Couch aus zu erledigen, ist daher bei dieser Zahlungsmethode nicht gegebenen.

Barzahlen – das sollten Sie wissen

Von der Grundidee her ein interessanter Ansatz, jedoch ergibt sich für Ihre Kunden bei dieser Zahlungsart nicht wirklich ein großer Vorteil. Darüber hinaus ist der Bekanntheitsgrad dieser Zahlungsmethode bislang relativ gering, Akzeptanzstellen müssen ausgebaut werden. Behalten Sie daher diese Zahlungsart im Auge. Momentan macht die Nutzung in der Regel wenig Sinn.

Bedenkt man jedoch das Alter dieser Zahlungsmethode, muss man noch einige Zeit warten, um eine fundierte Aussage über die Akzeptanz bei den Nutzern treffen zu können. Im Zweifel gilt auch bei Barzahlen: Probieren geht über studieren.

6.1.14 mpass

Die mobile Nutzung im E-Commerce ist in den letzten Jahren kontinuierlich angestiegen und wird auch zukünftig weiter an Bedeutung gewinnen. Dadurch muss nicht nur der Online-Shop rein optisch neue Anforderungen meistern, auch das Thema Bezahlung spielt eine größere Rolle. Denn Smartphones werden, zumindest aktuell im kleinen Rahmen, schon als mobile Geldbörsen genutzt. Warum auch nicht? Wäre es nicht viel praktischer, statt seines Geldbeutels nur sein Smartphone bei sich tragen zu müssen, das bei den meisten Menschen sowieso praktisch mit dem Körper verwachsen ist? Einfach per Smartphone zu bezahlen ist doch ein komfortabler, da einfacher Weg.

Genau an diesem Punkt greift *mpass* ein. Es handelt sich um einen Service von O2, der Telekom und Vodafone und hat den Hintergrund, Zahlungen mit dem Smartphone zu ermöglichen. Dabei gibt es unterschiedliche Bezahlsysteme, angefangen bei NFC im stationären Handel. Bei NFC (Near Field Communcation) handelt es sich um eine drahtlose Datenübertragung, die vergleichsweise einfach funktioniert und bei der man nicht erst Systeme koppeln muss, wie beispielsweise bei Bluetooth. Dadurch erfolgt die Datenübertragung sehr schnell und unkompliziert, ist aus diesem Grund aber auch auf einen kleinen Radius von wenigen Zentimetern begrenzt.

Interessanter ist für uns jedoch die Bezahlung in Online-Shops mit mpass. Denn hier bietet mpass zwei unterschiedliche Möglichkeiten: Bei Variante Nummer 1 können Sie mit einer Handynummer eine Transaktion durchführen. Diese müssen Sie anschließend mit einem Passwort und einer mTAN legitimieren. Alternativ bietet mpass in Variante 2 eine sogenannte virtuelle Mastercard an. Das ermöglicht den Einkauf in jedem Online-Shop, der die Zahlung per Mastercard unterstützt. Bei der virtuellen Mastercard erhalten Sie aber im Vergleich zur klassischen Mastercard keine Karte zugesendet, sondern ausschließlich eine Kreditkartennummer, ein Gültigkeitsdatum und eine Prüfziffer. Abgewickelt wird die Zahlung anschließend auch wie bei Variante 1 über Ihren mpass-Account, den Sie wiederum per Lastschrift, Überweisung bzw. Sofortüberweisung auffüllen können.

Als Shop-Betreiber holen Sie sich mit mpass eine weitere Zahlungsmethode ins Haus, die bislang noch nicht über eine durchschlägige Akzeptanz verfügt. Dadurch ist die Implementierung, abhängig von Ihrer Online-Shop-Lösung, nicht ganz trivial. Auch schränken Sie mit dieser Zahlungsmethode den Kundenkreis zumindest regional ein, da Zahlungen aus dem Ausland nicht möglich sind.

mpass – das sollten Sie wissen

Das Thema Mobile Payment wird früher oder später an Wichtigkeit gewinnen. Momentan gibt es mit mpass eine gute Lösung, jedoch hält sich die Nachfrage auf Kundenseite bislang in Grenzen.

Als Besucher müssen Sie zumindest über ein mpass-Konto verfügen, das spätestens beim ersten Einkauf angelegt werden muss. Damit wird zumindest der erste Einkaufsprozess unnötig verlängert. Auch ist es fraglich, wie viele Besucher auf mpass zurückgreifen, da sich, wie bereits erwähnt, Akzeptanz und Bekanntheit in Grenzen halten.

Das Smartphone als Geldbörse wird früher oder später sicherlich die Normalität sein. Aktuell sind die verfügbaren Lösungen aber noch nicht so weit ausgereift, als dass sich die breite Masse der Besucher für die mobile Bezahlung entscheiden würde.

6.2   Payment-Provider oder selbst abwickeln?

Unabhängig davon, für welche Zahlungsmethoden Sie sich in Ihrem Online-Shop entscheiden, lautet eine zentrale Frage, ob Sie einen Payment-Provider nutzen möchten bzw. müssen oder ob Sie alle Zahlungstransaktionen selbst abwickeln. Für die Beantwortung dieser Frage müssen wir zuallererst definieren, was ein Payment-Provider eigentlich ist und worin die Aufgabe eines Payment-Providers besteht.

Kurz gesagt reduziert ein Payment-Provider Komplexität. Er bietet Ihnen als Online-Shop-Betreiber die Integration vieler Zahlungsmöglichkeiten und Zahlungsarten an einer zentralen Stelle. Darüber hinaus automatisiert ein Payment-Provider Abläufe und unterstützt Sie in allen Aufgabenstellungen rund um die Zahlungsabwicklung, wie beispielsweise beim Forderungsmanagement. Sie werden als Online-Shop-Betreiber, unabhängig davon, für welche Zahlungsarten Sie sich entscheiden, sicherlich eine Hand voll Bezahlmöglichkeiten anbieten. Die Frage ist nun, wie bieten Sie diese an? Sie könne beispielsweise Lastschriften bei Ihrer Bank selbst einziehen, Vorkasse-Bestellungen selbst prüfen und auch Rechnungskäufe selbst anbieten, ohne einen externen Dienstleister zuschalten zu müssen. Dadurch entsteht Ihnen aber ein gewisser Aufwand. Denn wenn nach einer Zeit x die Rechnung nicht bezahlt wurde, müssen Sie Mahnungen erstellen. Ob das Geld per Vorkasse eingetroffen ist, müssen Sie täglich via Online-Banking prüfen, und auch Lastschriften müssen Sie manuell einziehen. Das kostet Zeit und somit Geld, denn überlegen Sie sich den administrativen Aufwand, den es bedeutet, wenn Sie einige hundert Bestellungen am Tag haben. Ein Payment-Provider, das wäre die Alternative, übernimmt diesen Aufwand komplett für Sie, denn der Payment-Provider ist dafür verantwortlich, dass Sie als Shop-Betreiber an Ihr Geld kommen, und bietet Ihnen eine zentrale Oberfläche, in der Sie Zahlungseingänge bzw. Bestellungen prüfen können. Ein Payment-Provider gruppiert eine Vielzahl an Zahlungsmöglichkeiten. PAYONE oder Heidelpay zum Beispiel bieten unter anderem PayPal, Klarna, Sofortüberweisung, Kreditkarte, Giropay, Lastschrift und noch eine Vielzahl an weiteren Zahlungsmöglichkeiten, die direkt über PAYONE abgewickelt werden. Der Vorteil für Sie als Shop-Betreiber liegt daher in der Automatisierung und der damit verbundenen Kostenreduktion sowie in der Möglichkeit, auf einen Schlag viele Zahlungsmethoden anbieten zu können.

Logischerweise lassen sich Payment-Provider diesen Service etwas kosten. Neben Setupkosten sowie einer monatlichen Grundgebühr werden Sie pro Transaktion ein paar Prozent abtreten müssen. Die Kosten unterscheiden sich stark je nach gewähltem Payment-Provider. Mal sind die initialen Kosten und die Grundgebühr höher, dafür die Transaktionskosten geringer, mal umgekehrt. Umso wichtiger ist daher die Kalkulation im Vorfeld, wann die Nutzung eines Payment-Providers Sinn macht. Speziell beim Thema Rechnungskauf müssen Sie hier sehr betriebswirtschaftlich vorgehen, wie wir Ihnen an folgendem Beispiel einmal verdeutlichen möchten.

6.2.1   Rechnungskauf ohne Payment-Provider

▶ monatlicher Umsatz mit der Zahlungsart Rechnung: 100.000 €

▶ Zahlungsausfallquote 1 %

▶ Transaktionskosten: 0 %

▶ monatliche Kosten: 1.000 €

6.2.2   Rechnungskauf mit Payment-Provider

▶ monatlicher Umsatz mit der Zahlungsart Rechnung: 100.000 €

▶ keinen Zahlungsausfall durch Prüfungen im Vorfeld

▶ Transaktionskosten: 2 %

▶ monatliche Kosten: 2.000 €

Klingt etwas böse, aber gerade beim Thema Rechnungskauf sollten Sie den Break-Even ermitteln, das heißt, wie viele Bestellungen tatsächlich nicht bezahlt werden müssen, damit die monatliche Gebühr bei einem Payment-Provider unter dem Zahlungsausfall liegt.

Bedenken Sie bei der Entscheidung, ob Sie einen Payment-Provider nutzen, aber auch, dass Sie gewisse Zahlungsmethoden gar nicht selbst abwickeln können. Hierzu zählt beispielsweise die Kreditkartenzahlung. Hierfür werden solch hohe Sicherheitsstandards benötigt, dass die eigene Abwicklung überhaupt keinen Sinn ergibt und unwirtschaftlich ist.

6.3   Risikomanagement

Lassen Sie mich an dieser Stelle gesondert auf das Thema Risikomanagement eingehen. Egal, für welche Zahlungsart Sie sich entscheiden, ein gewisses Restrisiko hinsichtlich eines Zahlungsausfalls besteht immer. Ob ein Kunde die Annahme per Nachnahme verweigert und die Sendung zu Ihnen zurückgeht, eine Lastschrift platzt oder eine PayPal-Zahlung angefochten wird: Wenn Sie nicht gerade nur auf Vorkasse setzen, ist ein Restrisiko immer vorhanden. Da Sie aber ein Risiko nie ausschließen, sondern nur minimieren können, müssen Sie als Shop-Betreiber hinsichtlich des Themas Payment Risikominimierung betreiben. Doch welche Möglichkeiten haben Sie hierfür?

6.3.1   Absicherung über Payment-Provider

Zum einen können Sie, das ist bei Weitem die »beste« Lösung, Ihre Zahlungsarten über einen Payment-Provider absichern lassen. Ein Payment-Provider prüft bei potenziell unsicheren Zahlungsmethoden wie der Rechnung im ersten Schritt den Kunden. Wenn das Scoring in Ordnung ist, kann die Bestellung per Rechnung durchgeführt werden, wenn das Scoring nicht gut ist, kann Ihr Kunde mit der Zahlungsart erst gar nicht einkaufen. Dadurch können Sie im Vorfeld »unsichere« Kunden aussieben und das Risiko minimieren. Diese Risk-Checks sind dabei ziemlich ausgeklügelt und reichen von Plausibilitätsprüfungen bis hin zu ganzen Schufa-Abfragen. Zusätzlich können Sie bei Payment-Providern, wobei dies zum Teil auch vom jeweiligen

Unternehmen abhängt, das komplette Forderungsmanagement auslagern. Denn auch die Bezahlung per Rechnung bietet nicht zwangsläufig einen Zahlungseingang, gegebenenfalls haben Sie als Shop-Betreiber aber durch die Bestellung der Ware Kosten angesammelt und müssen das Geld von Ihrem Kunden erhalten. Das können Sie selbst machen oder den Profis überlassen.

6.3.2   Risikominimierung mit »Hausmitteln«

Für den Fall, dass Ihnen ein Payment-Provider zu viele Kosten verursacht oder sich schlicht nicht rechnet, gibt es Möglichkeiten, wie Sie selbst das Zahlungsausfallrisiko minieren können. Dazu zählt, dass Sie den Kauf auf Rechnung nur Bestandskunden ermöglichen. Gehen Sie damit offen in Ihrem Online-Shop um, und kommunizieren Sie, dass die Bezahlung per Rechnung erst nach zwei bis drei erfolgreichen Bestellungen möglich ist. Das werden die meisten Kunden verstehen und Ihnen auch gar nicht übel nehmen. Das schließt zwar nicht das Zahlungsausfallrisiko eines Bestandskunden aus, aber es blockt diejenigen Personen ab, die von Anfang an auf Betrug aus sind.

Wenn eine Bestellung bei Ihnen im Online-Shop eingeht, macht die anonymisierte Aufzeichnung der IP-Adresse Sinn. Dabei werden die letzten Ziffern abgeschnitten, es besteht aber die Möglichkeit, das Herkunftsland zu ermitteln. Hüten Sie sich vor Bestellungen aus dem osteuropäischen Ausland, denn diese deuten auf einen Betrugsversuch hin.

Im Bezahlvorgang können Sie selbst gewisse Plausibilitätsprüfungen definieren. Passt die Kontonummer zur Bankleitzahl? Gibt es die eingegebene Adresse überhaupt, also passt die Postleitzahl zur angegebenen Stadt? Gerade die Kombination Postleitzahl, Straße und Stadt lässt sich mit etwas Aufwand prüfen, und man kann zumindest die korrekte Adresse ermitteln. Ebenso können Sie als Shop-Betreiber bestimmte Bestellungen, die Ihnen merkwürdig vorkommen, zuerst inhaltlich prüfen. Bei einem Kunden von uns werden ab und zu mehrere Trauringe pro Bestellung geordert. Sind wir doch einmal ehrlich, bei einer solchen Bestellung müssen Sie auf jeden Fall Kontakt mit dem Kunden aufnehmen, denn bei individuellen Produkten, bei denen es kein Rückgaberecht gibt, ist die Bestellung von mehreren Trauringen etwas merkwürdig. Als Shop-Betreiber haben Sie ein Gefühl dafür, welche Ihrer Bestellungen »merkwürdig« sind und welche nicht. Wenn Sie anschließend zur Verifizierung bei dem Kunden anrufen, können Sie zum einen etwas in Sachen Kundenpflege tun, aber auch die Bestellung auf »Echtheit« überprüfen.

Neben diesen Möglichkeiten, können Sie natürlich auch ganz klassisch ein Inkasso-Büro hinzuziehen, das sich um Ihre offenen Forderungen kümmert. Der Vorteil für Sie besteht darin, dass Sie sich keine Gedanken über die offenen Forderungen machen müssen und ein Dienstleister diese eintreibt. Eintreiben ist dabei auch ein guter Begriff, denn im Gegensatz zu Ihnen ist ein Inkasso-Büro nicht ganz so kulant und drückt bei einer fälligen Rechnung für ein paar Tage zwei Augen zu. Diese Unternehmen sind darauf spezialisiert, Forderungen »einzutreiben« und werden aus diesem Grund auch mit einem gewissen Nachdruck Ihre Kunden angehen. Diese Vorgehensweise kann speziell bei Bestandskunden auf Ablehnung stoßen. Es hängt natürlich auch immer vom gewählten Dienstleister ab, behalten Sie bei der Frage, ob Sie ein Inkasso-Büro hinzuziehen möchten, aber immer im Hinterkopf, dass hier in erster Linie die Begleichung der Forderung wichtig ist und nicht der Kundenumgang und die Kundenzufriedenheit.

Alternativ zum Inkasso-Büro, das einschreitet, wenn eine Forderung nicht beglichen ist, können Sie Ihre Forderungen, sobald diese entstehen, auch verkaufen. Factoring ist hierfür das Zauberwort, bei dem Sie nichts anderes tun, als offene Forderungen an ein Factoring-Unternehmen abzutreten. Dies tun Sie, im Gegensatz zum Inkasso-Büro, direkt nachdem die Forderung entsteht, also wenn ein Benutzer im Shop einkauft. Sie erhalten in der Regel 80 % des Umsatzes direkt am nächsten Tag und den Rest, sobald der Kunde die Forderung beglichen hat. Ähnlich wie beim Inkasso-Büro müssen Sie sich daher um die Eintreibung der Forderungen keine Gedanken machen. Das übernimmt letztendlich das Factoring-Unternehmen für Sie, das selbstverständlich auch mit Nachdruck versucht, offene Forderungen von Ihren Kunden einzutreiben. Auch hierbei kann also wieder dieselbe unschöne Situation wie beim Inkasso-Büro entstehen, dass auch Bestandskunden vergrault werden, sobald sie mal mit einer Zahlung spät dran sind.

Im Zweifelsfall können Sie, denn es ist letztendlich auch wieder eine Frage der Kosten und des Handlings, Factoring bzw. das Inkasso-Büro einmal testen und schauen, ob es in Ihrem ganz konkreten Fall eine gute Lösung für das Problem mit offenen Forderungen ist.

6.3.3   Bonitätsprüfung

Unabhängig von der Nutzung eines Payment-Providers können Sie in Ihren Online-Shop ein Bonitätsprüfungssystem integrieren. Ein solches System schützt Sie vor Zahlungsausfällen, da innerhalb des Bezahlvorgangs die Kundendaten geprüft werden. Ein Anbieter eines solchen Systems ist creditPass, das uns im Folgenden als Beispiel dient. Natürlich gibt es in diesem Bereich auch weitere Anbieter; wie auch bei Zahlungsarten lohnt es sich, im Vorfeld immer verschiedene Angebote einzuholen und basierend auf den Kosten und den angebotenen Leistungen einen geeigneten Anbieter auszuwählen.

Sofern Sie creditPass in Ihrem Online-Shop integriert haben, werden während des Check-out-Prozesses die eingegebenen Kundendaten geprüft. Hierzu zählen unter anderem eine Kontenprüfung, Adressprüfung, Identitätsprüfung, Bonitätsprüfung und Compliance-Prüfung (siehe Abbildung 6.16). Sprich der mögliche Kunde wird, soweit möglich, durchleuchtet, und daraus resultiert ein Wert, der Ihnen die Wahrscheinlichkeit der Bezahlung der Bestellung wiedergibt. Genau dies ist der springenden Punkt bei allen Bonitäts- bzw. Kundenprüfungssystemen: Sie erhalten letztendlich eine Wahrscheinlichkeit kommuniziert, beispielsweise einen Wert von 0 bis 100, und müssen definieren, ab welchem Wert Sie Ihre Kunden zum Beispiel auf Rechnung beliefern möchten oder auch nicht.

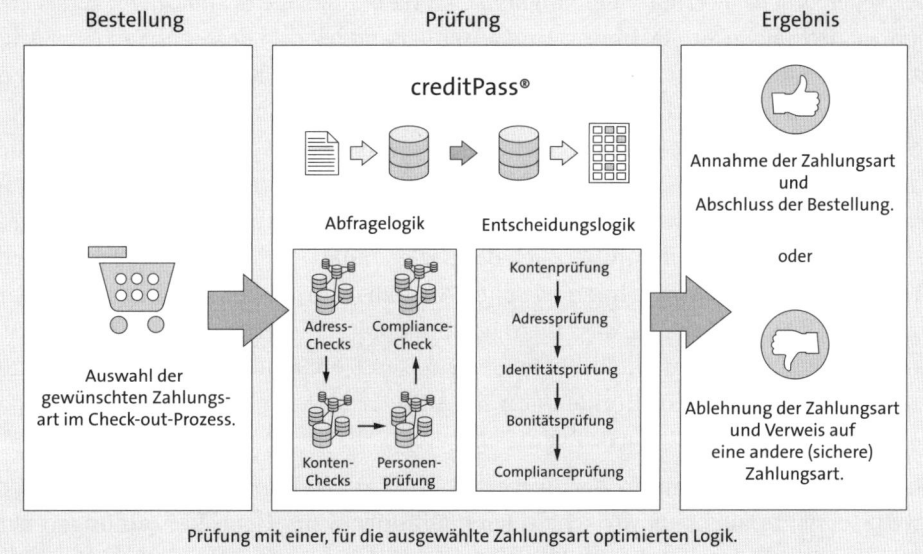

Abbildung 6.16 Bonitätsprozess am Beispiel von creditPass

Kunde muss Bonitätsprüfung zustimmen

Beachten Sie, dass Sie nicht einfach die Bonität einer Person prüfen können. Ihr Kunde muss dieser Prüfung zustimmen. Aus diesem Grund müssen Sie beispielsweise bei Zalando im ersten Schritt im Bestellvorgang die AGB akzeptieren. Erst im Anschluss kommen Sie zur Adresseingabe und Zahlungsauswahl. Standardmäßig werden die AGB immer am Schluss abgefragt, aber bei einer Bonitätsprüfung müssen Sie zuerst Ihren Kunden um Einverständnis bitten. Passen Sie daher gegebenenfalls den Zahlungsprozess in Ihrem Online-Shop an!

Dabei kann auch theoretisch eine Person mit einem niedrigen Wert problemlos die Bestellung bezahlen, aber die Wahrscheinlichkeit ist einfach geringer. In Ihrem Online-Shop können Sie basierend auf diesem Wert anschließend Zahlungsarten ausgrenzen und einem Kunden mit einem schlechten Wert die Nutzung der Rechnung untersagen. Beachten Sie hierbei aber immer die Außenwirkung! Wenn Sie auf

Ihrer Startseite und in anderen Bereichen im Online-Shop »großspurig« mit dem Kauf auf Rechnung werben, ein Kunde aber anschließend die Zahlungsart gar nicht nutzen kann, erzeugt das Unmut. Unterschätzen Sie hierbei nicht die Intelligenz Ihrer Kunden, denn diese wissen in der Regel schon, dass die Untersagung der Zahlung auf Rechnung etwas mit der Bonität zu tun hat. Je nach Typ fühlt sich der eine oder andere Kunde gekränkt oder ist verärgert und bezieht die Ware bei einem anderen Online-Shop.

Deswegen gibt es alternativ die Möglichkeit, erst einmal alle Bestellungen zu akzeptieren, auch solche auf Rechnung, und anschließend bei den Bestellungen per Rechnung während der Bestellbearbeitung einen Bonitätscheck durchzuführen. Erhalten Sie hierbei einen schlechten Wert, können Sie immer noch mit Ihrem Kunden sprechen und ihn bitten, die Ware per Vorkasse zu bezahlen. Als Shop-Betreiber haben Sie in einem solchen Fall viele Möglichkeiten, mit ein wenig Kreativität und Sprachgewandtheit die Situation so zu retten, dass Sie Ihren Kunden nicht vergrämen und dennoch ein gutes Gefühl hinsichtlich der Begleichung der Rechnung haben. Lassen Sie sich hier auch nicht von irgendwelchen Ausreden am Telefon abschrecken. In der Praxis ist es nicht unüblich, dass die schlechte Bonität »irgendwie« begründet wird. Wenn Sie ein schlechtes Gefühl haben, verweisen Sie einfach auf eine andere Zahlungsmethode. Wenn Ihr Kunde dann ins Straucheln gerät, wissen Sie vermutlich selbst, worin das eigentliche Problem liegt.

Da eine Bonitätsprüfung in der Regel pro Abfrage Geld kostet, macht gerade die zweite Variante auch aus wirtschaftlichen Gründen Sinn. Denn bei Zahlungen per Kreditkarte & Co. müssen Sie die Bonität in der Regel sowieso nicht prüfen. Wenn Sie jedoch alle Kunden direkt checken, dann haben Sie auch bei diesen Kunden Kosten, die gerne pro Prüfung bei ca. 1 € liegen können. Gegebenenfalls ist daher für Sie, sofern dies organisatorisch abbildbar ist, die nachträgliche Prüfung nach Bestellung auf Rechnung die elegantere und finanziell sinnvollere Variante.

Bei der Integration von creditPass können Sie auf Module für die gängigen Online-Shop-Lösungen zurückgreifen. So liegen Module für Magento, OXID, xt:Commerce, osCommerce & Co. bereits vor. Dadurch können Sie die Prüfung relativ problemlos integrieren und müssen nicht erst eine manuelle Anbindung vornehmen.

Egal, für welche Varianten Sie sich auch entscheiden, ob Payment-Provider mit Rundum-sorglos-Paket, ob reine Bonitätsprüfung oder die Plausibilitätsprüfung mit Bordmitteln. Passen Sie bei Bestellungen auf, und versuchen Sie das Risiko von Zahlungsausfällen zu vermeiden. Wir empfehlen Ihnen die Nutzung eines Payment-Providers mit dem Rundum-sorglos-Paket, denn als Shop-Betreiber haben Sie eine Vielzahl an Aufgaben tagtäglich zu erledigen, und alles, was Sie bedenkenlos delegieren können, ermöglicht Ihnen, sich auf die wichtigsten Aufgaben zu konzentrieren.

6.4 Die passende Zahlungsart für Ihre Kunden finden

Zahlungsarten gibt es viele, aber welche Zahlungsarten lohnen sich für Sie wirklich? Eine pauschale Aussage ist schwierig, denn es kommt auf Ihre Branche, Ihre Produkte und auf Ihre Zielgruppe an. Werden Sie sich daher im ersten Schritt über folgende Punkte klar:

▶ Wie viel kosten meine Artikel, wie hoch ist der durchschnittliche Warenkorbwert?

▶ Wie alt sind meine Kunden im Schnitt?

▶ Wie hoch ist die Marge meiner Artikel?

▶ Welche Rolle spielt die Schnelligkeit der Lieferung bei meinen Produkten bzw. in der Branche?

Je höher der durchschnittliche Warenkorbwert liegt, desto eher kommen Zahlungsmethoden wie Ratenkauf, Kauf auf Rechnung oder auch die Kreditkarte ins Spiel. Je jünger Ihre Zielgruppe ist, desto weniger spielt die Kreditkarte eine Rolle, wobei diese bei älteren Personen wiederum eine große Rolle spielt. Auch die Marge Ihrer Produkte sollten Sie bedenken, denn wenn Sie für die Abwicklung einer Zahlungsmethode beispielsweise 5 % bezahlen, die Marge aber äußerst gering ist, bringt es auch nichts, Bestellungen ohne Gewinn abzuwickeln. Schnelligkeit bei der Lieferung spielt auch wiederum eine Rolle, denn wenn Sie 5 Wochen für die Herstellung der Produkte benötigen, ist es egal, ob man per Vorkasse bezahlt, denn ein zeitlicher Vorteil durch »schnellere« Zahlungsmethoden existiert nicht. Abgesehen von diesen Faktoren gibt es darüber hinaus Studien, welche Zahlungsarten über eine hohe Popularität verfügen. Basierend auf dem eCommerce-Leitfaden zählen folgende Zahlungsmethoden zu der Top 5:[8]

1. Kreditkarte

2. Rechnung

3. PayPal

4. Lastschrift

5. Vorkasse

Es ist jedoch auch ein Fakt, dass gewisse Zahlungsarten in der letzten Zeit an Popularität verlieren, die wiederum von anderen gewonnen wird. So wird die Zahlung per Nachnahme laut eCommerce-Leitfaden uninteressanter, Amazon Payments holt hingegen auf.

---

8 Die Fragestellung lautete: »Welche Zahlungsverfahren haben Sie beim Einkaufen im Internet in den letzten 12 Monaten genutzt?« (*www.ecommerce-leitfaden.de/erfolgsfaktor-payment-2013.html*)

Wichtig ist, einen gewissen Mix anzubieten. Als Shop-Betreiber sollten Sie daher danach schauen, klassische Zahlungsmethoden wie Vorkasse und wenn möglich auch Nachnahme abzubilden, da Ihnen diese aus Kostensicht nicht wehtun und es sicherlich noch die einen oder anderen Kunden gibt, die diese Methoden nutzen möchten. Vorkasse und Nachnahme gehören dabei zu den Fallback-Methoden für diejenigen Kunden, die den neuen Zahlungsmethoden nicht »trauen«. Zusätzlich benötigen Sie Zahlungsarten, die eine schnelle Begleichung der Rechnung ermöglichen. Hierzu zählen PayPal, aber auch Giropay oder Sofortüberweisung. Sie müssen aber nicht alle drei Varianten integrieren, in der Regel reicht die Nutzung von PayPal, die Sie gegebenenfalls, das heißt, wenn Ihnen die Kosten nicht wehtun, um Sofortüberweisung ergänzen können. Wenn Sie anschließend noch feststellen, dass Ihre Zielgruppe im Schnitt älter als 25–30 Jahre ist, sollten Sie die Kreditkarte ebenfalls anbieten. Hierbei sollten Sie aber definitiv anhand des Alters entscheiden, denn im Gegensatz zu den USA haben bei uns vor allem »ältere« Personen eine Kreditkarte. Das Anbieten der Rechnung ist kritisch, wenn Sie diese aber absichern können, haben Sie auf jeden Fall nochmals eine populäre Zahlungsmethode, die die Conversion-Rate steigert; aber Vorsicht, es geht auch ohne den Kauf auf Rechnung. Denn wenn Ihnen hierbei die Kosten explodieren, haben Sie ebenfalls nichts gewonnen.

Möglichkeiten haben Sie viele, sorgen Sie für einen guten Mix. Im Zweifelsfall testen Sie gewisse Zahlungsarten, denn was können Sie außer etwas Geld verlieren? Im besten Fall gewinnen Sie neue Kunden und steigern die Conversion-Rate!

Die Webanalyse hilft bei der Auswahl der Zahlungsarten

Ein Tipp noch am Rande: Ob Sie die richtigen oder falschen Zahlungsmethoden anbieten, können Sie mit Hilfe der Webanalyse messen und auswerten. Werfen sie daher einen Blick in Kapitel 11, »Der Kompass im E-Commerce – Conversion-Messung und -Optimierung«, und überwachen Sie regelmäßig die Abbruchquoten in Ihrem Check-out-Prozess bei der Auswahl der Bezahlmethode, die Bounce-Quoten im Warenkorb sowie stehen gelassene Warenkörbe.

6.5   Zahlungsarten in den Online-Shop integrieren

Ein wichtiger Punkt, über den Sie sich als Shop-Betreiber ebenso Gedanken machen müssen, ist die Integration der Zahlungsmethode in den eigenen Online-Shop. Die vorhandene Integration müssen Sie im Vorfeld als wichtiges Kriterium beachten, denn es bringt Ihnen nichts, wenn Sie ein paar Promille bei den Transaktionskosten sparen, aber anschließend die komplette technische Integration in den eigenen Online-Shop übernehmen müssen!

Lassen Sie sich aus Erfahrung sagen, dass die Entwicklung eines Zahlungsarten-moduls, in unserem Fall Magento, eine Sache von Tagen und Wochen ist. Dadurch entstehen erst einmal horrende Kosten, die Sie ja wieder einspielen müssen. Und genau aus diesem Grund ist es wichtig, im Vorfeld zu prüfen, ob der Payment-Provi-der oder der Zahlungsanbieter eine mit Ihrem Shop funktionierende bzw. vorhan-dene Integration anbietet. Denn viele Anbieter machen sich die Sache etwas zu leicht und verweisen darauf, dass sie ausschließlich die Zahlungsart bzw. den Payment-Ser-vice anbieten, aber nicht die notwendige Integration in den Online-Shop. Kommt es anschließend zu technischen Problemen, wird der Ball ganz gerne an Subdienstleis-ter oder Ihre IT zurückgespielt.

Aufgrund der Vielzahl an Payment-Provider, Zahlungsarten und Online-Shop-Lösun-gen gibt es keine pauschalen Aussagen und Empfehlungen, denn es hängt immer von der jeweiligen Situation ab. Dennoch haben wir in Projekten immer sehr gute Erfahrungen mit PAYONE und den von PAYONE angebotenen Modulen gemacht. Diese haben speziell im Magento-Umfeld bislang immer sehr gut und problemlos funktioniert.

Sprechen Sie das Thema auf jeden Fall bei der Auswahl des Payment-Providers bzw. der Zahlungsart an, und lassen Sie sich gegebenenfalls das jeweilige Modul im Vor-feld zusenden, so dass Sie dieses testen können, bevor Sie einen Vertrag unterschrei-ben und sich an einen Anbieter binden.

6.6 Fazit

Wie Sie innerhalb dieses Kapitels bemerkt haben, ist das Thema Payment im E-Com-merce komplexer, als man im ersten Schritt vermutet. Aus der enormen Vielzahl an Zahlungsmöglichkeiten müssen Sie nämlich genau die herausfinden, die von Ihren Online-Shop-Besuchern präferiert werden und die für Sie als Shop-Betreiber aus finanzieller Sicht Sinn ergeben. Und genau dieser Spagat macht das Thema so inte-ressant und herausfordernd. Denn in der Regel sind die Zahlungsmöglichkeiten, die für Shop-Betreiber interessant sind, für Kunden weniger interessant. So, wie Ihre Kunden einkaufen möchten – nehmen wir als Beispiel den Rechnungskauf –, entste-hen für Sie als Shop-Betreiber aber womöglich gewisse Risiken und hohe Transakti-onskosten. Daher gilt es, die richtige Mischung zu finden und Ihren Kunden vor allem ein einfaches, schnelles und sicheres Bezahlen zu ermöglichen, bei dem Sie immer noch Spaß am Verkauf haben, da sich die Prozess- und Transaktionskosten im Rahmen halten.

Für welche Zahlungsmethoden Sie sich auch entscheiden: Ihre Wahl ist nicht in Stein gemeißelt. Überwachen Sie daher konstant die Akzeptanz, und trauen Sie sich auch, Zahlungsmethoden zu entfernen und neue, innovative Möglichkeiten des Zahlens zu integrieren, wenn Sie merken, dass dies von Ihren Besuchern gewünscht wird!

Kapitel 7

Der Online-Shop als Bestandteil Ihres Unternehmens – Integration in Ihre IT-Landschaft

Um mit Ihrem Online-Shop im laufenden Betrieb Prozesskosten senken und die Effizienz erhöhen zu können, müssen Sie den Online-Shop als Teil Ihrer IT-Systemlandschaft sehen. Denn nur durch eine gute Integration innerhalb Ihrer bestehenden Systeme kann Ihr Online-Shop auch seine volle Wirkung entfalten.

In diesem Kapitel wollen wir uns dem Thema widmen, wie ein Online-Shop Bestandteil Ihres Unternehmens werden kann bzw. wie Sie den richtigen Mix an Software finden, mit dem Sie neben dem Online-Shop Ihrem Alltagsgeschäft optimal nachgehen können.

7.1 Integration des Online-Shops in die bestehende IT-Infrastruktur

Eine der zentralen Aufgaben beim Aufbau und Betrieb eines Online-Shops besteht darin – zumindest wenn man bereits eine bestehende IT-Infrastruktur besitzt –, das Zusammenspiel der verschiedenen Softwarekomponenten möglichst reibungslos zu gestalten. Je mehr Teilsysteme dabei unmittelbar miteinander interagieren, desto höher ist der Integrationsgrad und somit in vielen Fällen auch die Effektivität des Gesamtsystems.

Da die Integration eines Online-Shops in eine bestehende IT-Infrastruktur oftmals mit einem nicht unerheblichen Aufwand und Risiko verbunden ist – bestehende Komponenten müssen erneuert, erweitert oder angepasst werden –, sollten Sie das neue Teilsystem so auswählen, dass es sich möglichst nahtlos in die bestehende Umgebung integriert.

7.1.1 Integrationsformen

Wir wollen Ihnen anhand eines Fallbeispiels der Musterfirma AG verschiedene Formen der Softwareintegration vorstellen, die sich am Markt herausgebildet haben und die sich in ihrem Aufwand und bezüglich der Abhängigkeit von Produkten oder Herstellern auch deutlich unterscheiden können.

Fallbeispiel: Musterfirma AG

Die Musterfirma AG ist ein europaweit agierendes Unternehmen in der Medizintechnikbranche und beschäftigt in Deutschland knapp 100 Mitarbeiter. Das Unternehmen betreibt bereits ein ERP-System zur Verwaltung der unternehmensrelevanten Prozesse wie Buchhaltung, Produktion etc. Darüber hinaus wurde für die Vertriebsabteilung ein CRM-System (*Customer Relationship Management*) in Betrieb genommen, um die Kundenbeziehungen optimal verwalten zu können. Für das Produktmanagement wird ein PIM-System (*Product Information Management*) eingesetzt, in dem alle produktrelevanten Merkmale gepflegt werden und unter anderem Kataloge, Broschüren etc. generiert werden.

Die Musterfirma AG möchte nun noch einen B2B-Online-Shop eröffnen, um den Kunden eine einfachere Möglichkeit zu schaffen, regelmäßige Gebrauchsgüter und neue Produkte zu bestellen. Durch diesen Online-Shop sollen Ressourcen im Vertrieb freigesetzt werden, so dass die Kundenbeziehungen wieder effektiver gepflegt werden können.

Zusammenstellungen

Die am wenigsten aufwendige Integrationsform ist die einfache Zusammenstellung der Softwarelösungen innerhalb der IT-Infrastruktur. Hierbei werden von der Musterfirma AG vordefinierte Softwarepakete bezogen, deren Komponenten oftmals bereits im Vorfeld für ein reibungsloses Zusammenspiel konfiguriert sind und unabhängig von anderen Softwarelösungen betrieben werden können. Sie erhält damit ein funktionierendes System, ohne dass sie die Details des Zusammenspiels der einzelnen Komponenten innerhalb der Lösung kennen muss.

Ein solches System kann beruhigt in die IT-Infrastruktur integriert und (bei Bedarf) auch beliebig angepasst und erweitert werden, da es – aufgrund der schwachen bis nicht vorhandenen Kopplung der einzelnen Systeme – keine Seiteneffekte auf die anderen Systeme herbeiführen kann.

Diese Art der Integration ist die klassische Integrationsform bei kleineren Online-Shops, wo der Online-Shop als autarkes System geführt wird und somit alle Daten, Funktionen und Prozesse im Online-Shop selbst gepflegt, vorgehalten und durchgeführt werden und es keinerlei Integration, wie zum Beispiel Schnittstellen oder Ähnliches, zu anderen Systemen gibt (siehe Abbildung 7.1).

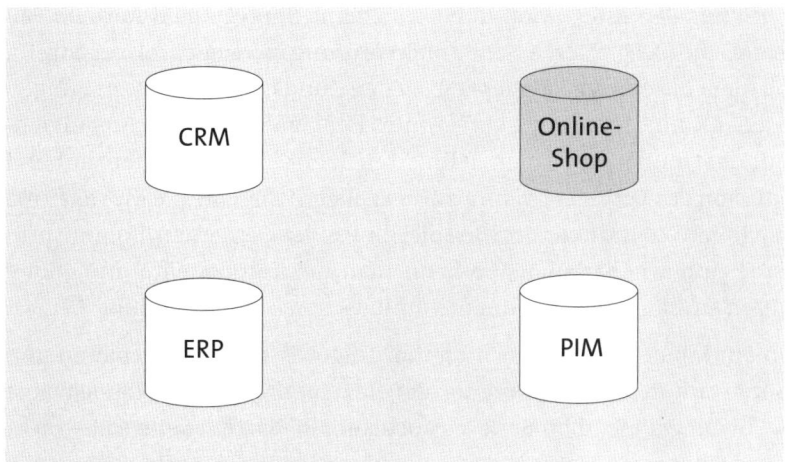

Abbildung 7.1 Der Online-Shop als autarkes System innerhalb der IT-Infra-struktur der Musterfirma AG

Im Fall der Musterfirma AG hat diese Art der Integration den großen Vorteil, dass der Online-Shop autark von allen anderen Systemen geführt werden und so schneller an den Markt gebracht werden kann. Der Nachteil ist jedoch, dass es keinen Abgleich zu den anderen Systemen gibt, womit die Kunden- und Produktdaten doppelt oder drei-fach gepflegt werden müssen.

Funktionale Integration

Von einer funktionalen Integration spricht man, wenn bestimmte Funktionen einer Softwarekomponente durch andere Komponenten der IT-Infrastruktur verwendet werden. Dazu zählt beispielsweise eine serviceorientierte Architektur (SOA) mit ihren bereitgestellten und verknüpften Services, die man in einer Softwarekompo-nente nutzen kann.

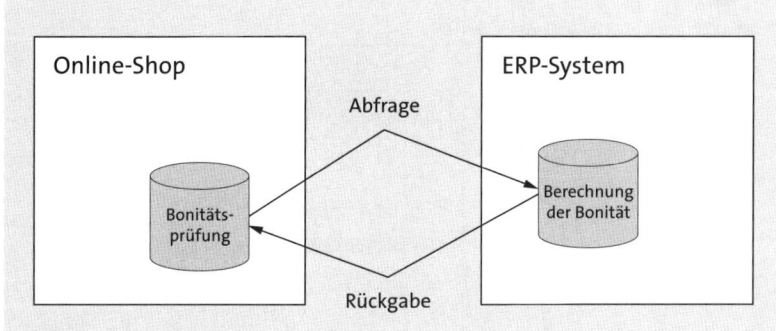

Abbildung 7.2 Der Online-Shop mit einer funktionalen Integration

Beispiel einer funktionalen Integration in einem Online-Shop-Umfeld wäre im Fall der Musterfirma AG die Integration einer Bonitätsprüfung in den Bezahlvorgang. Da der Online-Shop nicht die einzige Möglichkeit für den Kunden ist, seine Bestellungen zu tätigen, und jeder Kunde nur für ein bestimmtes Limit anhand seiner Bonität einkaufen kann, ruft der Online-Shop einen definierten Service im ERP-System auf und bekommt von diesem das verfügbare Limit zurückgeliefert. Möchte die Musterfirma AG zu einem späteren Zeitpunkt zum Beispiel mit einem externen Bonitätsprüfungsdienstleister zusammenarbeiten, so kann man die Komponente im Online-Shop einfach durch eine andere Komponente umtauschen (siehe Abbildung 7.2).

Die integrierten Funktionen müssen sich hierbei an gewisse Standards halten und werden somit sehr stark an die Komponenten der einzelnen Systeme gekoppelt. Eine Anpassung sowohl auf Online-Shop-Seite als auch auf ERP-System-Seite sollte nicht ohne Weiteres vorgenommen werden, da dies weitreichende Konsequenzen nach sich ziehen kann. In diesem Fall wäre das gegebenenfalls eine falsche Bonität für einen Kunden im Online-Shop.

Datenintegration

Bei der Datenintegration greifen mehrere Komponenten aus der IT-Infrastruktur auf die dieselben Daten zu, um Redundanzen und Inkonsistenzen in der Datenhaltung bzw. unerlaubte Zugriffe auf die gespeicherten Daten zu vermeiden (siehe Abbildung 7.3).

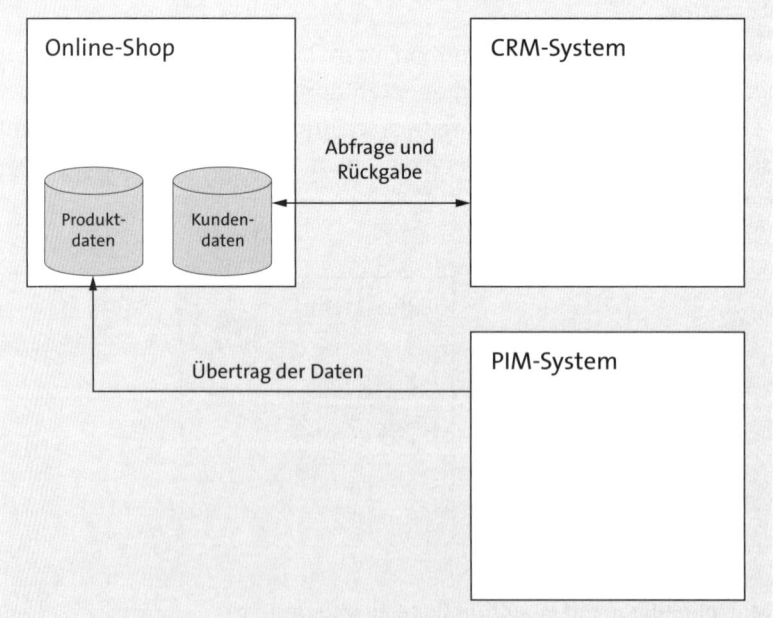

Abbildung 7.3 Die Datenintegration von verschiedenen Systemen

Auch hier gibt es unterschiedliche Integrationsgrade: Manche Datenintegrationen greifen wie andere Anwendungen unmittelbar auf die Daten zu und sind somit sehr stark aneinander gekoppelt, während andere Datenintegrationen über abstrakte Zugriffsschichten auf die Daten zugreifen und so etwas entkoppelter voneinander sind.

Gerade bei Unternehmen wie der Musterfirma AG, wo der Online-Shop nur ein neuer Bestandteil der Vertriebsorganisation werden soll und noch weitere Vertriebskanäle, wie beispielsweise der Telefonvertrieb oder der Außendienst, mit angeschlossen sind, wäre es nicht sinnvoll, die Kundendaten in den verschiedenen Systemen zu pflegen. Meist ist hier das ERP- oder das CRM-System führend.

Der Online-Shop empfängt hier die Neuregistrierungen der Kunden und überträgt diese anschließend an das CRM-System. Nachdem die Kundendatensätze im CRM-System bearbeitet oder neue Kunden im CRM-System angelegt wurden, werden diese anschließend an den Online-Shop übertragen.

Ein ähnliches Prinzip gilt für das PIM-System: Produktdaten werden nur an einer Stelle angelegt und für alle möglichen Kanäle (wie zum Beispiel dem Online-Shop) gepflegt. Nach der Pflege der Daten werden die Produktdaten an den Online-Shop übertragen.

Somit ist gewährleistet, dass der Online-Shop immer sofort über aktuelle Daten verfügt, der Prozess zur Pflege effizient gestaltet ist und nicht an vielen verschiedenen Stellen gleiche Daten gepflegt werden müssen.

Kombinierte Integration

Unter der kombinierten Integration versteht man die zunehmende Verwischung der funktionalen und der Datenintegration innerhalb einer serviceorientierten IT-Infrastruktur. Während früher der unmittelbare Zugriff und die Verwendung konkret definierter Schnittstellen üblich war – also Systeme dadurch stark aneinander gekoppelt waren –, verwenden moderne Softwarearchitekturen heutzutage definierte Services, also eine Funktion, die man ansprechen kann, ohne dass man genau weiß, was sich dahinter verbirgt. So kann beispielsweise eine Software eine datenbezogene Funktionalität bereitstellen, ohne dass das datenverarbeitende System weiß, wie die Daten genau zusammengestellt wurden (siehe Abbildung 7.4).

Im Fall der Musterfirma AG umfasst das CRM-System die Möglichkeit, eine Bestellung für den Kunden anzulegen. Die Bestellung wird hierbei aber nicht direkt in der Datenbank des CRM-Systems gespeichert, sondern über diverse Services direkt in der Datenbank des Online-Shops angelegt. Dies hat den Vorteil, dass der Kunde einerseits alle seine Bestellungen im Online-Shop nachverfolgen kann und andererseits auch die Bestellungen dann nur aus einem System an das ERP-System exportiert werden müssen. Auch muss der Vertriebsmitarbeiter zur Auftragserfassung nicht sein gewohntes System verlassen, sondern hat eine einheitliche Oberfläche für alle Prozesse.

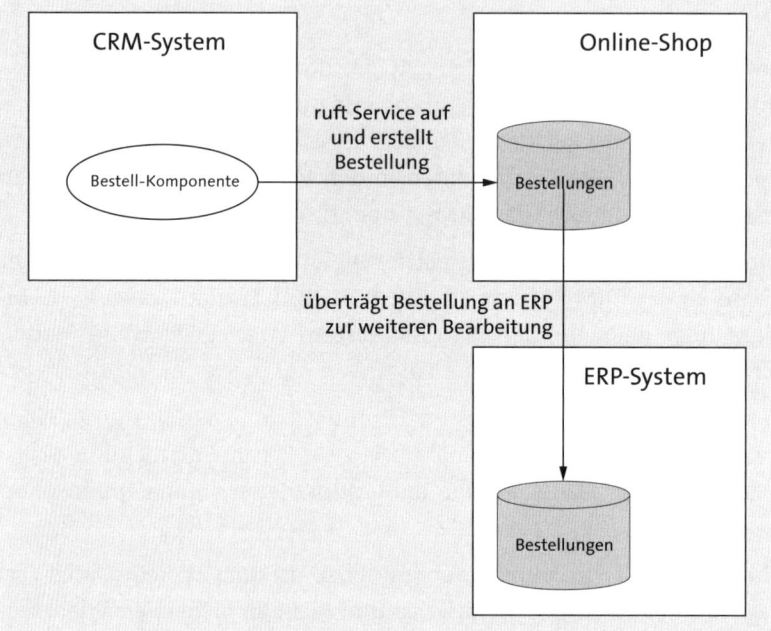

Abbildung 7.4 Die kombinierte Integration innerhalb der IT-Infrastruktur

7.1.2 Integration und Standardisierung

Bei der Integration eines neuen Systems in eine bestehende IT-Infrastruktur ist zu beachten, dass jede Form der Integration entsprechend definierte Schnittstellen benötigt, welche eine Kommunikation der beteiligten Komponenten bzw. Systeme miteinander ermöglicht.

Sind diese Schnittstellen nicht offengelegt – also für einen Dienstleister nicht einsehbar – ist eine Integration von alternativen Komponenten nur sehr schwer möglich. Die Folgen sind zum einen eine sehr eingeschränkte Auswahl integrierbarer Komponenten und zum anderen eine sehr hohe Bindung an ein bestimmtes Produkt bzw. einen bestimmten Hersteller.

Bei der Auswahl eines Online-Shop-Systems ist deshalb darauf zu achten und auch im Beschaffungsprozess zu bevorzugen, dass die Integration in die bestehende IT-Infrastruktur möglichst einfach und über offengelegte Standards möglich ist. Das beste Online-Shop-System nutzt Ihrem Unternehmen nichts, wenn es als Insellösung innerhalb der IT-Infrastruktur allein dasteht.

7.1.3   Integration und Abhängigkeit

Der große Vorteil von integrierten Lösungen besteht darin, dass die einzelnen Komponenten idealerweise optimal aufeinander abgestimmt sind und so relativ einfach integrierbar, konfigurierbar und verwendbar sind. Bei der Weiterentwicklung und Pflege ist darauf zu achten, dass der hohe Integrationsgrad beibehalten wird und sich kein zusätzlicher Integrationsaufwand bzw. das Risiko von Fehlfunktionen einschleichen.

Auf der einen Seite haben Sie zwar oft höhere Kosten für die Integration, auf der anderen Seite sparen Sie jedoch sehr viel Zeit, Geld und Nerven im Alltagsgeschäft, wenn beispielsweise Daten nur an einer Stelle gepflegt werden, Prozesse effizient gestaltet sind oder Komponenten relativ einfach ausgetauscht werden können, sollten sie nicht so funktionieren, wie Sie es wünschen.

Bei der Integration muss man jedoch auch aufpassen, dass man nicht übertreibt. Von einer bestmöglichen Integration bis zu einer Abhängigkeit von Komponenten ist es oft nur ein kleiner Schritt. Durch die zunehmende Integration wird oftmals die Kopplung zwischen den einzelnen Systemen und Komponenten immer stärker, sie werden voneinander abhängig, und somit werden die gängigen Prinzipien einer serviceorientierten Architektur außer Acht gelassen.

Wenn Sie beispielsweise eine kommerzielle Schnittstelle für Ihren Online-Shop lizenzieren und integrieren, sich bei der Integration aber herausstellt, dass die Integration noch etwas erweitert werden muss, und Sie nun um die proprietäre Schnittstelle weitere Logik programmieren, haben Sie einen solchen Fall. So erzeugen Sie eine Abhängigkeit. Wenn Sie nun auf eine neue Online-Shop-Version aktualisieren möchten und der Hersteller der Schnittstelle hier nicht mitzieht oder den Betrieb eingestellt hat, sind Sie in einem Dilemma gefangen: Einerseits wollen (oder müssen) Sie aktualisieren, andererseits können Sie nicht, weil die Schnittstelle dann nicht mehr funktionieren würde. Die Schnittstelle können Sie jedoch auch nicht so einfach austauschen, ohne erheblichen Mehraufwand zu verursachen, weil Sie noch weitere Logik dazu programmiert haben.

Gerade in komplexen Online-Shop-Projekten werden oftmals sehr viele Anpassungen vorgenommen, um die gewünschten Anforderungen abbilden zu können. Dadurch wird das Online-Shop-System so stark an andere Systeme aus der IT-Infrastruktur gekoppelt, dass manche Unternehmen über Jahre hinweg veraltete Softwareversionen einsetzen, um den laufenden Betrieb nicht zu gefährden.

7.1.4   Zusammenfassung

Bei der Integration eines Online-Shops in die bestehende IT-Infrastruktur sollten Sie darauf achten, dass Sie sich nicht »zu Tode integrieren«, sondern jede Anforderung und Komponente einzeln abwägen und ein gesundes Mittelmaß an offenen und standardisierten Schnittstellen bzw. stärker gekoppelten Integrationen in die bestehende IT-Infrastruktur haben.

Sie sichern sich dadurch eine größere Herstellerunabhängigkeit und Flexibilität während des Betriebs und auch der Weiterentwicklung der einzelnen Komponenten, so dass im Endeffekt auch die Investitionssicherheit maximiert wird.

7.2   Externe Software auswählen, integrieren und nutzen

Der Online-Shop stellt heutzutage in der IT-Infrastruktur vieler Unternehmen oft nur ein Puzzle-Teil von vielen dar. Oft werden auch noch viele andere Systeme nebenbei eingesetzt, die das Alltagsgeschäft am Laufen halten. Bereits bei der Planung und Strukturierung des Online-Shops bzw. bei der Auswahl der entsprechenden E-Commerce-Lösung haben Sie ein Gespür dafür bekommen, welche Funktionen Sie im Online-Shop abbilden können/wollen bzw. welche Funktionen Sie gegebenenfalls in ein anderes System auslagern. Nachfolgend sind mehrere unterschiedliche Systeme beschrieben, die typisch für eine Integration mit einem E-Commerce-System sind.

7.2.1   ERP: Preise, Produktdaten, Warengruppen und Verkäufe

Das Akronym ERP steht für die englischen Worte *Enterprise Ressource Planning* und bezeichnet ein System, das man benötigt, um alle vorhandenen Ressourcen eines Unternehmens rechtzeitig und – falls möglich – bedarfsgerecht zu planen und zu steuern.

Dazu werden oft verschiedenste Insellösungen abgeschafft und in einem System zusammengefasst, um so die Geschäftsprozesse einheitlich abzubilden und effizienter steuern zu können.

Ein ERP-System beinhaltet meist folgende Funktionsbereiche:

▶ Bedarfsermittlung

▶ Controlling

▶ Dokumentenmanagement

▶ Finanz- und Rechnungswesen

▶ Materialwirtschaft

▶ Personalwirtschaft

▶ Produktdatenmanagement

▶ Produktion/Produktionsplanung und -steuerung

▶ Verkauf und Marketing

Je nach Größe eines Unternehmens sind die Anforderungen an die oben genannten Funktionsbereiche unterschiedlich ausgeprägt. Bei manchen Firmen können bestimmte Bereiche ausgelagert werden, während es bei größeren Unternehmen sinnvoll ist, alle Bereiche im Unternehmen direkt abzubilden. Kleinere bzw. mittelständische Unternehmen werden manche Funktionsbereiche nicht benötigen bzw. nicht über ein ERP-System abbilden, während in größeren Unternehmen die einzelnen Funktionsbereiche häufig sehr intensiv genutzt werden.

Verschiedene Branchen stellen oftmals auch unterschiedliche Anforderungen an ein ERP-System, weshalb es neben größeren Anbietern solcher Unternehmenssoftware auch viele kleinere bzw. auf bestimmte Branchen spezialisierte Anbieter von ERP-Systemen gibt. Ein Beispiel zeigt Abbildung 7.5.

Abbildung 7.5 Screenshot des webbasierten ERP-Systems actindo

7.2.2 PIM: Produkte zentral verwalten

Das Akronym PIM steht für *Product Information Management* oder Produktinformationsmanagement und bezeichnet ein System, in welchem man medienneutral Produktdaten verwaltet, pflegt und modifiziert, damit man aus einer Quelle heraus verschiedene Systeme und Vertriebskanäle mit konsistenten, akkuraten und auch aktuellen Produktinformationen beliefern kann.

Der Bedarf für ein solches System entsteht in vielen Firmen aus den unterschiedlichsten Gründen:

▶ Die Anzahl an zu verwaltenden Produkten ist so hoch, dass andere Lösungen, wie beispielswiese Excel-Tabellen, an ihre Grenzen stoßen.

▶ Die Produktinformationen liegen in einem Unternehmen häufig nicht zentral gebündelt vor, sondern verstreut bei verschiedenen Mitarbeitern bzw. (Fach-) Abteilungen.

▶ Die Anzahl an verschiedenen Ausgabemedien bzw. Vertriebskanälen ist so hoch, dass es wirtschaftlich nicht rentabel wäre, sie alle manuell zu pflegen und mit konsistenten, akkuraten und aktuellen Produktinformationen zu beliefern.

Das Beispiel einer PIM-Systemlösung sehen Sie in Abbildung 7.6.

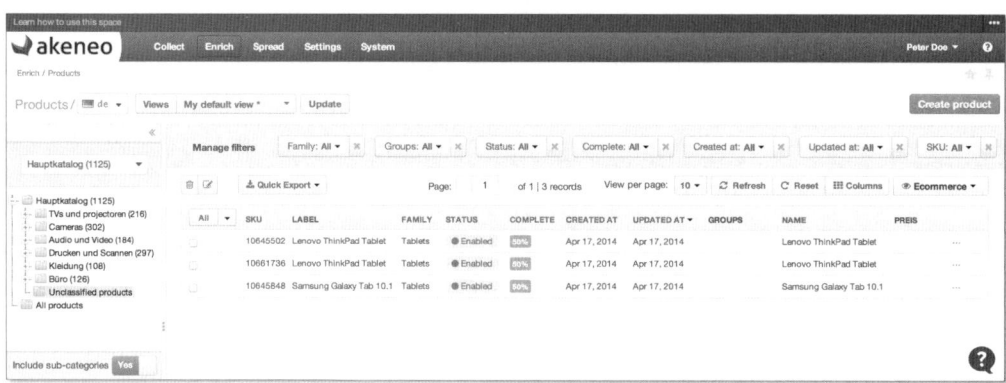

Abbildung 7.6 Screenshot des webbasierten PIM-Systems Akeneo

7.2.3   CRM: Kundenbindung schaffen und optimieren

Das Akronym CRM (*Customer Relationship Management*) bezeichnet den strategischen Ansatz innerhalb eines Unternehmens zur vollständigen Planung, Steuerung und Durchführung aller kundenbeziehungsrelevanten Prozesse. Ein Beispiel für ein CRM-System zeigt Ihnen Abbildung 7.7.

In einem CRM-System soll der gesamte »Kundenlebenszyklus« abgebildet werden, weshalb es nicht als insoliertes Instrument innerhalb einer Organisation angesehen werden sollte, sondern als das zentrale System, um konsequent einen hohen Grad an Kundenorientierung zu erreichen. Primär steht nun nicht mehr das Verkaufen von (lagerhaltigen) Produkten im Vordergrund, sondern den Kunden und seinen aktuellen und möglichen zukünftigen Bedarf kennenzulernen. Basierend darauf kann man dem Kunden anschließend optimal seinem Bedarf entsprechende weitere Produkte und Dienstleistungen anbieten und so weitere Umsatzpotenziale generieren.

Wichtige Eigenschaften und Ziele eines CRM-Systems sind die *Kundenorientierung*, bei der sämtliche Aktivitäten des Unternehmens konsequent auf den Kunden ausgerichtet sind, um ihn so jederzeit ganzheitlich beraten und ihn bedarfsgerecht »bedienen« zu können. Des Weiteren wird eine *langfristige Kundenbeziehung* angestrebt, die einerseits zu einer Steigerung des Gewinns bzw. des Marktanteils beitragen soll, andererseits aber auch den Kunden durch optimale Cross- und Up-Sellings zu Wiederholungs- und Folgekäufe anregen und damit auch gleichzeitig die Kosten für die Generierung eines Kunden reduzieren soll. Auch legt man mit einem CRM mehr Wert auf eine *systematische und kundenorientierte Kundenbearbeitung*. Nicht jeder Kunde kann gemäß dem Gießkannenprinzip gleich angesprochen werden, sondern die Kommunikation sollte speziell auf jeden Kunden bzw. jedes Kundensegment abgestimmt erfolgen. Ein weiteres Charakteristikum ist die *Wirtschaftlichkeitsorientierung* innerhalb des CRM. Ein Unternehmen muss seine Kunden ganzheitlich kennenlernen. Kernfragen sind: Wie viel Umsatz und wie viel Deckungsbeitrag generiert ein Kunde? Wann waren die Kunden zum letzten Mal aktiv? Warum sind sie nicht mehr aktiv?

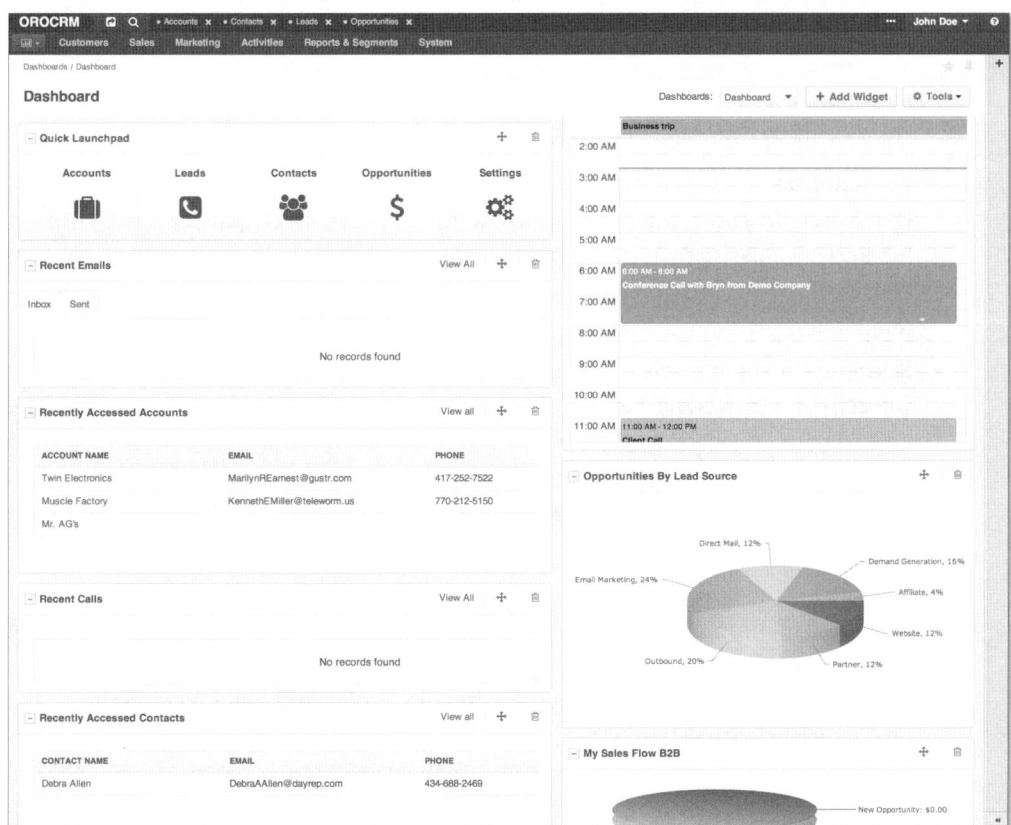

Abbildung 7.7 Screenshot des webbasierten CRM-Systems OroCRM

7.2.4   E-Mail: Newsletter und E-Mails extern versenden

Spätestens seit den personalisierten und oftmals auch sehr zutreffenden Newsletter-Kampagnen von Amazon ist das E-Mail-Marketing in jedem Privathaushalt angekommen. Es ist dabei für Unternehmen aller Größenordnungen eines der mächtigsten Marketingwerkzeuge, da es gegenüber anderen, klassischen Werbeformen besonders effektiv ist und auch speziell auf eine Zielgruppe abgestimmt werden kann, wodurch Sie weniger Streuverlust haben.

Die wichtigsten Vorteile des E-Mail-Marketings sind:

▶ **Personalisiertes Marketing**
Durch eine zuverlässige und genaue Pflege der Newsletter-Abonnenten lassen sich in einer E-Mail-Marketing-Kampagne die Empfänger persönlich ansprechen. Ihre Nachricht ist somit nicht mehr nur eine der unzähligen, unpersonalisierten Massen-E-Mails und findet so mehr Akzeptanz bzw. Aufmerksamkeit.

▶ **Steigerung des Umsatzes**
Der Umsatz eines Unternehmens lässt sich nicht nur durch die Gewinnung von Neukunden steigern. Haben Sie sich erst einmal einen gewissen Kundenstamm aufgebaut, ist es wichtig, diesen zu nutzen und weiterzuentwickeln. So können Sie bestehende Kunden aktiv auf neue Produkte und Angebote hinweisen und so zusätzliche Bestellungen bzw. Folgeaufträge generieren.

▶ **Kosteneffizientes Marketing**
Die Kosten für eine E-Mail-Marketing-Kampagne sind im Gegensatz zu den Kosten für andere klassische Werbeformen, wie zum Beispiel ein postalisches Mailing oder eine Anzeigenkampagne, meist deutlich geringer, da keine materiellen Kosten (Papier, Druck etc.) anfallen.

▶ **Schnelle Umsetzbarkeit**
Die schnelle Umsetzbarkeit ist einer der großen Vorteile von E-Mail-Marketing-Kampagnen. Sie können in kürzester Zeit Ihre Kunden auf direktem Weg über neue Produkte und Angebote informieren, ohne lange Wartezeiten, wie zum Beispiel bis zum nächsten Anzeigenschluss bei einer Anzeigenkampagne, in Kauf nehmen zu müssen.

▶ **Genaue Erfolgskontrolle**
Nichts ist schlimmer, als wenn man eine Marketingkampagne startet, die bei den Kunden nicht ankommt, bzw. als wenn die Kunden nicht darauf reagieren. Das E-Mail-Marketing bietet hier eine sehr genaue Erfolgskontrolle: Wer hat die E-Mail tatsächlich erhalten? Wer hat sie geöffnet? Wer hat zu welchem Zeitpunkt auf welchen Link in meiner E-Mail-Kampagne geklickt? Im Gegensatz zu vielen anderen Werbeformen ist somit auch der Erfolg – und auch Misserfolg – quantitativ mess- und auswertbar und lässt sich so konstant optimieren.

▶ **Zuverlässige Zustellung**
Da es sich in der heutigen Zeit bei ca. 60 % des weltweiten E-Mail-Verkehrs um Spam-Nachrichten handelt, ist es umso wichtiger, dass die E-Mails Ihrer Marketingkampagne von vertrauenswürdigen Servern abgesendet werden, welche in Kooperation mit diversen Providern stehen und so dafür sorgen, dass die E-Mails von Ihnen auch wirklich ankommen.

Abbildung 7.8 zeigt Ihnen das Beispiel einer Newsletter-Erstellungsmaske einer entsprechenden Software.

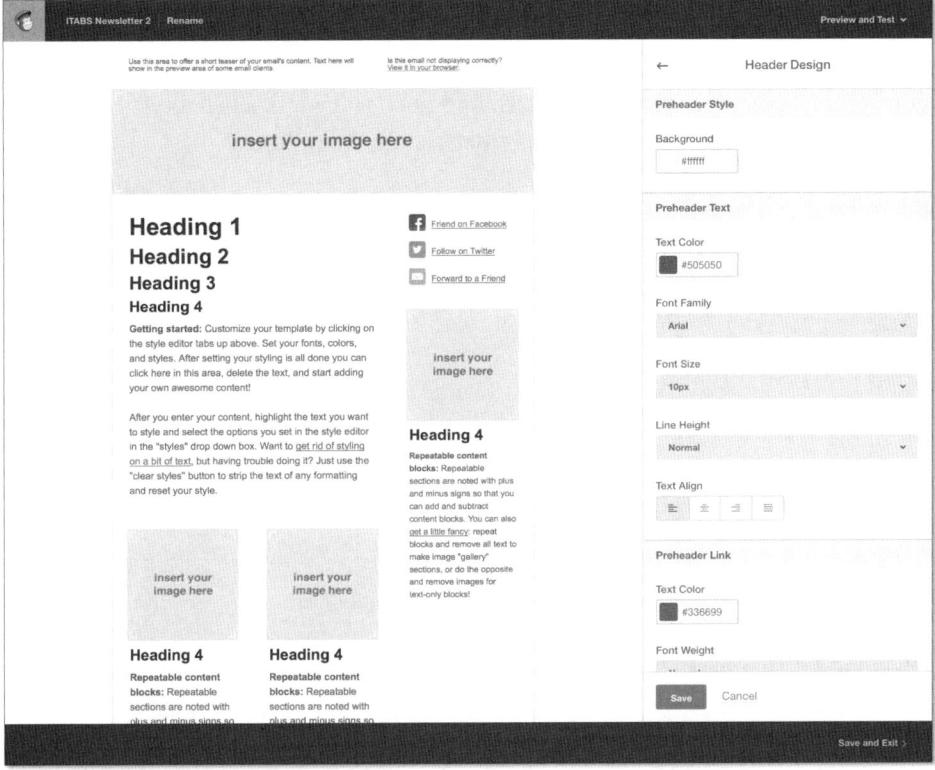

Abbildung 7.8 Newsletter-Erstellungsmaske der Newsletter-Software MailChimp

7.2.5   Weitere Lösungen

Die in den bisher aufgeführten Abschnitten beschriebenen Softwarelösungen sind jedoch nur ein Bruchteil der am Markt verfügbaren Lösungen. Für Ihren Alltag im Online-Geschäft können jedoch auch noch viele andere Lösungen infrage kommen. Nachfolgend haben wir noch weitere Lösungen für Sie zusammengestellt.

Zahlungsdienstleister

Die Bezahlung der Waren bzw. der Dienstleistungen im Online-Geschäft ist ein nicht zu vernachlässigender Bereich. Studien, wie zum Beispiel die der ibi research an der Universität Regensburg, haben ergeben, dass je nach Anzahl und Kombination der verfügbaren Zahlungsarten durchschnittlich mehr oder weniger Personen einen Kauf in Ihrem Online-Shop abschließen. So hat man bei einer Umfrage zum Thema Zahlungsarten herausgefunden, dass 88 % der Besucher den Online-Shop verlassen, wenn Sie ausschließlich Vorkasse als Zahlungsart anbieten. Bietet man auch noch

Nachnahme an, reduziert sich die Abbruchquote auf 80 %. Eine Kombination aus Vorkasse und Sofortüberweisung würde die Abbruchquote auf 67 % reduzieren, während bei Lastschrift und Vorkasse die Abbruchquote schon auf 38 % sinkt. Bietet man Kreditkarte, Sofortüberweisung und PayPal an, reduziert sich die Abbruchquote auf 8 %. Bietet man nun noch Rechnung an, würde sich die Abbruchquote noch weiter reduzieren, da die Rechnung in Deutschland nach wie vor das beliebteste Zahlungsmittel ist und am meisten Vertrauen genießt (siehe Abbildung 7.9).

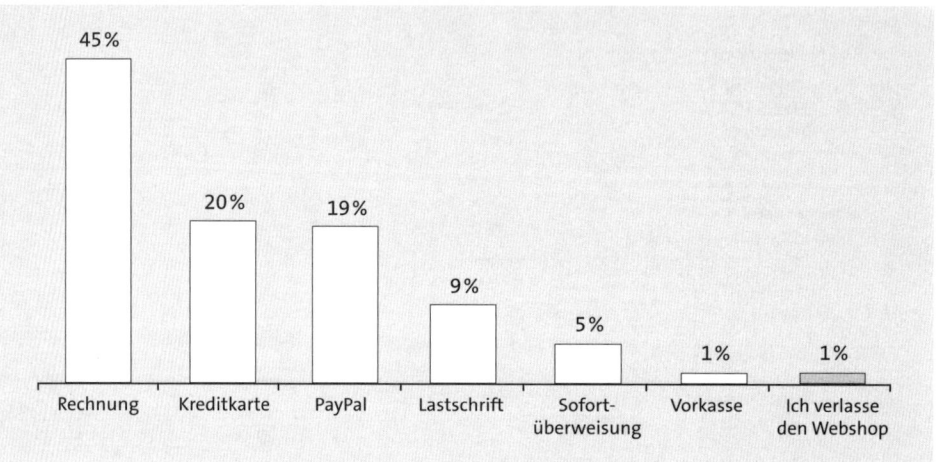

Abbildung 7.9 Überblick über die Abbruchquoten bei verschiedenen Zahlungsarten im Online-Shop. (Quelle: ibi research)

Wie Sie der Grafik entnehmen können, lohnt es sich also durchaus, sich Gedanken über die richtigen Zahlungsarten zu machen.

Für die genannten Zahlungsarten haben sich inzwischen viele verschiedene Zahlungsdienstleister am Markt positioniert und stehen Ihnen mit ihrer Expertise im Bereich Zahlung zur Seite. Auch helfen sie Ihnen dabei, Ihr eigenes Zahlungsausfallrisiko – meist gegen monatliche Entgelte bzw. Transaktionsgebühren – zu minimieren. Einige Zahlungsdienstleister bieten Ihnen die Abwicklung von vielen verschiedenen Zahlungsarten, beispielsweise Kreditkarte, Rechnung, Lastschrift, PayPal, über die eigene Zahlungsplattform an, so dass Sie nur einen Vertrag mit einem Dienstleister eingehen und sich fortan nicht mehr um die vielen verschiedenen Plattformen selbst kümmern bzw. selbst einen hohen Verwaltungsaufwand zur Abwicklung der Zahlungsarten generieren müssen.

Andere Dienstleister wiederum haben sich auf das Anbieten von ausschließlich einer einzigen Zahlungsart spezialisiert – beispielsweise den Kauf auf Rechnung oder die Online-Überweisung. Der Vorteil ist, dass sie so beispielsweise beim Kauf auf Rechnung das eigene Zahlungsausfallrisiko senken können.

Um Kreditkartenzahlungen rechtssicher abwickeln zu können, müssen Sie in jedem Fall einen Vertrag mit einem sogenannten Payment Provider (Zahlungsdienstleister) eingehen, der sich anschließend um den reibungslosen Ablauf der Kreditkartenzahlungen für Sie kümmert und so sicherstellt, dass die Kreditkartendaten Ihrer Kunden nicht in falsche Hände gelangen.

Viele Zahlungsdienstleister stellen bereits vorgefertigte Module für unterschiedliche Shop-Systeme bereit, mit denen ein Zahlungsanbieter relativ schnell und einfach im Shop eingebunden werden kann. Manche Shop-Systeme liefern auch schon standardmäßig mit ihren Software-Paketen integrierte Zahlungsdienstleister aus.

Versanddienstleister

Ein wichtiger Punkt im Online-Geschäft ist das Thema Versand, also mit welchem Dienstleister Sie Ihre Ware an Ihre Kunden versenden. Hierbei ist zu beachten, dass zum einen der Versand nicht übermäßig lange dauern darf, aber zugleich auch keine horrenden Kosten für den Versand entstehen sollten. Die Versandkosten bzw. Frachtkosten werden Sie im Regelfall auch an Ihre Kunden weiterberechnen. Zu hohe Versandkosten können durchaus eine abschreckende Wirkung auf den Kunden haben, was wiederum zu weniger Umsatz führen kann.

Bei der Auswahl des Versanddienstleisters ist ebenfalls darauf zu achten, ob er neben dem Standardversand auch noch weitere Dienstleistungen, wie beispielsweise Expressversand oder Same-Day-Delivery (Lieferung am gleichen Tag) anbietet. Je nach Marktumfeld und Region können dies weitere mögliche Versandoptionen sein, die zum einen sehr kundenorientiert sind bzw. dem Kunden einen echten Mehrwert bieten, zum anderen aber auch den durchschnittlichen Bestellwert erhöhen können.

Die Integration von Versanddienstleistern wird oftmals unterschiedlich gehandhabt. Bei vielen Online-Shops werden einfach nur die entsprechenden Versandkosten-Tabellen hinterlegt, während bei anderen Online-Shops die einzelnen Versanddienstleister direkt angebunden werden. Hier findet dann die Berechnung der Versandkosten für den Warenkorb des Kunden direkt statt. Darüber hinaus bieten einige Versanddienstleister auch Schnittstellen an, um beispielsweise die Sendungsnummern für eine Bestellung direkt wieder in den Online-Shop zurückzuspielen. So kann ein Kunde einfach und schnell den Sendungsstatus zu seiner Bestellung verfolgen.

Bonitätsprüfungsdienstleister

Wie in jeder Branche kann es auch im Online-Geschäft Zahlungsausfälle und schwarze Schafe geben. Um das mögliche Zahlungsausfallrisiko für Sie zu minimieren, existieren deshalb eine Reihe von Bonitätsprüfungsdienstleistern am Markt, die für viele Shop-Systeme entsprechende Plug-ins zur Integration bereitstellen.

Durch eine solche Dienstleistung können die Kunden im Online-Shop entsprechend auf ihre Bonität hin geprüft werden und die verfügbaren Zahlungsarten je nach zurückgeliefertem Ergebnis – meist in Ampel-Farben (Grün, Gelb, Rot) – entsprechend einschränken und so sicherstellen, dass Sie nicht versehentlich Ware an einen Kunden versenden, der nie die Absicht hatte zu bezahlen.

Da bei vielen Bonitätsprüfungsdienstleistern nach der Anzahl an Anfragen vergütet werden muss, ist es üblich, dass die Bonitätsprüfung nicht in jeder Branche eingesetzt wird oder nur durchgeführt wird, wenn der Warenkorbwert eine bestimmte Grenze überschritten hat, also das Zahlungsausfallrisiko zunimmt.

Bonitätsprüfungsdienstleister werden oftmals unterschiedlich integriert. Einerseits gibt es die Möglichkeit den Online-Shop direkt an den Dienstleister anzubinden, sodass alle Anfragen direkt an den Dienstleister gehen. Manche Online-Shops realisieren die Anbindung an den Bonitätsprüfungsdienstleister beispielsweise nur im ERP-System, sodass der Online-Shop hier das ERP-System anfragt und dort die eigentliche Anfrage an den Bonitätsprüfungsdienstleister gestartet wird.

E-Commerce-Controlling-Dienstleister

Um im E-Commerce erfolgreich zu sein, ist die konstante Erfassung von Bewegungsdaten im Online-Shop und eine konstante Auswertung der erfassten Daten unerlässlich. Ein Online-Shop ist niemals »fertig«, sondern unterliegt einer stetigen Weiterentwicklung. Diese Weiterentwicklung muss aber konstant überwacht und optimiert werden, im Zweifelsfall muss auch gegengesteuert werden. Hierzu gibt es verschiedene E-Commerce-Controlling-Dienstleister, welche an diesem Punkt ansetzen und Ihnen entsprechende Handwerkszeuge an die Hand geben.

So möchten Sie ja beispielsweise nicht nur wissen, wie sich die Anzahl der Bestellungen, die Anzahl der Besucher, die Conversion-Rate entwickeln, sondern auch, an welchen Stellen im Bezahlvorgang die Kunden abspringen oder welche Marketingkampagnen den meisten Effekt haben und den meisten Ertrag bringen.

Viele E-Commerce-Controlling-Dienstleiser stellen bereits Standard-Schnittstellen für verschiedene E-Commerce-Systeme bereit, so dass eine erste Integration oftmals schnell und einfach vorgenommen werden kann. Darüber hinaus hat man oftmals auch die Möglichkeit, anhand bestimmten Schnittstellendokumentationen die Integration selbst zu programmieren oder die Standard-Schnittstelle zu erweitern.

7.2.6   Zusammenfassung

Wie Sie in den vorausgehenden Abschnitten gesehen haben, gibt es eine Vielzahl von möglichen Lösungen, die Sie für Ihr Unternehmen – auch in Bezug auf das Online-Geschäft – einsetzen zu können.

Sie sollten sich jedoch vor Ihrem Unternehmensstart genau überlegen, wie Sie Ihre Ressourcen planen und verteilen und welche Lösungen wirklich für Sie relevant sind. Das Ziel bei der Auswahl der Softwarelösungen für die eigene IT-Infrastruktur sollte nicht sein, möglichst alle verfügbaren Lösungen einzuführen bzw. alle Dienstleister anzubinden, sondern genau die Lösungen auszuwählen, die zu Ihren Kunden, Ihrem Marktumfeld und Ihrem Unternehmen passen.

7.3 Fazit

Die Integration des Online-Shops mit anderen Systemen nimmt in der heutigen Zeit immer weiter zu. So eine Integration stellt alle beteiligten Parteien immer vor besondere Herausforderungen, weshalb hier eine genaue Definition der Ziele, der verwendeten Systeme und die Arten der Integration genau definiert werden sollten. Oftmals scheitern IT-Projekte von Online-Shops daran, dass zu wenig geplant wird, bzw. steigen ihre Kosten derart, weil die Integration schlichtweg unberücksichtigt bleibt bzw. nicht vollständig genug durchgeführt wird, so dass die zu erwartenden Effizienzsteigerungen ausbleiben.

Kapitel 8

Online-Marketing –
Kunden gewinnen, Umsätze steigern

Wie im stationären Handel gilt auch im Internet: ohne Besucher keine Kunden und ohne Kunden kein Umsatz. Es gibt verschiedene Möglichkeiten, Kunden in den Shop zu bekommen. In diesem Kapitel erfahren Sie welche.

Glückwunsch, der Shop ist nun fertig. Das Design wurde angepasst, das Sortiment steht. Die Bilder von Ihren Produkten wurden gemacht, und die Beschreibung macht Lust aufs Kaufen. Nun steht dem Erfolg eigentlich nichts mehr im Wege. Nun fehlt Ihnen nur noch eines, nämlich Kunden.

Stellen Sie sich vor, in einer Stadt eröffnet in einem beliebigen Haus ein Laden. In dem Laden gibt es die besten Produkte zum allerbesten Preis. Die Inneneinrichtung ist geschmackvoll, und das Sortiment lässt keine Wünsche offen. Allerdings ist es von außen nicht zu erkennen, dass sich in dem Gebäude überhaupt ein Laden befindet. Es gibt weder Wegweiser noch Zeitungsanzeigen, die auf das tolle Angebot hinweisen. Glauben Sie, dass dieses Geschäft erfolgreich sein wird?

Sehr wahrscheinlich nein. Mit viel Glück wird sich vielleicht einmal ein Kunde in den Laden verirren, der dann in seinem Bekanntenkreis von dem Besuch berichtet. Einen durchschlagenden Erfolg wird dieses Geschäft aber nicht haben.

Sie befinden sich nun genau in der Situation, in der sich der Ladenbesitzer aus diesem Beispiel auch befindet. Ihr Online-Shop kann der beste Shop mit den günstigsten Preisen und dem größten Sortiment sein. Das nützt Ihnen alles nichts, wenn Ihren Online-Shop niemand kennt.

8.1 Warum Online-Werbung?

Werbung bzw. Marketing ganz generell hatte immer den Zweck, den Kunden auf das jeweilige Angebot hinzuweisen. Genauso ist es natürlich auch online. Um die potenziellen Kunden auf Ihr Angebot aufmerksam zu machen, müssen Sie also Werbung betreiben. Hierbei gibt es ganz allgemein zwei unterschiedliche Zielsetzungen: Zum einen gibt es Werbung, die ein direktes und kurzfristiges Ergebnis erzielen soll, im

Fall eines Online-Shops also, Besucher in den Shop zu leiten. Diese Form nennt man *Performance-Marketing*, weil dort die Performance, also zu Deutsch die Leistung, im Vordergrund steht. Performance-Marketing ist immer messbar und kurzfristig optimierbar.

Auf der anderen Seite steht die *Branding-Kampagne*. Hier ist das Ziel eher langfristiger und kann zum Beispiel die Erhöhung des Bekanntheitsgrades oder die Schaffung eines positiven Images sein. Ein Großteil der TV-Werbung oder auch viele Bannerkampagnen sind klassisches Branding. Nehmen wir zum Beispiel EDEKA mit der TV-Kampagne »Wir lieben Lebensmittel« (siehe Abbildung 8.1). Die TV-Kampagne wird mit Bannern im Internet begleitet und hat die Aufgabe, das Image von EDEKA zu verbessern. Um Kunden direkt zum Kauf zu animieren, taugt die Kampagne aber nicht.

Abbildung 8.1 Die Edeka Branding-Kampagne »Wir lieben Lebensmittel«

Um Kunden direkt zum Kauf zu animieren, werden Prospekte verteilt, die konkrete Produkte bewerben und Kunden direkt zum Kauf auffordern.

Auch einige (große) Online-Shops setzten auf eine Kombination von Branding und Performance-Marketing. Wenn Sie bereits zu Beginn ein sechsstelliges Marketingbudget haben, können Sie das ebenfalls. Wenn nicht, sollten Sie sich in der Anfangszeit darauf konzentrieren, Produkte zu verkaufen. Es nützt Ihnen nichts, wenn jeder Ihren Shop kennt und sympathisch findet, die Bestellungen aber ausbleiben.

Wenn Sie also kein Werbebudget in sechsstelliger Höhe haben, setzen Sie am Anfang auf Performance-Kampagnen. So haben Sie den schnellsten Return on Investment (ROI) und können die Gewinne zeitnah wieder reinvestieren. Alles, was nicht unmittelbar dafür sorgt, Bestellungen zu generieren, sollte in der Anfangszeit hintangestellt werden.

8.2   Abrechnungsmethoden und Kostenkalkulationen

Nicht nur das Ziel, also Performance oder Branding, unterscheidet sich bei den einzelnen Werbeformen. Auch bei der Vergütung gibt es eine Reihe von Unterschieden.

Sie als Shop-Betreiber haben in der Regel zwei Ziele: Zum einen wollen Sie die Marketingausgaben so gering wie möglich halten, und zum andern soll natürlich auch das Risiko überschaubar sein.

Das Risiko können Sie minimieren, indem Sie über CPO (Cost per Order) abrechnen. Hierbei vereinbaren Sie mit dem Werbenetzwerk, auf dem Sie Ihre Werbung schalten, dass Sie nur etwas bezahlen, wenn ein Kunde, der über die Werbung in den Shop kam, auch tatsächlich etwas bestellt hat. Das finanzielle Risiko ist somit für Sie gleich null, da nur bei Erfolg bezahlt wird. Keine Bestellungen bedeutet keine Werbeausgaben!

Das klingt erst einmal prima, hat allerdings auch Nachteile, die Sie beachten sollten. Da das Risiko hier komplett beim Werbenetzwerk liegt, wird dieses das Risiko natürlich mit in den Preis kalkulieren. Es kann also sein, dass Sie mit dieser Methode unterm Strich mehr pro generierter Bestellung ausgeben als bei anderen Methoden.

Nicht nur das ist aber ein Nachteil dieser Methode. Ihr Werbepartner muss ebenfalls erfahren, dass es aufgrund seiner Werbung zu einer Bestellung kam. Dies geschieht durch einen speziellen Tracking-Code, den Sie in Ihrem Shop integrieren müssen. Der Aufwand einer CPO-Kampagne ist somit höher als bei allen anderen Abrechnungsformen. Wie solch ein Tracking-Code integriert werden muss, erfahren Sie in Abschnitt 8.3, »Affiliate-Marketing«.

Eine weitere Methode ist die Abrechnung nach Klicks (CPC = Cost per Click oder PPC = Pay per Click). Wie der Name schon vermuten lässt, erfolgt die Abrechnung hierbei nach Anzahl der Klicks. Sobald also ein Nutzer auf Ihre Werbung klickt und damit in Ihren Shop geleitet wird, wird dieser Klick berechnet. Sie zahlen mit dieser Methode zwar nur für tatsächliche Besucher in Ihrem Shop, wie Sie aber in Abbildung 8.2 sehen können, bedeutet das noch lange nicht, dass der Besucher auch tatsächlich etwas bestellt.

Das Risiko, dass Sie Kosten verursachen, aber keine Bestellung generieren, ist bei einer CPC-Abrechnung für Sie also höher als bei der CPO-Abrechnung. Allerdings ist dieses Risiko bei korrekt betriebener Webanalyse überschaubar, denn Sie können selbst messen, wie viele Klicks für eine Bestellung notwendig sind. Eine permanente Überwachung der Marketingkanäle, egal, welche Abrechnungsmethode Sie gewählt haben, ist sowieso unerlässlich. Nur so können Sie das Maximale aus Ihren Investitionen rausholen. Wie Sie dabei genau vorgehen sollten, erfahren Sie in Kapitel 11, »Der Kompass im E-Commerce – Conversion-Messung und -Optimierung«.

Zu guter Letzt gibt es noch das Verfahren CPV (Cost per View). Hierbei spielt es keine Rolle, ob auf die Werbung geklickt wurde oder ob darüber eine Bestellung generiert wurde. Allein die Einblendung Ihrer Werbung genügt schon, um abzurechnen. Übernommen wurde dieses Verfahren von den klassischen Zeitungsanzeigen: je höher die Auflage einer Zeitung, desto höher der Preis einer Anzeige. Im Internet ist es die

Rechnung, je häufiger Ihre Werbung angezeigt wird, desto höher die Gebühren. Das Risiko bei dieser Methode ist, dass Ihre Anzeige zwar angezeigt wird, nicht aber auch zwangsläufig vom Nutzer gesehen, geschweige denn angeklickt werden muss. Diese Art der Abrechnung findet sich häufig bei Branding-Kampagnen, für Performance-Kampagnen eignet sie sich weniger.

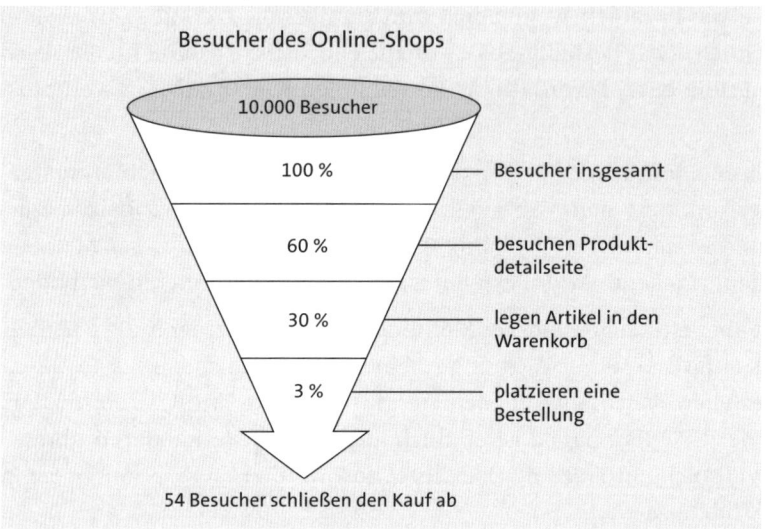

Abbildung 8.2 Nur ein kleiner Teil der Besucher bestellt auch tatsächlich etwas im Shop.

Definieren Sie den Wert einer Bestellung

Um den Erfolg einer Kampagne bewerten zu können, müssen Sie vorher definieren, wie viel Ihnen eine Bestellung Wert ist. Um das zu berechnen, benötigen Sie den durchschnittlichen Wert Ihrer gekauften Warenkörbe. Rechnen Sie dann aus diesem Wert den durchschnittlichen Deckungsbeitrag. Nun wissen Sie, wie viel Sie pro Bestellung investieren können, ohne Verluste zu machen.

Bei einer CPO-Kampagne können Sie diesen Wert mit dem Werbenetzwerk direkt als Provision vereinbaren. Bei CPC-Kampagnen berechnet sich dieser Wert indirekt. Ermitteln Sie anhand der Webanalyse, wie viele Besuche, also Klicks, notwendig sind, bis es zu einer Bestellung kommt. Haben Sie zum Beispiel bei einer CPC-Kampagne eine Conversion von 3 % und einen Preis pro Click von 0,30 €, ergeben sich daraus Kosten pro Bestellung in Höhe von 10 €.

8.3 Affiliate-Marketing

Affiliate kommt aus dem Englischen und bedeutet so viel wie Partner. Es schließen sich hier Website-Betreiber, die auf Ihrer Seite Werbeplätze anbieten, mit Shop-

Betreibern zusammen. Klickt nun jemand auf die Werbung, kommt in den Online-Shop und kauft etwas, erhält der Website-Betreiber eine Provision. Da es sehr umständlich wäre, mit jeder einzelnen Website die Provisionen getrennt abzurechnen, haben sich sogenannte Affiliate-Netzwerke etabliert. Das Netzwerk stellt zum einen die technische Basis zur Verfügung und übernimmt zum anderen gesammelt die Provisionsabrechnung zwischen den Parteien. So entsteht ein Zusammenspiel von mehreren Parteien, wie Sie in Abbildung 8.3 sehen können.

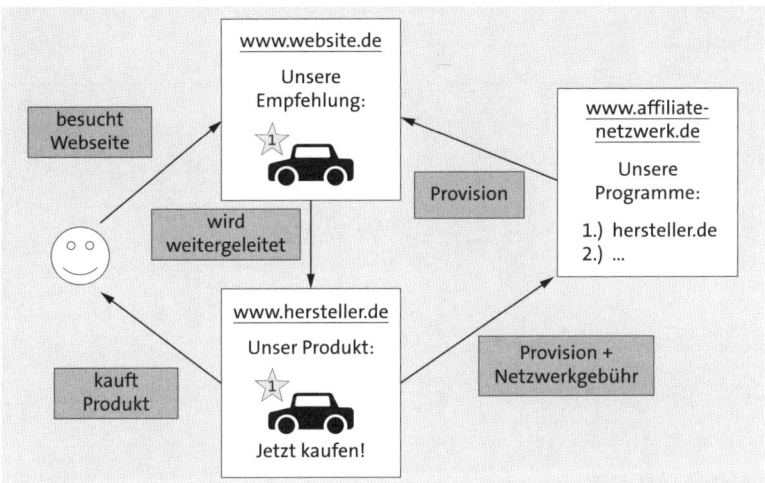

Abbildung 8.3 Schematische Darstellung der Affiliate-Funktionsweise. (Quelle: www.nextab.de)

Es handelt sich also beim Affiliate-Marketing um eine Dreiecksbeziehung zwischen verschiedenen Parteien:

▸ Der *Merchant*: Dabei handelt es sich um einen Shop-Betreiber, der Waren oder Dienstleistungen in seinem Shop verkauft und dafür werben möchte. Über ein Affiliate-Netzwerk bucht er Werbeplätze auf verschiedenen Webseiten.

▸ Der *Affiliate* betreibt die Webseiten und stellt dort über das Affiliate-Netzwerk Werbeflächen zur Verfügung.

▸ Der Netzwerkbetreiber stellt einen Marktplatz zur Verfügung, auf dem Merchants und Affiliates zusammengebracht werden. Er betreibt darüber hinaus auch die technische Basis und rechnet die Provisionen ab. Für diese Leistungen erhebt das Netzwerk eine Gebühr.

Es gibt im Affiliate-Marketing die unterschiedlichsten Abrechnungsmodelle. Sehr weit verbreitet sind CPO- und CPL-Abrechnungen. Vom Merchant wird also nur etwas vergütet, wenn auch tatsächlich eine Bestellung, oder bei der CPL-Abrechnung, ein Lead generiert wurde. Genau das ist auch die Stärke von Affiliate-Programmen. Das Risiko für Sie als Shop-Betreiber ist äußerst gering.

Damit das Affiliate-Netzwerk die Anzahl der Bestellungen auch messen und dann entsprechend abrechnen kann, ist es notwendig, im Shop einen Tracking-Code zu integrieren. Wie genau die Einbindung eines solchen Codes funktioniert, hängt vom jeweiligen Affiliate-System und dem verwendeten Shop-System ab. Die Einbindung ist meist recht einfach, setzt aber geringe Grundkenntnisse in der Dateistruktur voraus. Damit Sie sich selbst ein Bild vom Aufwand machen können, sehen Sie in dem Beispiel in Abbildung 8.4, wie die Einbindung des Affiliate-Netzwerkes SuperClix in einen Magento-Shop funktioniert. In anderen Shop-Systemen und Affiliate-Programmen ist es ähnlich.

Tracking-Code Integration

Shop-System: Magento

SuperClix®
Partnerprogramm-Netzwerk

Benötigte Dateien:
Onepage/Success.php (Hauptverzeichnis)
checkout/success.phtml (Template)

Info!
Der Platzhalter [MAGENTO] steht für das Verzeichnis in dem ihr Magento-Shop installiert ist.

Der Platzhalter [TEMPLATE] steht für das von ihnen verwendete Template-Verzeichnis.
Üblicherweise liegt es unter [MAGENTO]/app/design/frontend

Anpassung der Onepage/Success.php

1. Wechseln Sie in ihr Magento-Verzeichnis
2. Öffnen Sie die Datei [MAGENTO]/app/code/core/Mage/Checkout/Block/Onepage/Success.php

Fügen Sie folgendes VOR der letzten schließenden geschweiften Klammer (}) hinzu:

```
public function getOrderSubtotal()
{
    return Mage::getModel('sales/order')->load(Mage::getSingleton('checkout/session')->getLastOrderId())->getData('subtotal');
}
```

Anpassung der checkout/success.phtml

3. Öffnen Sie die Datei [TEMPLATE]/template/checkout/success.phtml

Bitte beachten! – bei pp=XXXXX muss die Partnerprogrammnummer hinterlegt werden (Bsp.: pp=12345)

Fügen Sie in die Datei folgendes ein:

```
<img src="https://clix.superclix.de/cgi-bin/code.cgi?pp=XXXXX&cashflow=<?php echo $this->getOrderSubtotal() ?>&tax=1.00&curr=EUR&goods=<?php echo $this->getOrderId() ?>" border="0" width="1" height="1" alt="" />
```

Anmerkung:
Wenn Sie eine andere Währung übergeben wollen stehen folgende Währungscodes zur Auswahl:
USD (US-Dollar), SFR (Schweizer Franken), RUB (Russische Rubel).

Abbildung 8.4 Integrationsanleitung, um den SuperClix-Tracking-Code in einem Magento-Shop zu installieren

8.3.1   Auswahl eines Affiliate-Netzwerkes

Die Auswahl des richtigen Affiliate-Netzwerkes ist nicht leicht und sollte wohl über-legt werden. Es gibt mittlerweile unzählige Netzwerke mit noch mehr Publishern. Nicht umsonst haben sich einige Agenturen auf das Affiliate-Marketing spezialisiert und unterstützen Sie als Händler bei der Kampagnenplanung. Das ist aber erst ab einem gewissen Affiliate-Umsatz sinnvoll, weshalb wir hier das Vorgehen ohne Agentur beschreiben.

Es gibt nicht *das* Netzwerk, das alle Anforderungen eines jeden Merchants erfüllt. Verschaffen Sie sich einen Überblick über die verschiedenen Anbieter und deren Konditionen. Schauen Sie sich auch die angeschlossenen Publisher an, und prüfen Sie vorab, ob zu Ihrem Shop thematisch ähnliche Websites vorhanden sind, die als potenzielle Partner infrage kommen.

Außerdem könnten vielleicht noch weitere Möglichkeiten der Werbung für Sie infrage kommen, wie zum Beispiel:

▶ Preisvergleichsseiten

▶ E-Mail-Marketing

▶ Gutscheinportale

Auch diese sind oft in Affiliate-Netzwerken vertreten. Detaillierte Informationen über die Funktionsweise von Preisvergleichsseiten finden Sie in Abschnitt 8.5, »Preis-suchmaschinen«. Zusätzlich zu den dort vorgestellten Möglichkeiten einer Listung bieten viele Preisvergleichsportale die Listungen auch über Affiliate-Netzwerke an, um mehr Händler zu gewinnen. Wenn Sie über ein Affiliate-Programm auf einem Portal gelistet sind, haben Sie neben dem Vorteil der Performance-orientierten Ver-gütung auch den Vorteil, dass Sie mit nur einem Datenfeed auf mehreren Portalen gelistet sein können. Der Aufwand, für jedes Portal einen eigenen Feed zu pflegen, entfällt also. Der Nachteil ist allerdings, dass unter Umständen nicht ihr komplettes Sortiment gelistet wird, sondern nur Artikel, die für das Netzwerk auch lukrativ sind. Da das Netzwerk in diesem Fall auch das Risiko trägt, behält es sich vor, nur lukrative Produkte ins Listing aufzunehmen.

Beim E-Mail-Marketing werden Newsletter mit Werbung für Ihren Shop versendet. Schauen Sie sich die Anbieter hier besonders gut an. Beim Newsletter-Marketing gelangt die Werbung in das Postfach des Nutzers, und der kann von Werbung leicht genervt sein. Die Adressen für solche Aktionen kommen oftmals von Gewinnspielen, in denen dann im Kleingedruckten steht, dass der Nutzer mit Zusendung von Wer-bung einverstanden ist. Das kann der Nutzer entweder schon wieder vergessen oder überlesen haben. Wer diesen Newsletter versendet hat, ist dem Empfänger dann auch egal. Ihr Shop ist darin erwähnt, und dadurch kann es auch zu einem negativen

Image kommen. E-Mail-Marketing über einen Affiliate-Anbieter zu erlauben, sollte also gut überlegt sein.

Bei Gutscheinportalen, wie zum Beispiel *www.gutscheinpony.de* oder *www.coupons4u.de* sollten Sie bedenken, dass sich eine Präsenz dort auch auf Ihre anderen Bestellungen auswirken kann. Kunden, die über andere Kanäle in den Shop kamen und eine Bestellung tätigen möchten, könnten auf die Idee kommen, während des Kaufprozesses nach einem Gutscheincode zu suchen. In diesem Fall wäre es doppelt schlecht, denn zum einen gewähren Sie dem Kunden einen Preisnachlass, obwohl er sehr wahrscheinlich sowieso bestellt hätte, und zum andern müssen Sie noch eine Provision an den Affiliate zahlen. Prüfen Sie deshalb, ob es sich bei den über Gutscheinportalen vermittelten Kunden tatsächlich um Erstbesucher handelt. Wenn nein, sollten Sie von dieser Möglichkeit aus den beschriebenen Gründen Abstand nehmen.

Sie sehen also, dass auch bei Werbeformen, die bei Erfolglosigkeit nichts kosten, Nachteile lauern können. Werbung, egal, ob Sie was kostet oder nicht, muss zu Ihrem Online-Shop und dessen Image passen. Werben Sie auf keinen Fall in einem Umfeld, das nicht zu Ihrem Image passt!

Beobachten Sie die Customer Journey

Die Customer Journey, also frei übersetzt die Reise des Kunden, gibt an, über welche Marketingmaßnahmen Ihre Kunden im Zeitverlauf in den Shop kamen, bis schließlich am Ende etwas bestellt wurde. Schauen Sie, an welcher Position die Gutscheinportale stehen und wie häufig der Kunde vorher schon im Shop war. Wenn der Kunde schon einige Male vorher im Shop war, hätte er vielleicht auch ohne Gutschein bestellt und aufgrund dessen mehr Umsatz generiert.

Um sich langsam an das Thema Affiliate-Marketing heranzutasten, melden Sie sich am besten zuerst bei einem Netzwerk an und testen die Möglichkeiten aus. Als kleine Orientierung finden Sie in Tabelle 8.1 einen kleinen Überblick über einige Affiliate-Netzwerke.

Netzwerk	Gegründet	Mitarbeiter	Ort	Partner-programme
ADCELL	2003	14	Berlin	ca. 1.100
affilinet (DE)	1997	200	München	ca. 2.500
belboon	2002	24	Berlin	ca. 1.300

Tabelle 8.1 Übersicht über einige Affiliate-Netzwerke

Netzwerk	Gegründet	Mitarbeiter	Ort	Partner-programme
CJ affiliate by Conversant	1998	600	München	ca. 200
DigiStore24	2012	k. A.	Hildesheim	ca. 100
SuperClix	1997	14	Freiburg	ca. 400
Tradedoubler	1999	380	München	ca. 500
TradeTracker DE	2004	200	Hamburg	ca. 700
Webgains Deutschland	2006	90	Nürnberg	ca. 400
Zanox	2000	600	Berlin	ca. 2.000

Tabelle 8.1 Übersicht über einige Affiliate-Netzwerke (Forts.)

Weitere wertvolle Tipps und Auflistungen weiterer Netzwerke finden Sie auf:

▶ *www.100partnerprogramme.de*

▶ *www.affiliate-marketing.de*

▶ *www.affilixx.com*

Dort finden Sie auch aktuelle Infos über die Setup-Gebühr und über die Netzwerkprovision, die als Gebühr an das Netzwerk gezahlt werden muss.

8.3.2   Kampagnen in einem Affiliate-Netzwerk anlegen

Haben Sie das passende Netzwerk gefunden und dort den Anmeldevorgang erfolgreich beendet, können Sie die erste Kampagne einstellen. Das Netzwerk funktioniert hier wie ein Marktplatz. Sie stellen also Ihre Kampagne ein und hoffen, dass ein Publisher Ihr Angebot annimmt und Ihre Werbung schaltet. Die Attraktivität für den Publisher ist hier von mehreren Faktoren abhängig. Zum einen möchte er natürlich mit der Werbung Geld verdienen und sucht deshalb einen Partner mit einer hohen Provision. Auf der anderen Seite sucht er aber auch einen Partner, der zu seinem Auftritt passt. Außerdem nutzt ihm die höchste Provision nichts, wenn es sowieso nie zu einem Abschluss kommt, weil die Zielgruppe, die er in den Shop leitet, nicht passt.

Bevor Sie also über Affiliate-Marketing etwas verkaufen, müssen Sie zuerst Ihre Kampagne an möglichst viele Publisher »verkaufen« und sie ihnen schmackhaft machen. Achten Sie darauf, wenn Sie eine neue Kampagne anlegen. In Abbildung 8.5 sehen Sie beispielhaft eine Kampagne von Conrad, die versucht, Affiliates von sich zu überzeugen.

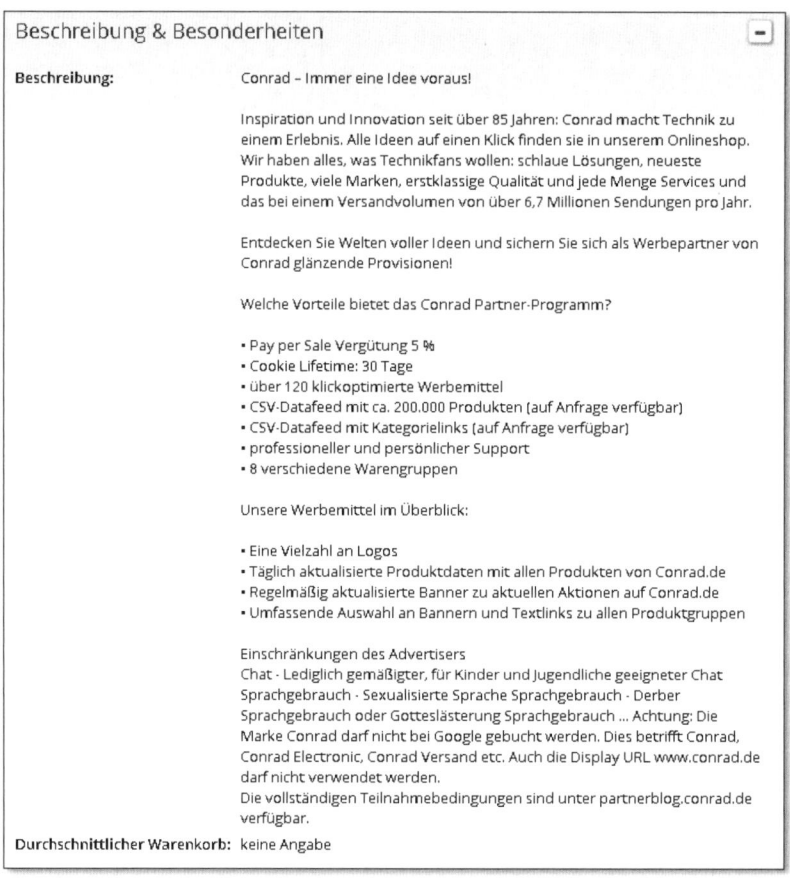

Abbildung 8.5 Beschreibung der Affiliate-Kampagne von »www.conrad.de«

Wenn Sie eine neue Kampagne anlegen, gehen Sie am besten wie folgt vor:

1. Wählen Sie das Provisionsmodell aus. Typisch (und für Sie empfohlen) ist hier CPO, also eine Abrechnung nach Bestellungen. Hierbei können Sie selbst entscheiden, ob Sie einen prozentualen Anteil des Auftragswertes oder einen konkreten Eurowert an Provision zahlen möchten. Häufig finden sich auch Mischformen aus beiden Modellen.

   Orientieren Sie sich bei der Provision zu Anfang auf jeden Fall an Ihren Marktbegleitern. Ist diese zu niedrig wird wahrscheinlich kein Publisher Ihre Kampagne annehmen. Andersherum zahlen Sie vielleicht zu viel Provision und haben damit unnötige Ausgaben.

   Kalkulieren Sie in die Provision aber auf jeden Fall noch die Provision für das Netzwerk mit ein. Im Schnitt können Sie hier mit 30 % rechnen.

2. Legen Sie Ihre Teilnahmebedingungen fest. Die grundlegenden Teilnahmebedingungen sind zwar vom Netzwerk geregelt, trotzdem können Sie auf einzelne

Punkte gesondert hinweisen. Sie möchten nicht selbst mit Ihrer eigenen Kampagne konkurrieren, so dass Sie hier zum Beispiel festlegen sollten, ob der Affiliate mit Ihrer Marke Keyword-Marketing betreiben darf. In den Teilnahmebedingungen können Sie auch die Cookie-Laufzeiten festlegen. Üblich sind hier Laufzeiten von 30 bis maximal 60 Tagen. Cookies sorgen hier dafür, dass der Besucher auch noch bei Folgebesuchen erkannt wird. Je länger die Laufzeit, desto größer ist für den Publisher die Chance auf eine Provision.

3. Erstellen Sie die Werbemittel, die Sie dem Publisher zur Verfügung stellen. Beachten Sie hierbei, dass nicht jedes Banner bei jedem Publisher geschaltet werden kann. Sie sollten sich deshalb an den Standardwerbemitteln des Online-Vermarkterkreises (OVK) orientieren. Eine Auflistung der gängigsten Formate finden Sie in Abschnitt 8.4.1, »Bannerformate«.

Wenn Sie zusätzlich auf Preissuchmaschinen werben möchten, sollten Sie ergänzend dazu noch Produktlisten mit den relevanten Produktdaten zur Verfügung stellen.

Die Qualität der Werbemittel hat nicht nur auf den Kampagnenerfolg großen Einfluss. Von der Qualität der Werbemittel hängt auch ab, ob Ihre Kampagne für die Publisher attraktiv ist!

4. Vergessen Sie auch im Affiliate-Marketing nicht, die richtigen Deeplinks zu setzen. Wenn Sie in der Werbung ein konkretes Produkt bewerben, so sollte der Link auch direkt zu diesem Produkt führen.

5. Wenn Sie die Kampagne angelegt haben, können sich die Publisher im Netzwerk um Ihre Kampagne bewerben. Sie können in der Regel festlegen, ob Sie jeden Publisher einzeln freigeben möchten oder eine pauschale Freigabe erteilen. Um sicherzustellen, dass Ihre Werbung nur in einem passenden Umfeld geschaltet wird, sollten Sie von Letzterem Abstand nehmen.

6. Wie jede andere Kampagne auch muss natürlich auch eine Affiliate-Kampagne ständig überwacht und optimiert werden. Vergessen Sie dabei nie, dass alles, was funktioniert, vielleicht auch noch besser funktionieren könnte. Stellen Sie also regelmäßig Ihre Kampagnen auf den Prüfstand.

Es werden sich im Laufe der Zeit Publisher herauskristallisieren, die für eine große Anzahl an Bestellungen verantwortlich sind. Diese persönlich zu betreuen ist zwar aufwendig, kann aber sehr zielführend sein.

8.4   Display Ads und Targeting

Seit AT&T 1994 das erste Banner schaltete (siehe Abbildung 8.6), hat sich auf diesem Gebiet einiges getan. Die Möglichkeiten von damals sind nicht mit denen von heute zu vergleichen. Das Banner war nicht animiert und erinnerte eher an eine eingescannte Printanzeige als an ein Banner, wie wir es heute kennen. Auch das Targeting, also das Anzeigen der Werbung nur bei der relevanten Zielgruppe, war damals noch komplett unbekannt. Das Banner wurde einfach jedem angezeigt und erreichte trotzdem eine, für heutige Verhältnisse, absolut utopische Klickrate von 40 %. In der heutigen Zeit werden Sie mit solch einem Banner garantiert keinen Erfolg mehr haben.

Abbildung 8.6 Erstes Banner von AT&T aus dem Jahr 1994

Die durchschnittliche Klickrate bei Bannern lag 2012 in Deutschland bei ca. 0,1 %. Im Klartext bedeutet das, dass von tausend Einblendungen gerade einmal eine angeklickt wurde. Bei dieser Klickrate benötigen Sie also 1.000 Einblendungen, um einen Besucher zu gewinnen.

Das sind natürlich nur Durchschnittswerte, und Sie sollten immer versuchen, die Banner so zu optimieren, dass mehr Leute darauf klicken.

Ganz allgemein haben Sie dafür drei Möglichkeiten:

- das Format des Banners
- das Design des Banners
- die Zielgruppe, die das Banner sieht

8.4.1 Bannerformate

Um es Werbetreibenden zu vereinfachen, Banner auf mehreren Portalen zu schalten, wurde vom deutschen Online-Vermarkterkreis (OVK) ein portalübergreifender Standard entwickelt. In Tabelle 8.2 sehen Sie die Standardwerbemittel, die nahezu auf allen Portalen geschaltet werden können.

Format	Pixel	Dateigewicht	Mögliche Formate
Full Banner	468 × 60	40 K	GIF/JPG/PNG/ Flash/HTML5
Super Banner	728 × 90	40 K	GIF/JPG/PNG/ Flash/HTML5
Expandable Super Banner	728 × 300 (90)	40 K	GIF/JPG/PNG/ Flash/HTML5

Tabelle 8.2 Standardformate des OVK (www.ovk.de)

Format	Pixel	Dateigewicht	Mögliche Formate
Rectangle	180 × 150	40 K	GIF/JPG/PNG/Flash/HTML5
Medium Rectangle	300 × 250	40 K	GIF/JPG/PNG/Flash/HTML5
Standard Skyscraper	120 × 600	40 K	GIF/JPG/PNG/Flash/HTML5
Wide Skyscraper	160 × 600	40 K	GIF/JPG/PNG/Flash/HTML5
	200 × 600	40 K	GIF/JPG/PNG/Flash/HTML5
Expandable Skyscraper	420(160) × 600	40 K	GIF/JPG/PNG/Flash/HTML5
Universal Flash Layer	400 × 400	40 K	Flash
Flash Layer	individuell	40 K	Flash
Button	max. 234 × 60	max. 20 K	GIF/JPG/PNG/Flash/HTML5
Ad Bundle	individuell	individuell	GIF/JPG/Flash/HTML5

Tabelle 8.2 Standardformate des OVK (www.ovk.de) (Forts.)

Zusätzlich zu diesen Formaten bietet aber jedes Portal noch weitere Premiumformate an. Auf WEB.DE, GMX und der Website von 1&1 ist es zum Beispiel auch möglich, den kompletten Hintergrund als Werbefläche zu nutzen. Wie Sie in Abbildung 8.7 sehen, ist diese Werbeform zwar sehr aufmerksamkeitsstark, die Kosten liegen pro Tag aber leicht bei über 100.000 € und sind deshalb eher für große Konzerne geeignet.

Um zu Anfang herauszufinden, was in Ihrem Fall am besten funktioniert, sollten Sie Ihr Budget auf unterschiedliche Kampagnen verteilen. Setzen Sie nicht alles auf eine Karte. Die Gefahr eines Misserfolgs ist zu groß.

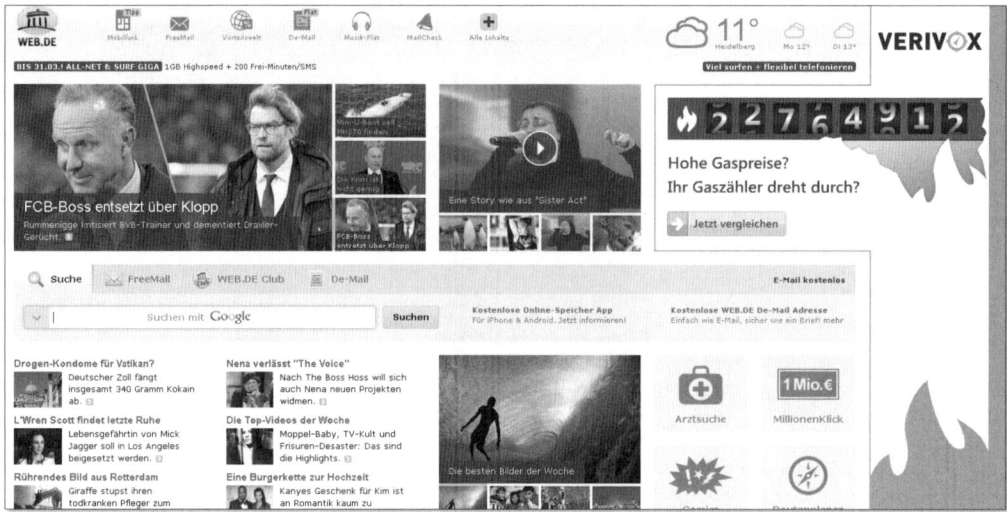

Abbildung 8.7 Aufmerksamkeitsstarkes Werbeformat auf web.de

8.4.2   Bannergestaltung

Wie bei einer klassischen Zeitungsanzeige hängt die Aufmerksamkeit nicht nur vom Format, sondern auch vom Inhalt ab. Vor allem Botschaft und Design spielen eine große Rolle, ob das Banner geklickt wird.

Ebenfalls in Tabelle 8.2 sehen Sie die klassischen Dateiformate der Standardbanner. Da die Unterstützung von Flash immer weiter sinkt, ist es wahrscheinlich, dass es in Zukunft komplett von HTML5 abgelöst wird. Wie Flashbanner auch, können HTML5-Banner komplett animiert werden und sorgen somit für erhöhte Aufmerksamkeit. Bei GIF beschränken sich die Möglichkeiten auf eine primitivere Aneinanderreihung von unterschiedlichen Sequenzen, und JPG erlaubt keinerlei Animation.

Bevor Sie sich aber Gedanken darüber machen, ob Sie Ihre Banner animieren oder nicht, sollten Sie erst einmal die Werbebotschaft definieren. Was möchten Sie mit Ihrer Werbung ausdrücken, und an wen ist sie gerichtet? Es ist einfach, die Klickraten zu erhöhen, wenn Sie zum Beispiel hohe Rabatte oder Gratisgeschenke versprechen. Werden diese Versprechen aber im Shop nicht eingelöst, wird der potenzielle Kunde verärgert sein und den Shop ohne eine weitere Aktion wieder verlassen.

Regel Nummer eins lautet also, dass Sie in Ihrer Werbung nichts versprechen, das Sie nicht auch im Shop halten können. Dies gilt natürlich nicht nur für die Bannerwerbung, sondern auch für jede weitere Werbeform. Enttäuschte Besucher werden in Ihrem Shop nichts kaufen.

Animieren Sie trotzdem zum Klicken, indem Sie sogenannte Call-to-Action-Elemente einbauen. Ein Button mit »hier klicken«, »jetzt informieren« oder »hier entdecken« wäre zum Beispiel solch eine Möglichkeit, zum Klicken zu animieren. Die Zeit der billigen Blinkeffekte ist aber vorbei. Hier ist weniger mehr.

Ein Banner hat, auch wenn es nicht geklickt wird, immer eine Branding-Funktion. Gestalten Sie es deshalb in Ihrem Shop-Design, um eine Wiedererkennung zu gewährleisten.

8.4.3 Targeting

Ob Ihre Werbung geklickt wird, hängt nicht nur an der Botschaft und dem Design, sondern auch daran, wer Ihre Werbung zu sehen bekommt. Hier kommt das *Targeting* ins Spiel. Die einfachste Form des Targetings ist das sogenannte Umfeld-Targeting. Dabei handelt es sich weniger um eine Technik, sondern mehr um ein Vorgehen, das sich schon lange in Printmedien bewährt hat. In diesem Fall schalten Sie Werbung dort, wo sich Ihre Zielgruppe befindet. Wollen Sie also Radfahrer erreichen, platzieren Sie Werbung auf einer Webseite, die sich mit diesem Thema beschäftigt. Diese Form des Targetings ist zwar sehr einfach und transparent, hat aber auch Nachteile, da es sonst keine weiteren Möglichkeiten gibt, die Zielgruppe noch genauer einzugrenzen. Aus diesem Grund gibt es eine Reihe weiterer Methoden, die es ermöglichen, die Streuverluste noch weiter zu minimieren.

Semantisches Targeting

Das *semantische Targeting* geht noch einen Schritt weiter als das Content-Targeting. Hier wird die Werbung ebenfalls im passenden Umfeld geschaltet, jedoch wird dort versucht, anhand des Seiteninhalts die Relevanz selbstständig zu ermitteln. Dabei werden auch innerhalb eines Online-Auftritts die einzelnen Seiten unterschiedlich bewertet. Das Thema der Webseite wird anhand von verschiedenen Keywords ermittelt. Wenn Sie also speziell für Welpenfutter werben möchten, ist es möglich, diese Werbung gezielt in der Rubrik »Welpen« anzuzeigen.

Die Gefahr besteht darin, dass der Automatismus in der Regel nicht erkennt, ob sich um einen positiven oder negativen Kontext handelt. Wenn Sie in Ihrem Shop Küchenmesser verkaufen, ist es klug, diese auf einer Seite zu präsentieren, auf der Küchenmesser im Text erwähnt werden. Das können dann Seiten sein, auf denen es um das Thema Kochen geht. Prima, hier gehört Ihre Botschaft hin. Das Wort Küchenmesser kann aber auf einem Newsportal auch in Verbindung mit einem Mord stehen. Ein weiteres negatives Beispiel sehen Sie in Abbildung 8.8 ❶. Dass jemand nach solch einer Meldung über den Kauf eines Neuwagens nachdenkt, ist eher unwahrscheinlich.

Abbildung 8.8 Schlechte Positionierung der Werbung

Behavioral Targeting

Das *Behavioral Targeting* bietet unabhängig von dem Umfeld die Möglichkeit, Ihre Zielgruppe zu erreichen. Dabei wird das Nutzerverhalten auf teilnehmenden Seiten analysiert. Alle Nutzer und Informationen bleiben dabei anonym und beinhalten keine personenbezogenen Daten. Der Nutzer wird aber durch einen Cookie identifiziert und erhält komplett unabhängig vom Umfeld die für Ihn passende Werbung gezeigt.

Beispiel: Der Nutzer surft auf diversen Webseiten zum Thema Hund. Er wird aufgrund dessen als Hundehalter identifiziert und auf seinem Rechner wird ein Cookie gespeichert. Nun surft der Nutzer auf eine Webseite speziell für Autos, und ihm kann auch dort die Werbung für Hundefutter angezeigt werden.

Predictive-Behavioral Targeting

Das *Predictive-Behavioral Targeting* ist eine weiterentwickelte Form des Behavioral Targetings. Auch hier wird das Nutzerverhalten über mehrere Seiten beobachtet. Ergänzend dazu werden die Daten aber mit statistischen Daten angereichert.

Beispiel: Nach den Nutzerbeobachtungen wissen wir, dass viele Personen, die sich für Hunde interessierten, ebenfalls auf Seiten zum Thema Katzen gesurft haben. Auch wenn ein Nutzer nun kein direktes Interesse an Katzen gezeigt hat, ist die statistische

Wahrscheinlichkeit hoch, dass er sich ebenfalls für Katzen interessiert. Ihm kann nun auch Werbung für Katzen angezeigt werden.

In der Praxis werden natürlich weitaus mehr Kriterien herangezogen, um das Interesse zu ermitteln. Das Beispiel soll lediglich die Funktionsweise verdeutlichen.

Retargeting

Wikipedia beschreibt *Retargeting* so:

> »Als Retargeting (auch Re-Targeting geschrieben, vom englischen re für ›wieder‹ und targeting für ›(genau) zielend‹, oft auch Remarketing genannt) wird im Online-Marketing ein Verfolgungsverfahren genannt, bei dem Besucher einer Website – üblicherweise eines Webshops – markiert und anschließend auf anderen Webseiten mit gezielter Werbung wieder angesprochen werden sollen.«

Bei Ihrem Shop-Besucher wird während des Besuchs ein Cookie gespeichert, über das er auch über den Shop hinaus zu identifizieren ist. Ist nun eine (Werbe-)Webseite mit demselben Retargeting-Dienst ausgestattet, kann der Nutzer dort identifiziert werden und die für ihn aufgrund des bisherigen Surfverhaltens passende Werbung angezeigt werden (siehe Abbildung 8.9).

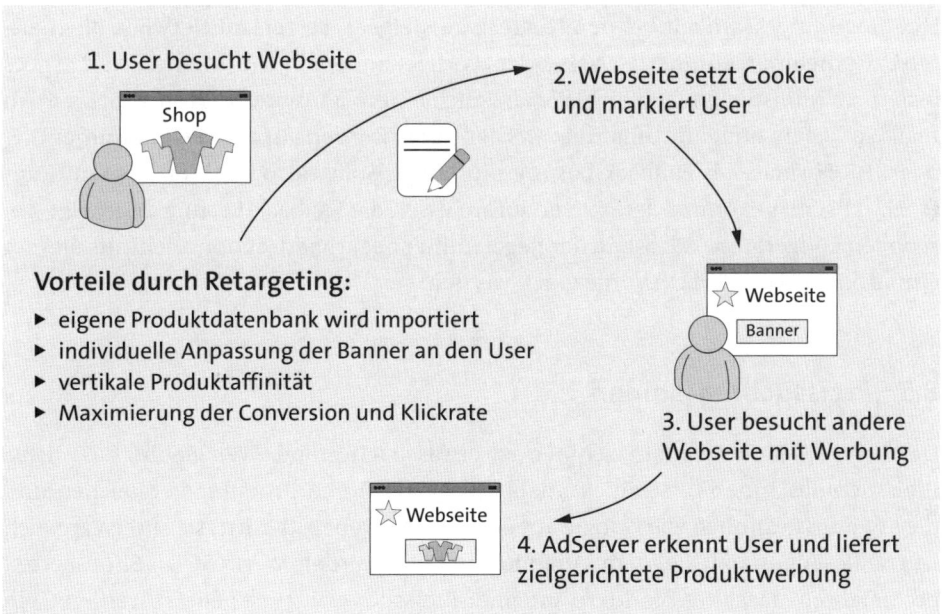

Abbildung 8.9 Funktionsweise von Retargeting (Quelle: www.adspirit.de)

Die erste Frage ist nun, was die passende Werbung ist. Viele Shops zeigen im Retargeting-Fenster die Produkte, die in der vorherigen Session angezeigt oder in den Warenkorb gelegt wurden. Ist es aber wirklich passend, Produkte, die im Shop schon nicht interessierten (sonst hätte er sie ja gekauft), auch noch auf anderen Seiten anzuzeigen? Retargeting ist prinzipiell ein sehr mächtiges Werkzeug, um den Kunden zu einem Kauf zu animieren. Die Regeln, die hinter den Anzeigen stehen, sollten aber gut durchdacht sein. Sicher wurden auch Sie bereits von Produkten »verfolgt«, die Sie bereits gekauft haben. In solchen Fällen kann sich eine Anzeige auch negativ auf das Image auswirken.

Generell steht Retargeting stark in der Kritik. Viele Nutzer fühlen sich durch die Werbung verfolgt und durch den Online-Shop ausgespäht. Auch ist die Zukunft des Retargetings auf jeden Fall auf Basis der heutigen Technologien ungewiss. Bereits seit 2009 gibt es von der EU die sogenannte Cookie-Richtlinie. Diese besagt, dass der Nutzer explizit einwilligt, damit bei ihm Cookies gespeichert werden dürfen. In Deutschland ist diese Richtlinie (Stand April 2014) gesetzlich jedoch noch nicht umgesetzt.

Ganz generell eignen sich Banner sowieso besser für langfristige Imagesteigerung als für kurzfristige Abverkäufe. Um aber überhaupt einen Branding-Effekt zu erzielen, benötigen Sie durchschnittlich mindestens fünf bis sieben Werbekontakte. Das ist damit zu erklären, dass aufgrund der großen Anzahl an unterschiedlichen Werbekontakten die Banner nicht mehr wahrgenommen werden. Dies wurde auch in Labortests nachgewiesen und wird im Fachjargon als *Banner Blindness* bezeichnet.

Um die Aufmerksamkeit bei den Nutzern zu steigern, setzen mittlerweile die meisten Unternehmen animierte Flash- oder HTML5-Banner ein. Von kleinen Werbespots bis hin zu Minispielen lässt sich alles in solch einem Banner unterbringen. Da Flash nicht auf jedem Endgerät angezeigt werden kann, werden auf dem Server immer GIF- oder JPG-Formate als Fallback-Lösung hinterlegt. Sollte also Flash auf einem Gerät blockiert sein, bekommt der Nutzer automatisch die Fallback-Lösung angezeigt. Bei mobilen Endgeräten ist Flash in der Regel immer deaktiviert. Schon allein aus diesem Grund sollte HTML5 Flash vorgezogen werden.

8.5   Preissuchmaschinen

Der Begriff der Preissuchmaschinen ist etwas irreführend. Wer glaubt, dass diese Preissuchmaschinen tatsächlich unabhängig Preise und Produkte vergleichen und die Ergebnisse ähnlich wie Google auf der Seite ausgeben, der irrt. Der Preisvergleich ist ein Riesengeschäft, bei dem Millionen verdient werden. Wenn Sie als Shop-Betreiber möchten, dass Ihre Produkte auf einer Preissuchmaschine gelistet werden – ein Beispiel sehen Sie in Abbildung 8.10 –, müssen Sie sich dort anmelden und auch dafür bezahlen. In der Regel wird auf diesen Portalen nach Klick abgerechnet. Klickt also jemand auf Ihr Angebot und wird darüber in den Shop geleitet, kostet Sie das eine Gebühr. Die Spanne reicht von 5–35 Cent, je nach Portal und angebotenen Produkten.

Für Sie als Shop-Betreiber sind Preissuchmaschinen in erster Linie relevant, wenn Sie einfach zu vergleichende (Marken-)Produkte anbieten. Die Nutzer suchen in einer Preissuchmachine meist nach einem konkreten Produkt und weniger nach generischen Begriffen.

Abbildung 8.10 Preisvergleich auf »www.guenstiger.de«

Eine Ausnahme bilden hier auf verschiedene Bereiche spezialisierte Produktsuchmaschinen wie *www.moebel.de* (siehe Abbildung 8.11) oder *www.ladenzeile.de*. Bei diesen Produktsuchmaschinen geht es weniger um einen Preisvergleich, als vielmehr um die Darstellung von möglichst vielen Produkten auf einem Portal. Den Nutzern ist es oftmals bis zum Kauf auch gar nicht bewusst, dass es sich nicht um Online-Shops, sondern um Produktsuchmaschinen handelt.

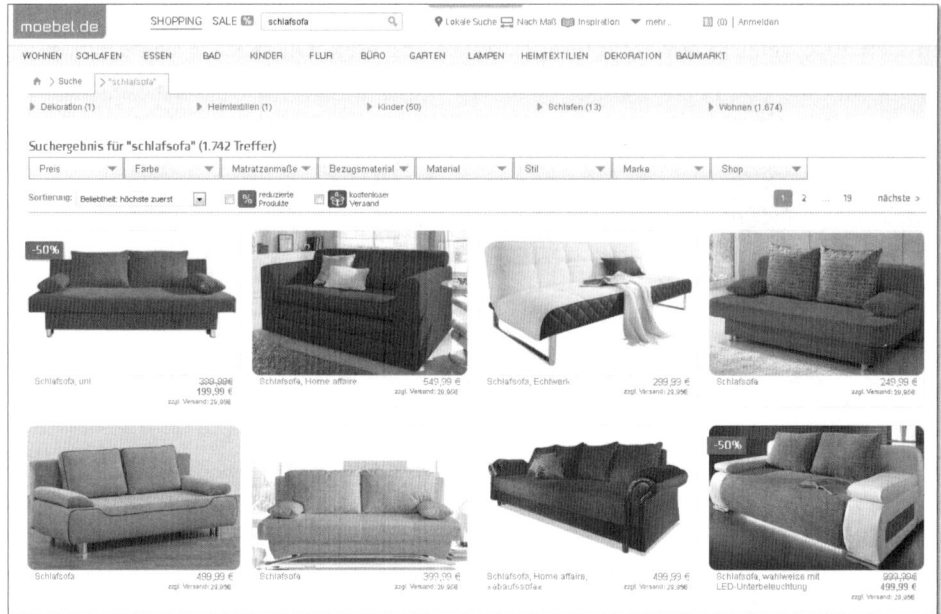

Abbildung 8.11 Suchergebnisse auf moebel.de. Mit Klick auf die Bilder wird der Nutzer in den jeweiligen Shop geleitet.

Anbieter im Bereich von allgemeinen Preissuchmaschinen sind zum Beispiel:

- *www.billiger.de*
- *www.guenstiger.de*
- *www.idealo.de*

- *www.preisroboter.de*
- *www.ciao.de*
- *www.geizhals.at*

Auch Google spielt im Bereich der Preissuchmaschinen eine große Rolle. Hier erhält der Nutzer direkt innerhalb der Google-Suche Preisvergleiche angezeigt (siehe Abbildung 8.12).

Abbildung 8.12 Produktsuche auf Google

8.5.1   Anmeldung und technische Realisierung

Die Anmeldung bei einer Preissuchmaschine ist bei allen Anbietern sehr ähnlich und geschieht in der Regel über ein Anmeldeformular auf der Website des Anbieters. Sie gelangen dann in einen geschützten Bereich und können dort eine Kurzbeschreibung Ihres Shops, das Logo und die allgemeinen Versand- und Zahlungsbedingungen hinterlegen.

Das Wichtigste ist jedoch ein Produktdatenexport aus Ihrem Shop. Die Preissuchmaschine muss ja schließlich wissen, welche Produkte Sie im Shop zu welchem Preis anbieten.

Alle Standard-Shop-Systeme unterstützen diesen Export und machen es so einfach, die Produkte bei den Preissuchmaschinen zu listen. In Abbildung 8.13 sehen Sie ein Beispiel aus dem Shopware-Backend. Dort können Sie auch erkennen, dass die Struktur der populärsten Preisvergleicher bereits hinterlegt ist.

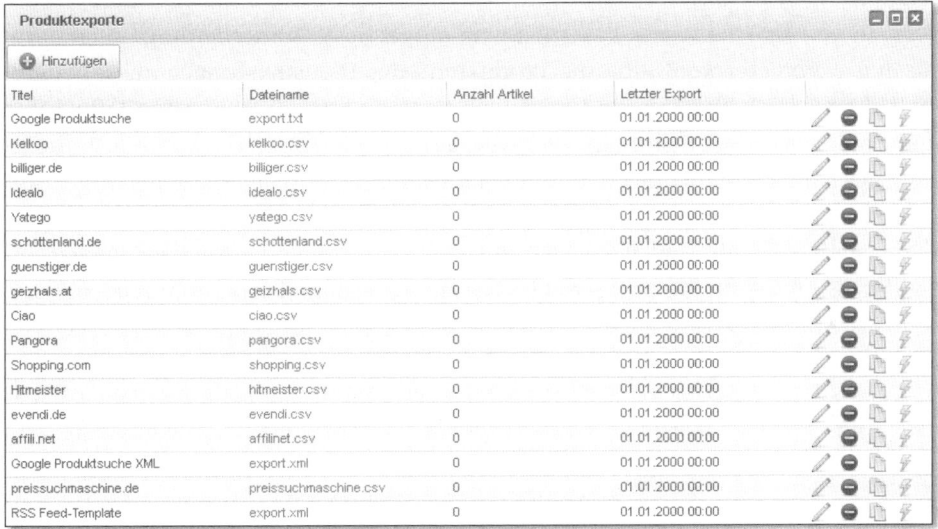

Abbildung 8.13 Auswahl der Produktexporte im Shopware-Backend

Die Listen, die dann auf Ihrem Server gespeichert werden, werden nun regelmäßig von der Preissuchmaschine eingelesen und verarbeitet. Achten Sie darauf, wie oft die Preissuchmaschinen die Informationen aktualisieren. Produkte mit niedrigem Lagerbestand können in Ihrem Shop bereits ausverkauft sein, aber immer noch in den Preissuchmaschinen gelistet. Das hat zur Folge, dass Ihnen zwar Klickkosten entstehen, Sie aber das Produkt logischerweise nicht mehr verkaufen können. Ähnlich verhält es sich mit Preisänderungen, die nicht schnell genug auf dem Portal aktualisiert werden.

Nicht alle Produkte passen

Nicht alle Produkte sind für die Listung auf einer Preissuchmaschine geeignet. Besonders niedrigpreisige Produkte sollten Sie generell ausschließen. Denken Sie daran, dass Sie immer nach Klicks zahlen. Klicken also zum Beispiel zehn Personen auf ein Produkt von Ihnen und kommen dadurch in den Shop, sind dadurch schon Klickkosten von bis zu 4 € entstanden. Wenn das Ziel dann ein Produkt für 5 € war, kann es für Sie also nur ein reines Verlustgeschäft werden.

8.6   E-Mail-Marketing

Die E-Mail ist der Brief des 21. Jahrhunderts. Klar, dass sie auch zu Werbezwecken verwendet wird, ist es doch im Vergleich zum Brief eine sehr günstige Werbeform, deren Werbeerfolg auch noch mit Webanalyselösungen sehr präzise messbar ist. Dass der Versand von E-Mails relativ kostengünstig möglich ist, führt allerdings auch dazu, dass viele Anbieter von dubiosen Produkten oder Dienstleistungen, diese Werbeform nutzen. Das Ergebnis sind unzählige unerwünschte E-Mails beim Empfänger und immer schärfere Spam-Filter. Es wird also immer schwieriger, in den Posteingang der Nutzer vorzudringen, und noch schwieriger, dort überhaupt wahrgenommen zu werden. Es ist längst nicht damit getan, einen guten Text an die Empfänger zu versenden. Es gibt sehr viele Faktoren, die über Erfolg oder Misserfolg entscheiden. Was Sie beachten sollten, damit Ihr Newsletter erfolgreich ist, erfahren Sie in diesem Abschnitt.

8.6.1   Der E-Mail-Verteiler

Bevor Sie mit dem E-Mail-Versand beginnen können, benötigen Sie neben einer guten Software zuerst einmal E-Mail-Adressen, an die Sie E-Mails versenden können und vor allem auch dürfen. Auch wenn Ihnen der Nutzer seine E-Mail-Adresse im Rahmen einer Bestellung gegeben hat, benötigen Sie noch eine gesonderte Einwilligung, damit Sie ihm Werbe-E-Mails senden dürfen.

Es gibt einige mehr oder weniger seriöse Anbieter, bei denen Sie E-Mail-Adressen für Ihren Verteiler kaufen können, wenn Sie noch keinen eigenen besitzen oder diesen aufstocken möchten. Lassen Sie die Finger von solchen gekauften Adressen. Diese werden oftmals über Gewinnspiele oder kostenlose Produktproben generiert. Im Kleingedruckten erklärt sich der Empfänger dann damit einverstanden, auch Werbung von »Partnerunternehmen« zu erhalten. Wissentlich haben die wenigsten Empfänger zugestimmt und sind deshalb auch überrascht, Newsletter zugesendet zu bekommen. Sie können davon ausgehen, dass die Adresse nicht nur an Sie verkauft wurde und entsprechend viele Newsletter, auch von anderen Online-Shops, beim Empfänger landen.

Wenn Sie Ihre Newsletter an diesen Verteiler versenden, gibt es verschiedene Möglichkeiten:

► **Ihr Newsletter ist für den Empfänger tatsächlich interessant.**
Das wäre Zufall und wirklich sehr selten.

► **Ihr Newsletter wird vom genervten Empfänger einfach gelöscht.**
Unter den realistischen Möglichkeiten ist dies noch das Beste, das Ihnen passieren kann.

► **Der Newsletter wird als Spam markiert.**
Neben dem Imageschaden beim Empfänger kann dies noch weitere Folgen haben, die sich auch auf den gesamten Versand auswirken. Registriert ein E-Mail-Provider wie web.de oder T-Online eine hohe Anzahl an Spam-Beschwerden von einer Adresse, wird diese auf eine schwarze Liste gesetzt. Das bedeutet für Sie, dass auch die E-Mails an die restlichen Empfänger nicht mehr zugestellt werden können.

Anstatt Adressen zu kaufen, sollten Sie deshalb dafür sorgen, dass sich möglichst viele Besucher für einen Newsletter registrieren.

Weisen Sie daher an prominenter Stelle auf den Newsletter hin, und gestalten Sie den Anmeldeprozess so einfach wie möglich. Hier gilt, lieber den Spatz in der Hand, als die Taube auf dem Dach. Soll heißen, dass es allemal besser ist, nur die E-Mail-Adresse zu haben, als den Kunden durch zu viele Pflichtfelder komplett abzuschrecken. Gut gelöst ist dies in Abbildung 8.14. Die E-Mail-Adresse ist das einzige Pflichtfeld, alle anderen Angaben sind optional.

Abbildung 8.14 Gutes Beispiel einer Newsletter-Anmeldung von »www.westfalia.de«

Auch wenn natürlich die Verlockung für Sie groß ist, möglichst viel über den Nutzer zu erfahren, sollten Sie an dieser Stelle nur Punkte abfragen, die für den Versand unbedingt nötig sind. Wenn Sie erst einmal die E-Mail-Adresse haben, können Sie immer noch im Nachgang weitere Informationen abfragen. Dies kann zum Beispiel über die »Dankesseite« der Anmeldung geschehen, wie Sie in Abbildung 8.15 sehen. Um die Akzeptanz zu steigern, ist es sinnvoll, wenn Sie dem Abonnenten mitteilen, worin der Vorteil für ihn liegt, wenn er diese Informationen preisgibt.

Als vertrauensbildende Maßnahme ist es auch sinnvoll, den Nutzer darauf hinzuweisen, dass Sie die Daten nicht an Dritte weitergeben und er sich jederzeit wieder vom Verteiler abmelden kann.

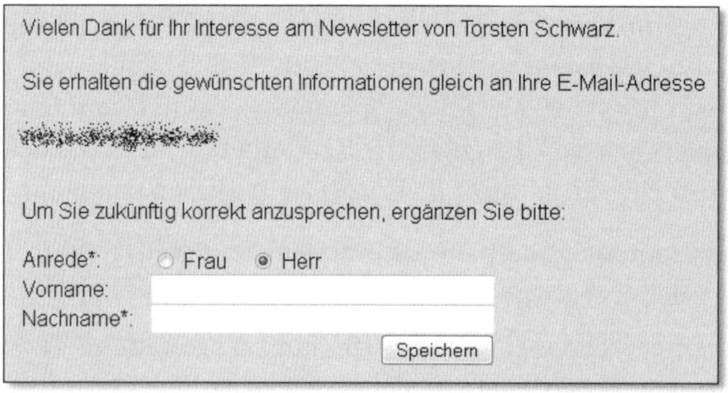

Abbildung 8.15 Abfrage von weiteren Informationen auf der Dankesseite

Um Ihren E-Mail-Verteiler zu vergrößern, können Sie auch Gutscheine vergeben oder ein Gewinnspiel veranstalten, wie in Abbildung 8.14 ebenfalls zu sehen. Beides motiviert den Nutzer zu einer Anmeldung.

Double-Opt-in: Rechtlich auf der sicheren Seite

Wie bereits erwähnt, ist es nur zulässig, E-Mails an Empfänger zu versenden, die dem Empfang explizit zugestimmt haben. Nun könnte natürlich irgendjemand eine E-Mail-Adresse angeben, um so Newsletter für andere Personen zu abonnieren. Um dies zu verhindern, wird das sogenannte Double-Opt-in-Verfahren eingesetzt. Das Vorgehen ist dabei sehr einfach. Direkt nachdem sich jemand in den Verteiler eingetragen hat, wird an die jeweilige Adresse eine E-Mail mit einem Bestätigungslink versendet. Erst wenn der Nutzer auf diesen Link klickt, ist die Anmeldung vollständig, und der Nutzer bekommt zukünftig E-Mails zugesendet.

8.6.2 Newsletter-Inhalt

Auf den Inhalt kommt es an. Der größte E-Mail-Verteiler nutzt Ihnen nichts, wenn die Newsletter von den Empfängern nicht gelesen werden. Der Newsletter ist kein Selbstzweck, sondern hat eine Aufgabe. Er soll Besucher in den Shop bringen und dadurch direkt oder auch indirekt den Umsatz erhöhen. Indirekt deshalb, weil es prinzipiell zwei unterschiedliche Ansätze für den Newsletter-Inhalt gibt. Entweder werden konkrete Produkte als Sonderangebote beworben, oder Sie geben im Newsletter Tipps zum Umgang mit Ihren Produkten und stellen dort den Abverkauf an zweite Stelle. In Abbildung 8.16 sehen Sie ein Beispiel für einen klassischen Newsletter mit konkreten Angeboten. Es wird allgemein auf den Sale hingewiesen und mit reduzierten Produkten geworben. In der Praxis hat es sich bewährt, Infos und konkrete Angebote in einem Newsletter zu kombinieren und somit dem Leser den maximalen Mehrwert zu generieren.

Abbildung 8.16 Klassischer Newsletter mit (Sonder-)Angeboten

Der Betreff

Mit dem Betreff kommt der potenzielle Leser zuerst in Kontakt und entscheidet aufgrund dessen, ob er den Newsletter öffnet oder löscht. Stellen Sie daher bereits im Betreff den Nutzen für den Empfänger heraus. Allgemeine Betreffzeilen wie »Newsletter September 14« sind nichtssagend und animieren nicht zum Öffnen. Nehmen Sie stattdessen lieber das Topthema des Newsletters in den Betreff mit auf. Damit der Empfänger den kompletten Betreff auch erfassen kann, sollte dieser nicht länger als 55 Zeichen lang sein.

Technisch ist es keine Herausforderung, den Empfänger bereits im Betreff mit Namen anzusprechen. Personalisierte Betreffzeilen sorgen für mehr Aufmerksamkeit, haben aber auch den Nachteil, dass sich die Personalisierung »abnutzt« (siehe Abbildung 8.17). Außerdem müssen Sie bei der personalisierten Betreffzeile beachten, dass Ihnen durch den Empfängernamen weniger Zeichen für die eigentliche Botschaft zur Verfügung stehen. Setzen Sie daher personalisierte Betreffzeilen nur ein, wenn der Inhalt der E-Mail auch tatsächlich einen individuellen Inhalt enthält.

wer-kennt-wen	Markus, gratuliere Deinen Freunden zum Geburtstag
◢ Datum: Vorletzte Woche	
Amazon.de	Markus Bückle: Smartphones und SIM-Karten zu Top-Preisen
CHECK24 Gutschein Kundenprogramm	Markus Bückle: Erinnerung - 50 Euro Gutschein für Ihren Traumurlaub geschenkt
Amazon.de Marketplace	Markus Bückle, möchten Sie Ihre Transaktion bei Amazon.de bewerten?
wer-kennt-wen	Markus, gratuliere Deinen Freunden zum Geburtstag
◢ Datum: Vorvorletzte Woche	
eBay	Markus Bückle, Ihre persönlichen Empfehlungen
mysportworldclub (ehemals mysport...	➤ Markus, Wo bist Du???
HRS - Das Hotelportal	Markus Bückle - 30% bei mobilen Buchungen sparen

Abbildung 8.17 Personalisierte Betreffzeilen im Posteingang

Schlagwörter wie Rabatt, Gutschein, Angebot, aber auch zeitliche Begrenzungen, wie zum Beispiel nur noch 2 Tage gültig, wirken auch im Betreff und sorgen für Neugierde und somit für höhere Öffnungsquoten. Übertreiben Sie es aber nicht mit diesen Schlagwörtern. Wer nur Sonderangebote macht, verliert an Glaubwürdigkeit. Außerdem müssen Sie natürlich auch die Versprechen aus dem Betreff im Newsletter einhalten, um Ihre Leser nicht zu verärgern.

Neben dem Betreff wird auch anhand des Absenders bereits die Relevanz der E-Mail bewertet. Die meisten Versender nehmen *info@* oder *newsletter@* als Absenderadresse. Um sich hier abzuheben, können Sie auch einen personenbezogenen Absender wie *mario.mustermann@ihrshop.de* verwenden. Das wirkt persönlicher als allgemeine Absenderadressen. Absolut vermeiden sollten Sie Absender wie *noreply@* oder *keineantwortadresse@*. Indirekt sagen diese Adressen dem Nutzer, dass er Sie auf keinen Fall kontaktieren soll.

Achtung Spamfilter

Der beste Betreff und der beste Inhalt nützen Ihnen nichts, wenn Ihr Newsletter im Vorfeld bereits von einem Spamfilter ausgefiltert wurde und somit von niemanden gelesen werden kann. Spamfilter definieren Spam anhand des Absenders des News-letter-Inhalts. Beachten Sie folgende Regeln, damit Ihre Newsletter auch tatsächlich beim Empfänger ankommen:

▶ **Zertifizierter Versandserver**: Der einfachste Weg, seriöse Serien-E-Mails zu erkennen, ist die IP-Adresse des Versandservers. Steht dieser auf der Liste der registrierten und zertifizierten Versender legaler Massen-E-Mails, wird die E-Mail am Spamfilter vorbei zugestellt, weil diese generell als seriös eingestuft wird. Seriöse Versender werden von der Certified Senders Alliance, kurz CSA, zertifi-ziert. Achten Sie darauf, dass Ihr E-Mail-Marketing-Dienstleister diese Zertifizie-rung besitzt.

▶ **Keine Beschwerden**: Der zweitbeste Weg, Spam zu identifizieren, ist der Anteil der Beschwerden. Die großen E-Mail-Anbieter haben einen Knopf, über den Spambeschwerden direkt an den Anbieter gehen. Normale E-Mail-Verteiler pro-duzieren nur ganz wenige Beschwerden. Wenn jedoch zum Beispiel Ihre Abmel-defunktion zu umständlich oder schwer auffindbar ist, kommt es zu Beschwer-den. Der Grund: Anstatt den Newsletter direkt abzubestellen, wird stattdessen der Spamknopf gedrückt. Häufen sich diese Spammeldungen bei einem Absen-der, wird dieser generell auf die Spamliste gesetzt.

▶ **Adressbuch eintragen**: Befindet sich die E-Mail-Adresse Ihres Newsletters im Adressbuch des Empfängers, ist die Chance dass Ihr Newsletter zugestellt wird sehr hoch. Fordern Sie daher Ihre Abonnenten auf, die E-Mail-Adresse in das Adressbuch aufzunehmen.

▶ **Betreff nicht zu werblich**: Die Betreffzeile gehört neben Absender und Textkörper zu den wichtigsten Bereichen. Zwar arbeiten die wenigsten Spamfilter heute nur noch mit Schlüsselwörtern, trotzdem sollten Sie auf Begriffe wie supergünstig, megabillig usw. im Betreff besser verzichten. Generell haben langfristig die weniger marktschreierischen Texte sowieso die besseren Öffnungsraten.

▶ **Gepflegte Verteilerliste**: Entfernen Sie unzustellbare E-Mail-Adressen, soge-nannte Bouncer, aus Ihrem Verteiler. Rückläufer sind für Mailprovider ein wichti-ger Indikator. Gibt es bei einer Aktion zu viele Bouncer, erwecken Sie damit Spamverdacht.

▶ **Sauberes HTML**: Auch eine schlechte Programmierung ist ein Kriterium für Spam. Programmierfehler werden von Spamfiltern erkannt und dienen der Indizierung. Auch sollten Sie in URLs auf IP-Adressen verzichten und in den Links stattdessen immer den Domainnamen nennen.

▶ **Spamtest vorab**: Bevor Sie den Newsletter versenden, sollten Sie einen Spamtest durchführen. Dabei senden Sie den Newsletter an eine bestimmte E-Mail-

Adresse, die dann den Test durchführt. Anschließend bekommen Sie das Resultat und eventuelle Verbesserungsvorschläge. Den Test gibt es zum Beispiel hier:

– *www.mail-tester.com*

Gestaltung des Newsletters

Nachdem die erste Hürde, der Betreff, gemeistert wurde, hat der Empfänger nun Ihren Newsletter geöffnet. Aber auch dies ist noch keine Garantie dafür, dass er den Newsletter auch wirklich liest. Ihr Newsletter muss auf den ersten Blick überzeugen und zum Weiterlesen animieren.

Die erste Regel ist hier die Wiedererkennung. Verzichten Sie auf unterschiedliche Layouts, und bauen Sie den Newsletter immer gleich auf. Das spart Ihnen nicht nur Arbeit, sondern sorgt auch beim Empfänger für bessere Orientierung. Passen Sie das Design des Newsletters an Ihren Online-Shop an. Dies gilt sowohl für den eigentlichen Aufbau als auch für Farben und Design. Fügen Sie ebenfalls Ihr Firmenlogo in den Header des Newsletters mit ein. Das steigert den Wiedererkennungswert und sorgt für zusätzliches Vertrauen.

Bei der Breite des Newsletters hat sich ein Maß von 600 Pixeln bewährt. Damit kann der Newsletter auch in Webmailern ohne horizontales Scrollen gut gelesen werden. Wie ein Newsletter idealerweise aufgebaut ist, sehen Sie in Abbildung 8.18.

Responsive HTML-Newsletter für mobile Endgeräte

Immer mehr Nutzer öffnen und lesen E-Mails über mobile Endgeräte. Prüfen Sie anhand der Statistik Ihrer E-Mail-Lösung, mit welchen Endgeräten Ihr Newsletter gelesen wird. Sollte dort ein großer Anteil von mobilen Nutzern verzeichnet werden, lohn es sich, den Newsletter im Responsive Design zu gestalten. Responsive Design ermöglicht eine optimale Darstellung der Inhalte und erhöht die Usability für den Leser enorm. Auch auf die Bedienung über einen Touchscreen kann im Responsive Design eingegangen werden.

Es ist schön, wenn Sie Ihren Lesern viel mitteilen möchten. Im Newsletter sollten Sie sich aber eher kurz fassen und den Leser nicht mit zu viel Text und Informationen überfrachten. Drei bis maximal sieben Artikel in einem Newsletter sind absolut ausreichend. Machen Sie dem Leser im Newsletter Lust auf mehr. Teasern Sie die Artikel mit prägnanten Überschriften und kurzen Texten an, und verlinken Sie für weiterführende Informationen auf Ihren Shop.

Versetzen Sie sich dabei in die Rolle des Lesers. Welche Themen sind interessant, welche Produkte in Ihren Shop könnten ihn interessieren, und was bewegt Ihre Branche aktuell? Ihr Newsletter buhlt mit anderen Informationen im Postfach um die Zeit des

Nutzers. Mit langweiligen Artikeln haben Sie dabei keine Chance und riskieren nicht nur, dass der einzelne Newsletter nicht gelesen wird, sondern auch, dass sich der Abonnent vom Newsletter wieder abmeldet.

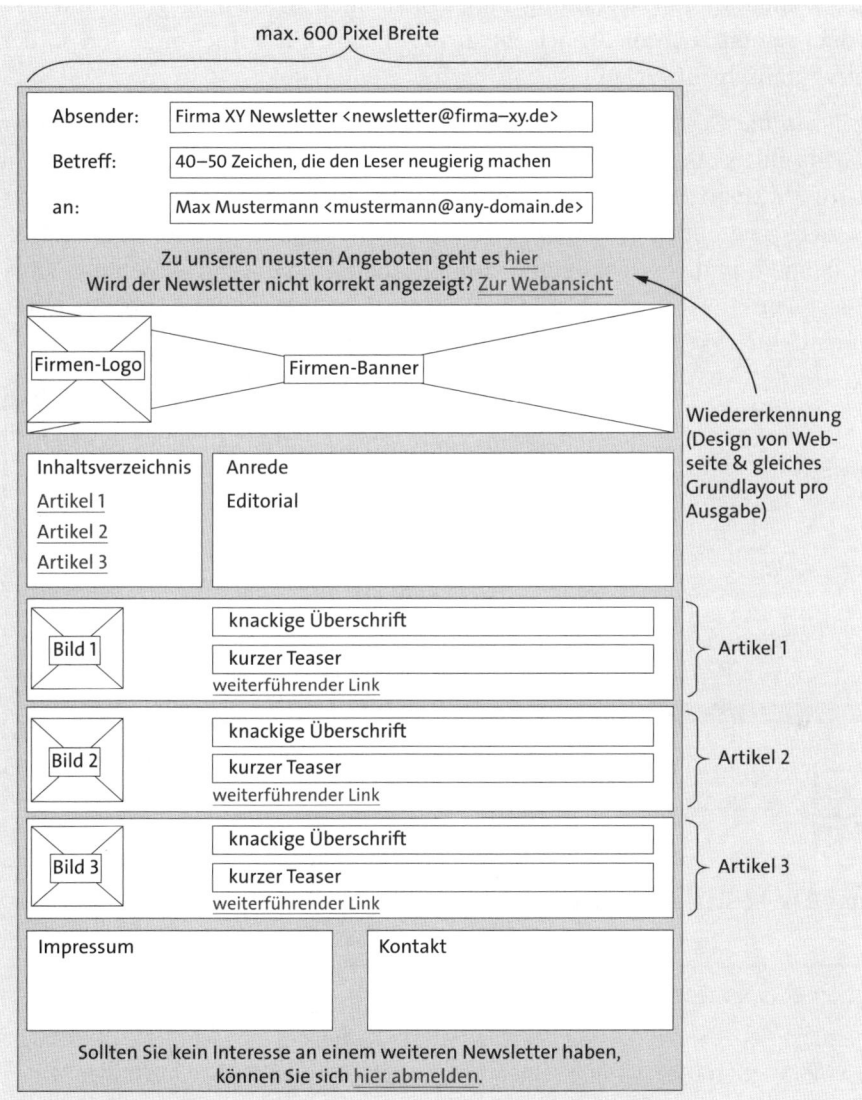

Abbildung 8.18 Typischer Aufbau eines Newsletters (Quelle: Inxmail Praxistipps)

Schauen Sie sich auch regelmäßig die Klickraten innerhalb des Newsletters an. So finden Sie heraus, welche Themen für Ihre Leser besonders interessant waren. Die kommenden Newsletter können Sie dann darauf ausrichten und interessante Themen weiter vorne platzieren.

Bei der Gestaltung spielt auch das Newsletter-Format eine Rolle. Hier stehen entweder HTML oder Nur-Text-Formate zur Verfügung. Die Zustellbarkeit von Nur-Text-Mails ist zwar nach wie vor höher als die von HTML-Mails, dafür haben Sie dort außer dem Text keine weiteren Gestaltungsmöglichkeiten. In HTML hingegen können Sie neben dem reinen Text auch noch Bilder und Logos mit aufnehmen und so den Newsletter grafisch aufwerten.

Um nicht auf die Gestaltungsmöglichkeiten in den E-Mails verzichten zu müssen und gleichzeitig sicherzugehen, dass Ihre Botschaft auch ankommt, sollten Sie E-Mails im Multipart-Format versenden. Dabei werden eine HTML- und eine Text-Version zusammen in einer E-Mail versendet (siehe Abbildung 8.19). Ist die HTML-Ansicht beim Empfänger deaktiviert, wird automatisch die Nur-Text-Version angezeigt. Diese Funktion wird von jedem gängigen E-Mail-Marketing-Anbieter unterstützt. Reine Nur-Text-Mails sind nicht mehr zeitgemäß!

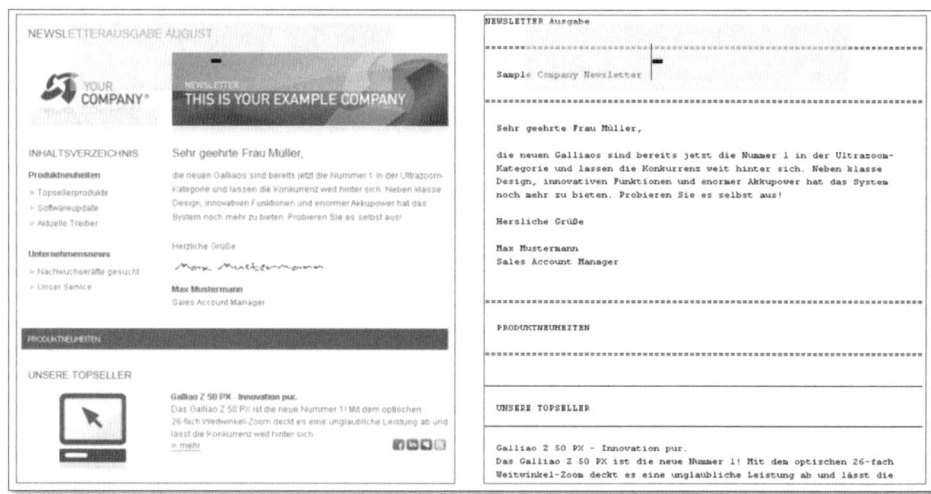

Abbildung 8.19 Beispiel einer Multi-Part-Mail (Quelle: Inxmail)

Rechtliche Aspekte des E-Mail-Versands

Vergessen Sie bei der Gestaltung des Newsletters auch nicht die rechtlichen Aspekte. Jeder Empfänger muss sich über einen Link aus der Empfängerliste austragen können. Dabei muss der Abmeldevorgang einfach und unmissverständlich gestaltet sein. Gründe, weshalb sich der Nutzer vom Newsletter abgemeldet hat, dürfen bei der Abmeldung zwar abgefragt werden, jedoch auf keinen Fall als Pflichtfeld. Eine E-Mail-Bestätigung über die Abmeldung ist nicht notwendig. Sollten Sie sich trotzdem dazu entschließen eine Bestätigung zu versenden, darf diese zwar einen Verweis auf die Möglichkeit sich wieder anzumelden enthalten, sonst aber keine Werbung oder andere »Produktinformationen« enthalten.

Wichtig ist es auch, die Abmeldefunktion regelmäßig zu überprüfen. In der Praxis treten erschreckend häufig Abmeldefunktionen auf, die aus diversen technischen Gründen nicht funktionieren. Eine fehlerhafte Abmeldung ist extrem nervtötend, vor allem, wenn der Empfänger aufgrund dessen noch eine separate E-Mail mit der Bitte um Abmeldung senden muss.

Neben dem Abmeldelink muss der Newsletter auch über einen Link zum Impressum verfügen. Nach einer Entscheidung des OLG München (Az. 29 U 2681/03) ist es dabei auch ausreichend, wenn das Impressum vom Newsletter aus über maximal zwei Klicks erreicht werden kann. Wenn Sie rechtlich aber ganz auf der sicheren Seite sein möchten, sollten Sie das Impressum direkt in den Newsletter mit aufnehmen.

8

Versandzyklus und Versandtermin

Hinter jedem Newsletter steckt eine Menge Arbeit. Sie müssen Artikel schreiben, Bilder in guter Qualität zur Verfügung stellen und natürlich regelmäßig die Empfängerliste pflegen. Da ist es verständlich, wenn viele Shop-Betreiber den Newsletter dann versenden, wenn sie gerade Zeit haben. Das ist aber definitiv der falsche Weg. Die regelmäßig versandten Newsletter bringen die besten Ergebnisse. Der richtige Versandzyklus ist dabei im Wesentlichen von zwei Faktoren abhängig. Wie viel Zeit können und wollen Sie in den Newsletter Versand investieren und, wie oft gibt es relevante Themen zu berichten? Gerade beim zweiten Punkt ist weniger mehr. Versenden Sie nur E-Mails, wenn Sie auch wirklich relevante Informationen für den Nutzer erhalten. Eine allgemeine Regel, welcher Versandzyklus optimal ist, gibt es dabei nicht. Planen Sie aber am Anfang lieber weniger Newsletter ein, und achten Sie auf die Reaktionen. Wie viele Nutzer melden sich von dem Newsletter-Verteiler ab, und wie viele geben ein positives Feedback entweder in Form einer direkten Kontaktaufnahme oder indirekt, als eine Bestellung im Online-Shop? Mit dieser Methode können Sie am besten herausfinden, wie viele Newsletter an Ihre Empfänger versendet werden sollten.

8.7   Erarbeitung einer optimalen Online-Marketing-Strategie

Sie haben bisher in diesem Kapitel einige wichtige Marketingkanäle für Ihren Online-Shop kennengelernt. In diesem Abschnitt soll es darum gehen, wie Sie am besten methodisch vorgehen, um dieses Wissen auf Ihren Shop anzuwenden:

1. **Rahmenbedingungen klären**
   Wie viel Budget und Zeit steht Ihnen zur Verfügung? Können Sie die Kampagnen selbst entwerfen und betreuen, oder beauftragen Sie Mitarbeiter oder eine

externe Agentur damit? Denken Sie dabei auch daran, dass die Kampagnen dauerhaft überwacht und optimiert werden müssen. Auch das wird Zeit in Anspruch nehmen.

2. **Ziele definieren**

   Was kennzeichnet eine erfolgreiche Kampagne? Kann der Erfolg nur in kurzfristigem Umsatz gemessen werden, oder gibt es eventuell auch Teilerfolge, wie zum Beispiel Erhöhung der Newsletter-Abonnenten? Bei höherpreisigen und beratungsintensiven Artikeln ist sicherlich auch das Ausfüllen des Kontaktformulars ein (Teil-)Erfolg. Kalkulieren Sie auch mit konkreten Eurowerten. Wie viel Euro ist Ihnen zum Beispiel ein neuer Newsletter-Abonnent wert?

3. **Generelle Ausrichtung überlegen**

   Die Kampagnen müssen zum Image Ihres Online-Shops passen. Für was steht Ihr Shop? Wenn Sie hochwertige und hochpreisige Artikel verkaufen, ist ein bunt blinkendes Banner mit satten Rabatten sicherlich das falsche Medium. Auch wenn Sie damit vielleicht sogar kurzfristig erfolgreich sind, wird es dem Image dauerhaft schaden. Wählen Sie aufgrund dieser Überlegungen auch die Seiten, auf denen Ihre Werbung erscheint, sorgfältig aus. In welchem Umfeld soll Ihr Online-Shop auftauchen?

4. **Konkrete Marketingkanäle auswählen**

   Mit welchen Marketingkanälen können Sie die gesetzten Ziele am besten erreichen? Sollten Sie noch keine Erfahrung mit der Online-Werbung haben, fangen Sie am besten klein an. Starten Sie mit einem niedrigeren Budget und zwei bis drei Kampagnen zum Test.

5. **Kalkulieren Sie die gewählte Abrechnungsart**

   Wie Sie in diesem Kapitel gelesen haben, gibt es nicht nur verschiedene Werbeformen, sondern dazu passend auch verschiedene Abrechnungsmethoden. Sollte es bei einer von Ihnen gewählten Kampagne unterschiedliche Modelle geben, kalkulieren Sie auf jeden Fall, ob es sich bei der von Ihnen gewählten tatsächlich um die günstigste handelt. Kampagnen mit einer variablen Vergütung sind zu Anfang prinzipiell zu empfehlen, weil das Risiko für Sie relativ gering ist. Eventuell sind diese Kampagnen aber nicht die günstigsten.

6. **Schauen Sie sich um**

   Auch wenn Sie Ihrer eigenen Linie natürlich treu bleiben sollten, schadet es nicht, auch mal beim Wettbewerb zu schauen, welche Maßnahmen dort ergriffen werden. Welche Kundenansprache wurde dort gewählt, und auf welchen Seiten ist die Werbung zu sehen? Manchmal sollte man sich auch die Frage stellen, warum Ihr Wettbewerb auf manchen Seiten nicht aktiv ist. Vielleicht wurden dort schlechte Erfahrungen gemacht, und Sie sollten deshalb den Kanal nochmals genauer prüfen.

7. **Analysieren**

Ohne eine professionelle Webanalyse ist es unmöglich, erfolgreich Online-Marketing zu betreiben. Installieren Sie deshalb solch eine Lösung in Ihrem Online-Shop, und definieren Sie dort Ihre Ziele. Nur dadurch ist es möglich, die Erfolge des Online-Marketings zu messen. Wie Sie eine Webanalyse professionell einrichten, können Sie in Kapitel 11, »Der Kompass im E-Commerce – Conversion-Messung und -Optimierung«, nachlesen.

8. **Optimieren**

Keine Online-Kampagne kann Ihnen Kunden in den Shop bringen. Sie bekommen lediglich Interessenten. Ob der Interessent dann tatsächlich etwas kauft, liegt nicht mehr an der Kampagne selbst, sondern kann auch die Ursache im Shop haben. Beziehen Sie daher den Shop in Ihre Optimierungen mit ein. Es nützt nichts, wenn Sie durch Marketingkampagnen sehr viele Interessenten gewinnen, die aber dann im Kaufprozess hängenbleiben.

9. **Bleiben Sie am Ball**

Auch wenn Sie den für Ihren Shop optimalen Marketingmix gefunden haben, sollten Sie sich trotzdem regelmäßig über die Trends der Branche informieren. Die Online-Branche ist sehr schnelllebig. Ständig kommen neue Werbemöglichkeiten und Technologien hinzu. Dabei müssen Sie nicht jeden Trend sofort mitmachen, Sie sollten ihn aber auf jeden Fall prüfen.

8.8   Shop-basiertes Marketing

Wenn Sie über die unterschiedlichen Marketingkanäle Besucher in den Shop bekommen haben, sind die Möglichkeiten aber noch lange nicht vorbei. Am besten stellen Sie sich Ihren Shop als ein großes Kaufhaus vor. Auch dort wird nicht darauf vertraut, dass der Kunde mit vollem Einkaufskorb zur Kasse geht. Es gibt spezielle Warenpräsentationen, Mitnahmeartikel an der Kasse und schließlich gut geschulte Verkäufer. All das zum Zweck möglichst viel Umsatz zu generieren.

Auch im Online-Shop gibt es die Möglichkeit der internen Marketingmaßnahmen. Auch dort können Sie beispielsweise über Banner auf spezielle Angebote hinweisen oder den Verkäufer durch eine gute Suche und automatische Produktvorschläge ersetzen. Durch solche Funktionen können Sie sich auch von Ihrem Wettbewerb abheben und allgemein die Attraktivität Ihres Shops steigern.

8.8.1   Interne Banner

Jedes Shop-System bietet die Möglichkeit, an unterschiedlichen Stellen Werbebanner einzublenden. Mit diesen Bannern können Sie auf besondere Angebote oder Dienstleistungen hinweisen. Mit einfachen Mitteln können Sie damit Interesse für andere Kategorien wecken und zusätzliche Produkte abverkaufen.

Achten Sie aber darauf, dass die Banner zu dem Layout des Shops passen. Am idealsten ist es, wenn Sie sich eine Bannervorlage erstellen, die Sie dann regelmäßig ändern. Wie häufig das geschehen soll, hängt in erster Linie von Ihrem Sortiment ab. Mit dem Sortiment ist nämlich die durchschnittliche Besuchsfrequenz eng verbunden. Wie oft kommt ein Kunde in Ihren Shop, und welche Möglichkeiten gibt es, die Frequenz zu erhöhen? Bei wenig emotionalen Produkten ist es sicherlich schwieriger, die Frequenz zu erhöhen, als zum Beispiel in den Bereichen Fashion oder Unterhaltungselektronik. Spätestens nach 2 Wochen sollten Sie aber wenigstens einen Teil der Banner austauschen, um Ihren Besuchern Neues zu präsentieren. In Abbildung 8.20 sehen Sie, wie Sie mit zwei einfachen Bannern auf der Startseite auf Ihre Angebote und Vorteile hinweisen können.

Abbildung 8.20 Produktbanner auf der Startseite auf »www.mStore.de«

8.8.2   Automatische Produktvorschläge – Recommendations

Der Nutzer entscheidet innerhalb von Millisekunden, ob ihn das Angebot anspricht oder nicht. Sie können nicht erwarten, dass sich ein Nutzer minutenlang durch Ihr Produktangebot scrollt. Umso wichtiger ist es, dass auf den prominenten Platzierungen auch für den Nutzer relevante Produkte angezeigt werden.

Auch hier gibt es wieder ein passendes Beispiel aus dem stationären Handel. Wenn ein Mann in einem Schuhgeschäft nach Schuhen fragt, wird ihm der Verkäufer keine Damenpumps, sondern eine Auswahl an Herrenschuhen zeigen. Ist er in diesem Laden Stammkunde und beim Verkäufer bekannt, wird dieser anhand der vorherigen Beratung und der bisher gekauften Produkte noch detaillierter auf die Kunden-wünsche eingehen. Gute Verkäufer zeigen dann auch nicht nur Schuhe, sondern auch noch passende Pflegemittel und vielleicht sogar die passenden Socken. Der Kunde fühlt sich bei solch einem Verkäufer gut aufgehoben, und der Verkäufer hat mit einem Kunden einen höheren Umsatz generiert.

Zugegeben, der echte Verkäufer hat natürlich den Vorteil, dass er eine reale Person vor Augen hat und schon darüber auf gewisse Vorlieben dieser schließen kann. Das ist im Online-Handel natürlich nicht möglich, dafür können Sie aber auf umfangrei-chere Datenquellen zugreifen und darüber passendere Produkte anzeigen. Als erster großer Online-Shop hat Amazon personalisierte Produktvorschläge im Shop ausge-spielt. Hat man sich also für ein bestimmtes Produkt interessiert, bekommt man beim nächsten Besuch auf der Startseite verwandte Produkte angezeigt, wie Sie in Abbildung 8.21 sehen können.

Abbildung 8.21 Produktvorschläge auf Amazon anhand von bisher angeschauten Produkten

Sie müssen aber nicht Amazon heißen, damit Sie passende Empfehlungen ausspie-len können. Auch in Ihrem Shop sind solche Produktvorschläge möglich. Es gibt eine Reihe von Anbietern, die solch eine *Recommendation Engine* zur Verfügung stellen. In manchen Shop-Systemen ist solch eine Lösung, wenn auch nur mit rudimentären Funktionen, bereits im Standard integriert. Das Vorgehen ist dabei immer sehr ähn-lich. Über einen Tracking-Code, den Sie in Ihrem Shop integrieren müssen, weiß der Anbieter ganz genau, welche Produkte in Kombination gekauft, angeschaut und in den Warenkorb gelegt werden. Über eine spezielle Logik werden aus diesen Informa-tionen in Kombination mit weiteren Datenquellen Produktvorschläge generiert.

Diese Produktvorschläge können dann nicht nur wie in diesem Beispiel auf der Start-seite angezeigt werden, sondern sind auf jeder beliebigen Seite im Shop möglich. Durch unterschiedliche Regelwerke sind dann unter anderem folgende Szenarien abbildbar:

▶ **Empfehlungen auf der Startseite:** Empfehlungen aufgrund des letzten Besuchs. So wird der Kunde schon von den Produkten begrüßt, die ihn sehr wahrscheinlich interessieren.

▶ **Empfehlungen auf der Produktdetailseite:** Alternative Produkte, wie zum Beispiel statt der Jacke in Blau auch die Jacke in Grün; ergänzende Produkte, wie zum Beispiel die passende Hose zur Jacke oder auch das Pflegespray zu den Schuhen

▶ **Empfehlungen im Warenkorb:** Produkte, die zum bisherigen Surfverhalten passen. Hier bietet sich an, Mitnahmeartikel mit niedrigerem Preis zu positionieren, die dann einfach dem Warenkorb hinzugefügt werden können, ähnlich wie bei der Kassenzone im stationären Handel. Auch dort sind die Artikel zu finden, die ohne großes Überlegen in den Einkaufswagen gelegt werden.

▶ **Empfehlungen im Check-out:** Eher Produkte im unteren Preissegment. Auch reduzierte Sonderangebote können dort positioniert werden. Sollten Sie in Ihrem Shop eine Versandkostenfreigrenze haben, lassen Sie diese Information in die Empfehlungen mit einfließen. Bieten Sie gezielt Produkte an, deren Wert für eine versandkostenfreie Lieferung ausreicht.

Bei Recommendation Engines sind zwei Preismodelle verbreitet. Bei dem einen zahlen Sie einen monatlichen Fixpreis, ganz egal, wie intensiv Sie die Lösung einsetzen und wie erfolgreich diese ist. Abhängig ist dieser Preis lediglich davon, wie viele Seitenaufrufe in Ihrem Shop pro Monat anfallen. Das andere Modell ist abhängig von der Performance des Shops. Es kostet Sie also nur etwas, wenn ein Produkt über eine Empfehlung verkauft wurde.

Anbieter von Recommendation Engines sind zum Beispiel:

▶ *www.econda.de*

▶ *www.prudsys.com*

▶ *www.epoq.de*

▶ *www.peerius.com*

▶ *www.factfinder.de*

8.8.3   Interne Suche

Nicht jeder Kunde wird die Kategorienstruktur wählen, um zu dem gewünschten Produkt zu gelangen. Ein nicht unwesentlicher Teil nutzt dazu die interne Suche und verwendet dabei recht abenteuerliche Suchbegriffe, wie Sie in Abbildung 8.22 sehen können. Bei dieser Suchanfrage wurde »adidas« fälschlicherweise mit doppeltem »d« geschrieben. Mit einer Standardsuche, wie sie jeder Shop anbietet, wäre es hier zu keinem Treffer gekommen.

Abbildung 8.22 Falsche Schreibweise von »adidas«. Trotzdem findet der Shop die Produkte.

Der Besucher hätte wahrscheinlich gedacht, dass der gewünschte Artikel nicht im Shop verfügbar ist, und hätte den Shop ohne eine Bestellung verlassen. In dem Beispiel von Abbildung 8.22 verfügt der Shop aber über eine fehlertolerante Suche, die dafür sorgt, dass die gewünschten Artikel trotzdem gefunden werden.

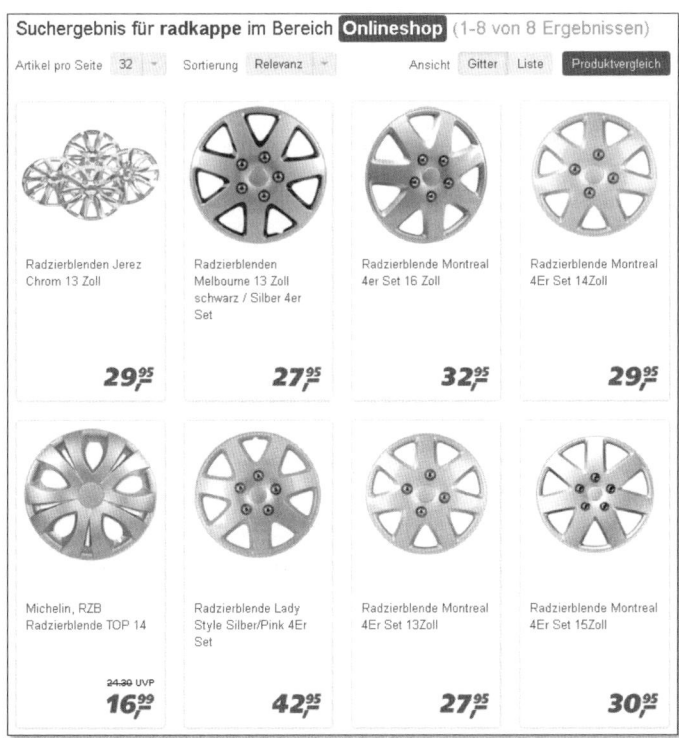

Abbildung 8.23 Fehlertolerante Suche auf »www.real.de«

Dies funktioniert auch nicht nur bei Falschschreibweisen, sondern auch bei unterschiedlichen Begriffen für ein und dasselbe Produkt. Die Begriffe Radkappe und Radzierblende werden synonym verwendet. Wenn aber in Ihrem Shop bei dem Artikel nicht beide Begriffe verwendet werden, wird über eine Standardsuche nichts gefunden, wenn genau der »falsche« Begriff eingegeben wurde. Auch in solch einem Fall kann die fehlertolerante Suche helfen. Obwohl in dem Beispiel in Abbildung 8.23 nach »Radkappen« gesucht wurde, werden »Radzierblenden« angezeigt.

Eine weitere Funktion der fehlertoleranten Suche ist die Suggest-Funktion. Hier bekommt der Nutzer bereits während der Eingabe Vorschläge unterbreitet, wie Sie in Abbildung 8.24 sehen. Gute Systeme merken sich dabei, welche Artikel bei welcher Eingabe besonders häufig ausgewählt wurden, und zeigen diese daraufhin bei zukünftigen Anfragen weiter oben an. Dies steigert die Relevanz der Vorschläge und erhöht somit auch die Usability im Shop.

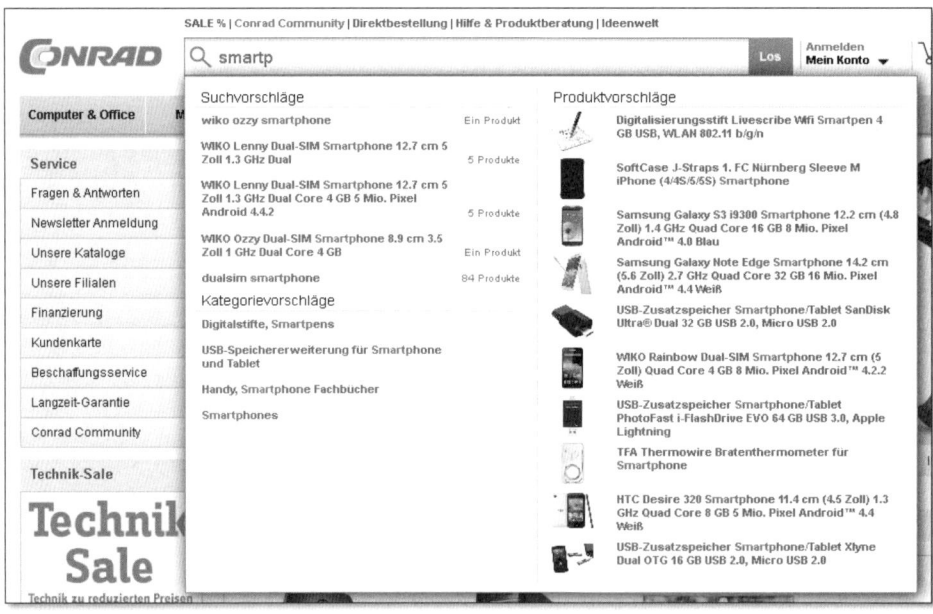

Abbildung 8.24 Autosuggest bei Conrad

Nicht nur keine Treffer in der Suche sind mangelhaft. Auch wenn zu viele Ergebnisse ausgegeben werden, ist es für den Nutzer nicht hilfreich. Zu viele Ergebnisse erscheinen, wenn der Suchbegriff zu allgemein gehalten ist. Eine Suche bei Zalando nach Herrenschuhen bringt zum Beispiel mehr als 11.000 Ergebnisse. Der Nutzer wird mit diesem Suchergebnis nichts anfangen können, denn die Auswahl ist immer noch zu groß.

Um das Ergebnis weiter einzugrenzen und somit dem Nutzer eine Entscheidungs-
hilfe zu geben, ist der Einsatz einer After-Search-Navigation sinnvoll. Mit dieser kann
der Nutzer die Ergebnisse über weitere Filter, wie zum Beispiel Größe oder Preis eingrenzen.

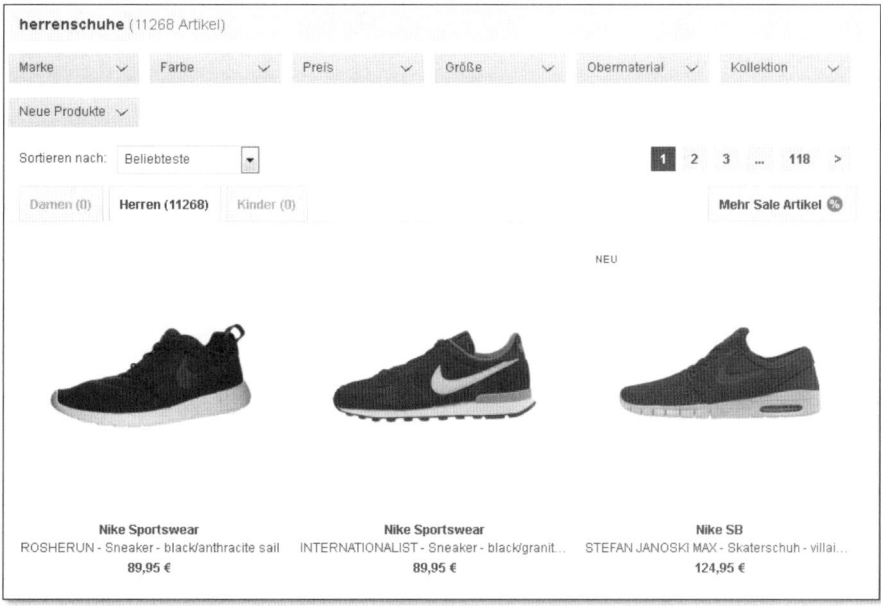

Abbildung 8.25 After-Search-Navigation bei Zalando

Der Nutzer wird somit noch weiter im Kaufprozess geführt und findet auch genau
das, wonach er gesucht hat. Die interne Suche und speziell die After-Search-Navigation haben einen großen Einfluss auf die Conversion.

8.9   Fazit

Machen Sie Ihren Shop bekannt! Wenn niemand Ihren Shop findet und aufsucht,
wird auch niemand etwas bei Ihnen kaufen. Um in Internet gefunden und bekannt
zu werden, stehen Ihnen verschiedene Marketingmaßnahmen zur Verfügung. Bevor
Sie sich für eine oder auch mehrere Möglichkeiten entscheiden, sollten Sie zuerst ein
Ziel definieren. Was möchten Sie mit Ihren Marketingaktionen erreichen? Während
Affiliate-Marketing und auch Preissuchmaschinen sich sehr stark am Abverkauf orientieren, gilt es Ihren Shop mit klassischer Displaywerbung bekannt zu machen. Es
ist egal, ob Branding oder Performance bei Ihren Kampagnen im Vordergrund stehen. Planen Sie Ihr Budget sorgfältig und setzen Sie auf keinen Fall alles auf eine
Karte. Gerade wenn Sie noch keine Erfahrung mit der jeweiligen Maßnahme gesammelt haben, sollten Sie zuerst mit einem geringeren Budget diesen Kanal testen.

Kapitel 9

Suchmaschinenmarketing –
so wird Ihr Shop gefunden

Suchmaschinen sind für viele Internetnutzer die erste Anlaufstelle bei der Suche nach Informationen und Einkaufsmöglichkeiten. Deshalb ist es wichtig, dass Ihr Shop bei Google & Co. gefunden wird. Denn ein schlechtes Suchmaschinen-Ranking hat zur Folge, dass weniger potenzielle Kunden Ihren Shop besuchen.

Auch wenn das Suchmaschinenmarketing ein Teilbereich des Online-Marketings ist, haben wir dieser Disziplin ein eigenes Kapitel gewidmet. Zwar sind einige Mechanismen gleich, einige andere unterscheiden sich aber deutlich von den übrigen Möglichkeiten des Online-Marketings. Manche Experten sagen, dass das Suchmaschinenmarketing sogar die wichtigste Disziplin im Online-Marketing-Mix darstellt. Ob das tatsächlich so ist, hängt sicherlich von Ihrem Shop und der Branche ab, in der Sie sich bewegen. Dass Suchmaschinenmarketing, oder kurz SEM (*Search Engine Marketing*), definitiv ein sehr wichtiger Teil ist, zeigt sich schon im Verhalten der Internetnutzer. Über 90 % der Online-Aktivitäten beginnen nämlich bei Google oder einer anderen Suchmaschine. Hier wird nach bestimmten Themen, Seiten oder auch nach Produkten gesucht. Der Shop, der nicht in einer Suchmaschine gelistet ist, hat schlechte Karten und wird es sehr schwer haben, seine Produkte zu verkaufen.

Die Aufgabe von Suchmaschinen ist es, dem Nutzer möglichst relevante Ergebnisse zu seiner Suche anzuzeigen. Genau das ist der Mehrwert einer Suchmaschine und entscheidet über deren Erfolg. Nur wenn die Ergebnisse für den Nutzer relevant sind, wird er auch weiterhin über diese Suchmaschine suchen. Um dies zu gewährleisten, arbeitet jede Suchmaschine mit einem speziellen Algorithmus, der berechnet, welche Suchergebnisse für den jeweiligen Begriff die relevantesten sind. Wenn Sie möchten, dass Ihr Shop bei den Ergebnissen weit vorn steht, ist es notwendig, den Shop für Suchmaschinen zu optimieren. Im Englischen nennt man diesen Prozess *Search Engine Optimization* oder abgekürzt SEO.

Das ist ein sehr langwieriger Prozess, und es dauert oftmals Monate, bis überhaupt ein Erfolg zu verzeichnen ist. Schneller geht die Werbung in Suchmaschinen mit Anzeigen. Bei Google heißen diese Anzeigen AdWords, und bei Bing sind es die Bing Ads. Der Vorteil dieser Anzeigen liegt auf der Hand. Sie müssen lediglich einen Anzeigentext erstellen und die Suchbegriffe festlegen, bei denen der Text angezeigt werden soll. Die Anzeige erscheint dann sofort, nachdem Sie sie erstellt haben. Der Nachteil ist jedoch, dass Sie für jeden Klick auf Ihre Anzeige zur Kasse gebeten werden. In den folgenden Abschnitten erfahren Sie, wie Sie zum einen Ihren Shop für die organischen Suchergebnisse optimieren können und wie Sie zum anderen erfolgreiche Kampagnen für das Suchmaschinenmarketing erstellen.

9.1   Suchmaschinenoptimierung (SEO)

Ein häufiger Irrtum ist, dass es bei der Suchmaschinenoptimierung darum geht, von Suchmaschinen besser gefunden zu werden. Das ist nicht ganz richtig, denn Sie können davon ausgehen, dass Ihr Shop auch ohne SEO von den Suchmaschinen gefunden wird. Das Ziel der Optimierung ist also nicht das bloße Finden, sondern ein Ranking möglichst weit vorn unter den Ergebnissen.

Ein Ergebnis auf der ersten Seite ist deshalb notwendig, weil 75 % der Suchmaschinennutzer niemals auf die zweite Seite klicken. Selbst auf der ersten Seite wird das untere Drittel nur noch sehr schwach wahrgenommen, wie Sie in Abbildung 9.1 sehen können. Die dritte Seite wird sogar nur noch von 5 % besucht. Ein Ranking im ersten Drittel der ersten Seite muss also das Ziel sein!

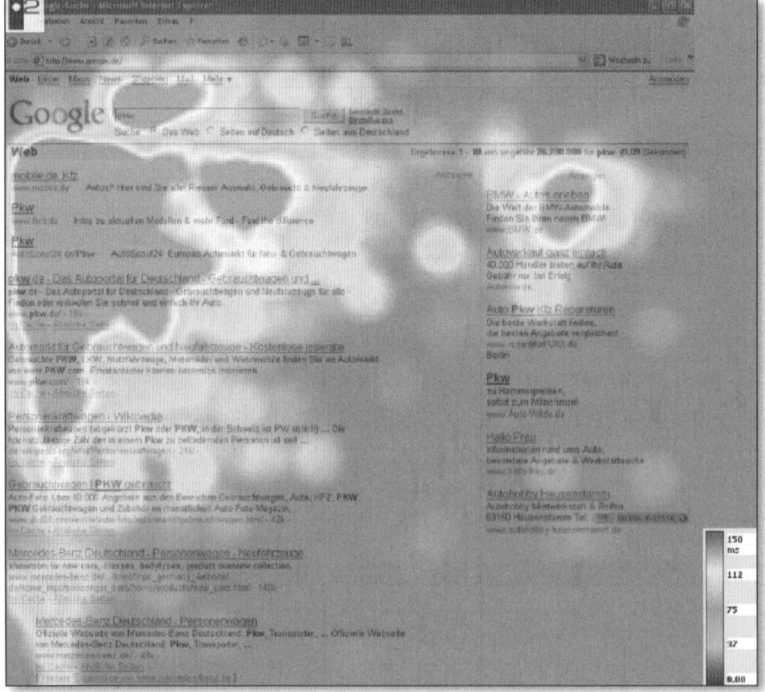

Abbildung 9.1 Aufmerksamkeitsstarke Bereiche bei Google

Die Suchmaschine nutzt einen Algorithmus, um die verschiedenen Ergebnisse nach deren Relevanz zu gewichten. Der Algorithmus entscheidet über das Ranking, also darüber, ob die Ergebnisse auf den vorderen Plätzen angezeigt und somit überhaupt vom Nutzer bemerkt werden. Welche Kriterien beim Ranking welche Rolle spielen, wird von den Suchmaschinen meist nicht kommuniziert. Einige Faktoren sind aber bekannt und werden im folgenden Abschnitt noch näher behandelt.

Google hat in Deutschland bei der Suche einen Marktanteil von über 90 %. Eigentlich müsste man die Suchmaschinenoptimierung Google-Optimierung nennen, denn neben der eigentlichen Suche unter *www.google.de* setzen noch einige Portale, wie zum Beispiel Web.de, GMX und T-Online bei ihrer Suche ebenfalls auf die Google-Suche. Das ergibt noch eine viel stärkere Dominanz, wie Abbildung 9.2 zeigt. In diesem Kapitel soll es daher in erster Linie um die Optimierung für Google gehen. Da die Arbeitsweise bei den anderen Suchmaschinen aber sehr ähnlich ist, werden Sie auch dort ein gutes Ranking erzielen, wenn Ihr Shop bei Google vorn gelistet ist.

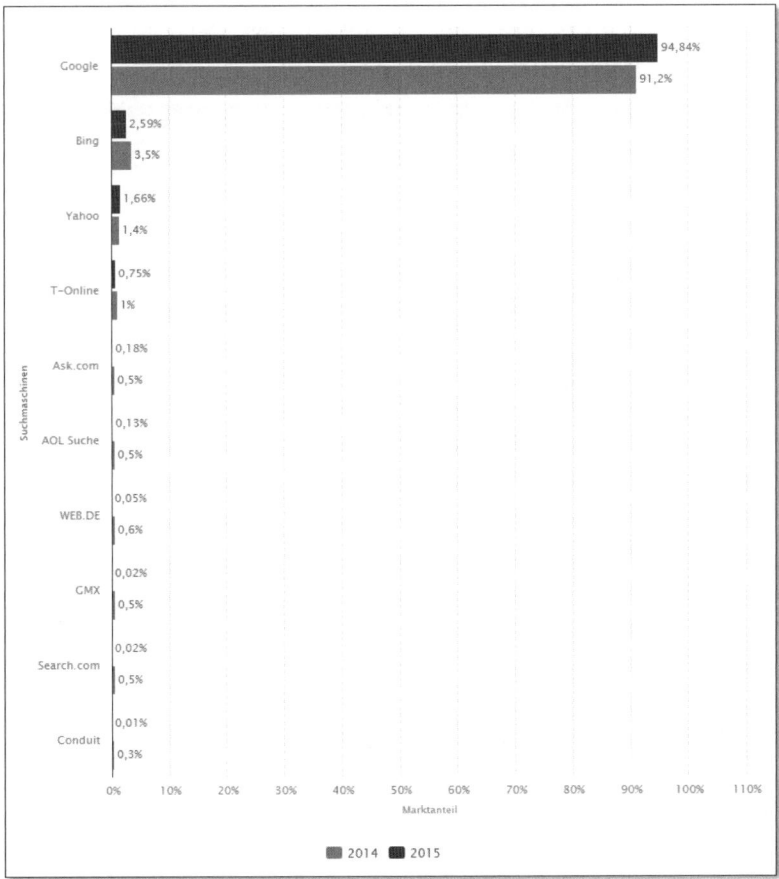

Abbildung 9.2 Marktanteile der einzelnen Suchmaschinen in Deutschland
(Quelle: Statista)

9.2   Wie findet Google?

Um das Ranking bei Google positiv zu beeinflussen, sollten Sie im ersten Schritt einmal wissen, wie Google die Seiten im Netz findet. Wenn Sie bei Google einen Suchbegriff eingeben, wird nicht das komplette Netz danach abgesucht, sondern lediglich der Google-Index. Anders wäre es nicht möglich, Ergebnisse in dieser Geschwindigkeit zu liefern. Der Vergleich mit einer Bibliothek ist hier vielleicht am treffendsten. Wenn Sie zum Beispiel die Bibliothekarin nach einem Buch über E-Commerce fragen, wird sie nicht erst dann losgehen und sämtliche Bücher durchlesen. Die Bücher im Bestand sind bereits eingeordnet, und sie muss nur noch in der Datenbank nach dem entsprechenden Begriff suchen. Bei Google ist diese Datenbank der Index. In ihm werden alle gefundenen Webseiten und die dazugehörigen Themen gespeichert.

Um diesen Index zu füllen, benutzt Google Webcrawler, auch Spider oder Bots genannt. Diese Crawler starten mit wenigen Seiten, durchsuchen diese und folgen dann den Links, auf die diese Seiten verweisen (siehe Abbildung 9.3). So geht es immer weiter, bis das gesamte Netz durchforstet ist. Das sind Milliarden von Seiten, die damit in den Index, also die Google-Datenbank, aufgenommen werden.

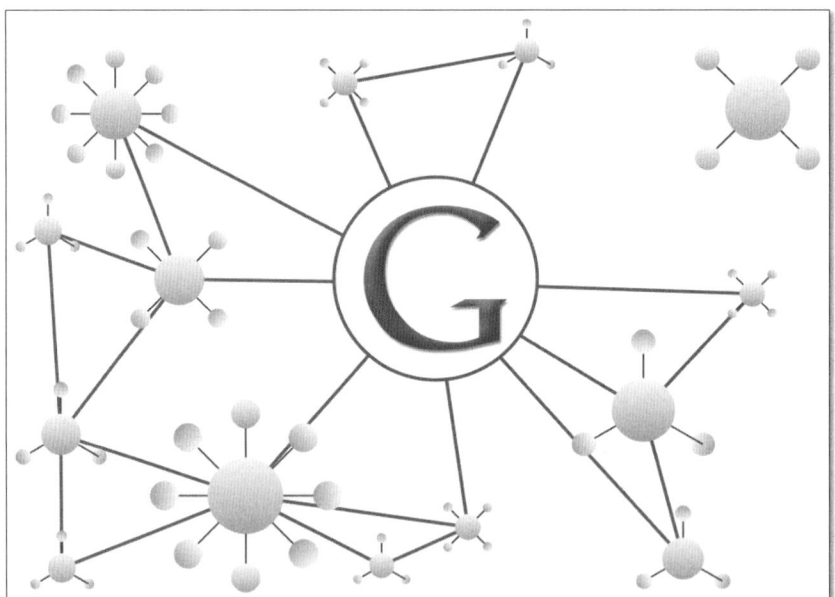

Abbildung 9.3 Schematische Darstellung des Google-Bots

Sie können also davon ausgehen, dass sehr viele Seiten zu einem einzelnen Thema gefunden werden. Um deren Relevanz zu gewichten, kommt der Google-Algorithmus ins Spiel. Anhand von Fragen, zum Beispiel wie oft der Suchbegriff auf der Seite enthalten ist oder auch wie schnell die Seite geladen werden kann, wird das Ranking ermittelt, also die Reihenfolge der Anzeige. Über die SEO-Maßnahmen müssen Sie also versuchen, dass die Suchmaschine Ihren Shop als relevantesten betrachtet.

Der Google-Algorithmus wird ständig optimiert und aktualisiert. Das letzte große Update wurde von Google am 26.9.2013 bekannt gegeben. Das sogenannte Hummingbird-Update (zu Deutsch Kolibri) war das bedeutendste seit 2001. Vor dem Hummingbird-Update konnte die Google-Suche nur einzelne Wörter oder Wortkombinationen statisch, also ohne Sinnzusammenhang, erkennen und bewerten. Der Hummingbird-Algorithmus betrachtet nun nicht nur einzelne Wörter, sondern auch die Zusammenhänge zwischen diesen. Das war vor allem von Bedeutung, weil immer mehr Sucheingaben über die Spracheingabe von Smartphones erfolgen. Wie genau der neue Algorithmus arbeitet und welche Kriterien relevant sind, wurde von Google nicht veröffentlicht. Insgesamt geht man von ca. 200 Parametern aus, die für das Ranking eine Rolle spielen.

Die Optimierung gliedert sich in zwei große Hauptbereiche: Zum einen können Sie in Ihrem Shop selbst dafür sorgen, dass dieser relevanter wird, und zum andern können Sie dafür sorgen, dass zum Beispiel externe Seiten auf Ihren Shop verlinken und damit ebenfalls die Optimierung positiv beeinflussen. Das Ganze nennt sich dann *On-Page-* bzw. *Off-Page-Optimierung.*

Hat Google Ihren Shop schon gefunden?

Um herauszufinden, ob Google schon auf Ihren Shop aufmerksam geworden ist, genügt eine einfache Eingabe in der Suchmaschine. Tippen Sie einfach bei Google »site:IhreShopdomain.de« ein. Sie bekommen dann entweder die Meldung, dass Google keine übereinstimmenden Dokumente finden konnte, oder Sie bekommen alle gefundenen Seiten angezeigt.

9.3   On-Page-Optimierung

In Bezug auf die *On-Page-Optimierung* hört man immer wieder den Satz »Content ist King«. Das bedeutet, dass der Inhalt, also die Begriffe an der richtigen Stelle im Shop, sehr wichtig sind. Das ist richtig und eine große Säule bei der On-Page-Optimierung. Die andere Säule ist die Performance des Shops, also wie schnell dieser zum Beispiel geladen wird. Eine gute Performance ist nicht nur für die Suchmaschinenoptimierung wichtig, sondern spielt natürlich auch für ein positives Einkaufserlebnis eine Rolle. In Kapitel 2, »Welcher Shop ist der richtige? Technische Lösungen und Möglichkeiten«, erfahren Sie mehr darüber. In diesem Abschnitt geht es in erster Linie um den Inhalt.

9.3.1 Metainformationen

Die Metainformationen finden Sie, wenn Sie mit dem Browser den Quelltext Ihres Shops aufrufen. Dabei geht es hauptsächlich um den Meta-Title und die Meta-Description. Der Title erscheint als Überschrift unter den Suchergebnissen und sollte zwischen 50 und 70 Zeichen lang sein. Die Meta-Description erscheint direkt darunter und sollte maximal 155 Zeichen lang sein. Was so im Quellcode steht,

```
<title>Grohe Allure Brilliant Einhand-Waschtischbatterie
  chrom 23029000 | Mach-Dein-Bad</title>
```

```
<meta name="description" content="Grohe Allure Brilliant Einhand-
  Waschtischbatterie chrom 23029000 - bestellen Sie bequem und
  sicher zu super Preisen bei Mach-Dein-Bad.de."/>
```

wird dann von Google wie in Abbildung 9.4 dargestellt.

Abbildung 9.4 Darstellung eines Suchergebnisses bei Google

Alle im Buch beschriebenen Shop-Systeme übernehmen die Metainformationen automatisch aus dem Inhalt des Shops. Trotzdem sollten Sie sich die Arbeit machen und mindestens bei der Startseite und den Kategorieseiten die Metainformationen nochmals überprüfen und gegebenenfalls anpassen. Dies ist einfach im jeweiligen Backend des Shop-Systems möglich. Bei Shopware finden Sie diesen Punkt direkt bei der Artikelanlage und können ihn dann wie in Abbildung 9.5 anpassen.

Abbildung 9.5 Darstellung der Metainformationen in Shopware 5

Über Title und Content haben Sie die Möglichkeit, bereits bei den Suchergebnissen Ihren Shop zu beschreiben und somit potenzielle Besucher neugierig zu machen. Es nützt Ihnen nichts, wenn Sie mit Ihrem Shop ganz oben bei den Suchergebnissen gelistet, aber aufgrund nichtssagender Titel und Beschreibungen nicht geklickt werden. Achten Sie auch darauf, dass in den Metainformationen die wichtigsten Keywords enthalten sind und möglichst weit vorn angezeigt werden. Diese werden nämlich bei Übereinstimmung in den Suchergebnissen fett angezeigt und sorgen somit nochmals für höhere Aufmerksamkeit. Wenn der Besucher die von ihm gesuchten Keywords gleich auf Anhieb in der Ergebnisliste findet, ist die Chance, dass er Ihren Shop besucht, um ein Vielfaches höher. Titel wie »Herzlich willkommen in unserem Online-Shop« sind nichtssagend und sollten daher auf jeden Fall vermieden werden. Besser wäre hier ein Titel, bei dem Ihre potenziellen Kunden sofort erfahren, was sie in dem Shop erwarten können. Gute Titel sind zum Beispiel:

- große Auswahl an Wanderzubehör
- der Spezialist für Badausstattung
- das komplette Sortiment von Bogner
- exklusive Mode günstig online kaufen

Auch wenn Title und Content nicht direkt das Ranking beeinflussen, sollten Sie sich intensiv mit diesem Thema befassen. Diese beiden Informationen sind das Erste, was ein potenzieller Kunde über Ihren Shop erfährt. Sie entscheiden darüber, ob er mit einem Klick Ihren Shop besucht oder ob er sich für einen Wettbewerber entscheidet.

Sprechende URLs

Bei einem guten URL-Aufbau kann der Nutzer bereits anhand der URL erkennen, welcher Inhalt auf der Seite zu erwarten ist. URLs wie *www.beispielshop.de/page185* sind verwirrend und nichtssagend. Weder eine Suchmaschine noch Ihre potenziellen Kunden können damit etwas anfangen. Ändern Sie deshalb Ihre URLs in verständlichere URLs um. Auch hier bieten die Shop-Systeme schon Möglichkeiten, dass Sie Ihre Shop-Struktur in die URLs übernehmen. Aus der oben genannten URL wird dann zum Beispiel *www.beispielshop.de/fussball/fussballschuhe/adidas_adizero*. Da auch zur Suche passende Keywords in der URL von Google fett markiert werden, fällt Ihr Shop dadurch sogar noch besser auf.

Ein weiterer wichtiger Befehl bei den Metatags sind die Einstellungen der Robots. Darüber teilen Sie den Suchmaschinen-Bots mit, wie sie mit dem Shop verfahren sollen. Auch dies kann in jedem Standard-Shop-System im Backend angepasst werden. Folgende Einstellung ist dabei der Standard und kann auch so beibehalten werden:

```
<meta name="robots" content="index,follow,noodp" />
```

Dieses Tag enthält für den Bot folgende Informationen: index bedeutet, dass der Bot Ihren Shop in den Index aufnehmen soll. follow sagt dem Bot, dass er jedem Link in

Ihrem Shop folgen soll. Mit noodp erhält der Bot die Information, dass der Seitentitel und die Seitenbeschreibung aus den Metainformationen angezeigt werden sollen. In einigen Suchmaschinen wird manchmal statt dieser Informationen die Beschreibung aus dem DMOZ (Directory Mozilla) angezeigt. Dabei handelt es sich um das größte von Menschen gepflegte Webverzeichnis. Mit dem Metatag noodp verhindern Sie dies.

Ebenfalls bei den Metaangaben finden Sie auch die Meta-Keywords:

```
<meta name="keywords" content="Mach-Dein-Bad.de, Mach-Dein-Bad,
    machdeinbad, deinbad, dein-bad, mach-dein-bad, Armaturen, Badezimmer,
    Bad renovieren, Sanitärshop" />
```

Diese Angabe ist ein Relikt aus der Vergangenheit. Früher teilte man über diese Information den Suchmaschinen mit, welche Keywords auf der Seite oder im Shop relevant sind. Dazu wurden die Keywords, durch Kommata getrennt, in die Metainformationen aufgenommen. Seit einiger Zeit haben diese Angaben für die großen Suchmaschinen aber keine Bedeutung mehr. Sie müssen darauf also keine große Energie verschwenden.

9.3.2   Keyword-Recherche

Auch wenn die Meta-Keywords nicht mehr relevant sind, Keywords als solche sind ein wichtiger Punkt bei der Suchmaschinenoptimierung. Diese Keywords sollten in optimalem Verhältnis in Ihren Texten enthalten sein. Bevor Sie sich aber daranmachen, die Texte zu verfassen, müssen Sie zuerst definieren, über welche Keywords Ihr Shop gefunden werden soll und welche Keywords von Ihren potenziellen Kunden verwendet werden, wenn sie Produkte aus Ihrem Shop suchen.

Zuerst können Sie hier zwischen *Short-* und *Longtail-Keywords* unterscheiden. Unter Shorttail-Keywords werden alle mit einem hohen Suchvolumen zusammengefasst. Meist handelt es sich dabei um generische Begriffe, wie zum Beispiel Schuhe, Smartphone, aber auch um Marken wie Adidas oder Samsung. Diese Keywords haben zwar ein hohes Suchaufkommen, sind aber sehr unspezifisch (nach welchen Schuhen sucht der Nutzer wohl genau?) und hart umkämpft.

In Abbildung 9.6 sehen Sie die besten fünf Suchergebnisse für das Keyword »Schuhe«. Es befinden sich große Namen unter den Ergebnissen, und um unter die ersten fünf Suchergebnisse zu kommen, müssten Sie für die Suchmaschine relevanter sein als zum Beispiel Amazon oder Deichmann. Diese Unternehmen haben ganze Abteilungen, die sich nur mit SEO beschäftigen. Es ist also schwer, wenn nicht sogar unmöglich, mit solch einem Suchbegriff auf die ersten Plätze zu kommen.

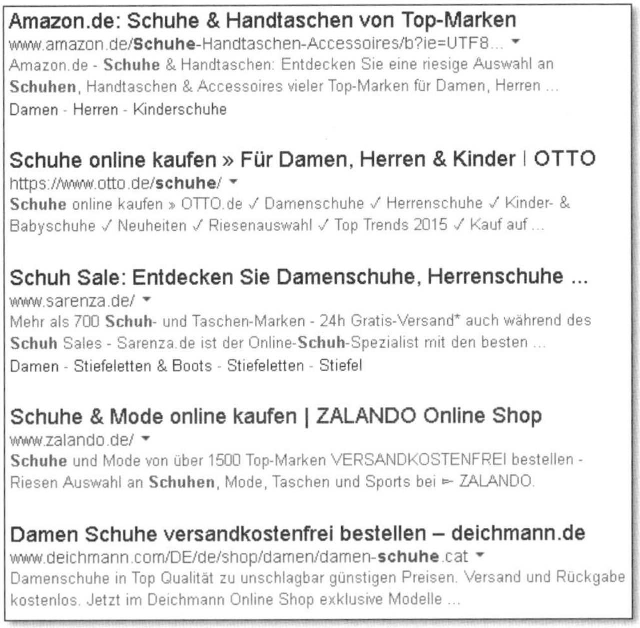

Abbildung 9.6 Organische Suchergebnisse für das Suchwort »Schuhe«

Aus diesem Grund sollten Sie bei der Keyword-Recherche auch die Longtail-Keywords mit aufnehmen. Beim Longtail handelt es sich um spezifischere Suchbegriffe mit niedrigerem Suchvolumen. Bei einem Online-Shop für Schuhe könnten das zum Beispiel folgende Begriffe sein:

- braune Lederschuhe
- Fussballschuhe Größe 42
- schicke Businesschuhe Boss

Diese Begriffe haben zwar einzeln ein sehr geringes Suchvolumen, in der Summe aller Longtail-Keywords ist der Traffic aber sehr relevant. Berücksichtigen daher neben den Shorttail-Keywords auch die Longtail-Suche in Ihrer Recherche.

Folgendes Vorgehen hat sich bei der Keyword-Recherche bewährt:

1. Notieren Sie sich zunächst alle Begriffe, die für Ihren Shop im Allgemeinen stehen.
2. Notieren Sie sich nun die Keywords, die für Ihre Produkte und die Marken stehen, die Sie verkaufen.
3. Schauen Sie sich Ihre interne Suche an. Nach welchen Begriffen wird dort gesucht?
4. Beginnen Sie nun, sich mit Synonymen zu beschäftigen. Gibt es eventuell noch andere Begriffe, die für die gleiche Sache genannt werden? Unter der Adresse *http://wortschatz.uni-leipzig.de/abfrage/* finden Sie eine Datenbank mit Synonymen zu vielen Begriffen.

5. Was macht Ihre Konkurrenz? Besuchen Sie den Shop Ihrer Wettbewerber, um herauszufinden, welche Keywords dort verwendet wurden. Hilfreich sind hier auch die Keywords in den Metaangaben.

6. Prüfen Sie nun die herausgefundenen Keywords auf Ihre Relevanz hin.

Es gibt einige Tools, die Sie bei Ihrer Recherche unterstützen, sogenannte Keyword-Datenbanken. In Abbildung 9.7 sehen Sie die Ergebnisse für den Suchbegriff »Schuhe«. Solche Datenbanken finden Sie zum Beispiel unter:

▶ *www.ranking-check.de/tipps-tools/seo-tools/keyword-datenbank/*

▶ *www.search-one.de/tools/long-tail-keyword-tool/*

▶ *www.seolytics.de/*

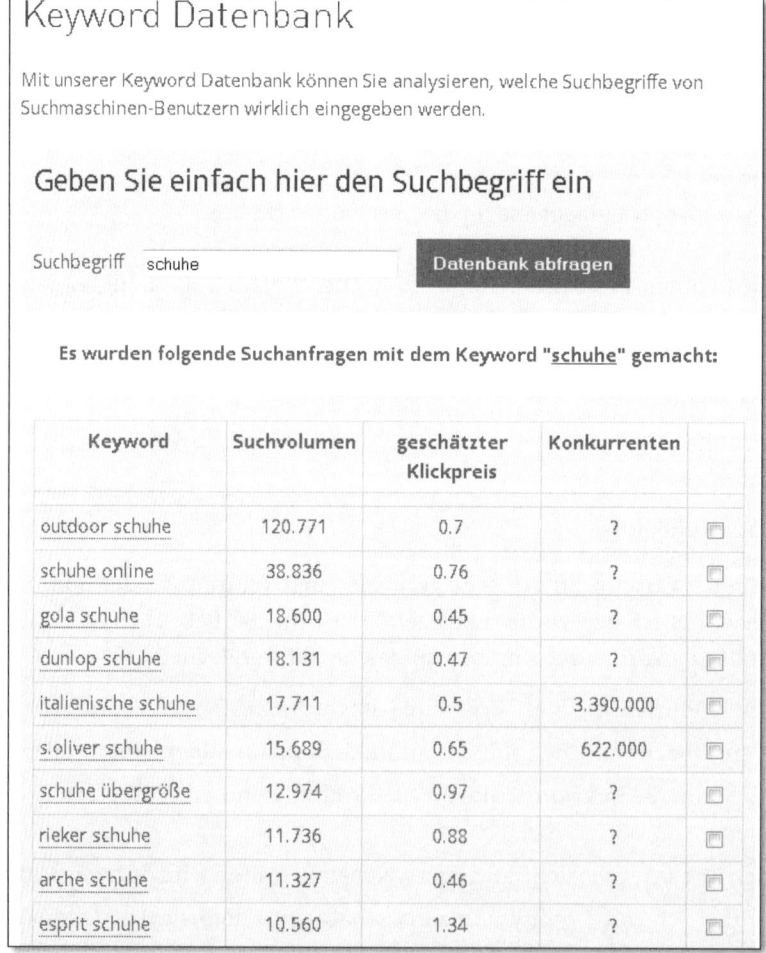

Abbildung 9.7 Keyword-Tool von rankingCHECK (www.rankingcheck.de)

9.3.3   Relevanter Inhalt

Zweifellos gehört der Inhalt zu den allerwichtigsten SEO-Faktoren. Über die Texte, also überwiegend über die Kategorien und Produktbeschreibungen, weiß nicht nur Ihr potenzieller Kunde, was er in Ihrem Online-Shop erwarten kann. Auch Google indiziert den Inhalt und legt damit die Relevanz des Shops für die einzelnen Suchbegriffe fest. In den Anfangszeiten der Suchmaschinen war das System noch sehr einfach aufgebaut. Im Groben konnte man sagen, je häufiger ein Keyword auf der Seite vorkam, desto relevanter wurde die Seite für dieses Keyword gelistet. Das führte soweit, dass auf den Webseiten die Keywords ohne Bezug zum Inhalt hundertfach genannt wurden und so Webseiten ungerechtfertigt gut gelistet wurden.

Um diesem Keyword-Spammen Einhalt zu gebieten, führten die Suchmaschinen die Keyword-Dichte als neue Kennzahl ein. Die Keyword-Dichte errechnet sich wie folgt:

$$Keyword\text{-}Dichte = \frac{Nennung\ des\ Keywords}{Gesamtanzahl\ der\ Wörter\ auf\ der\ Seite} \times 100$$

Wenn Sie also einen Text mit insgesamt 100 Wörtern haben und dort dreimal das Wort Schuhe vorkommt, ergibt dies für Schuhe eine Keyword-Dichte von 3 %.

Eine Keyword-Dichte von 3–5 % gilt als ideal. Damit Sie nicht von Hand jedes einzelne Wort zählen müssen, gibt es eine Reihe (kostenloser) Tools, mit denen Sie die Dichte der Keywords messen können:

- *http://keyworddensity.online-marketing-solutions.com/*
- *http://optimierung.vexeo.de/textoptimierung.php*
- *www.sehr-gut.net/dichte/*

Was bei dieser einfachen Kennzahl nicht bedacht wird, ist der thematische Bezug der Wörter untereinander. Die Suchmaschinen haben mittlerweile gelernt, dass Keywords in einem semantischen Zusammenhang stehen müssen. Wenn Sie also mit dem Keyword »Auto« gut ranken wollen, genügt es nicht, dass 3–5 % der Wörter »Auto« sind, sondern um eine Relevanz zu erreichen, ist es auch notwendig, Wörter wie zum Beispiel Motor, fahren oder Lenkrad mit aufzunehmen. Leider ist es, anders als bei der Ermittlung der Keyword-Dichte, hier nicht möglich, über ein Tool die optimalen Kombinationen zu ermitteln. Ergänzen Sie am besten in Ihrer Keyword-Liste die inhaltlich passenden Begriffe, und nehmen Sie diese ebenfalls in den Text mit auf. Vergessen Sie dabei aber bitte nicht, dass Ihre Produkte von echten Menschen und nicht von Suchmaschinen gekauft werden. Die Texte müssen also auch Ihren Besuchern gefallen und denen Ihre Produkte schmackhaft machen. Google und die anderen Suchmaschinen verbessern Ihren Algorithmus auch immer mehr in diese Richtung. Texte, die für den Besucher keinen oder wenig Sinn ergeben, werden aus diesem Grund auch bei den Suchmaschinen schlecht ranken.

Neben der Anzahl und dem Kontext der einzelnen Keywords kommt es auch auf deren Position im Text an. Steht ein Keyword zum Beispiel in einer Überschrift, hat es eine höhere Relevanz, als wenn es im Fließtext vorkommt. Um die Überschriften bzw. deren Relevanz zu kennzeichnen, gibt es die Möglichkeit der Textformatierung. Die Überschriften werden nach Relevanz zwischen <H1> und <H6> formatiert. Die Hauptüberschrift einer Seite ist somit <H1>, Zwischenüberschriften <H2> usw. Welche Überschrift <H1>, welche <H2> usw. ist, wird über das Template definiert und kann daher nicht spontan über das Backend geändert werden. Schauen Sie sich im Quelltext an, wie die Überschriften im Shop gestaltet sind. Beim Screenshot in Abbildung 9.8 würden die entsprechenden Stellen im Quellcode so aussehen:

Formatierung der <H1>-Überschrift ❶:

```
<h1 class="articlename" itemprop="name">Hansgrohe Metris
    Waschtischmischer 110 chrom 31080000</h1>
```

Formatierung der <H2>-Überschrift ❷:

```
<h2>Produktinformationen "Hansgrohe Metris Waschtischmischer
    110 chrom 31080000"</h2>
```

Abbildung 9.8 Shopware-Shop mit unterschiedlichen Überschriften

9.3.4   ALT-Attribute bei Bildern

Suchmaschinen sind mittlerweile, was die Erfassung und Verarbeitung von Text angeht, sehr weit fortgeschritten. Was aber (noch) nicht möglich ist, ist das automatische Erfassen von Bildinhalten. Aus diesem Grund benötigen die Suchmaschinen zu den Bildern weitere Informationen. Diese Informationen können über das sogenannte ALT-Attribut mitgegeben werden. ALT steht hierbei für alternativ, es handelt sich dabei also um eine alternative Beschreibung. Über das ALT-Attribut teilen Sie der Suchmaschine mit, was sich auf dem Bild befindet. Im Quellcode kann ein ALT-Attribut so aussehen:

```
<img src="/pfad/zum/bild.tif" alt="Hier würde dann die alternative
  Beschreibung stehen">
```

Bei Artikelbildern wird vom Shop-System in der Regel der Artikelname automatisch übernommen, kann aber nachträglich im Backend noch angepasst werden. Rein technisch gibt es keine Beschränkung, was die Textlänge angeht. Empfehlenswert ist es aber, das Bild so kurz wie möglich zu beschreiben. Als Anhaltspunkt gilt, dass man den Bildinhalt allein über die Textangabe wiedererkennen sollte.

Prüfen Sie nun in Ihrem Shop nach folgenden Kriterien, ob die Überschriften optimal gesetzt sind:

1. Die H1-Überschrift ist die Hauptüberschrift auf jeder einzelnen Seite. Bitte achten Sie darauf, dass es nur eine H1-Überschrift pro Seite gibt. In dieser Überschrift sollte auch bereits das »Haupt-Keyword« der Seite enthalten sein, also das Keyword mit dem Sie bei den Suchergebnissen möglichst weit vorne ranken möchten.

2. Die Überschriften sollten sich auch in Größe und Aufmachung unterscheiden. Man darf es der wichtigsten Überschrift ruhig auch ansehen, indem sie zum Beispiel Fett oder größer ist als die anderen Überschriften.

Wie bereits geschrieben, können die Überschriften im Template geändert werden. Da dieser Aufbau bei jedem Shop-System anders ist, würde es den Rahmen sprengen hier genauer darauf einzugehen.

9.3.5   Duplicate Content

Über *Duplicate Content* konnten Sie bereits in Kapitel 3, »Kunden zum Kaufen animieren – Produkte und Warengruppen«, einiges erfahren. Sie erinnern sich, unter Duplicate Content versteht man Texte, die mit gleichem Inhalt mehrmals im Netz vorkommen. Das Negative daran ist, dass Suchmaschinen Duplicate Content herausfiltern und ihn negativ bewerten. Das kann bis zum vollständigen Ausschluss aus dem Index führen.

In Kapitel 3 konnten Sie daher lesen, dass es zwar sehr einfach ist, den Text eines Herstellers zu übernehmen, dies aber wegen des Duplicate Contents nicht empfehlenswert ist. Die Gefahr des Duplicate Contents besteht aber nicht nur auf fremden Seiten, sondern kann auch unbeabsichtigt von Ihrem eigenen Shop generiert werden. Nämlich immer dann, wenn eine Seite mit identischem Inhalt mehrmals zu finden ist. Das ist zum Beispiel auch der Fall, wenn Sie die Produktdetailseite als PDF zum Download anbieten oder wenn hinter unterschiedlichen Pfaden ein und dieselbe Produktdetailseite liegt.

Beispiele hierzu sind:

- *www.ihrshop.de/herren/hemden/hemdxyz.html*
- *www.ihrshop.de/sale /herren/hemdxyz.html*

Hinter beiden Pfaden verbirgt sich in diesem Beispiel dasselbe Produkt und somit auch eine identische Produktbeschreibung.

In diesem Fall müssen Sie der Suchmaschine mitteilen, welche Seite die primäre Seite ist. Eine Möglichkeit ist das sogenannte *Canonical Tag*, das jeweils auf die Primärseite verweist. Im Beispiel oben würden die Pfade mit Canonical Tags wie folgt aussehen.

www.ihrshop.de/herren/hemden/hemdxyz.html soll die primäre Seite sein und verweist daher mit folgendem Canonical Tag auf sich selbst:

```
<link rel="canonical" href="http://www.ihrshop.de/herren/hemden/hemdxyz.html"/>
```

www.ihrshop.de/sale /herren/hemdxyz.html soll auf die primäre Seite verweisen und hat daher dasselbe Canonical Tag.

```
<link rel="canonical" href="http://www.ihrshop.de/sale/herren/hemdxyz.html"/>
```

9.3.6 Seitenperformance

Bei der On-Page-Optimierung spielt auch die Seitenperformance eine große Rolle. Es nützt nichts, wenn Sie die Inhalte alle suchmaschinenfreundlich gestaltet haben, die Ladezeit der Seite aber zu lang ist. Die Seitengeschwindigkeit ist bereits seit 2010 bei Google ein Rankingfaktor und spielt nicht nur für Suchmaschinen eine Rolle. Da auch Ihre Besucher nicht lange warten möchten, sollten Sie also aus diesen beiden Gründen die Performance stetig optimieren.

Um zu testen, wie die Ladezeiten des Shops sind, bietet Google ein eigenes Werkzeug an. Unter *https://developers.google.com/speed/pagespeed/* können Sie testen, wie schnell Ihr Shop geladen wird. Google zeigt Ihnen dazu eine detaillierte Auswertung und zeigt auch, wie Sie Ihren Shop optimieren können. Neben den angezeigten Optimierungen bei den Bildern und der Dateigröße, sollten Sie bei langsamen Ladezeiten Ihren Hoster bzw. das gebuchte Hosting-Paket kritisch hinterfragen. Oftmals entscheidet sich der Shop-Betreiber zu Beginn für ein eher kleineres Hosting-Paket und »vergisst« dann, dieses bei erhöhten Besucherzahlen anzupassen.

Mobile Friendly wurde Rankingfaktor

Seit dem 21.4.2015 bewertet Google bei den Suchergebnissen auch, ob die jeweilige Seite auf mobile Zugriffe optimiert wurde. Hintergrund ist, dass immer mehr Suchanfragen über Mobilgeräte durchgeführt werden. Bereits für das Jahr 2015 wird erwartet, dass mehr über mobile Endgeräte gesucht wird als über Desktop-PCs. Wenn Ihr Online-Shop also nicht mobil optimiert ist, wird er bei Suchergebnissen auf Smartphones schlechter gerankt. Für Tablets gilt der neue Suchalgorithmus nicht. Hier werden auch weiterhin die Ergebnisse für Desktop-PCs angezeigt.

Ob Ihr Shop Mobile Friendly ist, prüft Google für jede URL im Einzelnen. Google empfiehlt zwar den Einsatz von Reponsive Design, benachteiligt jedoch mobilfreundlich gestaltete Inhalte auf Hostnamen (beispielsweise *http://m.ihrshop.de*) oder eigenen mobilen Website-Varianten (beispielsweise *http://ihrshop.mobil*) nicht.

Folgende vier Kriterien sind für einen Mobile Friendly Shop entscheidend:

▶ Verwenden Sie keine Technologien, die auf Mobilgeräten nicht gängig sind. Ein gutes Beispiel dafür ist Flash.

▶ Der Text sollte ohne Zoomen auf dem Smartphone gelesen werden können.

▶ Die Größe des Inhalts wird an den jeweiligen Bildschirm angepasst, so dass Nutzer nicht horizontal scrollen müssen.

▶ Links dürfen nicht zu eng beieinanderliegen, um die Bedienbarkeit zu gewährleisten. Schaltflächen müssen mindestens 7 mm, also 48 CSS-Pixel groß sein. Schaltflächen, die kleiner als 7 mm sind, müssen einen großzügigen Abstand zueinander besitzen.

9.4   Off-Page-Optimierung

Es ist kein Zufall, dass wir zunächst die On-Page-Optimierung besprochen haben. Die On-Page-Optimierung bildet die Basis für alle weiteren Optimierungen. Erst wenn diese optimal abgeschlossen ist, ist der Weg frei, um auch mit erfolgreichen Off-Page-Maßnahmen zu beginnen. Unter *Off-Site-Optimierung* wird alles zusammengefasst, was außerhalb des Shops passiert, um diesen im Ranking nach vorn zu bringen. Während bei der On-Site-Optimierung der Inhalt den größten Einfluss auf das Ranking hat, spielen bei der Off-Site-Optimierung die Links, die auf den Shop verlinken, die größte Rolle. Es geht hier aber nicht allein um die Anzahl der Links, sondern auch um ihre Qualität. Was ist aber ein qualitativ hochwertiger Link? Die Faktoren sind die folgenden.

9.4.1   PageRank

Der *PageRank* wurde von den Google-Gründern Sergei Brin und Larry Page (daher PageRank) entwickelt. Dabei geht es darum, die Linkpopularität der einzelnen Seiten zu bewerten. Das Grundprinzip ist, je mehr Links auf eine Seite verweisen und je höher der PageRank der verweisenden Seite ist, desto höher wird auch der PageRank sein, den Ihr Shop erbt. Ein Backlink von zum Beispiel Spiegel Online ist also mehr »wert« als von einem privaten Blog mit wenig Relevanz. Den PageRank einer Seite können Sie über diverse Browser-Plug-ins, wie zum Beispiel PageRank für Firefox (*https://addons.mozilla.org/de/firefox/addon/pagerank*) oder für Chrome (*https://chrome.google.com/webstore/detail/pagerank/nbmblkkmdeobfklgefdnoakgkmcekhcg*) feststellen.

Der PageRank wird nur an den Link-Empfänger vererbt, wenn der Link selbst nicht mit einen `nofollow`-Attribut versehen ist.

9.4.2   Externe Linktexte

Der Linktext und die Position sind entscheidend: Ein guter und präziser Linktext ermöglicht den Suchmaschinen, das Thema und damit auch die zu vermutenden Inhalte des Shops einzugrenzen und genauer zu definieren. Die relevanten Keywords sollten also auch im Linktext enthalten sein. Mit einem »hier finden Sie weitere Informationen« kann keine Suchmaschine etwas anfangen. Links im Content, also umgeben von relevantem Inhalt, werden ebenfalls höher bewertet als Links an der Seite oder unterhalb des Contents. Die Linkpopularität bezieht sich aber immer auf einzelne Seiten und nie auf die komplette Domain!

9.4.3   Backlinks

Es gibt verschiedene Methoden, an Backlinks zu kommen. Webkataloge, das sind sortierte Sammlungen von Webseiten und Shops zu unterschiedlichen Themen, bilden eine gute Basis dafür. Hier haben Sie auch die Möglichkeit, Ihr Angebot in der passenden Kategorie anzubieten, und bekommen sogar themenrelevante Backlinks. Einen Überblick über die wichtigsten Webkataloge bekommen Sie auf *www.ranking-check.de/tipps-tools/wichtige-webkataloge/*.

Die Qualität und Herkunft der Backlinks spielt für den Erfolg eine große Rolle. Leider wird häufig noch die Ansicht vertreten, dass Backlinks allein, unabhängig von Kontext und Qualität, das Ranking positiv beeinflussen. Das ist ein großer Irrtum, denn nur hochwertige Backlinks mit thematischem Bezug bringen tatsächlich einen Erfolg.

Eine andere Möglichkeit ist der Linktausch. Der basiert auf dem Prinzip der Gegenseitigkeit. Sie setzen auf Ihrer Seite einen Link, wenn Sie im Gegenzug auch einen bekommen. Dieses Vorgehen ist im Shop-Bereich eher bedenklich. Gegenseitig getauschte Links werden von der Suchmaschine nur schwach bewertet. Wenn Sie Links von fremden Seiten aufnehmen, dürfen Sie auch nicht vergessen, dass diese Links Ihre Besucher auf andere Seiten führen. Ihr Ziel sollte es aber sein, die Besucher in den Bestellprozess zu führen! Das Optimalste wäre also, wenn jemand in Ihren Shop verlinkt, ohne dass er dafür einen Backlink erwartet. Dies können Sie schaffen, indem Sie relevanten Inhalt zur Verfügung stellen. Je relevanter der Inhalt der Seiten ist, desto einfacher wird auch ein anderer Seitenbetreiber bereit sein (auch eventuell ohne einen gegenseitigen Backlink) auf Ihren Shop zu verlinken. Bauen Sie spezielle Landingpages mit relevanten Informationen. Dies ist nicht nur ein Vorteil für die Suchmaschinen, sondern auch Ihre potenziellen Kunden werden für gute Informationen dankbar sein.

Es besteht natürlich auch die Möglichkeit, ein eigenes Blog über verschiedene Themen zu erstellen und von diesem auf Ihren Shop zu verlinken. Dieses sollte auf relevante Inhalte ausgerichtet sein und nicht nur den Suchmaschinen, sondern auch Ihren Besuchern einen Mehrwert bieten. Nachteil von einem eigenen Blog ist neben dem zusätzlichen Aufwand aber auch, dass Sie natürlich auch diesen erst einmal bei den Suchmaschinen bekannt machen müssen. Für kurzfristigen Erfolg ist ein Blog also weniger geeignet.

Egal, für welche Methode Sie sich entscheiden. Sie sollten es gerade am Anfang mit dem Linkaufbau nicht übertreiben. Hier ist weniger wirklich mehr. Wenn innerhalb kurzer Zeit unnatürlich viele Links aufgebaut werden, vermutet Google hier einen Täuschungsversuch und wird Ihren Shop abstrafen. Um möglichst schnell über eine eventuelle Abstrafung informiert zu werden, empfiehlt sich der Einsatz der Google Webmaster-Tools. Dort ist es möglich, wie in Abbildung 9.9 zu sehen, dass Google Sie über eine mögliche Abstrafung informiert.

Abbildung 9.9 Nachricht über unnatürlichen Linkaufbau über die Google Webmaster-Tools

Eine Garantie dafür gibt es aber nicht, weshalb Sie trotzdem regelmäßig den Traffic von Suchmaschinen in Ihrem Shop überwachen sollten. Wenn dieser plötzlich stark zurückgeht, ist dies ein sicheres Zeichen für eine Abstrafung. Leider sind die Gründe für eine Abmahnung nur selten zu eruieren. Sollten Sie der Meinung sein, dass die Abstrafung ungerechtfertigt ist, können Sie über die Webmaster-Tools eine erneute Prüfung veranlassen. Nähere Informationen darüber und über mögliche Gründe der Abstrafung finden Sie unter *http://googlewebmastercentral-de.blogspot.de/*.

Um zu prüfen, was Google bereits über die Verlinkungen weiß, können Sie auf Google-eigene Bordmittel zurückgreifen. Über neue Links können Sie automatisch über Google Alerts informiert werden. Richten Sie dafür einfach einen neuen Alert mit Ihrem Shop-Namen ein, und Sie erhalten bei jedem neuen Link im Google-Index automatisch eine Benachrichtigung per E-Mail. Ein Alert greift bei jedem neu indizierten Inhalt. Sie bekommen auf diese Art auch einen Alert, wenn der Shop-Name zum Beispiel in einem Forum erwähnt wird. Die Erstellung von Alerts ist sehr einfach. Klicken Sie auf *www.google.de/alerts*, und geben Sie dort das oder die Keywords an, bei denen Sie über Neuigkeiten informiert werden möchten (siehe Abbildung 9.10).

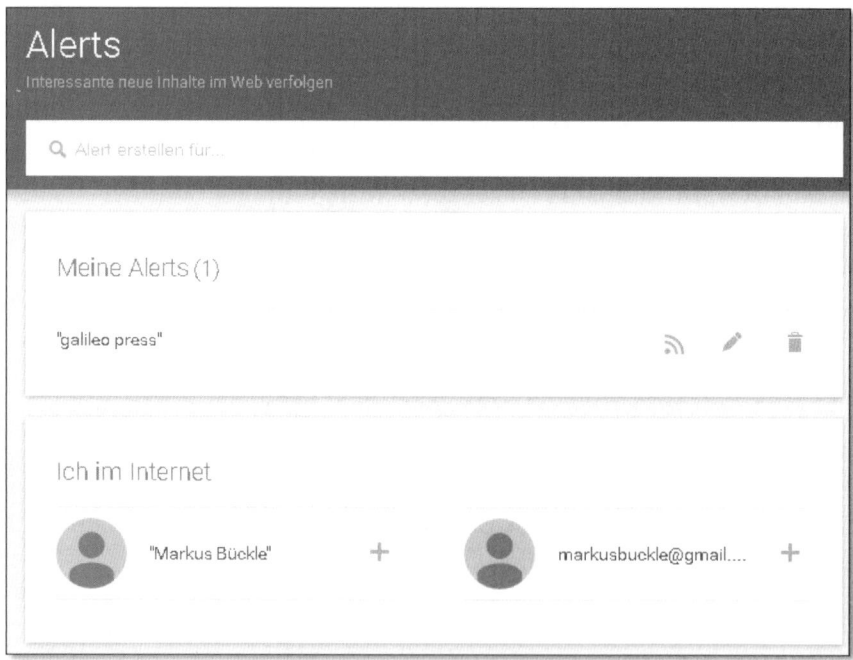

Abbildung 9.10 Alerts von Google

Auch spezielle Eingaben in das Google-Suchfeld liefern interessante Ergebnisse. Geben Sie dazu einfach den jeweiligen Suchoperator mit Doppelpunkt und Ihrer Seite in das Suchfeld ein, und Sie erhalten zusätzliche Informationen (siehe Abbildung 9.11):

- ▶ »link:« zeigt Ihnen Seiten, die auf die jeweilige (Unter-)Seite verweisen.

- ▶ »related:« benötigen Sie, wenn Sie thematisch ähnliche Seiten suchen.

- ▶ »site:« zeigt die Seiten, die Google bereits in den Index aufgenommen hat.

- ▶ »inanchor:« sucht nach Linktexten, in denen der Begriff vorkommt.

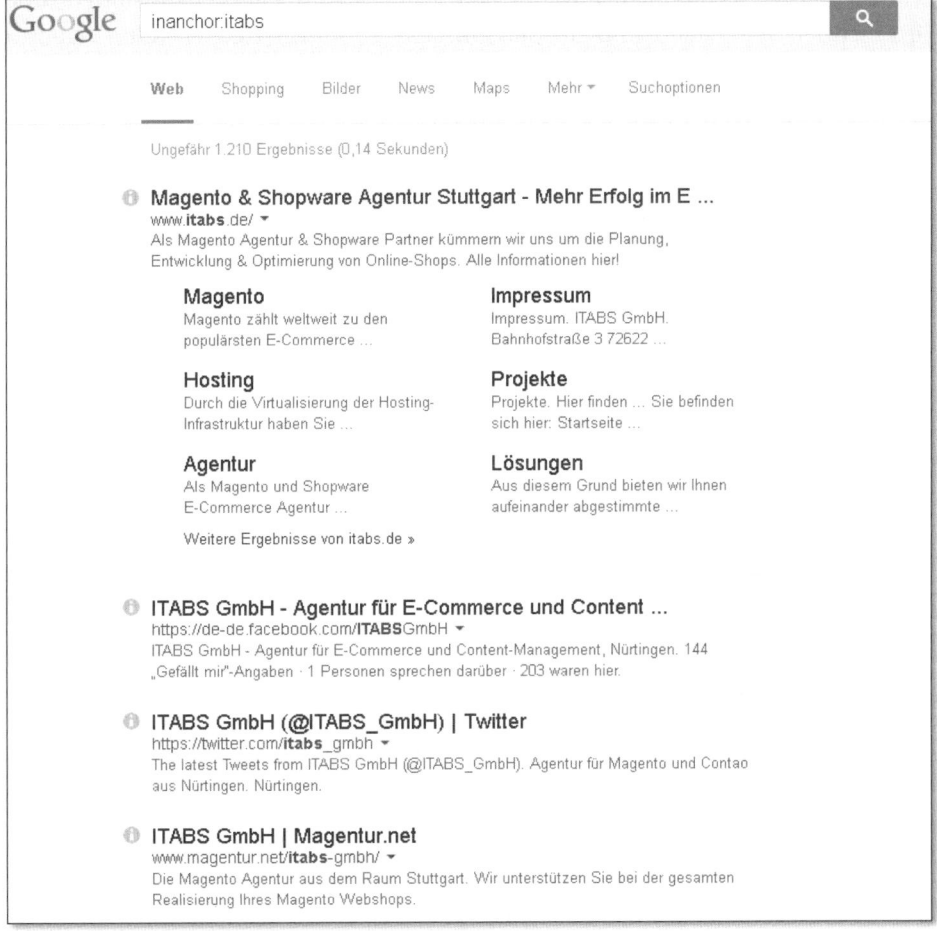

Abbildung 9.11 »inanchor:« zeigt Links, in denen ein bestimmter Begriff vorkommt.

9.4.4   SEO-Analyse-Tools

Wenn Sie die Suchmaschinenoptimierung dauerhaft professionell betreiben möchten, stehen Sie irgendwann vor der Entscheidung, ein kostenpflichtiges Tool einsetzen zu müssen. Die Preispanne reicht hier von einmalig wenigen Euro bis hin zu Monatsgebühren von mehreren tausend Euro. Ob sich dieser Preis speziell für Sie rechnet, müssen Sie selbst beantworten. Diese Werkzeuge nehmen Ihnen in Bezug auf Reports eine Menge Arbeit ab. Der Funktionsumfang der Tools ist so unterschiedlich wie die Preisstruktur. Es gibt nicht das beste Tool, das alles kann, sondern jedes hat seine Stärken und Schwächen. Eines haben aber alle Tools gemeinsam: Sie liefern Ihnen wertvolle Reports, verbessern aber nicht selbstständig das Ranking Ihres Shops. Bevor Sie also zu einem kostenpflichtigen Tool greifen, überlegen Sie sich gut, ob Sie auch die Zeit investieren können und möchten, umfangreich mit diesen Tools zu arbeiten. Falls Sie das nicht gewährleisten können, kann es durchaus sinnvoll und wirtschaftlich sein, die komplette Suchmaschinenoptimierung an eine Agentur abzugeben.

Nachfolgend finden Sie zwei kostenlose Tools, die Ihnen Ihre SEO-Arbeit etwas erleichtern können:

▶ **SeoQuake:** Hier handelt es sich um ein Browser-Add-on, das zusätzliche SEO-relevante Informationen über die gerade besuchte Seite anzeigt. Neben dem Page-Rank der Seite sehen Sie dort zum Beispiel auch auf einen Blick, wie oft die Domain mit ihren Unterseiten im Google-Index enthalten ist, das Alter der Domain, die Keyword-Dichte und die Anzahl der Links auf der Seite.

– *www.seoquake.com*

▶ **Backlinkwatch:** Auf dieser Seite können Sie sich die Backlinks anzeigen lassen, die in Ihren Shop führen.

– *www.backlinkwatch.com*

9.4.5 Google Webmaster-Tools

Die Google Webmaster-Tools sind eine mächtige und zugleich kostenlose Toolsammlung, die von Google selbst zur Verfügung gestellt wird. So sehen Sie zum Beispiel über die Webmaster-Tools, welche Suchanfragen auf Google dazu geführt haben, dass ein Nutzer in Ihren Shop gelangte. Auch der Indexierungsstatus, also wie oft ein Google-Bot den Shop durchsucht hat, finden Sie hier. Dabei fungieren die Webmaster-Tools auch als Kommunikationsmittel, über das Google Ihnen eventuelle Probleme mitteilt.

Um die Webmaster-Tools für Ihren Shop nutzen zu können, müssen Sie diesen zuerst dem Konto hinzufügen. Gehen Sie hierzu auf *www.google.com/webmasters/tools* und melden sich an bzw. erstellen Sie ein neues Google-Konto (siehe Abbildung 9.12).

Über den Button WEBSEITE HINZUFÜGEN können Sie Ihren Shop dem Konto hinzufügen. Um sicherzustellen, dass Sie auch tatsächlich der Besitzer des Shops sind, muss dieser im nächsten Schritt authentifiziert werden. Hierzu gibt es verschiedene Möglichkeiten. Die von Google empfohlene und aus unserer Sicht auch einfachste ist das Hochladen einer speziell von Google zur Verfügung gestellten HTML-Datei auf Ihren Server. Die Datei muss dabei in der ersten Ebene, also direkt im Stammverzeichnis, verfügbar sein. Sobald Google die Datei auf Ihrem Server »gefunden« hat, können Sie auf alle Funktionen der Webmaster-Tools zugreifen.

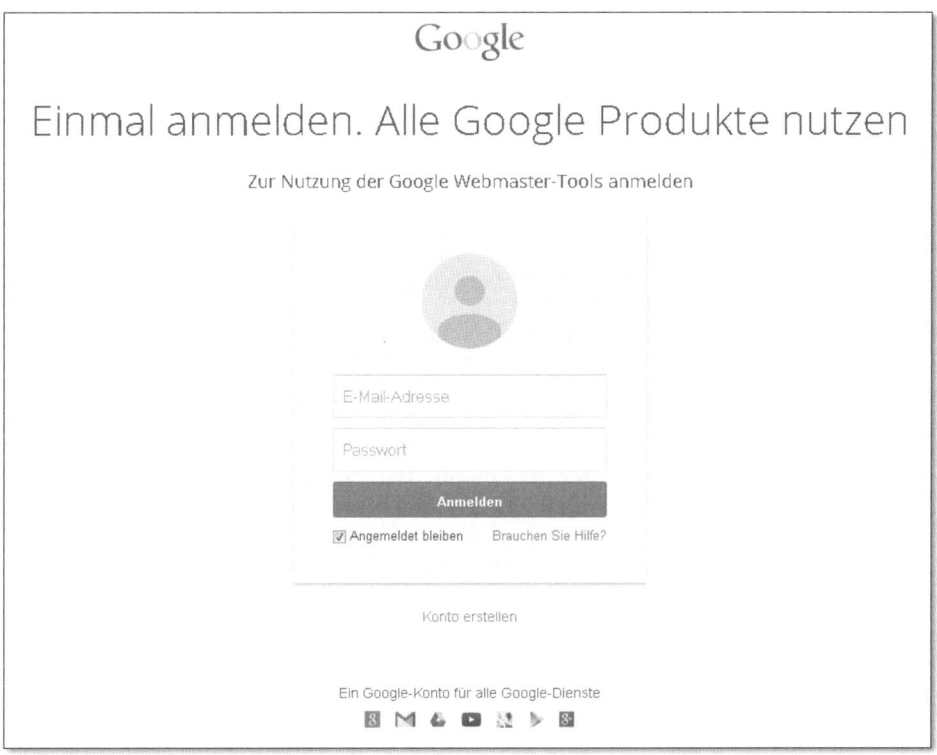

Abbildung 9.12 Startbildschirm der Google Webmaster-Tools

Sehr bequem ist auch die Verknüpfung mit einem bestehenden Google-Analytics-Konto, denn sofern Analytics bereits verwendet wird, muss man sich über eine weitere Integration keine Gedanken mehr machen.

> **Keine Datei, keine Daten**
>
> Achten Sie bei eventuellen Relaunches oder Serverwechseln darauf, dass die HTML-Datei, über die Ihr Shop identifiziert wird, nicht gelöscht wird. Sobald die Datei entfernt oder geändert wird, haben Sie keinen Zugriff mehr auf die Daten Ihres Shops. Die Daten sind aber bei erneutem Hochladen der Datei wieder verfügbar.
>
> Wenn Sie vermeiden möchten, dass der Schlüssel unbeabsichtigt gelöscht wird, sollten Sie die Methode Domain-Namen-Anbieter wählen. Hierbei läuft die Authentifizierung über den DNS-Eintrag auf Ihrem Server.

Wenn Sie Ihren Shop erfolgreich bei den Webmaster-Tools angemeldet haben, können Sie diesen auswählen und kommen dann direkt zum Dashboard (siehe Abbildung 9.13).

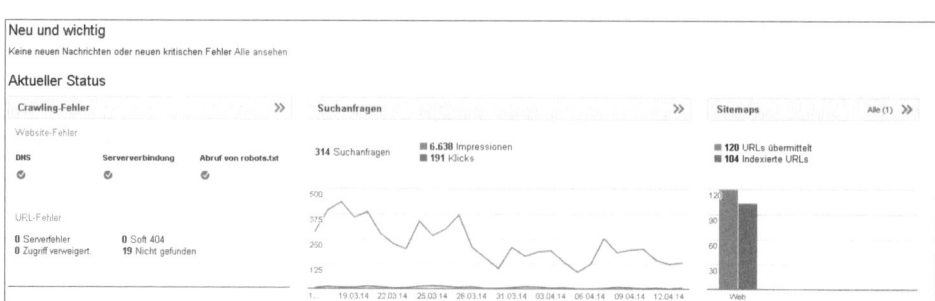

Abbildung 9.13 Dashboard der Webmaster-Tools

Das Dashboard ist die Einstiegsseite und zeigt Ihnen die wichtigsten Informationen über Ihren Shop. Dort sehen Sie, ob neue Nachrichten über kritische Fehler vorliegen, oder auch, bei wie vielen Suchanfragen ein Link zu Ihrem Shop angezeigt und geklickt wurde.

Was den Umfang angeht, so hätten die Google Webmaster-Tools sicherlich ein eigenes Buch verdient. Da aber in diesem Buch auch noch andere Themen Platz finden müssen, werden wir uns hier auf die wichtigsten Funktionen beschränken.

HTML-Verbesserungen

Beim Crawlen des Google-Bots werden auch die Metabeschreibungen analysiert. Sollten hierbei Fehler oder Verbesserungspotenziale erkannt werden, finden Sie dies im Bereich der HTML-VERBESSERUNGEN (siehe Abbildung 9.14).

HTML-Verbesserungen	
Zuletzt aktualisiert am 28.05.2015	
Die Behebung der folgenden Probleme kann die Nutzererfahrung und die Leistung Ihrer Website verbessern.	
Meta-Beschreibung	**Seiten**
Doppelte Metabeschreibungen	18
Lange Metabeschreibungen	0
Kurze Metabeschreibungen	0
Titel-Tag	**Seiten**
Fehlende "title"-Tags	1
Doppelte "title"-Tags	2
Langer Text zwischen den "title"-Tags	0
Kurzer Text zwischen den "title"-Tags	0
Irrelevante "title"-Tags	0
Nicht indexierbarer Content	**Seiten**
Wir sind auf keine Probleme mit nicht indexierbarem Content auf Ihrer Website gestoßen.	

Abbildung 9.14 Hinweise zu HTML-Verbesserungen in den Google Webmaster-Tools

Hier zeigt Ihnen Google DOPPELTE METABESCHREIBUNGEN und DOPPELTE "TITLE"-TAGS. Das lässt entweder darauf schließen, dass die jeweilige Seite doppelt vorhanden ist oder dass vom Shop-System doppelte Titel generiert werden. Im Standard wird dabei ja häufig der Produktname übernommen. Wenn Sie also Produkte mit gleichem Namen im Sortiment haben, sollten Sie den Titel vielleicht noch durch weitere Eigenschaften ergänzen.

Auch KURZER TEXT ZWISCHEN DEN "TITLE"-TAGS und IRRELEVANTE "TITLE"-TAGS lassen auf fehlerhaft generierten Inhalt schließen.

Sitelinks

Sitelinks verweisen direkt auf Unterseiten und sind unter dem eigentlichen Suchergebnis zu finden. Wie Sie in Abbildung 9.15 sehen können, ist damit das Suchergebnis wesentlich prominenter platziert. Die Sitelinks haben hohe Relevanz für die Suchmaschinenoptimierung. Welche Links von Google als direkte Sitelinks aufgenommen werden, wird über einen geheimen Google-Algorithmus entschieden. Leider kommt es vor, dass Google für Sie wichtige Seiten nicht aufnimmt, dafür aber unwichtige Seiten bei den Sitelinks angezeigt werden. Über die Webmaster-Tools haben Sie die Möglichkeit, unwichtige Sitelinks, wie zum Beispiel das Impressum oder die Kontaktseiten, abzuwerten, um so Platz für wichtigere Seiten zu schaffen.

Abbildung 9.15 Sitelinks bei einem Google-Suchergebnis

Suchanfragen

Dieser Bereich enthält Informationen über Suchanfragen, die auf Google in Verbindung mit Ihrem Shop gestellt wurden. Sie können hier nicht nur sehen, wie oft jemand über einen Suchbegriff in Ihren Shop kam, sondern auch, wie oft insgesamt nach einer Suchphrase gesucht wurde. Über einen Filter können Sie auch auswählen, ob Sie sich alle Suchanfragen anzeigen lassen möchten oder nur die, die zum Beispiel über Mobile eingegeben wurden (siehe Abbildung 9.16). Ebenso können Sie hier nach Standorten der Nutzer filtern und somit einen ersten Eindruck davon bekommen, aus welchen Ländern Ihre Besucher in den Shop kommen. Wenn Sie die Webmaster-Tools mit Ihrem Google-Analytics-Account verknüpft haben, können Sie sich die Suchanfragen auch im Analytics-Account anzeigen lassen. Dort werden die Ergebnisse schöner und übersichtlicher dargestellt.

Abbildung 9.16 Filter, um nach Endgeräten und Ländern zu filtern

In der Tabelle (siehe Abbildung 9.17) finden Sie dann die restlichen Werte. Die Spalte CTR (Click Through Rate) gibt dabei das Verhältnis von Anzeigen zu Klicks an. Eine niedrige CTR in Verbindung mit einer guten durchschnittlichen Suchposition lässt darauf schließen, dass der angezeigte »Vorschautext«, der ja in der Regel aus den Metainformationen übernommen wird, für den Nutzer wenig attraktiv ist.

Suchanfrage	Impressionen	Klicks ▲	CTR	Durchschn. Pos.
░░░░░░░░ 81	81	2	2 %	85
░░░░	302	1	0 %	140
░░░░░	51	1	2 %	81
░░░░░	31	1	3 %	30
░░░░░	8	1	12 %	27
░░░	5	1	20 %	84
░░░░	206	0	0 %	180
░░░	156	0	0 %	260
░░░░░	67	0	0 %	62

Diese Tabelle herunterladen   Diagrammdaten herunterladen   Einfach   Mit Änderung   Anzeigen 25 Zeilen ▼   1 - 25 von 292

Abbildung 9.17 Tabelle mit der jeweiligen Suchanfrage und der Anzahl der Impressions

Unter dem Menüpunkt SUCHANFRAGE finden Sie außerdem noch Informationen über interne und externe Links zu bzw. in Ihrem Shop. Hier gilt die Regel, je mehr, desto besser. Beachten Sie aber die allgemeinen Regeln des Linkbuildings, wie vorher in diesem Abschnitt beschrieben.

Manuelle Maßnahmen

Sollten Sie unter MANUELLE MASSNAHMEN einen Eintrag finden, haben Sie es aus Sicht von Google etwas mit der Optimierung übertrieben. Hier wurde von Google vermutet, dass Optimierungen außerhalb der Richtlinien stattgefunden haben. Aus diesem Grund wird Ihr Shop oder ein Teilbereich davon abgestraft. Sollten Sie der Meinung sein, dass dies ungerechtfertigt geschehen ist oder dass Sie das Problem behoben haben, können Sie ebenfalls über diesen Bereich eine erneute Prüfung beantragen.

Nofollow – fehlende Suchphrasen in Webanalyse-Lösungen

Google übermittelt für Nutzer, die zum Zeitpunkt der Suche bei einem Google-Dienst angemeldet sind, keine Suchphrasen mehr an Webanalyse-Lösungen. Auch die eigene Lösung Google Analytics ist davon betroffen. Wenn Sie trotzdem in Google Analytics die Original-Suchphrasen sehen möchten, können Sie Ihren Analytics-Account mit den Google Webmaster-Tools verknüpfen. Wie das funktioniert, erfahren Sie, wenn Sie in Ihrem Analytics-Account in der Navigation links auf SUCH-MASCHINENOPTIMIERUNG klicken.

Sobald Sie Analytics mit den Webmaster-Tools verknüpft haben, steht Ihnen unter anderem auch der Bericht SUCHANFRAGEN zur Verfügung. Mehr über Google Analytics und dessen Möglichkeiten erfahren Sie in Kapitel 11, »Der Kompass im E-Commerce – Conversion-Messung und -Optimierung«.

9.4.6   SEO – Inhouse oder mit einer Agentur?

Überlegen Sie sich genau, wie viel Zeit Sie in die SEO-Maßnahmen investieren können und wollen. Die Suchmaschinenoptimierung ist ein komplexes Thema, das zwar (vorausgesetzt Sie machen es selbst) keine direkten Kosten verursacht, aber dafür sehr viel Zeit beansprucht.

Sie brauchen nicht nur Zeit für die eigentlichen Optimierungen, sondern auch, um sich SEO-technisch stets auf dem neuesten Stand zu halten. Der Google-Algorithmus wird ständig optimiert, und somit müssen auch Ihre SEO-Maßnahmen immer angepasst werden.

Hinzu kommt, dass eine halbherzig durchgeführte Optimierung verschwendete Zeit bedeutet. Es bringt Ihnen nicht nennenswert mehr Besucher, wenn Sie mit einem Keyword statt auf Seite 50 dank Ihrer SEO-Maßnahme auf Seite 5 zu finden sind. Das ist zwar eine enorme Verbesserung im Ranking, bei den Seitenaufrufen oder gar beim Umsatz werden Sie davon aber nichts spüren.

Wenn Sie mit Ihrem Shop dauerhaft gut gerankt sein möchten, sollten Sie über die Beauftragung einer spezialisierten SEO-Agentur nachdenken. Die Agentur kann die Optimierung entweder komplett oder in Teilen übernehmen, und Sie profitieren von dem Know-how der Experten. Am Markt tummeln sich unzählig viele SEO-Agenturen, die allesamt von sich behaupten, die Besten auf Ihrem Gebiet zu sein. Da die Erfolge in der Optimierung eher langfristig sind, dauert es auch eine Weile, bis Sie merken, ob die Agentur tatsächlich ihr Geld wert ist. Um Ihnen die Agenturauswahl etwas zu erleichtern, beachten Sie folgende Tipps, worin sich eine gute von einer schlechten Agentur unterscheidet:

▶ Gutes SEO kostet Geld! Von dem Arbeitsaufwand, der mit SEO verbunden ist, konnten Sie sich in diesem Kapitel ein Bild machen. Seien Sie skeptisch, wenn diese Leistungen zu einer geringen Monatspauschale angeboten werden.

▶ Fragen Sie Google. Suchen Sie einfach mal bei Google nach »SEO Agentur«. Für die Agenturen ist ein gutes Ranking Werbung und Referenz zugleich.

▶ Seien Sie skeptisch bei Versprechen auf eine konkrete Platzierung. SEO ist ein kontinuierlicher Prozess, der von vielen Faktoren und auch vom Wettbewerb abhängt. Es ist nicht möglich, eine bestimmte Platzierung zu garantieren.

▶ Lassen Sie sich die Strategie der Agentur erläutern. Welche Maßnahmen hält die Agentur mittelfristig für sinnvoll, um das Ranking zu verbessern?

▶ Schauen Sie sich die Referenzen der Agentur an. Welche Unternehmen werden noch von der Agentur betreut? Bedenken Sie dabei auch, dass es zu Konflikten kommen kann, wenn bereits ein direkter Marktbegleiter betreut wird.

▶ Auswahl der richtigen Keywords. Manche Keywords haben ein hohes Suchvolumen und bringen entsprechend viel Traffic. Diese Keywords sind auch in der Optimierung umkämpft, und es ist entsprechend schwieriger, darauf zu optimieren. Exotische Keywords sind in der Regel wesentlich einfacher zu optimieren. Lassen Sie sich also nicht einen Platz 1 von solch einem Keyword als Erfolg verkaufen.

9.5   Anzeigen auf Suchmaschinen (SEA)

Bei der Suchmaschinenoptimierung dauert es sehr lange, bis Ergebnisse sichtbar sind. Bei manchen Keywords ist der Wettbewerb vielleicht auch so hoch, dass Sie es mit den Ihnen zur Verfügung stehenden Mitteln nicht schaffen, auf ein gutes Ranking zu kommen. Auch für kurzfristige und/oder temporäre Aktionen sind SEO-Maßnahmen wenig geeignet. Trotzdem müssen Sie mit diesen Keywords nicht komplett auf Suchmaschinenwerbung verzichten. Eine gute Alternative hierfür sind Suchmaschinenanzeigen (SEA für *Search Engine Advertising*). Da auch in diesem Bereich die Marktmacht von Google hoch ist, beschränken wir uns auf Google AdWords. Wie auch schon bei der Suchmaschinenoptimierung sind aber die Mechanismen bei Bing und Yahoo denen von Google sehr ähnlich.

In diesem Abschnitt erfahren Sie, wie Sie erfolgreich eigene AdWords-Kampagnen erstellen und diese kontinuierlich optimieren und warum sich die Suchmaschinenoptimierung und die Anzeigen in Suchmaschinen so gut ergänzen.

9.5.1 Wie funktionieren AdWords?

Kurz gesagt, handelt es sich bei Google AdWords um bezahlte Anzeigen in den Suchergebnissen oder auf Partner-Websites von Google. Zwischen diesen beiden Formen gibt es bereits riesige Unterschiede, weshalb die einzelnen Möglichkeiten hier noch einmal gesondert betrachtet werden.

Bei den Anzeigen im Suchnetzwerk erscheint Ihre Anzeige gemeinsam mit den organischen Ergebnissen, nachdem der Nutzer nach einem bestimmten Artikel gesucht hat. Anders als bei den organischen Suchergebnissen kommt es in erster Linie nicht darauf an, dass Sie Ihren Shop entsprechend optimiert haben. Um bei den bezahlten Ergebnissen gelistet zu werden, müssen Sie, wie der Name schon vermuten lässt, bezahlen. Je nachdem, wie viele andere Unternehmen ebenfalls unter dem Keyword Werbung schalten möchten, schwankt dieser Preis zwischen 5 Cent und einigen Euros pro Klick! Da es sich um einen Klickpreis handelt, werden die Gebühren aber auch erst fällig, sobald jemand auf Ihre Anzeige klickt.

Viele Nutzer können zwischen organischen und bezahlten Ergebnissen keinen Unterschied feststellen. In Abbildung 9.18 sehen Sie, dass das in der Tat auf den ersten Blick schwierig ist. Google kennzeichnet zwar die bezahlten Ergebnisse mit ANZEIGEN, das wird aber von den Nutzern immer wieder überlesen. Maximal sind die ersten drei Ergebnisse oben und acht Ergebnisse auf der rechten Seite bezahlte Anzeigen. Je nach Popularität des Keywords sind die elf Plätze komplett oder nur teilweise vergeben.

Abbildung 9.18 Suchergebnisse aufgeteilt in organische und bezahlte ❶ Suchergebnisse

Zu diesen klassischen AdWords-Anzeigen kommen noch die Google-Shopping-Ergebnisse, die zwar auch bezahlt sind, aber eine kleine Sonderrolle einnehmen. Statt über Keywords wird ein von Ihnen erstellter Produktfeed verwendet, um zu entscheiden, ob Ihr Produkt angezeigt wird. Details dazu erfahren Sie in Abschnitt 8.5.1, »Anmeldung und technische Realisierung«. Im AdWords-Konto können Sie allerdings nicht nur Anzeigen auf Google selbst verwalten, sondern über das sogenannte Ad-Sense-Programm auch Anzeigen auf Partner-Webseiten. Dabei handelt es sich zum Beispiel um privat erstellte Webseiten oder Blogs. Google durchsucht den Inhalt der Seiten und bietet Ihnen als Werbetreibendem so ebenfalls die Chance, Werbung in einem relevanten Umfeld zu schalten, ohne jeden Website-Betreiber einzeln kontaktieren zu müssen.

Alle Google-Anzeigen haben eines gemeinsam: Die Anzeigen werden nur angezeigt, wenn auch tatsächlich nach dem von Ihnen gebuchten Keyword gesucht wurde oder wenn das Keyword im Text der Webseite zu finden war. Wenn Sie also die richtigen Keywords gewählt haben, können Sie damit die Streuverluste Ihrer Anzeige extrem senken.

9.5.2 Google-AdWords-Konto einrichten

Der erste Schritt, um mit AdWords zu starten, ist die Eröffnung eines Kontos. Dies ist aber sehr einfach und in wenigen Schritten realisiert. Gehen Sie zunächst auf *http://adwords.google.com*. Wenn Sie bereits ein Google-Konto besitzen, können Sie sich hier mit Ihrem Benutzernamen und Passwort anmelden. Ansonsten klicken Sie auf JETZT STARTEN, und richten Sie ein neues Konto ein (siehe Abbildung 9.19).

Abbildung 9.19 Startseite des AdWords-Kontos

Nachdem Sie das Konto angelegt haben, können Sie die ersten Einstellungen vornehmen. Zuerst müssen Sie festlegen, in welchem Land, in welcher Zeitzone und mit welcher Währung Sie das Konto nutzen möchten. Im Gegensatz zu den meisten anderen Einstellungen können diese im Nachhinein nicht mehr geändert werden. Prüfen Sie die Angaben also lieber noch ein zweites Mal, bevor Sie sie bestätigen.

Wenn Sie alle Einstellungen vorgenommen haben, sendet Ihnen Google eine E-Mail mit einem Bestätigungslink. Wenn Sie diesen anklicken, ist die Grundeinrichtung komplett und Ihr Konto freigeschaltet.

9.5.3   Aufbau und Struktur des AdWords-Kontos

Das AdWords-Konto ist in vier Bereiche aufgeteilt:

1. Startseite
2. Kampagnen
3. Werbechancen
4. Tools

Abbildung 9.20 Die Startseite des AdWords-Kontos

Der Besuch in Ihrem AdWords-Konto startet mit dem Dashboard auf der Startseite. Es beinhaltet die wichtigsten Informationen zu Ihren Adwords und deren Performance (siehe Abbildung 9.20). Das Dashboard lässt sich individuell anpassen. Sie können die Position der einzelnen Widgets durch Drag & Drop ändern. Ebenso lassen sich die Spalten mit einem Klick anpassen. Die Grundkonfiguration des Dashboards ist aber am Anfang definitiv ausreichend, so dass Sie sich zu Anfang stärker den anderen Bereichen widmen sollten.

9.5.4   Kampagnen

In dem Bereich KAMPAGNEN können Sie die Kampagnen erstellen und dazu wichtige Einstellungen vornehmen (siehe Abbildung 9.21). Eine Kampagne besteht aus unterschiedlichen Anzeigengruppen und dazugehörigen Keywords. Bevor Sie die Kampagnen anlegen, sollten Sie sich Gedanken über deren Struktur machen. Im Laufe der Zeit kommen immer mehr Kampagnen mit noch mehr Anzeigengruppen hinzu, so dass bei einer schlechten Struktur schnell der Überblick verloren geht. Einen möglichen Aufbau sehen Sie in Abbildung 9.22. Strukturieren Sie Ihre Kampagnen so, dass sie Ihren Online-Shop widerspiegeln. Google selbst gibt unter *https://support.google.com/adwords/answer/2375470?hl=de* wertvolle Tipps zum Aufbau des Kontos.

Abbildung 9.21 Bereich »Kampagnen« im Google-AdWords-Konto (Ausschnitt)

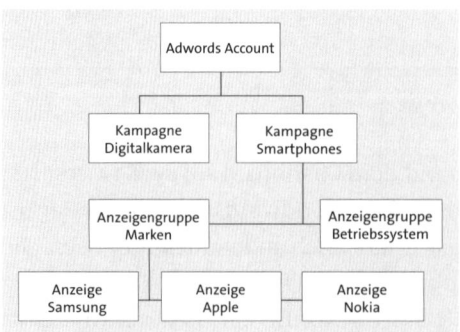

Abbildung 9.22 Mögliche Struktur im AdWords-Konto am Beispiel eines Elektronikmarktes

Wenn Sie die Struktur geplant haben, können Sie Ihre erste Kampagne anlegen. Klicken Sie dafür auf den roten Button + KAMPAGNE. Danach können Sie auswählen, wo Ihre Kampagne geschaltet werden soll. Schalten Sie auf jeden Fall getrennte Kampagnen für das Such- und das Displaynetzwerk. Die Anforderungen an beide Netzwerke sind so unterschiedlich, dass Sie in jeweils getrennten Kampagnen darauf Rücksicht nehmen sollten. Wählen Sie nun zuerst das SUCHNETZWERK aus. Sie kommen danach auf eine Seite mit weiteren Einstellungsmöglichkeiten.

Werbenetzwerke

Entscheiden Sie, ob Sie nur auf den Google-eigenen Seiten oder auch im Google-Suchnetzwerk Ihre Werbung schalten möchten. Verschiedene Seiten, wie zum Beispiel T-Online, WEB.DE und GMX nutzen ebenfalls die Suchtechnologie von Google und bieten somit die Möglichkeit, auch dort Ihre Werbung zu schalten. Für die erste Kampagne können Sie das komplette Werbenetzwerk mit einbeziehen.

Standorte

Wo sollen Ihre Anzeigen erscheinen? Wenn Sie zum Beispiel nur innerhalb Deutschlands liefern, können Sie hierüber einstellen, dass Ihre Anzeige auch nur dort erscheint. So werden keine unnötigen Klickkosten in anderen Ländern verursacht. Hier ist ebenfalls eine Eingrenzung auf Regionen und einzelne Städte möglich, was aber für einen Online-Shop weniger relevant ist.

Sprachen

Google berücksichtigt hier die Google-Spracheinstellungen des Nutzers oder die Sprache der Suchanfrage. Wenn Sie zum Beispiel als Zielgebiet die Schweiz mit ausgewählt haben, können Sie die Auswahl hier noch weiter auf eine bestimmte Sprache filtern. Wichtig: Erstellen Sie für unterschiedliche Sprachen auch unterschiedliche Kampagnen.

Gebotsstrategie/Standardgebot

Jetzt geht es ums Geld. Bei diesem Punkt legen Sie fest, wie viel Sie in die Kampagne investieren möchten. Google lässt Ihnen hier die Wahl, ob Sie die Gebote manuell eingeben möchten oder ob Google die Anzeigen so aussteuern soll, dass Sie möglichst viele Klicks bekommen. Da Klicks nicht gleich Bestellungen in Ihrem Shop sind, legen Sie die Gebote für Ihre Klicks am Anfang am besten selbst fest und optimieren die einzelnen Anzeigen mit Hilfe einer Webanalyse-Lösung nach Bestellungen und nicht nach Anzahl der Klicks. Es werden sich auch bei Ihnen, wie in jedem anderen AdWords-Konto auch, im Laufe der Zeit Anzeigen herauskristallisieren, die für mehr Bestellungen sorgen als andere. Bei den Einstellungen zu den Keywords haben Sie im

Nachhinein noch die Möglichkeit, für jedes Keyword einen separaten Betrag festzulegen. Das Standardgebot hat also nur Relevanz, wenn Sie bei den Keywords keine anderen Einstellungen vornehmen.

Budget

Wie viel Sie pro Tag maximal investieren möchten, legen Sie hier fest. Beachten Sie aber, dass die tatsächlichen Ausgaben variieren können. An klickstarken Tagen behält sich Google vor, das Budget an einzelnen Tagen um maximal 20 % zu übersteigen. Der Tagesdurchschnitt eines Monats wird aber nicht überschritten. Sie zahlen also jeden Monat maximal das Tagesbudget mal Anzahl der Tage. Sollten tatsächlich mehr Kosten angefallen sein, werden diese von Google wieder gutgeschrieben.

Wie alle Einstellungen auf Kampagnenebene, kann auch die Höhe des Tagesbudgets nachträglich angepasst werden.

Anzeigenerweiterungen

Sie können mit dieser Funktion Ihrer Anzeige relevante Informationen über Ihren Online-Shop hinzufügen. Der STANDORT ist eher für stationäre Geschäfte relevant und weniger für Online-Shops. Sie können ihn also vernachlässigen. Ganz anders aber die SITELINKS. Diese helfen den Nutzern, direkt auf einer Unterseite einzusteigen. Sucht jemand zum Beispiel nach Hosen, kann ihm die Auswahl von Damen-, Herren- und Kinderhosen mit einem direkten Link gezeigt werden (siehe Abbildung 9.23). Der potenzielle Kunde ist somit schneller an der Stelle, die er sucht.

Abbildung 9.23 Unten die Deeplinks, die direkt zur jeweiligen Kategorie führen

Die Funktion ANRUF wäre nur bei zum Beispiel höherpreisigen Produkten sinnvoll, bei denen in der Regel vor dem Kauf eine intensive Beratung notwendig ist. Wenn Sie die Möglichkeit der Direktwahl bieten, sorgen Sie auch dafür, dass diese Nummer erreichbar ist. Sonst geht dieser Schuss nach hinten los. Bei einem herkömmlichen Online-Shop spielt die Nummer in der AdWords-Anzeige keine Rolle und sollte somit auch nicht mit aufgenommen werden.

Nicht bei jeder Schaltung werden die Anzeigenerweiterungen angezeigt. Ob eine Anzeigenerweiterung bereitgestellt wird, hängt unter anderem von den folgenden Faktoren ab:

▶ Anzeigenposition auf Google-Suchergebnisseiten: Einige Erweiterungen werden nur bei Anzeigen oberhalb der Suchergebnisse geschaltet.

► Anzeigenrang: Der Anzeigenrang basiert auf Ihrem jeweiligen Gebot, der Qualität Ihrer Anzeigen und Zielseiten sowie auf der voraussichtlichen Wirkung von Erweiterungen und anderen Anzeigenformaten. Möglicherweise erfolgt keine Schaltung einer Erweiterung, wenn der Anzeigenrang zu niedrig ist.

► Die Schaltung von Erweiterungen und anderen Anzeigenformaten hängt auch von der Qualität und dem maximalen Cost per Click (MAX. CPC) des jeweiligen Keywords ab.

► Sonstige Anzeigenerweiterungen, die in Ihrer Kampagne aktiviert sind: Wenn Sie mehrere Erweiterungen für eine Anzeige aktiviert haben, werden unter Umständen nicht alle davon bereitgestellt.

AdWords-Anzeigengruppe

In den Anzeigengruppen Ihres AdWords-Kontos werden unterhalb der Kampagnen die Keywords und die Anzeigen zusammengefasst. Jede Anzeigengruppe hat ihr eigenes Set an Keywords, bei denen die Anzeige erscheinen soll.

Erstellen Sie, wie in Abbildung 9.24 zu sehen, für jede Anzeigengruppe mindestens zwei Anzeigen, und testen Sie diese gegeneinander.

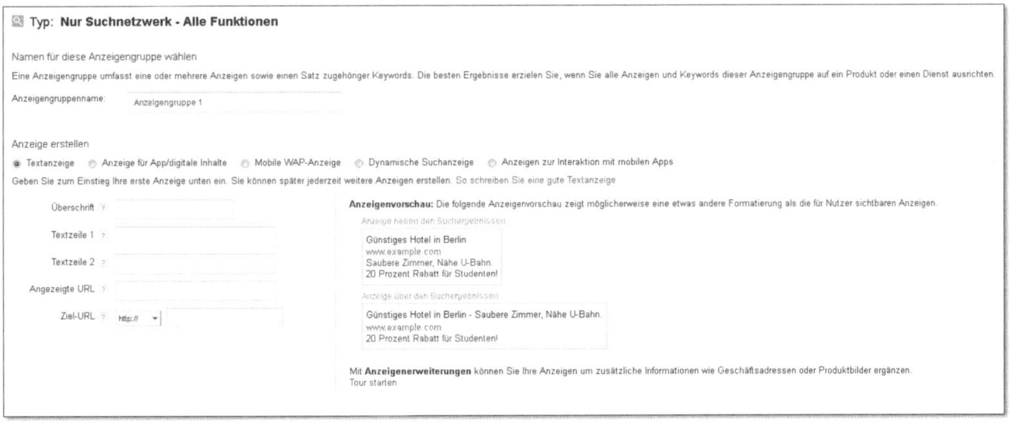

Abbildung 9.24 Anlegen einer Anzeige bei AdWords

Eine AdWords-Anzeige besteht aus insgesamt vier Zeilen. Die erste Zeile, die Anzeigenüberschrift, darf bis zu 25 Zeichen lang sein. Sie wird in blauer Schrift hervorgehoben und sticht als Erstes ins Auge. Sie hat einen großen Anteil am Erfolg oder Misserfolg Ihrer Kampagne und sollte deshalb gut ausgewählt werden. Erstellen Sie am besten Anzeigen mit unterschiedlichen Überschriften, und schauen Sie, welche am besten funktioniert. Vergessen Sie dabei nicht, in Ihren Kampagneneinstellungen die Einstellung LEISTUNGSUNABHÄNGIGE ANZEIGENSCHALTUNG zu deaktivieren. Sonst schaltet Google sehr schnell nur noch die Anzeigen mit der besten Klickrate, und Sie haben keine Möglichkeit der Optimierung. Das Merkmal einer funktionierenden Anzeige ist aber nicht nur eine hohe Klickrate. Man ist vielleicht geneigt, in der AdWords-Anzeige das Angebot im Shop etwas zu schönen, und weckt somit beim Nutzer falsche Erwartungen. Wenn Sie nur ein kleines Sortiment haben, werben Sie nicht mit der Riesenauswahl, und wenn Sie nur hochpreisige Produkte anbieten, sind Überschriften wie billig einkaufen sicherlich die falschen.

Konzentrieren Sie sich im Anzeigentext lieber auf einen Vorteil, und heben Sie diesen hervor. Zu viele Superlative, wie in Abbildung 9.25 zu sehen, wirken unglaubwürdig und sollten deshalb vermieden werden.

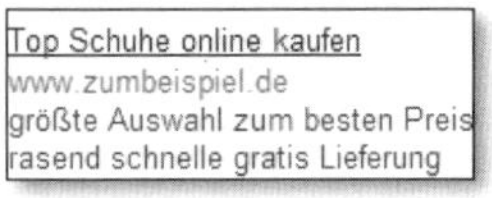

Abbildung 9.25 Negatives Beispiel einer AdWords-Anzeige

Um die Klickrate zu steigern, sollten Sie lieber ein sogenanntes Call-to-Action-Element einbauen. Das sind konkrete Aufforderungen, wie zum Beispiel »jetzt kaufen« oder »hier Vorteile sichern«. Egal, welchen Vorteil des Shops Sie in der Anzeige hervorheben, wichtig ist, dass dieser beim Besuch des Shops auch auf den ersten Blick ins Auge sticht. Wenn Sie zum Beispiel mit einer versandkostenfreien Lieferung werben, sollte dies auch auf den ersten Blick im Header ersichtlich sein. Dies ist nicht nur bei den Besuchern über AdWords interessant, sondern muss generell beachtet werden.

Für erhöhte Aufmerksamkeit können Sie sorgen, indem Sie das gesuchte Keyword in den Anzeigentext mit aufnehmen. Genau wie in den organischen Suchergebnissen wird dieses nämlich fett dargestellt und sorgt für ein »Genau was ich suche«-Erlebnis beim Nutzer. Um dies zu vereinfachen, gibt es bei AdWords auch die Möglichkeit, über einen Platzhalter genau das gesuchte Keyword im Text mit einzubauen. Dieses Verfahren nennt sich *Dynamic Keyword Insertion* und wird in Abschnitt 9.5.6, »Dynamische Keywords«, noch näher beschrieben.

Korrekte Schreibweise!

Achten Sie trotz des begrenzten Platzes auf eine korrekte Zeichensetzung, und vermeiden Sie auf jeden Fall Abkürzungen. Erst recht wenn es sich dabei um Fachabkürzungen handelt, die der breiten Masse nicht bekannt sind.

9.5.5   Anzeige- und Ziel-URL

Die angezeigte URL in einer AdWords-Anzeige ist nicht zwangsläufig die, auf die tatsächlich verlinkt wird. Sie muss zwar im Grundsatz mit der Ziel-URL übereinstimmen, kann aber noch ein paar Ergänzungen enthalten. Bei der angezeigten URL stehen Ihnen 35 Zeichen zur Verfügung. Diese URL sollte einfach aufgebaut sein, damit der Nutzer auf den ersten Blick erkennt, was das Ziel des Links ist. Parameter oder nichtssagende Zeichenfolgen haben hier nichts zu suchen.

Das eigentliche Ziel der URL sollte immer möglichst nahe am gesuchten Keyword sein. Ihr potenzieller Kunde hat bereits bei Google gesucht und möchte nicht auch noch in Ihrem Shop nach dem passenden Produkt suchen. Bei allgemeinen Keywords, die den Shop als solches betreffen, sind Verlinkungen auf die Startseite in Ordnung. Hier wissen Sie nicht genau, was der Kunde sucht, und leiten ihn deshalb in Ihren »Empfangsbereich« im Online-Shop. Sucht er nach einer Produktart, leiten Sie ihn auf die Kategorienübersicht, und wenn er schon konkret den Produktnamen eingegeben hat, muss er auf der Produktdetailseite landen. Tabelle 9.1 führt die passenden Zielseiten an einem Beispiel vor.

Keyword	Zielseite
Schuhshop, Schuhonlineshop, Schuhe günstig kaufen	Startseite
Damenschuhe, Herrenschuhe, Stiefel	Kategorieseite
Adidas Zero, Nike Free	Produktdetailseite
rote Damenstiefel, braune Wildlederschuhe	Suchergebnisseite

Tabelle 9.1 Keywords und passende Zielseiten am Beispiel eines Online-Shops für Schuhe

Für konkrete Suchanfragen bietet es sich auch an, das Keyword dynamisch als Suchparameter an den Shop zu übergeben. Der Besucher landet dann direkt auf der Suchergebnisseite des Shops. Diese Methode spart Arbeit, da Sie nicht für jedes Keyword die URL anpassen müssen.

9.5.6   Dynamische Keywords

Mit dieser Funktion haben Sie die Möglichkeit, Variablen in den Shop mit aufzunehmen, die dann durch das tatsächlich gebuchte Keyword ersetzt werden. Der Vorteil davon liegt auf der Hand. Wie Sie sich erinnern können, werden passende Keywords in der Anzeige fett dargestellt, und die komplette Anzeige wird für den Kunden relevanter.

Nehmen wir als Beispiel einen Online-Shop für Bücher. In Ihrem Sortiment befinden sich Bücher von mehreren tausend Autoren, und der Name jedes Autors ist als Keyword hinterlegt. Es ist natürlich unmöglich, für jeden Autor eine eigene Anzeige zu gestalten. Sucht nun jemand nach »Stephen King«, würde die Standardanzeige wie in Abbildung 9.26 aussehen. Der Kunde fühlt sich dadurch weniger angesprochen.

Abbildung 9.26 Anzeige ohne dynamisches Keyword

Ersetzen Sie in diesem Fall die Überschrift durch die dynamische Keyword-Anzeige, um diese für den Nutzer relevanter zu machen. Im konkreten Beispiel erscheint die Anzeige dann wie in Abbildung 9.27. Diese ist für den Nutzer, der in der Suche »Stephen King« eingegeben hat, deutlich relevanter und wird eher geklickt als die Anzeige in Abbildung 9.26.

```
Stephen King
www.beispiel.de
tausende von Bestsellern günstig
in unserem Onlineshop bestellen.
```

Abbildung 9.27 Anzeige mit dem dynamisch generierten Keyword »Stephen King«

Um ein dynamisches Keyword hinzuzufügen, nutzen Sie folgenden Platzhalter: »{Keyword:Alternativtext}«. Wichtig ist dabei zu wissen, dass Google immer das gebuchte Keyword und nicht die Suchanfrage anzeigt. Würde zum Beispiel jemand nach »Steven King« suchen, würde der Name trotzdem richtig angezeigt. Geben Sie aber auf jeden Fall einen passenden Alternativtext ein. Dieser erscheint, wenn zum Beispiel das Keyword aufgrund der Länge nicht angezeigt werden kann. In Abbildung 9.28 sehen Sie, wie der Platzhalter beim Erstellen einer Anzeige eingesetzt werden kann.

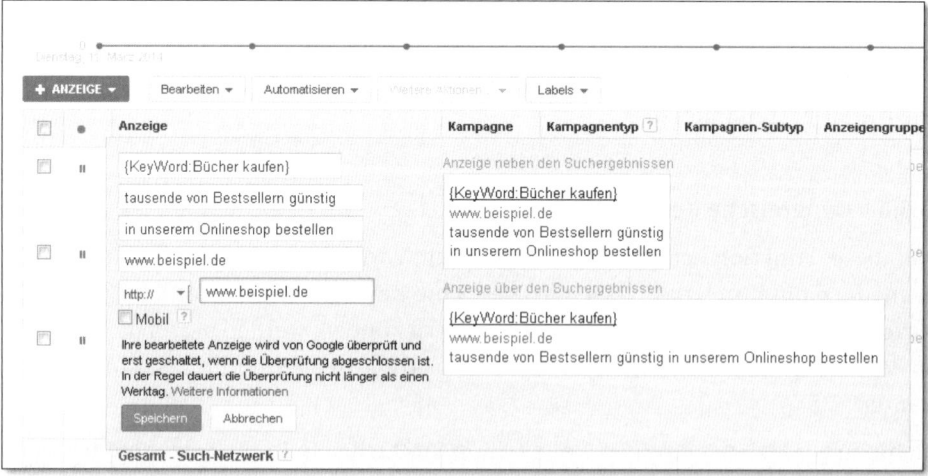

Abbildung 9.28 Einsatz von dynamischen Keywords im AdWords-Account

Die Schreibweise von »Keyword« bestimmt dann auch, wie das Keyword in der Anzeige erscheint (siehe Abbildung 9.28). Welche Folgen verschiedene Schreibweisen haben, sehen Sie in Tabelle 9.2.

Schreibweise	erstes Wort	alle weiteren Wörter	Beispiel
keyword	komplett klein-geschrieben	komplett klein-geschrieben	damenmode online kaufen
Keyword	Erster Buch-stabe wird groß-geschrieben.	komplett klein-geschrieben	Damenmode online kaufen
KeyWord	Erster Buch-stabe wird groß-geschrieben.	Jedes Wort bekommt einen großen Anfangs-buchstaben.	Damenmode Online Kaufen
KEYWord	komplett groß geschrieben	Jedes Wort bekommt einen großen Anfangs-buchstaben.	DAMENMODE Online Kaufen
KeyWORD	Erster Buch-stabe wird groß-geschrieben.	komplett groß geschrieben	Damenmode ONLINE KAUFEN
KEYWORD	komplett groß geschrieben	komplett groß geschrieben	DAMENMODE ONLINE KAUFEN

Tabelle 9.2 Unterschiedliche Schreibweisen von »Keyword« geben vor, wie das Keyword in der Anzeige erscheint.

Es gibt bei dynamischen Keywords aber auch Gefahren. Achten Sie immer genau auf Ihre Keyword-Listen. Wenn Sie in den Keyword-Listen auch falsche Schreibweisen mit aufgenommen haben, sollten Sie bei diesen Anzeigengruppen komplett auf dynamische Keywords verzichten. Ansonsten laufen Sie Gefahr, dass die falsche Schreibweise in Ihrer Anzeige erscheint.

Ein weiteres Problem der dynamischen Keywords sind gegenteilige Aussagen. Ver-treiben Sie zum Beispiel Waschpulver, so ist sowohl das Keyword »saubere Wäsche« als auch »Rotweinflecken« relevant. Dies führt zu zwei Anzeigen mit komplett unter-schiedlicher Bedeutung, wie Sie in Abbildung 9.29 und Abbildung 9.30 sehen können.

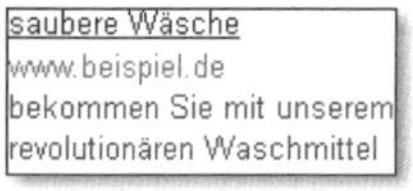

```
saubere Wäsche
www.beispiel.de
bekommen Sie mit unserem
revolutionären Waschmittel
```

Abbildung 9.29 Hier funktioniert das dynamische Keyword.

Bei der nächsten AdWords-Anzeige sehen Sie aber, dass es durchaus auch zu peinlichen Fehlern kommen kann.

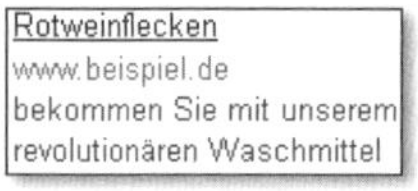

```
Rotweinflecken
www.beispiel.de
bekommen Sie mit unserem
revolutionären Waschmittel
```

Abbildung 9.30 Dieses Angebot wird wohl nur wenige Abnehmer finden.

Übergabe direkt in die Suche

Wenn Sie mit dynamischen Keywords arbeiten, können Sie diese nicht nur in der Überschrift und im Text nutzen, sondern auch im Link in Ihren Shop. Übergeben Sie dann als GET-Parameter das Keyword direkt in die Suche, landet der Nutzer immer bei den Suchergebnissen. Schauen Sie sich am besten die URL Ihres Shops an, nachdem Sie die Suchanfrage abgesetzt haben. In Shopware sieht diese zum Beispiel in der Regel so aus:

▸ *www.ihrshop.de/ search?sSearch=SUCHBEGRIFF*

Mit der Variablen ist der Link dann wie folgt aufgebaut:

▸ *www.ihrshop.de/ search?sSearch={keyword}*

9.5.7   Keyword-Auswahl

Nachdem Sie den Anzeigentext erstellt haben, können Sie weiter unten die Keywords festlegen, bei denen Ihre Anzeige erscheinen soll. Wie Sie die richtigen Keywords finden, konnten Sie bereits in Abschnitt 9.3.2, »Keyword-Recherche«, erfahren. Eine ähnliche Herangehensweise empfiehlt sich auch für die Adwords. Der Unterschied liegt lediglich darin, dass Sie die Keywords nun spezifischer den Anzeigengruppen zuordnen können.

Auch wenn wir hier von einem Keyword sprechen, bedeutet das nicht, dass es immer aus nur einem Wort bestehen muss. Auch Wortkombinationen können ausgewählt werden. Je länger die eigentliche Phrase ist, desto konkreter ist auch die Suchanfrage.

Wenn Sie zum Beispiel hochwertige Damenmode verkaufen, können Sie Phrasen buchen wie:

- Exklusive Damenmode
- Designer Damenmode bestellen
- Hochwertige Damenmode kaufen
- Wenn ein Nutzer nach einer dieser Phrasen sucht, können Sie davon ausgehen, dass schon ein großes Kaufinteresse besteht.

Genauso wie Sie Keywords auswählen können, bei denen Ihre Anzeige erscheint, können Sie aber auch Keywords ausschließen. Im Fall der Damenmode sollten zum Beispiel folgende Phrasen ausgeschlossen werden:

- billige Damenmode
- günstige Damenmode
- Damenmode richtig reinigen

Das würde nur dazu führen, dass Sie Besucher in Ihren Shop führen, die nicht Ihrer Zielgruppe entsprechen. Das verursacht unnötige Kosten ohne Aussicht auf Erfolg. Google bietet hier einige Möglichkeiten, Keywords einzugrenzen oder zu erweitern. Über die Keyword-Optionen können Sie steuern, inwieweit die Suchanfrage mit Ihrem hinterlegten Keyword übereinstimmen muss.

Weitgehend passende Keywords (Broad Match)

- Das ist die Standardeinstellung und sorgt dafür, dass die Schaltung nicht nur bei exakter Eingabe des Keywords Ihre Anzeige erscheint.
- Singular und Plural spielen keine Rolle.
- Rechtschreibfehler werden mit berücksichtigt.
- verwandte Suchanfragen

Das Keyword Damenmode hätte also ausgereicht, dass Ihre Anzeige bei oben genannten Suchanfragen angezeigt wird. Die Vorteile dieser Option sind:

- Es werden Varianten angezeigt, an die Sie selbst vielleicht nie gedacht hätten.
- Es spart Zeit, weil Sie nicht jede Variante des Keywords mit aufnehmen müssen.
- Ihre Anzeigen erscheinen häufiger.

Die Nachteile bei dieser Variante überwiegen aber, weshalb Sie auf diese Option weitestgehend verzichten sollten.

- Die Übereinstimmung mit der Suchanfrage des Nutzers ist geringer. Nur übereinstimmende Keywords werden fett markiert und sorgen für höhere Klickraten.
- Sie erhöhen die Klickkosten für Besucher, die sehr wahrscheinlich nicht kaufen werden.

Genau passende Wortgruppen (Exact Match)

Hier muss die Suchanfrage buchstabengenau mit Ihrem Keyword übereinstimmen und darf keinerlei weitere Begriffe enthalten. Dies erreichen Sie entweder über das Auswahlfenster, wie in Abbildung 9.31 zu sehen, oder dadurch, dass Sie das Wort in eine eckige Klammer setzen. In dem Fall erscheint Ihre Anzeige nur, wenn exakt die Suchphrase eingegeben wird. Wird zum Beispiel nach dem Plural gesucht oder noch ein weiteres Wort mit aufgenommen, erscheint Ihre Anzeige nicht.

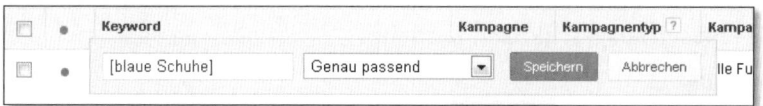

Abbildung 9.31 Auswahlfenster im AdWords-Konto

Beim Exact Match bekommen Sie hochwertigeren Traffic und dadurch wahrscheinlich eine bessere Conversion-Rate. Sie müssen jedoch viel besser planen und verschiedene Schreibweisen im Vorfeld berücksichtigen.

Passende Wortgruppe (Phrase Match)

Hier wird die Anzeige nur geschaltet, wenn die hinterlegten Keywords genau in der Reihenfolge gesucht werden. Anders als bei Genau passend kann die Suchanfrage davor oder danach noch weitere Suchbegriffe enthalten. Wenn Sie also »exklusive Damenmode« schalten, würde die Anzeige auch angezeigt, wenn jemand nach »exklusive Damenmode günstig kaufen« sucht. Es kann also trotzdem noch zu unerwünschten Phrasen kommen.

Ausschließende Keywords

Gerade in Kombination mit den passenden Wortgruppen ist diese Funktion sehr nützlich. Mit Hilfe von ausschließenden Keywords lässt sich die Anzeigenschaltung für Nutzer, die nach bestimmten Begriffen suchen, verhindern. Anzeigen werden nicht geschaltet, wenn ein Suchbegriff den von Ihnen mit einem vorangestellten Minuszeichen (–) festgelegten Begriff enthält. Ausschließende Keywords sind insbesondere sehr hilfreich, um irrelevante Zugriffe herauszufiltern und somit unerwünschte Klicks zu vermeiden.

Sie können ausschließende Keywords zusammen mit anderen Keyword-Optionen verwenden. Wenn Sie beispielsweise ein genau passendes, ausschließendes Keyword setzen, so lässt sich die Anzeigenschaltung bei Suchanfragen mit dem genau passenden Keyword vermeiden.

Rufen Sie zum Erstellen von ausschließenden Keywords die Keyword-Tabelle in Ihrem Konto auf, und suchen Sie nach dem Link Ausschliessende Keywords unterhalb der Keyword-Tabelle (siehe Abbildung 9.32). Hier werden sowohl neu erstellte ausschließende Keywords als auch vorhandene Keywords angezeigt, die Sie mit Hilfe des Minuszeichens als ausschließend kennzeichnen.

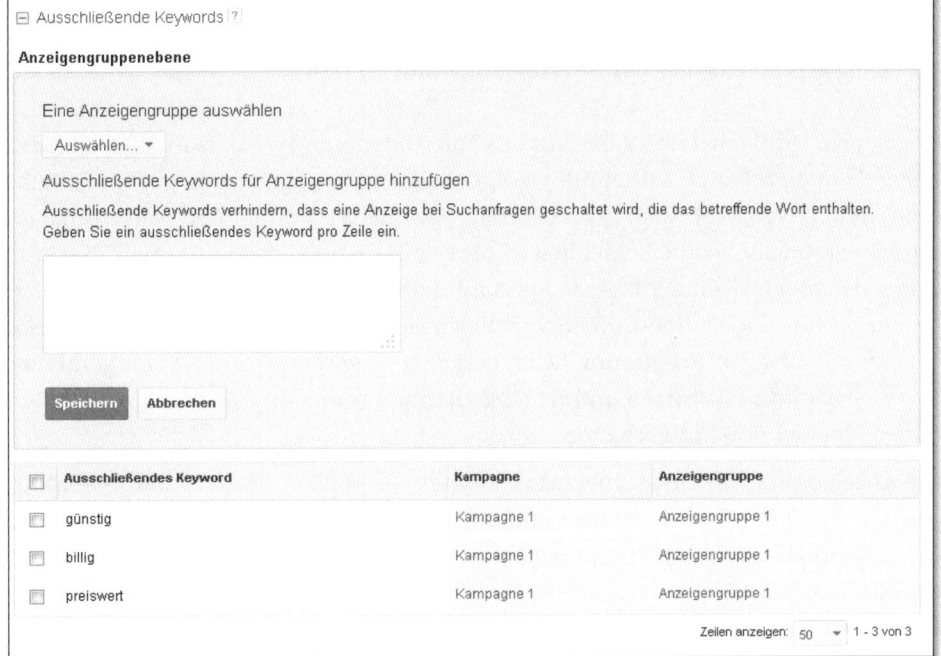

Abbildung 9.32 Ausschließende Keywords

Machen Sie von der Funktion der ausschließenden Keywords regen Gebrauch, um unpassende Suchphrasen auszuschließen und die Klickkosten zu senken.

9.6   Google Displaynetzwerk

In der Einführung zu Google AdWords haben Sie bereits erfahren, dass es unterschiedliche Möglichkeiten gibt, mit denen Sie im Google-Netzwerk werben können. Für Ihre erste Kampagne haben Sie, wie in Abbildung 9.33 zu sehen, nur das Suchnetzwerk ausgewählt. Neben diesem und Google Shopping, das Sie ebenfalls schon in Abschnitt 8.5.1, »Anmeldung und technische Realisierung«, kennengelernt haben, können Sie auch im Google Displaynetzwerk werben.

Abbildung 9.33 Auswahlfenster bei Google AdWords

Das Google Displaynetzwerk besteht aus Tausenden von Websites in allen Größen. Neben kleinen privaten Seiten mit wenigen tausend Seitenaufrufen pro Monat gibt es in diesem Netzwerk auch große Portale mit mehreren Millionen Seitenaufrufen pro Monat. Genauso unterschiedlich wie der Traffic sind auch die Themen, die diese Seiten behandeln. Von der kleinen Special-Interest-Seite mit einer sehr spitzen Zielgruppe bis hin zum Online-Auftritt von vielen Zeitungen sind die Teilnehmer am sogenannten Adsense Programm (*www.google.com/adsense/start/*) bunt gemischt. Selbst eBay nimmt daran teil und ermöglicht Ihnen somit, Ihre Werbung auch in den eBay-Suchergebnissen zu schalten.

Die Anzeigen für das Displaynetzwerk können ebenfalls in Ihrem AdWords-Konto gebucht werden. Auch hier noch einmal der Hinweis, dass Anzeigen im Such- und Content-Netzwerk stets getrennt gebucht werden sollten. Der Grund dafür ist sehr einfach. Versetzen Sie sich einfach in die Lage des Nutzers. Der Besucher einer Suchmaschine hat primär das Ziel, eine zu seinen Anforderungen passende Seite zu finden und die Suchmaschine schnellstmöglich wieder zu verlassen. Bei Besuchern der Webseiten des Displaynetzwerks ist der Besucher in der Regel schon am Ziel und möchte sich nun mit dem für Ihn relevanten Inhalt beschäftigen. So unterschiedlich wie die Ausgangssituation sollte auch die Anzeige gestaltet werden. Im Displaynetzwerk geht es um klassische Werbeziele wie:

▶ Awareness (Bewusstsein schaffen)

▶ Branding (Markenaufbau)

▶ Reach (mehr potenzielle Kunden erreichen)

Um diese Ziele besser zu erreichen, stehen Ihnen im Displaynetzwerk nicht nur die reinen Textanzeigen (siehe Abbildung 9.34), die sie in Bezug auf das Suchnetzwerk schon kennengelernt haben, zur Verfügung. Die Vielfalt im Displaynetzwerk beinhaltet auch Videos, grafische Anzeigen und sogar Flash-Animationen. Welche Formate aber jeweils verfügbar sind, hängt von der jeweiligen Seite ab, auf der die Werbung geschaltet werden soll. Einen Überblick über die aktuell möglichen Formate finden Sie hier: *https://support.google.com/adsense/answer/185665?hl=de&ref_topic=29561*

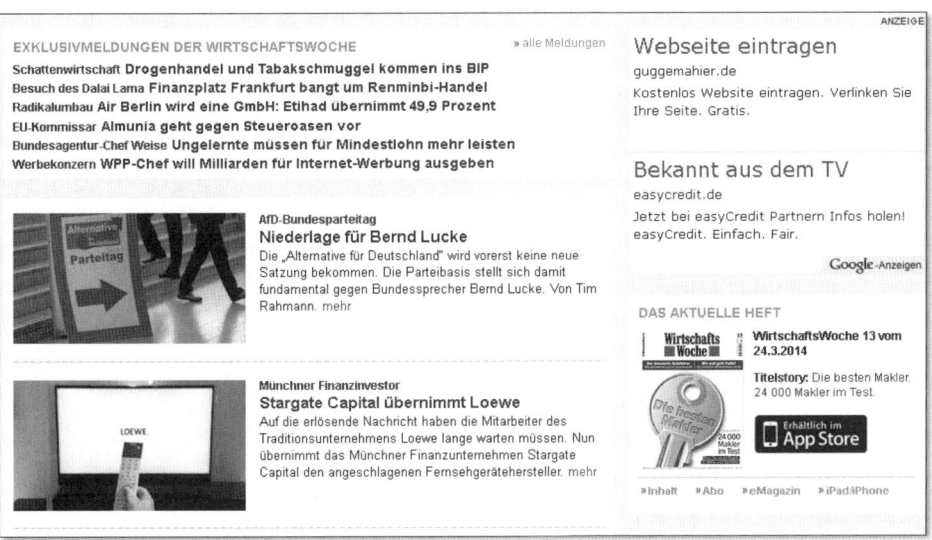

Abbildung 9.34 Beispiel einer Textanzeige im Displaynetzwerk

9.6.1   Targeting im Displaynetzwerk

Im Displaynetzwerk sind Webseiten zu nahezu jedem Thema vorhanden. So unterschiedlich wie die Webseiten sind natürlich auch die Nutzer, die sich auf diesen Seiten bewegen. Um sicherzustellen, dass Sie trotzdem nur Ihre Zielgruppe ansprechen, bietet Google weitere Selektionsmöglichkeiten an. So gibt es verschiedene Targeting-Formen, die Sie in Abbildung 9.35 sehen können.

Abbildung 9.35 Verschiedene Möglichkeiten des Targetings

Keywords für Displaynetzwerk

Schalten Sie Werbung auf Seiten, die einen thematischen Bezug zu Ihren Keywords haben. Wie beim Suchnetzwerk, geben Sie bei dieser Form des Targetings für Sie relevante Keywords an. Erstellen Sie eine Gruppe von fünf bis zwanzig Keywords, die eng miteinander und mit den Anzeigen in der Anzeigengruppe zusammenhängen. Keywords, die aus mehreren Wörtern bestehen, sind in der Regel am effektivsten. Verwenden Sie auch ausschließende Keywords, damit die Anzeigen nicht auf irrelevanten Seiten geschaltet werden.

Diese Form des Targetings birgt leider auch Gefahren. Anders als der Mensch kann Google nicht unterscheiden, ob es sich um einen positiven oder negativen Inhalt handelt. Die Wörter Flugreise, Passagier, Karibik können sowohl in einem Reisebericht als auch in einem Artikel über einen Flugzeugabsturz vorkommen. Im Kontext des Letzteren möchten Sie Ihre Werbung aber wahrscheinlich eher nicht sehen. Ausschließende Keywords, wie zum Beispiel Panne, Absturz oder Unglück, können hier helfen.

Interessen und Remarketing

Jede Webseite im Google Content-Netzwerk ist in verschiedenen Kategorien eingeordnet. Surft der Nutzer auf einer dieser Seiten, wird ihm anhand einer Cookie-ID dieses Interesse zugeordnet. Hier erfolgt das Targeting nicht über die Seite, auf der er sich aktuell befindet, sondern über den Nutzer. Wird diesem einmal ein bestimmtes Interesse zugeordnet, kann er auch auf thematisch nicht zusammenhängenden Seiten mit zielgruppengerechter Werbung versorgt werden.

Beispiel: Sie sind Betreiber eines Online-Shops für Kletterausrüstung. Ein bestimmter Nutzer surft regelmäßig auf Seiten über das Thema Klettern. Er wird nun von Google in die Kategorie »Outdoor-Liebhaber« einsortiert. Einmal zu dieser Kategorie hinzugefügt, kann ihm auf jeder Seite im Netzwerk Werbung zum Thema Klettern angezeigt werden.

Ähnlich verhält es sich mit der Eingrenzung nach Alter und Geschlecht. Google nutzt hier zwar zum Teil Informationen aus dem eigenen Google+-Netzwerk, arbeitet aber überwiegend mit einem Umfeld-Targeting. Surft ein Nutzer oft auf »Frauenseiten«, wird ihm das Geschlecht »weiblich« zugeordnet. Mit dieser Funktion können Sie die Streuverluste schon deutlich mindern.

Einen Schritt weiter geht die Remarketing-Funktion. Damit können Sie Personen erreichen, die Ihre Seite bereits besucht haben. Verlassen Nutzer zum Beispiel Ihren Shop, ohne etwas zu kaufen, können Sie diese potenziellen Kunden erneut mit Ihrer Werbung erreichen. Es ist sogar möglich, diesen Nutzern maßgeschneiderte Werbebotschaften zu präsentieren, damit diese in Ihren Shop zurückkehren und kaufen. In Verbindung mit dem Google Merchant Center können Sie dem potenziellen Kunden sogar konkrete Produkte zeigen, die er sich in Ihrem Shop angeschaut oder in den Warenkorb gelegt hat.

Remarketing ist eine gute Möglichkeit, potenzielle Kunden zum Kauf zu aktivieren. Um Remarketing zu nutzen, müssen Sie noch einen Codeschnipsel auf jeder Seite Ihres Shops einbinden. Diesen Code bekommen Sie über Ihren AdWords-Account von Google zur Verfügung gestellt. Wenn Sie diesen integriert haben, werden Ihre Besucher automatisch »markiert« und können nachträglich über das Remarketing auch auf externen Seiten mit Ihrer Werbung angesprochen werden.

Retargeting – irgendwann muss Schluss sein

Es hat oftmals einen Grund, warum ein Besucher in Ihrem Shop zwar ein bestimmtes Produkt anschaut, dieses aber nicht kauft. Es bringt in diesem Fall auch nichts, den Nutzer mit diesem Produkt bis in alle Ewigkeit im ganzen Internet zu verfolgen. Besonders im Remarketing sollten Sie daher ein *Frequency Capping* einstellen. Dieses gibt an, wie oft ein einzelner Nutzer Ihre Anzeige sehen soll, und kann auf Kampagnenebene geändert werden. Ein Frequenzy Capping von zwei bis drei Einblendungen am Tag ist angemessen.

Placements

Über Placements können Sie, ohne den Umweg über die Keywords zu gehen, direkt die Seite auswählen, auf der die Werbung geschaltet werden soll. Ähnlich wie bei Printanzeigen definieren Sie dort über das Umfeld, welche Zielgruppe Ihre Anzeige sehen soll. Da sich die thematische Ausrichtung einer Seite aber im Zeitverlauf ändern kann, sollten Sie regelmäßig überprüfen, ob die ausgewählten Seiten noch zu Ihrer Zielgruppe passen. In Abbildung 9.36 sehen Sie die Auswahl am Beispiel »Fahrrad«.

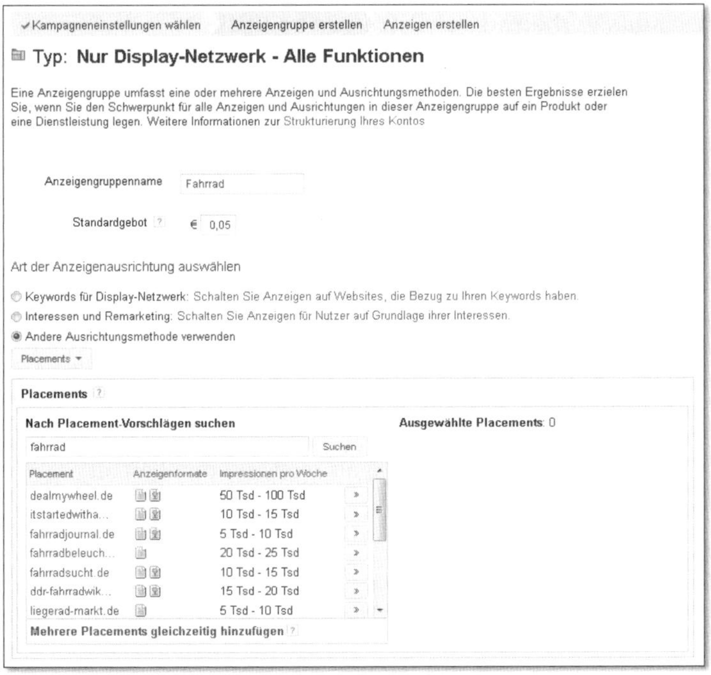

Abbildung 9.36 Placement-Auswahl am Beispiel »Fahrrad«

9.7   Kosten für AdWords

Auf Kampagnen- und Anzeigengruppen-Ebene können Sie ein Tagesbudget und ein CPC-Gebotslimit festlegen. Hiermit haben Sie also die maximale Höhe Ihrer Werbeausgaben fest im Griff. Die Frage, die dabei allerdings offen bleibt, ist, wie viele Besucher Sie für dieses Budget bekommen. Dies ist von Keyword zu Keyword unterschiedlich und hängt hier in erster Linie davon ab, wie beliebt dieses Keyword bei anderen Werbetreibenden ist.

Die Werbeplätze werden im Gebotsverfahren versteigert, und da es nur eine begrenzte Anzahl an Plätzen gibt, bekommen die Werbekunden mit den höchsten Geboten den Zuschlag. Da Google den Nutzern immer auch relevante Werbung anzeigen möchte, kommt hier zusätzlich zu der Nachfrage noch ein weiterer Faktor ins Spiel, nämlich der Qualitätsfaktor. Dieser entscheidet über das Ranking und somit darüber, ob und, wenn ja, an welcher Position Ihre Anzeige zu sehen ist. Welche Faktoren genau den Qualitätsfaktor beeinflussen, hält Google wie vieles andere geheim. Einige, die einen großen Einfluss auf den Qualitätsfaktor haben, sind aber bekannt. Generell lässt sich sagen, dass die Qualität sehr stark mit der Relevanz der Anzeige zusammenhängt. Die Faktoren, die die größte Rolle spielen, finden Sie im Anschluss. Aktuelle Informationen über den Qualitätsfaktor finden Sie auch unter *https:// support.google.com/adwords/answer/2454010?hl=de*.

9.7.1   Klickrate – wie ist das Verhältnis von Anzeigen zu Klicks?

Je häufiger Ihre Anzeige tatsächlich geklickt wurde, desto besser ist die Klickrate. Ist Ihre Klickrate besser als die Ihrer Mitbewerber, wirkt sich das positiv auf den Qualitätsfaktor aus. Da Sie aber generell das Ziel haben, dass Ihre Anzeige auch geklickt wird, sollte diese nicht nur wegen des Qualitätsfaktors ansprechend gestaltet werden. Fordern Sie in Ihrer Anzeige gezielt zum Klicken auf.

9.7.2   Relevanz der Anzeige

Es ist entscheidend, wie gut die Suchanfrage und die Anzeige übereinstimmen. Es ist also wichtig, dass das Keyword auch in der Anzeige vorkommt. Hierbei wird auch unterschieden, wo das Keyword in der Anzeige steht. Wenn das Keyword zum Beispiel als erstes Wort in der Überschrift steht, wird es als relevanter eingestuft.

9.7.3   Relevanz der Zielseite

Sind auf Ihrer Zielseite ebenfalls die gebuchten Keywords enthalten? Die Google-Bots untersuchen Ihren Online-Shop auf Relevanz. Passt das Thema des Shops zu den gebuchten Keywords, bringt Ihnen das eine Erhöhung des Qualitätsfaktors. Hierbei wirkt sich eine gute Suchmaschinenoptimierung auch auf den Qualitätsfaktor des Ad-Words-Kontos aus (Voraussetzung ist natürlich, dass Sie auf die gleichen Keywords optimieren). Alles, was sich negativ auf das organische Ranking auswirkt, sollte auch in Bezug auf den Qualitätsfaktor bei AdWords vermieden werden.

9.7.4 Gesamtperformance des AdWords-Kontos

In die Berechnung der Qualitätsfaktoren der einzelnen Keywords fließt auch die Leistung des gesamten Kontos mit ein. Es spielt dabei keine Rolle, ob die Anzeigen aktiv oder pausiert sind. Die historischen Leistungen werden erst dann nicht mehr berücksichtigt, wenn Sie ein Keyword oder die gesamte Anzeige komplett löschen.

9.7.5 Ermittlung des Anzeigenrangs

Der Anzeigenrang ist abhängig von Mindestgebot und Qualitätsfaktor des Keywords. Die Formel lautet hier also:

Anzeigenrang = Qualitätsfaktor des Keywords × maximaler Klickpreis des Keywords

Der höchste Anzeigenrang bekommt Platz eins, und die anderen folgen in absteigender Reihenfolge. Was dies konkret bedeutet, können Sie Tabelle 9.3 entnehmen.

Werbetreibender	Max. CPC	Qualitätsfaktor	Anzeigenrang	Position
A	0,60 €	2,1	1,26	1
B	1,00 €	1,2	1,2	2
C	0,70 €	1,7	1,19	3
D	0,90 €	1,3	1,17	4

Tabelle 9.3 Berechnung der Anzeigenposition in Abhängigkeit zum Qualitätsfaktor

Obwohl eigentlich B den höchsten maximalen CPC hat, kommt A mit dem niedrigsten maximalen CPC dank des guten Qualitätsfaktors auf die erste Position. Wollte B auf die erste Position, müsste es seinen maximalen CPC nochmals um 10 Cent erhöhen. B hätte somit mehr als 80 % höhere Kosten als A, um auf die erste Position zu kommen.

Fangen Sie klein an!

Begrenzen Sie zu Anfang Ihr maximales Tagesbudget auf eine überschaubare Summe. Auch wenn Sie für die Anzeigen nur im Falle eines tatsächlichen Klicks bezahlen müssen, können für diese Besucher sehr schnell hohe Kosten entstehen. Haben Sie nun die »falschen« Keywords gebucht und somit eine unpassende Zielgruppe angesprochen, werden Ihre Besucher, ohne einen Kauf zu tätigen, den Shop wieder verlassen. In Kapitel 11, »Der Kompass im E-Commerce – Conversion-Messung und -Optimierung«, erklären wir genau, wie Sie mit Analysen Ihr Budget optimal einsetzen können.

9.8   Fazit

Werbung in Suchmaschinen ist wichtig und sinnvoll. Die meisten Besuche im Web beginnen mit der Nutzung einer Suchmaschine. Mit einem Marktanteil von über 94 % in Deutschland ist Google dabei die absolute Nummer eins. Es ist daher in Ordnung, wenn Sie sich bei Ihren Suchmaschinenaktivitäten allein auf Google konzentrieren. Dabei stehen Ihnen zwei verschiedene Disziplinen zur Verfügung: Zum einen die Suchmaschinenoptimierung, die dafür sorgt, dass Ihr Shop in den organischen Suchergebnissen zu finden ist und zum andern mit Google AdWords bezahlte Anzeigen.

Bei der Suchmaschinenoptimierung gilt es mit verschiedenen Methoden, die Suchmaschine davon zu überzeugen, dass Ihr Shop der relevanteste zum gesuchten Thema ist. Gelingt Ihnen dass, wird Ihr Shop in den Suchergebnissen vorne angezeigt. So gewinnen Sie mehr Besucher.

Bei Google AdWords erscheinen Ihre Anzeigen, wenn nach einem bestimmten Suchbegriff gesucht wird. Die Abrechnung erfolgt dann nach Klicks. Dies macht eine solche Kampagnen sehr kalkulierbar.

Kapitel 10

Multi-Channel als Erfolgsmotor im E-Commerce

Der Online-Handel muss nicht zwangsläufig über den eigenen Shop stattfinden. Amazon, eBay & Co. bieten für Online-Händler interessante Optionen, auf bestehenden Marktplätzen Waren zu verkaufen.

Wenn Sie vielleicht zu dem Schluss gekommen sind, dass sich ein eigener Shop für Sie (noch) nicht lohnt, müssen Sie dennoch nicht auf den Online-Handel verzichten. Es gibt eine Reihe von Portalen, auf denen Sie mit relativ kleinem Aufwand Ihre Produkte online verkaufen können. Aber nicht nur für Händler ohne eigenen Shop sind Portale wie eBay, Amazon & Co. eine gute Alternative. Verkäufe über Marktplätze sind auch für Händler mit eigenem Online-Shop eine ideale Ergänzung. Zum einen macht Sie der Verkauf über mehrere Kanäle (Multi Channel) unabhängiger, und zum anderen bietet er Ihnen zusätzliche Umsatzchancen.

Der Verkauf über Marktplätze ist schon lange nicht mehr nur für Privatpersonen und kleine Online-Händler ein Thema. Auch große E-Commerce-Unternehmen nutzen diese zusätzlichen Vertriebskanäle, wie der eBay Shop von Redcoon in Abbildung 10.1 zeigt.

Die Marktplätze bieten diese Möglichkeit natürlich nicht aus reiner Nächstenliebe an, sondern möchten über eine Verkaufsprovision am Erfolg beteiligt werden. Dafür kümmern sie sich aber auch um den Betrieb der Plattform, um das Marketing und um den kompletten Bestellprozess, bis hin zur Zahlungsabwicklung. Amazon geht sogar noch einen Schritt weiter und bietet ein gesamtes Fullfillment, übernimmt als extra Service also auch noch den Versand der Waren. Für Sie als Händler hat das den Vorteil, dass ein Teil des Risikos auf den Marktplatz abgewälzt werden kann. Dadurch lassen sich die Kosten verlässlicher kalkulieren.

Bei guten Umsätzen über Marktplätze sind Sie als Händler vielleicht geneigt, Ihren eigenen Shop zu vernachlässigen und nicht mehr aktiv zu pflegen. Dabei sollten Sie aber nicht vergessen, dass Sie bei einer Umsatzkonzentration auf einen Marktplatz natürlich auch von diesem abhängig sind. Was passiert, wenn neue Wettbewerber

ebenfalls Ihre Waren auf dem Marktplatz anbieten oder wenn plötzlich die Verkaufsprovision erhöht wird? Schnell kann sich dann das Anbieten eigener Waren auf
dem Marktplatz nicht mehr lohnen.

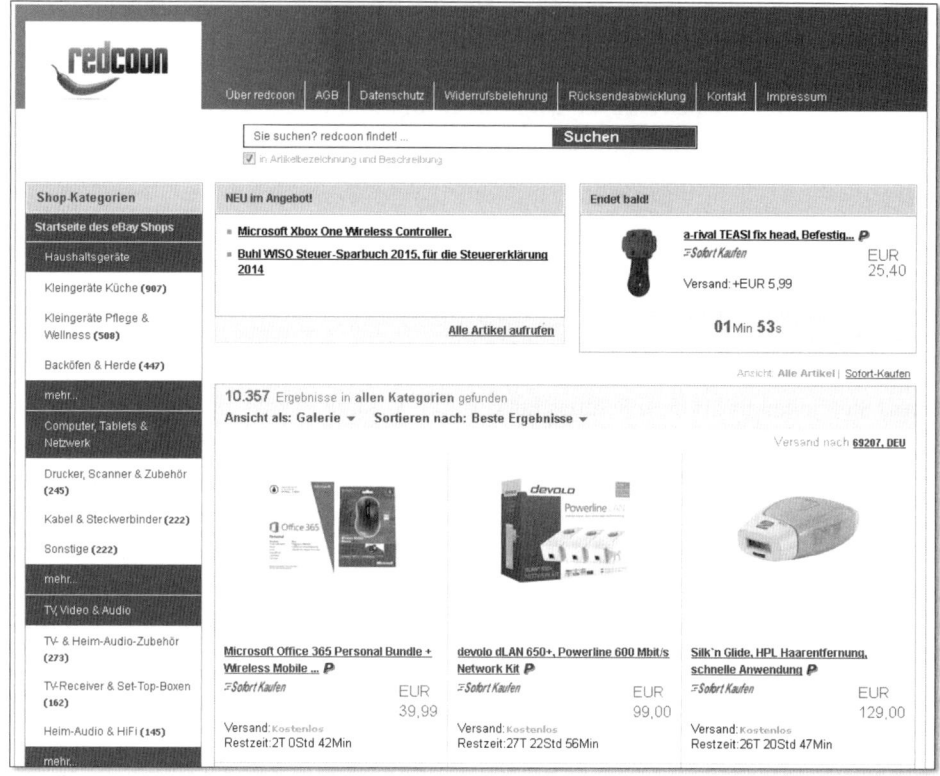

Abbildung 10.1 eBay Shop von Redcoon

Machen Sie sich auch bewusst, dass Umsätze auf Marktplätzen deutlich transparen-
ter sind als im eigenen Shop. Tools, wie zum Beispiel Terapeak (*www.terapeak.de*, für
eBay und Amazon) liefern genaue Informationen über Umsätze der einzelnen Händler auf den Plattformen. Ihre Marktbegleiter können sich also relativ einfach ein Bild
davon machen, wie viel Umsatz Sie auf den einzelnen Plattformen machen.

Es gibt unzählige Marktplätze, die teilweise eine Spezialisierung auf bestimmte
Warengruppen aufweisen. Einige davon stellen wir Ihnen im nachfolgenden Ab-
schnitt genauer vor. Wenn Sie sich dafür entscheiden, dort aktiv zu werden, sollten
Sie beachten, dass Sie Lagerbestände zentral verwalten müssen. Hier gibt es zwei un-
terschiedliche Ansätze. Der erste wäre, dass Sie sich für jeden Marktplatz einen eige-
nen Lagerbestand reservieren. Das sorgt zwar dafür, dass es ausgeschlossen ist,
Artikel über den Lagerbestand hinaus zu verkaufen. Dies hat aber den Nachteil, dass
Sie einen sehr großen Lagerbestand aufbauen müssen. Außerdem sind Sie mit dieser

Methode sehr unflexibel. Sollte sich ein Produkt auf einem Marktplatz besser verkaufen als auf einem anderen, kann es auf einer Plattform ausverkauft sein, obwohl Sie bei dem anderen Anbieter noch über einen großen Lagerbestand verfügen.

Eine bessere Alternative ist der Einsatz einer *Middleware*. Diese Software sorgt unter anderem dafür, dass Ihre Artikel über ein zentrales System verwaltet werden. Es gibt also nur ein Lagerbestand. Sollte ein Artikel ausverkauft sein, wird er automatisch auf allen Marktplätzen und im eigenen Shop deaktiviert. Neben dem Lagerbestand können Sie mit der Middleware auch Produktbeschreibungen und -bilder zentral verwalten. Das ist für Sie eine enorme Arbeitserleichterung und steigert die Effizienz. Natürlich verursacht der Einsatz einer Middleware auch Kosten. Meist setzen sich diese aus einmaligen Integrationskosten und laufenden Gebühren zusammen. Es gibt keine allgemeine Formel, wann sich der Einsatz einer Middleware lohnt. Sie müssen selbst Vorteile und Kosten abwägen.

Anbieter von Middleware sind unter anderem:

▶ *www.efullfillment.de*

▶ *www.actindo.de*

▶ *www.brickfox.de*

▶ *www.speed4trade.de*

10.1 Marktplätze im Porträt

Die umsatzstärkste Plattform ist Amazon, gefolgt von eBay. Danach kommt lange nichts mehr und schließlich folgen Anbieter wie Rakuten, Yatego, Allyouneed.com oder Hitmeister.

Natürlich liegt bei Amazon und eBay aufgrund der Größe das höchste Umsatzpotenzial. Trotzdem kann es Sinn ergeben, auch auf kleineren Marktplätzen vertreten zu sein. Im Folgenden finden Sie die relevantesten Marktplätze im Porträt.

10.1.1 Amazon

Amazon ist die absolute Nummer eins, was Online-Umsätze angeht. Als Amazon im Jahr 1994 an den Start ging, hätte es wahrscheinlich keiner für möglich gehalten, dass aus dem damals reinen Online-Buchhändler innerhalb kürzester Zeit der umsatzstärkste Online-Shop werden würde. Mit dazu beigetragen hat sicherlich auch die Öffnung für andere Anbieter. Amazon war der erste Online-Shop, der auch anderen Anbietern erlaubte, auf seiner Plattform zu verkaufen. Was mittlerweile von vielen Versandhändlern übernommen wurde, war im Jahr 2002 eine Sensation. Mittlerweile wird etwa 40 % des Amazon-Umsatzes über Marketplace-Händler generiert.

Der Verkauf über Amazon ist recht einfach. Wenn das Produkt, das Sie verkaufen möchten, bereits von einem anderen Verkäufer dort angeboten wird, brauchen Sie noch nicht einmal ein Bild oder eine Beschreibung. Sie können dann, wie Sie in Abbildung 10.2 sehen, einfach die bestehende Produktdetailseite mit nutzen.

Abbildung 10.2 Verschiedene Anbieter für ein Produkt bei Amazon

Auch darüber, ob die Käufer zahlen, müssen Sie sich als Anbieter keine Gedanken machen. Amazon kümmert sich um den Zahlungseingang und schreibt dem Händler den Betrag abzgl. der Provision auf seinem Amazon-Konto gut. Die Provisionen, die anfallen, sind abhängig vom gewählten Tarifmodell und von der Art der Artikel. Im Schnitt können Sie mit einer Provision in Höhe von 10–15 % rechnen.

Gegen eine etwas höhere Gebühr übernimmt Amazon für Sie sogar den Versand der Produkte. Neben der reinen Zeitersparnis kann das für Sie noch weitere Vorteile haben. Produkte können mit anderen Produkten zusammen versendet werden und sind ab einer Gesamtsumme von 29 € (für Amazon-Prime-Kunden immer) für den Käufer versandkostenfrei. Dies steigert natürlich die Attraktivität und hebt Sie von Wettbewerbern ab. Fullfillment bei Amazon kann auch sehr interessant sein, wenn Sie in anderen europäischen Ländern verkaufen möchten. Durch die zahlreichen Logistikzentren kann der Versand über Amazon sogar günstiger sein, als wenn Sie diese Aufgabe selbst übernehmen.

Da Sie Produkte, die bereits auf Amazon vorhanden sind, nicht noch einmal mit einer eigenen Beschreibung anlegen können, sind die Möglichkeiten, sich von den Wettbewerbern abzuheben, sehr begrenzt. Es bleibt eigentlich nur der Preis, aber auch der ist oft gleich oder sehr ähnlich.

Ziel von Ihnen als Marketplace-Verkäufer sollte es sein, dass Ihr Angebot in der sogenannten *Buybox* landet, die Sie auf Abbildung 10.3 sehen. Viele Kunden registrieren oft gar nicht (oder es ist ihnen schlicht egal), wer tatsächlich Verkäufer des Produkts ist. Gefällt das Produkt, wird es mit einem Klick auf IN DEN EINKAUFSWAGEN gekauft, ganz egal, wer es letztlich liefert. Wenn Ihr Angebot in diesem Moment in der Buybox ist, landet die Bestellung bei Ihnen.

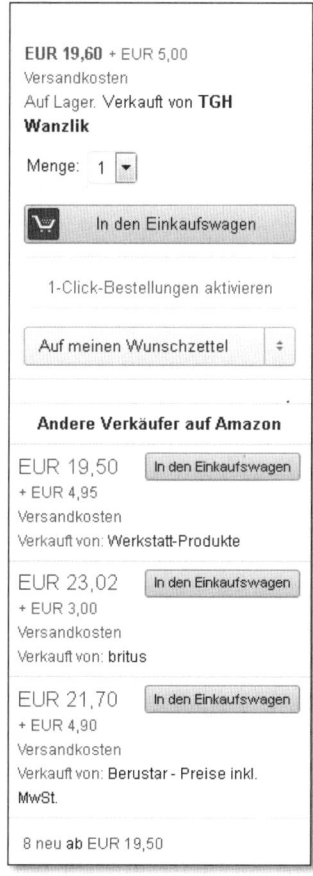

Abbildung 10.3 Ganz oben die Buybox bei Amazon

Darüber, ob Ihr Angebot in der Buybox erscheint, entscheidet nicht nur der Preis. Auch andere Kriterien wie Kundenzufriedenheit, Verfügbarkeit und Versandkosten werden in die Bewertung mit aufgenommen. Auch werden Händler bevorzugt, die den Versand über Amazon nutzen. Es wird dort also nicht das günstigste Produkt, sondern das mit der besten Gesamtperformance angezeigt. Ein Erscheinen in der Buybox hat einen großen Anteil am Erfolg.

Damit Amazon sicherstellen kann, dass genügend Daten für eine Bewertung vorhanden sind, werden neue Verkäufer nach frühestens 90 Tagen in die Buybox aufgenommen. Eine Garantie dafür gibt es jedoch nie.

Was Kundendaten angeht, beschränkt sich Amazon mit der Weitergabe auf ein Minimum. E-Mail-Adressen oder gar Telefonnummern werden nicht weitergegeben. Die Kommunikation mit dem Kunden muss über Amazon erfolgen, denn E-Mail-Adressen werden automatisch aus der E-Mail entfernt. Ziel dieser Maßnahme ist, es Ihnen möglichst schwer zu machen, den Kunden für den eigenen Webshop zu gewinnen. Die einzige Möglichkeit, dem Kunden Ihren Online-Shop vorzustellen, ist die Beilage von Printflyern. Hier haben sich Gutscheine für den Online-Shop bewährt. Legen Sie doch einfach Gutscheine für den nächsten Einkauf bei, und verweisen Sie direkt auf Ihren Shop.

Speziell bei Amazon handelt es sich nicht ausschließlich um einen Marktplatz, sondern darüber hinaus um einen Wettbewerber von Ihnen. Wenn sich ein Produktverkauf für Amazon lohnt, können Sie sicher sein, dass Amazon sein Warensortiment um diese Produkte erweitert. Ob sich ein Artikel gut abverkaufen lässt, erfährt Amazon über die Verkaufszahlen seiner Händler!

10.1.2   eBay

Die Nummer zwei unter den Marktplätzen ist *eBay*. Anders als bei Amazon, handelt es sich bei eBay aber um einen reinen Marktplatz. eBay stellt hier nur die Infrastruktur, bietet aber selbst keine Produkte an.

Gestartet ist eBay als Online-Auktionshaus. Die Händler waren damals Privatpersonen, die über eBay gebrauchte Waren verkauften. Zwischenzeitlich tummeln sich auf eBay allein in Deutschland mehr als 17 Millionen aktive Nutzer, darunter 5,4 Millionen private Verkäufer, 175.000 gewerbliche Verkäufer sowie mehr als 100 große Händler und Markenhersteller (Quelle: *http://presse.ebay.de/fakten-deutschland*, Stand Juni 2015).

eBay unterscheidet prinzipiell zwischen privaten und gewerblichen Verkäufern und bei den gewerblichen Verkäufern noch einmal zwischen Standard- und Powersellern, also Verkäufern mit besonders hohem Verkaufsvolumen. Voraussetzung für den Powerseller-Status sind eine gewerbliche Anmeldung und mindestens 100 Bewertungspunkte, von denen mindestens 98 % positiv sein müssen. Für jede positive Bewertung bekommen Sie einen Bewertungspunkt, für jede negative wird einer abgezogen.

Die Kombination von Powerseller und Topbewertungen bringt Ihnen auch Vorteile beim Ranking. Ihre Produkte werden dann unter der Standardsortierung BESTE ERGEBNISSE besser gerankt. Außerdem bekommen Produkte, die diese Anforderungen erfüllen, auf der Artikeldetailseite das eBay-Garantie-Logo angezeigt. Dies erhöht das Vertrauen beim Nutzer und sorgt somit für höhere Abverkäufe.

Im Vergleich zu Amazon haben Sie bei eBay generell mehr Einfluss auf die Artikelbeschreibung und die Darstellung auf der Artikeldetailseite. Während Sie bei Amazon bei bestehenden Produkten die vorhandene Beschreibung übernehmen müssen, können Sie diese bei eBay individuell gestalten und sich so von Ihren Wettbewerbern absetzen. Wenn Sie sich die Gestaltung der Templates in HTML nicht zutrauen, können Sie auch auf eine Agentur zurückgreifen, die die Templates für Sie erstellt. Günstige Auktionsvorlagen werden auch auf eBay selbst angeboten.

Es hat sich bewährt, solch eine Vorlage wie einen Online-Shop zu gestalten. Empfehlenswert ist zum Beispiel, auf der Artikeldetailseite auf andere Kategorien und Produkte in Ihrem Sortiment hinzuweisen (siehe Abbildung 10.4). Zum einen natürlich, um zusätzliche Verkäufe zu generieren, zum andern aber auch, um Alternativen zu dem Produkt anbieten zu können. Im Idealfall findet der Nutzer in Ihrem eBay Shop noch weitere Artikel und bestellt diese gleich mit. Fördern können Sie das, indem Sie Versandkostenrabatte anbieten. Üblich ist hier, dass bei mehreren Artikeln nur einmal Versandkosten berechnet werden.

Abbildung 10.4 Artikeldetailseite mit Kategoriennavigation auf der linken Seite

Bei eBay gibt es einige Regeln und Einschränkungen, die unbedingt beachtet werden sollten. Artikel, deren Angebot gegen rechtliche Vorschriften, die guten Sitten oder die eBay-Richtlinien verstößt, dürfen nicht auf dem eBay-Marktplatz angeboten werden.

▶ Verbotene Artikel dürfen bei eBay nicht angeboten werden.

▶ Fragwürdige Artikel dürfen nur unter bestimmten Bedingungen bei eBay angeboten werden.

▶ Versichern Sie sich, dass Ihr Angebot keine Urheberrechte (Copyrights), Markenrechte (Trademarks) oder andere Rechte verletzt.

Wenn eBay glaubt, dass eines Ihrer Produkte in eine der vorgenannten Kategorien passt, wird das Angebot ohne Vorwarnung gelöscht.

Nicht nur beim Löschen von »verbotenen« Artikeln ist das Verhalten von eBay teilweise irritierend. Es gibt auch Berichte, dass Händler ohne nachvollziehbare Gründe vom Handel ausgeschlossen wurden. Auch PayPal-Konten wurden eingefroren, was dafür sorgen kann, dass der Händler in ernsthafte Liquiditätsprobleme gerät. Aus diesem Grund sollten Sie das Guthaben auf Ihrem Paypal-Konto so niedrig wie möglich halten.

Eine Abhängigkeit nur von einem Kanal sollte aber nicht nur aus diesen Gründen vermieden werden. Wenn Sie über mehrere Kanäle erfolgreich verkaufen, streuen Sie auch solche Risiken, und eine kurzzeitige Sperrung (die auf keinen Fall die Regel ist) kann gut verkraftet werden.

Sie haben zwei Möglichkeiten, Ihre Produkte über eBay anzubieten: Die erste Option, die AUKTION, ist das Ursprungsformat, über das eBay auch bekannt wurde. Für Sie als Händler ist es in manchen Fällen sinnvoll, Produkte als Auktion anzubieten. Diese sind in erster Linie, wenn Sie Artikel möglichst schnell abverkaufen möchten und dabei der zu erzielende Preis weniger eine Rolle spielt. Bei Saisonartikeln kann dies der Fall sein. Der zweite Fall ist, wenn Sie exklusiv einen Artikel anbieten, bei dem eine hohe Nachfrage herrscht. Hier besteht dann die Chance, dass sich die Nutzer gegenseitig hochbieten, um den Artikel zu bekommen. Um das Risiko, dass der Artikel doch günstiger verkauft wird, zu mindern, gibt es die Zusatzoption des Mindestpreises. Hier können Sie bei einer Auktion einen Mindestpreis festlegen. Wird dieser nicht erreicht, bekommt der Bieter eine entsprechende Nachricht und der Artikel gilt als nicht verkauft.

Bei der zweiten Möglichkeit, der Option SOFORT KAUFEN, können Sie direkt einen Preis eingeben, zu dem Sie das Produkt verkaufen möchten. Auch hier gibt es aber noch eine Kombinationsmöglichkeit. Diese Option kann mit einem Preisvorschlag kombiniert werden. Der Kunde kann Ihnen dann ein Angebot unterbreiten, zu welchem Preis er bereit wäre, den Artikel zu erwerben. Dieser Preisvorschlag ist für den potenziellen Käufer bindend, gehen Sie also auf den Preisvorschlag ein, kommt automatisch ein Kauf zustande.

Natürlich verlangt auch eBay eine Gebühr, wenn Sie dort Ihre Produkte verkaufen möchten. Diese Gebühr setzt sich in der Regel aus einer fixen Angebotsgebühr und einer variablen Provision zusammen. Die konkrete Höhe ist hier abhängig von dem gewählten Format, dem gewählten Basispaket und der Art des verkauften Artikels. Im Schnitt liegt die Verkaufsgebühr zwischen 7 und 11 %. Beachten Sie hierbei aber, dass bei einer Bezahlung über PayPal noch die PayPal-Gebühren hinzukommen. Dies muss natürlich bei der Kalkulation ebenfalls berücksichtigt werden. Die aktuellen Gebühren finden Sie direkt bei eBay unter *http://pages.ebay.de/help/sell/business-fees.html*.

Die meisten Artikel werden über die Suchfunktion gefunden. Damit Ihr Artikel dabei besser gefunden wird, sollten Sie in der Bezeichnung und im Titel passende Keywords verwenden. Denken Sie dabei auch an verwandte Keywords. Wenn Sie zum Beispiel Trikots von Philipp Lahm verkaufen, können Sie natürlich im Titel auch »FC Bayern München« mit aufnehmen. Nicht erlaubt hingegen ist das sogenannte Keyword-Spammen. Hier werden oft gesuchte Begriffe mit aufgenommen, obwohl die mit dem eigentlichen Produkt nichts zu tun haben. Ebenfalls nicht legal sind Vergleiche. Auch wenn die Armbanduhren, die Sie verkaufen, aussehen wie Rolex-Uhren, dürfen Sie dies nicht in den Titel mit aufnehmen. In der eBay-Standardsuche wird nur der Titel durchsucht. Soll auch in der Beschreibung gesucht werden, so ist dies für den Nutzer nur über die erweiterte Suche möglich.

Sollten Sie sich für das Angebotsformat AUKTION entschieden haben, ist die Zeit, zu der das Angebot endet, ein wichtiger Faktor. Die optimale Zeit gibt es dafür sicherlich nicht, denn diese ist immer vom Produkt und den äußeren Einflüssen abhängig. Wenn der FC Bayern München also im DFB-Pokal-Finale steht, dürften wenige Bayern-Fans bei eBay nach entsprechenden Trikots suchen, auch wenn die Abendstunden prinzipiell geeignet sind.

> **Achten Sie auf die rechtlichen Rahmenbedingungen**
>
> Es ist nicht immer ganz einfach, über einen Marktplatz rechtssicher zu verkaufen. Auch hier benötigen Sie AGB, eine Widerrufsbelehrung und ein Impressum. Da die Rahmenbedingungen auf einem Marktplatz andere sind als in Ihrem Shop, können Sie diese Informationen nicht 1:1 auf die Marktplätze kopieren.

10.1.3   Rakuten

Rakuten wurde in Japan gegründet und zählt zu den zehn größten Internetunternehmen der Welt. In Deutschland ist Rakuten seit 2011 aktiv, seit damals das Unternehmen Tradoria übernommen wurde.

Bei Rakuten handelt es sich um eine Komplettlösung, in der nicht nur der Marktplatz enthalten ist. Sie können über das Rakuten-Shopsystem auch unabhängig von dem Marktplatz mit wenig Aufwand einen Shop erstellen.

Auf *www.rakuten.de* verkaufen rund 6.000 aktive Händler rund 11 Millionen Produkte. Die Grundgebühr beträgt pro Monat 39 € und wird durch eine variable Verkaufsprovision in Höhe von 5–9 % ergänzt.

10.1.4 Yatego

Yatego gehört mit ca. 10.000 aktiven Händlern und ca. 10 Millionen Besuchern pro Monat zu den führenden E-Commerce-Portalen im deutschsprachigen Internet. Nach eigenen Angaben ist es der drittgrößte Marktplatz in Deutschland. Die Kunden können hier aus ca. 4 Millionen Artikeln auswählen. Auf *www.yatego.com* verkaufen ausschließlich professionelle Händler Waren zu Festpreisen.

Um den Händlern das Erstellen von Impressum und AGB zu vereinfachen, arbeitet Yatego hier mit Protected Shops zusammen. Zu Yatego gehört auch das Portal Gimahhot (*www.gimahhot.de*). In der Grundgebühr von 39,90 € ist auch eine Listung auf diesem Portal enthalten. Die variable Verkaufsgebühr beträgt auf beiden Portalen 8 %.

10.1.5 Allyouneed.com

Allyouneed.com ist noch ein relativ junger Marktplatz, der Ende 2010 von DHL gegründet wurde, damals noch unter dem Namen meinPaket.de. Ziel von Allyouneed.com ist es, den DHL-Kunden zusätzliche Absatzmöglichkeiten zu bieten. Sie müssen also DHL-Kunde sein, um auf Allyouneed.com verkaufen zu dürfen.

Die Gebühren betragen auf *www.allyouneed.com* 20 €/Monat sowie variabel 4–8 % pro Bestellung. Der Marktplatz verfügt nach eigenen Angaben über 3,5 Millionen Kunden und ca. 3.000 Händler.

10.1.6 Hitmeister

Das Internetkaufhaus *Hitmeister* gibt es bereits seit 2007. Das Sortiment umfasst ca. 13,4 Millionen Produkte, die von mehr als 4.000 Händlern angeboten werden. Genaue Umsatzzahlen werden von Hitmeister nicht veröffentlicht, liegen aber nach Branchenschätzungen bei einem mittleren zweistelligen Millionenbetrag (*http://onlinehaendler-news.de/handel/allgemein/1267-hitmeister-praesentiert-75-prozentige-wachstumsrate.html*).

Die Höhe der Provision beträgt ca. 10 %, wobei hier keine weitere Kosten wie fixe Einstellgebühren oder Gebühren für Payment hinzukommen.

Eine Besonderheit bei Hitmeister ist, dass Sie selbst kein Verkäufer sind sondern lediglich Versandpartner. Somit ist das rechtliche Risiko auf dieser Plattform sehr gering, denn Sie können nicht wegen fehlender oder falscher Informationen abgemahnt werden.

10.2   Fazit

Je mehr Kanäle Sie für den Verkauf Ihrer Produkte nutzen, desto unabhängiger werden Sie von einem einzelnen Anbieter. Die größten Marktplatzumsätze werden Sie vermutlich auf eBay und Amazon generieren. Trotzdem ist eine Prüfung sinnvoll, ob auch andere Kanäle für Ihre Waren in Betracht kommen. Beachten Sie dabei aber auch, dass in der Regel durch jeden Marktplatz zusätzlicher Aufwand entsteht. Deshalb sollten Sie über die Einführung einer Middleware nachdenken.

10

Kapitel 11

Der Kompass im E-Commerce – Conversion-Messung und -Optimierung

Ein Online-Shop befindet sich in einem konstanten Optimierungs- und Veränderungsprozess. Diese Dynamik macht es erforderlich, Änderungen zu analysieren und hinsichtlich ihres Erfolgs zu bewerten. Denn nichts wirkt sich fataler auf den Erfolg Ihres Online-Shops aus als sogenannte »Verschlimmbesserungen«.

Der Online-Shop ist einem ständigen Wandel unterzogen. Der E-Commerce ist sehr schnelllebig, und Trends kommen und gehen. Das hat natürlich auch Auswirkungen auf Ihren Online-Shop. Was heute noch prima funktioniert, muss in Zukunft nicht zwangsläufig auch noch erfolgreich sein. Sie müssen den Shop ständig optimieren und natürlich auch auswerten, ob diese Optimierungen erfolgreich waren. Nur mit kontinuierlichen Analysen ist es möglich, Schwachstellen schnell zu erkennen. Gibt es vielleicht Marketingmaßnahmen, die keine oder nur wenig Bestellungen generieren? Werden einzelne Produkte nur angeschaut, aber nicht gekauft, und steigen vielleicht viele Ihrer potenziellen Kunden im Kaufprozess vor dessen Ende wieder aus? Das ist nur eine kleine Auswahl an Fragen, die mit der Webanalyse beantwortet werden können. In diesem Kapitel erfahren Sie, welche Tools am besten für die Optimierung und Kontrolle geeignet sind und wie Sie am besten damit arbeiten.

11.1 Warum müssen Daten erfasst und ausgewertet werden?

Ein Sprichwort sagt: »Es bringt nichts, schneller zu rudern, wenn die Richtung nicht stimmt.« Angewendet auf den E-Commerce verstehen Sie unter dem Rudern alle Aktivitäten, mit denen Sie den Shop nach vorn bringen möchten, seien es verschiedene externe Werbemaßnahmen oder auch die Usability-Optimierung im Shop selbst. Alle Maßnahmen sind zuerst einmal eine Investition, von der Sie erwarten, dass sie sich positiv auf den Shop auswirkt. Ob es aber tatsächlich die richtigen Maßnahmen waren, die Sie ergriffen haben, können Sie ohne Analyse nicht wissen. Natürlich haben Sie in Ihrem Online-Shop das klare Ziel, den Umsatz und die Anzahl der Bestellungen zu erhöhen. Es gibt aber viele Faktoren, deren Summe zu diesem Ergebnis führen. Sehen wir uns dazu ein Beispiel an:

Um neue Kunden für Ihren Online-Shop anzusprechen, entschließen Sie sich zu einer Google-AdWords-Kampagne. Sie legen dort mehrere Keywords fest und erstellen zwei unterschiedliche Anzeigen, die Sie miteinander vergleichen möchten. Über die interne Statistik in Ihrem AdWords-Konto sehen Sie, dass zwar sehr viele Nutzer über die Kampagne in den Shop kamen, der Umsatz im Shop hat sich aber nicht nennenswert erhöht.

Die Kosten für die Kampagne sind erheblich, so dass Sie sich diese ohne Erhöhung der Bestellungen nicht leisten können. Doch wie gehen Sie nun am besten vor? Sie haben auf der einen Seite die Information aus dem AdWords-Konto, dass über die Kampagne Besucher in Ihren Shop gelangt sind. Auf der anderen Seite hat sich aber Ihr Umsatz nicht spürbar verändert. Um das zu optimieren, müssen Sie wissen, was in der Mitte, nämlich in Ihrem Shop, geschehen ist. Nur dann können Sie dafür sorgen, dass Besucher auch zu Kunden werden. Hier hilft Ihnen die Webanalyse. Darüber können Sie in die Blackbox Online-Shop schauen und sehen somit genau, wo Defizite im Shop vorhanden sind.

Im konkreten Fall könnten viele Gründe Ursache für den Misserfolg gewesen sein:

- Die Kampagne selbst hat die falsche Zielgruppe angesprochen, die zwar den Shop besuchten, aber dort doch nicht das Richtige gefunden haben.
- Die Besucher haben zwar Produkte in den Warenkorb gelegt, sind aber dann im Kaufprozess ausgestiegen.
- Ein großer Anteil der AdWords-Besucher hat tatsächlich etwas gekauft. Dafür waren aber aus anderen Gründen weniger Besucher im Shop, weshalb der Umsatz über AdWords nicht zu einem Umsatzplus geführt hat.
- Die Besucher kamen ein paar Tage nach dem Erstbesuch über einen anderen Marketingkanal wieder in den Shop und haben dann gekauft.

Die Beispiele ließen sich noch endlos fortführen, letztlich bleibt es aber Spekulation, weil nur über eine professionelle Webanalyse die wahre Ursache herausgefunden werden kann.

Das Beispiel zeigt auch sehr deutlich, dass es sich durchaus lohnt, Zeit und Geld in die umfassende Analyse der Besucherströme zu investieren. Auf der einen Seite können Sie durch geschickte Optimierung die Marketingausgaben senken, während Sie auf der anderen Seite dafür sorgen können, dass mehr Besucher zu Kunden werden.

Dabei ist der Analyse- und Optimierungs-Prozess nie abgeschlossen, wie Sie in Abbildung 11.1 sehen.

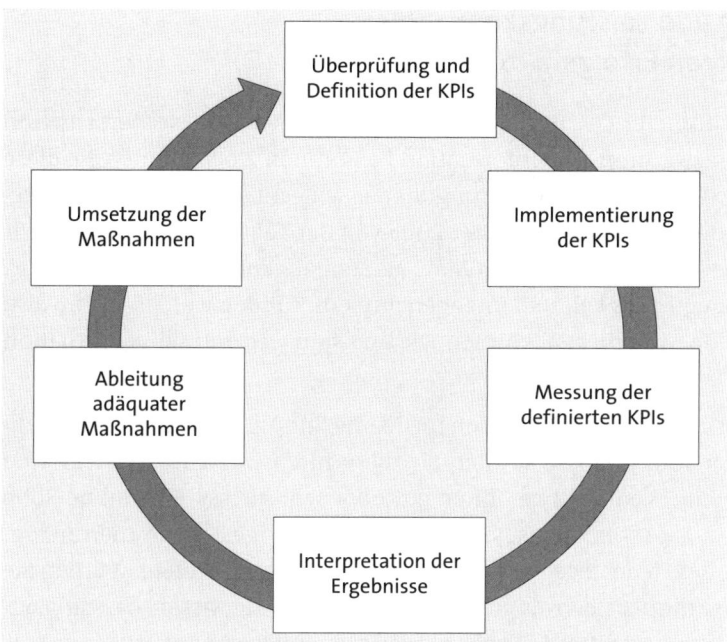

Abbildung 11.1 Der kontinuierliche Prozess der Webanalyse

Die Webanalyse ist eine sehr gute Möglichkeit, um herauszufinden, was Ihre Besucher vom Shop erwarten und welche Methoden vielleicht doch nicht den gewünschten Erfolg gebracht haben. Anders als zum Beispiel der Einsatz einer Recommendation-Engine, die (fast) automatisch die Conversion erhöht und somit für mehr Umsatz sorgt, handelt es sich bei der Webanalyse aber um ein Werkzeug, das von Ihnen noch richtig eingesetzt werden muss, um die gewünschten Ergebnisse zu erzielen. Es liefert Ihnen Entscheidungsgrundlagen, die Schlüsse daraus müssen Sie aber selbst ziehen. Planen Sie also nicht nur das Budget für die Software mit ein, sondern investieren Sie auch genügend Zeit, um die Ergebnisse zu interpretieren und daraus Gegenmaßnahmen abzuleiten.

Der Durchschnitt lügt

In der Webanalyse haben Sie es sehr oft mit Durchschnittswerten zu tun. Die Conversion-Rate, die durchschnittliche Verweildauer im Shop oder der durchschnittliche Warenkorbwert. Es ist sehr übersichtlich mit solchen Durchschnittszahlen zu rechnen. Der Nachteil ist allerdings, dass niemand diesem Durchschnitt entsprechen muss. In Deutschland hat eine Frau im Schnitt 1,4 Kinder. Haben Sie je eine Frau mit 1,4 Kindern getroffen? Wohl eher nicht. Genauso verhält es sich mit den Durchschnittszahlen im Shop. Bedenken Sie das immer, wenn Sie die Zahlen analysieren, und versuchen Sie, über Ihre Webanalyse Gruppen zu betrachten, um Gemeinsamkeiten zu erkennen.

11.2   Ermittlung von Leistungskennzahlen und wichtigen Erfolgsfaktoren

Heute hat das Thermometer 17°C angezeigt. Was können Sie mit dieser Information anfangen? Sie haben zwar nun eine Information bekommen, doch können Sie diese nicht einordnen. Ob 17°C Außentemperatur gut oder schlecht sind, hängt von weiteren Faktoren ab. In diesem Beispiel in erster Linie von der Tages- und Jahreszeit. Wir sind uns sicherlich einig, dass wir 17°C im März als sehr angenehm bezeichnen würden, wobei 17°C im August als kalt und unangenehm empfunden werden. Wenn also nicht alle Informationen vorliegen, können wir uns kein Gesamtbild der Situation machen.

Genauso verhält es sich mit den Kennzahlen im Online-Shop. Erst wenn Sie Kennzahlen für den Erfolg definiert haben, können Sie diese in einen Kontext setzen und somit beurteilen, ob die Kennzahl bei Ihnen gut oder schlecht ist. Ein Online-Shop mit einer Conversion-Rate von 50 % ist sicherlich sehr gut aufgestellt. Immerhin sagt diese Kennzahl aus, dass jeder zweite Besuch in einer Bestellung endete. Würden Sie die Performance aber immer noch als gut bezeichnen, wenn Sie wissen, dass im Zeitraum nur zwei Besuche stattgefunden haben? Wahrscheinlich eher nein.

Um Erfolge zu messen, müssen Sie also KPIs (*Key Performance Indicators*) definieren. Die wichtigste Kennzahl in einem Online-Shop ist definitiv der Umsatz. Der Umsatz wird von Besuchern generiert, weshalb die Anzahl der Besucher nun die nächste Kennzahl sein muss, die von Ihnen gemessen und überwacht wird. Manche Besucher klicken nicht tiefer in den Shop und steigen schon beim ersten Seitenaufruf wieder aus (Bouncer). In dem Fall werden dann natürlich auch keine Bestellungen generiert.

Aber auch wenn nicht bereits nach dem ersten Seitenaufruf wieder ausgestiegen wird, bedeutet das noch lange nicht, dass der Besucher auch etwas bestellt. Wie Sie auch in Abbildung 11.2 sehen, ist dafür noch mehr notwendig. Der Besucher ruft Produktdetailseiten auf, er legt Artikel in den Warenkorb, durchläuft den Bestellprozess und hat erst dann die Bestellung tatsächlich abgeschlossen.

Wie Sie ebenfalls in Abbildung 11.2 erkennen können, steigen in jeder Stufe wieder Nutzer aus. Das Verhältnis von Bestellungen zu Besuchen wird als Conversion-Rate bezeichnet. Die Conversion kann aber nur in den einzelnen Phasen gesteigert werden. Wenn Sie diese nun also steigern möchten, müssen Sie wissen, in welchen Stufen die meisten Nutzer aussteigen.

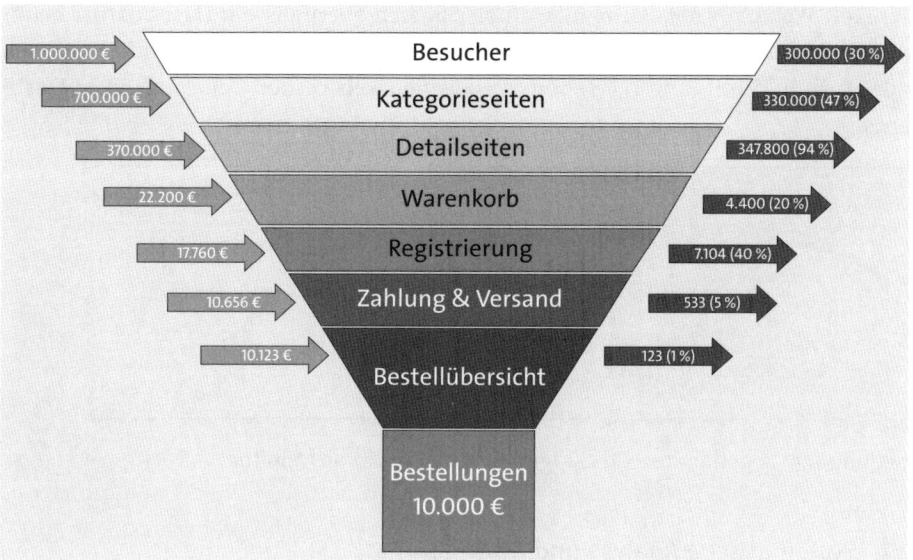

Abbildung 11.2 Klassischer Conversion-Trichter

Ein weiterer Faktor, mit dem Sie den Umsatz steigern können, ist der durchschnittliche Warenkorbwert. Wenn Sie diesen erhöhen können, haben Sie bei gleicher Anzahl an Bestellungen ebenfalls mehr Umsatz in der Kasse.

Zusammengefasst haben also folgende Kennzahlen Einfluss auf den Umsatz:

▶ Besucher

▶ Bestellungen

▶ Bounce-Quote

▶ Conversion-Rate

▶ durchschnittlicher Warekorbwert

▶ durchschnittliche Anzahl an Artikeln im Warenkorb

Diese Kennzahlen sollten Sie über die Webanalyse immer im Auge behalten (siehe Abbildung 11.3).

Umsatz	42.912,87
Bestellungen	337
Seitenaufrufe	267.210
Besuche	48.938
Besucher	46.787
Konversions - Rate (%)	0,69
Ziele-Score	14.063
Ziel-Score je Besuch	28,74
Bounce - Quote (%)	59,68
Umsatz pro Bestellung	127,34
Viewtime je Besuch (Min.)	1,63
Seitenaufrufe je Besuch	5,46

Abbildung 11.3 Relevante Kennzahlen in einem Report

In einigen Webanalyse-Lösungen können Sie sich ebenfalls ein Dashboard zusammenstellen und die wichtigsten Kennzahlen mit Ziel- oder Vergangenheitswerten vergleichen. In Abbildung 11.4 sehen Sie beispielsweise einen Teil solch eines Dashboards.

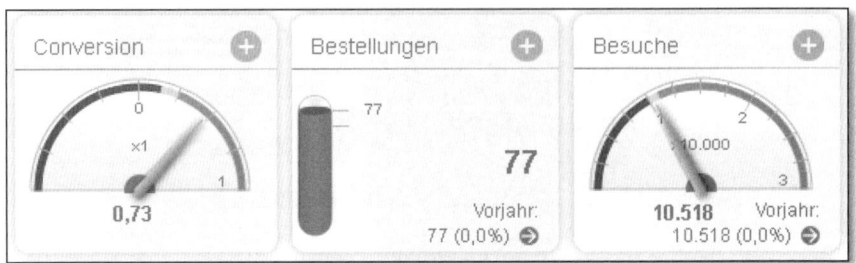

Abbildung 11.4 Sogenanntes KPI-Gadget beim econda Shop Monitor

11.2.1   Systematische Analyse und Optimierung

Beginnen Sie die Analyse und Optimierung immer »hinten«, also möglichst nahe bei der Bestellung. Hintergrund ist, dass es Ihnen nichts bringt, wenn mehr Leute etwas in den Warenkorb legen, sie diesen aber stehen lassen, weil der Kaufprozess nicht funktioniert. Ebenso sollten Sie mit den Punkten beginnen, die sich am einfachsten umsetzen lassen.

Kaufprozess

Jeder Online-Shop verfügt über einen Kaufprozess, der in mehreren Stufen durchlaufen werden muss. Der Kunde hat nun also die virtuelle Kasse erreicht und stellt sich in der Schlange an.

Bis er tatsächlich mit einem Kauf Ihren Online-Shop verlässt, muss er noch verschiedene Stufen durchlaufen. Er muss seine Adresse eingeben und die Zahlungsart auswählen. Auch im Kaufprozess muss der Kunde noch Hürden überwinden und kann dort noch aussteigen. Über eine Funnel-Analyse (siehe Abbildung 11.5), die in den meisten Webanalysetools zu finden ist, können Sie genau sehen, in welcher Stufe ausgestiegen wird.

Ist Ihr Kaufprozess vielleicht zu komplex, so dass bereits bei der Eingabe der Kundendaten potenzielle Kunden aussteigen? Wie Sie den Check-out-Prozess optimal gestalten, erfahren Sie in Kapitel 4, »Mit Usability, Design und Sicherheit zu hohen Conversion-Rates«. Hier aber trotzdem noch ein paar Punkte, die Sie unbedingt beim Check-out beachten sollten.

Überprüfen Sie noch einmal, ob Sie auch wirklich alle Angaben in den Pflichtfeldern benötigen. Je mehr Informationen abgefragt werden, desto höher das Abbruchrisiko. Ebenso gibt es leider immer noch Shops, in denen es zwingend erforderlich ist, ein

Konto mit Benutzername und Passwort anzulegen. Auch das ist ein Conversion-Killer! Gestalten Sie den Prozess so einfach wie möglich, um nicht schon bei der Abfrage der Kundendaten Abbrüche zu provozieren.

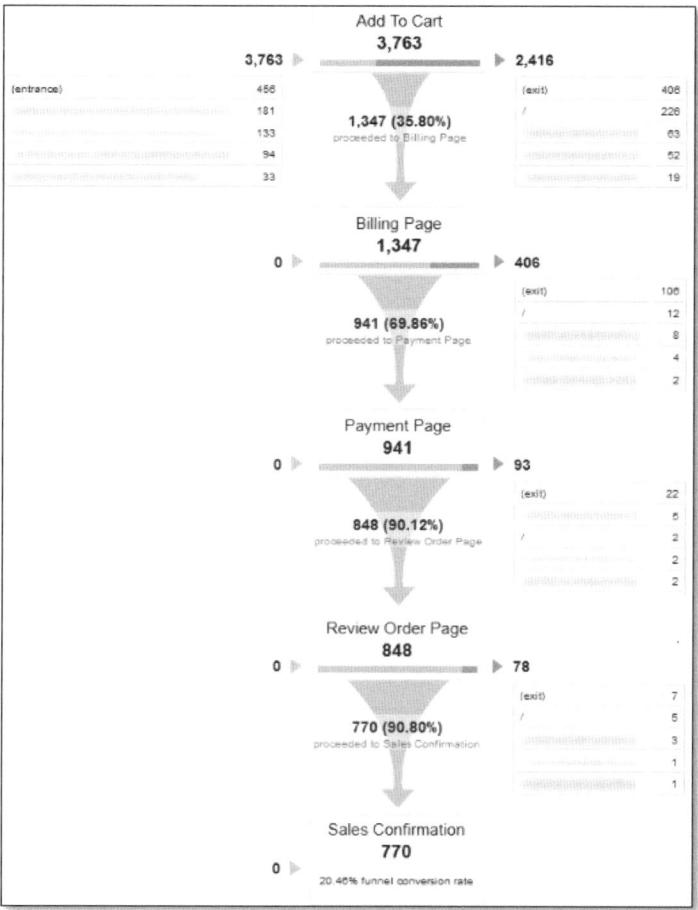

Abbildung 11.5 Funnel-Analyse bei Google Analytics

Auch bei der Auswahl der Zahlungsarten kann es natürlich noch zu Abbrüchen kommen. Der Grund liegt hier meist daran, dass zu wenig Zahlungsarten angeboten werden. Als Faustformel gilt: Je mehr Zahlungsarten angeboten werden, desto niedriger die Abbruchquote. Das Ganze hat natürlich auch seine Grenzen, weil Sie nicht jede auf dem Markt verfügbare Zahlungsart anbieten können. Machen Sie hier Tests, und schauen Sie, ob die Abbrüche in der Stufe Zahlungsmethoden tatsächlich sinken, wenn Sie eine neue Zahlungsart mit aufnehmen.

Neben allen bisher beschriebenen Faktoren spielt natürlich auch die Technik eine große Rolle bei der Conversion. Vergleichen Sie deshalb in regelmäßigen Abständen auch, wie sich die Conversion in Bezug auf die einzelnen Browser verteilt. Abweichungen dort deuten meist auf ein Darstellungsproblem hin. Ähnlich verhält es sich mit mobilen Aufrufen. Wenn Ihr Shop nicht für Mobile-Zugriffe optimiert ist, können Sie auch dort aufgrund schlechter Usability mit höheren Abbrüchen rechnen. In Kapitel 13, »Chancen und Risiken im Mobile Commerce«, erfahren Sie im Detail, wie Sie Ihren Shop für mobile Nutzer optimieren.

Sortimentsanalyse

Bevor der Besucher in den Kaufprozess geht, muss er Produkte in den Warenkorb legen. Der Standardprozess ist dafür, dass er sich diverse Produktdetailseiten anschaut und die für ihn passenden Produkte dann dem Warenkorb hinzufügt. Auch hier gilt es herauszufinden, wo gewisse Abweichungen zu finden sind. Die Webanalyse kann über Sortimentsanalysen zeigen, welche Produkte zum Beispiel häufig angeschaut, aber nur selten in den Warenkorb gelegt wurden. Hier sind die Ursachen für eine schlechte Performance in den Produktbeschreibungen oder in den Produktbildern zu suchen. Schauen Sie sich die Produktbilder und die Beschreibungen bei den Artikeln mit einer schlechten Microconversion noch einmal genauer an. Sind wirklich alle Informationen enthalten? Ist das Produkt auf den Bildern gut dargestellt? Schauen Sie sich auch den Marketingkanal an, über den die Nutzer zu den einzelnen Produkten gelangt sind. Haben viele erfolglose Besuche über einen bestimmten Marketingkanal stattgefunden, sind auch diese näher zu beleuchten. Das Beispiel einer Sortimentsanalyse in Kombination mit den Marketingkanälen finden Sie in Abbildung 11.6.

Anzahl Datensätze: 1299 Seite 1 / 26 50 Zeilen

Produkt Name / Produkt ID / Marketin...	Produkte angesehen	Produkte in Warenkorb	Produkte gekauft	gesehen- befüllt (%)	befüllt- gekauft (%)	gesehen- gekauft (%)	Filter
⊟ Ballerina / 00000001068229	908 1,40 %	2 0,10 %	1 0,15 %	0,22	50,00	0,11	
Suchmaschine	740 81,50 %	0 0,00 %	0 0,00 %	0,00	0	0,00	
Keyword	52 5,73 %	1 50,00 %	1 100,00 %	1,92	100	1,92	
Direkt	40 4,41 %	1 50,00 %	0 0,00 %	2,50	0	0,00	
Kampagne	37 4,07 %	0 0,00 %	0 0,00 %	0,00	0	0,00	
Newsletter	25 2,75 %	0 0,00 %	0 0,00 %	0,00	0	0,00	
Referrer	14 1,54 %	0 0,00 %	0 0,00 %	0,00	0	0,00	
⊞ Slipper / 00000001006455	667 1,03 %	14 0,73 %	0 0,00 %	2,10	0,00	0,00	
⊞ Handtasche / 00000001021574	594 0,91 %	6 0,31 %	1 0,16 %	1,01	16,67	0,17	
⊞ Damen Hausschuh / 00000000993932	473 0,73 %	5 0,26 %	1 0,15 %	1,06	20,00	0,21	

Abbildung 11.6 Sortimentsanalyse im econda Shop Monitor

Klickpfade im Shop

Um Ihre Besucher besser zu verstehen, sollten Sie sich den Weg, den diese durch Ihren Shop nehmen, etwas genauer anschauen. Große stationäre Geschäfte geben sehr viel Geld dafür aus, um herauszufinden, wie sich die Besucher darin bewegen. Online ist dies aber viel einfacher durchzuführen. Dort hilft Ihnen eine Klickpfadanalyse (siehe Abbildung 11.7). Diese zeigt Ihnen sozusagen den »Trampelpfad« durch den Shop. Wo beginnt der Weg, und welche Weggabelungen werden genommen.

Damit können Sie feststellen, ob sich die Nutzer überhaupt mit mehreren Artikeln intensiv auseinandersetzen. Wenn sich der Nutzer nicht von sich aus mit mehreren Artikeln beschäftigt, sollten Sie ihm auf seinem Weg durch den Shop passende Produkte vorschlagen. Dies ist in dem Fall nicht nur sinnvoll, um die Conversion-Rate zu steigern, sondern auch, um den Warenkorbwert zu erhöhen. Passende Produkte können Sie entweder über die bereits in Abschnitt 8.8.2, »Automatische Produktvorschläge – Recommendations«, vorgestellten Recommendation-Engines oder auch durch eine manuelle Auswahl anzeigen lassen. Eines ist klar, je mehr Produkte ein Besucher während seines Besuchs zu sehen bekommt, desto höher ist die Chance, dass passende für ihn dabei sind.

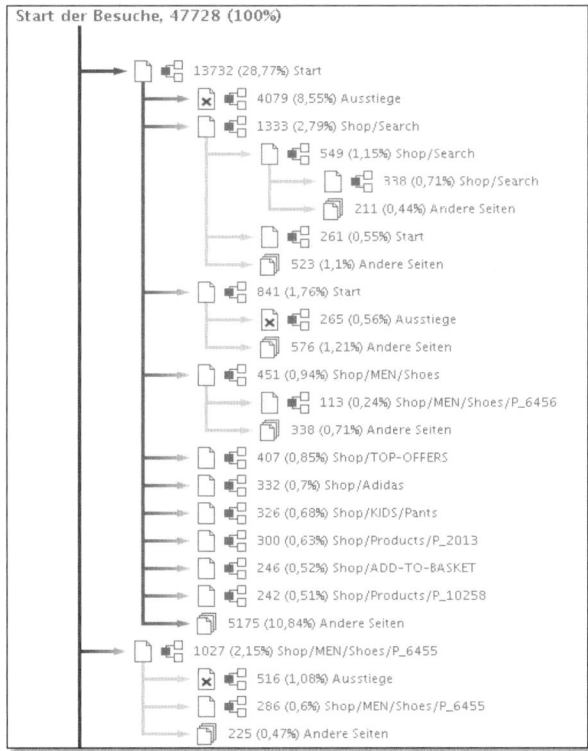

Abbildung 11.7 Klickpfade im econda Shop Monitor

Über eine übersichtlich gestaltete Navigation können Sie Ihre Besucher auch zum Stöbern animieren. Nur so kommen sie mit mehreren Produkten in Kontakt. In dem Klickpfad eines Fashion-Online-Shops in Abbildung 11.7 sehen Sie zum Beispiel, dass ein Großteil der Besucher nach Aufruf der Startseite sofort die interne Suche verwendet. Die Besucher suchen also nach einem konkreten Produkt und kommen so mit relativ wenigen Produkten in Kontakt.

> **Messen Sie nur, was Sie auch ändern können**
>
> Die Webanalyse bietet nahezu unendliche Möglichkeiten, Kennzahlen und Erkenntnisse über die Nutzer zu erfassen. Behalten Sie bei der Definition der Kennzahlen aber immer im Hinterkopf, dass das Messen nicht reiner Selbstzweck ist. Die Zahlen sind die Basis für Optimierungen, Sie müssen also aus jeder Kennzahl auch Handlungsempfehlungen ableiten können. Wenn das nicht geht, gibt es keinen Grund, sich mit diesen Kennzahlen zu befassen.

Interne Suche

Die interne Suche ist ein unerlässliches Feature eines Online-Shops. Je nach Sortiment und Branche wird die Suche häufiger oder weniger häufig verwendet. Bei wenig emotionalen Produkten wie Verbrauchsmaterialien, Ersatzteilen oder Medikamenten ist der Anteil eher hoch. Dort weiß der Besucher oft schon, bevor er Ihren Shop besucht, welche Produkte er kaufen möchte. Anders verhält es sich bei Artikeln, die einen höheren Beratungsbedarf haben. Zwar wird dort die Suche ebenfalls verwendet, aber in der Regel seltener und wenn, dann weniger spezifisch. Während Sie beispielsweise im Online-Shop für Druckerbedarf gezielt nach der konkreten Patrone »Epson Stylus 3850 schwarz« suchen, ist die Suche in einem Fashion-Shop oft weniger konkret, wie zum Beispiel nach »Jeans schwarz«.

In jedem Fall müssen Sie aber auf eine gute Funktionalität der Suche achten. Mit einer Analyse der internen Suche erfahren Sie nicht nur, ob die Suche funktioniert, sondern Sie bekommen darüber auch Informationen, was in Ihrem Online-Shop nachgefragt wird und was Ihre Besucher interessiert.

▶ Werden vielleicht Produkte gesucht, die Sie nicht anbieten?

Dem könnten Sie abhelfen, indem Sie diese Produkte mit ins Sortiment aufnehmen.

▶ Werden Produkte unter anderen Namen gesucht, unter denen sie aber nicht angeboten werden? Beipiel: Laptop statt Notebook

▶ Gibt es häufige Rechtschreibfehler? Beispiel: Addidas statt Adidas

Sollten Sie sich im ersten Schritt gegen eine fehlertolerante Suche entschieden haben, so können Sie die beiden letzten Punkte trotzdem sehr einfach eliminieren. Die meisten Shop-Systeme bieten die Möglichkeit, bei der Artikelanlage alternative Suchbegriffe mit aufzunehmen. Eine Analyse der Suchbegriffe bietet Ihnen hier Anregung und Aufschluss (siehe Abbildung 11.8).

Es spielt aber nicht nur eine Rolle, was gesucht und eventuell nicht gefunden wird, sondern auch wie viele Treffer pro Suchphrase gefunden wurden. Bei einer hohen Anzahl an Treffern müssen weitere Filter zur Verfügung gestellt werden, um die Suchergebnisse auf eine sinnvolle Anzahl zu reduzieren.

Abbildung 11.8 Darstellung von verschiedenen Suchbegriffen der internen Suche in einer Wordcloud

11.3   Marketingkampagnen und Customer Journey

Ohne Marketing keine Besucher und ohne Besucher kein Umsatz. Diese einfache Weisheit dürfte wohl jedem klar sein. Die Frage ist aber, welche der vielen Marketingmöglichkeiten sollte ergriffen werden? Welche Maßnahme ist für Ihren Shop am besten geeignet? Auch um das herauszufinden, kann die Webanalyse helfen.

Unter Marketing (bei Google Analytics Aquisition) fallen alle Maßnahmen, die dafür sorgen, dass Besucher in den Shop kommen. Auf der einen Seite sind das alle Kampagnen, auf die Sie direkten Einfluss haben. Auf der anderen Seite sind es sowohl Besucher über organische Suchergebnisse als auch Erwähnungen in zum Beispiel Blogs, auf die Sie keinen Einfluss haben.

Alle Maßnahmen, auf die Sie Einfluss haben, werden über einen Parameter am Link der richtigen Kampagne zugeordnet. Wie genau diese Parameter aussehen, ist von Lösung zu Lösung unterschiedlich. Im Beispiel von Google Analytics würde ein Parameter für eine Newsletter-Kampagne wie folgt aussehen:

Link ohne Parameter:

▶ *www.ihrshop.de*

Link mit Parameter:

▶ *www.ihrshop.de/?utm_campaign=Sommerangebote&utm_medium=email&utm_source=newsletter_Juli*

Der Parameter enthält dabei folgende Informationen:

▶ *utm_campaign*: Hier können Sie den Namen der jeweiligen Kampagne hinterlegen.

▶ *utm_medium*: Über welches Marketingmedium erfolgte der Zugriff?

▶ *utm_source*: Identifiziert zum Beispiel die Werbetreibenden, Websites oder Publikationen, die Besucher in Ihren Shop bringen.

In Abbildung 11.9 sehen Sie, wie der Parameter im econda Shop Monitor gesetzt werden muss.

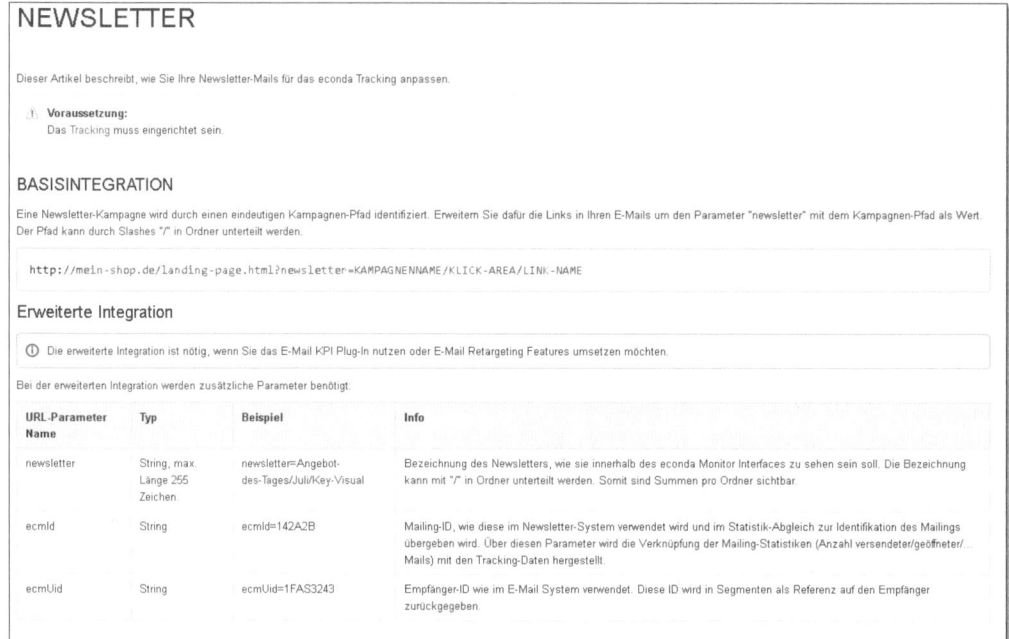

Abbildung 11.9 Parameter im econda Shop Monitor

Bevor Sie also mit der Analyse Ihrer Marketingmaßnahmen starten, müssen Sie alle Kampagnenlinks durch einen Parameter ergänzen. Nur so können Sie die Kampagnen umfassend auswerten und entscheiden, welche Maßnahmen erfolgreich waren und welche nicht. Bedenken Sie bei der Bewertung der Marketingmaßnahmen, dass es nur eine kleine Rolle spielt, wie viel die Kampagne kostet. Es geht darum, wie viel Umsatz die einzelne Kampagne gebracht hat. Auch eine »teure« Kampagne kann sich lohnen, wenn die Anzahl der Bestellungen und deren Wert entsprechend hoch sind.

Um den Erfolg der Kampagne auszuwerten, müssen Sie zuerst Ziele definieren. Was ist eine gute Kampagne, und was ist eine schlechte Kampagne? Sie können die Umsätze den einzelnen Marketingmaßnahmen zwar prinzipiell zuordnen, jedoch funktioniert dies nur, wenn der Umsatz während des gleichen Besuchs stattgefunden hat. Je komplexer und hochpreisiger allerdings das Produkt, desto länger wird der Entscheidungsprozess dauern. Konkret bedeutet das, dass im Zeitraum mehrere Besuche stattfinden, bis es letztlich zu einer Bestellung kommt. Im Beispiel eines Online-Shops für Fahrräder könnte dies so aussehen:

▶ **Besuch 1:** Einstieg über organische Suche mit der Suchphrase »Fahrrad kaufen«

▶ **Besuch 2:** Einstieg über das AdWord »Rennrad online kaufen«

▸ **Besuch 3:** Einstieg über den Newsletter, der im vorherigen Besuch abonniert
wurde

▸ **Besuch 4 und Kaufabschluss:** Klick auf ein Banner

In der klassischen Bewertung, wie sie bei jeder Webanalyse Standard ist, würde nun
also das Banner 100 % des Umsatzes zugewiesen bekommen. Solch eine Auswertung
sehen Sie in Abbildung 11.10. Zwar haben Sie hier schon eine sehr gute Übersicht über
den Erfolg, ganz fair den anderen Kanälen gegenüber ist es aber nicht. Hier wird nur
dem letzten Kontakt der Umsatz zugeordnet. Ob andere Kanäle im Vorfeld eine Rolle
gespielt haben, fließt in diese Betrachtung nicht mir ein.

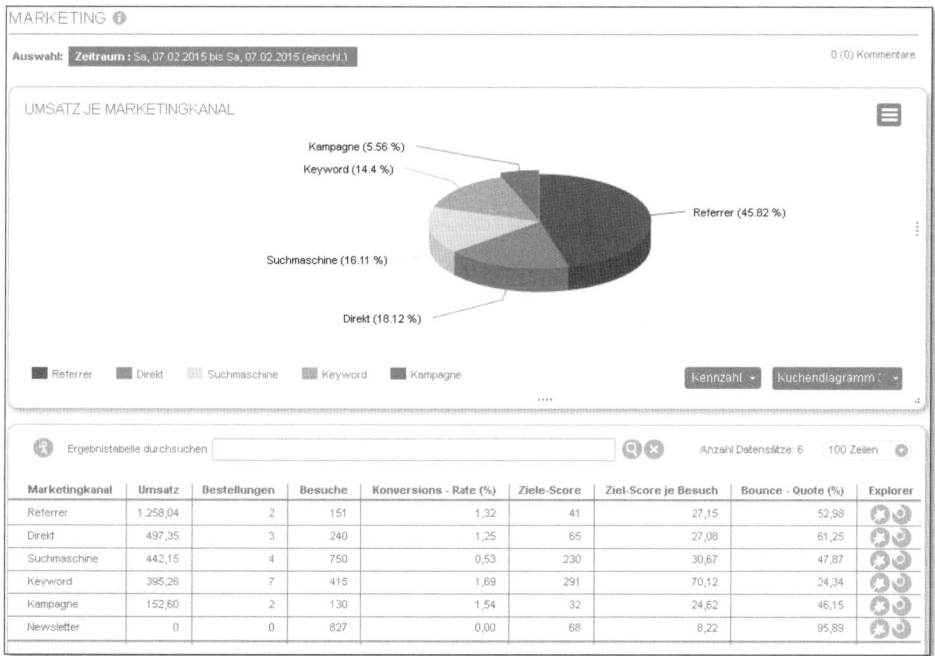

Abbildung 11.10 Marketinganalyse im econda Shop Monitor

In dem Beispiel des Fahrradhändlers haben jedoch die anderen Kanäle erst einmal
für die eigentliche Kontaktanbahnung gesorgt und waren sicherlich am Erfolg auch
nicht unbeteiligt. Wie also den Erfolg von diesen messen?

Hier gibt es eine stufenweise Herangehensweise. Zuerst sollten Sie Zwischenziele,
wie das Ausfüllen eines Kontaktformulars oder das Abonnieren eines Newsletters,
definieren. Natürlich muss der Umsatz immer das Hauptziel bleiben, solche weichen
Zwischenziele spielen aber auch eine Rolle. In Abbildung 11.10 sehen Sie neben der
Spalte für den Umsatz auch noch eine für die Zielerreichung. So können Sie sehen, ob
der jeweilige Kanal zum Erfolg beigetragen hat.

Im zweiten Schritt schauen Sie sich die Customer Journey (zu Deutsch Reise des Kunden) der Kunden an. Die Customer Journey zeigt die Besuche und die Marketingkanäle, über die diese erfolgten, im Zeitverlauf. So können Sie sehen, in welcher Reihenfolge der Besucher in Ihren Shop kam (siehe Abbildung 11.11). In der Spalte CONVERSIONS finden Sie dort die Anzahl der Bestellungen, die aufgrund der jeweiligen Ketten generiert wurden.

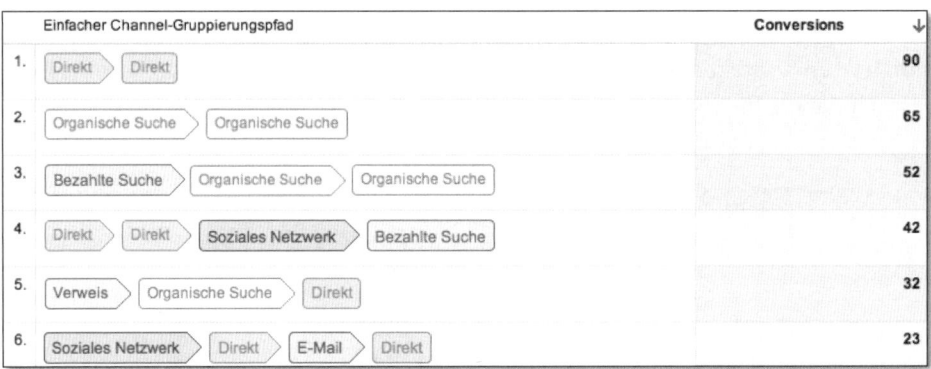

Einfacher Channel-Gruppierungspfad			Conversions ↓
1. Direkt > Direkt			90
2. Organische Suche > Organische Suche			65
3. Bezahlte Suche > Organische Suche > Organische Suche			52
4. Direkt > Direkt > Soziales Netzwerk > Bezahlte Suche			42
5. Verweis > Organische Suche > Direkt			32
6. Soziales Netzwerk > Direkt > E-Mail > Direkt			23

Abbildung 11.11 Customer Journey in Google Analytics

In Zeile 6 von Abbildung 11.11 sehen Sie zum Beispiel eine interessante Customer Journey. Zwar erfolgten die Conversions im letzten Schritt über direkte Zugriffe, der Erstkontakt fand aber über ein soziales Netzwerk statt. Ohne diesen ersten, wichtigen Kontakt wäre es wahrscheinlich nie zu einer Bestellung gekommen.

Not provided

Wenn Sie sich in Ihrer Webanalyse-Lösung die Suchbegriffe der organischen Suche anschauen, werden Sie feststellen, dass viele Suchphrasen auf NOT PROVIDED entfallen. Die liegt daran, dass Google bei Nutzern, die im eingeloggten Zustand etwas suchen, die Suchphrasen nicht an Webanalysetools übermittelt. Die Suchphrasen können somit über eine Webanalyse-Lösung nicht mehr komplett ausgewertet werden, sondern werden unter NOT PROVIDED zusammengefasst. Selbst in Google Analytics stehen die Suchphrasen nicht mehr zur Verfügung.

Um einen Überblick über die Suchphrasen zu bekommen, hilft dann nur noch ein Blick in die Google Webmaster-Tools. Allerdings fehlen dort dann die Verknüpfungen mit den Umsätzen.

11.3.1   Interne Kampagnen

Nicht nur der Erfolg von externen Kampagnen muss überwacht werden. Auch im Shop selbst haben Sie Werbeflächen zur Verfügung, die ihren Beitrag zum Gesamt-

erfolg leisten sollen. Nehmen Sie deshalb auch die Banner in Ihrem Shop in die Auswertungen mit auf. Im econda Shop Monitor gibt es dafür zum Beispiel die MARKER-
Auswertung, die das Tracken von internen Kampagnen erlaubt. Ähnlich wie bei
externen Kampagnen gilt es aber auch hier, den Erfolgsanteil genau zu bestimmen.

In Abbildung 11.12 sehen Sie eine Startseite mit verschiedenen Werbebannern. Als
Shop-Betreiber sind nun zwei Informationen dazu sehr wichtig. Zum einen ist es
wichtig zu wissen, wie oft das einzelne Banner geklickt wurde, zum andern aber auch,
welche Produkte darüber verkauft wurden.

Abbildung 11.12 Startseite mit verschiedenen Bannern

Kaufen die, die auf das Banner IPHONE 6 HÜLLEN geklickt haben, auch tatsächlich solche eine Hülle, oder entscheiden sie sich für ein anderes Produkt? Antworten auf
diese Frage gibt die Analyse der internen Kampagnen. In Abbildung 11.13 können Sie
solch eine Auswertung sehen. Dort erkennen Sie zum einen, wie oft das Banner
geklickt wurde, zum andern sehen Sie aber auch, über welche Produkte dann tatsächlich Umsatz generiert wurde.

Marker Name / Produkt Name		Umsatz		Bestellungen		Besuche (unique)	Konversions - Rate (%)
► ⊟ Recommendation Box Clicked	▬▬▬	2.940,68 21,59 %	▬▬▬	37 22,16 %	▬▬▬	1.383 19,16 %	2,68
► Pumps	▬▬	1.237,63 14,04 %	▪	7 8,97 %	ı	55 2,11 %	12,73
► Schnrschuh	▬	946,10 10,73 %	▪	6 7,89 %	ı	86 3,30 %	6,98
► Ballerina	▪	814,40 9,24 %	▪	7 8,97 %	ı	88 3,37 %	7,95
► Slipper	▪	667,10 7,57 %	ı	4 5,13 %	ı	97 3,72 %	4,12
► Umhängetasche	▪	667,10 7,57 %	ı	4 5,13 %	ı	47 1,80 %	8,51
► Dianette	▪	462,50 5,25 %	ı	2 2,56 %	ı	28 1,07 %	7,14
► Klett-Halbschuh	▪	462,50 5,25 %	ı	2 2,56 %		12 0,46 %	16,67
► Keil-Pantolette	▪	462,50 5,25 %	ı	2 2,56 %		9 0,34 %	22,22
► Nieten-Pumps	▪	462,50 5,25 %	ı	2 2,56 %		7 0,27 %	28,57
► Sling-Sandalette	▪	462,50 5,25 %	ı	2 2,56 %		5 0,19 %	40,00

Abbildung 11.13 Analyse der internen Kampagnen in Verbindung mit den tatsächlich gekauften Produkten

11.4 Welche Webanalyse-Lösung ist die richtige für Ihren Shop?

Wer die Wahl hat, hat die Qual. Es gibt eine Reihe von kostenlosen und kostenpflichtigen Lösungen in allen Preislagen, so dass es für den Shop-Betreiber sehr schwierig ist, einen Überblick zu bekommen. Das mit Abstand meistgenutzte Tool ist Google Analytics. Es wird in einer etwas eingeschränkten Basisversion kostenlos zur Verfügung gestellt. Wer den kompletten Funktionsumfang nutzen möchte, muss auf die Premiumversion zurückgreifen, die allerdings mit einem Preis ab ca. 100.000 € pro Jahr nur für richtig große Online-Shops in Betracht kommt. Auch andere Anbieter, wie zum Beispiel etracker oder econda, bieten mit Ihren professionellen Lösungen gute Alternativen für den mittelständischen Shop-Betreiber. Bevor Sie sich allerdings für eine Lösung entscheiden, sollten Sie Ihre Anforderungen an solch eine Lösung definieren.

Da Sie einen Online-Shop betreiben, ergibt sich daraus schon die erste Anforderung. Anders als bei Websites, wo Seitenaufrufe und Anzahl der Besucher als Kennzahlen im Vordergrund stehen, sollte es bei Ihren Reports in erster Linie um Umsätze und Bestellungen gehen. Um die richtige Lösung zu finden, beantworten Sie für sich folgende Fragen:

► **E-Commerce-Kennzahlen bereits im Standard?**
   Ist die Webanalyse für Online-Shops konzipiert, oder gibt es E-Commerce-Plugins, die erlauben, die Online-Shop-Kennzahlen einfach abzubilden?

► **Integrationsaufwand**
   Wie hoch ist der Aufwand, die Lösung in Ihrem Shop zu integrieren? Gibt es fertige Schnittstellen, oder muss die Integration manuell erfolgen?

- **Betrieb auf eigenen Servern oder SaaS-Lösung (Software-as-a-Service-Lösung)**
  Möchten Sie die Daten auf eigenen Servern hosten, oder bevorzugen Sie eine gemietete Lösung?

- **Kosten**
  Wie hoch sind die initialen und die laufenden Kosten?

- **Anforderungen an Datenschutz**
  Erfüllt die Lösung die aktuell gültigen Datenschutzbestimmungen, und haben Sie vielleicht interne Datenschutzrichtlinien, die ebenfalls erfüllt werden sollen?

- **Zukunftsträchtigkeit des Anbieters**
  Wie lange gibt es den Anbieter bereits am Markt? Wie hoch ist der Marktanteil?

- **Welche Supportleistungen benötigen Sie zusätzlich zur eigentlichen Lösung?**
  Möchten Sie über den Anbieter neben dem Tool ebenfalls Support und Beratung beziehen?

- **Schnittstellen**
  Soll die Lösung Schnittstellen zu anderen Anbietern, wie zum Beispiel E-Mail-Marketing oder zum Suchanbieter haben?

- **Exportmöglichkeiten der Daten**
  Möchten Sie die Daten der Webanalyse auch in anderen Programmen, wie zum Beispiel Ihrem Business-Intelligence-Programm nutzen?

- **Segmentierungsmöglichkeiten**
  Sollen die Besucher noch nach weiteren Kriterien gefiltert und segmentiert werden?

- **Wie aktuell sollen die Daten sein?**
  Benötigen Sie die Zahlen in Echtzeit, oder genügt ein Versatz von mehreren Stunden? In der Regel genügt es hier, wenn die Daten des Vortages zur Verfügung stehen.

- **Wie viele Nutzer sollen auf das Tool zugreifen können?**
  Benötigen Sie ein Tool für mehrere Nutzer mit jeweils unterschiedlichen Rechten?

Bei allen genannten Fakten dürfen Sie auch nicht vergessen, dass Ihnen das Tool sympathisch sein muss. Es sollte für Sie klar strukturiert und intuitiv zu bedienen sein. Es muss Ihnen Spaß machen, mit dem Tool zu arbeiten. Nur so ist ein erfolgreicher Einsatz möglich. Aus diesem Grund sollten Sie auch diesen weichen Faktor bei der Auswahl berücksichtigen. Lassen Sie sich vom Anbieter einen Demo-Account einrichten, sofern er angeboten wird, und arbeiten Sie sich durch die einzelnen Reports. Gerade wenn Sie sich prinzipiell für ein Tool entschieden haben und bei der Auswahl auf Nummer sicher gehen möchten, bietet sich das an.

Die Auswahl des Tools ist aber nur der erste Schritt. Konfigurieren Sie das Tool nach Ihren Wünschen und Vorstellungen. Sie müssen dafür sorgen, dass die gewünschten Informationen auch messbar gemacht werden. Beginnen Sie beim Einrichten der spezifischen Reports. Benötigen Sie neben den Standardreports noch weitere Informationen, können Sie sich einen Report selbst zusammenstellen. Wenn das geschehen ist, definieren Sie Ihre Website-Ziele wie Newsletter-Anmeldungen oder das Ausfüllen von Kontaktformularen. Zuletzt sorgen Sie noch dafür, dass die Kampagnen im Tool erfasst werden. Das ist in der Regel über einen Parameter am Link möglich.

Wichtig ist zu Anfang, dass möglichst alle relevanten Kennzahlen erfasst werden. Beginnen Sie aber bei der Analyse mit wenigen Kennzahlen, und arbeiten Sie sich so langsam voran. Das Wichtigste in der Webanalyse ist nicht die Auswertung, sondern die Optimierung des Shops aufgrund der Webanalysezahlen. Die Zahlen stehen Ihnen dauerhaft zur Verfügung, Sie können also Schritt für Schritt vorgehen. Im Folgenden stellen wir Ihnen ein paar Lösungen im Detail vor.

11.4.1   Google Analytics

Google stellt die Basisversion von *Analytics* komplett kostenlos zur Verfügung. Sie müssen sich aber bewusst sein, dass Google dies nicht ganz uneigennützig tut. Auch wenn Sie für diese Leistung an Google kein Geld bezahlen, so bezahlen Sie trotzdem mit Ihren bzw. den Daten Ihrer Kunden. Auch wenn es mittlerweile möglich ist, Analytics datenschutzkonform zu nutzen, so sollte man sich dieser Tatsache trotzdem bewusst sein. Was die Features von Analytics angeht, so hat es sich im Laufe der Zeit immer weiterentwickelt und bietet mittlerweile eine Reihe von Funktionen, die auch in kostenpflichtigen Tools zu finden sind. Eine Stärke von Analytics ist die Verknüpfung mit AdWords. Da beide Dienste aus einem Haus kommen, muss nichts extra angepasst werden, um auch den Erfolg von AdWords zu tracken.

Die Integration von Analytics ist in der Regel recht einfach durchzuführen. Einige Shop-Systeme bieten sogar bereits ein fertiges Plug-in, das die Integration in wenigen Minuten ermöglicht. Aber auch wenn für Ihr Shop-System kein Plug-in existiert, ist die Integration in Ihren Shop recht einfach möglich. Der erste Schritt ist hier die Anmeldung bei Google Analytics. Sollten Sie bereits ein Google-Konto besitzen, können Sie sich unter *www.google.com/analytics/* mit Ihren Daten anmelden.

Die eigentliche Integration erfolgt dann in drei Schritten:

1. Ihren Shop bei Google Analytics anmelden
2. Tracking-Code in Ihrem Shop hinzufügen
3. Reports in Ihrem Analytics-Konto definieren

Wenn Sie bei Analytics eine neue Property erstellen, so werden die zu trackenden Shops, Webseiten und Apps genannt, werden Sie zunächst gefragt, was Sie tracken wollen. Auch wenn es ja eigentlich ein Shop ist, den Sie tracken wollen, wählen Sie hier WEBSITE aus (siehe Abbildung 11.14). Als weitere Schritte müssen Sie noch den

Namen, die URL und die Zeitzone der Website, das heißt des Shops, auswählen. Die BRANCHENKATEGORIE ist eine optionale Angabe und hat keinen direkten Einfluss auf die Datenerfassung. Wenn Sie alle Felder ausgefüllt haben, klicken Sie auf TRACKING-ID ABRUFEN.

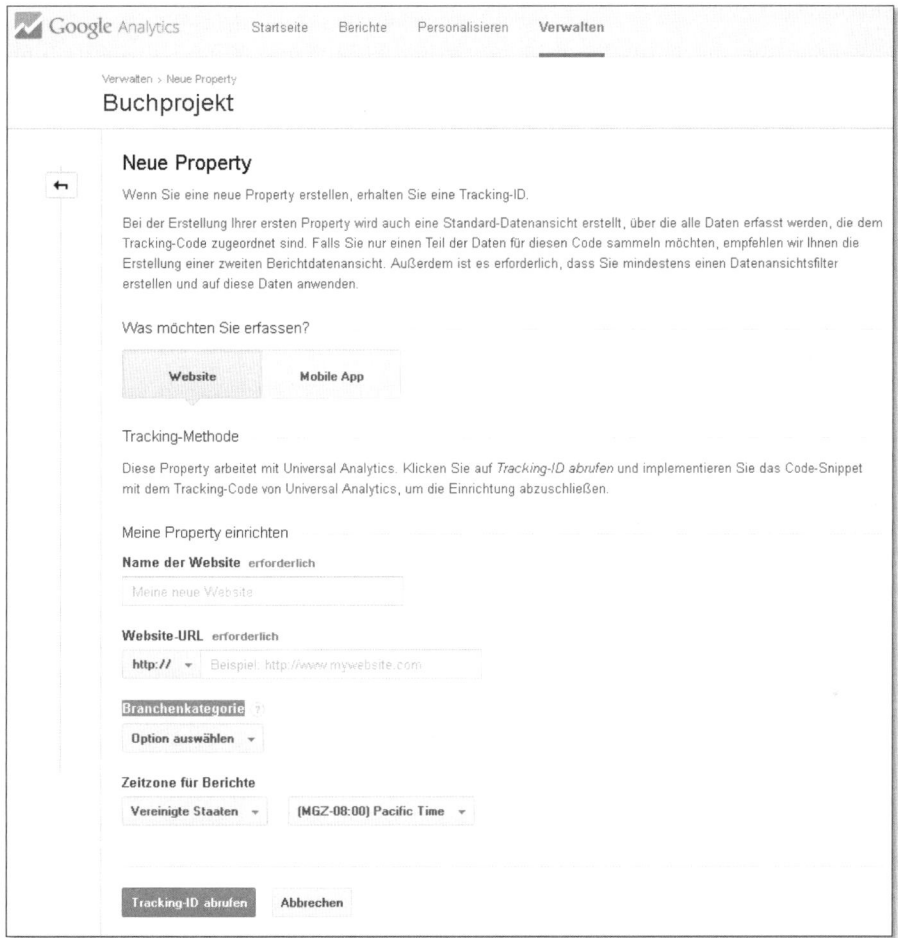

Abbildung 11.14 Anmeldeseite bei Google Analytics

Auf der nächsten Seite erhalten Sie den Google-Analytics-Tracking-Code. Dieser ist wichtigster Bestandteil von Google Analytics und sorgt dafür, dass Daten an Analytics übergeben werden. Der Code muss in jeder Seite des Shops integriert werden. Verfügt Ihr Shop-System über ein Plug-in zu Google Analytics, genügt es in der Regel, die Property-ID anzugeben, in Abbildung 11.15 also UA-50263632-2. Anhand dieser Nummer wird der Shop identifiziert, und die Daten werden richtig zugeordnet.

Sollte für Ihr Shop-System kein Plug-in verfügbar sein, muss neben dem Google-Analytics-Basiscode noch der spezielle E-Commerce-Code integriert werden. Dieser ermöglicht unter anderem das Tracken von Warenkorbinhalten und Umsätzen. Damit diese Informationen auch in Ihrem Google-Analytics-Konto angezeigt werden, müssen Sie dies noch in Ihrem Konto aktivieren:

1. Klicken Sie hierzu oben in der Menüleiste auf einer beliebigen Seite auf das Menü VERWALTEN.

2. Verwenden Sie die Drop-down-Menüs zur Auswahl von Konto, Property und Datenansicht.

3. Klicken Sie auf EINSTELLUNGEN DER DATENANSICHT.

4. Klicken Sie im Bereich E-COMMERCE-EINSTELLUNGEN auf die Schaltfläche, so dass sie ON anzeigt.

5. Klicken Sie unten auf der Seite auf SPEICHERN.

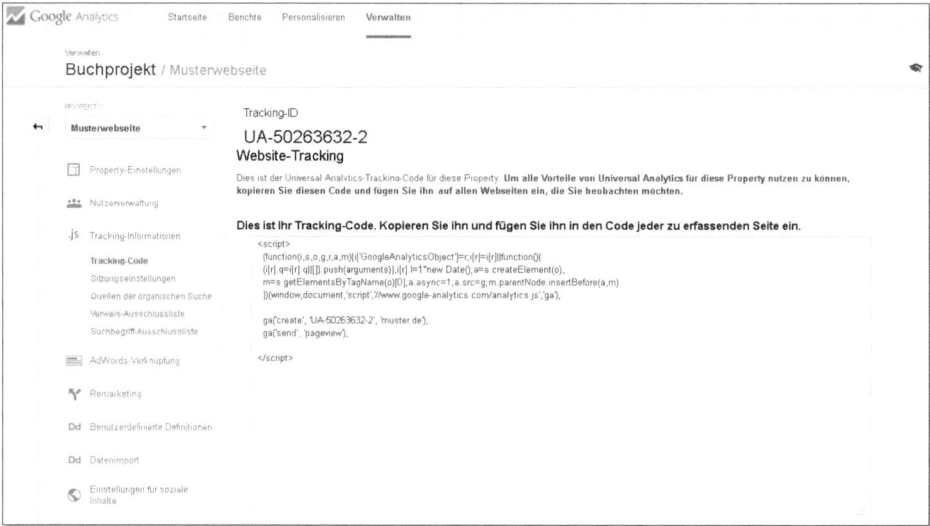

Abbildung 11.15 Der Google-Analytics-Tracking-Code

Wenn Sie diese Schritte abgeschlossen haben, stehen die ersten Daten nach ein paar Stunden in Ihrem Account zur Verfügung.

11.4.2 econda Shop Monitor

Der Karlsruher Webanalyse-Anbieter econda hat mit dem *econda Shop Monitor* eine Webanalyse-Lösung im Programm, die speziell für Online-Shops entwickelt wurde und bereits im Standard viele E-Commerce-spezifischen Kennzahlen enthält. Die Integration ist auch hier sehr einfach und kann bei jedem gängigen Shop-System über ein Plug-in erfolgen. In Abbildung 11.16 sehen Sie die Anleitung für einen

Magento-Shop. Sollte für Ihr Shop-System kein Plug-in zur Verfügung stehen, ist ähnlich wie bei Google Analytics ebenfalls eine manuelle Integration möglich.

Abbildung 11.16 Integration des econda Shop Monitors in einen Magento-Shop

Im Vergleich zu Google Analytics oder auch Piwik handelt es sich bei econda um eine kostenpflichtige Lösung. Die genaue Höhe der Kosten ist abhängig von den Seitenaufrufen und dem gewählten Funktionsumfang. Das kleinste Paket beginnt bei etwa 50 € im Monat. econda bietet Interessenten einen kostenlosen Test der Software an. Wenn Sie sich nicht sicher sind, ob der Shop Monitor für Ihren Shop geeignet ist, sollten Sie diesen unverbindlichen Test in Anspruch nehmen.

▶ *www.econda.de/software/data-driven-e-commerce-suite/shop-monitor/testen/*

11.4.3 Piwik

Piwik ist eine kostenlose Open-Source-Webanalyse-Lösung, die unter *www.piwik.org* heruntergeladen werden kann. Der größte Unterschied zu Google Analytics und econda ist der, dass die Daten bei Piwik auf einem eigenen Server gespeichert werden. Das hat den Vorteil, dass Sie die absolute Datenhoheit haben. Sie können selbst entscheiden, was mit den Daten geschehen soll, und sind nicht von Dritten abhängig. Was auf der einen Seite definitiv als Vorteil zu werten ist, ist auf der anderen Seite aber auch ein großer Nachteil von Piwik. Sie benötigen noch einen Server, auf dem die Daten gespeichert werden. Piwik schreibt die Daten in eine MySQL-Datenbank und ruft sie von dieser auch wieder ab. Zu Beginn, wenn erst wenige Daten in die Datenbank geschrieben wurden, gibt es auch bei etwas schwächeren Servern keine Performanceprobleme. Das kann sich aber im Laufe der Zeit ändern, wenn immer mehr Daten in der Datenbank gehalten werden und die Auswertungszeiträume entsprechend lang sind. Der Pflegeaufwand, der benötigt wird, um Piwik am Laufen zu halten, darf hier also nicht unterschätzt werden.

Der Funktionsumfang von Piwik ist reichhaltig, kann aber nicht mit dem von Google Analytics oder econda verglichen werden.

Wenn für Ihr Shop-System kein Plug-in zur Verfügung steht, können Sie, wie unten beschrieben, Piwik manuell integrieren. Neben dem Tracking-Code im Shop müssen Sie hier auch noch die MySQL-Datenbank einrichten. Laden Sie unter *www.piwik.org* die aktuelle Version von Piwik herunter. Sie erhalten dort einen ZIP-komprimierten Ordner. Wenn Sie diesen entpacken, finden Sie darin einen Ordner mit dem Namen *Piwik*. Laden Sie diesen Ordner auf Ihren Server, und rufen Sie ihn über eine URL auf. Sie kommen dann auf die Piwik Begrüßungsseite und werden nachfolgend durch den Installationsprozess geleitet. Der Prozess teilt sich in neun Schritte auf und dauert nur wenige Minuten.

1. Nachdem Sie die Willkommensseite verlassen haben, gelangen Sie auf die nächste Seite, auf der Piwik Ihr System prüft (siehe Abbildung 11.17).

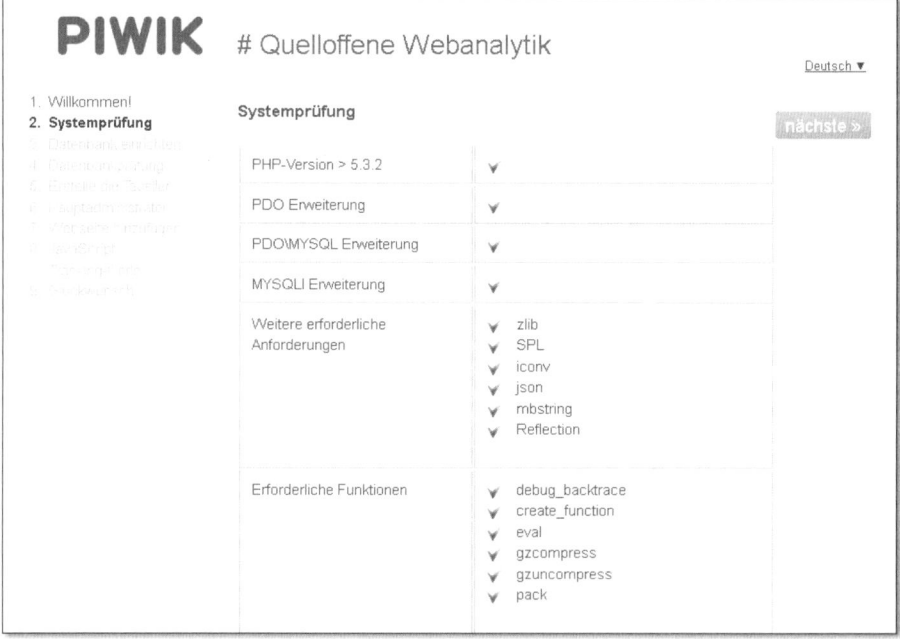

Abbildung 11.17 Systemprüfung bei Piwik

2. Geben Sie in der nächsten Stufe die Informationen zur Verknüpfung mit der Datenbank ein. Piwik erstellt dann automatisch die benötigten Tabellen.

3. Im nächsten Schritt legen Sie den Hauptnutzer für die Piwik-Installation an. Dieser dient als Adminzugang. Weitere Nutzer können Sie nach der Installation über die Piwik-Oberfläche erstellen.

4. Jetzt müssen Sie den Shop hinzufügen, den Sie tracken möchten. Auch hier können Sie nach der Installation noch weitere Shops bzw. Webseiten hinzufügen. Vergessen Sie hier nicht als letzten Schritt, die ECOMMERCE-Funktion zu aktivieren (siehe Abbildung 11.18).

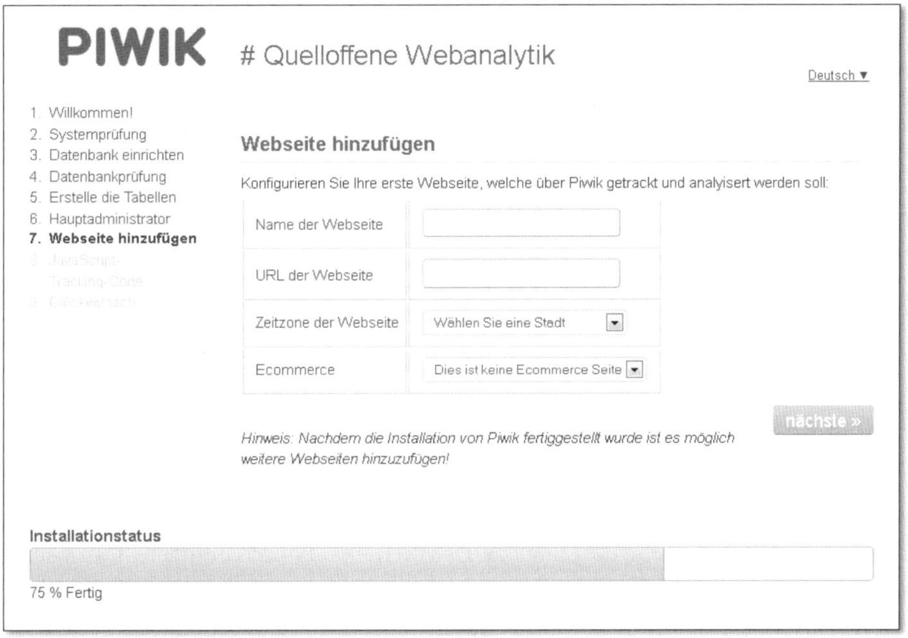

Abbildung 11.18 Eingabe der Admin Daten bei Piwik

5. Auch bei Piwik ist das Herzstück der JavaScript-Tracking-Code, der in Schritt 8 generiert wird. Dieser Tracking-Code ist der Basiscode, der auf jeder zu messenden Webseite hinterlegt werden muss. Beachten Sie aber, dass für das Tracken von E-Commerce-Funktionen der Code auf den einzelnen Seiten noch angepasst werden muss. Welche Codes auf welcher Seite noch hinzugefügt werden müssen, erfahren Sie in der Piwik-Hilfe unter *http://piwik.org/docs/ecommerce-analytics/ #enable-ecommerce-tracking*.

Nun ist die eigentliche Installation von Piwik abgeschlossen. Die Daten werden nun erfasst und sind in Ihrem Piwik-Account verfügbar. Wenn Sie Ihren Account zum ersten Mal aufrufen, landen Sie auf der Dashboard-Ansicht (siehe Abbildung 11.19). Das Dashboard kann frei konfiguriert werden und dient als Zusammenfassung der einzelnen Reports. Hier können Sie die Reports platzieren, die Sie bei der täglichen Arbeit am häufigsten benötigen. Um neue Reports dem Dashboard hinzuzufügen, klicken Sie auf die Schaltfläche WIDGETS & DASHBOARDS und wählen dort den benötigten Report aus.

Abbildung 11.19 Dashboard nach dem ersten Aufrufen von Piwik

11.5   Rechtliche Aspekte der Webanalyse

Der gläserne Kunde ist für den Shop-Betreiber sicherlich ein großer Wunsch. Es kann jede Bewegung ausgewertet werden, und die Informationen zu jedem Nutzer bleiben gespeichert bis in alle Ewigkeit. Dem schiebt aber das deutsche Datenschutzrecht einen Riegel vor. Auch wenn es möglich ist, solche Profile zu erstellen, so sprechen aber immer noch die Anforderungen an den Datenschutz dagegen. Nicht alles, was möglich ist, ist nach dem deutschen Datenschutzgesetz auch zulässig. Der Düsseldorfer Kreis, ein Gremium in der Konferenz der Datenschutzbeauftragten des Bundes und der Länder, hat Richtlinien erlassen, die die datenschutzkonforme Ausgestaltung von Webanalyse-Lösungen regelt:

▶ **Keine Personenbezogenen Daten ohne Einwilligung**
Es ist nicht gestattet, personenbezogene Daten der Nutzer ohne deren ausdrückliches Einverständnis zu erfassen. Solch eine Einwilligung zu bekommen, gestaltet sich aber als äußerst schwierig und ist in der Praxis nahezu unmöglich. Ein ausdrückliches Einverständnis liegt nämlich nur dann vor, wenn sich der Nutzer schon vor Beginn der Datenerhebung damit einverstanden erklärt. In der Praxis bedeutet das, dass vor Einstieg in den Shop eine Seite erscheinen müsste, auf der der Nutzer zum Beispiel durch Anklicken einer Box der Datensammlung zustimmt. Viele Nutzer wären durch solch eine Frage wahrscheinlich irritiert, und die Gefahr, dass der Besuch abgebrochen wird, ist recht hoch, weshalb dieses Verfahren in der Praxis ungeeignet ist. Verzichten Sie deshalb auf die Speicherung von personenbezogenen Daten in Ihrer Webanalyse-Lösung. Zu den personenbezogenen Daten gehören aber in diesem Kontext nicht nur Namen und E-Mail-

Adressen, sondern auch IP-Adressen. Deutsche Anbieter berücksichtigen dies bereits im Standard und speichern deshalb keine IP-Adressen. Da die Datenschutzbestimmungen aber von Land zu Land unterschiedlich sind, sollten Sie beim Einsatz eines internationalen Tools darauf achten, dass die deutschen Datenschutzbestimmungen eingehalten werden.

▶ **Schließen Sie einen extra Vertrag**

Die meisten Webanalyse-Anbieter speichern die Daten auf eigenen Servern, was schon das nächste Problem mit sich bringt. Sie müssen sicherstellen, dass Sie die Kontrolle über die Daten behalten. Schließen Sie deshalb auf jeden Fall mit Ihrem Dienstleister einen schriftlichen Vertrag zur Auftragsdatenverarbeitung.

Es ist auch nicht gestattet, die Daten ohne Einwilligung der Nutzer auf Servern außerhalb des Europäischen Wirtschaftsraums zu speichern.

▶ **Keine Datenverknüpfung**

Die pseudonymisierten Daten dürfen nicht mit Daten über den Träger des Pseudonyms zusammengeführt werden. Sie dürfen also die Daten aus der Webanalyse nicht mit Daten aus zum Beispiel Ihrem CRM zusammenfügen, um daraus ein Nutzungsprofil zu erstellen.

▶ **Klären Sie den Kunden über Ihre Datenschutzpolitik auf**

Erläutern Sie Ihren Besuchern und Kunden, welche Daten zu welchem Zweck gespeichert werden. Die meisten Anbieter haben dafür schon vorgefertigte Texte (siehe Abbildung 11.20), die Sie nur noch in Ihren Shop kopieren müssen

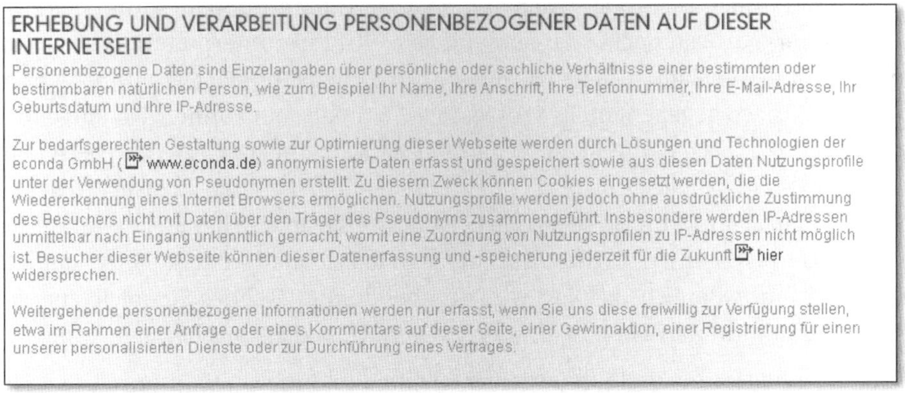

ERHEBUNG UND VERARBEITUNG PERSONENBEZOGENER DATEN AUF DIESER INTERNETSEITE

Personenbezogene Daten sind Einzelangaben über persönliche oder sachliche Verhältnisse einer bestimmten oder bestimmbaren natürlichen Person, wie zum Beispiel Ihr Name, Ihre Anschrift, Ihre Telefonnummer, Ihre E-Mail-Adresse, Ihr Geburtsdatum und Ihre IP-Adresse.

Zur bedarfsgerechten Gestaltung sowie zur Optimierung dieser Webseite werden durch Lösungen und Technologien der econda GmbH (www.econda.de) anonymisierte Daten erfasst und gespeichert sowie aus diesen Daten Nutzungsprofile unter der Verwendung von Pseudonymen erstellt. Zu diesem Zweck können Cookies eingesetzt werden, die die Wiedererkennung eines Internet Browsers ermöglichen. Nutzungsprofile werden jedoch ohne ausdrückliche Zustimmung des Besuchers nicht mit Daten über den Träger des Pseudonyms zusammengeführt. Insbesondere werden IP-Adressen unmittelbar nach Eingang unkenntlich gemacht, womit eine Zuordnung von Nutzungsprofilen zu IP-Adressen nicht möglich ist. Besucher dieser Webseite können dieser Datenerfassung und -speicherung jederzeit für die Zukunft hier widersprechen.

Weitergehende personenbezogene Informationen werden nur erfasst, wenn Sie uns diese freiwillig zur Verfügung stellen, etwa im Rahmen einer Anfrage oder eines Kommentars auf dieser Seite, einer Gewinnaktion, einer Registrierung für einen unserer personalisierten Dienste oder zur Durchführung eines Vertrages.

Abbildung 11.20 Datenschutzhinweis von econda

▶ **Bieten Sie Ihren Nutzern eine Widerspruchsmöglichkeit**

Der Besucher kann der Speicherung der Daten jederzeit widersprechen. Möchte der Kunde nicht mehr, dass seine anonymisierten Daten gespeichert werden, müssen Sie sicherstellen können, dass das Nutzungsverhalten dieses Nutzers nicht mehr gespeichert wird.

Sie tragen die Verantwortung für die Daten!

Sie sind immer für den ordnungsgemäßen Umgang mit den Daten verantwortlich, auch wenn Sie einen externen Dienstleister mit dem Erfassen und der Verarbeitung beauftragt haben. Achten Sie deshalb besonders bei Anbietern aus ausländischen Staaten darauf, dass die deutschen Datenschutzstandards eingehalten werden. Auch wenn der Anbieter nach den in seinem Land gültigen Datenschutzbestimmungen handelt und sich somit in einem legalen Rahmen bewegt, haften Sie bei Verstößen gegen das deutsche Datenschutzrecht.

11.6 Weitere Tools zur Optimierung

Neben der reinen Webanalyse stehen noch andere Tools zur Verfügung, die Ihnen dabei helfen, Schwachstellen in Ihrem Shop zu identifizieren. Die Palette reicht dabei von Tools, die die Mausbewegungen aufzeichnen, bis hin zu Testing-Tools, mit denen Sie verschiedene Varianten Ihres Shops gegeneinander testen können. Alle diese Tools sind Ergänzungen zur Webanalyse und bieten über darüber hinaus noch weitere Informationen über die Nutzer.

11.6.1 Maus-Tracking

Analysewerkzeuge wie Google Analytics oder der econda Shop Monitor liefern, vereinfacht ausgedrückt, nackte Zahlen, und es bleibt Ihrer Interpretation überlassen, was Sie mit diesen Zahlen anstellen. Ein »Profi« sieht letztendlich aufgrund verschiedenster KPIs, wo gegebenenfalls Probleme vorhanden sein können, Neulinge in der Webanalyse tun sich damit in der Regel eher schwer. Eine gute Alternative ist daher, den Blick Ihrer Besucher zu simulieren und sich einfach einmal anzusehen, was Ihre Besucher tatsächlich tun. So sehen Sie beispielsweise, an welcher Stelle wie lange der Mauszeiger platziert ist, ob Ihre Besucher scrollen, schnell weiterklicken oder allgemein auf welche Bereiche geklickt wird. In Abbildung 11.21 sehen Sie solch eine Heatmap, die Auskunft darüber gibt, in welchen Bereichen die Maus bewegt wurde.

Dadurch erhalten Sie als Shop-Betreiber wichtige und relevante Informationen und sehen direkt, welche Teile Ihres Online-Shops funktionieren und wo Sie gegebenenfalls nacharbeiten müssen. Aufgrund der Einfachheit der Implementierung und Analyse eignet sich das Maus-Tracking für alle Shop-Betreiber, unabhängig davon, ob Sie gerade erst im E-Commerce durchstarten oder ob Sie bereits über einen hochprofitablen Online-Shop verfügen. Als sehr guter Anbieter für das Maus-Tracking hat sich das Unternehmen Mouseflow herauskristallisiert. Das Unternehmen Mouseflow aus Dänemark hat sich auf die Aufzeichnung und Analyse von User-Sessions spezialisiert und bietet eine Art »Video« einer jeden User-Session. Mit über 30.000 Kunden, zum Teil namhafte Unternehmen wie Immobilien-Scout24 oder die Zalando Lounge, handelt es sich um einen der größeren Anbieter in diesem Bereich.

Abbildung 11.21 Heatmap von Mouseflow

> **Überschaubare Kosten bei Mouseflow**
>
> Das Lizenzmodell ist bei Mouseflow einfach und überschaubar. Sie kaufen eine bestimmte Anzahl an Aufzeichnungen pro Monat und bezahlen beispielsweise für 1.000 Aufzeichnungen 15 €. Der größte Tarif mit 100.000 Aufzeichnungen und 30 Domains liegt aktuell bei 299 €. 100 Aufzeichnungen im Monat können vollkommen gratis in Anspruch genommen werden, speziell wenn Sie das Tool im ersten Schritt einfach nur testen möchten, ist der kostenlose Account äußerst interessant.

Um Mouseflow in Ihrem Shop zu integrieren, gehen Sie wie folgt vor:

1. Legen Sie sich im ersten Schritt einen Account an, indem Sie auf *http://mouseflow.de* gehen und oben rechts auf Preise & Bestellen klicken. Nun erfolgt ein kleiner Tipp: Am unteren Bildschirmrand wird auf die kostenfreie Version verwiesen: Wir bieten ebenfalls einen kostenfreien Account. Wenn Sie auf diesen Link klicken, können Sie sich eine auf 100 Aufzeichnungen limitierte Testversion erstellen. Speziell wenn Sie von dem Tool noch nicht überzeugt sind, da Sie es noch nicht kennen, macht ein solcher Test-Account definitiv Sinn.

2. Geben Sie im nächsten Schritt die Domain Ihrer Seite sowie Ihre E-Mail-Adresse und ein Passwort an. Anschließend erhalten Sie eine Bestätigungs-E-Mail mit einem Link, den Sie bitte anklicken.

3. Ihr Mouseflow-Account ist anschließend angelegt, und Sie können mit der Implementierung beginnen. Diese ist, auch für nicht studierte Informatiker, recht

simpel. Wenn Sie in Ihrem Mouseflow-Benutzerkonto sind, das Sie unter *http://account.e.mouseflow.com* direkt aufrufen können, klicken Sie in der oberen Navigation auf WEBSITES. Sie sehen in Abbildung 11.22 eine Auflistung aller angelegten Websites, da Sie natürlich auch mehrere Seiten bzw. Shops überwachen können. Klicken Sie anschließend bei Ihrer Website auf KONFIGURIEREN, und scrollen Sie etwas nach unten zum Punkt INSTALLATION.

4. Sie finden dort einen HTML-Code mit folgendem Aufbau vor:

```
<script type="text/javascript">
   var _mfq = _mfq || [];
   (function() {
       var mf = document.createElement("script"); mf.type =
          "text/javascript"; mf.async = true;
       mf.src = "//cdn.mouseflow.com/projects/XYZ.js";
    document.getElementsByTagName("head")[0].appendChild(mf);
   })();
</script>
```

Listing 11.1 Mouseflow-Integrationscode für Ihre Website

Dieser Code muss anschließend vor dem schließenden </body>-Tag in Ihrem Online-Shop integriert werden. Je nachdem, welche Online-Shop-Software Sie einsetzen, geht die Integration komfortabler oder ist mit etwas mehr Aufwand verbunden. Bei Magento beispielsweise können Sie über die Systemkonfiguration speziell Tracking-Codes einfügen und müssen dadurch nicht Templates editieren. Die Integration von Mouseflow erfolgt jedoch äquivalent zu der Google-Analytics-Integration, und da diese in den meisten Online-Shop-Systemen zum Standard gehört, dürfte Ihnen in Ihrer Software die Mouseflow-Integration ebenso wenig schwerfallen.

Nachdem Sie den Tracking-Code in Ihrem Online-Shop implementiert haben, beginnt Mouseflow mit der Aufzeichnung von User-Sessions. Wenn Sie diese auswerten möchten, klicken Sie in Ihrem Mouseflow-Account auf AUFZEICHNUNGEN. Anschließend erhalten Sie eine Übersicht, wie in Abbildung 11.22 zu erkennen ist.

Sie können innerhalb dieser Ansicht für Sie relevante Sessions filtern, beispielsweise nach Betriebssystem, Browser, Zugriffsdauer etc. Diese umfangreiche Filtermöglichkeit auf der rechten Seite Ihres Bildschirms bietet Ihnen die Möglichkeit, gezielt zu suchen und auch nur relevante Sessions auszuwerten. Interessant sind speziell sehr kurze, aber auch sehr lange Sessions, denn diese deuten auf Probleme hin. Picken Sie sich nun eine beliebige Session heraus, und klicken Sie anschließend auf den grünen Pfeil am rechten Rand der Tabelle. Durch den Klick öffnet sich für Sie ein neues Fenster, und Sie sind im »Videomodus«, wie Sie am oberen Rand der Abbildung 11.23 sehen können.

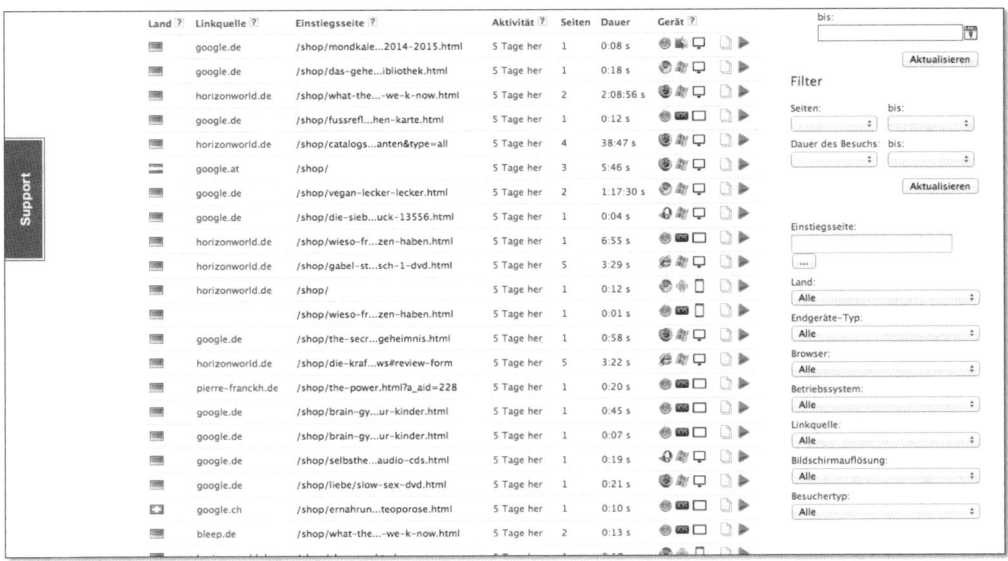

Abbildung 11.22 Auflistung aller User-Sessions in Mouseflow

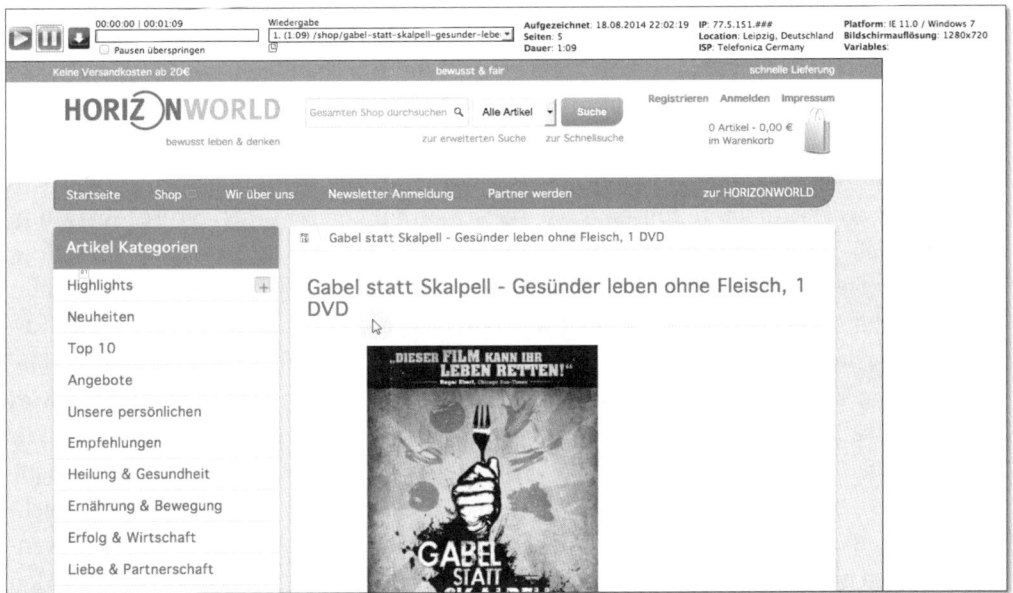

Abbildung 11.23 Wiedergabe einer User-Session in Form eines »Videos«

Klicken Sie im oberen linken Bereich auf den grünen Play-Button, um die Session zu starten. Anschließend müssten Sie Bewegungen der Maus, die im Übrigen mit einem gelben Kreis umrahmt ist, feststellen. Auch werden Sie Scrollbewegungen erkennen sowie Klicks, selbst wenn diese ins Leere laufen. Wie eingangs erwähnt, wird die gesamte User-Session nachempfunden. Auch Seitenwechsel oder Ausstiege sind ersichtlich. Wenn Sie im oberen Bereich der Ansicht das Dropdown-Menü WIEDER-GABE öffnen, können Sie explizit zu einer von diesem Benutzer aufgerufenen Seite springen und sich die Interaktion auf dieser Seite ansehen.

Ihre Besucher lesen mit der Maus

Es klingt vielleicht etwas verstörend, aber tatsächlich lesen Ihre Besucher mit der Maus. Aufgrund der Mausbewegungen können Sie daher sehr gut ableiten, welche Elemente sich Ihre Besucher anschauen und wo gedanklich Ihre Besucher zu welchem Zeitpunkt sind. Achten Sie einmal darauf, ob Sie beim Lesen oder Surfen mit der Maus auch Ihre Augenbewegungen »nachfahren«. Viele User machen das und ermöglichen uns als Shop-Betreiber daher eine Art »Pseudo-Eye-Tracking« basierend auf dem Scroll- und Klickverhalten.

Eine weitere nette Funktion ist der Live-Stream. Wenn Sie in der Session-Übersicht auf LIVE-STREAM klicken, können Sie direkt die Session eines Besuchers »live« ansehen und verfolgen. Dadurch bekommen Sie gegebenenfalls komplett neue Eindrücke, denn Sie sehen Ihrem Besucher ja sozusagen beim Surfen in Ihrem Online-Shop über die Schulter.

Basierend auf diesen Erkenntnissen können Sie nun ganz einfach überprüfen, an welchen Punkten die Aufmerksamkeit Ihrer Besucher geweckt wird und wie gut oder schlecht beispielsweise die Navigation funktioniert. Auch gibt es häufig den Effekt, dass Besucher auf bestimmte Bereiche klicken die ihrer Meinung nach verlinkt sein müssen, aber ins Leere führen. Auch dieses Verhalten gibt Ihnen ein Feedback hinsichtlich der Navigationsmöglichkeiten und Usability. Nutzen Sie daher Mouseflow, und versetzen Sie sich in die Lage Ihrer Besucher, indem Sie ihnen über die Schulter schauen. Aber Vorsicht: Es handelt sich rein technisch betrachtet nicht um eine Aufnahme des »Bildschirms«, die wiedergegeben wird. Mouseflow merkt sich die aufgerufenen URLs und die Mausbewegungen. Wenn Sie sich eine Session anschauen, wird vereinfacht gesagt die URL aufgerufen und die Mausbewegung darübergelegt. Wir gehen also den Weg des Besuchers nach. Dementsprechend sind sensible Bereiche wie der Login im Kundenkonto, aber auch der Check-out-Vorgang von der Aufzeichnung ausgenommen. Ebenso kann es Probleme mit komplexen JavaScript-Anwendungen in Ihrem Shop geben, da diese von Mouseflow nicht nachempfunden werden können.

Neben der technischen Komponente müssen Sie für den Betrieb von Mouseflow auch eine inhaltliche erfüllen. Da Sie weitere Daten von Ihren Besuchern aufzeichnen, ist es notwendig, im Rahmen der Datenschutzerklärung auf die Verwendung von Mouseflow zu verweisen. Andernfalls können Sie sich eine Abmahnung einheimsen, was, wie Sie wissen, wieder mit unnötigen Kosten verbunden ist. Investieren Sie dieses Geld lieber in Marketingaktionen, aber nicht in einen Anwalt! Sie können für die Erweiterung der Datenschutzerklärung folgenden von Mouseflow bereitgestellten Text verwenden:

> *»Datenschutzerklärung für die Nutzung von Mouseflow*
>
> *Diese Website verwendet Mouseflow, ein Webanalyse-Tool der Mouseflow ApS, Flaesketorvet 68, 1711 Kopenhagen, Dänemark, um zufällig ausgewählte einzelne Besuche (nur mit anonymisierter IP-Adresse) aufzuzeichnen. So entsteht ein Protokoll der Mausbewegungen und Klicks mit der Absicht, einzelne Website-Besuche stichprobenartig abzuspielen und potentielle Verbesserungen für die Website daraus abzuleiten. Die Informationen sind nicht personenbezogen und werden nicht weitergegeben. Wenn Sie eine Aufzeichnung nicht wünschen, können Sie diese auf allen Websites, die Mouseflow einsetzen, unter dem folgenden Link deaktivieren: www.mouseflow.de/opt-out/«*

Alles in allem handelt es sich beim Maus-Tracking um eine hervorragende Möglichkeit, ein Gespür für Ihre User und Ihren Shop zu entwickeln. Ob Sie dabei auf Mouseflow oder einen anderen Anbieter setzen, denn natürlich handelt es sich bei dem exemplarisch gewählten Dienstleister nicht um den einzigen am Markt, bleibt natürlich Ihnen überlassen. Entscheidend ist letztendlich nur die Einstellung, die »Scheuklappen« abzulegen, die Sie als Shop-Betreiber früher oder später aufgesetzt bekommen, und sich genau anzusehen, was Ihre Besucher tun, wie sie in Ihrem Shop navigieren und wo gegebenenfalls Stolpersteine und Hindernisse verborgen sein können. Denn nur, wenn Sie die Probleme identifizieren, können Sie diese auch lösen!

11.6.2   Overlay Maps

Gerade bei der Optimierung der Usability kann es helfen, wenn neben den reinen Zahlen aus der Webanalyse noch andere Quellen zur Optimierung zur Verfügung stehen. Einige Webanalysetools verfügen hierzu über sogenannte Overlay Maps. Mit ihnen ist es möglich, das Klickverhalten der Nutzer grafisch nachzuvollziehen. Es stehen hierzu verschiedene Maps zur Verfügung, die über den Online-Shop gelegt werden können. Die bekannteste ist sicherlich die Heatmap (siehe Abbildung 11.24), die die klickstarken Bereiche wie durch eine Wärmebildkamera anzeigt.

Besonders interessant bei diesen Analysen ist, dass auch Klicks angezeigt werden, die auf nicht klickbare Bereiche abgegeben wurden. So können Sie auch nachvollziehen, wo klickbare Elemente vom Nutzer erwartet werden.

Auch für die Optimierung von Formularen eignen sich Overlay Maps. Das Optimierungspotenzial eines Formulars lässt sich leicht an der Anzahl der Besucher erkennen, die mit der Eingabe begonnen, das Formular aber nicht abgeschickt haben.

Weitere Optimierungsmöglichkeiten lassen sich anhand von Kennzahlen wie der Verzögerung bis zum Beginn der Eingabe, der Interaktionszeit pro Feld sowie der Abbruchrate pro Feld ermitteln.

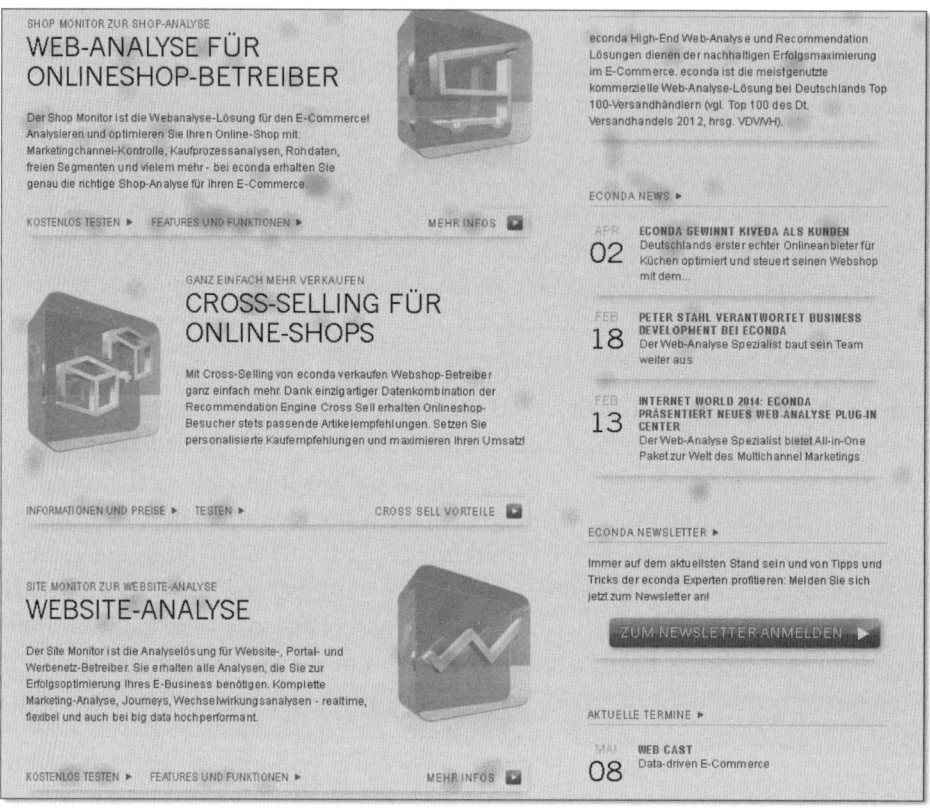

Abbildung 11.24 Die Heatmap des econda Click Monitors

crazyegg

Ähnlich wie beim Mausetracking gibt es auch für Heatmaps unterschiedlichste Anbieter. So könnten Sie theoretisch auch mit Hilfe von Mouseflow Heatmaps generieren. Damit Sie aber an dieser Stelle ein weiteres Tool kennenlernen, ist unsere Empfehlung für die Generierung von Heatmaps *crazyegg*. Mit 9 US$/Monat zählt das Werkzeug sicherlich zu den günstigeren Lösungen, ermöglicht Ihnen aber schlussendlich die Generierung und Auswertung von Heatmaps. Aus diesem Grund setzen speziell größere Unternehmen wie Hilton, Skype oder Sony auf crazyegg. Lassen Sie uns auch bei diesem Werkzeug zuerst mit der Implementierung starten.

Rufen Sie hierfür die URL *www.crazyegg.com/signup* auf, und melden Sie sich bei crazyegg an. Ähnlich wie bei Mouseflow können Sie dieses Tool zuerst testen und anschließend den Vertrag verlängern oder kündigen. Mit 30 Tagen fällt der Testzeitraum sehr lange aus, Sie haben daher auf jeden Fall die Möglichkeit, dieses Werkzeug bis ins kleinste Detail zu testen. Nachdem Sie das Formular ausgefüllt und Ihre Zahlungsinformationen hinterlegt haben – keine Sorge, Kosten werden erst nach Ablauf der 30 Tage fällig –, müssen Sie im nächsten Schritt weitere Informationen zu Ihrem Online-Shop bereitstellen. Nachdem Sie die wichtigen Informationen hinterlegt haben, ist es erforderlich, das Tracking-Script zu integrieren. Die Funktionsweise und vor allem Vorgehensweise bei der Installation ähnelt der von Mouseflow, einzig der Code sieht ein wenig anders aus. Sie müssten nun wie in Listing 11.2 einen Tracking-Code sehen, der in Ihren Shop integriert werden muss:

```
<script type="text/javascript">
setTimeout(function(){var a=document.createElement("script");
var b=document.getElementsByTagName("script")[0];
a.src=document.location.protocol+"//dnn506yrbagrg.cloudfront.net/pages/
    scripts/0025/2579.js?"+Math.floor(new Date().getTime()/3600000);
a.async=true;a.type="text/javascript";b.parentNode.insertBefore(a,b)}, 1);
</script>
```

Listing 11.2 crazyegg-Tracking-Script

Fügen Sie im nächsten Schritt diesen Code ebenfalls vor dem schließenden </body>-Tag in Ihren Online-Shop ein, anschließend kann die Datenaufzeichnung von crazyegg beginnen, und Sie können bei crazyegg auf RETURN TO DASHBOARD klicken. Anschließend sollten Sie im Dashboard ankommen und die gleiche Darstellung wie in Abbildung 11.25 sehen.

Klicken Sie nun in der Auflistung der Snapshots auf den von Ihnen angelegten Eintrag, in unserem Fall MAGENTO & SHOPWARE AGENTUR STUTTGART - MEHR …, wodurch sich ein weiteres Navigationsmenü aufklappt. Innerhalb dieses Menüs gibt es unter anderem den Button VIEW RESULT. Bei einem Klick auf diesen Button öffnet sich ein neues Fenster, und Sie sehen endlich die Heatmap Ihres Online-Shops. Sie müssten daher eine ähnliche Darstellung wie in Abbildung 11.26 vorfinden, natürlich mit Ihrem Online-Shop und nicht mit der von uns beispielhaft hinterlegten Seite *www.itabs.de*.

Innerhalb dieser Darstellung können Sie nun einfach auswerten, auf welche Elemente Besucher in Ihrem Online-Shop klicken. Je dunkler eine Fläche, desto mehr Klicks wurden in diesem Bereich getätigt. Interessant ist die Heatmap speziell bei Grafiken. Wie Sie in Abbildung 11.26 sehen können, wurde in dem großen Banner auf der Startseite an unterschiedlichsten Positionen geklickt. Oftmals haben Sie aber das Problem, dass gar nicht alle Bereiche verlinkt sind. Testen und analysieren Sie daher, ob es bei Ihnen im Online-Shop nicht verlinkte Flächen und Bereiche gibt, auf die Ihre Besucher dennoch klicken.

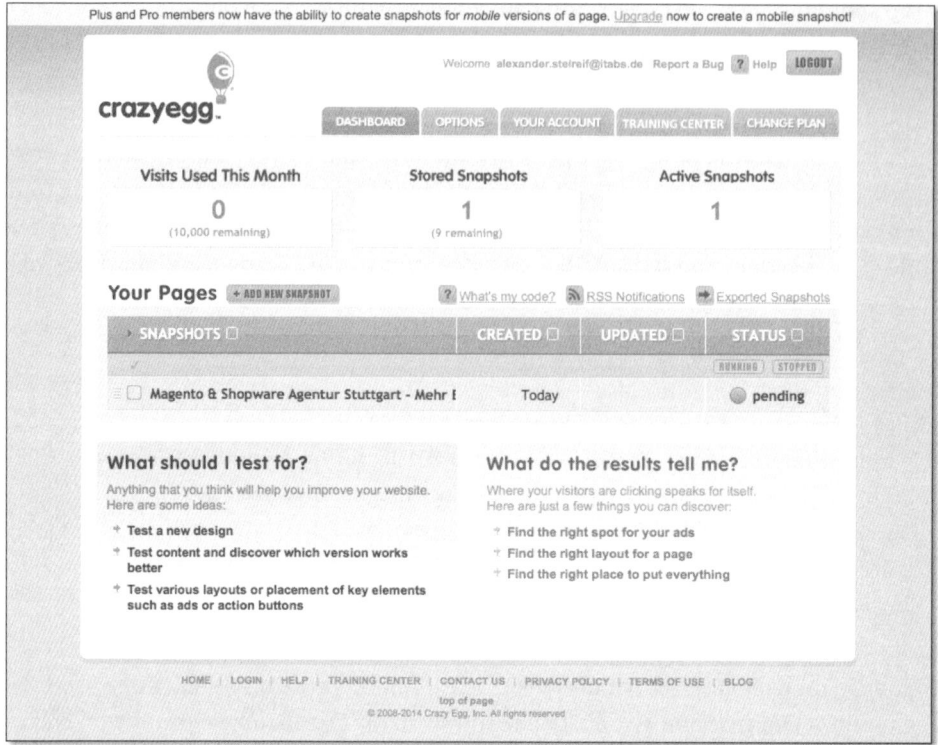

Abbildung 11.25 crazyegg, Dashboard

Neben der Heatmap können Sie bei crazyegg darüber hinaus auch eine Scrollmap einblenden. Der Vorteil der Scrollmap liegt darin, Ihnen darzustellen, welche Bereiche in Ihrem Online-Shop angesehen werden und welche nicht. Wenn das untere Ende Ihrer Seite beispielsweise komplett blau erscheint, so wird dieser Bereich von Ihren Besucher nicht angesehen. Es ist wichtig zu verstehen, welche Bereiche gesehen und welche »vernachlässigt« werden. Denn wenn Sie relevante Informationen in die Fußzeile schreiben, diese aber gar nicht angesehen werden bzw. gar nicht bis zur Fußzeile gescrollt wird, können auch diese wichtigen Informationen logischerweise nicht betrachtet werden.

Insgesamt bietet crazyegg noch die eine oder andere Funktionalität, die Ihnen bei der »Messung« der Usability auf jeden Fall weiterhelfen kann. Schauen Sie sich das Tool einfach einmal in Ruhe an, und klicken Sie sich durch die Vielzahl der Funktionen und Möglichkeiten.

Wie Sie sehen, sind Heatmaps eine leichte und effiziente Möglichkeit, um Schwachstellen zu erkennen. Denn Sie sehen sofort, auf welchen Bereichen die Aufmerksamkeit Ihrer User liegen, welche Schaltflächen geklickt und welche vernachlässigt werden. Speziell in Kombination mit dem Maustracking bietet eine Heatmap auf

jeden Fall Ansatzpunkte und visualisiert die »kühlen« Webanalysezahlen ansprechend und unterstützt damit Sie als Shop-Betreiber bei der kontinuierlichen Optimierung und Weiterentwicklung Ihres Online-Shops.

Abbildung 11.26 Darstellung der Heatmap bei crazyegg

11.6.3   Usability-Labor mit Eye-Tracking

Sowohl das Maustracking wie auch die Heatmaps versuchen, Ihnen eine Information
zu liefern, die aufgrund des Mess- bzw. Erfahrungsverfahrens nicht zu 100 % stimmt.
Denn beide Analysetools möchten Ihnen primär zeigen, auf welchen Bereichen in
Ihrem Online-Shop die Aufmerksamkeit Ihrer Besucher liegt, also die simple Frage
beantworten, auf was Ihre Besucher achten, worauf Sie klicken und was sie sich
eigentlich anschauen. Geht man davon aus, dass die Mausbewegung immer den
Augen folgt, liefern das Maustracking und die Heatmap zuverlässige Daten. Ohne
diese beiden Optimierungswerkzeuge schlechtmachen zu wollen, ist das aber leider
nicht die gesamte Wahrheit. Denn ein Besucher kann auch Inhalte und Elemente
wahrnehmen ohne diese mit der Maus zu umfahren oder zu klicken. Was können Sie
als tun, um wirklich ein komplett umfangreiches und vollständiges Bild Ihrer Nutzer
zu erhalten? Die Antwort darauf lautet: Usability-Labor mit Eye-Tracking. Die
»genaueste« Methode ist leider, das schon einmal vorweg, auch die teuerste. Aber
was hat es mit dem Usability-Labor bzw. Eye-Tracking genau auf sich?

Im ersten Schritt müssen Sie sich Fragestellungen überlegen. Was möchten Sie testen? Geht es Ihnen darum zu erkunden, ob der Bezahlvorgang verstanden wird, oder

nur darum, ob Besucher Produkte finden? Definieren Sie Aufgabenstellungen, und übergeben Sie diese Ihren Testpersonen. Zu den »klassischen« Aufgaben gehören zum Beispiel:

▶ Registrieren Sie einen Kundenaccount.

▶ Führen Sie eine Bestellung mit einem Produkt Ihrer Wahl durch.

▶ Suchen Sie den Artikel XYZ, und legen Sie diesen in den Warenkorb.

▶ Melden Sie eine fehlerhafte Bestellung/Reklamation über den Shop.

▶ Kontaktieren Sie den Kundendienst über den Shop.

Es hängt letztendlich ganz stark davon ab, was Sie verkaufen, worin Sie Probleme vermuten, wie Ihre Produkte aufgebaut sind usw. Überlegen Sie daher einfach, welche Tätigkeiten die Besucher und Kunden in Ihrem Shop vornehmen, und lassen Sie diese nachspielen.

Mittlerweile, je nachdem in welchem Usability-Labor Sie den Test durchführen, ist beim Eye-Tracking selbst kein spezieller »Aufsatz« für die Testpersonen mehr notwendig. Ein spezieller Computer tastet die Testperson mit Infrarotstrahlen ab, das Auge reflektiert diese, und der Computer erkennt die Stellung des Kopfes bzw. das Blickfeld der Augen. Zusätzlich wird die Testperson über ein Mikrofon erfasst, es empfiehlt sich daher, dass die Testpersonen immer sagen, was sie aktuell machen, was sie aktuell denken und was sie aktuell tun möchten.

Als Ergebnis erhalten Sie von Ihren Testpersonen ein aussagekräftiges Protokoll. Denn Sie wissen aufgrund des Eye-Trackings, zu welchem Zeitpunkt auf welchem Bereich die Aufmerksamkeit lag, durch die Audioaufnahme erhalten Sie darüber hinaus ein direktes Feedback, was die Testperson denkt und wo gegebenenfalls Schwierigkeiten lagen. Insgesamt ist es also ein sehr umfangreiches Feedback, das Ihnen hilft, die richtigen Stellen in Ihrem Online-Shop zu optimieren.

Achten Sie auf Ihre Zielgruppe

Ein Usability-Labor macht natürlich nur dann Sinn, wenn Sie die richtige Zielgruppe einladen. Dafür müssen Sie im ersten Schritt wissen, welcher Typ Mensch bei Ihnen im Online-Shop unterwegs ist. Handelt es sich um junge Frauen, Männer, die älter als 60 Jahre sind, oder um Teenager? Wichtig ist, dass Sie Testpersonen einladen, die Sie persönlich als »klassischen« Kunden deklarieren würden.

11.6.4   Kundenfeedback

Das Kundenfeedback ist das Gegenstück zur Webanalyse, dem Maustracking und der Heatmap. Denn bei diesen Verfahren sammeln Sie, ohne dass viele Besucher dies wissen, Daten und Informationen und erhalten somit ein Bild von Ihren Besuchern und deren Problemen. Es geht aber auch einfacher, nämlich indem Sie Ihre Besucher einfach fragen, was gut oder was schlecht ist. Klingt banal, hilft aber weiter. Denn es gibt in den Weiten des Internets den einen oder anderen hilfsbereiten Besucher oder Kunden, der Ihnen gerne seine Meinung mitteilt und Ihnen dabei hilft, Ihren Online-Shop weiterzuentwickeln. Wichtig ist schlussendlich, dass Feedback einfach, schnell und unkompliziert übermittelt werden kann. Wenn ein Besucher beispielsweise erst eine E-Mail schreiben muss, das heißt, E-Mail-Adresse suchen, E-Mail-Programm öffnen, Text eingeben und absenden, ist die Hürde für das Feedback zu hoch. Es muss viel mehr schnell und einfach gehen, dann erhalten Sie auch entsprechendes Feedback und können den einen oder anderen Fehler in Ihrem Online-Shop ausmerzen.

Keine Sorge, auch für das Thema Userfeedback gibt es mittlerweile einige Anbieter. Sie müssen das Rad nicht neu erfinden, sondern vielmehr einen geeigneten Dienstleister heraussuchen und das bereitgestellte Tool implementieren. Einer dieser vielen Anbieter ist Feedbackify. Feedbackify hat sich auf Userfeedback spezialisiert und bietet ein Tool, das einfach in den Shop integriert werden kann und eine für Ihre Besucher äußerst einfache Feedbackmöglichkeit bietet. Mit 19 US$/Monat gehört es ebenfalls zu den günstigeren Tools, eine Testphase von 15 Tagen ermöglicht im ersten Schritt das Testen des Tools. Zu den Kunden von Feedbackify zählen unter anderem Testco, Holidaycheck oder die Nasa.

Gehen wir einmal davon aus, dass Sie Feedbackify in Ihren Shop integrieren möchten. Gehen Sie im ersten Schritt auf die Website unter *www.feedbackify.com* und klicken im oberen Bereich auf PRICING & SIGN UP wie in Abbildung 11.27.

Nachdem Sie Ihre Daten eingegeben haben, klicken Sie auf CREATE MY ACCOUNT, anschließend wird Ihr Benutzerkonto angelegt. Eine Bestätigung Ihres Accounts ist nicht notwendig, Sie können daher sofort mit der Integration loslegen, nachdem Sie sich mit Ihren selbst gewählten Nutzerdaten angemeldet haben.

Da Sie nach dem Login im Dashboard starten, müssen Sie auf den Punkt MY FEEDBACK FORMS klicken und anschließend den Button CREATE A NEW FORM anklicken. Innerhalb dieses Prozesses können Sie ein Feedbackformular erstellen, das im Anschluss in Ihren Online-Shop integriert werden kann. Wählen Sie im ersten Schritt START FROM SCRATCH aus. Da Sie bislang selbst kein Feedbackformular angelegt haben, sollte Ihr aktuelles auch nicht auf einem existenten beruhen. Die Wahl des Namens bleibt Ihnen überlassen, klicken Sie anschließend auf CREATE THIS FORM. Glückwunsch, mit diesem Schritt haben Sie das Feedbackformular angelegt. Da aber bislang noch keine Inhalte definiert wurden, klicken Sie auf EDIT. Anschließend werden Sie in die Editierungsmaske Ihres Formulars geleitet, die wie in Abbildung 11.28 aussehen sollte.

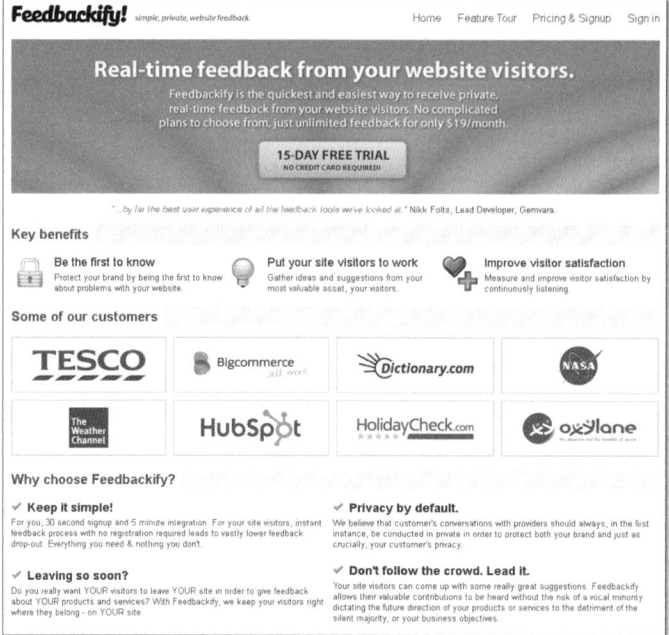

Abbildung 11.27 Startseite von Feedbackify

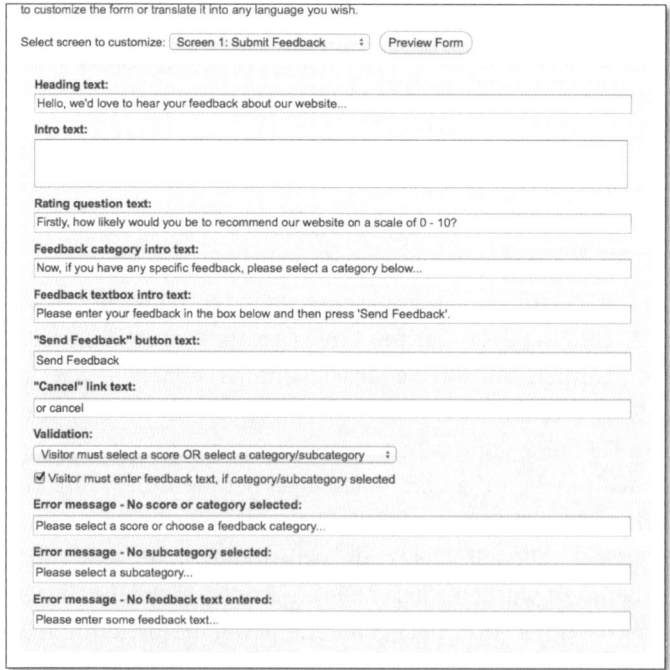

Abbildung 11.28 Feedbackify ermöglicht das einfache und schnelle Erstellen von Feedbackformularen.

Innerhalb dieser Ansicht können Sie nun verschiedene Labels bzw. Fragen übersetzen bzw. editieren. Auch die Möglichkeit, Feedbackkategorien anzulegen und zu editieren, besteht. Wenn Sie der Meinung sind, dass das Formular soweit in Ordnung ist,
klicken Sie auf DEPLOY FORM. In dieser Maske können Sie optische Anpassungen vornehmen, beispielsweise ob sich der Feedback-Button links oder rechts auf Ihrer Seite
befindet. Aber auch die Farbe des Buttons können Sie selbstverständlich editieren.
Nachdem Sie die optischen Anpassungen vorgenommen haben, müssen Sie im
nächsten Schritt nur noch den darunter befindlichen HTML-Code vor dem abschlie-
ßenden </body>-Tag in Ihrem Shop einfügen. Sie sehen also, die Integration ähnelt
erneut der von Mouseflow bzw. crazyegg. Der Integrationscode sollte bei Ihnen wie
in Listing 11.3 aussehen:

```
<script type="text/javascript">
var fby = fby || [];
fby.push(['showTab', {id: '7786', position: 'right', color: '#FF1F3A'}]);
(function () {
    var f = document.createElement('script'); f.type = 'text/
      javascript'; f.async = true;
    f.src = '//cdn.feedbackify.com/f.js';
    var s = document.getElementsByTagName('script')[0];
    s.parentNode.insertBefore(f, s);
})();
</script>
```

Listing 11.3 Integrationscode von Feedbackify

Haben Sie den Integrationscode in Ihrem Shop implementiert, wird zukünftig auf
jeder Seite der entsprechende Verweis auf das Feedback Formular ausgegeben.

Alternative Integration

Für die Integration des Feedbackformulars bestehen alternative Methoden. So muss
das Feedbackformular nicht zwangsläufig über den Button am rechten bzw. linken
Bildschirmrand geöffnet werden. Feedbackify bietet unterschiedlichste Integrations-
möglichkeiten, die Sie der Website von Feedbackify entnehmen können.

Eine beispielhafte Integration sehen Sie in Abbildung 11.29. Nachdem ein Besucher
auf den Button FEEDBACK klickt, öffnet sich automatisch ein Overlay und neben
einem Rating von 0 bis 10 können Sie von Ihren Besuchern darüber hinaus ein Feedback zu verschiedenen Themengebieten abfragen, zum Beispiel dem Design.

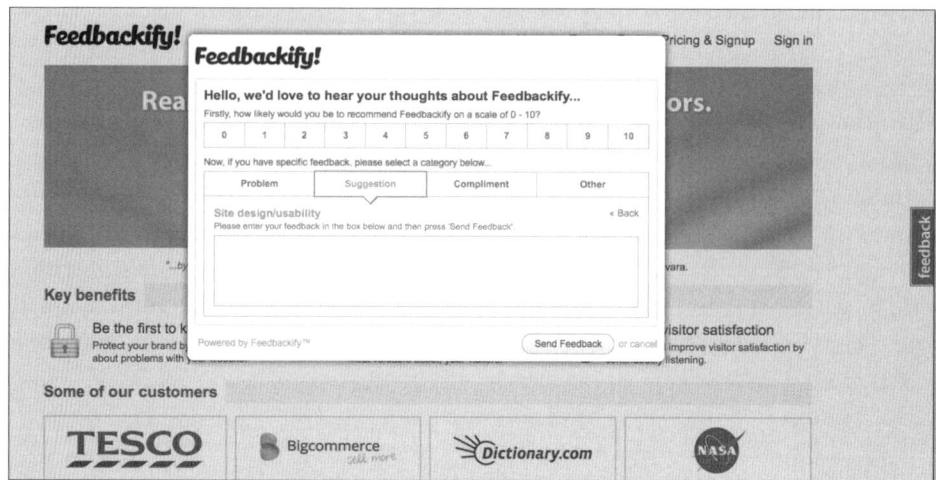

Abbildung 11.29 Beim Klick auf »Feedback« öffnet sich ein Overlay mit dem Feedbackformular.

Feedback nach einer Bestellung

Die Alternative zum Feedbackformular, das auf jeder Seite integriert ist, besteht im
Feedback nach einer Bestellung. Sie übersenden Ihrem Kunden eine Bestellbestäti-
gung oder die Information, dass die Bestellung das Lager verlassen hat, mit gleichzei-
tiger Bitte um Feedback zum Bestellprozess bzw. dem Online-Shop. Wichtig ist
hierbei aber die »Entlohnung«. Das mag Sie nun verwundern, aber wenn Sie von
Ihrem Kunden etwas möchten, dann müssen Sie Ihm auch etwas geben. Sie möchten
Feedback, als Dankeschön müssen Sie Ihrem Besucher nun eine Kleinigkeit geben.
Das kann von einem Gutschein bis hin zu einem kleinen Goodie alles Mögliche sein.
Machen Sie sich hierbei einfach Gedanken, welche Entlohnung wirtschaftlich mach-
bar ist, und belohnen Sie Ihre Besucher für Feedback.

Ehrliches Kundenfeedback ist immer noch die beste Methode, um den eigenen
Online-Shop zu verbessern. Sprechen Sie mit Ihren Kunde am Telefon, holen Sie
Feedback über Formulare oder Umfragen ein, aber bauen Sie auf jeden Fall einen
Kontakt zu Ihren Kunden auf. Denn Kunden können Ihnen ganz klar aus ihrer Sicht
sagen, was Sie in Ihrem Online-Shop gegebenenfalls optimieren müssen und welche
Bereiche problemlos bedient und genutzt werden können.

11.6.5   A/B-Tests

Ein A/B-Test selbst hilft Ihnen bei der Analyse nur indirekt, ist aber ein wichtiges
Werkzeug in Ihrem Optimierungsprozess. Kurz gesagt können Sie im Rahmen eines
A/B-Tests zwei Varianten einer bestimmten Seite erstellen und diese gegeneinander

antreten lassen. Die Seiten können sich dabei nur in kleinen Nuancen unterscheiden oder komplett anders aussehen. Wenn nun ein Besucher Ihre Seite aufruft, entscheidet das Tool automatisch, ob der Besucher Variante A oder Variante B zu sehen bekommt. Das Tool achtet dabei auf eine gleiche Verteilung, im Idealfall erhalten bei 100 Besuchern jeweils 50 die Variante A und 50 die Variante B. Wenn Sie diesen A/B-Test eine Zeitlang laufen lassen, können Sie anschließend auswerten, welche Variante die erfolgreichere war. Dazu müssen Sie aber erst einmal das Wort Erfolg definieren. Ein kleines Beispiel aus der Praxis:

Wir haben bei einem Kundenprojekt das Problem gehabt, dass zwar viele Besucher eine Kategorieseite aufrufen, aber auf dieser Seite bouncen und nicht weiterklicken. Der nachgelagerte Klick auf die Produktdetailseite hat de facto nicht stattgefunden. Aus diesem Grund haben wir zwei Varianten der Kategorieansicht entwickelt. Die beiden Varianten haben sich unter anderem in der Darstellung der Produktpreise und Trust-Symbole unterschieden. Nach dem A/B-Test haben wir anschließend ausgewertet, wie viele Besucher bei jeder Variante auf ein Produkt geklickt und sich die Produktdetailseite angesehen haben. Erfolg hat in diesem Fall also der Aufruf einer Produktdetailseite bedeutet.

Dementsprechend müssen Sie vor einem A/B-Test genau wissen, was Sie eigentlich testen möchten, und die KPIs definieren. Das können bei Ihnen im Online-Shop Klicks auf Buttons sein oder auch die Nutzung von Navigationselementen. Sobald Sie für sich entschieden haben, welche Kennzahlen Sie erfassen und auswerten möchten, kann das Setup eines A/B-Tests beginnen. Auch hierfür steht Ihnen eine Vielzahl an verschiedenen Werkzeugen zur Verfügung. Beim A/B-Test empfehlenswert ist der econda Shop Monitor, denn dieser erfasst grundsätzlich alle in einem Online-Shop relevanten Kennzahlen, und die Funktionsweise ist für simple A/B-Tests mehr als ausreichend.

Melden Sie sich zuallererst in Ihrem econda-Account unter *https://monitor.econda-monitor.de* an. Klicken Sie anschließend auf den SHOP MONITOR und in der oberen Navigation auf KONFIGURATION. Innerhalb der Konfiguration müssen Sie nun die TEST SUITE aufrufen und auf NEUEN A/B-TEST ANLEGEN klicken. Anschließend gelangen Sie in die Maske, die Sie in Abbildung 11.30 sehen. Definieren Sie zuallererst einen Namen für den Test, beispielsweise »Startseite mit und ohne Navigation«. Die BENUTZER-GRUPPE können Sie ignorieren, eine URL DER SEITE, um die es geht, müssen Sie aber angeben. Wenn Ihr Online-Shop unter *www.domain.de* im Internet präsent ist, dann wäre dies auch gleichzeitig die einzutragende URL. Final können Sie auch noch einen TEST-ZEITRAUM eingeben, an dem Ihr A/B-Test startet und automatisiert beendet wird. Klicken Sie nun auf WEITER. Im zweiten Schritt fragt econda Sie nach verschiedenen Varianten der eben definierten Seite. Wenn Sie Ihre alternative Startseite unter *www.domain.de/startseite-2.html* aufrufen, dann müssen Sie diese URL im Feld URL hinterlegen.

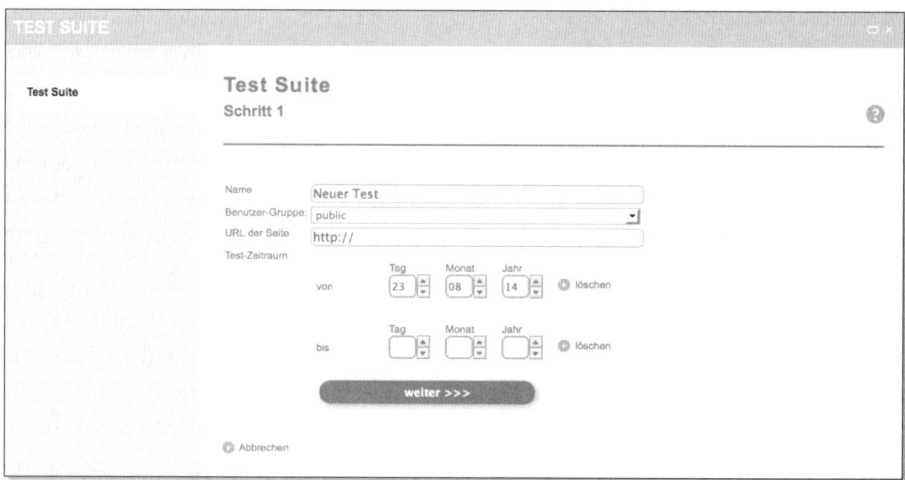

Abbildung 11.30 Anlage eines A/B-Tests in econda

Sie haben dabei die Möglichkeit, beliebig viele Varianten zu definieren. Es bleibt Ihnen überlassen, ob Sie eine oder mehrere Startseiten bzw. Varianten der Startseite entwickeln und in einem A/B-Test gegeneinander antreten lassen. Nachdem Sie diese Informationen hinterlegt haben, klicken Sie auf WEITER. Damit econda automatisch die »Weiche« stellen kann, muss final ein JavaScript-Code in den zu testenden Seiten integriert werden. Sie können dies exemplarisch in Abbildung 11.31 sehen. Die Integration ist in diesem Fall etwas komplexer als die bislang erwähnten Integrationsmethoden, da Sie bei einem A/B-Test auf den verschiedenen Seiten unterschiedlichen Code integrieren müssen. Dementsprechend ist dies mit einem einfachen Copy-&-Paste-Vorgang in den meisten Fällen nicht getan. Für einen geübten Entwickler ist die Integration hingegen kein Problem.

Haben Sie bzw. Ihr Entwickler die Integration durchgeführt, können Sie im nächsten Schritt den A/B-Test starten. Ab diesem Zeitpunkt ist der A/B-Test des econda Shop Monitors scharf geschaltet. Ihre Besucher werden beim Aufruf, in diesem Fall der Startseite, automatisch und zu gleichen Teilen auf die verschiedenen Varianten verteilt und Sie können nach Ablauf des Testzeitraums die für Sie »beste« Variante identifizieren.

A/B-Tests haben, unabhängig von dem eingesetzten Tool, eine sehr starke Relevanz, auch wenn viele Online-Shop-Betreiber von dieser Möglichkeit gar keinen Gebrauch machen. Das liegt vor allem an den Kosten: Auch wenn die Werkzeuge nicht viel Geld kosten, so müssen Sie erst einmal verschiedene Varianten entwickeln lassen. Und diese Änderungen in Ihrem Online-Shop selbst machen A/B-Tests oftmals teuer. Auf der anderen Seite können Sie hier die gewonnenen Optimierungsideen im Live-Betrieb erst einmal testweise umsetzen und einführen. Wenn Sie beispielsweise durch das Maus-Tracking Anpassungen an dem Layout vornehmen, empfiehlt es sich, diese Änderungen im nächsten Schritt in Form eines A/B-Tests zu verifizieren, und wenn dann das gehoffte Ergebnis eintrifft, die gesamte Seite auf das neu entwickelte Layout umzustellen. A/B-Tests bieten Ihnen als Shop-Betreiber daher die Möglichkeit, Vermutungen und Ideen im Live-Betrieb zu testen und zu analysieren, ohne dass Sie durch eine »falsche« Änderung Ihre gesamten Besucher und Kunden vergraulen.

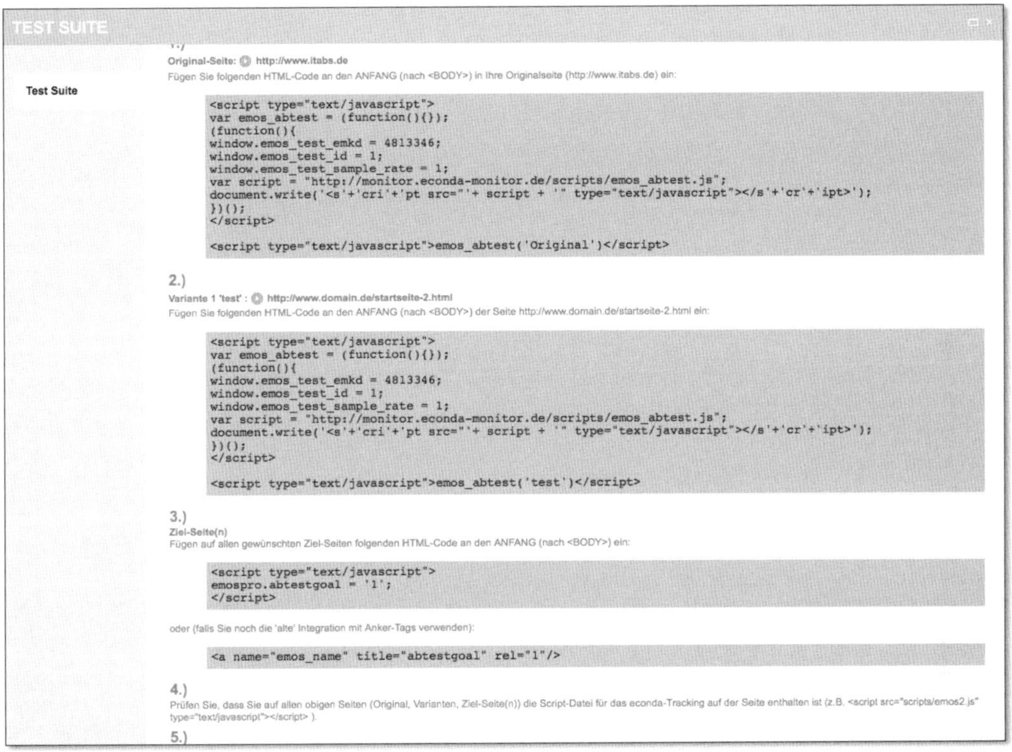

Abbildung 11.31 Integration des econda-A/B-Tests

11.7   Fazit

Nur wenn Sie Ihren Shop kontinuierlich auswerten, wissen Sie, was Ihre Kunden erwarten, wo die Schwachstellen im Shop liegen und wie diese optimiert werden können. Um eine erfolgreiche Webanalyse zu betreiben, müssen Sie das Thema systematisch angehen. Verlieren Sie sich nicht in Details, die Ihnen keinen Nutzen bringen, und werten Sie deshalb auch nur die Punkte aus, die Sie auch tatsächlich ändern können. Alles andere ist verschenkte Mühe.

Bedenken Sie auch, dass kein Webanalysetool 100 % genaue Daten liefert. Es gibt aufgrund von verschiedenen Faktoren immer Abweichungen zu den tatsächlichen Werten.

Kapitel 12
Wie können Sie mit sozialen Netzwerken Aufmerksamkeit und Umsatz steigern?

Die sozialen Medien sind die virtuellen Cafés, in denen sich Ihre Kunden über die unterschiedlichsten Themen austauschen. Neuigkeiten, egal ob positive oder negative, können sich darüber in rasend schneller Geschwindigkeit verbreiten.

Die Relevanz der sozialen Medien lässt sich am besten in Zahlen ausdrücken. Allein der Platzhirsch Facebook hat in Deutschland ca. 27 Millionen aktive Nutzer. Google+ wird von ca. 3 Millionen Menschen genutzt, und der Kurznachrichtendienst Twitter kommt noch auf 1 Million aktive Nutzer. Eines ist also gewiss, auch ein Großteil Ihrer Kunden nutzt soziale Netzwerke. Diese Plattformen sind die virtuellen Treffpunkte, auf denen sich die Nutzer vernetzen. Hier werden Erfahrungen ausgetauscht, Neuigkeiten verkündet und eben auch Meinungen gebildet.

Um Ihre Kunden zu erreichen, sollten auch Sie auf diesen Plattformen vertreten sein. Dort findet die Kommunikation statt und im Vergleich zu den klassischen Medien auch in beide Richtungen. Sie kommunizieren mit dem Kunden und er mit Ihnen.

In diesem Kapitel erfahren Sie, wie Sie Ihren Online-Shop optimal in den sozialen Netzwerken präsentieren, wie Sie auch mit schlechter Kritik umgehen können und wie Sie am besten mit Interessenten und Bestandskunden kommunizieren.

12.1 Soziale Netzwerke und deren Funktionsweise

Die Begriffe Social Media oder soziale Netze haben mittlerweile Einzug in die Alltagssprache gehalten. Doch was verbirgt sich tatsächlich hinter diesen Begriffen? Wikipedia definiert Social Media wie folgt:

»Als Social Media werden alle Medien (Plattformen) verstanden, die die Nutzer über digitale Kanäle in der gegenseitigen Kommunikation und im interaktiven Austausch von Informationen unterstützen.«

Spontan fallen bei sozialen Medien den meisten dazu wahrscheinlich Netzwerke wie Facebook oder Twitter ein. Auch die früheren Stars studiVZ und werkenntwen sind sicherlich noch in Erinnerung. Tatsächlich verbirgt sich dahinter aber weitaus mehr, wie Abbildung 12.1 zeigt.

Für Sie als Online-Händler sind Social-Media-Aktivitäten eine gute Möglichkeit, mit Ihren Kunden in Kontakt zu bleiben. Sie haben damit die Chance, mehr Besucher für Ihren Online-Shop zu generieren, und damit die Option, mehr Kunden zu gewinnen. Aber auch um mit Bestandskunden in Kontakt zu bleiben und diese an Ihren Shop zu binden, ist Social Media bestens geeignet.

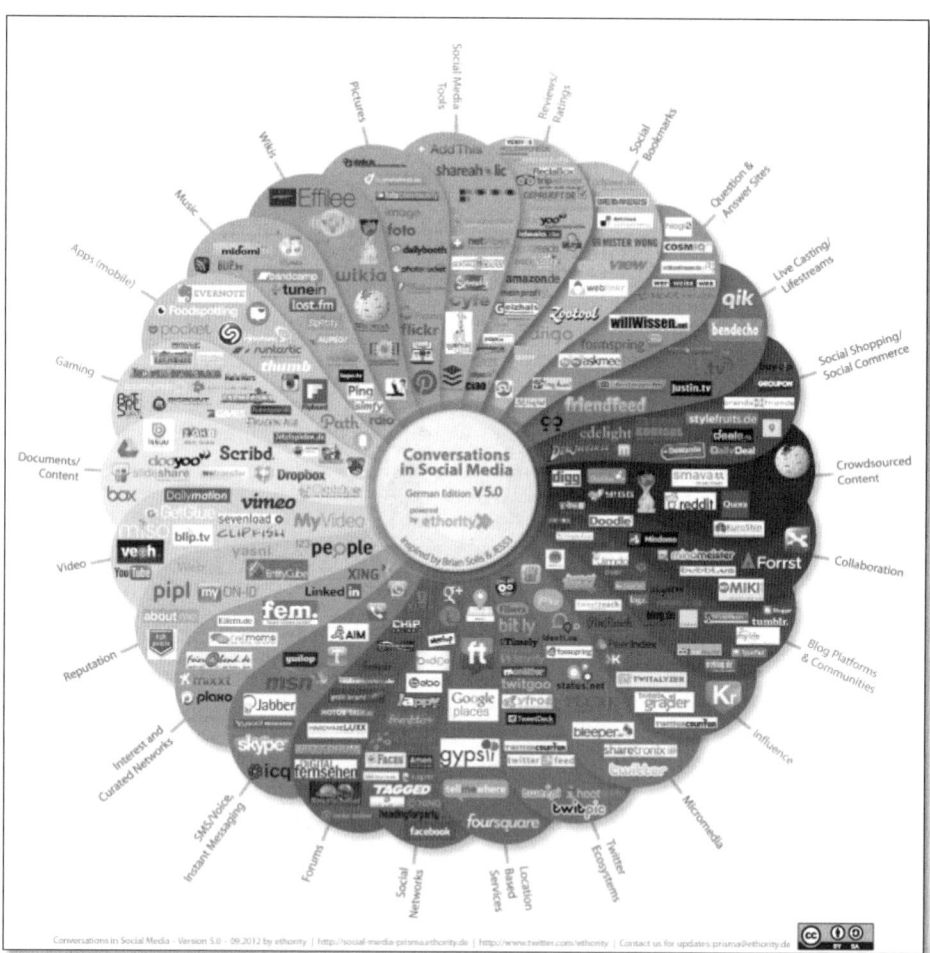

Abbildung 12.1 Verschiedene soziale Netzwerke (Quelle: www.ethority.de)

Wie Sie in Abbildung 12.1 sehen können, ist jedoch, was die Anzahl der Portale angeht, Social Media ein sehr weites Feld. Auf allen Portalen vertreten zu sein ist selbst für große Unternehmen unmöglich und auch keinesfalls ein erstrebenswertes Ziel. Die

Frage, ob Sie auf allen Portalen vertreten sein müssen, können Sie sich daher selbst mit einem klaren Nein beantworten.

Die Strategie in diesem Fall klingt sehr einfach. Sie müssen einfach dort sein, wo Ihre Kunden sind. Neben Facebook, auf dem statistisch jeder vierte Deutsche registriert ist, können dies noch weitere Special-Interest-Netzwerke und Blogs sein, die für Ihre Kunden relevante Themen behandeln. Eine umfassende Recherche im Vorfeld ist also unumgänglich und stellt die Basis Ihrer Aktivitäten dar.

Prüfen Sie, auf welchen Portalen im Netz sich Ihre Zielgruppe aufhält und wo es sich lohnt, aktiv zu sein. Eine Auswahl nach dem Gießkannenprinzip, bei der Sie auf möglichst vielen Kanälen *etwas* aktiv sind, ist die falsche. Sie sollten sich zu Anfang auf einige wenige Portale (oder auch nur auf eines) beschränken und diese(s) dafür systematisch bearbeiten. Wenn Sie zwar überall vertreten sind, aber aus Zeitgründen nur halbherzig, bringt Sie das Ihrem Ziel nicht näher. Verschaffen Sie sich also zuerst einen Überblick darüber, welche Netzwerke zur Verfügung stehen, und entscheiden Sie dann, auf welchen Sie aktiv werden möchten und welche Sie nur passiv beobachten. Aufgrund der rasanten Entwicklungen im Social Web sollten Sie auch in regelmäßigen Abständen prüfen, ob Ihre Auswahl noch die richtige ist oder ob sich vielleicht andere Portale so entwickelt haben, dass es auch dort lohnt, vertreten zu sein. Melden Sie sich dazu am besten vorab als Privatperson bei den Netzwerken als Nutzer an, die Sie für Ihren Online-Shop für geeignet halten. So können Sie ohne großen Aufwand das Verhalten und die Kommunikationsmuster der einzelnen Netzwerke kennenlernen.

12.1.1   Bedeutung von sozialen Netzen für den E-Commerce

Social Media ist also schon lange kein kurzzeitiger Trend mehr. Menschen sind kommunikativ und möchten sich untereinander austauschen. Das ist nicht nur im Internet so, soziale Netzwerke bieten aber die ideale Plattform dafür. Auf ihnen können innerhalb von Sekunden Erfahrungen und Meinungen mit Menschen auf der ganzen Welt ausgetauscht werden.

Für den E-Commerce sind die sozialen Netzwerke Segen und Fluch zugleich. Über die sozialen Netzwerke kann sich Ihr Angebot innerhalb kürzester Zeit im gesamten Netz verbreiten, und Sie erreichen damit viele tausend potenzielle Kunden. Es verbreiten sich aber nicht nur positive, sondern auch negative Berichte sehr schnell. In der Ausbildung lernten wir noch, dass ein zufriedener Kunde vier weiteren Leuten von seinen Erfahrungen erzählt, ein unzufriedener seine Erlebnisse an zehn Personen weitergibt. In den sozialen Netzwerken können aus den zehn sehr schnell zehntausend werden, wobei der Kunde ein Funktionieren als selbstverständlich ansieht und somit positive Erlebnisse weitaus seltener kommuniziert als negative. Haben Sie schon einmal auf der Telekom-Facebook-Seite einen Post wie diesen gelesen?

»Liebes Telekom-Team, ich bin nun bereits seit vielen Jahren Kunde bei Ihnen. In dieser Zeit ist mein Telefon nie ausgefallen, die Qualität der Verbindung war immer top und meine Rechnungen waren immer korrekt. Dafür möchte ich mich bedanken!«

Nein? Wir auch nicht, wobei die meisten Kunden wahrscheinlich mit diesem Anbieter zufrieden sind. Das wird aber als selbstverständlich vorausgesetzt und deswegen auch nicht weiter verbreitet. Sollte doch mal ein zufriedener Kunde seine positiven Erfahrungen schildern, wird es bei der Netzgemeinde wahrscheinlich wenig Verbreitung finden. Es ist einfach zu normal, als dass es jemanden interessiert. Die Menschen möchten außergewöhnliche Geschichten lesen.

Ein gutes Beispiel für eine schnelle Verbreitung von Nachrichten in sozialen Netzwerken ist die Geschichte des Musikers David Carroll. Er flog mit United Airlines zu einem Auftritt in Nebraska. Beim Verladen des Gepäcks beobachtete er, wie sein Gitarrenkoffer von zwei Packern unsanft in die Luft geworfen wurde. Beim Aufkommen auf dem Boden wurde die 3.500 Dollar teure Gitarre schwer beschädigt.

Beschwerden bei Flugbegleitern und Bodenpersonal blieben erfolglos, und United Airlines weigerte sich, eine Entschädigung zu zahlen. David Carroll produzierte daraufhin ein Musikvideo, in dem er die Geschichte erzählte und stellte es auf YouTube (siehe Abbildung 12.2).

Abbildung 12.2 Video über eine von United Airlines zerstörte Gitarre. Es wurde über 13 Millionen Mal geteilt.

Der Fall schaffte es dadurch weltweit in die Nachrichten, und allein auf YouTube wurde das Video über 13 Millionen Mal angeschaut und über 25.000 Mal kommentiert. Aufgrund des hohen öffentlichen Drucks musste die Airline also doch reagieren und bot dem Musiker eine Entschädigung an.

United befördert pro Jahr mehr als 80 Millionen Passagiere und wahrscheinlich auch mehrere tausend Gitarren. Ein einziger Zwischenfall hat aber ausgereicht, das Image der Fluggesellschaft zu schädigen.

Dieses Beispiel zeigt sehr deutlich die Macht der Kunden, die ihnen die sozialen Netzwerke gegeben haben, und auch die Gefahr, die in einem falschen Umgang mit den Netzwerken steckt.

Um solche Eskalationen wie bei United zu verhindern, ist es wichtig, die sozialen Medien fest im Marketingmix zu verankern. Unterschätzen Sie dabei auch nicht den Aufwand und die Kosten, die eine professionelle Social-Media-Strategie mit sich bringen.

12.1.2   Die richtige Social-Media-Strategie

Noch bevor Sie die Ziele definieren, die Sie mit Ihrer Strategie erreichen wollen, sollten Sie sich selbst fragen, für wen Sie die Strategie planen. Klar, es soll für die Kunden und Interessenten Ihres Online-Shops gemacht werden. Wissen Sie aber, wer Ihre Kunden sind? Sind es die Jungen oder die Alten, eher Männer oder Frauen? Auf welchen Netzwerken bewegen sich die Menschen, die Sie ansprechen möchten? Diese und viele weitere Fragen sollten Sie sich stellen, um Ihre Zielgruppe besser zu definieren. Je mehr Sie über Ihre Zielgruppe wissen, desto besser können Sie die Strategie planen.

Bevor Sie sich aber über diese Gedanken machen, müssen Sie zunächst das Ziel definieren, das Sie erreichen möchten. Das Ziel Ihres Social-Media-Engagements zeigt Ihnen nämlich die Richtung, in die Ihre Aktivitäten gehen sollen. Leider haben viele Unternehmen für ihr Social-Media-Engagement kein Ziel definiert. Nach dem Motto »Auf Facebook ist jeder, auch wir müssen dort vertreten sein« wird halbherzig eine Seite erstellt und der Azubi kurzerhand zum Social Media Manager erklärt. Einmal im Monat gibt es einen Post zu einem neuen Produkt, und ab und zu, es ist ja auch wichtig, persönlichen Kontakt aufzubauen, wird von den Freizeitaktivitäten der Kollegen berichtet. Versetzen Sie sich nun einmal in die Lage der Kunden. Glauben Sie, dass solch ein Vorgehen erfolgversprechend ist? Eher nein, denn was hier komplett fehlt, ist der Nutzen für den Kunden. Der Kunde soll durch Ihre Aktivitäten einen Mehrwert haben. Halten Sie sich das immer vor Augen, wenn Sie eine Aktion planen. Am besten orientieren Sie sich an folgenden fünf Schritten, um eine Aktion zu planen.

12.1.3   Schritt 1: Ziele definieren

Nur wer das Ziel kennt, weiß, in welche Richtung er laufen muss. Definieren Sie klare Ziele, was Sie mit Ihren Social-Media-Aktivitäten bezwecken wollen. Dabei gilt auch bei diesen Zielen die SMART-Regel:

1. Spezifisch: Ziele müssen so konkret wie möglich sein.
2. Messbar: Ziele müssen messbar sein.
3. Angemessen: Ziele müssen den Möglichkeiten angemessen sein.
4. Realistisch: Die Ziele müssen realistisch zu erreichen sein.
5. Terminiert: Zu jedem Ziel gehört ein Termin, bis zu dem das Ziel zu erreichen ist.

Ein konkretes Ziel könnte zum Beispiel lauten: 5 % mehr Bestellungen, die mit Unterstützung eines Social-Media-Kanals generiert wurden, innerhalb der nächsten drei Monate.

Mit Unterstützung von und nicht durch Social Media generiert steht absichtlich da. Das hat auch seinen Grund, denn zwar können einige Social-Media-Aktivitäten das Kaufverhalten positiv beeinflussen und somit auch den Umsatz steigern, eine direkte Umsatzsteigerung durch Social Media ist aber selten. Untersuchungen haben gezeigt, dass Nutzer, die über Facebook und Twitter in den Shop kommen, dort seltener direkt kaufen. Ein Grund könnte sein, dass der Besucher über Social Media proaktiv angesprochen wurde und es eventuell noch keinen konkreten Bedarf für Ihre Produkte gibt. Er wird sich also in dieser Phase grob informieren und zu einem späteren Zeitpunkt über einen anderen Kanal in den Shop zurückkommen und kaufen. Wie es sich in Ihrem Shop genau verhält, können Sie über die Webanalyse bzw. genauer über eine Customer-Journey-Analyse in Ihrem Shop selbst messen. Schauen Sie, an welcher Stelle die sozialen Netzwerke stehen. Typisch ist es, wie in Abbildung 12.3 zu sehen, dass der Kanal, über den die Bestellung erfolgt, kein Social-Media-Kanal ist.

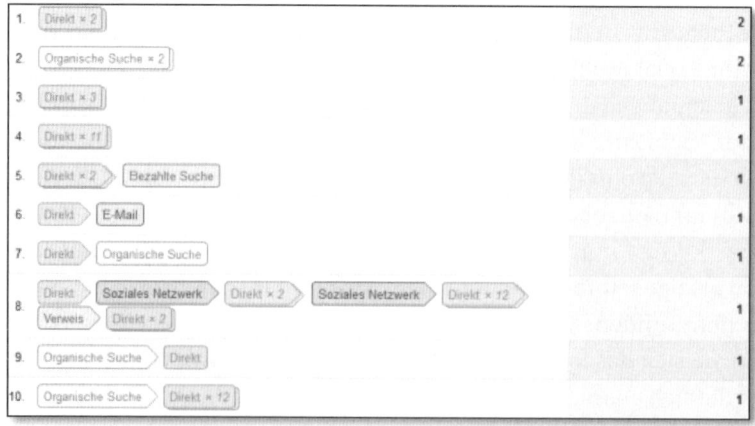

Abbildung 12.3 Customer Journey in Google Analytics

Sie können die generellen Ziele im Social Media Marketing in folgende Bereiche einteilen:

- Reputationsmanagement und Kundenservice
- Imagesteigerung
- Erhöhung des Traffics im Online-Shop
- Steigerung der Reichweite und Erhöhung des Bekanntheitsgrades
- Marktforschung

Erstes Ziel: Reputationsmanagement und Kundenservice

In den sozialen Netzen tauschen sich die Nutzer auch über negative Themen aus und machen damit ihrem Ärger Luft. Was ist aber, wenn die negativen Erfahrungen, über die berichtet werden, mit Ihrem Shop zu tun haben? Was ist also zu tun, wenn Sie einen negativen Post über Ihren Online-Shop entdecken?

Recherchieren Sie zunächst einmal, wer den negativen Beitrag verfasst hat. Suchen Sie den Kontakt, und versuchen Sie, das Problem unbürokratisch zu lösen. Um dem Kunden zu helfen, brauchen Sie auf jeden Fall weitere Informationen. Wenn möglich, antworten Sie dem Kunden kurz öffentlich, dass es Ihnen leid tut, und bitten Sie ihn, Ihnen die fehlenden Informationen in einer persönlichen Nachricht nachzuliefern. Selbstverständlich werden Sie dann das Problem sehr schnell lösen. Sollten Sie dann in einem angemessenen Zeitraum nichts von Ihrem unzufriedenen Kunden hören, erinnern Sie gerne noch einmal öffentlich daran, dass Sie immer noch an einer Lösung Interessiert sind und dass Sie es bedauern, dass sich der Kunde nicht gemeldet hat. Wichtig dabei ist, dass Sie immer freundlich und sachlich bleiben. Sie müssen sich aber keine Kommentare unter der Gürtellinie gefallen lassen. Die Problemlösung für den einzelnen Kunden ist dabei nur ein Ziel. Das andere Ziel ist, Ihr Ansehen in der Öffentlichkeit zu steigern.

Reagieren Sie auch auf negative Kommentare

Die schlechteste Reaktion ist keine Reaktion. Antworten Sie auf jede Beschwerde, die Sie über die Social-Media-Kanäle erreicht. Nichts tun und die Probleme totschweigen wird sich negativ auf das Image auswirken. Haben Sie tatsächlich einen Fehler gemacht, stehen Sie dazu, und bieten Sie öffentlich Lösungen für das Problem an. Ein absolutes Tabu ist es auch, negative Kommentare zu löschen. Es wäre nicht das erste Mal, dass der Fall durch das Löschen erst richtig bekannt wird und einen Shitstorm nach sich zieht. Eine Ausnahme hiervon bilden Kommentare, die nur unsachliche Beschimpfungen enthalten. Diese können gelöscht werden.

Der Telekom ist es mit ihren verschiedenen Angeboten recht gut gelungen, einen Support über soziale Medien zu bieten. Dabei wird stets versucht, auf Augenhöhe und in der Sprache der Kunden zu kommunizieren. Getreu dem Motto »wie man in den Wald hineinruft, so hallt es heraus« kam folgender Dialog mit einem offensichtlich sehr unzufriedenen Kunden zustande. Der Kunde hat kommentarlos den Screenshot aus Abbildung 12.4 gepostet.

Abbildung 12.4 Post eines unzufriedenen Telekom-Kunden

Das Team von *Telekom hilft* hat daraufhin öffentlich auf Twitter mit folgenden Post nachgefragt, um was es dem Kunden eigentlich geht:

> »Guten Tag. Sie haben geläutet. Was wollen Sie?«

Wie in Abbildung 12.5 zu sehen ist, konnte der Kunde die Unverschämtheit des ersten Posts sogar noch steigern.

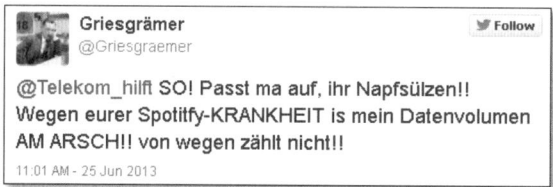

Abbildung 12.5 Die Antwort von Griesgrämer auf die Frage des Telekom-Teams

Jetzt könnte man denken, dass das Team der Telekom solche Beleidigungen gewohnt ist und es diese deshalb komplett ignoriert. In diesem Fall war es jedoch nicht so. Der Telekom-Mitarbeiter dachte sich dann wohl, dass man, um auf Augenhöhe zu kommunizieren, auch mal absteigen muss, und formulierte den Post in Abbildung 12.6.

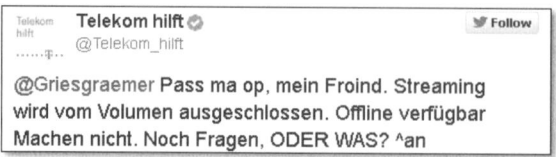

Abbildung 12.6 Sehr direkte, aber in diesem Fall angemessene Antwort der Telekom

Die Kommunikation ging auf diesem Niveau noch weiter hin und her, wobei die Telekom ganz klar als Gewinner daraus hervorging. Der Fall zog weitere Kreise. Unter anderem wurde der Fall vom Stern aufgegriffen, und die Drogeriekette Rossmann hat ebenfalls über Twitter seine Baldrian-Kapseln angeboten.

»@Telekom_hilft Hey Anna, Baldrian Kapseln bekommst du übrigens bei uns ;-)«

Die Netzgemeinde hat in diesem Fall klar Stellung pro Telekom bezogen, und durch die für viele nachvollziehbare Antwort konnte die Telekom dort ganz klar Sympathiepunkte sammeln. Auch der Post von Rossmann war für ihr Social Media Marketing ein schlauer Schachzug. Wahrscheinlich wurde dadurch keine Packung Baldrian mehr verkauft, das Image in der Öffentlichkeit wurde aber definitiv gesteigert.

Dieser Fall ist sicherlich extrem und somit eine Ausnahme. Die Telekom hat die Chance genutzt und konnte mit der Reaktion einige Bonuspunkte bei der Netzgemeinde sammeln. Solche Extremfälle erfordern aber sehr viel Fingerspitzengefühl, und die Reaktion sollte auf keinen Fall zum Standard werden. Wenn Sie sich auf solch einen öffentlichen Schlagabtausch einlassen, müssen Sie sich bewusst sein, dass der auch nach hinten losgehen kann. Wenn Sie auf Nummer sicher gehen möchten, reagieren Sie in solchen Fällen mit einem sachlichen Post und bitten den Nutzer, die Netiquette einzuhalten.

Der Fall von Telekom hilft zeigt, dass Social Media auch für den Kundenservice eingesetzt werden kann. Der Service muss aber nicht zwangsläufig nur von Ihnen oder Ihren Mitarbeitern erbracht werden. Es gibt noch alternative Wege, den Kundenservice im Netz zu etablieren:

1. **Kunden helfen Kunden**

   Wie der Name schon sagt helfen sich hier die Kunden gegenseitig und entlasten so erheblich den Support. Bei diesen Portalen geht es in erster Linie um die Bedienung der Produkte, also nicht um Lieferzeiten oder Garantiethemen. Kunden helfen Kunden sind also eine Ergänzung zu Ihrem Support, können diesen aber nicht komplett ersetzen.

   Um grobe Falschinformationen zu vermeiden, sollten Sie auch immer im Auge behalten, welche Themen gerade besprochen werden. Wenn von einem Nutzer falsche Informationen gegeben werden oder bei manchen Fragen keine Antworten kommen, sollten Sie auch selbst eingreifen und die jeweilige Antwort korrigieren. Kommunizieren Sie dabei immer auf Augenhöhe und keinesfalls mit erhobenem Zeigefinger.

2. **Experten unter den Kunden aktivieren**

   Die erfolgreiche Einbindung von Experten bringt Ihnen den Vorteil, dass ein gewisser Wissensstand vorhanden ist. Diese Experten können schwierige Fragen beantworten und bei falschen Antworten eingreifen. Wenn Sie eine funktionierende Community haben, werden Sie sehr schnell feststellen, wer besonders qualifizierte und hilfreiche Kommentare abgibt. Diese Dienste können Sie honorieren, indem Sie den »Super-Nutzer« öffentlich in der Community vorstellen und ihm Vergünstigungen im Shop gewähren. Dies wird die Motivation erhöhen und damit die Qualität der Hilfe steigern.

3. **Social-Media-Support-Team aufbauen**

   Nicht alle Themen können die Kunden untereinander klären. Bei manchen Fällen ist es einfach notwendig, selbst in das Geschehen einzugreifen. Für diesen Fall müssen Sie ein eigenes Social-Media-Team aufbauen. Das Team kann als schnelle Eingreiftruppe agieren und bei öffentlich gemachten Kundenproblemen deeskalierend wirken. Durch diese transparente Kommunikation kann die Glaubwürdigkeit gesteigert werden. Damit die Kommunikation funktioniert, muss das Team mit Kompetenzen ausgestattet werden. Zum einen braucht es Zugriff auf die Kundendaten und die kompletten Vorgänge und zum andern einen eigenen Entscheidungsspielraum. Wenn sich die Social-Media-Beauftragten immer erst kompliziert intern abstimmen müssen, verzögert dies den Prozess, und eine schnelle Hilfe ist nicht möglich.

Zweites Ziel: Steigerung des Images

Der alte Wahlspruch »Tue Gutes und rede darüber« ist nach wie vor noch weit verbreitet und hat auch im Social Web nicht an Bedeutung verloren. Ganz im Gegenteil, gerade weil sich Nachrichten über die sozialen Netze rasant verbreiten können, sollten Sie auch über positive Taten Ihres Unternehmens berichten. Das kann sowohl eine Meldung sein, dass Sie sich bei einem sozialen Projekt engagiert, oder auch ein Bericht darüber, dass ein Mitarbeiter von Ihnen eine Weiterbildung absolviert hat und nun ein noch größerer Experte auf diesem Gebiet ist. Alle positiven Dinge dürfen prinzipiell auch über die sozialen Medien kommuniziert werden.

Ganz wichtig dabei ist aber, dass Sie auch hier die Relevanz für den Nutzer im Auge behalten. Das 20-jährige Firmenjubiläum Ihres Hausmeisters ist zwar für Sie ein schönes Ereignis, interessiert Ihre Kunden aber sicherlich weniger.

Drittes Ziel: Erhöhung des Traffics

Mehr Traffic bedeutet in der Regel mehr Besucher, was dann zu mehr Umsatz führen kann. Dabei ist Traffic nicht gleich Traffic. Wenn Besucher in Ihrem Shop nicht den erwarteten Inhalt finden oder Ihr Shop vielleicht nicht zur Social-Media-Präsenz passt, ist die Absprungquote sehr hoch. Die Besucher verlassen sofort wieder Ihren Shop und werden ihn auch nicht bei künftigen Kaufentscheidungen berücksichtigen. Versprechen Sie also nichts, was Sie im Shop nicht einhalten, und verlinken Sie auch immer direkt auf die Seite im Shop, auf der die versprochenen Aktionen zu finden sind.

Wenn es Ihnen darum geht, möglichst viele Besucher über Social Media in den Shop zu bekommen, gelten hierfür die gleichen Gesetze wie beispielsweise bei AdWords. Sie haben oft nur eine sehr geringe Anzahl an Zeichen zur Verfügung und müssen mit diesen Aufmerksamkeit erzeugen und auf den Shop neugierig machen. Nutzen Sie auch hier die Webanalyse, um herauszufinden, welche Form der Kommunikation den größten Erfolg hat. Hier gibt es kein pauschales Erfolgsrezept. Getreu nach dem Motto »Der Wurm muss dem Fisch schmecken und nicht dem Angler« sollten Sie Ihre Kunden kennenlernen und die Kommunikation darauf ausrichten.

Duzen oder siezen?

Viele Unternehmen stellen sich in der Kommunikation im Social Web die Frage, ob sie Ihre Kunden duzen oder siezen sollen. Weder das eine noch das andere ist richtig oder falsch. Wichtig ist, dass Sie Ihre Taktik beibehalten und jeden Kunden gleich behandeln. Orientieren Sie sich auch gerne an den Auftritten der anderen Unternehmen, ob Sie duzen oder siezen.

Auch das Netzwerk selbst spielt eine Rolle, ob geduzt oder gesiezt wird. Auf Facebook ist das Duzen eher verbreitet, und auf XING wird eher gesiezt.

12

Viertes Ziel: Steigerung der Reichweite und Erhöhung des Bekanntheitsgrades

Um Ihren Shop bekannter zu machen, müssen Ihre Social-Media-Botschaften von so vielen Menschen wie möglich gelesen werden. Dies erreichen Sie, indem Sie Ihre Beiträge interessant gestalten, sodass Ihre Social-Media-Fans sie teilen oder kommentieren. Ist dies der Fall, werden Ihre Beiträge meist auch bei den Kontakten Ihrer Follower angezeigt. So verbreitet sich Ihre Botschaft über Ihre eigene Fanbasis hinaus.

Fünftes Ziel: Marktforschung

Im Sekundentakt werden in den sozialen Netzwerken Bewertungen geschrieben und wird über Produkte und Online-Shops diskutiert. Diese Informationen stehen Ihnen ohne großen Aufwand zur Verfügung und sollten deshalb auch systematisch genutzt werden. Beobachten Sie auch Netzwerke und Blogs, auf denen Sie nicht vertreten sind. Sie können dort herausfinden, was die Nutzer über Ihren Online-Shop denken und wie er bei Ihrer Zielgruppe ankommt. Sie können die Marktforschung aber auch aktiv betreiben und Ihre Social-Media-Gemeinde beispielsweise in die Sortimentsplanung mit einbeziehen. Regelmäßig veranstalten zum Beispiel diverse Fast-Food-Ketten Wettbewerbe, in denen ein eigener Burger oder eine eigene Pizza zusammengestellt werden können. Die diversen Kreationen können dann auf einer Seite von anderen Nutzern bewertet werden. Der Nutzer, dessen Rezeptvorschlag die meisten Stimmen bekommt, erhält einen Preis, und seine Kreation gibt es dann tatsächlich für eine kurze Zeit zu kaufen. Das spornt natürlich extra an und hat den Nebeneffekt, dass die Nutzer selbstständig im eigenen Freundeskreis auf Stimmenfang gehen und somit für erhöhte Aufmerksamkeit sorgen.

Im Internet tauschen sich die Nutzer aber natürlich auch über Ihre Marktbegleiter und deren Sortiment aus. Was gefällt dort besonders, und was können Sie vielleicht davon übernehmen?

12.1.4   Schritt 2: Zielgruppe definieren

Nachdem das Ziel definiert wurde, geht es im zweiten Schritt darum die richtige Zielgruppe zu finden. Wen wollen Sie über die sozialen Netze erreichen? Ist Ihre Zielgruppe männlich oder weiblich, jung oder alt? Je besser Sie Ihre Zielgruppe kennen, desto besser können Sie die Kommunikationsstrategie auf sie ausrichten.

12.1.5   Schritt 3: Analyse der Zielgruppe

Wenn Sie Ihre Zielgruppe definiert haben, ist der nächste Schritt die Analyse der Gewohnheiten. Eine Kernfrage lautet natürlich, auf welchen Kanälen Ihre Zielgruppe aktiv ist. Nicht jede Zielgruppe nutzt die gleichen Netzwerke. Gibt es vielleicht für Ihre Zielgruppe Netzwerke, über die sie ohne große Streuverluste erreicht werden kann?

Auch die Frage nach den Nutzungsgewohnheiten Ihrer Zielgruppe sollte analysiert werden. Es ist ein Unterschied, ob man die Zielgruppe quasi permanent über Social Media erreichen kann oder ob diese nur einmal in der Woche in Social Media aktiv ist. Auch die Uhrzeit spielt eine Rolle, wenn Sie ein zeitnahes Feedback zu Ihren Posts erwarten. Orientieren Sie sich dabei am besten an den Zugriffszahlen in Ihrem Shop. Wenn dort viel los ist, ist Ihre Zielgruppe zu dieser Zeit wohl generell sehr aktiv im Netz unterwegs.

Die wichtigste Frage ist jedoch die nach den Themen, die Ihre Zielgruppe gerade beschäftigen. Wie bereits weiter vorn in diesem Abschnitt erwähnt, ist es von großer Bedeutung, zielgruppenrelevante Themen zu behandeln. Nur so können Sie sicher sein, dass Ihre Zielgruppe auch an Ihren Posts interessiert ist.

12.1.6   Schritt 4: Abgleich mit Ihren Unternehmenszielen

Wenn die Ziele, die Zielgruppe, deren bevorzugte Kanäle und ihre Gewohnheiten und Vorlieben klar sind, sollte als Nächstes ein Abgleich mit Ihrem Unternehmensimage und eine Priorisierung der Ziele vorgenommen werden. Wie wird Ihr Shop bei der Zielgruppe wahrgenommen? Hat er ein großes Sortiment, die günstigsten Preise oder vielleicht den besten Service? Genauso wie bei den klassischen Marketingaktivitäten muss Ihr Auftritt in den Social-Media-Kanälen zu Ihrem Shop passen.

12.1.7   Schritt 5: Planung und Start

Nachdem die Rahmenbedingungen festgelegt wurden, können Sie nun Ihren Auftritt in den sozialen Netzwerken planen. Sie sollten nun folgende Fragen beantworten können:

▶ Wie viel Zeit können/wollen Sie in Social Media investieren?

▶ Welche Aufgabe hat Ihr Social-Media-Auftritt?

▶ Was wollen Sie mit Social Media erreichen?

▶ Gibt es Kennzahlen, die es erlauben, den Erfolg einfach zu messen?

▶ Wo hält sich Ihre Zielgruppe auf?

▶ Über welche Netzwerke soll die Zielgruppe erreicht werden?

▶ Wie verknüpfen Sie Social Media mit Ihren Unternehmenszielen?

Wenn die Strategie feststeht und das konkrete Vorgehen geplant ist, können Sie erfolgreich mit Ihrem Social-Media-Auftritt starten. Stellen Sie dabei Ihre Aktionen immer wieder auf den Prüfstand, und optimieren Sie diese. Die Entwicklung in den sozialen Netzen geht rasant voran, und was heute noch up to date ist, kann morgen schon wieder out sein. Ein gutes Beispiel dafür sind die Netzwerke studiVZ und werkenntwen. Diese wurde sehr schnell von Facebook verdrängt und spielen mittlerweile in der Social-Media-Landschaft keine Rolle mehr (studiVZ) bzw. haben sich aus dem Netz verabschiedet (werkenntwen).

12.2   Social Media Monitoring

Im letzten Abschnitt haben Sie erfahren, wie Sie eine optimale Social-Media-Strategie planen. In diesem Abschnitt soll es nun darum gehen, diese Strategie systematisch zu überwachen und über Kennzahlen zu optimieren.

In das Social Media Monitoring soll dabei aber nicht nur Ihr eigener Facebook- oder Twitter-Account mit aufgenommen werden. Der Meinungsaustausch kann, angefangen bei Bewertungs-Webseiten bis hin zu Blogs, überall stattfinden. Es ist aus ganz unterschiedlichen Gründen notwendig, diese Äußerungen mitzubekommen. Positive Kommentare bestätigen dabei Ihre Strategie, und negative Bemerkungen ermöglichen Ihnen, Ihren Online-Auftritt zu verbessern.

Da die Kommunikation auf sehr vielen Seiten stattfinden kann, kommt schnell eine sehr große Anzahl an Portalen zustande, die Sie regelmäßig auf dem Schirm haben müssen. Zum Glück gibt es einige Tools, die Ihnen anzeigen, wenn der Shop-Name oder eines Ihrer Hauptprodukte irgendwo erwähnt wird. Einige davon sind kostenlos, können aber Inhalte nur in beschränktem Umfang erfassen. Andere kosten Geld, bieten dafür aber auch einen wesentlich höheren Leistungsumfang. Eine kleine Übersicht über verfügbare Tools finden Sie in Abschnitt 12.2.2, »Wichtige Werkzeuge für das Social Media Monitoring«.

12.2.1   Was können Sie durch Social Media Monitorring erreichen?

Zu Beginn steht das Zuhören. Bevor Sie überhaupt den ersten Schritt im Social Media Marketing gehen, müssen Sie sich einen Überblick über die aktuelle Situation verschaffen. Dazu gehört nicht nur, dass Sie wissen, auf welchen Portalen Ihre Zielgruppe anzutreffen ist. Genauso wichtig ist es, dass Sie wissen, wie dort zu den relevanten Themen kommuniziert wird. Jedes Netzwerk hat dort seine eigene Dynamik, auf die Sie eingehen müssen. Auf Facebook wird zum Beispiel in der Regel geduzt, und auf Twitter finden Sie Tweets wie diesen:

> »Wer sich bei #MediaMarkt aktuell eine #PS4 kauft, bekommt gratis einen 2. PS4-Controller dazu! http://goo.gl/uqJ3Sp – 60 € Erparnis =)«

Um die Meinungen und Stimmungen in Social Media zu erfassen, sollten Sie die relevanten Netzwerke monitoren. Ihre Social-Media-Aktivitäten müssen mit Monitoring beginnen und enden. In jeder Phase Ihrer Kommunikation ist es wichtig, die Stimmung im Social Web zu erfassen. Richtig geplantes Monitoring gibt über Folgendes Aufschluss:

▶ Wie (und ob) wird Ihr Shop von der Öffentlichkeit wahrgenommen?

▶ Wie ist die Meinung über die Produkte, die Sie in Ihrem Shop anbieten?

▶ Wie häufig wird über Ihren Shop gesprochen?

▶ Gibt es gerade negative Äußerungen, die Ihrem Ruf schaden können?

▶ Welche Themen werden gerade in der Branche diskutiert, und was kann sich dabei vielleicht zu einem wichtigen Trend entwickeln?

▶ Was wird über Ihre Marktbegleiter gesprochen?

▶ Was erwarten potenzielle Kunden von Ihrem Shop?

Überlegen Sie sich hierzu eine Reihe von Stichwörtern, nach denen Sie das Web regelmäßig (automatisch) untersuchen. Zu diesen Suchbegriffen gehören der Name Ihres Shops, die wichtigsten Produkte und die Namen Ihrer relevantesten Marktbegleiter. Damit Sie sich nicht verzetteln, beginnen Sie mit einer Anzahl von maximal zehn Stichwörtern und schauen dann, wie viele Ergebnisse ausgegeben werden. Schließlich müssen Sie mit diesem Verfahren den Inhalt der Ergebnisse selbst auswerten und verlieren schnell den Überblick, wenn Sie mit zu vielen Begriffen starten.

12.2.2   Wichtige Werkzeuge für das Social Media Monitoring

Prinzipiell ist es auch mit vielen kostenfreien Tools möglich, einen Großteil der Erwähnungen aufzuspüren. Je nach Umfang der Suchanfragen und Anzahl der Quellen kann dies aber sehr viel Ihrer Zeit in Anspruch nehmen, so dass es Sinn macht, bei einer intensiveren Aktivität auf ein kostenpflichtiges Tool zurückzugreifen. Um die Investitionen zu Beginn so gering wie möglich zu halten, empfiehlt es sich, mit einer kostenlosen Lösung zu starten. Im Folgenden finden Sie eine Auswahl verschiedener Tools. Dabei hat jedes Tool einen Schwerpunkt, so dass es meist notwendig ist, für eine umfassende Analyse mehrere Tools parallel einzusetzen.

Google Alerts

Google bietet mit *Alerts* eine kostenlose Möglichkeit, Ergebnisse anzuzeigen, die auf unterschiedlichsten Kanälen gefunden wurden. Dabei werden alle Seiten mit einbezogen, die auch in den regulären Suchergebnissen zu finden sind.

Wie Sie in Abbildung 12.7 sehen können, ist es sehr einfach möglich, einen Alert einzurichten. Sie werden informiert, sobald das Wort, das Sie im Feld SUCHANFRAGE eingegeben haben, neu in den Suchergebnissen erscheint. Die Häufigkeit der Information kann dabei ebenfalls ausgewählt werden. Um die Ergebnisse weiter zu verfeinern, können Sie die Suchoperatoren verwenden, die auch für die Websuche zur Verfügung stehen. Eine Übersicht über die Operatoren finden Sie in Abschnitt 9.4.3, »Backlinks«. Besonders ist hier der Operator »inurl« hilfreich. Durch diese Abfrage sucht Google nur nach Webseiten, die in der Adresszeile ein bestimmtes Wort enthalten. Wenn Sie zum Beispiel wissen möchten, wie in Foren über Ihren Shop geschrieben wird, nutzen Sie folgende Abfrage: »inurl:forum "ihrshoname"«.

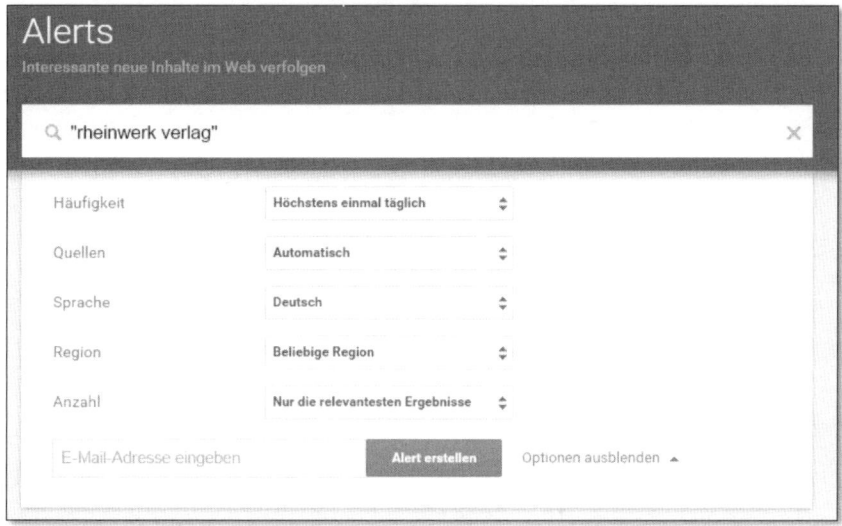

Abbildung 12.7 Ein Alert für die Suchphrase »rheinwerk verlag«

Das Vorgehen mit den Operatoren funktioniert natürlich auch bei Ad-hoc Abfragen in der Standard-Google-Suche. Um sich einen ersten Überblick zu verschaffen, muss es nicht immer gleich ein Alert sein.

▶ www.google.de/alerts

Google Blogsuche

Mit dieser Suchfunktion von Google können Sie speziell Blogs suchen. Allerdings werden bei den Ergebnissen nicht immer nur Blogs angezeigt, sondern diese können auch Foren und zum Beispiel Presseportale enthalten. Die Suche ist somit aufwendiger, als mit den eben beschriebenen Suchbefehlen inurl. Da aber damit nur Ergebnisse angezeigt werden, die auch tatsächlich »blog« in der URL enthalten, sollten Sie beide Varianten einsetzen, um die Netzwerke zu überwachen. Auch die Google Blogsuche ist komplett kostenlos.

▶ www.google.de/blogsearch

Twitter

Twitter ist ein soziales Netzwerk, über das Kurznachrichten verbreitet werden können. Es ist der perfekte Ort, um darauf zu lauschen, wie Ihr Shop wahrgenommen wird und wie man darüber denkt. Mit der integrierten Suchfunktion von Twitter können Sie die Nachrichten in Echtzeit verfolgen (siehe Abbildung 12.8).

Abbildung 12.8 Suchergebnisse auf Twitter für »Rheinwerk Verlag«

Wenn Sie es bevorzugen, auch die Neuigkeiten von Twitter als Alert, also direkt in Ihr Postfach, zu bekommen, ist der kostenlose Dienst *www.tweetalarm.com* empfehlenswert. Die Benutzung ist kostenlos und ähnlich einfach wie bei der Variante von Google Alerts. Sobald ein neuer Tweet veröffentlicht wird, der die gesuchten Keywords enthält, werden Sie per E-Mail darüber informiert.

▶ *www.twitter.com*

Hootsuite

Hootsuite ist ein Social-Media-Dashboard zur Verwaltung und Auswertung sozialer Netzwerke. Mit ihm können Sie nicht nur Ihre eigenen Facebook- und Twitter-Accounts verwalten, sondern auch anderen Themen und Accounts automatisiert folgen. Hootsuite ist in der Basisversion komplett kostenlos. Die kostenpflichtige Version beginnt bei einem Preis von 7,99 € pro Monat.

▶ *www.hootsuite.com*

Salesforce Marketing Cloud (ehemals Radian6)

Bei der *Salesforce Marketing Cloud* handelt es sich um eines der mächtigsten kommerziellen Tools für Social Media Monitoring. Es bietet die Überwachung Millionen verschiedener Social-Media-Marketing-Kanäle und informiert Sie, wenn Ihr Shop auf einer der Plattformen erwähnt wird. Außerdem kann der Einfluss des jeweiligen Posts gemessen werden. Wenn jemand bei Twitter beispielsweise 5.000 Follower hat, wird dieser Post höher bewertet als der von jemandem mit 50 Facebook-Freunden. Bei Preisen ab etwa 300 € pro Monat muss wie bei allen kostenpflichtigen Tools auch hier genau überprüft werden, ob die Investition in solch ein Werkzeug angemessen ist.

▶ *www.salesforcemarketingcloud.com*

12.2.3   Key Performance Indicators (KPI)

Wie bei der klassischen Webanalyse benötigen Sie auch im Social Media Monitoring Kennzahlen, die bei der Bewertung von Erfolg und Misserfolg helfen sollen. Langfristig müssen sich die Maßnahmen im Social Web in Form von höherem Umsatz bezahlt machen. Da es aber meist eine Weile dauert, bis sich Ihre Maßnahmen auszahlen, benötigen Sie Zwischenziele. Die Frage ist nun, welche Kennzahlen Ihnen zeigen, dass Sie auf dem richtigen Weg sind? Sind zum Beispiel viele Twitter-Follower besser als eine positive Erwähnung in einem Facebook-Post? Sie müssen also sowohl die quantitativen als auch die qualitativen Aspekte in der Kennzahl berücksichtigen. Inzwischen wurden eine Reihe von Kennzahlen aus dem klassischen Marketing um Social-Media-Faktoren ergänzt. Sie beziehen sich zum Beispiel auf die Aufmerksamkeit, die Unternehmen erzeugen, die Teilnahme Ihrer Kunden, die eigene Autorität und Glaubwürdigkeit sowie den Einfluss, den ein Unternehmen auf seine Kunden hat. Etablierte Größen sind hier zum Beispiel der *Share of Voice* (Anteil der Erwähnungen in einem bestimmten Markt) und *Sentiments* (Anzahl negativer, positiver oder neutraler Erwähnungen). Leider gibt es aber toolübergreifend noch keinen festen Standard, so dass die Kennzahlen von Tool zu Tool unterschiedlich sind und auch unterschiedlich definiert werden. Definieren Sie sich selbst Kennzahlen, die Sie zur Erfolgsmessung heranziehen möchten. Zu Beginn, wenn Sie noch keine komplexen Social-Media-Monitoring-Tools im Einsatz haben, können das auch die Webanalysedaten sein, die besagen, wie viele Nutzer über Social-Media-Kanäle in den Shop gekommen sind. Diese Kennzahl berücksichtigt zwar nicht die Interaktionen, die direkt in den Social-Media-Kanälen stattfinden, dafür ist sie aber sehr transparent und einfach zu erfassen.

Die Interaktion in den sozialen Netzwerken können Sie auch oft mit eigenen Analysen der jeweiligen Netzwerke messen. Facebook bietet zum Beispiel mit den Facebook Insights eine sehr gute Möglichkeit, innerhalb des Netzwerkes die Entwicklung zu verfolgen. Mehr darüber erfahren Sie in Abschnitt 12.3.2, »Facebook«.

12.3   Einzelne Portale im Überblick

Da die konkreten Möglichkeiten auf jedem Portal unterschiedlich sind, stellen wir Ihnen im folgenden Abschnitt die wichtigsten im Detail vor.

12.3.1   Twitter

Twitter ist ein sogenannter Micro-Blogging-Dienst. Mit diesem ist es möglich, Nachrichten mit einer Länge von maximal 140 Zeichen zu kommunizieren. Twitter startete im Jahr 2006 und hat mittlerweile weltweit über 200 Millionen Nutzer. Einen Rekord, was die Menge der abgesetzten Kurznachrichten angeht, wurde nach dem Finale der Fußball-WM 2014 Deutschland–Argentinien erreicht. Kurz nach Abpfiff gingen bis zu 618.000 Nachrichten pro Minute über den Dienst. Diese Menge an Kurznachrichten in solch kurzer Zeit verdeutlicht die Relevanz dieses Kanals.

Begriffe rund um Twitter

Rund um Twitter hat sich auch eine eigene Terminologie etabliert, die vielleicht nach dem ersten Hören sehr komplex erscheint. Lassen Sie sich dadurch nicht abschrecken. Die Begriffe hören sich vielleicht eigenartig an, sind aber sehr schnell erklärt:

▶ **Following und Follower**
Diese beiden Begriffe geben Auskunft über Ihr Netzwerk. Sie haben auf Twitter die Möglichkeit, anderen Nutzern zu folgen und dadurch die neuesten Meldungen

von diesen Nutzern direkt auf der Startseite angezeigt zu bekommen. Auf der anderen Seite können natürlich auch andere Nutzer Ihnen folgen und bekommen damit Ihre Nachrichten angezeigt. Möglichst viele Follower zu bekommen, muss also das Hauptziel Ihrer Twitter-Aktivitäten sein. Nur so wird Ihre Botschaft auch von genügend Menschen gelesen.

▶ **Tweet**
Ein Tweet ist die eigentliche Nachricht, die aus bis zu 140 Zeichen bestehen kann. Eine neue Nachricht erstellen Sie durch Klick auf das Federsymbol rechts oben in der Ecke. Im Anschluss öffnet sich ein neues Fenster, und Sie können dort Ihre Botschaft eingeben. Die Nachricht darf nicht nur aus Text bestehen, sondern hier können Sie zusätzlich dazu auch noch ein Foto hinzufügen und den Standort, an dem Sie sich gerade befinden.

▶ **Retweet**
Ein Retweet ist eine Nachricht, die an andere Follower weitergeleitet wurde. Wenn also einer Ihrer Follower Ihre Nachricht interessant findet, kann er diese mit seinem Netzwerk teilen. Auch dort kann die Nachricht natürlich weiter verbreitet werden, so dass Sie dadurch eine höhere Reichweite generieren. Interessante Nachrichten können sich so wie im Schneeballsystem schnell an Tausende von Nutzern verbreiten. Voraussetzung dafür ist natürlich zum einen, dass Sie Follower haben, und zum anderen, dass diese Ihre Botschaft interessant genug finden, um sie zu teilen.

▶ **Hashtag**
Hashtags, das sind die Rauten (#), die Sie immer wieder in den Nachrichten finden, helfen dabei, wichtige Schlagwörter in Tweets zu markieren. Wird zu einem bestimmten Thema ein Hashtag etabliert, wird dieses bei Antworten auf den Beitrag wieder aufgegriffen. Über ein Hashtag kann der Nutzer sofort sehen, von welchem Thema der Tweet handelt. Während der Fußball WM 2014 gab es tausendfach das Hashtag #WM2014. So konnte man Tweets über das Thema Fußball-WM sofort erkennen. Außerdem ist alles, was nach dem # kommt, verlinkt. Klickt der Nutzer darauf, bekommt er sofort alle Tweets zu diesem Hashtag angezeigt. Das führt dazu, dass Ihre Posts auch von Personen gefunden werden, die nicht zu Ihren Followern zählen.

Ein Hashtag darf aus Buchstaben und Ziffern bestehen, es dürfen aber keine Satzoder Leerzeichen verwendet werden. Von Twitter gibt es keine Begrenzung, was die Anzahl der Zeichen angeht. Bedenken Sie aber, dass diese von der Gesamtzeichenzahl abgezogen werden. Wenn Sie also einen Hashtag mit 139 Zeichen haben, bleibt für die eigentliche Botschaft kein Platz mehr. Weniger ist sowohl hier als auch bei der Anzahl der Hashtags pro Tweet mehr. Damit die Lesbarkeit des Tweets nicht leidet, sollten Sie sich auf maximal drei Hashtags beschränken (siehe Abbildung 12.9).

12

Abbildung 12.9 Tweet von Zalando mit Hashtag zum WM-Finale und einer Kurz-URL

▶ **Kurz-URL**

Da die Anzahl der Zeichen in einem Tweet begrenzt ist, empfiehlt es sich für Verlinkungen auf externe Seiten oder Shops sogenannte Kurz-URL-Dienste in Anspruch zu nehmen. Bei solch einem Dienst wird eine zweite URL erzeugt, die dann über eine Weiterleitung auf das ursprüngliche Ziel verweist. Gerade bei langen URLs, die direkt auf Unterseiten verweisen, ist solch ein Dienst nicht nur für Twitter, sondern auch für andere Netzwerke interessant.

Die am häufigsten genutzten Dienste sind *www.tinyurl.com* und *www.bitly.com*. Die Verwendung solch eines Dienstes ist sehr einfach. Geben Sie einfach in das jeweilige Feld die URL ein, die Sie verkürzen möchten. Der neue, kurze Link wird sofort erzeugt und kann dann von Ihnen genutzt werden.

▶ **Replies (Antworten)**

Wenn Sie jemandem auf seinen Tweet antworten möchten, beginnen Sie die Nachricht mit @Benutzername, oder klicken Sie auf ANTWORTEN direkt unter der Nachricht. Erwähnungen von anderen Nutzern funktionieren genauso. Immer wenn dem Benutzernamen ein @ vorangestellt ist, landet der Tweet automatisch bei der genannten Person.

▸ **Direktnachrichten**

Unter Direktnachrichten versteht man private Nachrichten, die unter den Nutzern ausgetauscht werden. Sie können nur eine Direktnachricht versenden, wenn Ihnen der Nutzer auf Twitter auch folgt. Da auch bei Direktnachrichten nur 140 Zeichen zur Verfügung stehen, ist diese Funktion tatsächlich nur für kurze, direkte Botschaften geeignet und spielt für Ihre Social-Media-Aktivitäten auf Twitter eher keine Rolle.

Follower bekommen

Damit Ihre Twitter-Kampagnen auch gelesen werden, benötigen Sie Follower, also Leute, die Ihre Inhalte interessant finden und im Idealfall mit ihren Followern teilen. Die Frage ist nun, wie Sie zu Followern kommen. Natürlich können Sie alle Ihre Kunden anschreiben und Twitter in Ihren Online-Shop integrieren. Diese Maßnahme ist sehr sinnvoll und auch einfach durchzuführen. Im Idealfall sorgt aber Twitter auch dafür, dass Sie neue Kunden bekommen. Das funktioniert aber natürlich nicht, wenn Sie nur Bestandskunden als Follower haben.

Die erste Regel, um Follower zu bekommen, ist der Inhalt. Sie brauchen Inhalte, die Ihre Follower interessieren. Tweeten Sie nicht nur Ihre Sonderangebote, sondern schaffen Sie einen Mehrwert durch einen interessanten Tweet, mit dem der Nutzer etwas anfangen kann.

Planen Sie Ihren Start bei Twitter sehr sorgfältig. Die Strategie, erst mit dem Twittern zu beginnen, wenn Sie ausreichend viele Follower haben, wird nicht aufgehen. Schreiben Sie mindestens zehn Tweets, bevor Sie anfangen, Ihre Twitter-Aktivitäten zu bewerben. Eine leere Seite wirkt abschreckend. Warum sollte Ihnen jemanden folgen, wenn Sie nichts zu sagen haben? Ebenfalls abschreckend ist auch, wenn Sie noch keine Follower haben. Es ist deshalb vollkommen in Ordnung, wenn Sie zu Beginn Freunde, Bekannte und auch Kollegen bitten, Ihnen zu folgen. Natürlich dürfen diese Follower nicht als Erfolg gezählt werden und sollten bei der realistischen Berechnung Ihrer Follower wieder abgezogen werden. Hier geht es nur darum, Ihrer Twitter-Aktivität den ersten Schwung zu verleihen.

Eine weitere Möglichkeit ist, relevanten Twitter-Usern zu folgen. Dabei kann es sich zum Beispiel um befreundete Unternehmen oder Lieferanten handeln. Dadurch steigt nicht nur die Aktivität auf Twitter. Bei der richtigen Auswahl reagieren manche Unternehmen auch mit einem Following oder einem Retweet.

Ebenfalls abschreckend wirkt es, wenn Ihre Twitter-Seite lieblos gestaltet ist. Um eine Wiedererkennung zu gewährleisten, sollte die Twitter-Seite auch an das Design des Shops angelehnt sein.

12

Damit neue, potenzielle Follower auf Ihre Seite kommen, sollten Sie sich einfach einmal umschauen, wer auf Twitter zu den für Sie relevanten Themen twittert. Wenn Sie dann auf einen Tweet antworten, bekommen die Follower des anderen Nutzers ebenfalls die Nachricht angezeigt. Wenn die Antwort von Ihnen hilfreich war, steigt die Chance, dass Sie dadurch ebenfalls mehr Follower bekommen.

Einen Twitter-Account anlegen

Die Anmeldung bei Twitter erfolgt schnell und unkompliziert. Trotzdem gibt es einiges zu beachten:

1. **Daten eingeben**

   Über *www.twitter.com* kommen Sie, wie in Abbildung 12.10 zu sehen, auf die Twitter-Startseite. Hier haben Sie die Möglichkeit, sich entweder in einen bestehenden Account neu einzuloggen oder einen komplett neuen Account zu erstellen. Tragen Sie dafür im Kasten NEU BEI TWITTER? Ihren Namen, Ihre E-Mail-Adresse und Ihr Passwort ein. Bei dem Namen geht es um Ihren richtigen Namen. Den Twitter-Nutzernamen können Sie im nächsten Schritt auswählen. Dieser Twitter-Name sollte natürlich sofort einen Bezug zu Ihnen und Ihrem Online-Shop herstellen. Leider kann es passieren, dass der Name bereits vergeben ist. Entweder Sie versuchen es dann mit einem anderen Namen oder fangen an zu recherchieren, wer den »Wunschnamen« verwendet. Wird dieser nicht mehr genutzt, können Sie den Besitzer um Freigabe bitten. Wenn in diesem Schritt alles in Ordnung ist und Sie Ihren Wunschnamen gefunden haben, bestätigen Sie dies durch Klick auf MEINEN ACCOUNT ERSTELLEN.

Abbildung 12.10 Startseite von Twitter: Hier können Sie sich einloggen oder einen neuen Account erstellen.

2. **Die ersten Schritte**

Nach der Anmeldung bekommen Sie eine Kurzanleitung von Twitter, und Sie können Ihren Account Schritt für Schritt einrichten. Im ersten Schritt bekommen Sie von Twitter andere Twitterer vorgeschlagen, denen Sie folgen können (siehe Abbildung 12.11).

Wählen Sie hier ruhig einige Twitterer aus, denen Sie folgen möchten. Selbstverständlich können Sie jederzeit weitere hinzufügen oder auch bestehende »entfolgen«.

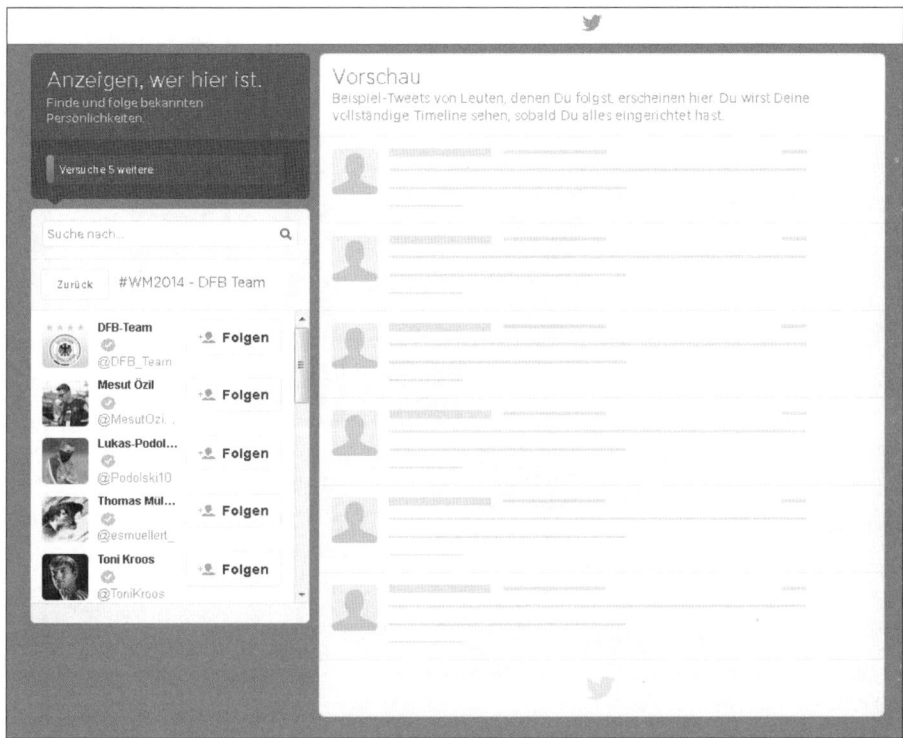

Abbildung 12.11 Die Seite mit den ersten Vorschlägen der Personen, denen Sie folgen können

3. **Bild und Biografie**

Im Anschluss dürfen Sie ein Bild und eine Kurzbiografie eingeben. Beides ist freiwillig, aber absolut empfehlenswert. Es versteht sich von selbst, dass Sie natürlich kein Bild von sich persönlich verwenden, sondern am besten das Firmenlogo oder ein anderes Bild mit Wiedererkennungswert.

Sie können Ihr komplettes Profil auch nachträglich noch bearbeiten. Rufen Sie es dazu über den Menüpunkt Account auf. Dort finden Sie auf der rechten Seite den Button Profil bearbeiten.

Auf Twitter gibt es drei verschiedene Arten von Bildern. Das Profilbild und das Headerbild können Sie über den Menüpunkt ACCOUNT ändern. Das Hintergrundbild, welches den kompletten Bildschirm ausfüllt, muss allerdings an einer anderen Stelle geändert werden. Klicken Sie hierzu auf das Zahnradsymbol rechts oben in der Leiste, und wählen Sie dort EINSTELLUNGEN. Nun öffnet sich die Seite, auf der Sie globale Änderungen in Ihrem Profil vornehmen können. Dort unter DESIGN können Sie entweder ein Hintergrundbild aus einer Vorlage verwenden, oder ein eigenes hochladen (siehe Abbildung 12.12).

Abbildung 12.12 Hier können Änderungen am Hintergrundbild Ihres Twitter-Profils vorgenommen werden.

Hier können Sie auch die Position des Bildes aussuchen. Setzen Sie ein Häkchen im Kontrollkästchen HINTERGRUND KACHELN, wenn das Bild wiederholt angezeigt werden soll. Wenn nicht, lassen Sie es aus und wählen im Menü darunter, ob das Bild rechts, links oder mittig ausgerichtet sein soll.

Das Bild muss als PNG-, GIF- oder JPG-Format vorliegen und darf nicht größer als 2 MB sein.

Mit diesem Schritt haben Sie die Grundinstallation Ihres Twitter-Accounts abgeschlossen. Nun geht es darum, diesen mit Leben zu füllen (siehe Abbildung 12.13). Beginnen Sie zu Twittern, berichten Sie von Ihrem Shop, Ihren Produkten, und geben Sie wertvolle Tipps für die Anwender. Wenn Sie den Inhalt interessant gestalten, werden Sie sehr schnell viele Follower dazubekommen.

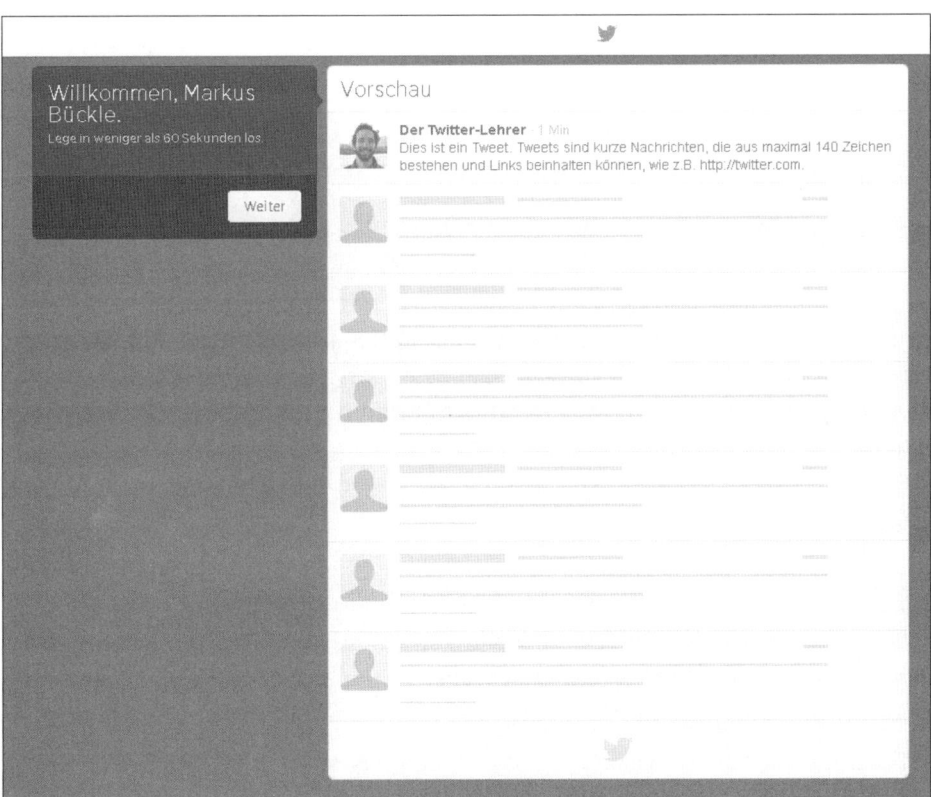

Abbildung 12.13 Twitter – Schritt für Schritt erklärt

12.3.2   Facebook

Facebook ist aktuell das Netzwerk mit den mit Abstand meisten Nutzern. Gegründet wurde es im Jahr 2003 vom damaligen Harvard-Studenten Marc Zuckerberg. In den Anfängen bestand die Nutzerschaft hauptsächlich aus Studenten, was sich jedoch im

Laufe der Zeit stark gewandelt hat. Mittlerweile ist auf Facebook eigentlich jedes Alter vorhanden, wobei die Gruppe der 25–34-jährigen den größten Anteil stellt, wie Sie in Abbildung 12.14 erkennen können.

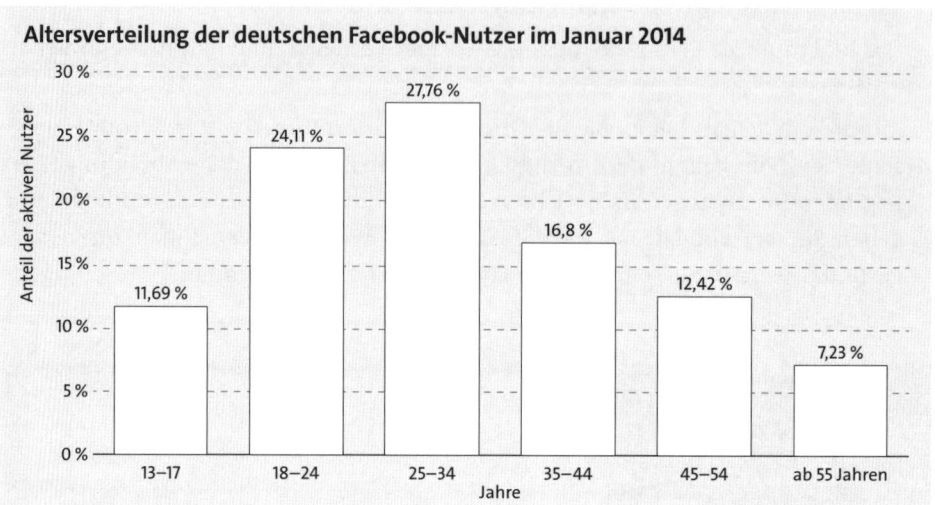

Abbildung 12.14 Altersverteilung der Facebook-Nutzer (Quelle: Statista.com)

Bei Facebook gibt es unterschiedliche Seitentypen für Privatpersonen und Unternehmen. Es ist aber für Unternehmen nicht gestattet, private Profile anzulegen und zu betreiben. Ganz nebenbei gibt es noch andere Einschränkungen bei privaten Profilen, weshalb Sie auf keinen Fall ein privates Profil für Ihren Online-Shop anlegen sollten.

Facebook-Seite einrichten

Um bei Facebook durchzustarten, müssen Sie zuerst eine Seite für Ihren Shop einrichten. Aus den vorher genannten Gründen muss es sich dabei um eine spezielle Unternehmensseite handeln. Das Anlegen von Unternehmensseiten ist aber ebenfalls kostenlos und mit wenig Aufwand realisiert. Um solch eine Seite einzurichten, benötigen Sie zunächst einmal ein Facebook-Konto:

1. Gehen Sie hierfür auf *www.facebook.com*, und registrieren Sie sich, wie in Abbildung 12.15 zu sehen. Facebook verlangt hier, dass man den richtigen Namen eingibt, prüft dies jedoch nur in Ausnahmefällen. Anschließend werden Sie von Facebook durch den Registrierungsprozess geführt und haben dort noch die Möglichkeit, Ihr Profil zu personalisieren. Wenn Sie dies nicht möchten, weil es ja schließlich in erster Linie um die Unternehmensseite gehen soll, können Sie diese Schritte auch überspringen. Bis zu diesem Punkt unterscheidet sich der Registrierungsprozess noch nicht von dem eines privaten Nutzers.

Sollten Sie bereits ein privates Konto besitzen, können Sie diesen Schritt über-springen und sich direkt in Ihrem Konto anmelden.

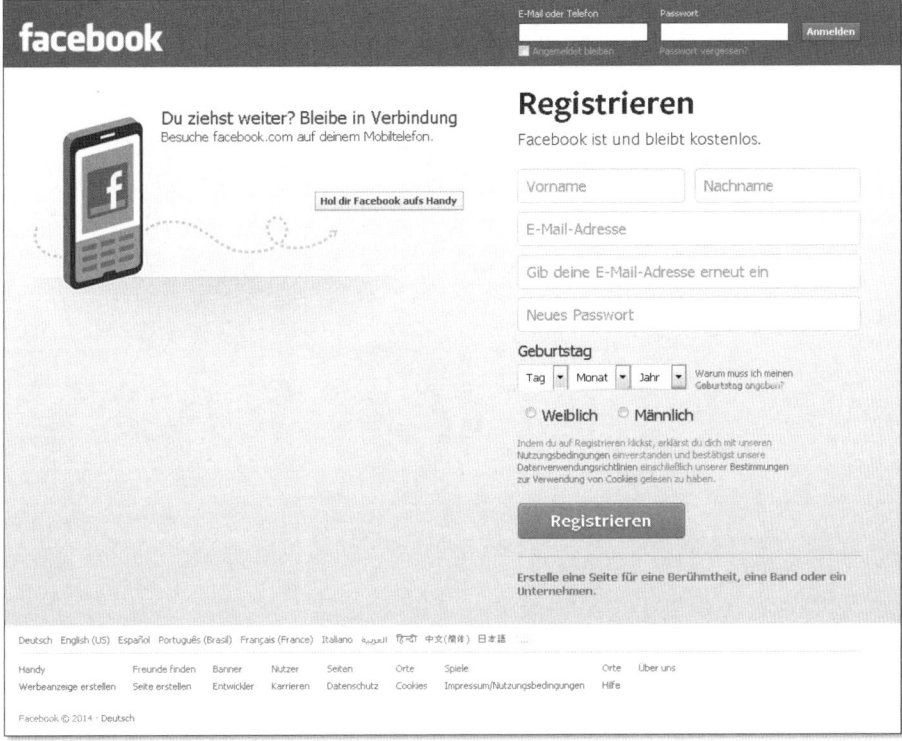

Abbildung 12.15 Die Facebook-Startseite

2. Wenn Sie Ihr Profil erfolgreich angelegt haben, können Sie im nächsten Schritt eine Seite anlegen. Klicken Sie hierfür oben rechts auf den Pfeil, so dass sich das Menü öffnet. Hier wählen Sie NEUE SEITE ERSTELLEN aus. Anschließend können Sie auswählen, welche Art von Seite Sie erstellen möchten. Wählen Sie hier UNTER-NEHMEN, ORGANISATION ODER INSTITUTION aus (siehe Abbildung 12.16).

3. Im darauffolgenden Schritt geht es ans Eingemachte. Dort können Sie in vier ein-fachen Schritten weitere Informationen der Seite hinzufügen. Beschreiben Sie hier, so gut es geht, Ihren Online-Shop. Haben Sie aber keine Angst, wenn Ihnen nicht spontan die richtigen Worte einfallen. Diese Punkte können Sie auch nach-träglich noch ändern, genauso wie Sie auch noch nachträglich ein Profilbild hinzu-fügen können. Besonderes Augenmerk sollten Sie aber auf das Impressum legen. Genauso wie für Ihren Online-Shop auch, besteht auch für Ihren Facebook-Auftritt eine Impressumspflicht. Sie können hierbei entweder die Angaben für das Impres-sum direkt auf Facebook hinterlegen, oder einfach das Impressum Ihres Shops verlinken.

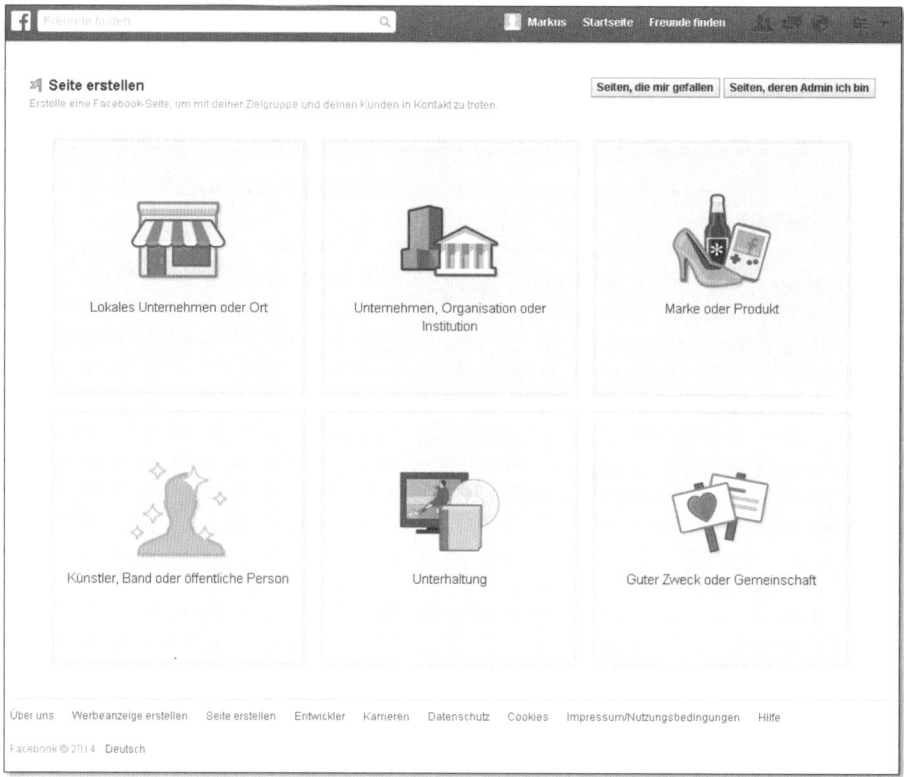

Abbildung 12.16 Facebook bietet die Möglichkeit, verschiedene Seitentypen zu erstellen.

4. Unter dem vierten Punkt ERREICHE MEHR NUTZER können Sie bezahlte Werbeanzeigen schalten. Dies ist, gerade in der Anfangszeit, ein gutes Mittel, um Fans für Ihre Seite zu gewinnen. Wie genau das funktioniert und was Sie dabei beachten müssen, können Sie im nächsten Abschnitt genauer nachlesen. Hier wollen wir uns erst einmal auf die Grundeinstellungen und das Einrichten der Seite beschränken.

Wenn Sie die Zahlungsmethoden für Werbeanzeigen bei Schritt 4 eingegeben haben, kommen Sie auf Ihre Facebook-Seite, die natürlich noch leer ist. Neben dem Profilfoto können Sie auf Facebook auch ein großes Titelbild hinzufügen. Dieses befindet sich über dem eigentlichen Inhalt, geht über die komplette Breite (851 Pixel hoch und 315 Pixel breit) und gehört deshalb zu den wichtigsten grafischen Elementen. Besonders originell ist es, wenn das Titelbild und das Profilbild eine Einheit bilden. Unter *www.hongkiat.com/blog/creative-facebook-timeline-covers* finden Sie als Inspiration lustige und originelle Ideen, wie zum Beispiel das private Profil von Abbildung 12.17.

Abbildung 12.17 Gelungene Einheit von Profilbild und Titelbild

Beachten Sie aber beim Titelbild auch unbedingt die Nutzungsbedingungen von Facebook. Titelbilder wie »Jetzt 20 % auf alles« oder andere zu werbliche Aussagen sind nicht gestattet. Sie riskieren damit, dass Ihr Titelbild gelöscht wird.

Noch bevor Sie versuchen, neue Fans für Ihre Seite zu finden, müssen Sie diese noch mit weiterem Inhalt befüllen. Posten Sie Neuigkeiten, Tipps und Angebote, um die Seite lebendig zu machen. Wenn die ersten potenziellen Fans auf Ihre Facebook-Seite kommen, muss dort natürlich schon ein Inhalt vorhanden sein. Andernfalls ist die Chance, dass jemand Fan von Ihrer Seite wird, relativ gering. Es hilft auch, wenn Sie Freunde und Bekannte von Ihrem privaten Facebook-Profil dazu einladen, die Facebook-Seite für den Online-Shop zu liken.

> **Facebook-Fans kaufen**
>
> Es gibt im Internet eine Reihe von Anbietern, die Facebook-Fans verkaufen. Auch wenn dieses Angebot vielleicht verlockend klingt, sollten Sie auf jeden Fall die Finger davon lassen. Woher diese »Fans« kommen, ist oftmals nicht bekannt. Teilweise sind es schlicht massenhaft angelegte Fake-Accounts, hinter denen keine echten Nutzer stecken. Diese Fans werden also nie Ihren Online-Shop besuchen, geschweige denn ein Produkt bei Ihnen kaufen.
>
> Wenn Facebook herausfindet, dass Sie Fans gekauft haben, riskieren Sie außerdem, dass Ihr Profil gesperrt wird.

Facebook Insights

Facebook Insights ist ein gutes und kostenloses Tool, um die Aktionen Ihrer Fans auf Facebook zu messen. Mit ihm können Sie zum Beispiel sehen, wie viele Fans Sie im Zeitverlauf gewonnen oder auch verloren haben. Aufrufen können Sie die Statistiken durch Klick auf STATISTIKEN in der horizontalen Leiste. Sie gelangen dann wie in Abbildung 12.18 auf die Übersichtsseite mit den relevantesten Entwicklungen. Besonders interessant ist hier die Entwicklung der »GEFÄLLT MIR«-ANGABEN FÜR DIE SEITE im Zeitverlauf. Mit dieser Information können Sie die Popularität Ihres Shops jederzeit im Auge behalten.

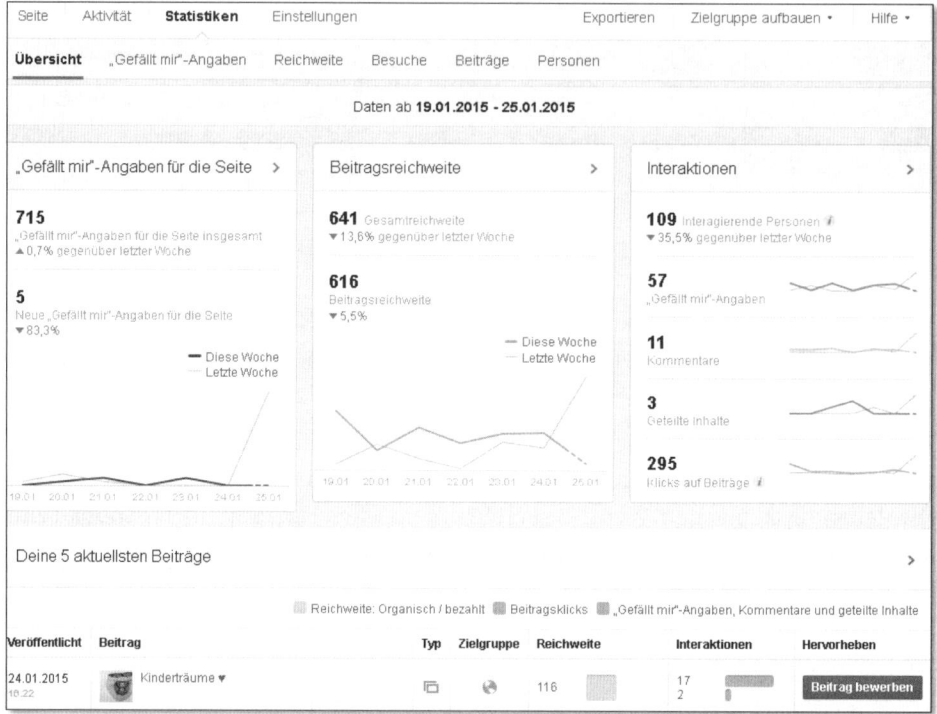

Abbildung 12.18 Übersicht der Facebook Insights

Sie können aber nicht nur die die Gesamtperformance überwachen, sondern auch die Reichweite von einzelnen Posts sehen. Besonders am Anfang, wenn Sie sich vielleicht noch nicht sicher sind, welche Themen und welche Ansprache bei Ihren Fans am besten ankommt, können Sie hier unterschiedliche Posts testen.

Nicht nur das Thema der Posts hat Einfluss darauf, wie häufig er geteilt wird. Auch die Tageszeit spielt eine große Rolle. Wenn Sie nicht wissen, zu welcher Zeit Ihre Fans aktiv sind, können Sie das ebenfalls über die Insights herausfinden. Eine Studie von Vitrue hat zwar gezeigt, dass die Facebook-Nutzer allgemein morgens am aktivsten sind. Nach dieser Studie erreichten Statusupdates, die morgens veröffentlicht wurden, eine um fast 40 % höhere Nutzeraktivität. Das sind aber allgemeine Zahlen, die nicht auch unbedingt für Ihre Zielgruppe gelten müssen.

12.3.3   Bezahlte Werbung bei Facebook (Facebook for Business)

Da die meisten Netzwerke für die Mitglieder komplett kostenlos sind, benötigen diese andere Einkommensquellen. Auch Facebook finanziert sich über Anzeigenwerbung und bietet für Werbetreibende verschiedene Möglichkeiten der Anzeigenschaltung. Gerade in der Anfangszeit, wenn Sie erst eine kleine Fanbasis haben, bietet es sich an, diese über bezahlte Werbung auszubauen.

Gehen Sie dafür auf *www.facebook.com/ads/create*, und melden Sie sich mit Ihren Nutzerdaten an. Anschließend kommen Sie auf eine Seite, auf der Sie auswählen können, welche Art von Werbung Sie schalten möchten (siehe Abbildung 12.19).

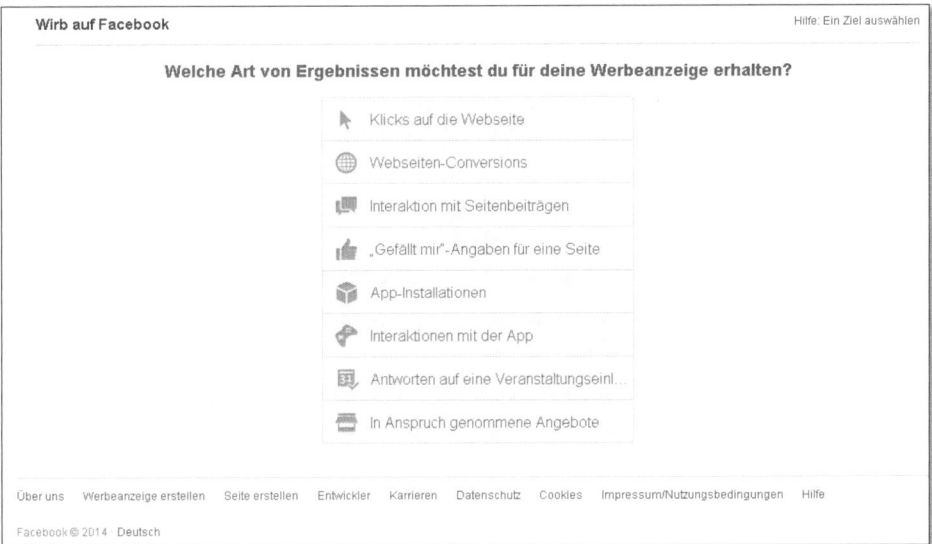

Abbildung 12.19 Startseite bei Facebook Ads mit verschiedenen Auswahlmöglichkeiten

Als Online-Händler sind vor allem folgende Formen interessant:

▶ KLICKS AUF DIE WEBSEITE
Bei dieser Werbeform werden die Nutzer von Facebook auf eine andere Seite geleitet. Hiermit bekommen Sie also direkt Besucher für Ihren Shop.

▶ WEBSEITEN-CONVERSIONS
Hier geht Facebook noch einen Schritt weiter und wertet nicht nur den Klick auf eine Anzeige, sondern auch, ob bestimmte Ziele im Shop erfüllt wurden. Voraussetzung hierfür ist, dass im Shop noch ein spezielles Zählpixel hinterlegt wird, mit dem solch eine Messung möglich ist.

▶ INTERAKTION MIT SEITENBEITRÄGEN
Hier können Sie Werbeanzeigen erstellen, die Ihre Beiträge auf Facebook bewerben. Ziel von dieser Form ist, von den Nutzern mehr »Gefällt mir«-Angaben und Kommentare zu bekommen.

▶ »Gefällt mir«-Angaben für eine Seite

Hiermit können Sie Ihre Fanbasis auf Facebook aufbauen und neue Fans bekommen.

In unserem Beispiel geht es erst einmal darum, neue Facebook-Fans zu gewinnen. Wenn Sie also »Gefällt mir«-Angaben für eine Seite ausgewählt haben, kommen Sie zum nächsten Schritt, den Sie in Abbildung 12.20 sehen. Im ersten Teil geht es um die Anzeige an sich. Überlegen Sie sich einen Text, der zu Ihrem Angebot passt. Sie haben bis zu 90 Zeichen zur Verfügung, um Ihre Botschaft zu formulieren. Hier ist weniger mehr, der Nutzer muss sofort erkennen, was sich hinter Ihrem Angebot verbirgt. Beschränken Sie sich also auf das Wesentliche.

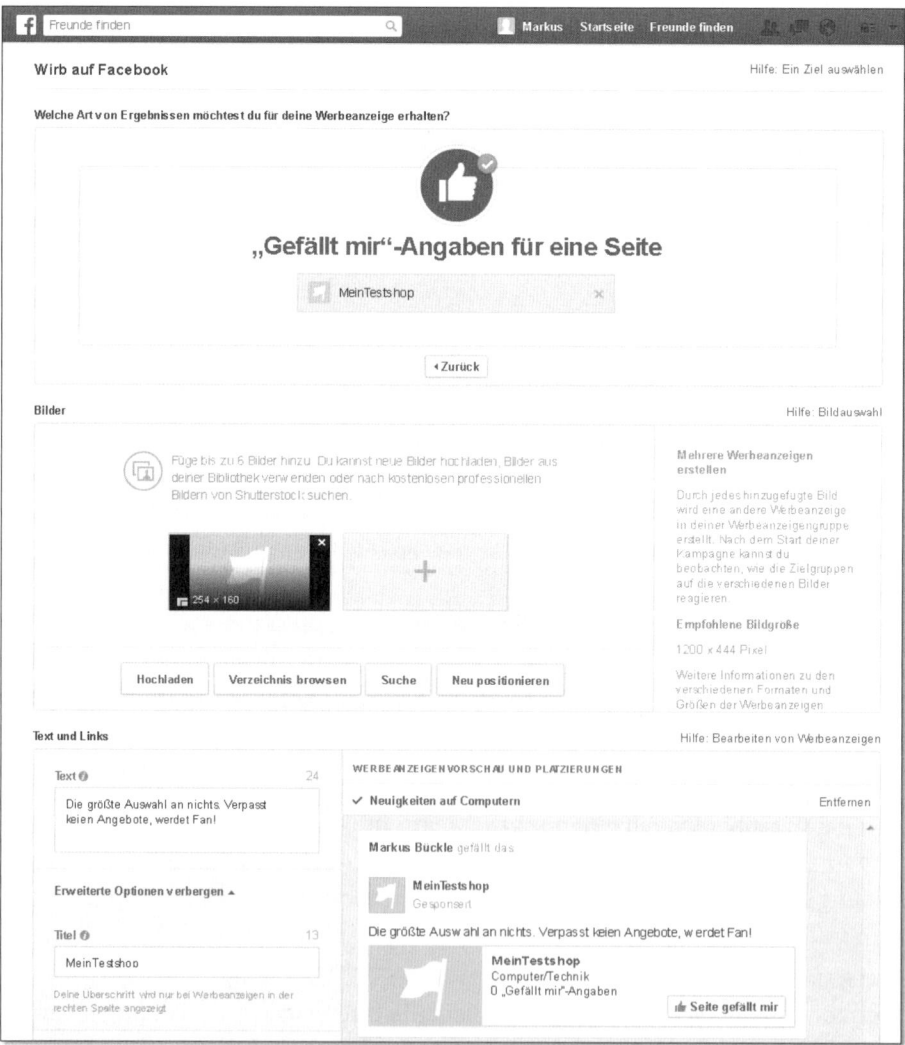

Abbildung 12.20 Eine bezahlte Anzeige auf Facebook gestalten

In diesem Bereich können Sie auch das Bild auswählen, das neben Ihrer Anzeige zu sehen sein soll. Sie können bis zu sechs Bilder hinzufügen, wobei durch jedes Bild eine weitere Anzeige geschaltet wird. Nutzen Sie diese Funktion, und optimieren Sie Ihre Anzeigen, indem Sie schauen, welches Bild die beste Klickrate liefert. Um nicht den Überblick zu verlieren, sollten Sie zu Anfang nicht mehr als drei Anzeigenvarianten erstellen.

Die Anzeige besteht also aus folgenden Teilen:

- Titel mit maximal 25 Zeichen
- Bild 110 × 80 Pixel
- Text mit maximal 90 Zeichen

Nachdem Sie die Anzeige gestaltet haben, können Sie weiter unten auf der Seite auswählen, wer Ihre Anzeige sehen soll. Facebook bietet hier eine riesengroße Auswahl an Filtermöglichkeiten. Zum einen können Sie entscheiden, in welchem Land oder in welcher Region Ihre Anzeige erscheinen soll und zum andern welche Interessen Ihre Zielgruppe hat (siehe Abbildung 12.21). So ist es möglich, die Streuverluste auf ein Minimum zu reduzieren.

Besonders interessant ist der Punkt VERBINDUNGEN. Hier können Sie die Zielgruppe noch weiter einschränken. Wenn Sie also neue Fans ansprechen wollen, wählen Sie hier nur Personen aus, die (noch) nicht mit Ihrem Shop verbunden sind. So vermeiden Sie unnötige Klickkosten.

Kosten der Anzeigen

Für die Schaltung der Facebook Ads verlangt Facebook Geld. Wie viel Sie ausgeben möchten, bestimmen Sie aber, ähnlich wie bei Google AdWords, selbst. Dabei legen Sie zuerst einmal ein Gesamtbudget fest und definieren ein Start- und Zieldatum. Wählen Sie hier lieber eine kürzere Laufzeit und ändern Sie dafür häufiger Ihre Anzeigen. Der Grund ist denkbar einfach. Wählen Sie eine performancebasierte Gebotsstrategie, wie zum Beispiel CPC (Cost per Click) oder CPA (Cost per Action) werden diese Kosten von Facebook auf Basis der Klickrate oder der Conversion-Rate ermittelt. Also je weniger Einblendungen benötigt werden, desto geringer sind Ihre Kosten pro Aktion. Läuft nun die Aktion sehr lange, so dass die einzelnen Nutzer die Anzeige mehrmals sehen, sinkt automatisch die Conversion bzw. die Klickrate, und die Anzeige wird dadurch teurer.

Facebook lässt Ihnen generell die Wahl, ob Sie die Gebote manuell oder durch Facebook automatisch anpassen lassen wollen. Gerade zu Anfang sollten Sie auf die automatische Gebotsermittlung zurückgreifen. Wenn Sie noch zu wenig Erfahrung haben, was die Kosten angeht, riskieren Sie mit einer manuellen Gebotsanpassung, dass Sie entweder zu viel für einen Klick zahlen oder dass Ihr Gebot zu niedrig ist und die Anzeige dadurch nicht geschaltet wird. Das Anzeigensystem basiert nämlich auf einer Auktion. Der mit dem höchsten Gebot erhält den Zuschlag, und seine Anzeigen werden eingeblendet.

Wie alle anderen Kampagnen müssen natürlich auch Facebook-Kampagnen kontinuierlich überwacht und optimiert werden. Das entsprechende Werkzeug, mit dem Sie dies schnell durchführen können, ist der Werbeanzeigenmanager von Facebook. Diesen erreichen Sie über das Menü unter WERBEANZEIGEN VERWALTEN. Die enthaltenen Statistiken sind sehr detailliert und bieten Informationen darüber, wie oft eine Anzeige geschaltet und geklickt wurde und natürlich auch wie oft das Ziel, zum Beispiel neue Facebook-Fans zu gewinnen, erreicht wurde. Behalten Sie diesen Report immer im Auge, wenn Sie Ihre Kampagnen optimieren möchten.

Abbildung 12.21 Hier können Sie auf Facebook die Zielgruppe für Ihre Kampagne auswählen.

12.4   Weitere soziale Netzwerke im Überblick

Wie eingangs bereits erwähnt, gibt es eine unüberschaubar große Zahl an Portalen und Möglichkeiten, im Bereich Social Media aktiv zu werden. Neben den Platzhirschen Twitter und Facebook, die wir etwas ausführlicher beschrieben haben, folgen nun im Kurzporträt noch weitere Möglichkeiten. Auch das ist aber nur eine sehr kleine Auswahl und kann auf keinen Fall Ihre eigene Recherche in diesem Bereich ersetzen.

12.4.1   Google+

Google+ ist ein soziales Netzwerk von Google, das im Jahr 2011 an den Start ging. Mittlerweile steht Google+ mit 359 Millionen aktiven Nutzern weltweit auf Platz 2 der reichweitenstärksten Netzwerke. In Deutschland konnte der Dienst aber bisher noch nicht richtig Fuß fassen und liegt mit 3,1 Millionen Nutzern deutlich hinter Facebook.

Auch Google+ bietet die Möglichkeit, sowohl Profile (für private Nutzer) als auch Seiten (für Unternehmen) einzurichten. Eine Seite auf Google+ hat den Vorteil, dass diese, wie in Abbildung 12.22 zu sehen, direkt bei den Google-Suchergebnissen angezeigt wird und direkt aufgerufen werden kann.

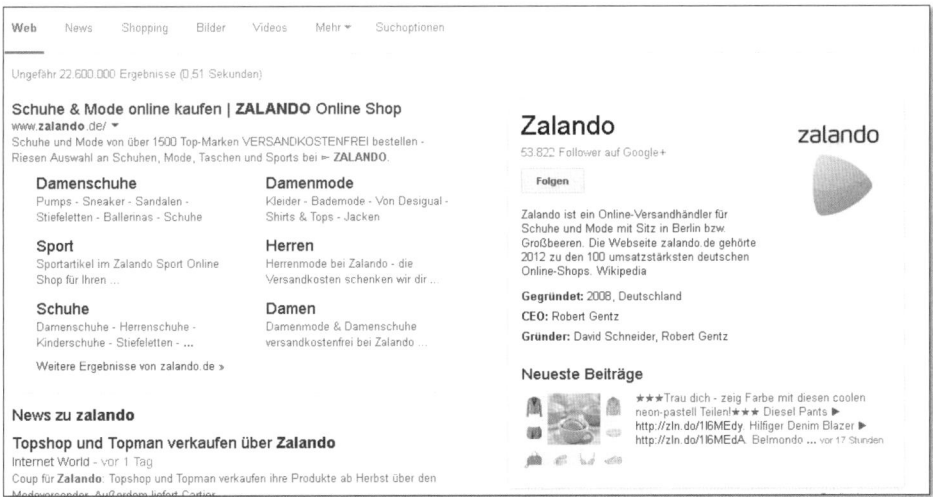

Abbildung 12.22 Suchergebnisse nach dem Suchbegriff »Zalando«, rechts die direkte Verlinkung zur Google+-Seite

12.4.2   XING und LinkedIn

XING und *LinkedIn* sind beides Netzwerke, auf denen die berufliche Kontaktaufnahme im Vordergrund steht. Auch hier können die Nutzer ein Profil anlegen und Informationen über sich selbst preisgeben. Darüber hinaus können Sie auch ein Profil für Ihr Unternehmen anlegen. Es sind dann hauptsächlich Informationen wie Qualifikation, beruflicher Werdegang oder auch allgemeine Informationen über das Unternehmen, die hier gepostet werden. Private Themen spielen eher eine untergeordnete Rolle. Dementsprechend sind diese Netzwerke für Ihre Social-Media-Strategie nur interessant, wenn Sie sich im B2B-Bereich bewegen.

Gründen Sie in diesem Fall eine Gruppe, in der über Ihre Produkte diskutiert werden kann, oder beteiligen Sie sich in anderen Gruppen an Diskussionen, und etablieren Sie sich darüber als Experte auf Ihrem Gebiet.

12.4.3   Pinterest und Instagram

Pinterest und *Instagram* sind soziale Netzwerke, die über das Sammeln und Sortieren von Bildern funktionieren. Ähnlich wie bei Facebook und Twitter können Sie anderen Nutzern folgen, Bilder bewerten und teilen. Seit 2014 gibt es auf Pinterest auch die Möglichkeit, über sogenannte Promoted Pins Ihre Beiträge weiter hervorzuheben. Auch Instagram arbeitet aktuell mit Sponsored Posts an einem ähnlichen Konzept.

Diese beiden Netzwerke könnten für Sie interessant sein, wenn Sie sehr visuelle Produkte, wie zum Beispiel Möbel oder Kleidung, verkaufen.

Pinterest hat mit ca. 70 Millionen Nutzern weltweit zwar deutlich weniger als Instagram (ca. 200 Millionen), wird aber bereits von zahlreichen Unternehmen und Marken genutzt, um Produkte zu inszenieren. Der große Vorteil liegt darin, dass nicht nur eigene Bilder auf digitale Pinnwände hochgeladen werden können. Es ist auch möglich, beliebige Fotos aus dem Internet zu pinnen, wobei immer auf die Herkunfts-Webseite verlinkt wird. Geschickt genutzt kann Pinterest also dazu beitragen, die Bekanntheit des eigenen Online-Shops viral zu steigern und mehr Besucher anzulocken.

12.5   Eigenes Blog

Der Name Weblog oder die Abkürzung Blog ist eine Wortkreuzung aus Web und dem englischen Log für Logbuch. Ursprünglich wurde ein Blog überwiegend von Personen als digitales Tagebuch geführt. Heute kann ein Blog aber alles enthalten, was für die Öffentlichkeit interessant ist, oder von dem man wenigstens glaubt, dass es jemanden interessieren könnte. Ein typisches Blog enthält Textbeiträge, oft mit Grafiken oder Videos, auf die dann Kommentare der Leser folgen. Das gesamte Blog wird in umgekehrter chronologischer Reihenfolge angezeigt. Neue Beiträge erscheinen also oben und rutschen im Laufe der Zeit bei neuen Beiträgen immer weiter nach unten.

Über Blogs können Sie noch intensiver mit Ihren potenziellen Kunden kommunizieren. So können Sie zum Beispiel in Ihrem Blog regelmäßig neue Produkte in Ihrem Sortiment vorstellen, Sie können deren Verwendung beschreiben oder Tipps weitergeben. Was die optimale Frequenz und somit den konkreten Aufwand für einen Blog angeht, so gibt es keine Regel, die für alle Branchen gilt. Letzen Endes hängt die Frequenz von der Zeit ab, die Ihnen zur Verfügung steht. Natürlich sind auch die Themen entscheidend, über die es zu berichten lohnt. Die Frequenz muss nicht über das ganze Jahr gleich sein. Wenn Sie zum Beispiel einen Blog über Wintersport-Artikel betreiben, so spricht nichts dagegen, die Schreibfrequenz im Winter zu erhöhen und dafür im Sommer die Abstände zwischen den Beiträgen wieder zu verlängern. Anders als bei sozialen Netzwerken, wo Sie in ein bestehendes System Ihre Seite »bauen« können, beginnen Sie mit einem Blog komplett bei null. Sie können zwar auf ein bestehendes System, wie zum Beispiel Wordpress (*www.wpde.org*) zurückgreifen, das Hosting und das Einrichten werden aber komplett Ihnen überlassen. Der Vorteil ist aber auch, dass Sie dadurch natürlich auch weniger Regularien ausgesetzt sind.

Sollten Sie sich im ersten Schritt aufgrund des höheren Aufwands gegen ein eigenes Blog entscheiden, so müssen Sie aber nicht komplett auf Blogs verzichten. Beteiligen Sie sich an Diskussionen in fremden Blogs oder bieten Sie an Gastbeiträge zu verfassen. So können Sie sich ohne größeren Aufwand mit der Funktionsweise von Blogs vertraut machen.

12.6   Social-Media-Plug-ins

Durch Social-Media-Plug-ins wird eine direkte Verknüpfung von Webshop und Social-Media-Plattform ermöglicht. Die Besucher und Kunden Ihres Online-Shops können damit direkt Produkte aus Ihrem Shop heraus in sozialen Netzwerken teilen und ihrem Netzwerk empfehlen. Am meisten verbreitet sind die Plug-ins von Facebook, Twitter und Google+, da natürlich auch auf diesen Portalen die meisten Unternehmen bzw. Nutzer zu finden sind. Für Sie als Shop-Betreiber hat der Einsatz solcher Plug-ins den Vorteil, dass es dem Nutzer sehr einfach gemacht wird, Produkte zu empfehlen. Dadurch steigt natürlich die Chance, dass er dies auch tatsächlich tut und Ihre Produkte in seinem Netzwerk verbreitet.

Viele Plug-ins bieten aber über das einfache Teilen hinaus noch weitere Funktionen, die Ihren Online-Shop noch enger mit den sozialen Netzwerken verknüpfen. So können zum Beispiel Facebook-Kommentare zu einem bestimmten Produkt oder die Anzahl der Fans direkt in Ihrem Shop angezeigt werden.

Die Integration dieser Buttons ist in einem Standard-Shop-System sehr einfach durchführbar. Sie finden diese meist als fertiges Shop-Plug-in, und müssen es nur noch integrieren.

Social-Media-Plug-ins sind nicht ganz ungefährlich, was den Datenschutz angeht. Manche Plug-ins übermitteln bereits beim Laden einer Seite Informationen an das Netzwerk. Sie übermitteln somit Informationen über Ihre Besucher, ohne dass er einwilligt. Das Problem ist, dass Social-Media-Plug-ins in der Regel über iFrames integriert werden. Um die Inhalte der Frames zu laden, wird eine Verbindung zu einem fremden Server aufgebaut, ohne dass der Nutzer etwas davon mitbekommt geschweige denn einwilligt. Die Daten des Nutzers werden aber vom fremden Server erfasst und können auch weiter genutzt werden. Diese Übermittlung ohne Einwilligung des Nutzers ist aber illegal und stellt nach § 43 BDSG eine Ordnungswidrigkeit dar.

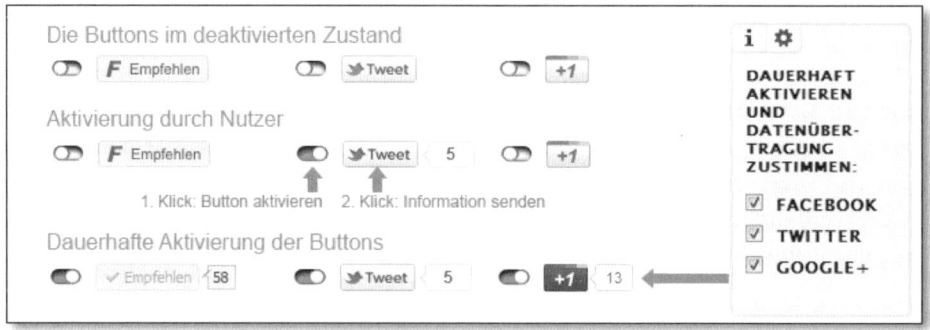

Abbildung 12.23 2-Klick-Variante in einem Social-Media-Plug-in

Abhilfe schafft hier die sogenannte 2-Klick-Lösung, die Sie in Abbildung 12.23 sehen. Das Konzept ist einfach: Standardmäßig werden Buttons eingebaut, die zunächst einmal deaktiviert sind. Erst wenn der Nutzer diese aktiviert und damit seine Zustimmung zur Kommunikation mit dem sozialen Netzwerk erklärt, werden die Buttons aktiv und stellen eine Verbindung zum sozialen Netzwerk her. Mit einem zweiten Klick kann dann die Empfehlung an das Netzwerk übermittelt werden.

Ein Klick auf einen dieser Buttons bedeutet somit, dass der Anwender seine Zustimmung erteilt, Daten an das Netzwerk zu übermitteln. Die Zustimmung gilt dann aber nur für Ihren Shop und das entsprechende Netzwerk.

12.7 Fazit

Soziale Netzwerke sind, wie Sie in diesem Kapitel gesehen haben, auch für Sie als Shop-Betreiber eine interessante Möglichkeit, mit Ihren Kunden in Kontakt zu bleiben und neue Interessenten in Ihren Shop zu ziehen. Neben der direkten Werbung, beispielsweise durch Facebook Ads oder Anzeigen auf Twitter, können Sie soziale Netzwerke auch als Support-Kanal, zum Beispiel durch Twitter, oder Inspirationsplattform, beispielsweise durch Pinterest oder Instagram, nutzen. Durch einen guten Kundenservice überzeugen Sie Kunden weiterhin davon, bei Ihnen einzukaufen, durch Inspirationen machen Sie Lust auf den Kauf von Produkten. Wie stark und in welcher Form Sie soziale Netzwerke einsetzen, hängt dabei primär von Ihrer Strategie und der vorhandenen Manpower ab. Eines ist jedoch sicher: Soziale Netzwerke unterstützen Ihren Online-Shop und sollten auch als eine solche Hilfe angesehen werden. Setzen Sie daher auf soziale Netzwerke, auf denen sich Ihre Zielgruppe tummelt, und unterstützen Sie durch das Engagement auf diesen sozialen Netzwerken Ihre E-Commerce-Strategie.

12

Kapitel 13

Chancen und Risiken im Mobile Commerce

Mobile Endgeräte verbreiten sich in rasender Geschwindigkeit. Erfahren Sie in diesem Kapitel, wie Sie von dieser Entwicklung in Ihrem Shop profitieren können.

Viele Menschen verstehen unter Mobile Commerce alles, was von unterwegs aus im Internet gekauft wurde. Das ist jedoch nicht ganz richtig, denn dahinter steckt noch weitaus mehr. Das Gabler Wirtschaftslexikon definiert Mobile Commerce, oft auch nur M-Commerce genannt, wie folgt:

> *»Spezialform des Electronic Commerce, bei der mobile Endgeräte zum Einsatz kommen. Für M-Commerce kommen dementsprechend Geräte wie Smartphones oder Tablet-Computer infrage, um die Anbahnung, Abwicklung und Aufrechterhaltung von Leistungsaustauschprozessen mittels elektronischer Kommunikationsnetze und mobiler Zugangsgeräte teilweise oder vollständig zu unterstützen.«*

Es geht also nach der offiziellen Definition nicht darum, dass der Nutzer mobil ist, sondern dass er über mobile Endgeräte auf das Internet zugreift. Jetzt sind sich sicherlich alle einig, dass es sich bei einem Smartphone definitiv um ein mobiles Endgerät handelt, wobei ein Notebook, obwohl es ja schließlich auch mobil eingesetzt werden kann, nicht dazugehört. Wie sieht es aber mit Tablets aus? In der Mehrzahl der Definitionen wird das Tablet ebenfalls zu den mobilen Endgeräten gezählt, weshalb auch wir es in diese Kategorie einordnen möchten. Auch wenn also ein Kunde zu Hause auf der Couch mit seinem Tablet etwas bestellt, zählt das also zum Mobile Commerce. Dadurch, dass mobile Geräte meist eingeschaltet und online sind, ersetzen sie nämlich auch schon teilweise in den eigenen vier Wänden Desktop-PCs oder Notebooks. Gerade bei einer schnellen Recherche zum Beispiel nebenbei zum Fernsehen wird aus den genannten Gründen eher zum mobilen Gerät gegriffen. Man spricht dabei auch vom Second Screen Effekt. Es wird also neben dem eigentlichen Fernsehscreen noch ein zweiter, nämlich Smartphone oder Tablett, parallel genutzt.

Anfang 2014 gab es in Deutschland über 40 Millionen Smartphones und über 25 Millionen Tablets. Diese Geräte haben die Internetnutzung innerhalb kürzester Zeit stark verändert. Das Internet ist nun nahezu an jedem Ort und schneller denn je verfügbar.

Die rasante Verbreitung von Smartphones und Tablets ist auch auf den folgenden beiden Fotos sehr gut zu erkennen. Beide Bilder wurden auf dem Petersplatz in Rom aufgenommen und zeigen wartende Menschen. Beim ersten Bild (siehe Abbildung 13.1) wurde der Leichnam des kurz verstorbenen Papst Johannes Paul II. in den Petersdom getragen, auf dem zweiten Bild (siehe Abbildung 13.2) wartet die Masse auf den neuen Papst Franziskus.

Abbildung 13.1 Bild wartender Menschen auf dem Petersplatz im Jahr 2005

Abbildung 13.2 Ebenfalls auf dem Petersplatz im Jahr 2013

Auch wenn es unglaublich klingt, zwischen diesen beiden Bilder liegen zwar nur acht Jahre, aber gefühlt Zehntausende Smartphones und Tablets. In Deutschland hat sich in dieser Zeit die Anzahl der Smartphones fast versechsfacht.

Für Sie als Shop-Betreiber bedeutet das, dass mit dem Mobile Commerce ein riesiger Markt auf Sie wartet. Wie Sie von dieser Entwicklung profitieren können, erfahren Sie in diesem Kapitel.

13.1   Unterschiede zwischen E-Commerce und M-Commerce

Im vorigen Abschnitt haben Sie erfahren, dass laut Definition Mobile Commerce ein Teil des E-Commerce ist. Trotzdem gelten aber für Mobile Commerce andere Regeln als für Ihren klassischen Online-Shop. Dies ergibt sich schon aus dem kleineren Display und der unterschiedlichen Bedienung. Die Displaygröße von Smartphones liegt in der Regel zwischen 3 und 5 Zoll und die von Tablets bei 7 bis 11 Zoll, beide also deutlich kleiner als ein herkömmlicher Computer- oder Notebook-Monitor. Ebenfalls muss berücksichtigt werden, dass eine Touchscreen-Bedienung einfach anders ist als die mit einer Maus. Das Klicken auf kleiner Fläche ist mit dem Finger fast unmöglich. Auch Funktionen, bei denen die Maustaste gedrückt gehalten werden muss, funktionieren bei einem mobilen Gerät nicht. Um diesem Umstand gerecht zu werden, sollten Sie also eine separate Mobile-Version ins Netz stellen, die die Besonderheiten von mobilen Geräten berücksichtigt.

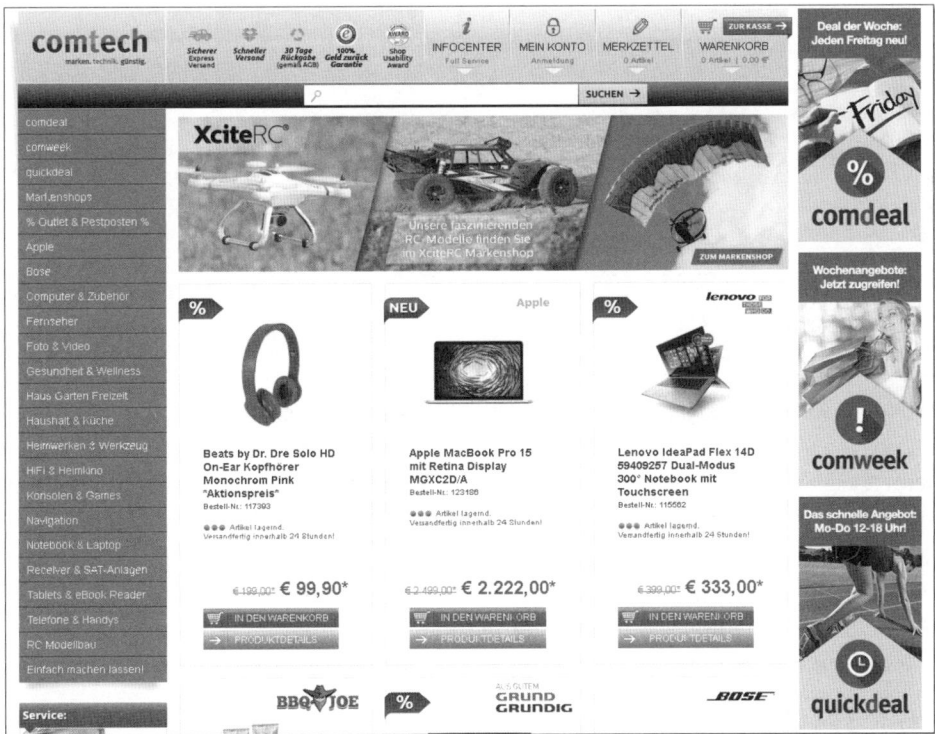

Abbildung 13.3 Klassische Ansicht von »www.comtech.de«

Wenn Sie Abbildung 13.3 mit Abbildung 13.4 vergleichen, sehen Sie zwar den gleichen Shop mit dem identischen Sortiment, bei Abbildung 13.4 ist dieser aber optimiert für Zugriffe von mobilen Endgeräten aus. Bei dieser Optimierung geht es darum, dem Kunden ein positives Einkaufserlebnis zu bieten, damit er den Kauf schneller abschließen kann und somit den Umsatz in Ihrem Shop erhöht.

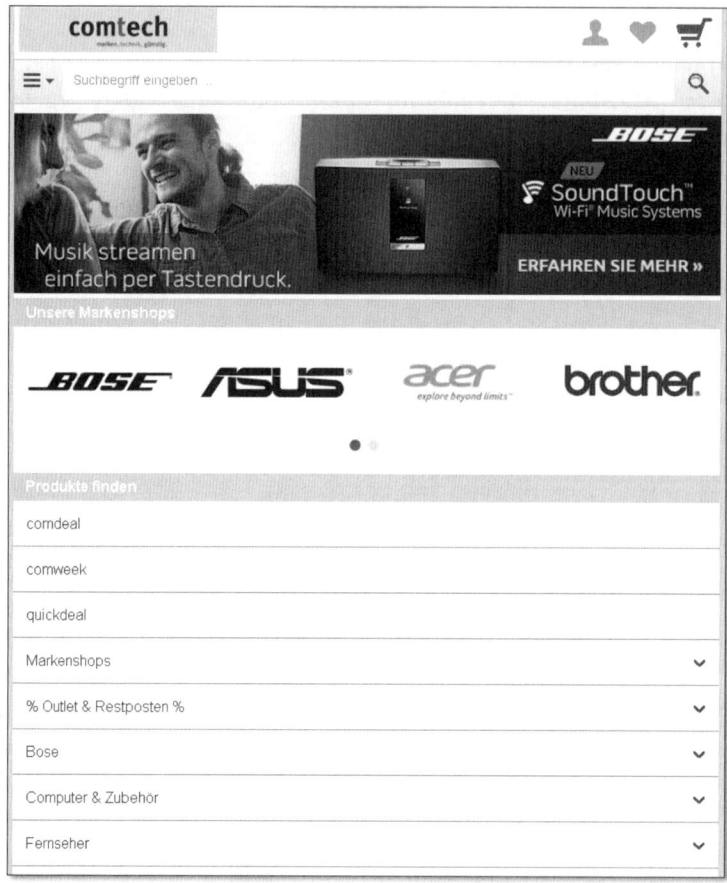

Abbildung 13.4 Für Mobile optimierter Shop von »www.comtech.de«

Beim Vergleich beider Abbildungen können Sie auch sehr gut sehen, dass bei der mobilen Version das Design und die Anzahl der Bilder deutlich reduziert wurden. Neben Gründen der Übersichtlichkeit, ist das auch aufgrund schnellerer Ladezeiten geschehen. Genauso wie in klassischen Online-Shops spielen diese nämlich auch bei Mobile Shops eine Rolle. Aufgrund der geringeren Bandbreite im mobilen Bereich müssen diese Shops aber deutlich ressourcensparender ausfallen.

Lange Ladezeiten, aber auch fehlende Usability gehen auf Kosten der Conversion und somit des Umsatzes. Es gibt Studien, die belegen, dass zwischen Ladezeiten und Conversion ein enger Zusammenhang besteht.

Es ist ein großer Fehler, *den* Mobile Commerce quasi als homogene Masse zu betrachten und generell für Mobile zu optimieren. Innerhalb dieses Teilbereichs des E-Commerce gibt es eine Reihe von unterschiedlichen Aspekten, die ganz individuell berücksichtigt werden müssen. Unter Mobile wird sowohl der Zugriff mit einem Smartphone aus dem mobilen Datennetz als auch aus dem heimischen W-LAN subsummiert. Ebenso fällt ein 3,5 Zoll großes Smartphone-Display unter Mobile wie ein 11 Zoll großes Tablet. Während beim ersten die Darstellung einer regulären Webseite eine Qual für den Nutzer ist, lässt sich das mit einem Tablet schon eher handeln. Daneben kommt es natürlich auf Ihre Produkte und die Ziele an, die Sie an Mobile stellen, wie Sie Ihre mobile Strategie ausrichten. Haben Sie das Ziel, dass Sie über Ihren mobilen Shop direkt etwas verkaufen, oder soll er einfach Appetit machen und den Nutzer dann in einer späteren Session in den regulären Webshop locken? Diese Fragen können nicht pauschal beantwortet werden. Es kommt dabei zu sehr auf die unterschiedlichen Gegebenheiten an. Betreiben Sie zum Beispiel einen B2B-Shop mit hochpreisigen Investitionsgütern, ist ein Abschluss über ein mobiles Endgerät unwahrscheinlicher, als wenn Sie niedrigpreisige Verbrauchsgüter verkaufen. Welche Produkte sich mobil am meisten verkaufen, sehen Sie in Abbildung 13.5. Hiernach haben Produkte aus dem Bereich Mode/Accessoires mit 41,5 % den höchsten Anteil an mobilen Bestellungen.

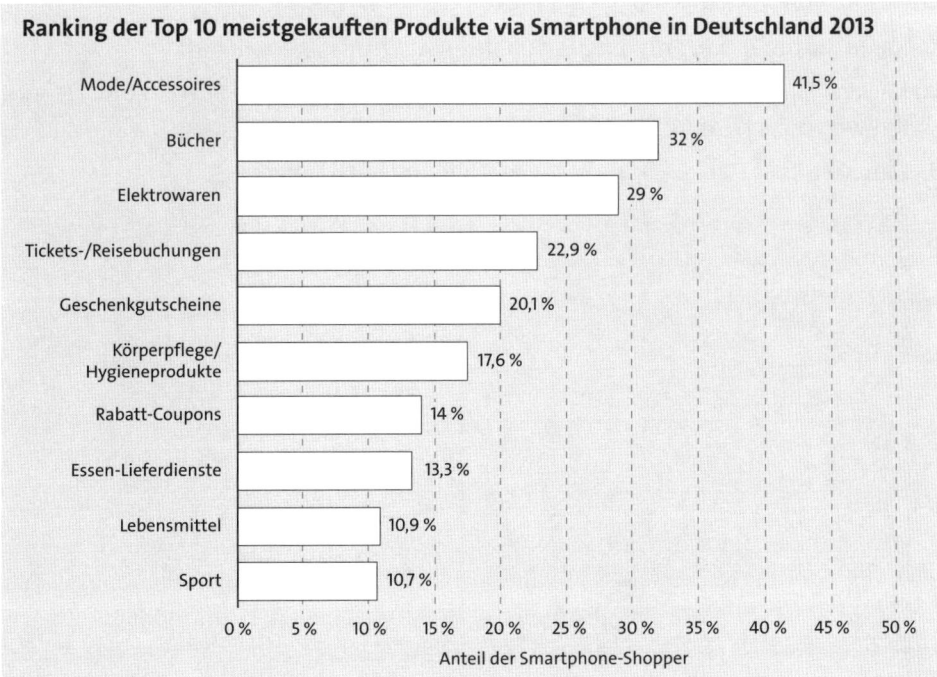

Abbildung 13.5 Statista-Studie über die mobil am meisten gekauften Produkte

13.2   Chancen, Risiken und Nutzen für Shop-Betreiber

Im Jahr 2013 wurden pro Tag weltweit mehr Android-Smartphones aktiviert als es Geburten gab. Auf im Schnitt ca. 1,3 Millionen Android-Registrierungen kommen etwa 300.000 weltweite Geburten täglich. Bereits für das Jahr 2016 wird prognostiziert, dass 80 % aller Internetnutzer über ein mobiles Gerät online gehen. Wer als Online-Händler also verpasst, seine Kunden auch mobil zu erreichen, wird sehr schnell auf der Strecke bleiben. Das Potenzial von Mobile Commerce ist riesig, und die Entwicklung geht rasant voran.

Auch wenn die generelle Entwicklung des mobilen Internets schnell voranschreitet, ist die Relevanz des Mobile Commerce aber von Branche zu Branche unterschiedlich. Aktuell ist es vornehmlich die jüngere Zielgruppe, die von unterwegs aus auf das Internet zugreift. Ab einem Alter von 50 Jahren nimmt die Zahl deutlich ab. Wenn Sie nun also mit Ihren Produkten eher die ältere Generation ansprechen, wird Mobile dort (noch!) kein so großes Thema sein. Wenn Sie aber genauer wissen möchten, wie hoch das mobile Potenzial ist, gibt es einen kleinen Umweg, um dies herauszufinden. Orientieren Sie sich dabei an dem mobilen Suchvolumen , dies gibt Aufschluss darüber, wie relevant das jeweilige Thema bei den Nutzern von mobilen Endgeräten ist. Konkret erfolgt das über den Google AdWords Keyword-Planer. Zu diesem nützlichen Tool von Google gelangen Sie wie folgt:

1. Rufen Sie unter *adwords.google.com* Ihren AdWords-Account auf.
2. Klicken Sie unter Tools auf Keyword-Planer · Traffic-Schätzungen für Keyword-Liste abrufen.
3. Danach öffnet sich die Box, die Sie in Abbildung 13.6 sehen.

Abbildung 13.6 Google Keyword-Planer

Geben Sie dort im entsprechenden Feld die für Sie relevanten Keywords ein. Dabei können Sie sich natürlich an Ihren allgemeinen Keywords orientieren, sollten jedoch beachten, dass das Suchverhalten mobil von dem auf stationären Geräten abweicht. Aufgrund der relativ unkomfortablen Eingabemöglichkeiten bei mobilen Geräten sind mobile Suchanfragen in der Regel kürzer formuliert. Dies könnte sich aber bei einer immer weiter verbesserten Sprachsuche zukünftig ändern.

4. Nachdem Sie die Suchphrasen eingegeben haben, bestätigen Sie mit OK, und Sie kommen auf die nächste Seite (siehe Abbildung 13.7), auf der Sie unter dem Reiter GERÄTE die zu erwartenden Impressions mit den einzelnen Geräten ablesen können.

Natürlich liefert dieses Vorgehen nur einen groben Anhaltspunkt dafür, wie hoch das Interesse im mobilen Bereich an dem jeweiligen Keyword ist. Bei der derzeitigen Entwicklung ist es auch weniger die Frage, ob Mobile für Ihren Online-Shop relevant ist. Es geht hier viel mehr um die Frage, ab wann!

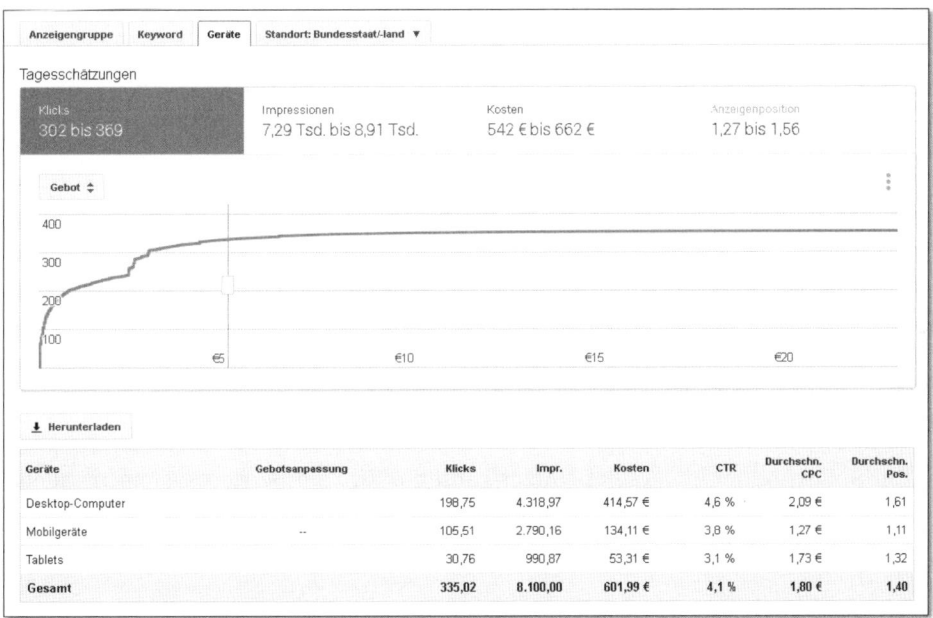

Abbildung 13.7 Geschätzte Impressions, aufgeteilt auf die einzelnen Endgeräte

Wenn Sie eine Webanalyse-Lösung im Einsatz haben, sollten Sie auch dort die Informationen über den Bereich Mobile im Auge haben. Im Gegensatz zu der vorher beschriebenen Methode mit den Suchphrasen, haben Sie in der Webanalyse nicht nur die Möglichkeit zu sehen, über welche Geräte die Besucher in den Shop kamen. Sie können damit auch analysieren, was sie im Shop gemacht haben. Kaufen zum

Beispiel Nutzer über mobile Endgeräte mehr oder weniger als Nutzer, die über klassische PCs auf den Shop zugreifen, oder bleiben sie vielleicht länger im Shop? Das sind nur zwei von vielen Fragen, die über die Webanalyse beantwortet werden können.

13.3   Technische Hürden und Anforderungen

Eine der größten Hürden, wegen der die mobile Optimierung solch eine große Herausforderung darstellt, ist die Darstellung. Mit einem Tablet oder Smartphone zu shoppen unterscheidet sich grundlegend von der Nutzung eines Online-Shops auf einem stationären PC. Die Displays sind bei mobilen Geräten deutlich kleiner, und Tastatur und Maus werden durch Fingergesten ersetzt. Wenn Sie wissen möchten, wie Ihr aktueller Shop auf den unterschiedlichen Endgeräten dargestellt wird, empfiehlt sich die Seite *www.responsive.cc*. Dort wird die Darstellung auf unterschiedlichsten Endgeräten simuliert. Beachten Sie aber bitte, dass solch eine Simulation niemals den Test auf den echten Geräten ersetzen kann.

Wenn Ihr Shop noch nicht für mobile Seiten optimiert ist, lässt er sich zwar trotzdem mit mobilen Geräten aufrufen, die Bedienung ist damit aber sicherlich kein Vergnügen. Ein optimierter Shop muss also her, wenn Sie im mobilen Bereich erfolgreich sein wollen. Es gibt verschiedene Möglichkeiten, die Inhalte für mobile Geräte anzuzeigen:

▶ **Responsive Design**
Hier passt sich der Shop der jeweiligen Bildschirmgröße an.

▶ **Zusätzliche mobile Version des Shops als Web-App**
Ruft ein Mobile-Kunde den Shop auf, leitet ihn eine Browserweiche automatisch um und fragt ab, welche Shop-Version er nutzen will.

▶ **Native Apps**
Der Smartphone- und Tablet-Nutzer kann die für sein Betriebssystem passende App über den jeweiligen Store herunterladen.

13.3.1   Responsive Design

Beim klassischen Shop-Design muss man sich auf eine Bildschirmbreite festlegen, für die der Shop dann optimiert wird. Jetzt gibt es zwei Möglichkeiten. Entweder die gewählte Breite ist zu gering, was zur Folge hat, dass bei großen Bildschirmen viel weißer Rand zu sehen ist, oder der Shop ist zu breit, was dazu führt, dass der Nutzer vertikal scrollen muss. Bei mobilen Endgeräten, mit den relativ kleinen Bildschirmen, kann das dazu führen, dass bei jeder Aktion aufwendig gescrollt werden muss. Von einer reibungslosen Bedienung ist man also in diesem Fall sehr weit entfernt.

Abhilfe schafft hier eine Gestaltung des Shops im Responsive Design. Hierbei wird der Shop so programmiert, dass er bei unterschiedlichen Auflösungen auch unterschiedlich dargestellt wird. Der Shop reagiert somit auf die Information des Browsers und passt je nach Displaygröße den Shop entsprechend an. Das Ziel ist klar, der Shop soll auf jedem Endgerät aufrufbar und einfach zu bedienen sein. Dabei kann der Shop nicht nur auf Mobile oder Nicht-Mobile reagieren, sondern kann auch zum Beispiel auf einem 13 Zoll Netbook einen anderen Shop anzeigen als auf dem 22 Zoll großen Monitor des Desktop-PCs. Sogar wenn das Browserfenster verkleinert wird, ändert sich bei einem Template im Responsive Design die Darstellung.

Die Basis eines im Responsive Design gestalteten Shops ist ein flüssiges Raster. Die Größe des Shops ist durch Prozentwerte definiert und passt sich dem zur Verfügung stehenden Bildschirm an. Außerdem werden beim Design sogenannte Breakpoints gesetzt, die bestimmte Auflösungen definieren, an denen sich das Seitenlayout ändert. Um für jedes Display das passende Layout anzuzeigen, fragt der Shop die jeweilige Auflösung und gerätespezifische Eigenschaften ab. So bekommt er nicht nur die Information der Auflösung, sondern beispielsweise auch, ob es sich bei dem Gerät um einen Touchscreen handelt. Aufgrund dieser Information wird dann vom Shop der passende Inhalt ausgespielt. In Abbildung 13.8 sehen Sie, wie sich die Anordnung der verschiedenen Elemente im Shop bei unterschiedlichen Auflösungen ändert.

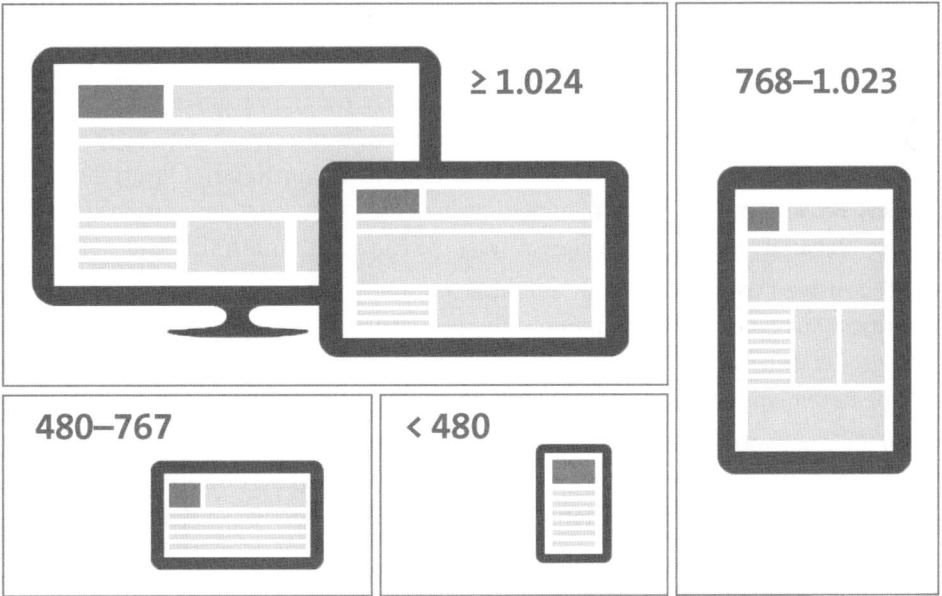

Abbildung 13.8 Je nach Auflösung unterschiedliche Darstellung beim Responsive Design

Alle gängigen Shop-Systeme unterstützen Responsive Design ganz generell. Voraussetzung ist allerdings, dass ein spezielles Template entworfen wird. Der Aufwand für ein Responsive-Design-Template ist deutlich höher als für ein Standard-Template. Dies liegt auch daran, dass es zahlreiche Tests erfordert und immer wieder überprüft werden muss, wie der Shop bei den unterschiedlichen Darstellungen angezeigt wird. Dies hat zur Folge, dass mit ca. 30–40 % höheren Kosten zu rechnen ist. Dafür ist die Content-Pflege bei einem Shop im Responsive Design deutlich einfacher, als wenn Sie die Inhalte für einen mobilen Shop separat pflegen müssten.

Ein weiterer Vorteil ist, dass Responsive Design positiver für Ihre SEO-Maßnahmen ist. Dadurch, dass es ja faktisch nur einen Shop gibt, haben Sie keine Probleme mit Duplicate Content, der sonst durch unterschiedliche Versionen des Shops entstehen könnte.

Bei all den Vorteilen hat Responsive Design aber natürlich auch Nachteile:

▶ Performance: Die Bilder, die in einem mobilen Shop angezeigt werden, werden zwar automatisch kleinskaliert, trotzdem müssen aber die Bilder in der ursprünglichen Größe geladen werden. Auch ausgeblendete Inhalte werden zwar nicht angezeigt, aber dennoch im Hintergrund geladen. Beides sorgt für schlechte Performance, die jedoch im Mobile-Bereich eine wichtige Rolle spielt.

▶ Ältere Browser können Responsive Design nicht anzeigen: Ältere Browser wie der Internet Explorer 6 oder 8 können die Anweisungen des Responsive Designs nur durch einen Workaround verstehen und ausführen. Bei der Darstellung auf mobilen Geräten spielt das zwar keine Rolle, bei PCs und Notebooks sind diese Browser aber tatsächlich noch verbreitet. Da diese Browser nun schon einige Jahre auf dem Buckel haben und neben dem Problem mit dem Responsive Design noch weitere Schwachstellen existieren, ist es in der Regel nicht notwendig, Ihren Shop auf diese Browser zu optimieren. Auch hier wieder der Hinweis: Schauen Sie sich über Ihre Webanalyse an über welche Browser die Nutzer auf Ihren Shop zugreifen.

▶ Responsive Design kann nicht auf Smartphone-Funktionen zugreifen: Wenn der Nutzer auf spezielle Funktionen, wie zum Beispiel die Kamera oder das GPS, zugreifen soll, ist dies mit einem Responsive Shop nicht möglich. Dies ist nur über eine native App möglich.

▶ Inhalt: Für mobile Nutzer ist die Anordnung der Elemente oft nicht in der richtigen Reihenfolge. Das hat zur Folge, dass der Nutzer lange scrollen muss, um zu der gewünschten Stelle zu kommen. Generell kann es schwierig werden, wenn Sie den kompletten Inhalt des Shops auf einem Smartphone-Display abbilden wollen.

▶ Sollten Sie sich für einen Shop im Responsive Design entscheiden, müssen Sie die einzelnen Elemente im Shop priorisieren. Sie werden auf einem Smartphone nicht alle Informationen darstellen können, weshalb es wichtig ist, eine Hierarchisierung der Inhalte vorzunehmen. Die relevanten und wichtigen Inhalte müssen bei der Smartphone-Ansicht im Vordergrund stehen. So können Sie beispielsweise bei der Darstellung für das Smartphone auf grafisch aufwendige Banner auf der Startseite verzichten und stattdessen die Suche in den Vordergrund rücken.

Günstige Fertig-Templates

Einige bieten im Internet fertige Templates im Responsive Design an. Diese Templates gibt es dort zu Preisen zwischen ca. 100–300 €. Rein technisch ist nichts gegen solche Templates einzuwenden, und gerade für kleinere Shops bieten sie eine kostengünstige Alternative zu einem individuell für sie programmierten Template. Der Nachteil ist jedoch, dass solch ein Standard-Template natürlich auch von anderen Online-Shops genutzt werden kann. Zwar kann das Design auch angepasst werden, dabei entstehen aber wieder Kosten.

Anbieter solcher Templates sind zum Beispiel:

▶ *www.templatemonster.com*
▶ *www.themeforest.net*
▶ *www.shop-templates.com*
▶ *www.templatescout.de*

13.3.2   Mobiler Online-Shop

Eine weitere Möglichkeit, Ihren Shop für mobile Zugriffe zu optimieren, ist ein spezieller mobiler Shop. Der mobile Shop wird parallel zum Standard-Shop betrieben und ist von diesem, was das Design angeht, komplett losgelöst. Der Nachteil dieser Variante ist allerdings, dass dadurch ein erhöhter Pflegebedarf besteht, da Inhalte in beiden Versionen gleich gut dargestellt werden müssen.

Die Inhalte von mobilen Shops sind oft stark reduziert, so dass nicht alle Funktionen zur Verfügung stehen. Außerdem enthalten Sie oft weniger Grafiken und Bilder, um die Ladezeiten zu reduzieren. Dabei ist es ein schmaler Grat, welche Funktionen Sie im mobilen Shop zugunsten einer besseren Performance weglassen. Nicht jeder Nutzer greift tatsächlich über das mobile Datennetz auf Ihren Shop zu. Viele nutzen zum Beispiel das Tablet auch zu Hause und erwarten dann darüber die gleichen Inhalte wie über die Desktop-Version.

Was Ihre Nutzer tatsächlich vom mobilen Shop erwarten, können Sie im Vorfeld über die Webanalyse herausfinden. Filtern Sie nach mobilen Zugriffen, und schauen Sie sich an, welche Bereiche auch mobil eine große Beachtung finden und welche eher weniger aufgerufen werden.

Der Aufruf einer mobilen Seite kann mit jedem Mobile-Browser stattfinden, wobei zu beachten ist, dass manche Technologien, wie zum Beispiel Flash, auf mobilen Geräten in der Regel nicht funktionieren.

Die Auswahl, welche Version, also Mobile oder Desktop, angezeigt wird, findet in der Regel automatisch statt. Für die separaten Inhalte gibt es zwei Möglichkeiten. Entweder steht die mobile Version unter einer eigenen URL zur Verfügung, oder beide Shops sind unter derselben URL erreichbar. In der Praxis hat sich bewährt, den mobilen Shop über eine Subdomain aufrufbar zu machen. Hier hat sich entweder *mobil.domain.de* oder die Kurzform *m.domain.de* etabliert. Diese Subdomains können Sie auch separat publik machen, und der Nutzer weiß sofort, dass es sich dabei um einen auf Mobile optimierten Auftritt handelt. Außerdem hat es gewisse Vorteile für die Suchmaschinenoptimierung, worauf wir in Abschnitt 9.1 genauer eingegangen sind.

Bei einer separaten mobilen Webseite kommt es ganz wesentlich darauf an, herauszufinden, ob es sich um eine Anfrage von einem mobilen Gerät handelt oder nicht. Hierfür wird der User-String ausgelesen. Beim User-String handelt es sich sozusagen um die Visitenkarte des Browsers, mit der er sich vorstellt. In ihm wird unter anderem angegeben, welches Betriebssystem und welcher Browser verwendet werden. Anhand dieser Informationen wird entschieden, ob der Nutzer die Mobile- oder die Desktop-Version angezeigt bekommt.

13.3.3 Web-Apps und native Apps

Die dritte Möglichkeit, Ihren Shop mobil zu optimieren, ist eine App. Hierbei werden zwei Arten von Apps unterschieden: die sogenannte Web-App und die native App.

Die native App ist eine Anwendung, die speziell für ein Smartphone-Betriebssystem entwickelt wurde und über den jeweiligen App Store zum Download zur Verfügung steht. Der Vorteil solcher nativen Apps ist, dass sie auch ohne Online-Verbindung funktionieren können. Die Inhalte können offline gespeichert werden und stehen somit ohne lange Ladezeit zur Verfügung. Ihr Angebot ist somit immer verfügbar und die Ladezeit entsprechend kurz. Außerdem kann auf die Smartphone-Hardware wie Kamera, GPS oder die Sprachsteuerung zugegriffen und so Ihren Kunden ein noch größerer Nutzen geboten werden. Was die Wahrnehmung angeht, ist die native App sicherlich die hochwertigste Form einer mobilen Präsenz. Unter Umständen werden auch rein durch die Listung im App Store neue, potenzielle Kunden auf Sie aufmerksam.

Dadurch dass Sie für jedes Betriebssystem eine eigene App entwickeln müssen, sind aber auch die Kosten für eine native App höher als die für einen mobilen Shop. Der Hauptnachteil ist aber, dass Ihre potenziellen Kunden zuerst die App herunterladen müssen, um in Ihrem Shop etwas zu kaufen. Dies sorgt natürlich für Abbrüche, weshalb eine native App nur zusätzlich zu einer anderen mobilen Darstellung gewählt werden sollte.

Eine mögliche Alternative stellt die sogenannte Web-App dar. Im Vergleich zur nativen App ist sie ohne vorherigen Download verfügbar und kann mit jedem gängigen Browser aufgerufen werden. Dank HTML5 und *local storage* ist es auch bei einer Web-App möglich, lokal Inhalte zu speichern und diese offline verfügbar zu machen. Was die Darstellung angeht, ist die Web-App ähnlich aufgebaut wie die native App und auf den ersten Blick nur schwer von dieser zu unterscheiden. In Abbildung 13.9 sehen Sie die native App von Zalando.

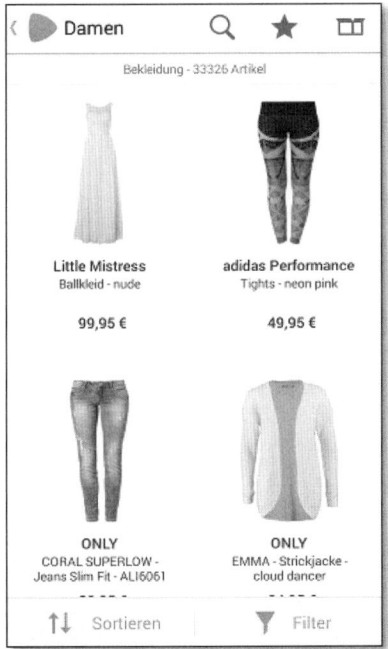

Abbildung 13.9 Native App von Zalando

Der Aufbau von beiden Apps ist sehr ähnlich gewählt. Die Web-App in Abbildung 13.10 bietet zum Beispiel mit einem integrierten Barcode-Scanner noch mehr Funktionen als die Web-App. Ein gutes Marketinginstrument bei nativen Apps sind darüber hinaus Push-Nachrichten, die dann direkt auf dem Smartphone des Nutzers landen und somit den Umsatz in Ihrem Shop ankurbeln können. Ist eine native App Ihres Shops erhältlich, muss es auch Ziel sein, diese unter Ihrer Zielgruppe zu verbreiten. Das ist nämlich auch der Nachteil einer nativen App. Der Nutzer muss die App erst über den jeweiligen App Store installieren, bevor er sie nutzen kann. Eine native App ist deshalb nur für wirklich große Online-Shops geeignet.

Abbildung 13.10 Web-App von Zalando

13.3.4 Anbieter mobiler Shops

Es gibt eine Reihe von Anbietern, die sich darauf spezialisiert haben, von bestehenden Shops mobile Applikationen zu erstellen. Bekannte Anbieter sind zum Beispiel *www.shopgate.de* und *www.couchcommerce.de*.

Shopgate zum Beispiel wirbt damit, dass es mit jedem gängigen Shop-System funktioniert und darüber hinaus noch zu weiteren Anbietern, wie zum Beispiel für Payment und Webanalyse, Schnittstellen unterhalten. Durch diese Schnittstellen ist es relativ einfach und somit auch günstig möglich, aus Ihrem bestehenden Shop eine mobil optimierte Anwendung zu machen. Auf einen Schlag sind somit von Ihrem Shop eine mobile Version und zusätzlich auch native Apps von Android und iOS verfügbar.

Preislich ist es meist eine Kombination aus einer fixen monatlichen Gebühr zzgl. eines prozentualen Anteils am Umsatz. Die Fixkosten liegen bei ca. 50 € im Monat und sind somit im Vergleich zu einer speziell für Sie programmierten Version recht günstig. Zu den niedrigen Monatsgebühren kommt aber in der Regel noch eine umsatzabhängige Gebühr hinzu, die dann auf den zweiten Blick solche Dienste doch teurer machen als ursprünglich gedacht. Nichtsdestotrotz sind die Kosten transparent und die Vertragslaufzeiten kurz. Es spricht also wenig dagegen, mit diesen Diensten in den M-Commerce einzusteigen. Ein Grund würde aber trotz der transparenten Kosten dagegensprechen. Machen Sie nicht den Fehler und bringen mobil eine »Lightversion« Ihres klassischen Shops heraus. Gibt es Funktionalitäten, die Ihren Shop von anderen unterscheidet, wie zum Beispiel spezielle Konfiguratoren, sollten diese auch mobil realisiert werden, schon allein um Ihren USP nicht aufs Spiel zu setzen. Der Nachteil von solchen standardisierten Diensten ist jedoch, dass es durch das standardisierte Verfahren wenig Spielraum für Änderungen gibt. Eigene, spezielle Features können mit solchen Dienstleistern daher nur schwer und wenn oft mit Mehrkosten umgesetzt werden.

Damit Sie sich selbst ein Bild von der Integration solch einer Lösung machen können, finden Sie auf den folgenden Seiten die Integration eines Shopgate-Shops erklärt. Diese ist recht einfach und mit einigen Grundkenntnissen in ca. einer Stunde abgeschlossen.

1. **Account beantragen**
   Shopgate bietet die Möglichkeit, die Dienste 4 Wochen kostenlos und unverbindlich zu testen. Nutzen Sie diese Möglichkeit, um zu sehen, wie Ihr Shop mobil angezeigt wird. Außerdem haben Sie dadurch die Möglichkeit, zu testen, wie der mobile Shop von Ihren Kunden angenommen wird. Vergessen Sie deswegen auch nicht, Ihre Webanalyse-Lösung im mobilen Shop zu integrieren. Dazu aber später mehr.

   Um einen Test zu beantragen, besuchen Sie die Shopgate-Website unter *www.shopgate.de* und klicken dort den Button JETZT KOSTENLOS TESTEN.

   Daraufhin öffnet sich ein Fenster, in dem Sie einige Daten von sich und Ihrem Shop eingeben müssen.

2. **E-Mail-Adresse bestätigen und erste Schritte**
   Shopgate schickt Ihnen im zweiten Schritt eine E-Mail, in der Sie ein Passwort festlegen und Ihre E-Mail-Adresse bestätigen müssen. Wenn Sie dies erledigt haben, bekommen Sie eine E-Mail mit den ersten Schritten. Loggen Sie sich mit Ihren Zugangsdaten ein. Nun sind Sie in Ihrem Shopgate-Konto und haben Zugang zu den unterschiedlichsten Funktionalitäten. Da Sie Ihren mobilen Shop erst konfigurieren müssen, nutzen Sie am besten den »Going Live Wizard«. Er führt Sie Schritt für Schritt durch die Einrichtung.

3. **Logo und Grafiken einfügen**
   Der erste Schritt der Personalisierung ist das Einfügen von Logos und Grafiken. Hier haben Sie sehr große Einflussmöglichkeit auf die Gestaltung. Neben eigenen

Logos für Smartphones und Tablets können Sie dort vom Icon für die Apps bis hin zur Ladeansicht viele Konfigurationen vornehmen.

4. **Farben anpassen**

Neben den Logos müssen natürlich auch die Farben im Shop angepasst werden, um diesen im Corporate Design anzuzeigen. Shopgate bietet hier fertige Themes, die aber noch weiter angepasst werden können. Suchen Sie sich hier nicht das Schönste aus, sondern das, das Ihrem aktuellen Template am ähnlichsten ist. In Abbildung 13.11 sehen Sie, wie die Farben der einzelnen Elemente noch weiter angepasst werden. Dies geschieht entweder über eine Farbpalette oder durch direkte Eingabe des HTML-Farbcodes. Wenn Sie die Farbcodes Ihres Shops nicht kennen, können Sie diesen messen. Dazu gibt es verschiedene Browser-Add-ons, wie zum Beispiel ColorZilla unter *www.colorzilla.com*. Ist dieses Add-on aktiviert, steht Ihnen eine Art Pipette zur Verfügung, über die der Farbwert gemessen werden kann. Diesen müssen Sie dann nur noch kopieren und in Shopgate einfügen.

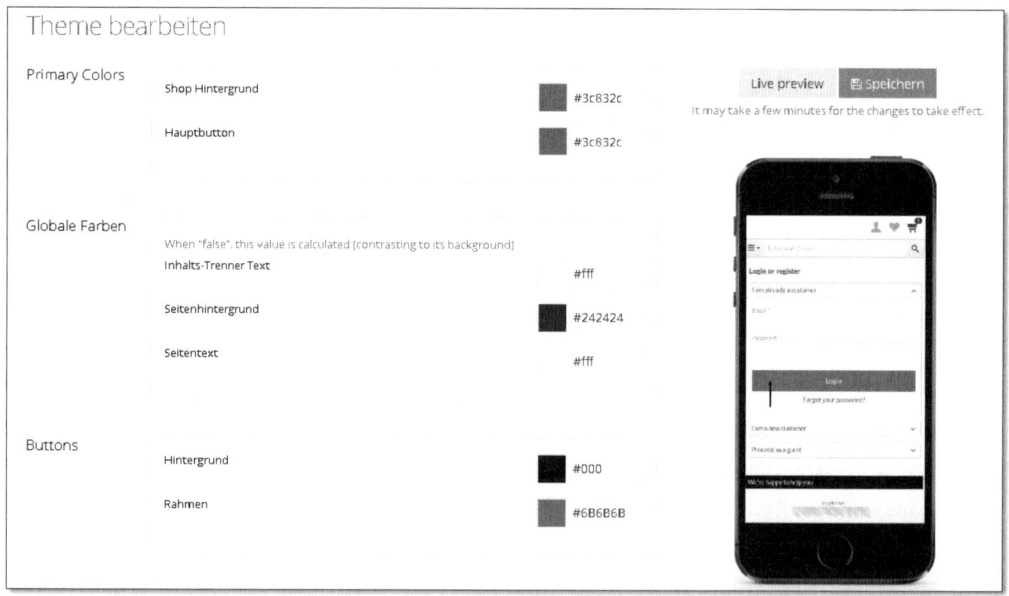

Abbildung 13.11 Das ausgewählte Template kann noch weiter angepasst werden.

5. **Teaser anlegen**

Natürlich sollte Ihr Shop auch in der mobilen Version über Teaser verfügen, die spezielle Aktionen bereits auf der Startseite anpreisen. Hier wählen Sie zuerst das Layout, also wie Ihre Teaser angeordnet sein sollen. Im nächsten Schritt können Sie für jede Position ein Bild einfügen. Wenn Sie mehrere Bilder in eine Zelle laden, macht Shopgate davon automatisch eine Slideshow. Auch hier gibt es wieder eine

Version für Smartphones und eine für Tablets. In Abbildung 13.12 sehen Sie die Anpassungsmöglichkeiten für Smartphones.

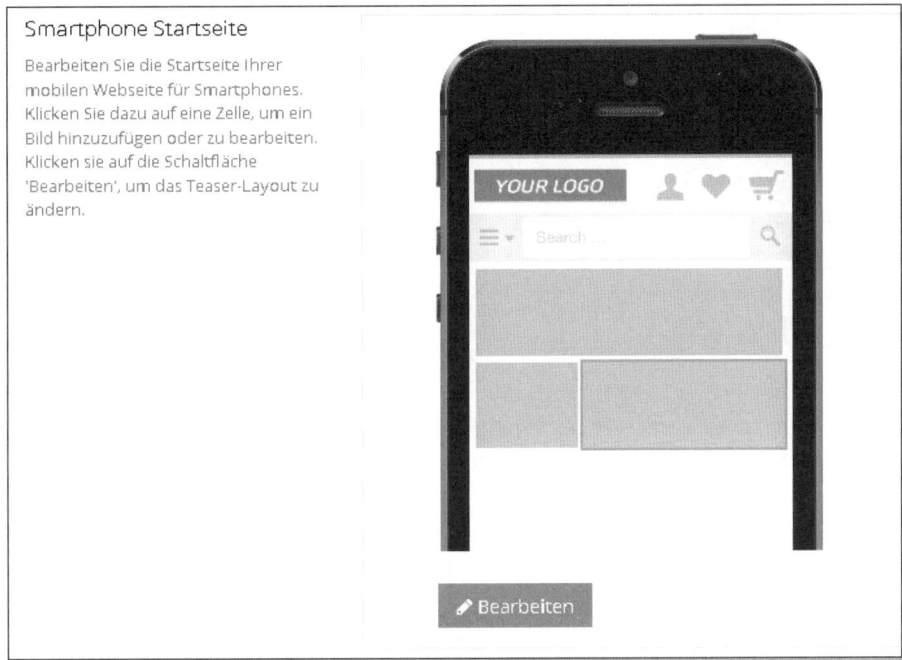

Smartphone Startseite

Bearbeiten Sie die Startseite Ihrer mobilen Webseite für Smartphones. Klicken Sie dazu auf eine Zelle, um ein Bild hinzuzufügen oder zu bearbeiten. Klicken sie auf die Schaltfläche 'Bearbeiten', um das Teaser-Layout zu ändern.

Abbildung 13.12 Anpassung der Smartphone-Teaser auf der Startseite Ihres Shopgate Shops

6. **Schnittstelle einrichten**

Nachdem Sie den Shop nun grafisch angepasst und die Logos hochgeladen haben, kommt es zum wichtigsten Schritt. Sie müssen natürlich Ihren bestehenden Shop mit dem Shopgate-Shop verknüpfen. Nur so können Sie auf einen identischen Produktkatalog zurückgreifen.

Shopgate bietet hier fertige Plug-ins für nahezu jedes gängige Shop-System. In der Einrichtung unterscheiden sich die einzelnen Shop-Systeme nur im Detail. In diesem Beispiel demonstrieren wir Ihnen die Einrichtung eines XT Commerce Shops 4.1.

Laden Sie das Shopgate-Plug-in auf Ihren Rechner, und installieren Sie das Plug-in über einen FTP-Server in Ihrem Shop.

7. Nun müssen Sie die Dateiberechtigungen ändern. Klicken Sie hierzu mit der rechten Maustaste auf die jeweilige Datei, und wählen Sie dann DATEIATTRIBUTE aus. Jede Datei muss über Lese-und Schreibrechte verfügen. Bei Filezilla sieht das Fenster dann aus wie in Abbildung 13.13.

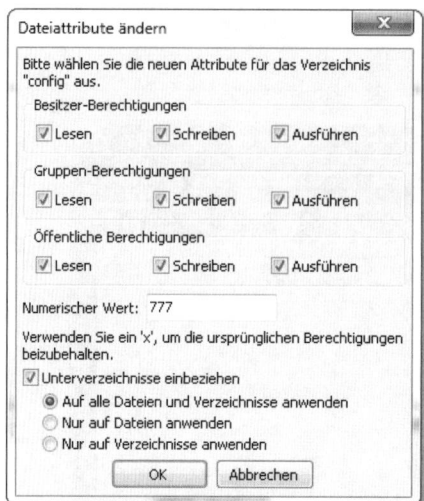

Abbildung 13.13 Ändern der Dateiattribute bei Filezilla

8. Wechseln Sie nun ins Backend Ihres XT Commerce Shops, und wählen Sie dort, wie in Abbildung 13.14 zu sehen, INHALTE • PLUGIN • DEINSTALLIERTE PLUGINS aus. In dieser Liste finden Sie auch das Shopgate-Modul. Mit einem Doppelklick auf das Modul können Sie dieses aktivieren. Das Modul ist nach der erfolgreichen Installation unter INSTALLIERTE PLUGINS zu finden.

Abbildung 13.14 Installation des Shopgate-Plug-ins
über das XT-Commerce-Backend

9. Wechseln Sie nun in das Verzeichnis INSTALLIERTE PLUGINS. Sie sollten dort das Shopgate-Backend finden. Wenn nicht, schließen Sie diesen Dateireiter und öffnen ihn erneut. Mit Doppelklick auf das Plug-in öffnen Sie dieses, wo sie zu den erweiterten Einstellungsmöglichkeiten kommen.

Tragen Sie in dieser Maske die Daten ein, die Sie von Shopgate bekommen haben (siehe Abbildung 13.15). Es geht hier nur um die mit einem Stern markierten Felder. Bei den restlichen Feldern können Sie erst einmal die Standardeinstellungen belassen.

Abbildung 13.15 Anmeldeinformationen von Shopgate im XT-Commerce-Shop eintragen

10. Wie in Abbildung 13.16 zu sehen, ist der letzte Schritt die Eintragung Ihrer Shop-URL im Shopgate-Backend. Die Basisintegration ist nun abgeschlossen, und Ihr mobiler Shop kann nun aufgerufen werden. Um aber tatsächlich Bestellungen abwickeln zu können, müssen Sie noch die Zahlungsarten und die Versanddienstleister anlegen. Auch dies geschieht über das Shopware-Backend unter dem Menüpunkt EINSTELLUNGEN. Wählen Sie dort die Zahlungsarten aus, die Sie in Ihrem mobilen Shop anbieten möchten, und legen Sie Ihren Versanddienstleister fest, den Sie für Ihre Lieferungen nutzen möchten. Mit diesem Schritt ist die Einrichtung Ihres mobilen Shops über Shopgate abgeschlossen.

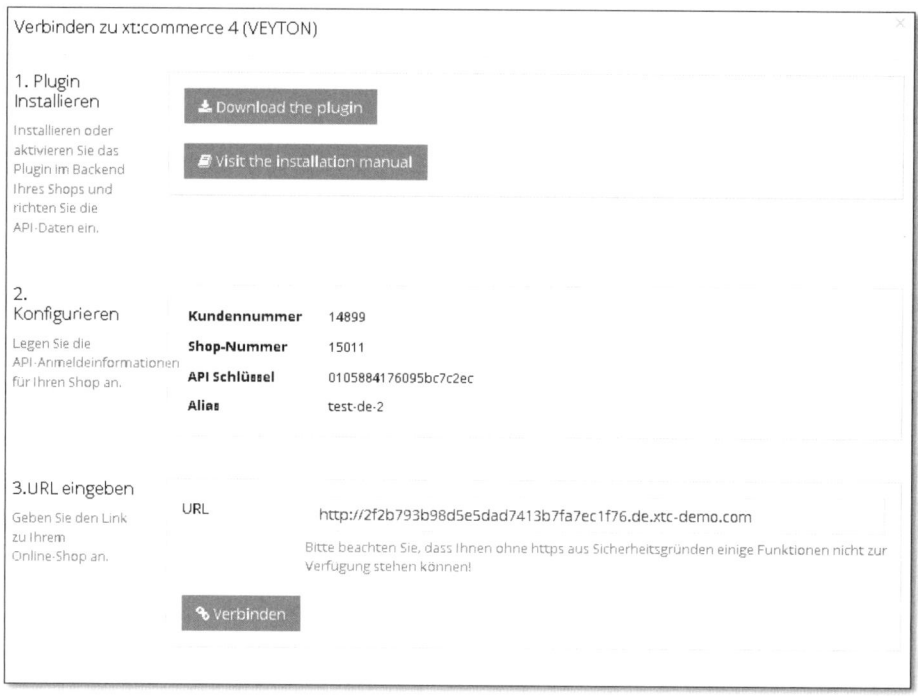

Abbildung 13.16 Letzter Schritt unter Punkt 3 ist die Eintragung der Shop-URL.

13.3.5　Was ist die beste Lösung im Mobile Commerce?

Die beste Lösung gibt es nicht, denn wie Sie bereits in der Vorstellung gelesen haben, hat jede Lösung ihre ganz spezifischen Vor- und Nachteile. Bevor Sie sich für eine Lösung entscheiden, machen Sie sich Gedanken darüber, welche Funktionen benötigt werden. Der Vorteil einer nativen App, dass Sie dort etwa auf die Smartphone-Hardware zugreifen können, ist dahin, wenn Sie diese Funktionen sowieso nicht einplanen. Es geht also darum, die für Sie beste Lösung zu finden. Wenn Sie generell über einen Relaunch des Shops nachdenken, lassen Sie sich gleich ein Angebot über ein Responsive Design erstellen. In diesem Fall kann das Responsive Design tatsächlich die wirtschaftlichste Lösung sein. Ein kostengünstiger Einstieg bieten Anbieter wie Shopgate, wobei aber auch Abstriche gemacht werden müssen, was den Funktionsumfang und die Individualität angeht. Wie immer muss der Nutzer in den Vordergrund gestellt werden. Das Smartphone wird überwiegend für eine schnelle Informationsbeschaffung von unterwegs aus verwendet, während das Tablet auf einem guten Weg ist, das Notebook für die Nutzung zu Hause abzulösen. Was die Zeit angeht, wird das Smartphone eher tagsüber verwendet, wobei die Tablet-Nutzung den Höhepunkt zwischen 18 und 22 Uhr hat, wie Sie in der Grafik in Abbildung 13.17 sehen können. Diese Grafik stammt aus der Studie »Mobile Commerce Insights«, bei der mehr als 5.000 mobile Bestellungen ausgewertet wurden.

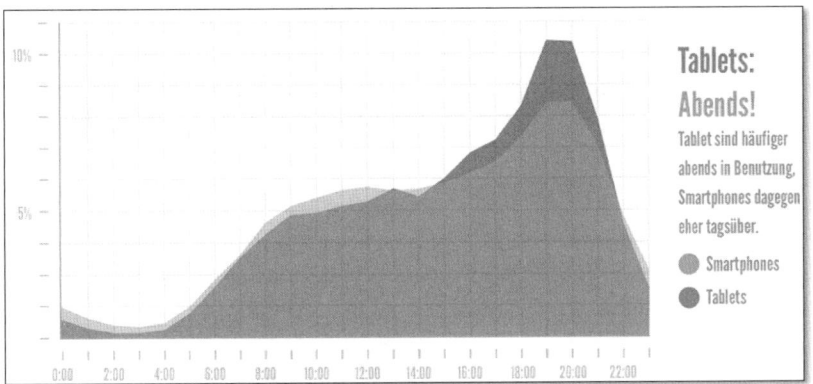

Abbildung 13.17 Tablets werden abends deutlich häufiger verwendet als tagsüber.

13.3.6 SEO für Ihren mobilen Shop

Auch für Ihren mobilen Shop ist es wichtig, dass dieser gefunden wird. Viele potenzielle Kunden nutzen ihr Smartphone, um in stationären Geschäften Informationen oder Preise über die dort gesehenen Produkte einzuholen. Entsprechend wichtig ist es für Ihren Shop, dass er bei den Ergebnissen möglichst weit oben gelistet wird. Dass ein nicht mobil optimierter Shop bei den Nutzern Frust auslösen kann, ist Ihnen bereits bekannt. Auch Suchmaschinen ranken einen nicht mobil optimierten Shop schlechter als einen, der speziell für mobile Endgeräte konzipiert wurde. Am 21.4.2015 gab es von Google eine große Änderung im Suchalgorithmus. Wird eine Suche auf einem Smartphone durchgeführt, werden Seiten oder Shops, die nicht für ein mobiles Endgerät optimiert sind, schlechter gerankt. Welche Faktoren dabei eine besonders große Rolle spielen, können Sie in Abschnitt 9.3, »On-Page-Optimierung«, nachlesen.

Neben diesen »mobilen Ausnahmen« gibt es aber auch viele Kriterien, die sowohl im Standard als auch im mobilen Shop gleich sind. So spielt der Inhalt des Shops natürlich auch in der mobilen Optimierung eine große Rolle. Bei einem mobilen Shop stammen die Inhalte in der Regel vom Haupt-Shop, was dafür sorgt, dass bei einem gut optimierten Haupt-Shop natürlich auch der mobile Shop von der On-Page-Optimierung profitiert. Das gilt aber natürlich nur für die Suchbegriffe, die bei beiden Geräteklassen gleich sind. Die Suchanfragen und das Suchverhalten unterscheiden sich allerdings etwas voneinander. So werden mobile Suchanfragen oft mit Orten kombiniert, was bei einem Online-Shop weniger eine Rolle spielt. Viel mehr Rücksicht genommen werden muss auch auf die Darstellung der Suchergebnisse. Der sichtbare Bereich bei mobilen Endgeräten ist deutlich kleiner, wird jedoch bewusster wahrgenommen. Dadurch erhalten die sofort sichtbaren Suchtreffer deutlich bessere Klickraten. Auf langes Scrollen oder auf das Blättern auf Seite 2 verzichten die meisten Mobil-Nutzer. Die Toptreffer der Suchanfrage nehmen also auf mobilen Endgeräten noch eine wesentlich bedeutendere Rolle ein als bei der Desktop-Suche.

Ein weiterer relevanter Rankingfaktor ist die Ladezeit. Eine zu lange Ladezeit ist ein K.-o.-Kriterium in jedem Online-Shop. Mobile Nutzer möchten schnelle Informationen und nicht lange auf ein Ergebnis warten. 70 % der mobilen Nutzer erwarten, dass eine Seite innerhalb von 2 Sekunden geladen wird. Die Suchmaschine lässt daher diesen Faktor in das Ranking mit einfließen und rankt langsame Shops schlechter. Beachten Sie daher folgende Tipps, um die Performance Ihres Shops zu erhöhen:

▶ **Codes auf der Seite reduzieren**
Je weniger Code die Seite enthält, desto weniger Daten müssen übermittelt werden. Reduzieren Sie die Menge an Code auf Ihrem mobilen Shop, und verringern Sie somit die Ladezeiten.

▶ **Nur erforderliche Daten laden**
Es sollten nur Elemente geladen werden, die der Kunde tatsächlich benötigt, um die aktuelle Seite optimal betrachten zu können. Außerdem sollten Daten vorgeladen werden. Haben Sie zum Beispiel eine Produktgalerie mit Bildern in Ihrem Shop, sollten zunächst nur die oberen angezeigten Grafiken geladen werden. Dadurch lässt sich auch die Seite schneller bedienen, als wenn erst alle Bilder auf einmal geladen werden müssen.

▶ **Geschwindigkeit der Seite testen**
Um die Ladezeit einer Seite so schnell wie möglich zu gestalten, ist es besonders wichtig, alle Veränderungen, die im mobilen Shop vorgenommen werden, ausreichend zu testen. Google bietet mit den PageSpeed Insights ein kostenloses Tool zur Messung der Ladezeit. Rufen Sie *https://developers.google.com/speed/pagespeed/insights* auf, und geben Sie die URL Ihres Shops ein. Sie bekommen dann eine getrennte Auswertung für den Desktop und den mobilen Shop mit Anzeige des Optimierungspotenzials.

13.4   Fazit

Die Frage, ob Mobile Commerce für Ihren Shop einen relevanten Umsatzanteil erwirtschaftet, wird sich nicht stellen. Aktuell geht es nur um die Frage, wann der richtige Zeitpunkt für den Einstieg in diesen Bereich ist. Die rasanten Wachstumzahlen sprechen für sich. Auch wenn aktuell noch nicht alle Branchen gleich davon profitieren, wird diese Tendenz immer weiter fortschreiten. Wenn bei Ihnen ein Relaunch des Onlineshops ansteht, sollten Sie auf jeden Fall auch ein mobiles oder gleich ein responsives Template beauftragen. Bei bereits bestehenden Onlineshops bieten Dienste wie Shopgate oder Couchcommerce Möglichkeiten, um den Onlineshop mit überschaubarem Aufwand für mobile Geräte zu optimieren.

Kapitel 14

Internationalisierung – neue Märkte erschließen und im Ausland verkaufen

Einer der größten Vorteile eines Online-Shops besteht darin, Produkte und Dienstleistungen grenzübergreifend auf der ganzen Welt verkaufen zu können. Warum also nur auf Deutschland beschränken, wenn Sie ganz Europa beliefern können?

Wenn Sie sich als Online-Shop-Betreiber mit dem Inhaber eines stationären Ladengeschäfts, beispielsweise in einem Einkaufszentrum oder einer belebten Einkaufsstraße, unterhalten, werden Sie früher oder später mit einem bekannten Vorurteil konfrontiert werden. Der »arme« stationäre Händler wird Ihnen als Online-Shop-Betreiber nämlich erklären, wie stark er doch von seiner Umgebung abhängig ist. Bleiben in dem Einkaufszentrum oder in der Innenstadt die Kunden aus, läuft bedingt dadurch das eigene Geschäft schlecht, und auf die Entwicklung des Umfeldes hat der stationäre Händler ja nun leider keinen Einfluss. Genau dieses Problem haben Sie, so zumindest aus der Sicht des stationären Händlers, hingegen nicht. Denn als Online-Händler beläuft sich Ihre Zielgruppe von Haus aus schon auf das gesamte Bundesgebiet. Damit aber nicht genug! Mit Ihrem Online-Shop können Sie im Handumdrehen und ohne große Mühe jedem Menschen in Europa oder gar auf der ganzen Welt mit Ihren Produkten versorgen. Denn der Zugriff auf Ihren Online-Shop ist schließlich von überall aus der Welt möglich.

Weit gefehlt! Natürlich kann die gesamte Welt auf Ihren Online-Shop zugreifen, aber dadurch allein verkaufen Sie keine Produkte. Sprachbarrieren, länderspezifisches Konsumverhalten, rechtliche Rahmenbedingungen, unterschiedliche Preisniveaus sowie weitere Anforderungen an die Logistik und das Thema Payment sind Dinge, mit denen Sie sich als Shop-Betreiber beschäftigen müssen, wenn Sie eine Internationalisierung Ihres Geschäfts planen.

Genau diese Punkte werden wir in diesem Kapitel analysieren und mögliche Vorgehensweisen ausarbeiten. Denn im Gegensatz zum weit verbreiteten Mythos, dass die Erschließung neuer Märkte im E-Commerce ein Kinderspiel sei, müssen Sie hierbei einiges beachten, um tatsächlich erfolgreich agieren zu können. So einfach nämlich, wie sich der stationäre Handel die Internationalisierung im E-Commerce vorstellt, ist es bei Weitem nicht.

14.1   So ermitteln Sie die Erfolgsaussichten im Vorfeld

Bevor Sie starten und Ihren Online-Shop in weiteren Ländern veröffentlichen, müssen Sie sich zuerst die Frage nach dem Warum stellen. Sprich warum möchten Sie in anderen Ländern aktiv werden, und warum ist die Präsenz im Ausland für Ihr Geschäft so überaus wichtig?

Denn mit der Präsenz in jedem weiteren Land erhöht sich für Sie als Online-Shop-Betreiber der Aufwand. Bedenkt man, dass gerade in der Anfangsphase viele Online-Shop-Betreiber schon mit den Tätigkeiten im deutschsprachigen Markt äußerst gut ausgelastet, wenn nicht überlastet sind, muss man sich die Expansion ins Ausland im Vorfeld sehr gut überlegen. Denn wie eingangs erwähnt, reicht es nicht aus, die Produkttexte zu übersetzen und im Online-Shop eine weitere Sprachversion zu installieren. Das hat mit Internationalisierung im E-Commerce nichts zu tun. Vielmehr geht es darum, den Bürgern in den jeweiligen Ländern eine perfekte Customer-Experience zu bieten. Diese beginnt beim Produktkatalog, reicht bis hin zur Preisbildung, den Zahlungs- und Versandmöglichkeiten und endet beim Support. Sie als Online-Shop-Betreiber müssen sich daher um so viele Dinge kümmern, weshalb eine Expansion in weitere Märkte nur dann möglich ist, wenn Sie den zusätzlichen Aufwand gut meistern können. Stellen Sie sich daher zuerst die Frage, ob denn eine Expansion im momentanen Zustand sinnvoll ist, das heißt, Ihnen wirtschaftlich etwas bringt, oder ob Sie nur auf einen Trend aufspringen möchten.

Doch wie können Sie herausfinden, ob Sie Ihren Online-Shop auch in anderen Ländern etablieren sollten? Auch hier kommt es wieder ganz speziell auf Ihre Branche, Produkte und Zielgruppe an, pauschale Antworten lassen sich schlecht formulieren. Dennoch möchten wir Ihnen im Folgenden eine Art »Checkliste« an die Hand geben, mit deren Hilfe Sie sich ein grobes Bild davon machen können, ob bei Ihnen die Expansion im Ausland sinnvoll ist oder vielmehr ein Risiko darstellt.

14.1.1   Prüfen Sie, aus welchen Ländern Ihre Besucher stammen

Wenn Sie bereits seit einigen Wochen und Monaten einen Online-Shop betreiben, können Sie im ersten Schritt prüfen, aus welchen Regionen und Ländern Zugriffe auf Ihren Online-Shop erfolgen. Das ist für Sie der erste Anhaltspunkt hinsichtlich Ihrer Internationalisierungsstrategie. Denn eventuell haben Sie ja bereits, beispielsweise aus der Schweiz oder Österreich, hohe Zugriffszahlen, ohne dass Sie sich dessen bewusst sind. Aber auch wenn Sie starke Marken bzw. Produkte vertreiben, ist es nicht ungewöhnlich, wenn aus dem Ausland aufgrund bestimmter Suchphrasen Zugriffe erfolgen. Für die Prüfung der Zugriffsländer bzw. Regionen können Sie eine Software wie Google Analytics oder den econda Shop Monitor verwenden. Wenn Sie bislang noch mit keinem der beiden Werkzeuge gearbeitet haben, empfiehlt sich ein Blick in Kapitel 11, »Der Kompass im E-Commerce – Conversion-Messung und -Optimierung«. Innerhalb dieses Kapitels können Sie sich über die grundlegenden Funktionen und Möglichkeiten informieren und sich in diese Werkzeuge einarbeiten.

Wie Sie in Kapitel 11gelernt haben, ist die Integration einer entsprechenden Webanalyse-Lösung ausschlaggebend für den Erfolg Ihres Online-Shops. Fehlt ein solches Tool, tappen Sie schlichtweg nur im Dunkeln, kennen, basierend auf Zahlen und Fakten, nicht die aktuelle Ist-Situation und können daher auch keine Veränderung messen und keine zielgerichtete Optimierung vornehmen. Für die Ermittlung der Herkunft bzw. Zugriffe Ihrer Nutzer ist ein Webanalysetool ebenfalls unabdingbar. Achten Sie daher darauf, dass ein entsprechendes Tool frühestmöglich integriert wird, denn je früher eine solche Lösung integriert ist, desto mehr Daten und Informationen können Sie sammeln und auch auswerten. Abhängig davon, welches Webanalysetool Sie in Ihrem Online-Shop integriert haben, unterscheidet sich die Vorgehensweise bei der Auswertung der Herkunftsländer Ihrer Besucher. An dieser Stelle zeigen wir Ihnen die Auswertungswertungsmöglichkeiten in Google Analytics und dem econda Shop Monitor, da gerade die Chance, dass Sie Google Analytics integriert haben, sehr hoch ist.[1]

Wenn Sie Google-Analytics-Nutzer sind, melden Sie sich bitte im ersten Schritt unter *www.google.de/analytics/* mit Ihrem Google-Konto an. Anschließend müssen Sie das Profil Ihres Online-Shops auswählen. Wie Sie gelernt haben, können Sie über einen Google-Analytics-Account mehrere Websites auswerten bzw. deren Daten erfassen. Die Differenzierung der Daten erfolgt anschließend über die Profile, wählen Sie daher nun das Profil Ihres Online-Shops aus. Nach der Auswahl des Profils landen Sie, wenn nicht anders konfiguriert, im Dashboard. Auf der linken Seite finden Sie unter dem Oberbegriff ZIELGRUPPE den Unterpunkt GEOGRAFISCH. Dieser Punkt unterteilt sich nochmals in zwei Untermenüs, nämlich SPRACHE und STANDORT. Das sind für Sie als Shop-Betreiber zwei wichtige Differenzierungsmerkmale, denn so können Sie prüfen, in welchen Sprachen Sie Ihre Produkte gegebenenfalls vertreiben müssen oder eben in welchen Ländern. Denn die Sprache als solche lässt nicht unbedingt einen Rückschluss auf ein bestimmtes Land zu, wird Deutsch doch in mehreren Ländern gesprochen, genau wie Spanisch oder Englisch. Klicken Sie nun zuerst, wie in Abbildung 14.1 zu sehen, auf den Menüpunkt STANDORT.

---

1 Da es sich bei Google Analytics um ein kostenloses Tool handelt, haben Sie durch die Nutzung keinerlei Nachteile. Es spricht also nichts gegen die Integration.

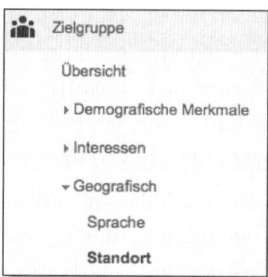

Abbildung 14.1 Die Auswertung der Zugriffe basierend auf Sprache und Herkunftsland finden Sie im Menü »Zielgruppe«.

Grenzen Sie den Auswertungszeitraum richtig ein

Egal, ob Sie Google Analytics, den econda Shop Monitor oder piwik nutzen. Alle Webanalysetools haben eine Gemeinsamkeit: Sie stellen die auszuwertenden Daten in einem zeitlichen Kontext dar. Daher sollten Sie bei Ihren Auswertungen stets auf den eingestellten Zeitraum achten. Ist dieser zu kurz, sind die Daten gegebenenfalls nicht repräsentativ. Ist der Zeitraum zu lang, kann sich, historisch betrachtet, in Ihrem Online-Shop einiges geändert haben weswegen die Aussage der Daten auch mit Vorsicht zu genießen ist. Am besten betrachten Sie daher immer einen Zeitraum von 4 bis 12 Wochen, um mit repräsentativen Zahlen arbeiten zu können.

Innerhalb dieses Menüpunktes können Sie nun auswerten, aus welchen Ländern auf Ihren Online-Shop zugegriffen wird. Google Analytics zeigt Ihnen die Quelle der Zugriffe in Form einer Weltkarte, aber auch als Tabelle an. Die Darstellung als Tabelle sehen Sie in Abbildung 14.2. Sie können sich die Daten gerne einmal detailliert anschauen. Es handelt sich dabei um reale Daten, die wir auf unserer Website *www.itabs.de* aufgezeichnet haben, sowie um einen recht repräsentativen Zeitraum von knapp 4 Wochen. Bei ITABS sprechen wir ausschließlich deutschsprachige Kunden an, denn es gibt keine lokalisierte Version der Website. Umso interessanter ist nun, dass wir Zugriffe aus 54 Ländern registriert haben. Das heißt, Personen aus 54 unterschiedlichen Ländern haben auf unsere Website zugegriffen, weil sie beispielsweise über eine AdWords-Kampagne, die nicht richtig eingegrenzt wurde, ein organisches Ranking oder einen Link von einer anderen Website auf uns gestoßen sind. Schauen Sie bei sich nun, ob es sogenannte Ausreißer gibt. Einmaleffekte können wir einfach vernachlässigen. Wenn Sie beispielsweise in 1 Monat zwei bis drei Zugriffe aus einem bestimmten Land erhalten haben, dann war das wohl schlicht Zufall, oder Sie haben einfach bei einer bestimmten Suchphrase ein glückliches Ranking. Es bedeutet jedoch für Sie, dass Sie erst einmal nichts unternehmen müssen. Nur weil eine Person aus Kirgisien auf Ihren Online-Shop gestoßen ist, müssen Sie nicht zwangsläufig den kirgisischen Markt erobern.

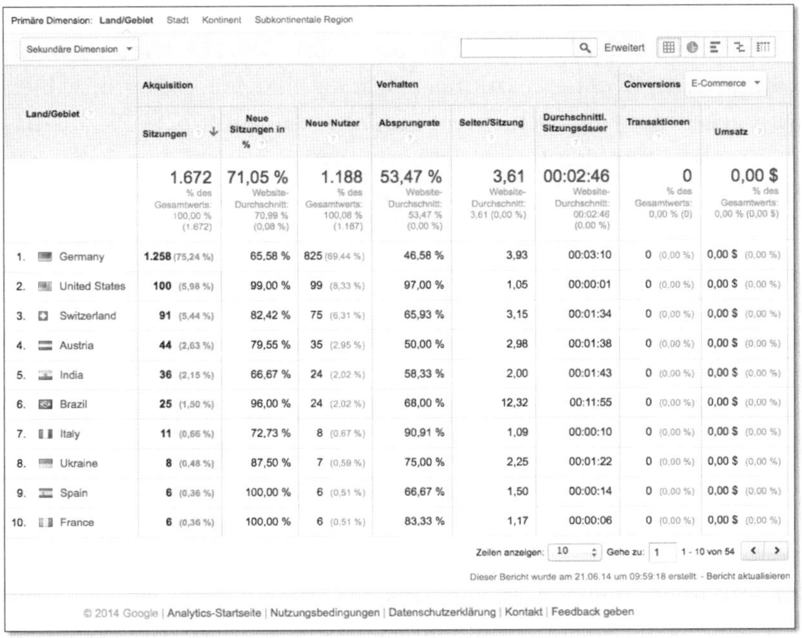

Primäre Dimension: Land/Gebiet Stadt Kontinent Subkontinentale Region

Sekundäre Dimension | Erweitert

Land/Gebiet	Akquisition: Sitzungen	Neue Sitzungen in %	Neue Nutzer	Verhalten: Absprungrate	Seiten/Sitzung	Durchschnittl. Sitzungsdauer	Conversions E-Commerce: Transaktionen	Umsatz
	1.672 % des Gesamtwerts: 100,00 % (1.672)	71,05 % Website-Durchschnitt: 70,99 % (0,08 %)	1.188 % des Gesamtwerts: 100,08 % (1.187)	53,47 % Website-Durchschnitt: 53,47 % (0,00 %)	3,61 Website-Durchschnitt: 3,61 (0,00 %)	00:02:46 Website-Durchschnitt: 00:02:46 (0,00 %)	0 % des Gesamtwerts: 0,00 % (0)	0,00 $ % des Gesamtwerts: 0,00 % (0,00 $)
1. Germany	1.258 (75,24 %)	65,58 %	825 (69,44 %)	46,58 %	3,93	00:03:10	0 (0,00 %)	0,00 $ (0,00 %)
2. United States	100 (5,98 %)	99,00 %	99 (8,33 %)	97,00 %	1,05	00:00:01	0 (0,00 %)	0,00 $ (0,00 %)
3. Switzerland	91 (5,44 %)	82,42 %	75 (6,31 %)	65,93 %	3,15	00:01:34	0 (0,00 %)	0,00 $ (0,00 %)
4. Austria	44 (2,63 %)	79,55 %	35 (2,95 %)	50,00 %	2,98	00:01:38	0 (0,00 %)	0,00 $ (0,00 %)
5. India	36 (2,15 %)	66,67 %	24 (2,02 %)	58,33 %	2,00	00:01:43	0 (0,00 %)	0,00 $ (0,00 %)
6. Brazil	25 (1,50 %)	96,00 %	24 (2,02 %)	68,00 %	12,32	00:11:55	0 (0,00 %)	0,00 $ (0,00 %)
7. Italy	11 (0,66 %)	72,73 %	8 (0,67 %)	90,91 %	1,09	00:00:10	0 (0,00 %)	0,00 $ (0,00 %)
8. Ukraine	8 (0,48 %)	87,50 %	7 (0,59 %)	75,00 %	2,25	00:01:22	0 (0,00 %)	0,00 $ (0,00 %)
9. Spain	6 (0,36 %)	100,00 %	6 (0,51 %)	66,67 %	1,50	00:00:14	0 (0,00 %)	0,00 $ (0,00 %)
10. France	6 (0,36 %)	100,00 %	6 (0,51 %)	83,33 %	1,17	00:00:06	0 (0,00 %)	0,00 $ (0,00 %)

Zeilen anzeigen: 10 Gehe zu: 1 1 - 10 von 54

Dieser Bericht wurde am 21.06.14 um 09:59:18 erstellt. - Bericht aktualisieren

© 2014 Google | Analytics-Startseite | Nutzungsbedingungen | Datenschutzerklärung | Kontakt | Feedback geben

Abbildung 14.2 Auswertung der Zugriffe basierend auf den Herkunftsländern (Ausschnitt)

Schauen Sie vielmehr auf die relevanten Zugriffe. In Bezug auf Abbildung 14.2 sind das in unserem Fall die USA, die Schweiz und Österreich. Diese drei Länder machen insgesamt ca. 14 % aller Zugriffe aus. Dies ist auf den ersten Blick ein recht hoher Anteil, denn wenn Sie in diesem Fall nichts unternehmen würden, würden Sie 14 % aller Benutzer unter den Tisch fallen lasse. Wenn Sie am Tag 1.000 Zugriffe haben, sind das immerhin 140 potenzielle Besucher! Sie wissen als Shop-Betreiber nun, dass Sie, ohne bestimmte Optimierungen durchgeführt zu haben, eine gewisse Anzahl an Zugriffen aus dem Ausland erhalten. Schauen Sie sich nun im nächsten Schritt die Länder etwas genauer an. Als Online-Shop-Betreiber in Deutschland dürften Sie nämlich alle einen recht ähnlichen Effekt haben, der bei uns nun auch zum Tragen kommt: Sie erhalten Zugriffe aus der Schweiz und aus Österreich. Warum? Weil in diesen drei Ländern dieselbe Sprache gesprochen wird, auch wenn diese Aussage dem Schweizer Markt nicht ganz gerecht wird, da es in der Schweiz genügend Personen gibt, die Französisch bzw. Italienisch sprechen und auch eine Website in dieser Sprache wünschen oder gar benötigen. Nichtsdestotrotz können Sie jedoch auf Basis der Zahlen eine Nachfrage aus der Schweiz bzw. Österreich ablesen. Wenn Sie nun in der ersten Analyse bemerken, dass die Zugriffe aus diesen Ländern recht hoch sind, dann sollten Sie diese Länder auf jeden Fall »auf dem Schirm« behalten und genauer analysieren. Denn irgendeinen Grund müssen die Zugriffe ja haben. Interessanterweise erhalten wir die zweithäufigsten Zugriffe aus den USA. Es gibt aber einen Unterschied zwischen den USA und der Schweiz bzw. Österreich. Die Bounce-Quote liegt bei knapp 97 %, was sich mit der fehlenden englischen Sprachversion der Website erklären lässt. Dennoch: knapp 6 % aller Besucher stammen aus den USA. Wenn dies bei Ihnen ähnlich ist, gilt es herauszufinden, woraus diese hohen Zugriffszahlen resultieren. Wird gegebenenfalls nach einem bestimmten Begriff bzw. Produktnamen, der in Deutschland und den USA gleichbedeuten ist, gesucht, und haben Sie hier gute Rankings? Irgendeinen Grund wird es geben, und diesen gilt es herauszufinden!

> **Prüfen Sie, was die Besucher aus dem Ausland machen**
>
> Werfen Sie, wenn Sie dies belang noch nicht getan haben, ruhig einen Blick in Kapitel 11, »Der Kompass im E-Commerce – Conversion-Messung und -Optimierung«. Innerhalb dieses Kapitels erfahren Sie, wie Sie genau auswerten können, über welche Seiten Besucher einsteigen, welche Unterseiten angesehen werden und wo die Besucher wieder aussteigen. Diese Details sollten Sie speziell für die Besucher bzw. Zugriffe aus dem Ausland auswerten.

Neben der Standortauswertung gibt es, wie eingangs erwähnt, auch eine Eingrenzung nach Sprachen. Google Analytics kann Ihnen darstellen, welche Sprachen Ihre Besucher sprechen und wie hoch hier der jeweilige Anteil ist. Um dies zu erfahren, klicken Sie unter ZIELGRUPPE • GEOGRAFISCH auf SPRACHE. Anschließend erhalten Sie eine Darstellung wie in Abbildung 14.3.

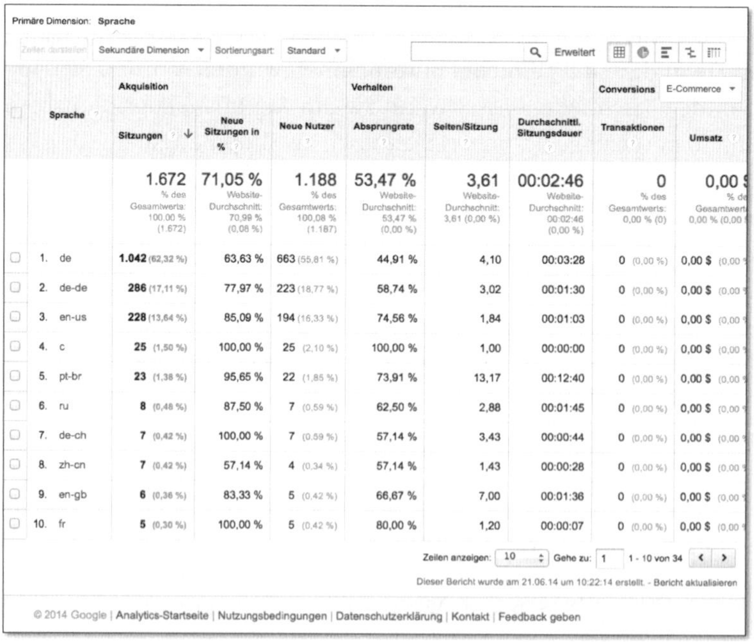

Primäre Dimension: Sprache

Sekundäre Dimension ▼   Sortierungsart: Standard ▼   Q   Erweitert

Sprache	Akquisition			Verhalten			Conversions E-Commerce ▼	
	Sitzungen ↓	Neue Sitzungen in %	Neue Nutzer	Absprungrate	Seiten/Sitzung	Durchschnittl. Sitzungsdauer	Transaktionen	Umsatz
	1.672	71,05 %	1.188	53,47 %	3,61	00:02:46	0	0,00 $
	% des Gesamtwerts: 100,00 % (1.672)	Website-Durchschnitt: 70,99 % (0,08 %)	% des Gesamtwerts: 100,08 % (1.187)	Website-Durchschnitt: 53,47 % (0,00 %)	Website-Durchschnitt: 3,61 (0,00 %)	Website-Durchschnitt: 00:02:46 (0,00 %)	% des Gesamtwerts: 0,00 % (0)	% des Gesamtwerts: 0,00 % (0,00
1. de	1.042 (62,32 %)	63,63 %	663 (55,81 %)	44,91 %	4,10	00:03:28	0 (0,00 %)	0,00 $ (0,00
2. de-de	286 (17,11 %)	77,97 %	223 (18,77 %)	58,74 %	3,02	00:01:30	0 (0,00 %)	0,00 $ (0,00
3. en-us	228 (13,64 %)	85,09 %	194 (16,33 %)	74,56 %	1,84	00:01:03	0 (0,00 %)	0,00 $ (0,00
4. c	25 (1,50 %)	100,00 %	25 (2,10 %)	100,00 %	1,00	00:00:00	0 (0,00 %)	0,00 $ (0,00
5. pt-br	23 (1,38 %)	95,65 %	22 (1,85 %)	73,91 %	13,17	00:12:40	0 (0,00 %)	0,00 $ (0,00
6. ru	8 (0,48 %)	87,50 %	7 (0,59 %)	62,50 %	2,88	00:01:45	0 (0,00 %)	0,00 $ (0,00
7. de-ch	7 (0,42 %)	100,00 %	7 (0,59 %)	57,14 %	3,43	00:00:44	0 (0,00 %)	0,00 $ (0,00
8. zh-cn	7 (0,42 %)	57,14 %	4 (0,34 %)	57,14 %	1,43	00:00:28	0 (0,00 %)	0,00 $ (0,00
9. en-gb	6 (0,36 %)	83,33 %	5 (0,42 %)	66,67 %	7,00	00:01:36	0 (0,00 %)	0,00 $ (0,00
10. fr	5 (0,30 %)	100,00 %	5 (0,42 %)	80,00 %	1,20	00:00:07	0 (0,00 %)	0,00 $ (0,00

Zeilen anzeigen: 10 ⬍   Gehe zu: 1   1 - 10 von 34 ‹ ›

Dieser Bericht wurde am 21.06.14 um 10:22:14 erstellt. · Bericht aktualisieren

© 2014 Google | Analytics-Startseite | Nutzungsbedingungen | Datenschutzerklärung | Kontakt | Feedback geben

Abbildung 14.3 Google Analytics kann die Sprachen Ihrer Benutzer gruppiert darstellen (Ausschnitt).

Der große Unterschied zwischen diesem Report und dem zuvor diskutierten Standortreport ist die Tatsache, dass ein Benutzer, der sich in Deutschland befindet, als Sprache in seinem Browser bzw. Betriebssystem auch Englisch eingestellt haben kann. Denken Sie dabei an ausländische Studenten oder das US-Militär. Diese Personen befinden sich zwar in Deutschland, sprechen aber eine andere Sprache. Gegebenenfalls haben Sie ja Zugriffe aus dem eigenen Land, es wird aber eine andere Sprache benötigt?

Dieser Report ist übrigens vor allem für Online-Shop-Betreiber in der Schweiz relevant. Die Schweiz wird zwar immer mit der deutschen Sprache assoziiert, in der Praxis streitet man sich dort aber oftmals darum, in welchen Sprachen der Online-Shop tatsächlich veröffentlicht werden soll. Ist eine italienische und französische Sprachversion gefordert, oder würde diese nur ein Kostengrab darstellen? Mit diesem Report finden Sie dies ganz schnell heraus, denn Sie erhalten einen Überblick darüber, welche Sprachen Ihre Kunden sprechen.

Sollten Sie nicht auf Google Analytics setzen und econda nutzen, können Sie mit ähnlich geringem Aufwand an die Standortdaten Ihrer Besucher gelangen. Melden Sie sich zuerst unter *www.econda.de/login* am econda Shop Monitor an, und klicken Sie anschließend auf REPORTS · GEO-IP ANALYSEN · ÜBERBLICK. Im Gegensatz zu Google Analytics haben Sie im econda Shop Monitor die Möglichkeit, die Analyse direkt auf einen Kontinent zu beschränken. Um im ersten Schritt einen umfassenden Überblick zu erhalten, ist dies aber nicht notwendig, weswegen die Ansicht ÜBERBLICK empfehlenswert ist. Innerhalb dieser Ansicht finden Sie eine Liste von Ländern, aus denen Besucher zugegriffen haben.

Im Gegensatz zu Google Analytics sehen Sie darüber hinaus noch weitere wichtige Informationen, wie die Anzahl der Bestellungen aus den jeweiligen Ländern, Conversion-Raten oder auch Umsätze pro Bestellungen.[2] Der econda Shop Monitor kann Ihnen, das sehen Sie in Abbildung 14.4, dabei helfen, eine Tendenz bzw. bereits bestehende Nachfrage aus dem Ausland darzustellen. Der große Vorteil liegt darin, dass Sie bereits Rückschlüsse auf das Bestellvolumen, sprich die wirtschaftliche Gewichtung, ziehen können. Denn was bringt es Ihnen, wenn Sie 1.000 Zugriffe und eine Bestellung aus der Schweiz haben und auf der anderen Seite 100 Zugriffe und 20 Bestellungen aus Österreich? Dann ist dennoch Österreich für Sie interessanter, da Sie dort einen größeren »Durchschlag« erzielen.

14

---

2 Wie Sie bereits in Kapitel 11, »Der Kompass im E-Commerce – Conversion-Messung und -Optimierung«, gelernt haben, ist der große Unterschied zwischen Google Analytics und econda vor allem der, dass Google Analytics primär Besucher analysiert, econda hingegen primär E-Commerce-relevante Kennzahlen wie Bestellumsatz oder gekaufte Artikel sammelt und diese in den Kontext der Nutzer setzt.

Flagge	Land	Umsatz		Bestellungen		Besuche		Konversions-Rate (%)	Ziele-Score	Ziel-Score je Besuch	Bounce-Quote (%)	Umsatz pro Bestellung
▬	Deutschland	748,80 47,74%	▬▬▬▬	6 66,67%	▬▬▬▬	583 81,31%	▬▬▬▬	1,03	0	0	37,22	124,80
✚	Schweiz	643,80 41,04%	▬▬▬	2 22,22%	▬	31 4,32%	▪	6,45	0	0	38,71	321,90
⚖	Spanien	176,05 11,22%	▪	1 11,11%	▪	4 0,56%	ı	25,00	0	0	0,00	176,05
▬	Österreich	0 0,00%		0 0,00%	▪	39 5,44%		0,00	0	0	41,03	0
⚡	Vereinigtes Königreich	0 0,00%		0 0,00%	ı	12 1,67%		0,00	0	0	41,67	0
▬	Vereinigte Staaten von Amerika	0 0,00%		0 0,00%	ı	10 1,30%		0,00	0	0	80,00	0
▮▮	Frankreich	0 0,00%		0 0,00%	ı	4 0,56%		0,00	0	0	50,00	0
	Europa	0 0,00%		0 0,00%	ı	4 0,56%		0,00	0	0	50,00	0
▬	Niederlande	0 0,00%		0 0,00%	ı	4 0,56%		0,00	0	0	50,00	0
▮▮	Italien	0 0,00%		0 0,00%	ı	4 0,56%		0,00	0	0	0,00	0
▬	Luxemburg	0 0,00%		0 0,00%	ı	3 0,42%		0,00	0	0	33,33	0
▶	Tschechische Republik	0 0,00%		0 0,00%	ı	3 0,42%		0,00	0	0	33,33	0
▬	Russland	0 0,00%		0 0,00%	ı	3 0,42%		0,00	0	0	0,00	0
★	China	0 0,00%		0 0,00%	ı	2 0,28%		0,00	0	0	50,00	0
⚓	Australien	0 0,00%		0 0,00%	ı	2 0,28%		0,00	0	0	100,00	0

Abbildung 14.4 Übersicht des Traffics und Bestellvolumens, gestaffelt nach Ländern (Ausschnitt)

Unabhängig davon, welches Tool Sie für die Webanalyse nutzen, ist die Auswertung der durch die Webanalyse gewonnenen Daten für Sie die erste Anlaufstelle, um eine bereits vorhandene Nachfrage aus dem Ausland zu identifizieren und zu bewerten. Nutzen Sie im ersten Schritt die bereits vorhandenen Daten, und prüfen Sie, ob es nicht gerade aus dem deutschsprachigen Ausland bereits ein gewisses Verlangen nach Ihren Produkten bzw. Dienstleistungen gibt.

14.1.2   Finden Sie heraus, ob Sie bereits internationale Kunden bedienen

Vorausgesetzt, Sie vertreiben in Ihrem Unternehmen bereits Produkte und Dienstleistungen und der Online-Shop ist als zusätzlicher Vertriebskanal gedacht, so macht es durchaus Sinn, eine unternehmensinterne Auswertung der Kunden anhand der Herkunftsländer durchzuführen. Denn gegebenenfalls liefern Sie ja bereits Produkte und Dienstleistungen in Nachbarländer bzw. in das europäische Ausland. Sollte dies der Fall sein, kann es natürlich durchaus sinnvoll sein, direkt mit mehreren Sprachversionen im Online-Shop zu starten oder gegebenenfalls einfach den Versand in das Ausland zu bedenken und zu erlauben. Machen Sie daher keinen Fehler, und lassen Sie sich eine Statistik erstellen, anhand derer Sie sehen können, wie viele Bestellungen in das Ausland geliefert werden, und vor allem, wie hoch diese sind bzw. wie viel Prozent am Gesamtumsatz diese ausmachen.

Ebenso sollten Sie prüfen, ob es in der Vergangenheit eine Nachfrage aus dem Ausland gab, diese aber aufgrund von beispielsweise zu hohen Prozesskosten nicht befriedigt wurde. Sollte dies der Fall sein, so könnten Sie selbstverständlich mit einem Online-Shop genau dieses Problem lösen. In der Praxis ist auch das Thema Support ein gerne aufgeführter Grund, warum Unternehmen nichts ins Ausland liefern, aber theoretisch die Möglichkeit hätten, dies zu tun, da eine gewisse Nachfrage vorhanden ist. Bei telefonischen Bestellungen müssen Sie zwangsläufig die Sprache sprechen, die in Ihren Verkaufsländern relevant ist. Bei einem Online-Shop hingegen reicht oftmals eine Lokalisierung des gesamten Online-Shops, und sollte es tatsächlich einmal Fragen zur Bestellung geben, kann der Support auf Englisch abgewickelt werden.

14.1.3   Ermitteln Sie die Nachfrage Ihrer Produkte und Dienstleistungen

Zugegebenermaßen müssen Sie schon ein gewisses Glück haben, wenn sich eine Nachfrage nach Ihren Produkten bzw. Dienstleistungen im Ausland bildet und Sie dies gar nicht forciert haben. Das heißt nicht, dass Sie die Herkunft Ihrer Besucher nicht analysieren sollten, aber Sie sollten nicht davon ausgehen, dass bei Ihnen automatisch und ohne Zutun Aufrufe oder Käufe aus dem Ausland vorhanden sind. Gehen wir daher von dem Fall aus, dass Sie in der Herkunftsanalyse feststellen, dass ausschließlich Besucher aus Deutschland auf Ihren Shop zugreifen. Wie können Sie nun herausfinden, ob eine Expansion überhaupt sinnvoll ist? Beispielsweise indem Sie die Nachfrage nach den Produkten, die Sie vertreiben, prüfen. Die Nachfrage nach den Produkten können Sie dabei auf unterschiedlichste Weise analysieren, angefangen bei Analysen der Suchanfragen bei Google bis hin zu Befragungen von Personen, die zur Zielgruppe gehören. Wir sind aber im E-Commerce aktiv, und voraussichtlich ist SEO bzw. SEA für Sie die erste Wahl bei der Bewerbung Ihres Shops. Umso logischer ist es, genau auf Basis dieser Kanäle die Nachfrage zu überprüfen.

Hierfür liefert Google AdWords ein hervorragendes Tool! Gehen wir rein exemplarisch, um die Vorgehensweise zu verdeutlichen, davon aus, Sie verkaufen in Ihrem deutschen Online-Shop Kaffeetassen. Sie sind sozusagen der Experte für Kaffeetassen und möchten diese nun auch in anderen Ländern verkaufen und bedingt dadurch einen Online-Shop im Ausland eröffnen. Italien kommt Ihnen zuerst in den Sinn, denn wenn man an Italien denkt, denkt man auch zwangsläufig an leckeren Espresso oder Cappuccino. Und da, zumindest gefühlt, in diesem Land eine große Nachfrage besteht, möchten Sie dies nun basierend auf Zahlen überprüfen. Melden Sie sich im ersten Schritt bei Google AdWords unter der URL *http://google.de/adwords* an, und klicken Sie unter Tools auf den Keyword-Planer. Diesen haben Sie bereits in Kapitel 11, »Der Kompass im E-Commerce – Conversion-Messung und -Optimierung«, kennengelernt, deswegen gehen wir an dieser Stelle nicht weiter auf alle Funktionen und Möglichkeiten ein, sondern beschränken uns auf das Wesentliche. Wie Sie eventuell noch im Hinterkopf haben, zeigt der Keyword-Planer das Suchvolumen bestimmter Keywords an. Ist das Suchvolumen hoch, existiert eine hohe Nachfrage. Ist das Suchvolumen gering, so ist auch die Nachfrage gering, oder Kunden verwenden andere Suchwörter. Das klassische Beispiel hierfür ist das Laptop-Notebook-Beispiel. Beide Begriffe beschreiben im Prinzip dieselbe Sache, aber die

14

Gewichtung in der Verwendung ist eine unterschiedliche. Kommen wir zurück auf unsere Kaffeetassen. Sie möchten initial prüfen, wie stark die italienischen Internetnutzer nach diesem Keyword suchen, wofür Sie aber zunächst einmal den italienischen Begriff benötigen.

Vorsicht mit den Bezeichnungen

Wenn Sie im Ausland aktiv werden, müssen Sie intensiv nach den richtigen Begriffen bzw. Bezeichnungen recherchieren. Unterhalten Sie sich am besten mit einem Muttersprachler, denn ansonsten ist die Wahrscheinlichkeit sehr hoch, dass Sie den falschen Begriff verwenden. Ein klassischer Fehler ist die 1:1-Übersetzung eines Begriffs, die im Alltag von der jeweiligen Bevölkerung gar nicht verwendet wird.

Normalerweise würden Sie den richtigen Begriff von einer Übersetzungsagentur oder einem Muttersprachler erhalten, in unserem Beispiel mit der Kaffeetasse verwenden wir hierfür die Übersetzung von *dict.leo.org*, die »tazza da caffè« lautet. Im Google Keyword-Planer setzen Sie nun beim Keyword »tazza da caffè« ein und wählen bei der Ausrichtung ITALIEN sowie bei der Sprache ITALIENISCH. Die Einstellungen können Sie Abbildung 14.5 entnehmen, bei Ihnen sollte es nun ungefähr gleich aussehen.

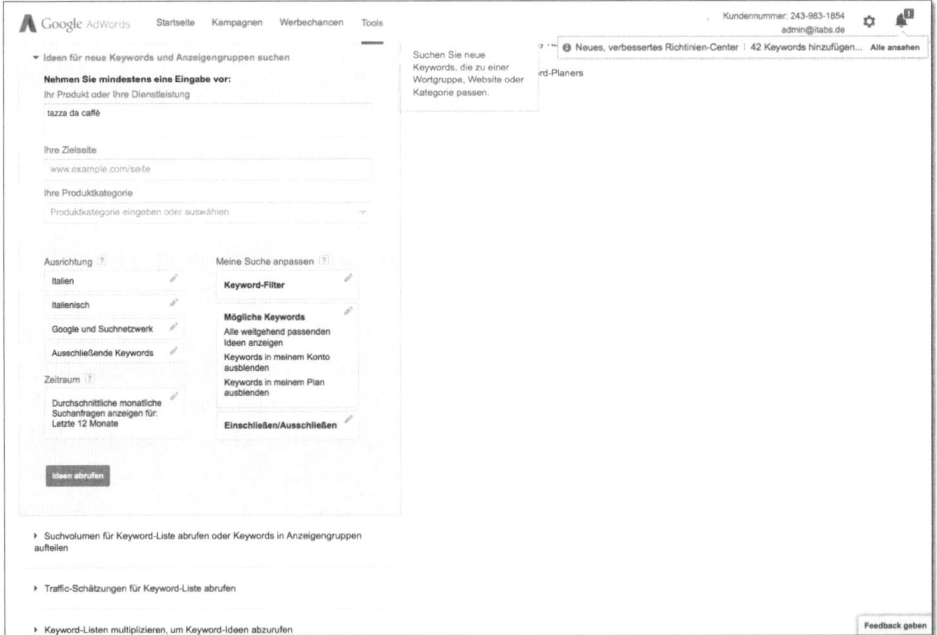

Abbildung 14.5 Mit dem Keyword-Planer können Sie das Suchvolumen und damit auch die Nachfrage überprüfen.

Anschließend erhalten Sie, wie von Google gewohnt, eine Übersicht thematisch relevanter Keywords sowie das Suchvolumen und geschätzte Kosten pro Klick (CPC). Basierend auf diesen Zahlen können Sie sich daher ein Bild davon machen, ob nach den Produkten bzw. Dienstleistungen gesucht wird oder nicht. Versuchen Sie, sofern möglich, die Suche einzuschränken. Wenn Sie Autos verkaufen, dann können Sie natürlich schauen, ob die italienischen Nutzer nach Autos suchen. Das hilft Ihnen aber nicht wirklich weiter, denn wollen die Kunden mit dieser Suchanfrage ein Auto kaufen, sich über ein Auto informieren oder einfach nur Autos anschauen? Bei schwammigen Begriffen sollten Sie daher immer eine Eingrenzung wie »kaufen« oder »Online-Shop« ergänzen. Denn wer nach »Auto kaufen« sucht, der möchte auch ein Auto kaufen. Einfacher wird es bei den Keywords übrigens, wenn Sie starke Marken bzw. Produkte verkaufen. Sollten Sie als Elektronikhändler iPads verkaufen, müssen Sie sich nicht erst Gedanken um die Übersetzungen machen, denn ein iPad heißt auch in Italien, in Spanien oder in der restlichen Welt iPad. Hier würde aber wieder eine Eingrenzung wie »iPad kaufen« Sinn machen.

Der Google Keyword-Planer hat übrigens das Keyword »servizio piatti« mit ca. 27.000 Suchanfragen pro Monat empfohlen. Wenn Sie diese Suchphrase bei google.it einmal eingeben, sehen Sie direkt Ergebnisse von Online-Shops, die neben Tassen ganze Kaffeeservices verkaufen, für den ersten Versuch also gar nicht mal so schlecht! Nutzen Sie daher die Möglichkeiten, die Ihnen Google kostenfrei zur Verfügung stellt. Da Google im Alltag der Menschen immer stärker genutzt wird, weiß Google automatisch, nach welchen Produkten, Dienstleistungen und Informationen eine Nachfrage besteht und wie groß diese ist. »Klinken« Sie sich einfach an diese Stelle ein, und analysieren Sie die Daten, die Google Ihnen bereitstellen kann.

14.1.4   Wie stark ist die Konkurrenz?

Sicherlich ist es schön, wenn es keine Konkurrenten gibt, mit denen man um Marktanteile kämpfen muss. Eine Monopolstellung, wie Microsoft diese mit Windows hat, beschert einem als Unternehmen horrende Gewinne, aber Konkurrenz hat auch etwas Gutes. Denn wenn viele Konkurrenten am Markt aktiv sind, bedeutet das im Umkehrschluss auch, dass der Markt interessant ist. Wenn Sie sich die internationalen Märkte ansehen, ist vor allem die Konkurrenz interessant. Gibt es beispielsweise in Österreich einige Online-Händler, die sich auf den Verkauf von Kaffeetassen spezialisiert haben, dann könnte dieser Markt für Sie ebenfalls interessant sein, und Sie sollten ihn etwas genauer unter die Lupe nehmen. Konkurrenz ist in diesem Fall ein Indikator für die Attraktivität des Marktes.

Das bedeutet in letzter Konsequenz aber nicht, dass ein Markt ohne Konkurrenten zum Scheitern verurteilt ist. Denn irgendeiner ist sicherlich immer der erste, der am Markt aktiv wird. Gerade aber in Europa sollten Sie davon ausgehen, dass viele Branchen bereits besetzt sind, und wenn Sie nicht gerade über ein enorm innovatives Produkt verfügen, ist die Konkurrenz schon aktiv. Die Konkurrenzdichte selbst können Sie übrigens auch wieder mit Hilfe des Google AdWords Keyword-Planers identifizieren. Je höher die CPC liegen, desto wahrscheinlicher ist das Buhlen vieler Konkurrenten um dieses Keyword. Werden hier hohe Klickpreise gefordert, sagt dies also etwas über die starke Konkurrenz aus.

14.1.5   Ist der Zielmarkt groß genug?

Unabhängig von der Nachfrage nach den Produkten sollten Sie sich den Zielmarkt auf jeden Fall im Detail anschauen. Wie viele Einwohner hat das jeweilige Land, wie viel Prozent der Bevölkerung hat Zugang zum Internet und nutzt dieses auch tatsächlich? Denn auch wenn die Nachfrage nach Ihren Produkten und Dienstleistungen grundsätzlich als hoch einzuschätzen ist, sollte der Zielmarkt genug Platz für Wachstum ermöglichen. Beispielsweise können Sie viele Anfragen aus Österreich haben, wenn jedoch der mögliche Absatz aufgrund der zu geringen Bevölkerungsgruppe in der jeweiligen Zielgruppe zu gering ist, kann der Markt schlussendlich doch uninteressant sein.

14.1.6   Weitere Möglichkeiten

Natürlich finden Sie noch viele weitere Möglichkeiten, speziell in der analogen Welt, um eine Expansion im Ausland auf Sinnhaftigkeit zu überprüfen. Oftmals reicht es schon, wenn Sie sich in der Branche oder mit Kollegen über das Vorhaben unterhalten und hier gegebenenfalls auf Erfahrungswerte zurückgreifen können. Auch können Sie bei Ihren Lieferanten anfragen, inwiefern positiv oder negativ sie den Absatz in den anvisierten Ländern einschätzen. Unterhalten Sie sich daher in Branchenkreisen bzw. Ihrem Netzwerk, und versuchen Sie auch auf diese Art und Weise, den Bedarf in den jeweiligen Ländern zu ermitteln. Letztendlich ist es, wie so oft im Leben, ein Mix aus verschiedenen Methoden, die abschließend ein rundes Bild entstehen lassen.

14.2   Der europäische Markt im Quick-Check

Gehen wir einmal davon aus, Sie möchten in Europa aktiv werden. Nun gibt es auch in Europa gravierende Unterschiede zwischen den jeweiligen Ländern. Die Unterschiede liegen im Bedarf. Aber auch Preisniveau und E-Commerce-Affinität spielen eine Rolle. Die jeweiligen Länder müssen Sie immer im Hinblick auf Ihre Branche, Ihre Produkte und Zielgruppe betrachten, dennoch möchten wir Ihnen an dieser Stelle eine kurze Übersicht der Chancen im E-Commerce innerhalb Europas an die Hand geben.

Das Unternehmen ePages, Hersteller der gleichnamigen E-Commerce-Lösung, hat eine interessante Statistik zum Wachstum der eigenen Händler in Europa veröffentlicht. Dabei wurde das 1. Halbjahr 2013 mit dem 1. Halbjahr 2012 verglichen. Verglichen wurden unter anderem der von ePages Online-Shops erzielte Umsatz, die Anzahl der Bestellungen sowie durchschnittliche Warenkorbwerte.[3] Auch wenn diese Statistik für sich gesprochen nur eine Tendenz widerspiegelt, nämlich die von ePages, lässt sie natürlich auch Rückschlüsse auf die Entwicklung des E-Commerce in den jeweiligen Ländern zu.

Land	Umsatz (+/– in %)	Anzahl der Bestellungen	Warenkorbwert	(+/– in %)
Deutschland	+ 15 %	+ 13 %	94 Euro	+ 2 %
Frankreich	+ 10 %	+/– 0 %	94 Euro	+ 11 %
Italien	+ 50 %	+ 44 %	119 Euro	+ 3 %
Niederlande	+ 250 %	+ 231 %	81 Euro	+ 5 %
Österreich	+ 16 %	+ 20 %	76 Euro	– 3 %
Portugal	+ 19 %	+ 28 %	94 Euro	– 8 %
Schweden	+ 15 %	+ 17 %	120 Euro	– 2 %
Schweiz	+ 38 %	+ 26 %	100 Euro	+ 9 %
Spanien	+ 6 %	+ 5 %	113 Euro	+ 1 %

Tabelle 14.1 Der europäische E-Commerce-Markt im Quick-Check

Wie Sie basierend auf diesen Zahlen erkennen können (siehe Tabelle 14.1), wenn auch nicht alle europäischen Länder aufgeführt sind, ist ein grundsätzliches Wachstum in allen Märkten. Dementsprechend gibt es so gesehen kein Land, vor dem Sie sich übermäßig hüten müssen. Denn Wachstumsraten werden aktuell in allen der aufgeführten Länder erzielt.

Untermauert wird diese auf ePages bezogene Vermutung von einer weiteren Studie, die auf *www.shopanbieter.de* veröffentlicht wurde.[4] Der Beitrag benennt vor allem ein starkes Wachstum in Schweden sowie Italien. Diese Märkte weisen jeweils zweistellige Wachstumsraten aus und gehören damit in Europa zu den Spitzenreitern.

---

3 Quelle: *www.epages.com/de/unternehmen/newsroom/news/ePages-Europas-E-Commerce-Maerkte-im-Vergleich.php*

4 Den kompletten Artikel finden Sie unter: *www.shopanbieter.de/news/archives/7177-ticker-international-e-commerce-umaetze-in-schweden-und-italien-steigen-zweistellig.html*.

Und zu guter Letzt finden Sie noch eine weitere Statistik in Abbildung 14.6. Dabei handelt es sich um den Anteil des Online-Handels am Gesamtumsatz des Handels.

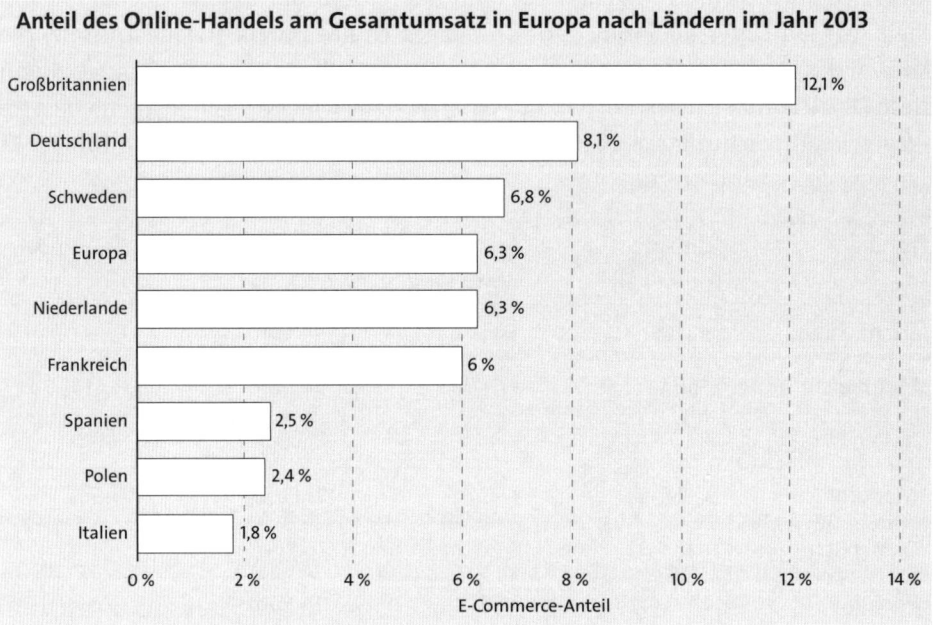

Abbildung 14.6 Anteil des Online-Handels am Gesamtumsatz

Hier ist Großbritannien mit 12,1 % führend, Italien hat hingegen noch Nachholbedarf. Für Sie besagt die Statistik, in welchen Ländern noch Nachholbedarf besteht und welche Länder bereits hohe Umsätze über das Internet generieren.[5]

Unabhängig von dem Erfolg der jeweiligen Länder ist die »rechtliche Angleichung« ein schöner Nebeneffekt der Europäischen Union. Mit der Gesetzesänderung vom 13.6.2014 wurde beispielsweise das Widerrufsrecht in Europa vereinheitlicht und beträgt nun überall 14 Tage. Im Zuge dieser Regelung wurde zusätzlich eine einheitliche Musterwiderrufsbelehrung eingeführt. Zusätzlich gab es weitere rechtliche Änderungen, die Sie im Detail Kapitel 5, »Schnelle Lieferung, schneller Erfolg!«, entnehmen können, da es sich um eine Änderung des Widerrufsrechts gehandelt hat. Gerade der europäische Markt sorgt daher mittelfristig für ähnliche rechtliche Verhältnisse, was Ihnen als Shop-Betreiber sicherlich zugute kommt.

---

5   Quelle: *http://de.statista.com/statistik/daten/studie/246184/umfrage/prognose-des-e-commerce-anteils-am-einzelhandelsumsatz-nach-laendern/*

14.3 Erforderliche Anpassungen in Ihrem Online-Shop

Die Internationalisierung wird gerne mit der Übersetzung des Online-Shops oder gar der Möglichkeit der Lieferung ins Ausland gleichgesetzt. Doch ist die Internationalisierung wesentlich mehr. Sie haben bislang vor allem Informationen darüber erhalten, wie Sie sich ein geeignetes Land aussuchen können und welche Länder in der europäischen Union eine gewisse Rolle spielen. Die Auswahl eines geeigneten Landes ist schlussendlich die notwendige Vorarbeit. Danach geht es aber ans Eingemachte, denn die Internationalisierung hat für Sie Auswirkungen auf die Technik, das Design und die Vermarktung Ihres Online-Shops.

14.3.1 Sprechen Sie die Sprache Ihrer Kunden

Es klingt banal, aber natürlich müssen Sie bei der Internationalisierung Ihres Online-Shops vor allem die Sprache und mögliche Sprachbarrieren berücksichtigen. Wenn Sie beispielsweise in Frankreich aktiv werden möchten, dann muss Ihr Online-Shop die französische Sprache unterstützen. Wichtig ist, dass Sie den Kunden beim Aufruf der Seite nicht erst nach seiner favorisierten Sprache fragen, sondern diese automatisiert einstellen. Das geht entweder durch eine GEO-IP-Abfrage, oder eine lokalisierte Domain. Letzteres macht grundsätzlich Sinn, da Sie Ihren Kunden damit eine gewisse Präsenz vermitteln. So klingt zalando.fr für den französischen Markt einfach besser als zalando.com, und außerdem können Sie dann, je nachdem, über welche Domain der Besucher zugreift, direkt die passende Sprache hinterlegen. Darüber hinaus ist eine länderspezifische Domain für die Suchmaschinenoptimierung ebenso von Vorteil.

Jede weitere Sprache hat darüber hinaus einen weitaus stärkeren Einfluss auf Ihr Shop-Design als Sie im ersten Schritt vermuten. Denn jede Sprache läuft unterschiedlich weit, das heißt, Sie benötigen entweder mehr Wörter um dasselbe wie in der deutschen Variante auszudrücken, oder die Wörter haben einfach mehr Buchstaben. Achten Sie, bezogen auf den europäischen Markt, vor allem auf Polen oder Ungarn. Denn diese Sprachen laufen sehr weit. Und genau dieses Verhalten kann Sie vor große Probleme stellen, wenn Sie ein »unpassendes« Design haben. Ein unpassendes Design meint speziell ein Design, bei dem die Textmenge nicht fließen kann. Vielleicht fällt Ihnen jetzt spontan auch ein Online-Shop ein, bei dem sich die Texte in Kästen befinden, alle Kästen von der Breite und Höhe aufeinander abgestimmt sind und der Text einfach keinen vernünftigen Platz hat, um fließen zu können. Wir hatten genau dieses Problem bei einem Kundenprojekt, was letztendlich bedeutet hat, dass die Übersetzungsagentur gar nicht mehr in der Lage war, eine vernünftige inhaltliche Übersetzung durchzuführen, sondern ganz speziell auch auf die vorgegebene Textlänge achten musste. War die Übersetzung zu lang, musste der Text zum

Teil inhaltlich umgebaut werden. Ein Fehler, der beim nächsten Relaunch nicht begangen wurde. Wie Sie in Abbildung 14.7 erkennen können, haben auch in der polnischen Version der Website von MEVACO die Texte genug Platz, um zu fließen. Im »schlimmsten« Fall wird ein Zeilenumbruch eingefügt, das Layout wird aber nicht zerstört.

Abbildung 14.7 MEVACO ist in mehreren europäischen Ländern aktiv

Aber auch hier ist Vorsicht geboten: Bei Fließtexten funktioniert dies tadellos, aber speziell bei Schaltflächen ist der Platz dennoch oftmals vorgegeben. Hier müssen Sie bei der Übersetzung gegebenenfalls die eine oder andere Korrekturrunde drehen, wenn Sie feststellen, dass es vom Platz her einfach nicht passt.

Neben der Beschränkung der Größe müssen Sie auch ein Augenmerk darauf legen, dass die verwendeten Wörter und Sätze dem täglichen Sprachgebrauch Ihrer Nutzer entsprechen. Die schlechtesten Übersetzungen sind die, die nach »Lehrbuch« erfolgen. Diese Übersetzungen erhalten Sie in der Regel, wenn kein Muttersprachler für die Übersetzung verantwortlich ist. Lassen Sie in jedem Fall die übersetze Version Ihres Online-Shops von mehreren einheimischen Besuchern prüfen, und holen Sie ein entsprechendes Feedback ein. Dies gilt natürlich nicht nur für die Texte im Online-Shop, sondern auch für Produktbeschreibungen, Kategorienbezeichnungen und produktspezifische Informationen.

14.3.2   Preis- und Gewichtsangaben

Eine weitere wichtige Anpassung, die ebenfalls Auswirkung auf das Design Ihres Online-Shops haben wird, ist die länderspezifische Darstellung der Preise, aber auch der Mengen bzw. Größenangaben. Denn auch innerhalb des europäischen Marktes gibt es Währungen abseits des Euro. Ebenso wird nicht überall auf der Welt in Kilogramm gewogen und in Metern gemessen. Nutzen Sie daher die Währung bzw. die Darstellung von Größen und Mengen des jeweiligen Landes, ansonsten vergraulen Sie Ihre Besucher bzw. machen ihnen den Einkauf unnötig schwer. Ein gutes Beispiel hierfür ist zalando.co.uk, die selbstverständlich alle Preise in Pfund Sterling angeben, wie Sie in Abbildung 14.8 sehen können.

Abbildung 14.8 Auf »www.zalando.co.uk« erhalten Sie alle Preise in Pfund Sterling.

Zalando als Synonym für den Online-Handel von Mode ist insofern auch ein gutes Beispiel, da es gerade im Modebereich nicht ungewöhnlich ist, Größenangaben je Land zu verwenden, oder auch Mode in anderen Ländern einfach unterschiedlich ausfällt bzw. Größen anders gerechnet werden. So entspricht beispielsweise in Frankreich die deutsche Konfektionsgröße 36 Nummer 38. In Italien entspricht Konfektionsgröße 40 der deutschen 36 usw.[6] Wenn Sic nun in Ihrem französischen Online-Shop die Produkte aus Deutschland vertreiben, wird es früher oder später bei Ihren Kunden zu Irritationen führen, wenn Sie die Größenangaben ohne weitere Informationen ausweisen. In diesem konkreten Beispiel wäre ja eine Auflistung der Größe je

---

6 Einen guten Artikel zum Thema Konfektionsgrößen finden Sie unter: *www.jolie.de/artikel/ konfektionsgroesse-2085809.html.*

nach Land für Ihre Kunden von Vorteil im Sinne von: »Lieber Kunde, dieses Kleid hat die Größe 36 (Deutschland), in Frankreich ist es die Konfektionsgröße 38.«

14.3.3   Produktinformationen- und Sortiment

Bleiben wir bei den Produktinformationen, die Sie Ihren Kunden präsentieren. Wie Sie jetzt gelernt haben, müssen die Texte in der jeweiligen Landessprache verfügbar sein, Preise bzw. Gewichtsangaben müssen ebenso lokalisiert werden. Es gibt aber noch eine weitere Feinheit, die Sie beachten müssen, die jedoch ganz stark von den Produkten abhängt, die Sie vertreiben möchten. Denn es kann unter Umständen sein, dass Sie weitere relevante Produktinformationen ergänzen müssen. Denken Sie dabei an elektronische Geräte, zum Beispiel einen TFT-Monitor. Wenn Sie in Ihrem Online-Shop für den englischen Markt Ihre TFT-Monitore aus Deutschland verkaufen, dann werden Ihre englische Kunden diese nicht benutzen können, denn der Stecker wird nicht in die Steckdose passen. Auch kann es gegebenenfalls zu Abweichungen bei der Spannung bzw. der Sicherheitsvorschriften von Elektronikartikeln kommen. Dementsprechend müssten Sie in einem solchen Fall die Produktinformationen ergänzen oder eine lokalisierte Version des Produkts vertreiben. Letzteres würde aber weitere Anforderungen an Ihre Lagerhaltung stellen, denn wenn Sie ein und dasselbe Produkt in zwei unterschiedlichen Versionen auf Lager nehmen, binden Sie Kapital, und gegebenenfalls benötigen Sie ein größeres Lager. Dementsprechend ist die erste Variante die realistischere, also müssen Sie Ihre Produktinformationen ergänzen.

Als Alternative hierzu können Sie aber selbstverständlich auch Ihren Produktkatalog einschränken. Informieren Sie sich im Vorfeld, ob Sie überhaupt alle Artikel in ausländische Märkte liefern dürfen. Denn gerade bei pharmazeutischen Artikeln, wird dies in der Regel nicht möglich sein. Aber auch Nahrungsmittel können je nach Zielland Auflagen unterliegen. Gewisse Artikel unterliegen auch schlicht einem Exportverbot. Beispielsweise dürfen Sie manche Hightechkomponenten nicht nach Russland liefern.

Möglicherweise macht es bei einigen Artikeln auch gar keinen Sinn, sie in das Produktsortiment aufzunehmen. Wenn Sie in Ländern mit einer geringeren Kaufkraft vordringen, müssen Sie gegebenenfalls hochpreisige Artikel streichen, da Sie diese nicht absetzen können. Wenn Sie Mode verkaufen, können – das gilt zumindest für einige Länder außerhalb von Europa – gewisse Artikel als nicht schön bzw. uninteressant angesehen werden. Gerade in asiatischen Ländern haben Farben zum Teil eine ganz andere Bedeutung, und ganz ehrlich, möchten Sie in einem Kleid auf die Straße gehen, dessen Farbe als Symbol für Tod und Verdammnis angesehen wird? Nein, also würde ein solches Produkt auch gar nicht erst von den Online-Shop-Besuchern gekauft werden. Sie benötigen daher Hintergrundinformationen, welche Produkte in welchen Ländern überhaupt vertrieben werden können und welche Preise für Ihre Produkte in dem jeweiligen Land durchgesetzt werden können.

14.3.4   Design und Usability

Blicken wir nochmals zurück auf Design bzw. Usability. Es kommt ganz stark darauf an, in welchen Ländern Sie aktiv werden möchten, denn beim Design und der Benutzerführung spielen kulturelle Unterschiede eine ganz große Rolle. Innerhalb des europäischen Marktes sind die Unterschiede zwar vorhanden, aber nicht sehr groß. Wenn das Design Ihres Online-Shops in Deutschland funktioniert, wird es aller Voraussicht nach auch in Italien oder in Polen funktionieren. Je weiter Sie sich jedoch von Deutschland entfernen, desto größer werden die kulturellen Unterschiede und damit verbunden auch die Anforderungen an das Design des Online-Shops. Dabei spielt dann vor allem eine Verschiebung des Verhältnisses zwischen Text und Bild eine wichtige Rolle. Um genau dies zu verdeutlichen, lesen Sie hier ein zutreffendes Zitat von *www.designenlassen.de*, das die Sache auf den Punkt bringt:

> *»Chinesische Websites sind Entertainment und Action pur. Es gibt kaum ein Produkt, das nicht ein eigenes Spiel auf der Unternehmensseite anbietet. Inhalt und Usability spielen eine untergeordnete Rolle. Auf Kosten einer ansprechenden Websitestruktur drängen sich Grafiken in den Vordergrund. Bunt, blinkend, übergroß und flashanimiert – so lässt sich das chinesische Webbild in aller Kürze beschreiben.«*

Speziell wenn Sie in die asiatischen Märkte vordringen möchten, müssen Sie sich mit dieser Tatsache anfreunden, die wiederum Anforderungen an Ihren Online-Shop stellt. Denn im schlimmsten Fall müssen Sie einen komplett abgeänderten optischen Auftritt, der sich an ein komplett anderes Endgerät richtet, für die jeweiligen Länder auflegen. Schauen Sie sich die Online-Shops in Ihrem Zielmarkt einfach in Ruhe an, bevor Sie diesen erschließen, und versuchen Sie die bestehenden Designs zu analysieren. Mit der Zeit bekommen Sie dann ein Gefühl dafür, welche Anforderungen an Ihren Online-Shop gestellt werden und wo Sie gegebenenfalls nachbessern müssen.

14.3.5   Mobile Commerce

Bezogen auf die Nutzung mobiler Endgeräte je nach Zielland, kann auch die zusätzliche Einführung einer mobilen Variante Ihres Online-Shops sinnvoll sein. Auch wenn Sie in Deutschland nicht über eine mobile Variante verfügen, könnte diese, wenn Sie den englischen Markt erobern möchten, durchaus eine erfolgreiche Erweiterung darstellen. Denn gerade die Briten sind bei der Smartphone-Nutzung den Deutschen etwas voraus, und wenn es eine gewünschte Form der Darstellung Ihres Produktsortiments ist, sollten Sie dem Wunsch, wenn möglich, auch folgen. Für weiterführende

Informationen zu den Feinheiten und Möglichkeiten des Mobile Commerce werfen Sie einen Blick in Kapitel 13.

14.3.6   Versandmethoden und -kosten

Zugegebenermaßen wird es hier richtig spannend. Denn eine der größten Herausforderungen bei der Internationalisierung liegt sicherlich in der Logistik. Denn wenn Sie weitere Länder mit Produkten beliefern möchten, ergeben sich daraus weitere Herausforderungen für Sie und Ihren Versanddienstleister. Grundsätzlich müssen Sie im ersten Schritt prüfen, inwiefern Ihr Versanddienstleister eine Lieferung ins Ausland überhaupt leisten kann. Für weitere Informationen hierzu lesen Sie bitte Kapitel 5, »Schnelle Lieferung, schneller Erfolg!«, in dem unter anderem die Auswahl der geeigneten Versanddienstleisters, aber auch die Berechnung der Kosten beschrieben wird.

Das Thema Kosten ist dabei ein guter Punkt, denn hier müssen Sie in Ihrem Online-Shop entsprechende Informationen zur Verfügung stellen. Wenn ein Besucher Ihren Online-Shop aufruft, nennen wir ihn einmal zalando.fr, dann geht er im ersten Schritt davon aus, dass Sie ein französisches Unternehmen sind. Das ist auch gut so und gewollt, denn das steigert die Akzeptanz. Wenn jedoch die Ware aus anderen Ländern angeliefert wird, ergeben sich zwangsläufig längere Wartezeiten und höhere Kosten, als wenn die Ware aus dem eigenen Land versendet wird. Diese Information müssen Sie nun möglichst transparent Ihren Kunden kommunizieren. Der britische Online-Händler Asos gibt auf einer eigens eingerichteten Übersichtsseite exakte Informationen zu den Lieferzeiträumen und Kosten für Produkte, die nach Deutschland gesendet werden (siehe Abbildung 14.9).

Abbildung 14.9 Transparenz sorgt für Vertrauen, und Vertrauen generiert Bestellungen.

Auch wird das Tracking-Problem bei Asos angesprochen, denn gerade bei internationalen Sendungen ist das schwieriger, als Sie vermutlich denken. Je nachdem, welchen Versanddienstleister Sie nutzen, hat dieser unter Umständen Kooperationspartner und kann die Ware nur bis zur deutschen Grenze befördern. Anschließend übernimmt das Partnerunternehmen. Dies erzeugt oftmals einen Bruch beim Tracking. Wenn Sie Ihre Kunden jedoch schon im Vorfeld darauf aufmerksam machen, so wie Asos es tut, können sich diese darauf einstellen, und Ihrem Support bleibt Arbeit erspart.

Noch am Rande ein Tipp bezogen auf die Versandkosten: Hohe Versandkosten sowie Zölle können, wie Sie gelernt haben, von einer Bestellung abhalten. Schauen Sie sich hierzu auf jeden Fall auch Abschnitt 14.6.2, »Das müssen Sie beim Zoll beachten«, an. Gegebenenfalls haben Sie die Möglichkeit, sollten Sie ausländische Märkte beliefern möchten, die Versandkosten zum Teil in die Produkte einzupreisen. Das funktioniert immer dann reibungslos, wenn das Preisniveau im jeweiligen Zielland höher ist als im einheimischen Markt oder, salopp gesagt, wenn Sie teurer verkaufen können.

14.3.7   Zahlungsanbieter und Varianten

Schwieriger als das Thema Versandkosten ist die Zahlungsproblematik. Denn es gibt, je nach Land, unterschiedliche Vorlieben der Bevölkerung, mit welchen Mitteln bezahlt werden soll. Das macht für Sie als Shop-Betreiber die Sache nicht wirklich einfacher, denn die Wahl der richtigen Zahlungsmethoden ist schwieriger, als man denkt. Neben Zahlungsverfahren, die in allen Ländern existieren, beispielsweise Kreditkarte, PayPal, Rechnung, Vorkasse, finden Sie in Tabelle 14.2 eine Liste mit länderspezifischen Zahlungsmethoden zusammengestellt.

Land	Produkt	Anbieter	Website
Österreich	▶ bill-it-easy	▶ DIMOCO	▶ *www.billiteasy.com*
	▶ eps Online-Überweisung	▶ STUZZA	▶ *www.eps.or.at*
	▶ paybox	▶ paybox austria	▶ *www.paybox.at*
	▶ paysafecard	▶ paysafecard.com	▶ *www.paysafecard.at*
	▶ Quick	▶ PayLife Bank	▶ *www.quick.at*
Schweiz	▶ myOne	▶ Accarda	▶ *www.myone.ch*
	▶ PostFinance Card	▶ PostFinance	▶ *www.postfinance.ch/ epayment*
	▶ PostFinance E-Finance	▶ PostFinance	▶ *www.postfinance.ch/ epayment*
Benelux-Länder	▶ iDEAL	▶ iDEAL	▶ *www.ideal.nl*

Tabelle 14.2 Zahlungsanbieter im Vergleich

Land	Produkt	Anbieter	Website
Frankreich	▸ e-Carte Bleue ▸ Moneo ▸ Neosurf ▸ w-HA	▸ SAS Carte Bleue ▸ BMS Exploita- tion ▸ Neosurf Cards ▸ w-HA	▸ www.carte-bleue.com ▸ www.moneo.net ▸ www.neosurf.info ▸ www.w-ha.com
Großbri- tannien	▸ Moneybookers ▸ MPP eWallet	▸ Moneybookers ▸ MPP Global Solutions	▸ www.moneybookers.com ▸ www.mppglobal.com
Italien	▸ X-Pay	▸ CartaSi	▸ www.cartasi.it
Skandina- vien	▸ Buypass ▸ Digiraha ▸ Luup ▸ MobilHandel ▸ PayEx	▸ Buypass ▸ OP-Pohjola Group ▸ Luup Interna- tional ▸ Telenor ▸ PayEx	▸ www.buypass.no ▸ www.digiraha.net ▸ www.luup.com ▸ www.telenormobil.no/ mobilhandel ▸ www.payex.com
Spanien, Portugal	▸ CaixaMovil ▸ Mobipay ▸ ServiRed	▸ La Caixa ▸ Mobipay ▸ ServiRed	▸ www.lacaixa.es ▸ www.mobipay.es ▸ www.servired.es

Tabelle 14.2 Zahlungsanbieter im Vergleich (Forts.)

Die oben aufgeführten Zahlungsarten stellen eine Übersicht über die wichtigsten europäischen Länder und ihre jeweils individuellen Zahlungsmethoden dar.[7] Bevor Sie den Markt eines anderen Landes erschließen, befassen Sie sich im Vorfeld individuell mit den Zahlungsmöglichkeiten. Aus eigener Erfahrung wissen wir, dass beispielsweise im Schweizer Markt bei unseren Kunden gut und gerne 40 % der Zahlungen über Postfinance E-Finance bzw. die Postfinance Card abgewickelt werden. Außerhalb der Schweiz ist diese Zahlungsmethode aber niemandem bekannt, weswegen man sie als Online-Shop-Betreiber gerne ignoriert. Für den Schweizer Markt wäre das Fehlen dieser Zahlungsmethode ein K.-o.-Kriterium, die Bestellungen und damit verbundenen Umsätze würden wegbleiben.

Setzen Sie daher auf einen Mix aus »grenzübergreifenden« Zahlungsmethoden, die funktionieren (PayPal, Kreditkarte, gegebenenfalls Rechnung bzw. Vorkasse), und implementieren Sie die relevanten länderspezifischen Zahlungsmethoden.

---

7 Quelle: eCommerce-Leitfaden (*www.ecommerce-leitfaden.de*)

14.3.8   Sonstiges

Wenn Sie sich der Themen Bezahlung, Versand, Produktsortiment und Design annehmen, bedenken Sie voraussichtlich die wichtigsten Punkte. Dennoch kann es je nach Zielmarkt noch weitere Auflagen bzw. Anforderungen geben, die Sie erfüllen müssen. Diese müssen Sie aber individuell herausfinden, oftmals hilft ein Gespräch mit einem Anwalt.

14.4   Internationales Marketing

Neben den Anforderungen an Ihren Online-Shop, bezogen sowohl auf die Technik wie auch auf das Produktsortiment, erfordert eine Internationalisierung auch immer Anpassungen bzw. Erweiterungen Ihrer Marketingstrategie. Wie auch in Deutschland müssen Sie dabei gezielt die Marketingkanäle identifizieren, die Ihnen Besucher liefern und die von den Kosten her Sinn ergeben.

Die einfachste Vermarktungsmöglichkeit ist auch im Ausland Google AdWords bzw. die organische Suchmaschinenoptimierung. Hierbei müssen Sie, im Vergleich zu den Tätigkeiten am deutschen Markt, nichts weiter beachten. Auch hier müssen Sie im ersten Schritt die relevanten Keywords identifizieren und können anschließend mit der nachhaltigen Suchmaschinenoptimierung beginnen bzw. in Form von AdWords-Anzeigen kostenpflichtige Werbung schalten. Diese beiden Varianten, primär Google AdWords, dürften auch der Türöffner in den neuen Märkten sein. Beachten Sie speziell bei den AdWords-Kampagnen, dass Werbung in anderen Ländern zum Teil sehr unterschiedlich funktioniert, da die potenziellen Kunden auf eine ganz andere Art und Weise angesprochen und überzeugt werden möchten.

Im Bereich des Multi-Channel-Marketings müssen Sie zuallererst die Möglichkeiten prüfen. Funktioniert etwa in Deutschland der Vertrieb der Produkte über eBay oder Amazon hervorragend, ist dies zum Beispiel in der Schweiz nicht möglich. Denn dort ist Amazon offiziell überhaupt nicht vertreten, und eBay hat einen weitaus geringeren Stellenwert als in Deutschland. Dafür gibt es wiederum Preissuchmaschinen, die in Deutschland nicht aktiv sind, aber in der Schweiz über eine hohe Reichweite verfügen. Als konkretes Beispiel hierfür ist *www.toppreise.ch* zu nennen, eine Plattform, die Sie für einen Schweizer Online-Shop definitiv nutzen sollten. Prüfen Sie daher im Vorfeld genauestens, welche Multi-Channel-Plattformen in den jeweiligen Ländern existieren, über eine gute Reichweite verfügen und auch unter Kostengesichtspunkten Sinn ergeben.

Für einen guten Überblick bzw. eine Einführung in das Thema Online-Marketing lesen Sie Kapitel 8, »Online-Marketing – Kunden gewinnen, Umsätze steigern«. Innerhalb dieses Kapitels erfahren Sie alle relevanten Vorgehensweisen und Marketingkanäle, die Sie für Ihren Online-Shop nutzen können.

14.5   Rechtliche Aspekte

Auch wenn das Widerrufsrecht nun auf europäischer Ebene angeglichen wurde, gibt es dennoch in den jeweiligen Ländern zum Teil komplett unterschiedliche rechtliche Vorschriften, die Sie als Online-Shop-Betreiber beachten müssen. Aufgrund der Komplexität der rechtlichen Vorschriften und der starken Differenzierung durch das jeweilige Zielland müssen Sie als Shop-Betreiber Ihren Online-Shop auf jeden Fall durch einen Anwalt prüfen lassen. Beachten Sie dabei folgende Punkte, die Sie gemeinsam mit Ihrem Anwalt diskutieren müssen:

▶ Welche Anpassungen müssen an den allgemeinen Geschäftsbedingungen durchgeführt werden?

▶ Gibt es im jeweiligen Land ein Widerrufsrecht und wenn ja, was muss beachtet werden?

▶ Welche Anforderungen existieren im jeweiligen Land in Bezug auf die Datenschutzbestimmungen?

▶ Gibt es Vorschriften bezogen auf Informationen im Impressum, in der E-Mail-Korrespondenzen etc.?

▶ Sind gewisse Informationen auf den Produktdetailseiten oder im Bezahlvorgang vorgeschrieben?

▶ Welche rechtlichen Besonderheiten existieren im jeweiligen Land bezogen auf den Verkauf von Artikeln über das Internet?

Wenn Sie diese Punkte beachten und die hierfür notwendigen Informationen einholen, sollten Sie gemeinsam mit Ihrem Anwalt relativ schnell die notwendigen Bestimmungen erfüllen können.

Prüfung durch Trusted Shops

Eine »schnelle« Lösung ist bezogen auf die Erfüllung der rechtlichen Anforderungen sicherlich die Nutzung von Trusted Shops. Denn wie Sie in Abschnitt 1.6.10, »Gütesiegel und Zertifizierungen«, erfahren haben, prüft Trusted Shops unter anderem die rechtlich relevanten Punkte in Ihrem Online-Shop. Mittlerweile beschränkt sich Trusted Shops nicht nur auf Online-Shops in Deutschland, sondern prüft auch Shops in anderen Ländern.

14.6   Schritt für Schritt zum internationalen Online-Shop am Beispiel der Schweiz

Wie Sie auf den vergangenen Seiten lesen konnten, ist die Internationalisierung leider nicht ganz so einfach, wie man es sich wünscht. Auch wenn Sie im E-Commerce natürlich die Chance haben, überallhin zu verkaufen, einfach aufgrund der Tatsache, dass Ihr Online-Shop von überall aufrufbar ist, so hängt an diesem Thema doch wesentlich mehr Aufwand, als der stationäre Händler aus unserem Eingangsbeispiel vermutet. Sprachbarrieren, kulturelle Unterschiede, verschiedene Preissegmente – all das gilt auch in Europa, erst recht in der restlichen Welt. Was bedeutet dies also für Sie als Online-Händler?

Auch wenn Internationalisierung ein wichtiges Thema ist, denn so können Sie Umsätze und Absätze steigern, spielt sie in der Regel am Anfang eine untergeordnete Rolle, denn Sie haben beim Aufbau und Betrieb eines Online-Shops in der ersten Zeit so viel zu erledigen, dass Sie sich schlicht nicht um dieses Thema kümmern können. Wenn wir Sie aber auf den vorherigen Seiten »heiß« gemacht haben, werden Sie jetzt sicherlich etwas enttäuscht sein, bietet doch die Internationalisierung ein so wahnsinniges Potenzial. Aus diesem Grund kommt nun auch die Ausnahme, denn zwei Zielmärkte können Sie auch als angehender Shop-Betreiber erschließen: Österreich und die Schweiz. Denn diese beiden Nachbarländer sind uns kulturell doch sehr ähnlich, um nicht zu sagen wir sind sehr stark verwurzelt, Sprachbarrieren gibt es nicht grundsätzlich, sondern nur in einigen Fällen, die Lieferzeiten sind nicht wirklich länger als innerhalb von Deutschland, und die rechtlichen Rahmenbedingungen ähneln unseren sehr. Ganz besonders die Schweiz ist attraktiv für Shop-Betreiber aus Deutschland, viel mehr noch als Österreich. Denn Österreich hat den Euro, die Schweiz aber nicht, und genau das kann Ihr Vorteil sein, den Sie unbedingt nutzen sollten. Aufgrund des schwachen Euro bzw. des starken Franken kaufen die Schweizer sehr gerne in Deutschland bzw. in deutschen Online-Shops ein, letztendlich eine Form des Grenztourismus – im E-Commerce.

14.6.1   Eigenes Lager oder Versand aus Deutschland?

Die grundsätzliche Frage, die Sie sich stellen müssen, lautet, ob Sie ein Lager in der Schweiz betreiben möchten oder den Versand aus Deutschland steuern. Dabei spielt das eigentliche Versandthema gar keine so große Rolle, denn an dieser Entscheidung hängt viel mehr. Wenn Sie ein Lager in der Schweiz errichten möchten, müssen Sie zwangsläufig auch in der Schweiz ein Unternehmen anmelden.

Hierbei gibt es verschiedene Möglichkeiten und Vorgehensweisen, ähnlich wie in Deutschland. Sie müssten sich entscheiden, ob Sie als Personengesellschaft oder Kapitalgesellschaft tätig werden möchten. Eine Personengesellschaft stellt dabei die »günstigste« Form einer Unternehmensgründung dar, bei der Sie knapp 2.000 Franken bezahlen müssen und anschließend loslegen können. Alternativ können Sie direkt eine GmbH oder AG gründen, bei der jedoch das Stammkapital erst einmal eingebracht werden muss.[8]

Ähnlich wie in Deutschland ist die Gründung, speziell wenn man an eine Kapitalgesellschaft denkt, eine sehr komplizierte Angelegenheit, weswegen wir an dieser Stelle nicht auf alle Details eingehen können. Bedenken Sie aber, dass Sie für die Gründung einen Rechtsanwalt, Steuerberater und Notar brauchen. Gesellschaftsverträge müssen erstellt werden, zumindest bei einer Kapitalgesellschaft. Der Gründungsprozess dauert Wochen und wird einige tausend Euro bzw. Franken kosten. Kurz gesagt: Wenn Sie sich nicht wirklich sicher sind, in der Schweiz horrende Umsätze zu erzielen, ist die Ansiedlung die weniger interessante Option, da Sie im ersten Schritt sehr viel Geld investieren müssten. Aus diesem Grund lautet auch unsere Empfehlung an dieser Stelle, erst einmal aus Deutschland Waren zu versenden. Sollte die Nachfrage enorm sein, können Sie in der Schweiz immer noch eine Niederlassung gründen. Der Versand aus Deutschland stellt nämlich erst einmal kein Problem dar und eignet sich daher als Testballon, um eine mögliche Nachfrage abzuschätzen.

14.6.2   Das müssen Sie beim Zoll beachten

Gehen wir davon aus, Sie versenden aus Deutschland und haben in der Schweiz kein eigenes Lager. In diesem Fall wandern die Sendungen an Ihre Kunden durch den Zoll, was zu dem einen oder anderen Problem führen könnte, je nachdem, welche Produkte Sie vertreiben.

Das Wichtigste vorweg: Es fallen für Ihre Kunden Gebühren an, und das nicht zu knapp. Hierfür gibt es von der Schweiz sogar eine Webseite, die Ihnen transparent erklärt, wie sich die Zollgebühren zusammensetzen.[9]

Berechnungsbeispiel: Steuerbarer Warenwert – Einkauf in einem Online-Shop

Über einen deutschen Online-Shop haben Sie einen Handstaubsauger bestellt. Der Kaufpreis beträgt 150,00 € (Nettobetrag ohne ausländische MwSt). Für den Versand in die Schweiz müssen Sie dem Online-Shop zusätzlich 12,50 € bezahlen. Gesamt entrichten Sie an den Online-Shop 162,50 €.

Daraus ergeben sich folgende Werte in CHF:

▸ Gesamtbetrag laut Rechnung Online-Shop: 198,25 CHF (Umrechnungskurs 1,22)

▸ Kosten der Post für die Zollanmeldung: 17,95 CHF

---

8 Gute Artikel zur Unternehmensgründung in der Schweiz finden Sie unter: *www.gruenderlexikon.de/magazin/so-eroeffnet-ein-deutscher-unternehmer-eine-filiale-in-der-schweiz* bzw. *www.ansiedlung-schweiz.ch/standortvorteile-schweiz/unkomplizierte-firmengruendung/*.

9 *www.ezv.admin.ch/zollinfo_privat/04363/05361/index.html?lang=de*

▶ Kosten der Post für das Öffnen der Sendung: 13.00 CHF (falls Bezeichnung auf dem Paket nicht ausreichend/ungenau)

▶ Gesamtsumme: 229.00 CHF

Wie Sie anhand dieser Beispielrechnung sehen, wird der Einkauf durch den Zoll bzw. Postgebühren nochmals erheblich teurer. Ausgenommen sind Sendungen bis zu einem Wert von 65 CHF, denn bei diesen Sendungen werden diese Gebühren nicht fällig.[10]

Neben dem Kostenthema gibt es darüber hinaus Produkte, die grundsätzlich verboten sind bzw. bei denen die Einfuhr schwierig ist. Hierzu zählen unter anderem Lebensmittel, aber auch Medikamente, Pflanzen etc. Eine gute Übersicht erhalten Sie unter *www.ezv.admin.ch/zollinfo_privat/04414/index.html?lang=de*. Bevor Sie daher die Lieferungen in die Schweiz als mögliche Umsatzsteigerungsmöglichkeit ins Auge fassen, informieren Sie sich im Vorfeld, ob Sie mit Ihren Produkten gegebenenfalls Probleme beim Zoll, also der Einfuhr, bekommen könnten, ob Ihre Artikel überhaupt in die Schweiz importiert werden dürfen und ob der durchschnittliche Warenkorbwert unter 65 CHF liegt oder weit darüber. Denn sollte das nicht der Fall sein, machen die zusätzlichen Einfuhrgebühren für Ihre Kunden den Import uninteressant.

Sammelbestellung von Freunden und Verwandten

Aufgrund der Einfuhrgebühren ist es in der Schweiz nicht unüblich, dass eine Sammelbestellung von Familienmitgliedern bzw. Freunden ausgelöst wird. Denn dadurch lässt sich die Einfuhr- und Bearbeitungsgebühr auf mehrere Personen aufteilen, der Import macht finanziell gesehen wieder Sinn. Gerade deswegen lohnt es sich, wenn Sie in Ihrem Online-Shop einen Merkzettel bzw. eine Wunschliste anbieten, auf die Familienmitglieder bzw. Freunde Zugriff haben, damit man sozusagen eine gemeinsame Einkaufsliste zusammenbauen kann.

14.6.3 Rücksendungen und Reklamationen

Angenommen, der Versand der Ware in die Schweiz stellt für Sie kein Problem dar, die Kosten sind überschaubar, und die Nutzer aus der Schweiz greifen gerne auf Ihr Angebot zurück. Dann haben Sie als Shop-Betreiber beim Verkauf erst einmal keine größeren Stolpersteine, mit denen Sie sich beschäftigen müssen. Was aber, wenn Ihre Kunden die Ware zurücksenden möchten, beispielsweise aufgrund eines Schadens oder einfach, weil die bestellten Produkte nicht passen? Letzteres ist ja speziell in der Modebranche gang und gäbe.

---

10 Weitere Informationen erhalten Sie unter: *www.post.ch/post-startseite/post-konzern/ post-medien/post-archive/2003/post-mm03-einfuhr-paket/post-medienmitteilungen.htm.*

Diesen Fall müssen Sie bedenken und hier vor allem die Kosten beachten. Denn wenn Sie die Rücksendekosten tragen, sind diese aus der Schweiz nach Deutschland natürlich wesentlich teurer, als wenn Sie eine nationale Rücksendung haben. Auch entstehen hier gegebenenfalls wieder zusätzliche Gebühren durch Post oder Zoll. Es ist also in erster Linie eine Kostenfrage. Wir hatten bei einem unserer Kunden erst neulich folgenden Fall: Ein Kunde bestellte im Online-Shop ein Möbelstück. Bei Möbeln spielen Versandkosten sowieso immer eine große Rolle, denn oftmals muss eine Spedition beauftragt werden, die Margen sind im Vergleich zu anderen Artikeln nicht gerade die größten, und es herrscht ein gewisser Preisdruck. Bedeutet: Eine Retoure ist gleichbedeutend mit einem finanziellen Schaden. Die Lieferung erfolgte anschließend an die deutsche Grenze, die Rechnungserstellung erfolgte anhand einer Schweizer Adresse. Der Kunde hat die Ware in Deutschland entgegengenommen und anschließend selbst in die Schweiz eingeführt. Nach ein paar Tagen wollte er von seinem Widerrufsrecht Gebrauch machen und forderte nun die Abholung aus der Schweiz ein. Sie können sich sicherlich denken, was eine Abholung per Spedition aus der Schweiz inklusive Zollgebühren bei einem schweren und sperrigen Produkt bedeutet.

Genau diesen Fall müssen Sie einkalkulieren, denn es wird immer Retouren und Reklamationen geben. Wenn Sie aber beispielsweise 100 Produkte verkaufen müssen, um den Schaden einer Retoure auszugleichen, dann stellt sich die Frage, ob Sie tatsächlich in die Schweiz liefern möchten. Wenn Sie schon aus Deutschland eine Retourenquote habe, können Sie diese aber auch auf die Schweiz anwenden und im Vorfeld durchrechnen, ob sich die Lieferung in die Schweiz tatsächlich lohnt.

14.6.4   Rechnungserstellung

Wenn die Lieferung und das Retourenmanagement kein Problem darstellen, müssen Sie sich noch um die Rechnungsstellung kümmern. Hierbei müssen Sie jedoch nicht besonders viel beachten. Achten Sie darauf, Ihre Ware mit 0 % MwSt. auszuweisen, das heißt netto zu verkaufen.[11]

14.6.5   Anforderungen an Ihren Online-Shop

Kommen wir nun zu dem Teil, der direkt Ihren Online-Shop betrifft. Die Schweiz, aber auch Österreich, haben für Sie als Shop-Betreiber den Vorteil, dass Sie komplett auf eine erneute Übersetzung Ihres Shops verzichten können. Auch wenn es, beispielsweise in der Schweiz, ein paar Sonderschreibweisen gibt (es existiert kein »ß«)

---

11   Eine gute Zusammenfassung, wann und in welche Länder mit bzw. ohne MwSt. fakturiert wird, finden Sie unter: *www.rechnungswesen-portal.de/Fachinfo/Steuern/Fehlerquelle-Rechnungsstellung-bei-Auslandslieferung.html.*

und manche »unserer« Wörter noch nie gehörte Synonyme haben (niemand sagt in der Schweiz Handy, denn das Handy heißt dort Natel), so versteht man dennoch alles, was Sie in Ihrem Shop schreiben. Dementsprechend existiert keine Sprachbarriere, und Sie haben ein Problem weniger. Bedenken Sie immer, dass speziell die Übersetzung bei der Internationalisierung ein äußerst mühevoller und kostenintensiver Punkt ist. Denn es müssen nicht nur die Texte und Buttons im Shop selbst übersetzt werden. Auch der komplette Produktkatalog muss übersetzt werden, und je mehr Produkte Sie haben, desto aufwendiger und logischerweise teurer wird die Sache.

Über was Sie sich jedoch Gedanken machen müssen, sind der Versand und das Thema Zahlung. Daraus ergeben sich zwangsläufig auch technische Anforderungen, die Ihr Online-Shop erfüllen muss. Beim Versand kommt es beispielsweise darauf an, mit welchem Dienstleister Sie versenden und welche Kosten Ihnen entstehen. Basierend darauf benötigen Sie gegebenenfalls ein weiteres Versandmodul, wenn wir davon ausgehen, Sie versenden in Deutschland zu einem Fixpreis, in die Schweiz aber abhängig vom Gewicht. Aber auch einmalige Bearbeitungskosten müssen eventuell vom Versandmodul abgebildet werden. Ähnlich sieht es beim Thema Zahlung aus. Natürlich können Sie Ihren Schweizer Kunden dieselben Zahlungsmittel wie Ihren deutschen Kunden anbieten, nehmen wir einmal die Lastschrift und Nachnahme aus der Rechnung heraus, aber um den Erfolg zu steigern, können Sie zusätzlich auf Schweizer Zahlungsmethoden setzen. Ganz bekannt ist hierbei die Postfinance Card, aber auch Kreditkarten spielen eine große Rolle. Und ja, auch wenn man es kaum glauben mag, die Schweizer versenden gerne in Briefumschlägen Geld, und diese Zahlungsmethode ist in der Schweiz nicht zu unterschätzen, auch wenn das sicherlich für Sie keine Option sein dürfte. Das hängt übrigens unter anderem damit zusammen, dass ausländische Staatsbürger in der Schweiz nicht ganz so einfach an ein Bankkonto kommen. Auch ansonsten ist der Zugang zu einem Bankkonto, beispielsweise nach einer Insolvenz, nicht ganz so einfach, wie zum Beispiel in Deutschland.

Über was Sie sich ebenso Gedanken machen können, ist die Einführung einer zweiten Währung, nämlich des Schweizer Franken. Dadurch haben Ihre Kunden sofort die Möglichkeit, den Preis umzurechnen, und in der Regel unterstützt jedes moderne Online-Shop-System mehrere Währungen. Es ist für Sie daher eine Änderung, die einfach und problemlos durchgeführt werden kann.

Darüber hinaus ergeben sich für Ihren Online-Shop keine gravierenden Anforderungen, um den Verkauf in die Schweiz zu ermöglichen. Auch aus diesem Grund ist für viele Shop-Betreiber die Schweiz ein doch äußerst attraktiver Markt.

14

14.6.6   Erfolgreich in die Schweiz verkaufen

Die Hürden für den Versand Ihrer Produkte in die Schweiz sind zwar vorhanden, aber nicht sonderlich hoch. Dennoch macht es keinen Sinn, jedes und alle Produkte auch in die Schweiz zu liefern. Machen Sie sich daher im Vorfeld Gedanken, ob der Schweizer Markt überhaupt ein Interesse an Ihren Produkten hat und ob es in der Schweiz selbst nicht bereits einen großen und erfolgreichen Online-Shop mit einem ähnlichen Produktsortiment gibt. Wenn Sie der Meinung sind, dass noch Platz für einen weiteren Mitbewerber vorhanden ist, müssen Sie prüfen, ob der Versand zu preislich attraktiven Konditionen durchgeführt werden kann. Denn Ihre Produktpreise in Deutschland sind in 99 % der Fälle wesentlich günstiger, als wenn die Ware direkt in der Schweiz eingekauft wird, aber Zollgebühren und hohe Versandkosten könnten Ihnen einen Strich durch die Rechnung machen. Prüfen Sie daher, wie günstig Sie tatsächlich den Versand abbilden können.

Und zu guter Letzt spielt die Vermarktung eine wichtige Rolle, die aber gar nicht so gravierend anders als in Deutschland funktioniert. Auch in der Schweiz gibt es Google AdWords und Preissuchmaschinen. Ebenso existieren Preisportale und Affiliate-Programme. Hier müssen Sie letztendlich dieselben Hausaufgaben machen, die Sie auch in Deutschland erledigt haben.

14.7   Fazit

Internationalisierung bedeutet weitaus mehr als die reine Übersetzung von Texten und Produktinformationen. Denn Internationalisierung heißt, dass Sie Kunden in weiteren Ländern eine auf sie abgestimmte E-Commerce-Lösung schaffen, die neben einer lokalisierten Sprache über ein gegebenenfalls angepasstes Produktsortiment, weitere Zahlungs- und Versandmethoden oder gar komplett neue Funktionen verfügt. Sie müssen daher Ihre E-Commerce-Lösung auf den jeweiligen Zielmarkt abstimmen und Ihren Besuchern, bezogen auf Versand, Zahlung und Produktsortiment, genau das liefern, was gewünscht ist.

Auch wenn dies im ersten Schritt nach viel Arbeit klingt, was es auch definitiv ist, ermöglicht Ihnen der E-Commerce einen grenzüberschreitenden Absatz. Und speziell wenn Sie im deutschen Markt bereits eine gewisse »Sättigung« spüren, kann die Expansion in weitere Märkte eine interessant Möglichkeit darstellen, Umsätze und Kundenzahlen zu steigern und Ihrem Unternehmen neuen Schwung zu verleihen.

Kapitel 15

Online-Recht –
rechtlich auf der sicheren Seite

Im elektronischen Geschäftsverkehr gilt es, eine Vielzahl an rechtlichen Bestimmungen einzuhalten. Dieses Kapitel hilft mit zahlreichen Tipps und Hinweisen, Ihren Online-Shop vom Impressum über die Datenschutzerklärung bis hin zum Vertragsschluss rechtssicher zu gestalten.

Als Betreiber eines Online-Shops müssen Sie eine fast unüberschaubare Zahl rechtlicher Anforderungen erfüllen. Hinzu kommt, dass es für den Online-Handel kein einheitliches Regelwerk gibt. Vielmehr gelten die allgemeinen Rechtsgrundlagen. So richten sich zum Beispiel die Regeln zum Vertragsschluss im Internet nach dem Bürgerlichen Gesetzbuch (BGB). Zusätzlich gibt es allerdings auch spezielle Vorschriften. Hierbei sind besonders hervorzuheben:

▸ **Telemediengesetz (TMG)**
Es enthält die rechtlichen Vorgaben für sogenannte Telemedien, wie zum Beispiel die Impressumspflicht.

▸ **Fernabsatzrecht (BGB)**
Es findet Anwendung auf Kauf- und Dienstleistungsverträge, die zwischen Verbrauchern und Unternehmern über Fernkommunikationsmittel, wie zum Beispiel das Internet oder das Telefon, abgeschlossen werden. Hier ist insbesondere das Widerrufsrecht von herausragender Bedeutung.

▸ **Art. 246a des Einführungsgesetzes zum Bürgerlichen Gesetzbuch (EGBGB)**
Dort sind umfangreiche Informationspflichten geregelt, die Sie bei außerhalb von Geschäftsräumen geschlossenen Verträgen und bei Fernabsatzverträgen (mit Ausnahme von Verträgen über Finanzdienstleistungen) als Unternehmer beachten müssen.

▸ **Preisangabenverordnung (PAngV)**
Sie bestimmt zum Beispiel, wie der Preis von Waren und Dienstleistungen Endverbrauchern gegenüber angegeben werden muss.

▸ **Gesetz gegen unlauteren Wettbewerb (UWG)**
Sein Ziel ist es, bestimmte Verhaltensweisen im Absatz- und Nachfragewettbewerb als unlauter und damit unzulässig zu verbieten.

Gerade der Verbraucherschutz hat in den letzten Jahren stark zugenommen. Der Grund dafür ist, dass der Verbraucher die Waren vor dem Kauf nicht sehen oder prüfen kann und deshalb eine weniger informierte Entscheidung treffen muss. Die rechtlichen Bestimmungen, die durch die Rechtsprechung immer weiter konkretisiert wurden und noch werden, stellen viele Unternehmer vor juristische Herausforderungen. Wird Ihr Online-Shop nicht rechtssicher gestaltet, drohen Ihnen Bußgelder, die Abgabe mit Strafe bedrohter Unterlassungserklärungen oder Verlängerungen des Widerrufsrechts. Damit Sie derartige Vorgänge vermeiden können, sollten Sie sich frühzeitig mit den rechtlichen Anforderungen beschäftigen.

Carsten Föhlisch schreibt über rechtliche Fragen bei Online-Shops

Rechtsanwalt Dr. Carsten Föhlisch ist Bereichsleiter Recht sowie Prokurist der Trusted Shops GmbH und seit mehr als vierzehn Jahren im E-Commerce-Recht tätig. Mit mehr als 18.000 geprüften Shops in Europa ist Trusted Shops, der führende Anbieter für Gütesiegel im Online-Handel. Um das Gütesiegel an Online-Händler vergeben zu können, führen die E-Commerce- und Rechtsexperten Prüfungen zu Bonität, Preistransparenz, Kundenservice und Datenschutz durch. Zusätzlich bieten sie als vertrauensbildende Maßnahme eine spezielle Käuferschutz-Garantie und ein System zur Kundenbewertung an. Über die Käuferschutz-Garantie sichert Trusted Shops die Online-Käufer finanziell ab, und mit dem Bewertungssystem zeigen Sie als Online-Händler, wie zufrieden andere Kunden mit Ihren Leistungen waren. Auf diese Weise können Sie Ihren Kunden gegenüber sichtbar machen, dass bei Ihnen sicher eingekauft werden kann.

In diesem Kapitel werden wir wichtige rechtliche Fragen behandeln und Ihnen zeigen, wie Sie Ihren Online-Shop rechtssicher umsetzen können und was Sie dabei beachten müssen. Dafür erhalten Sie Musterformulierungen, die Sie in Ihrem Shop einsetzen können. Sie finden auch in jedem Abschnitt Checklisten zur richtigen Umsetzung und Beispiele typischer Fehler, die uns immer wieder auffallen und die bereits in der Vergangenheit Gegenstand von Abmahnungen und Gerichtsentscheidungen waren – und die Sie deshalb vermeiden können. Wir können hier jedoch nicht alle möglichen Geschäftsmodelle behandeln, weswegen sämtliche Muster auf ihre konkrete Anwendbarkeit hin geprüft und eventuell angepasst werden müssen. Für eine individuelle Rechtsberatung wenden Sie sich bitte an einen Anwalt.

15.1   Unternehmer und Verbraucher

Im Fernabsatz und im elektronischen Geschäftsverkehr gelten umfangreiche Informationspflichten, die Sie als Unternehmer gegenüber Verbrauchern erfüllen müssen.

15.1.1 Wer ist Unternehmer?

Nach § 14 Abs. 1 BGB ist ein Unternehmer eine natürliche oder juristische Person oder eine rechtsfähige Personengesellschaft, die bei Abschluss eines Rechtsgeschäfts in Ausübung ihrer gewerblichen oder selbstständigen beruflichen Tätigkeit handelt. Um jemanden als Unternehmer einordnen zu können, ist also der Zweck des Rechtsgeschäfts mitentscheidend. Zudem muss die Geschäftätigkeit gezielt und auf Dauer angelegt sein. Dabei kommt es nicht darauf an, ob Sie Gewinn erzielen möchten. Die Rechtsprechung hat mehrere Anhaltspunkte entwickelt, um Unternehmer und Verbraucher voneinander abzugrenzen:

- das Angebot gleichartiger oder unterschiedlicher Ware
- die Zahl und Häufigkeit von Verkäufen
- das Angebot von Neu- oder Gebrauchtware
- der Einsatz von AGB
- das Schalten von Werbung

Auf jeden Fall werden Sie als Unternehmer eingestuft, wenn Sie einen eingerichteten Online-Shop nutzen oder als Händler auf eBay oder dem Amazon Marketplace angemeldet sind.

15.1.2 Wer ist Verbraucher?

Wann es sich bei Ihrem Kunden um einen Verbraucher handelt, hängt ebenfalls vom objektiven Zweck des Rechtsgeschäfts ab. Nach § 13 BGB ist jede natürliche Person ein Verbraucher, die ein Rechtsgeschäft zu Zwecken abschließt, das überwiegend weder ihrer gewerblichen noch selbstständigen beruflichen Tätigkeit zugerechnet werden kann. Juristische Personen (als Gegensatz zu natürlichen Personen), also zum Beispiel Sportvereine, können nach deutschem Recht niemals Verbraucher sein (anders zum Beispiel in Österreich). Nur Verbraucher haben ein gesetzliches Widerrufsrecht, müssen Preise inklusive Mehrwertsteuer angezeigt bekommen und unterliegen weiteren Schutzvorschriften.

Eindeutig sind solche Fälle, bei denen die Ware ganz klar privaten Zwecken dient. Als Verbraucher wird auch eingestuft, wer Produkte bestellt, die sowohl privaten als auch gewerblichen Zwecken dicnen, soweit der private Zweck überwiegt, zum Beispiel der Architekt, der eine Digitalkamera bestellt, die sowohl privat als auch beruflich genutzt werden kann.

Indizien, die hingegen für ein rein gewerbliches Handeln und damit gegen die Einordnung als Verbraucher sprechen, sind zum Beispiel:

15

- die Art des Produkts (zum Beispiel Röntgengerät)
- die Zahlung über ein Firmenkonto
- Verwendung einer geschäftlichen E-Mail-Signatur
- die Angabe einer Firma als Besteller

Die Lieferung an eine Firmenadresse trifft allerdings noch keine Aussage über den Zweck eines Geschäfts. Diese kann auch gewünscht sein, weil unter der Privatadresse tagsüber niemand zu erreichen ist. Beruft sich der Kunde Ihnen gegenüber auf seine Verbrauchereigenschaft, muss er diese im Zweifel auch beweisen.

15.2   Versand ins Ausland

Wenn Sie Ihren Online-Shop nicht nur auf Deutschland beschränken, sondern mit ihm auch ausländische Kunden ansprechen möchten, gibt es einige Vorgaben, die Sie beachten müssen. Ein EU-weites oder weltweites Angebot kann schnell zu Rechtsverstößen führen. Wenn Ihr Online-Shop aktiv auf diese Länder ausgerichtet ist, müssen Sie auch die dort geltenden Rechtsordnungen beachten. In einigen Staaten sind bestimmte (Datenschutz-)Behörden sehr aktiv und verhängen regelmäßig Bußgelder gegen Online-Händler. Wenn Sie derartige Probleme von vornherein vermeiden möchten, können Sie das Liefergebiet klar begrenzen, um nicht aktiv auf andere Länder ausgerichtet zu sein.

Muster: Begrenzung des Liefergebiets
Die Lieferung unserer Artikel kann nur nach Deutschland erfolgen.

15.2.1   Aktive Ausrichtung des Shops

Ob Ihr Online-Shop auf andere Länder aktiv ausgerichtet ist, hängt von mehreren Kriterien ab, zum Beispiel:

- Sprache des Online-Shops (siehe Abbildung 15.1)
- im Shop akzeptierte Währungen
- Versandkostenangaben ins Ausland
- Schalten von Anzeigen in Suchmaschinen in verschiedenen Ländern
- Angabe von Telefonnummern mit internationaler Vorwahl

Für eine Ausrichtung reicht es allerdings noch nicht aus, wenn Ihr Shop in einem anderen Land aufgerufen werden kann.

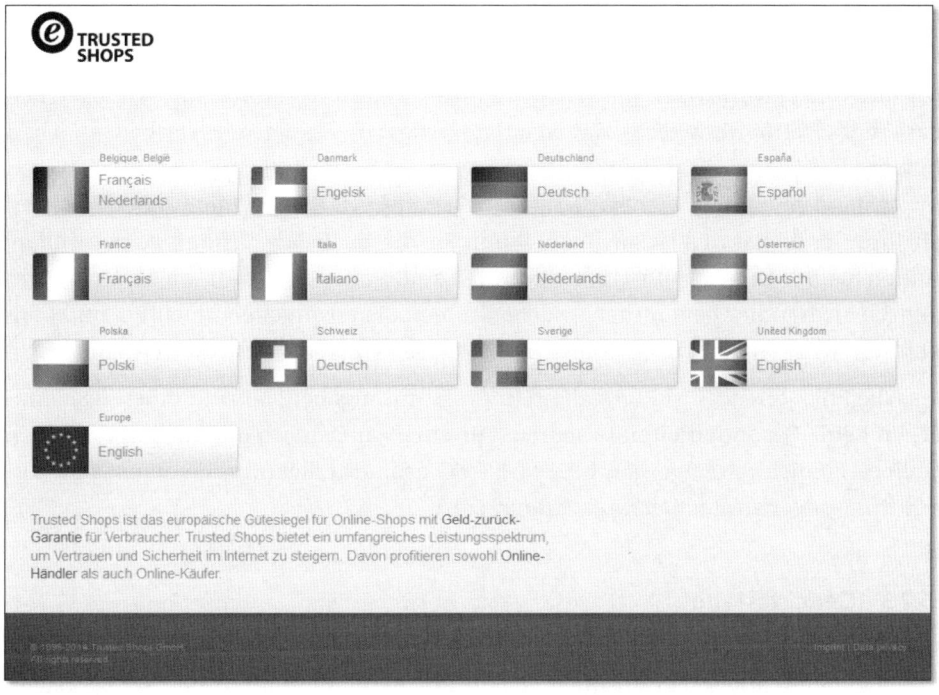

Abbildung 15.1 Ausrichtung eines Shops auf mehrere Länder

15.2.2   Anwendbares Recht

Je nach Rechtsgebiet gelten verschiedene Regeln dazu, welches Recht eines Landes zur Anwendung kommt.

Im Vertragsrecht steht es den Parteien gemäß Art. 3 Abs. 1 Rom-I-Verordnung grundsätzlich frei, eine Rechtswahl zu treffen, also eine Vereinbarung darüber, welches Recht Anwendung finden soll. Eine Möglichkeit besteht darin, diese Rechtswahl in den AGB vorzunehmen, wie es im B2B-Geschäft häufig gemacht wird. Gemäß Art. 6 Abs. 2 Rom-I-Verordnung sind Sie bei der Wahl des Rechts gegenüber Verbrauchern aber insofern eingeschränkt, als Sie dabei keine zwingenden Verbrauchervorschriften im Land des Kunden umgehen dürfen. In einem solchen Fall kann sich der Verbraucher auch weiterhin auf die in seinem Land geltenden Verbraucherschutzvorschriften berufen (sogenanntes *Ziellandprinzip*). Durch die Umsetzung der Verbraucherrechterichtlinie wurden jedoch viele Unterschiede zwischen den EU-Staaten aufgehoben und die Anforderungen an die Informationspflichten und an das Widerrufsrecht angeglichen, was den grenzüberschreitenden Handel erleichtert. So gibt es zum Beispiel kein Widerrufsrecht von 7 Werktagen bis 15 Tagen mehr, wie es noch bis zum 12.6.2014 der Fall war. Stattdessen beträgt die Frist jetzt europaweit 14 Tage. Es gibt allerdings auch Bereiche, in denen nach wie vor erhebliche Unterschiede bestehen, zum Beispiel im vertraglichen Gewährleistungsrecht.

Für das Wettbewerbsrecht gilt nach Art. 6 Abs. 2 Rom-II-Verordnung grundsätzlich dasjenige Wettbewerbsrecht des Staates, in dessen Gebiet die wettbewerblichen Interessen beeinträchtigt wurden (sogenanntes *Marktortprinzip*). Wenn Sie Waren ins Ausland verkaufen, gilt also das nationale Wettbewerbsrecht der Länder, in denen Sie Ihre Geschäftstätigkeit ausüben. Wenn Sie dieses Risiko nicht eingehen wollen, sollten Sie Ihr Angebot nur auf bestimmte Länder ausrichten. Auf diese Weise können Sie als Händler bestimmen, welche Kunden Sie ansprechen möchten, und können zum Beispiel nicht nach polnischem Wettbewerbsrecht bestraft werden.

Was die Pflichten des TMG (vor allem Impressumsangaben) betrifft, müssen Sie hingegen keine Besonderheiten beachten. Für einen in Deutschland niedergelassenen Online-Händler gelten gemäß § 3 Abs. 1 TMG grundsätzlich nur die deutschen Vorschriften (sogenanntes *Herkunftslandprinzip*).

15.2.3   Gerichtsstand

Die Frage der Ausrichtung spielt auch für die Bestimmung des Gerichtsstandes eine entscheidende Rolle, also für die Frage, in welchem Staat der Kunde Sie verklagen kann. Grundsätzlich sind nach der Brüssel-I-Verordnung innerhalb der EU die Gerichte des Staates zuständig, in dem der Beklagte seinen Wohnsitz hat. Bei Klagen gegen einen deutschen Online-Händler ist somit grundsätzlich ein deutsches Gericht zuständig. Etwas anderes gilt wieder bei Verträgen mit Verbrauchern. Hier hat der Verbraucher zusätzlich die Möglichkeit, die Klage beim Gericht an seinem Wohnsitz zu erheben, wenn der Händler seine gewerbliche Tätigkeit in diesem Mitgliedstaat ausübt oder seine Tätigkeit auf diesen ausrichtet. Für die Frage, ob Sie als deutscher Online-Händler auch im Ausland verklagt werden können, kommt es daher wieder entscheidend darauf an, ob Sie Ihre Tätigkeit auf den fraglichen Staat aktiv ausgerichtet haben.

15.3   Informationspflichten

Art. 246a § 1 EGBGB zählt auf, worüber Sie den Verbraucher bei einem Kauf informieren müssen. Danach sind von Ihnen als Online-Händler folgende Informationen zur Verfügung zu stellen:

1.   die wesentlichen Eigenschaften der Waren oder Dienstleistungen in dem für das Kommunikationsmittel und für die Waren und Dienstleistungen angemessenen Umfang,

2. seine Identität, beispielsweise seinen Handelsnamen sowie die Anschrift des Ortes, an dem er niedergelassen ist, seine Telefonnummer und gegebenenfalls seine Telefaxnummer und E-Mail-Adresse sowie gegebenenfalls die Anschrift und die Identität des Unternehmers, in dessen Auftrag er handelt,

3. zusätzlich zu den Angaben gemäß Nummer 2 die Geschäftsanschrift des Unternehmers und gegebenenfalls die Anschrift des Unternehmers, in dessen Auftrag er handelt, an die sich der Verbraucher mit jeder Beschwerde wenden kann, falls diese Anschrift von der Anschrift unter Nummer 2 abweicht,

4. den Gesamtpreis der Waren oder Dienstleistungen einschließlich aller Steuern und Abgaben, oder in den Fällen, in denen der Preis auf Grund der Beschaffenheit der Waren oder Dienstleistungen vernünftigerweise nicht im Voraus berechnet werden kann, die Art der Preisberechnung sowie gegebenenfalls alle zusätzlichen Fracht-, Liefer- oder Versandkosten und alle sonstigen Kosten, oder in den Fällen, in denen diese Kosten vernünftigerweise nicht im Voraus berechnet werden können, die Tatsache, dass solche zusätzlichen Kosten anfallen können,

5. im Falle eines unbefristeten Vertrags oder eines Abonnement-Vertrags den Gesamtpreis; dieser umfasst die pro Abrechnungszeitraum anfallenden Gesamtkosten und, wenn für einen solchen Vertrag Festbeträge in Rechnung gestellt werden, ebenfalls die monatlichen Gesamtkosten; wenn die Gesamtkosten vernünftigerweise nicht im Voraus berechnet werden können, ist die Art der Preisberechnung anzugeben,

6. die Kosten für den Einsatz des für den Vertragsabschluss genutzten Fernkommunikationsmittels, sofern dem Verbraucher Kosten berechnet werden, die über die Kosten für die bloße Nutzung des Fernkommunikationsmittels hinausgehen,

7. die Zahlungs-, Liefer- und Leistungsbedingungen, den Termin, bis zu dem der Unternehmer die Waren liefern oder die Dienstleistung erbringen muss, und gegebenenfalls das Verfahren des Unternehmers zum Umgang mit Beschwerden,

8. das Bestehen eines gesetzlichen Mängelhaftungsrechts für die Waren,

9. gegebenenfalls das Bestehen und die Bedingungen von Kundendienst, Kundendienstleistungen und Garantien,

10. gegebenenfalls bestehende einschlägige Verhaltenskodizes gemäß Artikel 2 Buchstabe f der Richtlinie 2005/29/EG des Europäischen Parlaments und des Rates vom 11. Mai 2005 über unlautere Geschäftspraktiken im binnenmarktinternen Geschäftsverkehr zwischen Unternehmen und Verbrauchern und zur Änderung der Richtlinie 84/450/EWG des Rates, der Richtlinien 97/7/EG, 98/27/EG und 2002/65/EG des Europäischen Parlaments und des Rates sowie der Ver-

15

ordnung (EG) Nr. 2006/2004 des Europäischen Parlaments und des Rates (ABl. L 149 vom 11.6.2005, S. 22) und wie Exemplare davon erhalten werden können,

11. gegebenenfalls die Laufzeit des Vertrags oder die Bedingungen der Kündigung unbefristeter Verträge oder sich automatisch verlängernder Verträge,

12. gegebenenfalls die Mindestdauer der Verpflichtungen, die der Verbraucher mit dem Vertrag eingeht,

13. gegebenenfalls die Tatsache, dass der Unternehmer vom Verbraucher die Stellung einer Kaution oder die Leistung anderer finanzieller Sicherheiten verlangen kann, sowie deren Bedingungen,

14. gegebenenfalls die Funktionsweise digitaler Inhalte, einschließlich anwendbarer technischer Schutzmaßnahmen für solche Inhalte,

15. gegebenenfalls, soweit wesentlich, Beschränkungen der Interoperabilität und der Kompatibilität digitaler Inhalte mit Hard- und Software, soweit diese Beschränkungen dem Unternehmer bekannt sind oder bekannt sein müssen, und

16. gegebenenfalls, dass der Verbraucher ein außergerichtliches Beschwerde- und Rechtsbehelfsverfahren, dem der Unternehmer unterworfen ist, nutzen kann, und dessen Zugangsvoraussetzungen.

Steht dem Verbraucher ein Widerrufsrecht zu, was meist der Fall ist, muss er zusätzlich über Folgendes informiert werden:

1. über die Bedingungen, die Fristen und das Verfahren für die Ausübung des Widerrufsrechts nach § 355 Absatz 1 des Bürgerlichen Gesetzbuchs sowie das Muster-Widerrufsformular in der Anlage 2,

2. gegebenenfalls darüber, dass der Verbraucher im Widerrufsfall die Kosten für die Rücksendung der Waren zu tragen hat, und bei Fernabsatzverträgen zusätzlich über die Kosten für die Rücksendung der Waren, wenn die Waren auf Grund ihrer Beschaffenheit nicht auf dem normalen Postweg zurückgesendet werden können, und

3. darüber, dass der Verbraucher dem Unternehmer bei einem Vertrag über die Erbringung von Dienstleistungen oder über die nicht in einem bestimmten Volumen oder in einer bestimmten Menge vereinbarte Lieferung von Wasser, Gas, Strom oder die Lieferung von Fernwärme einen angemessenen Betrag nach § 357 Absatz 8 des Bürgerlichen Gesetzbuchs für die vom Unternehmer erbrachte Leistung schuldet, wenn der Verbraucher das Widerrufsrecht ausübt, nachdem er auf Aufforderung des Unternehmers von diesem ausdrücklich den Beginn der Leistung vor Ablauf der Widerrufsfrist verlangt hat.

Der Unternehmer hat den Verbraucher auch zu informieren, wenn

1. dem Verbraucher nach § 312g Absatz 2 Satz 1 Nummer 1, 2, 5 und 7 bis 13 des Bürgerlichen Gesetzbuchs ein Widerrufsrecht nicht zusteht, dass der Verbraucher seine Willenserklärung nicht widerrufen kann, oder

2. das Widerrufsrecht des Verbrauchers nach § 312g Absatz 2 Satz 1 Nummer 3, 4 und 6 sowie § 356 Absatz 4 und 5 des Bürgerlichen Gesetzbuchs vorzeitig erlöschen kann, über die Umstände, unter denen der Verbraucher ein zunächst bestehendes Widerrufsrecht verliert.

15.3.1   Wesentliche Merkmale der Ware

Sie müssen den Verbraucher vor Abgabe seiner Bestellung klar und verständlich über die wesentlichen Merkmale der Ware oder Dienstleistung informieren. Der Umfang hängt dabei von der Komplexität des Produkts ab. Ebenso müssen Sie berücksichtigen, dass der Kunde nicht die Möglichkeit hat, das Produkt selbst in Augenschein zu nehmen und daher auf Ihre Artikelbeschreibung und -bilder angewiesen ist, um eine Kaufentscheidung treffen zu können. Dazu gehört zum Beispiel, dass Sie es vollständig und richtig beschreiben, Fehler nicht verschweigen und keine irreführenden Angaben machen.

Gemäß § 5 Abs. 1 Nr. 1 UWG ist eine Produktbeschreibung irreführend, wenn unwahre Angaben zu »Verfügbarkeit, Art, Ausführung, Vorteilen, Risiken, Zusammensetzung, Zubehör, Verfahren oder Zeitpunkt der Herstellung, Lieferung oder Erbringung, Zwecktauglichkeit, Verwendungsmöglichkeit, Menge, Beschaffenheit, Kundendienst und Beschwerdeverfahren, geographischer oder betrieblicher Herkunft, von der Verwendung zu erwartende Ergebnisse oder den Ergebnissen oder wesentlichen Bestandteilen von Tests« erfolgen. Bei irreführenden Angaben bezüglich dieser Merkmale besteht das Risiko, dass Sie abgemahnt werden.

Der BGH hat auch entschieden, dass Produktbilder den angebotenen Waren entsprechen müssen. Bei deren Verwendung müssen Sie besonders darauf achten, dass Sie keine Urheberrechte oder Markenrechte anderer verletzen. Dasselbe gilt auch für Produktbeschreibungen. Solche Verletzungen entstehen schnell, zum Beispiel durch die Übernahme von Herstellerfotos ohne Genehmigung oder das Ausnutzen des Rufs einer anderen Marke.

Zusätzlich sind Sie dazu verpflichtet, für viele Produkte erweiterte Kennzeichnungspflichten (zum Beispiel für Lebensmittel, Textilien, Arzneimittel oder Elektrogeräte, siehe Abbildung 15.2) oder Werbebeschränkungen (zum Beispiel für Alkohol) einzuhalten.

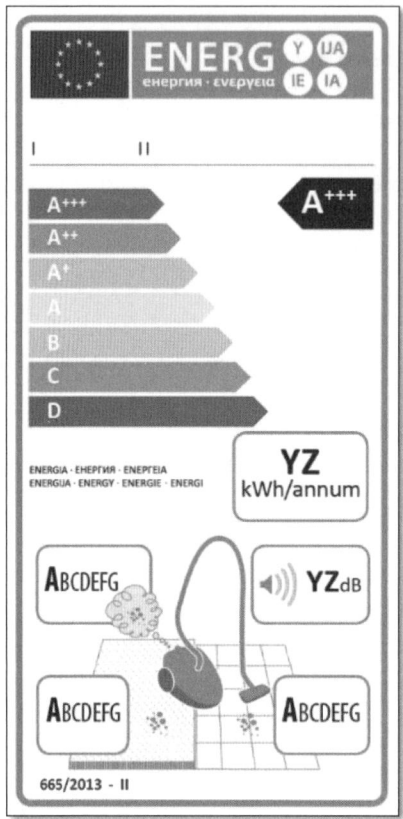

Abbildung 15.2 Energiekennzeichnung für Staubsauger

Besonderheiten auf dem Amazon Marketplace

Auf dem Amazon Marketplace müssen Sie einige Besonderheiten im Zusammenhang mit der Produktbeschreibung beachten.

Die Amazon-AGB bestimmen, dass Amazon ein Nutzungsrecht an allen Produktinformationen (also Bildern und Texten) eingeräumt wird. Eine Ausnahme gilt nur für Firmenzeichen, Schutzmarken oder andere ähnliche Brandings. Daraus folgt, dass auch andere Marketplace-Verkäufer sich an das bestehende Angebot eines Händlers »anhängen« können, wenn sie das gleiche Produkt selbst verkaufen. Nach der Rechtsprechung ist das grundsätzlich erlaubt, es sei denn, auf Bildern werden Firmenzeichen oder Marken abgebildet. In diesen Fällen kann Amazon die Rechte an den Bildern nicht an dritte Händler unterlizenzieren.

Urheberrechtlich bringt die Amazon-Funktion STELLEN SIE IHRE EIGENEN BILDER EIN Risiken mit sich. Hierbei können Dritte, zum Beispiel auch Käufer, der Beschreibung eigene Bilder hinzufügen, und zwar auch ohne hierfür die notwendigen Rechte zu besitzen. Somit kann es vorkommen, dass Sie als Händler für Fotos in Ihrem Angebot, die gegen das Urheberrecht verstoßen, wie für eigene Verstöße haften, obwohl Sie das Hochladen dieser Fotos nicht verhindern können. Solange diese Funktion weiterhin bereitgestellt wird, können Sie Ihre Produkte auf Amazon nicht rechtssicher anbieten.

Ein weiteres spezielles Marketplace-Problem ist, dass Produktbeschreibungen nachträglich geändert werden können, allerdings nicht durch jeden Händler, sondern nur bestimmte Händler und für bestimmte Artikel. Diese automatisch eingeräumte Befugnis kann auch jederzeit wieder entzogen werden. Hierdurch können zum Beispiel Markenrechtsverletzungen entstehen, obwohl Sie weder von der Änderung der Artikelbeschreibung erfahren noch diese selbst vorgenommen haben. Allerdings stufen die Gerichte solche Änderungen als sogenannten Behinderungswettbewerb oder als einen Missbrauch des Rechts ein, wenn ein Markeninhaber eine Markenverletzung selbst provoziert.

15.3.2   Häufige Fehler bei der Produktbeschreibung

Im Zusammenhang mit der Prüfung von Online-Shops fallen uns beim Thema Produktbeschreibung häufig folgende Fehler auf:

▶ Für bestimmte Produkte, zum Beispiel Textilien, Lebensmittel, Tabak, Alkohol, Heilmittel oder Elektrogeräte, gelten spezifische Werbebeschränkungen und erweiterte Kennzeichnungspflichten, die nicht immer berücksichtigt werden.

▶ Für den Verkauf von FSK- oder USK-Artikeln gelten strenge Anforderungen an die Alterskontrolle. Solche Produkte sollten Sie nur unter Verwendung eines anerkannten Altersverifikationssystems liefern. Ein solches muss es ermöglichen, eine verlässliche Identifikations- und Volljährigkeitsprüfung des Empfängers vorzunehmen. Weitere Informationen dazu finden Sie unter *www.jugendschutz.net*.

15.3.3   Preisangaben

Verbrauchern gegenüber müssen Sie Gesamtpreise einschließlich aller Preisbestandteile angeben. Diese Vorgabe findet sich sowohl im Fernabsatzrecht als auch in der Preisangabenverordnung. Möchten Sie nur an Nicht-Verbraucher verkaufen und mit Netto-Preisen werben, reicht es nicht aus, wenn Sie diese Kundenzielgruppe in den AGB oder auf den Produktseiten benennen (zum Beispiel durch einen Text »Verkauf nur an Gewerbetreibende«). Vielmehr sind Sie dazu verpflichtet, die Nicht-Verbrauchereigenschaft zusätzlich durch entsprechende Kontrollmaßnahmen (zum Beispiel Anfordern des Gewerbenachweises, Kontrolle der USt-IdNr.) sicherzustellen (siehe Abbildung 15.3). Händler, die dies nicht taten, wurden in der Vergangenheit bereits häufiger durch Konkurrenten gerichtlich auf Unterlassung verklagt und für Schadensersatz in Anspruch genommen.

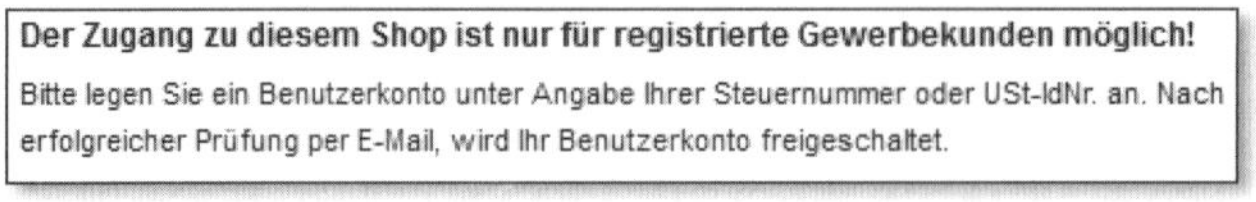
Der Zugang zu diesem Shop ist nur für registrierte Gewerbekunden möglich!
Bitte legen Sie ein Benutzerkonto unter Angabe Ihrer Steuernummer oder USt-IdNr. an. Nach erfolgreicher Prüfung per E-Mail, wird Ihr Benutzerkonto freigeschaltet.

Abbildung 15.3 Beschränkung des Angebots auf gewerbliche Kunden

Wenn Sie Ware nach Gewicht, Volumen, Länge oder Fläche anbieten, müssen Sie zusätzlich den Preis je Mengeneinheit einschließlich der Umsatzsteuer und sonstiger Preisbestandteile in unmittelbarer Nähe des Gesamtpreises angeben. Der BGH hat diese Vorgabe dahingehend konkretisiert, dass Grundpreis und Gesamtpreis stets »auf einen Blick« wahrgenommen werden können (siehe Abbildung 15.4).

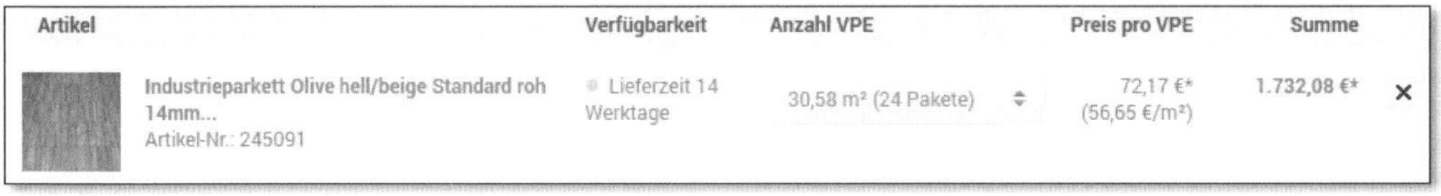
Artikel
Verfügbarkeit
Anzahl VPE
Preis pro VPE
Summe
Industrieparkett Olive hell/beige Standard roh 14mm...
Artikel-Nr.: 245091
Lieferzeit 14 Werktage
30,58 m² (24 Pakete)
72,17 €*
(56,65 €/m²)
1.732,08 €*

Abbildung 15.4 Grundpreisangaben beim Angebot von Parkett

15.3.4 Hinweis auf Umsatzsteuer und Versandkosten

Zu den Hinweispflichten gehört auch die Information, dass die Umsatzsteuer enthalten ist und ob zusätzlich Versandkosten anfallen (§ 1 Abs. 2 Nr. 1 PAngV). Beide Hinweise müssen dem Angebot eindeutig zugeordnet sein. Diesen Anforderungen können Sie durch den Hinweis »inkl. MwSt., zzgl. Versandkosten« in unmittelbarer Nähe des Preises genügen. Sternchenverweise mit Fußnoten sind mit Vorsicht zu genießen, denn diese können häufig nicht mehr der Werbung zugeordnet werden. Weitere Voraussetzung ist auch, dass der Hinweis auf anfallende Versandkosten mit einer transparenten Versandkostenseite verlinkt ist, wenn die Versandkosten nicht direkt beim Angebot beziffert werden. Das ist wegen der üblichen Staffelungen nach Bestellwert, Gewicht oder Ähnlichem meist nicht möglich. Diesen Hinweis müssen Sie vor Einleiten des Bestellvorgangs erteilen. Darunter versteht der BGH das Einlegen der Ware in den Warenkorb. Auf allen Seiten mit Warenkorb-Button muss also ein entsprechender Text platziert werden (siehe Abbildung 15.5).

Sie sparen € 20,00
€ 359,00
€ 339,00
inkl. MwSt., zzgl. Versand
1 Stück
In den Einkaufswagen

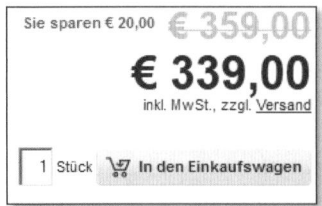

Abbildung 15.5 Hinweis in unmittelbarer Nähe

> **Muster: Hinweis auf Umsatzsteuer und Versandkosten**
>
> »inkl. MwSt., zzgl. Versandkosten« <Link auf Versandkostentabelle> (neben jedem Preis)
>
> **oder**
>
> »umsatzsteuerbefreit nach § 19 UStG, zzgl. Versandkosten« <Link auf Versandkostentabelle> (neben jedem Preis)

15.3.5   Häufige Fehler bei Preisangaben

Im Zusammenhang mit der Prüfung von Online-Shops fallen uns beim Thema Preisangaben häufig folgende Fehler auf:

▶ Wenn Sie Waren in Länder liefern wollen, die außerhalb der EU liegen, müssen Sie den Kunden über anfallende Steuern, Zölle oder andere Abgaben informieren.

▶ Bei Zahlung per Nachnahme muss der Empfänger zusätzlich zum Rechnungsbetrag das sogenannte *Übermittlungsentgelt* zahlen. Über diese Zusatzkosten müssen Sie den Kunden sowohl auf einer Infoseite vor Einleitung des Bestellprozesses als auch auf der Bestellseite informieren.

▶ Soweit Sie mit durchgestrichenen Preisen werben, muss klar sein, um welchen Preis es sich gehandelt hat (zum Beispiel ehemaliger Preis, UVP, Preis beim Mitbewerber).

▶ Die Werbung mit Ab-Preisen ist irreführend, wenn kein Produkt zu dem beworbenen Preis erhältlich ist.

15.3.6   Lieferbeschränkungen

Dem Verbraucher muss klar sein, ob Sie ihn überhaupt beliefern. Deshalb sind Sie gemäß § 312j Abs. 1 BGB dazu verpflichtet, klar und deutlich anzugeben, ob Lieferbeschränkungen bestehen. Diese Information muss spätestens bei Beginn des Bestellvorgangs erfolgen, also spätestens im Warenkorb. Eine solche Beschränkung ist zum Beispiel das Lieferland. Aber auch, falls Sie keine Inseln beliefern wollen oder der Kühlschrank nur bis zur Bordsteinkante und nicht in den dritten Stock geliefert werden kann, ist darunter eine Lieferbeschränkung zu verstehen.

15.3.7   Angabe eines Liefertermins

Außerdem muss der Verbraucher wissen, wann er mit der Lieferung rechnen kann. Dafür müssen Sie den Verbraucher nach Art. 246a § 1 Abs. 1 S. 1 Nr. 7 EGBGB über den Termin, bis zu dem Sie die Ware liefern, informieren. Diese Pflicht wurde zum 13.6.2014 neu eingeführt und wurde von der Rechtsprechung noch nicht konkretisiert. Die Angabe eines genauen Datums ist jedenfalls nicht erforderlich, sondern die Angabe einer Frist ist ausreichend (zum Beispiel »3–5 Tage«). Ob die bis zum 12.6.2014 zulässigen »ca.«-Lieferzeiten (»ca. 7 Tage«) weiterhin zulässig sind, bleibt abzuwarten. Nach einem Beschluss des OLG München zum neuen Recht ist eine solche Angabe nicht zu beanstanden. Die Angabe sollte jedenfalls so genau wie möglich erfolgen, um Abmahnungen zu vermeiden. Unverbindliche oder unklare Lieferzeiten, wie zum Beispiel »voraussichtlich« oder »in der Regel«, dürfen Sie nicht nennen.

Besonderheiten auf dem Amazon Marketplace

Die auf dem Amazon Marketplace als optionaler Standardtext enthaltene Lieferzeitangabe »gewöhnlich versandfertig in 3 bis 5 Tagen« ist nicht ausreichend, um über die Lieferzeit zu informieren und sollte daher nicht verwendet werden.

Auch die verbreitete Angabe »sofort versandfähig« reicht nicht aus, da der Kunde darüber im Unklaren gelassen wird, woher der Versand erfolgt (aus Hong Kong oder Frankfurt) und wie lange der Versand dauert (Warensendung oder Expresspaket). Sie können die Lieferzeit zwar durch eine Angabe zur Versandbereitschaft ergänzen, entscheidend ist aber, dass der Kunde erfährt, wann die Ware bei ihm spätestens eintreffen wird (inklusive Versandlaufzeit). Über die Lieferzeit müssen Sie auf der einzelnen Produktseite informieren (siehe Abbildung 15.6). Ein Hinweis in den AGB oder auf allgemeinen Informationsseiten ist nicht ausreichend, zumal die Lieferzeit je nach Produkt unterschiedlich ausfallen kann.

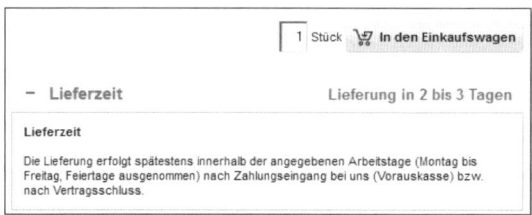

Abbildung 15.6 Hinweis auf Lieferzeit

15.3.8   Häufige Fehler bei der Lieferinformation und der Verfügbarkeit

Im Zusammenhang mit der Prüfung von Online-Shops fallen uns beim Thema Lieferinformation häufig folgende Fehler auf:

▶ Wenn Sie die Versandkosten nicht für alle Länder nennen, die aktiv adressiert werden, stellt dies einen Wettbewerbsverstoß dar, der bereits häufiger erfolgreich angegriffen wurde. Das gilt auch, wenn diese Länder nur selten beliefert werden.

▶ Eine Information, ob Lieferbeschränkungen im Shop bestehen, müssen Sie seit dem 13.6.2014 spätestens bei Einleitung des Bestellvorgangs erteilen. Häufig ist diese Pflicht noch nicht umgesetzt.

▶ Zusätze, die die angegebenen Lieferzeiten für unverbindlich erklären, sind unzulässig, zum Beispiel »in der Regel« oder »voraussichtlich«.

▶ Es genügt nicht, wenn Sie nur über die Versandbereitschaft (»Auf Lager«, »Sofort versandbereit« oder Ähnliches) informieren, sondern der Kunde muss erkennen können, wann die Ware bei ihm eintrifft.

15.3.9   Zahlungsbedingungen

Nach Art. 246a § 1 Abs. 1 S. 1 Nr. 7 EGBGB müssen Sie auch über die Zahlungsbedingungen informieren. Hierzu zählen insbesondere die zur Verfügung stehenden Zahlungsarten, der Zahlungszeitpunkt und zusätzlich anfallende Kosten. Bei Bankeinzug und Kreditkartenzahlung ist damit auch der Zeitpunkt der Abbuchung gemeint, denn es ist für den Kunden von Interesse, ob sein Konto direkt bei Bestellung oder erst nach Lieferung belastet wird. Diese Angaben müssen in den AGB oder auf allgemeinen Informationsseiten erfolgen, je nachdem, ob es sich um eine Zahlungsbedingung oder eine bloße Zahlungsinformation handelt.

Gemäß § 312j Abs. 1 BGB haben Online-Händler seit dem 13.6.2014 früher als bislang, bei Verträgen mit Verbrauchern schon spätestens mit Beginn des Bestellvorgangs, klar und deutlich anzugeben, welche Zahlungsmittel akzeptiert werden. Sie können dabei weiterhin im Einzelfall bestimmte Zahlungsarten ausschließen, etwa den Rechnungskauf wegen mangelnder Bonität. Sie müssen nur die Zahlungsarten angeben, die Sie grundsätzlich in Ihrem Online-Shop anbieten (siehe Abbildung 15.7).

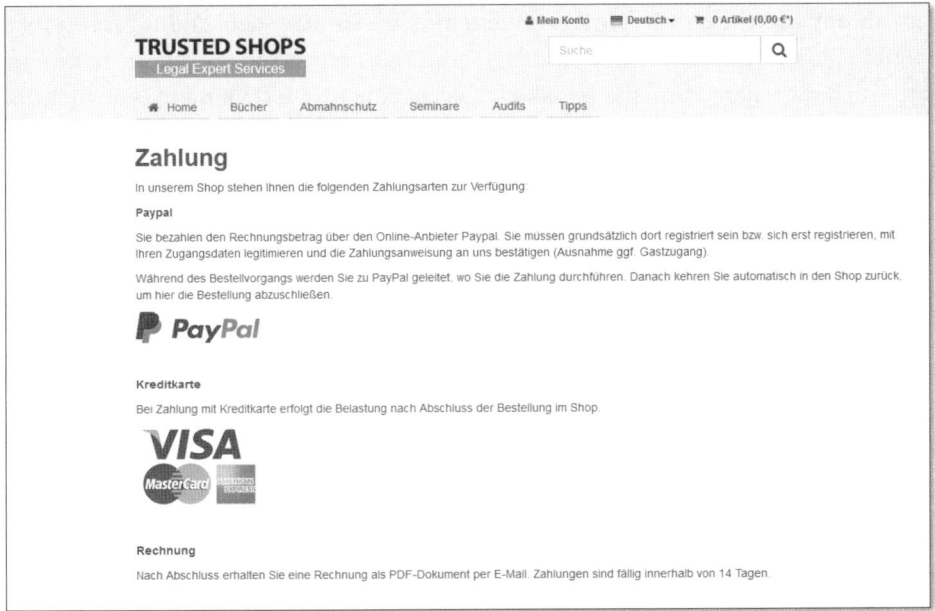

Abbildung 15.7 Übersicht der im Shop akzeptierten Zahlungsarten

Wenn Sie Zahlungsaufschläge für bestimmte Zahlungsarten verlangen, sind diese nur unter bestimmten Voraussetzungen zulässig. Über solche Zuschläge müssen Sie auf der allgemeinen Informationsseite, auf der die akzeptierten Zahlungsarten aufgeführt sind, hinweisen (siehe Abbildung 15.8). Es wäre irreführend, wenn sie erstmals im Bestellprozess genannt würden. Zahlungsaufschläge sind nur unter zwei Voraussetzungen zulässig (§ 312a Abs. 4 BGB):

1. Es muss eine gängige und zumutbare unentgeltliche Zahlungsmöglichkeit für den Verbraucher bestehen (zum Beispiel Lastschrift).

2. Das vereinbarte Entgelt darf nicht die Kosten übersteigen, die Ihnen durch die Nutzung dieses Zahlungsmittels entstanden sind.

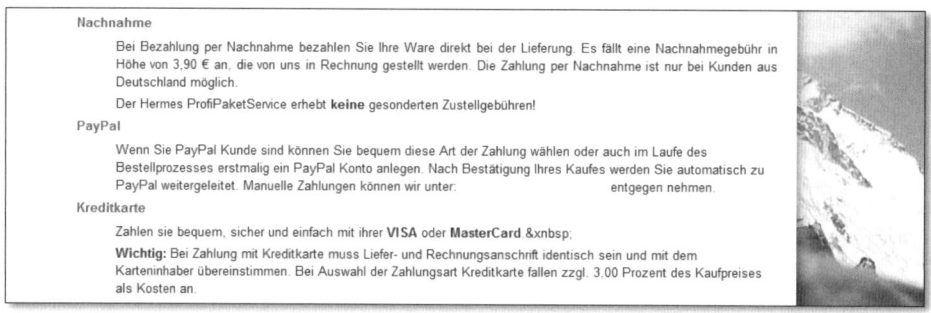

Abbildung 15.8 Information über Zahlungsaufschläge

Ein Fehler, der häufig begangen wird, ist, dass der Kunde nicht über die Einzelheiten der Zahlung informiert wird. Insbesondere müssen Sie auch den Zahlungszeitpunkt nennen. Sie müssen dem Kunden daher bei Zahlung per Bankeinzug oder Kreditkarte auch mitteilen, wann das Bankkonto belastet wird. Oft fehlt diese Information.

15.3.10   Zeitpunkt und Form der Informationen

Die sogenannten fernabsatzrechtlichen Informationen muss der Verbraucher vor Abgabe seiner Vertragserklärung, also spätestens auf der Bestellseite, erhalten. Einige Informationspflichten müssen jedoch bereits vor Einleitung des Bestellvorgangs, also vor Einlegen der Ware in den Warenkorb, erfüllt werden. Dieser Zeitpunkt gilt zum Beispiel für die Hinweise darauf, ob Versandkosten anfallen und dass die Mehrwertsteuer enthalten ist, nach § 1 Abs. 2 PAngV. Bei Beginn des Bestellvorgangs (im Warenkorb) müssen Sie darüber informieren, ob Lieferbeschränkungen bestehen und welche Zahlungsmittel akzeptiert werden.

Die Fernabsatzinformationen müssen Sie dem Verbraucher auch noch einmal auf einem »dauerhaften Datenträger« zur Verfügung stellen. Darunter versteht man ein Medium, das es seinem Empfänger erlaubt, die an ihn gerichtete Erklärung so aufzubewahren, dass sie ihm für einen angemessenen Zeitraum zugänglich und dazu geeignet ist, die Erklärung unverändert wiederzugeben. Diese Voraussetzungen erfüllen zum Beispiel Papier oder E-Mail, jedoch nicht Links auf Website-Dokumente (nicht unveränderbar).

15.3.11   Checkliste für Ihr Warenangebot

Wenn Sie die nachfolgenden Punkte bei Ihrem Warenangebot beachten, können Sie unnötige Fehler vermeiden und Ihren Shop rechtlich sicher gestalten:

▶ Information über alle wesentlichen Merkmale der Ware bzw. Dienstleistung

▶ Beachtung der erweiterten Kennzeichnungsvorschriften für bestimmte Produkte

▶ Angabe der Gesamtpreise und gegebenenfalls Grundpreise

▶ Angabe, ob und welche Versandkosten anfallen (einschließlich Auslandsversandkosten)

▶ Hinweis auf MwSt. und Versandkosten spätestens auf Seiten mit Warenkorb-Button

▶ Link zur Versandkostenseite, wenn diese nicht bei jedem Artikel benannt werden

▶ Versandkostentabelle ist klar und verständlich (Kunde kann die Kosten leicht berechnen)

▶ Nennung der Versandkosten aller belieferten Länder

▶ Angabe der Gültigkeitsdauer bei befristeten Angeboten

▶ Angaben zur Lieferzeit zu jedem Artikel (Info über Versandbereitschaft reicht nicht)

▶ Information über Lieferbeschränkungen spätestens bei Beginn des Bestellvorgangs

▶ gegebenenfalls klare Begrenzung des Liefergebiets

▶ Erteilung von Informationen über Zölle und Gebühren bei Lieferung in Nicht-EU-Länder

15.4   Das Widerrufsrecht

Neben den umfangreichen Informationspflichten besteht für Sie zudem die Pflicht, Verbraucher auch über das Bestehen oder Nichtbestehen eines Widerrufsrechts zu informieren. Dazu zählen auch seine Bedingungen, Fristen und Verfahren zur Ausübung sowie die Verwendung des Muster-Widerrufsformulars.

Wir empfehlen, klar zwischen Verbrauchern und gewerblichen Kunden zu differenzieren, sofern beide Gruppen beliefert werden. Wenn Sie nicht unterscheiden, räumen Sie damit auch gewerblichen Kunden ein freiwillig vereinbartes Widerrufsrecht ein. Deshalb sollten Sie durch einen Zusatz über der Widerrufsbelehrung klarstellen, dass die nachfolgende Belehrung nur für Verbraucher gilt (siehe Abbildung 15.9).

1. Widerrufsbelehrung für Dienstleistungen

Bei Bestellung von Dienstleistungen (z.B. Seminare) haben Verbraucher das folgende Widerrufsrecht.

Widerrufsbelehrung

Abbildung 15.9 Umsetzung der Beschränkung

Muster: Beschränkung des Widerrufsrechts auf Verbraucher

Das folgende Widerrufsrecht besteht nur für Verbraucher.

15.4.1   Zeitpunkt der Belehrung

Über das Widerrufsrecht müssen Sie gemäß Art. 246a § 1 Abs. 2 EGBGB zum einen in Ihrem Online-Shop informieren. Hierfür ist eine flüchtige Form, zum Beispiel als HTML-Seite ausreichend. Zum anderen müssen Sie dem Verbraucher diese Information gemäß § 312f Abs. 2 BGB auch auf einem dauerhaften Datenträger innerhalb einer angemessenen Frist, spätestens jedoch bei Lieferung der Ware, zur Verfügung stellen. Hierfür bietet sich zum Beispiel die Bestellbestätigungs-E-Mail an oder die Papierform bei der Lieferung.

Der Verbraucher muss diese Informationen in klarer und verständlicher Form erhalten. Dazu hat der BGH entschieden, dass es ausreicht, wenn die Widerrufsbelehrung spätestens auf der Bestellseite über einen eindeutig bezeichneten Link abgerufen werden kann. Eindeutige Linkbezeichnungen sind zum Beispiel »Widerrufsrecht« oder »AGB und Widerrufsrecht« (siehe Abbildung 15.10).

Abbildung 15.10 Eindeutige Bezeichnungen im Shop

Aus der Bezeichnung selbst muss unmittelbar hervorgehen, dass man die Belehrung darüber abrufen kann. Ein Link namens »AGB« reicht dafür nicht aus. Den Hinweis können Sie unterschiedlich ausführlich ausgestalten. So kann die Kenntnisnahme zum Beispiel auch mit einer Checkbox bestätigt werden, erforderlich ist dies allerdings nicht.

15.4.2 Die Widerrufsfrist

Anders als früher gibt es seit dem 13.6.2014 nicht mehr die zwei gesetzlichen Fristen von 14 Tagen (bei rechtzeitiger Belehrung) und 1 Monat (bei verspäteter Belehrung) und auch nicht die Straffristen von 6 Monaten (bei fehlerhaften Fernabsatz- oder E-Commerce-Informationen) oder »unendlich« (bei fehlender Widerrufsbelehrung). Vielmehr beträgt die Frist jetzt stets 14 Tage und verlängert sich maximal auf 12 Monate plus 14 Tage, falls gar nicht oder fehlerhaft über das Widerrufsrecht informiert wird.

Besonderheiten bei eBay

Wenn Sie als eBay-Händler das Logo »eBay Garantie« erhalten wollen, müssen Sie Verbrauchern auch nach dem 12.6.2014 freiwillig eine Widerrufsfrist von 1 Monat einräumen. Das ist natürlich zulässig, weil das gesetzliche Recht zugunsten der Verbraucher erweitert wird. Streng genommen müssen Sie dann jedoch über das gesetzliche Recht informieren und freiwillige Rücknahmegarantien davon trennen. So können Sie zum Beispiel die freiwillige Rücknahmegarantie als zusätzliche Rücknahmemöglichkeit unterhalb der gesetzlichen Widerrufsbelehrung aufführen (siehe Abbildung 15.11). Allerdings sind bislang keine Fälle bekannt, in denen eBay-Händler angegriffen wurden, weil sie in der gesetzlichen Belehrung die »14 Tage« durch »1 Monat« ersetzten, ohne darauf hinzuweisen, dass dies nicht das gesetzliche Recht, sondern eine vertragliche Regelung ist.

> 10.4 Der Widerruf ist ausgeschlossen, wenn Waren geliefert werden, die nicht vorgefertigt sind, für deren Herstellung eine individuelle Auswahl oder Bestimmung durch den Kunden maßgeblich ist, oder die eindeutig auf die persönlichen Bedürfnisse des Kunden zugeschnitten sind.
>
> §11 Freiwillige Rückgabegarantie
>
> 11.1 Unabhängig von den gesetzlichen Rechten des Kunden gewährt die Anbieterin dem Kunden folgende freiwillige Rückgabegarantie:
>
> Der Kunde kann sich auch nach Ablauf der 14-tägigen Widerrufsfrist (siehe Widerrufsbelehrung in § 10.1 dieser AGB) vom Vertrag lösen, indem er die Ware innerhalb von 60 Tagen nach deren Erhalt (Fristbeginn am Tag nach Warenerhalt) entweder an folgende Adresse zurücksendet:

Abbildung 15.11 Trennung von Widerrufsbelehrung und freiwilliger Rückgabegarantie

---

15.4.3 Die Muster-Widerrufsbelehrung

Wir empfehlen, die gesetzliche Muster-Widerrufsbelehrung zu verwenden, denn diese genießt eine sogenannte »Privilegierung«. Das bedeutet, dass das vorgesehene Muster per Gesetz als ausreichend gilt, um Ihre Informationspflicht zum Widerrufsrecht zu erfüllen, und dass Ihnen keine rechtlichen Nachteile durch Fehler entstehen können, die das gesetzliche Muster eventuell enthält. Voraussetzung dafür ist allerdings, dass Sie die Muster-Widerrufsbelehrung unverändert und nur so verwenden, wie es in den Gestaltungshinweisen vorgesehen ist.

Dabei sollten Sie beachten, dass manche Gerichte in letzter Zeit annehmen, dass Sie als Unternehmer in der Widerrufsbelehrung Ihre Telefon- und Faxnummer und Ihre E-Mail-Adresse angeben müssen, wenn Sie über solche verfügen und diese im Impressum angeben.

Das Muster hat allerdings einige Tücken. So muss theoretisch der Fristbeginn für jede Bestell- und Liefersituation angepasst werden. Bei Einstellen der Belehrung wird aber zum Beispiel in der Regel noch nicht bekannt sein, in wie viele Sendungen eine Bestellung aufgeteilt wird. Dafür ist nämlich ein anderer Textbaustein vorgesehen, als wenn nur ein Paket geliefert wird. Ein weiterer schwieriger Punkt: Wenn Sie Ihre Ware per Spedition verschicken und der Kunde im Widerrufsfall die Rücksendekosten tragen soll, müssen Sie bereits vor Abgabe der Bestellung die Kosten der Rücksendung im Widerrufsfall konkret benennen. Allerdings können Sie nicht wissen, welche Artikel der Verbraucher später zurücksenden wird und wie hoch genau die Kosten für die von ihm beauftragte Spedition sein werden.

Je nach Geschäftsmodell müssen Sie daher gegebenenfalls verschiedene Belehrungen oder Abwandlungen des gesetzlichen Musters einsetzen. Wenn dies auf Sie zutrifft, sollten Sie unbedingt einen Anwalt zurate ziehen, da Fehler in der Widerrufsbelehrung nicht nur sehr oft abgemahnt werden, sondern auch eine Verlängerung der Widerrufsfrist auf bis zu 12 Monate und 14 Tage auslösen können.

Gesetzliches Muster für die Widerrufsbelehrung

EGBGB Anlage 1 zu Art. 246a § 1 Abs. 2 Satz 2.

Widerrufsbelehrung

Widerrufsrecht

Sie haben das Recht, binnen vierzehn Tagen ohne Angabe von Gründen diesen Vertrag zu widerrufen.

Die Widerrufsfrist beträgt vierzehn Tage ab dem Tag [1].

Um Ihr Widerrufsrecht auszuüben, müssen Sie uns ([2]) mittels einer eindeutigen Erklärung (z. B. ein mit der Post versandter Brief, Telefax oder E-Mail) über Ihren Entschluss, diesen Vertrag zu widerrufen, informieren. Sie können dafür das beigefügte Muster-Widerrufsformular verwenden, das jedoch nicht vorgeschrieben ist. [3]

Zur Wahrung der Widerrufsfrist reicht es aus, dass Sie die Mitteilung über die Ausübung des Widerrufsrechts vor Ablauf der Widerrufsfrist absenden.

Folgen des Widerrufs

Wenn Sie diesen Vertrag widerrufen, haben wir Ihnen alle Zahlungen, die wir von Ihnen erhalten haben, einschließlich der Lieferkosten (mit Ausnahme der zusätzlichen Kosten, die sich daraus ergeben, dass Sie eine andere Art der Lieferung als die von uns angebotene, günstigste Standardlieferung gewählt haben), unverzüglich und spätestens binnen vierzehn Tagen ab dem Tag zurückzuzahlen, an dem die Mitteilung über Ihren Widerruf dieses Vertrags bei uns eingegangen ist. Für diese Rückzahlung verwenden wir dasselbe Zahlungsmittel, das Sie bei der ursprünglichen Transaktion eingesetzt haben, es sei denn, mit Ihnen wurde ausdrücklich etwas anderes vereinbart; in keinem Fall werden Ihnen wegen dieser Rückzahlung Entgelte berechnet. [4]

[5]

[6]

Gestaltungshinweise:

[1] Fügen Sie einen der folgenden in Anführungszeichen gesetzten Textbausteine ein:

a) im Falle eines Dienstleistungsvertrags oder eines Vertrags über die Lieferung von Wasser, Gas oder Strom, wenn sie nicht in einem begrenzten Volumen oder in einer bestimmten Menge zum Verkauf angeboten werden, von Fernwärme oder von digitalen Inhalten, die nicht auf einem körperlichen Datenträger geliefert werden: »des Vertragsabschlusses.«;

b) im Falle eines Kaufvertrags: », an dem Sie oder ein von Ihnen benannter Dritter, der nicht der Beförderer ist, die Waren in Besitz genommen haben bzw. hat.«;

c) im Falle eines Vertrags über mehrere Waren, die der Verbraucher im Rahmen einer einheitlichen Bestellung bestellt hat und die getrennt geliefert werden: », an dem Sie oder ein von Ihnen benannter Dritter, der nicht der Beförderer ist, die letzte Ware in Besitz genommen haben bzw. hat.«;

d) im Falle eines Vertrags über die Lieferung einer Ware in mehreren Teilsendungen oder Stücken: », an dem Sie oder ein von Ihnen benannter Dritter, der nicht der Beförderer ist, die letzte Teilsendung oder das letzte Stück in Besitz genommen haben bzw. hat.«;

e) im Falle eines Vertrags zur regelmäßigen Lieferung von Waren über einen festgelegten Zeitraum hinweg: », an dem Sie oder ein von Ihnen benannter Dritter, der nicht der Beförderer ist, die erste Ware in Besitz genommen haben bzw. hat.«

[2] Fügen Sie Ihren Namen, Ihre Anschrift und, soweit verfügbar, Ihre Telefonnummer, Telefaxnummer und E-Mail-Adresse ein.

[3] Wenn Sie dem Verbraucher die Wahl einräumen, die Information über seinen Widerruf des Vertrags auf Ihrer Webseite elektronisch auszufüllen und zu übermitteln, fügen Sie Folgendes ein: »Sie können das Muster-Widerrufsformular oder eine andere eindeutige Erklärung auch auf unserer Webseite [Internet-Adresse einfügen] elektronisch ausfüllen und übermitteln. Machen Sie von dieser Möglichkeit Gebrauch, so werden wir Ihnen unverzüglich (z. B. per E-Mail) eine Bestätigung über den Eingang eines solchen Widerrufs übermitteln.«

[4] Im Falle von Kaufverträgen, in denen Sie nicht angeboten haben, im Falle des Widerrufs die Waren selbst abzuholen, fügen Sie Folgendes ein: »Wir können die Rückzahlung verweigern, bis wir die Waren wieder zurückerhalten haben oder bis Sie

15

den Nachweis erbracht haben, dass Sie die Waren zurückgesandt haben, je nachdem, welches der frühere Zeitpunkt ist.«

[5] Wenn der Verbraucher Waren im Zusammenhang mit dem Vertrag erhalten hat:

a) Fügen Sie ein:

- »Wir holen die Waren ab.« oder

- »Sie haben die Waren unverzüglich und in jedem Fall spätestens binnen vierzehn Tagen ab dem Tag, an dem Sie uns über den Widerruf dieses Vertrags unterrichten, an ... uns oder an [hier sind gegebenenfalls der Name und die Anschrift der von Ihnen zur Entgegennahme der Waren ermächtigten Person einzufügen] zurückzusenden oder zu übergeben. Die Frist ist gewahrt, wenn Sie die Waren vor Ablauf der Frist von vierzehn Tagen absenden.«

b) fügen Sie ein:

- »Wir tragen die Kosten der Rücksendung der Waren.«;

- »Sie tragen die unmittelbaren Kosten der Rücksendung der Waren.«;

- Wenn Sie bei einem Fernabsatzvertrag nicht anbieten, die Kosten der Rücksendung der Waren zu tragen, und die Waren aufgrund ihrer Beschaffenheit nicht normal mit der Post zurückgesandt werden können: »Sie tragen die unmittelbaren Kosten der Rücksendung der Waren in Höhe von ... EUR [Betrag einfügen].«, oder, wenn die Kosten vernünftigerweise nicht im Voraus berechnet werden können: »Sie tragen die unmittelbaren Kosten der Rücksendung der Waren. Die Kosten werden auf höchstens etwa ... EUR [Betrag einfügen] geschätzt.« oder

- Wenn die Waren bei einem außerhalb von Geschäftsräumen geschlossenen Vertrag aufgrund ihrer Beschaffenheit nicht normal mit der Post zurückgesandt werden können und zum Zeitpunkt des Vertragsschlusses zur Wohnung des Verbrauchers geliefert worden sind: »Wir holen die Waren auf unsere Kosten ab.« und

c) fügen Sie ein: »Sie müssen für einen etwaigen Wertverlust der Waren nur aufkommen, wenn dieser Wertverlust auf einen zur Prüfung der Beschaffenheit, Eigenschaften und Funktionsweise der Waren nicht notwendigen Umgang mit ihnen zurückzuführen ist.«

[6] Im Falle eines Vertrags zur Erbringung von Dienstleistungen oder der Lieferung von Wasser, Gas oder Strom, wenn sie nicht in einem begrenzten Volumen oder in einer bestimmten Menge zum Verkauf angeboten werden, oder von Fernwärme fügen Sie Folgendes ein: »Haben Sie verlangt, dass die Dienstleistungen oder Lieferung von Wasser/Gas/Strom/Fernwärme [Unzutreffendes streichen] während der Widerrufsfrist beginnen soll, so haben Sie uns einen angemessenen Betrag zu zahlen, der dem Anteil der bis zu dem Zeitpunkt, zu dem Sie uns von der Ausübung des Widerrufsrechts hinsichtlich dieses Vertrags unterrichten, bereits erbrachten Dienstleistungen im Vergleich zum Gesamtumfang der im Vertrag vorgesehenen Dienstleistungen entspricht.«

Nachfolgend finden Sie einige angepasste Muster-Widerrufsbelehrungen und die Voraussetzungen, unter denen sie eingesetzt werden können. Da es insgesamt zahlreiche Kombinationsmöglichkeiten, genauer gesagt 48 verschiedene Musterbelehrungen gibt, ist jeweils genau zu prüfen, ob die jeweilige Kombination für Ihr Geschäftsmodell passt.

15.4.4   Angepasste Widerrufsbelehrung für Warenlieferungen

Das folgende Muster können Sie für die Lieferung von Waren verwenden. Hier wurde der Gestaltungshinweis 1 c) eingesetzt (»die letzte Ware«). Wir sind der Meinung, dass auch in diesem Fall der Fristbeginn für die anderen in 1 b) und 1 d) genannten Situationen transparent dargestellt wird und dieser Text daher in allen drei Fällen verwendet werden kann.

Voraussetzungen für die Verwendung: Fernabsatzvertrag über Warenlieferungen im elektronischen Geschäftsverkehr, keine Erbringung von Dienstleistungen, kein Abonnement, Verbraucher übernimmt die Rücksendekosten bei paketversandfähiger Ware, keine Waren, die nicht mit normaler Post zurückgeschickt werden können, Möglichkeit, das Widerrufsformular online auszufüllen und abzusenden und kein finanziertes Geschäft.

Muster: Widerrufsbelehrung für die getrennte Lieferung mehrerer Waren

Widerrufsbelehrung

Widerrufsrecht

Sie haben das Recht, binnen vierzehn Tagen ohne Angabe von Gründen diesen Vertrag zu widerrufen.

Die Widerrufsfrist beträgt vierzehn Tage ab dem Tag, an dem Sie oder ein von Ihnen benannter Dritter, der nicht der Beförderer ist, die letzte Ware in Besitz genommen haben bzw. hat.

Um Ihr Widerrufsrecht auszuüben, müssen Sie uns ([fügen Sie Ihren Namen, Ihre Anschrift und, soweit verfügbar, Ihre Telefonnummer, Telefaxnummer und E-Mail-Adresse ein]) mittels einer eindeutigen Erklärung (z. B. ein mit der Post versandter Brief, Telefax oder E-Mail) über Ihren Entschluss, diesen Vertrag zu widerrufen, informieren. Sie können dafür das beigefügte Muster-Widerrufsformular verwenden, das jedoch nicht vorgeschrieben ist.

Sie können das Muster-Widerrufsformular oder eine andere eindeutige Erklärung auch auf unserer Webseite [Internet-Adresse einfügen] elektronisch ausfüllen und übermitteln. Machen Sie von dieser Möglichkeit Gebrauch, so werden wir Ihnen unverzüglich (z. B. per E-Mail) eine Bestätigung über den Eingang eines solchen Widerrufs übermitteln.

Zur Wahrung der Widerrufsfrist reicht es aus, dass Sie die Mitteilung über die Ausübung des Widerrufsrechts vor Ablauf der Widerrufsfrist absenden.

Folgen des Widerrufs

Wenn Sie diesen Vertrag widerrufen, haben wir Ihnen alle Zahlungen, die wir von
Ihnen erhalten haben, einschließlich der Lieferkosten (mit Ausnahme der zusätzlichen Kosten, die sich daraus ergeben, dass Sie eine andere Art der Lieferung als die
von uns angebotene, günstigste Standardlieferung gewählt haben), unverzüglich
und spätestens binnen vierzehn Tagen ab dem Tag zurückzuzahlen, an dem die Mitteilung über Ihren Widerruf dieses Vertrags bei uns eingegangen ist. Für diese Rückzahlung verwenden wir dasselbe Zahlungsmittel, das Sie bei der ursprünglichen
Transaktion eingesetzt haben, es sei denn, mit Ihnen wurde ausdrücklich etwas
anderes vereinbart; in keinem Fall werden Ihnen wegen dieser Rückzahlung Entgelte
berechnet. Wir können die Rückzahlung verweigern, bis wir die Waren wieder
zurückerhalten haben oder bis Sie den Nachweis erbracht haben, dass Sie die Waren
zurückgesandt haben, je nachdem, welches der frühere Zeitpunkt ist.

Sie haben die Waren unverzüglich und in jedem Fall spätestens binnen vierzehn
Tagen ab dem Tag, an dem Sie uns über den Widerruf dieses Vertrags unterrichten,
an ... uns oder an [hier sind gegebenenfalls der Name und die Anschrift der von Ihnen
zur Entgegennahme der Waren ermächtigten Person einzufügen] zurückzusenden
oder zu übergeben. Die Frist ist gewahrt, wenn Sie die Waren vor Ablauf der Frist von
vierzehn Tagen absenden. Sie tragen die unmittelbaren Kosten der Rücksendung der
Waren.

Sie müssen für einen etwaigen Wertverlust der Waren nur aufkommen, wenn dieser
Wertverlust auf einen zur Prüfung der Beschaffenheit, Eigenschaften und Funktionsweise der Waren nicht notwendigen Umgang mit ihnen zurückzuführen ist.

15.4.5   Angepasste Widerrufsbelehrung für Dienstleistungen

Die folgende Widerrufsbelehrung wurde entsprechend den Gestaltungshinweisen
ausgefüllt und kann verwendet werden, wenn Sie Dienstleistungen in Ihrem Online-
Shop anbieten.

Voraussetzungen für die Verwendung: Fernabsatzvertrag über die Erbringung von
Dienstleistungen im elektronischen Geschäftsverkehr, keine Lieferung von Wasser,
Gas, Strom oder Fernwärme, kein Verkauf von Waren, kein finanziertes Geschäft und
die Möglichkeit, das Widerrufsformular online auszufüllen und abzusenden.

Muster: Widerrufsbelehrung für die Erbringung von Dienstleistungen

Widerrufsbelehrung

Widerrufsrecht

Sie haben das Recht, binnen 14 Tagen ohne Angabe von Gründen diesen Vertrag zu widerrufen.

Die Widerrufsfrist beträgt 14 Tage ab dem Tag des Vertragsabschlusses.

Um Ihr Widerrufsrecht auszuüben, müssen Sie uns ([fügen Sie Ihren Namen, Ihre Anschrift und, soweit verfügbar, Ihre Telefonnummer, Telefaxnummer und E-Mail-Adresse ein]) mittels einer eindeutigen Erklärung (z. B. ein mit der Post versandter Brief, Telefax oder E-Mail) über Ihren Entschluss, diesen Vertrag zu widerrufen, informieren. Sie können dafür das beigefügte Muster-Widerrufsformular verwenden, das jedoch nicht vorgeschrieben ist.

Sie können das Muster-Widerrufsformular oder eine andere eindeutige Erklärung auch auf unserer Webseite [Internetadresse einfügen] elektronisch ausfüllen und übermitteln. Machen Sie von dieser Möglichkeit Gebrauch, so werden wir Ihnen unverzüglich (z. B. per E-Mail) eine Bestätigung über den Eingang eines solchen Widerrufs übermitteln.

Zur Wahrung der Widerrufsfrist reicht es aus, dass Sie die Mitteilung über die Ausübung des Widerrufsrechts vor Ablauf der Widerrufsfrist absenden.

Folgen des Widerrufs

Wenn Sie diesen Vertrag widerrufen, haben wir Ihnen alle Zahlungen, die wir von Ihnen erhalten haben, einschließlich der Lieferkosten (mit Ausnahme der zusätzlichen Kosten, die sich daraus ergeben, dass Sie eine andere Art der Lieferung als die von uns angebotene, günstigste Standardlieferung gewählt haben), unverzüglich und spätestens binnen 14 Tagen ab dem Tag zurückzuzahlen, an dem die Mitteilung über Ihren Widerruf dieses Vertrags bei uns eingegangen ist. Für diese Rückzahlung verwenden wir dasselbe Zahlungsmittel, das Sie bei der ursprünglichen Transaktion eingesetzt haben, es sei denn, mit Ihnen wurde ausdrücklich etwas anderes vereinbart; in keinem Fall werden Ihnen wegen dieser Rückzahlung Entgelte berechnet.

Haben Sie verlangt, dass die Dienstleistungen während der Widerrufsfrist beginnen soll, so haben Sie uns einen angemessenen Betrag zu zahlen, der dem Anteil der bis zu dem Zeitpunkt, zu dem Sie uns von der Ausübung des Widerrufsrechts hinsichtlich dieses Vertrags unterrichten, bereits erbrachten Dienstleistungen im Vergleich zum Gesamtumfang der im Vertrag vorgesehenen Dienstleistungen entspricht.

15.4.6 Muster-Widerrufsformular und Online-Widerruf

Weiterhin müssen Sie den Verbraucher seit dem 13.6.2014 über das sogenannte Muster-Widerrufsformular informieren. Dieses Formular ist dafür vorgesehen, dass der

Verbraucher damit gegebenenfalls seinen Widerruf erklärt. Es ist also nicht mit der Muster-Widerrufsbelehrung zu verwechseln, die zur Belehrung des Verbrauchers durch den Online-Händler eingesetzt wird. Über den Sinn und die Qualität dieses Musterformulars lässt sich trefflich streiten, aber das Gesetz schreibt verbindlich vor, dass Sie den Verbraucher auf genau dieses Formular hinweisen müssen.

Dies muss zum einen vor Bestellung des Verbrauchers geschehen, das heißt, Sie müssen das Muster in Ihren Online-Shop aufnehmen. Zum anderen müssen Sie es dem Verbraucher auch auf einem dauerhaften Datenträger zur Verfügung stellen, also zum Beispiel mit der Bestätigungs-E-Mail oder den Lieferpapieren.

Sie sollten das Muster-Widerrufsformular unterhalb der Widerrufsbelehrung aufführen, damit der Verbraucher die Widerrufsbelehrung und das Muster-Widerrufsformular zusammen in einem Dokument erhält.

Der Verbraucher ist allerdings nicht verpflichtet, das Muster-Widerrufsformular zu verwenden. Vielmehr reicht eine eindeutige Erklärung für einen Widerruf aus. Dabei muss auch nicht das Wort »Widerruf« fallen. Es reicht zum Beispiel auch die Bezeichnung »Kündigung«, soweit dadurch klar wird, dass der Kunde sich vom Vertrag lösen möchte.

Zusätzlich können Sie dem Verbraucher auch anbieten, ein Widerrufsformular auf Ihrer Website auszufüllen. Dies ist – im Gegensatz zur Information über das Muster-Widerrufsformular – jedoch rein freiwillig. Ein solches Online-Formular muss auch nicht denselben Inhalt wie das Muster-Widerrufsformular haben. Erforderlich ist nur, dass es einen eindeutigen Widerruf ermöglicht. Sie können also zum Beispiel auch einfach Ihr Kontaktformular (freies Textfeld) mit einer entsprechenden Betreffzeile »Widerruf« versehen. Falls Sie davon Gebrauch machen, müssen Sie dem Verbraucher den Zugang des Widerrufs auf einem dauerhaften Datenträger (in der Regel per E-Mail) bestätigen.

Muster-Widerrufsformular

(Wenn Sie den Vertrag widerrufen wollen, dann füllen Sie bitte dieses Formular aus und senden Sie es zurück.)

An [hier ist der Name, die Anschrift und gegebenenfalls die Telefaxnummer und E-Mail-Adresse des Unternehmers durch den Unternehmer einzufügen]:

Hiermit widerrufe(n) ich/wir (*) den von mir/uns (*) abgeschlossenen Vertrag über den Kauf der folgenden

Waren (*)/die Erbringung der folgenden Dienstleistung (*)

Bestellt am (*)/erhalten am (*)

Name des/der Verbraucher(s)

Anschrift des/der Verbraucher(s)

Unterschrift des/der Verbraucher(s) (nur bei Mitteilung auf Papier)

Datum

_____

(*) Unzutreffendes streichen.

15.4.7 Ausnahmen vom Widerrufsrecht

Einige Waren nimmt das Gesetz vom Widerrufsrecht aus. In diesen Fällen müssen Sie den Verbraucher darüber informieren, dass er seine Willenserklärung nicht widerrufen kann.

Bis zum 12.6.2014 genügte nach der Rechtsprechung des BGH ein allgemeiner Hinweis auf die Ausnahmen vom Widerrufsrecht an zentraler Stelle, zum Beispiel unter der Widerrufsbelehrung (siehe Abbildung 15.12). Das neue Gesetz fordert hingegen seit dem 13.6.2014, dass der Verbraucher darüber informiert werden muss, ob er seine Willenserklärung widerrufen kann oder nicht. Nach diesem neuen Gesetzeswortlaut spricht einiges dafür, dass Sie künftig auf das Nichtbestehen eines Widerrufsrechts konkret, das heißt bezogen auf das jeweilige Produkt, hinweisen müssen. Daher ist es zweifelhaft, ob die bisherige Rechtsprechung zu diesem Hinweis an zentraler Stelle weiterhin anwendbar bleibt.

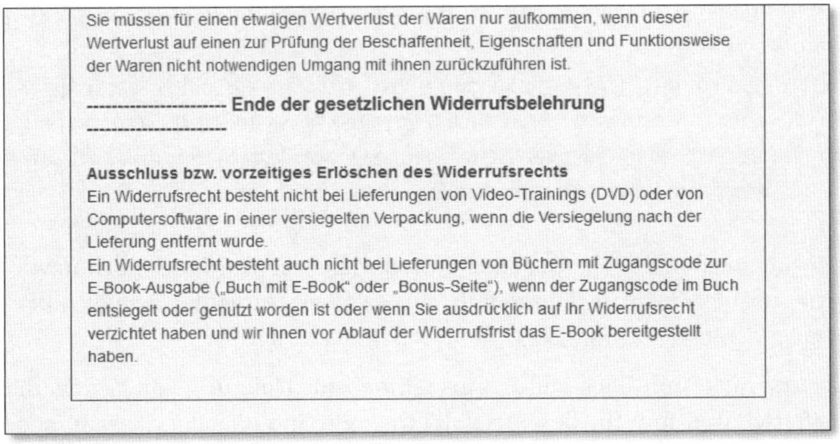

15

> Sie müssen für einen etwaigen Wertverlust der Waren nur aufkommen, wenn dieser Wertverlust auf einen zur Prüfung der Beschaffenheit, Eigenschaften und Funktionsweise der Waren nicht notwendigen Umgang mit ihnen zurückzuführen ist.
>
> ---------------- **Ende der gesetzlichen Widerrufsbelehrung**
> ----------------
>
> **Ausschluss bzw. vorzeitiges Erlöschen des Widerrufsrechts**
> Ein Widerrufsrecht besteht nicht bei Lieferungen von Video-Trainings (DVD) oder von Computersoftware in einer versiegelten Verpackung, wenn die Versiegelung nach der Lieferung entfernt wurde.
> Ein Widerrufsrecht besteht auch nicht bei Lieferungen von Büchern mit Zugangscode zur E-Book-Ausgabe („Buch mit E-Book" oder „Bonus-Seite"), wenn der Zugangscode im Buch entsiegelt oder genutzt worden ist oder wenn Sie ausdrücklich auf Ihr Widerrufsrecht verzichtet haben und wir Ihnen vor Ablauf der Widerrufsfrist das E-Book bereitgestellt haben.

Abbildung 15.12 Hinweis auf die Ausnahmen vom Widerrufsrecht unterhalb der Widerrufsbelehrung

Wenn Sie auf Nummer sicher gehen wollen, weisen Sie jeweils bei den ausgenommenen Produkten darauf hin, dass diese nicht retourniert werden können.

Wer mutig ist, kann sich auf die bisherige BGH-Rechtsprechung berufen und allgemein und an zentraler Stelle über die Ausnahmen vom Widerrufsrecht informieren. Ein solcher Hinweis ist jedoch nicht Bestandteil der eigentlichen Widerrufsbelehrung. Sie sollten ihn also an den Anfang oder ans Ende der Belehrung setzen, auch um die Privilegierung des Musters nicht zu gefährden.

Muster: Hinweis auf das Nichtbestehen des Widerrufsrechts

Das Widerrufsrecht besteht unter anderem nicht bei Fernabsatzverträgen

▶ zur Lieferung von Waren, die nicht vorgefertigt sind und für deren Herstellung eine individuelle Auswahl oder Bestimmung durch den Verbraucher maßgeblich ist oder die eindeutig auf die persönlichen Bedürfnisse des Verbrauchers zugeschnitten sind,

▶ zur Lieferung von Waren, die schnell verderben können oder deren Verfallsdatum schnell überschritten würde,

▶ zur Lieferung versiegelter Waren, die aus Gründen des Gesundheitsschutzes oder der Hygiene nicht zur Rückgabe geeignet sind, wenn ihre Versiegelung nach der Lieferung entfernt wurde,

▶ zur Lieferung von Waren, wenn diese nach der Lieferung aufgrund ihrer Beschaffenheit untrennbar mit anderen Gütern vermischt wurden,

▶ zur Lieferung von Ton- oder Videoaufnahmen oder Computersoftware in einer versiegelten Packung, wenn die Versiegelung nach der Lieferung entfernt wurde,

▶ zur Lieferung von Zeitungen, Zeitschriften oder Illustrierten mit Ausnahme von Abonnement-Verträgen,

▶ zur Lieferung von Waren, deren Preis von Schwankungen auf dem Finanzmarkt abhängt

▶ zur Lieferung alkoholischer Getränke, deren Preis bei Vertragsschluss vereinbart wurde, die aber frühestens 30 Tage nach Vertragsschluss geliefert werden können und deren aktueller Wert von Schwankungen auf dem Markt abhängt, auf die der Unternehmer keinen Einfluss hat

---

Nach der Rechtsprechung des EuGH sind Ausnahmen von Verbraucherschutzvorschriften eng auszulegen. Im Zweifel sollten Sie also davon ausgehen, dass die Rückgabe nicht ausgeschlossen werden kann.

Dies gilt insbesondere mit Blick auf die Ausnahme »zur Lieferung von Waren, die nicht vorgefertigt sind und für deren Herstellung eine individuelle Auswahl oder Bestimmung durch den Verbraucher maßgeblich ist« oder »die eindeutig auf die persönlichen Bedürfnisse des Verbrauchers zugeschnitten sind«. Nach der Rechtsprechung kommt es bei solchen Produkten wie zum Beispiel bei selbst konfigurierten Notebooks, Fototassen und dergleichen auf den Grad der Individualisierung an. Je mehr ein Produkt von den üblichen Spezifikationen abweicht, desto größer wird die

Wahrscheinlichkeit, dass sich die übrigen Kunden des Händlers nicht mehr für dieses konkrete Produkt interessieren.

Ist es für Sie als Händler jedoch möglich, die Bestandteile der Ware ohne Verletzung des Gegenstands selbst wieder in den ursprünglichen Zustand zurückzuversetzen und beträgt der Arbeitsaufwand dabei wertmäßig weniger als 5 % des Warenwertes (im entschiedenen Fall ging es um Notebooks), nehmen die Gerichte an, dass es Ihnen wirtschaftlich zumutbar ist und damit ein Widerrufsrecht besteht. Ist eine solches Auseinanderbauen der Ware nicht möglich, prüfen die Gerichte, ob Sie die Ware nur mit unverhältnismäßigem Aufwand weiterverkaufen können. Ist dies nicht der Fall, besteht ebenfalls ein Widerrufsrecht. In der Praxis ist es natürlich schwierig zu entscheiden, wann ein Aufwand unverhältnismäßig ist, etwa wenn es um ein speziell angefertigtes Möbelstück geht. Hier muss jeweils der konkrete Einzelfall betrachtet werden.

Konkrete Beispiele aus der Rechtsprechung zu Fällen, in denen keine Ausnahme vom Widerrufsrecht besteht:

▶ Beim Angebot von Notebooks kann nicht allein durch die Individualisierbarkeit mit zahlreichen Dropdown-Boxen ein Widerrufsrecht ausgeschlossen werden.

▶ Keine entsiegelten Datenträger sind CDs, bei denen die Cellophanfolie oder ein Tesafilmstreifen entfernt wurden.

▶ Keine schnell verderblichen Waren sind Cognac oder wurzelnackte Bäume.

▶ Geöffnete Kontaktlinsen, geöffnete Kosmetika, Bademoden und Unterwäsche sind zur Rücksendung geeignet. Zumindest bezüglich Kontaktlinsen und Kosmetika ist diese Rechtsprechung allerdings seit dem 13.6.2014 nicht mehr zu halten (Hygieneartikel).

15.4.8   Erlöschen bei Dienstleistungen

Wenn Sie Dienstleistungen erbringen, kann das Widerrufsrecht durch bestimmte Handlungen des Verbrauchers vorzeitig erlöschen. In einem solchen Fall müssen Sie ihn über die Umstände aufklären, unter denen er ein zunächst bestehendes Widerrufsrecht verliert. Unter den Voraussetzungen des § 356 Abs. 4 BGB ist es möglich, dass das Widerrufrecht vorzeitig erlischt, wenn Sie als Unternehmer Dienstleistungen erbringen:

1. Sie haben die Dienstleistung vollständig erbracht,

2. Sie haben mit der Ausführung erst begonnen, nachdem der Verbraucher dazu seine ausdrückliche Zustimmung gegeben hat und

3. dieser gleichzeitig seine Kenntnis davon bestätigt hat, dass er sein Widerrufsrecht bei vollständiger Vertragserfüllung verliert.

Voraussetzung des Erlöschens bei Dienstleistungen ist also unter anderem, dass Sie den Verbraucher über diese Rechtsfolge aufklären und sein ausdrückliches Einverständnis einholen. Dies kann durch folgenden Text geschehen, der mit einer nicht vorangekreuzten Tick-Box (Opt-in) im Bestellablauf zu platzieren ist.

Muster: Einverständnis zum Erlöschen des Widerrufsrechts bei Dienstleistungen

[ ] Ich bin einverstanden und verlange ausdrücklich, dass Sie vor Ende der Widerrufsfrist mit der Ausführung der beauftragten Dienstleistung beginnen (Hinweis zum Wertersatz <Link auf Widerrufsbelehrung>). Mir ist bekannt, dass ich bei vollständiger Vertragserfüllung durch Sie mein Widerrufrecht verliere.

15.4.9   Erlöschen bei digitalen Inhalten

Auch bei Verträgen über digitale Inhalte, also nicht auf einem körperlichen Datenträger befindliche Inhalte, wie zum Beispiel heruntergeladene Apps oder E-Books, kann das Widerrufsrecht vorzeitig erlöschen, wenn Sie mit der Ausführung des Vertrags begonnen haben, nachdem der Verbraucher

1. ausdrücklich zugestimmt hat, dass Sie mit der Ausführung des Vertrags vor Ablauf der Widerrufsfrist beginnen, und er

2. seine Kenntnis davon bestätigt hat, dass er durch seine Zustimmung zur Ausführung sein Widerrufsrecht verliert.

Erlischt das Widerrufsrecht des Verbrauchers vorzeitig, müssen Sie ihn hierüber auch wieder informieren.

Muster: Einverständnis zum Erlöschen des Widerrufsrechts bei digitalen Inhalten

[ ] Ich stimme ausdrücklich zu, dass Sie vor Ablauf der Widerrufsfrist mit der Ausführung des Vertrags beginnen. Mir ist bekannt, dass ich durch diese Zustimmung mit Beginn des Downloads mein Widerrufsrecht verliere.

15.4.10   Wertersatz

Falls der Verbraucher während der Widerrufsfrist einen Wertverlust verursacht, steht Ihnen in einigen Fällen ein Anspruch auf Wertersatz zu. Dabei ist allerdings zu beachten, dass der Kunde die Ware grundsätzlich ausprobieren darf, ohne dass er dafür Wertersatz leisten muss, und dass Sie als Händler die Voraussetzungen seines Wertersatzanspruchs (Verursachung durch den Kunden während der Widerrufsfrist in der geforderten Höhe) beweisen müssen. Dies stellt sich in der Praxis häufig als

schwierig heraus, weshalb vielfach trotz einer verschlechterten Ware der volle Kaufpreis zurückerstattet werden muss.

15.4.11   Wertersatz bei Waren

Nach § 357 Abs. 7 BGB steht dem Händler unter zwei Voraussetzungen ein Anspruch
auf Wertersatz zu:

1. Der Wertverlust muss auf einen Umgang mit der Ware zurückzuführen sein, der
   zur Prüfung der Beschaffenheit, der Eigenschaften und der Funktionsweise der
   Ware nicht notwendig war, und

2. Sie müssen den Verbraucher gemäß Art. 246a § 1 Abs. 2 S. 1 Nr. 1 EGBGB über sein
   Widerrufsrecht belehrt haben.

Wie weit das Prüfungsrecht des Kunden gehen kann, zeigt der sogenannte »Wasser-
bettenfall«: Dabei hatte ein Verbraucher online ein Wasserbett gekauft und nach der
Lieferung mit Wasser befüllt. Anschließend widerrief er den Vertrag. Der Händler
erstattete aber nur den Preis der Heizung und führte an, er könne das Bett nicht mehr
verkaufen, da sich das Wasser nicht mehr vollständig entfernen ließe. Der BGH
urteilte, dass das Befüllen des Wasserbettes vom Prüfungsrecht des Kunden umfasst
sei und er dafür keinen Wertersatz zu leisten brauche. Eine Prüfung schließe in einigen Fällen eben auch ein, dass man die Ware ausprobieren dürfe, und ein Wasserbett
könne nur durch Befüllen und Probeschlafen ausprobiert werden. Eine Verschlechterung der Sache sei in diesem Fall das Risiko des Verkäufers. Dieses Urteil macht deutlich, wie weit die Rechtsprechung hier das Recht zugunsten des Verbraucherschutzes
auslegt.

Weitere Fälle aus der Rechtsprechung, die den Umfang des Prüfungsrechts verdeutlichen:

▶ Baut der Verbraucher einen Katalysator in sein Auto ein und unternimmt eine
  kurze Probefahrt, besteht für den Unternehmer auch dann kein Anspruch auf
  Wertersatz, wenn das Produkt anschließend Einbauspuren aufweist.

▶ Ein Verbraucher darf auf einer Matratze zwei Nächte probeschlafen, ohne dafür
  Wertersatz leisten zu müssen.

▶ Allerdings besteht ein Anspruch auf Wertersatz, wenn der Verbraucher einen
  Rasierer über 2 Wochen benutzt. Dieser Anspruch kann 100 % des Kaufpreises
  betragen.

15.4.12   Wertersatz bei Dienstleistungen

Wenn der Verbraucher eine Dienstleistung bestellt und Sie beginnen noch innerhalb
der 14-tägigen Widerrufsfrist mit der Ausführung, hat er bei einem späteren Widerruf

schon Leistungen von Ihnen erhalten. Sie sollen für diese bereits erbrachten Leistungen auch dann entlohnt werden, wenn der Vertrag wegen des Widerrufs nicht vollständig durchgeführt wird. In diesen Fällen schuldet der Verbraucher Ihnen daher Wertersatz für die bis zum Widerruf erbrachte Dienstleistung unter zwei Voraussetzungen (§ 357 Abs. 8 BGB):

1. Der Verbraucher hat von Ihnen ausdrücklich verlangt, dass Sie mit der Erbringung vor Ablauf der Widerrufsfrist beginnen, und

2. Sie haben den Verbraucher gemäß Art. 246a § 1 Abs. 2 S. 1 Nr. 1 und 3 EGBGB ordnungsgemäß belehrt.

Sie müssen den Verbraucher also über diese Rechtsfolge informieren und wieder seine Zustimmung einholen. Die Zustimmung kann im Bestellablauf mittels einer nicht vorangekreuzten Tick-Box eingeholt werden. Der Hinweis auf die Wertersatzpflicht ist Bestandteil der Muster-Widerrufsbelehrung, wenn sie richtig ausgefüllt wird (Gestaltungshinweis 6). Fehlt ein entsprechender Hinweis und Sie erbringen die Dienstleistung, obwohl das Widerrufsrecht noch nicht erloschen ist, können Sie von Ihrem Kunden keine Vergütung für den Zeitraum bis zum Widerruf verlangen.

> **Muster: Wertersatzhinweis bei Dienstleistungen (in der Widerrufsbelehrung)**
> Haben Sie verlangt, dass die Dienstleistungen oder Lieferung von Wasser/Gas/Strom/Fernwärme [Unzutreffendes streichen] während der Widerrufsfrist beginnen soll, so haben Sie uns einen angemessenen Betrag zu zahlen, der dem Anteil der bis zu dem Zeitpunkt, zu dem Sie uns von der Ausübung des Widerrufsrechts hinsichtlich dieses Vertrags unterrichten, bereits erbrachten Dienstleistungen im Vergleich zum Gesamtumfang der im Vertrag vorgesehenen Dienstleistungen entspricht.

15.4.13   Wertersatz bei digitalen Inhalten

Wenn der Verbraucher einen Vertrag über nicht auf einem körperlichen Datenträger gespeicherte digitale Inhalte (Downloads) widerruft, muss er gemäß § 357 Abs. 9 BGB keinen Wertersatz leisten. Ein solcher Anspruch ist aber auch nicht notwendig, da Sie in diesem Fall das Widerrufsrecht zum vorzeitigen Erlöschen bringen können (siehe Abschnitt 15.4.9, »Erlöschen bei digitalen Inhalten«). Vergessen Sie allerdings, die ausdrückliche Zustimmung des Verbrauchers zum Erlöschen einzuholen, muss er den Download nicht bezahlen und auch keinen Wertersatz leisten.

15.4.14   Rückabwicklung nach dem Widerruf

Hat der Verbraucher seine Willenserklärung widerrufen, beträgt die Frist, innerhalb der er die Ware an Sie zurücksenden muss, 14 Tage. Vor dem 13.6.2014 war dies gesetzlich nicht geregelt, so dass Sie im Zweifel der Ware »hinterherklagen« mussten. Somit hat das neue Verbraucherrecht einen Vorteil für Händler gebracht. Die Rückgabefrist beginnt mit der Absendung des Widerrufs.

Ab Zugang des Widerrufs bei Ihnen, haben Sie im Gegenzug 14 Tage Zeit, dem Verbraucher seine geleisteten Zahlungen zu erstatten. Dabei steht Ihnen ein Zurückbehaltungsrecht zu, das heißt, Sie können die Rückerstattung so lange verweigern, bis Sie die Ware vom Verbraucher erhalten haben. Auch das ist eine Verbesserung aus Händlersicht seit dem 13.6.2014. Alternativ zur tatsächlichen Ankunft der Ware bei Ihnen kann der Verbraucher auch den Nachweis erbringen, dass er die Ware zurückgesendet hat. Dies wird jedoch selten gelingen, da ein Einlieferbeleg allein nicht beweist, was für ein Produkt zurückgesendet wurde, sondern nur, dass irgendein Paket zurückgesendet wurde. Will der Verbraucher den Nachweis führen (was nur im Fall eines Transportverlustes relevant werden wird), müsste er zusätzlich zum Beispiel einen Zeugen benennen, der ihn bei der Rückgabe des Pakets (vom Einpacken bis zur Abgabe bei der Post) lückenlos begleitet hat.

15.4.15   Hin- und Rücksendekosten

Die ursprünglichen Versandkosten (sogenannte *Hinsendekosten*) sind nach altem wie neuem Verbraucherrecht im Fall des Widerrufs vom Händler zu erstatten. Kauft der Verbraucher also ein Gartenhaus für 700 € und zahlt Speditionskosten in Höhe von 80 €, müssen Sie im Widerrufsfall nicht 700 €, sondern 780 € rückerstatten, auch dann, wenn Sie die Speditionskosten nur durchgereicht haben. Dabei spielt es keine Rolle, ob der Verbraucher aus dem In- oder Ausland bestellt hat. Allerdings müssen Sie die Hinsendekosten nur in der Höhe erstatten, die die günstigste, in Ihrem Shop angebotene Standardlieferung verursacht hätte. Zuschläge für Expressversand oder sonstige teurere Versandarten müssen Sie nicht übernehmen.

Neu und zu Ihrem Vorteil als Händler wurden die Rücksendekosten geregelt. Während diese nach deutschem Recht bis zum 12.6.2014 bei Produkten über 40 € stets vom Händler zu tragen waren und es kompliziert war, diese bei geringeren Warenwerten dem Kunden aufzuerlegen, werden diese seit dem 13.6.2014 vom Kunden getragen, wenn Sie ihn darüber informiert haben. Eine entsprechende Information ist in der Muster-Widerrufsbelehrung enthalten. Gleichwohl raten wir dazu, unfreie Retouren trotzdem anzunehmen, da Sie als Händler die sogenannte Transportgefahr auch für den Rückversand tragen. Geht also ein solches unfreies Paket verloren, weil Sie es nicht annehmen, müssen Sie dennoch den Kaufpreis rückerstatten. Sinnvoller ist es, wenn Sie in solchen Fällen das Paket annehmen und dem Kunden das »Strafporto« vom Kaufpreis abziehen. Wirtschaftlich macht es unter Umständen sogar Sinn, wenn Sie weiterhin (wie nach altem Recht) die Rücksendekosten übernehmen, da Sie sich so im Wettbewerb positiv abheben können (siehe Abbildung 15.13) und eher erfahren, wenn Ihre Kunden mit Ihren Produkten nicht zufrieden sind.

> ✓ *Kostenloser Versand und Rückversand*

Abbildung 15.13 Werbung mit kostenlosem Rückversand

So erreichen Sie eine bessere Kundenbindung und ein besseres Sortiment, zumal die Portokosten im Verhältnis zur Eingangskontrolle und Wiederaufbereitung für den Neuversand nur einen verhältnismäßig geringen Anteil der Retourenkosten ausmachen. Übernehmen Sie freiwillig die Rücksendekosten, können Sie dies auch (anders als früher) werblich herausstellen.

Für die Rückerstattung bestimmt schließlich § 357 Abs. 3 BGB, dass diese mit demselben Zahlungsmittel zu erfolgen hat, das der Verbraucher bei seiner Zahlung verwendet hat. Zahlt zum Beispiel ein Kunde mit PayPal, muss er keine Überweisung auf sein Girokonto akzeptieren. Wenn Sie davon abweichen möchten, müssen Sie mit dem Verbraucher ausdrücklich etwas anderes vereinbaren und ihm dürfen dadurch keine zusätzlichen Kosten entstehen.

15.4.16   Häufige Fehler beim Widerrufsrecht

Im Zusammenhang mit der Prüfung von Online-Shops fallen uns beim Thema Widerrufsrecht häufig folgende Fehler auf:

▶ Die Formulierungen zum Widerrufsrecht müssen gleich lauten. Es dürfen keine Widersprüche bestehen. Häufig finden sich unterschiedliche Formulierungen in AGB, FAQ und E-Mails.

▶ Sie dürfen die Ausnahmen, bei denen das Widerrufsrecht nicht besteht, nicht beliebig erweitern.

▶ Wenn das Widerrufsrecht nur Verbrauchern zustehen soll, müssen Sie hierauf ausdrücklich über der Widerrufsbelehrung hinweisen.

▶ Die Rücksendung benutzter oder nicht original verpackter Ware darf nicht ausgeschlossen werden. In solchen Fällen können Sie unter Umständen Wertersatz verlangen. Das gilt allerdings nicht, wenn lediglich die Originalverpackung geöffnet wurde, da der Verbraucher die Möglichkeit haben muss, die Ware zu überprüfen.

▶ Der Verbraucher kann sein Widerrufsrecht auch schon vor Erhalt der Ware ausüben und muss nicht warten, bis das Paket angekommen ist.

▶ Die Bitte, die Originalverpackung oder einen beiliegenden Rücksendeschein zu verwenden, ist nur zulässig, wenn Sie ausdrücklich klarstellen, dass es sich dabei nicht um eine Pflicht des Verbrauchers handelt.

15.4.17 Checkliste für das Widerrufsrecht

Zum Widerrufsrecht sollten Sie folgende Punkte beachten, um Fehler zu vermeiden:

► klare Trennung zwischen B2B und B2C (empfohlen)

► klare und verständliche Information über das Widerrufsrecht (inklusive Bedingungen, Fristen und Verfahren für die Ausübung sowie das Muster-Widerrufsformular) auf der Website

► Information über das Widerrufsrecht vor Abgabe der Bestellung auf der Bestellseite inklusive »sprechender« Verlinkung auf die ausführliche Belehrung

► Verwendung der aktuellen gesetzlichen Musterbelehrung (empfohlen)

► Widerrufsbelehrung nicht als Grafik; keine kleinen Scrollboxen verwenden (mindestens sechs Zeilen)

► gegebenenfalls Hinweis auf das Nichtbestehen bzw. Erlöschen inklusive erforderlicher Zustimmung des Kunden (Opt-in)

► keine Beschränkung des Widerrufsrechts auf originalverpackte oder unbenutzte Ware

► keine Abwälzung der Transportgefahr auf den Verbraucher

15.5 Pflichten im elektronischen Geschäftsverkehr

Zusätzlich zu den Informationspflichten im Fernabsatz bestehen für Verträge im elektronischen Geschäftsverkehr nach § 312i Abs. 1 BGB weitere allgemeine Pflichten, die Sie sowohl gegenüber gewerblichen Kunden als auch gegenüber Verbrauchern erfüllen müssen. Danach haben Sie dem Kunden

1. angemessene, wirksame und zugängliche technische Mittel zur Verfügung zu stellen, mit deren Hilfe der Kunde Eingabefehler vor Abgabe seiner Bestellung erkennen und korrigieren kann,

2. die in Art. 246c EGBGB bestimmten Informationen rechtzeitig vor Abgabe von dessen Bestellung klar und verständlich mitzuteilen,

3. den Zugang von dessen Bestellung unverzüglich auf elektronischem Wege zu bestätigen und

4. die Möglichkeit zu verschaffen, die Vertragsbestimmungen einschließlich der Allgemeinen Geschäftsbedingungen bei Vertragsschluss abzurufen und in wiedergabefähiger Form zu speichern.

Die gängigen Shop-Systeme und Plattformen genügen meist den technischen Anforderungen der Nummern 1, 3 und 4. Dennoch sollten Sie sich nicht darauf verlassen, sondern es selbst noch einmal prüfen. Für die Erteilung der Informationen nach Nummer 2 sind Sie jedoch selbst verantwortlich.

15.5.1   Korrekturmöglichkeiten

Für den Kunden muss es auf der Bestellseite möglich sein, Eingabefehler erkennen und berichtigen zu können. Dazu sind Kontrollseiten bei Shop-Systemen üblich oder bei einfachen Bestellformularen die Möglichkeit, Eingabefelder zu löschen. Insbesondere Verbraucherzentralen legen besonderen Wert darauf, dass der mit dem Computer nicht vertraute Nutzer seine Fehler und deren Korrekturmöglichkeit auch einfach erkennen kann. Bereits mehrfach haben daher Gerichte entschieden, dass es sich bei der Erkennbarkeit durch Hinweise wie »Eingaben korrigieren« um eine wichtige Pflicht handelt (siehe Abbildung 15.14).

Abbildung 15.14 Korrekturmöglichkeit im Bestellformular

15.5.2   Spezielle Informationspflichten im elektronischen Geschäftsverkehr

Über folgende in Art. 246c EGBGB genannten Informationen im elektronischen Geschäftsverkehr müssen Sie den Kunden rechtzeitig vor Abgabe von dessen Bestellung, also spätestens auf der Bestellseite, unterrichten:

1. über die einzelnen technischen Schritte, die zu einem Vertragsschluss führen,

2. darüber, ob der Vertragstext nach dem Vertragsschluss von dem Unternehmer gespeichert wird und ob er dem Kunden zugänglich ist,

3. darüber, wie er mit den nach § 312i Absatz 1 Satz 1 Nummer 1 des Bürgerlichen Gesetzbuchs zur Verfügung gestellten technischen Mitteln Eingabefehler vor Abgabe der Vertragserklärung erkennen und berichtigen kann,

4. über die für den Vertragsschluss zur Verfügung stehenden Sprachen und

5. über sämtliche einschlägigen Verhaltenskodizes, denen sich der Unternehmer unterwirft, sowie über die Möglichkeit eines elektronischen Zugangs zu diesen Regelwerken.

Information über die technischen Schritte, die zum Vertragsschluss führen

Gemäß Art. 246c Nr. 1 EGBGB ist es erforderlich, dass Sie den Kunden darüber informieren, durch welche technischen Schritte der Vertrag geschlossen wird (siehe Abbildung 15.15). Der Kunde muss wissen, wie die Angebotsabgabe und -annahme erfolgen.

---

3. Vertragsschluss

3.1 Die Darstellung der Produkte im Online-Shop stellt kein rechtlich bindendes Angebot, sondern einen unverbindlichen Online-Katalog dar. Durch Anklicken des Bestellbuttons geben Sie eine verbindliche Bestellung der im Warenkorb enthaltenen Produkte ab. Die Bestätigung des Eingangs der Bestellung erfolgt zusammen mit der Annahme der Bestellung unmittelbar nach dem Absenden durch eine automatisierte E-Mail. Mit dieser E-Mail-Bestätigung ist der Vertrag zustande gekommen.

3.2 Ein bindender Vertrag kann auch bereits zuvor wie folgt zustande kommen:

- Wenn Sie Kreditkartenzahlung gewählt haben, kommt der Vertrag zum Zeitpunkt der Kreditkartenbelastung mit Abschluss der Bestellung zustande.

- Wenn Sie die Zahlungsart PayPal gewählt haben, kommt der Vertrag zum Zeitpunkt Ihrer Bestätigung der Zahlungsanweisung an PayPal zustande.

Abbildung 15.15 Regelung des Vertragsschlusses in den AGB

Dabei stehen Ihnen unterschiedliche Möglichkeiten zur Verfügung:

▶ Das Warenangebot im Online-Shop ist unverbindlich, und der Kunde gibt mit seiner Bestellung ein verbindliches Kaufangebot ab. Dieses Angebot wird nicht mit der Eingangsbestätigung der Bestellung angenommen, sondern erst manuell mit einer zweiten E-Mail oder mit der Lieferung der Ware innerhalb kurzer Zeit. Hierbei ist erforderlich, dass Sie eine Frist nennen, innerhalb der Sie den Vertrag annehmen und die unserer Ansicht nach grundsätzlich maximal 2 Tage betragen darf. Außerdem dürfen Sie bei dieser Art des Vertragsschlusses keine Sofort-Zahlungsarten (PayPal Express, Sofortüberweisung etc.) anbieten.

▶ Das Warenangebot im Online-Shop ist unverbindlich und der Kunde gibt mit seiner Bestellung ein verbindliches Kaufangebot ab. Dieses Angebot wird mit der ersten Bestätigungs-E-Mail angenommen. Bei einem Vertragsschluss auf diese Weise können Sie direkt in der Auftragsbestätigung zur Zahlung auffordern bzw. direkt die Zahlung auslösen.

▶ Das Warenangebot ist ein verbindliches Kaufangebot, das durch die Bestellung bzw. das Höchstgebot des Kunden angenommen wird. Mit Ihrer Bestätigungs-E-Mail, die in diesem Fall auch als Rechnung formuliert werden kann, bestätigen Sie dann den bereits geschlossenen Vertrag. So ist zum Beispiel der Ablauf bei eBay.

Besonderheiten bei eBay

Obwohl eBay die Kunden im Bestellablauf mittlerweile sehr gut über den Ablauf des Vertragsschlusses (zum Beispiel die rechtliche Wirkung des Buttons SOFORT KAUFEN) informiert, gehen viele Gerichte immer noch davon aus, dass der Händler zusätzlich selbst noch einmal über diesen Ablauf informieren muss. Dies ist unseres Erachtens angesichts der neuen Texte, die es unter der früheren Rechtsprechung noch nicht gab, nicht mehr haltbar. Wenn Sie jedoch kein Risiko eingehen wollen, sollten Sie einen entsprechenden Informationstext in Ihre Artikelseite mit aufnehmen. Hierbei müssen Sie sich an die Vorgaben von eBay halten, um nicht gegen die Nutzungsbedingungen von eBay zu verstoßen, das heißt, ein Vertrag kommt – anders als in den meisten Online-Shops – bereits mit Klick auf den Button Sofort Kaufen bzw. Höchstgebot und Zeitablauf zustande und nicht erst, wenn Sie die Bestellung des Kunden annehmen.

Bei allen Möglichkeiten zum Vertragsschluss müssen Sie ebenfalls darauf achten, dass die Informationen dazu auf der Bestellseite, in den AGB und in der E-Mail-Bestätigung übereinstimmen und keine Widersprüche enthalten. Solche Widersprüche sind sehr weit verbreitet und häufig der Grund für Abmahnungen in Online-Shops oder bei Verkäufen über Handelsplattformen.

Muster: Informationen zum Bestellablauf

Wenn Sie das gewünschte Produkt gefunden haben, können Sie dieses unverbindlich durch Anklicken des Buttons [in den Warenkorb] in den Warenkorb legen. Den Inhalt des Warenkorbs können Sie jederzeit durch Anklicken des Buttons [Warenkorb] unverbindlich ansehen. Die Produkte können Sie jederzeit durch Anklicken des Buttons [Löschen] wieder aus dem Warenkorb entfernen. Wenn Sie die Produkte im Warenkorb kaufen wollen, klicken Sie den Button [zur Kasse].

Durch Anklicken des Buttons [Kaufen/zahlungspflichtig bestellen] geben Sie eine verbindliche Bestellung der oben aufgelisteten Waren ab. Die Auftragsbestätigung erhalten Sie per E-Mail unmittelbar nach dem Absenden der Bestellung. Damit ist der Kaufvertrag geschlossen.

oder

Mit Einstellung der Produkte in den Online-Shop geben wir ein verbindliches Angebot zum Vertragsschluss über diese Artikel ab. Der Vertrag kommt zustande, indem Sie durch Anklicken des Buttons [Kaufen/zahlungspflichtig bestellen] das Angebot über die im Warenkorb enthaltenen Waren annehmen. Unmittelbar nach dem Absenden der Bestellung erhalten Sie noch einmal eine Bestätigung und Rechnung per E-Mail.

Wenn der Vertrag erst mit Lieferung zustande kommen soll, dürfen Sie keine Sofort-Zahlungsarten anbieten oder zur Zahlung per Vorkasse auffordern. Dies wäre dahingehend zu verstehen, dass bereits ein Vertrag zustande gekommen ist. Denn warum sollte ein Kunde zahlen müssen, wenn er mangels Vertrag noch gar keinen Anspruch auf Lieferung hat?

Speicherung und Zugänglichkeit des Vertragstextes

Sie sind als Online-Händler nicht verpflichtet, den Vertragstext zu speichern. Sie müssen aber darüber informieren, ob Sie das tun. Falls Sie ihn speichern, können Sie ihn für die Kunden zugänglich machen oder nicht. Auch hierzu besteht keine Pflicht, sondern nur, darüber zu informieren, ob Sie das tun (siehe Abbildung 15.16).

> 4.1 Wir speichern den Vertragstext und senden Ihnen die Bestelldaten und die AGB per E-Mail zu. Ihre vergangenen Bestellungen können Sie jederzeit auch unter shop.trustedshops.com im Bereich „Mein Konto" einsehen, wenn Sie sich als Kunde registriert und sich über die Website mit Ihren Zugangsdaten angemeldet haben.

Abbildung 15.16 Hinweis auf die Speicherung des Vertragstextes in den AGB

Wenn Sie auf die Abrufbarkeit Ihrer AGB über die Website hinweisen, reicht das nicht aus. Diese könnten einfach geändert werden, und dann würde es sich nicht mehr um diejenigen AGB handeln, die Bestandteil des Vertrags geworden sind. Eine Speicherung des Vertragstextes liegt bereits dann vor, wenn Sie die unverzüglich nach Vertragsschluss gesendete Bestellbestätigungs-E-Mail speichern. Ist in Ihrem Online-Shop keine Registrierung möglich oder werden die Daten einer Bestellung nicht im Login-Bereich für den Kunden einsehbar gespeichert, ist der Vertragstext für den Kunden nach der Bestellung auch nicht mehr zugänglich. Falls aber die Bestelldaten Ihrer Kunden auch nach Vertragsschluss im Login-Bereich eingesehen werden können, müssen Sie die Kunden hierüber entsprechend informieren. Auch bei einem Angebot auf Verkaufsplattformen besteht diese Pflicht.

Muster: Speicherung und Zugänglichkeit des Vertragstextes

Der Vertragstext wird von uns nicht gespeichert.

oder

Wir speichern den Vertragstext und senden Ihnen die Bestelldaten und unsere AGB per E-Mail zu. Die bei Ihrer Bestellung geltende AGB-Version können Sie jederzeit auch hier <Link auf AGB-Archiv> einsehen. Ihre vergangenen Bestellungen können Sie in unserem Kunden-Login-Bereich einsehen.

oder

Wir speichern den Vertragstext und senden Ihnen die Bestelldaten und unsere AGB per E-Mail zu. Ihre Bestelldaten sind aus Sicherheitsgründen nicht mehr über das Internet zugänglich.

Sprache für den Vertragsschluss und Verhaltenskodizes

Art. 246c Nr. 4 EGBGB verpflichtet Sie dazu, den Kunden darüber zu informieren, welche Sprachen für den Vertragsschluss zur Verfügung stehen (siehe Abbildung 15.17). Nach Art. 246c Nr. 5 EGBGB müssen Sie sämtliche Verhaltenskodizes, also diejenigen Regeln, nennen, denen Sie sich unterworfen haben, und sagen, ob diese elektronisch zugänglich sind (zum Beispiel: »abrufbar unter *www.trustedshops.de*«). Mit Verhaltenskodizes sind zum Beispiel die Trusted-Shops-Qualitätskriterien gemeint. Bieten Sie den Kunden die Möglichkeit an, den Vertrag zum Beispiel auf Englisch oder in anderen Sprachen abzuschließen, müssen Sie beachten, dass nicht nur die Produktbeschreibungen, sondern auch alle Rechtstexte in der entsprechenden Sprache abgefasst sein müssen.

4.2 Die Vertragssprache ist Deutsch.

Abbildung 15.17 Hinweis auf die Vertragssprache in den AGB

15.5.3   Button-Lösung

Die sogenannte Button-Lösung gilt bereits seit 2012 in Deutschland gegenüber Verbrauchern. In den übrigen EU-Staaten wurde sie zum 13.6.2014 umgesetzt. Danach müssen Sie dem Verbraucher gemäß § 312j Abs. 2 BGB noch einmal in hervorgehobener Form (zum Beispiel Umrahmung) bestimmte Informationen erteilen, und zwar unmittelbar bevor er seine Bestellung abgibt (siehe Abbildung 15.18). Dazu gehören die wesentlichen Produktmerkmale, der Preis, die Versandkosten und gegebenenfalls vertragliche Mindestlaufzeiten. Der Begriff »wesentlich« ist in diesem Kontext unseres Erachtens anders zu verstehen als auf Produktdetailseiten, das heißt, es sind nicht noch einmal sämtliche Informationen aufzulisten, sondern nur die, anhand derer der Kunde erkennt, was er gerade kauft. Einige Gerichte sehen das teilweise jedoch strenger. Der genaue Umfang ist noch nicht höchstrichterlich geklärt. Am sichersten ist es daher, wenn Sie an dieser Stelle noch einmal alle Produktmerkmale aufführen oder zumindest auf die entsprechenden Produktdetailseiten verlinken.

Der Verbraucher soll nicht von seiner Bestellung abgelenkt werden. Deshalb dürfen sich innerhalb der hervorgehobenen Pflichtinformationen keine sogenannten »trennenden Elemente« befinden. Hintergrund der Button-Lösung war der Schutz vor sogenannten »Abo-Fallen«. Dabei hat der Verbraucher Langzeitverträge über sinnlose Dienstleistungen abgeschlossen, ohne überhaupt zu merken, dass er sich dafür zu hohen Zahlungen verpflichtet, weil diese bewusst auf der Bestellseite versteckt wurden. Mit solchen ablenkenden Elementen ist jedoch nicht der bloße Hinweis auf die AGB und das Widerrufsrecht gemeint oder ein Feld für die Eingabe von Gutscheincodes, sondern zum Beispiel längere Fließtexte, in denen dann Preise und weitere Vertragskonditionen versteckt werden.

Außerdem müssen Sie den Bestellbutton mit den Worten »zahlungspflichtig bestellen« oder mit einer entsprechend eindeutigen Formulierung beschriften. Aussagekräftige Beschriftungen sind auch zum Beispiel »zahlungspflichtigen Vertrag schließen« oder »kaufen«. Unzulässig hingegen wären solche Bezeichnungen wie »bestellen« oder »Bestellung absenden«. Der Verbraucher muss durch die Beschriftung eindeutig auf die Kostenpflicht hingewiesen werden.

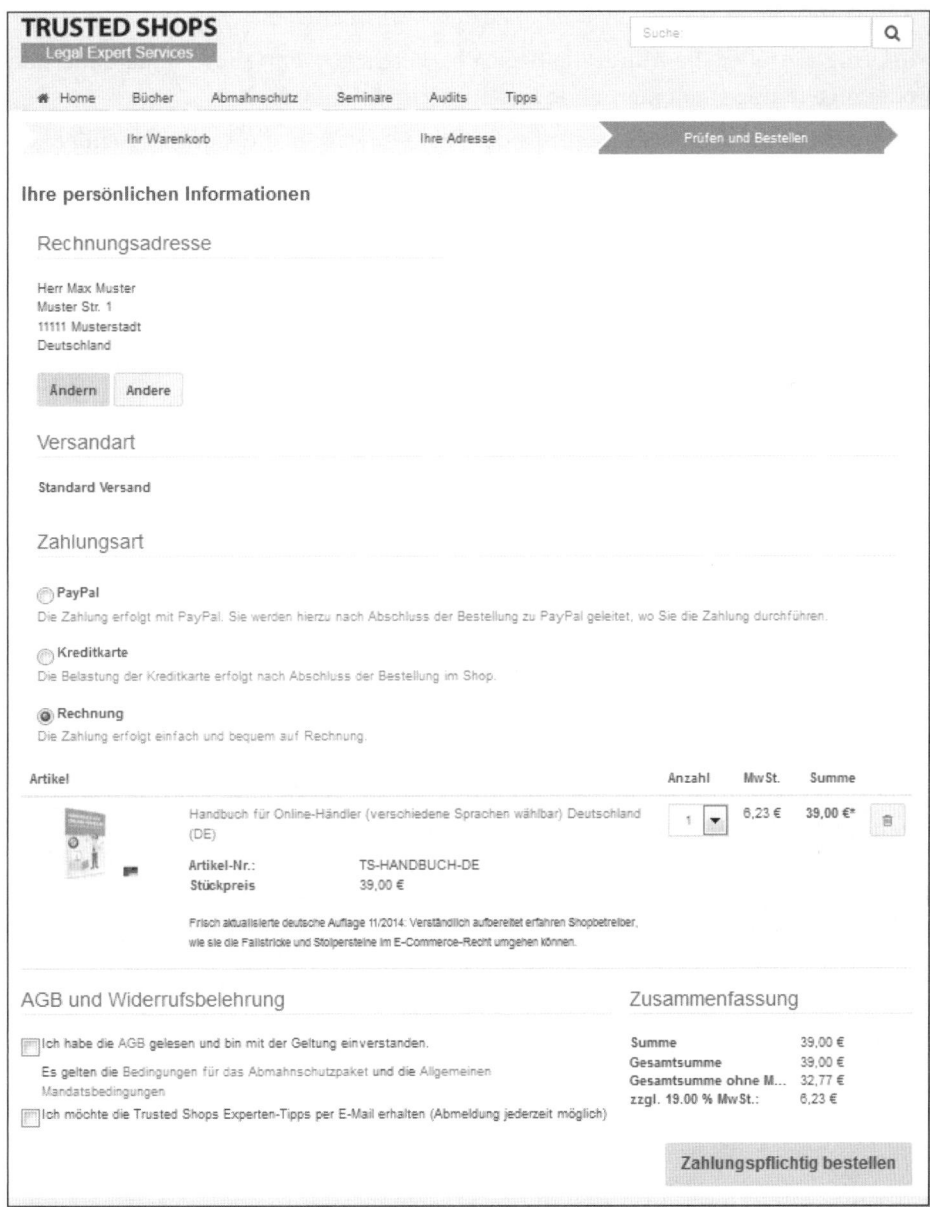

Abbildung 15.18 Musterbestellseite nach der Button-Lösung

15.5.4   Checkliste für Ihre Bestellseite

Wenn Ihre Bestellseite die nachfolgenden Punkte erfüllt, können Sie unnötige Fehler vermeiden:

- Auflistung der wesentlichen Merkmale der Ware oder Dienstleistung

- Information über die Mindestlaufzeit des Vertrags, wenn dieser eine dauernde oder regelmäßig wiederkehrende Leistung zum Inhalt hat

- Information über den Gesamtpreis der Ware oder Dienstleistung einschließlich aller damit verbundenen Preisbestandteile sowie aller über den Unternehmer abgeführten Steuern oder, wenn kein genauer Preis angegeben werden kann, seine Berechnungsgrundlage, die dem Verbraucher eine Überprüfung des Preises ermöglicht

- Information über gegebenenfalls zusätzlich anfallende Liefer- und Versandkosten sowie einen Hinweis auf mögliche weitere Steuern oder Kosten, die nicht über den Unternehmer abgeführt oder von ihm in Rechnung gestellt werden

- Hervorhebung dieser vier oben genannten Informationen

- Bereitstellung von Korrekturmöglichkeiten

- Hinweis auf das Widerrufsrecht

- Möglichkeit der Kenntnisnahme der AGB

- AGB nicht zu lang, speicherbar und druckbar

- Informationen über die Verbindlichkeit der Bestellung (Vertragsschluss)

- keine Zahlungsaufforderung vor dem gewollten Vertragsschluss

- keine Widersprüche in den AGB, auf der Bestellseite und in der E-Mail-Bestätigung

- eindeutige Beschriftung des Bestellbuttons, die auf die Zahlungsverpflichtung des Verbrauchers hinweist

15.5.5   Bestätigungs-E-Mail

Gemäß § 312i Abs. 1 Nr. 3 BGB müssen Sie dem Kunden unverzüglich auf elektronischem Wege bestätigen, dass seine Bestellung zugegangen ist. Je nachdem, wie die Angebotsabgabe und -annahme in Ihrem Shop ausgestaltet sind, können Sie bei einer E-Mail-Bestätigung lediglich den Zugang der Bestellung bestätigen oder den Vertrag annehmen (siehe Abbildung 15.19).

15.5.6   Nach Vertragsschluss

Nachdem der Vertrag geschlossen wurde, sind Sie gemäß § 312f Abs. 2 BGB dazu verpflichtet, dem Verbraucher innerhalb einer angemessenen Frist, spätestens jedoch bei Lieferung, den Vertrag samt Vertragsinhalt und den fernabsatzrechtlichen Informationspflichten nach Art. 246a EGBGB auf einem dauerhaften Datenträger zu bestätigen und zur Verfügung zu stellen. In diese Bestellbestätigungs-E-Mail sollte auch die Widerrufsbelehrung aufgenommen werden, damit der Verbraucher diese ebenfalls auf einem dauerhaften Datenträger erhält.

Abbildung 15.19 Bestätigungs-E-Mail über den Zugang der Bestellung

15.6   Impressum richtig erstellen

Bei Fehlern im Impressum, unzulässigen AGB-Klauseln oder Verstößen gegen bestimmte datenschutzrechtliche Vorschriften drohen Abmahnungen oder Bußgelder. Daher sollten Sie die Rechtstexte in diesen Bereichen mit größter Sorgfalt erstellen.

Für jeden Online-Händler besteht die Pflicht, ein Impressum bereitzuhalten. In diesem Abschnitt erklären wir Ihnen, worauf es dabei ankommt, und stellen Ihnen natürlich auch hier Vorlagen zur Verfügung. Die Impressumspflicht gilt nicht nur für Ihren Online-Shop, sondern betrifft alle Auftritte im Internet, die einem geschäftlichen Zweck dienen, also zum Beispiel auch Angebote auf Plattformen wie eBay, dem Amazon Marketplace oder Facebook-Fanpages (siehe Abbildung 15.20).

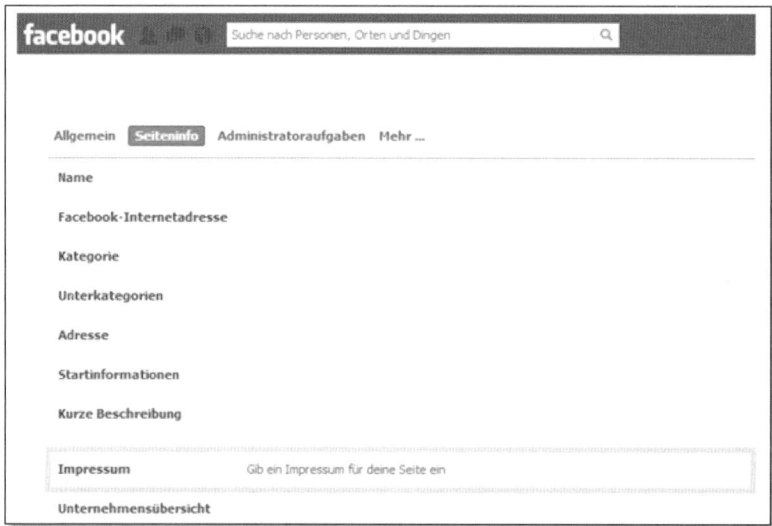

Abbildung 15.20 Impressumsangabe bei Facebook

Das Impressum muss über einen »sprechenden« Link ständig verfügbar, also von allen Seiten aus zu erreichen sein. Nach der Rechtsprechung des BGH sind zwei Links zulässig, um zum Impressum zu gelangen, wenn es sich bei dem Erstlink um einen sogenannten »sprechenden« Link handelt (im entschiedenen Fall »Kontakt« • »Impressum«). Ein »sprechender« Link muss folgende Kriterien erfüllen:

1. Der Link ist deutlich als solcher zu erkennen, zum Beispiel durch einen vom sonstigen Text abweichenden Stil.

2. Der Link ist so bezeichnet, dass der Inhalt, der sich hinter ihm verbirgt, offensichtlich ist, zum Beispiel »Widerrufsrecht« (siehe Abbildung 15.21).

Über uns	Trusted Shops	Shop-Informationen	Experten-Tipps
Hier finden Sie Handbücher, Seminare und weitere Services für einen fundierten und praxisorientierten Einblick in die rechtlichen Rahmenbedingungen im E-Commerce. Und das mit der internationalen Rechtsexpertise von Trusted Shops.	Über uns Mitgliedschaft Unternehmen Referenzen Presse Karriere Partner	Unsere Rechtsexperten Impressum Datenschutz AGB Widerrufsrecht Zahlung Kontakt	Melden Sie sich jetzt zum Trusted Shops Experten-Newsletter an

Abbildung 15.21 »Sprechende« Links im Shop

Gleiches gilt auch bei eBay für die Verweiskette MICH und IMPRESSUM. Zulässige Bezeichnungen sind zum Beispiel »Impressum«, »Anbieterkennzeichnung« oder »Kontakt«, unzulässig hingegen nach der Rechtsprechung zum Beispiel »Info« oder »Rechtsbelehrung«.

15.6.1   Inhalt

Als Shop-Betreiber sind Sie dazu verpflichtet, im Einzelnen folgende Informationen im Impressum zur Verfügung zu stellen (§ 5 TMG):

1. Name

2. Anschrift

3. Bei juristischen Personen: Rechtsform, Vertretungsberechtigter und, sofern Angaben über das Kapital der Gesellschaft gemacht werden, das Stamm- oder Grundkapital sowie, wenn nicht alle in Geld zu leistenden Einlagen eingezahlt sind, der Gesamtbetrag der ausstehenden Einlagen

4. Angaben, die eine schnelle elektronische Kontaktaufnahme ermöglichen

5. E-Mail-Adresse

6. Angaben zur zuständigen Aufsichtsbehörde, soweit die angegebene Tätigkeit der behördlichen Zulassung bedarf

7. Angabe des entsprechenden Registers und der entsprechenden Registernummer

8. Zusatzangaben zur zuständigen Aufsichtsbehörde oder Kammer, zur gesetzlichen Berufsbezeichnung und zu dem Staat, in dem diese verliehen wurde

9. Angabe der Umsatzsteuer-Identifikationsnummer oder der Wirtschaftsidentifikationsnummer, soweit diese vorhanden sind

10. bei einer AG, KGaA und GmbH, die sich in Abwicklung oder Liquidation befinden, die Angabe darüber

Zudem besteht seit dem 13.6.2014 ausdrücklich die Pflicht gemäß Art. 246a § 1 Abs. 1 Nr. 2 EGBGB, eine Telefonnummer anzugeben. Sie müssen die Telefonnummer nicht unbedingt im Impressum nennen, allerdings empfehlen wir die Angabe an dieser Stelle, da der Verbraucher dort damit rechnet. Wenn es sich um eine Mehrwertdienste-Nummer handelt, muss gemäß § 66a TKG der Preis gut sichtbar und in unmittelbarem Zusammenhang mit der Telefonnummer angegeben werden. Zuletzt hat ein Gericht aber entschieden, dass es unzulässig sein soll, eine solche Nummer anzugeben. Um sich abzusichern, verwenden Sie an dieser Stelle besser eine Festnetznummer zum ortsüblichen Tarif.

15.6.2   Impressum Einzelunternehmen (Gewerbetreibender)

Wenn Sie ein Gewerbe ohne Handelsregistereintragung betreiben, müssen Sie im Geschäftsverkehr mit Vor- und Zunamen auftreten. In diesem Fall bietet die natürliche Person, die das Gewerbe betreibt, die Leistung an. Eine natürliche Person ist auch keine »Firma« im Sinne des Handelsrechts. Zusätzlich können Sie unterhalb Ihres Namens auch eine Branchen- oder Geschäftsbezeichnung nennen (siehe Muster unten). Diese sind aber nicht Bestandteil des offiziellen Unternehmensnamens. Im Impressum ist es Ihnen auch möglich, Angaben über einen angebotenen Kundendienst oder über Kundendienstleistungen zu machen. Diese Angaben können aber auch in den AGB oder auf anderen Seiten stehen. Eine Telefonnummer müssen Sie ebenfalls nennen.

Muster: Impressum Einzelunternehmen

Max Muster

Mustershop
Musterstraße 1
12345 Musterstadt

Telefon: +49 (0)221 12345
Telefax: +49 (0)221 12345
E-Mail: *max@musterdomain.de*

Kontakt/Beschwerden

Sie erreichen unseren Kundendienst für Fragen, Reklamationen und Beanstandungen werktags von [...] bis [...] unter der Telefonnummer [0221-12345] sowie per E-Mail unter [*name@domain.de*]. Für Anfragen können Sie auch das [nachstehende Formular] nutzen.

15.6.3   Impressum eingetragener Kaufmann

Einzelkaufleute, die im Handelsregister eingetragen sind, müssen zusätzlich zu ihrem Vor- und Nachnamen ihre Firma mit einem eindeutigen Rechtsformzusatz nennen, zum Beispiel »eingetragener Kaufmann«, »eingetragene Kauffrau« oder »e. K.«. Diese Angaben müssen denen im Handelsregister entsprechen.

15.6.4   Impressum GbR

Eine GbR ist selbst Anbieterin der Leistung und nicht etwa ihre Gesellschafter. Ihre Teilrechtsfähigkeit ist anerkannt. Ihr Name muss sich von anderen unterscheiden. Bei seiner Wahl kann es sich um den Namen eines, mehrerer oder aller Gesellschafter, um eine Sachbezeichnung oder um eine Kombination aus Sach- und Personenbezeichnung handeln. Der Zusatz »GbR« sollte jedoch nicht fehlen, damit die Unterscheidungskraft gewährleistet ist. Die Angabe »Firma« ist hingegen auch hier unzulässig, da die GbR keine Handelsgesellschaft ist. Außerdem müssen Sie den Vor- und Zunamen mindestens eines vertretungsberechtigten Gesellschafters nennen und als solchen kennzeichnen.

Muster: Impressum GbR

Mustershop ist eine Domain der

Muster + Beispiel GbR
Musterstraße 1
12345 Musterstadt

Vertretungsberechtigte Gesellschafter: Max Muster und Fritz Beispiel

Telefon: +49 (0)221 12345
Telefax: +49 (0)221 12345
E-Mail: *support@domain.de*

Umsatzsteuer-Identifikationsnummer: DE123456789

15.6.5   Impressum GmbH

Bei einer GmbH handelt es sich um eine juristische Person, die selbst Anbieterin der Leistung ist. Bei einer GmbH müssen Sie die Firma mit korrektem Rechtsformzusatz (beispielsweise »Gesellschaft mbH« oder »GmbH«) im Impressum angeben. Außerdem sind die Vor- und Zunamen der Geschäftsführer zu nennen. Es kann allerdings nicht immer abgemahnt werden, wenn die Angabe eines Vertretungsberechtigten im Impressum fehlt, denn es findet sich dafür keine Grundlage im europäischen Gemeinschaftsrecht, die dazu verpflichtet.

15.6.6   Impressum Unternehmergesellschaft

Auch bei der UG handelt es sich um eine juristische Person, die von einem oder mehreren Geschäftsführern vertreten wird. Sein Name/ihre Namen müssen wie bei der GmbH angegeben werden. Die Gründung der UG ist in § 5a GmbHG vorgesehen. Wesentlicher Unterschied zur GmbH ist die Höhe des Stammkapitals. Die Unternehmergesellschaft (kurz UG) kann mit weniger als 25.000 € Stammkapital gegründet werden. Die Unternehmergesellschaft müssen Sie im Impressum eindeutig kennzeichnen. Der Firma muss zwingend der Zusatz »UG (haftungsbeschränkt)« oder »Unternehmergesellschaft (haftungsbeschränkt)« beigefügt werden.

15.6.7   Häufige Fehler bei der Anbieterkennzeichnung

Im Zusammenhang mit der Prüfung von Online-Shops fallen uns beim Thema Anbieterkennzeichnung häufig folgende Fehler auf:

▸ Gewerbetreibende ohne Handelsregistereintrag müssen im Geschäftsverkehr immer mit Vor- und Zunamen auftreten und dürfen nicht unter einem Fantasienamen firmieren. Eine Bezeichnung als »Firma« ist irreführend, da der Kunde den Vertrag mit einer natürlichen Person schließt.

▸ Eine Bezeichnung als »Geschäftsführer« ist sowohl für Gewerbetreibende ohne Handelsregistereintragung als auch für den eingetragenen Einzelkaufmann irreführend, da mit dieser Bezeichnung über die Unternehmensgröße getäuscht wird.

▸ Es reicht nicht aus, nur eine Postfachadresse anzugeben oder ein Kontaktformular anstelle einer E-Mail-Adresse bereitzustellen.

▸ Soweit vorhanden, müssen Sie die Umsatzsteuer-Identifikationsnummer nennen. Die Steuernummer hingegen gehört nicht ins Impressum.

▸ Der Vorname darf nicht fehlen oder abgekürzt werden.

15.6.8   Checkliste für Ihr Impressum

Wenn Sie die nachfolgenden Punkte beachten, können Sie unnötige Fehler bei der Anbieterkennzeichnung vermeiden und Ihren Shop rechtlich sicher gestalten:

▸ Nennung des Unternehmensnamens und des Rechtsformzusatzes, sofern vorhanden

▸ vollständige Nennung des Vor- und Zunamens des Inhabers bzw. von mindestens einem Vertretungsberechtigten

▸ keine irreführenden Zusätze zum Unternehmensnamen

▸ Keine Verwechslungsgefahr mit anderen Unternehmen der gleichen Branche

▸ Angabe der aktuellen Anschrift

- ▶ Nennung einer Telefonnummer

- ▶ Nennung einer E-Mail-Adresse

- ▶ Handelsregisterangaben und USt-IdNr., sofern vorhanden

- ▶ Zusatzangaben (zum Beispiel Aufsichtsbehörde oder Kammer) bei bestimmten Berufsgruppen

- ▶ Angabe der Namen der Geschäftsführer, sofern vorhanden

- ▶ weiterführende Angaben zum Komplementär bei einer GmbH & Co. KG

- ▶ bei einer AG Nennung der Namen des Vorstandes und des Vorsitzenden des Aufsichtsrates

- ▶ Angabe eines Auslandsvertreters mit ladungsfähiger Anschrift, sofern vorhanden

15.7   AGB richtig erstellen

Im Online-Handel müssen Sie keine AGB verwenden, sondern nur bestimmte Pflichtinformationen erteilen. Wenn Sie keine AGB-Klauseln einsetzen, gelten die gesetzlichen Bestimmungen. Eine Abweichung von geltenden Gesetzen ist in Allgemeinen Geschäftsbedingungen ohnehin nur eingeschränkt gegenüber Verbrauchern möglich, da diese einer strengen Inhaltskontrolle unterliegen (§§ 307–309 BGB). Weichen Sie zu sehr von den gesetzlichen Grundgedanken ab, sind Ihre AGB unwirksam und bringen Abmahnpotenzial mit sich. Häufig werden Informationen und AGB vermischt und in einem Dokument abgehandelt, was auch zulässig ist.

AGB sollten daher immer kurz und knapp gehalten sein und nur das Notwendigste regeln. Damit sie wirksam in den Vertrag einbezogen werden, müssen Sie dem Kunden vor Abgabe seiner Bestellung die Möglichkeit verschaffen, ihren Inhalt in zumutbarer Weise zur Kenntnis zu nehmen. Dafür reicht es nicht aus, wenn Sie dem Kunden die AGB nach Vertragsschluss nur zuschicken. Zwar kommt auch in diesem Fall ein Vertrag zustande, allerdings ohne dass Ihre AGB gelten. Sie können Ihren Kunden zum Beispiel durch einen Link oberhalb des Bestellbuttons die Möglichkeit verschaffen, von den AGB Kenntnis zu nehmen. Wir empfehlen allerdings, die Kenntnisnahme zu protokollieren, zum Beispiel mittels einer nicht vorangekreuzten Checkbox, damit Sie auch beweisen können, dass die AGB Vertragsbestandteil geworden sind.

AGB müssen immer leicht speicherbar sein (zum Beispiel PDF, HTML) und dem Kunden spätestens mit Lieferung auf einem dauerhaften Datenträger (E-Mail oder Papier) zur Verfügung gestellt werden. Werden die AGB in Scrollboxen im Volltext angezeigt, ist es unzulässig, wenn diese kleiner als sechs Zeilen sind.

> **Muster: Einbeziehung allgemeiner Geschäftsbedingungen**
>
> Es gelten unsere Allgemeinen Geschäftsbedingungen <Link auf AGB-Seite>.
>
> **oder**
>
> [ ] Ich habe die Allgemeinen Geschäftsbedingungen <Link auf AGB-Seite> gelesen und bin mit deren Geltung einverstanden.

Nach Vertragsschluss müssen Sie dem Kunden gemäß § 312f Abs. 2 BGB eine Vertragsbestätigung auf einem dauerhaften Datenträger zur Verfügung stellen, in der der Vertragsinhalt wiedergegeben wird. Sie muss spätestens bei der Lieferung der Ware erfolgen oder bevor mit der Ausführung der Dienstleistung begonnen wird. Diese Vertragsbestätigung muss neben den Informationen aus Art. 246a EGBGB auch die AGB enthalten.

15.7.1 Häufige Fehler bei den AGB

Die Gerichte haben schon eine Reihe von AGB-Klauseln für unzulässig erklärt. Die wichtigsten haben wir hier für Sie zusammengestellt:

▶ »Sollte ein vom Kunden bestelltes Produkt wider Erwarten trotz rechtzeitiger Disposition aus von XY nicht zu vertretenden Gründen nicht verfügbar sein, ist XY berechtigt, anstatt des bestellten Produkts ein in Qualität und Preis gleichwertiges Produkt zu liefern.«

▶ »Die Lieferzeit ergibt sich aus dem elektronischen Katalog. Angaben über die Lieferfristen sind unverbindlich, soweit nicht ausnahmsweise der Liefertermin verbindlich und schriftlich zugesagt wurde.«

▶ »Eine Übergabe an den Paketdienst erfolgt in der Regel 1–2 Tage nach Zahlungseingang, bei kundenspezifischen Anfertigungen ca. 7–10 Tage nach Zahlungseingang. Bitte beachten Sie bei der Bestellung, dass die Lieferzeiten der Post meist bis zu 10 Tagen dauern können. Bei [namentlich bezeichneter Versanddienstleister] ca. 4–6 Tage.«

▶ »Die AGB gelten auch für alle künftigen Geschäftsbeziehungen, auch wenn sie nicht erneut ausdrücklich vereinbart werden.«

▶ »Teillieferungen und Teilabrechnungen sind zulässig.«

▶ »Versand auf Risiko des Käufers.«

▶ »An uns zurückgeschickte Ware wird geprüft und der Kaufbetrag anschließend dem Kundenkonto gutgeschrieben. Eine Barauszahlung bzw. eine Erstattung auf das Bankkonto des Kunden ist nicht möglich.«

▶ »Wenn Sie uns keinen bestimmten Wunsch mitteilen, wird der Wert der Rücksendung Ihrem Kundenkonto gutgeschrieben oder Sie erhalten beim Nachnahmekauf einen Verrechnungsscheck.«

- »Wichtiger Hinweis: Bitte senden Sie uns die Ware in der Originalverpackung zurück, legen Sie den beigefügten Rücksendeschein ausgefüllt dazu und verwenden Sie für die Rücksendung den Retourenaufkleber (nur für Artikel dieser Lieferung).«

- »Die Rücksendung erfolgt auf jeden Fall auf Kosten und Risiko des Käufers.«

- »Dem Kunden obliegt es, die Ware in der Originalverpackung, samt Innenverpackung und – soweit mitgeliefert – in einer Antistatikhülle zurückzusenden.«

- »Der Kunde hat die angelieferte Ware unverzüglich nach Lieferung auf Transportschäden zu untersuchen.«

- »Der Käufer ist verpflichtet, die Ware in einwandfreiem Zustand in der Original-Verpackung und mit Original-Rechnung an uns zurückzusenden. Bei einer Rücksendung haften wir weder für Beschädigung noch Verlust der Ware.«

- »Sollte doch einmal etwas Grund zur Beanstandung geben, bitten wir um Mitteilung innerhalb 1 Woche nach Erhalt der Ware. Spätere Reklamationen können nicht angenommen werden.«

- »Soweit die Transportverpackung bei Warenübergabe und die darin enthaltenen Artikel offensichtliche Beschädigungen zeigen, hat der Käufer gegenüber Firma ... binnen 5 Werktagen zu rügen. Anderenfalls können Ansprüche des Käufers hinsichtlich der Beschädigung unter Berücksichtigung von Treu und Glauben abgelehnt werden.«

- »Die Inhalte der Webseite werden mit größter Sorgfalt erstellt. Dennoch kann keine Garantie für Aktualität und Vollständigkeit übernommen werden.«

- »Sollte eine der Bestimmungen dieser AGB unwirksam oder undurchführbar sein, berührt dies die Gültigkeit der übrigen Bestimmungen nicht. Die unwirksame oder undurchführbare Bestimmung ist durch eine wirksame und durchführbare zu ersetzen, die den mit der unwirksamen oder undurchführbaren Bestimmung verfolgten Regelungsziele am nächsten kommt. Gleiches gilt bei etwaigen Vertragslücken.«

15.7.2   Checkliste für Ihre AGB

Wenn Sie die nachfolgenden Punkte gewissenhaft abarbeiten, können Sie unnötige Fehler beim Erstellen Ihrer AGB vermeiden:

- AGB sind durch einen »sprechenden« Link erreichbar, idealerweise von jeder Seite aus, mindestens jedoch von der Bestellseite aus.

- Erfüllung aller Informationspflichten gemäß Art. 246a EGBGB

- Erfüllung der Informationspflichten gemäß Art. 246c EGBGB

▸ Bestätigung der Kenntnisnahme der AGB auf der Bestellseite mittels Checkbox (empfohlen)

▸ Zusendung der AGB auf dauerhaften Datenträger spätestens bei Lieferung der Ware

---

Besonderheiten auf dem Amazon Marketplace

Früher war es nach Ansicht der meisten Gerichte überhaupt nicht möglich, auf dem Amazon Marketplace eigene AGB wirksam in den Kaufvertrag einzubeziehen. Das lag daran, dass sie nicht so verlinkt waren, dass der Kunde sie auch zur Kenntnis nehmen konnte. Vielmehr musste er nach den AGB suchen, was nicht ausreichte.

Amazon hat zwischenzeitlich zwar standardmäßig den Hinweis eingebunden, dass die Rechtstexte des Verkäufers hinter dessen Verkäufernamen abrufbar sind. Allerdings ist es zweifelhaft, ob diese Gestaltung den gesetzlichen Anforderungen genügt. Wir meinen, dass die Link-Verweiskette zu lang ist und die Links selbst nicht »sprechend« im Sinne der BGH-Rechtsprechung sind. Der Kunde erreicht durch Klicken auf den Verkäufernamen eine Zwischenseite, von der aus er die Rechtstexte über den Link DETAILLIERTE VERKÄUFERINFORMATIONEN erreicht. Der durchschnittliche Verbraucher erwartet nicht, dass er so die geltenden AGB findet. Schließlich werden die AGB auch nicht auf der Bestellseite verlinkt, so dass sie nicht »bei Vertragsschluss« (§ 305 Abs. 2 BGB) abrufbar sind. Gleiches gilt übrigens für die fernabsatzrechtlichen Informationspflichten. Eine wirksame Einbeziehung von AGB ist daher auf dieser Plattform nach wie vor nicht möglich.

15.8   Datenschutz

In diesem Abschnitt wollen wir uns dem Datenschutz zuwenden. Er hat sehr an Bedeutung gewonnen, denn nach neuerer Rechtsprechung können Sie auch bei Verstößen gegen das Datenschutzrecht abgemahnt werden. Bislang waren die Gerichte überwiegend der Ansicht, dass die Verfolgung nicht durch Konkurrenten oder Verbraucherzentralen, sondern durch (eher weniger aktive) staatliche Behörden erfolgen soll. Mittlerweile haben sie erkannt, dass Datenschutzverstöße häufig im Zusammenhang mit Wettbewerbsvorteilen stehen, zum Beispiel wenn Social-Media-Elemente ohne entsprechende Datenschutzinformationen eingebunden werden. Daher sollten Sie auch in diesem Bereich mit besonderer Achtsamkeit vorgehen.

15.8.1   Grundsätze des Datenschutzes

Im Bereich des Datenschutzes sind drei Grundprinzipien von Bedeutung, die in vielen Vorschriften konkretisiert werden:

Erstens dürfen nach dem Prinzip der Datenvermeidung nur *so wenige Daten wie möglich* erhoben werden. Der Nutzer muss erkennen können, welche Angaben für ihn verpflichtend und welche freiwillig sind.

So werden zum Beispiel die Angabe einer Telefonnummer oder des Geburtsdatums im Online-Handel meist nicht benötigt, um einen Vertrag durchzuführen, es sei denn, es werden Artikel mit Altersbeschränkung verkauft oder es muss mit einer Spedition ein Liefertermin abgestimmt werden. Pflichtangaben und freiwillige Angaben müssen Sie bei der Erhebung als solche kennzeichnen (siehe Abbildung 15.22).

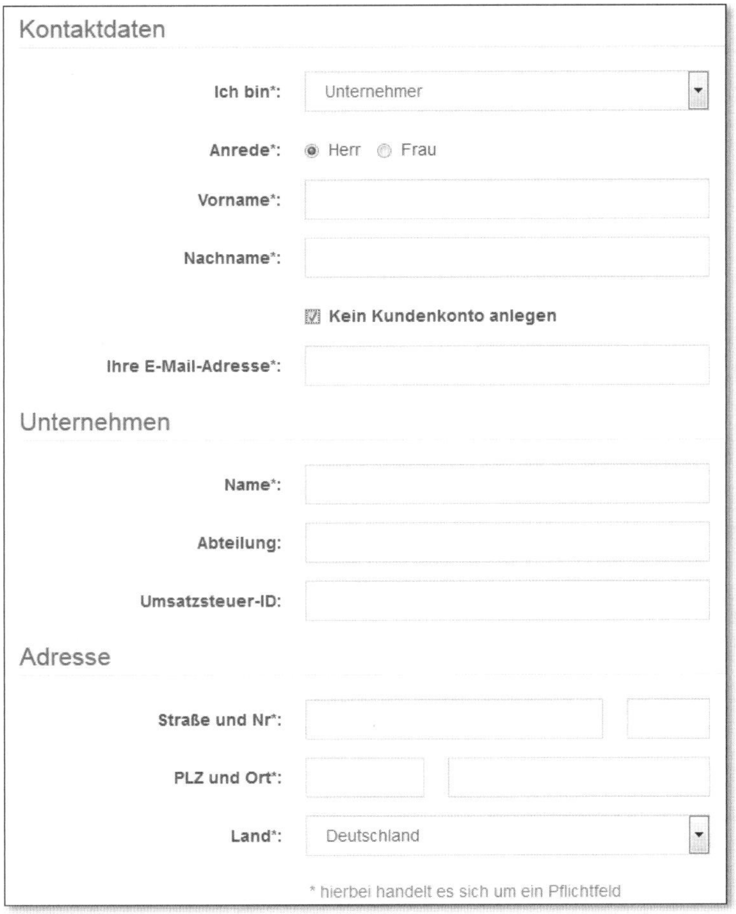

Abbildung 15.22 Kennzeichnung der Pflichtangaben im Bestellformular

Muster: Pflichtangaben und freiwillige Angaben

Bitte geben Sie Ihre Daten ein. Die Pflichtangaben sind mit einem * gekennzeichnet. Hier erhalten Sie weitere Informationen zum Datenschutz <Link auf Datenschutzerklärung>:

623

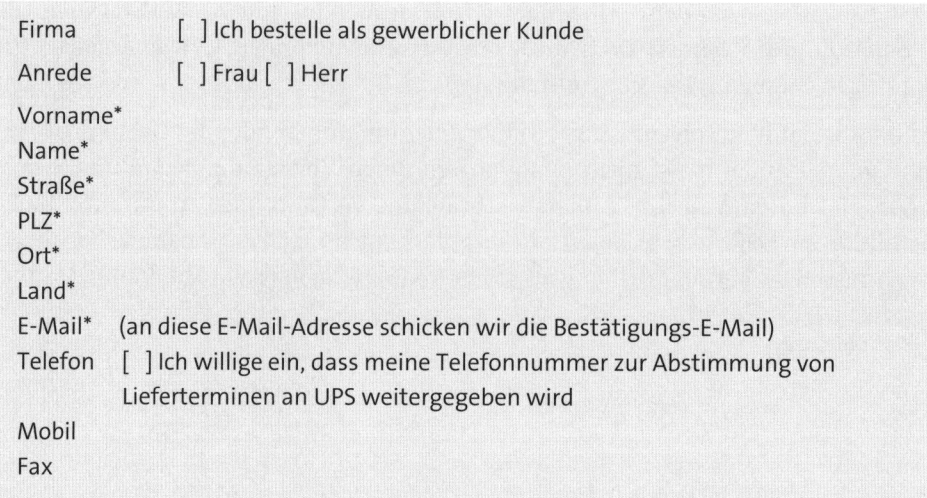

Zweitens gilt der sogenannte *Zweckbindungsgrundsatz*, der besagt, dass alles, was nicht ausdrücklich durch Gesetz oder Einwilligung des Kunden erlaubt ist, verboten ist. Sie dürfen Kundendaten nur sehr eingeschränkt erheben und verarbeiten. So dürfen Sie die E-Mail-Adresse zum Beispiel – abgesehen von einer gesetzlich geregelten Ausnahme – nicht ohne Einverständnis des Kunden für den Versand werblicher E-Mails verwenden.

Schließlich gilt der *Grundsatz der ausdrücklichen Einwilligung*. Diese müssen Sie vom Kunden dort einholen, wo eine gesetzliche Erlaubnis zur Datenverarbeitung nicht geregelt ist. Eine Einwilligung kann nicht durch eine vorangekreuzte Checkbox erfolgen und darf auch nicht im »Kleingedruckten« (AGB) versteckt sein. Bei Telemedien (zum Beispiel im Online-Shop) kann die Einwilligung elektronisch erfolgen, wenn sie eindeutig und bewusst erfolgt, protokolliert wird und der Inhalt jederzeit abrufbar ist. Gemäß § 13 Abs. 2 und 3 TMG müssen Sie den Nutzer schon bei Erteilung seiner Einwilligung auf sein Recht hinweisen, dass er seine Einwilligung jederzeit mit Wirkung für die Zukunft widerrufen kann (siehe Abbildung 15.23).

> ☐ Ja, ich möchte über Trends, Aktionen & Gutscheine per E-Mail informiert werden. Abmeldung jederzeit möglich.

Abbildung 15.23 Einwilligung zum Newsletter mit Hinweis auf jederzeitige Abmeldemöglichkeit

Die Speicherung von IP-Adressen durch Online-Händler wurde noch nicht höchstrichterlich geklärt. In einem solchen Fall sollten Sie vorher die ausdrückliche Einwilligung einholen. Auch wenn Sie Tracking-Tools verwenden, sollten Sie sicherstellen, dass diese keine IP-Adressen ohne Einwilligung speichern. Klären Sie den Kunden im Zweifel auf, und bitten Sie um seine Einwilligung.

Wichtige Anwendungsbereiche der Einwilligung sind:

▸ E-Mail-Newsletter (Verwendung von Kundendaten zu Werbezwecken)

▸ Bestellabbrecher-Mails

▸ Aufforderung zur Kundenbewertung per E-Mail

▸ Datenweitergabe an Dritte (sofern sie nicht zur Vertragserfüllung erfolgt)

▸ Bonitätsprüfung (sofern kein überwiegendes berechtigtes Interesse vorliegt)

15.8.2 Eröffnung eines Kundenkontos

Wird bei der Bestellung in Ihrem Shop automatisch ein Kundenkonto eröffnet, muss der Kunde einwilligen. Sie müssen ihn über den Zweck der Speicherung seiner Daten informieren. Denn eigentlich ist es für eine Warenbestellung nicht erforderlich, dass Sie die Daten des Kunden dauerhaft in einem Kundenkonto speichern. Zudem könnte sich ein Registrierungszwang negativ auf Ihre Konversionsrate auswirken und sollte deshalb auf Freiwilligkeit beruhen (siehe Abbildung 15.24).

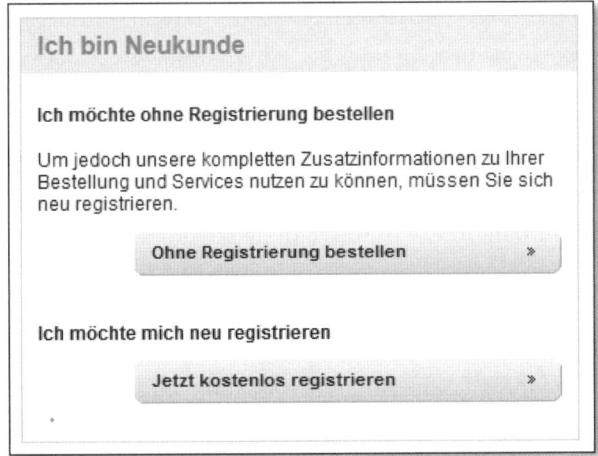

Abbildung 15.24 Bestellmöglichkeit im Shop ohne Eröffnung eines Kundenkontos

15.8.3 E-Mail-Werbung

Für den Versand von E-Mail-Werbung benötigen Sie grundsätzlich die Einwilligung des Adressaten. Diese setzt voraus, dass der Kunde durch eine ausdrückliche Handlung einwilligt (Opt-in-Checkbox), diese Einwilligung protokolliert wird (Logfiles) und ihr Inhalt für den Kunden jederzeit (zum Beispiel in der Datenschutzerklärung) abrufbar ist. Die Einwilligung zu E-Mail-Werbung muss laut Rechtsprechung des BGH – anders als andere Einwilligungen, die gekoppelt werden können – immer separat eingeholt werden. Sie darf nicht in den AGB integriert werden. Außerdem müssen Sie, schon bevor der Nutzer seine Einwilligung erteilt, auf sein jederzeitiges Widerrufsrecht hinweisen, also darauf, dass der Nutzer sich jederzeit abmelden kann. Den Beweis, dass der Nutzer eingewilligt hat, müssen Sie als Versender erbringen. Dazu ist nur das sogenannte Double-Opt-in-Verfahren geeignet (siehe Abbildung 15.25). Dabei darf die Bestätigungs-E-Mail keine werblichen Elemente enthalten, sondern ausschließlich die Aufforderung, die Einwilligung zu bestätigen. Nach einer Entscheidung des OLG München soll zwar bereits die Bestätigungs-E-Mail unzulässige Werbung darstellen. Dabei handelt es sich aber um eine Einzelfallentscheidung, die nichts darüber aussagt, ob das Double-Opt-in-Verfahren grundsätzlich unzulässig ist. Zudem ist etwa das OLG Celle ausdrücklich anderer Meinung.

Für den Versand des Newsletters verwenden wir das sogenannte Double Opt-In-Verfahren, d.h., wir werden Ihnen erst dann einen Newsletter per E-Mail zusenden, wenn Sie uns zuvor ausdrücklich bestätigt haben, dass wir den Newsletter-Dienst aktivieren sollen. Wir werden Ihnen dann eine Benachrichtigungs-E-Mail zusenden und Sie bitten, durch das Anklicken eines in dieser E-Mail enthaltenen Links zu bestätigen, dass Sie unseren Newsletter erhalten möchten.

Abbildung 15.25 Anmeldung zum Newsletter mittels Double-Opt-in

Auch bei Aufforderungen zur Abgabe von Bewertungen oder Produktempfehlungen wie Tell-a-friend- oder Freundschaftswerbung handelt es sich um Werbung. Deswegen benötigen Sie auch hier die Einwilligung des Kunden für den Versand dieser E-Mails. Bei Produktempfehlungen kennen Sie den Empfänger jedoch nicht, und Sie können keine Einwilligung einholen. Trotzdem sind Sie als Online-Händler nach der Rechtsprechung des BGH für den Versand verantwortlich, da Sie diese Funktion auf Ihrer Website zur Verfügung gestellt haben. Wir empfehlen daher, auf solche Funktionen derzeit zu verzichten, falls Sie kein Abmahnrisiko eingehen möchten.

Besonderheiten auf dem Amazon Marketplace

In letzter Zeit wurden Händler abgemahnt, weil Amazon standardmäßig auf jeder Produktseite eine Empfehlungsfunktion eingebunden hat, mit der man das jeweilige Produkt bei Facebook, Twitter & Co. weiterempfehlen kann. Das Problem dabei ist, dass der Marketplace-Händler keinen Einfluss auf diese Funktion hat. Aktuell hat Amazon die Empfehlungsfunktion noch nicht entfernt, so dass ein rechtssicherer Verkauf dort nicht möglich ist. Besonders ärgerlich ist es, wenn ein Händler zunächst wegen einer Weiterempfehlungsfunktion in seinem eigenen Shop abgemahnt wird, daraufhin eine Unterlassungserklärung abgibt, weil er die Funktion in seinem Shop selbst entfernen kann, und dann anschließend wegen eines Verstoßes gegen diese Unterlassungserklärung auf dem Amazon Marketplace in Anspruch genommen wird. Hier werden dann schnell Beträge von 10.000 € und mehr (sogenannte Vertragsstrafen) fällig.

Nutzen Sie die E-Mail-Adresse für Newsletter-Versand, besteht für Sie gemäß § 13 Abs. 3 TMG ebenfalls die Pflicht, den Kunden schon auf sein jederzeitiges Widerrufsrecht hinzuweisen, bevor er seine Einwilligung erteilt.

Wenn Sie Werbe-E-Mails versenden, obwohl Ihnen keine Einwilligung vorliegt, handeln Sie wettbewerbswidrig und setzen sich der Gefahr von Abmahnungen durch Konkurrenten aus. Zudem steht dem Empfänger ein eigener Unterlassungsanspruch gegen Sie zu, egal, ob es sich bei ihm um einen Unternehmer oder Verbraucher handelt. Deswegen dürfen Sie auch eine Abmeldung vom Newsletter nicht einfach ignorieren. Erhält der Empfänger ihn weiterhin, liegt eine unzumutbare Belästigung vor, die Unterlassungsansprüche gegen Sie auslöst.

Lediglich § 7 Abs. 3 UWG bestimmt, unter welchen Voraussetzungen ein Newsletter-Versand auch ohne Einwilligung an Bestandskunden erfolgen kann. Der Versand ist danach zulässig, wenn Sie

1. die E-Mail-Adresse im Zusammenhang mit dem Verkauf einer Ware oder Dienstleistung vom Kunden selbst erhalten haben,

2. nur für eigene ähnliche Produkte werben,

3. den Kunden schon bei Erhebung und bei jeder Verwendung der E-Mail-Adresse auf sein Widerspruchsrecht (Abmeldemöglichkeit) hinweisen (siehe Abbildung 15.26) und

4. der Kunde der Verwendung seiner Daten zu diesem Zweck auch nicht widersprochen hat.

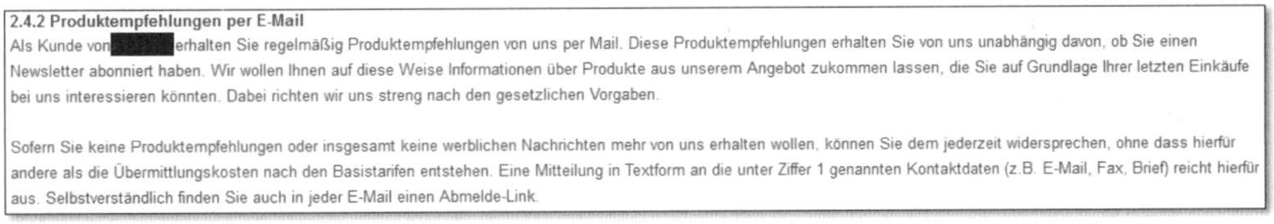

> **2.4.2 Produktempfehlungen per E-Mail**
> Als Kunde von ▮▮▮▮ erhalten Sie regelmäßig Produktempfehlungen von uns per Mail. Diese Produktempfehlungen erhalten Sie von uns unabhängig davon, ob Sie einen Newsletter abonniert haben. Wir wollen Ihnen auf diese Weise Informationen über Produkte aus unserem Angebot zukommen lassen, die Sie auf Grundlage Ihrer letzten Einkäufe bei uns interessieren könnten. Dabei richten wir uns streng nach den gesetzlichen Vorgaben.
>
> Sofern Sie keine Produktempfehlungen oder insgesamt keine werblichen Nachrichten mehr von uns erhalten wollen, können Sie dem jederzeit widersprechen, ohne dass hierfür andere als die Übermittlungskosten nach den Basistarifen entstehen. Eine Mitteilung in Textform an die unter Ziffer 1 genannten Kontaktdaten (z.B. E-Mail, Fax, Brief) reicht hierfür aus. Selbstverständlich finden Sie auch in jeder E-Mail einen Abmelde-Link.

Abbildung 15.26 Hinweis auf Newsletter-Versand ohne ausdrückliche Einwilligung

Wir empfehlen, trotzdem eine Einwilligung des Kunden einzuholen, da diese Voraussetzungen fast nie erfüllt sein werden. Häufig scheitert es daran, dass nicht bereits bei Erhebung der E-Mail-Adresse im Eingabeformular auf den Werbezweck hingewiesen oder nicht nur für ähnliche Produkte geworben wird. Die Rechtsprechung legt den Begriff der Ähnlichkeit sehr eng aus, das heißt, wer etwa ein Notebook verkauft hat, darf nicht ohne Einwilligung Werbung für ein Tablet, sondern nur für andere Notebooks versenden.

Muster: Erlaubnis zur E-Mail-Werbung

[ ] Ich möchte regelmäßig Angebote aus der Kategorie … per E-Mail erhalten. Meine E-Mail-Adresse wird nicht an andere Unternehmen weitergegeben. Diese Einwilligung zur Nutzung meiner E-Mail-Adresse für Werbezwecke kann ich jederzeit mit Wirkung für die Zukunft widerrufen, indem ich den Link »Abmelden« am Ende des Newsletters anklicke oder die Abmeldefunktion auf dieser Seite nutze.

15.8.4   Verwendung von Cookies

Sie müssen den Nutzer bereits zu Beginn des Nutzungsvorgangs darüber unterrichten, ob Sie Cookies verwenden, die es ermöglichen, den Nutzer später zu identifizieren, und welche die Erhebung personenbezogener Daten vorbereiten (siehe Abbildung 15.27). Sie müssen ihn auch darüber informieren, wie er die Annahme der Cookies blockieren kann. Gemäß § 13 Abs. 1 TMG muss auch der Inhalt dieser Unterrichtung jederzeit für den Nutzer abrufbar sein. Häufig erscheinen Hinweise am Anfang der Seite, die »weggeklickt« werden können, dass man mit Nutzung der Seite mit der Cookie-Policy einverstanden ist. Ob dies ausreicht, ist von der Rechtsprechung derzeit noch nicht geklärt.

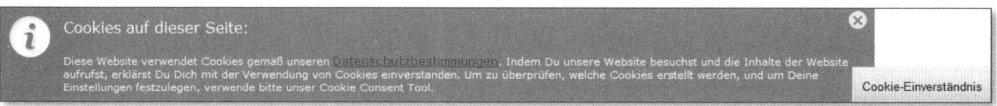

Abbildung 15.27 Hinweis auf die Verwendung von Cookies am Anfang der Seite

15.8.5   Datenschutzerklärung richtig erstellen

Sie müssen den Besucher Ihrer Website gemäß § 13 Abs. 1 TMG und § 33 BDSG zu Beginn seines Nutzungsvorgangs umfassend über Art, Umfang und Zweck der Erhebung, Verarbeitung oder Nutzung seiner personenbezogenen Daten, über etwaige Widerspruchs- und Widerrufsrechte, über anonyme oder pseudonyme Nutzungsmöglichkeiten (falls möglich), über seine Berichtigungs-, Sperrungs- und Löschungsrechte und über bereits erteilte Einwilligungen unterrichten.

Abbildung 15.28 »Sprechender« Link zur Datenschutzerklärung

Diese Unterrichtung können Sie zentral in einer Datenschutzerklärung oder auf einer Kundeninformationsseite unterbringen und sie muss über einen »sprechen-den« Link erreichbar sein (siehe Abbildung 15.28). Zulässige Linkbezeichnungen sind zum Beispiel »Datenschutz«, »Datenschutzerklärung« oder »Datenschutzinforma-tionen«. Zudem muss der Nutzer die Datenschutzerklärung gemäß § 13 Abs. 1 TMG jederzeit abrufen können.

Basismuster Datenschutzerklärung

Folgendes Muster können Sie für eine Datenschutzerklärung verwenden, wenn Sie die Kundendaten auch über die Abwicklung einer Bestellung hinaus nutzen können, zum Beispiel bei Speicherung unter einem Kundenkonto oder beim Newsletter-Ver-sand. Dennoch müssen Sie die Einwilligungen hierfür noch einmal separat und aus-drücklich im Bestellprozess einholen. Sie werden in der Datenschutzerklärung nur wiederholt.

Muster: Basis-Datenschutzerklärung mit Kundenregistrierung und Newsletter-Versand

Nachstehend informieren wir Sie ausführlich über den Umgang mit Ihren Daten.

Erhebung, Verarbeitung und Nutzung personenbezogener Daten

Sie können unsere Seite besuchen, ohne Angaben zu Ihrer Person zu machen. Wir speichern lediglich Zugriffsdaten ohne Personenbezug, wie zum Beispiel den [Na-men Ihres Internet Service Providers, die Seite, von der aus Sie uns besuchen oder den Namen der angeforderten Datei]. Diese Daten werden ausschließlich zur Ver-besserung unseres Angebotes ausgewertet und erlauben keinen Rückschluss auf Ihre Person.

Personenbezogene Daten werden nur erhoben, wenn Sie uns diese im Rahmen Ihrer Bestellung [oder bei Eröffnung eines Kundenkontos [oder Registrierung für unseren Newsletter] freiwillig mitteilen. Wir verwenden die von Ihnen mitgeteilten Daten ohne Ihre gesonderte Einwilligung ausschließlich zur Erfüllung und Abwicklung Ihrer Bestellung. Mit vollständiger Abwicklung des Vertrags und vollständiger Kaufpreis-zahlung werden Ihre Daten für die weitere Verwendung gesperrt und nach Ablauf der steuer- und handelsrechtlichen Aufbewahrungsfristen gelöscht, sofern Sie nicht ausdrücklich in die weitere Nutzung Ihrer Daten eingewilligt haben. [Bei Anmeldung zum Newsletter wird Ihre E-Mail-Adresse für eigene Werbezwecke genutzt, bis Sie sich vom Newsletter abmelden. Die Abmeldung ist jederzeit möglich.]

Verwendung von Cookies

Um den Besuch unserer Website attraktiv zu gestalten und die Nutzung bestimmter Funktionen zu ermöglichen, verwenden wir auf verschiedenen Seiten sogenannte Cookies. Hierbei handelt es sich um kleine Textdateien, die auf Ihrem Endgerät abge-legt werden. Einige der von uns verwendeten Cookies werden nach dem Ende der

Browser-Sitzung, also nach Schließen Ihres Browsers, wieder gelöscht (sogenannte Sitzungs-Cookies). Andere Cookies verbleiben auf Ihrem Endgerät und ermöglichen uns oder unseren Partnerunternehmen, Ihren Browser beim nächsten Besuch wiederzuerkennen (persistente Cookies).

Sie können Ihren Browser so einstellen, dass Sie über das Setzen von Cookies informiert werden und einzeln über deren Annahme entscheiden oder die Annahme von Cookies für bestimmte Fälle oder generell ausschließen. Bei der Nichtannahme von Cookies kann die Funktionalität unserer Website eingeschränkt sein.

Weitergabe personenbezogener Daten

Eine Weitergabe Ihrer Daten erfolgt an das mit der Lieferung beauftragte Versandunternehmen, soweit dies zur Lieferung der Waren notwendig ist. Zur Abwicklung von Zahlungen geben wir Ihre Zahlungsdaten an das mit der Zahlung beauftragte Kreditinstitut bzw. an den im Bestellprozess gewählten Zahlungsdienstleister weiter.

Auskunftsrecht

Nach dem Bundesdatenschutzgesetz haben Sie ein Recht auf unentgeltliche Auskunft über die zu Ihrer Person bei uns gespeicherten Daten sowie gegebenenfalls ein Recht auf Berichtigung, Sperrung oder Löschung dieser Daten.

Ansprechpartner für Datenschutz

Bei Fragen zur Erhebung, Verarbeitung oder Nutzung Ihrer personenbezogenen Daten, bei Auskünften, Berichtigung, Sperrung oder Löschung von Daten sowie Widerruf erteilter Einwilligungen wenden Sie sich bitte an:

[Name, Anschrift des Ansprechpartners für Datenschutz gegebenenfalls betrieblicher Datenschutzbeauftragter].

Webanalysetools

Wenn Sie ein Webanalysetool einsetzen, müssen Sie den Kunden darüber auch in der Datenschutzerklärung informieren und diese entsprechend erweitern. Dazu gehört der Hinweis, dass Nutzungsprofile zur Analyse des Benutzerverhaltens erstellt werden und dass der Kunde dieser Profilbildung jederzeit widersprechen kann.

Muster: Erstellung pseudonymer Nutzungsprofile zur Webanalyse

Auf dieser Website werden durch [Einsetzen: Name des verwendeten Tools], einen Webanalysedienst des Anbieters [Einsetzen: Name des Anbieters], Daten erhoben und gespeichert, aus denen unter Verwendung von Pseudonymen Nutzungsprofile erstellt werden. Diese Nutzungsprofile dienen der Analyse des Besucherverhaltens und werden zur Verbesserung und bedarfsgerechten Gestaltung unseres Angebots ausgewertet.

Hierzu können Cookies eingesetzt werden. Dies sind kleine Textdateien, die lokal auf dem Endgerät des Seitenbesuchers gespeichert werden und so eine Wiedererkennung beim erneuten Besuch unserer Website ermöglichen.

Die pseudonymisierten Nutzungsprofile werden ohne eine gesondert zu erteilende, ausdrückliche Einwilligung nicht mit personenbezogenen Daten über den Träger des Pseudonyms zusammengeführt.

Der Datenerhebung und -speicherung zum Zweck der Webanalyse können Sie jederzeit mit Wirkung für die Zukunft widersprechen, indem Sie [Einsetzen: die angebotene(n) Widerspruchsmöglichkeit(en)].

Wiederholung von Einwilligungen in der Datenschutzerklärung

Der Nutzer muss den Inhalt elektronischer Einwilligungen jederzeit gemäß § 13 Abs. 2 Nr. 3 TMG abrufen können. Das bedeutet, dass Sie Einwilligungen, die zum Beispiel für den Newsletter-Versand erteilt wurden, in der Datenschutzerklärung wiederholen müssen. Die eigentlichen Einwilligungen sind jedoch gesondert und ausdrücklich (Opt-in) im Bestellprozess oder bei der Registrierung einzuholen. Daher muss dem Nutzer klar sein, dass es sich um die Wiederholung bereits erteilter Einwilligungen handelt, und ihre Inhalte müssen übereinstimmen.

Muster: Wiederholung von Einwilligungserklärungen

Die nachstehende(n) Einwilligung(en) haben Sie uns gegebenenfalls ausdrücklich erteilt, und wir haben Ihre Einwilligung protokolliert. Nach dem Telemediengesetz sind wir verpflichtet, den Inhalt von Einwilligungen jederzeit zum Abruf bereitzuhalten. Sie können Ihre Einwilligung(en) jederzeit mit Wirkung für die Zukunft widerrufen.

a) Erlaubnis zur E-Mail-Werbung (ANPASSEN AN DEN TEXT IM BESTELLPROZESS)

Ich möchte regelmäßig Angebote zu Produkten aus der Kategorie ... per E-Mail erhalten. Meine E-Mail-Adresse wird nicht an andere Unternehmen weitergegeben. Diese Einwilligung zur Nutzung meiner E-Mail-Adresse für Werbezwecke kann ich jederzeit mit Wirkung für die Zukunft widerrufen, indem ich den Link »Abmelden« am Ende des Newsletters anklicke.

b) Registrierung (ANPASSEN AN DEN TEXT IM BESTELLPROZESS)

Ich möchte mich für künftige Bestellungen registrieren und bitte um Aufnahme meiner Daten in Ihre Kundendatenbank.

c) Bonitätsprüfung (ANPASSEN AN DEN TEXT IM BESTELLPROZESS)

Ich willige ein, dass von [DemoShop] zum Zweck der eigenen Kreditprüfung gegebenenfalls Bonitätsauskünfte auf der Basis mathematisch-statistischer Verfahren von der [Beispiel-Auskunftei, Beispielstr. 1, 11111 Beispielstadt] abgerufen werden. Meine

---

15

Einwilligung kann ich jederzeit mit Wirkung für die Zukunft widerrufen. Detaillierte Informationen zur Arbeitsweise der [Beispiel-Auskunftei] finde ich unter *www.bei-spiel-auskunftei.de*.

15.8.6 Häufige Fehler im Bereich Datenschutz

Im Zusammenhang mit der Prüfung von Online-Shops fallen uns beim Thema Datenschutz häufig folgende Fehler auf:

▶ Häufig findet sich in der Datenschutzerklärung der Hinweis, dass die Kunden-daten ausschließlich zur Vertragserfüllung genutzt werden. Das ist unzutreffend, wenn der Nutzer einen Newsletter abonnieren kann, denn dann wird die E-Mail-Adresse auch zu Marketing- und Werbezwecken genutzt. Dies muss in der Daten-schutzerklärung zum Ausdruck kommen.

▶ Sie dürfen eine Bonitätsprüfung ohne Einwilligung des Kunden nur bei berechtig-tem Interesse durchführen. Das ist zum Beispiel der Fall, wenn Sie in Vorleistung treten und einen Kauf auf Rechnung ermöglichen. Dann müssen Sie hierüber in der Datenschutzerklärung informieren. Besteht kein berechtigtes Interesse (zum Beispiel bei Lieferung gegen Vorkasse), benötigen Sie die ausdrückliche Einwilli-gung (Opt-in) des Kunden.

▶ Wenn Sie formularmäßig von Verbrauchern eine Einwilligung einholen, die Sie zu uneingeschränkter telefonischer Werbung berechtigten soll, ist diese Klausel unwirksam.

▶ Bauen Sie eine Einwilligungsklausel ohne sachlichen Zusammenhang in die AGB ein, ist sie nicht transparent und damit unwirksam.

▶ Sie müssen den Abonnenten schon vor Einholung seiner Einwilligung (»Anmel-dung«) auf die Widerrufsmöglichkeit mit Wirkung für die Zukunft (»Abbestellen«) hinweisen, wenn Sie seine E-Mail-Adresse zu Werbezwecken (Newsletter-Abonne-ment) nutzen.

15.8.7 Checkliste für Ihre Datenschutzerklärung

Die nachfolgenden Punkte sollten Sie bei Ihrer Datenschutzerklärung beachten:

▶ Datenschutzerklärung ist mittels eines »sprechenden« Links auf jeder Seite abrufbar

▶ Informationen zu Art, Umfang und Zweck jeder Erhebung und Verwendung von personenbezogenen Daten, insbesondere auch zu nicht sichtbaren, automatisier-ten Datenerhebungen auf der Website (zum Beispiel durch Webanalyse-Dienste oder Social Plug-ins), in allgemein verständlicher Form

- Hinweis auf die anonyme oder pseudonyme Nutzungsmöglichkeit der Website
- Information über die Erhebung und Verwendung von Bestandsdaten zur Vertragserfüllung
- Informationen über den Einsatz von Cookies (Verwendungszweck und Möglichkeit zur Ablehnung bestimmter/aller Cookies über den Browser)
- Hinweis auf gegebenenfalls bestehende Widerspruchs- oder Widerrufsmöglichkeiten gegen die Nutzung von Daten zu Werbezwecken
- Wiederholung von im Shop erteilten Einwilligungen in der Datenschutzerklärung (Inhalt der Einwilligung muss jederzeit abrufbar sein)
- Information über Auskunfts-, Berichtigungs-, Sperrungs- und Löschungsrechte
- Hinweis auf Datenverarbeitungen in Drittstaaten ohne angemessenes Datenschutzniveau (zum Beispiel USA)
- Bei Datenweitergabe an Dritte außerhalb der Vertragserfüllung: Nennung der Empfänger und des Zwecks der Weitergabe
- Benennung des Datenschutzbeauftragten, sofern nach § 4f BDSG bestellt

15.9   Rechtliche Hürden und Risiken

Wenn Sie die gesetzlichen Vorgaben nicht beachten, drohen Ihnen nach deutschem Recht Abmahnungen – nicht nur durch Konkurrenten, sondern auch zum Beispiel durch Verbraucherverbände. Die Abmahnung ist die häufigste Maßnahme bei Rechtsverstößen.

Nimmt ein Online-Händler unlautere Wettbewerbshandlungen vor, wie zum Beispiel irreführende Werbung oder unzumutbare Belästigungen, bestehen gegen ihn Unterlassungs- und Beseitigungsansprüche, Schadensersatz- und Gewinnabschöpfungsansprüche nach §§ 8–11 UWG. Voraussetzung für einen Unterlassungsanspruch ist immer eine Wiederholungsgefahr. Diese wird jedoch vermutet, wenn Sie bereits einmal eine Rechtsverletzung begangen haben.

Häufige Fehlerquellen, die uns im Zusammenhang mit Online-Shops immer wieder auffallen, sind insbesondere:

- unzulässige Klauseln in den AGB
- irreführende Angaben zur Verfügbarkeit von Waren
- fehlerhaftes oder unvollständiges Impressum
- fehlerhafte oder unvollständige Preisangaben
- fehlerhafte oder unvollständige Angaben zum Widerrufsrecht

15.9.1 Was ist eine Abmahnung?

Die Abmahnung ist grundsätzlich ein erlaubtes Mittel, um einen Unterlassungsanspruch wegen einer Rechtsverletzung außergerichtlich durchzusetzen. Sie soll demjenigen, der die Rechtsverletzung begeht, die Möglichkeit geben, den Rechtsstreit zu vermeiden. Dazu muss er eine Erklärung abgeben, dass er die beanstandete Handlung künftig unterlassen werde. Mit der Abmahnung wird meist eine vorformulierte Unterlassungserklärung und eine Rechnung über die zu zahlenden Anwaltskosten verschickt. Sie besteht normalerweise aus mehreren Teilen:

▶ dem Vorwurf eines Rechtsverstoßes, also einer genauen Schilderung des beanstandeten Verhaltens und einer rechtlichen Bewertung

▶ der Aufforderung, das beanstandete Verhalten künftig zu unterlassen und eine mit Strafe bedrohte Unterlassungserklärung abzugeben, damit die Wiederholungsgefahr ausgeschlossen wird

▶ einer (meist sehr kurz bemessenen) Frist und der Androhung, den Anspruch gerichtlich durchzusetzen, falls die Frist erfolglos verstreichen sollte

Diese mit Strafe bedrohte Unterlassungserklärung ihrerseits besteht regelmäßig auch aus mehreren Teilen:

▶ der Unterlassungsverpflichtung, also einer Beschreibung der Handlungen, die der Abgemahnte künftig unterlassen soll

▶ der Verpflichtung, im Falle eines Verstoßes gegen die zu unterlassende Handlung eine bestimmte Vertragsstrafe zu zahlen

▶ der Verpflichtung, die entstandenen Abmahnkosten zu zahlen, einschließlich einer Frist, innerhalb der diese zu zahlen sind

Eine bestimmte Form ist nicht vorgeschrieben, deshalb sollten Sie auch Abmahnungen per Telefon oder E-Mail ernst nehmen. Aus Beweisgründen erfolgen sie meistens jedoch per Post oder Fax. Aber auch eine per E-Mail verschickte Abmahnung gilt als zugegangen, wenn sie in Ihrer Firewall hängenbleibt und Sie sie deswegen nicht lesen. Es ist auch möglich, eine Unterlassungserklärung ohne vorherige Abmahnung durchzusetzen. Dabei riskiert der Abmahner allerdings, dass der geltend gemachte Anspruch direkt anerkannt wird und er so die Kosten des Verfahrens tragen müsste.

Wenn der Konkurrent nicht durch die Abmahnung sein Ziel erreicht, kann er seinen Anspruch immer noch im Wege einer einstweiligen Verfügung oder in einem gerichtlichen Hauptsacheverfahren durchsetzen. Bei Internetangeboten gilt der sogenannte fliegende Gerichtsstand. Das bedeutet, dass solche Klagen bzw. Anträge vor jedem Gericht in Deutschland eingereicht werden können, ohne dass ein weiterer sachlicher Grund hierfür vorliegen muss.

15.9.2 Wer darf abmahnen?

Mitbewerber, Wirtschaftsverbände, Verbraucherverbände und Kammern dürfen abmahnen. Zwischen Mitbewerbern ist ein Wettbewerbsverhältnis Voraussetzung. Ein solches liegt auch zwischen regional ansässigen Unternehmern und Ihnen als Internethändler vor, da Angebote im Internet von überall aus abgerufen werden können. Ob die Produkte eine echte Alternative darstellen, ist dabei nicht entscheidend. Es reicht aus, dass Sie bei gleichartigen Produkten denselben Kundenkreis ansprechen.

15.9.3 Kosten der Abmahnung

Die Kosten einer Abmahnung und des sich eventuell anschließenden Prozesses richten sich nach dem sogenannte Gegenstands- oder Streitwert. Dieser wird vom Gericht nach freiem Ermessen geschätzt und hängt von der wirtschaftlichen Bedeutung der Angelegenheit ab. Je nach Verstoß liegen die Gegenstandwerte heute zwischen 2.000 und 20.000 €. Verbänden ist es nur erlaubt, eine Pauschale in Höhe von ca. 200 € geltend zu machen. Für Mitbewerber ergibt sich der Kostenerstattungsanspruch allerdings aus einer Gebührentabelle, die von diesen Gegenstandswerten abhängig ist. Hier werden dann schnell einige hundert Euro an Anwaltskosten fällig. Werden Sie berechtigt abgemahnt, müssen Sie die Kosten, die dem Abmahner entstanden sind, grundsätzlich erstatten.

15.9.4 Unberechtigte Abmahnungen

Erfolgt zum Beispiel der Anspruch auf Unterlassung zu Unrecht, ist die Abmahnung unberechtigt. Einige Vorwürfe jedoch sind unhaltbar und stellen einen Missbrauch dar, insbesondere, wenn es dem Abmahner nur darum geht, einen Anspruch auf Ersatz der Aufwendungen oder Kosten der Rechtsverfolgung gegen Sie entstehen zu lassen. Ob ein solcher Missbrauch vorliegt, muss immer im Einzelfall geprüft werden. Normalerweise gehen die Gerichte aber nicht davon aus, denn nach der Rechtsprechung sind für einen solchen Missbrauch verschiedene Kriterien erforderlich:

► sachfremde Ziele des Gläubigers

► die Vereinbarung einer unangemessen hohen Vertragsstrafe bei einem geringfügigen Verstoß

► systematisches, massenhaftes Vorgehen und eine enge personelle Verbindung zwischen dem Abmahnenden und dem beauftragten Anwalt

► das Fehlen eines vernünftigen Verhältnisses zwischen Unternehmensumsatz und Prozesskostenrisiko

15.9.5 Wie soll ich reagieren?

Eine Studie von Trusted Shops hat ergeben, dass sich Widerstand gegen Abmahnungen häufig auszahlt, da möglicherweise Gegenstandswerte zu hoch angesetzt sind, die vorformulierte Unterlassungserklärung zu weit gefasst wurde oder es beim Gegner auch etwas zu beanstanden gibt. Mit einer Abmahnung sind immer Risiken verbunden, deshalb sollten Sie sich stets durch einen Anwalt beraten lassen. Sie können unterschiedlich reagieren:

▶ Die erste Möglichkeit ist, die vorformulierte Unterlassungserklärung uneingeschränkt abzugeben. Allerdings sollten Sie die Reichweite der Erklärung vorher überprüfen. Oft verlieren Sie Ihre wirtschaftliche Freiheit und können die weitgehende Pflicht gar nicht erfüllen. Bei dieser Möglichkeit erkennen Sie auch die geforderten Anwaltsgebühren in voller Höhe an.

▶ Als zweite (häufig gewählte) Möglichkeit kommt die Abgabe einer sogenannten modifizierten, also einer abgeänderten, Unterlassungserklärung in Betracht. Derartige Änderungen erfordern unbedingt die Beratung durch einen Rechtsanwalt, denn hierbei besteht das Risiko, dass die Änderungen nicht ausreichen und der Abmahner Sie noch immer verklagen kann.

▶ Als dritte Lösung können Sie die Abmahnung zurückweisen, soweit diese vollkommen unberechtigt erfolgt ist. Das ist allerdings nur selten der Fall.

▶ Es ist auch möglich, mit Hilfe der sogenannten negativen Feststellungsklage gerichtlich feststellen lassen, ob die Abmahnung berechtigt ist oder nicht.

▶ Schließlich können Sie auch das Risiko eingehen, keine Unterlassungserklärung abzugeben und eine einstweilige Verfügung ergehen zu lassen. Vor Gericht ist nicht immer klar, wer Erfolg haben wird, weswegen viele Abmahner diesen Schritt scheuen. Zudem ist es dann später nicht so einfach, Geldforderungen wegen Verstößen gegen die Unterlassungsverpflichtung durchzusetzen.

15.9.6 Checkliste, damit Sie das Risiko von Rechtsverstößen minimieren

Wenn Sie die nachfolgenden Punkte gewissenhaft abarbeiten, können Sie unnötige Fehler vermeiden und das Risiko von Abmahnungen minimieren:

▶ keine Verwendung markenrechtlich geschützter Begriffe (zum Beispiel als Domainnamen)

▶ kein unbefugter Vertrieb von Markenprodukten

▶ keine ungenehmigte Verwendung fremder Inhalte (Fotos, Produktbeschreibungen)

▶ kein Verstoß gegen das Wettbewerbsrecht durch irreführende Werbung, Nichteinhaltung von Informationspflichten und Ähnlichem

▶ keine Verwendung ungeprüfter AGB-Klauseln oder Formulierungen im Shop

15.10   Die Trusted-Shops-Checkliste

Hier finden Sie zusammenfassend noch einmal die wichtigsten rechtlichen Punkte, die Sie in Ihrem Online-Shop umsetzen müssen:[1]

- **Anbieterkennzeichnung** (Impressum) vollständig (Vor- und Zuname, vollständige Anschrift, gegebenenfalls Handelsregisternummer und weitere Angaben)
- **Anbieterkennzeichnung** auf jeder Seite des Shops deutlich verlinkt (zum Beispiel als »Impressum«)
- **Datenschutzerklärung** vollständig (zum Beispiel auch Hinweis auf Newsletter-Versand, Bonitätsprüfung, Cookies etc.)
- **Datenschutzerklärung** von Seiten, auf denen Daten erhoben werden, deutlich als solches verlinkt
- **datenschutzrechtliche Einwilligungen** nachweisbar eingeholt (Double-Opt-in)
- **Datensicherheit** gewährleistet (SSL-Verschlüsselung bei Übertragung von Zahlungsdaten, sichere Passwortvergabe, falls es einen Login-Bereich gibt)
- **Produktbeschreibung** vollständig (wesentliche Merkmale der Ware, weitere Kennzeichnungspflichten bei Textilien, Haushaltselektronik, Lebensmitteln etc.)
- **Produktabbildungen** rechtlich einwandfrei (zum Beispiel keine Verletzung von Urheberrechten durch Übernahme fremder Fotos ohne Genehmigung)
- **Preisangaben** vollständig und korrekt (zum Beispiel Grundpreisangaben bei bestimmten Produkten, keine Gegenüberstellung mit veralteten UVPs, nicht näher erläuterten Streichpreisen etc.)
- **Versandkosten und Zusatzkosten** vollständig genannt (Versandkosten für alle belieferten Länder, für alle Produktgruppen und -gewichte, eventuell Nachnahmegebühren, Zölle etc.)
- **Versandkosten** vor Einleitung des Bestellvorgangs deutlich verlinkt (zum Beispiel Link neben dem Produktpreis auf der Produktdetailseite) oder explizit genannt (bei einheitlicher Pauschale)
- **Liefertermine** korrekt genannt (möglichst präzise Angaben auf der Produktseite)
- **Bestellvorgang** transparent ausgestaltet (Darstellung einzelner Schritte, Korrekturmöglichkeiten)
- **Button-Lösung:** klare und verständliche Bestellzusammenfassung, hervorgehobene Pflichtinformationen und korrekte Button-Beschriftung
- **Zahlungsmöglichkeiten** vollständig vor Einleitung des Bestellprozesses genannt
- **Widerrufsbelehrung** korrekt (Verwendung des gesetzlichen Belehrungsmusters aus dem EGBGB, keine eigenmächtigen Änderungen)

15

---

1 Auszug aus dem »Trusted Shops Handbuch für Online-Händler« – *http://shop.trustedshops.com/de*

- **Widerrufsrecht** auf der Bestellseite deutlich verlinkt (zum Beispiel Link namens »Widerrufsrecht« oberhalb des Bestellbuttons)

- **Allgemeine Geschäftsbedingungen (AGB)** rechtlich korrekt (so wenig Klauseln wie möglich, keine ungeprüfte Übernahme aus fremden Shops)

- **Allgemeine Geschäftsbedingungen (AGB)** wirksam einbezogen (zum Beispiel Link auf die AGB oberhalb des Bestellbuttons, AGB-Dokument in HTML leicht lesbar)

- **Vertragsschluss** korrekt und transparent (Information des Kunden über die technischen Schritte zum Vertragsschluss, widerspruchsfreie Formulierungen in Shop und E-Mail-Bestätigung)

- **E-Mail-Bestätigung** unverzüglich nach Eingang der Bestellung verschickt (zum Beispiel Auto-Mail)

- **E-Mail-Bestätigung** vollständig (Pflichtangaben unter anderem Produktmerkmale, Preis, Versandkosten, Anbieterkennzeichnung, Widerrufsbelehrung)

- **Lieferung** mit rechtlichen Informationen in »Textform« (zum Beispiel vollständige AGB, Widerrufsbelehrung, Anbieterkennzeichnung)

Kapitel 16
Was Sie über Buchhaltung wissen sollten

Auch wenn es sicherlich nicht zu Ihren Lieblingtätigkeiten als Shop-Betreiber zählen wird, so müssen Sie sich früher oder später mit dem Thema Buchhaltung beschäftigen. Erfahren Sie in diesem Kapitel alle relevanten und wichtigen Informationen und Details, die Sie bei der Buchführung beachten müssen.

Als Betreiber eines Online-Shops sind Sie auch für die ordnungsgemäße Durchführung der Buchhaltung verantwortlich. Diese Verantwortung wird jedoch leider von vielen Unternehmern – gerade bei Start-ups oder kleinen Unternehmen – häufig nicht ganz so ernst genommen, da sich die Unternehmer primär auf ihre Kernkompetenzen konzentrieren wollen: das Beraten der Kunden und das Verkaufen ihrer Produkte und Dienstleistungen. Dabei denken sie oft, dass das mit der Buchhaltung »ja noch Zeit hat« – ein Trugschluss! Im Falle einer fehlerhaften Buchhaltung kann das Finanzamt Nachzahlungen oder im schlimmsten Fall sogar Bußgelder festsetzen und sogar die Konten sperren.

Als neuer Shop-Betreiber sollten Sie deshalb beim Aufbau Ihres Unternehmens genau planen, wie Sie Ihre Buchhaltung organisieren, das heißt, welche Arten von Einnahmen und Ausgaben Sie haben, wie Sie mit Abschreibungen umgehen, welche Software Sie verwenden wollen, wie Sie Ihre Belege sortieren, und wie Sie überprüfen, ob Ihre Buchhaltung korrekt ist. Sollten Sie bereits ein erfolgreicher Shop-Betreiber sein und eine bestehende IT-Lösung im Einsatz haben, müssen Sie sich Gedanken machen, wie Sie Ihre neue E-Commerce-Lösung an dieses System anbinden. So sollten die Aufträge aus dem Online-Shop-System in das System importiert werden, damit Sie auch weiterhin Ihre Buchhaltung reibungslos durchführen können, ohne in separaten Systemen arbeiten zu müssen.

16.1 Buchhaltung für Online-Shops

Wenn man das erste Mal ein Unternehmen gründet, ist man am Anfang erst einmal ziemlich erstaunt über die notwendige Bürokratie und davon überfordert. Man kann sich nicht nur seinem E-Commerce-Projekt widmen, sondern muss sich nun auch mit Themen rund um das Finanzamt, die Buchhaltung etc. beschäftigen. Aus diesem Grund wollen wir Ihnen in diesem Abschnitt einen Grundkurs über die Buchhaltung für Online-Shops geben.

16.1.1 Einführung in die Buchhaltung

Viele Existenzgründer und Shop-Betreiber werden mit der Einnahmenüberschussrechnung (EÜR) die einfachere Form der Buchhaltung durchführen können. Hierbei werden die Einnahmen den Kosten gegenübergestellt und der Gewinn ermittelt. Doch beachten Sie: Beträgt der Umsatz mehr als 500.000 € oder ist die Rechtsform des Unternehmens eine GmbH oder AG, so sind Sie automatisch zu der Erstellung einer Bilanz sowie zur doppelten Buchführung verpflichtet. Diese ist jedoch deutlich komplexer und aufwendiger als eine Einnahmenüberschussrechnung. Sie sollten sich deshalb im Vorfeld überlegen, ob Sie diese Arbeit nicht von vornherein einem Profi überlassen. Im Zweifel sollten Sie aber auch bei einer Einnahmenüberschussrechnung die Hilfe und den Rat von zuverlässigen Buchhaltern oder Steuerberatern suchen.

In diesem Abschnitt wollen wir Sie mit den wichtigsten begrifflichen und technischen Grundlagen vertraut machen.

Ausgangsrechnungen und Eingangsrechnungen

Für Ihre Buchhaltung gilt ein eisernes Prinzip, welches Sie unter keinen Umständen vergessen sollten: **Keine Buchung ohne Beleg!**

Dies bedeutet konkret, dass Sie keine Betriebsausgabe geltend machen können, wenn Ihnen die entsprechende Rechnung nicht vorliegt. Sie müssen diese Belege auch bis zu 10 Jahre aufbewahren und jederzeit dem Finanzamt vorlegen können.

Die Belege werden überwiegend in drei wesentliche Belegarten aufgeteilt:

▶ **Ausgangsrechnungen**
Ausgangsrechnungen sind Belege, die Ihr Unternehmen verlassen. Klassischerweise sind das also die Rechnungen, die Sie Ihren Kunden übergeben und dafür den entsprechenden Geldbetrag für Ihre Waren erhalten.

▶ **Eingangsrechnungen**
Eingangsrechnungen sind Belege, die Ihr Unternehmen erhält. Klassischerweise sind das also die Rechnungen, die Sie von Ihren Lieferanten erhalten und die Sie bezahlen müssen, zum Beispiel für den Kauf von Waren. Da viele Eingangsrechnungen oftmals zugleich auch den Lieferbeleg darstellen, müssen Sie diese ebenfalls aufbewahren.

▶ **Bankbelege**

Bankbelege sind Kontoauszüge, PayPal-Auszüge etc., die den Buchungsverlauf einer bestimmten Zeit darstellen.

Neben den gerade genannten, wichtigsten Belegarten können auch noch weitere Belege, wie zum Beispiel Gutschriften, Kassenbewegungen (Bartransaktionen), Lohn- und Gehaltsabrechnungen, Kreditkartenbewegungen etc. weitere wichtige Belege sein. All diese Belegarten müssen Sie entsprechend einem Zeitabschnitt sortieren, ordnen und zuweisen. Dies bedeutet, dass Sie zum Beispiel einen Ordner mit Ausgangsrechnungen anlegen, wo Sie alle Rechnungen, nach Monat sortiert, zusammenhalten, einen Ordner mit Eingangsrechnungen, wo Sie alle Eingangsrechnungen, nach Monat sortiert, zusammenhalten. Die Belege müssen dann innerhalb eines Monats nach dem Buchungsdatum sortiert und nummeriert werden. Die Nummerierung Ihrer Belege können Sie selbst festlegen, jedoch sollte diese selbsterklärend sein, so dass eine dritte Person (zum Beispiel Finanzamt) sie ohne große Probleme nachvollziehen kann.

Wichtig: Aufbewahrungsfristen!

Jeder Unternehmer ist verpflichtet, seine geschäftlichen Unterlagen über einen bestimmten Zeitraum hinweg aufzubewahren. Man unterscheidet hierbei Fristen von 6 und 10 Jahren. 6 Jahre für Handelsbriefe etc., 10 Jahre für Buchungsbelege, Ausgangs- und Eingangsrechnungen etc. Stellen Sie deshalb sicher, dass Sie eine Möglichkeit schaffen, wie Sie die Originalbelege über diesen Zeitraum hinweg aufbewahren können.

16

Buchung

Um eine Buchung korrekt durchführen zu können, benötigen Sie einerseits den Beleg und ein entsprechendes Buchungskonto. Der Begriff »Buchungskonto« kann hier etwas verwirrend sein, da man sich da gleich ein Bankkonto vorstellt. Vereinfacht gesagt handelt es sich dabei um eine einfache Tabelle, in der Sie die Buchungen mit ihrem Wert entsprechend erfassen können. So ein Buchungskonto dient also ausschließlich der Strukturierung der Buchungen, damit auch Dritte sich schneller einen Überblick über die Buchungen machen können.

Der SKRO3 (Standardkontenrahmen 03)[1] wird hierfür oftmals als Vorlage verwendet und ist häufig auch in den gängigen Buchhaltungsprogrammen enthalten. So gelingt die Gruppierung der Buchungen recht leicht. Sollten Sie hier unsicher sein, nehmen

---

[1] Standardkontenrahmen 03 von DATEV: *www.datev.de/portal/ShowContent.do?pid=dpi&cid=73613*

Sie den Rat von erfahrenen Buchhaltern oder Steuerberatern in Anspruch, bevor Sie einen Fehler machen, der letztendlich Probleme mit dem Finanzamt hervorrufen kann.

Beispiel einer Buchung

Sie haben einem Kunden am 15.9.2014 eine Rechnung (Rechnungs-Nr. 1409000001) in Höhe von 119,99 € zukommen lassen, die am 30.9.2014 vom Kunden bezahlt wurde (Eingang auf Ihrem Konto).

Der Tag, an dem der Rechnungsbetrag auf Ihrem Geschäftskonto verbucht wurde, ist folglich auch der Buchungstag. Zur besseren Nachvollziehbarkeit sollten Sie den Buchungstag auf Ihrer Rechnung vermerken, da die Rechnungen jeden Monat chronologisch nach Buchungseingängen sortiert werden sollten.

Das gleiche Prinzip gilt selbstverständlich auch für die Eingangsrechnungen, welche Ihr Unternehmen erhält. Hier ist der Tag, an dem das Geld von ihrem Geschäftskonto abgeht, der Buchungstag.

Konten

Alle Belege eines Unternehmens müssen auf entsprechende Konten gebucht werden. Durch ein Konto wird für Sie nachvollziehbar dokumentiert, wie sich die Werte Ihres Unternehmens über die Anzahl der Buchungen hinweg verändern. Eine Buchung auf Konten hat immer zwei Seiten: »von woher« und »nach wohin« sich ein Wert verändert hat. Daher kommt der Begriff der »doppelten Buchführung«.

Beispiel für eine doppelte Buchführung

Nehmen wir an, Sie würden ein Auto kaufen. Auf der einen Seite bezahlen Sie Geld dafür und im Gegenzug erhalten Sie das Auto. Bei der doppelten Buchführung müssen beide Aktionen – also einmal das Zahlen von Geld und einmal das Erhalten eines Autos – berücksichtigt werden. So würden Sie auf dem Bankkonto einen Abgang verbuchen und im Anlagevermögen einen Zugang.

Das Prinzip »Umsatzsteuer«

Als Endverbraucher ist man mit der Umsatzsteuer relativ wenig konfrontiert – außer, dass man sie natürlich mit jeder Rechnung bezahlen muss, was je nach Land einen signifikanten Betrag des zu zahlenden Betrags ausmacht. Für den Endverbraucher ist dies dann aber nicht weiter von Bedeutung, da er die Umsatzsteuer nicht direkt an das Finanzamt abführen muss. Hierfür wird nach dem Kauf jedoch aufseiten des Verkäufers im Hintergrund ein Vorgang angestoßen, der sich darum kümmert, dass die Umsatzsteuer korrekt an das Finanzamt abgeführt (= bezahlt) wird. Wenn ein Unternehmen Waren oder Dienstleistungen einkauft und hierfür Umsatzsteuer bezahlen muss, kann man diese wiederum als Vorsteuer mit der bezahlten Umsatzsteuer gegenrechnen. Umsatzsteuer? Vorsteuer? Wie bitte? Keine Sorge, dabei handelt es sich prinzipiell um das Gleiche, die Begriffe werden nur in einem unterschiedlichen Kontext verwendet (siehe Abbildung 16.1). Die umgangssprachliche Bezeichnung Mehrwertsteuer ist Ihnen hier sicherlich ein besserer Begriff.

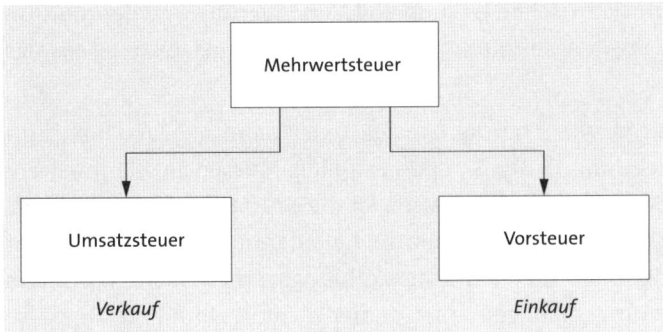

Abbildung 16.1 Untergliederung der Mehrwertsteuer

Die Mehrwertsteuer, die man als Unternehmen einem Kunden selbst in Rechnung stellt, also bei einem Verkauf, bezeichnet man auch als Umsatzsteuer. Die Mehrwertsteuer, die man als Unternehmen bei einer Rechnung eines Lieferanten bezahlt, bezeichnet man auch als Vorsteuer.

> ### Umsatzsteuerbefreiung für Kleinunternehmen
> Wenn Sie als Unternehmen in einem Kalenderjahr den Umsatz von aktuell 17.500 € nicht übersteigen, können Sie gemäß § 19 Umsatzsteuergesetz die sogenannte Kleinunternehmerregelung in Anspruch nehmen. Hierbei müssen Sie keine Umsatzsteuer auf Ihren Rechnungen ausweisen, können jedoch auch keine Vorsteuer geltend machen. Es handelt sich um eine Vereinfachungsregelung und um eine Reduzierung des bürokratischen Verwaltungsaufwandes, da keine Umsatzsteuer-Voranmeldungen abgegeben werden müssen.

Besteuerungsarten

Bei der Besteuerung eines Unternehmens unterscheidet man weiterhin auch zwischen drei verschiedenen Besteuerungsarten:

▶ Umsatzsteuerbefreiung

▶ Soll-Versteuerung

▶ Ist-Versteuerung

Die **Umsatzsteuerbefreiung** trifft auf alle Unternehmer zu, die von der sogenannten Kleinunternehmerregelung Gebrauch machen. Sie müssen hierbei keine Umsatzsteuervoranmeldung vornehmen, sondern fakturieren alles ohne Umsatzsteuer.

Wenn Sie als Unternehmer Umsatzsteuer abführen, müssen Sie monatlich oder quartalsweise (je nachdem, wie es das Finanzamt für Ihr Unternehmen festgelegt hat) eine Umsatzsteuervoranmeldung abgeben. Bei der Umsatzsteuer-Voranmeldung unterscheidet man dann noch zwischen Ist- und Soll-Versteuerung und definiert im Endeffekt nichts anderes als den Zeitpunkt, an dem Sie die Umsatzsteuer an das Finanzamt abführen müssen.

Bei der **Soll-Versteuerung** müssen Sie die Umsatzsteuer dann an das Finanzamt abführen, wenn Sie die Rechnung an den Kunden erstellen. Müssen Sie hier mehrere Wochen/Monate auf das Bezahlen warten, müssen Sie die Umsatzsteuer vorstrecken, da es nicht relevant ist, ob der Kunde bereits bezahlt hat oder nicht. Je nach Höhe der Rechnungsbeträge benötigen Sie hier ein gutes Zahlungsverhalten Ihrer Kunden bzw. ein exzellentes Forderungsmanagement, um hier nicht in Liquiditätsengpässe zu geraten.

Die **Ist-Versteuerung** bietet hier mehr Vorteile, da Sie im Gegensatz zu der Soll-Versteuerung die Umsatzsteuer erst dann an das Finanzamt abführen müssen, wenn Sie den Geldeingang tatsächlich verbuchen können. Dies hat den Vorteil, dass Sie das Risiko der Liquiditätsengpässe reduzieren.

Sollten Sie als Unternehmen mit Unternehmen in einem anderem europäischen Land Handel treiben, besteht auch die Möglichkeit der sogenannten *innergemeinschaftlichen Lieferung*. Dabei müssen Sie als Unternehmen keine Umsatzsteuer auf Ihren Rechnungen ausweisen und der Empfänger der Rechnung muss dann seinerseits die erworbenen Produkte und Dienstleistungen besteuern.

16.1.2   Anforderungen an die (digitale) Rechnung

Als Rechnung wird ein Dokument bezeichnet, mit dem eine Lieferung oder sonstige Leistung abgerechnet wird. Doch wie in so vielen Bereichen gibt es hier seitens des Gesetzgebers auch entsprechende Anforderungen, wie so eine Rechnung auszusehen hat. Gerade auch bei dem Versand einer Rechnung über das Internet gibt es weitere, zusätzliche Anforderungen.

Wichtige Punkte, bevor Sie eine Rechnung schreiben

Bevor wir uns die genauen rechtlichen Anforderungen an die Rechnung ansehen, haben wir Ihnen hier noch ein paar Punkte zusammengestellt, die Sie beachten sollten, bevor Sie mit dem Schreiben einer Rechnung starten:

- Rechnungen an Unternehmen müssen innerhalb von 6 Monaten nach Leistungs-erbringung gestellt werden, bei Privatpersonen gibt es keine Frist.

- Geben Sie Ihre Bankverbindung und ein Zahlungsziel auf der Rechnung an. Dies reduziert Nachfragen und kommuniziert klar, bis wann das Geld zu bezahlen ist.

- Rechnungen erfordern keine Unterschrift, Sie müssen sie also nicht extra unter-schreiben.

- Lassen Sie Ihre Rechnungsvorlage von einem Experten (Buchhalter, Steuerbera-ter) prüfen.

- Wird die Kleinunternehmerregelung in Anspruch genommen, dürfen Sie keine Umsatzsteuer ausweisen.

Pflichtangaben auf einer Rechnung

Gemäß § 14 Umsatzsteuergesetz (UStG) muss eine Rechnung – egal, ob sie schriftlich oder elektronisch erstellt und verschickt wurde – folgende Pflichtangaben enthalten, wenn Sie eine Rechnung erstellen:

- alle Angaben Ihres Unternehmens (Name, Anschrift)

- alle Angaben des Rechnungsempfängers (Name, Anschrift)

- Steuernummer: Entweder die vom Finanzamt erteilte Steuernummer oder die vom Bundeszentralamt für Steuern erteilte Umsatzsteuer-Identifikationsnum-mer. Bei Rechnungen ins europäische Ausland muss immer die Umsatzsteuer-Identifikationsnummer angegeben werden.

- das Ausstellungsdatum der Rechnung

- Rechnungsnummer: Eine fortlaufende Nummer mit einer oder mehreren Zahlen-reihen und, wenn gewünscht, auch Buchstaben. Die Rechnungsnummer darf nur einmalig verwendet werden!

- die Menge und die Art der gelieferten Produkte oder Dienstleistungen

- Der Zeitpunkt der Leistungserbringung, Lieferung oder sonstiger Leistung muss ebenso auf der Rechnung angegeben werden.

- Der Rechnungsbetrag muss aufgeschlüsselt nach Nettobetrag, Angabe des Steuer-satzes und des Steuerbetrags und der Gesamtbetrag angegeben werden. Wenn Sie der Kleinunternehmerregelung unterliegen müssen Sie einen Hinweis zu der Steuerbefreiung abdrucken.

- Zahlungsbedingungen (zum Beispiel Rabatte und Skonti) müssen ebenso angege-ben werden, sofern sie noch nicht in das Entgelt eingerechnet sind.

Besonderheiten bei der elektronischen Rechnung

Grundsätzlich steht es Ihnen frei, Ihre Rechnungen elektronisch oder per Post zu versenden. Dennoch gibt der Gesetzgeber mit auf den Weg, dass ein Rechnungs-

16

empfänger dem Empfang einer elektronischen Rechnung zugestimmt haben muss, bevor er diese elektronisch zugesendet bekommt. Diese Zustimmung erfordert derzeit allerdings noch keine bestimmte Form und kann daher beispielsweise durch eine Regelung in den Allgemeinen Geschäftsbedingungen oder eine explizite Zustimmungserklärung im Vorfeld oder im Nachhinein abgedeckt werden. Der Versand der elektronischen Rechnung gilt auch dann als akzeptiert, wenn dies die alltägliche Praxis ist und diese stillschweigend gebilligt wird.

Zusätzlich zu den im vorherigen Abschnitt beschriebenen Anforderungen an die Rechnung müssen bei einer elektronischen Rechnung noch folgende Anforderungen berücksichtigt werden:

▸ Die Echtheit der Rechnungsherkunft der Rechnung muss geprüft werden können.

▸ Die Unversehrtheit des Rechnungsinhalts muss verifiziert werden können.

▸ Die Lesbarkeit muss gewährleistet sein.

Als Unternehmer können Sie selbst festlegen, durch welche Verfahren Sie die drei genannten Faktoren für die elektronische Rechnung gewährleisten können. Dies können beispielsweise einfache innerbetriebliche Kontrollen sein. Bei der Prüfung der elektronischen Rechnung geht es darum, dass Sie als Shop-Betreiber sicherstellen, dass die Rechnung inhaltlich korrekt ist und keine Leistungen aufgeführt wurden, die nicht erbracht wurden. Auch geht es darum, dass die richtigen Unternehmen und die richtigen Zahlungsbedingungen aufgeführt sind. Erst wenn das alles gewährleistet ist kann man davon ausgehen, dass die elektronische Rechnung echt und nicht verfälscht ist.

Auch gibt es am Markt diverse Anbieter von elektronischen Signaturen, die es Ihnen ermöglichen, die oben genannten Anforderungen mit einer Lösung abzudecken. Diese Variante ist aber deutlich aufwendiger, da Sie unter anderem folgende Geräte benötigen:

▸ ein zertifiziertes Kartenlesegerät mit eigener Tastatur

▸ eine Chip-Karte

▸ ein elektronisches Zertifikat eines sogenannten Trust Centers

▸ eine Software zum Signieren der Rechnungen

Mit diesen Softwaretools werden in der Regel ein geheimer und ein öffentlicher Schlüssel generiert. Mit dem geheimen Schlüssel wird dann die Rechnung digital unterschrieben. Zusätzlich zu der »unterschriebenen« Rechnung erhält der Rechnungsempfänger ein Zertifikat (eine Datei) mit dem öffentlichen Schlüssel. Mit den beiden Dateien kann dann die Echtheit der Rechnung überprüft werden.

16.1.3 Geplatzte Lastschriften & Co. – so gehen Sie damit um

Geplatzte Lastschriften sind ärgerlich! Gerade für Sie als Händler kann dies besonders ärgerlich sein, da auf der einen Seite dadurch ein zusätzlicher administrativer Aufwand erzeugt wird und Sie sprichwörtlich »Ihrem Geld hinterherrennen« müssen und sich mit den Kunden intensiver auseinandersetzen müssen. Haben Sie die Ware noch nicht versendet, hält sich der finanzielle Schaden noch in Grenzen. Besonders ärgerlich kann es werden, wenn Sie die Ware bereits an den Kunden versendet haben und so auch keine Handhabe mehr gegenüber einem Kunden haben – insbesondere, wenn bewusst eine falsche Bankverbindung oder die Bankverbindung einer anderen Person als die des Empfängers der Ware angegeben wurde. In der heutigen Zeit, wo der Missbrauch von EC- und Kreditkartendaten immer mehr zunimmt oder die Konten der Kunden keine ausreichende Deckung mehr aufweisen, ist das ein durchaus realistisches Szenario, mit dem Sie sich auseinandersetzen müssen.

Prinzipiell muss man bei einer geplatzten Lastschrift zwischen mehreren Arten von Kunden unterscheiden:

▶ Kunden, deren Bankkonto zum Zeitpunkt der Abbuchung aus Versehen keine ausreichende Deckung aufgewiesen hat

▶ Kunden, die grundsätzlich nicht in der Lage gewesen wären, den Betrag zu begleichen

▶ Kunden, die bewusst eine falsche Bankverbindung oder eine Bankverbindung von einer anderen Person angegeben haben und so versuchen, die Ware zu erschleichen

Die Fälle des ersten Typs von Kunden, deren Bankkonto zum Zeitpunkt der Abbuchung aus Versehen keine ausreichende Deckung aufgewiesen hat, sind meist relativ einfach zu bearbeiten. Oftmals genügt in diesen Fällen ein Anruf oder ein Brief an diese Kunden. Erfahrungsgemäß ist es ihnen peinlich, dass das gerade bei ihnen passiert ist. Sie überweisen in der Regel kurz nach dem Anruf oder Brief den Rechnungsbetrag an die von Ihnen angegebene Bankverbindung.

Bei dem zweiten Typ von Kunden, die grundsätzlich nicht in der Lage sind zu zahlen, wird es schon etwas komplizierter. Kunden diesen Typs gibt es in der heutigen Zeit immer öfter. Aufgrund des zunehmenden Kaufverhaltens und der dadurch unüberblickbaren Kosten oder beispielsweise aufgrund einer nicht kontrollierbaren Kaufsucht können Kunden in die Situation kommen, dass sie grundsätzlich nicht in der Lage sind, die Rechnung zu bezahlen. Hier fällt die Eintreibung des Betrags deutlich schwerer. Wenn Sie die Ware noch nicht versendet haben, könnten Sie die Rücklastgebühren auf »Ihre Kappe« nehmen und die Ware nicht versenden. Sollten Sie die Ware jedoch bereits versendet haben, müssen Sie sich mit dem Kunden in Verbindung setzen und entweder darauf vertrauen, dass er die Rechnung doch überweist. Alternativ müssen Sie den Kunden in Verzug setzen und eine Mahnung senden und im schlimmsten Fall das Geld über ein Inkasso-Unternehmen eintreiben oder die Bezahlung gerichtlich durchsetzen.

Der dritte Typ von Kunde ist der schwierigste. Es kann vorkommen, dass ein Kunde absichtlich eine falsche Bankverbindung während des Bezahlvorgangs angegeben hat, um sich die Leistungen Ihres Unternehmens zu erschleichen. Sollte die Bankverbindung bei der Bestellung oder nach der Bestellung nicht geprüft werden, kann dies durchaus negative Konsequenzen für Ihr Unternehmen haben. Der zweite schwierige Fall ist, dass zwar bei der Bestellung eine korrekte Bankverbindung angegeben wurde, jedoch der Empfänger nicht mit dem Kontoinhaber übereinstimmt. In diesem Fall wird sich der Kontoinhaber mit ziemlicher Sicherheit mit Ihnen – erfahrungsgemäß auf eine mehr oder weniger freundliche Art – in Verbindung setzen und nachfragen, warum Sie unberechtigterweise von seinem Konto abgebucht haben. Sie müssen dem Kontoinhaber nun den Betrag erstatten, oder der Kontoinhaber zieht die Lastschrift selbst zurück. Doch nun geht die große Suche nach dem tatsächlichen Leistungsempfänger los. Entweder Sie geben nun den Fall in die Hände eines Inkasso-Unternehmens bzw. eines Rechtsanwalts, oder Sie kümmern sich selbst um die Ermittlung des Kunden (zum Beispiel über eine Adressanfrage bei den Einwohnermeldeämtern).

Egal, mit welchem Typ Sie es zu tun haben – jeder davon ist ärgerlich und kann mehr oder weniger schlimme finanzielle Konsequenzen für Ihr Unternehmen haben. Doch wie kann man solche Probleme schon im Vorfeld vermeiden? Nachfolgend haben wir Ihnen ein paar Möglichkeiten zusammengestellt.

Verfügbarkeit der Zahlungsart

Sie können die möglichen Zahlungsausfälle schon im Vorfeld etwas einschränken, indem Sie die Zahlungsart Lastschrift nur den Kunden im Bezahlvorgang zur Auswahl anbieten, auf die bestimmte Kriterien zutreffen.

Folgende Kriterien könnten Sie hier verwenden:

▶ Der Rechnungsbetrag darf ein bestimmtes Limit nicht übersteigen.

▶ Der Kunde muss zuvor schon einmal eine erfolgreiche Bestellung bei Ihnen im Shop getätigt haben.

▶ Der Kunde muss Ihnen ein unterschriebenes SEPA-Lastschrift-Mandat mit seiner Bankverbindung zusenden, bevor Sie die Zahlungsart für den Kunden freischalten.

Frühwarnsystem

Entwickeln Sie ein Frühwarnsystem bei Ihren Lastschriftbestellungen, das Sie schon bei einer Bestellung darauf hinweist, ob Sie bei einer Bestellung Probleme zu erwarten haben. Kriterien für so ein Frühwarnsystem könnten folgende sein:

▶ Kontoinhaber weicht von dem Empfänger der Bestellung ab.

▶ E-Mail-Adresse enthält eine bestimmte Domain.

▶ Lieferung an eine Kombination von einer bestimmten Straße, Stadt etc.

▶ Rechnungsbetrag übersteigt ein bestimmtes Limit.

▶ Kunde hat zuvor schon einmal fehlerhaft per Lastschrift bestellt.

Ziel dieses Frühwarnsystems ist es, eine Art »Blacklist-Datenbank« aufzubauen, gegen die Bestellungen nach ihrem Eingang bei Ihnen geprüft werden. Je nachdem, wie das Ergebnis ausfällt, sollte Ihnen dann zum Beispiel grafisch im Administrationsbereich bei einer Bestellung angezeigt werden, ob die Lastschrift bei dem Kunden platzen könnte oder nicht.

Bonitätsprüfung

Integrieren Sie einen Bonitätsprüfungsdienstleister in Ihren Online-Shop, der während einer Bestellung die Bonität eines Kunden überprüft. Viele der Dienstleister haben auch eine Validitätsprüfung im Angebot, bei der sie die eingegebene Adresse des Kunden prüfen und dem Shop eine Rückmeldung geben, ob der Kunde an dieser Adresse gemeldet ist oder ob die Adresse überhaupt gültig ist.

Je nachdem, wie das Ergebnis der Adress- und Bonitätsprüfung ausgefallen ist, können Sie einem Kunden die Auswahl der Zahlungsart Lastschrift verweigern.

Zahlungsdienstleister

Es gibt inzwischen einige Zahlungsdienstleister auf dem Markt, die sich auf das Anbieten von Lastschrift als Zahlungsart spezialisiert haben. Hierbei integrieren Sie die Zahlungsart eines solchen Zahlungsdienstleisters in Ihrem Online-Shop. Nach Eingang der Bestellung treten Sie die Forderungen für diese Bestellung an diesen Zahlungsdienstleister ab, der sich dann um die komplette Abwicklung der Zahlung kümmert. Hierfür wird ein bestimmter Prozentsatz des Rechnungsbetrags als Transaktionsgebühr fällig, den Sie an den Zahlungsdienstleister bezahlen müssen. Der große Vorteil ist jedoch, dass Sie das Geld sofort vom Zahlungsdienstleister bekommen und das Risiko des Zahlungsausfalls von sich fernhalten.

Zahlungsdienstleister haben oftmals eine entsprechende Bonitäts- und Adressprüfung integriert, so dass Sie auch hierüber mehr Sicherheit haben.

Bauchgefühl

Sie fragen sich nun sicherlich, warum wir auch diesen Punkt mit aufgenommen haben. Nun, angenommen, Sie haben bereits einige Erfahrungen im E-Commerce-Bereich gesammelt, so haben Sie gegebenenfalls auch schon einmal mit einem der oben beschriebenen Kunden zu tun gehabt. Über die Monate und Jahre hinweg ent-

16

wickeln viele Shop-Bertreiber erfahrungsgemäß ein Gefühl dafür, ob sie bei einer Bestellung Probleme erwarten können oder nicht. Die Erfahrung zeigt, dass das Bauchgefühl eines erfahrenen Online-Händlers häufig richtig liegt. Selbstverständlich schützt das Bauchgefühl nicht vor allen schwarzen Schafen, jedoch hilft es etwas, das Risiko zu minimieren.

Clevere Shop-Betreiber schreiben Ihre Kunden in so einem Fall an, wenn das Bauchgefühl sagt, dass etwas schiefgehen kann, und bieten den Kunden beispielsweise einen Vorkasse-Rabatt an, wenn der Kunde den Betrag überweist. Oftmals lassen sich so auch diverse schwarze Schafe schon im Vorfeld aussortieren.

16.2   Optimale Vorbereitung für Steuerberater und Finanzamt

Sie haben Ihre Buchhaltung gemacht und Ihr Geschäft im Griff: Ihre Kunden bestellen, Sie liefern die Waren aus, die Ware wird bezahlt, die Kunden und Sie sind glücklich. Es wäre schön, wenn das schon die ganze Geschichte wäre – doch ist das leider nicht der Fall. Der Staat möchte nun auch noch von Ihrer wirtschaftlichen Arbeit erfahren und falls möglich auch daran – in Form unterschiedlicher Steuern – beteiligt werden.

Sie müssen nun Ihre Daten entsprechend aufbereiten, Formulare ausfüllen und unterschreiben und bei Ihrem Finanzamt einreichen. Oder Sie übergeben alle Belege an Ihren Steuerberater bzw. Buchhalter, der diese Arbeiten für Sie übernimmt. Alternativ können Sie auch eine Softwarelösung mieten oder kaufen, die Sie bei diesen Tätigkeiten unterstützt.

In diesem Abschnitt stellen wir Ihnen einerseits den De-facto-Standard der Softwarelösungen von DATEV vor, aber auch alternative Softwarelösungen anderer Anbieter, die ebenfalls einen hervorragenden Dienst für Sie leisten.

16.2.1   Zusammenarbeit mit dem Steuerberater und DATEV

Wenn man mit Buchhaltung zu tun hat, kommt man an dem De-facto-Standard bei den Softwarelösungen für Steuerberater, Wirtschaftsprüfer, Rechtsanwälte und Klein- und mittelständische Unternehmen von *DATEV* nicht vorbei. DATEV stellt quasi die Standardsoftware bereit, die bei so gut wie jedem Steuerberater bzw. Buchhalter im Einsatz ist (siehe Abbildung 16.2).

DATEV wurde 1966 als Genossenschaft von mehreren Steuerbevollmächtigten gegründet, um die Buchführung mit Hilfe von EDV-gestützten Systemen zu erledigen, und war mit einer der Pioniere auf diesem Markt, indem sie beispielsweise die erste Betriebswirtschaftliche Auswertung (BWA) entwickelt und im Markt eingeführt haben.

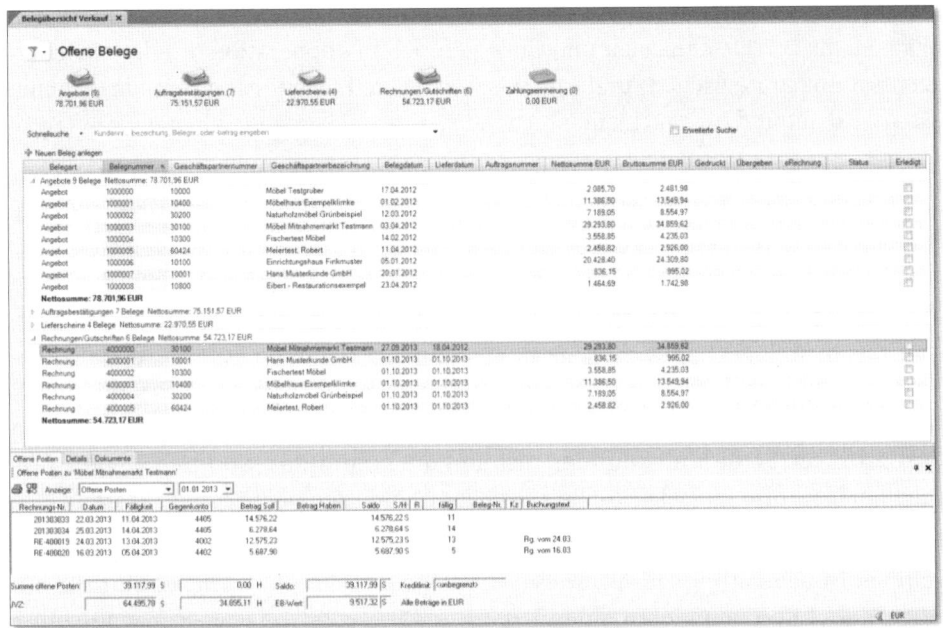

Abbildung 16.2 Darstellung der offenen Belege in DATEV (Ausschnitt)

Die Kunden von DATEV haben die Möglichkeit, einerseits die Softwarelösungen direkt in Ihrem Haus zu installieren und zu nutzen oder aber – dank der kontinuierlichen Weiterentwicklung des Internets – nun auch Cloud-basierte Lösungen direkt in einem Rechenzentrum von DATEV zu nutzen.

Die Geschäftsfelder der DATEV sind sehr unterschiedlich. Bekannt ist DATEV für die Software für *Lohn- und Gehaltsabrechnungen*, die aktuell jeden Monat rund 11 Millionen Lohn- und Gehaltsabrechnungen für Kunden/Mitglieder und deren Mandanten erzeugt. Ebenfalls oft genutzt wird die Software für die *Finanzbuchführung*, worin alle Geschäftsvorfälle eines Unternehmens gebucht werden können und optimal für die Auswertungen und das Finanzamt auf- und vorbereitet werden können. Ebenso übernimmt die DATEV die *Datendistribution* der Informationen eines Unternehmens mit vielen Institutionen, wie zum Beispiel Finanzverwaltungen, Sozialversicherungsträger, Krankenkassen, Banken etc. Auch die *Informationsbereitstellung*, also die Bereitstellung von sehr vielen Dokumenten zu den Themen Steuer-, Zivil-, Handels- und Gesellschaftsrecht, ist ein Geschäftsfeld. Die Mitglieder von DATEV können sich diese Dokumente direkt in den Datenbanken von DATEV im Volltext ansehen. Aufgrund der besonderen beruflichen Verschwiegenheitspflicht der einzelnen Berufsgruppen, die Softwarelösungen bei der DATEV beziehen, ist auch die *Sicherheitsdienstleistung* ein weiteres Geschäftsfeld. In diesem Geschäftsfeld werden für die Kunden Lösungen für Datenschutz und -sicherheit entwickelt, damit die Daten auch allzeit geschützt und für Angreifer bzw. nicht berechtigte Personen nicht

16

erreichbar sind. Abgerundet werden die Geschäftsfelder durch das *Consulting*, bei welchem die DATEV-Kanzleien und Unternehmen in Kooperation mit deren Steuerberatern in strategischen und organisatorischen Fragen rund um das Thema »Steuer« berät und hier auch entsprechende Softwarelösungen anbietet.

Doch, wie arbeitet man nun mit DATEV bzw. seinem Steuerberater zusammen? Für die Zusammenarbeit gibt es viele Möglichkeiten. Einerseits können Sie alle Ihre Belege immer »per Schuhkarton« (oder auf anderem Wege) an Ihren Steuerberater senden, der anschließend die Belege sortiert, kontiert und entsprechend in der Buchführung verbucht. Darüber hinaus haben Sie selbstverständlich auch die Möglichkeit, die Belege nach Buchungsdatum vorzusortieren und den entsprechenden Kontoauszug beizulegen, so dass für den Steuerberater weniger Aufwand anfällt. Anschließend stellt der Steuerberater bzw. Buchhalter Ihnen die entsprechenden Auswertungen bereit und kümmert sich um die Kommunikation mit den entsprechenden Institutionen, wie zum Beispiel Finanzbehörden oder Krankenkassen.

Alternativ können Sie sich auch eine eigene Lösung anschaffen, in welcher Sie Ihre komplette Buchhaltung selbst abwickeln. Am Ende eines Monats klicken Sie dann auf einen Knopf und generieren einen Export der Daten im DATEV-Format für Ihren Steuerberater. Dieser importiert diese Daten anschließend in sein System und überprüft die Buchungen bzw. fragt gegebenenfalls bei Unklarheiten oder fehlenden Belegen nach. Anschließend kümmert er sich auch hier um die Kommunikation mit den entsprechenden Institutionen.

DATEV – das Licht am Ende des Tunnels?

Oftmals werden die DATEV-Lösungen als die De-facto-Standardlösungen angesehen, an denen niemand vorbeikommt. Bei einer Zahl von über 2,5 Millionen betreuten Unternehmen trifft das augenscheinlich auch zu.

Es gibt jedoch auch noch einige andere Lösungen anderer Hersteller am Markt, die ebenfalls sehr gute Buchhaltungssoftware anbieten, die die gleichen Aufgaben verrichten können und ebenso Ihre Vor- und Nachteile haben. Diese Lösungen sind oft aber eher für etwas größere Unternehmen geeignet, die auch gezielt einen eigenen Buchhalter im Unternehmen beschäftigen, der für die ordnungsgemäße Buchführung verantwortlich ist.

16.2.2   Alternative SaaS-Lösungen zu DATEV

DATEV ist die unangefochtene Marktführerin bei den Softwarelösungen und IT-Dienstleistungen für Steuerberater, Wirtschaftsprüfer, Rechtsanwälte und Unternehmen. Doch ist sie nicht der einzige Anbieter am Markt. Es existieren auch einige andere, die ihre Lösung als Software-as-a-Service (SaaS) anbieten und Sie bei Ihrer täglichen Arbeit unterstützen können. Im Folgenden wollen wir Ihnen einige der Anbieter vorstellen.

Collmex

Collmex wurde 2003 gegründet und bietet eine integrierte Software für kleine Unternehmen, Selbstständige und Freiberufler (siehe Abbildung 16.3). Die Produkte umfassen dabei die klassischen Bereiche von Unternehmenssoftware (Buchhaltung, Vertrieb, Lager, Einkauf usw.). Die Softwarelösung von Collmex wird ausschließlich als Online-Lösung angeboten und in der Cloud bereitgestellt. Die Softwarepakete von Collmex gibt es in drei Stufen und kosten aktuell monatlich 11,95 €, 17,95 € und 34,95 €. Je nachdem, welches Softwarepaket ausgewählt wurde, stehen unterschiedliche Funktionen zur Verfügung.

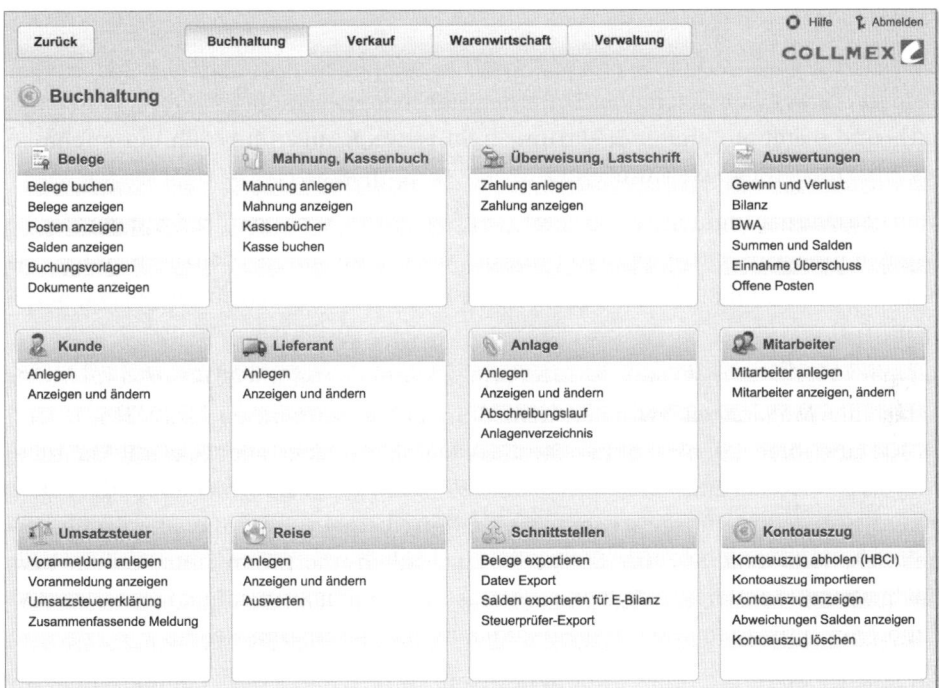

Abbildung 16.3 Online-Buchhaltungsprogramm Collmex

Collmex bietet neben der Bilanzierung mit dem Standardkontenrahmen (SKR) SKR03 oder SKR04 auch die einfache Einnahmenüberschussrechnung an. Im Hintergrund der EÜR steht aber immer das Prinzip der doppelten Buchführung. Insgesamt ist Collmex eine sehr mächtige Softwarelösung, die komplett webbasiert arbeitet und sehr viele Funktionen zur Verfügung stellt. Auch die Handbücher des Systems sind online einsehbar und vermitteln neben der Beschreibung der Funktionen des Systems auch noch beiläufig das notwendige Grundwissen in der ordnungsgemäßen Funktionsbeschreibung.

Ein großer Vorteil von Collmex ist auch, dass Sie Ihre Buchhaltung jederzeit per Knopfdruck als DATEV-Export Ihrem Steuerberater bzw. Buchhalter zur Verfügung stellen können, so dass dieser weniger Arbeit hat und sich direkt um die notwendigen Aufgaben (zum Beispiel Jahresabschluss) kümmern kann. Dies setzt natürlich voraus, dass Ihre Belege korrekt verbucht wurden.

Darüber hinaus gibt es Schnittstellen zu verschiedenen Online-Shop-Systemen, mit denen Sie Artikel, Kunden, Bestellungen synchronisieren können. Diese Schnittstellen werden dabei in der Regel ebenfalls monatlich fakturiert. Gerade für Sie als Online-Händler kann dies also durchaus interessant sein.

Sage One

Sage ist ein weltweit agierendes Unternehmen, bereits seit über 25 Jahren am Markt aktiv und bietet ein breites Spektrum an Softwarelösungen für Kleinunternehmen bis hin zum gehobenen Mittelstand an.

Mit *Sage One* hat Sage eine webbasierte Online-Lösung veröffentlicht, mit der Sie alle Aspekte Ihres Unternehmens, von Faktura über Lohn- und Gehaltsabrechnung bis hin zur kompletten Buchführung, über eine Plattform abbilden können (siehe Abbildung 16.4).

Sage One bietet hierbei keine Einnahmenüberschussrechnung (EÜR) an, sondern Sie haben die Möglichkeit zwischen dem Standardkontenrahmen (SKR) SKR03 und SKR04 zu wählen. Ebenso können Sie die Art der Umsatzbesteuerung (Soll-Versteuerung, Ist-Versteuerung, umsatzsteuerbefreit) auswählen und hier monatlich bzw. quartalsweise Ihre Umsatzsteuervoranmeldung bequem über die Oberfläche vornehmen. Sollten Sie nur Ihre Belege buchen wollen und Ihrem Steuerberater bzw. Buchhalter alle anderen Tätigkeiten überlassen, können Sie hier auch einen DATEV-Export herunterladen und Ihrem Steuerberater zur Verfügung stellen.

Sollten Sie bereits ein Google-Konto besitzen, können Sie sich auch einfach über Ihr Google-Konto anmelden – die Einstiegshürden bei der SaaS-Lösungen werden also bewusst niedrig gehalten.

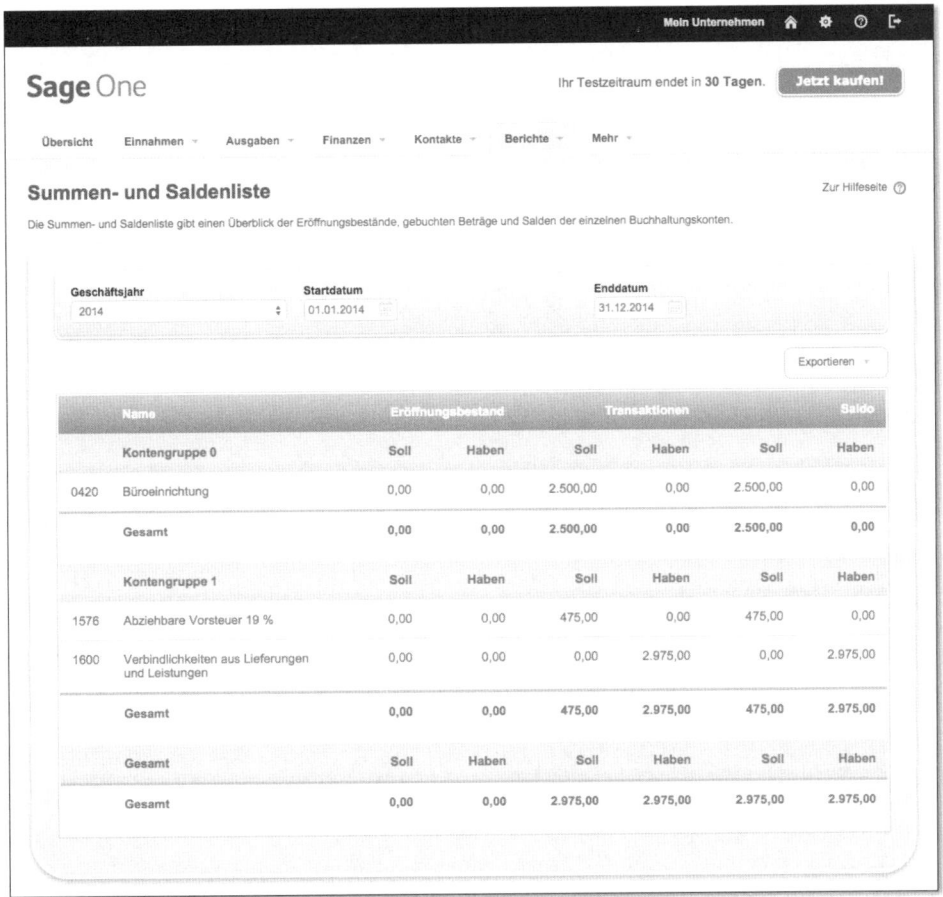

Abbildung 16.4 Online-Buchhaltungsprogramm Sage One

Bookamat

Bookamat ist ein kleines, österreichisches Start-up, das einem Unternehmer ermöglicht, eine Buchhaltung online selbst durchzuführen und so die Einnahmen und Ausgaben im Blick zu haben. Die Software ist für den deutschen und österreichischen Markt verfügbar und bietet hier ausschließlich die Einnahmenüberschussrechnung (EÜR) auf Basis der Ist-Versteuerung an.

Die Oberfläche ist modern aufgebaut und sehr übersichtlich (siehe Abbildung 16.5), lässt sich schnell und einfach bedienen, und zu jeder Buchung lassen sich auch immer entsprechende Tags (Schlagworte) und Anhänge (zum Beispiel PDF-Dateien) hinzufügen, so dass Sie schnell und einfach die richtigen Buchungen und Dokumente finden und sich anzeigen lassen können.

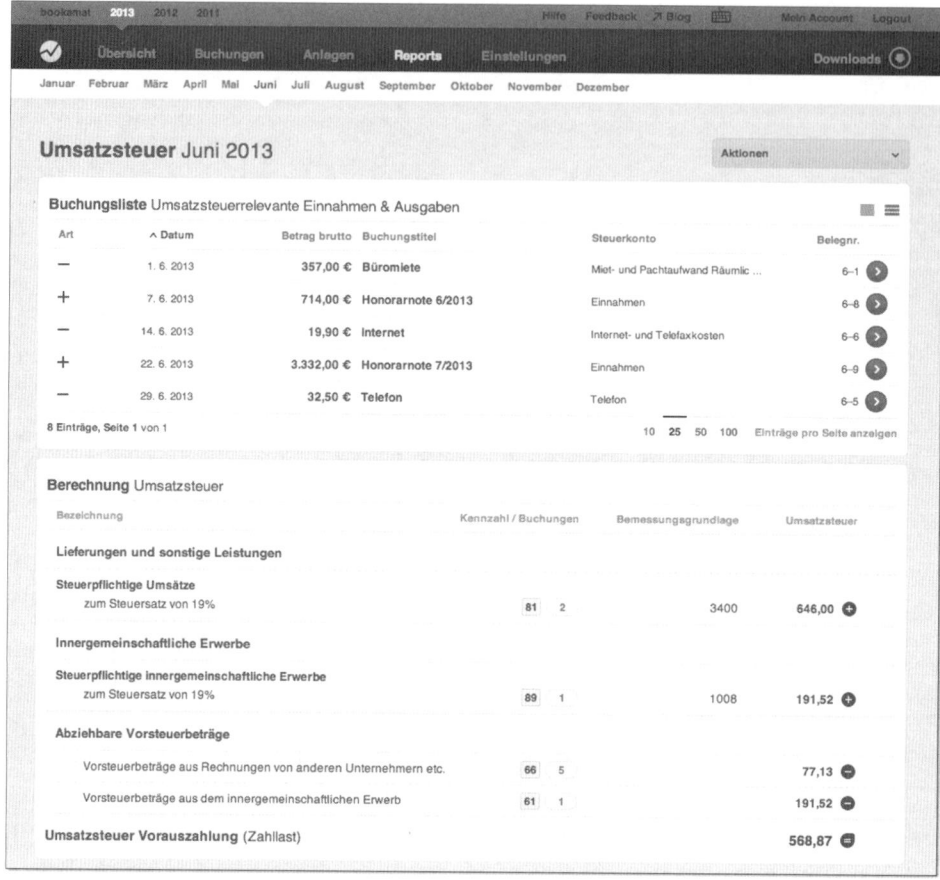

Abbildung 16.5 EÜR mit bookamat

Die Kosten für bookamat betragen derzeit 100,00 € (inklusive USt) pro Account. Ein Account gilt immer für ein Geschäftsjahr, da es in den allermeisten Fällen keinen Sinn macht, einen Account jahresübergreifend anzubieten, denn bei den meisten Unternehmen entspricht das Geschäftsjahr dem Kalenderjahr.

Lexoffice

Lexware, das Unternehmen hinter *Lexoffice*, ist seit vielen Jahren am deutschen Markt aktiv und bietet dabei Lösungen für Privatanwender, Selbstständige, Freiberufler und Unternehmen mit bis zu 50 Mitarbeitern an. Im Angebot hat Lexware neben diversen Komplettlösungen, die beispielsweise auf Einzelplatzrechnern oder im Netzwerk installiert werden können, mit Lexoffice auch eine webbasierte Softwarelösung, mit der Sie Ihre Buchhaltung verwalten und auswerten können (siehe Abbildung 16.6).

Abbildung 16.6 Buchhaltungssoftware LexOffice

Lexoffice wird hierbei in zwei Varianten angeboten: »Rechnung & Finanzen« für aktuell 4,90 € netto monatlich bzw. »Auftrag & Finanzen« für aktuell 9,90 € netto monatlich. »Auftrag & Finanzen« basiert dabei auf »Rechnung & Finanzen« und ist um zusätzliche Funktionen erweitert.

Die Basisfunktionen sind beispielsweise Ausgangsrechnungen (inklusive widerkehrende Rechnungen), Eingangsrechnungen (inklusive automatischer Texterkennung via OCR), Kundenverwaltung, Unterstützung von mobilen Geräten (inklusive iPad-App) und ein integriertes Online-Banking. Die Benutzeranzahl ist auf einen Benutzer limitiert, jedoch kann man für seinen Steuerberater auch einen separaten Zugang anlegen.

Das größere Paket umfasst neben unbegrenzt vielen Benutzern und Bankkonten auch noch Funktionen wie ein Kassenbuch, die Erledigung der Umsatzsteuervoranmeldung sowie ein Planungs- und Prognose-Tool.

Wie bei vielen anderen Lösungen lässt sich auch hier ein DATEV-Export anstoßen, so dass Sie die Vorarbeit für Ihren Steuerberater bzw. Buchhalter übernehmen können, der sich dann um den Feinschliff der Buchhaltung kümmert.

16.3   Den wirtschaftlichen Erfolg im Blick

Als Unternehmer, oder wenn Sie einen Unternehmer in Ihrem Bekanntenkreis kennen, kennen Sie wahrscheinlich folgende Situation: Am Anfang des Unternehmens steht eine aussichtsreiche Geschäftsidee, die den Markt revolutionieren soll. Voller

Elan und Spaß bei der Arbeit ist die Motivation überströmend. Über mangelnde Erträge sieht man am Anfang großzügig hinweg und denkt sich: »Am Anfang muss man auch etwas investieren und zurücktreten.« Man arbeitet 12 bis 16 oder mehr Stunden, jedoch ändert sich an dem Spiel nichts, und die Lage scheint sich nicht zu verbessern, sondern wird immer aussichtsloser. Die gewünschten Umsätze und Deckungsbeiträge bleiben aus. Viele Unternehmer verlieren so nicht nur ihren Traum vom »Sein eigener Chef sein«, sondern verschenken dabei auch oft Geld, Ressourcen und Potenziale, die man auch hätte anderweitig einsetzen können. Doch ist die Krise erst einmal da, ist es leider oft schon zu spät.

Die Gründe für ein Scheitern können sehr vielfältig sein, doch oft hat es einen einfachen Grund: fehlende strategische Planung, keine betriebswirtschaftlichen Analysen, kein regelmäßiges Controlling – kurzum den wirtschaftlichen Erfolg nicht im Blick.

Doch jede Zahl erzählt dabei eine Geschichte bzw. stellt ein kleines Puzzleteil des ganzen Unternehmens dar und sollte deshalb kontinuierlich immer wieder hinterfragt und im Gesamtkontext berücksichtigt und interpretiert werden – sie erzählt eine Geschichte des Erfolgs oder auch des Scheiterns. Bei vielen Unternehmen ist das Scheitern ein langwieriger, zermürbender Prozess, der meist nicht »über Nacht« hereinbricht, sondern sich schon über Monate hinweg erkennen lassen könnte. Deshalb sollten Sie als (angehender) Unternehmer genau darauf achten und sich regelmäßig alle Ihre Kennzahlen ansehen und nicht nur im Rahmen der Erstellung des Jahresabschlusses nach dem Gewinn schauen. Zumindest dann, wenn strategisch wichtige Entscheidungen (zum Beispiel der Kauf einer neuen Maschine, die Einstellung von weiterem Personal etc.) bevorstehen, sollten Sie sich Ihre Zahlen vornehmen und schauen, ob sich die geplante Investition auch finanzieren lässt.

16.3.1   Controlling-Reports

Ein regelmäßiges Controlling unterstützt Sie als Unternehmer, die richtigen Entscheidungen auf Basis von aktuellen Kennzahlen zu treffen. Wichtige strategische Fragen des Controllings sind:

▶ Stimmt Ihre Ausrichtung des Unternehmens noch?

▶ Wie gut erreichen Sie Ihre gesetzten Ziele?

▶ Welche Punkte laufen in Ihrem Unternehmen gut, welche weniger gut?

▶ An welcher Stelle werden übermäßig viele Ressourcen eingesetzt?
Welche davon können Sie einsparen oder besser nutzen?

▶ An welcher Stelle soll oder muss sich etwas ändern?

Diese Fragen können oft mit einfachen Mitteln beantwortet werden und können bei einem rechtzeitigen Betrachten Probleme vermeiden, bevor sie entstehen. Controlling sollte also keine lästige Pflicht sein, sondern der positive Kern eines unternehmerisch-visionären Handelns und Gestaltens sein. Einem echten Unternehmer macht es Spaß, Entscheidungen zu treffen, neue Dinge auszuprobieren und anhand der entsprechenden Kennzahlen nachvollziehen zu können, wie die eigenen Planungen Schritt für Schritt Realität werden und wie er seinem Ziel nach und nach näher kommt. Hierfür reicht – je nachdem, wie intensiv Sie das Controlling gestalten möchten – bereits ein halber Arbeitstag pro Quartal aus, in dem Sie eine Soll-Ist-Analyse der geplanten und tatsächlichen Werte durchführen oder eine kleine Analyse zu bestimmten Kennzahlen erstellen.

Während Controlling-Reports für das Finanzamt und die Bank oftmals leblose Darstellungen der Vergangenheit sind, sind sie für einen Unternehmer aber die wichtige Basis für die Planung der Zukunft und helfen ihm, Entscheidungen nicht nur aus dem Bauch heraus zu treffen, sondern Entscheidungen anhand von Zahlen zu validieren und transparent zu treffen. Damit jedoch die Auswertungen, Plan-, Soll- und Ist-Kennzahlen auch entsprechend für die Analysen herangezogen werden können, reicht es nicht, wenn Sie als Unternehmer nur den Weg kennen. Sie müssen das Ziel kennen und den Weg dorthin entsprechend anpassen!

Es empfiehlt sich daher, dass Sie bereits beim Einstieg in das E-Business festlegen, welche Kennzahlen Sie betrachten, analysieren und bewerten wollen. Beachten Sie dabei jedoch, dass solche Kennzahlen immer unternehmens- und umfeldspezifisch sind und sich von Geschäftsmodell zu Geschäftsmodell und Branche zu Branche unterscheiden und deshalb auch unterschiedlich wichtig gewertet werden können. Eine solche Kennzahl charakterisiert sich im Wesentlichen dadurch, dass sie maßgeblich zur Erreichung der Unternehmensziele beiträgt.

Wir haben Ihnen deshalb im nächsten Abschnitt beispielhaft einige wichtige *Key Performance Indicators* (KPIs) aufgestellt, die für Ihr tägliches Geschäft im E-Business von Bedeutung sein könnten.

16.3.2   Key Performance Indicators für den E-Commerce

Wenn sich ein Unternehmer mit wichtigen Kennzahlen für seine Branche beschäftigt, stolpert er über den Begriff KPI – Key Performance Indicator. Solche KPIs stellen wichtige Kennzahlen in Bezug auf die Leistung oder den Erfolg in einem bestimmten Bereich des Unternehmens dar und sind eng mit den Unternehmenszielen verknüpft.

Gerade im E-Commerce-Bereich ist es anfangs schwierig, die richtigen KPIs zu identifizieren, jedoch lassen sich dank professioneller E-Commerce-Controlling-Tools relativ einfach viele Kennzahlen transparent und nachvollziehbar darstellen. Mit Hilfe der Kennzahlen kann man dann sehr schnell sehen, ob die durchgeführten Änderungen Erfolg gehabt haben oder ob sie eher erfolglos waren. Nichtsdestoweniger liefern sie entsprechende Aussagen, womit man seinen Online-Shop weiter feinjustieren und optimieren kann.

Nachfolgend haben wir Ihnen einige KPIs zusammengestellt, die Sie bei Ihrem Geschäft berücksichtigen können bzw. sollten. Doch beachten Sie, dass solch ein KPI seine wahre Aussagekraft erst durch den Vergleich mit anderen Daten entfaltet – zum Beispiel Planzahlen, Zahlen aus der Vergangenheit, Zahlen von Wettbewerbern etc.

Eindeutige Besucher/Seitenaufrufe

Unter eindeutigen Besuchern (Unique Visitors) versteht man die Anzahl an Besuchern, die Ihre Website besuchen. Hierbei wird im Gegensatz zu den Seitenaufrufen nur der erste Besuch des Kunden gezählt. Unter den Seitenaufrufen (auch Page Impressions genannt) versteht man die Anzahl der Seiten, die der Kunde während dieses Besuchs auf Ihrem Online-Shop aufgerufen hat.

Je mehr Besucher eine Seite besuchen und je mehr Seiten ein Kunde während seines Besuches aufruft, als desto attraktiver kann man die Seite für den Kunden ansehen.

Neuregistrierungen

Bei Online-Shops kann diese Kennzahl ein wichtiger Gradmesser sein, um die Akzeptanz Ihrer E-Commerce-Lösung zu messen. Neuregistrierungen allein generieren zwar keinen Umsatz, jedoch ist es insbesondere im zeitlichen Verlauf interessant zu sehen, wie sich die Kundenbasis verändert – gerade im B2B-Umfeld, wo oftmals Artikel oder Preise erst nach einer Registrierung und einem Login gezeigt werden.

Durchschnittlicher Warenkorbwert

Der Warenkorb ist für Sie als Shop-Betreiber die zentrale Anlaufstelle, da er einen ganz entscheidenden Einfluss auf den wirtschaftlichen Erfolg hat. Mit dem Warenkorb beginnt der erste Schritt des Bestellvorgangs. Hierbei unterscheidet man zum einen die Anzahl an Produkten, die im Durchschnitt in den Warenkorb gelegt werden und zum anderen auch den Wert, also den Umsatz, den man durchschnittlich mit einem Warenkorb generieren würde. Dieser Wert liefert dabei aber noch keine wirkliche Aussage bezüglich des wirtschaftlichen Erfolgs eines Online-Shops.

Abbruchraten/stehen gelassene Warenkörbe

Unter dieser Kennzahl verbirgt sich die Zahl an Kunden, die Produkte in den Warenkorb gelegt haben und den Warenkorb besucht haben, sich anschließend aber entweder schon im Warenkorb oder erst während des Bezahlungsvorgangs gegen einen Einkauf in Ihrem Online-Shop entschieden und den ganzen Vorgang abgebrochen haben.

Diese Kennzahl sollte man immer im Auge behalten (insbesondere nach Änderungen am Online-Shop/Bezahlvorgang), da eine Verschlechterung der Zahl bedeuten kann, dass Sie Umsatz verlieren.

Conversion-Rate

Die wohl wichtigste Kennzahl im E-Commerce ist die Conversion-Rate, also die Anzahl der Besucher, die Ihren Online-Shop besucht haben und einen Kauf getätigt haben. Wenn beispielsweise 100 Kunden den Shop besucht haben und 5 davon einen Kauf durchführen, haben Sie eine Conversion-Rate von 5 %. Je höher diese Kennzahl ausfällt, umso besser ist natürlich das Ergebnis für Sie.

Durchschnittlicher Bestellwert

Eine deutlich aussagekräftigere Kennzahl als der durchschnittliche Warenkorb ist der durchschnittliche Bestellwert. Hier hat ein Kunde bereits einen Kauf abgeschlossen, so dass man über die Anzahl der Bestellungen hinweg einen Rückschluss darauf ziehen kann, wie viel Umsatz man im Schnitt mit einer Bestellung macht.

Nettogewinn

Ein Unternehmen lebt nicht vom Umsatz allein, sondern das, was letztendlich am Ende des Tages zählt und auch die nötigen Mittel für weitere Investitionen bereitstellt, ist der Nettogewinn. Den Nettogewinn ermittelt man, indem man die Kosten von den Einnahmen subtrahiert. Der Nettogewinn verrät Ihnen mehr darüber, ob Ihr Unternehmen trotz aller laufenden Kosten profitabel ist und ob sich Ihr Geschäft lohnt oder ob Sie jeden Monat draufzahlen. Behalten Sie deshalb diese Kennzahl ebenfalls immer im Blick.

Retourenquote

Eine ebenfalls nicht zu unterschätzende Kennzahl im E-Commerce ist die Retourenquote, sprich das Verhältnis von der Anzahl der versendeten Artikel zu den zurückgesendeten Artikeln. Kein Unternehmen wird auf Dauer erfolgreich sein, wenn es sehr viele Artikel verkauft, von denen die meisten wieder zurückgesendet werden. Insbesondere weil so eine Retoure immer auch mit Zeit und Aufwand verbunden ist, so dass je nach Anzahl der Retouren auch die Marge schrumpfen kann und Sie als Shop-Betreiber am Ende bei einer Bestellung noch drauflegen.

16.3.3   Betriebswirtschaftliche Auswertungen

Kaufmann ist, wer ein Handelsgewerbe betreibt, und ist damit per Gesetz verpflichtet, seine Geschäfte ordentlich zu führen. Dazu benötigt der Kaufmann eine Buchführung, die den Grundsätzen ordnungsgemäßer Buchführung entspricht. Praktisch bedeutet das, wie schon in der Einführung genannt: **Keine Buchung ohne Beleg!**

Alle Geschäftsvorfälle, die im Alltagsgeschäft entstehen, müssen dabei gebucht werden, damit auch später eine lückenlose Auswertung erfolgen kann. Beispiele für Geschäftsvorfälle sind: Einkauf von Waren, Zahlung von Löhnen und Gehältern, Abschreibung von Waren, Ausgaben für Server-Hosting, Ausgaben für Marketing etc.

Die Geschäftsvorfälle Ihres Unternehmens können Sie selbst buchen oder einen eigenen Buchhalter einstellen, oder Sie übergeben alle Belege an Ihren externen Buchhalter oder Steuerberater, der sich anschließend um die Verbuchung der Belege kümmert. Nach dem Verbuchen der Belege für einen Monat können Sie sich eine Auswertung mit der kurzfristigen Erfolgsrechnung erstellen. Diese Erfolgsrechnung wird dabei auch *Betriebswirtschaftliche Auswertung* (*BWA*) genannt, die exemplarisch in Abbildung 16.7 dargestellt ist.

29098/55003/2014
Musterholz GmbH

Kanzlei-Rechnungswesen pro V.4.3A
Kurzfristige Erfolgsrechnung März 2014 - Handelsrecht
SKR 03 BWA-Nr. 1 BWA-Form DATEV-BWA Wareneinsatz KG3

05.05.2014
Blatt 1

Bezeichnung		Mrz/2014	% Ges.-Leistg.	% Ges.-Kosten	% Pers.-Kosten	Auf-schlag	Jan/2014 - Mrz/2014	% Ges.-Leistg.	% Ges.-Kosten	% Pers.-Kosten	Auf-schlag
Umsatzerlöse	❶	378.460,06	99,78				1.090.391,32	99,98			
Best.Verdg. FE/UE		837,23	0,22				172,27	0,02			
Akt.Eigenleistungen		0,00					0,00				
Gesamtleistung		379.297,29	100,00	213,04	313,95		1.090.563,59	100,00	197,18	302,40	
Mat./Wareneinkauf	❷	184.206,71	48,57	103,46	152,47	100,00	515.117,40	47,23	93,13	142,84	100,00
Rohertrag	❸	195.090,58	51,43	109,58	161,48	105,91	575.446,19	52,77	104,04	159,57	111,71
So. betr. Erlöse		294,12	0,08	0,17	0,24		882,36	0,08	0,16	0,24	
Betriebl. Rohertrag		195.384,70	51,51	109,74	161,72	106,07	576.328,55	52,85	104,20	159,81	111,88
Kostenarten:	❹										
Personalkosten		120.814,66	31,85	67,86	100,00		360.631,58	33,07	65,20	100,00	
Raumkosten		15.417,40	4,06	8,66	12,76		48.486,61	4,45	8,77	13,44	
Betriebl. Steuern		568,00	0,15	0,32	0,47		2.110,00	0.19	0,38	0,59	
Versich./Beiträge		3.371,52	0,89	1,89	2,79		17.275,56	1,58	3,12	4,79	
Besondere Kosten		0,00					0,00				
Kfz-Kosten (o. St.)		8.713,61	2,30	4,89	7,21		35.665,36	3,27	6,45	9,89	
Werbe-/Reisekosten		4.668,81	1,23	2,62	3,86		11.931,50	1,09	2,16	3,31	
Kosten Warenabgabe		2.056,39	0,54	1,16	1,70		5.901,61	0,54	1,07	1,64	
Abschreibungen		8.392,63	2,21	4,71	6,95		25.036,21	2,30	4,53	6.94	
Reparatur/Instandh.		2.611,34	0,69	1,47	2,16		7.680,88	0,70	1,39	2,13	
Sonstige Kosten		11.425,96	3,01	6,42	9,46		38.371,60	3,52	6,94	10,64	
Gesamtkosten		178.040,32	46,94	100,00	147,37		553.090,91	50,72	100,00	153,37	
Betriebsergebnis	❺	17.344,38	4,57				23.237,64	2,13			
Zinsaufwand		6.217,35	1,64				11.427,60	1,05			
Sonst. neutr. Aufw		0,00					420,00	0,04			
Neutraler Aufwand		6.217,35	1,64				11.847,60	1,09			
Zinserträge		48,96	0,01				48,96				
Sonst. neutr. Ertr		0,00					0,00				
Verr. kalk. Kosten		0,00					0,00				
Neutraler Ertrag		48,96	0,01				48,96				
Kontenkl. unbesetzt		0,00					0,00				
Ergebnis vor Steuern		11.175,99	2,95				11.439,00	1,05			
Steuern Eink.u.Ertr		15.425,00	4,07				30.675,00	2,81			
Vorläufiges Ergebnis		-4.249,01	-1,12				-19.236,00	-1,76			

Das vorläufige Ergebnis entspricht dem derzeitigen Stand der Buchführung. Abschluss-/Abgrenzungsbuchungen können es noch verändern.

DATEV

Status 2014*FA5*B1AS
Werte in: EUR

Abbildung 16.7 Beispielhafte Betriebswirtschaftliche Auswertung (Quelle: DATEV)

Auf den ersten Blick sehen Sie hier erst einmal viele Zahlen, die in diversen Spalten und Zeilen angeordnet sind. In den Zeilen finden Sie üblicherweise die Umsätze und die Kosten, während Sie in den Spalten das kumulierte Ergebnis und den Vorjahresvergleich finden. Doch welche Zahlen davon sind wirklich aussagekräftig, bzw. mit welchen Zahlen sollten Sie Ihre Analyse beginnen?

Wir haben deshalb einmal die Punkte gekennzeichnet, mit denen Sie schnell einen Überblick über die wichtigsten Kennzahlen bekommen. Studieren Sie diese Erfolgsrechnung auf jeden Fall einmal im Monat, und ziehen Sie Ihre Rückschlüsse – insbesondere der Vergleich zum Vormonat und zum Vorjahr erlaubt Aussagen dazu, wie sich Ihr Unternehmen aktuell entwickelt.

Wie Sie sehen, haben wir hier fünf Bereiche hervorgehoben: Umsatzerlöse, Wareneinkauf, Rohertrag, Kostenarten und Betriebsergebnis.

Die *Umsatzerlöse* ❶ stellen hierbei die Summe aus allen Ausgangsrechnungen dar, die Ihr Unternehmen in dem genannten Zeitraum (Monat/Jahr) erwirtschaftet hat.

Als *Wareneinkauf* ❷ bezeichnet man den Erwerb der für die Produktion oder das Lager des Unternehmens notwendige Güter, sprich alle Einkäufe, die man für die Produktion und die Herstellung seiner eigenen Produkte benötigt. Wenn man beispielsweise in einem produzierenden Unternehmen tätig ist, werden diese Werte höher sein, als in einem Dienstleistungsunternehmen, das tendenziell weniger Bedarf hat. Im E-Commerce-Bereich sollten Sie (logischerweise) darauf achten, dass der Wareneinkauf nicht mehr kostet, als die Umsatzerlöse einbringen, da Sie sonst drauflegen. Auch sollten Sie darauf achten, dass genügend Geld übrig bleibt.

Dies bringt uns zum *Rohertrag* ❸. Dieser berechnet sich aus den Umsatzerlösen abzüglich der Kosten für den Wareneinkauf. Es ist die sogenannte Marge, die Sie global auf das Unternehmen gesehen haben, von der anschließend alle weiteren Kosten abgezogen werden.

Die *Kostenarten* ❹ stellen die sich direkt auf das Betriebsergebnis auswirkenden Kosten dar. Es handelt sich also um alle Kosten, die vom Rohertrag abgezogen werden, um das Betriebsergebnis, auch Jahresüberschuss oder Gewinn genannt, zu berechnen. Die gebuchten Belege (Eingangsrechnungen etc.) werden dabei bestimmten Kostenarten zugeordnet, welche dann in der BWA dargestellt werden. Beispiele für die Kostenarten sind:

► Personalkosten (Löhne und Gehälter)

► Raumkosten (Büro, Lager, Ladenfläche)

► Werbekosten (Google & Co.)

► Reparatur/Instandhaltung

► Versicherungen

► sonstige Kosten (alles, was den anderen Kostenarten nicht zugeordnet werden kann)

Nachdem Sie die Kosten vom Rohertrag abgezogen haben, gelangen Sie zum *Betriebsergebnis* ❺. Dieses stellt sozusagen mehr oder weniger den Jahresüberschuss bzw. Gewinn dar. Dieser wird anschließend nur noch um die Zinsaufwände und -erträge sowie die Steuern reduziert, so dass Sie am Ende zum vorläufigen Ergebnis gelangen. Dieses ist vorbehaltlich der finalen Buchungen am Jahresabschluss. Je besser die BWA erstellt wird, desto genauer sollte dieses Ergebnis mit dem »echten« Ergebnis im Jahresabschluss übereinstimmen.

Heilmittel BWA?

Viele erachten die BWA als das Heilmittel aller Auswertungen und Analysen – ein Trugschluss! Die BWA an sich berücksichtigt nicht alle wichtigen Kennzahlen und kann daher mitunter zu irreführenden Analysen führen. Unter anderem werden die Bestandsveränderungen zum Beispiel im Lager nicht berücksichtigt, was unterjährig zu einem positiven Ergebnis führen, jedoch am Ende des Geschäftsjahres einen Verlust darstellen könnte. Deshalb ist es wichtig, auch andere Kennzahlen zu analysieren und nicht nur die BWA zu verwenden.

16.3.4   Zusammenfassung

Wie Sie sehen, gibt es einige Kennzahlen, die Sie bei der Gründung und beim Führen Ihres Unternehmens unbedingt überwachen sollen. Auch haben Sie die Betriebswirtschaftliche Auswertung kennengelernt, die Sie ebenfalls mindestens monatlich analysieren sollten, um mögliche positive und negative Entwicklungen frühzeitig erkennen und gegebenenfalls gegensteuern zu können. Ein bekanntes Sprichwort sagt zwar: »Traue keiner Statistik, die du nicht selbst gefälscht hast.« Dennoch raten wir Ihnen dringend hiervon ab: Reden Sie sich Ihre Unternehmenskennzahlen nicht schön, sondern betrachten Sie die Zahlen nüchtern und ehrlich, und treffen Sie notfalls auch eine harte Entscheidung, sollte sich das Unternehmen nicht so entwickeln, wie gedacht.

16.4   Fazit

Der Aufbau eines eigenen Online-Shops hat viele verschiedene Facetten, von denen einige, subjektiv betrachtet, weniger wichtig, andere umso wichtiger erscheinen. Einen Bereich, den Sie dabei nie vernachlässigen sollten, ist die Buchhaltung Ihres Unternehmens. Nur wenn diese in Ordnung ist und Sie einen Überblick über Ihre Finanzen haben, können Sie auf alle Unwägbarkeiten des Alltagsgeschäfts angemessen reagieren.

Kapitel 17
Tipps und Tricks für Ihren Erfolg

Sie haben es geschafft! Ihr Shop ist online, das Marketing ist gestartet, und die ersten Kunden haben (hoffentlich) schon in Ihrem Shop bestellt. In diesem Kapitel erfahren Sie noch, was erfolgreiche Shops ausmacht und was Sie unbedingt vermeiden sollten.

Glückwunsch! Wenn Sie im Buch keine Seiten übersprungen haben, konnten Sie sich einen umfassenden Überblick über die verschiedenen Bereiche verschaffen, die zum Betrieb eines Online-Shops notwendig sind. Die Frage ist nun, wie Sie am besten in den E-Commerce starten. Aller Anfang ist schwer, doch mit dem richtigen Plan erreichen Sie gut strukturiert Ihr Ziel. Mit diesem Buch haben Sie einen Einblick in die verschiedenen Disziplinen des Online-Handels erhalten. Wenn Sie es mit einem Kochbuch vergleichen, wissen Sie nun, welche Zutaten zum Gelingen notwendig sind. Für das Mischungsverhältnis allerdings gibt es kein Rezept, denn das ist von Projekt zu Projekt unterschiedlich. Außerdem hängt das Gelingen auch von dem Koch ab, und das sind in diesem Fall Sie. In diesem Kapitel erfahren Sie, wie Sie am besten starten, welche Fehler Sie vermeiden sollten und welche Faktoren über den Erfolg entscheiden.

17.1 Aller Anfang ist schwer – so starten Sie richtig

Ein Zitat von Johann Wolfgang von Goethe lautet: »Erfolg hat drei Buchstaben: TUN!« Diese Weisheit hat auch in gewisser Weise im E-Commerce Ihre Berechtigung. Sie haben in diesem Buch erfahren, welche Faktoren zum Erfolg im E-Commerce beitragen. Ob Sie mit Ihrer konkreten Idee erfolgreich sein werden, kann allerdings nicht vorausgesagt werden. Wenn Sie jedoch die Tipps in diesem Buch beherzigen, sind Sie garantiert auf dem richtigen Weg. Wir können Ihnen nur einen guten Ratschlag geben: Tun Sie es. Starten Sie in den Online-Handel, und verwirklichen Sie Ihre Ideen und Träume.

Es ist nicht notwendig, direkt ein größeres Risiko und hohe Investitionen im fünfstelligen Bereich in Software und Lagerbestand zu investieren. Über Marktplätze, wie zum Beispiel eBay und Amazon, können Sie mit einem überschaubaren Aufwand und Risiko in den E-Commerce einsteigen. Jedoch ist auch bei einem solchen »sanften« Einstieg die richtige Planung das A und O für den künftigen Erfolg. Beginnen Sie also zuerst mit einer Bestandsanalyse: Wo stehen Sie jetzt, welche Voraussetzungen sind bereits gegeben, und welche müssen noch geschaffen werden?

Betreiben Sie bereits einen stationären Handel und haben dadurch schon Produkte ab Lager, sind die Eintrittshürden in den E-Commerce natürlich niedriger. Auch wenn Sie kein zusätzliches Lager besitzen, können Sie die Produkte, die Sie im Laden anbieten, natürlich auch online einstellen. Dies sorgt für eine höhere Lagerumschlagshäufigkeit, einen höheren Umsatz, und Ihre Fläche kann optimal und ertragreich genutzt werden. Ein zusätzlicher Effekt, von dem sowohl ihr Online- als auch Ihr Ladengeschäft profitieren, ist, dass Sie in der Kombination online und Laden einen höheren Absatz erwirtschaften können. Dadurch profitieren Sie von höheren Rabatten, Skonti und Boni bei Ihren Lieferanten und können so Ihren Deckungsbeitrag steigern.

Dass diese Rechnung aufgeht, setzt aber voraus, dass der Online-Umsatz zusätzlich zum Ladengeschäft erwirtschaftet wird. Die beiden Vertriebskanäle dürfen sich also nicht »kannibalisieren«. Das führt Sie zu der Frage, ob es sinnvoll ist, online und offline unter dem gleichen Namen zu betreiben und gegenseitig zu bewerben. Beide Methoden haben Vor- und Nachteile, die Sie gewissenhaft abwägen müssen.

Vorteile:

▶ Wenn Sie in Ihrem stationären Geschäft Werbung für den Online-Shop machen, haben Sie ohne große Kosten Werbung in der relevanten Zielgruppe gemacht.

▶ Die beiden Vertriebskanäle können sich ergänzen, zum Beispiel online bestellen und im stationären Geschäft abholen.

▶ Werbemaßnahmen können für beide Kanäle gleichzeitig erfolgen. Dadurch erreichen Sie eine Kostenreduktion im Marketing.

▶ Das Corporate Design kann für beide Vertriebsformen genutzt werden.

Nachteile:

▶ Kannibalisierung: Umsätze verschieben sich, weil Kunden, die früher im Ladengeschäft eingekauft haben, nun online in Ihrem Shop kaufen.

▶ Inflexibilität in den Preisen. Um die Kunden nicht zu verärgern, sollten die Preise on- und offline gleich sein. Andernfalls ist es umso schwerer, auf Preisänderungen der Konkurrenz zu reagieren.

▶ Im stationären Handel können Sie unter Umständen Preise erzielen, die im Online-Shop aufgrund der größeren Konkurrenz eher unrealistisch sind.

Ganz egal, für welche Methode Sie sich entscheiden, bedenken Sie, dass ein Wechsel nicht ohne Weiteres möglich ist. Wenn Sie sich dafür entschieden haben, die beiden Kanäle unter einem Namen zu betreiben, lässt sich das nicht mehr so ohne Weiteres ändern.

Wenn Sie online ohne einen stationären Laden starten möchten, benötigen Sie als Erstes Lieferanten, die Ihnen die Artikel zu einem guten Preis liefern. Zwei gute Quellen, um Lieferanten zu finden, sind *www.alibaba.com* und *www.zentrada.de*. Beides sind bekannte B2B-Plattformen, auf denen Hersteller und Großhändler ihre Waren anbieten. Während Alibaba.com den Fokus hauptsächlich auf asiatischen Anbietern hat, finden Sie auf zentrada.de auch deutsche bzw. europäische Anbieter, bei denen es sich auch lohnt, kleinere Stückzahlen abzunehmen, ohne dass die Versandkosten zu sehr ins Gewicht fallen. Auch ein Blick in Online-Branchenbücher wie *www.wlw.de* oder *www.gelbe-seiten.de* hilft beim Finden von Lieferanten weiter.

Wenn Sie einen Lieferanten gefunden haben, stehen Sie vor der Überlegung, ob Sie ein komplettes Sortiment anbieten möchten oder ob Sie sich auf Teilbereiche konzentrieren (breites und/oder tiefes Sortiment).

Neben den niedrigeren Lagerkosten und den geringeren Investitionen, die natürlich ein schmales Sortiment mitbringen, kann es auch aus Marketingsicht sinnvoll sein, nicht das komplette Sortiment anzubieten. So können Sie sich als Experte eines bestimmten Teilbereichs profilieren und Ihre Expertise hervorheben. Ein Beispiel dafür sehen Sie in Abbildung 17.1. Der Anbieter production-plate GmbH hat sich auf das Bedrucken von Klodeckeln spezialisiert.

Abbildung 17.1 production-plate GmbH hat sich auf das Bedrucken von Klodeckeln spezialisiert.

Auch wenn natürlich mit der vorhandenen Technik auch andere Dinge bedruckt werden könnten, hat man sich hier dazu entschieden, nur das eine Produkt in den Vordergrund zu stellen und sich somit von der Masse an Online-Shops abzuheben, die eben das komplette Sortiment anbieten.

Wenn geklärt ist, was Sie anbieten möchten, geht es im nächsten Schritt um das Wie und Wo. Wie viele Ressourcen stehen Ihnen zur Verfügung, um das Thema anzugehen? Wenn Sie ein kleines Sortiment auf Marktplätzen anbieten möchten, können Sie dies sicherlich noch neben Ihrem Hauptgeschäft gut bewältigen. Einen eigenen Online-Shop zu eröffnen und zu betreiben, ist jedoch ein komplexeres Thema und erfordert den Aufbau von internen Ressourcen oder das Hinzuziehen einer externen Agentur. Beide Möglichkeiten setzen einen höheren Einsatz von zeitlichen und/oder finanziellen Mitteln voraus. Wenn Sie sich dazu entschließen, die Kompetenzen selbst aufzubauen, also zusätzliche Mitarbeiter einzustellen, bedenken Sie auch, dass diese in der Regel durch gesetzliche Vorgaben geschützt sind und nicht einfach nach Projektende wieder entlassen werden können. Außerdem haben Sie in diesem Buch erfahren, dass der E-Commerce aus vielen verschiedenen Bereichen besteht. Sie werden als Mitarbeiter nur schwer jemanden finden, der über großes Wissen in allen Bereichen verfügt. Aus den eben genannten Gründen empfiehlt es sich daher für die Erstellung und Einrichtung des Shops eine Agentur zu beauftragen.

In Kapitel 2, »Welcher Shop ist der richtige? Technische Lösungen und Möglichkeiten«, konnten Sie eine Menge über die Unterschiede der einzelnen Shop-Systeme erfahren. Anhand dieser Informationen können Sie auch schon eine Vorauswahl treffen, welche Shop-Systeme für Sie prinzipiell infrage kommen, und Agenturen kontaktieren, die auf die jeweiligen Shop-Systeme spezialisiert sind. Referenzen in der gleichen Branche sind zwar definitiv ein Pluspunkt, aber keine Voraussetzung für eine gute Zusammenarbeit. Im nächsten Schritt folgen dann Gespräche über Ihre Vorstellungen und Wünsche. Nur wenn Sie diese kennen, kann Ihnen die Agentur ein präzises Angebot erstellen.

Der Preis hängt von vielen Faktoren ab, über die Sie sich als Vorbereitung Gedanken machen sollten. Andernfalls ist es so, als ob Sie einen Autohändler fragen, wie viel ein Auto kostet. Er wird Ihnen wahrscheinlich auch eine Spanne von mehreren zehntausend Euro nennen weil Sie Ihre Anforderungen nicht weiter spezifiziert haben.

Als Vorbereitung machen Sie sich Gedanken über folgende Fragen:

▶ Was sind Ihre bisherigen Zielgruppen?

▶ Was wollen Sie im Internet erreichen?

▶ Wen wollen Sie im Internet erreichen?

▶ Über welche Kanäle wollen Sie kurz- und langfristig verkaufen?

- Wie wollen Sie die Zielgruppe online erreichen?

- Welche bestehenden Systeme, wie zum Beispiel Warenwirtschaft oder Lieferantenmanagement, müssen einbezogen werden?

- Welches Budget planen Sie heute und künftig für Ihren Internetauftritt ein?

- Welche Abteilungen sind einzubeziehen?

- Soll die Agentur die komplette Erstellung und den Betrieb des Shops übernehmen oder möchten Sie einzelne Punkte selbst durchführen?

- Wie sieht der Zeitplan für den ersten Schritt aus?

Sie entscheiden sich für eine Agentur: Im nächsten Schritt wird dann die Agentur ihr Angebot und ihr Konzept präsentieren. Achten Sie bei den Angeboten auf eine klare Beschreibung der Aktivitäten und Leistungen, die Zuordnung von Zeitumfang und Kosten je Leistung, den zeitlichen Ablaufplan, das weitere Vorgehen und die Einplanung weiterer optionaler Erweiterungen und Funktionen. Einige Funktionen werden Sie vielleicht in der Anfangszeit noch nicht benötigen. Trotzdem ist es wichtig, dass Sie einige Schritte weiter denken, um nicht nach kurzer Zeit mit Ihrem Shop an Grenzen zu stoßen.

Erfahrungsgemäß verhält es sich mit einem Online-Shop ähnlich wie mit dem Bau einer Modelleisenbahn-Landschaft. Er wird nie fertig sein, und Sie werden immer wieder neue »Baustellen« entdecken, die es zu beheben gilt. Der Spruch »Besser geht immer« sollte Ihr Motto werden, damit Sie Ihren Shop kontinuierlich optimieren und an die aktuellen Anforderungen anpassen.

17.2   Häufige Fehler, die Sie nicht machen sollten

Leider werden gerade in der Anfangszeit häufig aus Unwissenheit immer die gleichen Fehler gemacht. Angefangen bei rechtlichen Vorgaben bis hin zu Usability-Themen gibt es im E-Commerce einige Herausforderungen zu meistern. Sie werden es nicht schaffen, Ihren Shop komplett ohne Fehler zu betreiben. Die häufigsten Fehler wurden aber schon von vielen anderen vor Ihnen gemacht, und es gibt keinen Grund, dass Sie die gleichen Fehler noch einmal machen.

17.2.1   Rechtliche Angaben unvollständig oder fehlerhaft

Die rechtlichen Angaben wie Impressum und Widerrufsbelehrung sind notwendige Übel und werden deshalb oftmals nicht mit der erforderlichen Sorgfalt behandelt. Sie riskieren bei falschen Angaben aber eine Abmahnung, die Sie schnell ein kleines Vermögen kosten kann. Anbieter wie janolaw oder Protected Shops sorgen gegen eine relativ geringe Gebühr dafür, dass diese Angaben in Ihrem Shop automatisch auf dem aktuellen Stand gehalten werden.

▶ *www.janolaw.de*

▶ *www.protectedshops.de*

17.2.2   Falsche Angaben zur Lieferzeit

Eine kurze Lieferzeit gehört zu den Erfolgsfaktoren eines Online-Shops. Als Shop-Betreiber ist die Versuchung daher groß, die Lieferzeit im Shop kürzer anzugeben als sie eigentlich ist. Wenn ein Artikel in Ihrem Shop mit »sofort verfügbar« gekennzeichnet ist, gehen Gerichte davon aus, dass dieser innerhalb von 5 Tagen lieferbar ist. Ist dies nicht der Fall, riskieren Sie auch hier eine Abmahnung Ihrer Wettbewerber. In diesem Fall stellt aber nicht nur die Abmahnung ein Risiko dar. Sie verärgern auch Ihre Kunden, wenn Sie diese mit falschen Lieferzeiten locken, die Sie nicht einhalten können.

17.2.3   Fehler bei Preisangaben und Versandkosten

Bei Shops für Endverbraucher müssen die Preise immer brutto, also inklusive der Umsatzsteuer, angegeben werden. Auch die Versandkosten müssen klar ersichtlich sein. Entweder durch einen fixen Betrag oder variabel für den Kunden berechenbar. Wenn Sie keinen fixen Betrag angeben, muss der Kunde die Möglichkeit haben, diesen in Abhängigkeit von zum Beispiel Zielland und Gewicht selbst zu berechnen. Auch wenn die Versandkosten von verschiedenen Faktoren abhängig sind, ist es unzulässig, wenn die Versandkosten von Ihrem Kunden erst angefragt werden müssen. Auch hier besteht Abmahngefahr und ein Kaufabbruch des Kunden!

Sollten Sie noch über lokale Filialen verfügen, so ist auch darauf zu achten, dass Sie Ihre Produkte überall zum gleichen Preis anbieten. Andernfalls besteht die Gefahr, dass Sie Ihre Kunden verärgern. Sollte es notwendig sein, dass Sie aus strategischen Gründen unterschiedliche Preise benötigen, gibt es die Möglichkeit, mit Gutscheinen oder Sonderaktionen zu arbeiten. Bieten Sie zum Beispiel sonntags, wenn Ihre Filialen geschlossen sind, in Ihrem Online-Shop Angebote an, oder versenden Sie Rabattgutscheine an Kunden, die außerhalb Ihres Filialgebietes wohnen.

17.2.4   Newsletter ohne vorheriges Einverständnis versenden

Der Newsletter ist eine effiziente und kostengünstige Möglichkeit, Kunden in den Shop zu bekommen. Bedenken Sie aber unbedingt, dass jeder Newsletter-Empfänger ausdrücklich dem Empfang zustimmen muss. Das gängige Verfahren, dieses Einverständnis einzuholen, ist das Double-Opt-in-Verfahren. Das bedeutet, dass der Empfänger zuerst eine E-Mail mit einem Bestätigungslink zugesendet bekommt. Erst nach einem Klick auf diesen Link wird er in den Verteiler aufgenommen. Versenden Sie die Newsletter ohne Einverständnis, riskieren Sie eine Abmahnung wegen Spam und genervte Kunden.

17.2.5   Fremde Produktfotos ohne Einverständnis verwenden

Professionelle Produktfotos sorgen für eine optimale Präsentation der Ware und somit für Abverkauf. Leider ist die Erstellung der Produktbilder mit hohem Aufwand und Kosten verbunden, so dass Shop-Betreiber hier auf bestehende Bilder zurückgreifen. Während wohl jeder Shop-Betreiber Verständnis dafür hat, dass es nicht gestattet ist, von anderen Online-Shops Bilder zu kopieren, ist das Rechtsempfinden bei Herstellerbildern ein anderes. Aber auch wenn Sie die Produktbilder verwenden, die der Hersteller zum Beispiel auf seiner Website verwendet, brauchen Sie eine ausdrückliche Genehmigung, dass Sie diese auch in Ihrem Online-Shop verwenden dürfen. Die Firma Schwalbe, Hersteller von Fahrradreifen, hat in der Vergangenheit eine Reihe von Online-Händlern abgemahnt, die ohne Genehmigung Produktbilder verwendet haben. Um eine Abmahnung zu vermeiden, sollten Sie daher entweder nur auf eigene Bilder zurückgreifen, oder sich die Verwendung von Herstellerbildern explizit genehmigen lassen. Die Wahrscheinlichkeit, dass der Hersteller einer Verwendung zustimmt, ist recht hoch. Denn auch der Hersteller ist natürlich daran interessiert, dass seine Produkte optimal präsentiert werden.

17.2.6   Schlechte Produktbilder

Produktbilder sind das Schaufenster des Online-Shops. Diese werden noch vor der Artikelbeschreibung wahrgenommen und haben einen hohen Anteil am Verkaufserfolg. Denken Sie daran, dass Sie bei jedem Shop-System die Möglichkeit haben, mehrere Produktbilder zu hinterlegen. Das Hauptbild sollte in erster Linie Aufmerksamkeit wecken, da es noch vor der Produktbeschreibung wahrgenommen wird. Um die Kaufentscheidung dann auszulösen oder zu festigen, sind jedoch weitere Bilder notwendig. Hier können Sie dann gerne auf Details eingehen und diese extra in Szene setzen. Machen Sie zum Beispiel Nahaufnahmen vom Stoff einer Bluse, um die Stoffstruktur zu zeigen. Auch bei technischen Geräten sagt ein Bild von der Rückseite oft mehr als tausend Worte. Hier können die zur Verfügung stehenden Anschlüsse auf einen Blick erkannt werden. Auf Abbildung 17.2 und Abbildung 17.3 sehen ein Beispiel dazu. Während Abbildung 17.2 auf den ersten Blick erkennen lässt, dass es sich bei dem Produkt um einen Desktop PC handelt, geht Abbildung 17.3 auf die Details ein und zeigt die diversen Anschlussmöglichkeiten. Viele Kunden können mit Begriffen wie HDMI- oder USB-Anschluss nichts anfangen. Mit einem Bild von diesen Anschlüssen wird es aber klarer.

17

Im Fashionbereich hat es sich auch bewährt, die Maße des Models und die getragene Größe mit anzugeben. So kann sich der Kunde besser ein Bild machen, wie der Artikel wohl an ihm aussehen wird. Produktbilder ersetzen das Anfassen im Laden und müssen deshalb aus unterschiedlichen Perspektiven auch feine Details zeigen.

Abbildung 17.2 Hauptbild eines Desktop-PCs von »www.notebooksbilliger.de«

Abbildung 17.3 Detailansicht des gleichen PCs auf »www.notebooksbilliger.de«

17.2.7   Fehlende Produktinformationen

Auch wenn, wie im vorherigen Abschnitt geschrieben, ein Bild oft mehr als tausend Worte sagt, ersetzt es aber auf keinen Fall den Text. Sie müssen den Kunden mit möglichst vielen Informationen versorgen. Auch wenn für Sie vielleicht ein Bild ausreicht, um Details zu erkennen, ist der Kunde vielleicht eher unschlüssig. Denken Sie dabei zum Beispiel an Farben. Nicht auf jedem Monitor lässt sich der Unterschied zwischen Dunkelblau und schwarz erkennen. Erwähnen Sie eine Information lieber doppelt, als den Kunden über wichtige Details im Ungewissen zu lassen.

17.2.8   Unauffindbare Kontaktdaten

Nicht nur über das Produkt möchte der Kunde Informationen haben. Er möchte auch wissen, wer sich hinter dem Online-Shop verbirgt und wen er bei eventuellen Problemen kontaktieren kann. Platzieren Sie daher Ihre Kontaktdaten an prominenter Stelle im Shop, um dem Kunden eine einfache Kontaktaufnahme zu ermöglichen. Neben den Pflichtangaben, die auch im Impressum zu finden sind, sollten Sie auch ein Kontaktformular und einen Rückrufservice anbieten. Je mehr Möglichkeiten der

Kunde hat, um Sie zu kontaktieren, desto besser fühlt er sich in Ihrem Shop betreut. Auch eine Seite ÜBER UNS nutzt Ihnen, um Ihr Unternehmen beim Kunden vorzustellen und Vertrauen aufzubauen. Zeigen Sie dort auch gerne Bilder von sich und Ihren Mitarbeitern. Das baut eine persönlichere Ebene auf und gibt Ihrem Shop im wahrsten Sinne des Wortes ein Gesicht.

17.2.9   Keine Gastbestellungen

Bieten Sie in Ihrem Shop unbedingt die Möglichkeit, ohne vorheriges Eröffnen eines Kontos eine Bestellung abzugeben. Gerne können Sie auf die Vorteile einer Kontoeröffnung hinweisen, die Entscheidung, ob ein Konto eröffnet werden soll, muss aber beim Kunden liegen. Wenn Sie auf das Eröffnen eines Kontos bestehen, riskieren Sie einen Bestellabbruch. Jedes Shop-System bietet die Möglichkeit, Bestellungen als Gast zuzulassen.

17.2.10   Erfinden Sie das Rad nicht neu

Heben Sie sich von Ihren Wettwebern durch den Service ab, die detaillierte Produktpräsentation oder Ihre gute Sortimentspolitik. Es gibt aber im E-Commerce einige gelernte Standards, die Sie nicht ändern sollten. So ist zum Beispiel der Warenkorb immer im oberen rechten Bereich, und die Navigation befindet sich ebenfalls oben und/oder auf der linken Seite. Da sich die Kunden an solche Standards gewöhnt haben, sollten Sie sich auch daran orientieren. Hier bringt es nichts, besonders ausgefallen zu sein und damit vielleicht Besucher zu vergraulen.

17.2.11   Fehlender USP

Warum sollte der Kunde genau in Ihrem Shop einkaufen? Während die Top-Shop-Betreiber auf diese Frage sofort eine Antwort parat haben, folgt bei vielen durchschnittlichen Shop-Betreibern auf diese Frage ein langes Schweigen. Machen Sie sich über die Vorteile Ihres Shops Gedanken, und heben Sie die Vorteile in der Kommunikation mit Ihren Kunden hervor. Sie können nicht alle Anforderungen erfüllen, deshalb konzentrieren Sie sich auf Ihre Stärken. Wollen Sie den Shop mit den günstigsten Preisen, dem größten Sortiment oder dem besten Service? Die Aussage soll aber keine leere Phrase sein, sondern muss von Ihnen auch gelebt werden.

17.3   8 Punkte, die über Ihren Erfolg entscheiden

Nachdem Sie im vorherigen Abschnitt erfahren haben, was Sie im E-Commerce besser vermeiden sollten, möchten wir Ihnen in diesem Abschnitt einige Faktoren nennen, die entscheidend zum Erfolg im E-Commerce beitragen können. Das ECC Köln hat mit der Studie »Erfolgsfaktoren im E-Commerce – Deutschlands top Online-Shops Vol. 2« die verschiedenen Erfolgsfaktoren untersucht und in sieben verschiedene Gruppen eingeteilt. Auf Abbildung 17.4 sehen Sie die verschiedenen Kriterien, die zum Erfolg beitragen. Einen weiteren Punkt möchten wir hier noch ergänzen, die Kundenbindung (siehe Abschnitt 17.3.8).

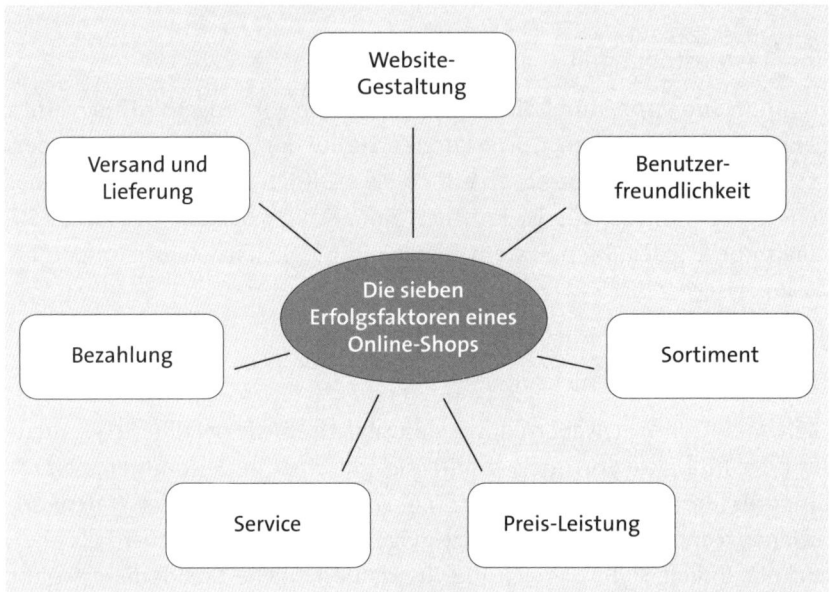

Abbildung 17.4 Die sieben Erfolgsfaktoren laut der ECC-Studie »Erfolgsfaktoren im E-Commerce – Deutschlands top Online-Shops Vol. 2«

Bevor wir jedoch tiefer in die einzelnen Faktoren einsteigen, noch ein Hinweis, der leider viel zu häufig vergessen wird. Auch wenn es banal klingt, verliert man sehr schnell den Blick für das Wesentliche. Vergessen Sie nie, dass der Erfolg Ihres Online-Shops von der Akzeptanz bei den Kunden abhängt. Richten Sie daher alle Optimierungen, die Sie im Shop vornehmen, am Kunden aus. Fragen Sie sich bei jedem einzelnen Punkt, was Ihre Kunden wollen und wie Sie Ihre Aktionen auf deren Bedürfnisse ausrichten können.

Auch dafür ist Amazon ein sehr gutes Beispiel. Jeff Bezos, der Gründer von Amazon, hat sehr schnell begriffen, dass der Kunde über allem stehen muss. Nur wenn seine Anforderungen erfüllt werden, wird er in Ihrem Shop bestellen und somit zu Ihrem Erfolg beitragen. Die meisten Unternehmen orientieren sich am Wettbewerb und laufen dabei stets der Entwicklung hinterher, da man ja nur etwas kopiert, was ein anderer bereits vorher eingeführt hat. Der Weg von Amazon, der ja ohne Zweifel ein sehr erfolgreicher ist, ist von dem Streben nach Innovationen geprägt. Einer der ersten erfolgreichen Schritte war die Erweiterung des Sortiments über Bücher hinaus, der nächste die Öffnung des Marktplatzes für andere Händler. Mit beidem wurde das

Ziel verfolgt, seinen Kunden das größte Sortiment im Internet zu bieten. Gedankt wurde es durch eine extrem hohe Kundenzufriedenheit.

Sehen Sie die folgenden Hinweise tatsächlich als Tipp, und passen Sie diese gegebenenfalls an die Wünsche Ihrer Kunden an.

17.3.1   Website-Gestaltung

Die Gestaltung des Online-Shops ist das erste, was dem Kunden in Ihrem Shop auffallen wird. Es ist der erste Eindruck, den er von Ihrem Shop hat und über den der Kunde Ihren Shop einordnet. Dabei muss auch die Ausrichtung Ihres Shops auf den ersten Blick erkennbar sein. Was verkaufen Sie, und wer ist Ihre Zielgruppe. Findet man in Ihrem Online-Shop günstige Ware »Made in China«, muss die Gestaltung anders sein als bei hochpreisigen Elektroartikeln. Schauen Sie sich Abbildung 17.5 und Abbildung 17.6 an. Sicherlich können Sie, auch ohne die jeweiligen Shops zu kennen, auf den ersten Blick sehen, welcher Shop eher hochpreisige Produkte und welcher Shop die günstigen Elektroartikel verkauft.

Abbildung 17.5 Anbieter von niedrigpreisigen Elektroartikeln (www.pearl.de)

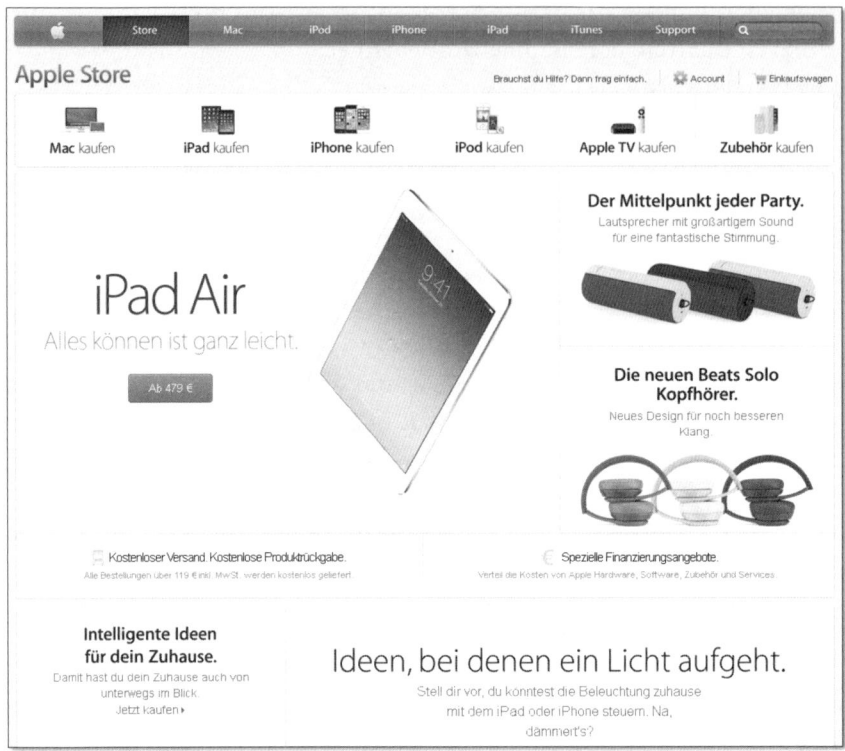

Abbildung 17.6 »www.apple.com« mit einer sehr klaren Struktur

Hier gibt es kein richtig oder falsch, sondern lediglich passend oder unpassend. Das Design ist Ihr erster Eindruck, und dieser muss zum Shop passen. Oftmals ist ein zu exklusives Design auch unangebracht, weil es einfach nicht zum Sortiment passt.

17.3.2   Benutzerfreundlichkeit (Usability)

Der Usability wurde im Buch ein ganzes Kapitel gewidmet (Kapitel 4). Auch wenn der Kunde einen guten ersten Eindruck des Shops hat, muss er diesen auch noch bedienen können. Er muss Artikeldetailseiten aufrufen können, er muss Produkte in den Warenkorb legen, und er muss ohne Probleme den Kaufprozess durchlaufen. Alle Maßnahmen, die die Bedienung des Shops betreffen, fließen in die Usability mit ein. Es haben sich Standards für den E-Commerce etabliert, die dafür sorgen, dass die Bedienung des Shops vertraut wirkt, obwohl der Kunde nie zuvor in Ihrem Shop war.

17.3.3   Das Sortiment

Übertragen auf ein klassisches Kaufhaus ist die Gestaltung des Shops das Gebäude, und die Benutzerfreundlichkeit ist die Wegführung, die dafür sorgt, dass der Kunde schnell das findet, wonach er sucht. Herzstück von jedem Shop, egal, ob on- oder offline, ist jedoch das Sortiment. Wegen ihm kommt der Kunde in den Laden, und über die Produkte wird letztlich auch der Umsatz generiert. Der »schönste« Online-Shop mit der besten Usability nutzt also nichts, wenn das Sortiment nicht passt. Haben Sie bereits einen stationären Handel, können Sie sich an den Verkaufszahlen von dort orientieren und darüber Ihr Sortiment zusammenstellen. Da Sie Ihre Kunden jedoch nur schwer fragen können, welche Produkte sie sich im Online-Shop wünschen, müssen Sie auf andere Möglichkeiten zurückgreifen. Eine ist der Blick zur Konkurrenz. Nahezu jeder Online-Shop bietet die Möglichkeit, Artikel nach Beliebtheit zu sortieren. Dies gibt Ihnen einen Anhaltspunkt über die verkauften Stückzahlen. Bei Amazon finden Sie auch Bestseller-Ränge der meistverkauften Produkte. Beachten Sie aber, dass diese Methode nur als Anhaltspunkt genutzt werden kann. Produktkenntnisse sind also auch im E-Commerce unerlässlich, um ein passendes Sortiment zusammenzustellen.

17.3.4   Preis-Leistungs-Verhältnis

Das Preis-Leistungs-Verhältnis gehört zu den Hauptfaktoren, die über den Verkauf entscheiden. Da Ihr Wettbewerb immer nur einen Mausklick entfernt ist, ist auch der Preis im Internet sehr transparent. Beim Preis-Leistungs-Verhältnis spielt aber nicht nur der Preis eine Rolle, sondern eben auch die Leistung. Der Kunde wird dort kaufen, wo er das beste »Gesamtpaket« bekommt. Stellen Sie daher neben dem Preis auch die Leistung, die Sie für den Kunden erbringen, in den Vordergrund.

17.3.5   Service

Zum Service zählt alles, was Sie dem Kunden zusätzlich zum reinen Warenversand anbieten. Dazu zählt sowohl die Beratung vor dem Kauf als auch der Aftersales-Service. Gerade für kleine und mittlere Shops kann der Service zum Erfolgsfaktor werden. Warum werden denn oft kleine, stationäre Fachhändler den großen Kaufhäusern vorgezogen? Genau, weil diese einen besonderen Service bieten, den ein großes Kaufhaus nicht bieten kann. Der Kunde schätzt es, wenn er individuell beraten wird und wenn er im Shop nicht nur eine Nummer ist. Leider ist dieser besondere Service im E-Commerce zum großen Teil auf der Strecke geblieben. Dort geht es leider mehr um Automatisierung als um Kundennähe. Dabei ist der Service doch genau das, womit Sie sich von Ihrem Wettbewerb und speziell auch von den großen Playern abheben können. Überraschen Sie Ihre Kunden mit einem außergewöhnlich guten Service. Bieten Sie zum Beispiel einen Live-Chat an, um dem Kunden zu helfen, das richtige Produkt zu finden. Verlängern Sie Widerrufsfristen und Garantie, um dem Kunden bereits vor dem Einkauf ein gutes Gefühl zu geben, und stehen Sie auch nach dem Kauf noch für Fragen zur Verfügung. Neben der Steigerung der Bestellungen hat

17

ein guter Service noch einen weiteren Vorteil. Gerade durch eine Beratung vor dem Kauf können Sie Ihre Retourenquote deutlich senken, was wiederum zu einer Kostenreduktion beiträgt.

17.3.6   Bezahlung

Wie Sie in Kapitel 6, »Die richtigen Zahlungsmethoden für Ihre Kunden«, erfahren haben, hat jede Zahlungsart für Sie oder Ihre Kunden ganz individuelle Vor- und Nachteile. Dabei haben die angebotenen Zahlungsarten einen enormen Anteil am Erfolg des Online-Shops. Pauschal kann man sagen, dass mit jeder angebotenen Zahlungsart die Conversion-Rate steigt. Da aber die Einführung einer neuen Zahlungsart in der Regel zusätzlichen Aufwand und Kosten verursacht, sollten Sie bei einer jeden sorgfältig prüfen, ob die Steigerung der Conversion-Rate den zusätzlichen Aufwand rechtfertig.

Es spielt jedoch nicht nur die reine Anzahl an unterschiedlichen Bezahlmethoden, sondern auch das generelle Vertrauen in Ihren Shop eine Rolle. Sind im Shop zum Beispiel Gütesiegel und Bewertungen von anderen Kunden zu finden, wird dies das Vertrauen in den Shop deutlich steigern. In diesem Fall ist der Kunde eher bereit, sensible Zahlungsinformationen einzugeben oder gar eine Lieferung per Vorkasse zu bezahlen.

17.3.7   Versand und Lieferung

Hier kommt es auf die angebotenen Waren an, welche Rolle Versand und Lieferung für den Kunden spielen. Bei einem Produkt mit einer generell langen Lieferzeit ist es dem Kunden wahrscheinlich egal, ob noch einmal drei Tage mehr für den Versand benötigt werden. Eine Expresslieferung ist in diesem Fall wohl eher uninteressant. Genauso verhält es sich auch mit der Verpackung. Bei einer Handyhülle für 5 € legt der Kunde sicherlich nicht so viel Wert auf die Verpackung wie bei einer empfindlichen Porzellantasse. Der Kunde erwartet eine rechtzeitige, vollständige und fehlerfreie Lieferung. Sorgen Sie also durch Auswahl des richtigen Spediteurs bzw. Versanddienstleisters und der optimalen Verpackung dafür, dass diese Erwartung bestätigt wird.

17.3.8   Kundenbindung

Einen neuen Kunden für Ihren Online-Shop zu gewinnen kostet Geld, meistens sogar sehr viel Geld. Umso wichtiger ist es hier, dass Neukunden zu Stammkunden gemacht werden. Nur zufriedene Kunden werden ein zweites Mal in Ihrem Shop bestellen, weshalb diese sieben Erfolgsfaktoren aus Abbildung 17.4 natürlich nicht nur in Bezug auf Neukunden gelten. Sorgen Sie daher für ein positives Gefühl bei

Ihren Kunden. Legen Sie dem Paket zum Beispiel ein kleines Dankeschön bei. Das kann auch durchaus eine Produktprobe sein, um so schon einmal auf eine neue Bestellung hinzuarbeiten. Aber auch ganz einfache Dinge, wie zum Beispiel die Befragung zur Kundenzufriedenheit, spielen dabei eine Rolle. Bleiben Sie also stets mit Ihren Kunden in Kontakt. Nur so können Sie herausfinden, was aktuell von Ihrem Shop erwartet wird. Natürlich ist es nicht möglich, sich mit jedem Kunden intensiv auszutauschen. Warum nehmen Sie sich aber nicht vor, jeden Tag mit einem Kunden ein kurzes Gespräch zu führen? Fragen Sie, wie zufrieden er mit dem Shop war, ob die Lieferung pünktlich ankam und ob er mit dem Produkt zufrieden war. Im Anschluss bieten Sie ihm einen kleinen Gutschein für seine Mühe, den er bei der nächsten Bestellung einlösen kann, und einen Gutschein, den er an einen Bekannten weitergeben darf. Sie werden sich wundern, wie überrascht der Kunde von diesem Anruf ist und wie positiv dieser seinen Bekannten von Ihrem Shop erzählen wird. Probieren Sie es aus, Sie haben nichts zu verlieren.

17.4   Statt eines Fazits – Plädoyer für den Online-Handel

Die gute Nachricht zuerst. Es ist auch in Zeiten von Zalando, Amazon & Co. für kleine und mittlere Online-Shops möglich, erfolgreich im E-Commerce zu bestehen. Auch für das Jahr 2015 wird von Experten wieder ein Umsatzwachstum im niedrigen zweistelligen Prozentbereich prognostiziert. Der Umsatzkuchen ist groß, und er wächst im Vergleich zum stationären Handel stark. Die schlechte Nachricht für Sie ist jedoch, dass hinter jedem erfolgreichen Online-Shop auch eine Menge Arbeit steckt. Das Motto »ohne Fleiß kein Preis« gilt also sowohl für stationäre Geschäfte als auch für Online-Shops. Wobei aber wahrscheinlich der kleine Händler in einer deutschen Fußgängerzone nie auf die Idee käme, seine Waren nicht auszupacken und nicht in die Regale zu räumen. Verständlich wäre es ja, denn diese Tätigkeiten bedeuten einen großen Aufwand, dem kein direkter Verkauf gegenübersteht. Wahrscheinlich jeder wird mit Recht dem Händler, der auf das Einräumen und Arrangieren der Waren verzichtet, keine große Zukunft prognostizieren. Im Online-Handel sieht das aber leider anders aus. Sie werden nicht glauben, wie oft uns Händler schon gesagt haben, dass sie auf eine ausführliche Produktbeschreibung verzichten, da es ja sehr viel Arbeit bedeutet, für all die tausend Produkte eine zu erstellen. Viele Online-Händler glauben anscheinend immer noch, dass im Internet das Geld im Schlaf verdient werden kann. Wenn Sie der gleichen Meinung sind, ist der Online-Handel eher weniger für Sie geeignet. Wenn Sie aber ein solides Unternehmen aufbauen möchten und auch bereit sind, dafür etwas zu tun, dann können Sie im E-Commerce sehr erfolgreich sein.

Im Internet können Sie rund um die Uhr mit der ganzen Welt handeln. Es erwartet Sie dort also auf der einen Seite eine riesige Nachfrage, auf der anderen aber auch eine sehr hohe Konkurrenzdichte. Sie können dort nur bestehen, wenn Sie kontinuierlich an Ihrem Shop und an Ihrem Angebot arbeiten. Die Eintrittshürden in den E-Commerce sind im Vergleich zum stationären Handel sehr gering. Sie brauchen kein Ladengeschäft mit teuren Mieten, sondern können langsam mit überschaubarem finanziellen Aufwand starten. Auch teure Lagerhaltung kann entfallen, wenn Sie Großhändler finden, die die Ware in Ihrem Namen direkt an die Kunden versenden. Sie brauchen also die Ware, die Sie verkaufen noch nicht einmal selbst ab Lager zu halten. Diese Vorteile haben im Laufe der Zeit auch dafür gesorgt, dass sehr viele Anbieter an diesem Geschäft mitverdienen wollen. Neben den bekannten Anbietern wie Zalando & Co. gibt es gerade auf den Marktplätzen sehr viel Konkurrenzdruck von kleinen Anbietern, die Ware direkt von Fernost beziehen und dann zu sehr günstigen Preisen anbieten. Doch wenn es Ihnen gelingt, sich von Ihren Wettbewerbern abzuheben, den großen wie den kleinen, steht einer goldenen Zukunft im E-Commerce nichts mehr im Wege!

Index

3D Secure 285
7–2–2-Regel 128
7–2-Regel 128, 177

A

A/B-Tests 474
Abmahnung
   Begriff 634
   Kosten 635
   Reaktionsmöglichkeiten 636
Absprungquote 222
Actindo 299
ADCELL 342
AdWords 46, 401, 544
AdWords Keyword-Planer 524
Affiliate 339
   E-Mail-Marketing 341
Affiliate-Marketing 338
Affiliate-Programme 570
affilinet 342
AGB 619
Aktualität 137
Alibaba 667
Allgemeine Informationspflichten
   Bestätigungs-E-Mail 612
   Korrekturmöglichkeiten 606
   technische Schritte zum Vertrags-
     schluss 607
   Verhaltenskodizes 609
   Vertragssprache 609
   Vertragstext 609
Allyouneed.com 432
ALT-Attribute bei Bildern 387
Amazon 34, 50, 91, 248, 425, 563
Amazon Buybox 427
Amazon Marketplace
   AGB 622
   Empfehlungsfunktion 626
   Lieferzeitangabe 584
   Produktbeschreibung 580
Amazon Payments 297
American Express 284
Analyse von Herausforderungen 43
Anbieter mobiler Shops 532
Android-Smartphones 524
Angebot 62

Anzeigen auf Suchmaschinen 400
Apache Solr 196
Application-Monitoring 192
Artikelinformationen 133
Asiatische Märkte 559
AT&T 345
Aufbewahrungsfrist 641
Ausgangsrechnungen 640
Ausland 542
Ausschließende Keywords 414
Auswahl einer E-Commerce-Lösung
   Auswahlphase 122
Auswahl eines Affiliate-Netzwerkes ... 341
Automatische Produktvorschläge 368
Auto-Suggest-Funktion 196

B

B2B 47, 69, 75
B2C 47, 69, 75
Backlinks 390
Backlinkwatch 394
Bankbelege 641
Banner 345
Bannerformate 346
Bannergestaltung 348
Barrierefreiheit 203
Barzahlen 304, 305
Behavioral Targeting 350
belboon 342
Belegarten 640
   Ausgangsrechnungen 640
   Bankbelege 641
   Eingangsrechnungen 640
Benutzerfreundlichkeit 166, 676
Benutzerkonten 197
Benutzerregistrierung 176, 183
Bestellprozess 165, 223
Bestellvolumen 548
Besteuerungsarten 643
   Ist-Versteuerung 643
   Soll-Versteuerung 643
   Umsatzsteuerbefreiung 643
Betriebsausgabe 640
Betriebswirtschaftliche Auswertungen ... 661
Bewertungssysteme 67
Bezahlmethoden 273

Bezahlung 678
Bezahlvorgang 184, 204, 235
BIC 281
billiger.de 354
Billpay 299
Billsafe 298
bitly 498
Blog 514
Bonitätsprüfung 278, 284, 310, 649
Bonitätsprüfungsdienstleister 331
Bookamat 655
Bounce-Quote 545
Bounce-Rate 209
Branding 336
Breadcrumb-Navigation 179
Breakpoints 527
Broad Match 413
Buchhalter 650
Buchhaltung 639
Buchung 641
Budget 56, 185
BüroWare 299
BWA 661
   Betriebsergebnis 663
   Kostenarten 663
   Rohertrag 663
   Umsatzerlöse 663
   Wareneinkauf 663

C

Call-to-Action 193, 232
Canonical Tag 388
Checkliste 73
Check-out 440
Check-out-Prozess 197
ciao.de 354
CJ affiliate by Conversant 343
Click Through Rate
   → *CTR*
Closed-Source-Systeme 76
Collmex 653
content.de 142
Controlling 657
   Key Performance Indicators (KPI) 659
   Reports 658
Conversion-Messung 435
Conversion-Rate ... 165, 189, 197, 208, 251, 273
Corporate Design 171
Corporate Identity 170
CPC (Cost per Click) 337, 551

CPO (Cost per Order) 337
CPO-Kampagne 337
CPV (Cost per View) 337
crazyegg 466
creditPass 310
CRM 31, 318, 326
CSS 185
CTR 398
Customer Journey 77, 342, 445
Customer Relationship Management
   → *CRM*
Customer-Experience 542
Cyberport 236, 248

D

Datenschutz
   ausdrückliche Einwilligung 624
   Cookies 628
   Datenschutzerklärung 628
   E-Mail-Werbung 625
   Kundenkonto 625
   Pflichtangaben 623
   Webanalysetool 630
DATEV 650
Dauerhafter Datenträger 586
Demandware 111
Design 70, 165, 245, 559
Designentwicklung 54, 171
DHL 250
DigiStore24 343
Display Ads 345
Doppelte Buchführung 642
Double-Opt-in 358
Dropshipping 265
DTA-Format 281
DTAUS-Format 281
Duplicate Content 150, 387, 528
Dynamische Keywords 409

E

EasyLog 260
eBay 50, 96, 428, 563
   besondere Widerrufsfrist 589
   Bestellablauf 607
   Gebühr 431
   Richtlinien 430
E-Commerce 27
E-Commerce-Lösungen 84
   Amazon 91

E-Commerce-Lösungen (Forts.)
Anforderungsanalysephase 119
Auswahl 117
Demandware 111
eBay 96
Einführungsphase 117
ePages 87
hybris 109
IBM WebSphere Commerce 115
Intershop 113
Jimdo 89
Magento 98
OXID 103
plentymarkets 95
PrestaShop 107
Rakuten 93
Shopify 85
Shopware 101
xt:Commerce 105
E-Commerce-Software 75
E-Commerce-Strategie 31, 53
E-Commerce-Usability 200
E-Commerce-Verantwortlicher 30
econda 450, 547
econda Shop Monitor 454
E-Finance 562
EHI 66
Eigenes Lager 265
Eingangsrechnungen 640
Einkaufsverhalten 242
Einnahmenüberschussrechnung 640
eKomi 66
E-Mail-Marketing 327, 356
E-Mail-Verteiler 356
Emotionsbilder 177
Endgeräte 68
Endowment-Effekt 137
Enterprise Ressource Planning
→ ERP
ePages 87
Erfolgsfaktoren im E-Commerce 674
Erfolgsrechnung 663
ERP 324
etracker 450
EÜR 640
Europäischer Markt 541, 552
Exact Match 414
Expandable Skyscraper 347
Expandable Super Banner 346
Expressaufschlag 264
Externe Linktexte 390

Externe Software-Dienstleister 329
Bonitätsprüfung 331
E-Commerce-Controlling 332
Versand 331
Zahlung 329
Externe Systeme 71
Eye-Tracking 469

F

Facebook 206, 503
Facebook for Business 509
»Gefällt mir«-Angaben für eine Seite 510
Interaktion mit Seitenbeiträgen 509
Klicks auf die Webseite 509
Kosten der Anzeigen 511
Webseiten-Conversions 509
Facebook Insights 496, 507
Facebook-Fans kaufen 507
Facebook-Seite einrichten 504
Factoring 310
Farben 201
Farbgebung 175
Farbschema 185
Feedbackify 471
Fertig-Templates 529
Filternavigation 123, 179
Finanzamt 640
Finden von Lieferanten 667
Fireworks 185
Flash Layer 347
Follower 496
Footer 215
Forderungsmanagement 299, 309
Formulare 201
Formularfeedback 202
Frühwarnsystem 648
Fulfillment 266
Full Banner 346

G

Gastbestellungen 197, 673
geizhals.at 354
Geplatzte Lastschriften 647
Geschäftsmodell 69
Geschäftsvorfälle 662
Gewinnmarge 160
Giropay 293
Gläubiger-Identifikationsnummer 281
Going-live 55

Google 46, 129, 138, 195, 375, 378
Google AdWords 549
   Anzeige- und Ziel-URL 408
   Anzeigenerweiterungen 406
   Anzeigengruppe 407
   Aufbau und Struktur 403
   Budget 406
   Gebotsstrategie/Standardgebot 405
   Konto einrichten 402
   Kosten 420
   Sprachen 405
   Standorte 405
   Werbenetzwerke 405
Google Alerts 392, 493
Google Analytics 452, 543
Google Blogsuche 494
Google Keyword-Planer 550
Google PageSpeed Insights 192
Google Trusted Stores 68
Google Webmaster-Tools 391, 394
Google+ 513
Google-Analytics-Tracking-Code 453
Grafikagentur 185
Größenangaben 557
guenstiger.de 354
Gütesiegel 65, 229, 244
Gutscheinportale 342

H

H1-Überschrift 386
Händlerbund 67
Hashtag 497
Heatmap 465
Heidelpay 307
Herkunftsanalyse 549
Hermes 250
Herstellertexte 136
Hitmeister 432
Hootsuite 495
Hosting 72
Hotline 210
HTML 185
HTML-Verbesserungen 396
hybris 109

I

IBAN 281
IBM WebSphere Commerce 115
idealo.de 354

Imagegewinn 42
Impressum
   auf Plattformen 614
   eingetragener Kaufmann 616
   Einzelunternehmen (Gewerbe-
   treibender) 616
   GbR 617
   GmbH 617
   Inhalt 615
   Unternehmergesellschaft 618
Individualisierung 169
Informationspflichten gegenüber
   Verbrauchern
   Button-Lösung 610
   Hinweis auf Umsatzsteuer und
   Versandkosten 582
   Lieferbeschränkungen 583
   Liefertermin 583
   Preisangaben 581
   wesentliche Merkmale der Ware 579
   Zahlung 585
   Zeitpunkt und Form der Erteilung ... 586, 612
Inhalte 72
Inhaltserstellung 54
Inhouse 57
Inkasso 310
Instagram 514
Integration und Abhängigkeit 323
Integration und Standardisierung 322
Integrationsformen 318
   Datenintegration 320
   funktionale Integration 319
   kombinierte Integration 321
   Zusammenstellungen 318
Integrationsgrad 317
Interfacedesigner 172
Internationale Sendungen 560
Internationales Marketing 563
Internationalisierung 541, 570
Internationalisierungsstrategie 151, 542
Interne Banner 367
Interne Kampagnen 448
Interne Suche 444
Internet Explorer 528
Intershop 113
Intraship 260
Investitionsbereitschaft 33
Investitionssummen 34
Ist-Analyse 119
IT-Infrastruktur 317

J

JavaScript 185
Jimdo 89

K

Kampagnen in einem Affiliate-Netzwerk
    anlegen 343
Kampagnenlinks 446
Kannibalisierung 666
Kategorieansicht 178, 217, 230
Kategorienstruktur 123
Kaufabbruch 276
Kaufentscheidung 131, 152, 232
Kaufprozess 440
Key Performance Indicator
    → KPI
Keyword-Auswahl 412
Keyword-Dichte 145, 385
Keyword-Recherche 140, 382
Keywords 46, 140
KISS-Prinzip 184
Klarna 301, 303
Klickpfade 442
Klickrate 420
Konfektionsgröße 558
Konfiguration 231
Konkurrenz 44, 69, 551
Konten 642
Kopfbereich 176
Kosten 53, 59
Kostenreduktion 307
KPI 107, 438, 495, 659
    Abbruchraten 660
    Conversion-Rate 661
    durchschnittlicher Bestellwert 661
    durchschnittlicher Warenkorbwert 660
    eindeutige Besucher/Seitenaufrufe 660
    Nettogewinn 661
    Neuregistrierungen 660
    Retourenquote 661
    stehen gelassene Warenkörbe 660
Kreditkarte 284
Kunden helfen Kunden 487
Kundenbewertungen 217
Kundenbindung 678
Kundenfeedback 470
Kundengruppen 41
Kundengruppenpreis 157
Kundenmeinungen 271

Kundennutzen 135
Kurz-URL 498

L

ladenzeile.de 353
Ladezeit 189, 388, 540
Ladezeiten und Conversion 522
Lager 565
Lastenheft 62
Lastschrift 280
Lastschriftmandat 281
Layout 556
Layout und Raster 199
Leistungskennzahlen 438
Lesbarkeit 201
Lexoffice 656
Lieferanten 32
Lieferservice 248
Lieferung 247
Lieferzeiten 253
Linkaufbau 391
LinkedIn 513
Liquiditätsabfluss 279
Login 183
Logo 175, 212
Longtail-Keywords 382, 383
Luftpolsterumschlag 252

M

Magento 98, 124, 167, 315
Magento-Template 170
Mahnungen 307
Mandatsreferenz 281
Manpower 33
Marken 213
Marketingstrategie 31
Marktplätze 50, 423
Marktplatz-Lösungen 80
Mastercard 284
Maus-Tracking 460
M-Commerce 186, 521
Media Markt 248
Medium Rectangle 347
Mehrsprachigkeit 63, 151
Mehrwertsteuer 643
meinPaket.de
    → Allyouneed.com
Merchant 339
Metabeschreibungen 396

Metainformationen 380

Microconversion 442

Mobile Commerce 519, 559

Mobile Endgeräte 203

Mobile Friendly 389

Mobile SEO 539

Mobiler Online-Shop 529

Mockflow 174

moebel.de 353

Mouseflow 461

mpass 305

Multi-Channel 423

Multi-Channel-Marketing 563

Multi-Store-Funktionalität 64

Musterwiderrufsbelehrung 554

mymuesli 37

N

Nachfrage 549

Native Apps 530

Navigation 443, 464

Navigationskonzept 70

Navigationsleiste 176

Navigationsvarianten 124

Near Field Communcation 305

Newsletter 356, 670

   Betreff 360

   Gestaltung 362

   rechtliche Aspekte 364

   Versandzyklus und Versandtermin 365

Newsletter-Inhalt 358

Nische 49

Nofollow 399

Normalpreis 157

not provided 448

Nur-Text-Mails 364

Nutzung von Navigationselementen 475

O

Oberflächentests 189

Off-Page-Optimierung 389

Online-Banking 276

Online-Handel 29, 40

Online-Marketing 46, 335

   Abrechnungsmethoden und

     Kostenkalkulationen 336

On-Page-Optimierung 170, 379

Open-Source-Systeme 76

Optimierungspotenziale 187

Österreich 542

Otto 35

Overlay Maps 465

OXID 103, 167

P

Packstation 256

PageRank 390

PageSpeed Insights 540

Paketpreis 157

Partner 229

Passende Wortgruppe 414

Payment-Provider 285, 306

PAYONE 278, 299, 307, 315

PayPal 287, 561

PayPal Express 288, 289

PayPal Standard 288

Performance-Optimierung 191

Personenbezogene Daten 458

Photoshop 185

Phrase Match 414

PIM 318, 325

Pingdom 190

Pinterest 514

Piwik 455

Placements 419

Plausibilitätsprüfung 282

plentymarkets 95

Popups 234

Postfinance 562

Postpay 294

PPC (Pay per Click) 337

Predictive-Behavioral Targeting 350

Preis 181

Preis- und Gewichtsangaben 557

Preisbildung 63, 156

preisroboter.de 354

Preissuchmaschinen 160, 264, 352, 563

   Anmeldung und technische

     Realisierung 355

PrestaShop 107

Product Information Management

   → *PIM*

Produktbewertungen 218

Produktbilder 152, 219, 671

Produktdarstellung 131, 199

Produktdetailansicht 181, 241

Produktdetailseite 198, 217

Produkte 34, 68

Produktfotos 671

Produktinformationen 131, 198, 225, 558, 672
Produktkonfiguratoren 155
Produktpreise 570
Produktsortiment 49
Produkttexte 133
Produktvorteile 134
Projektbudget 63
Projektkosten 119
Projektmanagement 61
Projektplan 118
Projektplanung 54, 57
Projektsumme 59
Promoted Pins 514
Prozesskostenreduzierung oder
  -optimierung 40

Q

Qualitätssicherung 61

R

Rabatt 277
Radian6 495
Rakuten 93, 431
Rankings 142
Ratenkauf 301
Realisierungszeitraum 62
Rechnung 270, 277, 561
  elektronische Rechnung 645
  Pflichtangaben 645
  Signatur 646
Rechnungserstellung 568
Rechtliche Aspekte der Webanalyse 458
Rechtssicherheit 66
Recommendations 368
Rectangle 347
Remarketing 418
Reputationsmanagement 485
Responsive Design 526
  Nachteile 528
Responsive HTML-Newsletter 362
Retargeting 351
Retouren 160
Retourenkosten 160
Retourenmanagement 268
Retourenquote 38, 270
Return on Investment
  → *ROI*
Retweet 497

Risikoanalyse 122
Risikomanagement 308
Risikominimierung 309
Risk-Checks 308
ROI 336
Rückgaberecht 206, 212
Rücksendungen 268, 567

S

SaaS, Software-as-a-Service-Lösungen 79
Sage One 654
Salesforce Marketing Cloud 495
Same-Day-Delivery 248
Schaltflächen 193
Schnittstelle 322
Schriftgrößen 201
Schrifttypen 171
Schufa-Abfrage 308
Schulung 55
Schweiz 542, 564
Schweizer Markt 151, 562
Scoring-Wert 278
Screendesign 69
Scrollmap 468
Scrum 61
SEA 400
Search Engine Advertising
  → *SEA*
Search Engine Marketing
  → *SEM*
Search Engine Optimization
  → *SEO*
Second Screen 519
Seitenperformance 388
Selenium 189
SEM 375
Semantisches Targeting 349
Sentiments 496
SEO 50, 72, 150, 375, 376
  ALT-Attribute bei Bildern 387
  Off-Page-Optimierung 389
  relevanter Inhalt 385
  Seitenperformance 388
  semantischer Zusammenhang 385
SEO-Analyse-Tools 393
SeoQuake 394
SEPA-Lastschriftverfahren 281
Share of Voice 496
Shop-basiertes Marketing 367
Shopgate 532

Shopify 85
Shop-Lösungen 77
   freie Software 77
   Hosting 78
   Open-Source-Software 77
   proprietäre Software 77
Shopware 101, 124, 167
Shorttail-Keywords 382
Sicherheit 137
Sitelinks 397
SOA 319
Social Media
   Analyse der Zielgruppe 490
   Erhöhung des Traffics 488
   Imagesteigerung 488
   Marktforschung 489
   Steigerung der Reichweite 489
   Ziele definieren 484
   Zielgruppe definieren 490
Social Media Monitoring 491
Social-Media-Plug-ins 515
Social-Media-Strategie 483
Social-Media-Support-Team 488
Sofortüberweisung 291
Software 64
Software-as-a-Service-Lösungen 79
   Vor- und Nachteile 83
Soll-Konzeption 121
Sonderpreis 157
Sortiermöglichkeiten 179
Sortimentsanalyse 442
Soziale Netzwerke 479
   Funktionsweise 479
Soziale Netzwerke im Überblick 513
Spamfilter 361
Spedition 250, 257
Sprachbarrieren 555, 565
Sprechende URLs 381, 588, 614, 629
Staffelpreis 157
Staging 189
Standard Skyscraper 347
Standardkontenrahmen 641
Standardraster 181
Standortauswertung 546
Startseite 174
Stationärer Handel 40
Steuerbarer Warenwert 566
Steuerberater 650
Suchfunktion 194
Suchmaschinenanzeigen 400
Suchmaschinenfreundlichkeit 170

Suchmaschinenmarketing 375
Suchmaschinenoptimierung 137, 149, 376
   → *SEO*
Suchmaschinenwerbung 400
Suchserver 196
Suchvolumen 549
Super Banner 346
SuperClix 340, 343
Systematische Analyse und
   Optimierung 440

T

TAN-Code 291
Targeting 345, 349
Technische Fehler 187
Technische Realisierung 54
Telekom hilft 486
Template 167
Testphase 55
Textbroker 141, 148
Texterstellungsprozess 148
Textmenge 555
Theme 167
themeforest 167
tinyurl 498
Touchscreen-Bedienung 521
Tracking 259
Tradedoubler 343
TradeTracker DE 343
Traffic 548
Transaktionskosten 273
Transportrisiko 257
Transportschäden 257
Trusted Shops 65, 216
Trust-Symbole 237
TÜV 216
TÜV Süd 67
Tweet 497
Twitter 240, 494, 496
Twitter-Account anlegen 500

U

Übersetzungen 556
Überweisungsschein 277
Umsatzsteuer 642
Umsatzsteuerbefreiung 643
Umsatzsteuervoranmeldung 644
Unique Selling Point
   → *USP*

Unterkategorien 130
Unternehmer 573
UPS 250
Usability 165, 189, 245, 464, 559, 676
Usability-Faktoren 186
Usability-Killer 203
Usability-Labor 469
USP 48, 209

V

Verbraucher 573
Verkaufspreis 157
Vermarktungskanäle 50
Verpackung 254
Versand 215
Versand ins Ausland
    anwendbares Recht 575
    Ausrichtung des Shops 574
    Erstattung der Hinsendekosten 603
    Gerichtsstand 576
    Steuern und Zölle 583
    Versandkosten 584
Versand über Amazon 426
Versand und Lieferung 678
Versandbearbeitung 248
Versanddienstleister 250, 257, 331, 560
Versandkosten 205, 211, 261, 561
Versandmethoden 560
Versandschaden 256
Versandserver 361
Versandsoftware 260
Versandzeiten 254
Vertrauen 137, 208
Vertrauensbildende Maßnahmen 234
Vertrieb 30
Vertriebskanal 30
Vertriebstool 42
Verzollung 253
Visa 284
Vorkasse 274, 561
Vorsteuer 643
Vorteile identifizieren 48
Vorteilskommunikation 237

W

Währungen 569
Warengruppen 177
Warengruppenstruktur 126
Warenkorb 184, 221, 244, 338, 442

Wasserfallmodell 61
Webanalyse 314, 436, 543
Webanalyse-Lösung 450
Web-Apps 530
Webgains Deutschland 343
Weblog 514
Website-Gestaltung 675
Weitgehend passende Keywords 413
Weltbild 226
Wer liefert was 667
Werbemaßnahmen 55
Werkzeuge für das Social Media
    Monitoring 493
Wide Skyscraper 347
Widerrufrecht
    Muster-Widerrufsformular 595
Widerrufsbelehrung
    Angaben zu Rücksendekosten 603
    Beschränkung auf Verbraucher 588
    Muster-Widerrufsbelehrung 589
    Zeitpunkt und Form der Erteilung 588
Widerrufsfolgen
    Hin- und Rücksendekosten 603
    Rückabwicklung 602
    Wertersatz 600
Widerrufsrecht 554
    Ausnahmen vom Widerrufsrecht 597
    Online-Widerruf 595
    vorzeitiges Erlöschen bei Dienst-
        leistungen 599
    vorzeitiges Erlöschen bei digitalen
        Inhalten 600
    Widerrufsfrist 589
Wiedererkennungswert 227
Wireframes 172

X

XING 513
xt:Commerce 105

Y

Yatego 432

Z

Zahlungsanbieter 561
Zahlungsarten 273, 562
Zahlungsausfall 278
Zahlungsausfallrisiko 283

Zahlungsdienstleister 329, 649
Zahlungsinformationen 215
Zahlungsmethoden 206, 273
Zalando 37, 162, 209
Zanox 343
Zeitinvestitionen 53
Zentrada 667

Zertifizierungen 65
Zielgruppen 47
Zielmarkt 552
Zoll 561, 566
Zollgebühren 253
Zugriffsländer 543
Zustellversuche 259

- Grundlagen, Funktionsweisen und strategische Planung

- Onpage- und Offpage- Optimierung für Google und Co.

- Erfolgsmessung, Web Analytics und Controlling

Sebastian Erlhofer

Suchmaschinen-Optimierung
Das umfassende Handbuch

Das Handbuch zur Suchmaschinen-Optimierung von Sebastian Erlhofer gilt in Fachkreisen zu Recht als das deutschsprachige Standardwerk. Es bietet Einsteigern und Fortgeschrittenen fundierte Informationen zu allen wichtigen Bereichen der Suchmaschinen-Optimierung. Verständlich werden alle relevanten Begriffe und Konzepte erklärt und erläutert. Neben ausführlichen Details zur Planung und Erfolgsmessung einer strategischen Suchmaschinen-Optimierung reicht das Spektrum von der Keyword-Recherche, der wichtigen Onpage-Optimierung Ihrer Website über erfolgreiche Methoden des Linkbuildings bis hin zu Ranktracking, Monitoring und Controlling.

930 Seiten, gebunden, 39,90 Euro
ISBN 978-3-8362-3879-3
8. Auflage, erscheint Dezember 2015
www.rheinwerk-verlag.de/3934

- Implementierung, Analyse, Optimierung

- Aufbau eines Webanalyse-Systems

- Inkl. Google AdWords-Integration und Webmaster Tools

Markus Vollmert, Heike Lück

Google Analytics
Das umfassende Handbuch

Mit Google Analytics steht Ihnen eines der leistungsfähigsten Webanalyse-Tools kostenlos zur Verfügung. Lernen Sie mit diesem Buch, wie Sie die vielfältigen Funktionen nutzen und sie professionell einsetzen können. So erhalten Sie z.B. Hilfestellung dabei, wie Sie Ihr Webanalyse-System konzipieren und strukturieren sollten. Sie erhalten zudem Beispiele für eine optimale Implementierung und ein erfolgreiches Monitoring all Ihrer Online-Aktivitäten. Damit können Sie aussagekräftige Berichte generieren, um Ihre Website und Ihre Online-Marketing-Aktivitäten zu optimieren. Inkl. Google Webmaster Tools und Google AdWords-Integration.

679 Seiten, gebunden, 39,90 Euro
ISBN 978-3-8362-2731-5
erschienen April 2014
www.rheinwerk-verlag.de/3520

■ Ideal für Umsteiger und Profis

■ Für Client und Server, Web und Enterprise

■ Ink. ECMAScript 6 in der professionellen Praxis

Philip Ackermann

Professionell entwickeln mit JavaScript

Design, Patterns, Praxistipps

Für alle, die mit JavaScript robusten Code schreiben wollen. Skills und Standards für komplexe Geschäftsanwendungen, clevere Apps und tragfähige Bibliotheken. Mit den Einsatzbereichen von JavaScript wachsen auch die Ansprüche an Ihren Code. Modularität, Wiederverwendbarkeit, automatisierte Tests und Co. erreichen Sie mit einem guten Verständnis der Sprachfeatures und den richtigen Werkzeugen und Patterns - und all das macht auch noch Spaß! Programmiererfahrung wird vorausgesetzt, JavaScript-Kenntnisse nicht.

450 Seiten, broschiert, 34,90 Euro
ISBN 978-3-8362-2379-9
erschienen März 2015
www.rheinwerk-verlag.de/3365

■ Webseiten gestalten und programmieren

■ Alle HTML5-APIs im Überblick

■ Video, Audio, lokaler Speicher und dynamische 2D- und 3D-Grafiken, Canvas, Geolocation, Responsive Webdesign

Jürgen Wolf

HTML5 und CSS3

Das umfassende Handbuch

Wollen Sie faszinierende Websites mit HTML5 und CSS3 gestalten? Jürgen Wolf gibt Ihnen eine grundlegende und umfangreiche Einführung in die Arbeit mit HTML5, CSS3 und JavaScript. Das Buch ist ein praxisnahes Lern- und Nachschlagewerk für jeden, der HTML und CSS unter Betonung der neuen Features von HTML5 und CSS3 erlernen möchte.

1.237 Seiten, gebunden, 39,90 Euro
ISBN 978-3-8362-2885-5
erschienen Mai 2015
www.rheinwerk-verlag.de/3612

- Website-Content verstehen und effizient einsetzen

- Mehr Reichweite mit dem passenden Content-Mix

- Essenzielles Texter-Wissen: von SEO über Online-PR bis zur Produktbeschreibung

Miriam Löffler

Think Content!

Content-Strategie, Content-Marketing, Texten fürs Web

Content-Marketing ist eines der großen Zukunftsthemen der Branche. Lernen Sie, wie Sie erfolgreiche Content-Strategien für Ihr Online-Unternehmen entwickeln, Content-Strategien für Webseiten erfolgreich planen und umsetzen und erhalten Sie Ideen und Anregungen für effizientes Content-Marketing und spannende Umsetzungen - mit Lösungen für B2B und B2C. Dabei kommt auch das notwendige Rüstzeug nicht zu kurz. Unser Buch wird Ihnen helfen, qualitativ hochwertige Webtexte zu erstellen und Sie erfahren zudem, was ein guter Webtexter leisten muss und wie Sie den wirtschaftlichen Wert guter Text erkennen können.

627 Seiten, broschiert, 29,90 Euro
ISBN 978-3-8362-2006-4
erschienen Februar 2014
www.rheinwerk-verlag.de/3251

Wie hat Ihnen dieses Buch gefallen?
Bitte teilen Sie uns mit, ob Sie zufrieden waren,
und bewerten Sie das Buch auf:
www.rheinwerk-verlag.de/feedback

Ausführliche Informationen zu unserem aktuellen
Programm samt Leseproben finden Sie ebenfalls
auf unserer Website. Besuchen Sie uns!

www.rheinwerk-verlag.de